我国图书馆事业发展

政策文件选编（1949—2012）

国家图书馆研究院　编

国家圖書館出版社

National Library of China Publishing House

图书在版编目(CIP)数据

我国图书馆事业发展政策文件选编:1949~2012/国家图书馆研究院编. --北京:国家图书馆出版社,2014.11

ISBN 978 - 7 - 5013 - 5460 - 3

Ⅰ.①我… Ⅱ.①国… Ⅲ.①图书馆发展—方针政策—汇编—中国—1949~2012 Ⅳ.①G259.20

中国版本图书馆 CIP 数据核字(2014)第 215305 号

书 名	我国图书馆事业发展政策文件选编(1949—2012)	
著 者	国家图书馆研究院 编	
责任编辑	金丽萍	

出 版	国家图书馆出版社(100034 北京市西城区文津街 7 号)	
	(原书目文献出版社 北京图书馆出版社)	
发 行	010 - 66114536 66126153 66151313 66175620	
	66121706(传真),66126156(门市部)	
E-mail	btsfxb@ nlc. gov. cn(邮购)	
Website	www. nlcpress. com ──→投稿中心	
经 销	新华书店	
印 装	北京科信印刷有限公司	
版 次	2014 年 10 月第 1 版 2014 年 10 月第 1 次印刷	

开 本	787×1092(毫米) 1/16	
印 张	49.75	
字 数	1180千字	

书 号	ISBN 978 - 7 - 5013 - 5460 - 3	
定 价	280.00 元	

本书为国家社会科学基金项目

"公共图书馆服务体系政策保障研究"（项目号：12BTQ003）

前期研究成果之一

本书编委会

主　编：申晓娟　汪东波

编　委：胡　洁　李　丹　翟建雄　邓　茜
　　　　王秀香　张　凯

前　言

　　作为由政府主导的社会公共事业,我国图书馆事业的发展一直受到各级政府和主管部门有关政策文件的约束与指导。长期以来,图书馆政策研究作为图书馆事业研究中一个重要的组成部分,一直受到业界关注。特别是近年来,随着政府不断强化推进文化事业发展职能,政策文件的制定和实施对图书馆事业发展的影响愈加明显,相关研究工作也进一步走向深入,着眼于全面理解政策、充分利用政策、积极推动政策朝着有利于图书馆事业发展的方向不断调整完善的目标,通过公共图书馆法立法支撑研究、公共图书馆免费开放制度研究等领域工作,形成了一系列重要研究成果,对推动相关政策的出台发挥了积极作用。我国图书馆事业发展理论研究和业务实践与政府决策之间越来越呈现出良好的互动态势。

　　当前,我国图书馆事业发展的相关政策文件非常丰富,全面了解和掌握这些政策文件是进一步完善我国图书馆政策保障体系的一项重要基础性工作。河北大学图书馆学系曾于1985年编印了《图书馆法规文件汇编》,对1898年至1984年的有关图书馆法规、文件进行了整理,为业界研究提供了重要的参考资料。考虑到该书1949年至1984年间的政策文件尚有部分遗漏,且1984年后的政策文件也无系统梳理,为此,国家图书馆研究院于2012年年初开始对新中国成立以来我国图书馆事业发展的相关政策文件进行全面系统梳理,并将成果汇编成《我国图书馆事业发展政策文件选编(1949—2012)》予以出版,旨在为行政主管部门,图书馆管理者、工作者和研究者们提供较为准确、系统的参考资料,帮助大家更加全面、客观地理解新中国图书馆事业发展的历史脉络。

　　全书收录1949年以来我国中央和地方各系统、各部门制定出台的与图书馆事业发展密切相关的政策文件共计500余篇,包括直接用于规范各类型图书馆事业发展的法律法规和规范性文件,以及图书馆以外其他相关领域政策文件中对图书馆事业发展有较大影响的内容。其中,对于直接以图书馆为调整对象的政策文件,采取全文收录的方式;而与图书馆相关的其他领域政策文件,则仅摘录其中直接涉及图书馆工作的内容。同时,由于图书馆事业在经济社会生活中的广泛影响,与之相关的各领域政策文件不胜枚举,囿于篇幅,本书仅在其中重点摘选了文化、教育、科技、出版、文物保护、公共设施建设、特殊人群服务、财税制度等领域的相关政策文件内容。

除此之外,本书附录还选择收录了部分对图书馆事业发展有较大影响的非政策性文件,主要包括:各类图书馆行业组织制定的规范性和指导性文件;图书馆间通过协商制定的合作文件;与图书馆工作相关的国家标准和行业标准等。这部分内容多为近年来发布的新成果,一定程度上反映了我国图书馆事业发展的现实思考与实践,对未来政策的制定有积极的借鉴意义。

为便于读者查考和利用,本书对上述政策文件分别从效力层次(中央发布文件和地方发布文件)和内容性质(图书馆专门政策文件和图书馆相关政策文件)两个维度进行了整理;各类文件均按发布时间排序,收录文件的时间截止到2012 年底(在本书编稿出版过程中,文化部又于2013 年1 月发布了《全国文化信息资源共享工程"十二五"规划纲要》和《全国公共图书馆发展"十二五"规划》,本书特别增收了这两个重要文件);并在脚注中列明了文件全文或文件信息著录线索的来源(未提供来源的为直接按照文件原文录入)。

需要指出的是,我国图书馆事业涵盖多个行业系统,涉及全国各个地区,相关事业发展政策的范围十分广泛,而本书受限于编者的专业视野和研究能力,难免有所遗漏,在选材和内容编排方面也恐难极尽精细;此外,随着社会环境的变化和事业的发展进步,在新中国成立以来的六十余年中,部分政策文件已经散佚难觅,虽经尽力查询仍未获取原文,因此只提供了文件信息的线索;部分政策文件已进行过多次修订和调整,本书在选录和编排相关内容时虽已尽力对这些文件的更迭及废止情况做了梳理和说明,终不免百密一疏。以上种种,恳望各位方家不吝批评指正。

本书是国家图书馆立项支持的同名工作项目的成果,也是国家社会科学基金项目"公共图书馆服务体系政策保障研究"(项目号:12BTQ003)的前期研究成果之一。

国家图书馆典藏阅览部的滕静静和张珊珊、缩微文献部的张志超以及上海社会科学院信息研究所研究生刘辰在资料搜集整理过程中给予了大力支持,国家图书馆出版社对于本书的出版付出了辛勤劳动,在此一并致谢!

国家图书馆研究院

2013 年 12 月

目　　录

第二篇　中央政府发布的图书馆相关政策文件

第三篇　地方政府发布的图书馆专门政策文件

北京市

第四篇　地方政府发布的图书馆相关政策文件

新疆维吾尔自治区

附录

第一篇

中央政府发布的图书馆专门政策文件

中央人民政府政务院为规定古迹、珍贵文物、图书及稀有生物保护办法,并颁发《古文化遗址及古墓葬之调查发掘暂行办法》令①

(1950 年 5 月 24 日　中央人民政府政务院)

查我国所有名胜古迹,及藏于地下,流散各处的有关革命、历史、艺术的一切文物图书,皆为我民族文化遗产。今后对文化遗产的保管工作,为经常的文化建设工作之一。兹为保护上述古迹、文物图书,除现有保护办法照旧适用,并制定《古文化遗址及古墓葬之调查发掘暂行办法》颁发外,特规定下列办法。

(一)各地原有或偶然发现的一切具有革命、历史、艺术价值之建筑、文物、图书等,应由各该地方人民政府文教部门及公安机关妥为保护,严禁破坏、损毁及散佚;并详细登记(孤本、珍品并应照相),呈报中央人民政府文化部。

(二)在反恶霸斗争和土地改革期间,应没收地主、恶霸所有的上项文化遗产,不得听任损坏、散佚,或随意分掉;应一律由当地人民政府负责保管,并层报上级政府转报中央人民政府文化部决定处理办法。

(三)珍贵化石及稀有生物(如四川万县之水杉,松潘之熊猫等),各地人民政府亦应妥为保护,严禁任意采捕。

(四)对上述古迹、珍贵文物、图书及稀有生物保护有功者,经当地人民政府查明后,应报请大行政区或省(市)人民政府予以适当之奖励并转报中央人民政府文化部备案。如有盗卖及破坏情事,当地人民政府应及时加以制止,其情节严重者应拘送当地人民法院依法予以处分;并报请大行政区或省(市)级人民政府,转报中央人民政府文化部备案。

以上各项办法暨《古文化遗址及古墓葬之调查发掘暂行办法》,希即遵照并转令所辖各级政府注意执行为要。

中央人民政府政务院为颁发
《禁止珍贵文物图书出口暂行办法》令②

(1950 年 5 月 24 日　(50)政文董字第 13 号)

查我国具有历史文化价值之文物图书,在过去反动统治时代,往往官商勾结,盗运出口,致使我国文化遗产,蒙受莫大损失。今反动政权业已推翻,海陆运输均已畅通,为防止此项文物图书继续散佚起见,特制定《禁止珍贵文物图书出口暂行办法》随令颁发,希即转令所属遵照办理为要。

---

① 该文件原文来自《图书馆法规文件汇编》(河北大学图书馆学系,1985),原文页次:45—46。
② 该文件原文来自《图书馆法规文件汇编》(河北大学图书馆学系,1985),原文页次:43—45。

禁止珍贵文物图书出口暂行办法(摘录)

第一条 为保护我国文化遗产,防止有关革命的、历史的、文化的、艺术的珍贵文物及图书流出国外,特制定本办法。

第二条 下列各种类之文物图书一律禁止出口:

(一)革命文献及实物。

……

(五)绘画:前代画家之各种作品,宫殿、寺庙、冢墓之古壁画,以及前代具有高度美术价值之绣绘、织绘、漆绘等。

(六)雕塑:具有高度艺术价值之浮雕、雕刻,宗教的、礼俗的雕像,以及前代金、石、玉、竹、木、骨、角、牙、陶瓷等美术雕刻。

(七)铭刻:甲骨刻辞、玺印、符契、书板之雕刻等,及古代金、石、玉、竹、木、砖、瓦等之有铭记者。

(八)图书:具有历史价值之简牍、图书、档案、名人书法、墨迹及珍贵之金石拓本等。

……

第三条 凡属于上述范围之文物图书,经由中央人民政府政务院核准运往国外展览、交换、赠予,并发给准许执照者,准许出口。

第四条 凡无革命、历史、文化价值之文物图书,或有革命、历史、文化价值之文物图书的复制品及影印本,均可准许出口。

第五条 凡准许出口之文物图书,其出口地点以天津海关、上海海关、广州海关三处为限。但属于第三条所指情形者,不在此限。

第六条 凡报运出口之文物图书,均须予起运或邮寄前,逐件详细开列种类、名称、大小、重量、年代之清单及装箱单,向各准许出口地点之对外贸易管理局报告,由对外贸易管理局交当地文物出口鉴定委员会,按照报运人所报清单与报运出口之文物图书逐件核对、鉴定之。各地对外贸易管理局可凭当地文物出口鉴定委员会之鉴定证明,予以发给出口许可证。海关或邮局凭证放行。

第七条 文物出口鉴定委员会分设于天津(包括北京)、上海、广州,由中央人民政府文化部在各该地区邀请专家若干人,对外贸易管理局、海关及邮局指派若干人为委员组成之。

第八条 凡已经各地文物出口鉴定委员会鉴定证明,并经各地发给出口许可证之文物图书,应由各地海关或邮局人员监视装箱,与报运人会同加封,以防暗中调换。

第九条 凡有违犯本办法之规定,企图盗运上列禁运出口之文物而经海关或邮局查获者,除没收其物品外,得按情节之轻重予以惩处。

第十条 本办法自公布之日起实行。

注:原办法由政务院财政经济委员会对第三、六、七、八各条提出修改意见,经中央人民政府文化部文物局会同中央贸易部、海关总署等机关据以研究后,报奉政务院核准修订。并由中央人民政府文化部于一九五一年六月六日以(51)文秘物字第九十四号令公布,此办法即系根据文化部令文修改后之全文。

改造北京图书馆方案①

（1951 年 3 月 27 日　文化部）

一、确定性质：全国性的、示范性的、综合性的图书馆。

二、确定任务：

（一）收集、保藏、整理、利用图书杂志报纸、广泛宣传马列主义、毛泽东思想、辅导人民获得科学、技术、文学及艺术等各部门知识，以配合新民主主义各项建设。

（二）编辑整理参考资料，解答机关学校团体以及一般读者的咨询。

（三）大力开展群众工作，主动的联系辅导读者。

（四）加强图书馆业务工作科学方法之研究，以便改进本馆的工作，并提供全国图书馆参考。

（五）集中收藏整编新旧善本图书与作家手稿。

（六）收藏整编国内兄弟民族之图书刊物。

（七）加强与苏联及新民主主义国家交换图书。

三、确定组织：见附表（略）

四、改进工作：

（一）大力改进阅览工作，并展开参考辅导等群众工作。

（二）添设科学工作方法研究股。整理经验创造新的工作方法。

（三）加强馆际联系合作互借互换，办理图书出借及巡回书库。

（四）有计划的有重点的彻底的整理未登记编目的图书。

五、亟待解决的问题：

（一）书库地基下沉，据工程专家估计，若再增加载重，必然发生危险。新编的书无法入库，故必须早日修建新书库。（修建新书库的草图和预算已由公营永茂公司作出，曾于去年十月呈部，共需经费八百万斤小米，约八十亿元，现时材料涨价，所需当较原数为多。）又阅览室地位太小，极为拥挤，亦需早日解决大阅览室的修建问题。

（二）健全组织机构，健全人事，做到"定名分，专职责"，分层负责，集中领导。

未决定图书分类法以前整理图书的一个临时办法②

（1951 年 4 月　文化部）

旧有的各家图书分类法，今日已不完全适用，新编分类法亦非短时可成，如暂采一种旧的分类法，待新的编成后再改，则改时更是困难，因此在这里提供出一个临时过渡的办法，供给遇到此种困难的图书馆作为一种参考。

---

① 该文件原文来自《北京图书馆馆史资料汇编（二）》（周和平，1997），原文页次：23。

② 该文件原文来自《文物参考资料》（1951 年第 6 期）。

一、图书暂不分类,权按登录号码排架。

二、各种目录卡片只填登录号码,不填索书号码(分类号码与著者号码),填索书号码的地方空下,留待将来补填。

三、书名目录与著者目录仍按检字排列;排架目录暂按登录号码排列;分类目录暂按临时自定分类表分类(根据需要分多少类皆可),加以导片标明类别。

四、以登录号码为索书号码,以便取书和归架。

五、将来决定分类法以后,再行分类。分类后将各种分类卡片加填分类号码和著者号码,并将图书加贴书标后与分类目录、排架目录同按分类号码及著者号码重新排过即可。

六、此法之优、缺点:

甲、优点——通过书名、著者、分类任何一种目录,查出登录号码后,借书还书绝无不便;将来决定分类法后,毋庸改号费事。

乙、不利用目录,便很难找到所要找的书。

关于各地图书馆切勿自行与外国建立书刊交换关系的通知①

(1953 年 5 月　(53)文部丁字第 290 号文件)

省(市)级图书馆试行条例(草案)②

(1953 年 7 月 17 日　文化部)

工会图书馆管理办法③

(1953 年 12 月　中华全国总工会)

专区级以上报纸缴送样本暂行办法④

(1953 年 12 月 14 日　出报字第 452 号)

---

① 该文件原文缺,文件信息依据《中国图书馆百年纪事》(陈源蒸等,2004)130 页提供线索著录。
② 该文件原文缺,文件信息依据《中国图书馆百年纪事》(陈源蒸等,2004)130 页提供线索著录。
③ 该文件原文缺,文件信息依据《中国图书馆百年纪事》(陈源蒸等,2004)131 页提供线索著录。
④ 该文件原文缺,文件信息依据《中国图书馆百年纪事》(陈源蒸等,2004)131 页提供线索著录。

出版总署关于查禁、停售图书应通知
各地图书馆、文化馆、站的通报①

（1954 年 7 月 17 日　（54）出机字第 284 号）

过去我署及各地出版行政机关曾对若干内容有严重错误的书籍，作了查禁或停售的处理。但处理的情形没有通知各地图书馆、文化馆、文化站及学校图书馆，以致这些内容有错误的书籍，仍在这些地方陈列、流传。为了改变这种情况，经与中央文化部、高等教育部、教育部洽商后，特作如下规定：

（一）凡我署通知在全国范围内予以查禁、停售的图书，均通知中央文化部，并由各地出版行政机关转告各地文化部门；地方出版行政机关经当地党政领导机关批准查禁、停售的图书，应函告我署，由我署酌情通知中央文化部及各地出版行政机关，并由各地出版行政机关转告各地文化部门。中央文化部及地方文化部门接到上述通知后，可斟酌书籍错误的情况及时地或定期地转知所属图书馆、文化馆、文化站将该书停止陈列。如某种图书只在一个地方停售，则只由当地出版行政机关转告当地文化部门。文化部门转知所属图书馆、文化馆、文化站停止陈列某种图书时，一般不必说明理由。

（二）查禁、停售图书中错误特别严重者，可由我署斟酌情况参考第一项办法通知有关教育部门转知所属高等学校或某些便利通知的中等学校的图书馆停止陈列该书。但亦如前规定，一般不必说明停止陈列的理由。

（三）停止陈列的图书除规定者外，不得随意销毁。

（四）有需通知军事部门图书馆机构停止陈列者，由我署酌情转告军委总政治部及文化部。

文化部颁发《关于征集图书、杂志样本办法》②

（1955 年 4 月 25 日　（55）文钱秘字第 138 号）

兹随文附发"中华人民共和国文化部关于征集图书、杂志样本办法"一份，请转知各出版社遵照执行。前出版总署 1952 年 10 月 17 日所发之"出版总署关于征集图书期刊样本暂行办法（草案）"作废。

文化部关于征集图书、杂志样本办法

一、本办法依据"管理书刊出版业印刷业发行业暂行条例"第八条第九项规定制定。

二、凡公开发行的书籍、图书、杂志（以上均包括汉文、民族文字、外国文字的，装订成册或单张的，定期出版或不定期出版的，以及杂志的临时特刊），均应在出版后三日内由出版者按照下列规定缴送样本：

---

① 该文件原文来自《图书馆暨有关书刊管理法规汇览》（郭锡龙，1995），原文页次：254。

② 该文件原文来自《图书馆法规文件汇编》（河北大学图书馆学系，1985），原文页次：50—52。

(1)从第一版起,每出一版均应缴送文化部出版事业管理局二份(北京东总布胡同十号出版事业管理局图书馆),中国共产党中央宣传部一份(北京中共中央宣传部),中国科学院图书馆一份(北京王府大街该馆),国立北京图书馆一份(北京文津街该馆),当地文化局(处)一份(中央一级出版社不再向北京市文化局缴送样本)。

(2)同一版次而印次不同的,每一印次缴送本部出版事业管理局一份。

(3)如同时或先后有不同装帧、开本、版式的版本出版时其中一种版本按上列规定缴送,其余版本只缴送本部出版事业管理局一份。

(4)影印外国出版的外文图书、杂志,第一次印刷应缴送本部出版事业管理局一份,国立北京图书馆两份。自第二次印刷起,每印一次,只缴送本部出版事业管理局一份。

(5)各地租型造货的图书、杂志,应缴送当地文化局(处)一份。

(6)从这一出版社转移另一出版社出版的图书,分别情况按本条(1)、(2)两项规定办理。

(7)人民出版社、通俗读物出版社、人民文学出版社、人民美术出版社、人民教育出版社、高等教育出版社、财政经济出版社、中国青年出版社、宝文堂及上海的上海人民美术出版社、新美术出版社、新文艺出版社、新知识出版社、少年儿童出版社另须将新书第一版样本一册赠送华侨事务委员会文教司(北京该会),重印古籍及装帧、版式不同的书籍不送。

三、各机关、团体、学校用机关、团体、学校名义出版的书籍、图画,除须保密者外,按照第二条第一项规定缴送样本。

四、本办法自1955年4月1日起施行。

注:"版次"与"印次"的解释,见前出版总署1954年4月1日修订颁发的"关于图书版本记录的规定"中说明事项(五)(六)两项。

文化部出版事业管理局关于征集图书、杂志样本办法的补充说明①

(1955年6月　文化部)

文化部于4月25日以(55)文钱秘字第138号和第139号文发出"中华人民共和国文化部关于征集图书、杂志样本办法"后,有些单位对其中某些条款提出询问,为此,特做如下补充说明:

一、第二条第5款关于各地租型造货的图书杂志缴送样本办法的规定,同样适用于分地印刷的图书杂志。此种图书杂志,除向当地文化局(处)缴送一份样本外,亦应缴送本局一份。

二、第三条关于各机关、团体、学校用机关、团体、学校名义出版的书籍、图画、杂志缴送样本办法的规定,不包括只供内部参考用的内部刊物:即内部刊物可不缴送样本。

三、本"办法"施行后,前出版总署1954年4月24日(54)出译字第81号文和我局1955年4月11日(55)出审字第37号文中所规定的翻译出版苏联和人民民主国家的书籍应另行缴送翻译样本的办法,仍照旧施行。

---

① 该文件原文来自《图书馆法规文件汇编》(河北大学图书馆学系,1985),原文页次:52—53。

文化部关于加强与改进公共图书馆工作的指示①

（1955 年 7 月 2 日　文社图字第 52 号）

五年来,全国公共图书馆以馆内阅览、图书外借,以及流动图书站、借书小组等方式,扩大了图书流通,帮助了广大读者;不少公共图书馆通过报告会、座谈会、图书展览、图书评介等,宣传优良图书,指导读者阅读,对人民群众进行爱国主义与社会主义的教育,提高了读者的政治水平和文化水平;某些藏书和资料较多的公共图书馆,并以图书、资料、参考书目帮助了党和政府机关、经济文教部门,配合了经济、文化的建设,取得了一定的成绩。

但是目前全国公共图书馆事业还落后于国家建设和人民文化生活的需要,工作中还存在着不少严重的缺点。首先是公共图书馆的方针任务不够明确,未能紧密地配合国家过渡时期总任务,积极地为国家社会主义工业化和农业合作化服务。在服务对象问题上,有些公共图书馆也缺乏明确的认识,或者仅以学生和干部为主要服务对象,对于工农群众没有给以应有的重视,或者片面地理解为劳动人民服务,没有把学生、干部、职员等包括在劳动人民范围之内,为他们服务;对少年、儿童读者也没有给予应有的注意。在工作重点上,有些公共图书馆仍然侧重于图书的整理与保管,而对图书借阅工作的开展重视不够,也没有积极地宣传优良图书,指导读者阅读,同时,不少公共图书馆对文化馆的图书室和其他图书馆(室)的联系与辅导很不够,有的甚至根本没有做这种联系和辅导的工作。在图书补充工作中,存在着不问读者需要和图书质量而盲目采购的现象。有些公共图书馆对整顿巩固、提高质量的方针的积极意义认识不足,故步自封,墨守成规,不能使工作有显著的改进;或者贪多贪大,忽视工作质量。

产生上述缺点的原因,主要是文化部过去对公共图书馆的方针任务缺乏具体的规定,各级地方文化行政机关对公共图书馆的工作缺乏具体的领导,有些地方甚至根本放松了管理,以致不能发挥公共图书馆应有的作用。

针对上述情况,根据国家建设的需要和人民群众日益增长的文化要求,以及整顿巩固、提高质量、积极地稳步地发展图书馆事业的方针,特作如下指示:

一、公共图书馆是以书刊对人民进行爱国主义与社会主义教育的文化事业机构,是党和政府进行宣传教育工作的有力助手,应广泛地开展图书流通,指导读者阅读,充分发挥藏书的作用,积极地为国家社会主义建设和社会主义改造事业服务。其服务对象应是广大的各阶层人民(少年、儿童也包括在内),对于工农兵和知识分子以及其他劳动人民不应有所偏废。但各公共图书馆可以根据各该馆所在地区的社会情况,分别确定其服务重点。

二、公共图书馆的主要任务应该是:

第一,收集、保藏并积极利用图书、杂志、报纸和其他出版物,向广大人民宣传马克思列宁主义,进行爱国主义与社会主义教育,并使人民获得各种文化科学知识。

第二,对本地区规模较小的公共图书馆,文化馆(站)图书室,工矿、企业、机关、团体的图书室及其图书馆(室)进行业务辅导,以促进本地区图书馆事业的巩固和发展。

---

① 该文件原文来自《图书馆暨有关书刊管理法规汇览》(郭锡龙,1995),原文页次:257。

第三,以图书、资料、书目和索引等为本地区的党和政府机关、财政经济部门、科学文教机关和其他机关、团体服务。

上述第一、第二两项任务,各公共图书馆应一律进行,并应把这两项任务很好地结合起来。至于第三项任务,目前只要求在省(直辖市、自治区)以上的公共图书馆进行;其他公共图书馆是否进行,应视各馆的人力物力决定。

三、为有效地完成以上各项任务,各公共图书馆在进行工作时,必须注意以下几项措施:

第一,大力开展图书流通工作。各公共图书馆应使图书广泛地在人民群众中流通,充分发挥藏书的作用,满足读者阅读图书的要求。因此,应以各种方式在馆内外展开图书流通工作:甲、设立各种阅览室,准备必要的设备和条件,以便于读者学习和研究;乙、设立外借处,开展图书外借工作。外借手续应力求简便;丙、组织流动图书站、借书小组等出借图书,为广大劳动人民服务。

第二,与开展图书流动工作的同时,应重视对读者的阅读指导。这是目前我国公共图书馆工作中最薄弱的一环,必须大力加强。因此:甲、首先要了解读者的需求状况和知识程度,熟悉馆内的藏书,特别是优良图书,以便从各方面指导读者阅读,如帮助读者选择适当的书刊,解答读者的询问,向读者介绍正确的读书方法等。图书外借处和阅览室应特别注意这个工作;乙、应举办以宣传图书和指导阅读为内容的报告会、座谈会、朗诵会、图书展览和组织读者小组等,在进行此项工作时,应注意争取有关方面的配合及社会力量的协助。同时应根据读者群众的需要,分别地编制或利用各种推荐书目、索引及图书评介、图书宣传画等,在读者群众中广泛地宣传优良图书,指导读者阅读。

第三,正确地补充新书和整理藏书是开展图书流通工作的重要条件。各公共图书馆必须首先根据各该图书馆具体的方针任务,馆的藏书基础,结合当地的经济状况、文化状况、群众的需要状况,有计划地补充书刊。采购图书时,要尽可能地召集阅览室、外借处管理人员和其他多与读者接触的工作人员,研究读者的需要,并决定选购的品种和数量。凡广大读者迫切需要的图书,必须及时地比较充分地采购;同时为了照顾各方面读者的需要,某些虽然读者范围较狭但内容重要的图书,也应适当选购。在采购图书工作上,既反对只采购少数品种图书,而不照顾各方面读者需要的狭隘现象,也要反对平均采购,缺乏重点的平均主义现象。在少数民族聚居或少数民族杂居地区的公共图书馆,尤应注意少数民族文字图书的补充。新书到馆后,必须及时登录整理,供读者利用。对于目录的编制工作,各公共图书馆今后应予以重视。目录是宣传图书、指导阅读的工具。因此各公共图书馆应根据本身的力量,不断改进目录的编制与组织,逐步提高目录的思想性,加强其对读者的指导作用。至于积存的旧的书刊资料,应在保证不影响开展图书流通工作的原则下,采取简便易行的办法逐步整理,要求做到取用方便,以供参考研究。

第四,加强业务辅导工作。在当地文化行政机关的领导下,根据本身条件和客观需要,对本地区规模较小的公共图书馆,文化馆图书室、工矿、企业、机关、团体的图书室、农村图书室等,在图书的选购、整理、保管、流通和阅读指导等方面予以辅导和帮助。其方法主要是:甲、口头或书面解答问题及提供所需的资料;乙、组织观摩访问、业务座谈会等以交流经验;丙、重点深入所辅导的单位加以具体指导;丁、有条件的公共图书馆可举办图书馆工作人员训练班、讲习班、讲座、实习等。

第五,省(直辖市、自治区)公共图书馆应根据本地区建设的需要,收集整理有关的图书、资料,特别是地方文献、地方出版物,编制或利用各种书目、索引等;并以机关、团体借书、馆际借书、邮包借书等方式,主动地为机关、团体服务。

四、各公共图书馆除根据上述任务和措施开展工作外,当前应特别注意:

第一,积极配合宣传唯物主义、批判资产阶级唯心主义的思想斗争,利用各种方式,大力宣传辩证唯物主义与历史唯物主义,反对资产阶级的唯心主义,以社会主义思想去教育和鼓舞人民为实现社会主义而奋斗。

第二,根据一九五四年六月七日本部和中华全国总工会联合发布的"关于加强厂矿、工地、企业中文化艺术工作的指示",各公共图书馆(特别是市公共图书馆),应切实加强为工矿、企业服务的工作,主要的是加强对他们的业务辅导工作。对于已建立图书馆的单位,应积极地给以业务上的辅导,帮助他们改进图书室的工作;对于有条件建立图书室的单位,应积极地推动和帮助它们建立图书室,对于尚无条件建立图书室或已有图书室尚缺乏图书的单位,仍应开展图书外借、流动图书站、借书小组与馆际借书等项工作,以供应工人群众需要的图书,并通过这些活动逐步地帮助他们建立、健全和巩固自己的图书室。

第三,与所在地区的文化馆(站)图书室密切合作,经常给它们以业务上的辅导,并通过馆际借书,增加它们可以出借的图书品种,以便通过这些文化馆(站)图书室扩大图书流通,使图书更好地为广大群众服务。

第四,配合有关方面,运用各种方式,把水平低的群众所需要的各种通俗书刊深入到群众,尤其是青少年和儿童中去,以扩大进步和有益的书刊的影响,从而抵制反动、淫秽、荒诞的书刊的毒害。

五、为了保证公共图书馆工作的不断改进,各级地方政府文化行政机关应加强对公共图书馆事业的管理:

第一,应经常了解和掌握本地区图书馆事业的情况,加强对公共图书馆的政治思想领导,加强对其计划执行情况的检查,并给以具体的指导和帮助,在经费上应保证必要的购书费,并应指定专人经常负责管理公共图书馆工作。

第二,为了提高公共图书馆工作的质量和加强对读者的阅读指导工作,必须注意在配备公共图书馆干部时,保证有一定数量的具有相当思想文化水平的骨干。同时注意干部的培养与提高:首先应经常注意他们的政治理论学习,提高其政治思想水平;同时还必须加强他们的业务学习,尤其要结合我国具体情况学习苏联图书馆工作的先进经验。此外,有条件的省(直辖市、自治区)文化局(处)可责成工作基础较好的公共图书馆举办图书馆工作人员的短期培训班、讲习班等,以培养图书馆工作干部。

各级地方政府文化行政机关应根据本指示,在当地人民委员会、自治机关的指导下,在适当时间对公共图书馆工作进行一次认真的检查和研究;然后根据当地实际情况,定出具体的计划与实施方案,请当地人民委员会、自治机关批准,予以执行。

检送"征集图书杂志样本办法"及补充说明①

(1955 年 7 月 8 日　(55)出审字第 12 号)

---

①　该文件原文缺,文件信息依据《中国图书馆百年纪事》(陈源蒸等,2004)137 页提供线索著录。

工会图书馆订阅报纸杂志参考标准①

（1955 年 8 月　中华全国总工会）

工会图书馆订阅报纸杂志,应当根据职工的文化水平、人数、产业性质、所在地区,从多数群众的需要出发,以内容通俗普及的为主,并考虑经费的可能和阅览室的设备条件,而掌握一定的标准。不顾需要和可能,毫无选择地随意乱订,或者盲目地求全求多,都是不恰当的。

现在根据一九五五年第三季度全国报刊出版情况,拟定了下面的参考标准,供各地工会图书馆参考使用。

一、报纸部分

（甲）人民日报、工人日报、中国青年报、中苏友好报。

（乙）当地省、市委机关报、工会联合会机关报、团委机关报（报名略,参考邮局报刊目录,下同）。

（丙）同本单位产业性质有关的专业性报纸（《中国邮电工人报》《人民铁道报》等）和其他报纸（如《争取持久和平争取人民民主报》、天津的《大公报》、北京的《光明日报》、上海的《新闻日报》等）。

说明:

1. 千人以上的大厂,基层图书馆可参考以上的标准订阅。千人以下基层,根据经费条件,酌量减少。

2. 没有阅览室设备,可选订几份当地和中央的主要报纸张贴在适当地方,供群众阅览。

3. 市、区文化宫、俱乐部的图书馆,基本上可以参照上述标准订阅。此外:(1)当地一般报纸可以全订;(2)根据本地区的主要产业特点,选订若干种专业性的报纸;(3)邻近省市或者其他重要工业城市的主要报纸适当选订;(4)设有儿童阅览室的,增订《中国少年报》和《新少年报》。

4. 每种报纸的份数,凡外埠出版的,一般只订一份;当地出版的主要报纸(省、市委机关),可多订一至二份。

二、杂志部分:

（甲）工人半月刊、学文化、中国青年、时事手册、新体育、大众电影、人民画报、连环画报。

（乙）学习、人民文学、文艺学习、新观察、解放军画报、漫画、世界工会运动。

（丙）世界知识、文艺报、政治学习、读书月报、解放军文艺、剧本、歌曲、旅行家、新中国妇女、科学大众、科学画报、无线电、大众医学、苏联画报。

（丁）地方性的青年或工人刊物（如《旅大青年》、《福建工人》）。

（戊）地方性的文艺刊物（如《河南文艺》、《辽宁画报》）。

（己）同本单位性质有关的专门刊物（科学技术、财政经济、医药卫生、文化教育等方面）。

说明:

1. 五百人以下的基层图书馆可参考(甲)组订阅,并可根据实际需要,从其他各组中适当选订。如女工较多的,应订《新中国妇女》,纺织厂应订《中国纺织工人》,机械厂应订《机械工人》。经费少的,酌量少订。

---

① 该文件原文来自《图书馆法规文件汇编》(河北大学图书馆学系,1985),原文页次:77—80。

2. 千人左右的基层图书馆,可参考(甲)(乙)两组订阅,并可从其余各组中,适当选订。

3. 二千人以上的基层图书馆,可参考(甲)(乙)(丙)三组订阅,并可从其余各组中适当选订。

4. 从(丁)(戊)两组中选订时,一般以本地或本省出版的为限。

5. 从(己)组中选订时,应当结合本单位的生产性质,切实根据多数职工的文化水平和需要,避免盲目乱订。

6. 没有阅览室设备的,参考(甲)组订阅。(外借流通用)

7. 在实际订阅时(特别是(戊)(己)组)都应当根据邮局报刊目录,并实地到书店参阅样本,慎重选订。

8. 每种杂志一般只订一份。

9. 市、区文化宫、俱乐部的图书馆,基本上可以参考以上各组订阅。另外可增加《世界青年》、《国际展望》、《民族画报》等数种,在选订(戊)(己)两组时,应当较基层所选的范围稍广。读者多的杂志,可多订一份。有儿童阅览室的应增订数种少年儿童的杂志,如《少年文艺》、《儿童时代》、《中学生》、《小朋友》等(基层图书馆如开放儿童阅览,也可增订《少年文艺》等一、二种)。

附记:

1. 以上参考标准,系根据一九五五年第三季度出版情况拟订。今后出版情况如有改变,应当随时参考邮局报刊目录,根据上述原则灵活使用。

2. 图书经费的使用比例如有变动,也应当相应地酌量增减。

3. 工会图书馆应当经常吸收读者对报刊的意见,研究读者的需要,检查各种报刊的实际效果,并考虑如何力求合理地使用经费作为每次选订报刊时的依据。订过后就不闻不问,是不对的。

中华人民共和国文化部抄发中华全国总工会发布的《关于工会图书馆工作的规定》《关于清理工会图书馆藏书的决定》《关于加强工会俱乐部工作的指示》(略)等文件①

(1955 年 9 月 17 日　文化部)

现抄发中华全国总工会发布的《全总宣传部第一次全国工会图书工作会议的报告》、《关于工会图书馆工作的规定》、《关于清理工会图书馆藏书的决定》和《关于加强工会俱乐部工作的指示》及《全国第二次工会俱乐部工作会议的报告》等文件,这些文件都非常重要,其中很多部分并与文化部门的工作直接有关,望认真加以研究,并根据统筹安排的精神,采取相应措施大力配合和协助工会贯彻这些决定、指示,以进一步开展厂矿、工地、企业中的文化艺术工作。

附件:

中华全国总工会关于工会图书馆工作的规定

(一)工会图书馆的任务:

一、工会图书馆是工会组织用以向职工群众进行共产主义教育的重要阵地,其基本任务

---

① 该文件原文来自《图书馆法规文件汇编》(河北大学图书馆学系,1985),原文页次:69—77。

是:利用图书报刊,帮助职工学习马克思列宁主义,向职工进行时事政策教育,并帮助职工获得科学、技术、文学、艺术等方面的知识,提高职工的政治、文化、技术水平,以教育和帮助职工积极地参加国家的社会主义建设事业。

工会图书馆亦应利用图书报刊为职工家属服务。

二、为完成上述任务,工会图书馆应进行下列工作:

1. 通过借书处,阅览室和利用流动图书站,借书小组等方式,吸引职工及其家属成为图书馆的读者,使图书广泛地在群众中流通。

2. 帮助读者选择书籍,指导和组织读者阅读和自修,帮助读者学会使用图书目录和字典等,并帮助职工群众养成阅读书刊的习惯。

3. 组织读者座谈会、报告会、朗诵会、故事会、图书展览等群众活动,并利用黑板报、广播、图书宣传画等形式,向读者广泛地推荐和宣传优秀的政治书籍、科学技术书籍和文艺书籍。

4. 有计划地充实藏书,并通过馆际互借的办法,以满足读者的需要,完善地整理和保管图书,以便利读者借阅。

三、区域性俱乐部(文化宫)的图书馆,要搞好阅读工作和群众性的阅读辅导活动,并根据藏书条件,开展外借和流通图书站工作,对基层工会图书馆和联合图书馆进行业务辅导。

(二)工会图书馆的建立

四、凡有职工五百人以上的基层,均可根据本身条件,建立单独的或附设在俱乐部中的工会图书馆。

五、职工人数在五百以下的基层,根据目前情况,可采取如下方式:

1. 已设有图书馆的单位,如其藏书已具有一定数量,活动也能经常开展,且工作有人管理者,可继续办理。

2. 尚未建立图书馆的单位,则应与附近区域性的和产业的工会图书馆、公共图书馆、文化馆或大厂的工会图书馆建立联系,利用流动图书站、借书小组,个别借阅等方式,满足职工阅读的需要,不必再建图书馆。

3. 如当地无上述条件,则可根据各单位自愿,按照地区或同一产业建立联合图书馆,其组织应以便利读者借阅为原则;其服务的职工人数以不超过两千人为宜。

六、区域性的单独的工会图书馆,今后一般不应建立,新建的区域性的俱乐部(文化宫)一般只设报刊和通俗书籍阅览室,不建立图书馆。

七、各产业工会组织可根据需要和本产业的特点,在市或市属区建立图书馆或流动书库,以为本产业不能建立图书馆的基层的职工服务。

八、凡根据以上建立图书馆、联合图书馆,或流动书库时,至少应有一千册藏书,并且有经常的图书购置费,以及必要的场所和设备。

(三)工会图书馆的领导

九、工会图书馆在工会组织领导下进行工作,工会组织对工会图书馆的领导职责是:

1. 批准图书馆工作计划,检查图书馆工作;

2. 监督图书馆的采购工作,审查图书馆经费的使用情况;

3. 审查和任免图书馆工作人员,并加强其思想领导。

十、工会图书馆的日常工作,由工会宣传部门领导,工会图书馆与俱乐部在一起的,其日常工作由俱乐部领导,联合图书馆由各参加的基层单位组成一定形式的管理机构(管理委员会),并由其上一级工会组织的宣传部门领导。

十一、各级地方工会和产业工会的宣传部门,对工会图书馆工作的职责是:

1. 根据政府和工会组织有关图书馆工作的指示,决议和规定,指导和检查工会图书馆工作。

2. 总结并交流工会图书馆的工作经验。

3. 组织训练班,业务讲座等,以培养工会图书馆干部。

4. 按时向同级工会组织和上级工会宣传部门报告工会图书馆工作。

(四)工会图书馆员的编制和图书馆馆长的职责:

十二、工会图书馆的工作干部称为工会图书馆员。工会图书馆员应属工会组织的事业编制。

十三、工会图书馆员应根据下列原则设立编制:凡职工在一千五百人以下基层图书馆,由工会选派积极分子担任,不设专职干部,职工在一千五百人以上者,设专职一人担任,职工在三千人以上,藏书在五千册以上,经常来馆借阅的读者有一千人以上者,可根据需要增设一人,如因工作需要,必须超过以上编制时,应报上级工会审查批准。

十四、联合图书馆以不设专职图书馆员,由积极分子管理为原则,如藏书和读者过多,需要设专职图书馆员时,应报上级工会审查批准。

十五、工会图书馆员应具有初中以上文化水平。

十六、凡主要负责图书馆工作的人员,工会组织可任命其为图书馆馆长,图书馆由业余积极分子管理时,亦应由工会组织委任其中一人或二人担任馆长和副馆长。图书馆长的职责是:

1. 贯彻政府和工会组织有关图书馆的指示、决议和规定;

2. 制订图书馆工作计划,并按时向工会组织报告工作。

3. 负责管理和保管图书馆的藏书,开展图书馆的各项业务。

4. 吸收读者意见以改进图书馆工作,并经常教育读者遵守图书馆制度和爱护书籍。

5. 吸收和领导读者积极分子参加图书馆各项工作。

(五)工会图书馆的读者会议

十七、为使工会图书馆工作充分取得群众监督,工会图书馆应半年或一年召开一次读者代表会议,在会上向代表报告图书馆工作,让读者讨论和批评图书馆工作,并应经常设置意见簿等,以听取和征求读者意见,改进图书馆工作。

十八、工会图书馆的日常管理工作应依靠广大读书积极分子进行。图书馆应吸收他们组成管理小组,分别协助进行采购、整理、流通、阅览和群众性图书等宣传工作,并应注意吸收文化水平较高的工人、职员、工程技术人员等协助进行读者阅读指导工作。

(六)工会图书馆的经费

十九、工会图书馆的经费由工会文教事业费开支。

二十、基层工会图书馆应由基层文教事业费中拨出百分之五至百分之十作为图书馆图书购置费;其中书籍费应按月拨给;报纸杂志费应按季拨给,并保证其专款专用,有结余时年终上缴。

二十一、基层图书馆的干部工资、办公费、印刷费等亦在基层文教事业费中开支;如有不足,则应由上级工会在上缴的文教事业费中给予补助。

二十二、新建的工会图书馆,其开办费由基层工会根据需要编制预算,报请上级工会审核批准。

二十三、联合图书馆的经费开支,参考上述原则办理。

(七)工会图书馆的图书采购

二十四、工会图书馆采购图书应以适合大多数职工需要的、通俗的、内容正确的而且富有教育意义的图书为主。

二十五、工会图书馆必须购入:通俗的政治书籍;指导工人操作技能的生产技术书籍和介绍先进生产经验的书籍;普及科学知识和卫生常识的书籍;以及有教育意义的文艺作品;古典文艺作品则应根据群众喜好和接受程度适当选购。

二十六、为照顾文化水平较高的工人和职员,工会图书馆亦应视经费条件购入必要的内容较深的政治理论书籍和科学技术书籍。

二十七、工会图书馆应结合国家和单位的中心工作和生产情况,以及职工各项学习采购图书,并应根据文化水平较低的职工的需要,采购连环图画。

二十八、工会图书馆应根据实际需要适当地购入儿童读物,以供职工子弟阅读。

二十九、凡是有教育意义的、实用的而又为多数职工喜爱的好书,可采购复本,但是不可过多,文艺书籍一般不超过十部,政治、科学、技术书籍一般不超过五部。

三十、各工会图书馆应将购书经费合理使用,其比例一般可参照如下标准:报纸杂志费最多不超过百分之三十(较大基层根据实际需要减少),文艺书籍(包括连环画)费占百分之五十,政治、科学技术和工会业务书籍费占百分之二十。

(八)工会图书馆的管理制度

三十一、工会图书馆应建立图书财产登记制度。一切图书均应切实登记,并应定期清点,图书破损、作废、丢失时,须经工会批准后在登记簿上注销,藏书中陈旧书籍和内容错误的书籍,应定期和及时清除处理。

三十二、工会图书馆应建立借阅管理制度。应制定借书规则和阅览规则,对不遵守规则的读者应予批评教育,读者损坏或丢失了图书,应按规则赔偿。

三十三、工会图书馆应在职工业余时间开放,并须保持其经常性,不得随意闭馆,开放时间一般应是:由业余积极分子管理者,每周不少于十二小时,由专职图书馆员管理者,每周不得少于二十四小时。

三十四、工会图书馆应有正确的藏书统计、读者人数统计、图书出借册数统计及群众工作统计。

中华全国总工会关于清理工会图书馆藏书的决定

解放后,工会图书馆事业在党和政府的关怀下,有了很大的发展。现在,全国已有一万七千多个工会图书馆,拥有二千万册以上的藏书。几年来,工会图书馆通过宣传和出借优秀书刊,在提高职工政治水平和丰富职工的文化知识方面,发挥了重大的作用。

但是不少的工会图书馆还没有健全的藏书管理制度。对书籍也没有经常的检查和定期的清理。因而,目前在许多工会图书馆中,积存了大量的破烂书籍、过期的报纸、杂志以及几年前配合运动的小册子,也还有部分内容错误的,或受过批判而没有阅读价值的书籍,甚至在少数工会图书馆中(特别是接收解放前图书馆中)还有反动的和内容极不健康的书籍,也有的由于盲目采购而积压着大量不适合工人阅读的或者是复本过多的书籍,此外,也有少数大的工会图书馆还有很多中、外文的资料、文献。这些书籍不加清理,就很难有效地发挥工会图书馆的作用。为此,特作如下决定:

(一)各地工会图书馆应结合整顿图书馆工作,对现有藏书进行一次清理。工会各级组织必须加强对这一工作的领导,并应教育图书馆员和积极分子正确地对待这一工作,以便在这一工作中,提高工会图书馆工作的管理水平。

(二)清理时,应仔细了解藏书种类,数量和内容,并结合研究读者需要来进行,注意防止草率从事。清理工作必须在党的领导下,取得政府文化部门的指导与公共图书馆的配合,并广泛地依靠读者积极分子来进行。

(三)清理期间,一般不应闭馆,如藏书过多,则可以按类分批清理。

(四)以下书刊必须清理。

一、下列书刊应清除注销,交当地政府文化部门处理:

1. 宣传反动思想的、歌颂反动人物和反动人物的著述,以及思想内容错误的书刊;

2. 传播资产阶级糜烂生活方式的色情淫秽的书刊,荒诞的武侠神怪小说以及这类的连环画。

二、下列书刊应剔出移交与当地政府文化主管部门,由其分配给公共图书馆;

1. 供专门研究的资料性的、历史文献性的书刊;

2. 在政治和科学方面已经失去现实性,但有参考研究价值的书刊。

三、凡是破烂的缺页脱页的书籍、过时的小册子、残缺的报纸杂志、破旧的连环画等,已无阅读或参考价值者,可作废纸处理。其中如有内部发行的,则应清出请示所属工会组织处理。

四、下列书籍,可组织馆际交换。

1. 复本过多读者又少而积压的书籍;

2. 本馆无用而能使用于其他图书馆的书籍。

(五)处理上述书刊,都必须经所属工会组织批准。凡交政府处理的、或移交政府分配给公共图书馆的书刊均须分别编造清册。报上级工会备案,如果处理书刊过多,而这些书刊又未经过整理,不易编造清册时,其备案手续可根据具体情况决定,但必须达到今后有案可查。

(六)组织馆际交换工作应视条件决定,有的地区条件不够(如干部条件等)可暂缓进行,但必须积极准备,不能因此放任不管。

(七)要求工会图书馆通过这次清理,把藏书登记制度与管理制度建立与健全起来。

(八)工会图书馆清理藏书的工作不是突击性运动,今后还要经常地定期地进行,同时,在今后采购图书时,应切实注意图书内容和读者需要,避免购入过多的复本和职工不需要的图书,以及内容错误的书刊。

中华人民共和国文化部关于补充省(直辖市)图书馆藏书的试行办法的通知①

(1955 年 11 月 8 日 (55)文陈社图书第 91 号)

为了改进公共图书馆的图书补充工作和书店对图书馆的图书供应工作,以便及时地广泛地满足读者的需要,现拟定《关于补充省(直辖市)图书馆藏书的试行办法》(附后),自一九五六年一月起至十二月止暂在北京、上海、沈阳、武汉、成都、兰州六地试行。请上述文化局即与所属有关图书馆研究执行;新华书店总店亦即转知各有关发货店遵照执行。在试行中有何问题,请随时加以总结报告,以便不断改进修正。由于全面补充图书而需要增加的经费,自一九五六年起,由本部在各该图书馆经费预算内调剂解决。

关于补充省(直辖市)图书馆藏书的试行办法

一、为了改进公共图书馆图书的补充工作,使公共图书馆能及时地和广泛地满足广大人民群众在文化上的需要和更好地为国家建设服务,特制订本办法。

二、本办法适用于全国省(直辖市)以上的公共图书馆。在试行期间,暂指定在北京图书馆、上海图书馆、辽宁省图书馆、湖北省图书馆、四川省图书馆、甘肃省图书馆试行。

三、补充范围:凡国内各公私营出版社及机关、学校、团体出版的图书以及国际书店进口图书,除机关、团体自行出版、自行发行的内部读物、内部文件及新华书店无法搜集者外,所有出版物均在补充之列:

(1)书籍(包括小册子、舆图、乐谱、古籍等);

(2)图片;

(3)画册;

(4)课本;

(5)少数民族文字图书;

(6)国内出版的外文图书;

(7)进口的汉文图书与外文图书;

(8)盲人用书;

(9)由新华书店发行的定期刊物;

(10)由新华书店发行的杂志合订本(包括国际书店影印的过期俄文期刊合订本和龙门书局影印的资本主义国家的科技期刊合订本)。

下列出版物也应在补充范围之内:

(1)内容修订、增订或重排的图书(以版权页上所印的版次为准);

(2)不同装帧的图书(如精装、平装、普及本以及分册本和合订本,又,如同一书,纸张不同,可择纸张较好的补充一种)。

四、补充数量:北京图书馆每种出版物各二册,其他图书馆每种各一册;进口外文图书、

---

① 该文件原文来自《图书馆法规文件汇编》(河北大学图书馆学系,1985),原文页次:82—85。

少数民族文字图书、盲人用书以及新华书店发行的杂志合订本等四种只补充北京图书馆每种一册,其他图书馆不补充。各图书馆需要的册数和种类如超过此规定的数量,超过部分可自行向当地书店订购。

五、补充办法:

(1)由新华书店总店责成各地发货店、内蒙古新华书店、新疆新华书店搜集当地所有出版物补充六个图书馆,并将补充的图书作为当地新华书店的订货,单独开票和包装挂号直接邮寄图书馆,邮寄费用由图书馆担负,在同一市区可不邮寄,以节省费用;图书馆按照平时收货手续,照单全部点收。

(2)中央级出版社分区造货的出版物,一律由新华书店北京发行所补充,其他发货店不发,以免重复。

(3)为了便于检查寄发是否及时和有否遗失,各地发货店对于补充六个图书馆的图书,应使用专用的调拨单,使发往图书馆的图书调拨单号码连贯起来。每次寄发时,均在单上注明发出日期,并加盖"图书馆订货"字样章,以便识别。

(4)图书馆收到图书后,如发现有遗漏和不符情况,应及时与当地新华书店联系,当地书店应负责立即向各发货店交涉补寄和调换。

(5)为了保证补充六个图书馆的图书完整无缺,新华书店各发货店寄发时,应注意包装的坚固,除单张画片外,尽可能不用卷折的包装方法,如有破损情形,发货店应予更换。

六、补充图书寄发时间:新华书店各发货店、内蒙古、新疆新华书店在出版物出版后交付发行的三日内寄发给六个图书馆,但北京、上海二发行所应当天寄发。

七、付款办法:由六个图书馆所在地的新华书店销货店根据各发货店补充图书馆图书的调拨单,按照平时与图书馆往来的办法向图书馆进行结算。

八、上述六个图书馆应指定专人负责接收和检查新华书店所发给的图书,发现新华书店所寄发的图书有缺漏、破损或不及时现象,应及时向书店提出意见,查究责任,并且设法补偿和改进。

九、本办法试行期间:自一九五六年一月起至一九五六年十二月止,期满再在其他省(直辖市)图书馆推行。

高等学校图书馆馆际互借办法(草案)①

(1956 年)

一、为了加强全国高等学校图书馆的联系与协作,广泛利用图书、期刊、资料,以适应教学与科学研究工作的需要,特制定本办法。

二、各馆建立互借关系,应由双方正式备文,互换统一格式的印鉴卡,并指定专人负责互借工作。

三、借书须填送统一格式的借书单。

四、出借书刊范围,以当地不易购得的一般书刊为限。凡善本、珍贵资料、工具书、报纸、

---

① 该文件原文来自《图书馆法规文件汇编》(河北大学图书馆学系,1985),原文页次:118—119。

无复本的期刊以及其他限制出借的图书等,不便出借者,应尽可能用复制的方法解决之,费用归需用者负担。如经双方协议,同意借用原书者,则只限于馆内阅览,不得携出。

五、借书册数与期限可由双方协商决定,但以不妨碍出借馆使用为原则。

六、所借书刊,到期应即归还,不另通知。但出借馆如有特殊需要,可随时索还。

七、借用书刊,一次逾期不还者,予以批评,二次逾期不还者,则暂停互借。

八、所借书刊,应加意爱护。如有遗失或污损等情况须负责赔偿原版本的书刊,如确属无法购得原书刊者,按该书刊价加一至五倍的价款赔偿,其赔数由出借馆决定之。

九、馆际借书以馆证为据。外埠邮寄,应妥为包扎,并一律挂号,邮费由寄发者负担。

十、各馆所编印的书刊目录,应互相交换或赠送,以资参考。

高等学校图书馆书刊补充的几项规定(草案)①

(1956 年)

一、书刊补充以根据各校(院)的教学和科学研究以及宣传马克思列宁主义的需要为原则。

二、各校(院)所有教学和科学研究的图书经费,均由图书馆统一掌握,集中采购,并应编制年度采购计划。该项年度采购计划须由图书馆委员会审查,校(院)长批准。

三、图书经费,应在节约原则下,合理使用。

四、书刊补充,除经常向书店、出版机关选购外,可通过交换、赠阅、复制等方式,从国内外学术机构征集有关书刊资料。

五、各校(院)图书馆,应建立和改进书刊补充制度。

六、采购书刊,应与校(院)内务有关单位保持密切联系,并应依靠系和教研组(室)进行评选工作。

七、各校(院)应根据具体情况,订出书刊采购标准。

八、书刊补充,应以种类多、复本少为原则。

九、教师与学生所用的教本应自备,教学参考书的补充复本数量应逐渐减少。

十、各校(院)图书馆应广泛地有系统地搜集参考工具书(字典、百科全书、舆图、手册、指南、年鉴、书目、索引、科学名词、文摘等),以及图书馆学的有关资料。

十一、资本主义国家中的书刊,应尽量采购影印本或显微书影,如必需购用原版者,以不买复本为原则。

十二、馆藏期刊较多的校(院),应有计划地重点进行过期期刊的补缺工作。

十三、书刊补充,应根据各校(院)的特点,制定长远规划,有步骤地充实其特藏。

---

① 该文件原文来自《图书馆法规文件汇编》(河北大学图书馆学系,1985),原文页次:119—120。

高等学校图书馆书刊调拨暂行办法(草案)①

(1956 年)

一、为合理调整高等学校图书馆的藏书,充分发挥书刊作用,以适应教学和科学研究的需要,特制订本暂行办法。

二、书刊调拨工作,由高等教育部统一领导进行。

三、各校(院)馆藏与本校的性质和任务不需要的及多余的复本书刊,均应调拨。

四、书刊调拨首先应照顾新建院(校)、边远地区以及增设专业的院(校)。

五、在调拨系统的专藏时,应保持其完整,不得分散。

六、凡应行调拨的善本书,须考虑地区的分布,按其性质充实基础较好的有关院(校)。

七、各校(院)应将可调出的书刊,按类编制清册,送高等教育部审查处理。

八、各校(院)如有专业调出时,除有关该专业的书刊应调出外,在不影响原校(院)的需要下,经过协商,可自行调拨其他有关书刊,并报部备案。

九、复本零星期刊,各校(院)可相互进行交换或赠阅。

中华人民共和国文化部关于清理公共图书馆
积存旧书成立交换书库问题的通知②

(1956 年 1 月 16 日　文化部)

目前各省、市较大公共图书馆中皆存有大量复本旧书,这些书,有的馆基本上已进行整理(如辽宁省图书馆和南京图书馆);有的馆进行了部分整理;有的馆则尚未开始整理。这些复本旧书积压在书库中,既不能发挥应有的作用,又影响新书的入藏。而且有些复本书在别的单位是非常需要并且要用高价到市场上去购买的。虽然有的馆就整理后的复本书与其他馆进行了交换,但也缺乏计划,失于掌握;甚至于像辽宁省图书馆为了要清理复本书而采用了出售办法,这是不对的(现在辽宁省文化局已制止该馆出售)。

根据上述各情况,本部认为目前各公共图书馆的积存图书,首先是解放前的复本旧书,必须进行大力清理,并在此基础上利用原有条件成立省图书馆的交换书库,以便全面、合理地调剂图书,供给各方面利用。因此,希你局将你省(市、区)公共图书馆,首先是省、直辖市、自治区图书馆的复本旧书、整理情况及对成立交换书库的意见于二月底以前简要报告本部,以便进一步采取措施,统一处理。

---

① 该文件原文来自《图书馆法规文件汇编》(河北大学图书馆学系,1985),原文页次:120。

② 该文件原文来自《图书馆法规文件汇编》(河北大学图书馆学系,1985),原文页次:85—86。

图书馆学、目录学科学研究 12 年远景规划(草案)①

（1956 年 6 月　国务院科学规划委员会）

明确图书馆的方针和任务为大力配合向科学进军而奋斗②

（1956 年 7 月文化部社会文化事业管理局向全国图书馆工作会议提出的报告）

周总理在关于知识分子问题的报告里说："为了实现向科学进军的计划,我们必须为发展科学研究准备一切必要的条件。在这里,具有首要意义的是要使科学家得到必要的图书、档案资料、技术资料和其他工作条件。"自此以后,各方面对于图书馆工作都给以很大的关心和重视。许多科学家提出了若干宝贵的意见和要求。有的科学家说,要使得科学赶上世界先进水平,首先要图书馆收藏的图书资料赶上世界先进水平,这叫做"大军未发,粮草先行"。从周总理的报告和科学家的这些话里,使我们认识到,图书馆事业对于向科学进军的关系极为重要。如果我们把图书馆工作做好,使科学研究工作者能够得到丰富的图书资料,就给向科学进军造成有利的条件;如果图书馆不能适应这种需要,使科学研究工作者得不到所需要的图书资料,就必然使向科学进军遭遇很大的困难。所以图书馆能否提供科学研究所需要的图书资料,是我国向科学进军的重要条件和胜利保证之一。同时,我们党和政府对于科学工作采取"百家争鸣"的政策,提倡独立思考、自由研究、自由讨论。这样必然地要求对于图书、资料收罗得广博和精彩。因此,提供科学研究的图书资料,是我们文化部门和图书馆工作者一个艰巨而光荣的政治任务。我们应该以极大的努力来担负起这一个任务。

（一）

从建国以来,图书馆事业有了很大的发展。恢复、改造和增加了许多图书馆,并充实了大量藏书。据一九五五年年底的统计,全国共有县以上的公共图书馆 96 个(其中省和直辖市以上的公共图书馆 26 个,专业图书馆 3 个),藏书共有 2890 万册;文化馆图书室 2413 个,藏书共有 1233 万册;高等学校图书馆 194 个;科学院系统图书馆 56 个。此外,还有机关团体所属的图书馆,大量的中小学校图书馆、军队图书馆和工会图书馆(室)。随着农业合作化高潮的到来,在广大农村中,也正在大量建立农村图书室。今年,各种类型的图书馆都将继续有所发展,其中有 260 多个县和市的公共图书馆正在各地筹建。目前我国整个图书馆事业的发展,可以说,已远远超过历史上的任何年代。

图书馆工作最显著、最主要的成绩是向广大人民开展了图书流通工作,从而对于人民思想、政治和文化水平的提高,起了一定的作用。同时由于图书馆向广大人民开门,就大大地改变了过去"藏书楼"脱离实际、脱离群众的现象和作风。据公共图书馆不完全的统计,一九五四年,在阅览室方面,全年共有读者 1680 万人次,比一九五三年增加了一倍以上,流动图书站和集体图书外借单位共有 19 000 次,借出图书 1065 万册次,比一九五三年增加四倍以

---

① 该文件原文缺,文件信息依据《中国图书馆百年纪事》(陈源蒸等,2004)143 页提供线索著录。
② 该文件原文来自《图书馆法规文件汇编》(河北大学图书馆学系,1985),原文页次:96—111。

上,馆际互借共有 1501 次,借出图书 13 万多册次,比一九五三年增加一倍以上。在宣传图书和指导阅读方面,全年共举办了图书展览 2178 次,报告会 1123 次,读者座谈会 854 次,解答了读者咨询 11 556 次;编制了各种推荐、参考书目 953 种。此外,在善本图书与地方文献的搜集、业务辅导、干部培训、制度的建立与改进等方面也都有不少成绩。

过去,图书馆在为社会主义建设和科学研究服务方面也做了一些工作,如设置科学阅览室,进行馆际互借,编印报刊论文索引等,并且取得了若干成绩。在周总理报告以后,许多图书馆也开始采取了一些措施,但是,无疑地在为科学研究服务方面,是远远不能适应需要,存在着很大缺点和不少问题的。

现在来谈谈缺点和问题:

首先,观点上的片面性和工作上一般化毛病。我们对于图书馆事业是教育人民大众的工具同时又是提供研究资料的宝库的认识不够,我们没有强调类型不同的图书馆在任务方面的差别性,因而在方针指导上只强调了教育大众,提高人民思想、政治和文化水平,而没有同时清楚地指出提供研究资料的重要性和应有的地位,以致在实际工作中,大家都在进行普及图书的流通工作,而对于提供研究资料的工作却照顾得很少,甚而有的就忽视了这一重要的工作。那些原来收藏着很多科学书刊和本来是专业的图书馆,都没有利用原来的基础,向着本身应该前进的方向发展,却将大批的书刊资料束之高阁,甚至有了若干损失。这些现象,形成了目前图书馆事业没有得到全面发展和一部分收藏科学图书资料的图书馆大大落后于形势要求的状况。

其次,在图书馆的整理、收藏、补充和借阅方面都存在着若干缺点和问题:(1)图书大量积压,没有整理。据统计,在目前全国公共图书馆 2890 万册的藏书中,有 1000 万册还没有整理。在这些图书当中,有许多是学术书刊和有价值的资料。此外,也有一些图书馆对于保管工作做得不够好,使图书受到了损失。(2)许多图书还没有得到合理的调配。有的图书馆某些图书复本过多,而另一些图书馆却十分缺乏;有些图书馆收藏着一些并非本身专业的图书,而另外是这种专业的图书馆却又求之不得;大众性质的公共图书馆收藏着许多科学图书,科学性质的图书馆却又过多地收藏(主要指复本,其中也指不必要的种类)一般政治小册子、文艺小说和通俗书刊。(3)在补充图书方面缺乏原则,同时计划性不强。许多图书馆在补充图书方面一般是有计划的,但是由于缺乏补充图书的原则和研究读者需要不够,因而不能清楚地知道应该补充哪些图书和不必要补充哪些图书,以致应备的没有备,不必购买的却购买了,使一方面真正需要得不到满足,另一方面图书的使用率很低,"缺少"和"浪费"同时存在。而补充的图书往往不符合本馆的任务和要求。(4)借阅图书的范围太狭,提存太多。有的图书馆连亚丹斯密、黑格尔等人的著作都提存了。这样即使图书馆有许多科学图书,但是科学家却不能知道和无从借阅。这是由于没有区别图书馆和没有区别读者对象的缘故。收藏科学书刊的图书馆和供应一般阅读的图书馆对于读者目录采取了完全相同的编制的原则,就是强调教育作用,因而只有图书馆认为正确的图书才能在读者目录中反映,才能公开借阅。这对于缺乏批判能力的要从图书中学到正确东西的青年学生和工农兵大众是必要的。但对于科学研究工作者就未免限制太大了,这是不符合百家争鸣,自由研究方针的。此外,也有些图书给了科学家以特殊的方便,但还是清规戒律太多,手续极为烦琐。

第三,目录制度不健全,目录组织比较混乱,书目工作比较薄弱。在目录制度方面,许多图书馆只有一套分类目录,没有同时应该备有的书名目录和著作目录。某些有条件的专业图书馆还没有建立标题目录。一般是，目录反映的图书范围太窄。许多图书馆只反映解放后出版的新书，没有反映科学研究所需参考的许多旧书，只反映立场、观点正确的图书，没有反映其他可供参考的图书。同时，缺乏经常的检查，以致有的有目录卡片却没有书，有的有书却没有目录卡片。在目录组织方面，缺乏思想性和科学性，缺乏参见、互见和分析卡片。凡此种种，都是对于科学研究工作极为不便的，同时也是图书馆业务不健全的表现。在书目工作方面，虽然做了一些，但是不论在数量或内容方面还是处于贫乏的状态。书目中所反映的图书资料非常不足；编制时往往是根据临时的需要而进行。没有全盘的计划，许多书目的目的性不明确，既不是广大读者所需要的简单明了的推荐优秀读物的目录，又不是学术研究人员所需要的大量报道研究资料的目录，所以，这种书目的作用是不大的。同时许多图书馆各自为政、缺乏联系合作，以致同一专题书目，许多图书馆都在编制，结果大致雷同，形成重复浪费，而且，由于没有互相补充，内容也就不很充实。

产生上述缺点和问题的主要原因，是由于我们对于知识分子在社会主义建设中的作用重视不够，缺乏图书馆应该为科学研究服务的认识，因而在工作领导上就没有与强调开展图书流通工作的同时，强调为知识分子、为科学研究服务，使图书馆事业能够得到全面的充分的发展。过去几年，强调图书馆向大众开门，打破"藏书楼"脱离实际、脱离群众的状况和作风，大力协助文化教育工作的进行，是十分必要的，并且已经取得了很大的成绩。但是缺点是，我们只停止在这个阶段上，缺乏远大的眼光，在第一个五年计划开始以后，未能及时地将工作向更高阶段发展。过去，我们很少考虑为科学研究服务的问题，虽然在工作中也曾提到过为社会主义建设服务，也曾提到注意配合学术研究工作，可是没有清楚地指出提供资料的重要性和它在图书馆工作当中的地位，并且缺乏具体的措施。由于我们思想上存在着片面性和没有及时地跟上形势的要求，就产生了工作当中一系列的问题。对于这些问题，要求大家在这次会议中，研究出解决的办法，以便今后做妥善处理。目前很值得我们注意的是，在周总理关于知识分子问题报告以后，许多方面都进行了和正在进行着改革工作，而我们图书馆工作却显得行动缓慢，新的措施还不多，这主要是由于文化部和社会文化事业管理局没有加强具体领导，帮助大家迅速求得解决问题的办法的缘故。

（二）

为了全面的发展图书馆事业，我们必须明确图书馆事业的基本任务，树立图书馆事业的全面观点，并以之作为指导思想的基础。要知道人民的图书馆事业有两项基本任务，一项是向广大人民群众广泛流通图书，传播马克思列宁主义，进行文化教育工作，以提高他们的思想、政治和文化水平，动员他们的社会主义建设的劳动积极性；一项是向科学研究工作者提供图书资料，促进科学的迅速发展。这两项任务对于社会主义建设说来，都是不可缺少的。由于客观情况的需要，在一定时间内，有可能强调某一项任务，但是，必须注意不能因为没有强调另一项任务，而就给予忽视。都应该给予适当的地位，否则就会发生片面性，就会出现问题。目前我们要强调图书馆为科学研究服务，但同时也不能忽视巩固、发展和提高为大众服务的一般图书馆流通、阅读工作。只有这样，图书馆事业才能够得到应有的全面的发展。

上面所说的图书馆两项基本任务，由于图书馆性质的不同，基础不同，读者情况和要求不同，周围的图书馆分布情况不同等，可以因时、因地、因馆制宜，而确定某一个图书馆的具体任务。总之，要求在一个地区范围之内，使上述两项基本任务，都能够有馆负担，各得其所。使科学研究工作者的需要和广大人民群众的需要都能够得到适当的满足。

现在来谈谈省以上公共图书馆和专业图书馆的服务对象与主要任务。国立图书馆和专业图书馆的主要服务对象应该是知识分子,并以适当的力量照顾一般读者。它们的主要任务是:

一、收集、保藏和利用图书报刊及其他出版物和文献资料等为科学研究服务,并通过图书资料的流通和宣传工作,传播马克思列宁主义以促进科学文化艺术的发展。

二、进行图书馆学、目录学与图书馆科学方法等研究工作,并向省、市、自治区公共图书馆和专业图书馆作业务辅导工作。

一般地说,省、市公共图书馆的对象是工农群众、知识分子和青年学生,它们的主要任务是:

(1)以图书报刊和其他出版物宣传马克思列宁主义,向劳动人民和青年进行爱国主义与社会主义教育,并使人民获得文化科学知识,动员广大人民进行社会主义建设的积极性。

(2)收集、保藏并利用图书报刊、地方文献资料为社会主义建设和科学研究服务。

三、进行科学方法研究,对本地区内自治州馆、县馆、自治县馆、市馆、市区馆作业务辅导,并推动它们对文化馆图书室、工会和农村图书室等进行业务辅导,促进本地区图书事业的巩固、提高和发展。

四、协助政府文化部门训练图书馆干部。

但是,对于某一个具体的图书馆,可以根据它的基础、读者情况与要求、周围图书馆分布情况的不同,而由省、市、自治区自行确定它的工作重点,即主要是为科学研究服务还是为大众文化教育服务。必须注意的是,两者都应该有馆负担,并要逐步加强,而不能因此有任何一方面的削弱。

一般的县图书馆虽然也有为科学研究服务的工作,但目前还应该以为大众服务为主,对于本地科学研究工作者的要求,主要以馆际互借办法来满足。

(三)

根据上述的情况、问题和基本任务,目前,我们必须动员和组织图书馆的力量,又多、又快、又好、又省地进行为科学研究服务的工作。并且应该注意以下几个原则问题:

一、必须全面规划、联系合作。现有的省以上的图书馆和专业图书馆已经有好几百个,属于好多系统,如政府文化部门、科学院系统、高等学校等。另外,还有数量很多、规模也不小的各部门、工矿企业的图书馆,所以,它们是一支不小的力量,藏书也相当丰富,如果能够做到统一协调,分工配合,就一定会发挥很大的作用。因此,必须进行全面规划。各系统要有系统的全面规划,各地区要有地区的全面规划。而系统的规划应与地区的规划密切结合。各省、市、自治区文化局应该迅速着手地区规划的制订,并且要从事业计划着手把各系统各方面的图书馆逐步管理起来。制订计划要与立即行动相结合,不要等待计划制订得十全十美,才开始行动,那样必会拖延了实际工作改进的时间。

二、必须充分地利用现有的基础,挖掘潜在的力量。图书馆应该大大的发展,但是必须首先充分利用现有的图书馆和现有的藏书。我们知道,全国各图书馆存在着很大的潜在力量,现有的大量书刊还没有得到充分利用。例如,图书积压数量很大;许多书刊分配不当;有的图书馆还未完全改变藏书楼的状况,只保藏不流通或者很少流通;有的藏书很多,但是服务对象很少,而又不向社会公开;有的虽然流通,但是由于缺少宣传,读者不知道,因而利用率不高。所以现在首要之图,是整理和充分利用现有的图书资料,加强对现有图书馆的管理与督促它们迅速改进。扩充现有的图书馆,给以必要的干部、基本建设和增加购书费用。同时,我们也要看到将来的需要,研究与设计图书馆事业切实可靠的远景,有计划地逐步进行新的建设工作。对许多难得的书刊,应注意经常的积累,还有一小部分图书馆,需要进行调整归并的工作,以便将图书适当地集中起来,并放在适当的地方,使之发挥更大的作用。

三、必须根据地区发展的情况和特点来规划图书馆的发展,以求切合实际,发挥图书馆更大的作用。图书馆事业的发展,必须建筑在读者需要上面,而读者是会因为环境的变化而变化的,所以,我们必须研究本地区发展的情况和特点。不但研究现在,而且要研究将来。能够掌握住地区的情况和特点,就好确定图书馆的规模、主要对象、馆藏特点、工作重点和发展方向等。

(四)

根据上述图书馆存在的问题和它的方针、任务,省以上公共图书馆和专业图书馆应该进行下述各项措施。

一、大力开展科学、技术图书杂志的借阅工作。图书馆应该积极地把对社会主义建设和科学研究有参考价值的书刊,广泛地主动地为科学研究人员服务。在馆内外,运用各种方式开展科学技术书刊的流通工作:

(1)扩大借书范围。应该分别对象,确定借书范围:除密件外,对于科学家应该准许利用全部馆藏;对于一般科学研究人员也应该允许在极大的范围内借阅图书;对于青年学生和一般读者还应该有适当的限制,以免他们在还不能判别的时候,思想上受到毒害。因此各图书馆应该很好地研究读者目录。对于密件也可以按照一定的手续制度,让科学家借阅。

(2)设置各种科学阅览室。规模较大的公共图书馆应该在供给一般读者使用的普通阅览室外,积极地设置科学阅览室,专供研究人员使用。科学阅览室的开辟,应该根据馆藏特点、读者需要和房屋条件而定。阅览室应有专人管理,应备有这一专科的读者目录,对于附设辅助书库,并将经典著作和工具书用开架式陈列。一个图书馆如果有可能多设几个科学阅览室,就应该分清主次,开辟各种学科的科学阅览室。规模较大、藏书较多的专业图书馆,如果一个综合阅览室不能适应需要,也应开辟几个学科的科学阅览室。省馆与没有省馆的大城市的图书馆在一般读者的普通阅览室外,也应该创造条件,设置一个综合性的科学阅览室。科学阅览室应该是小型的,并在简朴适用的原则下,有一些适合于研究用的必要的设备。在规模较大的图书馆中,应该设置显微阅书的设备。

(3)加强馆际互借工作。为了解决馆藏不足和研究人员的特殊需要,必须改进互借制度,扩大互借关系。北京图书馆除应该加强国内的馆际互借之外,还应该根据省以上公共图书馆、专业图书馆、科学研究机关和人员的要求,加强国际馆际互借工作。但是必须注意,要的确是十分必要和国内真正无法解决的书刊。不要随便增加兄弟国家的负担。

除馆际互借之外,还应根据具体情况积极进行必需的个人外借和邮包借书的工作。

(4)与开展借阅工作的同时,必须改进制度。首先应该建立与专家、学者联系的制度,了解他们的要求。和他们研究补充图书馆的计划和书目工作,并征求改进图书馆工作的意见。其次,要适应研究人员的情况,修改借书规则和阅览规则。应该强调便利读者和积极主动地为读者服务的精神,并照顾业务方面的确切需要来修改这些规章制度。借书手续应该简化,只保留必要的登记记录,克服烦琐的毛病。要延长和改变开放时间,尽量适应读者的需要。

二、积极做好藏书整理、补充与调配工作。

（1）加速进行积存图书的整理工作。目前首要之图，是利用一切社会力量，将全国大量积存图书加快地进行整理，以便及早地供应借阅。整理图书时应该分别轻重缓急，抓住重点，分期分批地完成。整理好一部分，就使用一部分。可以采用简便易行并且照顾到后果的办法来进行，以求收到速效，然后再在这个基础上提高质量，使能符合科学方法的要求。

（2）积极地经常地补充需要的图书。首先，图书馆应该根据本省的性质、任务、主要对象、发展方向和地区特点等，确定藏书补充的原则。一般说，省以上的图书馆和专业图书馆补充藏书的原则应该是在规定的藏书范围之内，要求：1. 精彩、有重点有系统的完备。2. 注意世界上科学技术新成就和学术上新论点的书刊。要以最快的办法取得，并很迅速地通报给读者。3. 保藏历史遗产。与补充新书的同时，利用古、旧书铺，经常注意搜集有价值的古旧书刊。4. 目前需要与长远需要相结合。关于社会主义建设急于要参考的解决目前问题的实用科学与技术的书刊，和科学研究所需要的系统学术论著，都应该根据需要加以补充。5. 注意节约，尤其是外汇的节约。不要采购不必要的书刊；要具体地确定补充图书的标准，不要有过多的复本；要注意与友馆的分工联系，避免彼此盲目并进；不必要买原本的，可以采购价格较廉的复制品；并非常用而又有友馆收藏的书刊，可以通过馆际互借来解决，不必再去购买；积极配合外文图书的翻印工作。

其次，应该十分注意收集散失在各处的图书和文献资料，以免有用的图书资料被毁坏，使国家财产受到损失。因此图书馆应该利用各种办法进行收集工作。

第三，补充图书应该根据需要，确定重点。全国重点应该是对于国家关系最大的，最急需的和最短缺的科学门类的图书，是刊载世界上科学技术最新成就的书刊。各馆应该有自己的重点，不一定都要与全国重点一致。

第四，藏书补充工作应该有计划地进行，并注意与友馆的联系配合。各图书馆都应该结合经济与文化发展情况、科学研究工作规划，制订长远计划和年度计划。制订计划时必须走群众路线，多多与馆内工作人员，馆外的读者商量，尤其是与专家学者商量。要仔细研究借书的记录，并于平时建立选购卡片或补充书目单的制度，以便作为选购图书的依据。

（3）有计划地进行合理调配工作。首先应该将各馆多余的复本清理出来，进行交换或调拨给需要的图书馆。其次，清理不属于本馆收藏范围的图书，与有关方面协商处理的方案，经过主管部门批准后实施。第三，清理残缺的书刊，有计划地互相调剂，使它得以补充齐全。为了便于迅速地进行调配工作，对于向科学进军能够及早有所帮助，应该根据书刊情况，分别加以处理。对于一般的书刊可以先由主管部门在系统内和地区内进行调配，然后将需要提出作省际调配或系统之间调配的书刊，编造书目，报给文化部社会文化事业管理局交由有关单位进行调配，对于贵重的书刊应该将书目报给文化部社会文化事业管理局统一调配。经过此次调配后，如发现有某些书刊仍然放置得不太合理，而其他有关图书馆又急切需要，应经过磋商再度加以合理的调配。总之，我们的调配工作，应该做到使书刊分配逐步合理，发挥书刊更大的效用。这里就要加强全面观点，克服本位主义。

（4）扩大国际图书交换工作。建立全国进行国际交换图书的中心，由北京图书馆统一负责省以上公共图书馆和不属科学院、高等教育部系统的专业图书馆的国际交换工作。建议科学院图书馆统一负责科学院系统图书馆的国际交换工作。建议北京大学图书馆统一负责各高等学校图书馆的国际交换工作。我们一方面强调统一，一方面又允许因事制宜。如果有些单位原来有国际交换图书的工作,现在认为仍要维持原状者,尤其有些单位与某些国家图书馆有历史关系或者可以新建一些关系者,都可以进行个别的交换工作。凡有国际交换关系的图书馆都应加强与科学研究机关和科学研究人员及有关的图书馆的经常联系,随时了解他们的需要,以便向交换的对方提出要求。几个担任国际交换图书的中心图书馆应该有目的、有重点、有计划地逐步增加交换单位,要求在很短时期内做到与世界上各大图书馆、各主要学术机关、各国著名大学图书馆逐步建立交换关系。对于苏联与人民民主国家应该扩大交换的书刊种类。对于资本主义国家应该尽力开展交换书刊的工作。国际交换图书,要抓住重点,多方设法,以取得我国社会主义建设和科学研究所需要的书刊。为了防止积压,换回的图书应及时作合理的分配。

(5)健全藏书制度。合理地组织藏书,是充分发挥图书作用和提高为科学研究服务工作质量的关键。各大图书馆应该根据本身设备条件和所藏书刊,分别建立各种书库,并改善藏书的登记、排架、保管和检查工作。

三、积极改进现有的目录组织。目录是反映馆藏、宣传图书、帮助科学研究人员选择图书的重要工具。因此,图书馆的读者图书目录应该备有反映新旧图书的分类目录、书名目录、著者目录三种。没有备齐这三种目录的图书馆,应该视本身能力,逐步编制。另外,专业图书馆还可以根据自己的需要与可能设法编制标题目录。在读者目录不能满足需要的情况下,应当允许科学研究人员使用内部参考书刊目录,如无内部参考书刊目录,可以使用公务目录。为了提高目录的思想性和科学性,必须逐步修改现有的分类目录,首先修改急需的不合政治原则的部分,如马列主义的经典著作、党与政府的政策决议,应该放在每类的开始。同时应该逐步编制参照、互见和分析等卡片,便于读者查找图书。另外,应该建立检查目录的制度,把有书没有目录卡片和有目录卡片没有书的混乱现象加以改正。期刊方面的目录对于科学研究人员特别重要,因此,各大图书馆如果只有刊名目录,将不能满足读者需要,还必须逐步备有期刊专题论文索引。

为了提高目录质量,增进编目工作效率和节约全国编目的人力,我们准备帮助出版局迅速建立集中编目的机构,编辑和出版新出版图书的目录卡片,以备全国图书馆订购。但需编目力量较多的图书馆支援人力,调干部给出版局。我们想,这是全国有益,义不容辞的事。在集中编目机构没有建立以前,某些藏书性质相近、地址相邻的图书馆,也可以合作编制新书目录。

四、迅速加强书目参考工作。书目是为科学研究服务的一种重要手段,是图书与科学研究工作者联系的桥梁。为了密切配合科学研究工作的进展,图书馆应该根据科学研究的需要与馆藏的情况,更多、更快、更好地编制各种书目和索引,如专题联合书目、专门书目、新书通报、报刊论文索引、专题论文索引、专书索引等等,由于人力远远赶不上需要,书目工作必须适应科学研究的情况,分清轻重缓急,有重点、有计划、有步骤地进行。当前最迫切需要的是各种专题联合书目。这种专题联合书目的编制,必须依靠各有关图书馆的联系合作,应该就地区或全国的范围采取一馆负责、各馆补充的办法来进行。根据读者需要和各有关图书馆藏书情况,拟定书目计划,然后分工进行。这个工作是一个相当复杂的组织工作,为了做好这个工作,我们准备在北京图书馆中设置一个书目协调机构,负责全国书目工作的联系和协调,以加强书目工作的计划性。省、市馆也该有专人负责书目协调的工作。

我们对书目工作强调统一协调,联系合作,强调计划性,同时,也要强调发挥各个图书馆的积极性。不但准许而且鼓励各个图书馆主动编制书目的行动，不要存在等待心理。不过，希望大家注意的是应该事先和全国书目协调机构取得联系，以免重复，浪费力量。

对现有的书目和索引工作应该加以检查总结，所编制的书目索引，目的性是否明确，在反映的图书和编制的方法上有哪些问题，实际效果怎样，凡此种种，都应该征求读者的意见，加以研究，以求改进。

没有书目工作的图书馆，应该迅速建立书目工作，不应畏难，不要等待。书目工作应该按照从无到有，从有到好的发展原则办事。对于书目工作，因为另有专题建议，此处就不详细谈了。

（五）

为了保证以上工作的顺利完成，各地文化行政部门必须加强对图书馆的领导，要图书馆制订长期规划和近期的具体计划，并加以研究和讨论。应该规定图书馆定期检查为社会主义建设和科学研究服务的情况，定期总结工作，交流经验，改正缺点。

各图书馆必须健全和提高采购、编目部门，建立和健全书目参考部门，使能保证做好补充图书、编制目录和编印书目的工作。要纠正那种不重视采购部门，不敢设置书目参考部门的思想，应该明确采购、编目和书目参考机构是为科学研究服务的三个重要环节，必须努力建立和加强，配备适当的干部。如有照相设备，也应该健全这一部分的组织，并提高它的工作质量。

保证图书馆事业发展的最主要问题是干部问题。我们应该积极而有效地培养干部和补充干部。将来干部来源，除现有北大和武大两个图书馆学专修科训练的干部外，在一九五八年将成立图书馆学院（或名社会文化学院），并逐步成立几所社会文化中学。以后每年派遣若干到苏联和东欧人民民主国家留学的研究生。近期的计划，应该在大的图书馆中办理干部进修班，挑选在职的干部加以提高，使之成为师资或工作骨干。并在图书馆中，提倡用带徒弟的办法多多地培养在职干部。同时，要充分地使用图书馆专家，发挥他们的才能和积极性、创造性，请他们帮助提高业务和培训干部。各省、市应该积极开办短期的干部训练班，并特别注意吸收社会上的失业知识分子，要把这种来源作为干部最主要的来源之一。现在社会上还有一部分失业知识分子，在他们当中，有不少有较高的文化水平，较多的知识，而且从解放以来，他们在思想上和政治上接受了党和政府许多影响，已经有了相当的觉悟和进步的要求，所以只要经过劳动部门和一定的组织介绍，并加以审查，是可以使用的，也是应该使用的。我们反对那种要求过高和不愿使用失业知识分子的思想。对于在职干部必须加强教育，促进他们在思想、政治和业务水平方面的积极提高。要建立和健全经常的业务学习制度。要密切干部中的新老关系。在政治上应该影响那些从事图书馆工作几十年的老人，并向他们学习业务，要尊重他们，爱护他们，发挥他们的积极性、创造性。

图书馆经费是比较紧的，要加强为科学研究服务的工作，就不是原来的经费标准所能适应的了。各级文化部门必须酌量给图书馆增加一些购书费和必要的建设费用。希望大家在节省的原则下，有计划有重点地使用，购买科学研究急切需要的书刊。

同志们！我们应该明确思想，研究情况，在总的方针原则之下，根据具体情况，确定每个图书馆的方针和任务，同时发扬艰苦奋斗的传统作风，大力配合科学研究工作，向着我们事业的胜利前途迈进！

文化部修订全国报纸缴送样本办法的通知①

(1956 年 7 月 12 日　(56)文陈出字第 348 号)

为了保存完整的国家报纸版本,前出版总署曾于一九五三年十二月十四日以出报字第四五二号文颁发专区级以上报纸缴送样本办法,现为扩大报纸征集范围,特将原办法修订如下,希通知所属执行:

一、全国县、市级以上(包括县、市级)报纸和各地厂矿、高等院校定期出版的报纸,应定期(日报按月、其他刊期报纸按季)向我部出版事业管理局(地址:北京东总布胡同十号)缴送合订本二份,向北京图书馆缴送一份,有目录索引者,应附寄目录索引,份数同上(缴送时间不得迟于该报出齐后两个月)。

二、人民日报、光明日报、大公报、工人日报、中国青年报、中国少年报、新少年报、中国邮电工人报、电业工人报、人民铁道报、中国海员报、公路运输工人报、中苏友好报、俄文友好报、健康报、教师报、广播节目报、北京日报、天津日报、辽宁日报、陕西日报、南方日报、长江日报、重庆日报、解放日报等二十五种报纸,除按照上述规定缴送合订本两份外,应另行按期向我部出版事业管理局缴送一份。其他报纸不必缴送另份报纸。

各报社寄送报纸合订本和另份报纸时,请在封皮上和报头上加盖"缴送样本"字样,以免与一般报纸混淆,而利收藏和保管工作。

三、本办法自一九五六年七月份起实行。县、市报纸以及各地厂矿和高等院校定期出版的报纸,自创刊至一九五六年六月底以前出版各期,应补送合订本二份(一份寄出版局,一份寄北京图书馆)。

四、本办法实行后,前出版总署颁布的"关于专区级以上各种报纸缴送样本办法"即行作废。

中华人民共和国高等学校图书馆试行条例(草案)②

(1956 年 12 月　全国高等院校图书馆工作会议)

中华人民共和国文化部关于补充省(直辖市) 图书馆藏书的试行办法的补充通知③

(1957 年 6 月 12 日　文化部)

新华书店总店:

根据各个图书馆的反映,1955 年 11 月 8 日我部以(55)文陈社图书第 91 号通知《关于

---

① 该文件原文来自《图书馆法规文件汇编》(河北大学图书馆学系,1985),原文页次:112—113。
② 该文件原文缺,文件信息依据《中国图书馆百年纪事》(陈源蒸等,2004)147 页提供线索著录。
③ 该文件原文来自《图书馆法规文件汇编》(河北大学图书馆学系,1985),原文页次:121—122。

补充省(直辖市)图书馆藏书的试行办法》,试行一年以来,对图书馆图书的采购工作有很大的帮助,但同时也存在着图书补充范围过于广泛、有些出版物不适宜某些图书馆入藏,和书店寄发图书有遗漏、迟慢、重复及其他技术方面的问题。为了改进这个工作,该办法要作局部的修订。修订后的办法仍暂在原定六个图书馆实行,不予推广,俟各地新华书店成立图书馆供应部之后,再全面研究改进书店对图书馆供应图书的工作。修订补充藏书的办法如下:

一、在北京图书馆的图书补充范围内,取消:汉文和国内兄弟民族文字的儿童读物、中小学教科书和作业本、一般图片(包括招贴画、宣传画、明信片、包书纸、贺年卡、对联及其他单页画——成套的图片仍供应,但改为每种一套)、连环画、填充图、识字卡片、活页文选和国内出版的外文书刊(包括国际书店影印的过期俄文期刊合订本及龙门书局影印的资本主义国家的科技期刊合订本);进口外文图书方面,除已经专为北京图书馆预订 1957 年的苏联民族文字图书、东欧兄弟国家本国文字图片照旧供应外,其他完全停止补充,由北京图书馆向国际书店和北京新华书店订购或选购,书店应予北京图书馆以优先选购的便利,保证及时的充分的供应。具体办法,由该馆和新华书店自行商定。

二、其他五个图书馆(辽宁、湖北、四川、甘肃、上海)的图书补充范围由新华书店与各馆另行研究,现在可先取消国内出版的外文图书和一般性的图片(图片包括的内容如第一条一般图片所列的项目)。

以上办法自今年 7 月 1 日起实行。

各地新华书店发行所在发书工作上的漏寄、迟寄、重复现象,以及其他属于技术上可以解决的问题,应设法予以解决。

全国图书协调方案①

(1957 年 9 月 6 日　国务院全体会议第 57 次会议通过)

自从中共中央提出向科学进军的号召以来,各方面都注意改善为科学研究服务的图书条件,图书馆工作有了不小的进步,可是,也还存在着很多的缺点。如积压的图书还没有完全整理好;多余的复本图书和不合理的收藏还有很多没有交换和调拨;采购外文书刊和古旧书有很大的盲目性;专题联合书目和新书通报还很少编制出来;复制工作还做得很少。为了克服这些缺点,改进为科学研究服务的图书条件,决定在国务院科学规划委员会下设图书小组,由文化部、高等教育部、中国科学院、卫生部、地质部、北京图书馆的代表和若干图书馆专家组成,负责全国为科学研究服务的图书工作的全面规划,统筹安排,目前首先要进行下列的工作:一、建立中心图书馆;二、编制全国图书联合目录。

一、建立中心图书馆

(一)科学研究工作要求图书馆藏书适当地集中和系统地积累,逐步达到丰富精专的地步,因此在现有收藏基础较好的图书馆的基础上,成立若干全国性的和地区性的中心图书馆是十分必要的,也是可能的,并且可以这些中心图书馆为基地,搞好全国图书馆的协调工作。

中心图书馆的任务是:

---

① 该文件原文来自《图书馆法规文件汇编》(河北大学图书馆学系,1985),原文页次:122—128。

（1）为科学研究工作服务；

（2）搜集种类较多、质量较高的应该收藏的书刊；

（3）编制联合书目和新书通报；

（4）国际交换图书的工作（由一部分全国中心图书馆进行）；

（5）照相复制图书的工作（由一部分中心图书馆进行，在全国中心图书馆中先确定北京图书馆、中国科学院图书馆、北京大学图书馆、清华大学图书馆、上海图书馆、上海科学技术图书馆、中国科学院图书馆上海分馆担任，在地区中心图书馆中每个地方可以有一个馆到两个馆担任）；

（6）规划和进行干部培养工作。

为了使中心图书馆能够担负起它们的任务，进口外文书刊应该优先满足中心图书馆的需要。国家计划委员会、国家经济委员会、财政部门、城市建设部门和各图书馆的领导机关，在每年分配经费（有的要外汇）、基本建设任务和干部时，也应该给以必要的保证。

（二）全国性的中心图书馆由北京（第一中心）和上海（第二中心）的若干最有基础的图书馆组成，名单暂时确定如下：

（甲）北京

北京图书馆

中国科学院图书馆

协和医学院图书馆和医学科学院图书馆

农业科学院图书馆和农业大学图书馆

地质部全国地质图书馆

中国人民大学图书馆

北京大学图书馆

清华大学图书馆

北京师范大学图书馆

（乙）上海

上海图书馆

上海科学技术图书馆

历史文献图书馆

中国科学院图书馆上海分馆

复旦大学图书馆

上海第一医学院图书馆和上海军医大学图书馆

交通大学图书馆

北京图书馆应该成为全国图书馆的核心和图书馆业务的辅导中心。

地区性的中心图书馆，暂时确定在武汉、沈阳、南京、广州、成都、西安、兰州、天津、哈尔滨等地，指定某些图书馆来担任。图书馆的名单，请各该省、市人民委员会考虑决定。以后视需要和可能，增加地区性中心图书馆的地点。

全国性中心图书馆中的公共图书馆（如北京图书馆）、中国科学院图书馆和专业的科学图书馆（如医、农、地质图书馆）应该向全国科学工作者开放，高等学校附属的图书馆应该除了保证本校师生的需要外，并尽可能根据各该馆的专长特点，对有关的科学工作者开放（如北京师范大学图书馆对教育科学工作者开放），以补公共图书馆的不足。以后视需要和可能再陆续指定北京、上海或其他地区的专业图书馆成为中心图书馆。

（三）全国的和地区的中心图书馆既然是由若干图书馆共同组成的，为统一步调、加强协作，可由各图书馆的负责人组成中心图书馆委员会。北京的全国中心图书馆委员会应该以北京图书馆为核心，吸收各中心图书馆的负责人及文化、高等教育部门的代表和若干图书馆专家组成，隶属于国务院科学规划委员会。上海和其他地区的中心图书馆委员会隶属于所在省、市、自治区科学工作委员会。

他们的任务是：

（1）协助科学规划（或工作）委员会或行政领导部门研究图书馆的统筹安排和全面规划；

（2）研究和解决有关中心图书馆之间的分工合作，包括图书采购、调配、交换、互借等方面的业务问题；

（3）研究有关编制联合书目、新书通报方面的问题并制订计划；

（4）研究有关干部业务提高的问题。

全国中心图书馆委员会和地区中心图书馆委员会只有在协调方面的工作关系，没有领导关系。全国中心图书馆委员会和地区中心图书馆委员会应该经常交换协调工作情况，互相帮助工作，进行全国和地区之间、地区和地区之间的协调工作。

（四）在建立中心图书馆的同时，应该有计划地逐步进行过多的复本和不合理馆藏的调配工作。由于种种历史原因，现在许多图书馆的馆藏复本过多，而其他图书馆却正感缺乏，某些图书馆闲置着并非本身专业所需的图书，而其他迫切需要这些图书的图书馆却又求之不得。因此，必须从全国科学工作的需要着想，打破本位主义，进行图书的合理调配工作，以充分发挥现有图书的作用。调配的步骤是：先在各系统内调配，由其领导机关负责（如高等教育部先在各高等学校间调配，文化部先在公共图书馆之间调配），然后进行各系统间的互相调配。各系统间的调配，可以先在本地区内调配，由地区中心图书馆委员会负责，地区间的调配由国务院科学规划委员会图书小组负责。复本较多的沿海大城市应积极支援昆明、乌鲁木齐、呼和浩特等经济文化中心城市。

目前图书积压的情况仍然是很严重的，许多有用的，甚至珍贵的图书不能被利用，许多图书几年来一直被积压在仓库中，有的甚至被霉烂蛀蚀。必须迅速组织一批力量，抢救这些图书，整理和调配这些图书，使之能在我国科学研究和图书馆事业中发挥作用。

关于整理和调配图书所必需的人力、房屋、经费等应该由各图书馆的领导机关负责解决，国家经济委员会、财政部门、城市建设部门应该予以适当的照顾。

二、编制全国图书联合目录

我国地区辽阔，图书资料分散四方，各图书馆之间缺乏联系，因而科学研究人员在了解图书和使用图书方面很感困难，形成人找不到书，书遇不到人的现象。所以编制联合目录使书为人知，加上广泛开展馆际互借，使书为人用，就十分必要了。但是编制联合目录工程浩大，并且由于图书还没有完全整理出来，分类编目方法尚不一致，所以目前对这一工作还不可能要求过高、过急，只能分别先后缓急，有重点、有步骤地进行。为此：

（一）在全国中心图书馆委员会下成立一个全国图书联合目录编辑组，附设于北京图书馆内。它的任务是：

（1）了解、调查全国各图书馆藏书和编目情况；

（2）制订联合目录编辑计划；

（3）起草联合目录编目条例；

（4）加强和各馆有关联合目录工作的联系，布置、检查和督促工作；

（5）综合各馆书目，做最后的编排、校订、出版等工作。

各地区如已经有图书馆工作协调机构，编辑组应该同他们密切联系，以便在编制联合目录工作方面得到他们的配合和协助。

编辑组暂设工作人员15人，其中主要干部由北京图书馆、中国科学院图书馆、清华大学图书馆和其他图书馆借用，助理人员由文化部、高等教育部负责调用。

参加编制联合目录的单位，以中国科学院和其所属各研究所图书馆，各高等院校图书馆，各省级以上的公共图书馆和专业图书馆为基础，根据题目的不同，选择参加编制的单位。

（二）进行步骤：

根据科学研究工作上的需要和各图书馆的馆藏情况，进行步骤如下：

（甲）督促和帮助某些单位正在或计划编辑的专题联合目录：

中国革命史联合目录

中国医药联合目录

中文政法联合目录

水产海洋联合目录

中国古农书联合目录

全国方志联合目录

上列目录，要求在1958年内完成。

（乙）从1957年7月起编辑组开始编制下列各种专题联合目录，预定于1959年12月底以前完成。

西文期刊联合目录

中文期刊联合目录

日文期刊联合目录

西文数学、力学联合目录

西文物理联合目录

西文化学联合目录

西文机械工程联合目录

西文电机工程联合目录

地质学联合目录

（丙）根据上述联合目录编制的情况，由全国图书联合目录编辑组再行拟定第三批联合目录的具体计划。

（三）进行办法：

采取以一个馆做基础、其他馆做补充的方法，就是：每一个专题，由编辑组选定一个收藏较多的图书馆，将所藏的图书抄打全份卡片寄交编辑组。由编辑组编成草目印若干份，分发若干有关图书馆，请他们同自己所藏的书刊核对，凡草目上已列而自己藏书中也有的，可在草目上加一△符号；凡草目所缺而自己收藏的，即打卡片一张，核对完毕以后，将原草目和补充的卡片一并寄交编辑组。编辑组根据寄回来的全部草目和补充卡片，再进行编订、出版工作。在统一领导、分工负责的原则下，也可以由编辑组选定一个收藏较多而又有编辑力量的图书馆负责编订某一专题的联合目录。

在这些专题之外,各图书馆如欲编制联合书目,应该事先同全国图书联合目录编辑组联系,以取得编辑组的协助,并避免不必要的重复。

(四)建立卡片目录中心:

先在北京试行;各地区也可研究或试行。

北京图书馆负责编制联合目录和建立卡片目录中心的工作,文化部应该为这两项工作给予人员编制和经费预算。

关于编制联合目录和建立卡片目录中心的详细办法,由全国图书联合目录编辑组拟订,并迅速着手进行。

三、(略)

文化部社会文化事业管理局印发儿童图书馆座谈会情况 并请研究如何加强改进公共图书馆的儿童阅览工作①

(1957 年 12 月 13 日 (57)文社图字 130 号)

各省、自治区、直辖市文化局:

为了加强和改进公共图书馆的少年儿童阅览工作,今年七月,文化部责成我局和上海市文化局召开了部分图书馆参加的少年儿童图书馆工作经验交流会。通过此会的讨论,各图书馆对于少年儿童图书馆和儿童阅览室的服务对象和一些业务问题交换了意见。为了加强、改进全国的图书馆的儿童阅览工作,今将我局向文化部做的书面报告,抄寄你局作为研究改进工作时的参考。同时提出我局的意见如下;

儿童图书馆是少年儿童校外教育机构,它对于培养少年儿童共产主义道德品质和丰富少年儿童文化知识,帮助他们全面发展能起很大的作用。但现有的儿童图书馆和儿童阅览室在数量上和工作质量上都远远不能满足需要。目前条件下,我们还不可能大量发展独立的少年儿童图书馆,因此,我们必须考虑在现有的图书馆、文化馆、图书室中,设法加强和改进这方面的工作。可根据当地图书馆分布情况、任务和儿童阅读要求做适当安排,如增设阅览室、开展儿童外借工作等。

儿童图书馆和儿童阅览室应当在现有的流通图书的基础上加强宣传图书,指导阅览的工作。宣传图书,满足阅读的方法有各种形式,各馆应当结合儿童特点,同时根据本馆条件,创造性地逐步开展这项工作。

目前公共图书馆为少年儿童服务的力量薄弱,应当配合其他一切力量,如密切与中、小学校、团、队等的联系,很好地配合协调;并加强公共图书馆对中、小学图书馆(室)的业务辅导工作。

对各公共图书馆的儿童阅览工作,应当进行检查和总结,如有需要,亦可考虑在一定时期召开这样的座谈会,吸收当地儿童图书馆、儿童阅览室工作者参加总结和交流工作经验。

以上意见,请你局考虑研究。此外,请转知各图书馆如果他们有儿童阅览工作的各种业

---

① 该文件原文来自《图书馆法规文件汇编》(河北大学图书馆学系,1985),原文页次:128—133。

务管理规程表格,请寄给上海市少年儿童图书馆一份,以便加以汇编,将来分发各馆作业务上的参考。

附:关于召开儿童图书馆工作座谈会的报告

我局于今年7月4日至9日在上海召开了儿童图书馆工作经验交流会,目的是总结上海市少年儿童图书馆的工作和交流各儿童阅览室、儿童图书馆的工作经验。会议由上海市文化局主持。出席会议的图书馆共17个,除上海市、北京市、沈阳市、旅大市、兰州市少年儿童图书馆外,有12个省、市图书馆的儿童阅览室,此外,尚有北大、武大图书馆学系和团中央少年儿童部、上海市团委、上海少年宫以及北京图书馆、上海图书馆都派人参加了此会,到会共有30余人。

会议由上海市少年儿童图书馆报告了业务工作总结和专题经验,其他各馆(云南、广西、成都、泸州、沈阳)都相继做了专题发言。苏联专家雷达娅同志也参加了座谈会,介绍了苏联儿童图书馆工作经验和做了解答问题的报告。会中还邀请了上海市第二小学六年级班主任兼中队辅导员吴倜同志报告他们在上海市少年儿童图书馆帮助下开展了课外阅读指导工作的经验。在交流经验座谈中,各馆讨论了许多业务上的问题,并对上海市少年儿童图书馆的工作提出许多意见。会议结束时,由韩承铎副处长和上海市文化局沈之瑜处长分别就业务问题和座谈会收获做了发言。

这次会,一方面要总结一个独立的具有相当规模的上海市少年儿童图书馆的业务工作,另一方面又要交流各儿童图书馆和儿童阅览室的工作经验。所以只能就共同的问题加以讨论和研究,而对上海市少年儿童图书馆的工作未能深入地总结。

但是这次会议的收获还是很大的:

在这个会上,大家基本上明确了儿童图书馆是校外教育机构,它的工作与学校教育、家庭教育共同构成为促进儿童发展的全部教育过程。儿童图书馆的服务对象是少年儿童,可以着重照顾自学儿童,适当地为家长、教师、辅导员服务;一般图书馆的儿童阅览室则主要是为儿童服务,为家长、教师服务的工作可以由图书馆成人部分担任。

尽管各馆条件不同,要求不同,但有些业务问题是有共同性的,经过讨论,已经初步取得一致的意见。这些问题是:

(1)儿童图书采购工作。目前各馆儿童图书采购工作缺少原则和计划,大部分馆是根据文字书连环画的比例采购,缺乏对藏书、读者的研究,因此有的馆买了一些不适合儿童阅读的书,如为初级儿童买了"巧断垂金扇"的连环画,使儿童看不懂,看懂了也不会有益。较大的儿童馆则凡是少年儿童读物一律都买,缺乏选择。座谈会明确了简单地按书形确定购书比例是不妥当的,应当根据馆的任务、藏书和读者的需要,有选择、有计划地采购图书。

(2)加强图书宣传、阅读指导工作,一般说,各馆在图书宣传、阅读指导工作方面都较薄弱,有的则对群众性的图书宣传工作做得较好,而对个别指导工作做得较差,或者把这两项工作对立起来,认为是两个截然不同的工作方法;而且强调个别指导阅读的困难,或者认为指导阅读就是同读者谈话,而没有把这种重要方法和其他方式方法有机结合加以运用,如帮助少年儿童查目录、使用书目和工具书,帮助他们订阅读计划,开展各种活动,合理地划分阅览室等。座谈会着重讨论了这方面的问题,涉及以下的一些方面:

(一)个别指导阅读是图书馆的重要任务,目前应积极创造经验,根据馆的条件,结合读者需要指导阅读的迫切情况,逐步开展这项工作。对于已经做起来的一些指导阅读工作(如帮助读者、介绍书籍、个别谈话、了解读者需要等问题)应该肯定,并进一步开展和提高。

指导阅读应该注意的是引导小读者由阅读连环画到阅读文字书。过去馆员对连环画的流通不够重视,只是让儿童随意翻阅,缺乏应有的阅读指导,大家认为是不对的,应当采取办法培养他们的阅读习惯,并逐步提高他们的阅读能力。指导阅读在读书内容上除注意读者的特点和需要外,还需要引导他们从一个方面到多方面,如有的小读者只爱看神话与历史故事,就要引导他们逐渐爱看培养共产主义道德品质的书和普及科学技术知识方面的书。

(二)群众性图书宣传(集体指导)与个别指导阅读这种方式相互联系,相互补充,大家一致认为没有个别指导阅读,则集体指导的效果不易巩固和深入;没有集体指导活动,则个别指导作用不够广泛,难以满足有共同需要的读者要求,目前应大力加强群众性的图书宣传工作,同时也要和个别指导阅读结合起来。

(三)明确了在高年级阅读室是需要目录的。应当把目录作为指导儿童看书的工具,培养他们查目找书的能力。

(四)阅读室应按儿童年级划分。有些馆按连环画、文字书划分阅览室不便于指导儿童阅读,在管理上也由于读者程度不齐,要求不同,难于组织藏书。大家比较一致倾向于要求改进阅览室的服务工作,克服从形式上对待读者和藏书工作的现象。我国儿童读者多,读者登记工作暂不在阅览室实行。许多儿童图书馆和阅览室还没有广泛开展外借工作,已经开展的,也没有充分利用读者登记这一有利条件,大家意见是应该根据各个馆的情况尽可能多组织儿童外借图书工作。

(3)密切同中、小学校图书室的联系,加强对它们的业务帮助,各馆在这方面做的都较差。上海市少年儿童图书馆也只是同不多的小学校保持不够经常的联系,各儿童阅览室人力少,业务忙,更难于联系学校。但是这是我国图书馆更广泛地为儿童服务的极重要的关键问题。公共图书馆数量较少,要满足孩子们的要求只有多依靠学校。学校图书馆缺乏业务管理知识,或者没有专人管理,不够健全,座谈会的意见是儿童图书馆应该把帮助小学校图书馆管理业务列为任务之一,并建议各公共图书馆的业务辅导部门也应该把中、小学校图书馆列入辅导对象范围之内。

(4)培养和正确使用积极分子,这方面有很多很好的经验,突出的是泸州、成都、湖北等儿童阅览室。他们只有一个干部,通过儿童服务员把大量的儿童读者组织起来,开展工作。一般说,也注意到积极分子的自愿原则,和使用与培养相结合的精神,还有不少的图书馆,比较侧重使用,忽略培养与帮助。大家都强调儿童积极分子的作用,并愿在现有基础上总结经验,发挥群众力量。座谈会还指出在利用家长、教师、辅导员的力量方面,还远远不够,大多数图书馆都有这个缺点,大家认识到这部分力量如果很好利用起来,儿童阅览工作还要做得更多更好。

出席座谈会的人普遍得到鼓舞和教育,认为一定要把儿童阅览工作搞好,通过此会,大家看到人手少、经费少的儿童阅览室(如泸州、成都、湖北、云南、广西的)没有受到条件的限制,同样做了很多工作,而且有的很有成绩,充分地为广大儿童服务这一方面受到感动,如上海市文化局沈之瑜同志说:"同志们的创造性劳动和无私精神使我感动,这不仅是工作上的方式方法问题,而是包含着积极性创造性,如忽略这点,就失去了工作灵魂而无价值";又如北京市少年儿童图书馆李楚琴同志说:这次不仅在工作方法上有收获,而且在工作精神上有很大帮助,今后应当发挥积极性创造性克服工作中的困难;云南省图书馆赵若冰同志激动地说:党和政府是这样重视儿童工作,我从来没有想到能参加这样的会,我们今后工作更加有信心。

图书馆工作跃进计划①

(1958 年 3 月　文化部)

关于整顿县图书馆工作的通知②

(1962 年 3 月　文化部)

关于加强中心图书馆委员会工作领导的联合通知③

(1962 年 7 月 20 日　文化部、国家科委)

文化部关于博物馆、图书馆可以根据本身业务需要直接收购文物、图书的通知④

(1962 年 9 月 11 日　文化部)

自从文物商店收归国家文物局管理以后,几年来对于收集社会上流散文物的工作,取得了不少成绩。

为了进一步改善收集流散文物的工作,我部考虑:除了文物商店要加强收购工作外,可以恢复过去所实行的,由博物馆与图书馆根据本馆方针、任务直接收购一部分业务上所需要之善本图书或文物。从实际情况看来,也确有一些收藏家,愿意将文物、图书直接出售给博物馆、图书馆。若不设法疏通此一渠道,亦易于导致文物、图书的外流和散失。因此文物商店和博物馆、图书馆的收购是文物事业中收集社会流散文物的两个方面,对于加强文物保护是有利的。

今后,一般的文物、图书的收购,仍以文物商店与中国书店为主,以充分发挥文物商店的特点与积极性,博物馆、图书馆则结合其本身业务适当收购其特殊需要的图书、文物;博物馆、图书馆收购文物图书应与文物商店或中国书店经常取得工作联系,加强协作;在价格上,一般应与文物商店或中国书店大致接近,以免影响市面行情。

※本篇法规已被《文化部关于废止部分规章和规范性文件的决定》(发布日期:2007 年 12 月 29 日,实施日期:2007 年 12 月 29 日)废止。

---

① 该文件原文缺,文件信息依据《中国图书馆百年纪事》(陈源蒸等,2004)157 页提供线索著录。
② 该文件原文缺,文件信息依据《中国图书馆百年纪事》(陈源蒸等,2004)181 页提供线索著录。
③ 该文件原文缺,文件信息依据《中国图书馆百年纪事》(陈源蒸等,2004)182 页提供线索著录。
④ 该文件原文来自"北大法宝"数据库,检索日期:2013 年 7 月 19 日。

中华人民共和国科学技术委员会、中华人民共和国文化部 1963—1972 年科学技术发展规划(草案)图书①

(1962 年 12 月　科学技术委员会、文化部)

(一)

图书工作是实现 1963—1972 年科学技术发展规划,促进科学技术现代化的条件之一,必须认真贯彻以农业为基础、以工业为主导的发展国民经济的总方针和四个现代化的发展方向,做好科学技术书刊进口、分配、影印、复制、交换、图书馆协调和读者服务工作,以适应科学技术发展的需要,特别是农业科学技术和尖端科学技术发展的需要。

从 1957 年国务院公布"全国图书协调方案"以来,图书供应部门和图书馆在为生产、科学研究和教学工作方面,取得了一定的成绩。主要是:(1)北京、上海两个全国性中心图书馆委员会和湖北、辽宁、江苏、广东、四川、陕西、甘肃、黑龙江、天津九个地区中心图书馆委员会先后建立起来,在外文书刊采购协调、书目编制、书刊互借、干部培训等方面,做了很多工作。(2)外文科学技术书刊进口和分配工作在对外文委、国家科委的领导下,分口负责、逐步调整,提高了质量,减少了复本,节约了外汇,特别是特种资料逐年受到进口部门的重视,对我国国防建设、经济建设和科学研究工作起了很大作用。(3)对外书刊交换工作有了较大的发展,比较广泛地和国外科学研究机关、学术团体、大专院校和国家图书馆建立了书刊交换关系,积累了世界各国,特别是英、美、西德、日本等资本主义国家的一些难得的科学技术资料。(4)外文科学技术书刊的影印种数逐步增加,1962 年影印外文科学技术书刊的种数比 1960年增加三倍多,特别是从 1961 年起,有计划有系统地影印了国际专业会议录、专题论文集等文献资料。同时,各图书馆也大力开展了书刊复制工作。(5)在各系统和各地图书馆的协作下,第一中心图书馆委员会分别编制了中文、俄文、西文、日文四种期刊联合目录和十八种全国性的专题联合目录,定期出版了"全国西文新书联合通报",建立了全国西文图书卡片目录中心。部分地区中心图书馆委员会还编制了地区性的中外书刊的联合目录。(6)各图书馆加强了为科学技术服务工作:许多图书馆设立了科学技术阅览室;开展了馆际书刊互借工作;有的还设立了科学技术服务部(组)或科学技术文献目录室;编制了适应科学技术人员具体需要的"对口"目录和参考书目索引。(7)图书供应部门和各地图书馆通过业余学校、训练班和讲座等方式,提高了干部的政治、科学、文化和业务水平。

但是,图书工作还不能很好地满足科学技术发展需要:外文科学技术书刊的分配还不够合理,管理体制有些分散;科学技术书刊有部分积压;图书馆间的协作还不够紧密,干部、设备和经费都有不足。这些都是与生产建设和科学研究对科学技术书刊的要求不相适应的。为此,图书工作必须坚决贯彻调整、巩固、充实、提高的方针,全面规划、统一安排,进一步广辟来源,合理分配,加强协调,充分利用,采用现代新技术和科学管理方法,千方百计地为生产、为科学研究和教学服务,在社会主义建设中发挥更大的作用。

---

① 该文件原文来自《图书馆法规文献汇编》(河北大学图书馆学系,1985),原文页次:140—149。

（二）

根据上述要求,图书工作的主要任务如下:

一、加强国外科学技术书刊的进口和分配工作。国外科学技术书刊的进口工作必须紧密配合我国科学技术的发展,千方百计搜购有关尖端的和稀有的科技书刊资料。根据国内实际需要和外汇的可能,合理安排国外科学技术书刊进口的品种和数量,不断提高订到率,加快订到的时间。同时根据保证重点、照顾一般、切合需要,避免浪费的原则,合理而及时地分配进口书刊。

1. 社会主义国家出版的科学技术书刊,基本上按照国内需要的数量进口,尽可能买到有价值的书刊资料。

2. 资本主义国家期刊每年进口的数量,在十年内每年保持7万份到9万份,其中科学技术期刊约占90%。加强对难订期刊的搜购,及时订购新出版的期刊,酌量补购必要的过期期刊。

3. 资本主义国家的特种资料(如各国政府研究报告、专利说明书、国家标准和工业标准、学会和协会出版物、工厂、企业的试验和研究报告、学术会议文献等),要摸清情况,尽快订到,并配缺补齐。

4. 资本主义国家一般性图书进口量,十年内,每年保持在25万—30万册的水平上;其中科学技术图书约占80%—90%。注意搜集各国图书品种,补充缺门,特别是合乎我国需要的有特点的小国出版物,至于那些稀见文种的书刊,暂不搜集或少搜集。

5. 进口资本主义国家科学技术书刊的分配,逐步按系统、按地区协调,归口管理。原则上,国防单位所需进口科学技术书刊,由国防科委归口;其他单位所需进口科学技术书刊,由国家科委归口。按此系统,在1965年以前,建立从中央到各省区的、分系统、分地区的管理体制,并逐步改进协商分配的方法。要求在1967年以前,建立进口科学技术书刊分配和使用的合理制度,以避免全国各系统、各地区和系统与地区之间的重复浪费现象。

进口的社会主义国家书刊的分配,也要做到及时而合理,避免不必要的重复。

二、大力加强和发展外文科学技术书刊资料的影印工作。严格审定选题,提高编选水平,要求所印书刊符合高、精、尖、新的标准和科学研究与生产的实际需要。根据需要与可能逐步增加影印品种。计划在1963年的基础上,前五年略有增加,一般在5%左右,后五年作较大幅度的增长,每年增加10%。到1967年,年影印量为:现期期刊1840种700万册,图书2330种142万册,特刊7000件210万册,过期期刊40种12万册;到1972年,年影印量为:现期期刊3000种1155万册,图书3000种300万册,特刊15 000种750万册,过期期刊50种15万册。此外,每年还影印国际专业会议录200—300种10万—15万册和其他重要参考工具书(索引、年鉴等)若干种。

影印工作还必须不断革新技术,提高印刷质量;逐步降低成本;尽量缩短出版时间。当前影印任务由科学出版社和永光科学技术资料供应社分别负担。今后应扩大力量并逐步统一安排影印书刊的编选和发行工作。由国家科委对负责影印的出版社作业务上的指导,进行经常的督促和帮助。中国科学院编译出版委员会负责审定影印选题计划。外文书店应保证尽快供应影印母本,中国科学技术情报研究所及有关单位也应协助解决影印母本问题。

三、大力发展科学技术书刊资料的复制工作。1964年内建成以中国科学技术情报研究所、中国科学院图书馆、北京图书馆为主的书刊资料复制中心,适当地充实人力和复制设备,进行新技术的研究,扩大复制业务,面向全国,尽可能满足各方面的要求。并视需要与可能,在一些有条件的专业图书馆里设置复制的设备,满足各该专业需要。有计划地在各省、市、自治区藏书较多或复制设备较有基础的图书馆中,发展和加强复制工作。

四、进一步开展和加强图书馆对外书刊交换工作。对外书刊交换是获得国外难得书刊的有效途径之一。由国家科委和对外文委以及其他有关部门商量加强对这项工作的领导。并由科委、文化部和其他有关的院、部、委研究加强科技书刊出版工作,增加书刊出口的品种和数量,换取国外出版的重要科技书刊。

北京图书馆、中国科学院图书馆和中国科学技术情报研究所,十年内应根据需要逐步增加国外的交换单位,提高交换工作质量,力争使换进书刊的品种和数量(特别是非卖品)逐渐增加。上述三个单位的交换工作,除补充自己馆藏外,还应分别代有关部门或本系统的图书情报机构交换必要的书刊。将来,根据需要与可能再由科委和对外文委商量确定若干图书馆和有关单位负责进行对外书刊交换工作。

五、健全、充实为科学研究服务的图书馆,要求他们逐步加强外文科学技术书刊的采购协调工作,合理组织藏书;改进目录和书刊的宣传和报导;大力开展参考咨询和阅览工作。

1. 重点建设北京图书馆和中国科学院图书馆,充实省、市、自治区图书馆,健全和充实国务院有关各部所属科技图书馆。充实北京图书馆和中国科学院图书馆的科学技术藏书,使其逐步达到丰富精专的地步。在五年到十年的时间内,由国家科委筹建"专刊文献馆"。

充实省、市、自治区图书馆,特别是上海、天津、重庆、辽宁、甘肃、陕西、四川、广东、湖北、江苏等省、市图书馆。提高科学技术藏书质量,加强科学技术研究服务的工作。

建议国务院有关各部加强一个部属或研究院属的较有基础的科学技术图书馆,充实必要的藏书(但是不宜过分集中),使其成为各该系统专业的中心图书馆。其任务是:在本系统内协调外文科学技术书刊的采购,编制专题联合目录和书目,组织馆际书刊互借,进行业务辅导。1963年由农业部、卫生部、地质部、铁道部分别充实、加强现有的中国农业科学院图书馆、中国医学科学院图书馆、地质部全国地质图书馆、铁道科学研究院图书馆,其中中国农业科学院图书馆应该大力加强和充实。

2. 加强全国和各地区的中心图书馆委员会组织和工作。(1)加强第一中心图书馆委员会的工作,进一步密切与各地区中心图书馆委员会的联系,经常交换协调工作情况和经验。(2)建立图书馆协作区。确定:天津中心图书馆委员会兼顾华北区。上海全国第二中心图书馆委员会和江苏中心图书馆委员会协商分片兼顾华东区。辽宁中心图书馆委员会兼顾东北区。甘肃和陕西中心图书馆委员会协商分片兼顾西北区。四川中心图书馆委员会兼顾西南区。广东和湖北中心图书馆委员会协商分片兼顾中南区。其任务是:在大区科委和地方科委的领导下,协调本协作区各个中心图书馆委员会的书刊互借、交换和编制联合目录以及交流经验、培训干部等项工作。这些中心图书馆委员会必须与地区情报所相配合,明确分工,加强协作,把为科学技术研究服务工作很好地协调起来。(3)没有建立中心图书馆委员会的省、市、自治区,可在当地科委领导下,根据需要,建立地区图书馆协作委员会,协调本地区各系统图书馆的工作。(4)省、市、自治区文化局(厅)应加强对省、市、自治区图书馆的领导,充实它们的藏书和设备,使其成为各该地区中心图书馆委员会的核心。

3. 由各主管部门改进和加强各系统、各地区图书馆外文书刊采购的协调工作。要切实根据需要和可能订购外文科学技术书刊,并严格审查有关各图书馆的购书计划和书刊订单,组织专家甄选和鉴定。新到馆的书刊,要及时整理,不许积压,并妥善管理,充分利用。已经积压的科学技术书刊最迟应在 1964 年内整理上架,并编出目录。各系统各地区的图书馆还应注意国内出版的各种科学技术书刊的收集和整理工作。对于图书馆过去不合理的收藏,在各主管部门的领导下,进行适当的调剂。省、市、自治区范围内的书刊调剂应报经地方科委和文化局(厅)批准,大区范围内的书刊调剂应报经文教部(宣传部)和大区科委批准。

4. 加强全国联合目录工作。第一中心图书馆委员会负责协调各系统各地区的联合目录编辑工作,并改进全国联合目录编辑组的工作。要求 1963 年内提出联合目录编制的十年规划。1963—1964 年由第一中心图书馆委员会组织编制农业科学技术图书联合目录若干种。十年内,分类编制新书书目汇编。补编和修订期刊和图书联合目录。增编若干种新的专题图书联合目录。改进联合目录的出版与发行工作,并及时地把目录发到需要的单位和科学技术人员手里。

十年内,充实以北京图书馆为基地的全国图书卡片目录中心的西文部分,并为建立俄文、日文部分创造条件,要求逐步掌握全国所有外文科学技术书刊资源。积极改进新书通报工作。

5. 加强集中编目工作。十年内,按照全国集中编目为主、地区集中编目为辅的原则,健全全国性的集中编目组织,统一著录项目,提高中文、俄文、西文集中编目工作的质量,适当地开展外文特种资料(影印本)的集中编目工作。同时,巩固地区的集中编目组织,同全国集中编目组织相配合,以便更好地解决图书馆的编目问题。

六、大力改进图书馆的管理方法,提高服务工作效率,逐步采用新技术,新设备。由中国科学院图书馆和北京图书馆组织有关方面的力量进行现代化图书馆建筑的研究,在 1967 年以前委托建筑设计部门设计好几套建筑图纸,并制定"图书馆建筑规格标准"。由北京图书馆、中国科学院图书馆、中国科学技术情报研究所组织有关方面的力量,进行机械化、自动化传送和检索工具等的研究,在 1967 年以前设计好一套技术资料,并进行生产,争取在较大的图书馆新的建筑中试用。由中国科学院图书馆负责进行图书的消毒、防虫等项方法的研究,尽快得出成果,在图书馆试用。

(三)

为了完成上述任务,必须采取以下措施:

一、进口资本主义国家书刊所需的外汇,必须保持稳定,避免因大幅度波动造成藏书的混乱和浪费,并影响国内的需要。建议在十年内,应根据需要逐步地、适当地增加这方面的外汇。国内需要如超过外汇的可能时,应从协调分配使用和加强影印、复制两方面加以解决,做到在充分利用、保证需要的前提下,节约外汇。

二、充实和培养科学技术图书供应部门和图书馆的干部,提高在职干部的政治思想水平、科学文化知识和业务能力。十年内,由计委、科委、教育部共同研究,以适当数量的大学毕业生(英、法、德、日、俄文,科学技术各专业)充实各大图书馆和科学技术图书供应部门。

北京大学和武汉大学的图书馆学系,应逐步扩大本科和函授班的招生名额,改进教学计划,适当加强科学技术专业课程和外文课程,针对各科学、技术图书馆的特点,提高教学质量,培养适合需要的图书馆干部。

科学技术图书供应部门、全国和各地中心图书馆委员会以及各图书馆应采用训练班、讲座、师傅带徒弟等方式对干部加以短期的专业训练;并派送有关干部到当地外语学校或学院学习外文。

加强、巩固各地现有的图书馆业余学校,针对图书馆的业务需要,改进教学工作,提高质量。

三、为了确保科学技术图书供应部门和图书馆任务的完成,十年内,应增加机械设备、进行必要的基本建设、供应必需的物资。

1. 逐步扩大影印、复制力量,相应地增加影印用的对开胶印机、照相制版机、装订机械和复制用的缩微照相机、静电复制机、阅读机、胶卷、胶版纸及其他设备和主要原材料。图书编目所用的 180 克卡片纸和编印联合目录所用的纸张也应保证供应。

2. 适当地扩建各大图书馆的书库与阅览室和其他相应的房屋。

3. 有关上述各项物资的进口、生产和供应工作。建议由各有关部门,根据需要进行安排。各单位需要上述物资的计划,应列入本系统的规划之内,并由各该单位按系统向主管部门申请办理。

四、加强领导。在总的规划下,各系统、各地区图书馆和科学技术书刊进口、分配、影印的领导部门,应分别做出本系统、本地区的具体规划,并逐步使之实现。

为了做好科学技术图书供应工作,加强相互配合,有必要改进科学技术书刊进口、对外书刊交换、国内分配和影印工作的现行管理体制,建议由国家科委统一管理,加强领导。

各地科委应加强对当地中心图书馆委员会(协作委员会)的具体领导,各系统图书馆的领导部门应加强对各该专业图书馆的具体领导。经常对他们提供科学技术发展和需要书刊的情况,审查他们的工作计划,检查他们的工作,向他们提出具体要求。对中心图书馆委员会的必要的编制和经费,应适当地予以解决。

在国家科委领导下,由第一中心图书馆委员会每两年召开一次全国各中心图书馆委员会的工作会议,总结工作,交流经验,统一计划,加强协调。

改变缴送北京图书馆书刊样本份数的通知①

(1963 年 11 月 12 日　(63)文出字第 1790 号)

我部于 1955 年 4 月 25 日以(55)文钱秘字第 138、139 号文颁发的"文化部关于征集图书杂志样本办法"中规定:图书、杂志从第一版起,每出一版,应向北京图书馆缴送样本一份。现该馆因实际工作需要,要求增加缴送份数,经我部研究同意。现将图书、杂志样本缴送该馆的份数重作规定如下,请自 1963 年 12 月份起执行。

一、图书:各种图书在第一次出版和以后每次修订改版时,缴送该馆的样本,份数如下:

(1)高等学校理、工、农、医各科教材,中、小学和业余学校课本,以及与此相应的教学参考用书,教学大纲,复习提纲,每种缴送一份;

(2)低年级儿童读物、连环画册,每种缴送一份;

(3)精印高级画册、单页的图片和歌谱,每种缴送一份;

(4)外文、少数民族文字或其他特种文字图书,每种缴送一份;

---

① 该文件原文来自《北京图书馆馆史资料汇编(二)》(周和平,1997),原文页次:255。

（5）影印外文图书，每种缴送二份；

（6）上开各类图书以外的图书，每种缴送三份。

二、杂志：各种杂志在出版后按期缴送该馆的样本，份数如下：

（1）汉文杂志，在北京、上海两地出版的，每种缴送三份；在其他地方出版的，每种缴送二份；

（2）外文、少数民族文字或其他特种文字杂志，每种缴送一份；

（3）影印的外文杂志，每种缴送二份。

文化部党组关于停售图书如何通知各地
图书馆停止借阅问题的请示①

（1964 年 12 月 11 日　（64）文党字第 249 号）

（一）关于地方出版社停售图书如何通知各地图书馆停止借阅的问题，我部今年九月根据中宣部"关于苏联驻华使馆人员到广西购买图书事件的通报"的精神，曾规定地方出版社停售图书在报文化部备案后，由文化部通知各地图书馆停止借阅。现在考虑，地方出版社停售图书，由我们审核后转发、通知，很不及时，因此，我们认为，今后除中央一级出版社停售的图书由文化部通知外，地方出版社（包括上海的各出版社）停售的图书，可由当地文化（出版）行政机关负责通知。通知的范围如下：

（1）各省、市、自治区文化行政机关（由他们转通知省、市、自治区及省辖市、专辖市、大城市区的公共图书馆和各县图书馆、文化馆）；

（2）高等教育部、教育部（由他们转通知高等院校图书馆）；

（3）中国科学院（由他们转通知所属各地科学院研究单位图书馆）；

（4）全国总工会（由他们转通知各大中城市向社会公开开放的工会图书馆）；

（5）军委总政治部（由他们转通知军事系统图书馆，范围由军委总政治部决定）；

（6）共青团中央宣传部（由他们转通知共青团系统图书馆，范围由共青团中央宣传部决定）；

除通知以上几个方面外，还应报中央宣传部；抄送：新华书店总店、外文出版发行局、国际书店、北京图书馆、版本图书馆、外贸部海关管理局等有关单位。

（二）各地出版社历年做停售处理的图书，品种很多，由于过去制度不严，这些作停售处理的图书，有的通知了图书馆，有的并没有通知图书馆。这是过去工作中一个很大的漏洞。为了改正这一缺点，防止有错误的图书继续流传，对过去已经作停售处理的图书，有必要补发通知，通知图书馆停止借阅。中央一级出版社过去已经停售的图书，由当地文化（出版）行政机关收集资料，负责通知。通知的办法和范围，同（一）条。

（三）除停售图书外，有些由公开发行改为内部发行的图书，也应通知图书馆改为内部借阅。通知办法和范围，同（一）条。

以上意见，妥否，请批示。

---

① 该文件原文来自《图书馆暨有关书刊管理法规汇览》（郭锡龙，1995），原文页次：692。

关于工会图书馆在清理图书中的一些问题①

（1965 年 9 月　中华全国总工会）

中共中央关于无产阶级文化大革命中保护文物图书的几点意见②

（1967 年 5 月 14 日　中共中央）

国家文物事业管理局发《关于北京图书馆主要服务对象的请示报告》及"简报"

（1973 年 5 月 23 日　（73）文物字 61 号）

北京图书馆：

我局《关于北京图书馆主要服务对象的请示报告》及所附《北京图书馆的任务与服务对象上存在的主要问题》的"简报"，已经国务院办公室口头通知不必报国务院，他们同意，可由局里告图书馆即可。为此，特将"报告"和"简报"一起发给你们，望即照此执行。

关于北京图书馆主要服务对象的请示报告

北京图书馆是一个藏书多、规模大并和世界各国图书馆界、科学研究单位有书刊交换、互借关系的国家图书馆。解放以来，在毛主席的革命路线指引下，为社会主义革命和建设发挥了一定的作用……总的形势是好的。但是也还存在一些问题，主要是：一度片面地强调直接为工农兵服务，对为中央党政领导机关、为科研单位服务和为工农兵服务的一致性认识不清。在采购外文图书时，片面强调要革命的、进步的，对政治上反动的反面材料选购时顾虑重重。大量停购外文书刊，以 1969 年和 1965 年相比，西文书减少了 70%，日文书减少了 80%，俄文书减少了 87%，外文期刊减少了 50%。由于应购买的外文书刊大量减少，原有藏书借阅手续又很繁杂，从而使大量有用书刊、资料积压在库房里，极大地削弱了该馆为三大革命运动应起的服务作用，引起了许多使用单位的不满。

为了进一步改进该馆工作，以适应国内外阶级斗争的大好形势，满足国内科学研究、生产建设日益迫切的需要，该馆以批林整风为纲，狠抓思想政治路线教育，提高了觉悟，澄清了模糊观念，对该馆应主要为哪些对象服务以及如何服务的问题，取得了一致认识。初步意见：

一、一九七一年八月十三日毛主席批示的出版工作会议纪要中规定：图书馆担负着宣传马克思主义、列宁主义、毛泽东思想，为三大革命运动服务的重要任务。这是各种类型图书馆的总任务，应当认真贯彻。在具体执行时，根据北京图书馆藏书的特点、所处的地位和当

---

①　该文件原文缺，文件信息依据《中国图书馆百年纪事》(陈源蒸等，2004)189 页提供线索著录。

②　该文件原文缺，文件信息依据《中国图书馆百年纪事》(陈源蒸等，2004)191 页提供线索著录。

前的工作条件,应以中央党、政、军领导机关、科研部门、重点生产建设单位为主要服务对象。同时适当地开展一般读者的阅览工作。

二、在征集采购书刊、资料时,要政治挂帅,防止右的和"左"的思想的干扰,全面地考虑进行国际阶级斗争和国内三大革命运动的需要,应广泛地、积极地,又要有选择地购藏国外出版的各种书刊资料,对涉及我国和为进行国际斗争所需要的正、反面材料,以及反映最新科学技术的书刊、资料要尽量购藏。对过去停购、漏购的书刊、资料,根据需要加以补购。

三、恢复该馆的参考咨询部门,充实适当数量有业务专长的干部,加强解答关于书刊资料谘询问题;要密切和有关部门、单位的联系,加强调查研究,及时掌握国内外阶级斗争新动向和了解科学技术的新发展,有计划有目的地积累资料,主动地向有关部门、单位及时提供书刊、目录、情报、资料等。

四、为了保证上述任务的顺利完成,必须加强领导,发动群众,从调查研究入手,检查和修订各种规章制度。按照保证重点照顾一般的原则,制订具体措施,有准备地、有步骤地把一切工作都要纳入新的轨道上来。

以上意见当否,请批示。

附件:简报(略)

国家文物事业管理局关于严禁将馆藏文物图书出售作外销商品的通知[①]

(1973 年 10 月 31 日   国家文物事业管理局)

各省、市、自治区文化局(组):

据有些省、市、自治区的文化部门及群众来信反映,近年来,有些单位的收购人员,曾向博物馆、图书馆、文化馆及其他文物单位,洽购馆藏文物图书,以致发生了有的县(市)博物馆或文化馆将大部分藏品出售;有的馆藏精品都被购去作为外销商品等严重情况。为此,特函请你局转知你省(市、自治区)各博物馆、图书馆、文化馆以及其他文物机构,今后馆藏文物图书一律不得自行出售。关于非文物的处理、应报请省、市、自治区批准后始得进行。并盼将各馆过去未经批准自行处理馆藏文物图书的情况告知我们。

国家文物事业管理局对地方图书馆涉外事宜的处理意见[②]

(1974 年 6 月   (74)文物字第 132 号)

---

① 该文件原文来自文化政策图书馆网站(http://www.cpll.cn/),检索日期:2013 年 7 月 19 日。

② 该文件原文缺,文件信息依据《中国图书馆百年纪事》(陈源蒸等,2004)200 页提供线索著录。

国务院批转国家文物事业管理局关于图书开放问题的请示报告①

（1978 年 4 月 24 日　国发〔1978〕81 号文件）

国务院同意国家文物事业局《关于图书开放问题的请示报告》，现转发给你们，请参照执行。

各地文化部门要继续深入揭批"四人帮"的法西斯文化专制主义和禁锢政策，根据党中央的指示，认真解决好图书开放中存在的问题，并注意总结经验，不断改进工作，为提高整个中华民族的科学文化水平、建设社会主义的现代化强国做出自己应有的贡献。

附：国家文物局关于图书开放问题的请示报告

林彪、"四人帮"疯狂推行法西斯文化专制主义的禁锢政策，任意封存图书，致使许多图书馆长期处于关闭状态，严重阻碍了图书为三大革命运动服务，引起广大群众的强烈不满。去年以来，随着揭批"四人帮"运动的不断深入，各地图书馆陆续开放了一部分图书。但是，由于图书开放的界限意见还不统一，有些图书馆对"文化大革命"以前公开借阅的社会科学和文艺类图书，至今还不敢公开借阅。为了更好地发挥各种图书资料的作用，我们对图书开放问题提出以下意见：

一、凡公开出版的自然科学和应用技术类图书以及各种工具书，原则上均可公开借阅。

二、凡"文化大革命"以前公开借阅的社会科学和文艺类图书，除林彪、"四人帮"反党集团及其死党的著作和吹捧他们的著作以外，原则上均可公开借阅。

三、涉及我国边界问题和国家机密的图书，只能有控制地在小范围借阅。

四、图书馆对馆藏书刊应保持完整，不得做涂、改、贴、剪、撕等技术处理。善本书的借阅，各地另行规定具体办法。

五、图书馆要加强图书宣传，注意做好对读者特别是青少年读者的指导工作。对图书开放中出现的带倾向性的问题，要及时向有关领导部门反映。

以上意见如无不妥，请批转各省、市、自治区参照执行。

教育部印发《关于加强高等学校图书资料工作的意见》的通知②

（1978 年 8 月 12 日　教育部）

各省、市、自治区高教（教育）局，各高等学校：

现将我部《关于加强高等学校图书资料工作的意见》印发给你们，望参照执行。在执行过程中，有何问题和意见，请函告我部。

---

① 该文件原文来自《图书馆法规文件汇编》（河北大学图书馆学系，1985），原文页次：153—154。
② 该文件原文来自《图书馆法规文件汇编》（河北大学图书馆学系，1985），原文页次：154—159。

关于加强高等学校图书资料工作的意见

图书资料是高等学校教学、科研工作的基本条件之一。加强图书馆、资料室的建设,搞好图书资料的搜集、整理、管理和借阅,是高等学校一项重要的工作。

建国以来,高等学校图书资料工作,有了很大的发展,为搞好教学和科学研究,培养社会主义革命和社会主义建设的专门人才,做出了贡献,成绩是主要的。但是,由于林彪、"四人帮"疯狂推行法西斯文化专制主义和禁锢政策,任意封存、销毁图书资料,砍削、中断外文书刊的进口,打乱行之有效的规章制度,打击迫害图书资料工作者,拆散专业队伍,使高等学校图书资料工作遭受极大破坏,造成了非常严重的后果。

粉碎"四人帮"以后,高等学校广大图书资料工作者,以揭批"四人帮"为纲,在整顿图书资料工作中,做了大量的工作,取得了一定的成绩。但是,当前仍有许多问题亟待解决:

1. 出借的图书资料数量少,不能满足需要。由于图书管理、借阅的界限不清,应当开放的图书资料(特别是社会科学方面的书刊)没有开放;已开放的图书,由于丢失、损坏和加工整理工作跟不上,流通数量较少;新出版的图书,由于原来的供应办法被打乱,得不到充分供应;再加上近年来高等学校的基建投资很少,不少图书馆未能扩建,书库饱和,书架超载,大量图书无法上架,图书供不应求,教学和科研受到严重影响。

2. 很多藏书保管不善。有的学校把大量图书堆藏在漏雨、潮湿、闷热的地方,不少图书甚至珍贵的图书遭到虫蛀鼠咬,正在或已经造成不可挽回的损失。

3. 开馆时间短,借还图书耗时多。有的图书馆每周只对学生开放三个下午,借还一次图书要一、两个小时。多数图书馆只能做到采购、编目、借书等工作,其他如图书资料的咨询、编译、整理、复制、推荐等工作基本没有开展,不能很好地为教学和科研服务。

4. 许多图书馆阅览室及座位数量少,桌椅、灯光、卫生条件过差,影响师生学习和健康。

此外,还有一些问题:图书资料工作得不到应有的重视,经费、劳动指标、干部配备、物资供应,没有切实的保证;采购图书工作中有一定的盲目性,有的图书复本量过多;党的知识分子政策没有很好落实,图书资料工作人员队伍严重青黄不接,老弱病残者多,一部分新参加工作的年青同志文化水平较低、缺乏专业训练,服务质量不高。

为了实现新时期的总任务,极大地提高整个中华民族的科学文化水平,适应教育要大干快上的形势要求,图书资料工作必须进行切实的整顿,为此,提出如下意见:

一、要继续深入揭批"四人帮"。当前,要打好揭批"四人帮"的第三战役。要紧密联系实际,彻底批判"四人帮"炮制的"两个估计"和"文艺黑线专政"论、"崇洋媚外"等反革命谬论,彻底肃清林彪、"四人帮"的法西斯文化专制主义和禁锢政策在图书资料工作中的流毒和影响。

二、切实加强对图书资料工作的领导。高等学校图书馆、资料室是教学、科研重要的辅助性机构。图书馆直属学校领导,应有一名副校长分管图书馆工作,选派系、处级以上的得力干部担任馆长,并注意配备具有图书馆专业知识、懂得外文、古文和文理科专业知识的业务骨干。图书馆应大力加强情报资料的搜集整理工作。系、研究所的资料室实行校图书馆和系(所)双重领导,业务工作由校图书馆负责,要配备足够的资料员,拨给必要的资料经费,允许订购、复制有关资料。

三、各校图书馆、资料室,对现有的图书资料要进行一次彻底的清理。遵照《国务院批转国家文物事业管理局关于图书开放问题的请示报告》(即国发〔1978〕81号文件)的精神,可根据图书的内容和作者的政治情况,将图书按"一般图书"、"参考图书"和"内部图书"三类整理出借。

"一般图书",包括公开出版的自然科学图书;各种工具书;"文化大革命"前公开借阅的社会科学和文艺类图书(林彪、"四人帮"反党集团及其死党的著作和吹捧他们的著作除外);内部发行的高等学校教材和中、外文专业书刊资料。此类图书均可公开借阅。

"参考图书",包括林彪、"四人帮"及其死党的著作和吹捧他们的著作;中外修正主义分子的著作;有一定参考价值的资产阶级反动作家的著作。此类图书供批判用。教师、专业科研人员、研究生、进修生和有关干部,可以借阅;本科生因学习或科研需要,经过一定的批准手续,也可以借阅。

"内部图书",系指涉及我国边界问题、国家机密以及内容极其反动、淫秽的书刊。此类图书,应有控制地在小范围内借阅。

四、调整开馆时间,提高服务质量。为保证教学、科研的需要,图书馆的出纳时间,平日应保证每周不少于五天,要逐步创造条件开放六天或七天;寒、暑假期间可每日开放半天。阅览室原则上应每天开放(包括节假日,晚上可开馆不借还图书)。工作人员应实行轮休和倒班学习制度。

要简化图书借阅手续,方便读者。应允许教学、科研人员进入专业阅览室的辅助书库查找资料。

要大力加强工作人员的事业心和责任感,提高业务水平和工作效率,努力做好图书情报资料的搜集、整理、编译、复制、推荐和咨询工作,为教学和研究服务。

五、要加强图书(特别是善本、珍本、孤本)、资料的保管、维护工作。必须迅速采取措施,配备和培养必要的裱装、修补人员和设备,加强图书保护的研究,切实做好图书资料的防火、防潮、防蛀、防鼠、防尘、消毒和修补工作。对馆藏书刊应保持完整,不得做涂、改、贴、剪、撕等技术处理。

要教育师生爱护图书资料,与任意丢失、涂抹、损坏、剪撕书页等不良现象作坚决斗争。要实行严格的赔偿、惩处制度。

六、加强图书资料工作队伍的建设。高等学校必须有一支思想好、业务强的图书资料工作队伍,坚决改变把图书馆、资料室当做安置闲杂人员的"收容所"的做法。要进一步落实党的干部政策和知识分子政策,充分调动广大职工的革命积极性。无故调离的专业人员要迅速归队。要加强青年工作人员的文化学习和业务训练。全国重点高等学校图书馆,争取在八年内,使工作人员中具有图书馆专业知识、掌握外文和古文以及具有文理科专业知识的大学水平的人员,达到总人数的百分之五十以上。要建立图书资料工作人员的职称评审制度,提高他们的社会地位。根据工作人员的工作态度、业务水平和服务质量,可按图书(资料)管理员、助理研究员、副研究员、研究员评定职称。适合教学工作的,也可按教师的职称晋升。要建立岗位责任制,严格考勤制度,鼓励图书资料工作者热爱本职工作,刻苦钻研业务,提高工作效率和服务质量。对工作认真、成绩卓著的工作人员,要给予表扬、鼓励或破格提升。

七、要积极贯彻勤俭办学的方针,改善图书馆的条件。随着教育事业的发展,要有计划地新建和扩建一批图书馆、资料室,增加图书经费,保证物资供应。应该把扩(改)建图书馆、资料室作为重点项目,列入基本建设计划。各校要挖掘潜力,争取在二至三年内,将积压的图书全部整理加工、上架流通。

各校图书资料经费,应纳入各校的年度经费预算,妥善加以安排。

学校后勤部门要积极做好图书馆、资料室的房屋、设备的维修和家具器材的添置工作。要大力改善阅览室、工作室的灯光、通风、防寒、降暑的条件。要配备必要的工勤人员,搞好环境卫生,创造条件,逐步减轻工作人员的劳动强度,切实解决图书资料工作人员的困难。

八、加强图书资料工作的现代化。根据全国科学大会、全国教育工作会议和全国图书馆事业发展规划的精神,高等学校要制订加强图书馆、资料室现代化建设的远景规划,积极开展研究,大力推广新技术的应用。

教育部将在所属高等院校的图书馆中,恢复和增设各门学科的中心图书馆,使它们分别成为本门学科的重点藏书单位,在此基础上逐步建立高等学校的图书情报资料网。

各校(特别是重点学校)要积极开展图书资料的编目和管理现代化的科学研究,逐步创造条件,采用电子计算机、缩微机、阅读机、复印机、录音机、电视机、录像机等先进设备,使图书资料的搜集、整理、管理、服务等各个环节机械化、现代化。建立视听阅览室,收藏视听资料。全国重点高等学校的图书馆,应逐步配备进行这方面的理论研究和现代化设备的使用、管理人员。今后图书馆的扩(改)建,要充分考虑到这方面的特点和需要。

有关院校要努力办好图书馆学系,加快专业人员的培养。

根据需要和可能,要逐步扩大高等学校外文(特别是新兴学科、新技术)书刊的进口。要进一步扩大外文书刊的复制品种,加快速度,增加数量,提高质量。要恢复并逐步扩大同国外高等学校、研究机构的图书资料交换关系,以便扩大图书资料的来源,增进国际交流。

全国重点高等学校暂行工作条例(试行草案)①

(1978 年 10 月 4 日　教育部)

1978 年至 1985 年全国医学图书馆发展规划(草案)②

(1978 年 11 月　全国医学图书馆工作会议)

全国医学图书馆工作协调委员会工作简则③

(1978 年 11 月　全国医学图书馆工作会议)

---

① 该文件原文缺,文件信息依据《中国图书馆百年纪事》(陈源蒸等,2004)216 页提供线索著录。
② 该文件原文缺,文件信息依据《中国图书馆百年纪事》(陈源蒸等,2004)216 页提供线索著录。
③ 该文件原文缺,文件信息依据《中国图书馆百年纪事》(陈源蒸等,2004)216 页提供线索著录。

国家文物事业管理局发《省、市、自治区图书馆工作条例(试行草案)》①

(1978 年 11 月 13 日　国家文物事业管理局)

各省、市、自治区文化局(文物局):

　　我们拟定了《省、市、自治区图书馆工作条例》(试行草案),现发给你们,望转有关图书馆试行。如有修改、补充意见,望随时函告我局。

省、市、自治区图书馆工作条例(试行草案)

一、总则

第一条　省、市、自治区图书馆(以下简称省馆)是国家举办的综合性的公共图书馆,是无产阶级科学、教育、文化事业的重要组成部分,是各省、市、自治区的藏书、目录和图书馆间的书刊互借及业务研究、交流的中心。

　　省馆应贯彻"百花齐放、百家争鸣"、"古为今用、洋为中用"的方针,通过书刊资料的流通宣传马列主义、毛泽东思想,为阶级斗争、生产斗争和科学实验三大革命运动服务,为完成新时期总任务,提高全民族的科学文化水平,实现四个现代化做出贡献。

第二条　省馆应同时担负为科学研究为广大群众服务的任务,但以为科学研究服务为重点。省馆在服务对象上,应与市、县图书馆和其他系统图书馆有所分工,其主要服务对象是省、市、自治区党政军领导机关和研究生产部门和文化教育部门,也要积极、主动地为一般群众和青年学生服务。

第三条　省馆具体工作任务是:

　　1. 根据本地区政治、经济、科学和文化教育事业的需要积极采集各种书刊资料,以科学的方法进行加工、组织和管理。

　　2. 积极开展书刊流通,加强阅读辅导,满足读者的阅读需要。

　　3. 根据本地区的中心工作及科学研究和生产的需要,举办书刊展览,编制书目索引。解决读者咨询问题。

　　4. 在省、市、自治区科学、教育、文化部门的领导下,开展各系统图书馆间的协调和协作,组织推动图书馆学理论和技术方面的研究,对市县图书馆进行业务辅导。

二、书刊的补充、整理、流通和保管

第四条　书刊资料是图书馆工作的基础,各省馆应根据本地区的客观需要和馆藏基础确定采选方针,有计划地补充书刊,逐步形成具有一定地方特色的藏书体系。

　　中文书刊:中央一级出版社和本省、市、自治区出版社的出版物以及有关地区的地方文献资料应尽全搜集;其他地区的出版物及古旧书刊,可有选择地采购入藏。

　　外文书刊:应以基础科学、边缘科学、参考工具书、综合性书刊和本地区确有需要的专业书刊为主。订购外文原版书刊,要与本地区其他系统图书馆进行分工协调。

---

①　该文件原文来自《中国图书馆事业十年:1978—1987》(张白影,1989),原文页次:8—13。

要注意藏书的完整性,对重要的报刊、丛书、多卷书和其他连续性出版物要力求配齐。

采选人员要加强调查研究,要对读者的需要、出版动态和馆藏情况做到心中有数。

省馆可组织选书委员会,委员会成员除本馆各有关部门代表外,可吸收图书出版发行部门和重点用书单位的专家参加。

第五条 新到书刊应及时登记、分编、上架,不得积压。原积压书刊,应积极创造条件,限期整理完毕,投入流通。

省图书馆编目方法要规格化,分类法、标题表、著录条例应逐步趋向统一。国家提倡使用《中国图书馆图书分类法》,实行集中编目用《著录条例》和正在编制的标题表。

第六条 健全目录制度。省馆目录应分设读者目录和公务目录两种。读者目录应设置分类、著者、书名等目录,条件成熟时,还应设置主题目录。要积极创造条件,把若干年前的旧藏编成书本式目录,目录组织和管理应有专人负责,经常进行检查,保持书、目相符。

第七条 省馆一般设置下列各种书库:(1)基本书库;(2)辅助书库;(3)特藏书库(如善本,内部资料等);(4)保存本书库。

第八条 书刊流通工作分阅览、外借和馆际借阅等三种方式。省馆应根据需要和条件分设各种阅览室。对科研读者,应尽量实行分科开架阅览,有条件的还应设研究室。

外借应分个人,集体和邮寄借书三种。

要运用各种形式宣传推荐好书、指导读者阅读。

省馆除根据中央和国家出版局通知,对某些书刊停止公开借阅外,一般不得另立标准、任意封存、停阅图书;不得对书刊作涂、改、剪、贴、撕等技术处理。

开放时间要适应读者需要,每周不少于四十八小时,不要随意闭馆和缩短开放时间。如需要闭馆或变更开放时,同时要报请省、市、自治区主管部门批准,并事前通告读者。

第九条 图书馆藏书是国家财产。必须健全制度,加强管理。切实做好图书防尘、防潮、防火、防盗、防虫和修补工作。凡书刊出库(包括馆内人员用书)一律要按照规定办理手续。

要教育读者爱护图书,与破坏借阅制度和任意毁坏图书的不良现象做斗争。

对善本、孤本、工具书及不宜借出馆外的其他图书,一般只限馆内阅览,有些只提供复制件。善本书外借须经省、市、自治区主管部门批准。

三、参考咨询工作

第十条 参考咨询工作是省图书馆为科学研究服务必不可少的一项重要工作。其主要任务是:(1)根据读者研究的需要,编制各种书目索引,系统地提供有关课题的书刊资料;(2)解答读者有关图书资料的各种知识性咨询。

参考咨询人员必须努力做到具备较高的科学文化知识水平和积极主动的工作精神,要善于使用各种工具书并熟悉馆藏。

省馆各专科阅览工作人员,要努力做到具有一定的有关专业的知识,在做好书刊管理工作的同时,也要能解答读者的一般性咨询。

四、馆际协作和业务研究辅导工作

第十一条 省馆是本地区各系统图书馆间协调和协作的中心,应在省、市、自治区科学、教育、文化等部门的领导下,在图书馆之间开展书刊采购协调、馆际借阅、编制地方联合目录以及组织业务交流、培养干部等方面的工作,以发挥本地区图书馆网的作用。

第十二条　省馆负有对地区公共图书馆的业务辅导任务,其对象主要是市、县图书馆,并通过它们帮助基层图书馆(室)的巩固和发展,要认真调查研究,掌握本地区图书馆工作的动态,不断总结经验,加以推广。发现问题及时向主管部门汇报并研究解决办法。

五、业务组织机构与人员编制

第十三条　省馆可设下列业务机构:

1. 业务办公室或业务秘书。其任务是:(1)协助馆长处理全馆业务工作;(2)全馆业务统计;(3)管理全馆性业务档案。

2. 采编部。其任务是:(1)书刊资料的采购、征集、验收、登录及注销;(2)书刊的分类、编目;(3)目录组织;(4)书刊采购协调和馆际交换;(5)编制新书通报。

3. 阅览部。其任务是:(1)登记读者,发放借阅证件;(2)办理馆藏书刊的外借和馆内阅览;(3)管理并指导读者使用目录;(4)宣传推荐图书、指导读者阅读;(5)帮助读者复印资料。

4. 书目参考部(或科研服务部)。其任务是:(1)编制各种专题书目索引;(2)指导读者使用书目、索引、文摘及其他各种工具书;(3)解答读者咨询。

5. 图书保管部。其任务是:(1)管理基本书库和保存本书库;(2)办理基本书库图书的出库和归架;(3)保养及修补、装订书刊。

6. 特藏部。其任务是:负责珍善本图书和其他特藏资料的管理和流通。

7. 研究辅导部。其任务是:(1)总结、交流本地区图书馆工作经验,并进行业务辅导;(2)办理本地区中心图书馆委员会和图书馆学会日常工作;(3)组织本地区图书馆学和图书馆业务的研究;(4)收集、整理并保管有关图书馆业务和图书馆学、目录学专业书刊资料。

第十四条　省馆一般应按每一万至一万三千册图书一人来定编,行政人员不得超过总编制额的17%。

六、工作人员职责和职称

第十五条　省馆工作人员的主要职责是贯彻执行图书馆的方针任务,做好图书资料工作。省馆工作人员应认真学习马列主义、毛泽东思想,不断提高政治觉悟和理论水平,同时努力钻研业务,学习外语和专业知识,走又红又专的道路。

省馆实行党组织领导下的馆长分工负责制。馆长要深入实际、学习业务,成为内行;部、组级干部不要脱产。

第十六条　馆员的工作要力求稳定,不要随意调动,不要随意抽调他们做与图书馆业务无关的工作,以利熟悉业务。切实保障业务人员的业务工作时间,不少于六分之五。

第十七条　省馆可设实习馆员、助理馆员、馆员;助理研究员、副研究员、研究员等职称,每年考核一次。对工作成绩卓著有特殊贡献者可破格晋升提拔。

第十八条　省馆应根据本条精神,制订各项业务规章制度,建立、健全部门和个人的岗位责任制,经群众讨论,上级批准后,付诸实施。

关于全国古籍善本书目编辑领导小组
会议情况及今后工作意见的报告①

（1978 年 12 月 22 日　（78）文物字第 241 号文件）

国务院批转国家科委、中国科学院、外交部关于颁发科学技术
人员对外通讯联系和交换书刊资料两个规定的请示②

（1979 年 2 月 1 日　国发〔1979〕27 号）

各省、市、自治区革命委员会,国务院各部委、各直属机构:

　　现将国家科委、中国科学院、外交部《关于颁发科学技术人员对外通讯联系和交换书刊资料两个规定的请示》发给你们,请参照执行。一九七二年颁发的《中国科学院关于对外交换书刊等工作的暂行规定》和《中国科学院关于科学研究人员对外通讯联系的几点规定》即行废止。

　　此件可发至所属基层单位,并向涉外人员传达。

关于颁发科学技术人员对外通讯联系和交换书刊资料两个规定的请示

国务院:

　　中国科学院《关于科学研究人员通讯联系的几点规定》和《对外交换科技书刊等工作的暂行规定》,自一九七二年国务院批准以来,一直在执行中。六年多以来,通过对外通讯联系和书刊交换,发展了与各国科学家之间的友好关系,交换到不少对我有用的科技书刊资料。

　　全国科学大会召开以后,为了适应新形势的需要,中国科学院在去年四月份召开的科技外事工作会议上,对于上述两个规定作了适当修改和补充。又在去年九月份国家科委召开的科技外事工作会议上,征求了国务院各部委和各省、市、自治区科委的意见,并做了一些修改和补充。现送上审批。如无不妥,请转发国务院有关各部门和各省、市、自治区参照执行。

　　附件一:《科学技术人员对外通讯联系和与外国科学技术人员接触的规定》（略）

　　附件二:《对外交换科技书刊资料等工作的暂行规定》

附件二:对外交换科技书刊资料等工作的暂行规定

　　对外进行科技书刊资料交换,是我国与国外进行科技交流的一种形式,也是我们了解国外科技发展动向和水平的渠道之一,可以为实现我国四个现代化及时提供必要的参考资料。这项工作是科技外事工作的重要组成部分,要积极认真地做好这一工作。

　　一、根据国内科技书刊的出版情况,应逐步扩大交换范围。今后凡是可以出口或国内公开发行或出售的科技图书、期刊、图片、资料、标准、论文预印本、抽印本、少量种子、标本、菌种、样品等均可用来与国外相应单位进行交换或赠送。科技人员个人也可用上述书刊资料

---

　　①　该文件原文缺,文件信息依据《中国图书馆百年纪事》（陈源蒸等,2004）217 页提供线索著录。

　　②　该文件原文来自《中国图书馆事业十年:1978—1987》（张白影,1989）,原文页次:18—20。

等,同国外科技人员进行交换或赠送,无需经过审批。

二、凡不属于出口的或国内不公开发行或出售的书刊资料,在不涉及国家机密的情况下,经所在单位领导批准,可与国外相应单位或个人之间进行交换或赠送;涉及国家机密的,由主管部委审批。

三、科技人员根据工作需要,可主动向国外索取免费的书刊资料等,邮资可由本单位办公费报销。收到的书刊、资料等一般应向本单位情报资料处(室)备案,以利充分使用。

四、目前不与南非、以色列、南朝鲜、南罗得西亚建立交换关系,凡对方主动寄来的书刊均可收下,但不回复。

五、在寄来的书刊中如夹有反动宣传品,应报告保卫、外事部门,视情况区别处理。

教育部关于试行高等学校实验技术人员和图书资料情报人员职务名称确定与提升的两个《暂行规定》的通知(节录)①

(1979 年 3 月 10 日　〔79〕教政字 003 号)

各省、市、自治区文教办、高教局、教育局,国务院各有关部委教育局,各重点高等学校:

高等学校实验技术工作和图书资料情报工作是高等学校教学和科学研究工作的重要组成部分。搞好实验技术人员和图书资料情报人员这两支队伍的建设,对于发展高等教育事业有着十分重要的意义。为了对高等学校实验技术人员和图书资料情报人员进行培养、考核和合理使用,充分发挥他们在社会主义现代化建设中的积极性和创造性,不断地为提高教学质量和科学研究水平做出新贡献,一九七八年十二月,教育部召集部分高等学校有关工作人员草拟了《关于高等学校实验技术人员职务名称确定与提升的暂行规定》和《关于高等学校图书和资料情报人员职务名称确定与提升的暂行规定》(以下简称两个《暂行规定》),之后,在征求意见的基础上又作了一些修改,现将这两个《暂行规定》发给你们试行,并将有关的几个问题通知如下:

(一)两个《暂行规定》,今年上半年进行试点,下半年全面试行。这两个《暂行规定》是新制定的,还未经过实践的检验,一定有不足之处,有待进一步修改和完善。实验技术人员和图书资料情报人员职称的确定和提升工作,过去基本没有做过,也缺乏经验。因此,这两个《暂行规定》应先进行试点,取得经验后,方可全面试行。请各省、市、自治区在接到本通知后,并在一、两个高等学校进行试点。在试点中,要广泛听取意见,及时总结经验,为下半年全面试行做好准备。对两个《暂行规定》的修订意见,请在六月份报教育部。

(二)高等学校实验技术人员和图书资料情报人员职务的确定与提升,必须坚持标准,保证质量。要按照《暂行规定》中提出的标准,全面衡量,不能只注重某一方面。对于目前尚不具备条件的人员,不要随意加以照顾,也不要只是根据他们的工资多少或资历来确定和提升其职称。目前在实验室、图书馆工作的工人,仍按现行工人的有关规定和办法晋级。在这部分工人中,如有在某方面具有特殊技能和工作成绩优异的,可根据有关规定提升为技师;如有在业务上确实已达到实验技术人员或图书资料情报人员职称标准的,也可以按照两个《暂

---

① 该文件原文来自《图书馆法规文件汇编》(河北大学图书馆学系,1985),原文页次:175—179。

行规定》来确定和提升职称。

(三)在确定与提升实验技术人员和图书资料情报人员职称时,要对他们的政治表现、技术水平、管理能力、工作成绩、劳动态度和外文水平,进行全面考核。具体做法,可参照高等学校教师职称的确定与提升工作的有关经验。

(四)农、医等高等院校实验技术人员职称的确定与提升,应结合专业的实际情况,有的参照《关于高等学校实验技术人员职务名称确定与提升的暂行规定》办理,有的可以拟定实施细则或补充办法,请报有关主管部门审批后执行。

附:关于高等学校图书和资料情报人员职务名称确定与提升的暂行规定

根据《全国重点高等学校暂行工作条例》(试行草案)的精神,为了充分发挥图书和资料情报人员在社会主义现代化建设中的积极性和创造性,建设一支又红又专的图书和资料情报人员队伍,使他们不断地为提高教学质量和科学研究水平做出更大贡献,并便于对他们进行培养、考核和合理使用,特制定本暂行规定。

一、高等学校图书和资料情报人员的职务名称,分别确定为:助理馆员或助理资料员,馆员或资料情报员(同助教级),助理研究员(同讲师级),副研究员(同副教授级),研究员(同教授级)。

二、高等学校图书和资料情报人员必须拥护中国共产党。热爱社会主义祖国,学习马列主义、毛泽东思想,认真做好图书和资料情报工作,积极为教学和科学研究工作服务,为早日实现四个现代化做出贡献。

三、合于本规定第二条要求,经过考核,高中毕业生(或具有同等文化程度者)经过两年以上图书或资料情报工作实践,具备下列条件者,可以确定为助理馆员或助理资料员:

1. 掌握所从事的图书或资料情报工作的基本知识和技能,较好地完成所担任的图书管理工作或资料情报工作;

2. 能努力学习科学文化知识和一门外文或古汉语。

四、合于本规定第二条要求,经过考核,具备下列条件的助理馆员、助理资料员或大学本科毕业生经过一年以上、大专毕业生经过两年以上的工作实践,成绩良好,可提升或确定为馆员、资料情报员。

1. 能掌握图书或资料情报工作的基本理论知识,并具有初步的现代化管理知识;

2. 在图书管理或资料情报编译工作方面,能辅导查找图书资料,或能开展文献检索工作,或能编制一定的书目索引或专业资料。

3. 借助字典能运用一种外文查阅有关书刊资料,或有查阅古籍的能力。

五、合于本规定第二条要求,经过考核,具备下列条件的馆员、资料情报员,或其他专业人员,可确定或提升为助理研究员:

1. 能较好地掌握所从事专业的基础理论、基本知识和基本技能,科学文化知识面较广,或有一定的专门知识和技能;

2. 能独立承担一个部门的工作,或具有编辑本专业专题系统资料的能力,或对工作的改进有所贡献;

3. 能承担培养图书馆或资料情报人员的任务,或承担一定的科学研究任务;

4. 能掌握一种外文或古汉语,阅读有关的专业书刊资料。

六、合于本规定第二条要求,经过考核,具备下列条件的助理研究员,或其他专业人员,可提升或确定为副研究员:

1. 对本门学科具有系统的理论知识和较丰富的实践经验;

2. 在图书馆工作或编译资料情报方面有显著成就,或对本学科的情报资料有较高的述评,或发表过一定水平的科学论文,或有其他方面的科研成果;

3. 能开设本学科专题课程,或指导高年级学生研究生撰写论文,或在培养图书、资料情报人员和指导业务工作方面有显著成绩;

4. 能熟练地掌握一种外文或古汉语。

七、合于本规定第二条要求,经过考核,具备下列条件的副研究员,或对其他学科有较高造诣的专业人员,可提升或确定为研究员:

1. 对图书馆学或目录学、情报学、史料学、文献学以及其他学科中的某一门,具有系统的研究和较高的造诣;

2. 能写出较高水平的学术论文或专著,或能主编有一定学术价值的工具书、大型专题情报资料,并有指导研究生的能力;

3. 在图书、资料情报工作现代化建设或为教学和科研服务方面,成绩卓著;

4. 能熟练地掌握一种外文或古汉语。

八、合于本规定第二条要求的见习人员,在实习期间称见习员。

九、合于本规定第二条要求,在图书馆工作或资料情报工作方面,有突出贡献或成绩特别优异的,可越级提升。

十、在图书馆和资料情报室工作的其他技术人员,如缩微复制计算机、视听设备的使用和维修等人员的职称,可根据《关于高等学校实验技术人员职务名称确定与提升的暂行规定》,或其他有关规定确定或提升职称。

十一、确定与提升图书和资料情报人员的职称时,应以政治表现、业务水平、管理能力、工作管理、劳动态度和外文或古汉语水平为主要依据,进行全面考核。

十二、确定与提升图书和资料情报工作人员的职称时,助理馆员、助理资料员由图书馆、系领导审批。报学校备案;馆员、资料情报员以上,按同级教师职称的审批权限审批。

1978 年至 1985 年全国医学图书馆工作协调委员会组织简则①

(1979 年 3 月 17 日　全国医学图书馆工作会议)

医学图书馆干部技术职称试行条例②

(1979 年 3 月 17 日　全国医学图书馆工作会议)

---

① 该文件原文缺,文件信息依据《中国图书馆百年纪事》(陈源蒸等,2004)221 页提供线索著录。
② 该文件原文缺,文件信息依据《中国图书馆百年纪事》(陈源蒸等,2004)221 页提供线索著录。

教育部关于试行《关于高等学校外国教材中心图书室若干问题的暂行规定(草案)》的通知①

(1979 年 3 月 28 日 教育部)

南开大学、吉林大学、复旦大学、武汉大学、南京工学院、华南工学院、重庆大学、西安交通大学,人民教育出版社:

根据中央领导同志关于引进外国教材的指示,为了加强外国教材的引进、积累、管理和使用,推动我国教材建设,不断提高教育质量,以适应我国高等学校赶超世界先进水平的需要,决定在全国六个大区的南开大学、吉林大学、复旦大学,武汉大学、南京工学院、华南工学院、重庆大学、西安交通大学和人民教育出版社,设立九个外国教材中心图书室。在一九七八年十二月四日至十三日外国教材中心图书室座谈会上,起草了《关于高等学校外国教材中心图书室若干问题的暂行规定(草案)》,现发给你们试行。望各中心图书室所在单位,切实加强领导,努力办好各中心图书室,更好地为全区广大师生服务,为实现新时期的总任务做出更大的贡献。

需要我部解决的几个问题,现已作了初步安排:(1)一九七八年已订购的外国教材和一九七九年订购外国教材所需经费(人民币),由我部陆续拨给"教育部外国教材北京中心图书室";(2)各外国教材中心图书室所需设备,应报请所在院校和出版社审查平衡后,统一向部申请。我部供应局今年已为各校和出版社新配备了复印机一台,请各校先行统筹安排使用,给中心图书室以优先照顾。随着工作量的增加,如确实需要增加,列入申请计划,明年再予解决。缩微设备和显微阅读器,请有关院校和出版社专项列入一九八〇年供应和进口计划,力争解决;(3)各中心图书室所需补充的专门编制,各有关学校可在各校编制中调剂解决;人民教育出版社兼办的北京外国教材中心图书室所需编制,由我部核定该社编制时统一解决。

各中心图书室可以根据需要制备用章和藏书专用章,由所在单位制发并通知启用。

附件:关于高等学校外国教材中心图书室若干问题的暂行规定(草案)

为了加强外国教材的引进、积累、管理和使用,推动我国教材建设,不断提高教育质量,以适应把高等学校办成既是教学中心,又是科研中心,努力赶超世界先进水平的需要,决定在全国六个大区的南开大学、吉林大学、复旦大学、武汉大学、南京工学院、华南工学院、重庆大学、西安交通大学和人民教育出版社,设立九个外国教材中心图书室。设在人民教育出版社的定名为教育部外国教材北京中心图书室,由人民教育出版社教科书图书馆兼办。

(一)任务与要求

1. 各中心图书室,要根据教育部关于引进外国教材的要求,在所在单位的具体领导下,大力引进和积累各种高等学校外国教材和教学资料,努力把中心图书室建设成为种类比较齐全、各具特色的外国教材中心。

2. 认真管好各种外国教材和教学资料。充分利用本单位现有条件,通过各种方式,逐

---

① 该文件原文来自《中国图书馆事业十年:1978—1987》(张白影,1989),原文页次:24—27。

步开展各项业务活动,充分发挥外国教材的作用,努力把中心图书室办成深受本地区高等学校广大师生欢迎的外国教材和教学资料基地。

3. 发扬艰苦奋斗的革命精神,贯彻自力更生和积极引进外国先进技术相结合的原则,积极进行图书管理现代化的建设。当前,应加速装备必要的复印、缩微照相与阅读、翻排设备以及视听资料与设备,并为实现图书、情报资料管理的计算机网络化创造条件,努力把这些图书室建设成为高质量、高效率的现代图书基地。

(二)采编、分发、复制与交流

1. 自一九七九年开始,由教育部外国教材中心图书室配合其他各中心图书室,集中制定采购计划。订购的外国教材,由北京外文书店直接与北京中心图书室结算。

2. 图书分编工作暂时采取各中心图书室派人集中进行的办法。第一批引进教材的分编工作(包括统一分类,统一编目,统一印卡和统一印发目录),由武汉大学图书馆主持,各中心图书馆派人参加,集中在武汉大学进行。

3. 引进教材只有一套的,由北京中心图书室保管。各中心图书室所在单位通过各种渠道引进的国外内部教材和教学资料,由各中心图书室保管。各中心图书室之间可根据需要与可能进行复制交流。部内各有关司局、各有关高等学校,通过各种渠道收集到的外国内部的讲义和教学资料目录,要及时通知中心图书室,并根据需要与可能进行复制交流。

(三)管理与使用

1. 属于各中心图书室的外国教材及教学资料,应向本地区所属高等学校开放,由各中心图书室制定适当的阅览办法。外地教师前来阅看时,其食宿问题原则上自行解决,各中心图书室所在单位也应积极创造条件,提供方便。

华北、华东、中南三个大区高等院校比较集中,各设有二个中心图书室,本着就近原则,对面向高等学校的范围大体做如下分工:北京中心图书室面向北京市与内蒙古自治区;南开大学中心图书室面向天津、河北与山西等省市;复旦大学中心图书室面向上海、浙江、福建与江西等省市;南京工学院面向江苏、安徽与山东等省;武汉大学面向湖北、湖南与河南等省;华南工学院面向广东与广西等省区。

2. 统一引进的外国教材及教学资料目录,由主持统一分编工作的单位(第一批为武汉大学)统一组织印发到全国各有关高等学校。自行引进的由各引进的中心图书室负责印发。

3. 各中心图书室在条件可能的情况下,应本地区有关学校的要求,复制某些教材或教学资料,所需工本费由要求复制单位负担。

4. 各中心图书室可根据在本地区召开的有关专业会议的邀请,组织外国教材展览,所需费用由邀请单位负担。对引进的外国视听资料,根据需要与可能,应组织放映,充分发挥其作用。

5. 各中心图书室可组织本地区的高等学校,编写外国教材的评介资料。印发本地区有关高等学校,资料的审发工作由所在单位负责。

6. 各中心图书室可根据读者反映,向教育部推荐影印和翻译外国教材的书目。

(四)中心图书室的建设

1. 各中心图书室的人员、经费、用房、设备等问题,由各所在单位积极安排,教育部予以支持。对这些中心图书室,原则上与教育部批准设置的专门研究室(所)同样对待。

2. 中心图书室的人员配备,原则上由所在单位挖掘潜力,调剂安排。同时,也要有计划地逐步补充若干专职人员,配备必要的骨干。其人员编制,由所在单位编制内调剂解决。

3. 中心图书室购置外国教材所需经费,由教育部外国教材北京中心图书室统一编造年度预算,报教育部核批。经常费用在各单位行政费用中安排开支,用房及一般家具等设施,由所在单位调剂解决和统一安排。

4. 中心图书室所需设备,应充分利用所在单位原有设备。并由所在单位积极组织购置。同时,教育部给予支持,帮助订购。一些必要的重要设备,如复印、缩微照相、翻排及阅读设备等,应尽快加以装备。所需费用,列入学校基建或设备购置费内。

(五)组织领导

1. 各中心图书室属于所在单位图书馆的一个重要组成部分,在所在单位具体领导下开展各项工作。各所在单位应有一位领导同志分管这项工作。

2. 各中心图书室的有关业务工作,北京中心图书室可进行指导和协调。

3. 教育部应积极加强对各中心图书室的领导。高教一、二司要有专人负责此项工作,在有关各司局的大力协同下,进行调查研究,总结交流经验,及时解决工作上的有关问题。

国家出版局关于修订征集图书、杂志、报纸样本办法的通知①

(1979 年 4 月 18 日 (79)出版字第 193 号)

前中央人民政府出版总署、文化部及国务院出版口先后制订的《关于征集图书、杂志、报纸样本办法》及补充规定,由于近年来全国出版单位的情况有很多的变化,这些办法和规定其中有些已不能适应变化了的情况和目前工作的需要。为了为国家做好征集图书、杂志、报纸样本的工作,我局对以前制定的上述征集办法及补充规定作了修订,现重新颁发,希望中央一级各出版单位,各省、市、自治区出版(文化)局收到修订的《关于征集图书、杂志、报纸样本办法》后即照此执行(并请各地转知有关的出版单位),以前的征集办法及补充规定即予作废。

附:国家出版事业管理局关于征集图书、杂志、报纸样本的办法

第一条 为保存我国出版物,并及时提供有关资料,特制定本办法。

第二条 凡出版社、杂志社和报社编辑、出版的各种图书、杂志、报纸,均应在出版物出版后即向国家出版事业管理局、版本图书馆(包括二库)及北京图书馆缴送出版物样本,缴送样本办法如下:

第三条 关于图书

(一)出版单位出版的图书(包括一般书籍、课本、图片、画册、画像等)凡是公开发行、只限国内发行和内部发行的,均从第一次出版起,每出一版和每印一个印次,按附表所列单位、份数,分别缴送样本。

(二)各地租型印制的图书,按附表缴送国家出版事业管理局、版本图书馆样本各一份。

(三)同一种图书,先后有不同装帧、开本、版式、纸张、字号的版本(包括印刷少量的特装本、展览本等)出版时,为了完整地保存各种不同的版本,上列各种不同版本均应另向版本

---

① 该文件原文来自人民网网站(http://www.people.com.cn/),检索日期:2013 年 7 月 19 日。

图书馆及版本图书馆第二书库各缴送样本一份。

（四）机关团体、厂矿、高等院校等单位出版的出版物中,有研究参考及保存价值的图书,有关出版单位应向版本图书馆选送样本,或由版本图书馆主动向有关单位征集。

（五）版本图书馆担负长期保存各种出版物样本的任务,出版单位应选择质量较好的版本缴送,为便于及时汇编新书目录和提供出版情况资料,出版单位应在印刷厂少量印装出样书时即提前向版本图书馆缴送样本。

第四条　关于杂志

（一）出版社、杂志社编辑、出版的定期、不定期或有连续期号的杂志,并通过邮局、书店或自办发行的(包括公开发行、只限国内发行和内部发行)均应按照附表所列单位、份数,分别缴送样本。(活页形式的"供领导参考"、"内部资料"、"情况反映"、"情况简报"、"科技情报"及打字、油印和报纸形式的非正式刊物,均不属缴送样本范围。)

（二）机关团体出版有研究、参考、保存价值的刊物,出版单位应向版本图书馆选送样本,或由版本图书馆主动向有关单位征集。

第五条　关于报纸

（一）中央、中央直辖市、省、自治区及省会所在的市一级出版的报纸,报社均应按照附表所列单位、份数缴送报纸合订本(包括报纸的缩印本、目录和索引)。

（二）《解放军报》,国务院各部委或省、自治区所属厂矿、企业、学校编辑、出版发行的报纸,均按附表所列单位、份数缴送报纸合订本(包括报纸的目录和索引)。

**第六条　**本办法自 1979 年 4 月起施行。

附表:缴送图书、杂志、报纸样本一览表

单位	图书				杂志	报纸	备注
	初版新书	不同装帧、开本、版式、字号的版本	重印书	租型			
国家出版事业管理局 (北京东四南大街 85 号)	一份		一份	一份	一份		
版本图书馆 (北京北总布胡同 32 号)	一份	一份	一份	一份	一份	一份	
版本图书馆第二书库 (湖北均县)	一份	一份			一份	一份	
北京图书馆 (北京文津街)	三份				三份	一份	

注:初版新书包括修订版、新一版、第二版、三版……的图书。

国家文物事业管理局批转北京图书馆《关于接待外籍读者借阅图书的请示报告》①

(1979 年 5 月 24 日　国家文物事业管理局)

各省、市、自治区文化局(文物局、文管会):

现将北京图书馆《关于接待外籍读者借阅图书的请示报告》批转你局,望参照《报告》精神拟订你省(市、自治区)图书馆向外籍读者开放的具体办法,以尽快妥善解决外籍人员(特别是外国留学生)借阅图书问题。

关于接待外籍读者借阅图书的请示报告

为了适应日益发展的国际间的科学文化交流,促进各国人民之间的友好往来,满足外籍人员来馆借阅图书的要求,拟从 1979 年 5 月份起恢复接待外籍读者来馆借阅工作。现将有关接待办法请示报告如下:

一、接待外籍读者借阅图书是外事工作的一个组成部分,应认真做好接待工作,尽快地满足外籍读者提出的各种合理要求。

二、凡各国驻华使馆外交官员、友好商社和贸易团体驻京代表、外国驻京记者、在京工作的外籍专家和留学生,均可持我发给的外交官证、公务人员证、外国记者证、外籍专家工作证和留学生证等,向我馆申请阅览证,凭证来馆阅览。

对外国旅游者一般不予接待,如有特殊需要时,经我接待单位介绍或凭其有关证件予以临时接待。

三、我馆只向各国驻华使馆和常驻团体发放集体外借证,一般不办理外籍读者的个人外借。如果外籍读者需要把书刊借出国外时,可由我接待单位的图书馆同我馆通过馆际借书办法解决。

四、外籍读者来馆阅览只限查阅各种公开目录所收书刊,划入内部参考目录的书刊,一般不向外籍读者提供。但在我国工作的专家,确因工作需要参考时,可由所在单位向我馆说明情况,具体研究解决。

非正式出版社出版的书刊资料一般不提供外籍读者借阅。

凡不涉及我国边界省、县的地方志,一般均可提供借阅。

未对外发行的省级地方报纸可在馆内阅览,但不予复制。

影印书刊可照旧在开架阅览室内陈列,外籍读者借阅时,可以提供。如外籍读者问及,则说仅供内部交流。

印有"内部发行"字样的图书,如系译作,可提供借阅。

五、外籍读者阅览善本特藏资料,需由所在单位出具证明,并说明阅览范围,经我馆研究同意后,方可阅览。但不得照相,亦不提供复制、复印件。

六、凡可供外籍读者借阅的书刊资料(善本特藏资料和未对外发行的报刊除外),一般均可提供复制复印件,收费标准可高于国内读者一倍。

---

① 该文件原文来自《中国图书馆事业十年:1978—1987》(张白影,1989),原文页次:35—36。

另外,为了便于外籍人员来馆办理领取阅览证的手续,我馆拟订了《北京图书馆外籍读者阅览暂行办法(草案)》(见附件,此件发给有关单位。)一并报请审核。

以上报告妥否? 请审批。

国家文物事业管理局关于印发《十省市图书馆对外图书交换工作座谈会纪要》的通知①

(1980 年 1 月 11 日　国家文物事业管理局)

各省、市、自治区文物局(文化局、文管会):

现将我局在江苏召开十省、市图书馆对外图书交换工作座谈会的纪要印发给你局(会),请同有关图书馆研究执行。试点以外的其他省级图书馆,如条件成熟准备开展交换业务,望请示省、市、自治区外办审批,并报我局备案。

附:十省市图书馆对外图书交换工作座谈会纪要

一九七九年三月,中共中央宣传部批准国家文物事业管理局(79)文物字第 53 号《关于扩大对外图书交换的请示报告》后,国家文物局即通知各省、市、自治区文物局(文化局、文管会),要求对省级公共图书馆今后开展对外图书交换业务做出安排,并指定全国和地区性中心图书馆中的省级公共图书馆:即上海图书馆、天津市人民图书馆、南京图书馆、湖北省图书馆、广东省中山图书馆、四川省图书馆、陕西省图书馆、甘肃省图书馆、辽宁省图书馆和黑龙江省图书馆先行试点,总结经验,逐步扩大。半年多来,上述十省市图书馆均就开展对外图书交换工作,做了一些调查研究和必要的准备。为交流经验,促使此项工作顺利开展,国家文物局召集上述十个省市图书馆于十二月九日至十四日在江苏镇江进行了座谈。北京图书馆国际交换组的同志在会上介绍了他们多年开展交换工作的情况和经验。

座谈会经过认真讨论,使与会同志对国际图书交换工作的意义、性质、任务、工作步骤和方法以及有关政策界限取得了比较一致的认识。

大家认为,国际书刊交换是国际间学术文化交流的一个重要方面,是图书馆通过非贸易方式换取国外书刊资料的途径之一。它对于节约外汇支出、扩大图书馆收藏、取得国外非卖资料很有好处。北京图书馆多年进行交换工作的实践,就是很好的证明。仅以期刊交换为例,该馆近年来用国内出版的二百余种(八千多份)中外文期刊(人民币订价约五万多元),换来三千种左右的国外期刊(折合八万美元),占馆藏外文现刊的三分之一,既扩大了收藏又节约了外汇。鉴于我国四个现代化建设的发展,各方面对国外书刊资料的需要越来越多,大家认为,国家决定除北京图书馆外,再增加一些省级图书馆对外交换图书是十分必要的。

座谈中,大家认为根据国际书刊交换的性质和省馆的实际情况,省馆对外开展交换的任务应该是:第一,以书刊交换的方式,促进中外文化交流;第二,换取国外出版的书刊资料,为科学研究和生产建设服务,补充和丰富馆藏。大家还认为,省级公共图书馆选择国外交换单位,一般应以公共图书馆、大学、学术研究机构为主,对已同我结为友好州、市的相应的图书

---

① 该文件原文来自《中国图书馆事业十年:1978—1987》(张白影,1989),原文页次:55—57。

馆,可优先挂钩。对于那些长期以来无偿赠送我方书刊的国外单位,可根据我们的需要,转为交换单位。总之,在选择交换单位时,应考虑到对方提供的出版物,是否符合本省科研和建设的需要,并应尽可能地与本地区其他系统的图书馆进行必要的协调。由于对省级图书馆来说,这是一项新的工作,需要摸索和积累经验,开始时选择交换单位可少一点,以后可视需要和可能由少到多,逐步扩大。大家认为,省馆在对外交换中,应按国际惯例,采取有来有往、等量或等价的原则。例如,期刊一般以一种换一种为宜,国内新版书,可参照外贸出口的价格计价,旧资料复本,可根据其本身的价值,换取国外相应的资料。除特殊情况外,不要搞有往无来的主动赠送。各馆在掌握对等原则时,应口径一致,互相通气。

目前我国对外开展图书交换的单位逐渐增多,许多大学、研究所都在进行,为减少换出图书的雷同,提高换进率,大家认为,省级图书馆换出图书一般应以本省市的地方公开出版物和可供出口的馆藏多余复本为主。出口标准应按照文物管理和出版发行部门的有关规定掌握,谨防古籍善本和涉及机密资料流往国外。普通线装古籍和解放前的出版物,国内复本已不多,对这部分图书的对外交换,应持慎重态度,一般暂只提供影印复制件,各馆应抓紧整理,待国内调拨后,确认为是多余复本的,再以原书交换。大家还认为,各馆换进书刊,必须密切结合本地区的实际需要,避免盲目性。本地区经济建设和科学研究急需的书刊、各学科的重要参考工具书和馆藏各种连续出版物的缺期,应列为征集的重点。征到书刊应及时登录、编目、上架并编入新书通报,尽快投入流通。

座谈中,大家一致认为,国际书刊交换是一项涉外工作,政策性、业务性都很强,应该建立必要的请示、汇报和审批制度。发展交换单位、提供交换书目,由主管馆长批准并报上级文化主管部门备案,有关涉外政策问题,要及时请示上级文化或外事主管部门。为搞好交换工作,各馆应配备专人或设专门机构从事此项业务。并应有一名馆长分工领导。配备交换工作人员,对政治条件、外文水平和业务能力要全面考虑。

与会同志认为,搞好国际图书交换工作的关键是要取得各级领导和有关部门的重视和支持。建议各省、市、自治区文物局(文化局、文管会)经常过问此项工作,及时解决各馆工作中的问题和困难,在人员、经费和物质条件等方面,给图书馆以必要的支持,近期应为负有交换任务的图书馆适当增加一些购书经费并添置必要的复印设备。

会议最后认为,目前的国际形势和国内条件,对开展国际书刊交换工作十分有利,各馆应抓紧时机,在各级领导的支持和帮助下,积极、稳妥地开展交换业务,争取为四化建设多做贡献。

图书馆工作人员职称条例①

(1980 年 4 月　国家文物局、中国科学院、教育部)

---

① 该文件原文缺,文件信息依据《中国图书馆百年纪事》(陈源蒸等,2004)231 页提供线索著录。

中央宣传部批转国家文物事业管理局《关于图书馆馆藏涉及刘少奇同志问题书刊处理意见的请示报告》①

（1980 年 5 月 20 日　中宣发〔1980〕13 号）

我们同意国家文物事业管理局《关于图书馆馆藏涉及刘少奇同志问题书刊处理意见的请示报告》。现批转给你们，望参照执行。

附：国家文物局关于图书馆馆藏涉及刘少奇同志问题书刊处理意见的请示报告

根据你部中宣发〔1980〕年 4 号《关于处理涉及刘少奇同志问题的图书的通知》精神，结合图书馆工作的特点，现将图书馆馆藏中涉及刘少奇同志的书刊提出以下处理意见：

一、凡是刘少奇同志的著作及有关刘少奇同志的传记、回忆录、访问记等，均应立即清理开放。

二、凡是"文化大革命"以来涉及刘少奇同志问题的书刊，应贯彻中央决定的要"消除过去对刘少奇同志错误处理所造成的影响"的精神，各图书馆必须进行一次严肃认真的清理，区别对待。

三、凡是通篇诬蔑刘少奇同志的书刊，或者个别章节、段落有严重诬蔑刘少奇同志的无学术价值的书刊，均应封存停止借阅。

四、凡有丑化刘少奇同志形象的美术作品、新闻图片，以及有指名诬蔑刘少奇同志的歌曲集、剧本和演唱材料，均应封存停止借阅。

五、"文化大革命"以来党和国家的文件汇编涉及刘少奇同志问题的，不陈列，读者需要时可提供借阅。

六、有学术价值的书刊，如果只是在前言、后记或其他个别地方有少量穿靴戴帽式的诬蔑刘少奇同志不实之词的，在没有经过修改的再版书之前，为了保持馆藏书刊的完整，需要开放借阅时，可按国发〔1978〕81 号国务院文件第四条不作技术处理的规定办理，有了再版书时，应将旧版书提存；对有一定学术价值的，但在前言、后记或其他地方有严重诬蔑刘少奇同志不实之词的，可改作内部借阅，也不作技术处理；无学术价值的应予封存。

对涉及瞿秋白等同志问题的书刊，亦参照上述办法处理。凡是应封存的书刊，应妥善存放，不得散失。

以上意见如无不妥，请批转各省、市、自治区有关部门参照执行。

---

① 该文件原文来自《中国图书馆事业十年：1978—1987》（张白影，1989），原文页次：57—58。

中共中央、国务院关于收回"文化革命"期间
散失的珍贵文物和图书的规定①

(1980 年 6 月 4 日　中发〔1980〕47 号文件)

"文化革命"期间,林彪、江青、康生、陈伯达、谢富治一伙,煽起了打、砸、抄、抓的妖风,接着他们又趁火打劫,以各种名义从查抄物资中,甚至从文物保管单位藏品中,掠夺了大量珍贵的文物、图书,据为己有。据国家文物事业管理局初步调查了解,他们仅从北京市一处地方就掠夺了文物八千多件,古书三万多册。

在这种风气的影响下,有些负责干部或其亲属,也从中调走或象征性地以特低价格"购买"了若干珍贵文物和图书。另有些人还利用职权,从文物管理单位的藏品中,"调"走或"买"走了若干珍贵的文物和图书。

为维护革命纪律,保护文物,特作如下规定:

一、林彪、"四人帮"、康、谢及其一伙非法掠夺的文物、图书,必须坚决追回。

二、其他凡在"文化大革命"期间从查抄的文物或文物管理单位藏品中,私自拿去据为己有,或象征性地以特低价格"购买"了珍贵的文物、图书的,应该自动退回。对于拒不交退的,应给予政纪党纪处分。

三、各省、自治区、直辖市文物管理部门,应根据以上规定,负责向上述人员(文物管理局有名单)收回其所占有的文物和图书。对于收回的珍贵文物、图书,应按照党和政府的有关政策处置。这项工作,亦由国家文物事业管理局负责办理。

四、所有文物管理部门收藏的文物、图书,都是国家的宝贵财富。今后,任何党员都不得以任何方式将其据为己有。文物管理部门应从这次大量珍贵文物、图书散失的事件中,吸取教训,失职人员应受到批评。文物管理部门的工作人员,不得以文物、图书徇私授受,化公为私。党的纪律检察机关,对于文物管理部门为抵制不正之风,保护珍贵文物和图书而采取的各种措施,要给予坚决支持。

文化部、国家文物局印转《中央会议决定事项
通知》和《图书馆工作汇报提纲》②

(1980 年 8 月 5 日　(80)文图字第 1017 号、(80)文物字第 213 号)

各省、市、自治区人民政府:

五月二十六日,中共中央书记处第二十三次会议在讨论文物工作的同时,还讨论了图书馆工作,并就图书馆事业管理体制,新建北京图书馆等问题做出了相应决定。这对推动我国

---

① 该文件原文来自《中华人民共和国现行文化行政法规汇编(1949—1985)》(文化部政策研究室、文化部办公厅,1988),原文页次:86。

② 该文件原文来自《中国图书馆事业十年:1978—1987》(张白影,1989),原文页次:59—65。

图书馆现代化、网络化的建设,使之适应国家四化建设的需要,具有重大意义。

国家文物局为了贯彻中央的有关决定,已在六月二十七日至七月七日的《全国文物工作会议》上进行了传达和讨论。文化部亦已于七月七日部务会议上,研究了图书馆事业管理局的组建问题,决定成立图书馆事业管理局筹备小组。

为了贯彻落实中央指示精神,现先将有关图书馆工作的《中央会议决定事项通知》(通字第 42 号)和《图书馆工作汇报提纲》印转你们,望认真研究,并请结合你省实际情况,采取相应措施,切实加强和改善对图书馆事业的管理。

中央会议决定事项通知
(1980 年 6 月 1 日中央办公厅秘书局　通字 42 号)

现将中央书记处第二十三次会议(一九八〇年五月二十六日上午)有关图书馆的决定事项通知如下:

“(二)听取了刘季平同志关于图书馆问题的汇报,通过了《图书馆工作汇报提纲》,决定在文化部设图书馆事业管理局,管理全国图书馆事业。书记处认为,将来还可以考虑把北京图书馆搞成一个中心。建设全国性的图书网,把图书馆办成一个社会事业,不一定设行政管理机构。关于新建北京图书馆问题,会议决定,按原来周总理批准的方案,列入国家计划,由北京市负责筹建,请万里同志抓这件事。”

图书馆工作汇报提纲
(1980 年 5 月 26 日　中央书记处第 23 次会议通过)

一、基本情况

我国的图书馆,分属科学、教育、文化、工矿企业等许多部门管理。目前,国家文物局(省以下属各级文化局、文物局)只负责对公共图书馆的管理。据 1979 年底的统计,全国共有:

国家图书馆	1 个	藏书 1020 万册	847 人
省级图书馆	30 个	藏书 5600 万册	3574 人
地、市、县图书馆	1620 个	藏书 12 000 万册	13 118 人
总计:图书馆	1651 个	藏书 18 620 万册	17 539 人

三十年来,图书馆事业经历了曲折的道路,虽然几经起伏,但总的说来,在旧中国遗留下 55 个公共图书馆的基础上,有了较大的发展。各级图书馆不论在为科学研究和生产提供资料方面,还是在提高广大群众的科学文化知识方面都发挥了一定的作用。

解放后的最初几年,图书馆界主要做了两件事:一是对旧中国遗留下来的半封建、半殖民地图书馆的改造;二是大力宣传和普及新文化,在提高人民群众的政治觉悟和文化水平方面做了很多工作。

1956 年,中央准备把工作重心转移到经济建设上的时候,对图书馆颇为重视。周总理在知识分子工作会议上,要求加强和改进图书馆工作,把图书馆看作是发展科学研究的前提条件,要求图书馆积极为科学研究和生产建设及时提供书刊资料,在向科学进军中做到“兵马未动,粮草先行”,在第一次全国图书馆工作会议上,明确了图书馆既是宣传教育机构,又是学术研究机构,提出了省、市级以上大型图书馆的工作重点是为科学研究服务的方针。之后,国务院又正式颁布了《全国图书协调方案》,在国家科委下设立图书组,建立了北京、上海两个全国中心图书馆委员会和九个地区性的中心图书馆委员会,把分散在各系统的主要的图书馆,以协作和协调的方式组织起来,分工采集国外资料,共同编制联合目录,开展馆际图书互借,从而加强了图书馆为科学研究服务的能力和作用。这一时期的图书馆,不论在事业规模上还是在工作水平上都有了很大的发展和提高。后来,虽经"左"的倾向的干扰和三年困难的影响,图书馆事业的发展也受到一些阻滞,但总的来说,还是健康的。

"文化大革命"十年中,图书馆事业遭受了一场空前的浩劫和摧残。许多图书馆被长期关闭以至撤销,使县以上公共图书馆减少了三分之一,大量图书被当作"封、资、修"的黑货而遭封存以至焚毁(仅江西一省被毁图书就达100万册),造成社会上的严重"书荒",图书馆的专业人员被长期批判或"下放"。至于图书馆内部工作秩序被破坏,外文书刊采购被中断所造成的恶果也十分严重。

粉碎"四人帮"以后,特别是党的三中全会确定全党工作重心转移以来,图书馆事业又有了新的转机。随着生产建设、科学研究和文化教育事业的发展,对图书资料的需求越来越多,要求加强图书馆工作的呼声越来越高。中央对此也很重视。华国锋同志在两次"人大"《政府工作报告》中对图书馆事业都有要求,指出:"要发展各种类型的图书馆,组成为科学研究和广大群众服务的图书馆网"。即便是在三年调整时期,图书馆也要"适应形势的需要和根据国家财力和物力的可能,统筹安排,有一个新的发展"。在中央的关怀下,全国县以上公共图书馆数,不仅恢复到"文化大革命"前的水平,而且有了新的发展;国务院以国发〔1978〕81号文件,批准了国家文物局《关于图书开放问题的请示报告》,批判了林彪、"四人帮"的文化专制主义,解放了被他们长期禁锢的图书;为了广、快、精、准地为科学研究提供资料,各图书馆都不同程度地改进书刊资料(特别是外文科技资料)的入藏,扩大了同国外的书刊交换;为整顿和加强图书馆工作,颁发了《省、市、自治区图书馆暂行工作条例》,使工作开始走上正轨;被迫中断了十几年的中心图书馆委员会和联合目录工作等,正在逐步恢复,《全国古籍善本书总目录》正在积极编制;图书馆专业教育和科学研究工作也有所发展。

回顾三十年来图书馆事业的历程,我们深深体会到,凡是经济建设发展的时候,图书馆事业就受重视,就发展,就能充分发挥作用;凡是经济建设受到干扰的时候,图书馆事业就受破坏,就不能很好地发挥作用。今后,只要坚决执行三中全会以来的思想路线和政治路线,专心致志搞建设,图书馆事业在新长征的道路上,就一定能够为"四化"建设做出更大的贡献。

二、当前存在的主要问题

(一)事业规模亟需发展

我国公共图书馆不论在数量或质量上,都与四个现代化建设的需要极不适应,对拥有十亿人口的大国来说,一千多个图书馆实在太少。目前省级图书馆还未建齐(西藏尚未建馆,河北这样的大省,省图书馆至今只是个筹备处),全国还有近半数的县没有图书馆。除北京、上海、天津、武汉、重庆外,儿童图书馆在我国基本上还是空白,给少年儿童的课外阅读和自学造成很大困难。至于八亿农村人口的看书学习,至今还是个未能很好解决的大问题。现在农村的知识青年日渐增多,看书学习要求迫切,农村图书室没有县图书馆的图书下去流通,单靠他们自己购买图书是不能持久和巩固的,需要国家支持。

(二)图书馆的物质条件困难

首先是经费严重不足。去年是国家用于图书馆事业的经费最多的一年,也才五千万元。

多数县级图书馆全年经费不足一万元,有的才5—6千元,除去工资、房、水、电和办公用费,用来买书的钱就所剩无几了。省级图书馆的经费也很少,许多新出版和进口书刊应该购买而无钱买,有的还拖欠书店的书款,长期不能偿还。原因是图书馆经费没有随着国内外出版物的增长和涨价,而相应地增加,致使许多图书馆的年购书数量还少于三年困难时期。

其次是空间十分紧张。三十年来图书馆基本建设始终排不上队,欠账太多。本来拨给图书馆有限的基建经费也常被挪作他用。北京图书馆新馆建设工程,也因工期不明确、投资不足等原因,迁建工作进展十分缓慢。目前各级图书馆的空间普遍紧张,馆舍破烂不堪,不少已成"危房",而无钱加固和维修。由于书库和阅览室面积太小,现在全国图书馆中就有3000万册书刊不能整理上架,长期打捆堆放,使许多有用的资料变成"死书",以致虫蛀、鼠咬、霉烂,读者排队等座位的现象日渐增多,意见很大。

还有,复印设备是图书馆的重要服务手段,但目前许多大中型图书馆都缺少这些设备,严重影响了古籍善本、稀有书报资料原件的长期保存和现代科学技术书刊资料的周转。至于书架、阅览桌椅、目录柜、图书卡片等,或是由于图书馆经费不足,或是由于无人组织生产,也常常发生困难。

(三)图书馆之间缺乏必要的协作和协调

图书资料,是一种国家资源,必须统筹安排,把它们组织起来,才能合理使用。可是我国图书馆事业长期处于分散领导、各自为政的状态。这种状况如不改变,不仅图书馆本身的现代化无法进行,而且不可能达到"资源共享"的目的。1957年国务院颁布的《全国图书协调方案》中规定建立的中心图书馆委员会,是发展图书馆间的合作,大力挖掘图书馆界的潜力,充分发挥书刊资料的作用,加强为科学研究服务的好办法。后来被林彪、"四人帮"所破坏,至今尚未完全恢复。现在,不仅图书馆和科技情报部门自成体系,各搞一套,而且科研、教育和文化各系统的图书馆之间也缺乏协调,造成在外文书刊采购等项工作上,一方面重复浪费,互相抵消力量,经济上造成损失,一方面又出现许多空白,无法形成一个有机的体系。

(四)专业干部缺乏

图书馆工作以图书为对象,学术性、专业性很强,干部要具有一定科学文化知识。由于林彪、"四人帮"的长期破坏,目前图书馆干部的平均文化程度和业务水平比过去降低了很多,大约有百分之六十的人员是"文化大革命"中进馆的新手,其中有不少是各种艺术学校或团体淘汰出来的小青年,文化水平很低,一时难以胜任工作。有些主管部门由于对图书馆的性质、特点和作用缺乏正确认识,往往把图书馆当做安置老弱病残的地方,使老弱病残过于集中,有些图书馆不能坚持经常上班的约占工作人员的三分之一,图书馆向有"养老院"、"休养院"之称。

图书馆专业人员的生活待遇比文教系统其他部门的专业人员低,他们既没有奖金,又没有津贴,调资面又低于学校和科研机构,因而使有些专业人员不安心工作,意见很大,有的甚至要求调离。

(五)有些主管部门不重视图书馆工作

造成上述问题的原因是多方面的,除了"四人帮"的干扰破坏以外,有些主管部门的负责同志对图书馆的重要性认识不足,不重视图书馆工作,也是一个重要原因。有些负责同志认为图书馆既不直接出粮食,又不直接出石油,"可有可无",经费可多可少。甚至有个别地方把建图书馆当作盖"楼、堂、馆、所"来"批"。每当各项事业大上的时候,图书馆总是排在最后,但当"下马"风一来,图书馆却首当其冲,首先被砍掉。

图书馆管理体制不尽合理,也反映了我们认识上的差距。解放初期,我们是把图书馆和博物馆、文物保护单位一起接收的,之后,就统归文化部文物局管理。其实,图书馆除了少量的古籍善本书属文物外,它的任务和工作内容主要是为发展现代科学技术服务的,同文物工作关系很少。后来几经变迁,也只把图书馆同文化馆一样作为群众文化工作看待,无形中忽略了对图书馆为生产建设和科学研究服务工作的领导。三十年的实践证明,领导、管理体制不适应,是影响图书馆事业发展的重要原因之一。

三、对今后工作的几点意见

(一)发展图书馆事业

公共图书馆是图书馆网的骨干力量,各地文化行政部门都要把图书馆事业的发展当作一件大事来抓,并建议从中央到各省(市、区)有关计划财政部门,将图书馆事业列入计划预算项目,给予积极的支持。同时,将图书馆的分布设置列入城市建设规划以内。目前尚无省级图书馆的西藏自治区立即着手筹建,正在筹建的河北省馆要加快建设速度,争取早日建成。对市、县和城市的区馆也要作出规划,有计划地发展。争取在1985年前将全国的省、市、县(区)图书馆基本建齐。1985年以后根据国家经济的可能和小型分散、方便群众的原则,县、区行政主管部门应有计划地与有关部门配合,逐步在公社、街道设立分馆。

中等以上的城市和大城市的区都要设立少年儿童图书馆,县、区、市图书馆要设立少年儿童阅览室。

(二)改善图书馆条件

图书馆投资也是一种人才投资,应同科学研究和教育事业经费的增长相适应。目前每年五千万元经费的基数实在太低,与其他有关事业的经费不成比例。根据目前的实际需要我们匡算了一下,每年图书馆的事业费若有1亿元,基建费若有3000万元,日子才能比较好过一些。目前国家经济虽有困难,但为图书馆增加几千万元的投资是必要的、合算的。北京图书馆作为国家藏书中心,应从每年分配的采购外文图书的经费中,直拨一定比例(如50%)的外汇归该馆掌握,以便更好按照需要,并可享有国际图书贸易中的优惠待遇,直接选购外文书刊。

各地图书馆的基建、房屋维修经费,从现在起,应逐年有所安排。

建议在有关方面的支持、配合下,建立图书馆业务用品公司,统一组织图书馆用品的生产和供应。

(三)加速北京图书馆新馆建设

北图新馆建设工程,应在八一年底完成拆迁、破土动工,八五年交付使用;原计划投资七千八百万元,由于建筑材料涨价,提高抗震要求以及原匡算中有漏列项目等因素,已感不足,需将投资增为一亿二千六百三十三万元(包括引进设备的外汇合人民币二千万元)。建议将此项工程列为首都现代化建设的重点项目之一,除请国家建委、计委继续关怀支持外,并请中央交由北京市具体负责,由一位领导同志挂帅,统筹安排拆迁、施工、市政配套工程等有关工作。

(四)发展图书馆教育和科研事业,加速图书馆专业人员的培养

建议教育部同图书馆事业主管部门密切合作,共同办好现有高等学校的图书馆专业和情报专业。有条件的省、市,亦应设立图书馆中等专业学校,为省级以下图书馆培养合格人

才。根据现在和今后的情况来看,对图书馆现有工作人员进行业余培训或短期训练,则是最主要的一种形式。建议组织图书馆业务人员和图书馆专业教师的交流。创造条件,同国外图书馆开展交换馆员一类的人员交流活动。

建议国家有关部门合理解决图书馆工作人员的业务职称和生活待遇问题,以利专业队伍的稳定和积极性的发挥。

(五)加强和改善对图书馆事业的领导

建议首先解决管理体制问题。图书馆的职能是多方面的,与科研、教育、文化部门都有关系,划归哪一个部门领导都有局限性。同时,图书馆作为一项国家事业,也需要进行全国统一规划。所以,我们认为在国务院下设国家图书馆事业管理局最为理想,如目前条件尚不具备,亦可暂时在文化部设图书馆事业管理局,除直接管理公共图书馆外,还应担负起组织各系统图书馆工作之间的协调,统筹图书馆教育、科学研究和有关国际活动等方面的任务。建议根据《全国图书协调方案》和《1963 年—1972 年科学技术发展规划》的精神,尽快恢复国家科委领导下的图书组,以便加强各系统图书馆间的协作,促进全国图书馆网络化、现代化的实现。

国务院科技干部局《关于确定和晋升科学技术情报干部职称的意见》①

(1980 年 10 月 17 日　国务院科技干部局)

各省、市、自治区、国务院各部委科技干部管理部门:

现将《关于确定和晋升科学技术情报干部职称的意见》发给你们参照执行,在执行中有何问题请告我们。

一、科学技术情报工作,是科学技术工作的组成部分。为了认真培养选拔和正确使用科技情报工作干部,科技情报部门在考核评定技术职称时,应根据各类人员的工作岗位、性质,区分不同系列,按照有关规定分别评定授予下列相应的职称:

从事科学技术情报分析研究的人员,评定授予科学研究职称,在国家没有统一颁发科学研究职称条例之前,可暂采用研究实习员、助理研究员、副研究员、研究员职称名称。考核评定标准附后。

从事工程技术工作的技术人员,按照《工程技术干部技术职称暂行规定》的标准考核评定技术职称。

从事科技管理的科技人员,参照我局印发的《关于科技管理干部技术职称意见》考核评定技术职称。

在科技情报部门主要从事科技情报翻译、编辑、资料管理人员,按国务院即将颁发的关于翻译、编辑、图书资料管理人员的职称规定,分别评定相应的翻译、编辑、图书资料管理职称。

二、确定和晋升科技情报人员的技术职称,必须经过考核。考核的主要内容是在平时考

---

①　该文件原文来自《中国图书馆事业十年:1978—1987》(张白影,1989),原文页次:75—77。

绩的基础上每一至三年对其工作成就和科学技术水平进行一次评议,对其中不具备规定学历的还应对其科技情报工作必要的基础理论知识和外语程度进行测验。有突出成就者,可以随时考核破格提升。

三、确定晋升科技情报人员技术职称,应按科技干部管理权限,由相应的技术(学术)组织或技术职称评定委员会负责考核评定。

我局发出的关于贯彻执行《工程技术干部技术职称暂行规定》的"说明"、"补充说明"、"说明之三",有关复查、考核、测验等要求的基本精神,也适用于科技情报部门的工程技术干部和从事科技情报研究的人员。

四、各地区、各部门的科技情报机构可参照此意见制定具体的考核评定办法。有的科技情报机构对从事科技情报分析研究工作的科技干部,已经靠用了本部门科技干部的技术职称,可以继续沿用,但其考核标准应按照《科技情报研究人员技术职称考核评定标准》(试行)进行考核评定。

关于科技情报研究人员技术职称考核评定标准(试行)

第一,确定和提升技术职称的科技情报人员,必须拥护中国共产党的领导,热爱祖国,积极为社会主义建设服务。

第二,确定和提升技术职称,以工作成就、专业知识水平和业务能力为主要依据,适当考虑学历和从事科学技术工作的资历。

第三,高等院校四年制本科毕业,见习一年期满或具有同等学力从事科技情报研究,具备下列条件者,确定或提升为研究实习员:

1. 基本掌握科技情报工作方法和业务技术,能完成一般的科技情报工作任务;

2. 具有本专业的基础理论和技术知识;

3. 能用一门外语阅读有关专业的科技资料。

第四,具备下列条件的实习研究员,提升为助理研究员:

1. 熟悉科技情报工作业务,能独立进行科技情报资料的分析研究,或科技情报工作理论、方法的研究,工作有一定成就;

2. 具有本专业的基础理论知识和技术知识,基本了解学科、专业在国内外的现状和发展趋势;

3. 能用一门外语比较熟练地阅读、翻译有关专业的科技资料。

第五,具备下列条件的助理研究员,提升为副研究员:

1. 有较丰富的科技情报研究工作经验,能根据国家需要提出水平较高的科技情报或学术论著,工作有显著成绩;

2. 有系统深入的专业基础理论知识或较广泛的科学技术知识,对本学科、专业在国内外发展的趋势有较深入的了解;

3. 掌握两门外语,其中一门能较熟练地阅读、翻译有关专业的科技资料;

4. 能指导初级科技情报研究人员的工作和学习。

第六,具备下列条件的副研究员,提升为研究员。

1. 有丰富的科技情报研究工作经验,精通科技情报工作业务,在学术上有独特见解的论著,或在科技情报工作理论、方法研究上有重大贡献,工作有突出成绩;

2. 有系统深入的专业基础理论知识或较广博的科学技术知识,对本学科、专业在国内外发展的趋势有较强的判断和预测能力;

3. 掌握两门外语,并能熟练地翻译、阅读有关专业的科技资料;

4. 能指导中、初级科技情报研究人员的工作和学习。

文化部、教育部关于外籍人员使用省市公共图书馆书刊问题的补充通知①

(1981 年 1 月 19 日　(81)文图字第 55 号、(81)教外来字第 035 号)

各省、市、自治区文化局(文物局、文管会)、高教局(教育局):

自去年五月,国家文物局批转北京图书馆《关于接待外籍读者借阅图书的请示报告》以来,各省、市、自治区公共图书馆向外籍读者开放的情况,基本上是好的。但也有少数地方由于对书刊借阅范围控制过严,使有些外籍专家、学者和留学生查阅与专业有关的图书资料时遇到一些困难。为妥善解决外籍人员(特别是专家、学者、留学生)使用我公共图书馆书刊问题,除必须继续认真贯彻经国家文物局批转的北京图书馆《关于接待外籍读者借阅图书的请示报告》外,特作如下补充通知:

一、凡有外籍专家、学者和留学生的地方,公共图书馆均应积极创造条件,尽快向外籍读者开放,如一时确有困难,亦应通过外事部门向外籍人员做出合理解释,以免产生不必要的误解。

二、目前,各图书馆公开目录和内部参考目录划分界限很不一致,主要倾向是过严(如有些馆把解放前的出版物统统划入内部参考),对国内外读者限制过多。今后,凡属与外籍专家、学者和留学生研究课题直接有关的书刊,只要经过外籍人员所在单位介绍并说明情况,各图书馆即应在借阅方面尽可能提供方便。

三、向外籍人员提供我国图书文献资料是一件很严肃的工作,既要内外有别,又要不影响科学文化技术的交流,因此外籍人员所在单位和图书馆之间,要加强联系,互相配合,不要"踢皮球",有问题要在内部解决。所在单位和我方指导教师或合作研究人员在向外籍人员开列和介绍参考书刊目录时,应事先同有关图书馆取得联系,以免造成被动。

图书、档案、资料专业干部业务职称暂行规定②

(1981 年 1 月 30 日　文化部、国家档案局、国家人事局)

为了更好地培养和合理使用图书、档案、资料专业干部,做好考核晋升工作,充分发挥他们的积极性和创造性,鼓励他们努力钻研业务,提高图书、档案、资料工作的科学管理水平,更好地为四个现代化建设服务,特制定本规定。

---

① 该文件原文来自《图书馆法规文件汇编》(河北大学图书馆学系,1985),原文页次:238—239。
② 该文件原文来自"北大法宝"数据库,检索日期:2013 年 7 月 19 日。

第一条 图书、档案、资料专业干部的业务职称定为：研究馆员、副研究馆员、馆员、助理馆员、管理员。

第二条 确定或晋升业务职称的图书、档案、资料专业干部，必须拥护中国共产党的领导，热爱社会主义祖国，努力学习马克思列宁主义、毛泽东思想，刻苦钻研业务，积极做好本职工作，为四个现代化建设贡献力量。

第三条 确定或晋升图书、档案、资料专业干部的业务职称，应以学识水平、业务能力和工作成就为主要依据，并适当考虑学历和从事专业工作的资历。

第四条 中等专业学校毕业生，担任图书、档案、资料专业干部，见习一年期满，或具有同等学力的，初步掌握图书、档案、资料某项业务的基础知识、工作方法和技能，较好地完成所担任的任务，确定为管理员。

第五条 见习一年期满的高等院校本科毕业生或具有同等学力的，以及管理员，具备下列条件，确定或晋升为助理馆员：

（1）具有本专业一定的基础理论和专业知识；

（2）具有一定工作能力，能够掌握图书、档案、资料有关工作方法和技能，对馆藏有初步了解，能够使用馆藏目录、联合目录和有关工具书查找书刊、档案、资料等；

（3）初步掌握一门外语或古汉语。

第六条 助理馆员或具有同等业务水平的，具备下列条件，确定或晋升为馆员：

（1）比较系统地掌握图书馆学或档案学或其他某专业的基础理论和专业知识；

（2）具有独立工作能力，熟练掌握有关业务，对馆藏比较了解，能够辅导读者进行文献检索或编制有一定水平的索引、专题资料，工作中有一定成绩；

（3）掌握一门外语或古汉语。

第七条 馆员或具有同等业务水平的，具备下列条件，确定或晋升为副研究馆员：

（1）具有较广博的科学文化知识，对图书馆学或档案学或其他某门学科有较深的研究，有一定水平的工作报告或论著；

（2）具有比较丰富的工作经验，熟悉馆藏，能够指导读者检索、研究或编制有较高学术水平的索引、专题资料，能够解决业务工作中的疑难问题，工作成绩显著；

（3）熟练掌握一门外语。

第八条 副研究馆员或具有同等业务水平的，具备下列条件，确定或晋升为研究馆员：

（1）具有广博的科学文化知识，对图书馆学或档案学或其他某门学科有系统的研究和较深的造诣，有较高水平的论著；

（2）具有丰富的工作经验，能够指导专业人员学习和研究，主编有较高学术价值的书目、索引、工具书或文献汇编，能够解决业务工作中的重大问题，工作成绩卓著；

（3）熟练掌握一门以上的外语。

第九条 确定或晋升图书、档案、资料专业干部的业务职称，必须经过考核。考核在平时考绩的基础上，每一至三年进行一次。工作中有特殊贡献或成绩特别优异者，可随时考核，破格晋升。

对各级图书、档案、资料专业干部的考核，应当严格掌握考核条件。对其中具有同等学力的，除评议其业务成绩外，还应当对本专业必需的基础理论、专业知识和外语程度进行测验。

第十条 确定或晋升图书、档案、资料专业干部的业务职称，按照干部管理权限，由相应的评审组织评定。各级评审组织的组成,由同级主管机关批准。

第十一条　确定或晋升图书、档案、资料专业干部的业务职称,须由本人申请或组织推荐,填写业务简历表,提交业务工作报告或学术论著,经过相应的评审组织评定后,由主管机关授予业务职称。

研究馆员和副研究馆员,由国务院各部门或省、自治区、直辖市人民政府授予;馆员,由相当于行政公署一级机关授予;助理馆员和管理员,由相当于县一级机关授予。对取得馆员以上业务职称的干部,颁发证书。

第十二条　确定或晋升图书、档案、资料专业干部的业务职称,必须实事求是,严肃认真。对营私舞弊、打击压制专业干部或采取非法手段骗取业务职称的,应当区别情节轻重,严肃处理。

第十三条　本规定适用于在各部门专门从事图书、档案、资料工作的现职专业干部。

第十四条　各省、自治区、直辖市人民政府和国务院有关部门,可根据本规定,结合实际情况,制定实施细则。

省、市、自治区图书馆工作条例(试行草案)①

(1981 年 2 月 16 日　文化部)

国家人事局印发《国家人事局关于贯彻执行国务院颁发的七种业务技术职称暂行规定若干问题的说明》的通知②

(1981 年 3 月 6 日　国家人事局)

各省、市、自治区人事局,国务院各部委、各直属机构人事(干部)部门:

国务院先后批准颁发了统计、编辑、外语翻译、新闻记者、经济、图书档案资料、会计等专业干部业务技术职称暂行规定。为便于贯彻执行,经与国务院财贸小组、国家经委、财政部、文化部、国家统计局、国家出版局、国家档案局等有关部门共同研究,拟定了《国家人事局关于贯彻执行国务院颁发的七种业务技术职称暂行规定若干问题的说明》及《专业干部业务技术职称呈报表》,现发给你们,请参照执行。

评定业务技术职称是一项新的工作,还缺乏经验,各级人事部门要在各级人民政府的领导下,加强统一管理,做好思想政治工作。在方法步骤上要力求稳妥,先行试点,取得经验,再逐步铺开。要注意搞好综合平衡,严格掌握考核评定条件,保证质量。有关试点及工作的进展情况和问题,请及时告国家人事局和中央主管业务部门。

附:1.《国家人事局关于贯彻执行国务院颁发的七种业务技术职称暂行规定若干问题的说明》(略)

2.《专业干部业务技术职称呈报表》(略)

---

① 该文件原文缺,文件信息依据《中国图书馆百年纪事》(陈源蒸等,2004)237 页提供线索著录。

② 该文件原文来自《中国图书馆事业十年:1978—1987》(张白影,1989),原文页次:86—92。

国家人事局关于贯彻执行国务院颁发的七种业务技术职称暂行规定若干问题的说明

国务院先后批准颁发了统计、编辑、外语翻译、新闻记者、经济、图书档案资料、会计等专业干部业务技术职称暂行规定,现就执行中的若干问题说明如下:

一、自各《暂行规定》颁发之日起,凡过去有关业务技术职称的规定、办法,与各《暂行规定》不符的,一律以各《暂行规定》为准。

二、要保持各业务技术职称名称的统一性和严肃性,各地区、各部门不得更改。

三、各业务技术职称与高等学校教师职务名称和工程技术干部技术职称的对应关系如下表:

系列	业务技术职称				
高等学校教师	教授	副教授	讲师	助教	
工程技术干部	高级工程师		工程师	助理工程师	技术员
编辑干部	编审	副编审	编辑	助理编辑	
外语翻译干部	译审	副译审	翻译	助理翻译	
新闻记者	特级记者	高级记者	记者	助理记者	
图书档案资料专业干部	研究馆员	副研究员馆员	馆员	助理馆员	管理员
会计干部	高级会计师		会计师	助理会计师	会计员
统计干部	高级统计师		统计师	助理统计师	统计员
经济专业干部	高级经济师		经济师	助理经济师	经济员

四、确定或晋升业务技术职称,必须坚持又红又专的方向,对各《暂行规定》中的政治条件,要正确掌握,认真考核。

五、各《暂行规定》都指出,确定或晋升业务技术职称,应以学识水平、业务能力和工作成就为主要依据,并适当考虑学历和从事专业工作的资历。这就指明,业务技术职称是反映专业干部的学识水平、业务能力和工作成就的称号。因此,评定业务技术职称时,要严格按照规定办事,符合什么条件,就评定什么职称,不能单纯按工作年限来确定。行政职务与业务技术职称是两个不同的概念,不能混为一谈。

目前许多专业干部的工资级别已不能完全反映他们的业务水平和工作能力。因此,在确定或晋升他们的业务技术职称时,不能按工资级别来确定,也不要受工资级别的限制。

六、各《暂行规定》颁发前,已经评定授予业务技术职称的,应按照各《暂行规定》,由相应的评审组织进行复查。符合条件的,可授予相应的业务技术职称;尚不具备条件,但经过一定时间努力可以达到的,可暂时保留其原定职称,暂不发给证书,在两年内再行考核评定一次,若仍不符合条件,即不再保留原定职称;经复查条件太差的,原定职称即不予保留。

七、"论著"、"著译",包括著作、译著、论文、评论、通讯、报道等本人的作品。对从事编辑工作的,为他人文稿作了重大修改,能够反映其学识水平和业务能力的,可作为考核评定其业务职称的依据。

八、对各级职称提出的外语要求(包括对外语翻译干部第二外语的要求)是必要的。但鉴于历史原因和实际情况,当前在掌握上可适当放宽,对某些专业或特殊原因的专业干部,也可暂不列为必备条件。

对统计干部各级职称的外语要求,应按经济专业干部、会计干部相应职称的规定执行。

九、各《暂行规定》中要求的高等学校本科毕业的学历,是指按照国务院的有关规定,经教育部批准或备案确认的全日制高等学校和职工、农民高等学校本科毕业的学历,以及按照《高等教育自学考试试行办法》考试合格获得高等学校本科毕业证书的。

各《暂行规定》中所说,对不具备规定学历或具有同等学力的还应进行测验,是指不具备大学本科或中专毕业学历的人,要取得一定的业务技术职称,除评议其业务成绩外,还应当对本专业必须的基础理论、专业知识和外语程度进行测验(对申请评定会计员,统计员、经济员、管理员的,可不测验外语)。经过测验证明达到同等学力的,才能授予相应的业务技术职称。但是对一九六六年底以前就从事本专业工作,已经具备相当的理论、业务水平和较丰富的工作经验,在实际工作中已经是业务骨干的、如本人不具备规定学历,一般的可以通过考核确定其业务技术职称,必要时也可以取测验的方式。

近几年参加工作的会计、统计、经济、图书档案资料专业干部,初中毕业的一般需从事本专业工作五年以上,高中毕业的一般需从事本专业工作三年以上,经过对本专业基础理论和专业知识的测验以及全面考核,符合条件的,方可定为会计员、统计员、经济员、管理员。

十、"文化大革命"期间入学的大学、中专毕业生,由于原来的文化程度不一,本人努力程度不同,基础理论、专业知识和业务水平参差不齐,因此,评定他们的业务技术职称,除考核其业务成绩外,还应对本专业必需的基础理论、专业知识和外语程度进行必要的测验(中专毕业生一般不测验外语)。在测验前,要做好思想工作;要公布测验的科目和范围;根据各单位的实际情况,要有计划地给他们安排一定的复习准备时间;测验内容要结合本人现在所从事的专业,评定他们的业务技术职称,要实事求是,具体人要作具体分析,根据考核和测验的结果,具备什么条件就评定什么职称。对目前尚不具备规定条件的,所在单位要采取积极措施,帮助他们提高,给予学习和补课的机会,在适当时候再行评定。

对一九七六年入学的大学毕业生(一九七九年底至一九八〇年初毕业),入学时虽未经统考,但由于学习中干扰较少,并经过毕业考试,在评定业务技术职称时是否需要进行测验,由各地区、各部门根据实际情况自行决定。

十一、一九七七年改革招生制度后入学的大学专科毕业生见习一年期满,担任会计、统计、经济、图书档案资料专业干部的,一般定为会计员、统计员、经济员、管理员。经过考核具备助理一级条件的,可以定为助理一级。从事编辑、外语翻译,新闻记者工作的,见习一年期满后,再经过一年实际工作的锻炼,经过考核,根据其基础理论、专业知识和业务水平以及工作表现,具备助理一级条件的可定为助理一级,不具备助理一级条件的,可留待适当时候再行评定。

十二、会计、统计、经济专业干部业务技术职称《暂行规定》的适用范围:

1.《会计干部技术职称暂行规定》、《统计干部技术职称暂行规定》适用于国家机关、群众团体、全民所有制企业、事业单位现在专职或主要从事会计、统计工作的干部。

2.《经济专业干部业务职称暂行规定》适用于财政、税务、金融、商业、外贸、计划、物资、劳动、物价、工业、农业、交通、建筑、邮电等经济部门和其他部门中从事经济专业工作的现职专业干部。

十三、集体所有制企、事业单位的会计、统计、经济专业人员,也可以参照各《暂行规定》

评定业务技术职称。

十四、申请评定业务技术职称,应根据各《暂行规定》的适用范围和本人现在所从事的主要专业工作。这样有利于本人钻研本职业务,有利于今后的晋升。对已经按照国务院有关规定评定了其他业务技术职称的,如本人有要求,可暂时保留。

十五、具备大、中专毕业学历而改行从事其他专业工作的专业干部,原则上应按改行后现在从事的专业工作进行评定,适当考虑其原来的学历。

十六、国家正式职工"以工代干"的专业人员,从事本专业工作多年。具备评定业务技术职称条件的。可以评定相应的业务技术职称。至于是否转为正式干部,应根据有关规定确定。

十七、各级评审组织的名称,统称"评定委员会"或"评定小组"。评定委员会根据工作需要,可设立若干专业考核评议小组。

各级评审组织应主要由专业干部组成。其成员必须有比较高的学识和业务水平,作风正派,办事公道。评定每一级业务技术职称,都须有一定数量高一级职称的专业干部参加。评定编审、副编审和相当于这一级的业务技术职称,还应聘请外单位同行专家、教授参加,或者将评定材料送给他们,请他们提出评定意见。各级评审组织的组成,由同级主管机关批准,代表同级主管机关行使评定业务技术职称的权力。评审组织内部实行民主集中制,充分发扬民主,少数服从多数。对专业干部评定后,应写出评定结论,由主任委员签字。评审组织内部讨论的情况,应注意保密,不得外传。

已经建立了各级学术组织的单位,如人员符合上述规定条件,经主管机关批准,可以负责评定工作,不必另行建立评审组织。

十八、确定或晋升专业干部的业务技术职称,必须经过相应的评审组织评定。未经评审组织的评定,各级主管机关不得授予业务技术职称。

编审、副编审、译审、副译审、特级记者、高级记者,研究馆员、副研究馆员、高级会计师、高级统计师、高级经济师,由相当于省一级的评审组织评定;编辑、翻译、记者、馆员、会计师、统计师、经济师,由相当于行政公署一级的评审组织评定;助理编辑、助理翻译、助理记者、助理馆员、助理会计师、助理统计师、助理经济师及其以下的业务技术职称,由相当于县一级的评审组织评定。确定或晋升为编审、副编审和相当于这一级业务技术职称的,要报国家人事局和中央主管业务部门备案(备案表格另发)。

对专业力量比较薄弱或其他原因不能评定某级业务技术职称的单位,可以由上一级评审组织评定,或者委托外单位相应的评审组织评定。经过主管机关批准,也可由几个单位联合组织某种业务技术职称评定委员会进行评定。

十九、确定或晋升业务技术职称的一般程序:

1. 确定或晋升专业干部业务技术职称,须由本人申请或组织推荐,填写《专业干部业务技术职称呈报表》,提交业务工作报告或学术论著,并在一定范围内进行报告。

2. 由本人所在基层单位的专业干部,对评定对象的政治表现、业务水平进行评议,提出推荐意见。

3. 评审组织根据本人提交的材料和所在基层单位的意见(需要测验的人员还应有测验成绩)进行评议,并写出评定结论。同意授予业务技术职称的,由主管机关授予。按照评定业务技术职称权限的规定,属于上一级评审组织评定的,应提出推荐意见,连同有关材料,转送上一级评审组织评定。

4. 有关评定和授予业务技术职称的材料,存入人事档案。

二十、《专业干部业务技术职称呈报表》的式样,由国家人事局统一制定,各省、市、自治区和国务院各部委进行复制。

二十一、对取得编辑、翻译、记者、馆员、会计师、统计师、经济师以上业务技术职称的专业干部,颁发证书。证书的式样,由国家人事局统一设计制定。

二十二、各地区、各部门在制定有关《暂行规定》的实施细则时,要注意与各《暂行规定》和本说明的原则一致,不能降低或提高评定条件。

二十三、确定或晋升专业干部业务技术职称,必须实事求是,严肃认真,对于营私舞弊,打击压制专业干部或伪造学历、谎报成果,骗取业务技术职称的有关人员,应视情节轻重,严肃处理。非法窃取的业务技术职称,应予撤销。

二十四、对专业干部实行考核、晋升制度,是调动广大专业干部的积极性,鼓励他们钻研业务,提高各项事业的业务和科学管理水平,促进四化建设的一项重要措施。各级人事部门,要会同有关部门,负责组织国务院颁发的各业务技术职称暂行规定的贯彻执行,及时总结交流经验,注意掌握考核评定条件,做好各系列业务技术职称之间,各部门、各单位之间的协调和综合平衡工作,防止偏宽偏严,确保评定工作的质量。

由于评定业务技术职称是一项新的工作,还缺乏经验,在方法步骤上要力求稳妥,工作一定要做细。应先行试点,取得经验,再逐步铺开。在步骤上可先易后难,分期分批地进行,成熟一批,确定或晋升一批,不要一刀切。

国家人事局关于统一管理社会科学专业干部业务技术职称评定工作的通知①

(1981 年 3 月 27 日　国家人事局)

各省、市、自治区人事局,国务院各部委、各直属机构人事(干部)部门:

根据国务院的指示,我局同中央有关部门进行了社会科学专业干部各种业务技术职称暂行规定的制定工作。迄今,统计、编辑、外语翻译、新闻记者、经济、图书档案资料、会计等专业干部业务技术职称暂行规定已经国务院批准颁发。行政干部、科学研究、政法、文艺专业人员等业务职称正在拟定中。为了统一管理好社会科学专业干部业务技术职称的评定工作,我局向国务院写了报告。国务院于三月十四日以(81)国函字 24 号文批复:"国务院同意社会科学专业干部业务职称的评定工作,在各级人民政府的领导下,由人事部门统一管理。至于各级人事部门应会同有关部门共同做好业务职称评定的几项具体工作,由你局根据中央组织部和中央宣传部的意见修改后,自行下达施行。"

根据国务院上述批示,对各级人事部门在各级人民政府的领导下,如何统一管理社会科学专业干部业务技术职称的评定工作,提出如下意见:

一、对专业干部实行考核,晋升制度,是调动广大专业干部的积极性,鼓励他们钻研业务

---

① 该文件原文来自《图书馆法规文件汇编》(河北大学图书馆学系,1985),原文页次:249—250。

做好工作,提高各项事业的业务和科学管理水平,促进四化建设的一项重要措施。这项工作做好了,对国民经济的调整和政治上的进一步安定会起到积极的作用。同时,评定业务技术职称牵涉到每个专业干部的切身利益,搞得不好,也会产生新的矛盾。因此,各级人事部门要作为一项重要任务,切实加强领导,细致地做好思想政治工作,步子力求稳妥,确保业务技术职称评定工作的顺利进行。

二、评定业务技术职称是一项新的工作,还缺乏经验,应先行试点,取得经验,再逐步铺开。任务大的,可分期分批进行,切忌"一刀切",草率从事,一哄而起。少数派性严重,领导班子问题多的单位,要在条件成熟后再进行这项工作。

三、各级人事部门,在评定业务技术职称中,应会同有关部门共同做好以下几项工作:

1. 组织对社会科学各种业务技术职称暂行规定的贯彻执行,如制定实施办法,组织试点,部署实施等。

2. 负责组建各级业务技术职称评审组织,做好有关考核评定方面的调查研究、材料准备和组织工作等。

3. 注意掌握考核评定条件,保证评定工作的质量,做好各部门、各单位之间和各职称之间的综合平衡工作,防止偏宽或偏严。

4. 经常了解各种业务技术职称暂行规定的执行情况和问题,及时总结和交流经验。

5. 其他有关事项。

国务院办公厅转发文化部等单位关于全国少年儿童图书馆工作座谈会的情况报告的通知①

(1981 年 7 月 24 日　国办发〔1981〕62 号)

各省、市、自治区人民政府,国务院各部委、各直属机构:

国务院同意文化部、教育部、共青团中央《关于全国少年儿童图书馆工作座谈会的情况报告》,现转发给你们,请参照执行。

少年儿童图书馆,是我国图书馆事业的重要组成部分,是以广大少年儿童为对象的重要的社会教育机构。建立少年儿童图书馆(室),组织和引导广大少年儿童多读书,读好书,是促进下一代健康成长必不可少的重要手段。因此,要求有关部门要给予积极的支持,并共同做好这项工作。

关于全国少年儿童图书馆工作座谈会的情况报告

国务院:

遵照中央关于切实加强对少年儿童培养、教育的指示精神,文化部、教育部和共青团中央,于一九八一年五月十二日至二十日,在北京联合召开了全国少年儿童图书馆工作座谈会。出席会议的有各省、市、自治区、文化局、部分省、市、自治区教育厅(局)、团委的有关负责同志,部分少年儿童图书馆、公共图书馆、中小学校图书馆(室)和少年宫、少年之家图书馆

① 该文件原文来自《图书馆法规文件汇编》(河北大学图书馆学系,1985),原文页次:250—255。

(室)的代表,共一百二十人。会议期间,中共中央书记处书记宋任穷同志,全国妇联主席、全国少年儿童协调委员会主任康克清同志,接见了与会代表并做了重要讲话。中央宣传部、全国妇联、全国总工会、国家出版局有关负责同志和知名教育家叶圣陶、儿童文学作家严文井等同志出席了开幕式。会议着重讨论了发展少年儿童图书馆事业,改善少年儿童图书阅读条件,加强对少年儿童图书阅读指导等问题。

会议认为,组织和引导广大少年儿童多读书、读好书,是促进下一代健康成长、培养造就人才的必不可少的重要手段。发展少年儿童图书馆,改善少年儿童图书阅读条件,加强对少年儿童图书阅读指导,是文化、教育部门、共青团、少先队组织和社会各有关方面的一件不容忽视的共同责任。

会议认为,粉碎"四人帮"以后,特别是党的三中全会以来,各地文化、教育部门和共青团、少先队组织,在恢复和建立各类型少年儿童图书馆(室)方面,做了许多艰苦的工作。各类型少年儿童图书馆(室),积极开展以阅读指导为中心的各种有益活动,在配合学校教学、教育,特别是配合社会上广泛开展的"学雷锋,树新风"、"五讲四美"活动和精神文明教育方面,做出了积极的贡献。但是,我国少年儿童图书馆事业的现状,还远远不能适应广大少年儿童渴求知识的需要。全国只有几个大城市设有专门的儿童图书馆,总共才一千六百个阅览座位;百分之九十五左右的公共图书馆由于缺少房子没有专门的儿童阅览设施;中学图书馆(室)的基础也很薄弱,并且有相当一部分未向学生开放;小学设有图书室的更是寥寥无几,甚至一些重点小学也没有图书室;少年宫、少年之家本来就不多,十年动乱期间,不少宫、家、站的房子被挤占,至今未能退还,图书阅读活动不能开展,各系统的少年儿童图书馆,经费普遍紧缺,甚至没有着落;各种阅读设施(包括房舍、桌椅、设备等)严重不足;专业人员匮乏,待遇很低。

为了切实加强和改进少年儿童图书馆工作,会议经过讨论,提出如下意见:

一、加速少年儿童图书馆的建设。各级文化主管部门要会同计划、财政等有关部门,根据中央书记处通过的《图书馆工作汇报提纲》的要求和中央关于切实加强对少年儿童抚育、培养和教育的指示精神,尽快做出规划,因时、因地制宜,在中等以上的城市和大城市的区,逐步建立专门的少年儿童图书馆。今后凡新建公共图书馆,都必须考虑少年儿童阅读设施的安排。对现有的少年儿童图书馆要加强领导,在人员、经费、馆舍、设备等方面予以重点扶植,使其臻于完善,以期在全国少年儿童图书馆事业中,起骨干和示范作用。

希望各级政府对发展少年儿童图书馆事业要保证必要的经费,在财力上给予支持。

二、各级公共图书馆,特别是地、市以下的图书馆和文化馆图书室,要积极创造条件,向少年儿童开放。能设儿童分馆的,就设儿童分馆;能开辟阅览室的,就开辟阅览室;能办理外借的,就办理外借;一时没有条件开展经常借阅活动的,也要发扬因陋就简,勤俭办事的精神,因时、因地制宜,想方设法为孩子们服务。

三、办好中、小学图书馆(室),是解决中、小学生课外图书阅读的重要措施。各地要加强领导,从当地情况出发做出规划,分期分批进行中、小学图书馆(室)的恢复和建设。建议各地在分配普通教育经费时,应按学生(或班级)数目,安排一定数量的图书购置费。也可用勤工俭学的一部分收入自行添置图书。要积极解决学生阅览场所,可以用调整出来的一部分教室增辟图书阅览室。小学也要逐步建立和充实图书馆(室),对重点小学和公社中心小学要优先解决。还要提倡班级和少先队自办图书角,开展"献一本书读多本书"活动。

四、图书阅读活动是少年宫、少年之家活动的必要组成部分,各级宫(家)必须加以重视。凡有少年宫(家)的地方,建议要普遍设立图书馆(室);要使图书阅读和辅导活动更好地同其他教育活动相配合。工矿企业的工会图书馆(室)也要尽可能为本企业职工的子女服务。

五、城市街道民办图书馆,要把青少年和儿童作为主要服务对象。有关部门和单位要给予必要的支持。这些图书馆(室),只要不出于营利目的,出借图书可以收取微量的租金,用以补充图书和补助管理费等,这有助于民办图书馆(室)的巩固和发展。

六、我国百分之八十以上的少年儿童在农村。县图书馆和文化馆(站、室)以及基层文化中心,要积极帮助农村社队和学校开展图书借阅活动,尽可能地组织图书下乡。文化主管部门应商同计划、财政部门设法帮助解决交通运输工具的问题,以逐步解决农村青少年和儿童的阅读需要。对边疆、老解放区和少数民族地区少年儿童的教育工作和文化生活问题的适当解决,更是具有特别重要的意义,必须把图书供应和阅读指导列为重点工作项目之一。

七、城镇集体或个人开办的租书摊(店),对解决青少年和儿童的图书阅读问题,在目前和今后一个相当时期内均为一种必要的补充渠道。各地文化主管部门要会同工商行政管理等部门,加强对各种租书摊(店)的管理。租借书刊只能限于国家的正式出版物。严禁非法出版物的流通。对非法出版物和内容有害于青少年和儿童身心的图书,要根据有关规定予以收缴或取缔,情节严重的要依法加以惩处。

八、少年儿童图书馆管理人员,是图书馆工作者,更是少年儿童教育工作者。要教育他们忠诚党的教育事业,树立全心全意为下一代服务的思想,同时要鼓励并帮助他们提高业务水平。建议在有条件的师范院校的图书馆学系设置儿童图书馆专业,或暂时先开几门专业课程(如教育学、儿童心理学、儿童文学和科普知识等),有计划地培养一些专门人才。当前,要着重抓好在职少年儿童图书馆工作人员的培训和提高。希望全国和地方图书馆学会积极组织和推动儿童图书馆学的研究。要按照国家关于图书馆专业干部业务职称的规定,做好少年儿童图书馆工作人员业务职称的评定工作。学校图书馆和少年宫(家)图书馆的工作人员在调资、晋级或评奖时,应与教学人员和教育辅导人员同等看待。

九、少年儿童图书馆为社会全体少年儿童服务。因此,全社会都应关心、支持儿童图书馆事业的建设。希望各机关、团体、企业、事业单位和热心少年儿童教育事业的个人,都来关心、重视以至资助少年儿童图书馆的建设。对于即将建立起来的儿童和少年基金,建议有一部分用于发展少年儿童图书馆事业。

会议还要求各地文化、教育部门和共青团、少先队组织,要密切配合,加强协作,在少年儿童文化艺术委员会的指导下,并取得妇联、工会和出版发行部门的支持,建立经常性的联系,共同研究解决少年儿童图书馆事业建设和开展读书活动中的有关问题,为下一代的健康成长做出应有的贡献。

以上报告,如无不妥,请批转各地和有关部门参照执行。

中共中央关于整理我国古籍的指示①

（1981 年 9 月 17 日　中发〔1981〕37 号）

最近,中央书记处根据陈云同志的意见,讨论了整理我国古籍的问题。现对有关问题作如下指示:

(一)整理古籍,把祖国宝贵的文化遗产继承下来,是一项十分重要的、关系到子孙后代的工作。过去我们的学校教育,注意理工科比较多,那是发展国民经济的需要。但是,学理工的人也要有一定的中国文化传统的知识才行。今后,在继续办好理工科的同时,应当加强大学的文科教育,并从小学开始,就让学生读点古文。

(二)整理古籍,为了让更多的人看得懂,仅作标点、注释、校勘、训诂还不够,要有今译,争取做到能读报纸的人多数都能看懂。有了今译,年轻人看得懂,觉得有意思,才会有兴趣去阅读。今译要经过选择,要列出一个精选的古籍今译的目录,不要贪多。

(三)整理古籍,需要有一个几十年陆续不断的领导班子,保持连续的核心力量。目前真正能够独立整理古籍的,一般来说,得六十岁左右的人才行。现在这个班子中,六十岁的人,再干十年七十岁,不能坚持工作了;五十岁的人到那时可以接上去;四十岁的人,再干二十年,也可以成为骨干力量和领导力量了。

从事整理古籍的人,不但要知识基础好,而且要有兴趣。根据陈云同志的提议,中央决定,由李一氓同志主持这件事,并由中华书局、文化部、教育部、社会科学院、国家出版局等单位的负责同志参加,组成古籍整理出版规划小组,直属国务院。

(四)要由规划小组提出一个为期三十年的古籍整理出版规划。第一个十年,先把基础打好,把愿意搞古籍整理的人组织起来,以后再逐步壮大队伍。古籍整理出版规划,可以像国民经济计划那样,搞滚动计划,前十年分为两个五年计划,在第一个五年规划的基础上,经过充实,搞出第二个五年规划。

(五)现在有些古籍的孤本、善本,要采取保护和抢救的措施。图书馆的安全措施要解决。散失在国外的古籍资料,也要通过各种办法争取弄回来,或复制回来。同时要有系统地翻印一批孤本、善本。

(六)古籍整理工作,可以依托于高等院校。有基础、有条件的某些大学,可以成立古籍研究所。有的大学文科中的古籍专业(如北京大学中文系的古典文献专业)要适当扩大规模。

目前,整理古籍方面的专业人才,有许多分配不对口,有的需要收回来,安排到整理古籍的各专门机构。一些分散在各地的整理古籍的人才,有的可以调到中华书局或其他专业出版社;有的可以分配他们担任整理古籍的某些任务。

(七)为办好整理古籍这件事,尽管国家现在有困难,也要花点钱,并编造一个经费概算,以支持这项事业。这笔钱,用于整理古籍所需要的各种费用,主要是整理费用和印刷费用,也包

---

① 该文件原文来自中华人民共和国国家民族事务委员会网站(http://www.seac.gov.cn/),检索日期:2013 年 9 月 26 日。

括解决办公室、宿舍等费用。要为整理古籍的专门人才创造较好的工作条件和生活条件。

整理古籍是一件大事,得搞上百年。当前要认真抓一下,先把领导班子组织起来,把规划搞出来,把措施落实下来。

教育部关于颁发《中华人民共和国高等学校图书馆工作条例》的通知①

(1981 年 10 月 15 日　教育部)

各省、市、自治区高教(教育)厅(局),各高等学校:

现将《中华人民共和国高等学校图书馆工作条例》发给你们,请遵照执行。

中华人民共和国高等学校图书馆工作条例

第一章　性质和任务

第一条　高等学校图书馆是学校的图书资料情报中心,是为教学和科学研究服务的学术性机构,它的工作是教学和科学研究工作的重要组成部分。

第二条　高等学校图书馆应该贯彻党的教育方针,为培养社会主义建设人才,发展教育科学文化事业,建设社会主义物质文明和精神文明做出贡献。其任务是:

(一)根据学校的性质和任务,采集各种类型的书刊资料,用科学的方法进行分类编目与管理;

(二)配合学校思想政治教育工作,宣传马列主义、毛泽东思想及党和政府的政策法令;

(三)根据教学、科学研究和课外阅读的需要,开展流通阅览和读者辅导工作;

(四)开展参考咨询和情报服务工作;

(五)开展查阅文献方法的教育和辅导工作;

(六)统筹、协调全校的图书资料情报工作;

(七)开展馆际协作活动;

(八)培养图书馆专业干部;

(九)进行图书馆学、目录学和情报学理论、技术方法及现代化手段应用的研究。

第二章　业务工作

第三条　高等学校图书馆的各项业务工作应加强科学管理,不断提高服务水平,最大限度满足读者的需要。

第四条　高等学校图书馆应根据学校教学和科学研究的需要及馆藏基础,通过多种途径,有计划、有重点地补充国内外书刊资料,逐步形成具有本校专业特色的藏书体系。

采集书刊资料应以教学、科学研究用书为主,兼顾课外阅读的需要。

要注意保持重要书刊资料的完整性和连续性,注意收藏本校的出版物和学术文献。应有计划地进行书刊资料的剔除工作。

第五条　高等学校图书馆对新到书刊资料应及时分类编目,尽快投入流通,并定期报导。

---

① 该文件原文来自《图书馆法规文件汇编》(河北大学图书馆学系,1985),原文页次:264—271。

要提高分类编目质量,注意分类的科学性和实用性,保持著录、编目的准确一致。根据国家的统一要求,逐步实现分类、编目的标准化。

第六条　高等学校图书馆要健全目录体系,一般应分设读者目录和公务目录。读者目录可设置分类、著者和书名目录。有条件的馆可编制书本式馆藏目录和增加主题检索途径。

图书馆应有反映全校书刊资料收藏情况的总目录,成为全校的查目中心。

目录的组织和管理要有专人负责,经常进行检查,保持书、目一致。

第七条　高等学校图书馆要合理组织藏书,加强书库管理,做好书刊资料的保护工作,并切实加强珍善本书刊的保藏和利用。

第八条　高等学校图书馆应加强读者服务工作,根据需要和条件分设各种出纳口和阅览室,健全服务体系,提高藏书利用率。

要做好出纳工作,降低拒借率,缩短取书时间。

配合学校的思想政治工作和教学、科学研究任务,进行阅读辅导,举办书刊展览,编制推荐书目,组织报告会、座谈会,开展多种形式的读者服务工作。

逐步实行书刊资料的开架或半开架借阅,并注意切实加强管理。

要教育读者爱护书刊资料,对违章或损毁、盗窃书刊资料者,视情节轻重,给予批评教育、赔偿、罚款以至行政处分等不同处理。

积极创造条件,开展静电复制、缩微照相、视听阅览等服务项目。

应注意经常保持图书馆环境的安静与整洁。

开馆阅览时间每周不少于70小时。寒暑假应保证一定开馆时间。

第九条　高等学校图书馆应努力开展参考咨询和情报服务工作,配合学校的教学和科学研究任务编制各种专题书目索引,辅导读者查阅文献资料,并进行有关方法的基本训练,开展定题服务、回溯检索和情报分析。

第十条　高等学校图书馆应注意总结工作经验,结合本馆实际有计划地组织专题研究,积极参加图书馆学会的学术活动,以促进图书馆工作,提高干部理论水平。

第十一条　高等学校图书馆应积极参加本地区、本系统的馆际协作,做好书刊资料采购、馆际借书、编制联合目录、组织业务交流、培养干部以及新技术应用的研究等方面的协调工作。

第十二条　高等学校图书馆应加强业务统计工作,制定和健全各项业务的规章制度、工作细则和岗位责任制,并认真组织贯彻执行。

第三章　领导体制和组织机构

第十三条　高等学校图书馆实行校(院)长领导下的馆长负责制,应有一名主管教学、科学研究工作的副校(院)长分管图书馆工作。

第十四条　高等学校图书馆设馆长一人,并视需要设副馆长若干人。

馆长、副馆长应由认真执行党的方针政策、热心图书馆事业、有较高的科学文化水平和组织能力的人担任。

馆长主持全馆工作,领导制订全馆发展规划、工作计划、经费预算、干部培训计划及规章制度等,并组织贯彻执行和总结,定期向校(院)长报告工作。

馆长应参加校(院)长办公会,应是校(院)务委员会的委员。

副馆长协助馆长完成各项工作。

馆长、副馆长的任免,一般院校与系主任、副系主任相同,重点院校与教务长、副教务长相同。

第十五条 高等学校图书馆一般应设立党支部(或党总支),直属校(院)党委领导。党支部(或党总支)负责党的建设工作和思想政治工作,对图书馆业务工作起保证监督作用。

第十六条 高等学校图书馆一般应设办公室(或秘书)、采编部(组)和流通阅览部(组),各馆根据需要,可分设或增设采访部(组)、编目部(组)、阅览部(组)、流通保管部(组)、期刊部(组)、情报服务(或参考咨询)部(组)、研究辅导部(组)、特藏部(组)及技术部(组)等机构。

各馆应从实际出发,以利于科学管理为原则,确定本馆的机构设置,并相应明确其责任。

各部(组)主任、副主任(组长、副组长)的任免与教研室主任、副主任相同。

第十七条 规模大、系科多或校园分散的学校,根据需要与可能,可设立专业分馆或学生分馆。分馆是总馆的分支机构,受总馆直接领导。

第十八条 规模大、系科多的学校,根据需要与可能,可设立系(所)资料室。

系(所)资料室是全校图书资料情报系统的组成部分,实行系(所)和校图书馆双重领导。各系(所)应有一名副主任分管图书资料室工作。校图书馆对系(所)资料室负责业务领导和协调。

系(所)资料室的服务对象主要是教师、研究生和毕业班学生。它的职责是负责本专业书刊的保管和阅览,并着重进行专业资料的收集、整理和研究,开展情报服务。

第十九条 高等学校可设立图书馆委员会,作为学校图书资料情报工作的咨询机构。

图书馆委员会的成员由馆长和系主任共同推荐,提请校(院)长聘请组成。图书馆委员会设主任委员一人,副主任委员若干人,主管图书馆工作的副校(院)长担任主任委员,图书馆长担任副主任委员。

图书馆委员会应定期召开会议,听取图书馆馆长的工作报告,审议图书馆的年度计划,讨论图书馆工作中的重大问题,并向校(院)领导反映改进图书资料情报工作的建议。

第四章 工作人员

第二十条 高等学校图书馆工作人员包括:党政工作人员;专业人员;技术人员;技术工人;公勤人员。

第二十一条 高等学校图书馆工作人员必须拥护中国共产党的领导,热爱社会主义祖国,努力学习马列主义、毛泽东思想,全心全意为人民服务,热爱图书馆事业,刻苦钻研业务,积极做好本职工作。

第二十二条 高等学校图书馆应根据读者人数、藏书册数和年平均进书量,并参照学校的性质、系科的设置、教学和科学研究任务的轻重、校舍的集中与分散等情况,配备必需的工作人员。

各校可参照下述比例研究确定本校图书馆专业人员的编制:

(一)以学生一千人、藏书五万册配备十五名专业人员为基数;

(二)在此基数上,每增加一百名学生、五十名研究生各增加一名专业人员;每增加五万册藏书增加一名专业人员;年平均进书量一万册配备三名专业人员。图书馆内的党政干部、研究和应用现代化技术手段(计算机、缩微、复制等)的技术人员、从事设备维修、装订等的技术工人、公勤人员,应根据实际需要另列编制。

系(所)资料室应配备足够的工作人员,列入系(所)的编制。

第二十三条　高等学校应加强图书馆的专业队伍建设,有计划地配备包括图书馆学、外语(或古汉语)和各学科的专业人员。专业人员的文化程度应是中专(高中)毕业以上,大专以上程度的应逐步达到百分之六十以上。

第二十四条　高等学校图书馆应积极创造条件,采取多种形式,紧密结合工作需要,有计划地对各类在职人员进行培训。

第二十五条　高等学校图书馆专业人员业务职称的确定、晋升,按照国务院颁发的《图书、档案、资料专业干部业务职称暂行规定》执行。

在图书馆工作的党政工作人员、技术人员、技术工人等的职称及定职、晋升办法,按照国家的有关规定执行。

评定职称应同工作人员的培训和考核结合进行。

第二十六条　高等学校图书馆的专业人员是教学和科学研究队伍的组成部分,应按职称与相应的教学和科学研究人员享受相同待遇。

高等学校图书馆工作人员应根据不同工种享受相应的劳保待遇。

第五章　经费、馆舍、设备

第二十七条　高等学校应重视藏书建设的投资。书刊资料购置费在全校教育事业费中应占适当比例,一般可参照5%左右的比例数,由学校研究确定。

全校书刊资料购置费由图书馆统一掌握,合理使用。

第二十八条　高等学校应有计划地为图书馆添置复印、缩微、视听等设备和家俱,纳入学校的设备购置计划,由设备费内开支。

电子计算机等现代化装备由教育行政部门(或国家有关部门)全面规划,统筹安排。

第二十九条　高等学校都应建筑独立、专用的图书馆馆舍。建筑标准按教育部编制、国家计委和建委共同审定的《一般高等学校校舍规划面积定额》中的有关规定试行。学校总务部门应积极做好图书馆的房屋、设备维修工作,改善灯光、通风、防寒降暑等条件,为师生创造良好的学习和研究环境。

第三十条　高等学校图书馆均应贯彻勤俭办馆、厉行节约的原则。

关于成立全国高等学校图书馆工作委员会的通知①

(1981 年 11 月 26 日　教育部)

---

① 该文件原文缺,文件信息依据《中国图书馆百年纪事》(陈源蒸等,2004)244 页提供线索著录。

文化部印发《关于图书馆专业干部业务职称考核测验的几点说明》的通知①

(1982 年 4 月 3 日　文化部)

各省、市、自治区文化局(文物局、文管会):

现将我部拟定并征得国家人事局同意的《关于图书馆专业干部业务职称考核测验的几点说明》印发你们,供参考。

关于图书馆专业干部业务职称考核测验的几点说明

图书馆专业干部业务职称考核评定,统按国务院批转颁发的《图书、档案、资料专业干部业务职称暂行规定》(下称《暂行规定》)执行。鉴于国家人事局《关于贯彻执行国务院颁发的七种业务技术职称暂行规定若干问题的说明》,已经阐明了职称评定工作的主要政策界限,我部不再制定关于《暂行规定》的实施细则。现仅就有关考核测验的几个问题,作如下说明。

一、确定和晋升图书馆专业干部的业务职称必须进行政治考核。其要求是:

1. 坚持四项基本原则,拥护并认真贯彻党的三中全会以来的方针、政策;

2. 努力学习马列主义、毛泽东思想,坚持又红又专的方向,自觉遵守法纪和社会主义道德,作风正派;

3. 热爱图书馆事业,刻苦钻研业务,服从组织分配,积极做好本职工作。

对严重违背上述条件,评定委员会和主管部门认为目前不宜评定职称的专业人员,可暂不评定职称。专业干部在受"察看"、"劳教"、"缓刑"等行政和刑事处分期间,不予评定职称。

二、确定和晋升图书馆专业干部业务职称,应根据《暂行规定》,全面衡量其学识水平、业务能力和工作成就,不要偏废。论著,在一定程度上能反映一个人的学识和能力,但在评定业务职称(特别是中、初级职称)时,不要片面或过分地强调。

三、就图书馆工作的性质来说,《暂行规定》对外语和古汉语的要求都是必要的。但鉴于历史原因和实际情况,对一九六六年以前就从事图书馆业务,而工作中又不直接接触外语的专业人员,外语可暂不列为必备条件。但要进行考核或测验,将成绩记入业务档案,没有达到要求的,应在一定时期内达到。对确定或晋升副研究员以上职称和从事外文工作的专业干部,外语一般应作为必备条件。

四、《暂行规定》中所要求的学历,是指受过正规专业训练的中专或大学本科毕业学历。修完经教育部批准确认的函授大学或大学函授班的全部课程,通过正式考试并获得毕业证书的,其学历大学专科。大学专科毕业生,要取得"助理馆员"职称时,除见习一年期满外,尚须经过一至二年的图书馆实际工作锻炼,再行考核。

五、当前,对于需要测验的专业干部,可按下列情况区别对待:

1. 近几年从事图书馆专业工作,初中毕业生工作满五年、高中毕业生工作满三年,经测

---

① 该文件原文来自《图书馆法规文件汇编》(河北大学图书馆学系,1985),原文页次:272—276。

验和考核,符合条件的可定为管理员。非图书馆专业的中专毕业生,如入学前不具备初中学历的,必要时也应测验。

2. "文化大革命"期间入学的大学毕业生,经测验和考核,符合助理馆员条件的,定为助理馆员,符合管理员条件的,定为管理员。一九七六年入学的大学毕业生(一九七九年底至一九八〇年初毕业),是否需要测验,由各地、各部门根据情况酌定。

3. 一九六六年底以前就从事图书馆专业工作而不具备规定学历的,经全面考核,凡有充分事实根据,证明其已经达到相当的理论、业务水平,并经相应的评审组织认可的,可不再进行测验,否则应当测验。对评定馆员以上职称的,应严格把关。

六、测验内容与要求:

1. 对要取得管理员职称而不具备中专学历的专业干部,除测验其文化基础知识外,图书馆专业科目需测:《图书馆学基础》、《图书分类编目》、《中文工具书使用法》。如其中一门不及格,可限期安排补考;如有两门不及格或补考后仍有一门不及格,则此次暂不确定职称。

2. 对要取得助理馆员以上职称而不具备大学本科学历的专业干部,除测验其外语(或古汉语)外,图书馆专业科目需测:《图书馆学基础》、《图书分类》、《图书馆目录》、《目录学概论》、《中文工具书使用法》、《科技文献检索》、(后两个科目任选一门)。如其中两门不及格,可限期安排补考;如有三门不及格或补考后仍有一门不及格,则此次暂不确定职称。

3. 图书馆专业科目的测验,按文化部图书馆事业管理局主持编写的《图书馆专业基本科目复习纲要》划定的范围进行;文化基础知识、外语(或古汉语)的测验范围,由各地区、各部门酌定。

4. "文化大革命"期间入学的大学生,学图书馆专业的,测验图书馆专业的规定科目;学其他专业的,可测验其所学专业的基本科目(一般应不少于三门),并结合本人从事的业务工作,选测一门图书馆专业科目。

5. 各科测验成绩要记入《专业干部业务技术职称呈报表》,作为评定职称的重要依据。已及格的科目,以后即不再测验。

6. 测验大专科目,由省一级评委会统一组织;测验中专科目,一般可由行署一级评委会组织,如有困难,可由上一级评委会组织。

7. 对需要测试的专业干部,各地区、各部门可根据实际情况,安排一定的复习时间并组织必要的辅导。

七、图书馆是综合知识部门,各种专业人才到图书馆工作,都不能认为是改行或专业不对口,这些同志只要从事图书馆业务工作,即属图书馆专业干部,均可评定图书馆业务职称。评定时要承认其原有学历,并充分评价他们原来所从事的专业与图书馆业务实践的结合,符合什么条件,就评定什么职称。

八、近几年从其他岗位调来从事图书馆专业工作的,如已经按国务院颁发的其他职称系列评定了职称,原定职称可暂时保留,但要晋升时,则应按《暂行规定》评定相应的图书馆业务职称。

教育部转发《关于举办高等学校图书馆专业干部进修班的暂行规定》的通知①

(1982 年 8 月 6 日 教育部)

各省、市、自治区高教(教育)厅(局),各高等学校:

为了逐步提高图书、资料、情报专业干部队伍的质量,各高等学校已经或即将有计划地逐年选留一些高校毕业生到图书馆(包括资料室、情报室)工作。我部将对这些留在图书馆工作的非图书馆学或情报学专业的大学毕业生分期、分批进行专业培训。现将全国高等学校图书馆工作委员会制定的《关于举办高等学校图书馆专业干部进修班的暂行规定》发给你们,请参照执行。

附:关于举办高等学校图书馆专业干部进修班的暂行规定

一、为了逐步提高高等学校图书、资料、情报专业干部队伍的质量,各高等学校要有计划地逐年选留一些高校毕业生到图书馆(包括资料室、情报室,下同)工作。凡留在图书馆工作的非图书馆学或情报学专业的大学毕业生,教育部将委托部分院校图书馆学系(专业)或图书馆举办高等学校图书馆专业干部进修班,分期、分批地对他们进行专业培训。自 1983—1984 学年度开始,该进修班将列入每年全国重点高等学校接受进修教师计划。

二、进修班的对象,重点是一九八二年元月以后毕业的非图书馆学或情报学专业的本科生和三年制大专生,并具有半年以上图书情报工作经验、身体健康的各高等学校图书、资料、情报人员。

三、培养目标:使学员了解图书情报工作在社会主义现代化建设事业中的地位和作用,进一步树立和巩固专业思想,立志为发展我国高等学校图书馆事业贡献力量。对学员进行图书馆学基本理论、基本技能的教育和训练,为使其成为我国高等学校图书馆中、高级专门人才打下基础。进修班期限,暂定为半年或一年。

四、进修地点及名额分配,由全国高等学校图书馆工作委员会秘书处会同接受培训任务的院校统筹安排,一般采取按地区就近进修的原则。具体做法是:对于符合进修条件的人员,各高等学校图书馆进行推荐,填写统一制定的推荐表一式二份,由各省、市、自治区高校图书馆工作机构集中寄全国高校图书馆工作委员会秘书处,秘书处根据报名、情况综合平衡,确定录取人员和进修地点并通知各接受院校,然后由接受院校发给《入学通知书》。

五、进修人员入学时,必须持《入学通知书》,按照规定日期到校,办理入学手续,并填写《高等学校图书馆专业干部进修登记表》一式三份。

六、进修人员入学后,接受学校如发现其条件太差或其他原因不宜继续进修的,可退回原学校。

七、进修人员在进修期间,应学完规定的课程。接受单位要认真做好考核工作,通过考试或考察评定成绩。考核成绩记入《高等学校图书馆专业干部进修登记表》。

---

① 该文件原文来自《中国图书馆事业十年:1978—1987》(张白影,1989),原文页次:109—111。

八、进修人员在进修期间,应组成班、组,并视具体情况设临时党、团支部和班委会,开展各项活动。进修人员必须自觉遵守所在学校的各项规章制度,服从领导,努力学习,没有特殊原因,不得请事假。中途提出退学的,必须有原单位正式公函,一经退学,便不再保留进修名额。进修期间,党团员应带临时组织关系,所有学员一律不转户口和粮油关系。

九、进修费和学员待遇按教育部、财政部颁发的有关进修教师的规定办理。教材费个人自理,医疗费由原单位报销。中途退学者,进修费一律不退。

十、进修人员在学习结束时,应作自我鉴定,办理离校手续。接受学校应在《高等学校图书馆专业干部进修登记表》中填写评语。登记表共三份,一份留培训学校存档,一份交全国高等学校图书馆工作委员会,一份寄回原单位,存入本人业务档案,供以后定职、晋升时参考。进修人员未办清手续擅自离校者,除函告选派单位补办手续外,暂不发给《高等学校图书馆专业干部进修登记表》。

十一、各接受培训任务的院校可根据本暂行规定,结合本地实际情况,拟定实施细则。

文化部关于颁发《省(自治区、市)图书馆工作条例》的通知①

(1982 年 12 月　文图字(82)第 1584 号)

各省、自治区、市文化局(文物局、文管会):

现将《省(自治区、市)图书馆工作条例》发给你们,请转有关图书馆参照执行。

省(自治区、市)图书馆工作条例

第一章　总则

第一条　省(自治区、市)图书馆(以下简称省馆)是国家举办的综合性的公共图书馆,是社会主义科学、教育、文化事业的重要组成部分,是向社会公众提供图书阅读和知识咨询服务的学术性机构,是全省(自治区、市)的藏书、图书目录和图书馆间协作、协调及业务研究、交流的中心。

第二条　省馆应坚持为人民服务、为社会主义服务的方向,贯彻百花齐放、百家争鸣,古为今用、洋为中用的方针,结合本省的实际,利用书刊资料,为社会主义的物质文明和精神文明建设服务。

其主要任务是:

(一)宣传马列主义、毛泽东思想,宣传党和政府的政策、法令,向人民群众进行共产主义和爱国主义教育;

(二)为本地区的经济建设和科学研究提供书刊资料;

(三)传播科学文化知识,提高广大群众的科学文化水平;

(四)搜集、整理与保存文化典籍和地方文献;

(五)开展图书馆学理论和技术方法的研究,对市(地)、县(区)图书馆进行业务辅导;

(六)在省(自治区、市)政府有关部门的领导下,推动本地区各系统图书馆间的协作和协调。

---

① 该文件原文来自《图书馆法规文件汇编》(河北大学图书馆学系,1985),原文页次:280—285。

第二章　藏书与目录

第三条　省馆应根据本省社会主义物质文明和精神文明建设各个领域的需要,结合原有藏书基础,确定书刊资料补充原则,通过多种途径,有计划、有重点地补充馆藏,逐步形成具有地方特色、适合当地读者需要的藏书。

本省(自治区、市)的正式出版物和有关本地区的地方文献资料应尽全收集。

要注意藏书的完整性,对重要的报刊、丛书、多卷集和其他连续性出版物要力求配齐。

应有计划地清理和剔除藏书中不必要的多余复本。

馆藏书刊资料,要有步骤地向缩微化过渡。

应建立保存本书库。

第四条　省馆对新到书刊资料,要及时登记、分编,尽快投入流通。要严格注意图书加工质量,根据国家的统一要求,逐步实现分类、编目的规格化、标准化。

第五条　省馆应分设读者目录和公务目录。读者目录除应设置分类、书名、著者等目录外,还应积极创造条件编制主题目录。

要有计划地将旧藏编成书本式目录。

目录应有专人组织和管理,定期检查,保持书、目相符。

第六条　省馆收藏的书刊资料是国家财产,受法律保护,任何人不得侵占,其他单位不得任意调出。

要加强藏书管理,切实做好安全防护工作。

要教育读者和工作人员爱护书刊资料,与损毁、盗窃书刊资料的不良现象做斗争。

第三章　读者服务工作

第七条　省馆的一切工作都是为了最大限度地满足读者对书刊资料的合理需要。要加强读者服务工作,要文明礼貌服务,不断提高服务效率和服务质量。

第八条　省馆应根据不同的服务对象,确定图书的借阅范围。除根据中央和国家出版主管部门规定对某些书刊停止公开借阅外,不得另立标准,任意封存书刊。

善本、孤本以及不宜外借的书刊资料,只限馆内阅览,必要时,经批准可向国内读者提供复制件。

第九条　图书流通工作应尽量方便读者。应根据需要和条件,分设各种阅览室,逐步实行开架或半开架借阅制度。出借图书除采用个人、集体、馆际外借外,还应积极开展电话预约和邮寄借书。

要积极开展资料缩微和复制工作,逐步开辟声像资料服务。

第十条　省馆应采用多种形式报导馆藏、宣传好书,正确指导读者阅读,充分发挥馆藏书刊资料的作用。

第十一条　省馆应根据读者的需要,积极做好书目参考和情报服务工作。编制或利用各种书目索引,系统地介绍和提供有关专题的书刊资料;开展定题服务,跟踪服务,组织代译网等工作。

第十二条　流通阅览工作人员应当解答读者阅读方面的一般性咨询,参考咨询工作人员则侧重解决读者专题研究中有关图书资料方面的咨询问题。

第十三条　省馆借阅开放时间要适应读者需要,一般每周不得少于五十六小时,需要闭馆或变更开放时间,应报请主管部门批准,并预先通知读者。

第四章　研究、辅导与协作

第十四条　省馆要有计划地进行图书馆业务理论和技术方法的研究,以促进图书馆干部的专业水平、图书馆工作和服务质量的提高。

第十五条　省馆可根据需要,承担省级图书馆学会和中心图书馆委员会(或协作委员会)的日常工作,在有关部门领导下,积极组织图书馆学研究和图书馆间的协作、协调活动。

第十六条　省馆负有对本地区公共图书馆的业务辅导任务,其主要对象是地(市)、县(区)图书馆,并通过它们促进农村、街道、厂矿、学校和其他图书馆(室)的工作。

第五章　组织机构

第十七条　省馆设馆长一人,设副馆长二至三人。正、副馆长应由认真执行党的方针政策、热爱图书馆事业、有较高的科学文化水平和组织管理能力的干部担任。

主管业务的馆长(或副馆长),应逐步做到由具备副研究馆员以上业务技术职称的专业干部担任。正、副馆长由上级主管部门任免。

第十八条　省馆设馆务委员会。馆务委员会由正、副馆长和各部主任组成,在馆长主持下对全馆重大业务问题进行讨论并做出决定。

第十九条　省馆机构要力求精干,一般可设下列业务工作部门:业务办公室或业务秘书(部主任级)、采编部、阅览部、书目参考部、研究辅导部;各馆根据工作需要还可增设保管部、期刊部、古籍部和特藏部等。

各部根据工作需要可设若干组。

各部正、副主任应逐步做到由具备馆员以上业务技术职称的专业干部担任,其任免由馆长提名,报请省文化局批准。

第二十条　省馆要加强思想政治工作和行政后勤工作,以保障业务工作的顺利开展。

第二十一条　省馆要根据精简的原则确定人员编制。定编可参照下述标准:

以五十万册图书、七十名工作人员为基数,每增加一万至一万三千册图书,增编一人。

民族地区图书馆每增加八千至一万册民族文字图书,增编一人。

行政人员一般不得超过总编制额的百分之十七。

第六章　工作人员

第二十二条　省馆工作人员必须拥护中国共产党领导,热爱社会主义祖国,努力学习马列主义、毛泽东思想,热爱图书馆事业,刻苦钻研业务,全心全意为读者服务,积极做好本职工作。

第二十三条　省馆应注意加强图书馆专业干部队伍的建设,有计划地配备图书馆专业、语言文字专业和其他学科的专业人员。

专业技术干部必须具备中专以上文化水平,大专以上文化程度的人员应逐步达到占全馆人数的百分之四十以上。

第二十四条　省馆要积极创造条件,采取多种形式,结合工作需要,有计划地对各类在职人员进行定向培训。

对工作人员要定期进行考核。新进馆的业务人员均需经过考核录用,并需进行必要的基本业务训练。

第二十五条　专业干部业务职称的确定或晋升,按国务院颁布的《图书、档案、资料专业干部职称暂行规定》执行。

应逐步改善工作人员的工作和生活条件，在劳动人事部门的支持下，根据需要与可能，解决某些业务技术人员的劳动保护问题。

对成绩突出的工作人员，应予以表彰或奖励；对违章、失职以至造成严重事故的人员，应视情节轻重，予以批评教育或党纪国法处分。

第七章　经费、馆舍与设备

第二十六条　要保障省馆必要的经费，并根据图书资料不断积累的特点，图书购置和业务活动经费应逐年有所增加。

购书费在总经费中的比例，一般不应低于百分之四十。

第二十七条　要根据藏书建设和读者工作的需要，有计划地逐年增添必要的图书馆专用设备。要改善善本书刊和其他重要文献资料的安全、保护条件。要有计划地添置复印、缩微、视听等现代技术设备，并积极准备采用电子计算机文献检索技术。

第二十八条　省馆应逐步建设适应图书馆特点和需要的专用馆舍，扩建和新建馆舍要纳入地方基建规划。

第八章　附则

第二十九条　各省馆应根据本条例的精神，制定本馆各项工作的规章制度。

第三十条　本条例原则上也适用于拥有百万册以上藏书的其他大型公共图书馆。

全国高等学校图书馆工作委员会关于颁发《高等学校图书、资料、情报工作人员守则》的通知[①]

（1982 年 12 月 17 日　全国高等学校图书馆工作委员会）

为了建设一支又红又专的图书、资料、情报干部队伍，加强对工作人员的职业责任、职业道德、职业纪律教育，树立良好的馆风，不断提高图书、资料、情报的工作质量和工作效率，更好地为教学、科研服务，为培养社会主义建设人才做出积极贡献，特制定《高等学校图书、资料、情报工作人员守则》。

希望各高等院校切实加强对图书、资料、情报工作的领导，组织有关工作人员认真学习、贯彻执行《守则》，使图书、资料、情报工作人员成为社会主义精神文明的表率，为把高校图书馆建设成为社会主义精神文明阵地，为开创图书资料情报工作的新局面而努力奋斗。

高等学校图书、资料、情报工作人员守则

一、坚定正确的政治方向：

热爱社会主义祖国，坚持四项基本原则，忠诚图书馆事业，为发展高等教育，建设社会主义物质文明和精神文明贡献全部力量。

二、热情主动的服务精神：

树立"读者第一"的思想，经常进行调查研究，虚心听取读者意见，不断改进服务态度，提高服务水平。全心全意为教学、科研服务，千方百计满足读者需要。

---

① 该文件原文来自《中国图书馆事业十年：1978—1987》（张白影，1989），原文页次：116—117。

三、认真负责的工作态度：

认真履行岗位责任，积极完成本职工作，注意总结工作经验。勇于探索，不断提高工作效率和工作质量。

四、严谨细致的工作作风：

工作要专心致志，细致耐心，严格执行工作细则和操作规程，及时准确地完成各项任务。

五、勤奋刻苦的学习精神：

努力学习马列主义、毛泽东思想，学习科学文化知识，刻苦钻研图书情报业务，正确处理工作与学习的关系，注重理论联系实际，不断提高政治思想、文化业务水平和实践能力。

六、自觉严格的纪律观念：

严格遵守国家的宪法、法令和政策，认真执行学校和本馆（室）的规章制度，服从组织安排，遵守劳动纪律。

七、团结友爱的同志关系：

同志间要以诚相待，互相尊重，互相学习。工作中要互相支持，勇挑重担，团结协作。要正确开展批评与自我批评，坚持原则，敢于抵制各种不良倾向。

八、文明礼貌的道德风尚：

遵守社会公德，讲究文明礼貌，建设良好馆风，保持良好馆容。注意勤俭节约，爱护图书资料及所有公共财物。树立"五讲"、"四美"新风尚。

关于下达图书馆建设设计规范编制任务的通知①

（1983 年 3 月 3 日　城乡建设部、文化部）

图书馆古籍善本管理使用办法②

（1983 年 3 月 5 日　文化部）

教育部印发《关于发展和改革图书馆学情报学
教育的几点意见》的通知③

（1983 年 9 月 22 日　教育部）

各省、市、自治区高教（教育）厅（局），各有关高等学校：

今年四月我部在武汉召开了全国图书馆学情报学教育工作座谈会。现将《关于发展和改革图书馆学情报学教育的几点意见》发给你们，请参照执行。对执行中存在的问题和意见，望及时函告。

---

① 该文件原文缺，文件信息依据《中国图书馆百年纪事》（陈源蒸等，2004）256 页提供线索著录。

② 该文件原文缺，文件信息依据《中国图书馆百年纪事》（陈源蒸等，2004）256 页提供线索著录。

③ 该文件原文来自《中国图书馆事业十年：1978—1987》（张白影，1989），原文页次：121—126。

附件:关于发展和改革图书馆学情报学教育的几点意见

图书情报事业对于我国社会主义精神文明和物质文明的建设起着重要的作用。为发展这项事业,需要大批受过专业教育的人才。但是,长期以来,我们没有把图书馆学情报学教育放在应有的地位,以致图书馆学情报学教育发展缓慢,教学内容、教学方法和教学手段比较陈旧落后,培养的学生无论数量和质量都不能适应国家四化建设的需要。三十多年来,图书馆学专业只培养了 19 名研究生,1500 名本科生和 1000 名左右的专科生,包括函授生在内,也不到 4000 人。粉碎"四人帮"以前,全国只有北京大学、武汉大学两个图书馆学系。党的十一届三中全会以后,图书馆学情报学教育开始有所发展,到召开这次会议为止,全国有 12 所院校设置图书馆学系或专业,在校学生 1700 余人,占高校在校生总数的 0.15%;教师 200 余人,其中副教授以上 20 余人;专门的情报学教育是近几年才开始的,现有六所院校设置了情报学专业,在校学生近 400 人,教师 60 余人,其中副教授以上 5 人。图书馆的中等职业技术教育至今尚属空白。

以上状况,同世界发达国家相比,差距悬殊。美国现有 300 多所图书馆和情报科学学院;苏联有 30 多个图书馆学系,在校学生总数达到 33 000 人,占高校在校生总数的 0.55%,还有 139 所图书馆中等专业学校。我国图书馆学情报学专业教育的规模太小,同四化建设对这方面专业人才的需求形成了十分尖锐的矛盾。根据对高等学校、中国科学院和市级以上公共图书馆的调查和 50 个部委、省级情报所的初步预测,一九八三年至一九九〇年共需补充 45 000 人,其中需要大专毕业生约 30 000 人。如果所需大专毕业生的一半为图书馆学情报学专业学生,则需要 15 000 人。按目前规模,这一时期只能培养出 3000 人左右。而实际上需要图书馆学情报学专业学生的远不止上述四个系统,军队、党校、社会科学院、中央和省市科研单位、大型厂矿企业、中专、部分中学等也都需要这方面的专业人才。因此,图书馆学情报学教育必须有较大的发展,同时要进行认真的改革。

一、大力发展高等教育。情报学与图书馆学关系密切。西方国家在专业设置上大都把二者结合在一起,称为"图书馆和情报科学",日本则称为"图书馆情报学",下面不再分专业。我国现在的做法不一,原有的图书馆学系都增加了一些情报学课程;有的在图书馆学系增设偏重理工科性质的情报学专业;中国人民大学分校则在档案系增设社会科学情报学专业;还有些学校在计算机系增设情报工程(或情报检索)专业。后者主要是培养计算机技术人员。我国图书馆学情报学专业如何设置需要进一步研究。以计算机应用为主的情报工程(或情报检索)专业一般应划归计算机专业,不属于图书馆学情报学的范围。

目前高校图书馆学情报学专业招生人数太少,应随着师资条件的逐步充实,有计划地扩大招生。初步设想,图书馆学情报学专业在校学生到一九八五年争取达到 4800 人,一九九〇年达到 11 000 人左右;从一九九一年起,发展速度还要适当加快,到二〇〇〇年争取在校学生达到 25 000 人,为实现这一规划,在专业布局上,一九八五年以前,在尚无专业点的大区要设置专业点,条件较好的大区可增设新的专业点,专业点总数达到 20—25 个。到一九九〇年或更长一些时期内,全国图书馆学情报学专业点要达到 50 个左右。每个省、市、自治区至少有一个专业点。到本世纪末,将主要依靠全日制大学的这些专业点,扩大招生规模,培养专业人才。

目前我国图书馆学情报学教育办学形式单一,层次少,不适应图书情报事业发展的需要。今后除积极培养本科生、研究生以外,要重视发展专科,以便早出人才,多出人才。据用人单位反映,现在的图书馆学毕业生,由于缺乏其他专业知识,不能很好地适应专业性图书馆为专业工作者提供咨询和情报服务的要求。这说明图书馆学情报学专业除了要有本专业知识外,还必须与自然科学或社会科学的各门科学紧密结合,才能更好地为它们服务。究竟如何培养这方面的人才,需要继续摸索经验。建议试行第二学位制度,即招其他专业大学本科的毕业生,再以两年时间攻读图书馆学情报学专业,授予两个专业的学士学位,使他们能适应为各类专业工作者提供咨询和情报服务的要求。

二、加速发展中等职业技术教育。根据对几所公共图书馆和专业图书馆的典型调查,其初级人员基本上是初、高中毕业生,都没有受过图书馆学专业训练,严重影响工作质量的提高;同时,大专毕业的专业人才当作初级人才使用的情况普遍存在,造成人才使用上的浪费。各行各业都需要图书馆初级工作人员,目前急需加速发展图书馆的中等职业技术教育,而长期以来没有一个部门主管这方面人才的培养工作,图书馆中等职业技术教育一直办不起来。鉴于这种情况,目前应由教育行政部门进行统一规划,牵头办学,同时提倡各有关部门、单位办学。办学形式可以多种多样,不拘一格。既可以在职业中学办图书馆职业班,也可以在大专院校和中等专业学校办图书馆中专班,有条件的地区可以办图书馆中专校。这些职业班、中专班、中专校可以接受各用人部门的委托吸收其投资来办。建议每个省、市、自治区和国务院有关部委对此都加以考虑,在一九八五年以前办起一批职业班、中专班或中专校。经商定,湖南、湖北两省先走一步,由教育行政部门牵头,在今明年内分别办起一所图书馆中专校和一两个图书馆职业班;京、津、沪三市这方面人才需要量很大,应及早部署办班或建校。到一九九〇年,争取初步建立起我国图书馆中等职业技术教育体系。

图书馆职业班、中专班和中专校的毕业生,除充实大型图书馆和情报机构外,要有计划地分配到中专、中学、县区和企事业单位所属的图书馆(室)中去,以充实这些图书馆的专业干部队伍。

三、积极发展在职教育。为解决图书馆学专业人才的急需,发展在职教育是一条投资少,见效快的途径。多年来,北京大学和武汉大学在举办函授、培训班方面积累了一些经验。今后,他们仍然是在职培训的骨干力量,应该在总结经验的基础上,逐步扩大招生规模,并为在职教育培训师资和编写教材。一些新建的图书馆学专业,也应积极创造条件,逐步把在职教育开展起来。已经开展起来的,要继续办好。除全日制高等学校充分挖掘潜力,承担在职教育任务外,还要大力提倡有条件的图书馆、情报所积极举办在职干部培训班;并争取早日开设图书馆学情报学专业的高等学校自学考试科目。希望经过努力,在一九九〇年以前,初步建立起图书馆学情报学在职教育体系;一九九〇年以后,要有一个较大的发展,其发展速度和规模应不低于全日制高等教育。

四、加强师资队伍的建设。师资的数量和质量问题,是当前和今后一段时间内图书馆学情报学教育事业发展中最突出的问题。例如北京大学图书馆学系承担着本科、函授等多种任务,但只有教师30多人;其他新建专业一般只有10余人。因为教学任务过重,教师既不能进修提高,也无法进行科研工作,形成了恶性循环。因此必须采取有力措施,在不断提高现有教师的同时,培养大批新的师资。第一,在北京大学、武汉大学举办研究生班;其他学校也应积极创造条件,争取获得学位授予权,陆续招收研究生。到一九九〇年,争取培养出300名研究生,其中80%应留作师资。第二,选拔一部分政治、专业、外语几方面条件合格的本科毕业生、毕业研究生和中青年教师出国进修或攻读学位。第三,与省以上有关图书馆和情报机构签订合同,采取请进来、派出去的办法,实行馆系、所系挂钩和人才交流制度。即聘请有实践经验,适于做教学工作的图书馆情报专业人员担任兼职或专职教师;同时派教师到图书情报部门做实际工作和研究工作。提倡各校教师相互兼课。第四,有计划地聘请国外图书馆学情报学方面的专家来华讲学。第五,举办短期或暑期教师进修班。一九八四年,北京大学和武汉大学各承担办一个班的任务。第六,加强科学研究工作,为此,建议首先在北京大学、武汉大学设立图书馆学情报学研究机构。

为解决图书馆中等职业技术教育师资缺乏的困难,在今后几年内,要有计划地向办学单位分配图书馆学情报学大专毕业生。

五、加快教学改革的步伐。我国图书馆学情报学教育目前存在的主要问题是:对学科基本理论的研究不足,学科水平不够高;对我国图书情报事业怎样为社会主义建设服务缺乏总结,对当代科学成就了解不够,知识亟待更新;专业的知识面比较狭窄,尤其缺乏必要的自然科学知识;缺乏现代化教学手段,理论联系实际的教学环节以及基本技能和独立工作能力的训练比较薄弱。总之,学科水平和教学质量不够高。因此,教学改革势在必行。要充分调动教师进行改革的积极性,力争改革的步子迈得大一些,速度快一些。首先,要从研究改进专业知识结构着手,根据以下基本原则修订教学计划:(1)培养目标,本科以培养图书馆情报部门中级管理人员为主;研究生以培养教学和科研人才为主,其中一部分人要从事图书情报部门的高级管理和科研工作。(2)对传统的图书馆学、目录学课程要删繁就简,避免重复,大力增加情报学和图书馆现代化的课程,以适应新的形势的要求。(3)课程设置,要理论与实际并重,博与专相结合,着重基本理论、基本知识、基本技能的训练。各校基础课和专业课的比例,必修课和选修课的比例,业务实习和社会调查时间,应大体相同,但具体安排可从各校实际情况出发,扬长避短,办出特色。目前正在研究准备试行的第二学位制度,对图书馆学情报学教育将是一项重大改革,其培养目标和课程设置如何确定,还要专门进行研究。其次,各校应选择一些课程进行课程内容和教学方法的改革试验。希望已经开始进行改革试验的学校抓紧进行,搞出成果。北京大学、武汉大学应为图书馆学情报学教育的改革做出更大的贡献。

六、抓紧教材建设,提高教材的科学水平。一九七八年,教育部首次组织编写了《图书馆学概论》等几门课程的教材,有的已经出版使用。在一九八一年全国高等学校图书馆工作会议上又成立了高等学校教材编审小组,负责统一规划教材的编选工作。为了充分发挥编审小组的作用,应该进一步明确其任务和职责。编写教材要注意改革教学内容。原有的教材有的要修订;尚未完成的要继续完成;有的则要新编。争取在一九九〇年以前用编、选、译等办法搞出一套具有一定科学水平,为我国四化建设需要的中国化的图书馆学教科书和教学参考书。情报学的教材也要努力编好。目前编写教科书尚有困难的,要制订科学研究计划,在科学研究的基础上逐步写出教科书。为了适应教学需要,特别是新建专业的教学需要,可以先编写一套教学大纲。随着图书馆中等职业技术教育的发展,高等学校还应承担其教材的编写工作。

七、加强现代化教学手段和设备的建设。图书馆学情报学教育落后的一个表现是设备极端落后。到目前为止,包括北京大学、武汉大学在内,基本的现代化手段和设备,如复印、缩微、照相等都不具备,需要认真加以解决。一九八五年以前,首先要解决上述必需的设备,所需经费,从教育经费设备费中开支。一九九〇年以前,逐步装备微型计算机等设备,使我国图书馆学情报学教育的教学手段和设备,能够达到目前发达国家的水平。教学设备应在学校的统一领导下,全面规划,合理使用,避免积压浪费。

八、加强对图书馆学情报学教育的领导。发展各种形式的图书馆学情报学教育事业是一项迫切的、艰巨的任务。首先,希望教育行政部门和有关用人部门都能重视起来,协同做好事业发展规划,切实保证必要的办学条件。其次,需要有适当的机构牵头,负责全国性的组织协调与规划。鉴于图书馆学情报学专业既应在设有文科的院校设置,也应在理工农医等院校设置,而目前部内又无统一归口单位,因此,要求高等学校图书馆工作委员会在做好图书馆工作的同时,逐步把高校的情报资料工作抓起来,并会同教育部高教一、二司和职业技术教育司进行图书馆学情报学教育的协调工作,至于图书馆学情报学专业的经常教学管理工作仍由各有关司负责。

文化部图书馆事业管理局关于要求各级图书馆积极配合读书活动的通知①

(1983 年 12 月 28 日　文化部)

各省、市、自治区文化厅(局):

在中央和有关部门的积极倡导下,以"振兴中华"为主题的读书活动,正在全国广大职工和青少年中蓬勃兴起。其发动范围之广,参加人数之多,读书热情之高都是前所未有的。实践表明,有组织地开展读书活动,对于提高广大职工和青少年的科学文化素养,帮助他们树立共产主义世界观,增强对精神污染的免疫力,造就有理想、有道德、有文化、守纪律的一代新人,具有十分重要的意义。

读书活动的广泛兴起,向图书馆提出了许多新的要求。不少地方的图书馆,在当地读书活动指导委员会的统一部署下,结合自身工作的特点,发挥藏书丰富、联系读者面广的优势,为促进读书活动的开展,做了许多有成效的工作。但是,还有相当多的图书馆,对这项群众性的读书活动认识不足,配合不力。为改变这种状况,特提出如下要求:

一、正确认识图书馆的职能,全面贯彻图书馆的方针任务。近几年,图书馆界在正确地强调图书馆的情报传递职能的时候,出现了忽视教育职能的倾向;在加强了为生产和科研服务的同时,却程度不同地放松了利用书刊宣传马列主义、毛泽东思想,宣传党和政府法令,向人民群众进行共产主义和爱国主义教育的工作。各地图书馆应根据省(自治区、市)图书馆工作条例和各省制定的市、县图书馆工作条例,对在理解和贯彻图书馆方针任务方面的情况和问题,进行一次检查,发现问题,及时改进。

二、提高对抵制和清除精神污染的重要性和迫切性的认识。图书馆作为思想文化战线的一个部门,绝不能搞精神污染。把馆藏中不宜广泛流通的书刊随意拿到社会上流通的情况要加以制止。但也有的馆除自然科学技术方面的书刊外,其他一律封存,这是不对的。图书馆对待精神污染的问题,要多下功夫,把工作的重点始终放在主动宣传流通好书、正确指

---

① 该文件原文来自《中国图书馆事业十年:1978—1987》(张白影,1989),原文页次:127—128。

导读者阅读上,以抵制坏书对青少年读者的影响,而不要自立标准,随意封存。

三、各级图书馆要在当地读书活动指导委员会的统一部署下,与工会、共青团、学校紧密配合,采取各种服务方式,如编制推荐书目、举办知识讲座、开展图书评论、交流读书心得等,不仅要把尽可能多的读者,特别是青少年读者,吸引到读书活动中来,而且要通过正确的阅读指导,使他们真正受到爱国主义、共产主义和各种有益的教育。

四、各级图书馆要组织本馆职工在自愿的基础上积极参加读书活动。利用业余时间,刻苦读书学习,系统掌握现代科学文化知识,增强为人民服务的本领,努力提高服务质量和服务水平;通过读书,培养图书馆职工的共产主义思想品德,改进馆风馆纪。这既是服务工作的需要,也是图书馆自身建设的需要。

望各地将图书馆配合读书活动、宣传精神文明、抵制精神污染的情况和经验随告我局。

教育部印发《关于在高等学校开设〈文献检索与利用〉课的意见》的通知①

（1984 年 2 月 22 日　教育部）

各省、市、自治区高教(教育)厅(局),国务院有关部委教育司(局),全国各高等院校:

如何提高大学生的自学能力和独立研究问题的能力,是造就四化建设需要的专门人才的重要课题,也是教学改革应当重视和研究的课题。

近几年,一部分高校图书馆和一些专业课教师给学生开设了《文献检索与利用》的课程或讲座,所花时间不多,但对培养学生的能力,收到了较好的效果。从国外的经验和教育发展的趋势来看,这是一门很有意义的课,凡有条件的学校可作为必修课,不具备条件的学校可作为选修课或先开设专题讲座,然后逐步发展、完善。

开设这门课,需要发挥图书馆、情报室、资料室人员和专业课教师的积极作用,需要大家通力合作。鉴于教学中必须使用各类文献资料,最好以图书馆作基地来组织教学。近几年来,我国高校图书馆事业有所发展,工作也有些起色,他们配合教学科研开展的一些活动是值得鼓励的。应当继续创造条件,把高等学校图书馆建设好,让它在教学科研中发挥更大的作用。

现将《关于在高等学校开设〈文献检索与利用〉课的意见》发给你们,请参照执行。执行中有何问题和意见,请及时报部。

关于在高等学校开设《文献检索与利用》课的意见

为了跟上科学技术发展日新月异的步伐,适应四化建设的需要,高等学校在给学生传授基本知识的同时,必须注重培养学生的自学能力和独立研究的能力。让学生具有掌握知识情报的意识,具有获取与利用文献的技能,是培养学生能力的一个重要环节。根据国外的做法和我国部分高校近几年的经验,在高校开设《文献检索与利用》课程很有必要。各高等学校(包括社会科学和理工农医各专业学校)应当积极创造条件,开设《文献检索与利用》课。

① 该文件原文来自《图书馆法规文件汇编》(河北大学图书馆学系,1985),原文页次:295—297。

有条件的学校可作为必修课,不具备条件的学校可作为选修课或先开设专题讲座,然后逐步发展完善。研究生更应该补上这一课。

《文献检索与利用》课应贯彻少而精的原则。教学时数一般以 20—40 学时为宜。课程内容大致可归纳为以下几个方面:

1. 文献与文献检索的基本知识;

2. 主要检索工具的内容、结构及查找方法;

3. 主要参考工具书的内容、作用及使用方法;

4. 在上述内容的基础上,根据实际需要和可能的条件,适当增加阅读方法与技巧、文献整理与综述、情报分析研究,以及论文写作方法等内容。

各学校可根据自己的需要和条件,在教学内容上有所侧重,待经过一段时间的教学实践之后,再总结并形成教学大纲。

为了开好这门新的课程,要注意组织和建设师资队伍。由于教学中必须使用各种文献检索工具,一般应当以图书馆作为教学基地和协调中心。为此,图书馆必须建立检索实习室,充实检索和参考工具书。特别要注意配备和培养从事教学和实习辅导工作的人员。可以从中青年教师中调整一些热心这一工作,又有一定水平的人,从本校毕业生中选留一些有志于从事这一工作的人,从图书馆、情报室、资料室抽调一些适合于这一工作的人,经过适当的培训或进修,充实这门课的师资队伍。情报室、资料室人员和专业课教师是《文献检索与利用》课师资力量的重要组成部分,要搞好协作,充分发挥他们的作用。

要注意师资质量,积极组织师资的培训和进修。从事教学的人应兼做参考咨询和情报服务工作,以便于教学联系实际。对从事教学的人应给予必要备课时间。为便于研究和组织教学,图书馆可以成立《文献检索与利用》课教学组。

经过近几年的实践,国内已有一些文献课的教材和教学参考资料,各校可以选用,要组织各方面的力量,有计划有步骤地编写适合不同专业需要的教材,并不断提高教材的质量。

《文献检索与利用》是一门实践性很强的方法课,应重视检索实习这个教学环节。根据已有的教学经验,讲授与实习的课时比例大体上定为 1:1。

《文献检索与利用》课程应采用多种多样的教学形式和方法,生动活泼地进行教学。要注意使用实物与图表、实行小组或个别辅导,并尽量利用幻灯、投影、录像等电化教学工具。

各高等学校应采取切实措施,争取早日开出《文献检索与利用》课。高校图书馆要按照《中华人民共和国高等学校图书馆工作条例》的规定,认真负责组织好《文献检索与利用》课程的教学。同时要努力搞好图书馆各方面的工作,以满足广大师生更多的图书情报需求。

教育部将由全国高校图书馆工作委员会负责这门课程的研究、总结与交流等工作。

关于加强与改善少数民族地区图书馆工作的意见①

(1984 年 3 月 9 日　文化部、国家民族事务委员会)

---

①　该文件原文缺,文件信息依据《中国图书馆百年纪事》(陈源蒸等,2004)266 页提供线索著录。

国务院办公厅转发国家民委关于抢救、整理少数民族古籍的请示的通知①

（1984 年 4 月 19 日　国办发〔1984〕30 号）

国家民族事务委员会《关于抢救、整理少数民族古籍的请示》，已经国务院批准，现转发给你们，望贯彻执行。

少数民族古籍是祖国宝贵文化遗产的一部分，抢救、整理少数民族古籍，是一项十分重要的工作。各地、各有关部门要加强对这项工作的领导，并在人力、财力、物力方面给予支持；要为从事整理民族古籍的专门人员创造必要的工作条件和生活条件。

少数民族古籍范围广、种类多，现懂民族古籍的人已不多，且有的年事已高，在工作中要注意培养这方面的人才，把抢救、整理民族古籍的工作搞好。

其他省、直辖市也应做好民族古籍的抢救、整理工作。

国家民族事务委员会关于抢救、整理少数民族古籍的请示

少数民族古籍（简称民族古籍），包括历史、语言、文学、艺术、哲学、宗教、天文、历算、地理、医药、美术、生产技术等，范围很广，种类很多。据不完全统计，彝族古籍散藏在全国的有一万多部；藏文古籍有一万多种；蒙文的古籍文献有一千五百多种；满文古籍文献仅档案一项就有一百五十万件以上；还有其他民族，如维、回、苗、白、瑶、傣等，也有很多有价值的古籍文献。这些都从未系统地整理过，加之"文化大革命"中的破坏和"左"的思想干扰，损失严重。

整理民族古籍，缺乏人才，力量薄弱。少数民族中，通晓古籍的人不多，且大都年事已高；汉族懂民族古籍的人也不多，近二十年来也没有培养过这方面的人才。

为了全面继承和发扬祖国的文化遗产，抢救民族古籍，拟采取如下措施：

一、加强组织领导。在国家民委和国务院古籍整理出版规划小组领导下，建立全国少数民族古籍整理出版规划小组，负责组织、协调、联络、指导等项工作。小组成员由国家民委、教育部、文化部、国家档案局、社会科学院等部门组成，组长由国家民委一副主任兼任，下设办公室处理日常工作。有关省、自治区、直辖市应建立相应机构，民族自治地方和少数民族多的地区、县也应视工作需要建立相应机构或指定部门负责这项工作，办公室人员由省、自治区、直辖市按实际需要，在事业编制中调剂解决。

二、抓紧抢救民族古籍工作。对于民族古籍的整理和保管，要做好以下工作：

（一）对已经集中保存的民族古籍要做好编目、整理工作。

（二）对散存在民间的民族古籍要组织力量做好征集工作，对献出有价值的民族古籍者，予以物质奖励。保存在其他部门（如公安、海关）的民族古籍，应移交给有关省、自治区、直辖市的少数民族古籍整理出版规划小组，以利工作。

---

① 该文件原文来自中华人民共和国国务院公报（一九八四年第八号），检索日期：2013 年 10 月 23 日。

（三）各图书馆和收藏单位，对现有和已征集到的民族古籍，要加强保管。凡因工作疏忽而使民族古籍受损坏的，应追究责任；对有贡献的，应予以表扬奖励。

（四）对已流散在国外的民族古籍资料，应通过多种途径，采取适当措施，购置、交换或复制回来。

（五）对口头流传的资料，各省、自治区、直辖市应及时组织力量，深入到群众中去抢救，勿使失传。

三、落实知识分子政策，培养民族古籍整理人才，特别是对少数民族知识分子，要进一步落实政策。"中共中央关于转发《西藏工作座谈会纪要》的通知"（中发〔1980〕31 号）中指出："对佛学和宗教经典有研究、造诣的喇嘛，应作为知识分子对待……"这一指示精神，同样适用于对少数民族古籍有研究、造诣的人员。要发挥现有的新老专家的作用，要动员、组织高等院校、科研部门的研究人员，退居二、三线的老同志，以及社会上的专业人员，积极参加民族古籍整理工作。

要立即着手培养新生力量。各有关教育和科研部门，特别是民族院校，要把培养民族古籍整理人才，纳入招生计划。在录取标准上，可予以适当照顾，以逐步形成民族古籍整理、研究人员的梯队。

四、解决经费。有关省、自治区、直辖市民族古籍整理出版工作所需经费，应列入本省、自治区、直辖市的预算。全国少数民族古籍整理出版规划小组所需经费，每年由财政部专款解决，用于重点项目的整理、出版的资助和印刷设备的补助投资。

各省、自治区、直辖市之间，要加强协作。跨省、区的民族古籍整理工作，可经协商，由条件较好的省、区牵头。

上述报告，如无不当，请批转有关省、自治区、直辖市人民政府，国务院各有关部委参照执行。

关于机械工业部所属院校图书馆改革的决议[1]

（1984 年 6 月 18 日　机械工业部所属院校首次图书馆馆长会议）

教育部关于进一步办好高校图书馆专业干部进修班的几点意见[2]

（1984 年 8 月 13 日　教育部）

各省、自治区、直辖市高教（教育）厅（局）、高校图书馆工作（协作）委员会、全国各高等学校：

自从一九八二年八月我部转发《关于举办高等学校图书馆专业干部进修班的暂行规定》（以下简称《暂行规定》）以来，已经有十二所院校的图书馆学系（专业）或图书馆开办了十六个专业干部进修班，先后培训了六百多人。从长远来看，举办高校图书馆专业干部进修班是一项很重要的任务。为了更好地贯彻《暂行规定》，现提出如下几点意见：

---

① 该文件原文缺，文件信息依据《中国图书馆百年纪事》（陈源蒸等，2004）268 页提供线索著录。

② 该文件原文来自《中国图书馆事业十年：1978—1987》（张白影，1989），原文页次：134—135。

一、高校图书馆专业干部进修班必须持续办下去。每年办班的学校和招生名额,由我部统一下达。各校应根据分配的指标认真选拔,填报推荐书。接受办班学校的系或馆根据学员条件直接参加选录工作。

进修人员必须是大学(专科)毕业或相当于大学(专科)毕业的,政治思想和工作表现好,年龄在三十五岁以下,身体健康的高校图书馆工作人员。各校进修班一般在春季招生,秋季开学,进修期限为一年。

二、高校图书馆专业干部进修班的教学工作应合理设置课程,不断改进教学方法,努力提高教学质量。

根据《暂行规定》,进修班的培养目标是使进修人员掌握图书馆学基本理论和图书馆工作基本技能。具体课程请各办学单位根据本校实际情况设置,一般应包括以下内容:

图书馆学、情报学概论

图书馆目录(中外文)

图书分类与主题

藏书建设与读者工作

期刊工作

文献检索与利用

普通目录学

计算机在图书馆的应用

各校进修班还可视情况开设一些选修课或专题讲座。结业实践的参观活动应就地安排。

各校进修班的师资,要力求相对稳定。并争取尽快编写出适合进修班使用的教学大纲和教材。

三、高校图书馆的专业干部进修班应加强对进修人员的管理。要做好进修人员思想政治教育工作,保证教学计划的顺利完成。

必修课程要考试,不及格者要补考;其他课程亦应考查。进修期满时,应作个人学习小结、小组鉴定,由接受学校写出评语,连同各门课程的考试和考查成绩,寄给选派学校,存入本人档案。

进修期满,成绩合格者,由各接受学校发给结业证书。凡中途退学者,只提供学习时间证明。

每期进修结业后,由各接受学校向全国高校图工委秘书处填报专业干部进修班工作总结及有关报表。

四、进修人员的进修费用由各接受学校统一按照教育部、财政部一九七九年十一月二十二日《关于在高等学校进修人员经费开支等有关问题的规定》(即(79)教计字496号、(79)财事字375号文件)的标准收取,由选派单位支付。

进修人员的伙食补助费标准和发放办法按照财政部、教育部一九八〇年五月二十六日《关于教育部门干训进修人员伙食补助费的通知》(即(80)财事字第202号、(80)教计字239号文件)的有关规定办理。

进修人员的住宿条件以及借书证的发放等与进修教师相同。

教育部对《关于进一步办好高校图书馆专业干部进修班的几点意见》的补充通知①

（1984 年 9 月 12 日　教育部）

各省、自治区、直辖市高教（教育）厅（局）、高校图书馆工作（协作）委员会，全国各高等学校：

教育部（84）教高一字 047 号文第四条规定："进修人员的进修费用由各接受学校统一按照教育部、财政部一九七九年十一月二十二日《关于高等学校进修人员经费开支等有关问题的规定》（（79）教计字 496 号、（79）财事字 375 号）的标准收取，由选派单位支付。"现改按教育部、财政部一九八四年七月二十日（84）教计字 146 号《关于修订高等学校短期进修学员收费标准的通知》执行。该通知规定：收费标准按干部专修科学员的标准执行。即：工科、医药、艺术科类每人每年 1000 元，农林、理科（含师范院校理科）、体育科类每人每年 900 元，文科（含师范院校文科）、财经、政法科类每人每年 700 元。进修学习时间不足一年的，按月计收进修培训费。所收费用，90% 作自动增加经费拨款处理，10% 纳入学校基金，按有关规定统筹使用。

其他有关的费用开支和待遇，仍按原规定（（79）教计字 496 号）第四条执行。

另外，进修人员的伙食补助费标准，改按财政部《颁发《关于中央级党政机关干部教育经费开支的暂行规定》的通知》（（83）财事字第 134 号）中的规定办理。该文规定："学员伙食补助费，在北京地区学习的学员，在学习期间，在干训单位食堂就餐的，每人每天补助伙食费三角，由学员回原工作单位报销；在北京以外地区学习的，按当地规定的补助标准执行。"

对使用文科进口图书专款订购图书工作进行评估的意见②

（1985 年 11 月 11 日　国家教委办公厅）

国家出版局、文化部图书馆局关于调整"随书配片"供应办法的通知③

（1986 年 3 月 20 日　（86）出综字第 243 号）

北京图书馆自五十年代就开展全国图书统一编目工作，向全国发行书目卡片。但因发行渠道不同，致使书、卡脱节，不能同步到达用户手中，影响工作。而解决这一问题的最好办法就是"随书配片"。因此 1984 年 9 月北京图书馆委托中国图书馆服务公司承办"随书配片"发行业务。"随书配片"作为图书馆工作的一项改革，取得了一定的进展。但一年多来

---

① 该文件原文来自《中国图书馆事业十年：1978—1987》（张白影，1989），原文页次：136。

② 该文件原文缺，文件信息依据《中国图书馆百年纪事》（陈源蒸等，2004）278 页提供线索著录。

③ 该文件原文来自中央文化管理干部学院网站（http://www.caca.gov.cn/），检索日期：2013 年 9 月 26 日。

的实践证明,要继续做好此项工作,尚有许多问题需要解决。经国家出版局和文化部图书馆事业管理局协商,并征求有关方面意见,决定对"随书配片"供应办法作如下调整:

一、今后各地图书馆(含资料室等单位)所需的图书,统一由当地新华书店供应。中国图书馆服务公司不再承办此项业务。已与各出版社签订的供销图书合同应立即中止,未了事项由签约双方自行协商解决。已预收订户的书款应即清退。不通过新华书店售的图书,对图书馆的供应方法,由出版社决定。

二、"统编卡片"由书目文献出版社编印出版,委托北京市新华书店向全国新华书店总发行。订户可以书、卡配套订购,也可以只订卡片或图书,坚持自愿的原则。订户要求书、卡配套供应的,由当地新华书店负责"随书配片",各地书店要指定专门部门办理,认真搞好对图书馆(资料室)供应图书卡片服务工作。

三、统编卡片的征订、发行工作由书目文献出版社与北京市新华书店研究后另行通知。

四、为防止在调整"随书配片"供应办法期间,由于工作脱节使图书馆"随书配片"发生缺漏,有关各方面要加强协作。中国图书馆服务公司征订而未供应的图书,由该公司通知订户转由当地新华书店供应;需要补订的,由订户向书店报订。各地新华书店应尽量予以供应。

关于转发文化部制定的《图书、资料专业职务试行条例》及其《实施意见》的通知[①]

(1986 年 4 月 2 日　职改字〔1986〕第 43 号)

经研究,原则同意文化部《图书、资料专业职务试行条例》和《关于〈图书、资料专业职务试行条例〉的实施意见》。现发给你们,请按照试行,并结合本地区、本部门的实际情况制订《实施细则》贯彻实施。

图书、资料专业职务的结构比例是根据图书、资料专业发展的需要提出的,今后应逐步达到。聘任专业技术职务,是一项十分严肃的事情,要严格按照专业职务的任职条件把住质量关,不能降低标准。试行中有何修改意见,望告文化部,以便制定《图书、资料专业职务条例》等文件,经中央职称改革工作领导小组审核后,报国务院正式发布执行。

附件1:图书、资料专业职务试行条例

一、总则

第一条　为充分发挥图书、资料专业人员的工作积极性和创造性,合理使用图书、资料专业人才,提高图书、资料工作的科学管理水平,根据国务院实行专业技术职务聘任制度的规定,制定本条例。

第二条　图书、资料专业职务是根据业务工作需要设置的专业工作岗位。

第三条　图书、资料专业职务名称定为:研究馆员、副研究馆员、馆员、助理馆员、管理员。

---

①　该文件原文来自中国社会科学院人事教育局网站(http://rsj. cass. cn/),检索日期:2013 年 9 月 27 日。

第四条　图书、资料专业职务实行聘任制,专业职务只在聘任单位、聘任期内有效。

第五条　各级图书、资料专业职务应有合理结构比例。各类各级业务部门应在定编定员基础上,根据实际工作需要,确定专业职务的结构比例和限额。

第六条　担任图书、资料专业职务的人员,在任职期间领取相应职务工资。

二、岗位职责

第七条　管理员担任图书采访、编目、目录组织、书库管理、图书借阅等业务部门的辅助性工作。

第八条　助理馆员担任部分选书工作,辅导读者查阅馆藏目录及文献检索工具,担任文献研究、书目编辑的助手工作等。

第九条　馆员担任选书、分类、主题标引、编写提要、解答咨询课题、编制书目索引等工作。

第十条　副研究馆员担任书刊采访、分编、文献研究、编制书目索引等方面的指导、审核工作,承担较高深的文献研究任务,指导、主持业务学习和科研工作,解决比较重大的业务问题等。

第十一条　研究馆员担任书刊采访、分编、文献研究、编制书目索引等方面的指导、审核工作,承担高深的文献研究任务,指导、主持业务学习和科研工作,解决重大业务问题。

三、任职条件

第十二条　担任图书、资料专业职务的人员,必须拥护中国共产党的领导,热爱社会主义祖国,热爱图书馆事业,努力钻研业务,积极完成本职工作,遵守职业道德。

第十三条　管理员:中等专业或大学专科学校毕业,见习一年期满合格,初步掌握图书、资料业务的基础知识、工作方法和技能,经考察证明能够承担管理员的职责。

第十四条　助理馆员:获得硕士学位或研究班毕业;获得学士学位或大学本科毕业见习一年期满合格;大学专科毕业担任管理员1—2年;中专毕业担任管理员4年以上者,具有本专业的基础理论和专业知识,具有一定工作能力,掌握图书、资料有关工作方法和技能,根据工作需要初步掌握一门外语(或古汉语、少数民族语文),经考察证明能够承担助理馆员的职责。

第十五条　馆员:获得博士学位;获得硕士学位、担任助理馆员两年左右;获研究生班结业证书、第二学士学位证书、担任助理馆员2—3年;大学本科、专科毕业担任助理馆员4年以上者,系统地掌握图书资料或其他某专业的基础理论和专业知识,具有独立工作能力,熟练掌握有关业务,根据工作需要掌握一门外语(或古汉语、少数民族语文),经考察证明能够承担馆员的职责。

第十六条　副研究馆员:博士学位获得者担任馆员2—3年或大学本科毕业以上学历担任馆员5年以上者,具有较广博的科学文化知识,对图书馆学、情报学或其他某学科有系统的理论知识和较深的研究,有一定水平的论著或译著,根据工作需要熟练掌握一门外语(或古汉语、少数民族语文),工作经验比较丰富,经考察证明能够承担副研究馆员的职责。

第十七条　研究馆员:具有大学本科以上学历、担任副研究馆员5年以上者,具有广博的科学文化知识,对图书馆学、情报学或其他某学科有系统的研究和突出的成果,有较高水平的论著、译著,熟练掌握一门以上外语(或古汉语、少数民族语文),工作经验丰富,在本专业有较高威望,经考察证明能够承担研究馆员的职责。

第十八条 对于确有真才实学,工作成绩卓著,贡献突出或具有特殊业务技能的专业人员,其职务聘任可以不受学历、外语、工作年限等规定限制,但需具备其他任职条件。

四、评审及聘任权限

第十九条 各部门和单位应根据实际需要分别建立高、中、初级专业职务评审委员会(简称评审委员会),对拟聘专业职务人员的任职资格进行评审。由行政领导在经过评审委员会审定的符合相应任职条件的人员中进行聘任。

高级职务评审委员会由各部委和各省、自治区、直辖市组建,各部委和各省、自治区、直辖市也可授权确实具备评审条件的业务主管部门或下属单位自行组建,报部委或省、自治区、直辖市批准。高级专业职务按各部委和省、自治区、直辖市规定的聘任权限报经批准后聘任。省级图书资料部门可建立中、初级专业职务评审委员会,中级专业职务按上级业务主管部门或授权的省级图书资料部门规定的聘任权限报经批准后聘任。地(市)级以下图书资料部门的专业职务评审、聘任权限由各部委、省、自治区、直辖市主管部门制订,报当地职称改革工作领导小组批准后实施。

五、规定任期

第二十条 图书、资料专业职务应规定任期,每期一般为3—5年。各省、自治区、直辖市、各系统主管部门或各单位要根据本部门(单位)的实际情况,对任期做出具体规定。可以连聘连任。在任期内有突出贡献和成绩卓著、经评审认为符合条件者可提前晋职。在任期内不能履行其职责者,可以提前解聘。

六、附则

第二十一条 本条例原则上适用各类、各级图书、资料部门。各省、自治区、直辖市和各系统主管部门应参照本条例,结合实际情况,制订本地区、本系统图书、资料人员专业职务的职责范围和实施细则,报系列主管部门备案。各单位应根据自己的实际情况制订实施办法,报上级主管部门备案。

第二十二条 在图书、资料部门从事计算机、缩微、声像、复印、古籍修复等技术工作的专业人员,按工程技术职务系列聘任专业技术职务;专门从事研究、翻译、编辑、出版、会计等工作的人员,按国务院有关专业技术职务系列主管部委制定的专业职务条例进行聘任或任命。

各级国家机关直接从事专业工作管理人员的专业职务实行任命制,其专业职务评审、任命办法按有关规定执行。

第二十三条 本条例的解释权在文化部。

第二十四条 本条例自公布之日起试行。

附件2:关于《图书、资料专业职务试行条例》的实施意见

为实行《图书、资料专业职务试行条例》,制订如下实施意见:

一、各类各级图书、资料部门各级专业职务比例限额,应由主管部委提出,并经中央职称改革工作领导小组批准的结构比例范围内,根据各自的规模、工作任务和专业人员的实际情况,按照编制定员、工资增长指标确定。

地、市级公共图书馆原则上不设研究馆员,县级公共图书馆原则上不设副研究馆员,如工作确实需要设置时,须经省主管部门批准。

其他系统所属各级图书、资料部门的专业职务限额与结构比例应在批准的各级结构比例范围内,由各主管部委制定,报图书、资料专业职务系列主管部门备案。

各级国家机关从事专业工作管理部门的专业技术职务的结构比例,按国家机关有关专业技术职务总的结构比例、限额及报批程序的规定执行。

二、专业职务评审委员会应由具有较高专业水平或担任较高专业职务、作风正派、办事公道的专业人员组成。人选可由单位专业人员酝酿推荐,单位业务负责人提名,经单位领导或上级主管机关批准。本单位专业力量薄弱,不能成立评审组织的,可以由上一级组织的评审组织代为评审,或聘请外单位专家与本单位专家共同组成评审委员会评审。评审委员会一般由5—11人组成,可以常设,也可以临时组成。

三、评审任职资格需有评审委员会全体委员的2/3以上出席、经全体委员半数以上通过方能确认。

四、需向评审委员会提交待聘人员的有关材料:本人申请书(或推荐书)、业务自传、考核和考绩档案、著译以及学历有关证明等。

五、少数人才密集的部门或单位,由于限额限制而未受聘任的确实符合相应高级专业职务聘任条件的中年专业骨干,可有控制地确定"待聘高级职务",其聘任权限和待遇按有关规定办理。

六、虽不具备规定学历,但确有真才实学、能力卓越、贡献显著者,例如在完成较高难度的任务中担任主要业务负责人和主要业务骨干;在国家与地方组织的业务竞赛活动中获奖;有突出的或多次的发明创造并取得成效;有公认水平较高的论著;经考察证明能够履行相应职责,可破格聘任。有特殊业务技艺要求的业务岗位,如古籍版本鉴定等,对规定学历可适当放宽。有关要求另行规定。

七、参加过去各地为评定职称举办的辅导班、进修班的考试、考核成绩,可作为评议专业理论知识水平的参考。

八、对过去已获得职称的合格人员,如确在图书、资料专业工作岗位上,且具有相应能力的,承认其具有受聘相应职务的资格,在规定的限额内聘任相应的专业职务,对水平偏低的,应帮助其尽快提高水平;对完全不合格的,不能承认其具备受聘相应职务的条件。

1983年9月1日前,经有相应权限的评定委员会评定了职称但尚未办手续的人员,在聘任时可与已取得相应职称的人员同样对待。

九、在专业职务聘任工作中,应严格执行国家有关离退休规定。在这次聘任工作中,达到规定离退休年龄的专业人员,凡符合聘任条件的,可在确定相应专业职务后,再办理离退休手续。为了发挥离、退休专业人员的专长,允许他们担任职务编制以外的咨询或顾问性职务,并根据国家有关规定,领取离、退休金以外的合理报酬。

十、在图书资料部门或单位从事业务管理的行政领导,确因工作需要并能履行相应职责的可以在规定的限额内兼任专业职务。兼职人员必须经评审委员会确认符合相应职务任职条件,按规定的手续聘任。兼职期间的工资待遇,在专业职务和行政职务工资中,按较高的职务工资标准执行。

十一、实行聘任制后,未受聘或未接受聘任的专业人员,根据人才流动的原则,可到其他单位应聘和任职,原单位应积极帮助联系,提供应聘方便。待聘人员应积极做好原单位为他安排的临时性工作。待聘人员的工资待遇等问题按人事部门的有关规定办理。

十二、聘任单位解聘、受聘人员辞聘,均须在 3 个月前提出解聘书或辞聘书。

十三、聘任书由各主管部门或各单位自行制作。

国家出版局、文化部图书馆局关于中文图书统一编目提要卡片由书目文献出版社自办发行的通知①

(1986 年 11 月 10 日　(86)出综字第 981 号)

今年三月,国家出版局、文化部图书馆事业管理局为适应图书馆工作需要,发出了《关于调整"随书配片"供应办法的通知》,北京市新华书店与书目文献出版社为在全国范围内推行"随书配片",做了一定工作。但由于发行渠道尚未完全打开,加之邮费调整,使卡片发行工作遇到一些困难,在全国范围内推行"随书配片"的条件尚不成熟。为此,经国家出版局和文化部图书馆事业管理局再次协商,并征求有关方面的意见,现决定改变两局今年三月二十日《关于调整"随书配片"供应办法的通知》((86)出综字第 243 号),中文图书统一编目提要卡片(即统编卡片)由书目文献出版社自办发行。特将有关事项通知如下:

一、"统编卡片"由书目文献出版社编印出版,并自办发行。全国各图书馆可按书目文献出版社统编卡片征订发行办法,直接向该社卡片发行科订购卡片。北京市新华书店不再承担统编卡片向全国新华书店总发行的业务。

二、"随书配片"作为图书馆工作的一项改革,方向应该肯定。在尚未实现图书"在版编目"之前,编目卡片随书配发,做到书卡合拢、同步发行仍应进一步创造条件逐步实行。在卡片改由书目文献出版社自办发行后,各地新华书店根据本地区的需要和可能,如能在本地区试办"随书配片"发行业务的,可同书目文献出版社建立业务联系,办理"统编卡片"的订购工作。

三、为加快统编卡片编印速度,尽量缩短图书馆新书与读者见面时间,仍请各出版社大力支持,及时向书目文献出版社卡片发行科提供编目用样书一册,书款按全价结算。样书付款与发货的具体办法请与该社卡片发行科直接联系。

四、在筹办"随书配片"期间,北京市新华书店与书目文献出版社互相配合,均各自做了不少工作。在改变统编卡片发行办法后,善后事宜由双方自行协商处理。

五、由于统编卡片发行工作已停顿相当长时间,各图书馆的工作受到了一定影响。为尽量消除不良后果,书目文献出版社应积极采取措施,迅速做好统编卡片的征订发行工作,使工作逐步走上正轨。关于新书统编卡片征订时间及征订办法由书目文献出版社制订。

---

① 该文件原文来自中央文化管理干部学院网站(http://www.caca.gov.cn/),检索日期:2013 年 9 月 27 日。

中央宣传部、文化部、国家教育委员会、
中国科学院关于改进和加强图书馆工作的报告①

（1987 年 3 月 20 日 文图字（87）第 044 号）

一九八〇年中央书记处通过《图书馆工汇报提纲》以后,我国图书馆事业有了新的发展,各类型图书馆都取得了很大成绩。"七五"期间,国家把科技进步和智力开发放在重要战略地位,社会主义精神文明建设将进一步加强,这两方面都对图书馆工作提出了更新更高的要求。图书馆事业的现状远远不能适应这种形式的需要。目前存在的重要问题是:

1. 对图书馆在社会主义建设中的作用认识不足,对发展图书馆事业措施不力;

2. 全国图书馆事业缺乏统筹安排和全面规划,既未建立起文献资源的保障体系,又存在着文献缺漏和不合理的重复现象,不能做到资源共享;

3. 图书馆工作缺乏活力,服务网点少,服务水平不高,不能满足各类型读者的需要;

4. 图书馆事业基础差、经费少,服务手段落后;

5. 工作人员数量不足,素质较差,待遇偏低,队伍不稳。

为了加快图书馆事业的发展,使图书馆工作和社会主义现代化建设事业更加紧密地结合起来,必须提高思想认识,对图书馆工作进行改进。

一、进一步发挥图书馆为两个文明建设服务的重要作用

图书馆是人类知识的宝库,是教育、科学、文化事业发展的一个重要标志和重要组成部分。图书馆即是搜集、整理、存储、开发、传递与利用文献信息资源,为经济建设和科学研究服务的机构。现代图书馆事业是实现社会主义四化建设宏伟目标的重要条件之一,发展图书馆事业也是一项必不可少的重要的智力投资。各主管部门必须对此有足够的认识。

图书馆必须坚持为人民服务、为社会主义服务的方向。要把开发文献信息资源,最大限度地满足四化建设对文献信息的需要,培养有理想、有道德、有文化、有纪律的社会主义新人,为实现党在新时期的总任务、总目标作为自己的根本任务。

为了做好为经济建设、教学和科研服务的工作,要加强图书馆的教育职能和情报职能。要组织一批在某个或几个学科内藏书有特色,有较高的工作效率与服务水平,具有开发文献信息能力的图书馆,承担建立中央与省（自治区、直辖市）两级文献资源保障体系的任务。这些图书馆在我国图书馆事业建设中要发挥骨干作用,在条件具备时组成计算机化的图书馆网络。

要加强为社会教育与普及科学文化知识服务的工作。根据读者的分布情况,建立方便群众借书的图书馆网点。利用多种形式,加强对读者的阅读辅导,积极主动地配合成人教育和群众性读书活动的深入开展。

二、加强图书馆事业的整体规划,协调各系统的图书馆工作

由文化部牵头,国家教育委员会、中国科学院等单位参加,共同开展这一工作。主要任务是:

---

① 该文件原文来自《中国图书馆事业十年:1978—1987》（张白影,1989）,原文页次:139—144。

1. 研究发展我国图书馆事业的方针、政策、法规和规划,提出建议;

2. 协调全国图书馆文献信息资源搜集和自动化系统的发展布局,组织协作,实现资源共享;

3. 建设包括在版编目、统一编目、联合目录、国家书目等在内的社会化书目事业;

4. 制订图书馆专业干部培训、加强队伍建设和图书馆科学技术研究的规划。

要加强文化部图书馆事业管理局的建设,发挥其指导和协调全国图书馆事业的职能。

三、改革内部管理,做好服务工作

开发和利用文献信息资源,提高服务质量,是图书馆工作改革的出发点和归宿。改革一定要有利于方便读者,有利于图书馆事业发展,有利于充分调动工作人员的积极性,有利于两个文明建设。必须把社会效益放在第一位。在搞好无偿的公益服务的同时,也可以进行合理的有偿专业服务,但不应以赚钱为目的。

在图书馆内部,当前要抓好几个方面的改革。

实行馆长负责制。馆长的职责是:认真贯彻执行党的方针、政策以及国家和主管部门的有关法规;领导制定全馆规划、工作计划;执行经费预算;督促、检查、总结工作;对工作人员实行奖惩;根据需要在定额编制范围内向社会招聘。

建立岗位责任制。图书馆各级工作人员及各项工作都应有明确的职责范围、数量与质量的具体要求,并应建立考核检查制度。

提倡开展创建文明图书馆活动,树立典型,表彰先进。公共图书馆要尽可能地增发读者借书证,简化手续。对其他类型的图书馆,也要创造条件,使他们按照图书馆的性质和特点,进一步向社会开放。要提高藏书质量。逐步增加开放时间,实行开架借阅。开拓新的服务领域。

四、加强图书馆设施建设,有重点地采用现代化技术

发展图书馆事业要发挥中央、地方、部门和单位的积极性。

各部门、各地区要把图书馆事业列入国民经济和社会发展规划,列入城乡建设和维修规划。

继续有计划地扩建、新建一批省、自治区、直辖市和大中城市图书馆,高等院校、科研系统和其他专业图书馆的馆舍。"六五"期间没有建立起县图书馆和城市区图书馆的,"七五"期间应继续进行建设。继续发展少年儿童、中小学校和工会图书馆。要继续办好文化站图书室或乡镇街道图书馆,视各地经济情况,可以国家办,也可以集体办或民办公助。

各主管部门应确定所属图书馆的标准和规模。

中央对少数民族地区、边疆地区、老根据地和经济落后地区的补助费中,应有一部分用于图书馆事业建设。

要统筹规划,由点到面,逐步实现图书馆服务和管理手段现代化。积极采用和推广国内研究成果和引进先进技术,同时重视技术革新和技术改造。

要重视声像资料等新型知识载体的收藏利用。有条件的县级以上图书馆和中等专业学校以上图书馆,应逐步配备静电复印设备和缩微阅读机。在对古籍善本和有重要价值的旧报刊缩微复制的基础上,逐步向重点藏书缩微化和利用光盘存储的方式过渡。

五、加强图书馆干部队伍建设

搞好图书馆工作,必须有一支具有一定素质和水平,适应工作需要的、相对稳定的干部队伍。

图书馆专业人员是我国知识分子队伍的一部分,应当与教育工作者和科学工作者一样受到社会的尊重。他们的科研成果和服务效果应当受到奖励。要认真执行党的知识分子政策,改善他们的工作和生活条件,关心他们的进步,积极发展他们中的优秀分子入党,注意把德才兼备的中青年知识分子提拔到领导岗位上。

要加强思想政治工作,进行职业道德教育。图书馆工作人员要热爱社会主义图书馆事业,树立全心全意为人民服务的思想。

发展图书馆专业教育。高等院校的图书馆学专业应根据图书馆事业发展的需要进行全面规划,开展教学改革,提高教学质量,培养更多更好的专业人才。各省、自治区、直辖市和有条件的部、委应开办图书馆中等专业学校或职业高中。发展业余教育,鼓励和支持职工根据工作需要参加电视大学、业余大学、函授等多种形式的学习。注意有计划地培养管理人才和高级专业人才。图书馆要有计划地吸收和培养各学科的专业工作人员,使干部队伍的知识结构合理化。

图书馆干部要逐步实行聘任制,对录用人员均应根据图书馆规定的学历要求(具有高中以上文化水平),进行德、智、体和能力的全面考核。按照国家有关规定做好图书馆专业职务的聘任、任命工作。

在条件成熟时,建立图书馆科学技术研究所,加强对图书馆学、现代科学技术在图书馆的应用和图书保护技术的研究。

图书馆学会要通过学术活动和出版工作,提高广大会员和图书馆专业人员的研究能力和业务水平,推动图书馆学的理论建设。

六、加强党政领导,保证图书馆事业发展

图书馆事业能否顺利发展,关键在于各级党委和政府以及各有关部门的重视、领导和支持。各级党委和政府以及文化、教育、科研、工会、部队等部门要加强对图书馆事业的领导。

发展图书馆事业不增加投资是不行的,今后,图书馆经费应随着国家财政收入的增长而有所增加。目前不少图书馆经费紧缺,工资挤占购书费,无钱买书的现象十分严重。有关地方政府和部门应迅速改变这种状况。同时,必须随着书刊价格提高幅度,增加图书馆购书经费。各级领导和广大图书馆工作者要团结一致,在有限的财力物力条件下多想办法,挖掘潜力,把图书馆工作搞上去,满足社会主义现代化建设的迫切需要。

应尽快组织力量,进行图书馆的立法工作。

以上报告如无不妥,请批转各地遵照执行。

全国高等学校图书情报事业"七五"规划要点[①]

(1987 年 6 月　国家教育委员会)

高等学校图书情报事业是高等教育事业的重要组成部分,又是国家图书情报事业的重要组成部分。高等学校图书情报事业要坚持四项基本原则,坚持改革、开放,贯彻党和国家有关高等教育和图书情报事业的方针、政策、法令,为培养有理想、有道德、有文化、有纪律的

---

① 　该文件原文来自《大学图书馆通讯》(1987 年第 5 期)。

社会主义建设人才,发展教育科学文化事业,建设社会主义物质文明和精种文明服务。

"六五"期间,高等学校图书情报事业有了较大的发展,发挥了积极的作用,但仍不能适应需要。在新的形势下,高等学校图书情报事业已成为高等教育和科学研究的重要环节和基本条件,必须抓紧进行建设。到本世纪末,高等学校图书情报事业发展的基本目标是:形成与高等学校教学和科学研究发展相适应的、以学科文献情报中心为骨干的多功能、多层次、高效率的综合性学术情报系统。

"七五"期间,要以积极开发文献情报资源、发挥教育职能和情报职能为中心,改革和健全图书情报管理体制;抓紧文献资源和学科文献情报中心的建设;做好现代技术应用的试验、研究和规划;建设一支结构合理、素质较高的专业队伍;发挥高校图书情报事业的整体效益,大力提高为教学科学研究服务的能力与水平,为九十年代的全面发展进一步打下坚实的基础。

(一)开发利用文献情报资源,发挥教育职能和情报职能

文献情报的价值只有通过使用才能实现。因此,我们的全部工作,都要致力于开发、传递和利用文献情报资源,并使之产生好的效果。积极促进文献情报的利用是一个基本环节。

1. 提高读者吸收利用文献情报的能力。对低年级学生进行利用图书馆的辅导和宣传教育;在高年级学生、研究生中开设《文献检索与利用》课,这是提高学校以至社会情报吸收能力的重要措施。要争取全部重点院校、大部分其他学校定为正式课程,为此,要建立相当规模的专、兼职师资队伍,编写系列教材,建立检索实习室,配备必要的工具和设备。

2. 加强传递和流通的环节。要进一步延长开馆时间,扩大开架的范围;要加速文献的周转,减少拒借,提高使用率,方便读者使用,更好地满足需求,发挥效益。

3. 加强对学生的阅读辅导。编制各学科的导读书目、基本书目;针对现实问题提供推荐书目和参考资料索引,开展多种形式的读书和书评活动,发挥熏染陶冶、引导教育的作用,使图书馆成为精神文明建设的阵地。1988年要召开专题研究会,总结交流这方面的经验。

4. 根据本校教学科研工作的需要,设立参考咨询、情报服务机构,有针对性地开展情报搜集、整理、报导、检索服务,做好本校科研课题、教育管理以及毕业论文、毕业设计的文献情报保障工作。

5. 要创造条件,进行文献开发和情报分析研究,对本校科研基本方向或重点课题,进行跟踪分析,及时提出综述报告。也可面向社会为经济建设提供各类咨询服务。

(二)健全图书情报管理体制,加强宏观指导

高校图书情报系统由校图书馆、系(所)资料室、情报室共同构成。要形成多层次、高效率的服务系统,必须克服分散、重复的状况,加强统一领导、协调管理。

1. 国家教委建立教材和图书情报管理办公室,作为主管全国高等学校图书情报事业的职能机构;全国高等学校图书情报工作委员会在国家教委领导下,对高校图书情报事业进行咨询、协调、研究和业务指导。各地区、各部委教育部门也应采取措施加强对高校图书情报事业的管理,健全领导体制。

2. 高等学校可设立图书情报委员会,作为学校管理图书情报工作的咨询和协调机构。要加强高等学校图书馆在学校图书情报工作中的作用,理顺校图书馆、系(所)资料室、情报室的关系,使之成为开放的、整体化的、高效率的系统。

3. 修订《中华人民共和国高等学校图书馆工作条例》,改为《普通高等学校图书馆规程》;制定《高等学校图书馆工作评估指标体系》及评估实施办法;制定《高等学校图书情

工作成果评奖办法》等,加强管理。

4. 高校图书情报工作费用要得到保证,除学校教育事业费应有百分之五左右作为文献资料购置费外,学校科研和计划外收入中也应提取适当比例作为购置文献资料的费用。

5. 各地和各部委高校图书情报工作委员会(图协)应在教育部门领导下,检查评估学校贯彻执行《普通高等学校图书馆规程》、开展图书情报工作的状况。全国高校图书情报工作委员会要组织全国性的检查评估。

(三)加强文献资源建设,提高文献情报保障率

文献资源是图书情报工作的基础。"七五"计划期间,我们要从调查入手,摸清家底;实行分工协调,克服"小而全"、"大而全"的重复状况,各自建设有特色的馆藏;广开来源,提高文献保障率;实行资源共享,提高文献使用率,使文献资源基本得到保证。

1. 在两年左右完成高校文献资源调查,掌握高校系统文献搜集工作的现状和问题。

2. 各省市自治区、各部委学校在不同方面进行分工协调,使各馆明确收藏重点和馆藏特色;全国要组织学术研究层次的协调,并与其他系统配合,形成合理的布局。

3. 广开来源,增加品种,减少重复,提高文献的保障率。

4. 加强文献报导,编制联合目录,促进文献资源的共享。

5. 制定文献资源建设的规范和标准,编写有关的教科书和工作手册,不断提高文献资源建设的水平。

(四)建设一批学科文献情报中心,提高图书情报事业的整体效益

高校图书情报工作,历来由各校分散进行,缺乏总的业务指导和协调中心。为了提高整体效益,"七五"计划期间要发挥高校图书情报工作委员会的协调管理作用,同时要建设一批学科文献情报中心,在文献搜集上起核心和后盾的作用;在业务工作中起示范辅导作用;在网络化建设中起骨干带头作用。这是高校图书情报事业整体建设的重大措施,也是我国高等教育事业建设的一项重大措施。

1. "中心"按学科(领域、文献类型)分工,在各自负责的范围内,将国内外有价值的文献搜集齐全,并向全国提供较高水平的文献情报服务。

2. "中心"将根据学校本学科的教学科研水平;原有的文献搜集和图书情报工作基础;所在地的交通、通讯和服务设施条件;有关领导部门支持和承担责任的情况,择优确定。

3. "七五"计划期间确定重点建设的学科文献情报中心约三十个,将全面规划,逐步确定,逐步建设,逐步扩大学科覆盖面。文献情报中心的确认需履行规定的程序。

4. "中心"建设将从多方面筹集资金,学校主管部门对"中心"的经费、设备、人员编制、馆舍建筑等工作条件要给予特殊待遇。

5. 国家教委将会同有关部门对"中心"建设进行协调管理。

(五)应用现代化技术手段,提高服务水平

应用现代化技术手段是提高图书情报工作服务效率、服务水平的基本措施之一,必须从实际出发,统筹规划,抓紧进行,并讲求实际效益。

1. 对高等学校应用现代化图书情报技术,要组织力量调查研究、统筹规划、充分论证,并积极做好资金和技术力量的准备。

2. 利用已有设备,开展一些影响全局的项目研究试验,包括编制联合目录,建立有特色的数据库,实现局部联机等。

3. 选择已经成熟可行的项目,推广微机在图书情报工作各环节中的应用。

4. 积极创造条件配备缩微、复制、声像、监测保护等设备。有条件的学校可建立视听室,开发利用声像文献资源。

5. 部分高校已建立的国际联机检索终端,要加强管理,充分发挥作用,努力提高其使用的效能和效益。新设终端要考虑合理布局,避免重复,讲究实效。

6. 现代化技术应用,特别是那些投资多、影响面大的项目,要注意统筹规划,充分利用国内外已有的成果,避免盲目性。

(六)加强队伍建设,提高人员素质

建立一支有足够数量、结构合理、素质较高的图书情报专业队伍,是高校图书情报事业建设的关键,必须当作一项紧迫的任务抓紧抓好。

1. 各学校要按照《普通高等学校图书馆规程》的要求,尽快调整和健全图书馆的领导班子。

2. 继续有计划地补充专业技术人员,使图书情报专业队伍的知识结构(不同学科专业的组合)、水平结构(高、中、初级比例)和年龄结构(老、中、青年的比例)趋向合理。要继续选留本校毕业生,并从教学科研人员中选调一些适合于并愿意从事图书情报工作的人到图书情报部门工作,要支持所在地区办好图书情报中专或职业高中,以解决部分初级人员的来源;有条件的图书馆可以向主管部门申请招收研究生,为造就一批高级图书情报专家作准备。

3. 做好专业职务聘任工作,落实各项政策,稳定图书情报专业队伍。

4. 积极做好在职干部培养教育工作。办好全国高等学校专业干部进修班和馆长培训班,根据需要举办各级各类短期专题培训班和研讨班,创造条件选送专业人员出国进修。

5. 高校教学科研人员是从事图书情报工作的重要力量,要注意吸收他们兼职做图书情报工作。

6. 重视图书情报专业队伍的思想建设,引导大家热爱图书情报工作,遵守《高等学校图书、资料、情报工作人员守则》,组织人员编写《职业道德规范》。

(七)开展图书情报理论方法研究,推动事业发展

图书情报事业现代化的建设需要理论方法的指引,事业建设的实践又必然丰富和发展图书情报科学的理论。现在特别需要联系实际,有组织、有计划地开展研究工作,以推动事业的发展。

1. 全国确定以"图书馆自动化和计算机情报检索"、"图书情报工作评估指标体系"、"文献资源布局规划调查"等作为近期重点研究课题,成立专门小组,提出研究报告或方案。

2. 各地、各馆也要结合实际需要,提出研究课题。要鼓励长期从事实际工作的同志总结经验,开展有意义的学术研究。

3. 选择若干单位设置图书情报学研究室,重点从事高校图书馆和情报工作的研究。

4. 办好《大学图书馆通讯》等专业刊物,努力提高质量,活跃学术研究,促进成果的传播与应用。

5. 每年召开一、二次学术讨论会;支持、配合有关单位举办的以中青年为主的学术研讨会。

(八)开展对外交流,参加国际合作

图书情报事业离不开国际交流与合作。近几年中,部分高等学校分别开展了一些活动,

总的看来,这是高校图书情报工作的薄弱环节,必须予以加强。要在平等互利的原则基础上,开展多渠道、多形式的国际交流与合作,开辟国外文献情报来源,所获得的成果要尽可能在国内交流共享。

国家教委所属高等学校实行《图书、资料专业职务试行条例》的实施细则(试行)①

(1987 年 6 月 16 日　(87)教职称办字 063 号)

第一章　总则

第一条　为加强委属高等学校图书资料专业队伍建设,做好委属高等学校图书资料专业职务聘任或任命工作,根据中央职称改革工作领导小组转发的文化部《图书、资料专业职务试行条例》、《关于〈图书、资料专业职务试行条例〉的实施意见》和国家教委下发的《关于国家教委所属高校教师以外专业技术职务聘任制工作的几点意见(试行)》,结合委属高等学校实际情况,特制订本实施细则。

第二条　高等学校图书资料专业职务是高等学校图书馆(及分馆、资料室、情报室等)根据业务工作的需要而设置的专业工作岗位。图书资料专业职务设研究馆员、副研究馆员、馆员、助理馆员、管理员。

第三条　高等学校图书资料专业职务应有合理的结构比例,与所承担的任务及按任务确定的编制相适应,由高等学校根据本校实际工作需要在规定的限额内确定。

第二章　专业职务基本职责

第四条　根据高等学校的实际情况,规定图书资料各级专业职务的职责范围如下:

1. 管理员承担书刊资料采访及交换、编目、目录组织、书库管理、阅览室管理、书刊资料借阅等业务的辅助性工作。

2. 助理馆员承担书刊资料采访及交换、分编、书目资料编辑、参考咨询、情报服务等业务的助手工作,或承担目录组织、书库管理、阅览室管理、书刊资料借阅等业务工作,或协助上级专业人员从事其他业务工作。

3. 馆员承担书刊资料采访及交换、分编、书目资料编辑、参考咨询、情报服务、文献课教学等业务工作;或根据需要,管理一个业务部门(图书馆、分馆、资料室、情报室等),指导助理馆员和管理员的工作。

4. 副研究馆员主持书刊资料采访、分编、参考咨询、情报服务、文献资料编辑和研究、文献课教学等业务工作并进行审核;或根据需要,管理一个业务部门(图书馆、分馆、资料室、情报室等),主持制订业务建设规划、业务工作条例和细则及规章制度等,指导下级专业人员的业务提高。

5. 研究馆员承担副研究馆员职责范围的工作以及副研究馆员职责范围以外要求更高的工作,主持高水平的科研、服务工作项目,指导下级专业人员的业务提高,解决重大业务问题。

---

①　该文件原文来自"北大法宝"数据库,检索日期:2013 年 7 月 30 日。

第五条　高一级专业职务与低一级专业职务之间,在职责上可以交叉,各高等学校应当根据本校的任务确定具体岗位设置,并明确岗位的职责,制定岗位职责规范。

第三章　专业职务任职条件

第六条　高等学校图书资料专业人员必须拥护中国共产党的领导,热爱社会主义祖国,坚持四项基本原则,忠于人民教育事业,热爱图书资料情报工作,遵纪守法,品行端正,有良好的职业道德,积极做好本职工作。

第七条　大学专科或中等专业学校毕业,见习一年期满合格;或职业高中毕业并从事专业工作二年以上者,初步掌握图书资料某项业务的基础知识、工作方法和技能,经考察证明能够履行管理员的职责,可聘任为管理员。

第八条　获得硕士学位或研究生班毕业;获得学士学位或大学本科毕业见习一年期满合格;大学专科毕业担任管理员一至二年;中专毕业担任管理员四年以上者,具有本专业一定的基础理论和专业知识,具有一定工作能力,掌握图书资料有关工作方法和技能,根据工作需要初步掌握一门外语(或古汉语、少数民族语文),经考察证明能够履行助理馆员的职责,可聘任为助理馆员。

第九条　获得博士学位;获得硕士学位担任助理馆员两年左右;获研究生班毕业证书或第二学士学位证书,担任助理馆员二至三年;大学本科毕业,经专业干部进修班培训半年至一年,成绩合格,担任助理馆员三年以上;大学本科、专科毕业担任助理馆员四年以上者,系统地掌握图书资料情报或其他某专业的基础理论和专业知识,具有独立工作能力,熟练掌握有关业务,根据工作需要,掌握一门外语(或古汉语、少数民族语文),经考察证明能够履行馆员的职责,可聘任为馆员。

第十条　博士学位获得者担任馆员二至三年,或具有大学本科毕业以上学历担任馆员五年以上者,具有较广博的科学文化知识,对图书馆学、情报学或其他某学科有系统的理论知识和较深的研究,有一定水平的论著,根据工作需要熟练掌握一门外语(或古汉语、少数民族语文),工作经验比较丰富,经考察证明能够履行副研究馆员的职责,可聘任为副研究馆员。

第十一条　具有大学本科毕业以上学历,担任副研究馆员五年以上者,具有广博的科学文化知识,对图书馆学、情报学或其他某学科有系统的研究和突出的成果,有较高水平的论著、译著,熟练掌握一门外语(或古汉语、少数民族语文),工作经验丰富,在本专业有一定影响,经考察证明能够履行研究馆员的职责,可聘任为研究馆员。

第十二条　对担任高等学校图书资料专业职务的人员均有一定的外语(或古汉语、少数民族语文)要求,由各高等学校负责组织考试或考核。

第十三条　对不具备规定学历的人员聘任或任命图书资料专业职务,按照有关规定办理。

第十四条　对确有真才实学,工作成绩卓著,贡献突出或具有特殊业务技能的专业人员,其专业职务聘任可以不受学历、外语、工作年限等规定的限制,但需具备其他任职条件。

第四章　评审、聘任或任命

第十五条　国家教委成立图书资料专业职务评审委员会,下设学科评议组,负责评定委属高校高、中级图书资料专业职务任职资格。各委属高校的专业技术职务评审委员会下设图书资料专业职务评议组,负责评定图书资料专业人员初级职务任职资格。部分委属高校的专业技术职务评审委员会,经国家教委职称改革工作领导小组批准,有权评定图书资料专业人员高、中级或初级职务任职资格。

第十六条　国家教委图书资料专业职务评审委员会设主任 1 人,副主任 1 至 2 人,委员 9 至 11 人。主任、副主任由具有较高水平的专家和教育行政负责人担任。高级职务专家应不少于全体委员的 2/3,研究馆员(教授)应不少于全体委员的 1/2。

图书资料专业职务评审委员会下设的学科评议组成员为 5 至 7 人,设组长 1 人,副组长 1 人,由高级职务专家组成,其中研究馆员(教授)一般不得少于 1/2。评审组织中要尽量吸收优秀的中青年专家参加。

图书资料专业职务评审委员会下设秘书组,负责评审材料的准备、组织工作及承办日常事务。

第十七条　图书资料专业职务评审委员会和学科评议组召开评审会议必须有全体成员的 2/3 以上(含 2/3)出席,其评审结果方为有效。

第十八条　学科评议组应以民主程序进行工作。对被评审人的评议意见,应在充分讨论的基础上,经无记名投票,赞成票数超过全体成员的 1/2 方为通过。

图书资料专业职务评审委员会对学科评议组的评议意见进行评审。如有不同意见,可以按无记名投票方式表决,赞成票数超过全体成员的 1/2 方为通过。

第十九条　各高等学校评审图书资料专业人员任职资格时,应坚持标准,保证质量,全面考核,择优晋升。其任职条件的掌握,要坚持思想政治条件与业务条件并重,正确处理理论与实践等关系,防止片面性。思想政治条件的考核,应在学校党委的领导下,按照党的政策,由所在单位在平时考察的基础上进行。经上级主管部门审核,思想政治上不符合条件的,不能聘任或任命图书资料专业职务。凡不能全面地、熟练地履行现职务职责,不积极承担分配的工作任务,均不应推荐聘任或任命高一级图书资料专业职务。

第二十条　凡在高等学校图书资料情报部门从事图书、资料、情报业务工作或业务管理工作的专业人员,符合规定的任职条件,能够履行相应职务的职责,经相应的评审组织评定,可聘任或任命相应的图书资料专业职务。

第二十一条　在高等学校图书资料情报部门专职从事计算机、缩微、声像、古籍修复等技术工作及专职从事研究、教学、翻译、编辑等专业工作的人员,可根据具体情况,分别经相应的评审组织评定,在主管部门下达的限额内,聘任或任命有关职务系列的专业技术职务。

第二十二条　高等学校图书资料专业职务的聘任或任命工作应根据工作岗位需要,一般由单位负责人依据图书资料专业人员任职条件推荐提出任职人选,经相应评审组织评定,然后按照限额由校(院)长聘任或任命。聘任或任命时,向受聘任人员颁发聘书或任命书,任期一般为 2 至 4 年,可以连聘连任。任职人员在任职期间领取相应的职务工资。

第二十三条　原来长期从事专业技术工作,因工作需要担任图书资料情报部门行政领导的专业人员,能够履行相应职务的职责,并经相应的评审组织评定,可在规定的限额内,聘任或任命相应的专业职务。兼职期间的工资待遇,按兼职中较高的职务工资标准执行。

第二十四条　已获得图书资料专业职称的合格人员,在聘任或任命相应职务时,一般不再重新评审其任职资格。

1983 年 9 月 1 日前,经过职称评定组织评定了相应职称,并已上报到有关部门"待批"或"待授"的人员,在这次聘任工作中,可与已取得相应职称的人员同样对待。

教师或其他专业技术人员调做图书资料情报工作,原具有职称的,经考察,能够履行图书资料相应职务职责,可聘任或任命相应的专业职务。

第二十五条　高等学校图书资料专业人员应坚决执行国务院有关离退休的规定。高等学校图书资料专业人员已达到离退休年龄,除按照国务院国发〔1983〕141 号和国发〔1983〕142 号文件规定办理延长退休年限外,应办理离退休手续。在这次聘任工作中,达到规定离退休年龄又符合较高一级专业职务任职条件的图书资料专业人员,可先经任职资格评审,确定相应专业职务,再办理离退休手续。

第二十六条　各高等学校要建立健全图书资料专业人员的业绩考核制度,对任职人员的业务水平、工作态度、履行相应职务职责的实际工作能力和贡献进行定期或不定期的考核,记入业务档案,作为提职、调薪、奖惩和能否续聘的依据。

第二十七条　对未聘任的人员,应区别情况,妥善安排。要鼓励他们到其他单位应聘或任职。在此期间,未聘任人员应做好原单位安排的临时工作,待遇按劳动人事部门有关规定办理。

第二十八条　评审、聘任或任命图书资料专业人员,应加强思想政治工作,坚持原则,秉公办事,发扬民主,认真掌握政策。对于违背政策、搞不正之风的,对于弄虚作假、骗取职务的,均应严肃处理。

第五章　附则

第二十九条　本实施细则适用于国家教委所属高等学校。国家教委直属事业单位可参照执行。

第三十条　本实施细则的解释权属国家教委。

普通高等学校图书馆规程①

(1987 年 7 月 25 日　(87)教材图字 009 号)

第一章　性质和任务

第一条　高等学校图书馆是学校的文献情报中心,是为教学和科学研究服务的学术性机构,它的工作是学校教学和科学研究工作的重要组成部分。

第二条　高等学校图书馆应贯彻党和国家的方针、政策和法令,宣传马克思列宁主义、毛泽东思想和人类科学文化的优秀成果,履行教育职能和情报职能,为培养有理想、有道德、有文化、有纪律的社会主义建设人才,发展教育科学文化事业,建设社会主义物质文明和精神文明做出贡献。其主要任务是:

(一)采集各种类型的文献资料,进行科学的加工整序和管理,为学校的教学和科学研究工作提供文献情报保障。

(二)开展流通阅览和读者辅导工作。

(三)开展用户教育,培养师生的情报意识和利用文献情报的技能。

(四)开发文献情报资源,开展参考咨询和情报服务工作。

(五)统筹、协调全校的文献情报工作。

---

① 该文件原文来自"北大法宝"数据库,检索日期:2013 年 7 月 30 日。

（六）参加图书情报事业的整体化建设;开展多方面的协作,实行资源共享。

（七）开展学术研究和交流活动。

第二章　业务工作

第三条　高等学校图书馆的各项业务工作都要实行科学管理,不断提高工作质量和服务水平,最大限度地满足读者需要。

第四条　高等学校图书馆应根据思想政治教育、教学、科学研究的需要,根据馆藏基础及地区或系统文献资源布局的统筹安排,通过多种途径,有计划、有重点地采集国内外各种文献资料,形成具有本校特色的馆藏体系。

采集文献资料应以满足思想政治教育、教学、科学研究需要为主,兼顾其他需要。

要保持重要文献资料的完整性和连续性,注意收藏本校的出版物和本校著者的学术文献。

应有计划地进行文献资料的复审剔除工作。

第五条　高等学校图书馆对新到文献资料应及时分类编目,尽快投入流通,并及时报导。

要根据国家的统一规定,逐步实现分类、编目的标准化。

第六条　高等学校图书馆要健全目录体系,一般应分设读者目录和公务目录。读者目录可设置分类、书名、著者目录。应积极创造条件,编制书本式馆藏目录和增加主题检索途径。

图书馆应有全校文献资料的总目录,成为全校的查目中心。

应保证目录正确反映馆藏。

第七条　高等学校图书馆要合理组织馆藏,加强书库管理。要切实加强珍贵文献的保护和利用。

第八条　高等学校图书馆应加强读者服务工作,健全读者服务体系,提高馆藏文献资料的利用率。

做好流通阅览工作,逐步扩大书刊资料的开架范围,实行常用书刊的开架阅览、短期借阅,提高利用率,降低拒借率。

配合学校思想政治教育和教学、科学研究任务,编制推荐书目、导读书目,举办书刊展评等活动,通过多种方式进行阅读辅导。

要教育读者遵守规章制度,爱护文献资料。对违章或污损、盗窃文献资料者,应视情节轻重,分别给予批评教育、赔偿、罚款以至行政处分等不同处理。

开馆阅览时间每周应达到 70 小时以上。寒暑假期间也应保证一定的开馆时间。

第九条　高等学校图书馆应组织力量,采用多种方式对读者进行系统的检索和利用文献的教育,学校应将"文献检索与利用"课列入教学计划。

第十条　高等学校图书馆应积极开展参考咨询,加强文献情报检索、情报编译报导和分析研究及编制各种专题书目索引等情报服务工作。

有条件的高校图书馆,要发挥学校的资源和人才优势,开展面向社会的文献情报和技术咨询服务,可根据材料和劳动的消耗或服务成果的实际效益收取适当费用。

第十一条　应积极创造条件,在高等学校图书馆工作中应用计算机等现代化技术手段。应用计算机应首先做好基础工作的准备,坚持协作和共享的原则。

积极开展各种类型文献资料的复制和缩微、视听阅览等服务项目。

第十二条 高等学校图书馆应积极开展学术研究,组织学术交流活动。

应注意总结工作经验,结合实际有计划地组织专题研究,以促进工作,提高专业人员理论水平。

图书馆的重点科学研究课题应列入学校的科学研究计划。

高等学校图书馆应积极参加国内国际图书情报界的学术交流。

第十三条 高等学校图书馆应积极参加本地区、本系统的馆际协作,做好文献资料采集、馆际互借、编制联合目录、组织业务交流、人员培训以及新技术应用的研究等方面的协调工作,实行资源共享。

第十四条 高等学校图书馆应完善各项规章制度,制定业务工作规范,明确岗位责任,规定检查考核办法,保证贯彻执行。

应注重工作数量、效果的统计和积累,坚持做好统计工作。

第十五条 高等学校图书馆应建立评估和奖励制度,对优秀的工作人员和突出的服务成果、研究成果给予奖励。

第三章 领导体制和组织机构

第十六条 高等学校图书馆实行校(院)长领导下的馆长负责制。应有一名校(院)长分管图书馆工作。有关图书馆工作的重大事项应在校(院)长办公会上及时研究、做出决定。

第十七条 高等学校图书馆设馆长一名,并视需要设副馆长若干名。

馆长、副馆长应由认真执行党的方针政策,热心图书馆事业,有较高的科学文化水平和组织管理能力的人担任。

馆长主持全馆工作,领导制订发展规划、工作规划、经费预算、人员培训进修计划及规章制度,组织贯彻实施并定期总结,向校(院)长报告工作。

图书馆馆长一般应为学校校务委员会、学术委员会成员,学校召开的与图书情报工作有关的校(院)长办公会,应有图书馆馆长参加。

副馆长协助馆长完成各项工作。

馆长的任免,与教务长相同,不设教务长的学校与教务处长相同。

第十八条 高等学校图书馆应从实际出发,以有利于科学管理和便利读者为原则,确定本馆部(组)、室的设置,并明确各机构的相应职责。

各部(组)、室的主任(组长)由馆长聘任或由馆长提名、学校任命。

第十九条 规模大、系科多或校园分散的学校,可设立分馆。分馆是总馆的分支机构,受总馆领导。

第二十条 规模大、系科多的学校,可设立系(所)资料(情报)室。系(所)资料(情报)室是全校图书情报系统的组成部分,实行系(所)和校图书馆双重领导。系(所)应有一名领导分管资料(情报)室工作。图书馆对资料(情报)室负责业务领导与协调。

系(所)资料(情报)室的主要任务是进行与本系(所)有关的专业文献情报的收集、整理和研究,面向全校有关专业人员,开展文献情报服务。

其他院校一般不宜设立系(所)资料(情报)室。

第二十一条 高等学校可设立图书情报委员会,作为学校管理图书情报工作的咨询和协调机构。

图书情报委员会的成员由馆长和系主任推荐,提请校(院)长聘请组成。学校主管图书情报工作的校(院)长担任主任委员,图书馆长担任副主任委员。

图书情报委员会应定期召开会议,听取图书馆长的工作报告,审议图书馆的年度计划,反映师生对图书馆工作和系(所)资料(情报)室工作的意见和要求,讨论学校图书情报工作中的重大问题,向校(院)领导提出改进图书情报工作的建议。

第四章　工作人员

第二十二条　高等学校图书馆工作人员包括:专业技术人员;党政工作人员;技术工人;公勤人员。

第二十三条　高等学校图书馆工作人员必须拥护中国共产党的领导,热爱社会主义祖国,努力学习马克思列宁主义、毛泽东思想,热爱图书馆事业,有高尚的职业道德和全心全意为人民服务的精神,刻苦钻研业务,积极做好本职工作。

第二十四条　高等学校图书馆应根据读者人数、藏书册数、年平均进书量,并参照学校的性质、系科的设置、教学和科学研究任务的轻重、校舍的集中与分散、开馆时间长短等情况,配备必需的工作人员。

各校应在上级核定的编制人数内,根据各自的实际情况,参照下述比例自行研究确定本校图书馆专业人员的编制:

(一)以学生 1000 人,藏书 5 万册配备 15 名专业人员为基数;

(二)在此基础上,每增加 100 名学生、50 名研究生各增加 1 名专业人员;每增加 5 万册藏书增加 1 名专业人员;年平均进书量 1 万册配备 3 名专业人员。

图书馆内的党政干部、研究和应用现代化技术手段(计算机、缩微、复制等)的技术人员、从事设备维修、装订等的技术工人、公勤人员,应根据实际需要另列编制。

系(所)资料(情报)室的工作人员列入系(所)的编制。

第二十五条　高等学校应加强图书馆的专业队伍建设,按照合理的结构比例,有计划地配备包括图书馆学、情报学、外语、古汉语和校内主要学科的专业人员。

专业人员应具有中专(高中)毕业以上文化程度,其中大专以上文化程度的应逐步达到60%以上。

第二十六条　高等学校图书馆应紧密结合工作需要,有计划地安排各类在职人员的进修或培训,重视培养高层次的学科专家。

第二十七条　高等学校图书馆和系(所)资料(情报)室的专业技术人员按照国家规定,实行专业技术职务聘任制。

应对工作人员定期进行政治思想和业务考核,作为聘任工作的依据。

第二十八条　高等学校图书馆和系(所)资料(情报)室的专业技术人员是教学和科学研究队伍的组成部分,应按职务与相应的教学和科学研究人员享受同等待遇。

高等学校图书馆工作人员应按不同工种享受国家规定的相应的劳保待遇。

第五章　经费、馆舍、设备

第二十九条　高等学校应重视对图书情报事业的投资,提供文献情报工作所必需的经费和物质条件。

高等学校图书馆应贯彻勤俭办馆、厉行节约的原则。

欢迎社会各界、国内外个人或团体对高等学校图书馆提供捐赠和资助。

第三十条 文献资料购置费在全校教育事业费中应占适当比例,一般可参照5%左右的比例数,由学校研究确定。

学校应从科学研究经费和计划外收入中提取适当比例作为购置文献资料的费用。

全校文献资料购置费由图书馆统一掌握,合理使用。

第三十一条 高等学校应按照国家制定的有关标准,建造独立专用的图书馆馆舍。馆舍建筑应充分考虑学校发展规模,适应现代化管理的需要,满足图书馆业务功能的要求,具有调整的灵活性。

学校总务部门应积极做好图书馆的房屋、设备维修工作,落实各项安全防护措施,改善灯光、通风、防寒及防暑降温等条件,为师生创造良好的学习和研究环境。

图书馆应注意环境的绿化美化,保持安静与整洁。

第三十二条 高等学校应有计划地为图书馆添置复印、缩微、声像、文献保护、计算机等设备和家具,纳入学校的设备购置计划,由设备费开支。

第六章 附则

第三十三条 本规程适用于全日制普通高等学校。其他高等学校可参照执行。

第三十四条 各级教育行政部门应对各高等学校执行本规程的情况进行检查和评估。

第三十五条 本规程由国家教育委员会负责解释。

第三十六条 本规程自公布之日起施行。

※本文件于2002年2月21日根据《教育部关于印发〈普通高等学校图书馆规程(修订)〉的通知》废止。

文化部印发《关于不具备规定学历的图书资料专业人员评聘专业职务的暂行规定》的通知[①]

(1987年11月21日 文干字(87)第1352号)

根据中央职称改革工作领导小组〔1987〕23号文件精神,在首次专业职务聘任工作中,要考虑不具备规定学历人员的实际情况,在保证聘任质量的前提下,由各职务系列主管部门根据不同行业、不同层次实事求是地提出相应的原则和考核办法。为此,结合图书资料专业人员的实际情况,制定了《关于不具备规定学历的图书资料专业人员评聘专业职务的暂行规定》,现印发给您们,请参照执行。

附:关于不具备规定学历的图书资料专业人员评聘专业职务的暂行规定

《图书资料专业职务试行条例》对各级图书资料专业职务的任职条件,均做出了相应的学历规定。但是由于历史上的种种原因,目前在职的图书资料专业人员中,有相当一部分人员不具备《图书资料专业职务试行条例》所规定的学历。他们当中许多人从事图书资料专业工作多年,不仅具有丰富的实际工作经验,而且通过自学等途径,已具有相应的专业知识水

---

① 该文件原文来自文化政策图书馆网站(http://www.cpll.cn/),检索日期:2013年9月30日。

平,有的已成为业务骨干。为了合理解决这部分专业人员的专业职务评审聘任问题,充分发挥他们的工作积极性和创造性,根据中央关于"广开才路,对确有真才实学、成绩显著、贡献突出、符合任职条件的专业技术人员,虽不具备相应的学历也可聘任专业技术职务"的精神,在首次专业职务聘任工作中可按下列意见实行:

一、根据现有学历和专业工作年限确定申报资格。

(一)符合下列条件之一者可申报高级职务:

五十年代大学本科毕业,从事图书馆专业工作二十五年以上;

中专或高中毕业,从事图书馆专业工作三十年以上。

(二)符合下列条件之一者可申报中级职务:

中专毕业,从事图书馆专业工作十五年以上;

高中毕业,从事图书馆专业工作二十年以上。

(三)符合下列条件之一者可申报初级职务:

高中毕业,从事图书馆专业工作十年以上,可申报助理馆员;

初中毕业,从事图书馆专业工作十五年以上,可申报助理馆员;

高中毕业,从事图书馆专业工作三年以上,可申报管理员;

初中毕业,从事图书馆专业工作六年以上,可申报管理员。

二、对不具备规定学历的专业人员,原则上均应进行图书馆学专业知识水平考试。考试合格,经评审确认具备担任相应职务的其他各项条件者,可予聘任。

三、申报馆员、助理馆员职务者必须参加图书馆学大专知识水平考试;申报管理员职务者须参加图书馆学中专知识水平考试。图书馆大专知识水平考试由省级文化主管部门统一组织,考试科目为:图书馆学基础、图书分类编目、中文工具书。中央、国家机关所属图书资料单位可根据具体情况,或者参加由各部委统一组织的考试,或者参加当地文化主管部门组织的考试。

四、属下列情况之一可免予考试,采取考核的方式:

(一)一九六六年底以前参加图书馆工作,从事图书馆专业工作二十年以上;

(二)符合《关于〈图书资料专业职务试行条例〉的实施意见》第六点规定,属破格聘任者(由各地、各部委制定有关具体条件);

(三)正在经省级以上教育部门批准的电大、夜大、业大、函大、职大等大专或中专学校学习尚未毕业,或正在参加国家高等教育自学考试的在职专业人员,已取得上述应考科目合格成绩者(缺哪个科目成绩考哪个科目);

(四)一九八三年九月以前参加相应档次职称考试成绩合格,经省级以上主管部门认可者;

(五)参加图书馆学专业培训班、进修班,取得上述应考科目合格成绩,经省级以上文化主管部门认可者。

五、图书馆学大专知识水平考试和中专知识水平考试所用教材,由各省、自治区、直辖市、各部委选定。一九八二年由文化部图书馆事业管理局主持编写的《图书馆专业基本科目复习纲要》仍可作为参考材料。

六、本暂行规定所提专业工作年限,均为累计计算年限,并含相近专业工作年限。相近专业工作是指情报、档案专业工作和图书馆学教学、图书馆管理等工作。

七、各省、自治区、直辖市,中央和国家机关各部委,可依据本规定的原则,结合本地区、本部门的实际情况,制订具体办法,报文化部备案。边远少数民族地区可适当放宽。

八、本暂行规定自颁发之日起施行。在本暂行规定颁发之前,业已按照省、自治区、直辖市和各部委职称改革工作领导小组批准的办法施行的,仍依原办法施行。

中国人民解放军院校图书馆工作条例[①]

(1987 年 12 月 31 日　中国人民解放军总参谋部)

第一章　总则

第一条　为使军队院校图书馆建设有章可循,健康发展,根据国家教育委员会《普通高等学校图书馆规程》,结合军队院校实际,特制订《中国人民解放军院校图书馆工作条例》。

第二条　图书馆必须坚持党的四项基本原则,坚持教育要"面向现代化,面向世界,面向未来"的指导方针,贯彻党、国家和军队有关教育的方针、政策和法令,履行教育职能和情报职能,为培养军队现代化建设和未来反侵略战争需要的合格人才服务,为发展我军教育事业,建设社会主义物质文明和精神文明做出贡献。

第三条　图书馆建设要达到馆舍独立、馆藏合理、制度完善、服务多样、管理规范的要求,建设一支数量适当、素质良好、结构合理的图书馆专业队伍,逐步向开放式、多层次、多功能、高效率的现代化方向前进。

第二章　性质和任务

第四条　图书馆是院校的文献情报中心,是为教学和科学研究服务的学术性机构,是院校建设的重要支柱之一。它的工作是教学和科学研究工作的重要组成部分。

第五条　图书馆的主要任务是:

(一)根据各院校的性质和任务,采集各种类型的文献资料,运用科学方法进行分类编目与管理,为教学和科研工作提供文献情报保障。

(二)宣传马克思列宁主义、毛泽东思想,宣传党的路线、方针、政策和国家的法律、法令,宣传中央军委的有关方针、政策、原则和指示,宣传人类科学文化的优秀成果,推进社会主义精神文明建设。

(三)根据教学、科学研究和课外阅读的需要,开展流通阅览、读者辅导和参考咨询工作。

(四)开展文献分析和情报研究,提供资料情报服务。

(五)统筹、协调全院、校的文献情报工作。

(六)开展对图书馆学、情报学理论和现代化技术手段应用的研究。

(七)提高图书馆人员的专业水平和业务能力。

(八)开展馆际协作,实现资源共享。

(九)开展学术研究和交流活动。

---

① 该文件原文来自《图书馆暨有关书刊管理法规汇览》(郭锡龙,1995),原文页次:545。

第三章　业务工作

第六条　图书馆的各项工作既要注意工作的积累性和连续性,保持正常的工作秩序;又要注意从实际出发,积极进行改革。要充分调动图书馆工作人员的积极性和创造性,采取主动服务措施,发挥馆藏书刊、资料的作用,逐步运用新技术、新设备,提高工作效率和服务质量,最大限度地满足读者的需要。

第七条　加强科学管理,健全岗位责任制。遵循图书馆的工作规律,结合实际制定各种规章制度和工作细则。重视业务统计工作和情况分析,不断总结经验,提高管理水平。

第八条　加强馆藏建设。根据教学和科学研究的需要及馆藏基础,通过各种途径,有计划、有重点地补充与本院校所设专业有关的国内外各种类型的文献,特别是新学科的书刊资料,逐步形成具有本院校特色的馆藏体系。

第九条　提高分类编目质量。根据国家标准,逐步实现分类编目的标准化,对新到的书刊资料应及时验收、登记,分类编目,定期通报,尽快投入流通。

第十条　健全目录体系,应分设读者目录和公务目录。读者目录可设置分类、书名和著者目录。有条件的图书馆可增加主题目录和机读目录。图书馆应有反映全院、校书刊资料收藏情况的总目录。成为全院校的查目中心。目录的组织和管理要有专人负责,经常进行维护和检查,保持书、目一致。

第十一条　加强馆藏管理,做好书刊资料的防护工作,并切实加强珍、善、孤本书刊的保藏和利用。有计划地进行书刊资料的清理、剔除工作,提高馆藏质量。

第十二条　做好读者服务工作。根据需要和条件分设各种借书处和阅览室,搞好书刊资料的阅览和外借,逐步扩大开架借阅的范围,提高书刊资料的利用率。开馆阅览的时间每周不少于70小时,寒暑假期间应安排一定的开馆时间。配合院校的思想政治工作和教学、科学研究任务的需要,积极开展阅读辅导。举办书刊展览,编制推荐书目,组织报告会、座谈会,提供资料复制、缩微照相、试听阅读等多种形式的服务项目。教育读者爱护书刊资料和设备,对违章、损坏设备者或损毁、盗窃书刊资料者,视情节轻重,分别给予批评教育、赔偿、罚款以至必要的行政处分。保持图书馆环境的安静与整洁。

第十三条　开展参考咨询和情报服务。配合重要科研课题编制专题书目索引,搞好定题服务、跟踪服务、回溯服务,提供多种形式的文献情报服务。开展"文献检索与利用"的教学,普及情报分析与研究的知识,做好有关国内外文献资料的编辑和编译工作。

第十四条　积极开展图书馆学、情报学的研究。结合本馆实际,有计划地组织专题研究,积极参加军内外图书情报方面的学术活动,促进图书情报工作,提高图书馆人员的业务水平。

第十五条　开展馆际协作,实现资源共享。做好书刊资料交换、馆际互借,积极参加编制联合目录、业务交流以及培训专业人员、推广新技术应用等方面的工作。

第四章　领导体制和组织机构

第十六条　图书馆在院校党委和首长领导下进行工作。图书馆的体制编制、机构等级按总参谋部的规定执行。

第十七条　图书馆领导应由认真执行党的方针政策,熟悉本院校系科专业和图书馆业务,并且有大学本科毕业以上文化程度和较强管理能力的人担任。馆长主持全馆工作,对馆内工作人员的任用提出建议,领导制订全馆规划、工作计划、经费预算、人员培训及规章制度等,并组织贯彻执行,定期向院、校领导和图书馆委员会报告工作。馆长应参加院校学术委员会。副馆长协助馆长工作。

第十八条　图书馆根据需要一般可设:采编、流通、阅览、期刊、情报资料、参考咨询、技术服务等室(组)。室(组)的设置应根据院校具体情况合理确定。

第十九条　院校设立图书馆委员会,作为院校文献情报工作的咨询机构。图书馆委员会设主任委员一人,由院校领导担任;副主任委员二人,由训练部一名领导和图书馆馆长担任;委员若干人,由有关单位推荐,院、校领导聘请。日常工作由图书馆办理。图书馆委员会的任务是:听取馆长的工作报告;审议全院、校文献情报工作的规划和年度计划、经费安排、书刊采集标准和规章制度;讨论全院、校文献情报工作中的重大问题,提出解决办法;反映读者的意见、要求,沟通图书馆与读者的联系。图书馆委员会每学年召开会议一至二次,必要时可召开临时会议。

第五章　工作人员

第二十条　图书馆工作人员包括:专业人员、行政人员、技术人员、公勤人员。

第二十一条　图书馆工作人员必须努力学习马克思列宁主义、毛泽东思想,热爱国防教育事业,热爱图书馆工作,刻苦钻研业务,讲究职业道德,有全心全意为读者服务的事业心和责任感。

第二十二条　图书馆工作人员的数量,按总参谋部规定执行。院校可根据读者人数、藏书册数、年平均进书量以及院校性质、系科设置、教学和科学研究任务的轻重等具体情况,从本院校编制总定额中调剂。图书馆所需工作人员,在本院校编制内无法调剂解决时,还可酌情招聘部分人员,其工资从教育事业费和本院校机动财力中支出。

第二十三条　院校应加强图书馆专业队伍建设。专业队伍要有合理的知识、年龄结构。有计划地配备有图书馆学、情报学、外语和熟悉本院校所设专业知识的人员。专业人员的文化程度应在中专(高中)毕业以上,并逐步提高大专以上人员的比例。专业队伍要力求稳定。

第二十四条　图书馆应积极创造条件,采取多种形式,结合工作需要,有步骤地对各类人员进行培训,有条件的还可出国考察或短期工作,不断提高他们的素质。

第二十五条　图书馆的专业人员是教学和科研队伍的组成部分,其专业职务的评定和任命,按总部的有关规定执行。其政治待遇和生活待遇,与相应的教学、科研人员相同。图书馆其他工作人员的职务、级别及待遇,均按上级有关规定执行。

第六章　现代化建设

第二十六条　军队院校图书馆要积极创造条件,向着以文献载体多样化、技术设备自动化、馆际协作网络化、管理方法科学化为主要标志的现代化图书馆过渡。

第二十七条　广泛收集缩微阅读资料、视听资料和机读资料,为读者服务。

第二十八条　总部、各院校主管部门和院校应有计划地为图书馆添置复制、视听、缩微等现代化设备。逐步应用电子计算机,实现采编、检索、流通和情报等工作的自动化。

第二十九条　建立统一的数据库,逐步形成具有我军院校特色的网络体系,实现资源共享。

第三十条　图书馆工作人员应钻研现代图书馆知识,注意学习国内外先进经验,实现人员素质与现代化设备的协调发展,达到整体效益优化。

第七章　经费和馆舍

第三十一条　图书馆的书刊资料购置费一般应占院校标准教育经费的10%—15%。院校书刊购置费由图书馆统一掌握,合理使用。

第三十二条　充分发挥各方面的积极性,除总部拨出必要经费外,各院校和上级主管部门都应积极支持图书馆建设。

第三十三条　院校应建设独立、专用的图书馆馆舍。建筑面积标准按总部有关规定执行,并应考虑可能的发展,注意留有余地,馆舍面积低于标准的院校应把馆舍建设作为重点项目列入基本建设计划。

第三十四条　院校的后勤部门应积极主动地做好图书馆馆舍、设施的维修工作,改善灯光、通风、防寒、防暑、防火、防盗等条件,建好管好绿化区,为广大读者创造良好的学习和研究环境。

第三十五条　图书馆应贯彻讲求效益、艰苦奋斗、勤俭办馆的原则。

第八章　附则

第三十六条　本条例适用于全军所有军官和士官院校。军事科学院、担负军官和士官训练任务的训练大队可参照执行,海、空军飞行院可根据本条例精神订制具体实施办法。

第三十七条　各级院校主管部门应对所属院校执行本条例的情况进行检查和监督。

第三十八条　本条例的解释权在总参谋部军训部。

公共图书馆系统《图书馆学专业证书》制度试行办法①

（1988 年 9 月 23 日　文图字(88)第 752 号）

为提高公共图书馆干部队伍的专业素质,适应图书馆工作岗位的要求,按照国家教委、人事部《关于成人高等教育试行〈专业证书〉制度的若干规定》,结合公共图书馆系统的实际情况,决定在全国公共图书馆系统试行成人高等教育《图书馆学专业证书》制度,特制定本办法。

一、《图书馆学专业证书》制度的性质和实施范围

成人高等教育《图书馆学专业证书》制度,是有组织、有目的地对全国各级公共图书馆符合一定条件的业务干部进行上岗任职所要求的图书馆专业知识教育的一种教育证书制度。《图书馆学专业证书》是对已达到图书馆工作岗位所要求的大专层次图书馆专业知识水平的一种证明,也是公共图书馆系统内评定、聘任专业技术职务、管理职务和其他职务的基本依据之一。

本办法所指《图书馆学专业证书》制度,在全国公共图书馆系统范围内试行,并在全国公共图书馆系统内适用有效。

二、《图书馆学专业证书》教育的对象

凡符合以下条件的各级公共图书馆在职干部,可申请参加本专业证书的学习:

（一）尚未达到工作岗位所要求大专毕业文化程度的图书馆在职干部,同时具备以下条件者:

---

① 该文件原文来自"北大法宝"数据库,检索日期:2013 年 7 月 30 日。

1. 具有高中(中专)文化程度;

2. 具有五年以上实际工作经历;

3. 年龄一般在三十五岁以上。

(二)高等院校非图书馆学专业毕业(国家承认其学历的)的图书馆在职干部,同时具备以下条件者:

1. 具有一年以上图书馆工作经历;

2. 图书馆业务工作岗位需要。

三、承办学校

《图书馆学专业证书》教学班,由省、自治区、直辖市及计划单列市文化厅(局)委托其所在地的广播电视大学系统承办,亦可根据实际情况,与当地教育主管部门商定,按规定的审批程序,委托其他高等院校承办。

四、教学计划和教学环节

《图书馆学专业证书》教学计划,由文化部图书馆事业管理局制定,各地参照执行。

《图书馆学专业证书》教学环节,与承办学校图书馆学专业的教学环节一致。

《图书馆学专业证书》学习年限,脱产学习不得少于一年,非脱产学习不得少于一年半。

五、课程设置

《图书馆学专业证书》教育的理论教学总学时不得少于八百学时。设置八门必修课,三门选修课。实行学分制。

必修课为:图书馆学概论、图书分类、图书馆目录、目录学、藏书建设与读者工作、情报学基础、中文工具书、报刊管理。

选修课为:中国书史、科技文献检索、图书馆现代技术。

《图书馆学专业证书》使用教材及必读书目、参考书目等,以承办学校指定的为主。

六、入学和注册

参加《图书馆学专业证书》学习的图书馆在职干部,须由本单位推荐、经所在文化厅(局)业务主管部门审查同意后,参加由承办学校组织的文化考核。已具有大专毕业以上学历的,不再参加文化考核。文化考核合格者,由承办学校发给入学通知书并注册,同时将注册学员名单报文化部图书馆事业管理局备案。

文化考核的科目为:政治、语文、历史。考核要求和考核办法由各省、自治区、直辖市及计划单列市文化厅(局)与承办学校商定。

七、考试

本专业所设每门课程学习结束均须考试,考试成绩合格者,发给"单科合格证"。考试不及格的,可补考一次,补考不及格的,应重修重考。

曾参加中央广播电视大学八五级图书馆学专业考试并取得单科合格证者,若参加广播电视大学承办的《图书馆学专业证书》的学习,且该合格科目与本办法规定课程相同者,可免修免考该科目。该科目学分按《图书馆学专业证书》教学计划的有关规定计算。

八、证书的颁发

学员学完规定的课程,考试合格,修满学分,并经审查合格者,可发给成人高等教育《图书馆学专业证书》。

《图书馆学专业证书》由文化部成人教育办公室统一印制,各承办学校盖印,文化部图书馆事业管理局或各省、自治区、直辖市及计划单列市文化厅（局）验印，由承办学校颁发，并报文化部图书馆事业管理局备案。

九、其他

在本办法下达之前经省、自治区、直辖市及计划单列市教育主管部门批准试办的《图书馆学专业证书》教学班，如与本办法不符者均按本办法予以调整。

本办法自下发之日起试行。

附件：公共图书馆系统《图书馆学专业证书》教学计划

根据我部《公共图书馆系统〈图书馆学专业证书〉制度试行办法》的有关规定，特制定此教学计划：

一、培养目标

通过《图书馆学专业证书》的教学，使学员在原有实践经验的基础上，较系统地掌握本专业的基本理论和专业知识，提高实际工作能力，达到本岗位所要求的图书馆学专业的大专学历水平。

二、课程设置及学分

本专业证书教育，根据培养目标和图书馆工作的需要设置课程。实行学分制。

课程设置为：八门必修课。三门选修课，可任选其中一门课程。一次结业作业。总学时不少于八百学时。

各门课程及学分列表附后。

三、教学方式

《图书馆学专业证书》教育以教学班为单位进行。教学方式可采取录音、录像为主的授课方式，结合面授、函授、自学方式进行教学；也可采取直接面授的授课方式，结合辅导自学方式进行教学。

结业作业安排在全部理论课学习结束之后，学员写出调查报告或学术论文，考核合格则给予学分。

四、结业

学员学完规定的全部课程、考试成绩合格、总学分累计达到 90 学分、经思想品质鉴定合格者，准予结业并发给《图书馆学专业证书》。

课程设置与学分表

	课程设置	理论教学总学时	学分	考核	备注
必修课	图书馆学概论	80	8	考试	
	图书分类	120	10	考试	
	图书馆目录	80	9	考试	
	目录学	80	8	考试	
	藏书建设与读者工作	80	9	考试	
	情报学基础	80	8	考试	
	中文工具书	120	10	考试	
	报刊管理	100	9	考试	

续表

	课程设置	理论教学总学时	学分	考核	备注
	结业作业		10		
	小计	740	81		
选修课	中国书史	100	9	考查	
	科技文献检索	100	9	考查	
	图书馆现代技术	100	9	考查	

※本文件于 2007 年 12 月 29 日根据《文化部关于废止部分规章和规范性文件的决定》废止。

关于举办图书馆服务宣传周活动的通知①

(1989 年 2 月　图字〔1989〕第 7 号)

关于建立普通高等学校图书馆评估制度的意见②

(1989 年 3 月　全国高校图工委)

普通高等学校图书馆评估指标体系大纲③

(1989 年 3 月　全国高校图工委)

文化部关于公共图书馆加强查禁书刊管理的通知④

(1989 年 10 月 9 日　文图发〔1989〕25 号)

　　为了贯彻党中央、国务院关于清理、整顿书报刊、音像市场的有关指示精神,充分发挥图书馆在社会主义精神文明建设、反对和抵制资产阶级自由化中的作用,做好图书馆收藏的已被查禁的书刊管理工作,特作如下通知:

　　一、公共图书馆作为书刊的流通和收藏部门,必须坚决贯彻落实党中央、国务院的有关指示精神,认真执行各级政府和有关部门的规定,加强对馆藏中查禁书刊的管理,既要坚决、认真地进行清理,又要严格掌握政策,把清理整顿工作做好、做细。

　　二、各级公共图书馆在接到政府有关部门的查禁书目后,必须立即检查馆藏,将书目所列书刊下架封存,不再提供借阅。如确因工作需要提供查阅,须出具有关证件和证明,并经

---

　　①　该文件原文缺,条目线索依据《晋图学刊》(1999 年第 4 期,第 54—56 页)提供线索著录(1989 至今,文化部每年发布举办图书馆服务宣传活动的相关文件,本书不再逐年收录)。

　　②　该文件原文缺,文件信息依据《中国图书馆百年纪事》(陈源蒸等,2004)302 页提供线索著录。

　　③　该文件原文缺,文件信息依据《中国图书馆百年纪事》(陈源蒸等,2004)302 页提供线索著录。

　　④　该文件原文来自"北大法宝"数据库,检索日期:2013 年 7 月 30 日。

图书馆负责人审批,必要时须经上级文化主管部门批准,方能提供阅览。

三、近期内各级图书馆要根据有关查禁书刊文件的精神,进行一次自查。如发现内容属于查禁范围的书刊,应暂停借阅,并及时向文化主管部门反映,经省级文化主管部门审定后再做处理。

四、为了保存样本,供研究使用,县级以上(含县级)公共图书馆收藏的查禁书刊,只封存,不上缴,不销毁,亦不做技术处理。其他部门不得收缴图书馆的藏书,如遇特殊情况,需报经省级文化主管部门批准。县级以下图书馆按规定上缴。

五、各级图书馆必须制订具体的查禁书刊管理措施,要求指定专人、专柜以至专库进行管理。查禁书刊数量较大的,要对这部分馆藏作必要的业务整理。在管理中违反纪律的要给予行政纪律处分;因此而触犯法律的交司法部门追究刑事责任。

六、各级图书馆要充分发挥图书馆宣传和推荐图书的功能,积极开展各种读书活动,通过宣传推荐好书,来抵制危害人民、污染社会的"精神毒品"。要努力改善服务环境,切实提高服务水平,为广大读者提供更多更好的精神食粮,为社会主义精神文明建设做出新的贡献。

各地可根据上述精神,结合本地区实际情况,拟定有关具体规定。

※本文件于 2007 年 12 月 29 日根据《文化部关于废止部分规章和规范性文件的决定》废止。

关于印发全国图书情报协调工作经验交流会纪要的通知①

(1990 年 1 月 31 日　部际图书工作协调委员会)

关于加强党校图书资料情报工作的意见②

(1991 年 6 月　全国省级党校图书馆馆长会议)

党校图书馆工作条例③

(1991 年 6 月　全国省级党校图书馆馆长会议)

国家教委关于印发《中小学图书馆(室)规程》的通知④

(1991 年 8 月 29 日　教备〔1991〕70 号)

现将《中小学图书馆(室)规程》发给你们,请遵照执行。

---

① 该文件原文缺,文件信息依据《中国图书馆百年纪事》(陈源蒸等,2004)308 页提供线索著录。
② 该文件原文缺,文件信息依据《中国图书馆百年纪事》(陈源蒸等,2004)319 页提供线索著录。
③ 该文件原文缺,文件信息依据《中国图书馆百年纪事》(陈源蒸等,2004)319 页提供线索著录。
④ 该文件原文来自"北大法宝"数据库,检索日期:2013 年 10 月 8 日。

中小学图书馆(室)规程

第一章　总则

第一条　为加强中小学图书馆(室)建设,为学校教育教学服务,制定本规程。

第二条　图书馆(室)是学校书刊情报资料中心,是为学校教育、教学和教育研究服务的机构。

第三条　图书馆(室)工作必须贯彻国家的教育方针,利用书刊资料对学生进行政治思想品德、文化科学知识等方面的教育,指导学生课外阅读,促进学生德、智、体全面发展。中小学图书馆(室)应积极为师生提供书刊情报资料和教学参考资料。

第二章　书刊资料

第四条　学校应结合本校特点和实际情况规定书刊资料选购标准、复本量标准及剔旧原则。

第五条　书刊资料的配备结构应兼顾学生、教师的不同需求。

第六条　图书馆(室)的藏书,应包括有益于青少年身心健康发展的各类图书和报刊及供教师使用的教学参考书,教育、教学研究的理论书籍,中学图书馆(室)应备有应用型的书籍。

图书馆(室)应优先采集、收藏由国家教育委员会和省级教育行政部门评审推荐的图书。书刊定购前,学校领导应具体指导图书馆书刊订购工作。

第七条　图书馆(室)最低藏书量按附表一的规定执行。

第三章　书刊资料的管理与利用

第八条　书刊登录:图书馆(室)应建立书刊总括登录和个别登录两种账目。

有保存价值的主要期刊应按年度装订成册,并进行财产登录。

第九条　书刊分类:图书分类应使用国家标准《中国图书馆图书分类法》;期刊分类应使用《中国图书馆图书分类法期刊分类表》。

第十条　书刊著录:图书著录应以国家标准《普通图书著录规则》为依据;期刊著录应以国家标准《连续出版物著录原则》为依据。

第十一条　目录设置:以卡片目录为主。中学图书馆(室)应设有书名目录和分类目录,条件好的馆可增设著者目录;小学图书馆(室)要设书名目录。

第十二条　图书馆(室)要本着勤俭办馆(室)的原则,加强管理工作,建立、健全书刊外借、阅览、丢失损坏赔偿等项规章制度及图书馆(室)的职责。

第十三条　采取多种形式对教师和学生开展外借、阅览、宣传推荐等服务工作,并发挥班级图书角、图书箱的作用。

第十四条　组织形式多样的读书活动,对学生进行课外阅读指导,包括图书和图书馆知识介绍、工具书使用方法、图书的选择和读书方法以及读书卫生知识等方面的指导。有条件的学校可以开阅读指导课并纳入教学计划。

第四章　管理机构和工作人员

第十五条　各级教育行政部门应指定机构或专人负责中小学图书馆(室)工作。

第十六条　校长应直接领导本校图书馆(室)。图书馆(室)负责人应熟悉图书馆专业知识,工作人员应具备中等以上的文化程度和基本的图书馆专业技能。

第十七条　中小学图书馆(室)要积极争取各级各类图书馆(含少年儿童图书馆)在业务上的辅导与支持。

第十八条　图书馆(室)工作人员编制最低数按附表二规定参照执行。

第十九条　中学图书馆(室)工作人员实行专业技术职务聘任制。

中小学图书馆(室)工作人员专业技术职务参照国家《图书、资料专业职务试行条例》评定。图书馆(室)的工作人员在调资、晋级或评奖时,应与教学人员和教育辅导人员等同看待。

第二十条　各级教育行政部门要落实中小学图书馆(室)工作人员的业务培训计划和措施,以各省、市教师进修院校为主,负责中小学图书馆(室)工作人员业务培训工作。

第五章　条件保障

第二十一条　中小学图书馆(室)应逐步设置藏书室(包括学生借书处)、学生阅览室、教师阅览室。有条件的中学应设置教师教学资料室。

第二十二条　馆舍

(1)城市一般中小学图书馆(室)应根据学校规模、藏书数量和国家规定的面积指标逐步建立和完善藏书室、学生阅览室、教师阅览室。

中学图书馆(室)建筑面积计算方法:藏书室按每平方米藏书 500—600 册计算;教师阅览室宜按教师人数的1/3 设座位。

小学图书馆(室)建筑面积计算方法:藏书室按每平方米藏书 500—700 册计算;教师阅览室宜按全校教师人数的1/4 设座位。

中小学图书馆(室)学生阅览室座位占在校学生人数的比例宜按附表三的规定执行。

(2)县镇乡村中小学图书馆(室)的规模由各地教育行政部门结合实际情况参照上述标准制定。

(3)图书馆(室)应有良好的通风换气、采光照明、防火、防潮、防虫等条件。

第二十三条　设备

图书馆(室)应配备必要的书架、阅览桌椅、出纳台、报刊架、书柜、目录柜、文件柜、陈列柜、办公桌椅、装订设备、安全设备。有条件的中小学应配备视听、复印及复制等设备。

第二十四条　省(自治区、直辖市)、市(县)教育行政部门及乡(镇)人民政府在多渠道筹措教育经费的基础上,全面规划,统筹安排,保证中小学图书馆(室)购买图书的需要,同时鼓励社会和个人捐助。

第六章　附则

第二十五条　本规程由国家教育委员会负责解释。

第二十六条　本规程自发布之日起施行。

附件一:最低藏书量

	完全中学(学校类别)			初级中学(学校类别)			小学(学校类别)		
人均藏书量(册数) (按在校学生)	一	二	三	一	二	三	一	二	三
	30	25	15	25	20	10	20	15	5
报刊种类	100	75	50	70	50	30	50	30	20
工具书教学参考书种类	200	150	100	150	100	50	100	60	30

附件二:图书馆(室)工作人员最低数

	学校类别		
	一	二	三
完全中学	3	2	1
初级中学	2	2	1
小学	1	1	0.5

附件三:学生阅览室最低馆舍要求

	完全中学(学校类别)			初级中学(学校类别)			小学(学校类别)		
	一	二	三	一	二	三	一	二	三
学生阅览室座位占在校学生总数的比例	1/10	1/12	1/15	1/12	1/14	1/16	1/18	1/20	1/22

注:附表所指"学校类别",均由各地教育行政部门根据各校的基础及经费情况确定。

※ 本文件于2003年5月1日根据《教育部关于印发〈中小学图书馆(室)规程(修订)〉的通知》废止。

重申《关于征集图书、杂志、报纸样本办法》的通知

(1991年9月11日 (91)新出图字第990号)

各省、自治区、直辖市、计划单列市新闻出版局,全国出版社、杂志社、报社、音像出版单位:

1979年4月18日,国家出版局修订颁布了《关于征集图书、杂志、报纸样本办法》((79)出版字第193号),十几年来,全国图书、杂志、报纸样本的缴送工作基本是好的,但是,一些新建的出版社、杂志社、报社由于不了解征集样本办法,没有按规定缴送样本;一些出版社由于多种原因,不愿缴送定价较高的样本,致使中国版本图书馆、北京图书馆,我署样书室所收样本不全,不仅影响了出版管理工作,而且,影响国家版本的保存。为此,重申1979年修订颁布的《关于征集图书、杂志、报纸样本办法》的规定,并补充通知如下:

1. 除图书、杂志、报纸缴送样本外,音像出版单位出版的音像制品,亦要向新闻出版署、中国版本图书馆缴送样带、样片(数量见附表)。

2. 图书、杂志、音像出版物出版后1个月内缴送样本(以邮寄日期为准);报纸要在出版后一周内寄送,合订本(含缩印本、目录和索引)出版后1个月内寄送。出版单位逾半年不按规定要求缴送样本的,给予警告处分;此后仍不送样本的,给予应缴送样本定价金额1倍的经济处罚;情节严重者,予以停业整顿。

3. 凡缴送的出版物样本,一律通过邮局邮寄或直送有关单位,寄送新闻出版署图书、杂志、报纸、音像的样本,请分别寄送有关业务司。

4. 各出版单位向其上级主管部门,以及地方出版单位向当地出版管理机关和图书馆缴送样本,由其主管部门和当地出版管理机关作出规定。

5. 按照国家出版行政管理部门的规定缴送样本,是出版单位应尽的义务,各出版单位应当加强法制观念,重视此项工作,责成一个部门并由专人负责样本缴送工作。

附表：

缴送图书、杂志、报纸、音像、样本一览表

单位	图书				杂志	报纸	音像
	初版新书	不同装帧、开本、版式型字号的版本	重印书	租型			
新闻出版署（北京东四南大街 85 号）邮编 100703	一份		一份		社会科学三份 自然科学一份	一份	二份
版本图书馆（北京北总布胡同 32 号）邮编 100735	一份	一份	一份	一份	一份	一份（合订本）	
北京图书馆（北京白石桥路）邮编 100081	三份	一份	一份		一份	一份（合订本）	

说明：凡单册定价超 100 元,成套定价超 1000 元的图书向北京图书馆缴送 1 份,其余 2 份由北京图书馆付款购买。

※本文件于 2011 年 3 月 1 日根据《新闻出版总署废止第五批规范性文件的决定》废止。

国家教委办公厅关于成立国家教育委员会图书馆工作委员会的通知①

（1991 年 9 月 26 日　教备厅〔1991〕33 号）

为了加强中、小学图书馆工作,兹决定在全国高等学校图书情报工作委员会的基础上,成立国家教育委员会图书馆工作委员会,配合行政部门,对全国大、中、小学校图书情报事业进行研究、协调、咨询和业务指导。考虑到全国高等学校图书情报工作委员会在国内图书情报界的影响和高等学校图书情报工作的特点,继续保留全国高等学校图书情报工作委员会的机构名称。

国家教育委员会图书馆工作委员会的日常办事机构是秘书处。秘书处沿用全国高等学校图书情报工作委员会秘书处的原有班子,不增加新的编制。

秘书处的日常工作由国家教育委员会条件装备司负责联系,办公地点在国家教育委员会内。

关于开展普通高等学校图书馆评估工作的意见②

（1991 年 10 月 14 日　教备〔1991〕79 号）

---

① 该文件原文来自"北大法宝"数据库,检索日期:2013 年 7 月 30 日。
② 该文件原文缺,文件信息依据《中国图书馆百年纪事》(陈源蒸等,2004)321 页提供线索著录。

关于调整向北京图书馆缴送杂志样本数量的通知^①

(1991 年 11 月 4 日　(91)新出期字第 1316 号)

北京图书馆负有为国家全面、完整地收藏国内出版物并妥善保存的职能,为不使杂志样本出现缺藏,并考虑到杂志样本缴送的历史沿革,经研究,对我署《重申〈关于征集图书、杂志、报纸样本办法〉的通知》((91)新出图字第 990 号)附表中,杂志向北京图书馆缴送样本的数量进行调整,由 1 本增至 3 本,其他各项不变。

专此通知。

文化部关于在县以上公共图书馆进行评估定级工作的通知^②

(1994 年 3 月 7 日　文图发〔1994〕10 号)

为了加强对图书馆事业的管理,进一步摸清图书馆事业的状况,更好地推动图书馆事业的发展,提高图书馆的工作水平和工作质量,使图书馆工作规范化、标准化,我部决定今年在全国开展县以上公共图书馆评估、定级工作。

一、评估、定级的标准

评估、定级工作的主要内容是各级图书馆的基本工作条件和工作质量。

评估、定级的标准是:

省级、计划单列市(包括原计划单列市)图书馆根据《省级图书馆评估标准》(见附件一)。

地级图书馆根据《地级图书馆评估标准》(见附件二)。

县级图书馆根据《县级图书馆评估标准》(见附件三)。

少年儿童图书馆的评估标准另行制定,此次暂不包括少年儿童图书馆。

二、方法与步骤

1. 各省、自治区、直辖市文化厅(局、文管会)负责组织对所属地、县级图书馆进行评估。各计划单列市所属区、县图书馆评估工作的组织,由省文化厅与市文化局协商安排。

2. 北京图书馆及省级、计划单列市(包括原计划单列市)图书馆的评估工作由我部图书馆司负责组织。

3. 县以上公共图书馆的评估工作于今年第二季度开始,7 月底之前结束。

4. 各地应将评估结果按"评估结果报表"、"汇总表"(见附件四、五)的要求填报,连同评估工作总结及对本省、自治区、直辖市图书馆事业状况的分析一起于 7 月底报我部图书馆司。

5. 8 月—9 月,我部将对各地的评估工作进行审查,并根据评估结果确定地、县级图书馆的等级。

6. 第四季度我部将在公共图书馆评估、定级工作的基础上进行全国"文明图书馆"的评

---

① 该文件原文来自"北大法宝"数据库,检索日期:2013 年 7 月 30 日。
② 该文件原文来自"律商网"数据库,检索日期:2013 年 9 月 6 日。

选、表彰工作。

三、提高认识,加强领导

这次图书馆的评估、定级工作是对县以上公共图书馆的工作条件和工作质量的一次全面评价。通过评估可找出各图书馆以及各地图书馆事业的薄弱环节,以利改进工作条件,提高工作质量,进一步促进事业发展。因此,望各地文化厅(局、文管会)对这项工作给予充分重视,并加强领导。我部成立公共图书馆评估、定级工作领导小组。组长由刘德有副部长担任,副组长由图书馆司司长杜克同志担任,日常工作由图书馆司负责。

各省、自治区、直辖市文化厅(局、文管会)可成立相应的领导机构负责组织这项工作。请将领导小组名单及工作计划于 4 月底前报我部图书馆司。

附件一:省级图书馆评估标准(略)

附件二:地级图书馆评估标准(略)

附件三:县级图书馆评估标准(略)

附件四:评估结果报表(略)

附件五:汇总表(略)

新闻出版署关于同意建立中国盲文图书馆的批复①

(1994 年 10 月 27 日　(94)新出人 920 号)

你社(94)中盲字第 7 号文收悉*。

经研究,同意建立中国盲文图书馆。中国盲文书社与中国盲文图书馆一个机构,两个牌子,所需编制,从中国盲文书社原编制内调剂解决。

特此批复。

*你社指中国盲文书社。

关于命名一、二、三级图书馆的决定

(1994 年 12 月 13 日　文图发(1994)69 号)

各省、自治区、直辖市文化厅(局、文管会),北京图书馆:

为了加强对图书馆事业的管理,提高图书馆的工作质量和服务水平,促进图书馆事业的改革与发展,我部于 1993—1994 年在全国开展了县以上公共图书馆的评估工作。两年来,在各级文化主管部门、各级图书馆和广大图书馆工作者的共同努力下,评估工作圆满完成,并取得了显著成效。

经过对各地图书馆评估结果的审查,依据图书馆定级标准衡量,全国共有一千一百四十四个地、县两级图书馆达到了三级以上图书馆标准。为了肯定这些图书馆的成绩,鼓励广大图书馆工作者更加努力工作,为社会主义物质文明和精神文明建设做出更大贡献,现决定:

---

① 该文件原文来自《中国图书馆年鉴 1996》(中国图书馆年鉴编委会,1997),原文页次:454。

命名北京市崇文区图书馆等六十八个图书馆"一级图书馆"称号,颁发"一级图书馆"标牌和证书;

命名北京市朝阳区图书馆等四百五十一个图书馆"二级图书馆"称号,颁发"二级图书馆"标牌和证书;

命名北京市西城区图书馆等六百二十五个图书馆"二级图书馆"称号,颁发"三级图书馆"标牌和证书;

希望荣获三级以上图书馆称号的各图书馆,发扬成绩,克服不足,再接再厉,更上一层楼;希望尚未达到三级以上图书馆标准的各图书馆,对照评估标准,继续努力奋斗。图书馆评估、定级的目的是为了促进改革,促进事业建设与发展,因此,图书馆评估将作为一项制度长期进行下去。希望各级文化主管部门、图书馆和广大图书馆工作者,在邓小平同志建设有中国特色社会主义理论指引下,继续努力,开拓进取,不断开创图书馆工作的新局面,为两个文明建设做出更大贡献。

文化部关于在县以上公共系统少年儿童图书馆进行评估、定级工作的通知①

(1995 年 5 月 15 日　文图发〔1995〕21 号)

为了加强对少年儿童图书馆事业的管理,提高少年儿童图书馆的工作水平和服务质量,促进少年儿童图书馆事业的发展,我部决定今年对全国独立建制的县级以上少年儿童图书馆开展评估、定级工作。

一、评估、定级的标准

评估、定级工作的主要内容是各级少年儿童图书馆的基本工作条件和服务质量。

评估、定级的标准是:

省级、计划单列市(包括原计划单列市)少年儿童图书馆根据《省级少年儿童图书馆评估标准》(见附件一)。

地、市级少年儿童图书馆根据《地、市级少年儿童图书馆评估标准》(见附件二)。

县级少年儿童图书馆根据《县级少年儿童图书馆评估标准》(见附件三)。

二、方法与步骤

1. 省级少年儿童图书馆、计划单列市(包括原计划单列市)少年儿童图书馆评估工作由图书馆司直接组织实施。

评估工作于一九九五年九月、十月间进行。被评估的图书馆根据《省级少年儿童图书馆评估标准》涉及的内容、范围进行全面的工作汇报,然后评估组逐项进行检查。各图书馆应事先做好必要的准备,包括有关的原始记录,档案和统计数据(统计数据均为一九九四年度的)。

2. 各省、自治区、直辖市文化厅(局、文管会)负责组织对所属地、市、县级少年儿童图书馆进行评估。

---

① 该文件原文来自"北大法宝"数据库,检索日期:2013 年 7 月 30 日。

各计划单列市所属区、县少年儿童图书馆评估工作的组织,由省文化厅与市文化局协商安排。

3. 凡在今年八月底以前作为独立建制的少年儿童图书馆,原则上均应参加此次评估工作,如因正在基建、搬迁当中不能参加评估工作可缓后进行,由省级文化行政主管部门同意后报图书馆司批准。

4. 地、县级少年儿童图书馆的评估工作评估的方法与步骤参照上述对省级少年儿童图书馆的做法。开展时间由各地自行安排,但必须于今年十月底之前结束。

5. 各地应将评估结果按《评估结果报表》、《汇总表》(见附件五、六)的要求填报,连同评估工作总结及对本省、自治区、直辖市少年儿童图书馆事业状况的分析报告一并于十月底报我部图书馆司。

6. 我部将对各地的评估工作进行审查并根据评估结果确定地、市、县级少年儿童图书馆的等级。

三、提高认识,充分重视,加强领导

对少年儿童图书馆开展评估、定级工作,可以比较具体地掌握各少年儿童图书馆以及各地少年儿童图书馆事业的实际状况,以利改善工作条件,提高服务质量,发扬成绩,弥补不足,进一步促进事业的发展。因此,望各地文化厅(局、文管会)对这项工作给予充分重视,并加强领导,认真、扎实地做好,以达到预期的目的。我部成立公共系统少年儿童图书馆评估、定级工作领导小组,组长由刘德有副部长担任,日常工作由图书馆司负责。

各省、自治区、直辖市文化厅(局、文管会)可成立相应的领导机构负责组织这项工作,请将领导机构的组成与工作计划于六月底之前报我部图书馆司。

附件一:省级少年儿童图书馆评估标准(略)

附件二:地、市级少年儿童图书馆评估标准(略)

附件三:县级少年儿童图书馆评估标准(略)

附件四:评估结果报表(略)

附件五:汇总表(略)

※该文件于 2007 年 12 月 29 日根据《文化部关于废止部分规章和规范性文件的决定》废止。

文化部关于命名一、二、三级少年儿童图书馆的决定①

(1996 年 5 月 文化部)

关于在全国公共图书馆倡导实行文明服务规范行为和用语的通知②

(1996 年 6 月 28 日 文化部)

---

① 该文件原文缺,文件信息依据《中国图书馆百年纪事》(陈源蒸等,2004)352 页提供线索著录。

② 该文件原文缺,文件信息依据《中国图书馆百年纪事》(陈源蒸等,2004)353 页提供线索著录。

新闻出版署关于缴送音像、电子出版物样品的通知①

(1996 年 10 月 8 日　新出音〔1996〕697 号)

各省、自治区、直辖市新闻出版局、音像出版行政管理部门,解放军总政治部宣传部,全国各音像、电子出版单位:

根据《音像制品管理条例》(国务院第 165 号令)及国家有关规定,新闻出版署发布了《音像制品出版管理办法》(新闻出版署第 3 号令)和《电子出版物管理暂行规定》(新闻出版署第 6 号令)。上述两个文件分别明确规定:"音像出版单位应当自音像制品出版之日起 30 日内,向中国版本图书馆缴送样品,并将样品报新闻出版署备案"。"电子出版物出版单位应当自电子出版物出版之日起 30 日内向新闻出版署、北京图书馆和中国版本图书馆缴送样品"。为了做好样品的缴送工作,现通知如下:

一、缴送范围

凡音像、电子出版单位均应将 1996 年 1 月 1 日以后出版的音像制品(包括录音带(AT)、录像带(VT)、唱片(LP)、激光唱盘(CD)、激光视盘(LD)、激光唱视盘(VCD)等)和电子出版物(包括软磁盘(FD)、只读光盘(CD-ROM)、交互式光盘(CD-I)、图文光盘(CD-G)、照片光盘(Photo-CD)、集成电路卡(IC Card)等),按照规定分别向新闻出版署、中国版本图书馆和北京图书馆(仅限电子出版物)缴送样品,每种 1 份。

二、缴送办法

由出版单位填写一式二联《缴送样品清单》,随样品缴送各样品征集办公室。各样品征集办公室核收后,应在清单第一联上签字、盖章、返回出版单位,以备查验。

缴送样品可直接送到各征集办公室,也可通过邮局寄送。

出版单位须指定专人负责此项工作,并于 10 月 31 日前将指定人员的姓名、联系地址、电话报新闻出版署音像管理司。

三、督缴措施

新闻出版署将按照中国标准音像制品编码和中国标准书号的发放查验出版物样品,每半年检查通报一次样品缴送情况。

出版单位缴送样品的情况,将被列为音像、电子出版单位考核和年检的重要内容。对不按期缴送样品或不缴送样品的出版单位,将视情节轻重给予通报批评、核减中国标准音像制品编码和标准书号、年检时暂缓登记或不予以登记。

按照国务院和国家出版行政管理部门的规定缴送样品,是出版单位应尽的义务。这对于建立国家样品库,加强对音像制品、电子出版物的行政管理,具有重要意义。望各省、自治区、直辖市新闻出版局、音像出版行政管理部门和音像、电子出版单位充分重视此项工作,督促检查,积极配合,共同做好这项工作。

---

① 该文件原文来自人民网网站(http://www.people.com.cn/),检索日期:2013 年 10 月 9 日。

中央宣传部、文化部、国家教委、国家科委、广播影视部、新闻出版署、全国总工会、共青团中央、全国妇联关于在全国组织实施"知识工程"的通知①

（1997 年 1 月 2 日　文图发〔1997〕1 号）

各省、自治区、直辖市党委宣传部，文化厅（局）、教委（教育厅）、科委、广电厅（局）、新闻出版局、总工会、团委、妇联：

"知识工程"是以发展图书馆事业为手段，以倡导读书、传播知识、推动社会文明与进步为目的的一项社会文化系统工程。这一做法由广西壮族自治区首倡，他们自 1994 年起在全区开展"知识工程"活动，收到了很好的社会效果。实践证明，实施"知识工程"，不仅是社会主义精神文明建设的迫切需要，而且符合科教兴国的战略方针。

图书馆是一种社会公益性的文化教育机构，在思想道德建设和文化建设中发挥着不可替代的作用，也是科学普及、社会教育和信息传播的重要工具。在当前发展社会主义市场经济和加强社会主义精神文明建设的形势下，在全国范围内推广和组织实施"知识工程"，可以吸引越来越多的人热爱书籍，多读书、读好书，让全社会每一个人都能走进图书馆、利用图书馆，增强全社会的图书馆意识，充分发挥各级各类型图书馆为经济建设和社会主义精神文明建设服务的社会作用，树立起崇尚知识、崇尚科学、崇尚文明的好风尚，提高整个民族的思想道德素质和科学文化素质，推动社会文明与进步。

根据国务院关于"请文化部加强对这项工作的领导，认真组织、开展好这项活动，并请有关部门给予积极支持与配合"的指示精神，决定成立全国"知识工程"领导小组，领导小组组成人员如下：

组　　长：刘德忠（中宣部副部长、文化部部长）
常务副组长：徐文伯（文化部副部长）
　　　　　艾青春（文化部副部长）
副组长：张保庆（国家教委副主任）
　　　　邓楠（国家科委副主任）
　　　　刘习良（广播电影电视部副部长）
　　　　杨牧之（新闻出版署副署长）
　　　　倪豪梅（全国总工会副主席）
　　　　姜大名（共青团中央书记处书记）
　　　　华福周（全国妇联书记处书记）
办公室设在文化部图书馆司。

为了组织开展好全国"知识工程"活动，提出以下要求：

一、充分认识实施"知识工程"对提高全民族的思想道德素质和科学文化素质、推动社会文明与进步的重要意义。

---

① 该文件原文来自"北大法宝"数据库，检索日期：2013 年 10 月 9 日。

二、加强组织领导。各地要根据全国"知识工程"实施方案制定本地的实施方案,并成立当地的"知识工程"领导小组。

三、要充分利用报刊、广播电视等各种新闻媒体开展富有成效的宣传活动,倡导读书,增强全社会的图书馆意识。

四、密切配合,团结协作,调动社会各方面积极因素,动员社会各界积极参与,变部门行为为社会行为,争取全社会的支持。

现将全国"知识工程"实施方案印发给你们,请结合本地区、本部门的情况认真组织实施。

附件:全国"知识工程"实施方案

"知识工程"是以发展图书馆事业为手段,以倡导读书、传播知识、推动社会文明与进步为目的的一项社会文化系统工程。

一、指导思想

坚持不懈地用邓小平建设有中国特色社会主义理论武装头脑,指导实践。以党的十四届六中全会精神为指导,充分发挥图书馆在两个文明建设中的作用。

坚定不移地实施科教兴国战略,充分发挥图书馆在传播知识、传递信息、开发智力、培养人才等方面的独特优势,促进经济发展和社会全面进步。

依靠各级政府和社会各方面力量支持图书馆的建设与发展,使图书馆的服务网点遍布城乡各地,把一切需求知识的人们吸引在周围。

围绕培养有理想、有道德、有文化、有纪律的社会主义公民的根本任务,把知识送往基层、送到农村、送进家庭,让全社会每一个人都能走进图书馆、利用图书馆,使知识之花开遍祖国大地,提高整个民族的思想道德素质和科学文化素质。

二、总体目标

从 1997 年到 2010 年逐步实现下列四大目标:

(一)形成全社会爱书、读书、利用图书馆的良好风尚,提高全民族的思想道德素质和科学文化素质。开展各种类型、不同规模的读书活动,以爱国主义、集体主义、社会主义教育和科学、文化、道德、法制教育为主题,采取丰富多彩、群众喜闻乐见的形式,造成一定的声势和影响。每年颁布"知识工程"推荐书目,并做好推荐图书的宣传、出版、发行和组织阅读、书评工作,利用报刊、广播、电视开办读书栏目引导群众多读书、读好书,形成浓厚的阅读风气。结合各行业中心任务和特点,开展形式多样、有针对性的读书活动。在全国中小学继续倡导"人人读好书、从小学做人"的读书活动,充分发挥课外书籍的育人功能。继续开展阅读"百部爱国主义教育图书"的活动。因地制宜,充分发挥企业和工会文化宫俱乐部的图书馆、阅览室、职工之家等场所的作用,开展"振兴中华"职工读书活动。在家庭内营造读书氛围,倡导家庭藏书、读书活动。各图书馆应会同有关部门共同做好图书推荐、阅读辅导工作。成立读者协会,加强对群众性读书活动的组织、引导工作。

(二)完善图书馆布点及条件建设,使图书馆网点遍及城乡各地。普及图书馆网点,继续加强县级以上公共图书馆建设,并大力发展布局合理、方便群众的各种小型或流动图书馆(室)。每年在全国发展 1000 个标准乡镇、街道图书馆。中等以上城市和大城市的区建立独立建制的少年儿童图书馆,县、区、市公共图书馆中设立少年儿童阅览室。加强企业、工会图书馆和中小学图书馆的建设。按照各级、各类型图书馆的评估标准,对图书馆的办馆条件逐步进行改善。解决县级以下基层图书馆的馆舍、编制、经费、设备等问题。

(三)把知识送到农村去,提高广大农民素质,为科教兴农贡献力量。到 2010 年,实现经济较发达地区的农村每个乡镇都有一个规模不等的图书馆(室),平均藏书 2000 册以上,其中,藏书万册以上的达到 30%;有条件的村设立图书室。继续发展汽车图书馆,为牧区和人口稀少的农村服务。县级图书馆要重点面向农村,坚持送书下乡,送知识、信息下乡,并大力支持乡镇图书馆和农村图书室的建设。继续搞好"万村书库"、"希望书库"建设。广泛开展捐书助衣活动,提倡捐赠科技、教育类新书,把知识送到农村,为振兴农村经济出力。

(四)提高各级各类型图书馆的服务质量、服务水平与服务能力,发挥图书馆在两个文明建设中的作用。各级各类型图书馆要实现由封闭型向开放型、内向型向辐射型的转变,变被动服务为主动服务,使图书馆的科学、教育、文化、信息等职能得到充分发挥。在全国图书馆倡导开展创建文明图书馆活动,实行文明服务规范行为和用语,强化服务意识,提高服务质量,评选读者最满意的图书馆,促进图书馆提供优质高效的服务。逐步建立图书馆评估制度。促进图书馆办馆条件、人员素质、管理水平和服务水平等全面、协调发展,不断提高综合素质和办馆效益。加强全国各级各类型图书馆的文献资源建设,提高利用率,建立布局合理、共建共享的全国文献资源保障体系。强化图书馆的信息资源开发能力,建设各类数据库和现代化的文献信息服务网络,大力开展面向社会、面向需求、面向市场的信息咨询工作,为决策、管理、科研和经济发展提供高水平的服务。

三、实施措施

(一)深入学习贯彻党的十四届六中全会决议精神,做好"知识工程"的宣传启动工作。充分利用新闻、广播、电视、报刊等大众传播媒介,加强宣传力度,扩大社会影响。

(二)各地要根据"知识工程"的总体目标制定本地的实施方案,并把它纳入政府工作目标和社会发展规划。

(三)认真执行《国务院关于进一步完善文化经济政策的若干规定》,为图书馆的发展创造良好的物质条件。广开渠道,多方筹资,调动社会各方面积极因素,促进图书馆事业的发展;除捐书、捐款外,还可采取"结对子"的方式对乡镇图书馆、街道图书馆、学校图书馆的建设给予资助。

(四)要抓好典型,积累经验,指导全盘,带动整体;注意因地制宜,加强分类指导,将"知识工程"活动扎实地开展下去。

(五)深化图书馆改革,制定《图书馆法》及有关的政策法规,逐步实现图书馆事业的行业管理;培养和造就高水平的图书馆专业队伍,充分发挥各级各类型图书馆在"知识工程"中的主阵地作用。

(六)对为图书馆事业建设和开展"知识工程"活动做出突出贡献的地区、单位和个人,根据有关规定予以表彰奖励。

四、组织管理

由中宣部和文化部牵头,国家教委、国家科委、广播电影电视部、新闻出版署、全国总工会、共青团中央、全国妇联共同组成全国"知识工程"领导小组,负责实施过程中的组织、协调工作。全国"知识工程"领导小组办公室设在文化部图书馆司,负责日常工作。

中等专业学校图书馆规程①

(1997 年 4 月 7 日　教备〔1997〕10 号)

第一章　总则

第一条　为加强中等专业学校图书馆建设,更好地为学校教育、教学服务,根据《教育法》、《职业教育法》,制定本规程。

第二条　本规程适用于全日制普通中等专业学校图书馆。

第三条　中等专业学校图书馆是学校的文献情报中心,是为教育、教学、科研服务的教育机构,是学校教育、教学和科研工作的重要组成部分。

第四条　中等专业学校图书馆工作要贯彻国家的教育方针,传播人类科学文化的优秀成果,履行教育职能和情报职能,为培养德、智、体等全面发展的中等职业技术和管理人才服务。

其主要任务是:

(一)根据学校的性质和任务采集所需各种类型的文献,进行科学加工与管理,为学校的教学、科研工作提供文献保障。

(二)开展流通阅览和读者辅导工作。

(三)开展文献检索与利用知识的教育活动,培养师生的情报意识和文献检索技能。

(四)充分开发馆藏文献,开展参考咨询和情报服务工作。

(五)参加图书情报事业的整体化建设,开展多方面的协作,逐步实现资源共享。

(六)开展图书馆工作学术研究和交流活动。

第二章　业务工作

第五条　中等专业学校图书馆的各项业务工作应实行科学管理,不断提高工作质量和服务水平,最大限度地满足读者的需要。

第六条　中等专业学校图书馆应根据学校教育、教学和科研工作的需要及馆藏基础,通过多种途径,有计划、有重点地采集国内外各种文献,逐步形成具有本校专业特色的文献保障体系。

(一)采集的文献应以满足学校教育、教学、科研工作的需要为主,兼顾其他需要。其中专业文献(含文化教育文献)应不少于总藏量的 70%。

有条件的馆可增加视听资料的采集工作。

体育、艺术类学校尤应重视采集视听资料。

(二)要保持重要文献的完整性和连续性。

(三)应有计划地进行文献资料的复审剔除工作。

第七条　中等专业学校图书馆生均最低藏书量宜按如下规定执行:

(一)师范类学校生均藏书册数不少于 100 册。

(二)政法、财经类学校生均藏书册数不少于 80 册。

---

① 　该文件原文来自"律商网"数据库,检索日期:2013 年 7 月 30 日。

（三）工、农、林、医、药类学校生均藏书册数不少于 70 册。

（四）体育、艺术类学校生均藏书册数不少于 50 册。

第八条　中等专业学校图书馆对新到文献资料应及时进行验收、登记、分类、编目，尽快投入流通，并及时宣传指导。

分类编目要注意科学性、实用性和一致性，分类、编目应实现标准化。

（一）图书分类应使用《中国图书馆图书分类法》；图书著录应以《普通图书著录规则》为依据。

（二）期刊分类应使用《中国图书馆图书分类法期刊分类表》；期刊著录应以《连续出版物著录规则》为依据。

第九条　中等专业学校图书馆要健全目录体系，应分设公务目录和读者目录。

读者目录可设置分类和书名目录，有条件的馆可增设著者目录、主题目录或专题索引。

应指定专人负责目录的组织和管理，经常进行检查，保持文献和目录的一致。

第十条　中等专业学校图书馆要合理组织馆藏，加强书库管理。

要做好文献的防护、修补和清点工作。

第十一条　中等专业学校图书馆应加强读者服务工作，健全服务体系，提高馆藏文献资料的利用率。

（一）做好流通阅览工作，逐步提高文献资料的开架范围，实行短期借阅，提高利用率，降低拒借率。

（二）配合学校的教育、教学、科研工作，编制推荐书目、导读书目，举办书刊展评等活动，通过多种方式进行阅读辅导。

要教育读者遵守规章制度，爱护文献资料，帮助读者养成文明的阅读习惯。对违章或污损、盗窃文献资料者，按学校有关规定处理。

（三）开馆阅览时间每周不少于 40 小时。寒暑假期间也应保证一定的开馆时间。

第十二条　中等专业学校图书馆应采取多种方式对学生进行"如何利用图书馆"的教育。有条件的馆应对高年级学生进行"文献检索与利用"基础知识的教育。

第十三条　中等专业学校图书馆应积极开展参考咨询、文献检索、编制专题书目索引等情报服务工作。

有条件的中等专业学校图书馆可利用学校的资源和人才优势，开展面向社会的文献情报和技术咨询等服务，可根据材料的消耗和劳动的付出或服务成果的实际效益收取适当费用。

第十四条　中等专业学校图书馆可依法开展文献复制工作。

要积极创造条件，开展视听阅览等服务。

有条件的馆可以在业务管理和读者服务工作中，逐步采用计算机等现代化技术手段。

第十五条　中等专业学校图书馆应注意总结经验，结合实际，有计划、有组织地开展专题研究。

积极参加有关图书馆的学术活动，不断提高业务水平。

第十六条　中等专业学校图书馆应积极参加本地区、本系统的馆际协作，做好文献采集、馆际互借、编制联合目录、组织业务交流、人员培训及新技术应用的研究等方面的协调工作，逐步实现资源共享。

第十七条 中等专业学校图书馆应完善各项规章制度,制定业务工作规范,明确岗位责任,规定检查考核办法,保证贯彻执行。

第三章 领导体制和组织机构

第十八条 中等专业学校图书馆实行校长领导下的馆长负责制。

第十九条 中等专业学校图书馆设馆长一人。

馆长应由认真执行国家的方针政策,热心图书馆事业,熟悉图书馆业务,具有馆员以上(含馆员)职务或大学本科毕业学历,有较强组织管理能力的人担任。

馆长主持全馆工作,领导制定全馆规划、工作计划、经费预算、业务培训计划及规章制度等,并组织贯彻执行和总结,定期向主管校长报告工作。

馆长应是校务会议成员,有关图书馆的重大事项,应在校务会议或校长办公会上及时研究,做出决定。

第二十条 中等专业学校图书馆应从实际出发,以利于科学管理为原则,根据国家有关规定确定本馆的机构设置,并相应明确其职责。

第四章 工作人员

第二十一条 中等专业学校图书馆工作人员包括:职员;专业技术人员;工勤人员。

第二十二条 中等专业学校图书馆工作人员必须拥护共产党的领导,热爱祖国、热爱图书馆事业,具有良好的职业道德和全心全意为读者服务的精神,刻苦钻研业务,积极做好本职工作。

第二十三条 中等专业学校图书馆应根据学校规模、读者人数、藏书册数和年平均进书量,参照馆舍条件等情况,配备必需的工作人员。

专业技术人员的编制按国家有关规定执行。

第二十四条 中等专业学校要加强图书馆的专业技术队伍建设,按照合理的结构比例,配备图书馆学和与本校专业相关学科的专业技术人员。

专业技术人员的文化程度应是中专毕业以上,其中大专以上文化程度的专业技术人员应达到50%以上。

第二十五条 中等专业学校图书馆要采取多种形式,有计划地对专业技术人员进行岗位培训,不断提高队伍素质。

第二十六条 中等专业学校图书馆专业技术人员实行专业技术职务聘任制,其具体办法按照国家有关规定执行。

第二十七条 中等专业学校图书馆工作人员的任用、待遇、评奖等按国家有关规定执行,与本校其他教职工同等对待。对中等专业学校图书馆工作人员工资按其岗位分别实行职员职务等级工资制、专业技术职务等级工资制、工人(技术)等级工资制。

第五章 经费、馆舍、设备

第二十八条 中等专业学校应重视馆藏建设的投资,每年的文献购置费应不少于全校教育事业费的3%。

学校应从计划外收入中提取适当比例作为购置文献的费用。

全校文献资料购置费由图书馆统一掌握,合理使用。

第二十九条 中等专业学校应按照国家制定的有关标准,建造独立专用的图书馆馆舍,满足图书馆业务功能的要求。

（一）馆舍应包括书库、学生阅览室、教师阅览室、教师教学资料室、办公室。

有条件的馆应设视听资料室。

（二）阅览室应保证有足够的阅览座位。座位数占学生总数以 640 人占 14%、960 人占 13%、1280 人占 12%、1600 人占 11% 为宜。

学生阅览室每座位占使用面积 1.5 平方米,教师阅览室每座位占使用面积 3.2 平方米,图书馆办公用房按办公人数每人占使用面积 7.0 平方米计算。

（三）学校有关部门应积极做好图书馆的房屋、设备维修工作,保证图书馆有良好的通风换气、采光照明、防火、防潮、防蛀、防盗等条件,为师生创造良好的学习和研究环境。

（四）图书馆要注意室外环境的绿化和美化,保持安静与整齐。

第三十条　中等专业学校应有计划地为图书馆添置书架、期刊架、阅览桌、书梯、书车等设施,并创造条件购置复印、视听和计算机等现代化设备,所需费用由学校设备购置费中开支。

第六章　附则

第三十一条　本规程由国家教育委员会负责解释。

第三十二条　本规程自发布之日起施行。

最高人民法院办公厅关于建立和充实各级
人民法院图书资料室工作的通知①

（1997 年 4 月 8 日　法办〔1997〕23 号）

各省、自治区、直辖市高级人民法院,解放军军事法院:

任建新院长在全国高级法院院长工作会议报告中指出:"各级人民法院要尽快建立和充实图书资料室,配备必要的业务书、工具书和其他图书,这是人民法院必不可少的一项基本建设。"一个法院有没有相称的图书资料室,有没有必要的图书资料,是衡量法院工作的一项标准;也是人民法院整体形象的一个重要组成部分。在改革开放、社会主义民主与法制建设不断加强、新的法律法规不断出台的形势下,法官的知识更新、业务学习更是当务之急。建立充实的业务资料和良好的学习场所,是造就勤奋好学、精研业务氛围的必要条件。

各级法院的领导应当充分认识和重视,要把建立和充实图书资料室工作作为当前的一项基本建设工作来抓。根据自身条件尽快采取有力措施把这项工作做好。尚未建立资料室的应尽快建立,已建立图书资料室的,对尚缺的图书资料应及时配齐。各高级人民法院要加强对下指导,要适时组织检查、评比,并就有关情况进行通报。

最高人民法院已责成人民法院出版社积极努力地为各级法院的图书资料配备工作,提供好有关服务。

---

① 该文件原文来自"律商网"数据库,检索日期:2013 年 10 月 9 日。

财政部、国务院关税税则委员会、国家税务总局关于北京图书馆进口文献资料及专用设备免征进口税收的通知①

(1997 年 6 月 23 日　财税字〔1997〕78 号)

海关总署、文化部:

经国务院批准,对北京图书馆在合理自用数量范围内,进口《科学研究和教学用品免征进口税收暂行规定》(国函〔1997〕3 号)第四条〈一〉、〈二〉、〈三〉、〈四〉、〈五〉、〈六〉、〈七〉款所列物品,以及第四条〈十二〉款所列音像资料,凡属国内不能生产的,免征进口关税和进口环节增值税、消费税。具体管理办法由海关总署另行制定。

本通知自海关总署发布《科学研究和教学用品免征进口税收暂行规定》之日起执行。

文化部关于 1998 年对县以上公共图书馆进行评估定级工作的通知②

(1997 年 7 月 8 日　文图发〔1997〕57 号)

国家科委关于印发《关于"九五"期间文献信息资源建设和发展的若干意见》的通知③

(1997 年 9 月 25 日　国科发信字〔1997〕467 号)

各省、自治区、直辖市、计划单列市科委,新疆生产建设兵团科委、国务院有关部门、中国科学院:

为了贯彻落实《科研条件发展"九五"计划和 2010 年远景目标纲要》,进一步推动文献信息资源建设和开发利用,我们在广泛征求地方、部门及有关单位意见的基础上,提出了《关于"九五"期间文献信息资源建设和发展的若干意见》,现印发给你们,请结合地方、部门的实际,认真落实。

关于"九五"期间文献信息资源建设和发展的若干意见

文献信息资源是国家的重要资源,一个国家文献信息资源的存储、积累、开发、利用水平是国家科学技术能力、知识储备能力和信息占用能力的重要标志。

据国外统计,现代经济、科技的发展,60%—80%是靠采用新科学技术成果取得的,而新的科技成果离不开人类创造性劳动的结晶——文献信息资源。当今世界,各国都重视文献信息资源的建设、开发、利用,发达国家不惜投入大量资金,把发展文献信息资源作为科技进

---

① 该文件原文来自"北大法宝"数据库,检索日期:2013 年 7 月 30 日。
② 该文件原文缺,文件信息依据《中国图书馆百年纪事》(陈源蒸等,2004)363 页提供线索著录。
③ 该文件原文来自"律商网"数据库,检索日期:2013 年 7 月 30 日。

步的重要保障和条件。因此,加强文献信息资源建设、开发、利用对我国科技进步和经济、社会发展具有十分重要的战略意义。

为了贯彻落实《科研条件发展"九五"计划和 2010 年远景目标纲要》,特提出《关于"九五"期间文献信息资源建设和发展的若干意见》。

一、国际文献信息资源的现状和发展趋势

现代科学技术发展十分迅速,文献信息资源的类型和数量急剧增加。信息技术的迅猛发展,也对文献信息收集和服务产生巨大的影响。

1. 世界文献信息资源总量情况

目前世界文献信息资源主要包括以下十大类型,据统计:

• 图书,世界每年出版的图书约 80—90 万种,其中自然科学领域重要图书约 20—25 万种,占图书总出版量的 22% 左右。

• 期刊,世界每年出版的期刊约 20 万种,其中科技期刊近 11 万种,约占 53%。

• 研究报告,目前全世界每年发表的研究报告约 70 余万件。

• 会议文献,全世界每年召开 3000 多个会议,共发表会议论文 10 多万篇。

• 政府出版物,全世界每年出版的国际组织及政府出版物总量超过 20 万篇。

• 标准文献,国际标准化组织等国际机构和各国标准化组织共颁布标准 75 万件。

• 专利文献,世界各国每年公布的新专利约 105 万件。

• 产品样本:世界各国每年出版工业产品样本约 50 万件。

• 技术档案:世界各国每年收藏的技术档案约数百万件。

• 学位论文,世界各国每年出版学位论文 10 万件。

2. 世界部分国家和地区文献信息资源收藏情况

世界各国均重视文献信息资源的收藏和服务。

美国、英国、加拿大、日本等国家的 9 个有影响的科技信息机构收藏的科技期刊在 3000 种至 13 800 种之间,其中法国的国家研究中心科技信息中心和美国的化学文摘社收藏数量最多,分别为 13 800 种和 12 000 种。

美国收藏文献信息最多的十个大学图书馆期刊收藏数量均在 3 万种以上,其中哈佛大学收藏数量最多,达 10 万种。

美国、英国、法国、德国、日本等国家图书馆收藏的期刊从 1.5 万至 10 万种不等。

我国台湾省的台湾中山科学院图书馆,台湾大学图书馆和台湾"中央图书馆"收藏的期刊量分别为 10 000、20 300、15 581 种。

3. 文献信息技术发展动向

信息技术迅速发展对文献信息的生产收集加工和服务已产生巨大的影响,主要表现在以下三个方面:

• 传统的文献服务技术和现代的信息技术相结合,采用现代技术的信息服务逐渐成为主导,但是在 2010 年以前,传统的文献服务技术尚不可能完全被取代。

• 文献信息载体,将由纸介质、磁介质、光介质、电介质等和多媒体相结合,以发展多媒体为重点。但是,在 2010 年以前纸质印刷品仍会大量存在,与其他载体互补共存,共同发展。

• 传统图书馆、自动化图书馆、数字化图书馆互补共存。在 21 世纪中,数字图书馆将由试验转入实用;传统图书馆、自动化图书馆不会消失,而将是借助现代新技术向新的方向发展,特别是发展中国家更是如此。

二、我国文献信息资源分布概况及存在问题

1. 我国文献信息资源分布概况

我国的文献信息资源经过多年的连续积累,已有相当大的规模,同时建立了综合、专业、地方三类科技信息、图书和档案机构。文献信息积累量大幅度增加,为国家科技、经济和社会的发展发挥了巨大的作用,受到了社会各界的普遍重视。

目前,我国从事科技文献信息工作的除了国防文献信息系统之外(科研条件"九五"计划和2010年远景目标只考虑民口)主要有四大系统,即国家科委主管下的科技信息系统、中国科学院主管下的自然科学信息系统、国家教委主管下的高校信息系统、文化部主管下的公共图书馆系统。四大系统以科技期刊为主要收集对象,估计每年订购期刊所用的经费占总经费的一半以上,这几年来比例更大。

从文献信息资源地区分布情况看,北京地区最多,约占全国总文献量的一半以上。加上上海、广州、武汉、成都、西安、沈阳等几个城市约占总文献量三分之二左右,其余20多个省会城市的文献信息的收集量不到全国总量的三分之一左右。

在十大文献类型中,专利、标准、技术档案已有国家的专门部门管理,基本上形成了国家级、地方级保障体系。产品样本通过商业渠道,基本上可以满足用户需要。国外科技期刊、图书在四个系统中虽有一定的习惯分工,但因各自用户需求不同与交叉,因而存在着品种短缺和重复订购并存的现象,急需从国家角度上加以协调。因此,在建立文献信息保障系统中,应把引进国外科技期刊的宏观协调和合理布局作为重点任务之一。

2. 存在问题

(1)由于总体投入不够,致使文献信息资源日趋贫乏,收藏数量、品种严重不足,与世界一些文献信息资源收藏和服务机构相比,我国处于相当低的水平。图书、资料的收集量(种),只占世界出版量(种)的10%左右;科技期刊只占世界期刊出版量(种)的5%左右。据调查,在266个学科和主题领域中,一次文献提供率基本满足要求的学科和主题只占30%左右。与国外相比,差距甚大。

(2)文献经费短缺,国外文献信息收藏量严重滑坡

由于近几年国内多数文献信息资源部门经费困难,加上涨价,外汇并轨和印刷型、电子型相互搭配等因素,致使国外文献订购严重滑坡。截止到1996年,全国外文书刊的订购量比1986年平均下降80%。几个原收藏数量最多的单位情况相当严重。中国科学院文献情报中心外文期刊从5050种下降到900种,减少82%;北京大学图书馆减少74%;北京图书馆减少45%。中国科技信息研究所由于方向任务的调整,减少的幅度也不小。

(3)文献布局不合理、文献品种短缺和重复并存

文献信息资源分属于不同行政管理部门,客观造成了条块分割、机构重复、缺乏统一规划和组织协调,未能充分发挥科技文献信息资源的整体效能。这几年由于经费困难各单位都大幅度削减文献订购数量,造成文献品种严重短缺。另一方面,各单位不得不从局部考虑问题,系统之间难以沟通,流通渠道阻塞,订购文献又出现重复、利用率不高等问题。

(4)文献信息资源服务手段落后,人才流失比较严重

我国从"六五"计划期间就开始文献信息资源服务手段现代化建设,虽然取得一些成绩,

但由于投入不足等原因,致使现代化总体水平仍相当落后,在一定程度上制约了对文献信息资源进一步开发利用。此外,由于职工待遇不高等因素的影响,文献信息部门所需要的专业、外语人才流失相当严重。

三、指导方针、原则和发展目标

1. 指导方针和原则

贯彻落实 1995 年 5 月 6 日《中共中央、国务院关于加速科学技术进步的决定》提出的任务:"重视科技信息的有效利用和传播,加强科技图书、资料和数据库建设。要有计划地建设全国科技信息资源传输的设施,建设连接全国科研机构、高等学校的科技信息网络,实现科技信息共享和交流的现代化。"立足国情,坚持改革开放,执行全国信息化领导小组提出的"统筹规划、国家主导,统一标准、联合建设,互联互通、资源共享"的指导方针,并坚持以下原则:

(1)整体性原则

统一规划、分工协作、统一标准、统一管理下进行文献信息资源整体化建设,通过联合建设,协调推进,从整体上形成实力雄厚的保障体系,实现资源共享,以适应科技、经济和社会发展的需要。

(2)实用性原则

根据我国地域辽阔,发展不平衡等特点,规划、设计布局。要坚持有限目标、突出重点,有所为、有所不为,集中人力、物力、财力,重点办成几件大事。

(3)效益原则

要充分重视文献信息资源的基础性、公益性的本质属性。在社会总财力中应有足够的份额投入的同时,要防止单纯追求文献信息服务的直接经济效益,要尽量减少重复采购、降低投入,增加品种;要重视对文献信息资源的开发利用,使有限的资金发挥更大的作用。

(4)国际合作的原则

文献信息资源是人类共同的财富。要进行广泛的国际交流与合作,建立引用国外文献信息资源和版权的渠道。努力开发我国的外向型文献信息资源,进行双向交流。

(5)独立自主的原则

在充分利用国际文献信息资源的同时,必须独立自主地建立自己的文献保障体系,以减少外部环境变化所产生的影响。

(6)完备性原则

科学技术的发展和科技文献的出版均具有连续性、系统性和积累性的特点和科学的自身发展规律,因此,文献信息资源的采集,要以当前实际工作需要为主,适当考虑长远发展的需要。做到学科和专业上相对完备,以满足不同学科、不同专业、不同层次科技人员的需要。

2. 发展目标

建立文献信息保障体系的总体目标是:建设与社会主义市场经济体制和科技信息自身发展规律相适应的文献信息资源采集体系,文献数据库生产体系和现代化文献信息服务体系,并与国内、国际信息网连接,为科技、经济和社会发展提供高水平、高效率的文献信息服务。

其具体目标为:

(1)在全国选择若干条件较好的科技信息机构给予重点支持,使之成为面向全国的国家级重点一次文献信息资源采集和提供中心。通过组织协调,从国家整体上做到需要的核心文献基本配齐,在此基础上,品种、数量每年平均增长3%—5%。

(2)抑制引进国外文献信息资源数量、品种严重滑坡现象,增加投入,保证科学研究和技术创新所需要的国外文献。一次文献的满足率不低于7%。

(3)我国自己生产的文献信息资源的采集收藏要基本达到齐全,一次文献的满足率不低于95%。

(4)积极推进二次文献检索系统的健全和完善工作,提高查找一次文献的效率。建立一批文献数据库,完成馆藏目录数据库和联合目录数据库体系的建设,并达到连续、稳定生产;支持一批高水平、大容量重点数据库的建设,并打入国际市场。

(5)积极推进全国西文文献信息计算机联合编目系统的建设,实现采购协调、联合编目、馆际互借、查询、检索等功能。继续推进中文文献信息服务系统建设,实现综合信息服务,共享信息资源。

四、发展重点和部署

1. 重点支持若干文献信息资源中心,实现资源合理布局

国家文献信息系统包括科技信息系统、科学院系统、高校系统和公共图书馆系统。考虑我国目前现状,国家级文献信息资源中心可按四个系统分别考虑,各有侧重。

(1)科技信息系统

在国家科委的统一领导下,组建由中国科技信息研究所牵头的联合有关部委的国家科技信息中心,该中心设四个分中心;

● 工程技术文献信息中心:重点收集和提供工程技术方面期刊、图书、资料,并向全国提供信息服务。

● 医药文献信息中心:重点收集医药方面的期刊、图书、资料,并向全国提供信息服务。

● 农林文献信息中心:重点收集农业、林业等方面的期刊、图书、资料,并向全国提供服务。

● 标准文献信息中心:重点收集国内外标准文献信息资源,并向全国提供信息服务。

(2)中国科学院系统

在中国科学院的统一领导下,组建国家基础科学文献信息中心。该中心重点收集基础科学方面的期刊、图书、资料,并向全国提供信息服务。

(3)高校系统

在国家教委组织领导下组建教育文献信息中心,该中心重点收集教学和科研所需的期刊、图书、资料,并提供服务。

(4)公共图书馆系统

在文化部的统一组织和安排下有关公共图书馆承担综合性科技期刊、图书和资料的任务,并提供服务。

选择条件较好的地区文献信息资源中心,按照国家的整体规划,承担部分学科的文献信息资源的收集并提供服务;同时,它又是本地区的文献信息资源收集和提供中心,根据本地区的特点和要求收集文献信息资源并提供服务。

2. 建设一批重点文献数据库,实现稳定、连续生产

(1)集中全国力量建设联合目录数据库

● 期刊联合目录数据库

- 会议文献联合目录数据库
- 研究报告联合目录数据库
- 工具书联合目录数据库
- 声像资料联合目录数据库
- 数据库文档联合目录数据库

（2）有选择地建设重点文摘数据库

对重点文摘数据库要做好立项前的必要性、实用性、经济性分析，并纳入国家或部门的正式计划。国家采用重点支持政策，促使其能向连续、稳定和规模化方向发展，形成重点产品并打入国际市场。

（3）建立重点全文数据库和多媒体信息库

支持有条件的科技部门有重点地建立全文数据库、多媒体信息库，发展电子出版物，以使信息资源能适应不同类型、不同层次用户的需要，并进入国际市场。

（4）由国家科委协调，会同自然科学基金会、中国科学院、国防科工委和国家教委联合创建中国科技报告系列，建立科技报告的采集、加工、存储、检索、传播和服务体系。

3. 建设文献信息资源网络，实现信息资源共享

（1）利用公用通信平台，建立和完善传输设施

文献信息资源的传输设施建设的主要任务是：

- 解决网络接口问题；
- 建立网络管理与信息服务中心；
- 建立示范性地域网和局域网。

（2）开发多功能的应用软件，建成文献信息服务系统

系统应具备的主要功能是：

- 联合采购协调；
- 联机联合编目；
- 馆际互借；
- 查询、检索。

除此之外，系统还应具有电子邮政、电子公告板、电子论坛、电子出版物等综合功能。

4. 关键技术的开发与研究

（1）重点应用技术研究开发

结合建立文献信息保障系统，重点解决的关键技术有：

- 数据处理质量指标体系和质量控制方法；
- 分布式数据库的研究与开发；
- 在网络条件下综合性、多功能、多文种应用软件的开发；
- 文献信息服务系统质量评价指标体系和管理模式的研究开发；
- 信息安全保密技术的研究开发等。

（2）文献信息机构和图书馆发展新方向的研究

要紧跟世界信息技术发展新动向对文献信息机构的影响，安排一些跟踪性研究课题，主要有：

- 纸介质、磁介质、光介质、电介质等各种信息载体的应用技术开发和适用范围的研究。

- 各种新型文献信息机构应用技术和适用范围的研究,包括:传统图书馆、数字图书馆等。
- 信息技术的发展对文献信息机构传统服务方式影响的研究。

五、主要措施

1. 增加对文献信息建设的投入

(1)国家、地方、行业、集体、个体投入多元化,逐步改变科技信息投入过低的现状。在"九五"期间,要重点解决外文文献信息资源严重滑坡所需要的经费问题。

(2)文献信息资源采购费单列、保值,并以每年15%的速度稳定增长。对文献信息资源、网络建设和联机编目等主体项目及主要配套项目,其经费应列入国家计划,专项支持。对各行业各地方相应的项目,各主管部门应作为重点项目,给以经费保证。

(3)设立科技文献信息基础研究开发基金,支持与科技文献信息资源有关的基础性、公益性研究开发。

2. 联合有关部门建立和完善文献信息法规制度

(1)联合有关部门抓好信息立法,健全各项科技信息法规制度。

(2)联合有关部门制定文献信息管理体系,实现文献信息工作的标准化、规范化和科学化。

3. 实行文献信息资源发展的扶持和优惠政策

(1)对科研、教育、科技信息单位引进外国的科技资料,国家在进口、增值等税收政策上给予优惠。

(2)对科研、教育、科技信息单位引进开发利用文献信息资源所需要的技术设备,减免进口税。

4. 加速信息资源网络建设

建立各种形式的数据库,采用脱机、联机检索、电子邮件、电子公告等各种手段,对文献信息资源深度开发利用,以满足用户日益增长的需求。

5. 采取特殊政策稳住专业、外语人才,实施人才工程

(1)紧密结合优先领域与重点项目,制订特殊政策,采取有效措施,稳住现有人才并抓紧跨世纪人才的教育和培训工作,培养和造就适应新型文献信息资源管理的高水平人才。

(2)加强文献管理资源从业人员的继续教育,培养敬业精神,在一些重要的业务岗位建立持证上岗制度。

6. 开展全方位对外合作

(1)坚持技贸结合,以市场换技术和资源,促进文献信息应用水平大幅度提高。

(2)在现有对外合作的基础上,围绕优先发展领域或项目,选定若干长期合作伙伴,建立长期稳定的合作关系。

附件:重要术语

在科技信息领域中,有一些重要术语在国际、国内尚无公认的定义。为了避免误解,对本《意见》中使用的几个重要术语内涵作必要的界定。

1. 文献

记录人类知识信息的一切载体称为文献。它既包括以纸张为载体的印刷型图书、期刊、研究报告、会议论文、政府出版物、学位论文、专利、标准等各种传统的文献,也包括现代以各

种新信息技术为基础的缩微品、音像产品、机读文档、光盘文档、各种类型的数据库及其他一切新的知识信息载体的文献。

2. 核心文献

是指文献内容与某学科有关的信息较多,有一定的广度和深度,且水平较高、质量较好,能够反映该学科的新理论、新技术、新成果和前沿动态,受到该学科读者特别关注的那些文献。一般而言,核心文献所包含的信息量占该种文献总信息量的70%左右。

3. 信息资源

信息资源有狭义和广义的两种不同内涵。狭义的信息资源是指信息内容本身,是当今社会不断增长的信息的集合,构成了人类文明成果的总汇和思想智慧的结晶,是一种宝贵的智力资源。它和能源、材料一样,成为当代社会三大资源。广义的信息资源既包含信息内容本身,也包含处理信息所有的技术、设施、资金、人和其他支持性资源。本《意见》中所指的信息资源是狭义的信息资源。

4. 文献信息资源

信息资源可分为文献信息资源和非文献信息资源。文献信息资源,是指以印刷型、缩微型或电子型各种载体形式,记录和传播人类知识,可以广泛提供给公众的那部分信息资源。典型的文献信息资源是指期刊、图书、研究报告、会议论文、学位论文等。

5. 文献信息资源建设

文献信息资源建设是指文献信息资源管理机构,对文献进行有计划的收集积累、整理组织,合理布局,从而形成优化的文献信息资源体系,以满足、保障科技、经济和社会发展对文献需求的全部活动。

文献信息资源建设一般分微观和宏观两方面。在微观方面,即文献机构对本单位文献的收集、组织、管理、储存和服务等工作。在宏观方面是指文献信息资源管理机构对一个地区、一个系统、一个国家或国际间的文献信息资源进行整体化建设,从宏观上制订目标和规划,进行协调分工,实现资源共享等活动。本《意见》中所提到的文献信息资源建设主要是指宏观方面。

6. 文献信息保障体系

通过文献信息整体化建设,建立起能在一定范围内有效地保障科技、经济和社会发展对文献信息要求的文献信息资源采集、处理、储存和服务系统,称为文献信息保障体系。它主要包括:建立科学、合理的文献信息资源采集和提供体系;建立先进、适用的文献数据库生产体系;建立高质、高效的联机网络系统。换句话说,文献信息资源建设与文献信息资源网建设统一结合,最终目标是形成完整的高质、高效的文献信息保障体系。

文化部关于印发省、地、县级图书馆评估标准和省、地、县级少年儿童图书馆评估标准的通知

（1997 年 10 月 22 日　文图发〔1997〕78 号）

各省、自治区、直辖市文化厅（局）:

根据《文化部关于 1998 年对县以上公共图书馆进行评估定级工作的通知》（文图发

〔1997〕57号)精神,现将省、地、县级图书馆评估标准和省、地、县级少年儿童图书馆评估标准印发给你们,请在1998年全国公共图书馆评估工作中遵照执行。

省级图书馆评估标准(略)

地级图书馆评估标准(略)

县级图书馆评估标准(略)

省级少年儿童图书馆评估标准(略)

地级少年儿童图书馆评估标准(略)

县级少年儿童图书馆评估标准(略)

文化部关于学习江泽民总书记视察北京 图书馆时所作重要指示的通知①

(1999年1月9日　文社图发〔1999〕4号)

文化部关于北京图书馆更名的通知

(1999年2月5日　文人函〔1999〕228号)

北京图书馆:

根据中央机构编制委员会办公室《关于北京图书馆更名的批复》(中编办字〔1999〕4号),北京图书馆更名为国家图书馆,对外称中国国家图书馆,更名后,国家图书馆的机构规格不变,机构性质、内设机构、人员编制、领导职数、领导体制、经费预算、管理形式等仍按1998年10月3日《文化部关于北京图书馆职责、内设机构和人员编制的批复》(文人函〔1998〕2805号)执行。

特此通知。

教育部关于成立教育部高等学校图书情报工作指导委员会的通知②

(1999年8月11日　教高〔1999〕5号)

为进一步加强高等学校图书情报事业的建设,充分发挥专家学者的协调、咨询、研究和指导作用,更好地履行高校图书馆的教育职能和情报职能,为教学科研服务,我部决定成立教育部高等学校图书情报工作指导委员会,聘请下列人员组成:

主任委员:何芳川

副主任委员:崔慕岳、戴龙基、刘桂林、秦曾复、张异宾、朱强、李晓明

顾问:庄守经、沈继武、承欢

---

① 该文件原文缺,文件信息依据《中国图书馆百年纪事》(陈源蒸等,2004)376页提供线索著录。

② 该文件原文来自《教育部政报》(1999年第10期)。

委员（按汉语拼音音序排列）：

阿拉坦仓	内蒙古大学	陈　力	四川大学
陈大广	广西大学	陈先禄	重庆大学
陈兆能	上海交通大学	程焕文	中山大学
程极益	南京农业大学	崔慕岳	郑州大学
戴龙基	北京大学	戴守义	中国政法大学
戴庭辉	南昌大学	杜新中	绵阳师专
费业昆	中国科技大学	傅永生	东北师范大学
高　民	北方交通大学	葛承雍	西北大学
何芳川	北京大学	胡　越	首都师范大学
黄秀文	华东师范大学	霍灿如	黑龙江大学
霍文杰	辽宁大学	计国君	东南大学
柯　平	郑州大学	李嘉琳	山西大学
李晓明	教育部	李修松	安徽大学
李振纲	河北大学	李治安	南开大学
梁家兴	华中理工大学	刘　斌	大连理工大学
刘桂林	清华大学	鲁红军	吉林大学
马自卫	北京邮电大学	秦曾复	复旦大学
燕今伟	武汉大学	于天池	北京师范大学
沈如松	复旦大学	沈佐锐	北京农业大学
史会来	哈尔滨工业大学	苏位智	山东大学
王琼林	华中师范大学	王小苹	新疆医学院
萧德洪	厦门大学	谢穗芬	青海师范大学
杨　毅	清华大学	杨　勇	云南大学
杨东梁	中国人民大学	杨克义	南京大学
张次博	上海财经大学	张西亚	西安交通大学
张向东	宁夏大学	张异宾	南京大学
张正光	承德师专	赵书城	兰州大学
郑章飞	湖南大学	周海音	中央音乐学院
朱　强	北京大学	竺海康	浙江大学

教育部高等学校图书情报工作指导委员会秘书处设在北京大学,由朱强兼任秘书长。秘书处的日常工作由我部高等教育司联系。

请你们对教育部高等学校图书情报工作指导委员会的工作给予支持。

附件:教育部高等学校图书情报工作指导委员会章程

第一章　总则

第一条　教育部高等学校图书情报工作指导委员会是在教育部领导下对全国高等学校图书情报事业进行咨询、研究、协调和业务指导的专家组织。

第二条　教育部高等学校图书情报工作指导委员会的主要任务是:

一、调查研究高等学校图书情报工作的状况,提出加强图书情报建设的意见和建议。

二、进行高等学校图书馆改革发展和建设的研究,提供业务咨询。

三、接受教育部的委托:

(一)促进高等学校图书情报事业整体化建设,推进文献信息资源的共建、共知和共享;

(二)组织高等学校图书情报专业人员和管理干部的继续教育和培训;

(三)组织图书情报工作的经验交流和学术研讨活动;

(四)对高等学校图书情报工作进行检查评估和成果评奖;

(五)参加全国图书情报工作的协作、协调。

四、编辑出版有关高等学校图书情报工作的书刊,宣传高等学校图书馆的职能和作用。

五、调研国外图书情报工作的情况和发展趋势,开展对外交流。

六、联系和指导各地区、各部委高等学校图书情报工作委员会的工作。

第二章　组织机构

第三条　教育部高等学校图书情报工作指导委员会由教育部聘请有关专家组成。委员会设主任委员一人,副主任委员若干人,并聘请若干老专家担任顾问。委员任期四年。

第四条　教育部高等学校图书情报工作指导委员会设秘书处负责处理日常事务性工作。秘书处设秘书长一人,副秘书长一至二人。秘书处所在学校和各委员所在学校均应对委员会的工作提供必要的支持。

第五条　教育部高等学校图书情报工作指导委员会根据需要可设立若干专题工作小组,以便组织力量进行某一方面或某项专门工作的调查研究。

第三章　工作和制度

第六条　教育部高等学校图书情报工作指导委员会一般每年召开一次全体会议,研究、商讨有关工作。必要时可以临时召开全体或部分委员参加的专门会议。

第七条　委员在任期间,要积极关心高等学校图书情报事业的建设,完成承担的任务,主动向教育部反映情况,提出建议,并在本地区、本部委高等学校图书情报工作中发挥积极作用。

第八条　教育部高等学校图书情报工作指导委员会委员应主动向所在学校领导报告相关的工作,取得支持和帮助。

第四章　附则

第九条　本章程自 1999 年 9 月 1 日起实施,其解释、修改权在教育部。

文化部全国图书资料系列高级职称评审基本条件(试行)①

(2000 年 1 月 1 日　文人发〔2000〕54 号)

申请晋升研究馆员或副研究馆员的图书资料系列专业人员在担任副研究馆员或馆员期间,应同时具备下列五项要求:

---

①　该文件原文来自"北大法宝"数据库,检索日期:2013 年 7 月 30 日。

一、思想政治要求

遵守国家法律和法规,热爱本职工作,有良好的职业道德和敬业精神,认真履行岗位职责,服从单位安排,按要求完成工作任务。

二、语言要求

申请晋升图书资料系列高级职称的专业人员,语言方面应满足下列规定之一:

(一)参加人事部组织的职称外语统一考试,取得合格证书或考试成绩达到本地区(部门)规定的参评分数线。

(二)参加本地区(部委)组织的外语考试,成绩合格。

(三)符合本地区(部委)规定的参加古汉语考试条件,古汉语考试成绩合格。

(四)符合以下条件之一者,可免以上语言考试:

1. 博士后流动站出站人员晋升研究馆员。

2. 在国外获得博士学位,晋升研究馆员。

3. 获得博士学位,晋升副研究馆员。

4. 在国外获得硕士学位,且为本单位业务工作骨干,晋升副研究馆员。

5. 取得国家承认的外语专业大专以上第二学历,晋升副研究馆员。

6. 引进的优秀人才晋升副研究馆员。

7. 参加全国外语水平(WSK)考试,达到出国分数线,晋升副研究馆员。

8. 掌握一门少数民族语文。

9. 符合本地区(部委)规定的免试条件。

三、学历、资历要求

(一)申请晋升研究馆员:

1. 大学本科以上学历,担任副研究馆员职务5年以上。

2. 取得两个大学专科学历,其中一个为图书情报专业,担任副研究馆员职务5年以上。

3. 大学普通班或大学专科毕业,从事本专业工作25年以上,担任副研究馆员职务7年以上。

(二)申请晋升副研究馆员:

1. 获得博士学位后,担任馆员职务2年以上。

2. 大学本科以上学历,担任馆员职务5年以上。

3. 大学普通班或大学专科毕业,从事专业工作17年以上,担任馆员职务6年以上。

四、论著成果要求

(一)申请晋升研究馆员职称,须有任副研究馆员以来正式出版的著作2部,在省级以上学术刊物上发表或在国际学术会议上宣读的本专业论文5篇。

(二)申请晋升副研究馆员职称,须有任馆员以来正式出版的著作1部或在省级以上重要学术刊物上发表或在国际学术会议上宣读的专业论文3篇。

(三)从事图书情报资料工作自动化、网络建设、计算机系统开发等图书情报资料现代技术工作的人员,申请晋升高级职称,要符合以下条件:

1. 申请晋升研究馆员职称,须负责地、市级以上图书馆或图书情报资料机构现代技术项目的规划、设计、开发、研制,担任过至少1个省级或2个地、市级项目的负责人,主持项目的立项论证、结构设计、软件编写、实施应用,并通过相应技术成果鉴定,独立撰写技术报告。任副研究馆员以来正式出版的学术专著1部或在省级以上学术刊物上发表或在国际学术会议上宣读专业论文 5 篇。

2. 申请晋升副研究馆员职称,须在地、市级以上项目中作为负责人或主要参与人,进行项目可行性分析、系统设计和系统维护,作为技术骨干攻克重要技术难题,作为重要参加人撰写技术报告。任馆员以来正式出版专著 1 部或在省级以上学术刊物上发表或在国际学术会议上宣读专业论文 3 篇。

五、工作能力和业绩要求

(一)申请晋升研究馆员:对图书情报、信息资料研究有较深的造诣;能够指导图书馆或图书情报资料机构专业人员进行业务、学术研究,解决业务工作中的重大疑难问题,工作成绩卓著,并在担任副研究馆员期间主持制订过 1 项业务建设规划、业务工作条例,取得良好的成效。

(二)申请晋升副研究馆员:对图书情报、信息资料有较深的研究;能够指导图书馆或图书情报资料机构一般专业人员进行业务、学术研究,解决业务工作中的疑难问题,工作成绩显著,并有 1 篇担任馆员期间结合自己的工作实际向部门领导或业务主管部门提交的有独到见解、旨在改善业务工作流程、加强科学管理、提高工作效率的研究报告。

六、继续教育要求

(一)晋升高级职称人员,须参加计算机相关知识学习,达到工作中应用计算机的要求。

(二)晋升高级职称人员,每年应进行专业研修,了解图书情报领域的工作情况、研究动态及最新成果,完成岗位培训和继续教育计划。

(三)对不具备大学本科以上学历的人员,有条件的要进修图书情报专业相关课程,逐步达到同等条件人员的要求。

七、关于破格晋升

不具备规定的硬性评审条件,但确有真才实学、贡献突出的优秀人才,具备下列条件之一者,可申请破格晋升职称。

(一)破格晋升研究馆员

1. 高层次引进人才,主持制定省级以上图书馆或图书情报资料机构专项业务规划,有专著 2 部、在省级以上学术刊物上发表或在国际学术会议上宣读的专业论文 5 篇。

2. 博士后流动站出站人员从事本专业工作半年以上,有专著 2 部、在省级以上学术刊物上发表或在国际学术会议上宣读的专业论文 5 篇。

3. 获得博士学位,担任副研究馆员 2 年,有专著两部、在省级以上学术刊物上发表或在国际学术会议上宣读的专业论文 5 篇,在本专业的某一领域有特殊业务技能,起着学术带头人的作用。

4. 主持或作为骨干参加重要研究项目,获得国家级三等以上奖项或省部级二等以上奖项,担任副研究馆员 3 年,有 1 部专著、在省级以上学术刊物上发表或在国际学术会议上宣读的专业论文 5 篇。

(二)晋升副研究馆员

1. 海外学成归国的特殊引进人才,在县(区)级以上图书馆或图书情报资料机构主持专项业务规划,解决业务建设中的重大问题,取得良好效果,有专著 1 部或发表的论文 3 篇。

2. 博士后流动站出站人员从事本专业工作半年以上,有专著 1 部或在省级以上学术刊物上发表或在国际学术会议上宣读的本专业论文 3 篇。

3. 作为骨干参加省部级以上重要研究项目,获得省部级三等以上奖项 3 次,担任馆员 4 年,有 1 部专著或在省级以上学术刊物上发表或在国际学术会议上宣读专业论文 3 篇。

4. 从事图书馆或图书情报资料机构管理工作,对图书馆或图书情报资料机构资料情报工作及管理工作有系统认识和一定研究,有较丰富的实际工作经验,能从理论和实践的结合上解决较大管理问题,被公认为本单位能独当一面的管理工作骨干。担任馆员 6 年,正式发表过 2 篇管理方面的论文、独立拟订过与岗位工作相关的文件。

科学技术部关于印发《国家工程技术图书馆章程》等文件的通知①

(2000 年 8 月 4 日　国科发财字〔2000〕338 号)

根据国务院对科技文献资源共建共享工作的批复精神,由中国科学技术信息研究所、机械工业信息研究院、冶金工业信息标准研究院和中国化工信息中心共同组建的国家工程技术图书馆已于 2000 年 7 月 28 日正式成立。现将《国家工程技术图书馆章程》和"国家工程技术图书馆馆长、管理委员会和第一任馆长特别助理名单"予以印发。

附件一:国家工程技术图书馆章程

附件二:国家工程技术图书馆馆长、管理委员会和第一任馆长特别助理名单(略)

附件一:国家工程技术图书馆章程

第一章　总则

第一条　为了保障国家工程技术图书馆(以下简称工程馆)的建设和发展,依据《国家科技图书文献中心章程》的精神,特制定本章程。

第二条　工程馆是国家科技图书文献中心(以下简称中心)的四个国家级专业科技图书馆之一,业务上接受科学技术部的指导和中心的领导。

第三条　工程馆采用虚拟方式组建,由中国科学技术信息研究所、机械工业信息研究院、冶金工业信息标准研究院、中国化工信息中心共同组成。

第四条　工程馆的宗旨是:为实施科教兴国战略和构筑国家技术创新体系,提供工程技术领域的文献保障和服务,从事面向科技决策和国家重大工程技术项目的科技情报研究以及人才培养。

第五条　工程馆的发展目标是:建设成为国内权威的工程技术领域文献资源收藏和服务中心;科技文献信息管理技术研究和应用中心;人才培养和科普教育基地。

第二章　主要任务

第六条　科学、完整地收藏工程技术领域各种载体和类型的科技文献信息资源。重点采集和整理国内外科技期刊、会议文献、科技报告、学位论文等各种出版形式的资源。

第七条　开展基于 Internet 的数字化文献信息资源建设和网络服务。

第八条　面向科技决策、国家科技目标和重大建设项目,开展情报研究等形式的信息分析、文献信息的深度加工和多层次、多样化服务。

---

① 该文件原文来自"北大法宝"数据库,检索日期:2013 年 7 月 30 日。

第九条 开展科技情报领域专业人才的培养、面向用户的培训教育和公众科普活动。

第十条 开展相关领域的国内外交流和合作。

第十一条 在面向社会广泛开展科技文献信息服务的基础上,重点为中国科学院院士、中国工程院院士等高层次专家学者和高技术企业、科研机构、高等院校服务。

第三章 组织与管理

第十二条 工程馆实行馆长负责制。设馆长一名,由中国科学技术信息研究所所长担任。

第十三条 工程馆成立管理委员会(以下简称管委会),由工程馆参建单位的负责人组成。管委会是工程馆决策机关,在馆长领导下开展工作。

第十四条 馆长和管委会成员发生行政任职变化时,按自然更替办法进行变更,并及时向科技部备案。

第十五条 馆长的主要职责是:

(一)主持工程馆的全面工作;

(二)代表工程馆参与中心理事会的工作;

(三)负责签发工程馆上报中心主任和理事会的各种报告和文件;

(四)负责召集管委会会议;

(五)完成理事会和中心主任交办的其他工作。

第十六条 管委会的主要职责是:

(一)在中心宏观发展战略的指导下,组织起草工程馆发展战略和规划;

(二)审核工程馆的年度工作计划(含财务预决算方案);

(三)组织制定工程馆的文献采购方针和确定年度文献采购方案;

(四)研究制定必要的管理制度;

(五)组织评估工程馆的运行绩效;

(六)决定工程馆的其他重大事项。

第十七条 管委会在馆长认为需要或两名以上成员联名提议时召开会议。管委会坚持民主集中制原则对重大事项做出决策。

第十八条 工程馆设馆长特别助理一名,协助馆长从事日常协调工作。馆长特别助理应具备较高的政治素质、熟悉图书馆业务、有较强的组织协调能力。馆长特别助理由馆长提名,管委会聘任。任期两年,可连任。当半数以上的管委会成员认为必要时,可以由管委会讨论决定在任期内撤换。馆长特别助理列席管委会会议。

第四章 经费

第十九条 工程馆经费主要来自国家财政支持,专款专用。

经费使用范围:

(一)文献的采集、加工和服务;

(二)网络的运行和维护;

(三)必要的研究、培训和国际交流活动;

(四)图书馆必须开展的其他活动的开支。

第二十条 工程馆允许接受社会各界、国内外个人或机构团体提供的捐赠和资助,其管理方式和范围除捐赠者有特殊要求外原则上与国家财政拨款相同。

第五章　附则

第二十一条　本章程由科技部发布并负责解释,自正式发布之日起实施。

教育部关于印发《普通高等学校图书馆规程(修订)》的通知①

(2002 年 2 月 21 日　教高〔2002〕3 号)

为适应高等学校图书馆事业的发展,更好地为高等学校教学科研服务,我部对原国家教委 1987 年颁发的《普通高等学校图书馆规程》进行了修订。现将《普通高等学校图书馆规程(修订)》印发给你们,请遵照执行。

普通高等学校图书馆规程(修订)

第一章　总则

第一条　高等学校图书馆是学校的文献信息中心,是为教学和科学研究服务的学术性机构,是学校信息化和社会信息化的重要基地。高等学校图书馆的工作是学校教学和科学研究工作的重要组成部分。高等学校图书馆的建设和发展应与学校的建设和发展相适应,其水平是学校总体水平的重要标志。

第二条　高等学校图书馆必须贯彻国家的教育方针,履行教育职能和信息服务职能,为培养德、智、体、美等方面全面发展的人才,发展教育科学文化事业,建设社会主义物质文明和精神文明服务。

第三条　高等学校图书馆应积极采用现代技术,实行科学管理,不断提高业务工作质量和服务水平,最大限度地满足读者的需要,为学校的教学和科学研究提供切实有效的文献信息保障。主要任务是:

(一)建设包括馆藏实体资源和网络虚拟资源在内的文献信息资源,对资源进行科学加工整序和管理维护。

(二)做好流通阅览、资源传送和参考咨询工作,积极开发文献信息资源,开展文献信息服务。

(三)开展信息素质教育,培养读者的信息意识和获取、利用文献信息的能力。

(四)组织和协调全校的文献信息工作,实现文献信息资源的优化配置。

(五)积极参与文献保障体系建设,实行资源共建、共知、共享,促进事业的整体化发展。开展各种协作、合作和学术活动。

第二章　管理体制和组织机构

第四条　高等学校图书馆实行校(院)长领导下的馆长负责制。高等学校应有一名校(院)长分管图书馆工作。有关图书馆工作的重大事项由校(院)长办公会研究、决定。

第五条　高等学校图书馆设馆长一名,设副馆长若干名,由学校聘任或任命。

馆长和主管业务工作的副馆长必须具有高级专业技术职务或具有硕士以上学位。

馆长、副馆长应认真执行国家的教育方针,了解学校的学科建设目标,热爱图书馆事业,

---

① 该文件原文来自"北大法宝"数据库,检索日期:2013 年 7 月 30 日。

熟悉图书馆业务,有较强的组织管理能力。

馆长应为学校校务委员会、学术委员会成员,参加确定学校重大建设和发展事项的校(院)长办公会。

馆长主持全馆工作,领导制订发展规划、规章制度、工作计划及经费预算,组织贯彻实施。副馆长协助馆长工作。

第六条 高等学校图书馆应从实际出发,以方便读者和有利于科学管理为原则,确定本馆部(组)、室的设置,并明确各机构的相应职责。

各部(组)、室的主任(组长)按照学校有关规定任免。

第七条 规模大、院系多或校园分散的高等学校,可设立分馆。分馆是总馆的分支机构,受总馆领导。

第八条 高等学校的院系(所)资料室是全校文献保障体系的组成部分,在业务工作和资源配置上,接受学校图书馆的指导与协调。应面向全校开放,提供文献信息服务,实行资源共享。

第九条 高等学校应设立图书馆工作委员会,作为全校文献信息工作的咨询和协调机构。

图书馆工作委员会的成员以教师为主,吸收学生参加。学校主管图书馆工作的校(院)长担任主任委员,图书馆长担任副主任委员。

图书馆工作委员会应定期召开会议,听取图书馆长的工作报告,讨论学校文献信息工作中的重大问题,反映师生的意见和要求,向学校和图书馆提出改进图书馆工作的建议。

第三章 文献资源建设

第十条 高等学校图书馆应根据学校的发展目标和教学、科学研究的需要,根据馆藏基础及地区或系统文献资源布局的统筹安排,制订文献信息资源建设方案,形成具有本校特色的馆藏体系。

在文献采集中应兼顾纸质文献、电子文献和其他载体文献,兼顾文献载体和使用权的购买。保持重要文献和特色资源的完整性和连续性,注意收藏本校的以及与本校有关的出版物和学术文献。

第十一条 高等学校图书馆应根据学校教学、科学研究的需要,根据馆藏特色及地区或系统文献保障体系建设的分工,开展特色数字资源建设和网络虚拟资源建设,整合实体资源与虚拟资源,形成网上统一的馆藏体系。

第十二条 高等学校图书馆对采集的文献信息资源应及时进行科学的加工整序,并尽快发布,提供使用。

必须根据国家的相关规定,实现文献信息资源加工、组织和管理的标准化。

第十三条 高等学校图书馆应重视目录体系建设,成为全校的书目数据中心;建立完善的文献信息检索系统,满足用户多途径检索的需求。

应加强对书目数据库的管理和维护,保证数据与资源的一致性。

第十四条 高等学校图书馆应科学合理地组织馆藏,既要有利于文献信息的管理和保护,更要有利于文献信息的充分利用。

第四章 读者服务

第十五条 高等学校图书馆应以读者第一、服务育人为宗旨,健全服务体系,做好服务工作。

第十六条　高等学校图书馆应尽可能延长服务时间,其中,书刊阅览服务时间每周应达到 70 小时以上;假期应保证一定的开放时间;网上资源的服务应做到每天 24 小时开放。

第十七条　高等学校图书馆应开展多种层次多种方式的读者服务工作,提高各种文献的利用率。

兼顾纸质文献、电子文献和其他载体文献的流通阅览,积极推广纸质文献开架借阅、电子资源上网服务。

通过编制推荐书目、导读书目,举办书刊展评等多种方式进行阅读辅导;通过开设文献信息检索与利用课程以及其他多种手段,进行信息素质教育。

积极开展参考咨询、文献信息定题检索、课题成果查新、信息编译和分析研究、最新文献报导等信息服务工作。

第十八条　高等学校图书馆应根据学校的网络条件,积极开展网上预约、催还和续借服务,网上馆际互借和文献传递服务,网上电子公告、电子论坛和意见箱服务,网上信息资源导引服务,最新信息定题通告服务,网上协同信息咨询服务等网络服务。

第十九条　高等学校图书馆应保护读者合法、公平地利用图书馆的权利。应为残疾人等特殊读者利用图书馆提供便利。

第二十条　高等学校图书馆应教育读者遵守规章制度,爱护文献资料和图书馆设施。

对违反规章制度,损坏、盗窃文献资料或设备者,按照校纪、法规予以处理。

第二十一条　有条件的高等学校图书馆应尽可能向社会读者和社区读者开放。面向社会的文献信息和技术咨询服务,可根据材料和劳动的消耗或服务成果的实际效益收取适当费用。

第五章　科学管理

第二十二条　高等学校图书馆应不断更新管理思想,完善管理措施,建立健全各项规章制度,制定业务工作规范,明确岗位职责,规定考核办法,保证贯彻执行。

第二十三条　高等学校图书馆应积极采用现代化技术手段,严格遵循相关的国际国内标准,加强自动化、网络化、数字化建设,并随着新技术的应用调整作业流程,改变管理办法。

第二十四条　高等学校图书馆应结合实际有计划地开展学术研究和交流活动;积极申报各级各类科研课题。有条件的还可根据需要,自行设立科研项目。

高等学校图书馆应积极开展国内外学术交流。有条件的可按国家有关规定申请加入国际学术组织。

第二十五条　高等学校图书馆应定期对工作人员进行考核,考核结果作为聘任或解聘、晋升或降职、奖励或处分的依据。

第二十六条　高等学校图书馆应注重工作数量、效果的统计和积累,按照有关规范做好统计工作。应妥善做好各类统计数据、文件档案的整理和保存。

第六章　工作人员

第二十七条　高等学校图书馆工作人员应忠诚于人民的教育事业,恪守职业道德,认真履行岗位职责。

第二十八条　高等学校应根据读者人数、资源数量、服务项目与时间、设备设施维护的要求、馆舍分布等因素,配备相应的图书馆工作人员。

第二十九条 高等学校应加强图书馆的专业队伍建设,按照合理的结构比例,有计划地聘任多种学科的专业人员。高等学校图书馆的专业人员应具有大专以上学历,其中本科以上学历者应逐步达到60%以上。

第三十条 高等学校鼓励图书馆专业人员同时掌握图书馆学和一门以上其他学科的知识,重视培养高层次的学科专家。鼓励专业人员通过脱产或在职学习提高学历层次和学术水平。

高等学校图书馆应结合工作需要,有计划地安排工作人员的在职进修或培训。

第三十一条 高等学校图书馆和院系(所)资料室的专业技术人员按照国家有关规定,实行专业技术职务聘任制,享受相应待遇。

第三十二条 高等学校对于在图书馆从事特种工作的人员,按国家规定给予相应的劳保待遇。

第七章 经费、馆舍、设备

第三十三条 高等学校应保证图书馆正常运行和持续发展所必需的经费和物质条件。

高等学校图书馆应注重办馆效益,科学合理地使用经费。

高等学校图书馆可依法接受捐赠和资助。

第三十四条 高等学校图书馆的经费列入学校预算。

高等学校图书馆的经费包括运行费和专项经费。运行费主要包括文献信息资源购置费、设备设施维护费、办公费等。

第三十五条 高等学校图书馆的文献信息资源购置费应与学校教学和科学研究的需要相适应,并根据学校的发展逐年增加。生均年购文献量应不低于教育部的评估指标。

高等学校的文献信息资源购置费由图书馆统筹安排,合理使用。

第三十六条 高等学校应按照国家有关标准,建造独立专用的图书馆馆舍。馆舍建筑应充分考虑学校发展规模,适应现代化管理的需要,满足图书馆业务功能的要求,具有调整的灵活性。

应做好图书馆的馆舍、设备维修工作,注意内外环境的美化绿化,落实防火、防水等各项安全防护措施,改善灯光、通风、防寒防暑等条件,为师生创造良好的学习和研究环境。

第三十七条 高等学校应有计划地为图书馆配备办公和服务所需的各种家具、用品和设备,尤其要重视自动化、网络化等现代信息基础设施的建设,并及时维护和更新。

第八章 附则

第三十八条 本规程适用于全日制普通高等学校。其他高等学校可参照执行。

第三十九条 各级教育行政部门应对各高等学校执行本规程的情况进行检查和评估。检查和评估的办法及标准另订。

第四十条 本规程由教育部负责解释。

第四十一条 本规程自公布之日起施行。原国家教育委员会1987年7月25日发布的《普通高等学校图书馆规程》同时废止。

文化部、财政部关于实施全国文化信息资源共享工程的通知①

(2002 年 4 月 17 日　文社图发〔2002〕14 号)

各省、自治区、直辖市文化厅(局)、财政厅(局),新疆生产建设兵团文化局、财政局,国家图书馆:

为贯彻落实《国务院办公厅转发文化部、国家计委、财政部关于进一步加强基层文化建设指导意见的通知》(国办发〔2002〕7 号)精神,采用先进的科学技术手段,向广大人民群众传送丰富的文化信息,进一步巩固基层文化阵地,充实基层文化建设内容,活跃城乡人民群众文化生活,充分发挥文化信息资源在发展经济、提高人民群众思想道德和科学文化素质等方面的重要作用,文化部、财政部将在全国实施文化信息资源共享工程(以下简称"共享工程")。为此,特制定《全国文化信息资源共享工程实施方案》(以下简称《方案》)。现印发给你们,并就有关事项通知如下:

一、充分认识实施"共享工程"的重要意义,加强领导与协调

"共享工程"是采用现代信息技术,对文化信息资源进行数字化加工和整合,通过网络最大限度地为社会公众享用的文化工程。它开辟了一个不受地域、时空限制的崭新的文化传播渠道,这对于迅速扭转我国广大中西部地区特别是贫困地区的信息匮乏和经济、文化落后的状况将起到显著的作用。实施"共享工程"是贯彻江泽民同志"三个代表"重要思想的有力措施,对于继承和弘扬中华优秀文化,实施"科教兴国"、"以德治国"战略,将产生深远而巨大的影响。各级文化部门要对"共享工程"给予高度重视并积极组织实施;各级财政部门应积极支持和配合,共同推进工程的顺利开展。为加强领导和协调,文化部、财政部共同组建了全国文化信息资源共享工程领导小组,各地也应成立相应的领导机构。

二、调动各有关方面的积极性,统筹规划,统一标准,共建共享

"共享工程"的建设目标是把文化信息资源传送到城乡基层文化网点和群众身边,要坚持以公益性为主,充分发挥各级文化、财政部门的积极性。中央财政投入重点支持"共享工程"公共项目和国家中心的建设,对地方补助资金要体现向西部地区倾斜的政策。省级分中心、基层中心的建设主要依靠地方财政的支持。"共享工程"的实施涉及各级各类文化单位,覆盖地域广,要充分体现统一规划、统一标准、资源共享的原则。要利用现有的网络和软硬件环境,整合现有的文化艺术资源来实现共建共享,不搞重复建设。各地要在统一规划的前提下因地制宜,发挥各自的优势与特色。

"共享工程"采用现代先进技术,技术含量高,为保证工程顺利实施,组建全国文化信息资源共享工程专家咨询委员会,在制定规划、实施方案、技术标准与资源建设等问题上要充分听取专家意见,进行科学论证。在建设过程中,有关单位要遵循国家中心制定的统一的技术标准和规范,并做好人员培训工作。

---

① 该文件原文来自"律商网"数据库,检索日期:2013 年 10 月 17 日。

三、积极创造条件,尽快开展试点工作

为积极稳妥地实施"共享工程",将采取总体规划、分步实施、逐步推广的方针。希望各地努力创造条件,积极参加试点。省级分中心试点单位要求具备一定的条件,即:馆域网主干通讯能力不低于 100 兆;对外网络接口不低于 2 兆;馆域网工作站总数不少于 60 台;配置专用服务器的硬盘容量不少于 500 千兆;配有专职技术人员与资源加工人员;设备条件可支持 30 个以上基层中心的建设。

各地应尽快开展对本地文化资源状况、计算机网络连接状况、文化设施状况等方面的调查研究,在此基础上,制定出本地区的试点工作方案,报全国文化信息资源共享工程领导小组批准后实施。拟参加首批试点的地区应于 2002 年 6 月底前将方案上报。暂不具备试点条件的地区也要积极开展调研工作,为下一步实施"共享工程"做好准备。

四、把实施"共享工程"与加强基层文化建设、促进图书馆事业发展紧密结合起来

实施"共享工程"要依托现有的文化设施网点,以各级公共图书馆为实施主体。因此,它与基层文化设施网点建设、图书馆网络化、数字化建设紧密相关,互为促进。各地要把"共享工程"的实施纳入文化事业建设整体规划,在设备、人员、资金等方面统筹考虑,给予保障。各级公共图书馆要加强文献信息资源建设和自动化、网络化建设,加强对专业技术人员的培养,为实施"共享工程"打好基础。

"共享工程"是新型的文化建设项目,在实施过程中要加强情况沟通与协调,并注意总结经验,不断改进、创新。

附件:全国文化信息资源共享工程实施方案

一、前言

中华民族具有辉煌灿烂、博大精深的文化,对人类文明做出过重大贡献,在人类进入新世纪之际,如何始终坚持中国先进文化的前进方向,实现中华民族的伟大复兴,是摆在我们面前一个十分严肃而重大的历史课题。国家《国民经济和社会发展第十个五年计划纲要》明确地将繁荣发展社会主义文化事业,不断提高全民族的文化素质纳入了"十五"计划建设目标,作为社会主义现代化建设的重要内容。

针对当前我国文化事业的实际情况和科技发展的水平,整合包括图书馆、博物馆、美术馆、艺术院团、研究机构等现有的文化信息资源,形成互联网上中华文化信息资源的整体优势,对于顺利实现"十五"计划确定的文化建设目标是至关重要的。为此,拟在全国范围内实施"全国文化信息资源共享工程"(以下简称"共享工程")。

"共享工程"将充分利用现代高新技术手段,将中华民族几千年来积淀的各种类型的文化信息资源精华以及贴近大众生活的现代社会文化信息资源,进行数字化加工处理与整合;建成互联网上的中华文化信息中心和网络中心,并通过覆盖全国所有省、自治区、直辖市和大部分(市)、县(市)以及部分乡镇、街道(社区)的文化信息资源网络传输系统,实现优秀文化信息在全国范围内的共建共享。

(一)建设意义

1. "共享工程"是贯彻江泽民总书记"三个代表"重要思想的新型文化建设项目

实施"共享工程",实际上是互联网上中华文化信息基地的建设,它将迅速扭转网上中文信息匮乏的状况,形成整体优势。这不仅可以弘扬博大精深的优秀中华文化,而且必将极大

地促进其发展和创新。"共享工程"将广泛应用计算机、网络、通讯和多媒体等高新科技成果,用这些先进技术来传播先进文化。因此,"共享工程"的实施正是结合新的实践和时代的要求,根据人民群众精神文化生活的需要而进行的文化创新工程;是努力繁荣先进文化,把亿万人民紧紧吸引在有中国特色社会主义文化的伟大旗帜下的宏大工程;最先进生产力的实践,代表了先进文化的前进方向,是文化战线落实江总书记"三个代表"重要思想的具体措施。

2."共享工程"是抵制西方发达国家文化渗透,占领基层文化阵地的有力措施

当今世界,西方发达国家凭借在互联网上的优势,向发展中国家展开了文化渗透。"共享工程"的实施,将在互联网上充分展示中华文化在新世纪的发展和创新,以此抵御西方国家的文化渗透。改革开放以来人民群众的生活水平不断提高,文化需求日益增长,但由于历史、地域、经济等多方面原因,一些地区、特别是贫困地区基层群众的文化生活十分贫乏。"共享工程"的实施,将把群众喜闻乐见的优秀文化作品通过互联网方便快捷地传送到广大人民群众身边,填补基层文化需求的空白,以先进的文化占领基层思想文化阵地,改造落后文化,抵制腐朽文化,丰富、活跃基层群众的文化生活。

3."共享工程"是"以德治国"的迫切需要

当前,我国社会主义市场经济发展进入了新的历史时期,迫切需要增强先进文化的渗透力、辐射力和感染力。"共享工程"的实施,将通过网络广泛传播中华文化的精髓,实现"以科学的理论武装人,以正确的舆论引导人,以高尚的精神塑造人,以优秀的作品鼓舞人"。以先进文化教育广大群众,提高人民群众的思想道德素质和科学文化素质。

4."共享工程"的实施是科技创新的内在要求

蓬勃发展的高新技术,广泛而深刻地影响着人类的生产方式、生活方式和思维方式。当前国际竞争,说到底是综合国力的竞争,关键是科学技术的竞争,在文化建设上也是如此。互联网的应用,使信息达到的范围、传播的速度都有显著增长和提高。世界各国争相运用现代信息技术强化对外传播手段,力争在21世纪的世界舆论格局中占据有利位置。"共享工程"的实施,就是适应这一发展趋势,采用现代高新技术,推动文化建设中传播手段的升级换代,从而推动文化事业的更快发展,逐步形成以文化信息的网上服务为基础的新的知识经济增长点。

5."共享工程"的实施将改变我国文化建设的现状

目前,我国文化建设面临着许多困难和问题。据统计,到2000年底,全国仍有57个县无文化馆、有144个县无图书馆、5000多个乡镇无文化站;还有相当数量的图书馆、文化馆(站)有馆无舍或设施简陋,这种状况在西部地区尤为突出。

截至2000年,全国共有公共图书馆2675个,人均拥有图书0.3册;到馆读者18 854万人次,占全国总人口的15%;有756个县级图书馆全年无一分购书费,占全国公共图书馆总数的28.3%。全国文化部门共有艺术表演场所1900个,2000年演出场次6.4万场,观众3738万人次,直接到剧场观看演出的人次仅占全国人口的3%。全国共有博物馆1384个,2000年举办陈列、展览17 752个,共8540万人次参观,仅占全国人口的6%,这些困难和问题严重阻碍了文化信息的传播。"共享工程"将通过采用现代通信技术和网络技术,彻底消除不同地区在获取文化信息资源上的不平等,使文化信息能够经济、快速地传送到各地,使老少边穷地区的群众也能享受到优秀文化精品,实现文化信息资源在全国范围的共建共享。

在一定程度上改变我国文化建设的现状,满足基层群众的文化需求。

此外,一些重要文化机构收藏的文化珍品,由于传播条件的制约,无法充分利用,有些已面临损坏。"共享工程"将使这些濒临灭绝的文化艺术珍品以数字化的方式永久保存,并得以广泛传播。

(二)建设条件

1. 技术基础

国内已有的软/硬件开发能力,一大批国家"863"的科研成果,为"共享工程"的建设提供了技术支撑。国内外有关数字化资源建设的相关科研课题的进展,为"共享工程"的建设积累了一定的经验。如国家图书馆联合上海图书馆等七馆共同完成的国家重点科技项目"中国试验型数字图书馆",在数字信息资源库设计、专用软件工具和检索标准等方面取得的初步成果,为在全国范围内实施"共享工程"奠定了技术基础。

2. 资源基础

近年来全国图书馆、博物馆、文化馆、艺术院团、研究机构等计算机网络建设取得了显著进展,通过引进和数字化加工积累了一批数字文化资源。以国家图书馆为例,截至目前已上网提供读者免费使用的书目数据1078万条,运行在馆域网及局域网上的书目数据上亿条;并建立了中国数字图书馆服务网站,向读者提供全文影像数据6000万页。国家图书馆书目数据中心已有成员馆565家,书目数据120余万条。这些都为"共享工程"的建设做了必要的前期数字资源准备。

3. 网络基础

目前,我国主要骨干通信网络已具有相当规模,已建和在建的全国性主要互联网络有:

中国计算机公用互联网(ChinaNet)为国家电信骨干通信网,覆盖全国200多个城市的多层网络结构,已实现全网互联。中国教育和科研计算机网(CERNET)已通达各省、市、自治区的160个城市,联网的大学、中小学等教育和科研单位已达895个。中国网通高速宽带互联网(CNCnet)采用目前国际上最先进的网络技术,已贯通东南部的17个重点城市。中国科技网(CSTNet)已完成与国内其他骨干网的互联互通,可接入全国各地45个城市、共1000多家科研院所、科技部门和高新技术企业。中国金桥网(ChinaGBN)目前已有600多家政府部门、企事业单位和ISP接入。中国远程教育卫星宽带网(CEBsat)由教育部为满足国民对教育日益增长的需求,构建全民终身学习体系而兴建的开放式网络。系统采用宽带和数字压缩技术,将多套电视、IP、语音广播同时通过鑫诺1号卫星向全国传送。它将联通全国67万所中小学,2000余所高校和电视大学。中国有线电视网(CATV)现已覆盖了31个省(市),335个地方,2614个县市,4.5万个乡镇,72万个行政村,是全球最大的有线电视网。中广电信有限公司的"天网通"(CBT)是中国卫星高速宽带多媒体通信系统。

随着国家骨干通信网络速度的大幅度提高,宽带城域网的发展如火如荼。北京、广州、宁波等城市已经开始提供宽带接入服务。

可以说,在全国大部分城市与部分县、乡都已具备了网络条件,只要配备计算机设备,就可以接入国家骨干通信网。此外,我国的电视人口覆盖率已达92%,电视机社会拥有量达3.2亿台,在不具备计算机设备的偏远地区,可以使用电视机加机顶盒接入网络,以确保群众能够获取"共享工程"所提供的丰富文化信息资源。

4. 实施主体

目前,我国已建成了遍及城市的文化设施网点,至 2000 年底,我国共有公共图书馆 2675个,群众艺术馆 390 个,文化馆 2907 个,文化站 42 024 个,农村集镇文化 22 171 个,图书室59 312 个,基本形成了覆盖城乡的群众文化网络。"共享工程"主要依托这些现有文化设施进行文化信息资源的传播,提供给社会大众利用。

二、总体目标

充分利用现代高新技术手段、国家骨干通讯网络系统,整合中华优秀传统文化以及现有的各类文化信息资源,扩大网上中华文化信息资源的存储、传播和利用,实现全国文化信息资源的共建共享,建成互联网上的中华文化信息中心和网络中心,实现优秀文化信息通过网络为大众服务的目标。

(一)网络框架

实现网络联网的"135"计划,即实现 1 个国家中心、30 个以上省级分中心和 5000 个以上县、乡、街道和社区基层网点的联网。

在建设国家中心的基础上,建设 30 个以上省级分中心或专业分中心;借助国家骨干通讯网,在分中心的周围搭建起一个包括全国 5000 个以上的县、乡、街道和社区图书馆或文化馆、文化站的联网系统,实现数字文化信息资源的广泛传播与利用。

(二)资源框架

1. 完成全国图书馆、博物馆、美术馆、艺术研究等机构的文化信息资源联合目录。联合全国图书馆、博物馆、美术馆、艺术院团、科研机构等,有计划地对原有数据整合及新数据制作,建成上述机构的文化信息资源联合目录,搭建起一个公益性的元数据交换平台,在充分揭示这些机构文化信息资源收藏的基础上,逐步实现全国的数字资源调度与指向系统,为实现文化信息资源的共知、共建、共享及开展网上服务奠定基础。

2. 完成以"百万册(件)文献共建"与"四个一优秀作品"为核心的数字资源建设,即完成 100 万册(件)文献、1000 台优秀地方剧目、1000 部优秀音乐作品、1000 部优秀美术作品、1000 件珍贵文物的数字化,并提供网上服务。

数字资源建设是"共享工程"的核心内容,要根据社会需求,通过已有数字资源的整合与采购、新建各类资源库、网上信息的抓取与加工等多种方式和渠道,建设包括文化法规、图书、音乐、美术、戏剧、戏曲、文物、文化旅游、文化科技、艺术教育、文化市场、对外文化交流、文化史料、全国知名艺术家等信息的全方位文化数字资源库,力争在"十五"期间实现资源库总量达 5TB。

3. 整合贴近大众生活的社会文化信息资源。数字资源建设除包括优秀文化信息资源外,还要建设一批贴近大众日常生活的社会文化资源,围绕与人们日常生活息息相关的内容,以潜移默化的方式传播先进文化。社会文化信息资源包括科普知识、法律常识、生活礼仪、农业科技、卫生保健以及百科知识等资源库。

4. 建设支持文化信息资源共建的基础信息资源。为避免信息资源的重复建设,"共享工程"可以把一些具有共性的信息资源集中进行建设,形成基础信息资源库提供有关的资源建设单位共同使用。

(三)服务框架

通过文化信息资源联合目录,建立网上文化信息资源导航系统;利用由国家中心、省级分中心以及基层中心组成的网络开展服务。

通过在各级中心之间建立交换和通信机制，在各中心之间实现信息的高速共享，从而充分发挥各级中心的服务职能，满足基层群众对于科普、教育、文艺等多方面的资源需求。同时利用文化信息资源联合目录和各级中心的信息导航功能，建立网上资源导航系统，促进科技、教育、农业等已有的专业网络信息资源的传播，并开展网上参考咨询工作。

三、实施内容

（一）建立由国家中心、省级分中心、基层中心组成的网络

1. 网络结构

"共享工程"的网络体系建立在国家现有的骨干通讯网络上，包括由光缆连接的传输网络以及由卫星接发的网络。网络节点由一个国家中心、若干省级分中心以及基层中心组成。

2. 国家中心

国家中心为全国文化信息资源的管理中心，包括汇总资源和提供资源服务两方面的工作。各地加工后的数字资源提交给国家中心，由国家中心把所有资源进行数据整合并装入中心服务器，对外提供网络资源服务。

国家中心除了进行资源建设，还要提供以下网上服务。

（1）提供信息资源联合目录，方便用户得到资源目录。国家中心在更新数字资源的同时要更新信息资源联合目录。联合目录的发布主要包括以下几种模式：

- 国家中心的服务器发布
- 刻成光盘对外发布

（2）提供数据同步接口，使各省级分中心和基层中心可以通过网络进行数据的同步。对于网络条件较好的省级分中心和基层中心，可以通过互联网的双向交互，请求资源服务，进行数据下载，更新本地数字资源。

（3）国家中心根据用户请求对资源进行打包通过卫星广播方式发送。由于卫星广播方式没有用户数的限制，属于无冲突共享机制。形成相当规模后，成本较低，比较适合互联网不发达的地区。

（4）国家中心根据用户请求，定期将数据打包成光盘或磁盘介质，发送给其他分中心进行数据更新。

3. 省级分中心

在全国各省、自治区、直辖市建立省级分中心，负责为本地区的网络用户提供服务；根据需要建立以行业划分的分中心，负责对某一类行业的用户提供服务。

（1）数据更新

省级分中心的数字资源来源于国家中心，根据各地方的网络条件，数据的同步方式分为以下几类：

- 在网络条件较好的地方，省级分中心可以通过互联网得到数字资源。

省级分中心根据国家中心发布的信息资源联合目录，选择所要同步的数字资源，发出同步请求，把中心服务器上的数字资源同步到本地，通过装入系统把数据装入本地。

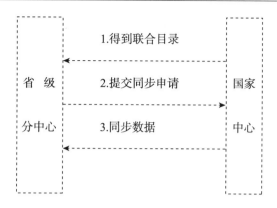

- 数据同步的另一种方式是通过卫星传输。

省级分中心根据国家中心发布的信息资源联合目录,提交同步的数字资源请求,国家中心根据请求,通过卫星传输网频道定期发送相应的数字资源,省级分中心通过卫星接收设备接收数据,下载后的数据通过装入系统同步到省级分中心的网站。

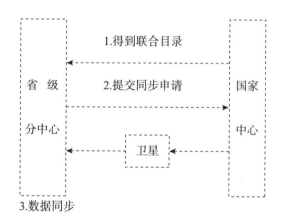

（2）对外服务

由于网络条件的不同,各省级分中心对外提供网络服务的模式也有所不同。

- 不具备网络服务条件的省级分中心,元数据和对象数据都放在本地服务器上,用户访问时连接到本地服务器。

- 具备网络服务条件的省级分中心,它的对外服务方式除上述方式外,还有:

元数据放在本地服务器上,而对于占用数据空间较大的对象数据不下载到本地,当用户访问到对象资源时,系统自动链接到中心服务器上提供服务。

各省级分中心要对基层中心提供数据更新服务。

4. 基层中心

建立基层中心(地、市、县、乡、街道、社区、具有局域网的单位、中小学等),主要任务是方便、快捷地对本地用户提供资源服务。

（1）数据更新

基层中心除了少数具备双向网络通讯能力的以外,大多采用以下两种模式进行数据更新。

- 通过卫星传输网,基层中心根据上级中心发布的数据联合目录,提交选择同步的数字资源请求。通过卫星接收设备接收数据,下载后的数据通过装入系统同步到本地中心。

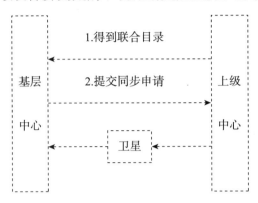

- 对于网络条件不好或是通讯较为封闭的地方,基层中心可以通过获得国家中心或上级中心发布的数据光盘,通过装入系统把光盘上的数字资源导入到本地中心。

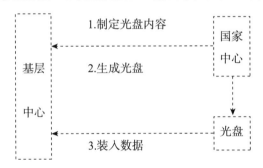

(2)对外服务

基层中心的数字资源放在本地服务器上,用户直接访问本地服务器。

(二)数字资源建设

1. 数字资源整合

(1)资源整合思路

- 以大文化的概念为背景,建立一套科学的分类体系,既体现全面性,又体现层次性。
- 以文化系统的可控资源数字化为基础,突出文化信息资源特色,同时组织并整合与大众日常生活密切相关的社会文化信息;在资源整合过程中应充分利用数字图书馆建设的资源基础,发挥国家图书馆等重点单位的资源优势。
- 发挥图书馆对内容资源的组织优势,通过纵、横两条线索组织贯穿资源内容,充分体现信息内容的关联性和信息组织的条理性,避免重复劳动。
- 实现资源整合的多样性和整体性,除整合共享资源的联合目录及图文、声像等多媒体数字资源外,还应重点整合作为底层资源的基础信息资源,如来自图书、期刊等的基本条目库资源,以便在以后的资源建设中达到更大范围的资源共享。

(2)资源整合步骤

数字数据的整合分为两个阶段,前期是内容获取与内容管理的过程,即把各种数字资源专题库及无序的离散信息整合到结构统一、内容独立的数字资源加工库;后期是内容的挖掘、分析、发布、增值的过程,即把内容独立的各个加工库的内容,通过不同线索的关联整合到统一的发布库中,对外提供专栏专题服务。在这一过程中,首先是对数据内容进行分类整理,分类可粗可细,每大类下可包含若干小类。例如法律、科技、教育、文化、体育、生活、旅游、健康等。每一个分类涵盖资源库中该领域的最新资源内容,可随时更新,可根据自身的需要从中选择编辑所需内容,可以进行定题服务,可以创建可预见的专题,充分体现资源的丰富性、广泛性、完整性、时效性。

因为有跟踪新信息和新数据的技术的支持,所以面对如卫星频道接收、生活小区、光盘专递等特定用户可以进行连续的个性化服务,成为周刊、日报式的连续数字资源服务。

2. 数字资源建设标准

为达到数字资源的高度共享,"共享工程"的文化信息资源建设应该在统一的标准下进行,要从数字资源元数据与对象数据两方面明确资源建设的具体标准。

需要整合的资源主要来自以下几个方面:

- 数字图书馆资源库
- 图书、期刊等的书目数据
- 其他系统建立的资源库
- 素材资料

资源的组织形式主要有以下几种格式:

- MARC 数据
- 格式文本文件
- 数据库文件
- HTML 文件
- 文本文件
- 多媒体文件

经过整合后数字资源在中文元数据与对象数据方面都应该符合"共享工程"提出的统一标准。

3. 资源共建共享模式

(1)资源共建

资源加工一般在国家中心和特定分中心进行,工作人员使用统一的资源加工软件创建若干特色资源库。特定分中心创建的资源通过互联网等方式将元数据和对象数据传递到中间节点。其他中心主要利用国家中心创建的资源数据。

(2)资源查询

系统采用元数据同步技术,国家中心建为资源门户网站,存放全部元数据,提供对所有资源统一的查询入口。其他中心可以在上级中心或国家中心选择部分或全部元数据,通过互联网等方式进行元数据同步,并提供对本地存放的元数据的查询入口,条件允许的可以通过互联网的方式访问国家中心或上级中心的门户网站,对相应中心的元数据进行查询。

(3)资源服务

系统采用对象数据同步技术,国家中心的资源门户网站,存放全部对象数据,提供对所有资源的应用服务界面。其他中心可以在上级中心或国家中心选择部分或全部对象数据,通过互联网等方式进行对象数据同步,并提供对本地存放的对象数据的应用服务,条件允许的可以通过互联网的方式访问国家中心或上级中心的门户网站,使用相应中心对象数据提供的应用服务。对于元数据在本地存放而对象数据不在本地的资源,可以通过互联网等方式激活上级中心或国家中心的资源发送服务,同步相应对象数据。或者直接访问存放在上级中心或国家中心的对象数据。对于不具备网络条件的基层中心可提供单机光盘版的服务系统。

(4)资源索取

下级中心在本地元数据集、对象数据集不足的情况下,在工作人员的干预下,激活本地的资源索取服务,提交索取请求。通过互联网等方式激活上级中心或国家中心的资源发送服务,传递请求,获取相应数据,并将获取的数据装入本地资源库。

发送服务的激活方式包括:

通过互联网等直接激活,发送索取请求,相应数据批量下载,装入到本地。

以 E-mail 等方式发送索取说明,由工作人员激活发送服务,将相应数据卸出为文件,传递到下级中心,并装入本地服务器。

(5)资源发送服务

国家中心或分中心启动资源发送服务,分析、响应下级中心的索取要求,将元数据或对象数据卸出、封装,通过互联网等方式将数据传递到下级中心。

4. 知识产权保护

知识产权保护需要从法律、运营、技术三个方面去考虑和解决,"共享工程"所涉及的数字资源的知识产权有很大部分在法律上难于很快明确,需要在实践的过程逐步解决。为此,在遵循现有有关法律的前提下,要尽快从运营和技术两个方面出发,建立公正和实用的运营模式和技术平台,为最终合法地解决数字版权保护问题提供一定的基础。

(三)技术实现

1. 网络平台

"共享工程"将充分利用我国现有的通讯主干网络,通过在各级中心运行的系统,实现文化信息资源的共享。

2. 国家中心系统

国家中心包含资源数字化、资源加工、资源转换、资源查询、资源服务、资源发送六个模块。

• 资源数字化主要功能为将未数字化资源数字化,将已数字化资源转换为指定格式。

• 资源加工主要功能为通过资源加工软件创建特色资源库。

• 资源转换主要功能为将指定格式的资源文件批量装入资源库。

• 资源查询主要功能为对本地存放的元数据提供查询功能。

• 资源服务主要功能为对本地存放的对象数据提供应用服务。

• 资源发送主要功能为响应下级中心的索取要求,提供相应数据。

资源上送到国家中心后,国家中心负责将资源数字化,经过资源加工、资源转换将资源装入资源库。用户通过资源查询在元数据中查询记录,通过资源服务得到数字资源的最终服务。国家中心通过资源发送响应下级中心的元数据、对象数据索取要求,解析索取要求,动态生成结果返回下级中心。

3. 省级分中心系统

省级分中心包含资源查询、资源服务、资源发送、资源索取四个模块。

资源索取主要功能为向国家中心提出资源索取请求,得到所需数据后装入本地资源库。其他模块主要功能同国家中心。

4. 基层中心系统

基层中心系统包含资源查询、资源服务、资源索取三个模块。

模块主要功能同国家中心与省级分中心。

四、实施步骤

(一)第一阶段(2002 年)

- 组建"共享工程"领导小组和专家咨询委员会
- 制定"共享工程"专项资金管理办法
- 调研并制订有关标准规范
- 开展全国文化信息资源现状调研,提出资源建设方案
- 建立项目试验系统,就网络平台、系统开发、资源建设、用户服务、项目管理等方面开展试验性运行
- 完成国家中心与若干省级分中心以及 300 个基层中心的联网;完成国家中心与文化部直属试点单位的联网
- 建立文化信息资源共享结算系统
- 完成资源建设总量的 20% ,并提供服务

(二)第二阶段(2003—2004 年)

- 采购、制作、整合各类数字文化信息资源
- 搭建元数据共享平台,联合目录系统投入试运行
- 完成国家中心与所有分中心的联网,以及分中心下属 3000 个基层中心的联网
- 完成文化部直属单位的联网
- 完成资源建设总量的 60% ,并提供服务

(三)第三阶段(2005 年)

- 全部完成资源建设规划,并提供服务
- 完成总体目标中的县、乡、街道、社区、基层中心的建设与联网

五、保障措施

"共享工程"既是一项文化建设项目,也是一项政府工程,应坚持公益性为主,科学规划,统一标准,加强管理,分步实施。

(一)建立健全组织机构

1. 成立全国文化信息资源共享工程领导小组

职责是:宏观规划建设方向;组织协调、指导资源建设和信息服务;协调网络通道使用;协调与有关部委、单位、地方主管部门的关系等事宜。

组 长:孙家正(文化部部长)

副组长:金立群(财政部副部长)

　　　　周和平(文化部副部长)

成 员:张少春(财政部教科文司司长)

　　　　李 雄(文化部计划财务司司长)

　　　　陈琪林(文化部社会文化图书馆司司长)

周小璞(文化部社会文化图书馆司副司长)

杨炳延(国家图书馆党委书记、常务副馆长)

领导小组下设办公室,办公室设在文化部。其职责是:组织起草建设规划和编制实施方案;负责专项资金的管理与使用;制定年度工作计划;制定国家中心章程,监督国家中心的运行;承担领导小组的日常工作等。

2. 成立全国文化信息资源共享工程专家咨询委员会

职责是:协助领导小组对"共享工程"的规划、实施方案、资源建设、标准规范、技术路线等重大问题给予咨询。专家咨询委员会由文化部聘请有关专家组成。

顾问:

胡启恒(中国科学院院士)

李国杰(中国科学院院士)

汪成为(中国科学院院士)

主任委员:

孙承鉴(中国数字图书馆工程建设专家委员会委员、研究员)

成员:

镇锡惠(中国数字图书馆有限责任公司技术总监、高级工程师)

杨力舟(中国美术馆馆长、一级美术师)

薛若琳(中国艺术研究院副院长、研究员)

韩宝强(中国艺术研究院音乐研究所副所长、副研究员)

缪其浩(上海图书馆副馆长、研究员)

陆行素(天津图书馆馆长、研究馆员)

李东来(辽宁省图书馆副馆长、研究馆员)

莫少强(广东省立中山图书馆副馆长、副研究馆员)

常　林(首都图书馆副馆长、副研究馆员)

郑智明(福建省图书馆馆长助理、副研究馆员)

赵红川(四川省图书馆馆长助理、副研究馆员)

3. 建立全国文化信息资源共享工程国家中心

国家中心设在国家图书馆内。主要职责是:负责工程实施的技术路线;组织起草有关项目管理办法与验收办法;制定、推广有关标准规范;具体组织全国性的数字资源建设;指导各省级分中心的业务建设;承担"共享工程"系统的日常运转工作。

(二)建立"共享工程"专项资金

1. 专项资金的使用原则

中央财政专项资金主要用于国家中心的软、硬件基础设施建设、资源建设、技术研发及人员培训;重点支持具有使用价值、能够体现中华民族优秀文化的重大项目;重点资助西部地区及其他老少边穷地区的基层中心建设。各地也应设立相应的专项资金。

2. 专项资金的管理

参照财政部印发的《中央部门项目支出预算管理试行办法》的有关规定,制定具体的全国文化信息资源共享工程项目专项资金管理办法。专项资金的使用要符合国家文化政策,遵守国家财务制度,坚持诚实申请、公正受理、科学评估、择优支持、专款专用的原则,建立项目与经费管理相互监督制约的机制,建立项目事前审核、事中监督和事后考核的管理体系,充分发挥政府有关部门、中介机构在决策管理过程中的管理、评议和咨询作用。

文化部、财政部关于印发《中华再造善本工程实施方案》的通知①

(2002 年 5 月 27 日　文社图发〔2002〕21 号)

各省、自治区、直辖市文化厅(局)、财政厅(局),新疆生产建设兵团文化局、财政局,国家图书馆:

我国以历史悠久、典籍丰富著称于世,保存在全国各地图书馆的古籍善本,极富文献研究价值和文物价值。这些传世古籍,种类繁多、形式多样,大部分在入藏前饱经兵、火、水、虫之害,已有不同程度的破损。特别是一些孤本绝版古籍,如遇突发性事件或不可抗力而遭损毁,将对中华文化的传承造成无法挽回的损失。为了确保这些古籍善本不致失传,使它们在建设有中国特色社会主义文化中发挥应有的作用,文化部和财政部决定在全国实施中华再造善本工程,有计划地利用现代出版印刷技术复制出版这些珍贵古籍善本,分藏于国家图书馆和各省、自治区、直辖市图书馆,供鉴赏和学术研究之用。为此,特制定《中华再造善本工程实施方案》,现印发给你们,请认真研究,并按照《中华再造善本工程实施方案》的要求,组织有关单位做好选题、申报工作,并于 2002 年 7 月 10 日前将选题申报书报送中华再造善本工程编纂出版委员会办公室。

联系人:张志清

通讯地址:北京中关村南大街 33 号国家图书馆善本部

邮政编码:10081

电话:88545008

传真:68716449

附件一:中华再造善本工程规划指导委员会名单

附件二:中华再造善本工程编纂出版委员会名单

附件三:中华再造善本工程选用底本标准

附件四:中华再造善本工程选题申报书(略)

中华再造善本工程实施方案

中华民族有着辉煌灿烂的传统文化,文化典籍中的善本古籍,是前人为我们留下的宝贵精神财富和历史见证,极富文献研究价值和文物价值。这些历经沧桑而幸存下来的"国之重宝",绝大部分收藏于国家图书馆和国内其他重要的图书馆。经调查,全国仅公共图书馆系统即收藏古籍 2750 万册,其中善本 250 万册。据 1995 年出版的《中国古籍善本书目》初步统计,现存古籍善本中传世孤本有 45 000 余种,这些珍贵的善本古籍,有许多亟须抢救。

党和政府历来重视古籍善本的保护和利用,但因图书馆保管条件有限,许多古籍善本保存状况堪忧。同时,为减少对善本古籍的损害,图书馆多年来一直采取"保管重于流通"的管

---

① 该文件原文来自"律商网"数据库,检索日期:2013 年 7 月 30 日。

理办法。这既不利于弘扬中华优秀传统文化、繁荣学术研究,也不利于发挥这些宝贵的文化遗产启迪民智、古为今用的重要作用。当前,时逢盛世,有计划地保护、开发、利用善本古籍,对于中华民族复兴伟业、传承中华民族优秀文化意义重大,是一件功在当代、泽被万世的大事,是坚持中国先进文化前进方向的重要举措。

基于我国古籍善本的保护现状,经过充分的调研与论证,文化部、财政部拟在全国实施中华再造善本工程,目的是利用现代出版印刷技术,把现存于世的珍贵的中华古籍善本有计划地复制出版,合理地保护、开发、利用善本古籍,为学界所应用,为大众所共享。

一、指导思想和原则

以善本古籍的安全保护、开发利用为出发点,以弘扬中华民族优秀传统文化,促进社会主义先进文化发展为目的,坚持统筹规划,兼顾抢救、保护与利用,先易后难,滚动发展。

二、建设目标

在"十五"期间,采用现代出版印刷技术,完成反映原貌、质量上乘的再造善本精品约1000种,统一装帧,统一编号,形成整套丛书。

根据古籍善本的文物、学术价值和版本特点,采用不同的"再造"方式:

1. 选择具有珍贵文物价值的古籍善本,复制出版,分藏于国家图书馆及各省、自治区、直辖市图书馆;

2. 选择部分具有学术研究价值的古籍善本,根据需求适量出版;

3. 选择部分古籍善本进行高档装帧设计,作为党和国家领导人及有关部门公务活动的礼品。

三、组织机构

(一)组建中华再造善本工程规划指导委员会(以下简称指导委员会)。其职责是宏观规划建设方向;协调、指导整体工作;制定年度工作计划;管理专项经费。主任由文化部、财政部部长担任,副主任由文化部、财政部分管部领导担任,委员由文化部、财政部相关司局领导及部分专家担任。指导委员会下设办公室,承担指导委员会的日常工作。办公室暂设文化部。

(二)组建中华再造善本工程编纂出版委员会(以下简称编纂委员会)。其职责是:组织、推荐、评议、审核、论证预选书目;对工程有关学术问题提供咨询意见,负责工程的日常编纂、出版工作。编纂委员会由古籍版本专家组成,下设办公室,承担编纂委员会的日常工作。办公室暂设国家图书馆。

四、运作方式

实施中华再造善本工程,是一项政府文化工程,是贯穿"十五"期间的一项重要工作。要加强领导,统筹规划,科学论证,发挥文献提供单位的积极性,加强科学管理。

(一)选用底本标准

中华再造善本工程选用底本应符合善本所要求的文物性、资料性和艺术性;要选取具有较高文物、资料和艺术价值的珍稀罕见本,同时应综合考虑善本的存量、分布、现状、功能、质地和流传经过等因素,选择现存数量少、保存状况不佳、流传过程富于传奇色彩的经典文献。根据上述原则,制定了《中华再造善本工程选用底本标准》(见附件三)。

根据《中华再造善本工程选用底本标准》选定底本后,应根据底本的版本价值等不同情况向提供底本单位拨付底本费。

（二）申报与出版

1. 申报程序

（1）文献提供单位应根据《中华再造善本工程选用底本标准》，将所推荐底本填写选题申报书报送编纂委员会办公室。编纂委员会亦可直接约请专家选目。

（2）编纂委员会根据建设目标与年度计划，对选目进行审核，形成评审意见，报指导委员会审定。

2. 出版

（1）编纂委员会将经指导委员会审定的意见下达给指定出版单位，出版单位提出设计制作出版方案，报编纂委员会。方案内容应包括设计思路、总体构想、使用材料、印刷与装帧技术、资金预算、所需时间、印数及价格等。

（2）编纂委员会对出版单位上报方案进行审核后，报指导委员会审定，指导委员会审定后与出版单位签订出版协议。

（3）样书出版通过编纂委员会验收后，由指导委员会拨付资金。

（4）为确保再造善本的制作质量，由指导委员会确定具有较好资质的出版社承担出版任务。

（5）再造善本的版权归指导委员会所有，任何单位未经允许不得复制出版。

（三）样本缴送

出版单位应按规定向新闻出版总署、国家图书馆、版本图书馆及提供底本单位缴送样本。

（四）发行

再造善本出版后，将向国内外适量发行，发行收入除按一定比例付给底本提供单位和出版单位外，将主要用于工程的再投入。

五、专项经费的管理与使用

工程将实行政府补贴、市场运作。收入部分再投入工程建设，实现滚动发展。每年7月，编纂委员会提出下一年度经费预算，经指导委员会审定后上报财政部。中华再造善本工程专项经费（以下简称专项经费）是中央财政安排用于再造善本出版和相关管理工作开支的补助经费。专项经费实行专项申报，逐项核对，专款专用，跟踪反馈的管理办法。每年出版任务完成后，出版单位应编制经费使用情况报告，经指导委员会审核后报文化部和财政部。专项经费必须接受文化部、财政部与审计等部门的监督与检查。

附件一：中华再造善本工程规划指导委员会人员名单

主任委员：孙家正（文化部部长）

　　　　　项怀诚（财政部部长）

副主任委员：周和平（文化部副部长）

　　　　　　金立群（财政部副部长）

　　　　　　任继愈（国家图书馆馆长）

委员：张少春（财政部教科文司司长）

　　　李　雄（文化部计划财务司司长）

　　　陈琪林（文化部社会文化图书馆司司长）

　　　杨炳延（国家图书馆党委书记、常务副馆长）

　　　安平秋（高等学校古籍整理委员会主任）

傅熹年(建设部建筑研究院研究员、院士)

李致忠(国家图书馆研究馆员)

程高华(中国社会科学院历史所研究员)

潘寅生(甘肃省图书馆研究馆员)

王世伟(上海图书馆研究馆员)

指导委员会办公室

主任:陈琪林(文化部社会文化图书馆司司长)

副主任:张彦博(国家图书馆副馆长)

成员:王家新(财政部教科文司文化处处长)

　　　刘小琴(文化部社会文化图书馆司图书馆处处长)

　　　边　伟(文化部计划财务司财务预算处处长)

　　　胡惠英(国家图书馆计财处副处长)

附件二:中华再造善本工程编纂出版委员会人员名单

学术顾问(按姓氏笔画排序):

　　　朱家溍(博物院研究员)

　　　启　功(中央文史馆馆长、北京师范大学中文系教授)

　　　李学勤(中国社会科学院历史所研究员)

　　　季羡林(北京大学东语系教授)

　　　侯仁之(北京大学地理系教授、院士)

　　　宿　白(北京大学考古系教授)

主任委员:李致忠(国家图书馆研究馆员)

委员:(按姓氏笔划排序)

　　　方广锠(中国社会科学院宗教所研究员)

　　　冯其庸(中国艺术研究院研究员)

　　　史金波(中国社会科学院民族研究所研究员)

　　　白化文(北京大学信息管理系教授)

　　　许逸民(原国家古籍整理小组秘书长、中华书局编审)

　　　朱凤瀚(中国历史博物馆馆长、研究员)

　　　周小璞(文化部社会文化图书馆司副司长)

　　　傅璇琮(中华书局原总编、编审)

编纂委员会办公室

主任:周小璞(文化部社会文化图书馆司副司长)

副主任:陈　力(国家图书馆副馆长)

成员:

　　　王家新(财政部教科文司文化处处长)

　　　张小平(文化部社会文化图书馆司图书馆处副处长)

　　　张志清(国家图书馆善本部主任、副研究馆员)

　　　刘乃英(首都图书馆副研究馆员)

李国庆(天津图书馆副研究馆员)

陈先行(上海图书馆副研究馆员)

郭又陵(北京图书馆出版社社长)

附件三:中华再造善本工程选用底本标准

"中华再造善本工程"(以下简称"再造善本")是大规模保护、复制珍稀善本特藏、传播中华优秀传统文化的国家级工程。"再造善本"选用底本的总原则是选取具有较高文物、资料和艺术价值的珍稀罕见本。以汉文和少数民族古籍为主,兼顾其他特藏文献。选择底本应综合考虑典籍的存量、分布、现状、功能、质地和流传经过等因素,选择现存数量少,保存状况不佳,流传过程富于传奇色彩的经典文献,以使珍贵文献化身千百,永久流传。

具体选用标准如下:

一、收录范围

(一)在中国书籍史和印刷史上具有代表性的珍贵典籍;

(二)海内外仅存的孤本,或流传稀少、具有重要版本价值的典籍;

(三)流传有序、递藏分明,有众多学者、藏书家题跋、评论、校勘的珍贵典籍特藏;

(四)著名作品的稿本或有代表性抄本;

(五)反映中国优秀传统文化的经典作品,包括中国思想、政治、经济、军事、科学、教育、文学、艺术、地理史上的珍贵善本;

(六)具有独特历史资料价值的珍贵古籍特藏。此类文献的选择应注意促进民族团结,维护祖国统一,反映古代与近代中外友好往来与相互交流。

(七)其他具有重要历史、艺术、科学价值的代表性作品。

二、时代特点

"再造善本"选取底本的时间跨度很大,在把握"再造善本"的整体风貌时,各个时期具有典型意义的善本特藏应有完整、系统的反映。

三、区域特点

"再造善本"选取底本应注重区域特点。如敦煌地区的唐代写本,浙江、福建等地的宋代刻本等,都有一定的区域特点,应有所侧重,同时也应顾及该时期其他地区的代表作品。在选择底本时,涉及边境问题和民族问题应符合国家有关法规和政策。

四、形式风格

"再造善本"原则上将进行仿真再造,并有统一的装帧形式。选择底本时,对需保持其原始风貌的典籍应特别标明。

文化部关于印发《全国文化信息资源共享工程管理暂行办法》的通知①

(2002 年 6 月 30 日　文社图发〔2002〕26 号)

各省、自治区、直辖市文化厅(局)、计划单列市文化局,国家图书馆、全国文化信息资源共享

---

① 该文件原文来自"北大法宝"数据库,检索日期:2013 年 7 月 30 日。

工程国家中心:

为保证全国文化信息资源共享工程的顺利实施,规范和加强工程的组织、管理工作,根据文化部、财政部联合印发的《关于实施全国文化信息资源共享工程的通知》和全国文化信息资源共享工程实施方案,我部制定了《全国文化信息资源共享工程管理暂行办法》。现印发给你们,请遵照执行。

全国文化信息资源共享工程管理暂行办法

第一章　总则

第一条　为保证全国文化信息资源共享工程(简称"共享工程")的顺利实施,规范和加强工程的组织、管理工作,根据文化部、财政部联合下发的《关于实施全国文化信息资源共享工程的通知》和全国文化信息资源共享工程实施方案,制定本办法。

第二条　全国文化信息资源共享工程是一项利用现代高新技术手段,整合中华优秀传统文化和全国各类文化信息资源,通过通讯网络为社会公众享用的文化工程,遵循公益性为主、社会效益第一的原则。

第三条　"共享工程"遵循统一领导、统筹规划、分级管理、分级负责的原则。

第四条　"共享工程"专项资金的使用与管理,按照文化部、财政部印发的《全国文化信息资源共享工程专项资金管理暂行办法》执行。

第二章　组织管理

第五条　为加强工程的组织领导,全国文化信息资源共享工程成立领导小组和专家咨询委员会。在国家图书馆建立全国文化信息资源共享工程国家中心(简称国家中心)。

第六条　全国文化信息资源共享工程领导小组主要职责是:

(一)负责制定工程有关政策和工程建设规划,审定实施方案。

(二)组织专家对重大技术问题进行论证。

(三)指导、协调全国性的资源建设和技术研发。

(四)负责与有关部委的协调。

(五)审定年度工作计划并监督执行。

(六)制定国家中心职责,指导、监督国家中心的运行。

(七)制定工程管理办法,审定项目管理实施细则。

(八)批准工程有关技术标准规范的实施,指导人员培训工作。

(九)制定工程专项资金管理办法,审定专项资金预算方案,指导、监督、检查专项资金的使用。

(十)指导各地制定工程实施方案。

"共享工程"领导小组下设办公室,承担日常工作。

第七条　全国文化信息资源共享工程专家咨询委员会主要职责是:协助领导小组对"共享工程"的规划、实施方案、资源建设、标准规范、技术路线等重大问题进行咨询与论证。

第八条　全国文化信息资源共享工程国家中心主要职责是:

(一)负责规划、设计和实施"共享工程"的总体技术方案,编制经费预算草案。

(二)负责组织有关技术标准规范的研发、制定、推广工作。

(三)负责文化信息资源整合总体方案的设计和分步实施,并负责资源库的管理。

（四）负责指导省（区、市）分中心（以下简称分中心）的业务建设，包括技术指导、资源建设、人员培训、服务指导等。

（五）负责国家中心与各分中心之间数字资源的同步与更新，"共享工程"系统正常运转的各项工作。

（六）根据"共享工程"领导小组的要求，制定具体项目的实施细则，负责项目质量控制和验收工作。

（七）完成"共享工程"领导小组交办的其他工作。国家中心的经费单独核算。

第九条　各省、自治区、直辖市应成立相应的文化信息资源共享工程领导小组，组织、领导本地的"共享工程"工作。同时，在各省、自治区、直辖市建立"共享工程"分中心。

第十条　各省、自治区、直辖市"共享工程"领导小组向全国"共享工程"领导小组报送本省"共享工程"工作方案，经论证确认后，由国家中心与分中心签订实施协议。

第三章　资源建设管理

第十一条　"共享工程"资源建设实行统一规划、统一标准、宏观协调，避免重复建设。

第十二条　国家中心和分中心在资源建设中要严格遵循国家有关法律、法规，保护著者和制作者的权益。

第十三条　分中心在资源建设中应紧密结合本地区文化信息资源的特点，重点建设有地方特色的文化信息资源。

第十四条　分中心制作的数字资源，可以整合到国家中心的资源库中，实行集中发送服务；也可以存放在本省分中心的数据库中，采取分布式服务。

第四章　分中心和基层中心的管理

第十五条　分中心应当具备如下条件：

（一）局域网主干通讯能力不低于100MB。

（二）对外网络接口不低于2MB。

（三）局域网工作站总数不少于60台。

（四）配置专用服务器的硬盘容量不少于500GB。

（五）配有专职技术人员与资源加工人员。

（六）设备条件可支持30个以上基层中心的建设。

第十六条　分中心负责本省（区、市）文化信息资源的建设与服务，负责本省（区、市）网络运行的维护，指导基层中心的建设，培训基层中心工作人员。

第十七条　基层中心可设在地、市、县、乡镇、街道、社区、村等各级文化设施内，应当有专门的服务场所和设备，应保证阅读书、报、刊和文化娱乐动静分开。

第十八条　基层中心应配备专人（专职或兼职）对设备进行操作和管理，同时负责监督和制止制作、查阅、传播、复制有害信息和危害网络安全的行为。工作人员应具有高中以上学历并经过专门培训。

第十九条　各级中心均要建立用户用机登记制度，对用户名称、证件代码、用机代码、用机起止时间等内容进行登记，登记记录保存时间不得少于60日。服务系统必须具备完善的日志文件管理功能，日志文件保存时间不得少于60日。

第五章　信息服务管理

第二十条　各级中心均应在局域网范围内积极开展面向社会公众的文化信息服务。可根据不同用户对象、不同时间或季节合理安排活动项目,以充分利用现有设备和"共享工程"网上资源。

第二十一条 各级中心要加强对用户的管理,要在室内服务场所显著位置悬挂有关网络信息服务的规章制度,并明确规定:

(一)用户不得利用各中心的设备和场所,制作、传播含有色情、赌博、暴力、愚昧、迷信等不健康内容的电脑游戏和信息。

(二)用户不得从事危害网络安全和信息安全的行为。

(三)用户不得利用互联网上网制作、复制、查阅、发布、传播含有下列内容的信息:

1. 反对宪法所确定的基本原则的;

2. 危害国家、泄露国家秘密,颠覆国家政权,破坏国家统一的;

3. 损害国家荣誉和利益的;

4. 煽动民族仇恨、民族歧视,破坏民族团结的;

5. 破坏国家宗教政策,宣传邪教和愚昧迷信的;

6. 散布谣言,扰乱社会秩序,破坏社会稳定的;

7. 散布淫秽、色情、赌博、暴力、凶杀、恐怖或者教唆犯罪的;

8. 侮辱或者诽谤他人,侵害他人合法权益的;

9. 法律、行政法规禁止的其他内容。

第二十二条 对服务效果显著、资源建设工作突出的分中心,经"共享工程"领导小组办公室和国家中心评选,给予表彰和奖励。

第二十三条 分中心和基层中心如果无特殊故障不能正常开展活动或有与"共享工程"服务宗旨相违背的行为,一经发现,将酌情予以通报批评或停止提供资源、收回补助资金。

<h3 style="text-align:center">第六章 附则</h3>

第二十四条 本管理办法由全国文化信息共享工程领导小组负责解释。

第二十五条 本管理办法自发布之日起施行。

文化部、财政部关于印发《全国文化信息资源共享工程专项资金管理暂行办法》的通知①

(2002 年 7 月 2 日　文计发〔2002〕27 号)

各省、自治区、直辖市和计划单列市文化厅(局)、财政厅(局),全国文化信息资源共享工程中心:

为保证全国文化信息资源共享工程的顺利实施,规范和加强全国文化信息资源共享工程专项资金的管理,提高资金使用效益,根据有关财经制度和全国文化信息资源共享工程实施方案,我们制订了《全国文化信息资源共享工程专项资金管理暂行办法》。现印发给你们,请遵照执行。

---

① 该文件原文来自中华人民共和国财政部网站(http://www.mof.gov.cn/),检索日期:2013 年 10 月 8 日。

附件:全国文化信息资源共享工程专项资金管理暂行办法

第一章　总则

第一条　为保证全国文化信息资源共享工程的顺利实施,规范和加强全国文化信息资源共享工程专项资金(以下简称专项资金)的管理,提高资金使用效益,根据有关财经制度和全国文化信息资源共享工程实施方案,制订本办法。

第二条　专项资金是中央财政安排用于对全国文化信息资源进行数字化加工、整合,并通过网络为社会公众享用的文化工程及其相关管理工作的补助经费。

第三条　专项资金遵循统一领导、分级管理、分级负责的原则。

第四条　专项资金必须按照规定用途,专款专用。任何部门和单位不得挤占、挪用。

第五条　专项资金的使用必须接受文化、财政、审计等部门的监督检查。

第二章　专项资金的使用范围

第六条　专项资金重点用于全国文化信息资源共享工程国家中心(以下简称国家中心)、西部及老少边穷地区的省(区、市)级分中心和基层中心的补助。

第七条　专项资金的具体使用范围包括:

一、国家中心文化信息资源的采集、加工费;

二、国家中心设备购置、网络系统运行和维护经费;

三、国家中心软件研制和开发费用;

四、国家中心知识产权购置费用;

五、需要重点扶持地区的省(区、市)级分中心和基层中心设备购置补助费用;

六、人员培训费用;

七、工程管理费;

八、其他相关费用。

第八条　全国文化信息资源共享工程领导小组(以下简称领导小组)按照专项资金的5%提取工程管理费,其开支范围包括会议经费、调研经费、审计检查费用、其他相关费用等。

第九条　全国文化信息资源共享工程专家咨询委员会的咨询、论证等费用在国家中心的有关经费中列支。

第三章　专项资金的申请和审批

第十条　申报专项资金的单位必须具备规定的基础条件。凡具备基础条件且符合补助范围的单位可申请专项资金,申请时间为每年1月1日至5月30日。

第十一条　申请单位应认真填写"全国文化信息源共享工程专项资金申报书"。

第十二条　国家中心的经费直接向文化部计划财务司申请。

第十三条　省(区、市)文化行政部门所属单位以及地、市、县文化部门所属单位申请专项资金时,均需逐级上报省(区、市)文化行政部门,经省(区、市)文化行政部门和财政部门审核汇总后,向文化部、财政部提出申请。凡越级上报或单独自行上报的申请均不予受理。

第十四条　对国家中心、各省(区、市)文化行政部门和财政部门报来的申请,由文化部计划财务司审核汇总,根据当年专项资金的经费预算,制定资金分配方案,报经领导小组批准后,下达补助经费指标。

第四章　专项资金的管理与监督

第十五条　专项资金实行专项申报、逐项核定、专款专用、直接支付、跟踪反馈的管理办法。

第十六条　文化部、财政部负责国家中心使用的专项资金的管理和监督。省(区、市)文化行政部门和财政部门负责本地区使用的专项资金的管理和监督。

第十七条　对需要采取政府采购的设备、物资,按照政府采购的有关规定办理。

第十八条　专项资金由财政部直接支付,根据项目实施进度,一次或分次拨付用款单位。

第十九条　当年未完工项目,结余资金结转下年度继续使用。

第二十条　每年第一季度,国家中心、省(区、市)文化行政部门和财政部门应将上年专项资金使用情况上报文化部、财政部。

第二十一条　文化部、财政部对专项资金的使用实行定期和不定期检查。对补助金额较大的单位或者项目,作重点检查或审计。

第二十二条　凡有下列行为之一的,文化部、财政部将暂停核批申报单位的补助项目,收回已拨经费,并根据财政部有关规定追究相关人员的责任:

一、虚报基础条件而取得补助经费;

二、虚列补助经费预算;

三、擅自变更补助项目内容;

四、挪用专项资金;

五、因管理不善,造成国家财产浪费和损失。

第五章　附则

第二十三条　本办法由文化部、财政部负责解释。

第二十四条　本办法自发布之日起施行。

文化部关于开展 2003 年县以上公共图书馆评估定级工作的通知[①]

(2002 年 12 月 1 日　文社图发〔2002〕54 号)

各省、自治区、直辖市文化厅(局),国家图书馆:

1994 年以来,我部对全国县以上公共图书馆进行了两次评估定级。实践证明,运用评估定级这一工作手段,不仅可以极大地调动图书馆工作者争先创优的积极性,促进图书馆的业务建设与科学管理,提高图书馆的服务水平,而且有利于改善图书馆的办馆条件,大大推动全国公共图书馆事业的发展。

为贯彻落实"三个代表"重要思想和党的十六大精神,进一步推动图书馆事业的建设与发展,提高各级公共图书馆在新时期的服务水平和办馆效益,更好地发挥图书馆在社会主义物质文明和精神文明建设中的作用,我部决定 2003 年在全国开展第三次公共图书馆评估定级工作。

---

① 该文件原文来自"律商网"数据库,检索日期:2013 年 7 月 30 日。

一、评估定级工作范围

这次评估定级的对象是全国省、地、县公共图书馆(包括少年儿童图书馆)。

凡开馆接待读者的图书馆都要参加评估,要对照评估标准的要求,寻找差距,努力整改,"以评促建",一方面积极争取改善办馆条件,另一方面努力改进图书馆各项业务工作与管理工作,不断提高服务水平,这是评估工作的根本目的。因此,因基建或搬迁等原因闭馆的图书馆须经上一级文化行政主管部门批准方可不参加评估。

二、图书馆评估定级标准

评估定级工作以我部制定的省、地、县公共图书馆评估标准和定级必备条件(见附件)为依据,由我部命名一、二、三级图书馆,颁发证书和标牌。

这次评估的数据原则上以 2002 年底的数据为准(标准中另有规定的除外),如果 2003 年评估时的数据高于 2002 年数据,可取高值。

三、评估定级工作的组织领导

为加强领导,精心组织,我部成立公共图书馆评估定级工作领导小组。

组长:周和平(文化部副部长、中国图书馆学会理事长)

副组长:张　旭(社会文化图书馆司司长)

　　　　杨炳延(国家图书馆副馆长、中国图书馆学会常务副理事长)

执行副组长:

　　　　周小璞(社会文化图书馆司副司长)

　　　　孙蓓欣(中国图书馆学会副理事长)

成　员:刘小琴(社会文化图书馆司助理巡视员)

　　　　张小平(社会文化图书馆司图书馆处副处长)

　　　　汤更生(中国图书馆学会秘书长)

各地也要成立相应的领导机构。其主要职责是:制定评估工作计划,审定专家评估组名单,对评估工作进行指导;审核图书馆的评估结果和定级名单,对评估工作进行总结与分析。

四、评估定级工作方式

图书馆评估定级工作在各级图书馆评估工作领导小组的组织领导下进行。具体的图书馆评估工作采取由文化行政主管部门委托各级图书馆学会组织专家评估组对各个图书馆进行实地评估的方式进行。

中国图书馆学会受我部委托,负责组织专家评估组,对省级图书馆和副省级城市、计划单列市图书馆进行评估。

各省、自治区、直辖市图书馆学会受当地文化厅(局)委托,负责组织专家评估组对所属地(市)、县图书馆进行评估。

专家评估组成员一般应具有副研以上专业职称,熟悉图书馆评估标准,有一定的评估工作经验,公道、正派。评估组的名单应经各级图书馆评估工作领导小组审定。

各省(自治区、直辖市)文化厅(局)业务主管部门应参与部分图书馆评估工作,以掌握第一手资料。

五、评估定级工作步骤

(一)2003 年 6—8 月对地、县图书馆进行评估。

(二)2003 年 8—10 月对省级图书馆、副省级城市、计划单列市图书馆进行评估。

(三)2003 年 9 月各省、自治区、直辖市文化厅(局)将地、县图书馆的评估结果和总结报告报我部社会文化图书馆司。

(四)2003 年 10—11 月我部委托中国图书馆学会组织专家对各地的评估结果进行分析,初步确定定级分数线并提出省、地、县图书馆和少年儿童图书馆的建议等级,报我部审批。

(五)2003 年 12 月经我部审核并征求各省、自治区、直辖市文化厅(局)意见后,确定省、地、县图书馆和少年儿童图书馆的等级,并命名一、二、三级图书馆。

请各地将评估工作领导小组名单及评估工作的安排于 2003 年 1 月底前报我部社会文化图书馆司;各地图书馆学会组织的评估组名单经当地评估工作领导小组审定后,于 2003 年 4 月底前报送中国图书馆学会秘书处。

附件:1. 省、地、县图书馆、少儿图书馆评估标准(略)

2. 省、地、县图书馆、少儿图书馆定级必备条件(略)

教育部关于印发《中小学图书馆(室)规程(修订)》的通知①

(2003 年 3 月 25 日　教基〔2003〕5 号)

各省、自治区、直辖市教育厅(教委),计划单列市教育局,新疆生产建设兵团教委:

为贯彻落实《国务院关于基础教育改革与发展的决定》,全面推进素质教育,我部修订了原国家教委发布的《中小学图书馆(室)规程》。现将修订后的《中小学图书馆(室)规程(修订)》(以下简称《规程》)印发给你们,并将执行《规程》的有关要求通知如下:

一、各级教育行政部门要充分认识贯彻落实《规程》的重要意义,要根据《规程》,结合工作实际,制订贯彻落实《规程》的具体意见和办法。要进一步加强中小学图书管理工作,把加强中小学图书馆(室)的建设,使其规范化、科学化和现代化,作为教育图书管理工作的一项中心工作来抓。

二、进一步加大对中小学图书馆(室)建设的经费投入。各级教育行政部门要在每年的教育经费中按一定比例设立图书专项经费,保证中小学图书馆(室)购买图书资料的需要。学校要多渠道筹措经费。积极鼓励企业、社会团体和公民个人对中小学图书馆(室)建设的捐助。

三、中小学图书馆(室)的现代化是中小学教育现代化的重要体现,各地要将中小学图书馆(室)的信息化建设作为教育信息化建设的一项重要内容。

要加强数字图书馆和图书资源中心的建设。对建有或在建局域网或城域网的地区,要以某个中心学校或教育部门网络中心为依托,建设图书中心,辐射周边学校,实现资源共享。

我部将征集评选优秀的中小学图书管理信息系统软件,向各地推荐,各地要积极创造条件予以采用。

四、各地要采取有效措施,积极开展各种读书活动,鼓励各地中小学图书馆(室)对社区、

---

① 该文件原文来自中华人民共和国教育部网站(http://www.moe.gov.cn/),检索日期:2013 年 10 月 18 日。

学生业余时间开放,提高图书的借阅率、使用率,充分发挥中小学图书馆(室)的使用效益。

五、进一步加强中小学图书管理队伍的建设。一方面要采取切实措施解决好图书馆(室)工作人员的待遇、专业技术职务聘任等问题,保证队伍的稳定;另一方面要重视和加强队伍的培训提高工作。

六、各级教育行政部门要采取有力措施,整顿和规范教育图书市场,理顺和完善教育图书供应体制。在各地图书采购工作中,要采取招、投标方式,杜绝内定行为和个人行为,更不得强制配备。要把好图书质量关,杜绝盗版和质量低劣的图书流入学校图书馆(室)。

七、经济发达地区教育行政部门要组织本地区中小学积极开展对经济欠发达地区中小学图书的对口支援工作。把一些有利用价值的图书收集起来赠送给贫困地区。并积极开展对贫困地区教师的培训工作,鼓励校际间开展广泛交流。

八、未实现“两基”的贫困地区图书馆(室)建设标准继续按“两基”验收标准执行;已实现“两基”的农村地区,要做好巩固提高工作,向新《规程》相应标准靠齐;大中城市和经济发达地区中小学图书馆(室)建设按新《规程》一类标准执行,在图书馆(室)的管理、建设、使用效益以及图书馆(室)现代化等方面达到较高水平。

九、各地教育行政部门要加强对中小学图书管理工作和中小学图书馆(室)建设工作的检查指导,并将其列为对中小学校综合督导评估的一项内容。

中小学图书馆(室)规程(修订)

第一章 总则

第一条 为加强中小学图书馆(室)(以下简称图书馆)规范化、科学化、现代化建设,为学校教育教学服务,特制定本规程。

第二条 本规程所指的图书馆是指由政府、企事业单位、社会团体、其他社会组织及公民个人依法举办的全日制中小学校的图书馆。

第三条 图书馆是中小学校的书刊资料信息中心,是为学校教育、教学和教育科学研究服务的机构。

图书馆的基本任务:

贯彻党和国家的教育方针,采集各类文献信息,为师生提供书刊资料、信息;利用书刊资料对学生进行政治思想品德、文化科学知识等方面的教育;指导学生课内外阅读,开展文献检索与利用知识的教育活动;培养学生收集、整理资料,利用信息的能力和终身学习的能力;促进学生德、智、体、美等全面发展。

第二章 管理体制和人员

第四条 省级教育行政部门负责图书馆建设工作的规划和管理工作,指导教育技术装备机构做好图书馆建设的组织、协调、配备、使用、培训、评估等具体业务工作。

图书馆实行校长领导下的馆长负责制。

第五条 图书馆负责人要具有图书馆专业知识。中学图书馆工作人员应具备大专以上文化程度,小学图书馆工作人员应具备中专(含高中)以上文化程度,并具有基本的图书馆专业技能和计算机操作技能。图书馆要设专职管理人员。图书馆工作人员编制在本校教职工编制总数内合理确定。

第六条 图书馆专业人员实行专业技术职务聘任制。

图书馆工作人员专业技术职务聘任参照国家有关规定执行。图书馆工作人员在调资晋级或评奖时,应与教学人员和教学辅助人员等同看待,并按国家有关规定享受相应的福利待遇。

第三章　管理与使用

第七条　图书馆应根据学校教育、教学和教研工作的需要广泛采集国内外相关图书资料。

有条件的学校图书馆要积极配备各类电子读物,将有保存价值的馆藏图书制作成电子文档。

第八条　图书资料的配备应以学生需求为主,兼顾教师。图书馆的藏书,应当包括适合中小学生阅读的各类图书和报刊,供师生使用的工具书、教学参考书、教育教学研究的理论书籍和应用型的专业书籍。图书馆藏书应做到结构合理,要按《中小学图书馆(室)藏书分类比例表》配备。

第九条　图书馆藏书量不得低于《图书馆(室)藏书量》的规定标准。各地可结合本地区中小学校特点和实际情况制定图书复本量标准及增新剔旧(剔除)原则。配备复本量应视学校规模而定。图书馆每年要剔旧更新图书,一般每年新增图书比例应不少于藏书标准的1%。

第十条　图书馆应建立书刊总括登录和个别登录两种账目。

第十一条　图书应按《中国图书馆图书分类法》进行分类;期刊应按《中国图书馆图书分类法期刊分类表》进行分类。

第十二条　图书著录应符合国家规定的《普通图书著录规则》标准;期刊著录应符合国家规定的《连续出版物著录规则》,计算机编目按《中文图书机读目录格式》进行。

第十三条　实行卡片目录的中学图书馆应设有书名目录和分类目录,条件好的图书馆可增设著者目录。小学图书馆要设书名目录。

采用全开架借阅和半开架借阅方式的小学图书馆可不设书名目录。

实行计算机管理的图书馆,计算机能够满足师生进行书目检索的,可废止卡片目录。

第十四条　图书馆应以全开架借阅和半开架借阅为主。要开展好外借、阅览、宣传推荐等服务工作,并发挥班级图书角、图书箱的作用。

第十五条　图书馆要配合学科教师组织形式多样的读书活动,对学生进行课外阅读指导,并开展图书情报教育课、图书和图书馆知识介绍、工具书使用方法、图书的选择和读书方法以及读书卫生知识等方面的指导。学校应开设阅读指导课并纳入教学计划,有条件的学校要开设电子阅览指导课,指导学生正确运用电子阅读系统。

第十六条　各地要充分发挥图书馆的作用,鼓励图书馆对社会开放。经济欠发达地区,要重视和加强乡镇中心图书馆的建设,辐射周边学校,做到资源共享。

第四章　条件保障

第十七条　图书馆应配备书架、阅览桌椅、出纳台、报刊架、书柜、目录柜、文件柜、陈列柜、办公桌椅、装订设备、安全设备等必要的设施、设备,并有计划地配置复印、声像、文献保护、计算机(网络设备)、扫描仪、刻录机、打印机等设备。图书馆要设置藏书室(包括学生借书处)、学生阅览室、教师阅览室。有条件的学校可按学科分类设置阅览室和电子阅览室、电子资料室、多功能学术报告厅等。

图书馆应逐步实行计算机管理。图书馆要重视和加强图书馆与校园网(城域网)的结合,实现网上电子图书资源共享。

第十八条　城市中小学校图书馆建设标准应不低于现行《城市普通中小学校校舍建设标准》的规定,有条件的学校可建立独立的图书馆。电子阅览室生均使用面积不低于1.9平方米。

农村中小学校图书馆的规模由各地教育行政部门结合实际情况参照上述标准制定。

图书馆应有良好的避风、换气、采光、照明、防火、防潮、防虫等条件。

第十九条　图书馆建设应以政府投入为主。各级教育行政部门每年应在教育经费中按一定比例设立图书专项经费,各地教育图书管理部门要做好统筹安排,组织实施。学校要多渠道筹措图书经费。

提倡和鼓励社会和个人捐助图书馆建设。

第五章　附则

第二十条　特殊教育学校图书馆的建设参照本规程执行,各地乡镇中小学图书中心的建设参照本规程高标准要求执行。

第二十一条　本规程自2003年5月1日起施行,1991年8月29日发布的《中小学图书馆(室)规程》同时废止。

附表一:图书馆(室)藏书量

	完全中学		高级中学		初级中学		小学	
	1类	2类	1类	2类	1类	2类	1类	2类
人均藏书量(册数)(按在校学生数)	45	30	50	35	40	25	30	15
报刊种类	120	100	120	100	80	60	60	40
工具书、教学参考书种类	250	200	250	200	180	120	120	80

附表二:中小学图书馆(室)藏书分类比例表

部类			分类比例	
五大部类	22个基本部类		小学	中学
第一大类	A 马列主义毛泽东思想		1.5%	2%
第二大类	B 哲学、宗教		1.5%	2%
第三大类	C 社会科学纵论		64%	54%
	D 政治法律			
	E 军事			
	F 经济			
	G	文化科学		
		教育		
		体育		
	H 语言文学			
	I 文学			
	J 艺术			
	K 历史地理			

续表

部类		分类比例	
第四大类	N 自然科学总论 O 数理科学和化学 P 天文学地球科学 Q 生物科学 R 医药卫生 S 农业科学 T 工业技术 U 交通运输 V 航空、航天 X 环境科学、劳动保护科学	28%	38%
第五大类	Z 综合性图书	5%	4%

文化部、财政部关于印发《送书下乡工程实施方案》的通知①

(2003 年 4 月 16 日　文社图发〔2003〕14 号)

各省、自治区、直辖市文化厅(局)、财政厅(局)、国家图书馆:

　　为深入贯彻落实党的十六大精神,进一步落实《中共中央国务院关于做好农业和农村工作的意见》(中发〔2003〕3 号)和《国务院办公厅转发文化部国家计委财政部关于进一步加强基层文化建设指导意见的通知》(国办发〔2002〕7 号)的要求,支持老少边穷地区和西部地区的文化事业发展,把文化扶贫工作做得更扎实、有效,帮助贫困地区县图书馆、乡镇图书馆(室)解决藏书贫乏、购书经费短缺的问题,努力满足人民群众对知识、信息的需求,文化部、财政部决定自 2003 年至 2005 年在全国贫困地区实施送书下乡工程,向 300 个国家级扶贫开发工作重点县和 3000 个乡镇,赠送农村适用图书 390 万册。为此,特制定《送书下乡工程实施方案》,现印发给你们,请认真研究,按照要求,周密安排,做好组织协调和实施工作。同时,为了加大文化扶贫的力度,希望有条件的地方相应安排专项经费选购适用图书送到贫困地区的县、乡镇图书馆(室)。

　　送书下乡工程全国图书配送中心要采取切实措施,做好图书的选择、采购、发运等工作,保质、保量、及时、安全地将图书送到受赠单位。任何单位或个人不得以任何借口克扣、截留所赠送的图书,违者要通报批评并严肃查处。

　　各受赠图书馆(室)应加强服务工作,完善各项制度,提高管理水平,充分利用这批图书,开展丰富多彩的读书活动,传播先进文化,普及科学知识,努力为群众脱贫致富服务,为提高农民群众思想道德素质和科学文化素质服务。

---

　　①　该文件原文来自"律商网"数据库,检索日期:2013 年 7 月 30 日。

请各省(自治区、直辖市)按照分配名额(见附件一)选定接受赠书的县、乡镇图书馆(室),填写申报表(见附件二),并确定你省(自治区、直辖市)负责接收、发送图书的单位,于5月20日前将申报表、负责接收、发送图书的单位名称、地址、邮编、联系人、联系电话、传真等报全国送书下乡工程领导小组办公室。

请各省(自治区、直辖市)将本地送书下乡工程的实施情况,有关县、乡镇图书馆(室)接收、利用图书情况等写出书面报告,于每年12月报全国送书下乡工程领导小组办公室。

联系人:张剑、颜芳

通讯地址:北京市朝阳门北大街10号文化部社图司

邮政编码:100020

电话:(010)65551738

传真:(010)65551776

附件:1. 送书下乡工程受赠图书馆(室)名额分配表

　　　2. 送书下乡工程受赠图书馆(室)申报表(略)

送书下乡工程实施方案

三年来,各地以"三个代表"重要思想为指导,努力建设先进文化,基层文化设施和条件有了较大改善。但受经济条件制约,特困地区的县、乡镇图书馆(室)购书经费短缺,藏书匮乏,难以发挥应有的作用。为贯彻党的十六大精神,落实《中共中央国务院关于做好农业和农村工作的意见》(中发〔2003〕3号)、《国务院办公厅转发文化部国家计委财政部关于进一步加强基层文化建设指导意见的通知》(国办发〔2002〕7号)要求和全国基层文化工作会议的部署,进一步加强贫困地区基层文化建设,帮助贫困地区改善文化工作条件,把文化扶贫工作做得更扎实有效,努力满足人民群众对知识、信息的需求,文化部、财政部决定在全国贫困地区实施送书下乡工程。

一、送书下乡工程的目的及意义

1. 实施送书下乡工程,将在一定程度上改善基层文化设施的条件

目前,全国大部分地区建有县图书馆、乡文化站图书室,但在贫困地区,由于地方财政困难,图书馆(室)经费严重短缺。据2002年统计,全国全年未购入一册新书的县级图书馆有738个,大多集中在贫困地区。由于多年来没钱买书,这些图书馆(室)读者稀少,难以发挥作用。送书下乡工程将近期出版的新书及时送到这些图书馆(室),充实馆藏,改善条件,增强吸引力,使这些图书馆(室)真正起到活跃农村文化生活的作用。

2. 实施送书下乡工程,是占领农村文化阵地的需要

改革开放以来,农村面貌发生了很大变化,文化工作也取得了较大成绩,但是从整体上看,农村文化事业仍较薄弱。在某些地方,"低俗"文化充斥农村文化市场,封建迷信活动屡禁不止。实施送书下乡工程,引导农民看书学习,有利于建立健康文明的生活方式,用先进的文化占领基层文化阵地。

3. 实施送书下乡工程,将在一定程度上缓解贫困地区农民看书难的状况,提高农民的综合素质

实施送书下乡工程,把广大农村急需的科学文化知识送到农民的家门口,让他们有机会、有条件学习科普知识和实用技术,成为脱贫致富所需要的技术人才。同时通过看书、学

习,增长知识,开阔眼界,提高认识事物的水平和能力,提高综合素质。

4. 实施送书下乡工程,将进一步加强贫困地区的基层文化建设

实施送书下乡工程,是落实"三个代表"重要思想和十六大精神的具体举措,是为贫困地区人民群众办的好事、实事,体现了党和政府对贫困地区人民群众的关怀,也有利于调动各级政府和社会各方面的积极性,引导地方资金、社会资金向贫困地区文化基础设施投入,改善贫困地区文化设施的条件,进一步加强贫困地区的基层文化建设。

二、送书下乡工程的内容

1. 工程目标

自 2003 至 2005 年,文化部、财政部向 300 个国家级扶贫开发工作重点县图书馆和 3000 个乡镇图书馆(室),赠送农村适用图书 390 万册。每年为每个县图书馆送书 1000 册,3 年合计 3000 册;每年为每个乡镇图书馆(室)送书 330 余册,3 年合计 1000 册。

2. 实施办法

工程采取专家选书、集中采购、统一装帧、直接配送的实施办法。配送图书将使用统一设计的封面,印有"文化部、财政部送书下乡工程"字样及专有标识。

3. 选书原则

配送图书的选书原则为:内容健康、实用性、可读性强、适合农村读者需要。

所选图书内容包括政治理论、思想道德建设、市场经济、法律知识、科普知识、农业科技、实用技术、医药保健、生活百科、文学艺术、历史知识、体育娱乐等。

4. 受赠的图书馆(室)条件

县级图书馆:

(1)属国家扶贫开发工作重点县

(2)图书馆馆舍面积 500 平方米以上

(3)每周开放时间不少于 48 小时

乡镇图书馆(室):

(1)国家扶贫开发工作重点县所辖的乡镇

(2)有保存图书、提供借阅的场地,不低于 50 平方米

(3)有接受过县以上图书馆业务培训的专(兼)职工作人员

(4)有图书借阅、保管等规章制度

(5)每周开放时间不少于 20 小时

三、送书下乡工程组织领导机构

1. 成立全国送书下乡工程领导小组,主要职责是:制定送书下乡工程实施方案;审定配送图书书目;确定受赠图书馆(室)名单;监督全国图书配送中心的运行;监管专项资金的使用;对工程实施宏观指导与协调。

组长:周和平(文化部副部长)

　　　金立群(财政部副部长)

成员:张少春(财政部教科文司司长)

　　　张　旭(文化部社会文化图书馆司司长)

　　　李　雄(文化部计划财务司司长)

　　　刘小琴(文化部社会文化图书馆司副司长)

张雅芳(国家图书馆副馆长)

领导小组下设办公室,承担领导小组的日常工作。办公室设在文化部社图司。

2. 建立送书下乡工程全国图书配送中心。主要职责是:组织有关专家根据选书原则提出配送图书书目;根据领导小组审定的配送图书书目向出版社订购图书、印制封面、统一装帧;根据领导小组确定的受赠图书馆(室)名单向各地发送图书。全国图书配送中心设在国家图书馆。

四、送书下乡工程的实施步骤

1. 各地按照受赠图书馆(室)条件,根据分配名额,选定接受赠书的县图书馆和乡镇图书馆(室)名单,填写《受赠图书馆(室)申报表》,并确定本省(自治区、直辖市)负责接收、发送图书的单位,报送全国送书下乡工程领导小组办公室。经全国送书下乡工程领导小组审定后,确定接受赠书的县、乡镇图书馆(室)名单。

2. 专家选书组通过调研、论证,于每年3月底之前推荐图书350种,备选图书200种,经送书下乡工程领导小组审阅后,确定配送图书书目。

3. 全国图书配送中心根据确定的配送图书书目,与有关出版社联系,订购图书、印制封面,并统一装帧。

4. 全国图书配送中心按照确定的受赠图书馆(室)名单,将图书发运至有关省(自治区、直辖市)负责接收、发送图书的单位。

5. 各地负责接收所配送的图书,并发送到本省的县、乡镇图书馆(室)。

6. 有关省(自治区、直辖市)文化厅(局)应于每年12月将本地送书下乡工程的实施情况,有关县、乡镇图书馆(室)接收、利用图书情况等报全国送书下乡工程领导小组办公室。

五、送书下乡工程专项经费

财政部每年为送书下乡工程安排专项经费2000万元,3年共安排6000万元。专项经费的管理和使用,参照财政部印发的《中央部门项目支出预算管理试行办法》的有关规定,制定具体的送书下乡工程专项资金管理办法。专项资金的使用要符合国家文化政策,遵守国家财务制度,坚持诚实申请、逐项核对、专款专用、降低成本、节约高效的原则,建立经费管理制度。

附件1:送书下乡工程受赠图书馆(室)名额分配表

省份	受赠县图书馆(个)	受赠乡镇图书馆(个)
河北	19	190
山西	18	180
内蒙古	15	150
吉林	4	40
黑龙江	7	70
安徽	9	90
江西	11	110
河南	16	160
湖北	13	130

续表

省份	受赠县图书馆(个)	受赠乡镇图书馆(个)
湖南	11	110
广西	14	140
海南	3	30
四川	18	190
重庆	7	70
贵州	25	250
云南	36	360
陕西	25	260
甘肃	22	220
青海	8	80
宁夏	4	40
新疆	13	130
西藏	2	
合计	300	3000

公共文化体育设施条例

(2003 年 6 月 26 日　国务院令第 382 号)

第一章　总则

第一条　为了促进公共文化体育设施的建设,加强对公共文化体育设施的管理和保护,充分发挥公共文化体育设施的功能,繁荣文化体育事业,满足人民群众开展文化体育活动的基本需求,制定本条例。

第二条　本条例所称公共文化体育设施,是指由各级人民政府举办或者社会力量举办的,向公众开放用于开展文化体育活动的公益性的图书馆、博物馆、纪念馆、美术馆、文化馆(站)、体育场(馆)、青少年宫、工人文化宫等的建筑物、场地和设备。

本条例所称公共文化体育设施管理单位,是指负责公共文化体育设施的维护,为公众开展文化体育活动提供服务的社会公共文化体育机构。

第三条　公共文化体育设施管理单位必须坚持为人民服务、为社会主义服务的方向,充分利用公共文化体育设施,传播有益于提高民族素质、有益于经济发展和社会进步的科学技术和文化知识,开展文明、健康的文化体育活动。

任何单位和个人不得利用公共文化体育设施从事危害公共利益的活动。

第四条　国家有计划地建设公共文化体育设施。对少数民族地区、边远贫困地区和农村地区的公共文化体育设施的建设予以扶持。

第五条　各级人民政府举办的公共文化体育设施的建设、维修、管理资金,应当列入本级人民政府基本建设投资计划和财政预算。

第六条　国家鼓励企业、事业单位、社会团体和个人等社会力量举办公共文化体育设施。

国家鼓励通过自愿捐赠等方式建立公共文化体育设施社会基金,并鼓励依法向人民政府、社会公益性机构或者公共文化体育设施管理单位捐赠财产。捐赠人可以按照税法的有关规定享受优惠。

国家鼓励机关、学校等单位内部的文化体育设施向公众开放。

第七条　国务院文化行政主管部门、体育行政主管部门依据国务院规定的职责负责全国的公共文化体育设施的监督管理。

县级以上地方人民政府文化行政主管部门、体育行政主管部门依据本级人民政府规定的职责,负责本行政区域内的公共文化体育设施的监督管理。

第八条　对在公共文化体育设施的建设、管理和保护工作中做出突出贡献的单位和个人,由县级以上地方人民政府或者有关部门给予奖励。

第二章　规划和建设

第九条　国务院发展和改革行政主管部门应当会同国务院文化行政主管部门、体育行政主管部门,将全国公共文化体育设施的建设纳入国民经济和社会发展计划。

县级以上地方人民政府应当将本行政区域内的公共文化体育设施的建设纳入当地国民经济和社会发展计划。

第十条　公共文化体育设施的数量、种类、规模以及布局,应当根据国民经济和社会发展水平、人口结构、环境条件以及文化体育事业发展的需要,统筹兼顾,优化配置,并符合国家关于城乡公共文化体育设施用地定额指标的规定。

公共文化体育设施用地定额指标,由国务院土地行政主管部门、建设行政主管部门分别会同国务院文化行政主管部门、体育行政主管部门制定。

第十一条　公共文化体育设施的建设选址,应当符合人口集中、交通便利的原则。

第十二条　公共文化体育设施的设计,应当符合实用、安全、科学、美观等要求,并采取无障碍措施,方便残疾人使用。具体设计规范由国务院建设行政主管部门会同国务院文化行政主管部门、体育行政主管部门制定。

第十三条　建设公共文化体育设施使用国有土地的,经依法批准可以以划拨方式取得。

第十四条　公共文化体育设施的建设预留地,由县级以上地方人民政府土地行政主管部门、城乡规划行政主管部门按照国家有关用地定额指标,纳入土地利用总体规划和城乡规划,并依照法定程序审批。任何单位或者个人不得侵占公共文化体育设施建设预留地或者改变其用途。

因特殊情况需要调整公共文化体育设施建设预留地的,应当依法调整城乡规划,并依照前款规定重新确定建设预留地。重新确定的公共文化体育设施建设预留地不得少于原有面积。

第十五条　新建、改建、扩建居民住宅区,应当按照国家有关规定规划和建设相应的文化体育设施。

居民住宅区配套建设的文化体育设施,应当与居民住宅区的主体工程同时设计、同时施工、同时投入使用。任何单位或者个人不得擅自改变文化体育设施的建设项目和功能,不得缩小其建设规模和降低其用地指标。

第三章　使用和服务

第十六条　公共文化体育设施管理单位应当完善服务条件,建立、健全服务规范,开展与公共文化体育设施功能、特点相适应的服务,保障公共文化体育设施用于开展文明、健康的文化体育活动。

第十七条　公共文化体育设施应当根据其功能、特点向公众开放,开放时间应当与当地公众的工作时间、学习时间适当错开。

公共文化体育设施的开放时间,不得少于省、自治区、直辖市规定的最低时限。国家法定节假日和学校寒暑假期间,应当适当延长开放时间。

学校寒暑假期间,公共文化体育设施管理单位应当增设适合学生特点的文化体育活动。

第十八条　公共文化体育设施管理单位应当向公众公示其服务内容和开放时间。公共文化体育设施因维修等原因需要暂时停止开放的,应当提前7日向公众公示。

第十九条　公共文化体育设施管理单位应当在醒目位置标明设施的使用方法和注意事项。

第二十条　公共文化体育设施管理单位提供服务可以适当收取费用,收费项目和标准应当经县级以上人民政府有关部门批准。

第二十一条　需要收取费用的公共文化体育设施管理单位,应当根据设施的功能、特点对学生、老年人、残疾人等免费或者优惠开放,具体办法由省、自治区、直辖市制定。

第二十二条　公共文化设施管理单位可以将设施出租用于举办文物展览、美术展览、艺术培训等文化活动。

公共体育设施管理单位不得将设施的主体部分用于非体育活动。但是,因举办公益性活动或者大型文化活动等特殊情况临时出租的除外。临时出租时间一般不得超过10日;租用期满,租用者应当恢复原状,不得影响该设施的功能、用途。

第二十三条　公众在使用公共文化体育设施时,应当遵守公共秩序,爱护公共文化体育设施。任何单位或者个人不得损坏公共文化体育设施。

第四章　管理和保护

第二十四条　公共文化体育设施管理单位应当将公共文化体育设施的名称、地址、服务项目等内容报所在地县级人民政府文化行政主管部门、体育行政主管部门备案。

县级人民政府文化行政主管部门、体育行政主管部门应当向公众公布公共文化体育设施名录。

第二十五条　公共文化体育设施管理单位应当建立、健全安全管理制度,依法配备安全保护设施、人员,保证公共文化体育设施的完好,确保公众安全。

公共体育设施内设置的专业性强、技术要求高的体育项目,应当符合国家规定的安全服务技术要求。

第二十六条　公共文化体育设施管理单位的各项收入,应当用于公共文化体育设施的维护、管理和事业发展,不得挪作他用。

文化行政主管部门、体育行政主管部门、财政部门和其他有关部门,应当依法加强对公共文化体育设施管理单位收支的监督管理。

第二十七条　因城乡建设确需拆除公共文化体育设施或者改变其功能、用途的,有关地方人民政府在做出决定前,应当组织专家论证,并征得上一级人民政府文化行政主管部门、体育行政主管部门同意,报上一级人民政府批准。

涉及大型公共文化体育设施的,上一级人民政府在批准前,应当举行听证会,听取公众意见。

经批准拆除公共文化体育设施或者改变其功能、用途的,应当依照国家有关法律、行政法规的规定择地重建。重新建设的公共文化体育设施,应当符合规划要求,一般不得小于原有规模。迁建工作应当坚持先建设后拆除或者建设拆除同时进行的原则。迁建所需费用由造成迁建的单位承担。

第五章　法律责任

第二十八条　文化、体育、城乡规划、建设、土地等有关行政主管部门及其工作人员,不依法履行职责或者发现违法行为不予依法查处的,对负有责任的主管人员和其他直接责任人员,依法给予行政处分;构成犯罪的,依法追究刑事责任。

第二十九条　侵占公共文化体育设施建设预留地或者改变其用途的,由土地行政主管部门、城乡规划行政主管部门依据各自职责责令限期改正;逾期不改正的,由做出决定的机关依法申请人民法院强制执行。

第三十条　公共文化体育设施管理单位有下列行为之一的,由文化行政主管部门、体育行政主管部门依据各自职责责令限期改正;造成严重后果的,对负有责任的主管人员和其他直接责任人员,依法给予行政处分:

(一)未按照规定的最低时限对公众开放的;

(二)未公示其服务项目、开放时间等事项的;

(三)未在醒目位置标明设施的使用方法或者注意事项的;

(四)未建立、健全公共文化体育设施的安全管理制度的;

(五)未将公共文化体育设施的名称、地址、服务项目等内容报文化行政主管部门、体育行政主管部门备案的。

第三十一条　公共文化体育设施管理单位,有下列行为之一的,由文化行政主管部门、体育行政主管部门依据各自职责责令限期改正,没收违法所得,违法所得5000元以上的,并处违法所得2倍以上5倍以下的罚款;没有违法所得或者违法所得5000元以下的,可以处1万元以下的罚款;对负有责任的主管人员和其他直接责任人员,依法给予行政处分:

(一)开展与公共文化体育设施功能、用途不相适应的服务活动的;

(二)违反本条例规定出租公共文化体育设施的。

第三十二条　公共文化体育设施管理单位及其工作人员违反本条例规定,挪用公共文化体育设施管理单位的各项收入或者有条件维护而不履行维护义务的,由文化行政主管部门、体育行政主管部门依据各自职责责令限期改正;对负有责任的主管人员和其他直接责任人员,依法给予行政处分;构成犯罪的,依法追究刑事责任。

第六章　附则

第三十三条　国家机关、学校等单位内部的文化体育设施向公众开放的,由国务院文化行政主管部门、体育行政主管部门会同有关部门依据本条例的原则另行制定管理办法。

第三十四条　本条例自2003年8月1日起施行。

教育部办公厅关于成立第二届教育部高等学校文化素质教育指导委员会和第二届教育部高等学校图书情报工作指导委员会的通知①

（2004 年 2 月 20 日　教高厅〔2004〕11 号）

为进一步加强教育行政部门对高等学校文化素质教育和图书情报工作的宏观管理和指导,充分发挥专家学者的研究、咨询和指导作用,根据有关文件的规定,我部决定教育部高等学校文化素质教育指导委员会和教育部高等学校图书情报工作指导委员会换届后,成立第二届教育部高等学校文化素质教育指导委员会和第二届教育部高等学校图书情报工作指导委员会(以下简称指导委员会)。

指导委员会是在教育部领导下,对相应工作进行研究、咨询、指导和服务的专家组织。

指导委员会人选是经学校和有关单位申报,在比较广泛地征求意见的基础上研究确定的。指导委员会成员由我部聘任(聘书另发),任期从 2004 年起至 2008 年止。指导委员会委员名单见附件。

指导委员会设主任委员一人、副主任委员若干人。文化素质教育指导委员会可聘请国内著名专家担任顾问。指导委员会的工作由主任委员主持、副主任委员协助。指导委员会的秘书处设在主任委员所在学校,指导委员会设秘书长、副秘书长,协助主任委员处理日常工作。

请你们对指导委员会的工作给予支持。

第二届教育部高等学校文化素质教育指导委员会委员名单

顾问

张岂之　西北大学	胡显章　清华大学	王义遒　北京大学

主任委员

杨叔子　华中科技大学

副主任委员

林建华　北京大学	李延保　中山大学
胡东成　清华大学	刘献君　华中科技大学
石亚军　中国政法大学	于德弘　西安交通大学
逄锦聚　南开大学	

委员

张国有　北京大学	刘大椿　中国人民大学	吴志功　北京师范大学
汪　明　中国农业大学	沈亚平　南开大学	杨桂华　天津医科大学
刘丽华　内蒙古大学	杨连生　大连理工大学	杨　忠　东北师范大学
潘　敏　上海交通大学	程　钢　清华大学	张志伟　中华人民大学
朱　红　北京外国语大学	乔旺忠　北京中医药大学	宗文举　天津大学
王生钰　山西大学	沈峰满　东北大学	付景川　吉林大学

---

① 该文件原文来自中华人民共和国教育部网站(http://www.moe.gov.cn/),检索日期:2013 年 7 月 30 日。

陈尚君	复旦大学	章仁彪	同济大学	谭　帆	华东师范大学
杨　凡	上海外国语大学	樊和平	东南大学	来茂德	浙江大学
易佑民	安徽大学	宋毛平	郑州大学	余东升	华中科技大学
李崇光	华中农业大学	章　兢	湖南大学	陈春声	中山大学
刘洪一	深圳大学	何向东	西南师范大学	朱世宏	西南财经大学
储敏伟	上海财经大学	莫砺锋	南京大学	庄娱乐	南京农业大学
汤书昆	中国科学技术大学	徐向艺	山东大学	李文鑫	武汉大学
李向农	华中师范大学	李建华	中南大学	魏　饴	湖南文理学院
刘树道	华南理工大学	唐一科	重庆大学	孙卫国	四川大学
吴　松	云南大学	王润孝	西北工业大学	惠泱河	西北大学
陈　怡	《中国大学教学》杂志编辑部				

秘书长

　　刘献君(兼)

副秘书长

　　余东升(兼)

第二届教育部高等学校图书情报工作指导委员会委员名单

主任委员

　　吴志攀　北京大学

副主任委员

崔慕岳	郑州大学	戴龙基	北京大学	薛芳渝	清华大学
秦曾复	复旦大学	马在田	同济大学	朱　强	北京大学
李晓明	教育部高等教育司	胡　越	首都师范大学		

委员

杨　毅	清华大学	姜　璐	北京师范大学	张　权	中国农业大学
柯　平	南开大学	张正光	承德师范专科学校	阿拉坦仓	内蒙古大学
刘　斌	大连理工大学	鲁红军	吉林大学	王锡仲	哈尔滨工业大学
黄秀文	华东师范大学	郑建明	南京大学	刘阿多	金陵科技学院
许俊达	安徽大学	杨东梁	中国人民大学	代根兴	北京邮电大学
阎世平	南开大学	李振纲	河北大学	李嘉琳	山西大学
韩俐华	辽宁大学	宝成关	吉林大学	傅永生	东北师范大学
陈兆能	上海交通大学	李笑野	上海财经大学	徐克谦	南京师范大学
竺海康	浙江大学	邵正荣	中国科技大学	萧德洪	厦门大学
苏位智	山东大学	张怀涛	中原工学院	武金渭	华中科技大学
夏淑萍	江汉大学	程焕文	中山大学	陈大广	广西大学
彭晓东	重庆大学	杜新中	绵阳师范学院	张西亚	西安交通大学
张向东	宁夏大学	计国君	厦门大学	谢穗芬	山东大学威海分校
燕今伟	武汉大学	王琼林	华中师范大学	郑章飞	湖南大学
肖希明	佛山科技学院	安邦建	海南大学	姚乐野	四川大学
杨　勇	云南大学	邢永华	西北农林科技大学	王小苹	新疆医科大学

秘书长

　　朱　强(兼)

副秘书长

　　王　波　北京大学

文化部关于命名一、二、三级图书馆的决定①

(2005 年 6 月 14 日　文社图发〔2005〕15 号)

各省、自治区、直辖市文化厅(局),国家图书馆:

　　为认真贯彻党的十六大和十六届三中、四中全会精神,树立和落实科学发展观,进一步加强对图书馆事业的管理,提高图书馆工作的质量和水平,促进图书馆事业的发展,文化部于 2004 年在全国开展了第三次县以上公共图书馆的评估定级工作。在各级文化主管部门、图书馆学会、图书馆和广大图书馆工作者的共同努力下,评估工作已圆满完成。

　　依据图书馆定级标准,经审查和公示,确定全国 1440 个图书馆达到三级以上图书馆标准。为了充分肯定这些图书馆的成绩,鼓励广大图书馆工作者更加努力工作,为社会主义物质文明和精神文明建设做出更大贡献,现决定如下:

　　命名首都图书馆等 344 个图书馆为"一级图书馆"称号,颁发"一级图书馆"标牌和证书;命名北京市通州区图书馆等 412 个图书馆为"二级图书馆"称号,颁发"二级图书馆"标牌和证书;命名天津市武清区图书馆等 684 个图书馆为"三级图书馆"称号,颁发"三级图书馆"标牌和证书;希望荣获一、二、三级称号的图书馆继续努力,更上一层楼;尚未达到图书馆定级标准的,要按照评估标准的要求,积极采取措施尽早达标。各级文化主管部门、图书馆和图书馆工作者要努力学习邓小平理论和"三个代表"重要思想,在党的十六大精神指导下深化改革,开拓进取,不断开创图书馆工作的新局面,为全面建设小康社会做出更大的贡献。

　　附件:1. 一级图书馆名单(略)

　　　　　2. 二级图书馆名单(略)

　　　　　3. 三级图书馆名单(略)

文化部关于印发《全国文化信息资源共享
工程"十一五"规划》的通知②

(2006 年 6 月 15 日　文社图发〔2006〕16 号)

各省、自治区、直辖市文化厅(局),新疆生产建设兵团文化局:

　　《全国文化信息资源共享工程"十一五"规划》经全国文化信息资源共享工程部际联席

---

① 该文件原文来自文化政策图书馆网站(http://www.cpll.cn/),检索日期:2013 年 9 月 13 日。

② 该文件原文来自国家数字文化网网站(http://www.ndcnc.gov.cn/),检索日期:2013 年 10 月 18 日。

会议讨论通过,现印发给你们,请认真贯彻执行。

特此通知。

全国文化信息资源共享工程"十一五"发展规划(2006—2010 年)

全国文化信息资源共享工程(以下简称文化共享工程)采用现代信息技术手段,对中华优秀文化信息资源进行数字化加工和整合,利用覆盖全国的网络化管理和服务体系,实现文化信息资源在全国范围内的共建共享,它是新形势下构建我国公共文化服务体系、惠及千家万户的一项重要文化基础工程。

文化共享工程"十一五"规划,主要阐明文化共享工程的指导思想和总体目标,明确工作任务和保障措施,是"十一五"期间文化共享工程的工作指南,是实施部门、单位履行各自职责的重要依据。

一、面临的形势

改革开放以来,我国经济社会不断发展,综合国力不断提高,文化建设也有了很大发展。但是,由于长期以来文化设施基础较为薄弱,各级文化单位,尤其是基层文化单位提供公共文化服务的能力尚有不足。作为政府实现公共文化服务职能的重要手段,文化共享工程对激发各级文化单位的活力,转变工作机制,提高服务能力,满足广大人民群众的精神文化需求具有重要作用。

近年来,我国的信息化进程加快,文化信息化也取得了很大成绩。但是,由于我国经济社会发展不平衡,文化信息资源建设也呈现出不平衡的状况,东西部地区之间、城乡之间存在着较大差距,边远地区和农村面临"信息贫困"的局面,难以获取和利用丰富的优秀数字文化资源。文化共享工程的实施,将开辟一条不受地域、时间限制的崭新的文化传播渠道,将丰富的文化资源以先进的传播方式传输到广大基层群众,尤其是欠发达地区的农民群众手中,对于打破落后地区信息闭塞的状况,消除"数字鸿沟",提高广大人民群众的科学文化素质,加强基层精神文明建设,促进经济、社会协调发展、区域协调发展、城乡协调发展将起到积极作用。

党中央、国务院高度重视文化共享工程建设。在《中共中央办公厅国务院办公厅转发〈文化部财政部关于进一步加强全国文化信息资源共享工程建设的意见〉》(厅字〔2005〕5号)、《中共中央办公厅国务院办公厅关于进一步加强农村文化建设的意见》(中办发〔2005〕27号)、《中共中央国务院关于推进社会主义新农村建设的若干意见》(中发〔2006〕1号)以及《中华人民共和国国民经济和社会发展第十一个五年(2006—2010年)规划纲要》等文件中,对推进文化共享工程建设都提出了明确的要求。

贯彻落实党中央、国务院关于文化共享工程的一系列指示精神,制定"十一五"时期文化共享工程的建设规划,进一步加快建设步伐,是改善城乡基层群众文化服务条件,建立公共文化服务体系,实现广大人民群众基本文化权益的客观需要,是缩小城乡差距,消除数字鸿沟,保障广大人民群众共享文化发展成果的客观需要,是促进经济社会协调发展,构建和谐社会的客观需要。

二、发展现状

文化共享工程自2002年实施以来,取得了明显进展。

——工程建设顺利起步。各级党委、政府高度重视文化共享工程建设,将其列入重要议事日程,加强领导,积极落实各项保障措施,保证了文化共享工程的顺利起步和推进。到2005年底,中央财政共投入1.45亿元,全国各级地方财政配套落实资金超过2.5亿元。

——服务网络基本形成。到2005年底,建成了国家中心,32个省级分中心,1560多个市、县级分中心,2600多个乡镇/街道基层中心和村/社区基层服务点,与农村中小学现代远程教育工程、农村党员干部现代远程教育、有线数字电视等合作建设了一批服务点。初步形成了覆盖全国的服务网络,培养了一批从事资源建设、技术维护的专业队伍。

——资源建设初具规模。整合加工了34TB数字资源,建设了一批具有地方特色的专题资源库,汇集了全国图书馆、博物馆、美术馆、艺术研究机构、艺术表演团体等机构的各类优秀文化信息资源,逐步构建起具有一定规模的文化信息资源库群。视频节目达6440余部,文字总量约46亿字、图片5万多幅。

——技术保障逐步完善。与数字图书馆建设紧密结合,在资源建设、用户服务等方面应用数字图书馆成熟技术和我国拥有自主知识产权的技术,依托国家现有的骨干通讯网络,搭建了由光缆连接和卫星接发两种网络通道,开通了文化共享工程网站。通过互联网、卫星、镜像、移动存储、光盘复制等多种形式提供服务。

——服务效果初步显现。文化共享工程的实施,丰富了公共文化服务的方式和手段,改善了服务质量,提高了公共文化服务水平,对于满足城乡群众的精神文化需求,特别是在缓解农民看书难、看戏难、看电影难,丰富农民群众的精神文化生活,满足广大农民求富裕、求健康、求文明的需要,抵御腐朽没落文化,培育文明乡风等方面发挥了重要作用。

三、指导思想、总体目标和工作原则

1. 指导思想。以邓小平理论和"三个代表"重要思想为指导,认真贯彻党的十六大和十六届三中、四中、五中全会精神,全面树立和落实科学发展观,坚持体制创新、机制创新、管理创新和服务创新,充分利用先进信息技术手段,努力扩大优秀文化资源的传播,逐步缩小东西部地区之间、城乡之间文化发展上的差距,不断满足广大人民群众日益增长的精神文化需求。

2. 总体目标。以数字资源建设为核心,以农村服务网点建设为重点,以共建共享为基本途径,全面实施文化共享工程,到 2010 年,基本建成资源丰富、技术先进、服务便捷、覆盖城乡的数字文化服务体系,成为公共文化服务体系的重要支撑,使广大基层群众能够普遍享受到数字文化服务。

具体目标是:

——与数字图书馆建设紧密结合,基本建成国内较大规模的分布式文化信息资源库群,数字资源建设总量不少于 100TB;

——通过与农村中小学现代远程教育工程、农村党员干部现代远程教育的结合,建成覆盖城乡的服务网点,实现县县建有分中心、乡乡建有基层中心、50% 以上的行政村建有基层服务点,使基层服务网点成为具有信息服务、教育培训、文化娱乐等多种功能的文化中心;

——利用先进的数字图书馆技术、计算机与网络技术,建成文化共享工程技术网络和应用系统。

3. 工作原则。

——政府主导,社会参与。充分发挥中央和地方两个积极性,明确各级政府责任,加大政府投入力度。同时采取各种有效措施,吸引社会力量广泛参与,努力形成政府为主,社会各方面积极支持的良好局面。

——统筹规划,共建共享。加强与全国农村党员干部现代远程教育、农村中小学现代远程教育、广播电视村村通、有线数字电视和乡镇综合文化站建设等国家重点项目,以及科技、农业信息化等相关项目的共建共享,实现优势互补。

——因地制宜,分类指导。根据区域经济社会发展水平和文化基础设施条件,分别制定区域发展目标和具体实施方案,本着以点带面,先易后难,逐步推进的方针,积极建设农村基层服务点。鼓励有条件的地区集中布点,连片实施,率先建成县、乡、村三级服务网络。加大对经济欠发达地区文化共享工程建设的扶持力度。

——以人为本,强化服务。丰富服务方式,注重服务效果。加强特色数字文化资源建设。强化服务的针对性,普遍服务与个性服务相结合,努力满足广大群众的多样化文化需求。

——重视版权,依法建设。按照《信息网络传播权保护条例》等法律法规的有关规定,高度重视并妥善解决文化共享工程建设中的版权问题,保障文化共享工程的顺利实施。

四、主要任务

1. 建设数字文化资源。通过自建、共建等多种方式,系统整合各类优秀文化资源,建立《全国文化共享工程资源联合目录》。重点整合农村需要的各类资源,精心打造广大农民看得懂、用得上、实用性强的多媒体资源库。

国家中心整合不少于 5 万种电子图书,提供不少于 1 万小时文艺演出、知识讲座、实用技术和影视节目等视频作品,建成 40 个多媒体数字资源库,数字资源总量不少于 20TB。

各级分中心整合不少于 1 万种电子图书,提供不少于 1 万小时的文艺演出、知识讲座、实用技术和影视节目等视频作品,建设不少于 300 个具有地方特色的多媒体数字资源库,数字资源总量不少于80TB。

2. 发展基层服务网络。以农村服务网点建设为重点，以图书馆、群艺馆、文化馆、乡镇/街道文化站、村/社区文化室（文化中心）、校园网、有线电视网为依托，建设遍及城乡的服务网络。加强省、市、县各级分中心对基层服务网点的技术指导与管理，着力提高乡镇和行政村基层网点的服务能力。鼓励和引导社会力量参与基层网点建设。

更好地运用卫星传播、互联网站、镜像站、移动硬盘、光盘等手段，提高资源传输质量和服务水平。有条件的地区，要通过有线数字电视开展服务。市、县级分中心要建设数字阅览室，使之成为辐射城乡的数字图书馆基层服务平台。

建立需求反馈迅速、资源提供及时、群众使用方便的服务机制，实现技术有保障、服务有标准、管理有规范，不断拓展服务领域，提高服务水平。各级分中心要建设网上知识导航系统，开展网上咨询与文献提供服务。

与农村党员干部现代远程教育、农村中小学现代远程教育工程、农村电影放映工程密切合作，实现基层服务点设施设备、数字资源、人力资源的共建共享，共同发展。

3. 构建先进实用技术体系。加快现代信息技术的应用及标准规范体系的建立，依托国家骨干通讯网络及国家数字图书馆工程技术平台，建成文化共享工程的技术支持中心，充分利用先进成熟的信息技术，构建技术先进、稳定可靠、覆盖与支持工程服务网络的分布式开放性实用技术体系。

依托国家骨干通讯网络，采用数字图书馆技术和标准规范研究成果，逐步建设功能完备、技术先进、安全可靠、经济实用的系统网络平台，保障网络平台安全，满足双向互动、按需服务的要求，使全国县级以上公共图书馆具备提供数字图书馆服务的技术能力。

国家中心在计算机技术、网络通讯技术、数字化技术及网格技术等基础上，选择成熟、可靠、实用的高新技术，围绕及时获悉需求、按需提供资源的要求，完善文化共享工程整体技术框架。

由国家中心主持，各省级分中心和有条件的市、县级分中心共同参与，共同构建元数据统一管理、对象数据分布建设的技术平台，实现远程支撑个性需求、资源建设网上呈现的功能。

国家中心要依托国家图书馆以及省、市、县级图书馆建设统一、交互式的网络管理平台，实行网络管理，及时了解服务需求，掌握服务状况，进行远程指导，加强技术监管。

国家中心要确立网络及软硬件设备、网站建设、网络传输、技术支持和资源建设等方面的标准规范。通过选用成文适用标准，以及扩展建立专用标准等，逐步建立符合需要的相关技术与数字资源标准规范。各省级分中心要编制适合当地实际的技术手册。

4. 建设管理与技术骨干队伍。积极采取培养与引进、自有队伍和社会队伍相结合的方式，组建一支适合文化共享工程建设需要的管理、技术保障和基层服务队伍。

组建一支高水平的资源建设、软件开发、网站维护等专业技术骨干队伍。充分发挥县图书馆、文化馆、乡镇文化站等基层文化单位工作人员在文化共享工程建设与管理中的作用，加快建立专、兼职结合的农村基层服务点工作队伍，使每个基层中心、基层服务点拥有1—2名考试合格、操作熟练的专业人员。

加强人员培训，通过集中授课、卫星广播、网络互动、光盘教学等方式，五年内完成对省、市、县、乡镇、村约40万人次的专业培训。

5. 创新工作机制。充分发挥全国文化共享工程部际联席会议的协调、指导作用,加强全国文化共享工程领导小组对工程的领导,调动各级地方政府领导机构的积极性,加强其对各省级中心和基层服务网点的指导管理。

加强资源建设与管理的规范性和连续性,逐步建立完善合作互利的共建共享机制。国家中心要积极采用社会建设与自身建设相结合、集中建设与各地分散建设相结合等方式,保证内容的丰富性、专业性和特色化。通过委托加工、公开招标、版权转让等形式开展资源建设。

建立有效的工作机制,依托国家图书馆及省、市、县级图书馆建设统一的全国性工作网络,实行统一规划、分级管理。提高国家中心的管理能力,加强对各级服务网点的技术监管,形成有效互动的工作机制,同时建立健全各省级分中心的工作机制,建立并完善乡镇/街道基层中心和村/社区基层服务点的服务与管理制度。

6. 开展试点工作。通过试点,探索建设省、市、县、乡镇、村文化共享工程服务网络的多种模式,建立一套符合实际的文化共享工程工作评估体系,为全面推进文化共享工程、建成完善的文化共享工程服务网络提供经验。

自 2006 年 7 月至 2007 年 6 月进行为期一年的试点工作,开展包括资源建设、服务模式、技术环境、管理方式、人员培训等多方面的实验,总结以多种方式开展基层点建设与服务的经验,包括与农村党员干部现代远程教育、农村中小学现代远程教育工程等共建基层服务点的方式、卫星服务模式、互联网服务模式、移动硬盘/光盘服务模式、广电有线网络系统/有线数字电视服务模式。

五、保障措施

1. 加大投入。各级政府要按照规划任务,加大对数字资源和基层服务网点建设的投入力度,确保文化共享工程建设所需的设施设备经费、资源建设经费、网络维护经费、日常运行经费等。

中央财政资金主要用于支持数字资源建设,并对中西部地区的基层服务点建设给予适当补助。各省文化、财政主管部门也要制定相应的投入办法和激励机制。

2. 完善机制。各级政府有关部门要在职责范围内,积极支持文化共享工程建设。广电部门要在广播电视村村通工程和有线数字电视整体转换,新闻出版(版权)部门在媒体宣传、出版物资源,科技部、农业部在有关方面对文化共享工程建设给予支持。文化共享工程要与农村党员干部现代远程教育、农村中小学现代远程教育工程在基层网点建设、资源建设等方面进行合作,实现共建共享。各级文化主管部门要统筹规划本地区、本行业的文化资源建设,采用行政手段措施与市场机制相结合的办法,加强对文化系统文化艺术资源的整合力度。

3. 加强领导。各级政府要把文化共享工程建设纳入重要议事日程,纳入当地经济社会发展的规划,纳入当地信息化建设规划及创建文明城市、文明村镇、社区的工作要求。各级文化主管部门要将文化共享工程纳入创建文化先进县(市)、乡镇等相关评比标准,将文化共享工程的实施情况作为衡量各地文化事业发展的重要指标。

各级文化行政部门要承担主管责任,加强对各级分中心和基层服务网点的管理。国家中心要切实履行资源建设、管理服务、技术支持的中心职能。有重点地选择一批示范点,加强技术指导与支持,总结经验、推广普及。省级分中心要完善管理机制,承担对本省各级网点的组织协调、管理服务和绩效考核工作。市、县级分中心承担对乡镇基层中心、村基层服务点的管理、资源更新、技术维护、人员培训和绩效考核等职责。乡镇基层中心承担资源服务和对村基层服务点的管理。村基层服务点承担信息服务和需求反馈的任务。

中华全国总工会关于开展全国工会"职工书屋"建设的实施意见①

(2007 年 1 月 18 日 总工发〔2008〕3 号)

为认真贯彻落实党的十七大精神,推动社会主义文化大发展大繁荣,切实保障职工群众的文化权益,根据《国家"十一五"时期文化发展规划纲要》的部署和中办、国办《关于加强公共文化服务体系建设的若干意见》精神,全国总工会决定从 2008 年开始,在全国工会开展"职工书屋"建设工作。现提出如下意见:

一、重大意义与指导思想

在全国工会实施"职工书屋"建设,是全国工会学习贯彻党的十七大精神,按照社会主义核心价值体系的要求,加强职工思想道德建设,深化"创建学习型组织,争做知识型职工"活动,实施职工素质工程的一项重要举措,是新时期工会组织职工、引导职工、服务职工和维护职工合法权益的重要手段,是全面提高职工队伍整体素质,满足广大职工日益增长的文化需求的迫切要求,也是工会参与公共文化服务体系建设、增强国家文化软实力、推动社会主义文化大发展大繁荣的基础工程。

实施"职工书屋"建设,必须坚持以邓小平理论、"三个代表"重要思想和科学发展观等重大战略思想为指导,以社会主义核心价值体系为根本,以改善一线职工特别是农民工的学习条件为目的,传播先进文化,普及科技知识,引导职工养成"爱读书,读好书"的良好习惯,开启职工智慧,激发职工的创造活力,丰富职工的精神文化生活,保障职工的基本文化权益,努力营造广大职工共建共享和谐社会的良好氛围。

二、工作目标

建设"职工书屋",是各级工会组织为广大基层职工提供和创造方便实用的读书场所和学习条件的重要工作。"职工书屋"由全国总工会统一命名,主要在一线职工特别是农民工工作和居住相对集中的基层企事业单位、城市社区、工业园区、乡(镇)村和重点建设项目工地建立。"职工书屋"建设的总体目标是,从 2008 年开始,力争用 5 年左右的时间,在全国目前尚缺乏读书条件的基层企事业单位、社区等建设 5 万个"职工书屋",逐步形成阅读条件比较完备、广泛覆盖职工群众的工会读书设施网络。从 2008 年至 2010 年的三年间,全总及各地工会要投入资金,集中力量,在各地建设 3000 个"职工书屋"示范点,通过以点带面,推动"职工书屋"建设的全面展开。

三、基本原则

(一)坚持"职工书屋"的公益性质。公益性文化事业是保障人民基本文化权益的主要途径。建设"职工书屋",要坚持为职工群众服务、为发展繁荣社会主义文化服务的方向,始终把社会效益放在首位,以职工群众欢迎、受益作为标准,做到社会效益与经济效益相统一。

(二)坚持多渠道筹集建设资金。筹集"职工书屋"的建设资金,必须采取"多条腿走路"

---

① 该文件原文来自中华全国总工会网站(http://www.acftu.org/),检索日期:2013 年 9 月 13 日。

的方式。对于"职工书屋"示范点的建设,全总将连续三年总计投入6000万元专项资金支持各地工会"职工书屋"示范点建设,各地工会也要按比例筹集配套资金。同时还要积极争取政府支持、企业赞助和社会捐助。

(三)坚持把重点放在基层。在实施"职工书屋"建设过程中,要坚持贴近基层、贴近实际、贴近职工的原则,以企事业单位、工业园区、职工特别是农民工相对集中的乡(镇)村、重点项目工地作为"职工书屋"建设重点,以一线职工为重点服务对象。同时,要注意发挥工会现有文化设施包括职工之家、文化宫、俱乐部图书馆(室)、阅览室的阵地作用。

(四)坚持因地制宜、分步实施。要注重满足职工群众的实际需要,注重调动基层单位的积极性和创造性。除全总出资援建的示范点需要遵循一定建设标准外,各地自行规划建设的"职工书屋"要从实际出发,可以不设统一标准,边建设、边使用、边完善,循序渐进、逐步提高。

四、建设方式

(一)统一工作部署,全面推进全国工会"职工书屋"建设工作。各级地方工会负责对本地区的职工书屋建设进行总体设计和组织实施。包括:制订本地区"职工书屋"建设规划;深入社区、行业和基层,进行选点考察;建立示范点,具体指导本地区"职工书屋"建设的管理运作;开展群众性读书活动和捐赠助读活动;及时了解情况、总结推广经验,确保"职工书屋"建设规范、有序、可持续地健康发展。

(二)明确工作目标,全面落实"职工书屋"建设任务。全国总工会从2008年开始,连续三年每年投入2000万元,重点援建3000个"职工书屋"示范点。省、市(地)、县(区)三级工会按照与全总出资规模1:1的比例筹措资金,共同用于支持基层单位建设"职工书屋"示范点。全总用于援建"职工书屋"示范点的资金,在综合考虑各地职工总数、基层工会数和农民工总数等因素的基础上,以配送图书和工人日报的方式分配到各省、自治区、直辖市总工会的"职工书屋"示范点。地方工会按1:1的配套资金主要用于解决"职工书屋"示范点除房屋之外的基础性设施建设、相关设备和部分图书的购置。全总宣教部负责指导全国"职工书屋"建设工作。

(三)建立规范有序、公开透明的图书征集配送机制。为确保"职工书屋"建设的公正公开、规范有序,使用有限资金为基层职工多买书、买好书,全总将以工人出版社为龙头建立"'职工书屋'图书配送中心",协调相关出版社、新华书店等图书供应商,集中征集采购图书,为基层"职工书屋"示范点建设提供送书、配书、购书和售后服务的一条龙服务机制。地方工会在自建"职工书屋"时,也应以公开透明方式采购图书、音像制品和必配设备。

(四)结合工作实际,稳步推进"职工书屋"健康发展。各地工会要坚持实事求是、分类指导、由点到面,充分调动企业和基层单位的积极性和创造性,依据本地实际自行规范工会"职工书屋"建设标准。暂时不具备条件的地方,可在"职工书屋"的场地面积、基础设施条件和藏书量方面灵活掌握。全总出资援建的"职工书屋"示范点,应遵循以下建设标准:藏书量3000册、报刊20种以上,电子音像制品不少于80种(张),有可上网电脑,由同级工会调配1—2名工作人员从事"职工书屋"的日常管理。

(五)整合社会资源,为"职工书屋"的可持续发展创造条件。对管理规范、服务较好、具备一定经营条件的"职工书屋",可鼓励在工商行政管理部门登记为独立法人实体,资产所有权为基层工会,由新闻出版行政部门授予出版物经营许可证。书屋管理人在保证书屋正常运行的基础上,可开展出版物经营业务,获得的经营收入,按规定比例用于购买新的出版物,不断扩大书屋规模。

五、工作要求

(一)统一思想、提高认识。实施"职工书屋"建设工作是今后一个时期职工文化建设的一项重要政治任务。各级工会要高度重视"职工书屋"建设工作,统一认识、精心策划、认真组织,整合资源,形成合力,力求把好事办好,实事办实,把"职工书屋"打造成内聚人气、外树形象的职工文化品牌,切实抓紧抓好,抓出成效。

(二)统筹规划、分工负责。全总有关部门要切实做好职工书屋建设的整体规划、全总专项资金的分配使用及监管、组织图书配送等各个环节的工作,同时要对地方工会加强指导和督导,认真总结推广典型经验。省、市(地)级工会要落实专门负责此项工作的机构和人员,对本地的"职工书屋"建设工作进行部署、组织、协调和指导。要按照《全国工会"职工书屋"建设目标及配书款分配方案》的总体要求,结合本地实际,在深入基层调查研究的基础上,制订"职工书屋"建设实施方案和年度计划,确定本地区首批"职工书屋"建设候选单位名单,将任务细化、量化,分解落实到具体单位,明确完成任务的时间、步骤和责任人,确保"职工书屋"建设顺利展开。

(三)加大投入,落实经费。各地工会要统筹兼顾,合理安排,把"职工书屋"建设资金列入年度经费预算。要积极争取各级党委、政府的重视和支持,把"职工书屋"建设纳入地方公共文化服务体系建设范围,在建设资金、场地、经营许可、税费减免等方面给予优惠扶持。要积极争取全社会的支持,协调各基层单位把职工教育培训经费等资金投入到"职工书屋"建设中来,鼓励企业捐助"职工书屋"建设,参与"职工书屋"结对援建工作。要切实组织好以"捐好书、献爱心"为主题的捐书助读活动,将捐赠的图书用于充实"职工书屋"。要积极推动现有职工图书馆(室)的产权主体单位增加投入,改善设施装备,更新图书,在现有的工会图书馆(室)与"职工书屋"之间实现资源共享和网络联动。

(四)加强管理,完善工作制度。上级工会要对"职工书屋"的建设进度、建设质量和运行状况进行督察。要指导"职工书屋"完善功能定位,明确服务目标、任务和责任,建立考核、激励和约束机制,提高使用效益。要积极探索、建立和完善各项规章制度,逐步建立健全"职工书屋"的借阅制度、财务管理制度和图书管理员责任制度。"职工书屋"建设资金的使用和管理,必须遵循专款专用、公开透明、公平竞争、公正信用的原则,有效防止实施过程中的各种问题,确保"职工书屋"健康有序地稳步发展。

(五)立足创新,探索可持续发展模式。要准确把握社会文化生活的新特点和职工群众对精神文化的新期待,适应职工群众精神文化需求呈现出多层次、多方面、多样性的特点,在内容上、形式上进行积极探索和大胆创新。要从实际出发,立足于既便利职工,又长期发挥效益,在实行会员制、网络化管理、图书资源共享、图书采购配送、流动服务和更新改造资金筹措等方面进行积极探索,积累经验,逐步形成具有工会特色、可持续发展的"职工书屋"管理运行模式。

(六)广泛宣传,掀起新的读书热潮。各级工会在"职工书屋"建设过程中,要坚持以人为本,充分发挥"职工书屋"的文化功能,通过开展读书知识竞赛、读书会、读书演讲、读书节、读书论坛、星级书屋评选等丰富多样的活动,努力为职工群众提供健康向上、丰富多彩的精神文化产品,引导职工"爱读书,读好书"。要运用各类报刊、影视、互联网等现代传媒手段,广泛宣传各地"职工书屋"建设中的成功经验,不断扩大"职工书屋"的社会影响力,努力掀起新的职工读书热潮。

附件:全国工会"职工书屋"建设目标及配书款分配方案(略)

国务院办公厅关于进一步加强古籍保护工作的意见①

(2007 年 1 月 19 日　国办发〔2007〕6 号)

各省、自治区、直辖市人民政府,国务院各部委、各直属机构:

我国是历史悠久的文明古国,拥有卷帙浩繁的古代文献典籍。这些古籍是中华民族的宝贵精神财富。党中央、国务院历来高度重视古籍保护工作。近年来,在各地区、各有关部门和全社会的共同努力下,我国古籍保护工作取得了显著成绩。但是,也应清醒地看到,当前我国古籍保护工作还面临许多问题,形势严峻。为抢救、保护我国珍贵古籍,继承和弘扬优秀传统文化,推动社会主义先进文化和和谐社会建设,根据《中华人民共和国文物保护法》和《国务院关于加强文化遗产保护的通知》(国发〔2005〕42 号)、《国家"十一五"时期文化发展规划纲要》(中办发〔2006〕24 号),经国务院领导同志同意,现就进一步加强古籍保护工作提出以下意见:

一、充分认识古籍保护工作的重要性和紧迫性

我国古代文献典籍是中华民族在数千年历史发展过程中创造的重要文明成果,蕴含着中华民族特有的精神价值、思维方式和想象力、创造力,是中华文明绵延数千年,一脉相承的历史见证,也是人类文明的瑰宝。古籍具有不可再生性,保护好这些古籍,对促进文化传承、联结民族情感、弘扬民族精神、维护国家统一及社会稳定具有重要作用。同时,加强古籍保护工作,也是建设社会主义先进文化,贯彻落实科学发展观和构建社会主义和谐社会的客观要求。

由于诸多原因,当前我国古籍保护存在不少突出问题,如现存古籍底数不清,古籍老化、破损严重;古籍修复手段落后,保护和修复人才匮乏,尤其是少数民族古籍保护和整理人员极度缺乏,面临失传的危险;大量珍贵古籍流失海外。因此,加强古籍保护刻不容缓。地方各级人民政府和有关部门要从对国家和历史负责的高度,充分认识保护古籍的重要性,进一步增强责任感和紧迫感,切实做好古籍保护工作。

二、加强古籍保护工作的指导思想、基本方针和总体目标

(一)指导思想。坚持以邓小平理论和"三个代表"重要思想为指导,全面贯彻和落实科学发展观,加大古籍保护工作力度,建立科学有效的古籍保护制度,提高全社会的古籍保护意识,充分发挥古籍在传承中华文化,提高人民群众思想道德素质和科学文化素质,增强民族凝聚力,促进社会主义先进文化建设中的重要作用。

(二)基本方针。贯彻"保护为主、抢救第一、合理利用、加强管理"的方针。坚持依法保护和科学保护的原则,正确处理古籍保护与利用的关系,统筹规划、分类指导、突出重点、分步实施。

(三)主要任务和基本目标。"十一五"期间,大力实施"中华古籍保护计划"和"十一

---

① 该文件原文来自"北大法宝"数据库,检索日期:2013 年 7 月 30 日。

五"国家古籍整理重点图书出版规划,全面、科学、规范地开展保护工作。对全国公共图书馆、博物馆和教育、宗教、民族、文物等系统的古籍收藏和保护状况进行全面普查,建立中华古籍联合目录和古籍数字资源库;实现古籍分级保护,建立《国家珍贵古籍名录》;完成一批古籍书库的标准化建设,命名"全国古籍重点保护单位";加强古籍修复工作,培养一批具有较高水平的古籍保护专业人员。通过努力,逐步形成完善的古籍保护工作体系,使我国古籍得到全面保护。

三、突出重点,科学规范地开展古籍保护工作

(一)统一部署,全面开展古籍普查登记工作。从 2007 年开始,用 3 到 5 年时间,在全国范围内组织开展古籍普查登记工作,全面了解和掌握各级图书馆、博物馆等单位及民间所藏古籍情况。对登记的古籍进行详细清点和编目整理,并依据有关标准进行定级。在文化行政部门领导下,国家图书馆负责全国古籍普查登记工作,各省、自治区、直辖市省级图书馆负责本地区古籍普查登记工作。教育、宗教、民族、文物等部门根据实际情况,制订本系统古籍普查实施方案,也可委托各省(区、市)省级图书馆统一开展普查登记工作。民间收藏的古籍可到所在地省级图书馆进行登记、定级、著录。加强与国际文化组织和海外图书馆、博物馆的合作。有关单位和机构要对海外收藏的中华古籍进行登记、建档工作。国家图书馆负责汇总古籍普查成果,建立中华古籍综合信息数据库,形成全国统一的中华古籍目录。

(二)建立《国家珍贵古籍名录》,逐步形成完善的古籍保护制度。统筹规划,加强对珍贵古籍的重点保护,并以此带动古籍保护工作的有序开展。建立《国家珍贵古籍名录》,经国务院批准后公布。对列入《国家珍贵古籍名录》的古籍,收藏单位要按照有关要求,完善保护措施,切实做好保护工作。地方各级人民政府要对此进行监督检查。

各省、自治区、直辖市也可建立省级珍贵古籍名录,并采取相应保护措施,加大保护力度。

(三)改善古籍保管条件,命名全国古籍重点保护单位。建立健全古籍书库的建设标准和技术标准,改善古籍保管条件,完善安全措施,保障古籍安全。对古籍收藏量大、善本多、具备一定保护条件的单位,经国务院批准,命名为全国古籍重点保护单位,并作为财政投入和保护的重点。对全国古籍重点保护单位,要定期进行评估、检查。各省、自治区、直辖市也可命名省级古籍重点保护单位。

(四)加快推进古籍修复工作,提高古籍修复水平。集中资金,有计划地对破损古籍进行修复,重点抓好列入《国家珍贵古籍名录》和濒危古籍的修复工作。各古籍收藏单位要建立修复档案,按照有关技术标准和规范对古籍进行修复,确保修复质量。要将传统修复技艺与现代技术相结合,充分吸收国外先进技术和经验,提高古籍修复水平。在具备条件的图书馆设立国家文献保护重点实验室,开展古籍保护技术的研究和实验。

(五)进一步加强古籍的整理、出版和研究利用。制订古籍数字化标准,规范古籍数字化工作,建立古籍数字资源库。利用现代印刷技术,推进古籍影印出版工作,继续实施中华再造善本二期工程。积极采用缩微技术复制、抢救珍贵古籍。要整合现有资源,建立面向公众的古籍门户网站。要采取有效措施,向社会和公众开放古籍资源,发挥古籍应有的作用。

四、加强领导,协同配合,共同做好古籍保护工作

(一)建立古籍保护工作协调机制。建立由文化部牵头,发展改革委、财政部、教育部、科技部、国家民委、新闻出版总署、宗教局、文物局等部门组成的全国古籍保护工作部际联席会议,联席会议办公室设在文化部。部际联席会议各成员单位要按照现有职能分工,认真履行职责,密切配合,共同做好古籍保护工作。各省、自治区、直辖市也要建立相应的工作机制,组织实施本地区的古籍保护工作。地方各级人民政府要将古籍保护作为文化遗产保护工作的重要内容,明确工作目标和任务,认真落实保护措施,建立健全古籍保护责任制度和责任追究制度。要充分发挥专家在古籍修复、保护、研究等方面的作用,推进古籍保护工作的有效开展。

(二)加大古籍保护资金投入。各级财政部门要对本地区古籍普查、修复、出版及数字化等工作给予必要的资金支持。要制定鼓励政策,积极吸纳社会资金参与、支持古籍保护工作。

(三)加强古籍保护人才培养。有关部门要制订规划,多渠道、分层次培养古籍保护人才。建立古籍修复机构资格准入与修复人员资格认证制度,在有条件的高等院校设置古籍保护和修复专业,培养一批技术精湛、素质较高的古籍修复人才。加强古籍保护工作人员的在职培训和少数民族古籍翻译、整理、出版、研究人才的培养。积极开展国际与地区间古籍保护的交流与合作。

(四)加大古籍市场监管力度。有关部门要依法规范古籍市场流通和经营行为,加强古籍销售、拍卖行为的审核备案工作,严厉打击盗窃、走私古籍等违法犯罪活动。要按照文物管理的有关法规,制定古籍出入境审核、监管办法。加强国际合作,坚决依据有关国际公约和法律法规追索非法流失境外的古籍。

(五)加强对古籍保护的宣传。各级各类图书馆要积极开拓文化教育功能,通过讲座、展览、培训、研讨等形式宣传古籍保护知识,促进古籍利用和文化传播。广播电视、报刊、互联网等新闻媒体要加大古籍保护工作宣传力度,普及保护知识,展示保护成果,培养公众的保护意识,营造全社会共同保护古籍的良好氛围。

新闻出版总署关于加强音像制品和电子出版物样本缴送工作的通知[①]

(2007 年 1 月 24 日 新出音〔2007〕71 号)

各省、自治区、直辖市新闻出版局,总政宣传部新闻出版局,各音像、电子出版单位:

2001 年 12 月国务院颁布的《出版管理条例》(国务院令第 343 号)中规定"出版单位发行其出版物前,应当按照国家有关规定向国家图书馆、中国版本图书馆和国务院出版行政部门免费送交样本"。同时,国务院颁布的《音像制品管理条例》(国务院令第 341 号)和我署颁布的《电子出版物管理规定》(新闻出版署令第 11 号)也分别对音像制品和电子出版物样本缴送作了明确规定。然而一些音像、电子出版单位由于缴送样本意识淡薄,没有按规定及时向管理部门和有关单位缴送样本。为了做好音像制品和电子出版物的样本缴送工作,现通知如下:

一、要高度重视样本的缴送工作

按照国家的有关法规和规章的规定,缴送样本是出版单位应尽的义务,这对于建立国家

---

① 该文件原文来自"北大法宝"数据库,检索日期:2013 年 7 月 30 日。

出版样本库,加强对音像、电子出版行业的行政管理,具有重要意义。各音像、电子出版单位要充分重视此项工作,在接到本通知后,立即对本单位2005年以来的出版情况进行核查,对没有及时缴送的音像制品和电子出版物样本,应在本通知下发之日起2个月内清理后邮寄或直接送达新闻出版总署音像电子出版物样本征集办公室、国家图书馆和中国版本图书馆。各省级新闻出版局要对辖区内音像、电子出版单位的样本缴送情况进行跟踪检查,加强对出版单位缴送样本工作的监督。

二、具体要求

1. 缴送样本范围。缴送样本为新版音像制品和电子出版物,对于再版的音像制品和电子出版物,凡是节目内容有变动、包装有更换或使用新的条形码的,均需缴送样本。此外,对于配合本版出版物出版的音像制品和电子出版物,也要按规定缴送样本。

2. 样本缴送要及时、完整。音像制品和电子出版物出版发行后,30日内须向新闻出版总署音像电子出版物样本征集办公室、国家图书馆和中国版本图书馆缴送样本各1套,所缴送的样本必须完整,不得有缺失。

3. 凡缴送的出版物样本,应附有单位盖章的《音像制品缴送样本清单》或《电子出版物缴送样本清单》,一式三份。各样本征集办公室核收后,应在清单上签字、盖章,并在10天内将清单返回出版单位,以备查验。出版单位应同时将《清单》电子版(以EXCEL表格形式)发送到以下邮箱:yangbenguanli@126.com。

4. 各音像、电子出版单位须指定专人负责音像制品或电子出版物样本的缴送工作,并于2007年4月1日前以传真或电子邮件形式,将《样本管理指定人员信息表》报新闻出版总署音像电子和网络出版管理司(传真:010 – 65127827,邮箱地址:yinxiangsi@yahoo.com.cn)。今后,各音像、电子出版单位样本管理人员若有变动,需重新填写《样本管理指定人员信息表》,及时上报新闻出版总署音像电子和网络出版管理司。

三、处罚措施

新闻出版总署每半年通报一次音像、电子出版单位样本缴送情况,对不缴送样本或不按期缴送样本的出版单位,将视情节轻重给予通报批评、核减中国标准音像制品编码或中国标准书号,情节严重的,予以停业整顿或吊销出版许可证。此外,各音像、电子出版单位缴送样本的情况,将被列为音像、电子出版单位考核和年检的重要内容,对不按期缴送样本或不缴送样本的出版单位,年检时将予以暂缓登记或不予以登记。

特此通知。

文化部、财政部关于进一步推进全国文化
信息资源共享工程的实施意见①

(2007年4月3日　文社图发〔2007〕14号)

各省、自治区、直辖市文化厅(局)、财政厅(局)、新疆生产建设兵团文化局、财政局,文化部

---

① 该文件原文来自国家数字文化网网站(http://www.ndcnc.gov.cn/),检索日期:2013年10月18日。

全国文化信息资源建设管理中心：

全国文化信息资源共享工程（以下简称"文化共享工程"）是2002年起文化部、财政部组织实施的一项社会主义文化建设标志性工程。近年来，在党中央、国务院和各级党委、政府的重视和支持下，文化共享工程建设顺利推进。按照中央关于建设社会主义新农村、构建社会主义和谐社会的战略部署和中央关于推进文化共享工程建设的要求，为贯彻落实中央宣传思想工作领导小组关于全国文化信息资源共享工程专题会议精神，进一步加大力度，加快进度，大力推进文化共享工程建设，现提出如下实施意见：

一、充分认识文化共享工程的重要性和紧迫性

（一）文化共享工程应用现代科学技术，将中华优秀文化信息资源进行数字化加工和整合，通过工程网络体系，以互联网、卫星网、有线电视/数字电视网、镜像、移动存储、光盘等方式，实现优秀文化信息资源在全国范围内的共建共享。它是公共文化服务体系的基础工程，是政府提供公共文化服务的重要手段，是实现广大人民群众基本文化权益的重要途径，是改善城乡基层群众文化服务的创新工程，对于打破落后地区信息闭塞的状况，缩小"数字鸿沟"，提高广大人民的科学文化素质，推进社会主义新农村建设和建设和谐社会，具有重要作用。

（二）党的十六届六中全会做出的《中共中央关于构建社会主义和谐社会若干重大问题的决定》及先后下发的《中共中央办公厅国务院办公厅转发〈文化部财政部关于进一步加强全国文化信息资源共享工程建设的意见〉》（厅字〔2005〕5号）、《中共中央办公厅国务院办公厅关于进一步加强农村文化建设的意见》（中办发〔2005〕27号）、《中共中央国务院关于推进社会主义新农村建设的若干意见》（中发〔2006〕1号）以及《中华人民共和国国民经济和社会发展第十一个五年（2006—2010年）规划纲要》等文件中，对推进文化共享工程建设都提出了明确的要求。各地要以上述文件精神为指导，充分认识文化共享工程的重要意义，加快推进工程建设。

（三）当前，文化共享工程还存在资源总量不足、基层服务网点发展很不平衡等问题，许多基层群众还不能享受到文化信息资源的服务，与党中央关于把工程建设成为社会主义文化建设标志性工程的要求还有较大差距，迫切需要进一步加大力度，加快进度，取得实质性进展。

二、明确目标，加大力度，加快推进文化共享工程建设

（四）明确工作目标，分步实施文化共享工程

今后，文化共享工程工作的总体目标是：以科学发展观为指导，大胆创新，以数字资源建设为核心，以基层服务网点建设为重点，以多种传播方式为手段，以共建共享为基本途径，全面实施文化共享工程。到2010年，基本建成资源丰富、技术先进、服务便捷、覆盖城乡的数字文化服务体系，努力实现"村村通"。

在总结2006年试点工作的基础上，加快建设基层服务网点，形成覆盖全国的服务网络。东部地区根据各地实际，县、乡、村服务网络覆盖率2007年要不低于30%，2008年不低于60%，2009年不低于90%，2010年实现100%全覆盖。中西部地区各省服务网络建设要分级逐步推进。县级支中心建设2007年要建成30%，2008年建成60%，2009年建成90%，2010年实现县县建有支中心；乡镇基层服务点建设将与国家发改委、文化部即将实施的"乡镇综合文化站"建设项目统筹安排；文化系统不再新建村级基层服务点。村级基层服务点要

随着农村党员干部现代远程教育工程基层点建设同步推进;2007 年,将吉林、黑龙江、山西、湖南、贵州、河南、四川、新疆等 8 个农村党员干部现代远程教育试点省份已建的基本型基层点全部升级为扩展型。2008 年,河北、安徽、江西、湖北、海南、内蒙古、广西、重庆、云南、西藏、陕西、甘肃、青海、宁夏等 14 个省份村级基层点覆盖率达到 15%。2009 年至 2010 年,上述 14 省完成剩余 85%的村级基层点的建设任务。

(五)加快数字资源建设步伐

要抓好数字资源建设这一核心,力争到 2010 年资源总量达到 100TB,提供不少于 5 万种的电子图书,采集制作不少于 14 000 场/个舞台艺术、知识讲座、影视节目等视频资源。文化部全国文化信息资源建设管理中心(以下简称"国家中心")2010 年前建设完成 20TB。各省(区、市)分中心着力建设具有特色的文化资源,形成规模,尽可能提供全国共享。中央财政将对中西部地区资源建设给予补助,中西部地区应将中央财政补助建成的资源及时上交国家中心,提供全国无偿使用。

资源内容建设要充分体现"三贴近"的原则,把着力点放在面向农村、面向基层、面向普通百姓上,增加农业科技知识、农村生产生活等方面内容,做到雅俗共赏,增强大众性、实用性。同时,对少数民族群众、少年儿童的文化需求给予高度重视,加强少数民族语言的数字资源建设和文化共享工程少年版的资源建设。

各地要处理好本地区信息资源的著作权问题,本着先易后难的原则,逐步加以解决。由国家投资的文化产品和文化系统拥有自主版权的文化产品,要无偿提供给工程使用。同时,各地也要创造条件,动员和鼓励著作权人将其作品版权捐赠或低价转让给文化共享工程。对于农村急需的其他文化产品,可由政府购买作品使用权,提供给广大农民群众。

要加强资源配送和资源管理。国家中心每月定期发布一次新资源,各省接收后两月内发送市县支中心,市县支中心尽快送到基层服务点。各省(区、市)分中心按照国家中心印发的资源建设目录、标准规范开展资源建设。在开展资源建设之前,要将建设目录报送国家中心审核,经文化部批准后,与国家中心签订资源建设合同,并按照批准的建设方案组织实施。

(六)以农村基层服务点建设为重点,建成完善的文化信息服务网络

为充分发挥文化共享工程在社会主义新农村建设和构建和谐社会进程中的重要作用,要大力发展以农村基层服务点为重点的基层服务网络。到 2010 年,实现县县建有支中心,乡乡建有基层服务点,努力实现"村村通"。

根据东、中、西部不同地区的经济社会发展水平,主要依托各级图书馆和社区、乡镇、村文化活动站(室),建立和完善以国家中心、省级分中心、市县支中心、社区和乡镇、村基层服务点为主体的四级服务体系。

国家中心是文化共享工程资源建设中心、技术支持中心、管理服务中心。要建立需求反馈迅捷、资源提供及时、群众使用方便的服务机制,加强工程网站建设,实现技术有保障、服务有标准、管理有规范。

各省级分中心是各省开展技术服务、数字资源建设、人员培训的中心,要加强资源镜像站建设和特色数字资源建设,完善管理机制,承担对本省各级网点的组织协调、管理服务和绩效考核工作。

市县支中心是文化共享工程服务网络建设中的重要环节。要尽快建立市县支中心镜像站。从 2007 年至 2009 年,全国分 3 批实现县县建成规范化的县级支中心,使之具备数字资

源的存储能力、传输能力和服务能力。市县支中心要与图书馆自动化、网络化建设紧密结合,加强公共上网场所建设,建设完成配置先进的电子阅览室,为广大基层群众尤其是青少年提供文化信息服务和绿色上网空间。同时,担负起对乡镇、村基层服务点的管理、资源更新、技术维护、人员培训和绩效考核等职责。

乡镇、村基层服务点应具有信息服务、教育培训、文化娱乐等多种文化服务能力。村级基层服务点建设要依托农村党员干部现代远程教育工程建设的村级基层点,使之由基本型升级为扩展型,最大限度地满足基层群众的精神文化需求。

(七)完善合作共建机制

2005年1月,文化部和教育部联合印发了《教育部、文化部关于在农村中小学实施全国文化信息资源共享工程的通知》,部署农村中小学现代远程教育与文化共享工程共建共享工作。2006年12月,全国农村党员干部现代远程教育试点工作领导协调小组办公室与全国文化信息资源共享工程领导小组办公室联合印发了《关于做好农村党员干部现代远程教育工程与全国文化信息资源共享工程资源整合工作的通知》,要求做好农村党员干部现代远程教育工程与全国文化信息资源共享工程的资源整合工作。各地文化行政部门要主动与当地组织部门、教育部门沟通,推进文化共享工程与农村党员干部现代远程教育工程、农村中小学现代远程教育工程的合作共建。同时,要积极与广播电视部门合作,总结、推广青岛、佛山、遵义等地文化共享工程与数字电视、有线电视相结合的经验,推进优秀文化资源进入千家万户。要积极利用一切传输平台,最大范围地传播先进文化资源。

(八)构建先进实用的技术体系

加快现代信息技术的应用及标准规范的建立,依托国家骨干通讯网络及国家数字图书馆工程技术平台,与数字图书馆技术紧密结合,建设功能完备、技术先进、稳定可靠、经济实用的分布式开放性实用技术体系。各地要按照统一规划、统一标准、统一格式进行工程建设,不断完善工程技术平台,2010年前,使县级以上各级中心具备提供数字图书馆服务的技术能力。要积极采用各种现代信息技术,始终保持工程技术的先进性、实用性。要积极探索与"电话村村通"技术相结合,推动互联网进入广大农村地区。在工程建设中要坚持优先选用国产设备和我国拥有自主知识产权的先进技术。国家中心要选择成熟、可靠、实用的高新技术,制定和完善文化共享工程整体技术框架。各地要根据实际情况制定具有前瞻性、扩展性、实用性的本省文化共享工程技术体系,报送国家中心备案。国家中心每年要组织技术交流会议,加强沟通,推广先进实用技术。

(九)加强管理,改善服务,强化工程服务效果

各级文化行政部门要确保文化共享工程的公益性服务性质,任何单位和个人,都不得利用文化共享工程的设备设施从事经营性活动。同时,要承担起主管责任,加强对各级分中心和基层服务网点的业务指导和监督管理。国家中心和各省分中心要结合实际开展业务培训,制订工作人员工作手册,方便基层管理与服务人员使用。各级分、支中心要定期向上一级中心报送统计报表。

各级分、支中心要明确服务内容、方式和范围,采取多种手段,为群众提供多样化、个性化服务,满足群众的基本文化需求。国家中心要加强工程网站建设,充实数字资源内容,提供丰富的文化信息服务;省分中心、市县支中心要依托图书馆计算机网络环境,积极开展网上参考咨询服务,并为乡、村基层服务点提供硬盘镜像、光盘发送等服务。县级支中心、乡、

村基层服务点要制定统一的服务制度和服务规范,明确开放时间,维护好设备设施,发挥好设备设施的使用效益。

(十)加强队伍建设

各地要积极采取培养与引进、自有队伍和社会队伍相结合的方式,组建一支稳定的、适合文化共享工程建设需要的管理队伍、技术保障队伍和基层服务队伍。培训工作要经常化、规范化,统一制定培训标准,按照分级分批的原则,通过集中授课、卫星广播、网络互动、光盘教学等方式,开展培训工作。国家中心负责省级分中心人员培训工作,各省(区、市)培训工作由省级文化主管部门负责安排。要充分发挥县图书馆、文化馆、乡镇文化站等基层文化单位工作人员在文化共享工程建设与管理中的积极作用,通过分级培训逐步形成国家中心、省分中心、市县支中心、乡镇和村基层服务点四级管理人员队伍。建设高水平的资源建设、软件开发、网站维护等专业技术骨干队伍。县级支中心要配备专职人员。要加快建立专、兼职结合的农村基层服务点工作队伍,使每个基层服务点都有获得上岗资格的操作人员。省级分中心人员上岗资格证书由文化部颁发,省级以下人员上岗资格证书由省级文化行政部门颁发。

三、加强领导,切实保障文化共享工程顺利推进

(十一)加强领导,建立行之有效的工作机制

各地要切实加强组织领导,建立联席会议制度,形成政府统一领导、部门密切配合的工作协调机制。要按照中央宣传思想工作领导小组《关于加强全国文化信息资源共享工程建设会议纪要》中的要求,"各级党委和政府要进一步提高对文化共享工程重要意义的认识,高度重视,加强领导,将文化共享工程作为推进社会主义新农村建设的一件大事,纳入各级党委、政府的议事日程,纳入经济社会发展总体规划,纳入财政预算,纳入目标考核体系,纳入扶贫攻坚计划。"

各地文化、财政、行政部门要加强沟通,互相配合,互相支持,根据中央关于文化共享工程建设的总体目标和工作部署,制定本地区工程建设发展规划,落实年度工作任务,明确具体工作措施。各级文化行政部门要将文化共享工程作为公共文化服务体系建设的重要内容列入重要议事日程,列为衡量地方文化事业发展的重要指标。要将文化共享工程的实施情况纳入创建文化先进县(市)、文化先进乡镇等相关评比标准。

(十二)建立长效机制,加大投入力度,为文化共享工程建设提供有力保障

各级财政部门要建立长效机制,进一步加大对文化共享工程的投入,更好地履行政府向人民群众提供公共文化服务的职能。中西部地区的县级支中心、村级基层服务点建设经费由中央财政和地方财政共担,中部地区按五五开比例分担,西部地区按八二开比例分担,中央财政对省级分中心资源建设将予以一定补助。对东部工作成效突出的省份中央财政将给予适当奖励。地方财政部门要按照规划任务,加大对数字资源和基层服务网点的投入力度,并确保文化共享工程建设所需的网络维护经费、日常运行经费等。

中央财政补助经费的分配,将对工作基础好,准备工作扎实,经费落实到位的地区予以倾斜。具体补助数额,将根据各地拟建县级支中心、待完善的村基层服务点的数量,以及地方配套资金落实情况进行分配。各地完成当年任务的情况将作为下一年度拨付补助经费的参考依据。

(十三)加大宣传力度

各地要及时总结工程建设和服务经验,加强交流,推广先进典型经验,促进工程发展。

国家中心和各省级分中心要发挥牵头和组织作用。同时,各地要制定具体的宣传方案,采取多种方式,进一步扩大文化共享工程的影响,为加快工程建设创造有利条件。

文化部关于印发《全国古籍普查工作方案》等文件的通知①

（2007 年 8 月 1 日　文社图发〔2007〕31 号）

各省、自治区、直辖市文化厅（局）,新疆生产建设兵团文化局,国家图书馆（国家古籍保护中心）：

为贯彻落实《国务院办公厅关于进一步加强古籍保护工作的意见》（国办发〔2007〕6号）文件精神,全面实施中华古籍保护计划,经全国古籍保护工作部际联席会议审议通过,现将《全国古籍普查工作方案》等有关文件印发给你们,请认真贯彻执行。

特此通知。

附件:1. 全国古籍普查工作方案

2. 全国古籍保护试点工作方案

3.《国家珍贵古籍名录》申报评审暂行办法

4. "全国古籍重点保护单位"申报评定暂行办法

附件 1:全国古籍普查工作方案

我国古代文献典籍是中华民族创造的重要文明成果,是中华文明绵延数千年、一脉相承的历史见证,也是人类文明的瑰宝。为了解我国现存古籍保存保护的现状,加强对古籍的保护和管理,根据《国务院办公厅关于进一步加强古籍保护工作的意见》（国办发〔2007〕6 号）的规定,从 2007 年开始,在全国范围内组织开展古籍普查登记工作,目的是全面了解和掌握各级图书馆、博物馆等单位及民间所藏古籍情况,对登记的古籍进行详细清点和编目整理,建立中华古籍综合信息数据库,形成中华古籍联合目录,以便国家有重点、有针对性地开展古籍保护工作,加强对古籍的管理。全国古籍普查是古籍保护的基础性工作,是古籍抢救、保护与利用工作的重要环节。这是建国以来在全国范围内进行的第一次全面深入的调查,各有关部门和单位应给予高度重视,认真组织,积极开展工作。为做好此次古籍普查工作,特制订如下方案:

一、普查范围和内容

这次全国古籍普查范围包括我国境内的国家图书馆、各公共图书馆、文博单位图书馆（藏书楼）、高等院校图书馆、科研单位图书馆、宗教单位图书馆（藏经阁）等;个人或私人收藏机构,也可以纳入普查范围。古籍普查对象为我国汉文和少数民族文字古籍,其他特种文献,如甲骨、简牍、帛书、金石拓片、舆图等,暂不列入这次普查范围。

这次古籍普查的主要内容包括:古籍基本信息、古籍破损信息和古籍保存状况信息等。

普查登记表由国家古籍保护中心制定。

全国古籍普查工作的执行标准主要有《古籍定级标准》（WH/T 20—2006）、《古籍普查

---

① 该文件原文来自"律商网"数据库,检索日期:2013 年 7 月 30 日。

规范》(WH/T 21—2006)、《古籍特藏破损定级标准》(WH/T 22—2006)、《古籍修复技术规范与质量要求》(WH/T 23—2006)、《图书馆古籍特藏书库基本要求》(WH/T 24—2006)等。其中汉文古籍的定级,依据《古籍定级标准》执行;少数民族文字古籍的定级标准由国家民族事务委员会组织制定并颁布实施。

二、工作机构与任务分工

全国古籍普查工作由全国古籍保护工作部际联席会议统筹规划,由文化部领导实施。设立专家委员会,聘任有关专家负责珍贵古籍的定级审核和普查咨询工作。国家图书馆设中国国家古籍保护中心,为全国普查登记中心和培训中心,负责全国古籍普查登记工作和培训工作,研制标准,编写教材,培训普查人员,汇总古籍普查成果,建立中华古籍综合信息数据库,形成中华古籍联合目录。

各省、自治区、直辖市成立各省级古籍保护分中心,负责本地区古籍普查登记工作和培训工作,按照统一的标准和教材培训本地区的普查人员,汇总并向国家古籍保护中心报送古籍普查报表,建立地方古籍综合信息数据库,形成地方古籍联合目录。

全国古籍保护工作部际联席会议成员单位可根据实际,在本系统成立古籍保护分中心,统一开展本系统的普查工作,将数据汇总后报送国家古籍保护中心;也可由各古籍收藏单位分别报送国家古籍保护中心或各省级分中心。中央其他各有关部委及所属单位按统一要求开展普查工作,直接向国家古籍保护中心报送古籍普查报表。

民间收藏的古籍,可到所在地省级古籍保护分中心进行登记、定级、著录。

三、工作步骤

2007年普查的工作重点是组建古籍普查相关机构,开展普查软件平台的研发工作,开展人员培训,确定古籍普查试点单位,开始对一、二级古籍进行普查,建立中华古籍保护网和中华古籍综合信息数据库等工作。到2009年7月底前,初步掌握现存一、二级古籍状况。分批次发布《国家珍贵古籍名录》及《全国古籍重点保护单位名录》。从2009年8月—2010年底,开展二级以下古籍普查工作,汇总古籍普查成果,逐步形成《中华古籍联合目录》。各地要按照分级负责的原则,结合当地实际情况,建立机构,充分利用已有工作成果,因地制宜开展本地区的普查工作。

普查采用纸本表格或电子表格登记,也可在普查网络平台上进行登记。普查流程如下:基层收藏单位填写表格并校对后,汇总提交到省级分中心。省级分中心对基层收藏单位提交的数据进行审校、汇总,对古籍进行定级,并制作成规范的数据格式文档,提交到国家古籍保护中心。国家古籍保护中心对省级分中心提交的数据进行审核、汇总和发布。专家委员会协助国家古籍保护中心对数据进行审核。

四、工作要求

这次全国古籍普查工作是我国第一次开展此类普查,对全面、准确地掌握我国古籍的数量、价值、分布、保存状况等基本情况,有针对性、有计划地开展古籍保护工作意义重大。各有关部门一定要充分认识全国古籍普查工作的重要性,增强工作责任感。要积极开展普查宣传工作,广泛动员和组织各有关方面力量,使广大古籍工作者及民众理解开展古籍普查工作的重要意义,调动各方面的主动性和积极性。

各级普查机构应健全机制、配备普查人员和设备,建立数据质量控制岗位责任制和工作细则,对普查工作各个环节实行全过程的质量控制,严格按标准和程序开展普查登记工作,提交普查数据。普查登记工作中,各级普查机构须对下级的普查数据采取随机抽样与重点抽查相结合的方法进行质量检查。

人员培训事关普查工作的质量。为保证全国古籍普查工作的顺利开展,国家古籍保护中心和各省级分中心应尽快成立普查队伍,认真筹备、组织培训工作。应结合本地普查任务、人员素质情况、实际工作需要和面临的问题,有针对性地制定培训计划。普查培训应注意对普查人员进行工作责任心和专业知识等的培训、教育。集中各地优秀师资力量、专家力量参与、指导培训工作。各级财政部门要对本地区古籍普查、修复、出版及数字化等工作给予必要的资金支持。鼓励、积极吸纳社会资金参与、支持古籍保护工作。

附件2:全国古籍保护试点工作方案

为贯彻落实《国务院办公厅关于进一步加强古籍保护工作的意见》(国办发〔2007〕6号)文件精神,使中华古籍保护计划全面顺利实施,今年将从全国各个系统和不同层面的古籍收藏单位中选择一批古籍收藏单位,作为全面开展古籍保护计划的试点单位,采用试点先行,以点带面的工作方式,摸索出不同地域、不同层面的古籍保护工作经验,为积极、稳妥地在全国范围内全面推进古籍保护计划打好基础。

一、试点工作的时间

全国古籍保护试点工作自2007年8月开始,至2008年7月结束,历时一年。

二、试点工作的任务

(一)通过普查工作摸清家底,编制出本单位的古籍目录,并及时将普查结果上报上级主管部门。应尽快摸清并上报所藏古籍的生存状况,探索在不同条件下开展古籍普查和保护工作的方法,取得有价值的推广经验后及时推广。

(二)各试点单位根据普查进程,及时分析普查结果,区分藏品的不同等级,对古籍实行分级保护。要针对古籍所处的保存条件、环境等提出符合当地特点的修复及保护计划。

(三)各试点单位的古籍修复须首先提出计划和具体方案,特别对古籍修复涉及的一、二级古籍,其修复方案和修复人员须得到国家中心或国家中心委托的省分中心认可。必要时一级藏品送国家中心或省中心修复,以免造成破坏性修复。

(四)对于古籍库房内部环境不符合藏品需求的,消防等外部环境不合格的,古籍收藏单位应及时向上逐级汇报,提出整改建议,申报改造计划,避免灾害隐患。

(五)对于库房条件过差和库房管理严重不合格的单位,根据藏品等级,必要时将寄存上级收藏单位或其他收藏条件好的单位,归属权不变,待库房的改进经专业人员认定符合藏品需要后,藏品方可归回。

三、试点工作的要求

(一)建立健全组织工作机制。各级政府文化主管部门要切实担负起领导责任,要把古籍保护试点工作列入当前的重点工作。要明确各有关部门的职责和分工,落实工作班子和人员,安排部署好试点工作的各项任务。

(二)制定试点工作方案。要根据当地的工作基础和条件,因地制宜,制定出符合实际、目标明确、任务具体的试点工作方案。

(三)落实经费。对列为古籍保护试点工作的单位,文化部将根据藏量、所在地区经济状况、工作进程和成果等因素给予一定的经费补贴。补贴仅可用于与古籍保护计划有关的各项工作,挪用后一经查实,文化部有权终止其资金的继续投入,并追回原投入资金,严重者将取消其试点单位资格。

(四)深入调研。深入开展各种形式的调查研究工作,摸清情况,认真研究试点工作的重点、难点问题,并要有针对性地研究解决。

(五)人员培训。凡列为试点的古籍收藏单位,古籍整理研究及保管、修复人才的培养要加大力度,通过在职培训和充分参与等方面提高其人员的专业技术水平,以保证古籍保护计划的全面实施。

(六)加强组织协调。各地文化主管部门,要担负起试点工作的具体组织与协调任务。要广泛调动社会各方面的力量,形成全社会参与的格局。通过精心策划和实施,保证试点工作的各项任务落实到位,要充分发挥试点的示范和引导带动作用。

(七)加强信息沟通。各试点单位和管理部门要与上级文化主管部门及时沟通工作情况,各试点之间也应经常进行交流,研究探讨工作中的问题。各省、自治区、直辖市文化厅(局)要确定一名联络员,及时反映本地区试点工作的进展情况。国家古籍保护中心将以简报形式陆续通报各试点单位的工作进展情况。

(八)古籍保护工作试点单位要与国家古籍保护中心签订责任书,并在试点工作完成后完成总结报告。

四、试点单位

全国古籍保护工作试点单位由全国古籍保护工作部际联席会议审议确定,共 57 家,名单如下:

国家图书馆

首都图书馆
天津图书馆
上海图书馆
山东省图书馆
陕西省图书馆
辽宁省图书馆
内蒙古自治区图书馆
江苏省南京图书馆
浙江图书馆
湖北省图书馆
安徽省图书馆
甘肃省图书馆
河南省图书馆
广东省立中山图书馆
福建省图书馆
云南省图书馆
辽宁省大连图书馆
山东省青岛市图书馆
江苏省苏州市图书馆

江苏省常熟市图书馆
浙江省杭州图书馆
浙江省温州市图书馆
浙江省绍兴图书馆
山西省祁县图书馆
北京大学图书馆
清华大学图书馆
中央民族大学图书馆
中山大学图书馆
东北师大图书馆
山东大学图书馆
国家科学图书馆
中国中医科学院图书馆
中国社会科学院图书馆
中国社会科学院文学所图书馆
中国艺术研究院图书馆
故宫博物院
中国文物研究所
上海博物馆
山东省博物馆

安徽博物馆　　　　　　　　　　佛教图书文物馆

西安博物院　　　　　　　　　　中国道教协会

浙江省宁波天一阁博物馆　　　　北京白云观

江苏省苏州博物馆　　　　　　　中华书局

甘肃省武威市博物馆　　　　　　商务印书馆

内蒙古自治区巴林右旗博物馆　　中国书店

河北省唐山市丰润区文管所　　　上海书店

山西省应县文保所　　　　　　　上海辞书出版社图书馆

中国民族图书馆

附件3：《国家珍贵古籍名录》申报评审暂行办法

第一条　为加强对珍贵古籍的保护工作，建立《国家珍贵古籍名录》，根据《中华人民共和国宪法》、《中华人民共和国文物保护法》及其他相关法律、法规的规定，制定本办法。

第二条　建立《国家珍贵古籍名录》的目的是建立完备的珍贵古籍档案，确保珍贵古籍的安全，推动古籍保护工作，提高公民的古籍保护意识，促进国际文化交流和合作。

第三条　文化部负责组织《国家珍贵古籍名录》申报评审工作。文化部设立专家委员会，负责《国家珍贵古籍名录》的评审工作。

第四条　《国家珍贵古籍名录》的主要收录范围是1912年以前书写或印刷的，以中国古典装帧形式存在，具有重要历史、思想和文化价值的珍贵古籍。少数民族文字古籍可视具体情况适当放宽。

第五条　国家珍贵古籍的评选标准，原则上与《古籍定级标准》所规定的一、二级古籍的评定标准相同，即国家珍贵古籍原则上从一、二级古籍内选定。

第六条　申报及评审程序：

（一）由古籍收藏单位和个人按照文化部制定的统一格式，向所属地省级文化行政部门提交《国家珍贵古籍名录》申报书。

（二）省级文化行政管理部门对本行政区域内的申报古籍进行汇总、初审，向文化部提出申报。中央直属单位经上级主管部门批准后，向文化部提出申报。

（三）文化部对申报材料进行审核，并将合格的申报材料提交专家委员会。

（四）专家委员会根据评审标准进行评审，提出国家珍贵古籍推荐名录，提交部际联席会议办公室。

（五）文化部根据专家委员会的评审意见，拟定入选国家珍贵古籍名录，经部际联席会议审核同意后，报国务院批准后公布。

第七条　《国家珍贵古籍名录》的申报评审工作根据情况不定期开展。每次申报评审时间由文化部确定并印发相关通知。

第八条　各省、自治区、直辖市可参照本暂行办法进行省级珍贵古籍名录的评定。

第九条　本暂行办法由文化部负责解释。

第十条　本暂行办法自发布之日起施行。

附件4:"全国古籍重点保护单位"申报评定暂行办法

第一条 为进一步加强对我国古籍的保护和管理,建立"全国古籍重点保护单位"申报评定制度,根据《中华人民共和国宪法》、《中华人民共和国文物保护法》及其他相关法律、法规的规定,制定本办法。

第二条 评定"全国古籍重点保护单位"的目的是加强对古籍保护工作的管理,推动各古籍收藏单位改善古籍保护条件,提高古籍保护工作水平,促进我国古籍保护工作健康、持续开展。

第三条 文化部负责组织"全国古籍重点保护单位"申报评定工作。文化部设立专家委员会,负责"全国古籍重点保护单位"的评审工作。

第四条 "全国古籍重点保护单位"的评选范围包括全国范围内的各类型图书馆、博物馆等古籍收藏单位。

第五条 "全国古籍重点保护单位"评选标准如下:

(一)收藏古籍的数量一般在10万册件以上或收藏古籍善本数量在3000册件以上;

(二)有古籍专用书库;

(三)有专门的古籍保护机构和工作人员,管理制度健全;

(四)有专项古籍保护经费。

第六条 申报及评定程序:

(一)各图书馆、博物馆等古籍收藏单位,向所在行政区域省级文化行政管理部门提出"全国古籍重点保护单位"申请。

(二)"全国古籍重点保护单位"申报单位须按照文化部制定的统一格式,提交申请报告、申报说明书、古籍保护计划及其他说明材料。

(三)各省级文化行政管理部门对本行政区域内的申报单位进行汇总、筛选,经同级人民政府核定后,向文化部申报。中央直属单位经上级主管部门批准后,向文化部申报。

(四)文化部对申报材料进行审核,并将合格的申报材料送专家委员会评审。

(五)专家委员会根据评选标准进行评审,提出"全国古籍重点保护单位"推荐名单,提交文化部。

(六)文化部通过媒体对"全国古籍重点保护单位"推荐名单进行社会公示,公示期30天。

(七)文化部根据专家委员会的评审意见和公示结果,拟订"全国古籍重点保护单位"名单,经部际联席会议审核同意后,报请国务院批准、公布。

第七条 "全国古籍重点保护单位"要按年度向文化部提交古籍保护情况报告。文化部每两年一次组织专家对"全国古籍重点保护单位"进行评估、检查,对未履行保护承诺、出现不良后果的单位,视不同程度给予警告、严重警告直至除名和摘牌处理。

第八条 各省、自治区、直辖市可参照本办法进行"省级古籍重点保护单位"的评定。

第九条 本暂行办法由文化部负责解释。

第十条 本暂行办法自发布之日起施行。

关于印发全国"十一五"乡镇综合文化站建设规划的通知[①]

(2007 年 9 月 17 日 发改社会〔2007〕2427 号)

前言

党的十六届五中全会提出,建设社会主义新农村是我国现代化进程中的重大历史任务,并明确提出要强化政府对农村的公共服务,大力发展农村公共事业。农村文化建设是各级政府所应承担的公共责任,也是建设"生产发展、生活宽裕、乡风文明、村容整洁、管理民主"的社会主义新农村的必然要求,是树立科学发展观,促进农村经济和社会协调发展的必然要求。加强乡镇综合文化站设施建设,改善农村公共文化服务条件,提高农村公共文化服务能力,是建设农村公共文化服务体系的重要内容;是巩固基层文化阵地,提高农村思想道德和科学文化素质的重要保障;是建设社会主义新农村,构建和谐社会的迫切要求。

目前,在我国的很多地区,特别是中西部欠发达地区,乡镇综合文化站的发展还存在很多困难和问题,如设施严重不足,设备陈旧落后,运行经费短缺,人员素质偏低等。这些问题的存在严重影响了农村文化建设和农村经济、社会的协调发展。为促进全国乡镇综合文化站建设,根据《国民经济和社会发展第十一个五年规划纲要》、《国家"十一五"文化发展规划纲要》和中办、国办《关于进一步加强农村文化建设的意见》要求,在总结建国以来我国农村乡镇文化设施建设和发展经验的基础上,特制定本专项规划。

第一章 现状分析

乡镇综合文化站是我国农村群众文化工作网络的重要组成部分,是党和政府开展农村文化工作的基本阵地,长期以来在活跃农村文化生活,促进农村经济社会协调发展等方面,发挥着重要作用。尤其是近些年来,各地乡镇综合文化站在条件非常有限的情况下,坚持经常性地开展科技讲座、扫盲教育、法制宣传、文艺辅导、文艺会演、游戏娱乐等文化活动,成为农民学文化、学科学的课堂,成为推广科学技术、带领农民致富的示范基地,成为抵御不良风气的阵地,更好地满足了农民群众多方面的文化需求。农村乡镇综合文化站在广大农村的经济建设和社会发展中发挥了积极作用。

同时,我们还应看到,目前在很多地区,特别是中西部欠发达地区,乡镇综合文化站的发展还存在很多困难和问题。虽然 1982 年,国家就将文化站建设正式列入国民经济建设和社会发展第六个五年计划,并明确提出了"乡乡有文化站"的建设目标,但随着我国经济的快速发展,乡镇综合文化站的建设问题却没能得到相应的重视。据统计,截至 2005 年,全国已建立乡镇综合文化站机构 34 593 个,占乡镇总数的 97%。但在实际上,全国还有 26 712 个乡镇没有文化站设施或站舍面积在 50 平方米以下。而且现有文化站站舍大部分建于上世纪七八十年代,站舍破旧落后,设备严重缺乏,急需改建或扩建。镇文化站设施设备建设严重落后、不能适应农村文化建设需要的矛盾十分突出。根据 1992 年文化部颁发的文化站管理办法,乡镇综合文化站应有书报阅览室、文化娱乐活动室、图书室等设施或场所,活动面积不

[①] 该文件原文来自广东省文化厅公众服务网网站(http://www.gdwht.gov.cn/),检索日期:2013 年 9 月 5 日。

低于 300 平方米。但除一些经济发达地区外,大多数乡镇综合文化站场所面积低于这个标准。文化站设施建设基本上未列入地方政府的建设规划。同时,乡镇综合文化站还存在着工作经费不足、队伍素质偏低等问题。因此,制定和实施全国乡镇综合文化站建设规划,改善农村乡镇公共文化服务条件,对于建立和完善农村公共文化服务体系,满足广大农民群众基本文化需求,对于社会主义新农村建设,维护农村社会发展和稳定的大局,尤为重要和迫切。

第二章　指导思想、建设原则和总体目标

第一节　指导思想

全国乡镇综合文化站建设要坚持以邓小平理论和“三个代表”重要思想为指导,树立和落实科学发展观,全面贯彻党的十六大和十六届三中、四中、五中全会精神,着眼于增强党在农村的执政能力和执政基础,着眼于维护农村改革发展稳定的大局,着眼于满足农民群众日益增长的精神文化需求和提高农民文化素质、农村文明程度,以完善服务条件提高服务能力为重点,加大投入,加强管理,增强服务,争取通过几年的不懈努力,使乡镇综合文化站设施得到明显改善,活力得到明显增强,文化服务水平有较大提高,县、乡、村三级文化服务网络逐步健全和完善,为满足农民群众基本文化生活需求提供保障。

第二节　建设原则

一、统一规划,分级负责。中央制定全国总体规划,明确指导原则、支持的范围和重点,安排补助投资,对规划实施情况进行督导检查;地方根据中央规划要求,编制本地区乡镇综合文化站建设规划,制定具体项目建设规划,落实建设资金和政策措施,确保规划整体目标的实现。

二、突出重点,分步实施。“十一五”全国乡镇综合文化站的建设任务按照确定的规划,分年度逐步实施,建设的重点是中西部地区。中央补助投资主要用于中西部地区,尤其是向国家扶贫工作重点县、向西部地区以及中部六省比照西部政策的县(市、区)倾斜。东部地区要积极落实建设资金,按时完成规划建设任务。

三、整合资源,填平补齐。科学确定乡镇综合文化站的功能,合理规划乡镇综合文化站的布局与结构,在现有设施资源的基础上,按照建设标准,填平补齐,不搞重复建设。

四、深化改革,配套推进。在加强基础设施建设的同时,进一步加快农村乡镇文化管理体制和运行机制的改革,增强乡镇综合文化站在社会主义市场经济条件下的发展能力,激发乡镇综合文化站的生机和活力。

五、改善服务,加强管理。不断丰富乡镇综合文化站服务内容,健全和完善乡镇综合文化站服务功能。加强队伍建设,并与落实经费、完善装备、加强管理等工作同步推进,实现可持续发展。

第三节　总体目标

通过加大投入,改善乡镇文化机构的基础设施和装备条件,改革管理体制和运行机制,加强管理,提高工作队伍素质等措施,到 2010 年,全国所有农村乡镇建立具备综合服务功能的文化站、具有较高专业素质的文化站工作队伍、合理有效的农村乡镇文化管理体制,乡镇公共文化服务能力有显著改善;乡镇综合文化站成为当地农村思想道德教育的重要阵地、丰富农民群众精神文化生活的重要场所和传播科学文化知识的重要课堂,成为农村乡镇社会事业发展的平台。

第三章　乡镇综合文化站的功能定位

第一节　乡镇综合文化站性质

乡镇综合文化站承担政府乡镇文化管理和提供公共文化服务的职能,是政府举办的公益性文化机构。中共中央、国务院《关于深化文化体制改革的若干意见》和中办、国办《关于进一步加强农村文化工作的意见》中都明确指出,乡镇综合文化站属于公益性事业单位。乡镇综合文化站是群众文化活动和精神文明建设的重要阵地,要坚持把握公益性质,充分体现公共文化服务的职能作用。乡镇综合文化站的建设投资和运行经费主要来源于政府投入,应进一步加大财政性资金投入,切实保证公益文化机构的正常运行经费。同时,公益性文化机构应该加大改革力度,转变机制,改善服务,增强活力。

第二节　乡镇综合文化站功能

根据中办、国办印发的《关于进一步加强农村文化工作的意见》要求,乡镇综合文化站是集图书阅读、广播影视、宣传教育、科技推广、科普培训、体育和青少年校外活动等于一体,服务于当地农村群众的综合性公共文化机构。随着改革开放的持续深入,广大农民群众的精神文化需求日益广泛,乡镇综合文化站要紧紧围绕党的中心工作,紧密结合农村群众的生产、生活和思想实际,宣传党的路线、方针、政策,推广先进适用技术,倡导科学文明的生活方式。一个综合性、多功能的文化站,将充分发挥在农村文化生活中的辐射作用,促进农村精神文明建设,同时也将为农民致富拓宽信息渠道,促进农村经济的发展,发挥重要作用。乡镇综合文化站的具体职能是:

一、对广大群众进行时政宣传和政策法制教育;

二、组织开展丰富多彩的文体娱乐活动,组织电影、电视、录像放映活动;

三、利用全国文化信息资源共享工程举办各类文化艺术培训班、科普讲座、农技知识讲座等,辅导和培养文艺骨干;

四、开办图书室,组织群众开展读书活动;

五、搜集、整理民族民间文化艺术遗产,促进乡村特色文化的发展;

六、指导和辅导村文化室、俱乐部和农民文化户开展各种业务活动;

七、做好文物的宣传保护工作;

八、受上级文化主管部门委托协助管理当地文化市场。

第四章　建设标准和进度安排

第一节　建设标准

一、规模标准

根据乡镇综合文化站性质、功能和工作任务,综合考虑全国乡镇的经济发展状况、覆盖人口数以及文化站主要功能等因素,本规划所确定的新建和改扩建文化站项目建设规模应不低于300平方米,并以此作为确定中央补助投资的依据。在实际建设过程中,各地可根据当地的经济实力和发展需要,对具体项目规模作相应调整,超出300平方米部分中央不再补助投资。原则上乡镇综合文化站不得建设在乡(镇)政府办公场所内。

二、功能布局

综合性乡镇综合文化站基本功能空间应当包括:

1. 多功能活动厅:主要用于开展小型演出、文艺排练、游艺等活动。

2. 书刊阅览室:主要用于图书、报刊的借阅。

3. 培训教室:主要用于举办各类文化艺术培训和农村实用科技知识培训。

4. 信息资源共享服务室:可以作为文化信息资源共享工程的微机室。

5. 管理用房:乡镇综合文化站工作人员用房。

此外,有条件的地方还可适当建设室外活动场地、宣传栏、黑板报等配套设施。

第二节　建设进度

全国乡镇综合文化站建设总体进度要求是:从 2006 年启动,到 2010 年完成全部建设任务。各省、自治区、直辖市要按照本规划,制定本地区乡镇文化设施建设规划,落实建设资金,加大投入和监管力度,确保按期完成建设任务。

第五章　投资安排

第一节　资金来源

农村乡镇综合文化站建设所需资金由中央专项补助资金、地方财政资金、自筹等多渠道筹措解决。

一、安排中央专项资金,支持和引导乡镇综合文化站设施建设,从 2007 年开始,分 4 年安排。

二、中央支持的项目所需配套资金原则上由省级政府为主安排,有配套能力的市(地)、县(市)政府和乡镇可安排适当的自筹资金。未纳入中央支持范围的项目建设,由省级人民政府落实建设资金,统筹安排。

三、建设项目需要解决建设用地的,由地方政府无偿划拨。地方政府应减免各种建设配套费用,降低建设成本。

第二节　中央投资补助标准

一、国家级贫困县,每个乡镇综合文化站建设项目平均补助 20 万元,约占单个项目总投资的 83%。

二、西部非国贫困县及中部享受西部待遇的县,每个乡镇综合文化站建设项目平均补助 16 万元,约占单个项目总投资的 67%。

三、其他中部地区,每个乡镇综合文化站建设项目平均补助 12 万元,占单个项目总投资的 50%。

四、东部地区,一般项目中央不安排补助投资,由地方自筹资金负责乡镇综合文化站建设。福建省龙岩市、三明市的 10 个苏区县项目,按中部地区标准,每个乡镇综合文化站建设项目平均补助 12 万元,占单个项目总投资的 50%。

五、西藏自治区的项目予以全额补助,即每个乡镇综合文化站建设项目平均补助 24 万元,县级两馆建设项目平均每个补助 75 万元。

第三节　中央补助资金估算

一、国家级贫困县(旗)共有乡镇综合文化站建设项目 8314 个,需要中央补助投资 166 280 万元。

二、西部非贫困县(市、旗、区)及中部六省比照西部县(市、区)的县共有乡镇综合文化站建设项目 8465 个,需要中央补助投资 135 440 万元。

三、中部一般地区县(市、区)共有乡镇综合文化站建设项目 7049 个,需要中央补助投资 84 588 万元。

四、东部地区的福建省龙岩市、三明市 12 个苏区县共有乡镇综合文化站建设项目 115 个,需要中央补助投资 1380 万元。

五、西藏自治区共有建设项目241个,需要中央补助投资6855万元,其中县级图书馆文化馆项目21个,需中央补助资金1575万元,乡镇综合文化站项目220个,需中央补助资金5280万元。

以上全部项目共需要中央补助资金394 543万元。建设资金不足部分由地方负责解决。

新疆、广西、宁夏等地方的乡镇综合文化站建设项目,如通过大庆专项资金等其他资金渠道予以解决的,我们将在规划的具体实施过程中予以相应扣除。

第四节　规划实施方法

本规划的具体实施是在统一规划建设项目的基础上,分年度逐步具体安排当年建设项目和补助投资。年度所需安排的具体项目和补助投资,由各省、自治区、直辖市和新疆生产建设兵团、黑龙江农垦局发展改革委和文化厅(局),根据国家发展改革委和文化部提出的具体安排要求提出建议,经国家发展改革委和文化部审核平衡后,编制年度项目和投资安排计划并按规定下达。

规划实施过程中,国家发展改革委和文化部将对各地的项目建设情况进行抽查,包括建设用地、配套资金、工程进度、工程质量等方面的情况,并对全国规划实施情况进行评估。

年度安排项目建成后,由省、自治区、直辖市及新疆生产建设兵团、黑龙江农垦局负责对其所属项目组织验收。规划全部实施完成后,由国家发展改革委和文化部负责组织总验收,并对整个规划实施进行后评估和总结。

第六章　相关政策措施

要切实发挥乡镇综合文化站在农村文化建设中的作用,不仅要抓好设施建设,而且要加快农村文化管理体制和运行机制改革,对乡镇综合文化站的性质、机构设置、职能定位以及乡镇综合文化站编制问题等予以明确,从根本上解决制约文化站发展的政策性问题。

第一节　强化乡镇综合文化站的文化服务职能

一、乡镇综合文化站是政府举办的公益性文化机构,应进一步强化其承担的乡镇文化管理和提供公共文化服务的职能,形成集图书阅读、广播影视、宣传教育、科技推广、科普培训、体育和青少年校外活动等于一体的综合性文化站。

二、保证乡镇综合文化站的编制。中办、国办《关于进一步加强农村文化工作的意见》要求,乡镇综合性文化站要配备专职人员管理。为完成乡镇文化工作任务,每个综合性文化站至少应有1—2个编制,比较大的乡镇可适当增加编制。

第二节　加快农村文化管理体制和运行机制改革

一、整合农村文化资源。以农民的文化需求为导向,按照文化设施规划和完善农村文化公共文化服务体系要求,优化配置农村文化资源,提高资源利用率。原则上一个乡镇由政府举办一个文化站,富余的文化站可以通过改制等多种方式进行调整。在布局调整中,要确保国有资产不流失。

二、改革乡镇综合文化站的管理体制和运行机制。进一步强化乡镇政府对文化站设施、人员、经费的管理责任,县文化行政部门要加强对乡镇综合文化站的业务指导。实行人员聘用制度和岗位管理制度,加大分配制度改革力度。建立健全失业、养老、医疗保险等社会保障机制,为文化站的改革和发展创造良好的政策环境。

三、探索多种形式建设乡镇综合文化站。要打破部门和所有制界限,建立以公有制为主导、多种所有制形式共同发展的乡镇文化服务网络。制定优惠政策,鼓励社会力量和农民兴办乡镇文化机构。

第三节　加强乡镇综合文化站工作队伍建设

一、实行职业资格制度。要在乡镇综合文化站实行职业资格制度。今后对文化站新进人员要实行公开招聘的办法，规范进入程序，吸收政治思想好、文化水平高的大中专毕业生到文化站工作。文化站工作人员在调离、辞退及借作他用时，要征得上级文化主管部门的同意。对原有临时工作人员或合同制工作人员的解聘、辞退，按照有关政策规定办理。

二、严格根据文化站的性质、任务、特点，设置工作岗位，对工作人员实行岗位管理，做到"按需设岗、按岗聘用、竞争上岗、择优聘用、严格考核"。

三、加强岗位培训，建立和完善岗位规范，运用奖励、表彰等手段，完善现有人才队伍的培养机制。

第四节　建立稳定的乡镇综合文化站投入机制

乡镇综合文化站的公益性质，决定了它主要依靠国家重点扶持。因此，在乡镇综合文化站建设中，各级政府，特别是县乡两级政府要充分发挥主导作用，承担起主要责任。各级政府要认真落实十四届六中全会《决议》提出的文化事业经费增长不低于当年财政收入增长幅度的要求，加大财政投入力度，认真解决乡镇综合文化站在设施、场所、设备和人员培训等方面的问题，切实保障乡镇综合文化站人员经费和公用经费、专项业务和事业项目经费，逐年增加乡镇综合文化站的经费投入，增长幅度应不低于当年财政收入增长幅度。

第七章　预期建设成效

本规划实施年限为 2007 年至 2010 年，规划实施完成后，全国乡镇综合文化站建设将主要取得以下成效：

一、设施设备明显完善。规划完成后，全国将基本实现乡乡镇镇有综合文化设施，房屋破旧、设备短缺的面貌大为改善，并具备开展公共文化服务的基本条件，广大群众可以方便地享受乡镇文化机构提供的公共文化服务。

二、服务能力明显提高。通过深化改革，加强队伍建设，使乡镇文化机构综合服务能力明显增强，在丰富农民群众文化生活，宣传党的路线方针政策等方面发挥重要作用。同时还可与全国文化信息资源共享工程建设结合，成为共享工程基层服务网点，为广大农民群众提供数字化文化信息服务。

三、进一步促进农村文化建设，加强对农民自办文化的扶持和指导。随着规划任务的完成，我国农村公共文化服务体系将更加完善，广大农民群众的基本文化权益得到有效保障，政府公共文化服务能力进一步增强，农村文化建设有更大的发展。

国家民委、文化部关于进一步加强少数民族古籍保护工作的实施意见[①]

（2008 年 1 月 17 日　民委发〔2008〕33 号）

为深入学习贯彻落实党的十七大和《国务院办公厅关于进一步加强古籍保护工作的意

---

① 该文件原文来自中华人民共和国国家民族事务委员会网站（http://www.seac.gov.cn/），检索日期：2013 年 10 月 18 日。

见》(国办发〔2007〕6 号)(以下简称《意见》)精神,切实做好全国少数民族古籍保护、抢救、搜集、整理、翻译、出版、研究工作,继承和弘扬少数民族优秀文化传统,充分发挥少数民族古籍对发展民族文化、推进社会主义精神文明建设和促进社会和谐的作用,现就今后一个时期深入做好我国少数民族古籍保护工作提出如下实施意见:

一、深刻认识新时期少数民族古籍工作的重要性和紧迫性

(一)做好少数民族古籍工作的重要意义。我国是统一的多民族国家,有 55 个少数民族。中国少数民族古籍是指中国 55 个少数民族在历史上所形成的古代书册、典籍、文献和口传古籍。55 个少数民族在长期的历史发展中都创造和积累了丰富多彩的历史文化,留下了卷帙浩繁的书面文献和丰富的口传古籍。

少数民族古籍是中华民族传统文化的重要组成部分,是各民族在几千年历史发展进程中创造的重要文明成果,具有丰富的内涵。加强少数民族古籍保护工作,有利于继承和弘扬各少数民族优秀文化传统,推进社会主义精神文明建设;有利于促进各民族思想文化交流、加强民族团结、维护祖国统一;有利于“推动社会主义文化大繁荣大发展”;有利于凝聚各族人民共同投身于全面建设小康社会的伟大事业。

(二)少数民族古籍工作取得的成绩和面临的主要问题。党和政府历来高度重视少数民族古籍工作。上世纪 80 年代初,国务院确定由国家民委牵头,财政部、教育部、文化部、国家档案局、社科院等部门组成了少数民族古籍整理出版规划小组,负责组织、协调、联络、指导少数民族古籍的抢救、搜集、整理和出版工作,这对少数民族古籍的有效保护起到了十分重要的作用,特别是新世纪、新阶段,党和国家对少数民族古籍工作更加重视并提出了更高的要求。2005 年,少数民族古籍保护工作列入《国务院实施〈中华人民共和国民族区域自治法〉若干规定》和《中共中央国务院关于加强民族工作加快少数民族和民族地区经济社会发展的决定》(中发〔2005〕10 号)中;2006 年,《中国少数民族古籍总目提要》被列入《国家“十一五”时期文化发展规划纲要》;2007 年,国务院办公厅下发了《关于进一步加强古籍保护工作的意见》(国办发〔2007〕6 号)。这些文件,不仅对开展少数民族古籍工作提出了明确的任务和指导方针,而且对少数民族古籍的抢救、保护工作,从普查、登记、修复到相关工作的组织协调、机制建立、制度形成等方面也都提出了明确的要求和切实可行的措施。

少数民族古籍工作在各级党委、政府的高度重视下,顺利地开展并取得了重大的成果。自 1984 年少数民族古籍工作在全国全面开展以来,全国已有 28 个省、自治区、直辖市建立了相应的工作机构,有 14 个民族建立了省区协作组织。据不完全统计,全国各地征集了数百万种少数民族古籍,并妥善地保存起来;培养了专兼职少数民族古籍整理、研究人员 3000 余人;抢救、整理了散藏在民间的少数民族古籍约百万种(部、件、册,不含图书馆、文化馆及寺院藏书),其中包括若干孤本、珍本和善本,公开出版 5000 余种;数百种少数民族古籍出版物获得诸如国家图书奖等各级奖项。尤为可喜的是,在全国性普查的基础上,以大型目录学套书作为其重要整理研究成果的《中国少数民族古籍总目提要》各卷的相继面世,为今后一个时期深入开展少数民族古籍保护、抢救工作奠定了良好基础,提供了有益的经验。

但是由于诸多原因,当前我国少数民族古籍工作还存在着不少问题。一方面,由于少数民族古籍涉及的范围广、种类多、载体多样、历史久远、保存条件差、修复手段落后、经费紧缺、古籍学科建设相对滞后,部分古籍业已老化破损。另一方面,从事少数民族古籍工作的人才严重匮乏,且懂少数民族古籍的人数日益减少,有的年事已高,使得一些古籍面临失传的危险,这些因素都不同程度地制约着少数民族古籍工作的顺利开展。因此,各级民族工作部门和文化部门要在各级党委、政府领导下,认真学习领会《意见》精神,充分认识保护少数民族古籍的重要性,进一步增强责任感和紧迫感,从对中华民族和历史负责的高度,切实做好少数民族古籍保护、抢救、整理工作。

二、明确新时期、新阶段少数民族古籍保护工作的指导思想、基本方针和总体目标

(一)指导思想。坚持以邓小平理论和"三个代表"重要思想为指导,深入贯彻落实科学发展观,加大少数民族古籍保护工作力度。建立政府主导、部门协作、社会参与的少数民族古籍工作机制和科学有效的保护制度,提高全社会少数民族古籍保护意识,充分发挥少数民族古籍在弘扬民族文化,增进民族团结,促进少数民族和民族地区物质文明建设、精神文明建设的重要作用,为促进社会和谐、实现各民族团结、进步和发展服务。

(二)基本方针。坚持贯彻"保护为主、抢救第一、合理利用、加强管理"的方针,坚持依法保护和科学保护原则,正确处理少数民族古籍保护与利用的关系。统筹规划、分类指导、突出重点、分步实施。针对少数民族古籍工作的特点和现状,充分发挥各级少数民族古籍工作部门和文化工作部门的职能,协调统一,有效开展规划、组织、联络、协调、指导全国少数民族古籍的保护、抢救、搜集、整理、翻译、出版和研究工作。

(三)主要任务和总体目标。认真贯彻落实《意见》确定的全国古籍保护工作的主要任务和基本目标,紧密结合国家实施的"中华古籍保护计划"和国家古籍整理重点图书出版规划的要求,全面、科学、规范地开展少数民族古籍保护工作。

结合少数民族古籍工作的特点和现状,全面实施《国家"十一五"时期文化发展规划纲要》确定的"加强民族古籍和文物抢救工作,搜集、整理少数民族古籍,编纂《中国少数民族古籍总目提要》"等民族文化项目;围绕非物质文化遗产保护总体规划,继续加强做好全国少数民族古籍的保护、抢救、搜集、普查、整理、翻译、出版、研究工作,实现少数民族古籍的科学管理和有效保护;完善少数民族古籍学科体系建设,努力培养一批具有较高水平的少数民族古籍保护专业人员;确保完成《国家珍贵古籍名录》所规定的报送任务,争取更多的古籍保护单位成为"全国古籍保护重点单位";建立、健全、完善少数民族古籍的管理体系和工作体制,逐步完善少数民族古籍保护制度;加快促进少数民族古籍保护法的制定工作。

三、突出重点,科学规范,扎实推进少数民族古籍保护工作的开展

遵照《意见》精神,各级政府应将少数民族古籍保护工作纳入本地区发展规划,列入民族工作、文化工作具体规划中。要统筹规划、明确任务、突出重点、分步推进,切实抓好和完成以下工作任务。

(一)继续做好少数民族古籍的抢救、普查、登记、整理、翻译工作。各级少数民族古籍和文化工作部门在原有工作的基础上要进一步加大工作力度,继续组织人力、物力,广泛深入地开展调查、摸底、清点、编目、整理、翻译工作,全面了解和掌握各地少数民族古籍的存量、分布和流传情况,特别要做好对散藏在民间的少数民族古籍和口头传承的古籍的保护和征集工作。在此基础上实现古籍分级保护,由各省区民族古籍工作部门负责汇总上报全国少数民族古籍整理研究室,为建立中华古籍联合目录和古籍数字资源库提供基础资料。

(二)高质量完成《中国少数民族古籍总目提要》的编纂、出版任务。《中国少数民族古籍总目提要》是《国家"十一五"时期文化发展规划纲要》确定的重点文化项目。这个项目的实施具有重大的历史和现实意义,是中华民族文化发展史上具有里程碑意义的大事。民族、文化工作部门要以编纂《中国少数民族古籍总目提要》为基础,树立精品意识,尤其是在少数民族古籍的普查、修复、目录的编制、卡片的登录和条目的撰写等方面强化培训,精确操作。对于跨省(区、市)的民族卷,牵头省(区、市)要认真做好联络、协调、组织、综合等项工作,参与本项目的省(区、市)要积极配合,确保编纂出版任务的顺利完成。

(三)建立"少数民族古籍保护与资料信息中心"。根据《意见》精神和《国家民委"十一五"工作规划》确定的任务,在国家古籍保护中心指导下建立统一的少数民族古籍保护与资料信息中心,以全面了解和掌握少数民族古籍的基本状况和保存状态,为少数民族古籍保护整理工作提供全面准确的信息资源。

建立"少数民族古籍保护与资料信息中心"的目的主要是汇集有史以来,特别是近三十年来少数民族古籍保护、抢救、搜集、整理、翻译、出版、研究的成果,收集一些具有代表性的少数民族古籍文本,让更多的人了解我国少数民族古籍情况。同时,展示党的民族政策和少数民族古籍工作的成就,普及少数民族古籍知识,并在展示中予以保护,使其成为少数民族古籍教学与科研基地。"少数民族古籍保护与资料信息中心"通过现代科学技术手段,促进少数民族古籍数字化、网络化建设,利用网络技术,开发少数民族古籍资源,传播中华民族传统文化,促进国内外文化交流,推进少数民族古籍管理信息化进程,建设具有国际影响力的中国少数民族古籍网站,搭建少数民族古籍信息交流平台。各地可根据实际建立相应的保护机制,充分利用"少数民族古籍保护与资料信息中心"这个信息平台,实现中国少数民族古籍文献的数字化。

(四)建立"少数民族古籍文献人才培养与科学研究基地"。少数民族古籍的抢救和保护,关键是人才。建立统一的"少数民族古籍文献人才培养与科学研究基地",发展少数民族古籍学科建设和人才培养机制是落实《意见》和《国家民委"十一五"工作规划》的重要举措。基地建设要充分利用和发挥相关院校的专业人才优势,从少数民族古籍的研究对象与方法、基本内容和原则、适用范围和应用价值等方面,研究少数民族古籍搜集、抢救、保护、整理的规律和特点,创立并完善少数民族古籍学的学科体系。坚持以提高少数民族古籍工作人员的理论水平和专业技能为重点,把短期培训、学历教育和高精尖人才培养结合起来,以更好地满足保护、整理、研究少数民族古籍工作的不同需要,促进少数民族古籍工作的深入开展。

(五)加快优秀少数民族民间口传古籍传承人的抢救工作。民间口传古籍传承人是我国各民族民间文化的活宝库、活化石,是活着的历史,对于民族学、历史学、语言学等学科研究具有很大的历史和现实价值,是一笔珍贵的非物质文化遗产。一旦传承人故去,所掌握的口传古籍也将随之消失。要按照"救人、救书、救学科"的原则和抢救非物质文化遗产的有关要求,及时搞好"救人"工作。一方面,要组织一定的人力尽快搜集、整理民间艺人的口传资料,建立和完善具有一定规模的少数民族口传古籍音像资料库,整理出版一批少数民族口传古籍声像出版物。另一方面,对那些因条件限制而不能及时全部记录整理,长期在民间传诵的民族古籍,要有意识培育口传古籍的继承人,扶持口传古籍之家,让具有悠久历史的口传古籍能世代流传下去,切实推进民间口传古籍的保护和利用。

(六)加强少数民族古籍的保护工作,建立完善的保护制度。随着经济资源开发项目在民族地区的布局和对外开放力度的加大,少数民族古籍保护、抢救、搜集工作的紧迫性日益凸现,各地要认真贯彻《意见》,统筹规划,制定保护制度和严密的保护利用的机制及办法。要把运用现代化的保护手段和科学的管理方法纳入到制度建设中来,使少数民族古籍工作制度化、科学化。在实施保护制度过程中,重点做好近十年所征集、抢救的少数民族古籍的修复和保管工作,尤其对具有较高价值的孤本、善本及精品,要进行严格的科学保护。对遭虫蛀、水蚀的少数民族古籍要采取有效措施加以修复、保管、编目和收藏,并都要形成制度,完善措施,使少数民族古籍保护工作逐步步入规范化、标准化轨道。

四、加强领导,通力协作,把《意见》精神落到实处

根据《意见》精神,各级政府要切实加强对少数民族古籍工作的领导,把少数民族古籍保护工作列入政府工作的重要议事日程。各地要结合《国家"十一五"时期文化发展规划纲要》,在各级政府的统一领导下,建立协调一致、分工合作的少数民族古籍保护工作机制,为进一步开展少数民族古籍保护工作提供保证。

(一)建立健全工作机制。为加强少数民族古籍保护工作的协调领导,各省(区、市)民族、文化工作部门要紧密配合,在全国古籍保护工作部际联席会议的领导下,积极协调相关部门按照现有分工,积极配合,认真履行职责,各级政府应将少数民族古籍工作纳入到本地区民族工作、文化工作总体规划中。文化部门要搞好总体规划,明确目标要求,加强宏观指导;民族工作部门要加强组织、联络、指导、协调,共同做好少数民族古籍保护工作;要建立健全少数民族古籍工作机构,配足编制,配强人员。相关部门要建立和完善少数民族古籍保护责任制和责任追究制度。

(二)加大对少数民族古籍工作的投入,切实解决少数民族古籍工作必需的经费。少数民族古籍是一种不可再生的传统文化资源,一旦损失,便无法完整再现。因此,对一些珍贵的少数民族古籍,必须投入必要的财力和人力进行原生性保护和修复,以保持古籍原貌。要借助数字化技术,运用电子扫描、复印、照相、缩微等技术,对现有少数民族古籍进行抢救,以加强和改进再生性保护。各级政府应按照国办发〔1984〕30号《意见》精神,采取积极措施将少数民族古籍整理出版工作所需经费列入地方财政预算并加大古籍保护资金投入,以确保少数民族古籍工作所需资金。民族、文化工作部门要积极协调财政部门对本地区少数民族古籍的普查、修复、编目、出版及数字化等工作所需经费给予必要的支持。同时要广开渠道,采取多种途径积极吸纳社会资金,为做好少数民族古籍工作提供保障。

(三)加强少数民族古籍人才队伍的培养和提高。培养造就一支贯彻党的民族政策,热爱民族文化事业,具有各项扎实功底和良好素质的少数民族古籍工作人才队伍,是做好少数民族古籍工作的重要保证。要通过建立少数民族古籍保护与资料信息中心和少数民族古籍文献人才培养与科学研究基地,来推动少数民族古籍人才队伍的培养。制定少数民族古籍保护人才培训规划,采取学历教育和短期培训相结合的办法,加强教育培训,不断壮大队伍,优化队伍结构,着力培养学科专业骨干。尤其是要重点加强少数民族古籍的保护、修复、翻译、整理、出版、研究人才的培养。要从政治上爱护、职称待遇上关心、生活上照顾,为少数民族古籍专业人员和工作人员创造良好的工作条件和生活环境。

(四)加大对少数民族古籍市场的监管力度。依法规范少数民族古籍市场流通秩序和经营行为;加强少数民族古籍销售、拍卖行为的审核备案工作;在公安、海关等有关部门配合下,严厉打击盗窃、走私古籍等违法犯罪活动,加强少数民族古籍出入境审核、监管;加强国际合作,坚决依据有关国际公约和法律法规追索非法流失境外的少数民族古籍。

(五)进一步加大对少数民族古籍抢救、保护、整理工作的宣传力度。少数民族古籍工作的有效开展和取得的影响力、社会效益,离不开社会各界的大力支持。要加大对少数民族古籍工作的宣传力度,使其得到全社会的广泛重视和大力支持。要大力宣传开展少数民族古籍工作的重要意义,培养公众的少数民族古籍保护意识,普及少数民族古籍保护知识,展示少数民族古籍保护成果,使全社会共同致力于这项功在当代、利在千秋、惠泽于民的事业,共同开创少数民族古籍工作的新局面。

中华全国总工会办公厅关于申报全国
工会"职工书屋"示范点的通知①

(2008 年 1 月 18 日　总工办发〔2008〕4 号)

各省、自治区、直辖市总工会:

为推进全国工会"职工书屋"建设,落实 2008 年在全国建设 1000 个"职工书屋"示范点的工作目标,现将各省级工会申报"职工书屋"示范点的有关事宜通知如下。

一、示范点申报程序

(一)全国工会"职工书屋"示范点以省级工会为单位申报。

(二)各省级工会要按照全总提出的"职工书屋"建设目标和任务,结合本地区的实际情况,在认真考察验收的基础上,选择一批有条件的基层单位作为首批"职工书屋"示范点推荐单位,并以书面形式向全总提出"职工书屋"示范点的申请报告。

(三)根据各省级工会的书面申请,全总将采取组织抽查和委托地方工会自查相结合的方式,核查申请"职工书屋"示范点推荐单位的基础条件、准备工作情况和资金筹措情况。

(四)经全总或地方工会核查,对符合条件和要求的"职工书屋"示范点,将分别由工人出版社"图书配送中心"和工人日报社负责将有关图书和工人日报配送到位。

(五)由各地工会选拔推荐的全国工会"职工书屋"示范点,将统一悬挂经全总审定的同一款式牌匾(具体式样及标准另发)。

二、申报材料

(一)由省级工会负责形成 2000 字左右的申请报告,内容包括:本地区推动"职工书屋"建设的总体设想、工作步骤、实施方案,拟推荐为本地"职工书屋"示范点单位的基础条件、基本情况和资金筹措情况,以及本地区工会图书馆的整体情况等。

(二)为在"职工书屋"建设过程中充分发挥工会系统现有的各类图书馆(室)的阵地作用,请各省级工会在开展本地区工会图书馆(室)情况调研的基础上,认真填写工会系统图书馆(室)基本情况调查表(见附件 1)。

(三)由省级工会负责填写申报"职工书屋"示范点建设汇总表(见附件 2)。

(四)由基层单位负责填写"职工书屋"示范点建设申请表,加盖本单位印章后,报省级工会汇总(见附件 3)。

(五)各省级总工会上报的申请报告和申报汇总表各一式两份,并加盖本省级工会的印章。

---

① 该文件原文来自中华全国总工会网站(http://www.acftu.org/),检索日期:2013 年 7 月 30 日。

三、报送方式

(一)请各省级工会于 2008 年 2 月 29 日以前,将申报"职工书屋"示范点的报告、基层单位申请表和省级工会汇总表等,分别报全总宣教部和工人出版社。

(二)需要申报全国工会"职工书屋"示范点有关资料和表格的省市工会和基层单位,可登录中国工会宣教工作网页:http://ghxj. acftu. org 的"最新动态"栏目下载。

(三)请各省级工会于 2008 年 4 月 30 日以前,将工会系统图书馆基本情况调查表报全总宣传教育部。

联系人:倪燕芳　李华

联系电话:010 – 68592080　68592077

邮编:100865

地址:北京复兴门外大街 10 号

传真:68592083

E-mail:xuanchuan_01@126. com

工人出版社联系人:马东旭　付超英

联系电话:010 – 62045450　62004002

邮编:100011

地址:北京市东城区鼓楼外大街 45 号

传真:62005049

E-mail:mdx7886@ sina. com

附件:1. 工会系统图书馆基本情况调查表(略)

2. "职工书屋"示范点建设汇总表(略)

3. "职工书屋"示范点建设单位申请表(略)

文化部关于做好 2008 年全国文化信息
资源共享工程建设工作的通知①

(2008 年 5 月 20 日　文社图发〔2008〕17 号)

各省、自治区、直辖市文化厅(局)、新疆生产建设兵团文化局,国家图书馆,文化部全国文化信息资源建设管理中心:

2008 年是全面贯彻落实党的十七大做出战略部署的第一年,是实施全国文化信息资源共享工程(以下简称"文化共享工程")"十一五"发展规划的重要一年。按照《全国文化信息资源共享工程"十一五"发展规划》、《文化部财政部关于进一步推进全国文化信息资源共享工程的实施意见》(文社图发〔2007〕14 号)等文件精神,贯彻中央领导同志关于文化共享工程要"继续加大力度,狠抓落实"的批示精神,现就做好 2008 年度文化共享工程建设工作通知如下:

---

① 该文件原文来自"北大法宝"数据库,检索日期:2013 年 7 月 30 日。

一、深入贯彻党中央和国务院的指示精神,增强推进文化共享工程建设的责任感和自觉性

文化共享工程是党中央、国务院高度重视的一项文化创新工程,是深受人民群众欢迎的惠民工程,是构建公共文化服务体系、推进农村信息化、推动社会主义文化大发展大繁荣的重要抓手。党的十七大明确提出了"兴起社会主义文化建设新高潮"、"推动社会主义文化大发展大繁荣"的战略任务。温家宝总理在十一次全国人民代表大会的政府工作报告中强调,要加快构建覆盖全社会的公共文化服务体系,推进全国文化信息资源共享工程建设。各级文化行政管理部门要认真学习,深入领会党中央、国务院有关文件精神,进一步提高对加快推进文化共享工程建设的重要性、紧迫性的认识,增强工作的使命感、责任感和自觉性,以饱满的工作热情和扎实的工作作风,努力开拓文化共享工程建设新局面。

二、加快推进基层网点建设,大力实施"村村通"

各地要按照《文化部财政部关于进一步推进全国文化信息资源共享工程的实施意见》、《关于做好全国文化信息资源共享工程 2007 年度基层服务网点建设工作的通知》(文社图发〔2007〕21 号)要求,尽快完成 2007 年度建设任务。2008 年,文化部将对 2007 年度各地区基层服务网点的建设与服务情况进行检查验收。

各地要积极落实文化共享工程的建设资金。中西部地区要根据规定的比例及时落实地方投入经费。中西部的县级支中心、乡镇和村基层服务点的软硬件配置需达到文化部制定的配置标准,东部地区参照此标准执行。中央财政补助资金的分配将体现激励作用,对中西部地区 2008 年的资金分配将优先安排 2007 年度工作任务完成情况好的省份,对东部地区工作先进的省份,将由中央财政统筹考虑另行安排资金予以奖励。各地要及时制定和上报 2008 年工作方案和经费使用计划,资金下达后要抓紧时间统一组织设备招投标、安装和人员培训,确保 2008 年度工作任务的圆满完成。

中央财政下达的基层网点建设经费应用于设备采购,如有节余,须继续用于文化共享工程建设,不得挪作他用。在设备采购中,应遵循政府采购有关规定,优先选择国产化产品,以先进、主流、成熟、适用为基本原则,要注重品牌的声誉和厂家的持续经营能力,确保产品的售后服务。

积极推进 2008 年度基层服务网点建设。为支持文化共享工程基层网点建设,中央财政已下达补助中西部地区专项资金 7.38 亿元,各地要根据文化部印发的建设标准抓紧实施,使文化共享工程县级支中心覆盖率达到 60%。同时,根据农村党员干部现代远程教育工作和有关地区信息化建设的工作安排,除山东、湖南、贵州已基本实现乡村全覆盖,2008 年,北京、天津、黑龙江、吉林、辽宁、山西、新疆、河南、江苏、浙江、上海、四川、宁夏、安徽、广东等 15 省(区、市)将基本实现乡村全覆盖,其他省(区、市)将完成覆盖 60% 的任务。各地要积极开展相关工作,保证文化共享工程村级基层服务点与农村党员干部现代远程教育工作村级基层服务点建设的同步发展。

今年,财政部将新增乡镇综合文化站内容建设专项补助经费 2.59 亿元,其中含文化共享工程设备购置费。文化部将结合乡镇综合文化站建设进度和经费安排情况,修订完善乡镇基层服务点的配置标准,研究制定乡镇基层服务点的经费补助方案。各地要按照建设标准和进度要求,做好文化共享工程乡镇基层服务点的建设工作。

三、加强培训,努力提高文化共享工程各级工作人员素质

要加强培训工作,努力培养一支责任心强、熟练掌握设备操作技术与服务要领的人员队伍。

分级分类开展对省、市(县)、乡镇、村文化共享工程专兼职人员的培训。2008 年,国家中心要组织 3—4 次、对每省 4—5 名骨干人员的集中培训任务,并通过卫星,向各省、市(县)、乡镇、村工程管理和服务人员提供不少于 130 小时的远程培训。各省要结合网点建设,对已建和 2008 年拟建县级支中心骨干人员进行培训,完成 2 次/人、人均不少于 48 学时,乡镇、村基层点骨干人员 1 次/人、人均不少于 24 学时的培训任务。

要坚持培训先行的原则,在软、硬件设备安装前对相关人员进行培训,并做到培训考核合格。要注重培训与实践相结合,使培训人员切实掌握设备操作技能,具有开展服务的能力。

培训工作要加强针对性,不断改进培训方法,切实提高培训工作的质量。要针对不同岗位的要求,分类实施技术支持、资源使用、服务开展等内容的培训,将集中授课、现场培训、卫星广播、网络互动、光盘教学等方式有机地结合起来,逐步使培训工作实现制度化和规范化。

四、进一步加大资源建设力度,提高资源的适用性

加强资源建设的科学性、针对性、规范化,提高资源建设质量,防止重复建设。国家中心和各省级分中心要根据不同地域、不同用户群体的特点,分地域有针对性地提供资源,形成若干适用性强的资源版块。要注重资源的需求收集分析工作,加工制作符合广大基层群众需求的数字化资源,不断提高资源的吸引力。

2008 年的资源总量要达到 76TB。其中,国家中心达到 16TB,各省级分中心达到 60TB。中央财政资金补助的中西部省份要按时完成国家中心下达的资源建设任务,并及时上交。继续加大适农类、少儿类及少数民族语言文字资源建设力度,依托有条件的省级分中心和市支中心设置文化共享工程少数民族语言文字资源编译工作室,2008 年整合、译制不少于1000 小时的少数民族语文多媒体资源。

加强资源整合。自 2008 年 7 月 1 日起,国家数字图书馆的电子书刊、年画、地方志、展览、讲座、送书下乡精选图书等数字资源,将通过文化共享工程平台,以互联网、馆域网、资源镜像等方式,向文化共享工程各级中心和基层服务点提供服务。国家中心要与国家图书馆配合做好资源整合和传输工作,各省级分中心要做好接收、存储、提供服务等相关工作。

五、积极推广技术成果,完善文化共享工程的技术支持体系

要积极采用先进成熟的现代信息技术,推进技术创新工作。国家中心要进一步加强与国家图书馆的合作,共同搭建和完善技术平台。要不断改进和完善视频流媒体播放技术,探索网络电视的发展应用,密切跟踪网络、传输、存储、检索、共享、终端服务等方面的技术与应用进展,研究利用第三代移动通讯技术开展文化信息资源服务。要适时举办技术交流会议,广泛交流各地的先进经验。要根据信息技术的发展和各地实际运行情况,及时对各级网点的参考配置标准做出修订完善。要加快建设文化共享工程运行管理系统,年内投入使用。

各省级分中心要在工程总体技术框架的基础上,根据相关标准,选择适用本地区的技术路线,逐步建立健全本省技术支持体系。尚未接入国家政务外网的省级分中心要积极与本省有关单位联系,尽快实现接入。浙江省级分中心要做好南方镜像站的运行维护,其他各省(区、市)要进一步加强省级镜像站建设工作。各地要在已有的互联网(含 IPTV、VPN、VOD

等)、卫星、有线数字电视、有线电视等模式的基础上,进一步开拓思路,积极引进先进的技术与产品,快速推进基层服务网络建设。

六、切实加强和改善服务,提高文化共享工程的社会效益

国家中心要进一步加强文化共享工程网站建设,充实数字资源内容,不断提升网站的服务能力与服务水平。省级分中心、市县级支中心要依托图书馆计算机网络环境,积极开展文化信息资源服务,并为乡镇、村基层服务点提供资源镜像、光盘发送等服务。要采取多种方式,在广大基层群众中普及工程相关知识,要让群众了解工程的资源内容,熟悉设备使用方法,不断提高基层群众对文化共享工程的利用率,进一步发挥工程的社会效益。

加强农村服务工作。要深入基层,深入农村,因地制宜,依托各类文化设施和场所,利用广场、集市等公共设施开展服务。要积极配合抗震救灾工作,为灾区重建工作提供支持。围绕纪念改革开放三十周年、奥运会等党和国家的重大活动,组织开展丰富多样的服务活动。要有针对性地开展各种知识讲座、技能培训和咨询,提高基层群众特别是农民群众的职业技能和致富能力。

要做好服务统计工作,定期将开展服务的次数、内容、参与人数、服务效果进行统计上报。文化部将把服务工作作为各地开展文化共享工程建设的重要指标进行考核。

七、积极推进共建共享,进一步形成工作合力

认真总结与农村党员干部现代远程教育工作合作共建的经验,因地制宜地推广山东、河南等地做法,切实加强组织领导。各省级分中心要进一步加强与农村党员干部现代远程教育工作的合作,从网络传输、资源展现、服务模式、设备配置、运行机制等方面进行规划设计,充分发挥文化共享工程的资源优势。省级分中心、市县级支中心要定期到乡村开展巡回流动服务与辅导,及时向本地农村党员干部现代远程教育机构提供适合当地需要的文化信息、种植养殖、防病治病、防灾减灾等资源,共同组织开展丰富多彩的活动,使合作共建的基层服务点成为面向当地农民开展文化信息服务的中心。

继续做好与教育部实施的农村中小学现代远程教育工程的合作共建。国家中心要定期提供资源,通过农村中小学现代远程教育工程宽带卫星网络系统,服务广大农村中小学学生和农民群众。继续做好与工业与信息化部等部门,以及各地区信息化建设、科技扶贫、数字电视推广等工作的合作,扩大文化共享工程服务范围。

八、加强管理,促进文化共享工程建设的规范化

各地要根据《全国文化信息资源共享工程管理暂行办法》,进一步明确文化共享工程各级中心、基层服务点的职责、任务,加强和规范管理、培训、服务等工作。

文化部将会同有关部门,修订、完善《全国文化信息资源共享工程专项资金管理暂行办法》,规范设备采购工作,加大对资金使用的监控,确保专款专用。

建立文化共享工程各级中心、基层服务点的绩效考核机制,将督导工作制度化、规范化,加强对文化共享工程建设的监督考核。

进一步规范村级基层服务点的合作共建。各地要结合实际,积极主动地与当地农村党员干部现代远程教育沟通、协调,共同制定合作共建的村级基层服务点有关设施设备使用、维护、管理的制度和规范,确保设施设备的正常运转,充分发挥设施设备的效益。要在合作共建的乡村基层服务点的显著位置加挂文化共享工程标牌,公告活动信息、服务与管理方面的规章制度等。

特此通知。

附件:1. 国家中心资源一览表(略)

　　　2. 国家数字图书馆提供服务资源一览表(略)

　　　3. 技术服务模式一览表(略)

　　　4. 2008 年培训工作计划(略)

教育部关于成立第三届教育部高等学校
图书情报工作指导委员会的通知①

(2009 年 4 月 23 日　教高函〔2009〕12 号)

各省、自治区、直辖市教育厅(教委),有关高等学校:

　　为进一步加强教育行政部门对高校图书情报工作的宏观管理,充分发挥专家学者的咨询、研究、协调和指导作用,促进高校图书馆更好地履行教育职能和情报职能,我部决定成立第三届教育部高等学校图书情报工作指导委员会(以下简称图工委)。现将图工委委员名单印发给你们并就有关事项通知如下:

　　图工委委员名单是经学校和省级教育行政部门推荐并广泛征求意见后研究确定的,任期四年。

　　图工委秘书处设在北京大学。

　　图工委的工作任务、组织机构、工作制度按《教育部高等学校图书情报工作指导委员会章程》(教高〔1999〕5 号)执行。

　　请各有关高等学校对图工委的各项工作给予支持。

附件:第三届教育部高等学校图书情报工作指导委员会委员名单

主任委员:

　　张国有　　　北京大学

副主任委员:

　　朱　强　　　北京大学

　　戴龙基　　　北京外国语大学

　　薛芳渝　　　清华大学

　　胡　越　　　首都师范大学

　　葛剑雄　　　复旦大学

　　洪修平　　　南京大学

　　崔慕岳　　　郑州大学

　　燕今伟　　　武汉大学

　　姚乐野　　　四川大学

---

　　①　该文件原文来自中华人民共和国教育部网站(http://www.moe.edu.cn/),检索日期 2013 年 9 月 13 日。

冯　渊　　　无锡职业技术学院

委员：

倪　宁　　　中国人民大学

季淑娟　　　北京科技大学

马　路　　　首都医科大学

张　毅　　　南开大学

张凤宝　　　天津大学

杜也力　　　河北师范大学

梁瑞敏　　　石家庄职业技术学院

李嘉琳　　　山西大学

阿拉坦仓　　内蒙古大学

刘　斌　　　大连理工大学

吕　方　　　辽宁大学

李书源　　　吉林大学

刘万国　　　东北师范大学

王铁成　　　哈尔滨工业大学

陈　进　　　上海交通大学

慎金花　　　同济大学

余海宪　　　华东师范大学

李笑野　　　上海财经大学

顾建新　　　东南大学

张建平　　　南京师范大学

鲁东明　　　浙江大学

何立民　　　浙江工业大学

韩惠琴　　　宁波城市职业技术学院

萧德洪　　　厦门大学

周　洪　　　江西师范大学

张淑林　　　中国科技大学

韩子军　　　山东大学

赵善伦　　　山东师范大学

商　琳　　　山东商业职业技术学院

李景文　　　河南大学

张怀涛　　　中原工学院

魏秀娟　　　郑州牧业工程高等专科学校

李光玉　　　华中科技大学

佐　斌　　　华中师范大学

黄家发　　　湖北大学

谭雪梅　　　武汉电力职业技术学院

郑章飞　　　湖南大学

唐晓应	长沙商贸旅游职业技术学院
程焕文	中山大学
李 岩	广东商学院
郭向勇	深圳职业技术学院
陈大广	广西大学
詹长智	海南大学
高 凡	西南交通大学
文南生	四川交通职业技术学院
彭晓东	重庆大学
张伟云	贵州师范大学
朱 曦	云南师范大学
尼玛扎西	西藏大学
俞炳丰	西安交通大学
苟文选	西北工业大学
沙勇忠	兰州大学
梁向明	宁夏大学
刘 霞	青海师范大学
张玉萍	新疆大学

秘书长：

    朱 强(兼)

副秘书长：

    王 琼   北京师范大学

    王 波   北京大学

文化部办公厅关于开展县以上公共图书馆
第四次评估定级工作的通知①

(2009 年 5 月 15 日　办社图发〔2009〕8 号)

各省、自治区、直辖市文化厅(局)：

    1994 年以来,我部对全国县以上公共图书馆进行了 3 次评估定级。评估定级工作对推动全国公共图书馆事业的发展产生了良好的推动作用,全国公共图书馆的基础设施、业务建设和服务水平得到较大提高。

    为深入贯彻落实科学发展观和党的十七大精神,进一步加强对图书馆事业的管理,推动图书馆事业的发展,提高图书馆的工作水平,更好地发挥图书馆在全面建设小康社会和构建社会主义和谐社会中的作用,我部决定 2009 年在全国开展第四次公共图书馆评估定级工作。

---

① 该文件原文来自"北大法宝"数据库,检索日期:2013 年 7 月 30 日。

一、评估定级工作范围

这次评估定级的对象是全国省、地、县级公共图书馆(包括少年儿童图书馆)。

凡能够开馆接待读者的图书馆都要参加评估,因馆舍改造或搬迁等原因闭馆的图书馆须经上一级文化行政部门批准方可不参加评估。

二、评估定级标准

评估定级工作以文化部制定的省级、地市级、县市级公共图书馆评估标准和定级必备条件(见附件)为依据,文化部将对符合标准和条件的图书馆命名为一、二、三级图书馆。

此次评估的数据以2008年为准(标准中另有规定的除外),如果2009年的数据高于2008年数据,可取高值。

三、评估定级工作的组织领导

评估定级工作由我部社会文化司负责组织实施。各省(区、市)文化厅(局)负责组织本地区的评估定级工作,其主要职责是:制定评估计划,组织专家评估组,对评估工作进行指导;审核地市、县市级图书馆的评估结果和定级名单,报送文化部;对评估工作进行总结。

四、评估定级工作方式

我部社会文化司负责组织对省、副省级、计划单列市图书馆进行评估。

各省(区、市)文化厅(局)负责组织对所属地市、县市级图书馆进行评估。

专家评估组成员一般应具有副研以上专业职称,熟悉图书馆评估标准,有一定的评估工作经验,公道、正派。

各省(区、市)文化厅(局)业务主管部门应参与图书馆评估工作,以掌握第一手资料。

五、评估定级工作步骤

(一)2009年8—10月对地、县级图书馆进行评估。

(二)2009年10—12月对省、副省级、计划单列市图书馆进行评估。

(三)2009年10月底前,各省(区、市)文化厅(局)将地、县图书馆的评估结果和总结报告报送我部社会文化司。

(四)2009年底,经我部审核并征求各省(区、市)文化厅(局)意见后,确定评估定级结果,并命名一、二、三级图书馆。

六、工作要求

各地要高度重视此次评估定级工作,加强组织领导。各级公共图书馆要积极参加评估工作,对照评估标准的要求,寻找差距,努力整改,以评促建,积极争取改善办馆条件,努力改进各项业务工作,提高管理和服务水平,促进各项工作迈向新的台阶。要坚持实事求是,坚决杜绝和防止弄虚作假。

请各地将本省(区、市)评估安排于2009年6月底前报送我部社会文化司。

联系人:文化部社会文化司图书馆处　贾璐

附件:1. 省级图书馆评估标准(略)

　　　2. 地市级图书馆评估标准(略)

　　　3. 县市级图书馆评估标准(略)

　　　4. 省级少年儿童图书馆评估标准(略)

　　　5. 地市级少年儿童图书馆评估标准(略)

　　　6. 县市级少年儿童图书馆评估标准(略)

7. 省、地市、县市级图书馆定级必备条件（略）

8. 省、地市、县市级少年儿童图书馆定级必备条件（略）

文化部社会文化司关于印发县以上公共图书馆评估细则的通知①

（2009 年 7 月 23 日　社文函〔2009〕8 号）

各省、自治区、直辖市文化厅（局）：

为使第四次全国县以上公共图书馆评估工作科学、规范开展，现制定评估标准细则，请遵照执行。

附件：

1. 省级图书馆评估标准细则（略）

2. 地市级图书馆评估标准细则（略）

3. 县市级图书馆评估标准细则（略）

4. 省级少年儿童图书馆评估标准细则（略）

5. 地市级少年儿童图书馆评估标准细则（略）

6. 县市级少年儿童图书馆评估标准细则（略）

7. 图书馆读者调查表（略）

8. 读者满意率调查汇总表（略）

9. 地市级、县市级图书馆评估结果汇总表（略）

关于加强图书馆著作权保护工作的通知②

（2009 年 10 月 28 日　国版联〔2009〕1 号）

各省、自治区、直辖市版权局、文化厅（局）、教育厅（教委）、"扫黄打非"办公室：

为认真贯彻落实党中央、国务院关于保护知识产权的战略部署，加大知识产权保护力度，有效维护著作权人合法权益，促进文学艺术、科学作品的合法传播，依法进一步加强对图书馆使用和传播作品行为的管理，更好地发挥图书馆传播知识、传承文化、启迪智慧、保障人民群众基本文化需要的重要作用，特通知如下：

一、各地要加强著作权法律法规宣传教育，进一步提高图书馆著作权保护意识。图书馆要严格遵守《中华人民共和国著作权法》、《中华人民共和国著作权法实施条例》、《信息网络传播权保护条例》等法律法规，除法律法规明确规定的例外情况，未经著作权人许可，不得擅自复制或通过信息网络传播他人享有著作权的作品。

二、各地文化、教育行政部门要组织所属图书馆开展自查，发现存在未经许可复制传播

---

① 该文件原文来自国家数字文化网网站（http://www.ndcnc.gov.cn/），检索日期：2013 年 9 月 30 日。

② 该文件原文来自中华人民共和国新闻出版总署网站（http://www.gapp.gov.cn/），检索日期：2013 年 10 月 18 日。

行为的,要及时予以纠正。同时,图书馆要依照著作权法律法规,按照"先授权、后传播"的作品使用原则,建立完善合法使用作品的工作制度和有效机制,清除侵权盗版隐患,杜绝未经许可复制或通过信息网络传播他人作品的行为。各地要及时将自查自纠情况通过上级主管部门报国家版权局。

三、各地版权、文化、教育行政部门及"扫黄打非"办公室要对当地图书馆的作品使用情况进行联合抽查、检查。对发现存在未经授权复制或通过信息网络传播他人作品违法行为的,版权行政部门要依法严肃处理。

四、各地文化、教育行政部门要对图书馆著作权保护工作加强日常监管,指导图书馆建立著作权管理行业自律机制,增强守法诚信意识,自觉杜绝未经许可复制或通过信息网络传播他人作品的行为。

图书馆事业是社会主义文化建设的重要组成部分,是党和政府向人民群众提供公共文化服务,保障人民群众基本文化权益的重要途径。各地版权、文化、教育行政部门及"扫黄打非"办公室要积极配合,密切协作,不断提高图书馆的管理水平和著作权保护水平,进一步推动图书馆事业健康、有序发展。

文化部关于进一步做好全国文化信息资源共享工程 2010 年度工作的通知[①]

（2010 年 5 月 5 日　文社文函〔2010〕859 号）

各省、自治区、直辖市文化厅（局）,新疆生产建设兵团文化局,文化部全国文化信息资源建设管理中心,国家图书馆:

2010 年是实施全国文化信息资源共享工程（以下简称"文化共享工程"）"十一五"发展规划的最后一年,文化共享工程县级支中心、乡村基层服务点建设将实现全覆盖的目标。按照《全国文化信息资源共享工程"十一五"发展规划》、《文化部财政部关于进一步推进全国文化信息资源共享工程的实施意见》（文社图发〔2007〕14 号）等文件精神,针对目前文化共享工程建设中存在的问题,现就进一步做好文化共享工程 2010 年度工作通知如下:

一、进一步增强文化共享工程建设的使命感、责任感和紧迫感

文化共享工程作为新时期政府提供公益性服务的重大文化工程,是构建我国公共文化服务体系的基础工程,是改善城乡基层文化服务的创新工程,也是用先进文化占领新媒体阵地的重要举措。2010 年《中共中央国务院关于加大统筹城乡发展力度　进一步夯实农业农村发展基础的若干意见》明确要求推进文化共享工程这一重点文化惠民工程,赋予文化共享工程重要使命。中央领导同志多次对文化共享工程建设工作做出明确指示。今年是"十一五"规划最后一年,各级文化行政部门要认真学习、深入领会党中央、国务院有关文件精神,进一步提高对完成文化共享工程"十一五"建设任务的重要性、紧迫性的认识,加大力度,狠抓落实,确保实现既定目标。

---

① 该文件原文来自中华人民共和国文化部网站（http://www.ccnt.gov.cn/）,检索日期:2013 年 7 月 30 日。

二、落实配套资金,确保按时、高质量完成 2010 年建设任务

各地要在 2010 年 6 月 1 日前完成文化共享工程 2009 年度项目建设任务。文化部将与财政部协调,尽快落实下拨文化共享工程 2010 年度建设资金,并下发文化共享工程 2010 年设备配置标准。文化共享工程设备购置由各省(区、市)文化厅(局)统一组织,各地要提早做好有关准备工作,提高工作效率,采取有力措施,确保在 2010 年 10 月 1 日前完成本年度建设任务,实现县级支中心全覆盖和"村村通"目标。东部地区要按照国家统一标准,进一步加强服务网点的规范化建设工作。各地要按照《财政部文化部关于印发〈城市社区文化中心(文化活动室)设备购置专项资金管理办法〉的通知》(财教〔2009〕447 号)要求,做好城市社区文化中心(街道文化站)及文化活动室文化共享工程设备配置工作。各地要积极与财政部门沟通,建立运行经费保障机制,确保文化共享工程的可持续发展。

为督促、检查各地推进文化共享工程工作的力度,2010 年年中文化部将对文化共享工程建设情况进行抽查,第四季度将开展文化共享工程督导工作,对 2010 年度及"十一五"期间文化共享工程建设情况进行全面检查。2010 年底,文化部将召开文化共享工程"十一五"建设总结会,对工作突出的地区将予以表彰,对未按时完成任务的地区将予以通报,并在安排"十二五"建设资金时酌情减少。

三、增强质量意识,进一步做好资源建设工作

2010 年,文化共享工程的资源总量要达到 100TB。得到中央财政资金补助的中西部省份要按照国家中心下达的资源建设任务,按时、保质、保量地完成,资源建设情况将作为 2010 年督导工作的重要内容。随着传输服务模式的不断丰富,对资源建设的格式、版权提出了新的要求,各级文化行政部门要加强指导协调,提高资源的标准化、规范化水平,进一步解决好版权问题。各地要建立资源建设经费保障机制,将地方特色资源建设经费纳入地方财政预算。要进一步调动各支中心的积极性,提高各支中心在地方特色资源建设中的参与程度。

四、创新技术模式,做好资源传输工作

各地要高度重视资源传输工作,不断完善资源传输机制,确保文化共享工程资源的及时更新。要进一步完善政务外网传输体系,更新资源要有目录和通知,逐步建立完备的资源更新下载制度。要积极探索在具备条件的市、县支中心利用政务外网开展资源传输工作。各地要结合本地实际,认真研究,建立从省到市、县、乡镇、村的资源传输通道,全面实现互连互通。要对资源传输中存在的技术问题进行研究,及时加以解决。

五、进一步完善共享机制,扩大共享成果

国家中心与国家图书馆要继续深化合作,重点做好"县级数字图书馆推广计划"的实施,要在总结经验的基础上,不断优化资源内容,丰富传输形式,创新服务手段,2010 年底前,使全国县级图书馆的读者都能享用到国家数字图书馆资源。进一步加强与农村党员干部现代远程教育工作的合作,完善合作共建机制。各地文化行政部门要积极协调,建立定期沟通机制,加强合作共建站点的管理。各地文化行政部门要积极向当地远程办提供具有地方特色的文化信息资源,通过当地农村党员远程教育的传输渠道服务基层群众。各地要进一步加强与广电、电信等有关部门的合作,借鉴辽宁经验,因地制宜,在条件成熟的地区推进文化共享工程入户工作。

六、完善培训制度,加强队伍建设

要坚持培训先行原则,不断完善文化共享工程人员培训体系,加大培训力度,建立起一

支有责任心、懂技术、善管理的人才队伍。各地要制订年度培训计划,通过集中培训、现场培训、远程培训等方式,有区别、分层次地进行培训,增强针对性、操作性。要充分调动基层人员参与的积极性,采取与职业教育和继续教育挂钩的方式,推广持证上岗。要将基层人员培训常规化、制度化、专业化,为文化共享工程的可持续发展提供保障。要与有关部门协调,积极发挥大学生志愿者在文化共享工程基层服务中的作用。鼓励东部地区与西部地区结对子,为西部地区提供人才和智力支持。

七、加强组织策划,推动基层服务活动的开展

要大力推动文化共享工程服务工作的开展,为群众提供多样化、个性化服务,满足不同人群对文化信息的需求。要配合党和国家的重点工作,积极开展宣传服务工作,如配合世博会的举办开展系列宣传活动。文化共享工程各级服务网点要为基层群众,特别是未成年人和农民工等弱势群体开展公益性互联网服务,大力开展社会主义核心价值体系学习教育,强力净化社会文化环境。要通过组织多种形式的服务活动丰富基层群众文化生活。要结合当地的农业生产实际,适时提供农业种植、养殖技术知识和信息,并积极开展面向基层群众的信息化培训,帮助他们掌握计算机及网络知识,培育有文化、懂技术、会经营的新型农民。

八、认真总结工程"十一五"建设经验,研究工程"十二五"规划

各级文化行政部门要认真总结"十一五"工作,总结推广好的工作经验,分析存在的问题和困难,研究解决的办法和措施,及时加以解决。各省级文化行政部门要开展专题调研,以科学发展观为指导,积极谋划本地区文化共享工程"十二五"规划,使文化共享工程在"十二五"期间更好更快地发展。

特此通知。

文化部办公厅关于印发《公共电子阅览室建设试点工作方案》的通知①

(2010 年 11 月 4 日　办社文发〔2010〕31 号)

各省、自治区、直辖市文化厅(局)、新疆生产建设兵团文化广播电视局,国家图书馆、文化部全国文化信息资源建设管理中心:

为满足人民群众的基本文化需求,文化部拟于"十二五"期间组织实施"公共电子阅览室建设计划",为积极稳妥地推进这项工作,先在北京等 9 个省(市)开展公共电子阅览室建设试点工作。现将《公共电子阅览室建设试点工作方案》印发给你们,请遵照执行。

各试点省(市)要高度重视公共电子阅览室试点工作,积极贯彻全国公共电子阅览室建设试点工作会议精神,认真制定本省(市)公共电子阅览室建设试点工作实施方案,落实配套措施,推进公共电子阅览室试点工作顺利开展,请将公共电子阅览室试点工作实施方案于 2010 年 11 月 15 日前报文化部社会文化司。

其他未参加试点工作的省份,亦要按照全国公共电子阅览室建设试点工作会议的有关要求,结合实际,开展公共电子阅览室建设试点工作,总结经验,为"公共电子阅览室建设计划"的实施打好基础。

---

① 该文件原文来自国家数字文化网网站(http://www.ndcnc.gov.cn/),检索日期:2013 年 9 月 13 日。

为加强信息沟通,请各试点省(市)文化厅(局)确定一名联络员,负责信息报送工作。文化部社会文化司将印发试点工作简报,及时反映工作进展情况。

特此通知。

联系人:文化部社会文化司耿斌、张剑

电话:010-59881732

传真:010-59881776

电子邮箱:whbl732@sina.com

附:公共电子阅览室建设试点工作方案

为满足人民群众的基本文化需求,文化部拟于"十二五"期间组织实施"公共电子阅览室建设计划"。该计划以科学发展观为指导,以保障人民群众基本的文化权益为宗旨,依托图书馆、文化馆、全国文化信息资源共享工程(以下简称"文化共享工程")基层服务点等公共文化服务网络,以及文化共享工程和国家数字图书馆的资源,建设内容健康、服务规范、环境良好的公共电子阅览室,重点解决未成年人上网问题,为广大人民群众提供健康、便捷的网络文化服务,使其成为网络环境下公共文化服务的新平台、新渠道。为此,拟先在部分省份组织开展试点工作,总结经验,为"公共电子阅览室建设计划"的全面实施奠定基础。

一、试点时间、范围

(一)试点时间:2010年10月至2011年12月。

(二)试点范围:在北京、天津、辽宁、山东、上海、浙江、广东、安徽、陕西等9省(市)开展试点工作。各试点省(市)要结合国家公共文化服务体系示范区的建设,确定1—2个地级市,选择不同层级、不同类别、具有一定代表性的单位开展试点,包括各级图书馆、文化馆、工人文化宫、少年宫、妇女儿童活动中心、乡镇(街道)文化站、社区文化中心(村文化室)、各类学校、工业(产业)园区以及其他具备条件的企事业单位等。

二、试点工作的主要任务

试点工作的主要任务包括以下六个方面:

(一)建设一批规范化的公共电子阅览室。按照地市级不少于40台,县级不少于25台,乡镇、街道、社区不少于10台,行政村不少于5台电脑终端的标准配置设备,以宽带形式接入互联网,建立电脑桌面一站式导航服务,改造配套设施,建设规范化的公共电子阅览室。

鼓励有条件的青少年宫、工人文化宫、妇女儿童活动中心及其他企事业单位,按照文化行政主管部门的要求,建设公共电子阅览室,开展公益性服务。

公共电子阅览室应具备以下基本功能:互联网信息浏览与查询服务;电子文献阅览、信息资源导航、检索、参考咨询等数字图书馆服务;影视欣赏、健康益智类游戏等休闲娱乐服务;与计算机、网络应用有关的各类学习、培训服务。

(二)推进免费开放。各试点单位的公共电子阅览室首先要对未成年人实行免费开放,具备条件的,要向社会公众免费开放。

(三)丰富数字资源供给。为推动试点工作,全国文化信息资源建设管理中心和国家图书馆提供一批专题资源,分批发送到试点省(市)使用,同时,对这批资源的使用情况进行跟踪,根据各地反馈情况,及时进行调整和补充。各试点省份要结合当地实际,建设适合未成年人和其他群体需要的特色资源。

（四）建立技术支撑平台。各试点省（市）要运用现代技术手段，安装信息浏览监控和屏蔽软件，加强对未成年人的保护。要建立和完善网络安全和资源管理的技术平台，实现对全网的即时监控、资源利用情况的统计与反馈。

（五）建立健全公共电子阅览室管理制度。制定出台《公共电子阅览室管理规范》，建立健全用户上网实名登记、巡查监督、限时上网、工作信息填报、资源利用统计与反馈等制度，确保公共电子阅览室安全运行。

（六）探索社会力量参与公共电子阅览室建设的机制。制定相关政策，鼓励、支持国有、民营企业，开发和推广弘扬民族精神、反映时代特点、有益于未成年人健康成长的数字文化资源、游戏软件产品；鼓励企业以优惠条件为公共电子阅览室提供网络接入等服务。

三、试点工作步骤

公共电子阅览室建设试点工作分以下步骤实施：

（一）部署阶段（2010 年 9—11 月）

组织召开座谈会，研究试点工作方案；召开试点工作会议，部署试点工作；各试点省（市）明确试点任务，上报工作实施方案。

（二）实施阶段（2010 年 12 月—2011 年 10 月）

各试点省（市）根据试点工作实施方案，开展试点工作。适时召开经验交流会，推动试点工作的开展。

（三）检查验收阶段（2011 年 11 月）

文化部组织验收组，根据公共电子阅览室建设标准与试点工作方案，对各试点省（市）的试点工作进行检查验收。

（四）总结、推广阶段（2011 年 12 月）

召开全国公共电子阅览室建设试点工作总结会议，对试点工作进行总结，就推进"公共电子阅览室建设计划"下一阶段的工作进行部署。

四、有关要求

（一）高度重视，加强领导。各试点省（市）要本着积极、稳妥的原则，认真研究制定具体实施方案，大力推进公共电子阅览室建设试点工作的实施。各试点省（市）文化厅（局）要切实履行领导职责，建立协调机制，认真做好试点的组织、领导和协调工作，统一部署，加强督促，及时协调、解决试点工作中出现的具体问题。各试点省（市）文化共享工程分中心要做好有关的资源建设、技术支持等相关工作。要发扬创新精神，围绕试点任务，努力探索适合本地区实际的建设模式，为"公共电子阅览室建设计划"的全面实施积累经验。

（二）加强管理，做好服务。要切实加强对公共电子阅览室的管理，建立健全各项规章制度，防止不良信息的侵入和传播。要重点加强对未成年人上网的管理。要高度重视服务工作，对未成年人、进城务工人员等重点服务人群，要有针对性地研究制定相应的服务措施。

（三）加大宣传推广。试点期间，要组织策划和举办各类宣传活动，广泛宣传公共电子阅览室建设的意义、作用及试点工作的进展，围绕公共电子阅览室为未成年人等社会群体提供公益性上网服务的做法与成效进行深入、广泛的宣传报道。

（四）建立信息沟通机制。各试点省（市）要通过工作简报等形式，定期上报试点工作进展情况。要注意发现和总结试点经验，对好的典型，要及时总结、宣传和推广。

（五）落实经费。试点经费主要由各试点省（市）负担，中央给予适当奖励。

附件:1. 公共电子阅览室设备配置标准(试行)(略)

　　　2. 公共电子阅览室配发资源目录(试行)(略)

　　　3. 公共电子阅览室管理规范(试行)

附件3:公共电子阅览室管理规范(试行)

一、公共电子阅览室是面向社会公众开放的公共互联网服务场所,是保障人民群众的基本文化权益、弘扬社会主义核心价值观、传播社会主义先进文化的重要阵地。

二、公共电子阅览室应当遵守国家有关法律法规的规定,以公益性、基本性、均等性、便利性为原则,为未成年人及广大人民群众提供免费、便利、内容健康的公益性互联网服务。

三、公共电子阅览室由当地文化行政部门依照职责分工负责监督管理。

四、公共电子阅览室对未成年人实行免费开放。开放时间应根据各地实际情况制定,并报当地文化行政部门备案。

五、公共电子阅览室要配备合格的工作人员专人管理。

六、公共电子阅览室实行实名登记管理。对上机用户的身份证等有效证件进行核对、登记,相关数据保存时间不少于60日。未成年人上机需经监护人授权同意。

七、公共电子阅览室实行限时服务。为保障公益性互联网服务的普遍均等性,确保未成年人的身心健康,每人每日上网时间不得超过2小时。

八、公共电子阅览室实行巡查制度。发现上网用户有违反国家相关法律法规行为的,工作人员应当立即予以制止并向文化行政部门、公安机关举报。

九、公共电子阅览室要积极开展内容推荐工作。结合用户群体的特点开展实用技术、科普教育、政策法规等方面的辅导与培训。定期组织群众收看文化共享工程节目,对服务情况进行记录,了解群众对信息服务的意见和需求,定期上报。

十、公共电子阅览室可通过局域网开展益智类游戏服务,禁止提供大型多人在线游戏服务。

十一、公共电子阅览室应采取有效的技术手段,配备信息浏览监控软件和防病毒软件,并及时进行更新升级,确保内容资源传输与服务安全,防止不良信息侵入。

十二、公共电子阅览室应履行治安和消防安全职责,并进行安全巡检,确保室内的环境安全。

十三、公共电子阅览室要在显著位置贴挂统一标识和管理制度。

十四、公共电子阅览室要具备并保持良好的服务环境,提供良好的照明、通风、供暖等设施,为群众提供舒适的服务空间。

十五、公共电子阅览室应保持整洁、安静,禁止在室内吸烟、大声喧哗。

十六、公共电子阅览室应做好设备设施的保护维护,定期进行设备检查,确保系统的正常运转。

文化部关于进一步加强少年儿童图书馆建设工作的意见①

（2010 年 12 月 9 日 文社文发〔2010〕42 号）

各省、自治区、直辖市文化厅（局），新疆生产建设兵团文化广播电视局，国家图书馆，全国文化信息资源建设管理中心：

少年儿童图书馆是我国图书馆事业的重要组成部分，是以广大未成年人为对象的重要的社会教育机构，是未成年人的第二课堂。加强少年儿童图书馆建设，是保护广大未成年人的文化权益、建立健全公共文化服务体系的重要举措。为满足广大未成年人日益增长的精神文化需求，全面提高未成年人的素质，现就进一步加强少年儿童图书馆建设，提出如下意见：

一、提高认识，切实加强少年儿童图书馆建设

未成年人是祖国的未来，加强对未成年人的教育培养，是关系到党和国家事业兴旺发达的重大战略性任务。少年儿童图书馆作为未成年人社会教育的重要基地，是少年儿童课外阅读和自学的主要场所，对学校教育起着补充、延伸、深化的作用。新中国成立以来，特别是改革开放以来，我国的少年儿童图书馆事业有了长足的发展，成绩显著，在构建公共文化服务体系、丰富未成年人精神文化生活、促进未成年人健康成长方面发挥了重要作用。但是，与广大未成年人日益增长的精神文化需求相比，与我国经济社会协调发展的要求相比，与发达国家相比，我国少年儿童图书馆事业还存在着较大的差距。主要表现在投入不足、设施落后、文献资源总量少、品种单调、服务网络不健全等。各级文化行政部门要进一步增强责任意识、大局意识，把加强少年儿童图书馆的工作，作为当前和今后一个时期文化建设的一项重大任务，在政策、经费投入、人才培养等方面予以重点支持，促进少年儿童图书馆事业的快速发展。

二、加大投入，积极构建覆盖城乡的少年儿童图书馆服务体系

各级文化行政部门要结合"十二五"规划的制订工作，积极争取各级党委和政府的支持，把少年儿童图书馆的建设纳入当地国民经济和社会事业发展总体规划，纳入文化发展规划，加大经费投入，加强设施建设，特别要对基层、农村地区给予重点扶植。各级公共图书馆都要开设专门的少年儿童阅览室。有条件的地区，要参照《公共图书馆建设标准》建立独立建制的少年儿童图书馆。要结合乡镇综合文化站建设项目，街道（社区）文化中心（文化活动室）建设项目，国家公共文化服务体系示范区（项目）创建工作等，在乡镇、街道、社区等建设少年儿童图书馆分馆（少年儿童阅览室），努力构建包括少年儿童图书馆、少年儿童阅览室、少年儿童图书馆分馆在内的覆盖城乡的服务网络体系。要研究制定鼓励政策，吸纳社会资金，鼓励、支持社会力量参与少年儿童图书馆的建设。

三、丰富文献信息资源，逐步建立资源共建共享体系

少年儿童图书馆和公共图书馆要加强文献信息资源建设工作，要针对广大未成年人的特点，采集知识性、趣味性、教育性强的图书、报刊、音像制品和电子出版物等，特别重视未成

---

① 该文件原文来自"北大法宝"数据库，检索日期：2013 年 7 月 30 日。

年人喜闻乐见的动漫作品、多媒体等新型载体资源的采集,努力满足未成年人的需求。各级文化行政部门要按照文化部颁布的少年儿童图书馆评估标准中的有关规定,保障少年儿童图书馆(室)的文献购置经费,保证少年儿童图书馆(室)文献藏量合理增长,达到规定的标准。国家图书馆应编制《少年儿童图书馆(室)基本藏书目录》,作为各级少年儿童图书馆文献入藏的参考。要积极支持、鼓励少年儿童图书馆开展联合编目、馆际互借等资源共建共享工作,逐步建立少年儿童文献信息资源共建共享体系。

四、发挥教育职能,深入开展阅读指导和服务工作

少年儿童图书馆、公共图书馆要大力开展各种阅读指导活动,把思想道德建设内容融于读书之中,充分发挥图书馆的教育职能。要区分不同年龄段未成年人的特点,创新服务理念,引入新媒体等现代信息技术,积极开展图书推介、讲座、展览等活动,精心设计和组织内容鲜活、形式新颖、吸引力强的读书活动,吸引未成年人走进图书馆、利用图书馆。要积极与中小学校开展合作,共同开展阅读指导、信息素养教育。要始终把社会效益放在首位,对未成年人实行免费开放,双休日、节假日要对未成年人开放。少年儿童图书馆、公共图书馆要配置流动图书车及有关设备,开设盲文阅览室,坚持阵地服务与流动服务相结合,组织面向残障儿童、城市流动儿童、农村留守儿童等特殊群体的服务活动,切实保障特殊未成年人群体的文化权益。

五、推进公共电子阅览室建设,努力为未成年人提供安全、绿色的公益性上网服务

少年儿童图书馆、公共图书馆均要建设标准规范的公共电子阅览室,免费对广大未成年人开放,满足未成年人健康的网络文化需求。要完善规章制度,切实加强公共电子阅览室的管理,努力为未成年人提供安全、绿色的公益性上网场所,营造有利于未成年人健康成长的网络环境。要不断丰富和充实未成年人喜闻乐见的数字资源,大力开展数字图书馆服务,着力提高未成年人的信息素养,引导广大未成年人正确使用互联网,发挥互联网在未成年人增长知识、了解世界、展示才华等方面的独特作用。

六、加强人才培养,不断提高队伍的专业化水平

各级文化行政部门要根据少年儿童图书馆事业发展的新形势,大力加强少年儿童图书馆人才队伍建设,努力提高工作队伍的专业化水平。要加强理论研究和学术研讨,促进图书馆员的知识更新,全面提高少年儿童图书馆人才队伍的专业素养和知识水平。要加强职业道德教育,进一步增强图书馆员服务意识,使他们成为合格的教育工作者。要适应信息化、网络化的需要,着力培养一批熟练掌握计算机、网络技术的专门人才。要在充实图书馆学专业人才队伍的同时,积极吸纳懂教育学、儿童心理学、儿童文学等专业的优秀人才,形成学科比例协调的人才管理队伍。要充分利用志愿者等社会人才资源,为少年儿童图书馆建设服务。各级文化行政部门要进一步关心少年儿童图书馆工作者的工作和生活,为他们创造良好的工作条件。

七、扩大宣传,为少年儿童图书馆事业发展营造良好的社会氛围

各级文化行政部门及少年儿童图书馆、公共图书馆要加强同各类新闻媒体的联系,争取新闻媒体的支持,加强舆论导向,提高社会各界对少年儿童图书馆事业的认识,共同推动少年儿童图书馆事业的发展。要配合"图书馆服务宣传周"、"世界读书日"等活动全方位展示少年儿童图书馆的形象,进一步宣传少年儿童图书馆的职能、作用。要重视对各项服务工作的宣传,使宣传工作日常化,不断吸引读者,扩大读者队伍,充分发挥少年儿童图书馆的社会作用。

教育部、新闻出版总署关于进一步加强中小学图书馆(室)图书配备和管理工作的通知①

(2011 年 1 月 6 日 教基二[2011]1 号)

各省、自治区、直辖市教育厅(教委)、新闻出版局,新疆生产建设兵团教育局、新闻出版局:

自《中小学图书馆(室)规程(修订)》(教基[2003]5 号)(以下简称《规程》)发布以来,各地结合工作实际,制定贯彻落实《规程》的具体意见和办法,加强中小学图书馆(室)标准化建设,规范中小学图书馆(室)图书配备工作,取得了一定进展。但是,目前中小学图书馆(室)图书配备工作依然存在一些亟待解决的突出问题:一些地方中小学图书馆(室)图书购置经费严重不足;图书的借阅率、使用率低,中小学图书馆(室)的作用未能有效发挥;一些地方中小学图书配备机制不健全,图书采购程序不规范,图书质量把关不严,导致一些内容不健康、质量低劣、盗版、不适合中小学生阅读的图书塞进了中小学图书馆(室),严重影响了中小学生的健康成长和学校文化建设,必须采取有力措施,加以整治。为加强中小学图书馆(室)的建设和管理,规范中小学图书馆(室)图书采购活动,杜绝采购中的不正之风,特提出如下要求。

一、各地教育行政部门和新闻出版行政部门要站在全面贯彻落实《国家中长期教育改革和发展规划纲要(2010—2020 年)》和《中共中央办公厅国务院办公厅关于加强公共文化服务体系建设的若干意见》(中办发[2007]21 号)的高度,把中小学图书馆(室)图书配备工作作为培养青少年健康成长的一件大事认真抓好,进一步加强中小学图书馆(室)图书配备和管理工作。切实保障中小学图书馆(室)图书配备的经费投入,把均衡配置图书作为全面推进素质教育、促进义务教育均衡发展、全面提高教育质量工作的重要内容。

二、各地教育行政部门和新闻出版行政部门要加强对本地区中小学图书馆图书配备管理工作的领导。要联系本地实际,结合落实《规程》的要求,制定和完善本地区中小学图书馆(室)图书配备管理的基本规范和要求,有针对性地提出加强和改进中小学图书馆(室)图书配备和管理的政策措施,落实相关责任。近期,教育行政部门和新闻出版行政部门要安排专门力量对中小学图书馆(室)图书配备工作存在的突出问题进行一次联合排查,彻底清理不适合中小学生阅读的图书。

三、进一步加强中小学图书馆(室)书目选定工作的管理。各地教育行政部门要高度重视图书采购工作,规范程序,建立让中小学校师生广泛参与和专家咨询指导相结合,公开、公正、透明的书目选定机制。任何单位和个人都不得随意指定书目。在书目选取工作中,要充分听取广大教师和学生的意见,中小学图书馆(室)配备书目的选取工作要与全面推进素质教育、课程改革、教育教学等工作的实际需求相结合,适应教育教学的需要,确保遴选图书的质量。对不执行有关规定,造成内容不健康、质量低劣、盗版、不适合中小学生阅读的图书进校园的,要追究相关教育行政部门、相关学校领导的责任。

四、各地新闻出版行政部门要采取有力措施,把好中小学图书馆配备图书的质量关。同

---

① 该文件原文来自"律商网"数据库,检索日期:2013 年 9 月 4 日。

时,加强对出版发行单位的监管,严格审核图书馆采购供应商的资格条件。为加强监管,参与中小学校图书馆采购招投标的供应商应经新闻出版行政部门批准,具有出版物批发以上资格条件(即出版物总发行、批发和全国连锁经营企业),年检合格,近3年内未受到新闻出版行政处罚。

五、各地教育行政部门和新闻出版行政部门要加强对中小学图书馆图书采购活动的监管。凡向中小学校销售内容不健康、质量低劣、盗版、不适合中小学生阅读的图书,牟取不当利益的单位和个人,发现一起,查处一起,并向社会媒体曝光。同时,新闻出版行政部门应依照《出版管理条例》和《出版物市场管理规定》予以处罚,情节严重的,责令限期停业整顿或吊销经营许可证。

文化部、财政部关于推进全国美术馆、公共图书馆、文化馆(站)免费开放工作的意见①

(2011年1月26日　文财务发〔2011〕5号)

各省、自治区、直辖市文化厅(局)、财政厅(局),新疆生产建设兵团文化广播电视局、财政局:

为贯彻落实党的十七届五中全会、胡锦涛总书记在中央政治局第22次集体学习时的重要讲话精神和全国文化体制改革工作会议精神,落实温家宝总理在《2010年政府工作报告》中提出的"推进美术馆、图书馆、文化馆、博物馆免费开放,丰富人民群众的精神文化生活"的要求,充分发挥美术馆、公共图书馆、文化馆(站)保障公民基本文化权益、提高公民鉴赏能力的重要作用,加强公共文化服务体系建设和公民思想道德建设,现就各级文化行政部门归口管理的美术馆、公共图书馆、文化馆(站)进一步向社会免费开放提出以下意见:

一、美术馆、公共图书馆、文化馆(站)免费开放的重要意义

美术馆、公共图书馆、文化馆(站)是政府举办的公益性文化事业单位,是开展公共文化服务的重要场所,是保障人民群众基本文化权益的重要阵地。推动美术馆、公共图书馆、文化馆(站)免费开放是党的十七大关于社会主义文化大发展大繁荣的具体实践,是加强社会主义核心价值体系建设和公民思想道德建设的有效手段,是进一步提高政府为全社会提供公共文化服务水平的重要举措,是实现和保障人民群众基本文化权益的积极行动。对于提高广大人民群众思想道德和科学文化素质,保障广大人民群众基本权益,促进社会和谐稳定具有重要意义。

要统一思想,提高认识,积极行动,切实把免费开放工作做实、做细、做好,为公众提供更多、更好的公共文化产品和服务。

二、美术馆、公共图书馆、文化馆(站)免费开放的指导思想、工作原则和主要目标

(一)指导思想

以邓小平理论和"三个代表"重要思想为指导,深入贯彻落实科学发展观和党的十七届五中全会精神,进一步推进公益性文化事业单位改革,着眼于保障公民基本文化权益,促进

---

① 该文件原文来自"北大法宝"数据库,检索日期:2013年7月30日。

基本公共文化服务均等化,着眼于发挥公共文化机构的基本职能作用,着眼于增强公共文化服务能力和管理水平,以健全和增强服务项目、服务能力为重点,与建立公共文化服务体系经费保障机制相结合,努力实现美术馆、公共图书馆、文化馆(站)设施免费开放,与其职能相应的基本文化服务项目健全,免费向群众提供,公共文化服务能力明显增强。

(二)工作原则

1. 全面推开,逐步完善。贯彻落实中央关于公共文化机构免费开放的要求,全面推动美术馆、公共图书馆、文化馆(站)免费开放。在推进免费开放的过程中,建立与其职能任务相适应的基本文化服务内容和方式,加强管理,深化改革,提升服务能力。

2. 坚持公益,保障基本。免费开放作为政府的重要文化民生项目,免费提供的是与美术馆、公共图书馆、文化馆(站)职能相适应的基本公共文化服务,应由政府予以保障落实。同时,对于基本公共文化服务以外的文化服务项目,要坚持公益性,降低收费标准,不得以营利为目的。

3. 科学设计,注重实效。紧紧结合美术馆、图书馆、文化馆(站)基本职能,研究确定基本服务项目和内容;以免费开放为契机,加强规范化建设,实现美术馆、公共图书馆、文化馆(站)规章制度健全,职责任务清晰,服务内容明确,公共文化设施的利用率明显提高,免费开放落到实处,切实保障人民群众基本文化权益。

4. 扩大宣传,树立形象。免费开放的根本目的是让广大人民群众就近方便地参与文化活动,保护群众的基本文化权益。要加强免费开放的宣传工作,通过形式多样的宣传,让更多的群众了解美术馆、公共图书馆、文化馆(站)的功能和作用,吸引广大群众走进文化设施,享受政府提供的公共文化服务,同时树立美术馆、公共图书馆、文化馆(站)的良好社会形象。

(三)总体目标

到 2012 年底,与深化文化体制改革、提升公共文化服务能力相结合,实现美术馆、公共图书馆、文化馆(站)规章制度健全,职责任务清晰,服务内容明确,保障机制完善,健全与其职能相适应的基本文化服务项目并免费向群众提供,设施利用率明显提高,使免费服务成为政府的重要民生项目和公共文化服务品牌。

三、美术馆、公共图书馆、文化馆(站)免费开放的基本内容和实施步骤

(一)美术馆免费开放的基本内容

美术馆基本展览实行免费参观。对于少数特殊展览,可根据实际情况实行低票价。

(二)公共图书馆、文化馆(站)免费开放的基本内容

公共图书馆、文化馆(站)免费开放包括两个方面:一是指公共空间设施场地的免费开放,二是指与其职能相适应的基本公共文化服务项目健全并免费向群众提供。基本公共文化服务项目将随着社会的不断发展、政府财力的增长和人民群众精神文化需求的不断增长而发展变化。

1. 公共图书馆免费开放主要包括:一般阅览室、少年儿童阅览室、多媒体阅览室(电子阅览室)、报告厅(培训室、综合活动室)、自修室等公共空间设施场地免费开放;文献资源借阅、检索与咨询、公益性讲座和展览、基层辅导、流动服务等基本文化服务项目健全并免费提供;为保障基本职能实现的一些辅助性服务如办证、验证及存包等全部免费。

2. 文化馆免费开放主要包括:多功能厅、展览厅(陈列厅)、宣传廊、辅导培训教室、计算机与网络教室、舞蹈(综合)排练室、独立学习室(音乐、书法、美术、曲艺等)、娱乐活动室等

公共空间设施场地的免费开放;普及性的文化艺术辅导培训、时政法制科普教育、公益性群众文化活动、公益性展览展示、培训基层队伍和业余文艺骨干、指导群众文艺作品创作等基本文化服务项目健全并免费提供;为保障基本职能实现的一些辅助性服务如办证、存包等全部免费。

3. 文化站免费开放主要包括:多功能厅、展览厅(陈列厅)、辅导培训教室、计算机与网络教室等公共空间设施场地的免费开放;书报刊借阅、时政法制科普教育、群众文艺演出活动、数字文化信息服务、公共文化资源配送和流动服务、体育健身、青少年校外活动等服务项目健全并免费提供;为保障基本职能实现的一些辅助性服务如办证、存包等全部免费。

(三)美术馆、公共图书馆、文化馆(站)免费开放的实施步骤

1. 美术馆免费开放的具体实施步骤分为两个阶段:

第一阶段:在2011年年底之前国家级、省级美术馆全部向公众免费开放。

第二阶段:在2012年年底之前各级美术馆全部向公众免费开放。

2. 公共图书馆、文化馆(站)免费开放的具体实施步骤分两个阶段:

第一阶段:到2011年底,全国所有公共图书馆、文化馆(站)实现无障碍、零门槛进入,公共空间设施场地全部免费开放,所提供的基本服务项目全部免费。

第二阶段:到2012年底,全国所有一级馆、省级馆、省会城市馆、东部地区馆站免费提供的基本公共文化服务质量和水平不断提升,形成2个以上服务品牌。其他图书馆、文化馆站实现基本公共文化服务项目健全,并免费提供。

四、推进美术馆、公共图书馆、文化馆(站)免费开放的具体举措

(一)取消原有部分收费项目

取消美术馆门票收费,取消公共图书馆办证费、验证费、自修室使用费、电子阅览室上网费,取消公共图书馆、文化馆(站)存包费,限期取消文化馆(站)群众文化艺术辅导和培训费、业余文艺骨干培训费,公益性讲座、展览收费。

(二)限期收回出租设施

要严格执行《公共文化体育设施条例》和中央《关于加强公共文化服务体系建设的若干意见》、《关于进一步加强农村文化建设的意见》,维护好美术馆、公共图书馆、文化馆(站)的公益性质,不得以拍卖、租赁等任何形式改变公共文化设施用途,已挪作他用的限期收回。

(三)降低非基本服务收费

公共图书馆、文化馆(站)除基本公共服务外,为满足广大基层群众多层次、多样化的需求,开展了多种多样的公益性服务。如公共图书馆深度参考咨询服务(为读者收集专题信息,编写参考资料,或者进行代查、代译、复印书刊资料等服务)、赔偿性收费和文化馆(站)的高端艺术培训服务等,可以收取合理的费用。在财政经费保障机制建立的前提下,各级公共图书馆、文化馆(站)应把主要精力用于开展基本公共文化服务。基本公共文化服务以外的公益性服务,要与市场价格有所区分,降低收费标准,按照成本价格为群众提供服务。

(四)完善免费开放公示制度

美术馆、公共图书馆、文化馆(站)要公示免费开放内容,在窗口接待、场所引导、资料提供以及内容讲解等方面创造良好的服务环境,增强吸引力。

(五)制定应急预案

美术馆、公共图书馆、文化馆(站)要切实做好免费开放的前期准备,充分考虑免费开放

后可能遇到的各种情况和问题,制定切实可行、严谨细致的免费开放工作方案。要制定突发事件的应急预案,完善应急处置机制,确保免费开放后的公众安全、资源安全、设施设备安全。

(六)加强免费开放的宣传

要开展形式多样的宣传活动,扩大免费开放的公众知晓率,吸引广大群众走进文化设施,最大限度地发挥美术馆、公共图书馆、文化馆(站)功能作用。

财政部关于加强美术馆、公共图书馆、文化馆(站)免费开放经费保障工作的通知①

(2011 年 3 月 7 日　财教〔2011〕31 号)

各省、自治区、直辖市、计划单列市财政厅(局),新疆生产建设兵团财务局:

根据《文化部、财政部关于推进全国美术馆、公共图书馆、文化馆(站)免费开放工作的意见》(文财务发〔2011〕5 号),为支持做好免费开放工作,现就 2011 年免费开放经费保障有关事项通知如下:

一、加大投入力度,建立健全经费保障机制

各级财政部门要进一步明确美术馆、公共图书馆、文化馆(站)公益性文化事业单位性质,按照"增加投入、转换机制、增强活力、改善服务"的原则,将支持免费开放工作与建立公益性文化事业单位经费保障机制紧密结合,确保美术馆、公共图书馆、文化馆(站)免费开放后正常运转并提供基本公共文化服务。要认真研究制定美术馆、公共图书馆、文化馆(站)基本支出财政补助定额标准,足额保障人员、公用等日常运转所需经费;要增加专项资金投入,支持开展业务活动,改善设施设备条件,不断提高服务质量和服务水平。同时,要探索建立公共文化多元化投入机制,进一步完善和落实相关政策措施,引导和鼓励社会力量对美术馆、公共图书馆、文化馆(站)进行捐赠和投入,拓宽经费来源渠道。

二、经费保障分担原则和补助标准

按照中央和地方财力与事权相匹配的原则,美术馆、公共图书馆、文化馆(站)免费开放后,其人员、公用等基本支出由同级财政部门负担,开展基本公共文化服务项目支出由中央和地方财政共同负担。其中:中央级美术馆、图书馆所需经费由中央财政安排;省级美术馆、图书馆、文化馆所需经费由省级财政负担;中央财政设立专项资金,重点对中西部地区地市级和县级美术馆、公共图书馆、文化馆以及乡镇综合文化站开展基本公共文化服务项目所需经费予以补助,对东部地区免费开放工作实施效果好的地方予以奖励。

2011 年地市级图书馆、文化馆开展基本公共文化服务项目经费补助标准为每馆每年 50 万元,县级图书馆、文化馆补助标准为每馆每年 20 万元,乡镇综合文化站补助标准为每站每年 5 万元。对中西部地区中央财政按照补助标准分别负担 50% 和 80%。美术馆补助标准另行研究制定。各省级财政部门要合理确定省级和市、县级财政负担比例,对财力困难的地区给予适当倾斜。地方财政可根据实际情况提高补助标准,所需经费由地方财政自行负担。

---

①　该文件原文来自"北大法宝"数据库,检索日期:2013 年 7 月 30 日。

三、2011 年中央专项资金申报要求

1. 各级财政部门应会同文化部门认真做好本地区美术馆、公共图书馆、文化馆(站)基本情况调研、基础数据核实等工作,按照《文化部、财政部关于推进全国美术馆、公共图书馆、文化馆(站)免费开放工作的意见》(文财务发〔2011〕5 号)的要求,尽快制定本地区推进美术馆、公共图书馆、文化馆(站)免费开放工作实施方案。列入免费开放名单的美术馆、公共图书馆、文化馆(站)应为文化行政部门归口管理,已建成并具备免费开放条件。

2. 中西部地区根据本地区公共图书馆、文化馆(站)个数,以及中央财政补助标准和负担比例,提出 2011 年中央专项资金申请;东部地区应将本地区 2011 年公共图书馆、文化馆(站)免费开放经费落实方案报财政部,由中央财政视情况安排奖励经费。

文化行政部门归口管理的美术馆免费开放经费补助申报要求另行通知。

3. 请你厅(局)会同文化厅(局)联合上报中央专项资金申请报告,并附本地区美术馆、公共图书馆、文化馆(站)免费开放工作实施方案,于 3 月 31 日前分别报送财政部、文化部。

文化部关于进一步加强古籍保护工作的通知①

(2011 年 3 月 8 日　文社文发〔2011〕12 号)

各省、自治区、直辖市文化厅(局)、新疆生产建设兵团文化广播电视局,国家图书馆(国家古籍保护中心):

自 2007 年中华古籍保护计划启动以来,在党中央、国务院的高度重视和领导下,在全国古籍保护工作者的共同努力下,全国古籍保护工作进展顺利,古籍普查、《国家珍贵古籍名录》和全国古籍重点保护单位的申报评审、古籍修复、人才培养等各项工作有序推进,古籍保护工作机制初步形成。今年是"十二五"开局之年,为使古籍保护工作在"十二五"期间更加深入、扎实地开展,现就进一步加强古籍保护工作通知如下:

一、推进古籍普查,建立适时申报、分批评审《国家珍贵古籍名录》的工作机制

(一)推进古籍普查工作。古籍普查工作是中华古籍保护计划的主要内容,各级文化行政部门要高度重视古籍普查工作,加强对古籍普查工作的组织领导、资金投入和队伍建设,全面推进古籍普查工作的开展。国家古籍保护中心应充分发挥组织协调作用,为相关单位提供人员培训、普查登记咨询等支持,做好普查数据的审核,加快研制少数民族语言古籍普查软件平台、珍贵古籍保护修复监测系统,完善"全国古籍普查平台"系统。各地要进一步加快古籍普查进度,及时申报普查数据。国家古籍保护中心和各省级古籍保护中心要以普查数据为基础,分工协作,开展"中华古籍数字资源库"建设。

(二)建立适时申报、分批评审《国家珍贵古籍名录》及全国古籍重点保护单位的工作机制。今后,《国家珍贵古籍名录》及全国古籍重点保护单位的评审将成为常态工作,全年开展,文化部不再就评审工作印发通知,各地可由省级古籍保护中心随时申报,国家古籍保护中心将根据申报情况适时组织专家评审。各省级文化行政部门和省级古籍保护中心要精心安排,认真做好申报的组织工作。

---

① 该文件原文来自"北大法宝"数据库,检索日期:2013 年 7 月 30 日。

（三）加快《中华古籍总目》分省卷编纂。成立《中华古籍总目》编纂委员会，负责指导、协调各分卷的编辑工作。已经与国家古籍保护中心签署任务书的省（区、市）和收藏单位，要制定具体工作计划，积极推进《中华古籍总目》分省卷的编纂。尚未签署任务书的省份，要创造条件，尽早启动该项工作。文化部将根据各分卷的工作进展情况，在经费上给予支持。各省在编纂《中华古籍总目》分省卷时，可以根据古籍普查进度，分卷编辑出版，尽早形成阶段性成果。

二、加强少数民族文字古籍保护工作，开展特色古籍的专项保护

（四）加强少数民族文字古籍保护工作。针对少数民族地区古籍收藏分散、保护条件相对薄弱，人才资金缺乏的状况，有针对性地制定专项保护方案，从政策、资金、人才、技术等方面给予倾斜和支持。要继续按照《关于支持西藏古籍保护工作的通知》的要求，加快西藏古籍普查等各项工作的进度。新疆古籍保护专项工作将全面启动，要重点做好新疆公藏单位少数民族文字古籍的保护，开展部分重要文献的整理出版工作，积极征集散落民间的文献典籍。积极开展满文文献的普查、保护工作。对其他少数民族地区少数民族文字古籍的保护，要结合实际，适时设立保护工作专项，及时开展有关工作，促进我国少数民族文字古籍的全面保护。

（五）开展特色古籍的保护。要设立专题保护项目，积极开展中华医药典籍、清代昇平署戏曲文献等特色古籍及民国文献的保护工作，编纂《中华医藏》、《民国文献总目》。

三、多途径开展古籍专业人才队伍建设，提高工作队伍的整体素质

（六）进一步发挥古籍保护专家的作用。建立国家古籍保护专家制度，充分发挥古籍编目、版本鉴定、修复等领域的高端人才在古籍保护工作中的学术带头和技艺传承作用，使古籍保护工作后继有人，实现可持续发展。

（七）建立古籍保护工作专业人员的资格认证制度。组织开展文献修复师资格认证工作，实行持证上岗，提高古籍修复工作的专业化水平。

（八）加强工作队伍的业务培训。加强与教育、科研部门的合作，在有条件的高校及科研机构挂牌成立"中华古籍保护教学培训基地"，在有条件的古籍收藏单位挂牌成立"中华古籍保护实践基地"，联合开展人才培养。国家古籍保护中心要研究制定计划，继续办好各类古籍专业人员在职培训，进一步提高培训工作质量。各地要针对本地区实际工作需求，积极开展古籍保护工作队伍的培训，要特别注重提高专业人员的实际操作技能。

四、加强对全国古籍重点保护单位和国家级古籍修复中心的管理，做好珍贵古籍的保护与修复工作

（九）加强对全国古籍重点保护单位的管理。全国古籍重点保护单位要切实采取措施，加强对古籍的保护，确保古籍安全。文化部将研究制定《全国古籍重点保护单位管理办法》，对已公布的全国古籍重点保护单位，将不定期地开展督导检查，对管理不善、存在安全隐患的单位将提出批评，限期整改，对整改不力的，将给予摘牌处理。

（十）充分发挥国家级古籍修复中心的作用。文化部将研究制定《国家级古籍修复中心管理办法》，促进古籍修复工作的科学化、规范化。入选《国家珍贵古籍名录》古籍的修复工作，原则上只能由国家级古籍修复中心组织开展。鼓励各国家级古籍修复中心根据地域特色和修复传统，逐步形成特色专长，充分发挥其行业引领和示范作用。

五、加大法规建设与科研力度，促进古籍保护的制度化、规范化、科学化

（十一）推进古籍保护工作的有关标准规范的建设。文化部将研究制定《古籍保护条例》。

加强对古籍保护各项标准、规范的研制,促进古籍保护各项工作的规范化。国家古籍保护中心要组织开展对古籍版本鉴定、编目、保护修复技术的研究,为相关标准的制定提供参考。

(十二)加强古籍保护关键技术的研究和推广。充分发挥国家级古籍保护实验室的作用,确定重点课题,开展实验研究,为古籍修复、古籍鉴定提供科学依据。积极开展民国文献脱酸加固技术成果的推广利用,为民国文献的保护提供技术支持。

六、加快海外古籍调查,加强国际交流与合作

(十三)加强海外古籍普查。要继续积极开展国际合作,调查中华古籍在世界各地的存藏状况,促进海外中华古籍以数字化形式回归。加强对现存我国的外文古籍的普查和保护,可聘请国外专家参与外文古籍的鉴定、保护和研究。

(十四)加强与非物质文化遗产保护工作、"世界记忆"申报等工作的结合。国家古籍保护中心要加强与"世界记忆"管理机构的联系,积极开展申报工作。

(十五)扩大国际学术交流活动。通过出国考察、举办国际学术会议、派出及引进访问学者、交换图书馆员等多种形式,学习借鉴世界各国开展古籍保护工作的先进经验,着力提高古籍修复和保护技术的水平。同时,可派出专业人员参与海外中华古籍的鉴定、修复,传授中国古籍保护技术的最新发展成果,宣传古籍保护工作取得的各项成就。

七、推进古籍的开发利用,提高全社会的古籍保护意识

(十六)加强古籍出版、缩微复制等再生性保护。继续推进《中华再造善本续编》、《中华医藏》等工作的开展,在做好原生性保护的同时,加大古籍再生性保护的力度。加强民国文献保护的研究、抢救和整理出版。

(十七)加快古籍的数字化建设。在普查的基础上,国家古籍保护中心要协调各省级古籍保护中心及有关收藏单位,加快古籍数字化步伐,开展古籍基本丛书(电子版)的编纂工作,努力建成"中华古籍数字资源库",通过互联网或局域网为公众提供服务,使古籍保护工作的成果为全社会共享。

(十八)开展古籍保护的宣传工作。积极开展媒体宣传,举办有影响的展览、讲座等活动,宣传中华古籍的宝贵价值,普及古籍保护知识,促进全社会关心、支持、参与古籍保护工作。

关于进一步加强新闻出版总署出版物样本缴送工作的通知①

(2011 年 3 月 14 日　新闻出版总署)

各省(自治区、直辖市)新闻出版局,新疆生产建设兵团新闻出版局,解放军总政宣传部新闻出版局,全国各图书、音像和电子出版物出版单位:

多年来,全国各出版单位认真贯彻执行缴送出版物样本的规定,为出版管理、出版资源保护做出了贡献。随着出版物品种数量增长迅速,出版单位样本缴送工作出现了一些新的问题,如有些出版单位不及时缴送样本,或缴送样本在品种、数量上有所选择,造成漏缴、迟缴或不缴,致使有关管理部门样本收集不齐,不能全面掌握出版物的出版状况,更不利于国家出版物样本资源的保护。为加强总署出版物样本缴送工作,经研究,对出版单位缴送总署

---

① 该文件原文来自中国版本图书馆网站(http://www.capub.cn/),检索日期:2013 年 10 月 8 日。

出版物样本方式进行调整(向国家图书馆缴送出版物样本仍按有关规定执行),现将有关事项通知如下:

一、各出版单位要高度重视出版物样本缴送工作

缴送样本工作是出版单位应尽的责任和义务。各出版单位要高度重视样本缴送工作,做到专门部署,专人负责。各级新闻出版行政管理部门要对管辖范围内各出版单位的样本缴送情况进行定期检查,做好监督管理工作。

二、具体要求

(一)各出版单位须向新闻出版总署、中国版本图书馆免费缴送出版物样本。

(二)缴送样本品种:初版新图书(包括不同装帧、开本、版式型字号的版本图书)、重印书;音像制品;电子出版物。

(三)缴送数量:向新闻出版总署、中国版本图书馆缴送图书样本各一份,音像制品和电子出版物各一份。

(四)缴送时间:图书、音像制品和电子出版物出版 30 日内应缴送样本(以邮寄日期为准);所缴样本必须品相完整,不得缺失。

(五)凡缴送的出版物样本,应附缴送清单,一式三份,负责收存样本单位核收后,在清单上签字、盖章,并在 10 个工作日内将清单返回出版单位,以备查验。出版单位应同时将清单电子版(以 EXCEL 表格形式)发送到以下邮箱:

图书样本专用邮箱:tsybcj@ capub. cn

音像和电子出版物专用邮箱:yxybcj@ capub. cn

(六)为了方便各出版单位缴送样本,提高工作效率,从 2011 年 5 月 1 日起,报送新闻出版总署、中国版本图书馆的样本统一寄送同一地址,地址为北京市东城区先晓胡同 10 号,中国版本图书馆征集部收。邮编 100005。寄送方式可采用直接送达或邮寄,如邮寄可采用印刷品挂号或其他形式(请勿按包裹方式邮寄)。寄送时需分别包装,并在缴送样本邮包上注明"总署样本"、"版本样本"字样。

三、相关措施

(一)中国版本图书馆定期向新闻出版总署报告出版单位样本缴送情况。

(二)出版单位样本缴送情况将作为出版单位等级评估、年度核验的重要参考依据之一。

(三)新闻出版总署每年年底将对缴送样本及时、完整的出版单位给予表扬,对未按规定时限缴送、年度缴送不齐,经催缴仍不缴送的出版单位,将按《出版管理条例》、《音像管理条例》有关规定予以处罚。

文化部、财政部关于实施"数字图书馆推广工程"的通知①

(2011 年 5 月 26 日 文社文发[2011]27 号)

各省、自治区、直辖市文化厅(局)、财政厅(局),新疆生产建设兵团文化广播电视局、财政局,国家图书馆:

---

① 该文件原文来自数字图书馆推广工程网站(http://www. ndlib. cn/),检索日期:2013 年 9 月 4 日。

为进一步加强公共数字文化建设,提高公共文化服务能力,推动覆盖城乡的公共文化服务体系建设,切实保障数字化、信息化、网络化环境下公共文化服务的公益性、基本性、均等性、便利性,更好地满足人民群众日益增长的精神文化需求,提高公民思想道德素质和科学文化素质,文化部、财政部决定于"十二五"期间在全国实施"数字图书馆推广工程"。

"数字图书馆推广工程"将构建以国家数字图书馆为中心、以各级数字图书馆为节点、覆盖全国的数字图书馆虚拟网,建设分级分布式数字图书馆资源库群,在全国范围内形成有效的数字资源保障体系,以互联网、移动通信网、广电网为通道,借助各级公共图书馆和手机、数字电视、移动电视等新兴媒体,向公众提供多层次、多样化、专业化的数字图书馆服务,从整体上提升全国公共图书馆服务能力。

"数字图书馆推广工程"将进一步加强资源共享,扩大资源总量,形成规模效益,有效扩充全国各级公共图书馆的数字资源,避免重复建设;将全面提升各级公共图书馆的文献保障水平和信息服务能力,拓展服务渠道,丰富服务手段;将推广我国在数字图书馆软硬件平台建设方面的成果,搭建标准化和开放性的数字图书馆系统;将面向全国各级公共图书馆有步骤地开展数字图书馆建设与管理培训,培养一批专业知识与实际技能兼备的数字图书馆人才队伍。

各级文化行政部门和财政部门要充分认识"数字图书馆推广工程"的重要意义,高度重视"数字图书馆推广工程"的建设工作,加强领导,统筹协调,紧密结合当地实际,认真制定本地区实施方案,科学规划实施进度,落实经费保障,注重人才培养,加大宣传力度,加强督导检查,确保"数字图书馆推广工程"的顺利实施。

特此通知。

附件:"数字图书馆推广工程"建设方案

近年来,我国公共文化服务体系建设呈现出蓬勃发展的良好势头,覆盖城乡的公共文化服务网络正在形成,公共文化服务体系建设面临重要的战略发展机遇。公共图书馆是公共文化服务体系建设的重要基础性设施,也是各级政府向人民群众提供公共文化服务的重要场所。数字图书馆是数字化、信息化、网络化环境下图书馆新的发展形态,是利用信息技术拓展公共文化服务能力和传播范围的重要途径。为进一步加强公共数字文化建设,将我国数字图书馆建设取得的成果更广泛地应用于公共文化服务,更好地满足广大人民群众日益增长的精神文化需求提高公民思想道德素质和科学文化素质,特制定"数字图书馆推广工程"建设方案。

一、实施"数字图书馆推广工程"的意义

在网络化、信息化、全球化的时代背景下,文化建设必须适应时代发展的要求,和数字化、高科技、互联网相结合。实施"数字图书馆推广工程"对于提升文化软实力,维护国家文化安全,不断增强中华文化影响力和竞争力;对于深入推进文化体制改革,创新文化发展体制机制,增强文化发展活力与动力;对于加强网络文化建设,积极抢占网络文化阵地,把握数字化、信息化、网络化环境下文化发展主导权;对于加快公共文化服务体系建设,创建学习型社会,保障人民群众基本文化权益;对于实现全国公共图书馆资源与服务共建共享,整体提升图书馆服务水平,促进图书馆事业均衡发展,具有重要的意义。

二、实施"数字图书馆推广工程"的基础和条件

（一）国家重点文化项目的建设为工程实施奠定了基础

近年来，通过全国文化信息资源共享工程、县级文化馆图书馆建设、乡镇综合文化站建设等一系列国家重大文化项目的实施，我国基层文化设施网络建设得到迅速发展，初步形成了以大、中型公共文化设施为骨干，以社区和乡镇基层文化设施为基础，覆盖城乡的公共文化设施网络。2010年，文化部实施了"县级数字图书馆推广计划"，为实施"数字图书馆推广工程"提供了可资借鉴的经验。也为进一步形成分级分布、覆盖全国的数字图书馆服务网络奠定了基础。

（二）新媒体的发展为工程实施提供了多样化的渠道

新媒体使信息的传播方式发生着重大变革。截至2010年底，我国手机网民达到3.03亿，数字电视用户达到8000万户。手机、数字电视、电子阅读器等日益成为重要的新兴信息传播渠道。新媒体技术的发展为数字图书馆建设提供了强大的动力和多样化的渠道。

（三）图书馆事业的发展为工程实施提供了良好的平台

近年来，图书馆事业越来越受到各级党委和政府的高度重视，事业规模不断扩大，基础设施条件日益改善，覆盖全社会的公共图书馆服务网络正在形成。我国各级公共图书馆均广泛开展了数字图书馆建设，积累了一定的经验，形成了大量的数字资源和专业技术人才队伍，为工程实施提供了良好的平台。

（四）国家数字图书馆工程建设为工程实施提供了坚实的资源保障和技术支撑

由国家图书馆建设的国家数字图书馆工程自2005年开始建设，已经取得了阶段性成果。国家图书馆数字资源内容丰富，种类齐全，截至2010年底，数字资源总量已达480TB，为"数字图书馆推广工程"的实施提供了资源保障；初步搭建起的围绕海量数字资源生命周期管理的软硬件基础设施平台和标准规范体系，为"数字图书馆推广工程"的实施提供了技术支撑。

三、"数字图书馆推广工程"的建设目标

"数字图书馆推广工程"将推广国家数字图书馆工程的理念、技术、标准，通过建设"一库一网三平台"，打造基于新媒体的图书馆服务新业态，即建设分级分布式数字资源库群，形成覆盖全国公共图书馆的数字图书馆虚拟网，建设优秀中华文化展示平台、开放式信息服务平台和国际文化交流平台；借助手机、数字电视、移动电视等新兴媒体，以互联网、移动通信网、广电网为通道，为政府立法决策、教育科研、公民终身学习等提供多层次、多样化、专业化、个性化的数字图书馆服务。

四、"数字图书馆推广工程"的建设内容

（一）构建覆盖全国公共图书馆的数字图书馆虚拟网

将国家数字图书馆工程已建成的标准规范、软硬件系统和资源建设成果在全国各地公共图书馆推广使用，构建以国家数字图书馆为核心，以省级数字图书馆为主要节点，覆盖全国公共图书馆的数字图书馆虚拟网，支持全国各地区数字图书馆间资源与服务的全面共建共享。

（二）建设分级分布式数字资源库群，实现数字资源无障碍共建共享

建设分级分布式数字资源库群，在全国范围内形成有效的数字资源保障体系。依托覆盖全国公共图书馆的数字图书馆虚拟网；建立数字资源共建共享机制，实现全国公共图书馆

资源与服务的无缝集成。

采取资源互换等方式实现各级公共图书馆自建数字资源为全国数字图书馆用户服务。通过集中采购、统一认证等方式,实现商业数据库资源的共享。

本着分步实施的建设原则,依托全国各级公共图书馆,建立若干数字资源建设中心、数字资源保存中心以及数字资源服务中心,实现数字资源建设、保存、服务的统一规划、分布式建设和保存,集中调度和管理,避免重复建设,改善数字资源建设发展不均衡的状况。

到"十二五"末,各级公共图书馆的数字资源量得到较大、均衡的增长,数字资源总量达到 10 000TB,每个省级数字图书馆数字资源量达 100TB,每个市级数字图书馆数字资源量达 30TB,每个县级数字图书馆数字资源量达 4TB。

(三)建设多层次、多样化、专业化、个性化的数字图书馆服务平台

"数字图书馆推广工程"将在构建海量分布式资源库群的基础上,对数字资源进行有效的组织、整合、知识挖掘,实现元数据集中与统一检索,依托互联网、移动通信网、广电网,建立满足不同需求的数字图书馆服务平台,为中央与地方各级政府的立法与决策工作提供信息服务;为科研院所、企事业单位及研究型用户提供深层次、专业化信息与知识服务;为广大社会公众以及未成年人、残疾人等特殊人群提供多样化、个性化的数字图书馆服务;通过新技术应用,提供基于移动通信网的移动数字图书馆服务、基于广播电视网的数字电视服务。

海量资源库群的建设成果将广泛应用于全国文化信息资源共享工程、公共电子阅览室建设等国家重点文化建设项目中,为各项文化工程提供优质数字资源服务。

各级数字图书馆从分布存储的海量资源库群中获取数字资源对象数据,用于本级数字图书馆的综合服务,形成覆盖全国的、分级分布的数字图书馆服务体系。

五、"数字图书馆推广工程"的实施步骤

工程的实施包括软硬件平台搭建、资源建设、新媒体服务构建及人员培训等内容。

(一)基础构建阶段

2011—2012 年为基础构建阶段,完成省级数字图书馆和部分市级数字图书馆的硬件平台搭建工作,并与国家数字图书馆进行网络连接,初步建成数字图书馆虚拟网。启动数字资源建设中心、数字资源保存中心和数字资源服务中心的建设、"数字图书馆推广工程"软件平台的建设以及主要资源库的设计。

2011 年在全国范围内选择 15 个省级馆和部分市级馆实施推广工程的硬件平台搭建工作。制定硬件配置标准,在选定省、市级馆配备数字化设备、存储设备、网络设备等硬件设备,构建数字图书馆功能中心,搭建数字图书馆虚拟网,着手实施用户的统一认证和资源的无缝链接。

2012 年完成其他省级馆(含新疆生产建设兵团)和部分市级馆的硬件平台搭建工作,完成数字图书馆虚拟网骨干网的搭建;进行优秀数字文化信息展示平台、数字图书馆服务平台以及"数字图书馆推广工程"相关管理系统的设计、开发以及资源库群的构建。

(二)全面推广阶段

2013—2015 年为全面推广阶段,除完成所有市级馆的硬件平台搭建工作外,汇聚整合全国各级数字图书馆的文献资源,向全国公众和业界提供统一揭示服务;在扩大数字图书馆覆盖范围的同时,持续增加数字资源数量,加大对新媒体服务的推广力度,不断创新,提高数字图书馆服务能力,提升公共图书馆服务水平。

2013 年完成全部市级馆的硬件平台建设,数字图书馆虚拟网初步建成;应用系统平台建设和新媒体服务建设进入重点实施阶段;继续进行数字资源建设和人员培训工作。

2014 年基本完成应用系统平台建设;完成新媒体服务建设的主要建设工作;基本完成重点资源专题库的建设,全国性分布式数字资源库群初步形成。

2015 年完成工程建设任务,以各级数字图书馆为节点的数字图书馆虚拟网和分布式数字资源库群建设完成,数字资源总量和类型得到跨越式发展,全国数字图书馆人才队伍更加完备,各级公共图书馆服务能力获得较大提升。

六、"数字图书馆推广工程"的保障措施

(一)加强组织领导

各级文化行政部门要将数字图书馆建设工作纳入重要议事日程,加强领导,科学规划,结合本地区公共图书馆发展现状,分阶段、有计划地实施,确保"数字图书馆推广工程"的顺利实施和可持续发展。

(二)落实经费保障

"数字图书馆推广工程"所需经费由中央和地方财政共同负担。中央财政安排资金,主要用于全国性基础数字资源保障性建设、基础性资源的版权征集、资源统一调度与服务系统开发、新媒体服务系统开发、人员培训等,并对中、西部地区省、市两级数字图书馆硬件设备购置予以补助。

(三)注重人才培养

面向本地区各级公共图书馆有步骤地开展数字图书馆建设与管理培训,培养一批专业知识与实际技能兼备的数字图书馆人才队伍,努力提高其理论水平和业务能力,建设一支高水平、专业化的工作队伍,推动数字图书馆建设。

(四)积极探索共建共享途径

在资源建设、技术平台建设等方面,加强与教育、科研等系统数字图书馆建设项目的合作共建,形成合力,共同促进我国数字图书馆的建设。

(五)加强督导检查

各级文化行政部门要对"数字图书馆推广工程"实施情况进行督导和检查,及时总结经验,查找不足,不断完善。

文化部办公厅关于印发"数字图书馆推广工程"省级、市级数字图书馆硬件配置标准的通知①

(2011 年 9 月 7 日　办社文发〔2011〕28 号)

各省、自治区、直辖市文化厅(局),新疆生产建设兵团文化广播电视局,国家图书馆:

根据《文化部、财政部关于实施"数字图书馆推广工程"的通知》和《"数字图书馆推广工程"建设方案》等文件要求,2011—2012 年为"数字图书馆推广工程"基础构建阶段,将完成

---

① 该文件原文来自数字图书馆推广工程网站(http://www.ndlib.cn/),检索日期:2013 年 10 月 21 日。

省级数字图书馆和部分市级数字图书馆的硬件平台搭建工作,并与国家数字图书馆进行网络连接,初步建成数字图书馆虚拟网。为做好"数字图书馆推广工程"建设工作,特制定省级、市级数字图书馆硬件配置标准(见附件)。现印发给你们,请参照执行。

特此通知。

附件1:《省级数字图书馆硬件配置标准》(略)

附件2:《市级数字图书馆硬件配置标准》(略)

文化部、财政部关于进一步加强公共数字文化建设的指导意见[①]

(2011年11月15日　文社文发〔2011〕54号)

各省、自治区、直辖市文化厅(局)、财政厅(局),新疆生产建设兵团文化广播电视局、财政局,国家图书馆、文化部全国文化信息资源建设管理中心:

构建覆盖全社会的公共文化服务体系,是深入贯彻落实科学发展观,开创经济、政治、文化、社会四位一体的社会主义建设新局面、实现全面建设小康社会奋斗目标的重要任务。公共数字文化建设作为公共文化服务体系建设的重要组成部分,是数字化、信息化、网络化环境下文化建设的新平台、新阵地,是利用信息技术拓展公共文化服务能力和传播范围的重要途径,对于消除数字鸿沟,满足人民群众不断增长的精神文化需求、提高全民族文明素质,构建社会主义核心价值体系具有重要意义。现就进一步加强公共数字文化建设提出如下意见:

一、提高对公共数字文化建设重要性的认识

文化是一个民族的精神和灵魂,是国家发展和民族振兴的强大力量。文化建设是我国现代化建设总体布局的重要组成部分,加快公共文化服务体系建设是我国"十二五"时期经济社会发展的重要任务。近年来,党中央、国务院做出一系列关于公共文化服务体系建设的重大战略部署,我国公共文化服务体系建设呈现出蓬勃发展的良好态势,文化事业投入大幅增长,公共文化基础设施发展迅速,一批重点文化工程取得丰硕成果,覆盖城乡的公共文化服务体系正在形成。在党中央、国务院的高度重视下,在各级党委、政府的支持下,我国公共文化服务体系建设已进入整体推进、科学发展、全面提升的新时期新阶段,面临重要的战略发展机遇。

在数字化、信息化、全球化的时代背景下,深刻认识并准确把握国内外形势新变化新特点,结合人民群众不断增长的精神文化需求,将信息技术、数字技术、网络技术等现代科学技术和传播手段应用于公共文化服务体系建设,进一步加强公共数字文化建设,是适应时代发展的必然要求和战略选择。公共数字文化服务具有辐射面广、传播速度快、资源广泛共享等特点,有利于解决当前制约公共文化服务体系发展的突出矛盾和问题,对公共文化服务体系建设具有十分重要的意义。近年来,文化部、财政部共同组织实施了全国文化信息资源共享工程(以下简称"文化共享工程")、数字图书馆推广工程和公共电子阅览室建设计划,并取得积极进展,为"十二五"时期的公共数字文化建设奠定了基础。但同时也必须看到,当前公

[①]　该文件原文来自"北大法宝"数据库,检索日期:2013年7月30日。

共数字文化建设还不能满足人民群众日益增长的精神文化需求,在制度设计、资源整合、服务机制建设等诸多方面均有待加强。

进一步加强公共数字文化建设,是加快公共文化服务体系建设,全面提升公共文化服务能力和服务水平,使人民基本文化权益得到更好保障,让人民共享文化发展成果的需要;是深入推进文化体制改革,创新文化发展体制机制,增强文化发展活力与动力的需要;是维护文化安全,积极抢占网络文化阵地,把握信息技术环境下文化发展主导权的需要;是繁荣发展社会主义先进文化、全面提高人民思想道德素质和科学文化素质,构建社会主义核心价值体系的需要。各地文化厅(局)、财政厅(局)要高度重视公共数字文化建设工作,将其纳入当地政府文化发展规划和公共文化服务体系建设,加强领导,科学规划,加大投入,完善机制,全面推进公共数字文化建设。

二、明确公共数字文化建设的指导思想、建设原则和目标任务

(一)指导思想。以邓小平理论和"三个代表"重要思想为指导,深入贯彻落实科学发展观,坚持开拓创新、与时俱进,坚持为人民服务、为社会主义服务的方向,以重点公共数字文化惠民工程为抓手,以现代信息技术为支撑,以资源建设为重点,以打造基于新媒体的服务新业态为目标,努力满足信息化环境下人民群众日益增长的精神文化需求,充分发挥公共数字文化建设在传承先进文化、传播科学知识、提高公民文明素质、增强民族凝聚力和创造力、提升国家文化软实力等方面的重要作用。

(二)建设原则。坚持政府主导、社会参与的原则,突出公益性,维护和保障广大公众的基本文化权益;坚持统筹规划、协调发展的原则,发挥重点公共数字文化惠民工程的整体优势;坚持需求主导、服务为先的原则,了解群众对公共数字文化的需求,建设丰富适用的数字资源,加强公共数字文化的惠民服务;坚持规范建设,科学管理的原则,发挥先进信息技术和标准规范在公共数字文化建设中的基础作用;坚持共建共享、开放共赢的原则,加强合作共建,鼓励、引导社会力量参与公共数字文化建设,开创互利共赢的局面。

(三)目标任务。公共数字文化建设包括数字化平台、数字化资源、数字化服务等基本内容,以制度体系、网络体系、资源体系、管理体系和服务体系建设为着力点,构建海量分级分布式公共数字文化资源库群,建成内容丰富、技术先进、覆盖城乡、传播快捷的公共数字文化服务体系,为广大群众提供丰富便捷的数字文化服务,切实保障信息技术环境下公共文化服务的公益性、基本性、均等性、便利性。重点实施文化共享工程、数字图书馆推广工程和公共电子阅览室建设计划三大公共数字文化惠民工程,在此基础上,广泛动员各方面力量,逐步拓展范围,带动数字美术馆、数字文化馆、数字博物馆、数字爱国主义教育基地等建设,大力整合汇聚非物质文化遗产、国有艺术院团、民间文艺社团等方面的数字化资源,不断丰富和加强公共数字文化建设,从而丰富公共文化服务内容,拓展公共文化服务阵地,整合公共文化服务资源,创新公共文化服务手段,提高公共文化服务水平,完善公共文化服务体系。

三、实施重点公共数字文化惠民工程

"十二五"时期,重点实施文化共享工程、数字图书馆推广工程和公共电子阅览室建设计划,加强统筹,协调发展,提升三大公共数字文化惠民工程的整体效能。三大公共数字文化惠民工程是公共文化服务体系的基础性工程,是政府提供公共文化服务的重要手段,是实现广大人民群众基本文化权益的重要途径,是改善城乡基层群众文化服务的创新工程。文化共享工程实施多年,初步构建起覆盖城乡的公共数字文化服务网络,初步实现了优秀文化信息资源的全民共享;数字图书馆建设经过十多年的发展,在数字资源、技术与标准规范方面成果显著,为公共数字文化建设提供强有力的服务资源保障与技术、标准支撑;公共电子阅览室作为基层服务窗口,是汇聚共享工程、数字图书馆及互联网海量信息资源的公共数字文化服务终端。三大惠民工程既有内在联系又各有侧重,在组织实施上,应统一规划,统筹兼顾;在技术平台和网络建设上,应做好协调,不重复建设;在资源建设上,应各有侧重,突出特色;在标准规范上,应统一规则,相互兼容。三大惠民工程互为支撑,互相促进,形成合力,共同在公共数字文化建设中发挥重要作用。

(一)文化共享工程

文化共享工程作为公共文化服务体系的基础工程和重要平台,相继列入国家"十一五"规划和"十二五"规划。经过九年来的建设,文化共享工程已初步建成国家、省、市/县、乡镇/街道、村/社区五级服务网络,包括 1 个国家中心、33 个省级分中心、2867 个县级支中心、22 963个乡镇基层服务点,以及与全国农村党员干部现代远程教育工作和农村中小学现代远程教育工程合作共建的 59.7 万个基层服务点,数字资源建设总量达到 108TB。"十二五"时期,文化共享工程将进一步加大整合力度,建设"公共文化数字资源基础库群",资源总量达到 530TB;在城市社区、文化馆新建基层服务点,加强已建基层点的管理,发展完善覆盖城乡的服务网络,到"十二五"末达到基层服务点 100 万个,入户覆盖全国 50% 以上的家庭;利用"云计算"和"三网融合"技术,提升整个网络的服务能力与管理能力;大力推进进村入户,广泛开展惠民服务,实施以"农村实用技术人才培养计划"为重点的网络培训;与公共电子阅览室建设计划相结合,加快建设以公共图书馆、学校电子阅览室、社区文化活动中心为载体的未成年人公益性上网场所,更好地满足人民群众特别是广大青少年的精神文化需求。

(二)数字图书馆推广工程

数字图书馆推广工程的核心内容是建设覆盖全国的数字图书馆虚拟网、互联互通的数字图书馆系统平台和海量分布式数字资源库群,形成完整的数字图书馆标准规范体系,借助全媒体提供数字文化服务。数字图书馆推广工程将进一步加强资源共享,扩大资源总量,形成规模效益,有效扩充全国各级公共图书馆的数字资源,避免重复建设;将全面提升各级公共图书馆的文献保障水平和信息服务能力,拓展服务渠道,丰富服务手段;将推广我国在数字图书馆软硬件平台建设方面的成果,搭建标准化和开放性的数字图书馆系统;将为广大公众提供多层次、多样化、专业化、个性化的数字图书馆服务,打造基于新媒体的图书馆服务新业态。到"十二五"末,全国各级公共图书馆可用数字资源量将得到较大、均衡的增长,工程数字资源总量达到 10 000TB,其中国家图书馆数字资源总量达到 1000TB,与 2010 年底的480TB 相比翻一番;每个省级数字图书馆可用数字资源量达 100TB,每个市级数字图书馆可用数字资源量达 30TB,每个县级数字图书馆可用数字资源量达 4TB。工程的实施将整体提升我国各级图书馆的服务能力和服务水平,到"十二五"末,以互联网、移动通信网、广电网为通道,借助手机、数字电视、移动电视等新兴媒体,使数字图书馆的服务覆盖全国省、市、县、乡镇(街道)、村(社区),促进公共文化服务新业态的形成。

(三)公共电子阅览室建设计划

公共电子阅览室建设计划以保障人民群众的基本网络文化权益为目标,以未成年人、老年人、进城务工人员等群体为重点服务对象,依托文化共享工程的服务网络和设施,以及文化共享工程、国家数字图书馆丰富的数字资源,与文化共享工程建设、乡镇文化站建设、街道

(社区)文化中心(文化活动室)建设,以及中央文明办组织实施的"绿色电脑进西部活动"相结合,在城乡基层大力推进公共电子阅览室建设,努力构建内容安全、服务规范、环境良好、覆盖广泛的公益性互联网服务体系。实施公共电子阅览室建设计划,将为广大人民群众特别是未成年人提供公益性上网场所,吸引广大人民群众参与积极、健康的网络文化活动;将进一步完善全国各级公共图书馆、文化馆(站、室)的软硬件设施,增强各级公共图书馆、文化馆(站、室)的数字文化服务能力,把更多适应人民群众需求的数字资源传送到社区、城镇和农村,活跃基层群众的文化生活,推进全社会的信息化。到"十二五"末,努力实现公共电子阅览室在全国乡镇、街道、社区的全覆盖。

四、提高公共数字文化供给能力,创新公共数字文化服务机制

在实施重点公共数字文化惠民工程的基础上,全面加强公共数字文化的制度体系、网络体系、资源体系、管理体系和服务体系建设,提高公共数字文化供给能力,创新公共数字文化服务机制。

(一)推进公共数字文化建设制度设计,实现科学规划。开展专题调研,推进公共数字文化建设的制度设计和机制研究,实现科学规划和全面可持续发展。充分发挥专家作用,成立专家委员会,加强宏观研究工作,包括顶层设计、总体规划、技术创新、绩效评估等;积极开展公共数字文化建设管理体制创新研究,坚持政府主导、多方参与、统筹兼顾、动态协调的原则,不断完善管理格局,创新管理机制,提升管理和服务水平;探索并创建科学的运行机制,推进建立各部门协调联动机制,加强各有关部门的责任分工、协调与合作;构建纵横联合的区域联动机制,加强协调合作,推动公共数字文化建设的顺利实施。

(二)发展完善公共数字文化设施网络,实现双向互动。依托各级公共图书馆、文化共享工程各级中心、公共电子阅览室以及文化馆(站、室)、社区文化中心等公共文化基础设施,发展完善公共数字文化设施网络;以文化共享工程的服务网络和数字图书馆的虚拟网为基础,构建覆盖城乡、便捷高效的数字文化服务网,将各类数字资源,包括电子图书、电子期刊、电子报纸、图片、音视频等,分发推送到基层,实现全国用户对资源的统一搜索和主动获取;在提供资源服务的同时,采集用户的个性化行为需求和数字资源使用信息,从而掌握舆情信息和文化需求,引导资源投放和服务侧重,形成双向互动的良性循环,保障公共数字文化服务的高效运行。

(三)加强公共数字文化资源建设,实现共建共享。统筹规划文化共享工程与数字图书馆推广工程的数字资源建设,调动各地积极性,拓展资源征集渠道,提高公共数字文化资源供给能力;建立群众对数字文化服务需求的反馈机制,突出精品,体现特色,适应群众文化需求,有针对性地开展资源建设;注重建立资源之间的关联,实现数字资源的深层揭示与知识组织,以文本、动画、影像、音视频、在线讲座和在线展览等多种手段展现优秀文化资源,弘扬中华优秀文化;构建分级分布式公共文化资源库群和全国数字资源保障中心,在全国范围内形成有效的数字资源保障体系。

(四)搭建集中统一的运行管理平台,实现规范管理。采取科学化、系统化、规范化的管理手段,确保公共数字文化体系的稳定运行和有效监管。搭建中央控制管理平台,实时采集各级各类终端的运行情况信息及用户的个性化需求信息,实现对各级服务站点和个人用户的精细化管理;构建公共数字文化安全管理平台,应用网络安全技术、网络安全设施,保障用户上网安全;建立健全管理制度,通过统一管理、专业化培训、标准化服务以及统一标识、树立品牌形象等管理及推广手段,扩大公共数字文化在社会上的影响力。

(五)打造基于新媒体的服务新业态,实现创新发展。打造基于互联网、广播电视网和移动通信网的跨网络、跨终端的服务新业态,通过服务模式创新、新技术与新媒体应用、系统平台搭建与推广等方式,建设基于互联网的综合服务系统、覆盖全国移动通信网的数字内容体系,借助新兴媒体,提供多层次、多样化、专业化、个性化的数字文化服务,扩大公共文化服务的覆盖面和辐射力,切实保障人民群众获取公共文化服务的普遍性和均等性。建设满足不同层次用户需要的开放式数字文化服务平台,使数字文化建设成果能够融入人民群众日常生活与工作学习,为全民共享。

(六)鼓励开放合作的数字文化建设新局面,实现互利共赢。在资源建设、技术平台建设等方面,加强与教育、科研等系统数字图书馆建设项目的合作共建、互联互通;吸引群众参与数字资源建设,探索、引导社会力量参与公共数字文化建设,鼓励企业开发和推广弘扬民族精神、反映时代特点、有益于未成年人健康成长的数字文化产品;鼓励企业以优惠条件参与公共数字文化建设,通过与电视媒体、网络媒体和通讯运营商的合作,拓展公共数字文化的服务渠道,同时扩大合作者的用户群体,开创互利共赢的局面;积极探索国际间文化交流与合作模式,进一步扩大中华文化的传播范围。

五、加强领导,完善投入和保障机制

(一)加强组织领导和统筹规划。各地要高度重视公共数字文化建设工作,将其纳入当地政府文化发展规划和公共文化服务体系建设,切实加强组织领导,做好统筹规划,充分发挥文化共享工程、数字图书馆推广工程、公共电子阅览室建设计划三大数字文化惠民工程的整体优势,依托各级公共图书馆、文化共享工程各级中心、公共电子阅览室以及文化馆(站、室)、社区文化中心等公共文化基础设施,注重与教育、科研等系统的合作共建,形成合力,共同促进公共数字文化的建设。要重点做好资源建设,开展惠民服务,加大宣传力度,营造全社会共同关注、参与和支持公共数字文化建设的良好氛围,让群众充分享受公共数字文化服务,使公共数字文化建设成果惠及更广泛的基层群众。

(二)完善投入和保障机制。中央财政设立专项资金,对三大公共数字文化惠民工程建设所需经费予以补助。各地要积极争取地方党政领导的重视和支持,确保地方财政资金足额按时到位,并做好经费管理和使用,使财政资金充分发挥效益。要研究制定政策措施,鼓励社会力量投资文化建设,逐步形成政府投入为主、社会多渠道筹资为辅的投入格局;加强对公共数字文化建设有关政策法规的研究,完善法律法规,加强政策保障。各级文化主管部门要建立管理和考核机制,对公共数字文化建设工作进行督导和检查。

(三)注重人才培养和队伍建设。建立人才培养机制,为公共数字文化建设提供人力资源基础。充分发挥中央和地方文化单位积极性,通过分级培训的方式,不断提高从业人员的思想水平和业务素质,培养一支既具备较高技术素质和专业知识,又具备实际技能的人才队伍。国家图书馆和全国文化信息资源建设管理中心要组织力量编制教材,面向省级图书馆和省级支中心开办骨干培训班;各地要组织好本地区的培训工作,重点建设一批爱岗敬业、善于管理服务设施和组织基层文化服务项目的专业队伍;要拓宽视野,把社会工作者、志愿者作为人才队伍建设的有机组成部分,切实做好人才配置工作,以适应公共数字文化建设工作的需要。

各地文化厅(局)、财政厅(局)要按照本意见的精神,结合当地实际,加强调查研究,认真贯彻落实,及时总结经验,不断完善提高,积极探索新时代公共文化服务新方式,进一步加强公共数字文化建设,为文化发展注入新的活力,繁荣和传播社会主义先进文化,推动社会主义文化大发展大繁荣。

文化部办公厅关于印发《全国文化信息资源共享工程 2011 年度资源建设指南》的通知①

（2012 年 1 月 9 日　办社文函〔2012〕6 号）

各省、自治区、直辖市文化厅(局),新疆生产建设兵团文化广播电视局:

全国文化信息资源共享工程 2011 年度地方资源建设工作已于 2011 年 9 月正式启动。为推进工作开展,进一步加强对各地实际工作的指导,现印发《全国文化信息资源共享工程 2011 年度地方资源建设指南》(以下简称《指南》),请各地认真执行,做好以下工作:

一、加强领导,严格管理

为进一步推动 2011 年度地方资源建设工作,各省(区、市)要成立 2011 年度资源建设领导小组、工作组和专家组,文化厅(局)的主要领导要担任领导小组组长。各省(区、市)文化厅(局)要督促文化共享工程省级分中心按时高质量完成资源建设任务,资金管理做到专款专用,提高使用效率。

二、加强调研,做好规划

各省(区、市)在项目策划中要高度重视调研分析工作,以群众需求为引导,以社会主义核心价值体系为引领,传承中华优秀传统文化,传播社会主义先进文化,优先选择有代表性特色文化主题,注重挖掘文化内涵,加强总体规划,着力建设一批能满足人民群众精神文化生活需要、为群众所喜闻乐见的精品资源。

三、提高建设质量,妥善解决版权

各省(区、市)在地方资源建设工作中,要强化质量意识,力求做到内容易懂、脉络清晰、画面美观、表现生动,严格按照全国文化信息资源共享工程的相关标准规范开展建设,确保资源建设成果的高质量。要妥善解决资源版权问题,为今后资源的各项使用提供保障。各省(区、市)自主建设资源的版权为管理中心与所建省(区、市)共有版权,可提供全国使用;征集成品资源的版权应至少在全省(区、市)范围内使用,使用期限不少于 5 年,并提供管理中心备份。进村入户项目资源的版权要具有有线/数字电视的播放权。

请各省(区、市)文化厅(局)督促各地于 2012 年 2 月 10 日前将《2011 年度地方资源建设申报书》(参见《指南》)报送文化部全国文化信息资源建设管理中心。

联系人:文化部社会文化司图书馆处 耿斌、韩沫

电话:010 - 59881732

联系人:文化部全国文化信息资源建设管理中心 王丽华、刘平

电话:010 - 88003053、88003034

---

① 该文件原文来自中华人民共和国文化部网站(http://www.ccnt.gov.cn/),检索日期:2013 年 9 月 13 日。

传真:010 - 68475713

电子邮箱:resource@ ndcnc. gov. cn

特此通知。

附件:全国文化信息资源共享工程2011年度地方资源建设指南

文化是一个民族的精神和灵魂,是国家发展和民族振兴的强大力量。党的十七届六中全会提出了"建设社会主义文化强国"的宏伟目标,并指出:"满足人民基本文化需求是社会主义文化建设的基本任务"。为了落实十七届六中全会精神,以丰富、适用、优质、多样的数字资源满足广大城乡基层群众的文化需求,确保各地按时高质量完成2011年度资源建设任务,特制定本指南。

一、建设总则

本指南适用于承担2011年度地方资源建设任务的文化主管部门和省级分中心开展资源建设工作使用。资源建设工作是全国文化信息资源共享工程(以下简称"文化共享工程")的核心任务之一,各省应在认真学习本指南的基础上,具体落实2011年度资源工作。

在管理上,2011年度地方资源建设工作应坚持需求牵引、科学规划、统一标准和共建共享的基本工作原则进行建设工作。

在职责上,全国文化信息资源共享工程领导小组负责2011年度地方资源建设项目的整体部署和管理。文化部全国文化信息资源建设管理中心(以下简称管理中心)负责项目的协调管理和业务指导,包括项目资金申请,组织专家组对各省项目进行立项审核、技术指导和成果验收,明确建设标准,督促建设进展,控制建设质量。各省文化主管部门负责协调本地区财政部门督促专项资金到位,对本省项目建设进行监督。文化共享工程各省级分中心承担地方资源建设工作的主体任务,积极引导和组织市级、县级支中心参与资源建设工作,并对其进行业务指导和管理。

在建设进程上,2011年度地方资源建设工作建设周期为1年。

二、选题重点

2011年度地方资源建设应体现社会主义核心价值,弘扬思想道德风尚,贴近群众精神文化需求,注意体现地方特色,打造文化精品,重点建设好地方特色文化专题资源、红色历史多媒体文化资源、少数民族文化产品译制资源和"进村入户"资源。选题重点如下:

(一)地方特色文化专题资源

地方特色文化专题资源应选择具有鲜明的地域特色、有较大影响力和深厚群众基础的文化专题,侧重在民族文化、文化遗产、戏剧、旅游文化、曲艺杂技、少儿文艺等类资源方面进行选题。

(二)红色历史文化多媒体资源

红色历史文化多媒体资源以中国共产党在革命、建设、改革过程中的重要事件、主要人物、发生地点、历史资料、文艺作品为主要内容,利用现代多媒体信息技术,制作融文字、图片、视频、动漫、游戏为一体,在网络上全景展示中国共产党带领全国人民走过的光辉历程和取得的辉煌成就。承担红色历史文化多媒体资源库建设工作的地区,应基于本地红色历史文化资源进行选题建设,涉及面较广的选题应报管理中心,在全国范围进行选题查重。

(三)少数民族文化产品译制资源

2011年度少数民族文化产品译制资源,应选择本区域少数民族群众喜爱的、体现中华民族团结和谐的优秀资源进行译制。可选择文化共享工程已有资源译制，也可选择当地群众急需且已解决版权问题的其他资源。可侧重选择民族文化、文化遗产、影视文化、戏剧、旅游文化、适用技术、农村经济、曲艺杂技、少儿文艺类以及本地红色历史文化等类资源。

（四）"进村入户"资源

"进村入户"资源应选择适合通过有线/数字电视方式播放的群众喜闻乐见的文化资源，侧重选择民族文化、少儿文艺、中国戏剧、旅游文化、曲艺杂技、文化遗产、适用技术、农村经济、科普知识、生活百通、影视文化、人居环境、医药卫生等类资源。

三、建设方式

2011年度地方资源建设工作的建设方式分为：自主建设和征集成品资源建设。

（一）自主建设

自主建设指建设成果具有自主版权，通过策划、设计、组织、整合建设的以原创为主要特征的资源建设方式。自主建设既可以完全依靠自身的人员、软硬件设备创作资源，也可以提供资源制作的创意和思路，对资源建设的要点、过程和结果进行策划统筹，其他部分采取购买素材或委托建设。

（二）征集成品资源建设

征集成品资源建设是指通过争取捐赠、免费获取、市场购买等方式获取完整的信息资源。各地在采取征集成品资源建设方式时，应注意解决成品资源的使用权问题。征集成品资源的版权解决要求参见本指南第六节。资源征集的合同样本见附件一。

四、建设成果

根据《文化部、财政部关于进一步加强公共数字文化建设的指导意见》要求，文化共享工程在"十二五"末的数字资源建设总量应达到530TB，视频资源应达到33万小时，专题资源库不少于500个。其中，管理中心数字资源建设总量不少于100TB，视频资源不少于6万小时，专题资源库不少于100个，各地资源建设总量不少于400TB，视频资源不少于24万小时，专题资源库不少于400个，少数民族语言资源不少于30TB。各地应根据文化共享工程在"十二五"期间的总量要求，结合本地实际情况，制定本地在"十二五"期间的资源建设任务。

2011年度地方资源建设成果类型分为视频专题片资源和专题资源库资源，各省级分中心可根据本地区实际情况自主选择建设类型。

地方特色文化专题资源库建设、红色历史文化多媒体资源库建设应以自主建设为主，征集成品资源为辅。"进村入户"资源建设应以征集整合成品资源为主，自主建设为辅。少数民族语言资源译制的要求为：新疆应完成880小时的维语、哈语资源的译制；西藏应完成300小时藏语卫藏方言资源的译制；青海应完成200小时藏语安多方言的译制；四川应完成100小时藏语康巴方言资源的译制；内蒙古应完成120小时蒙语资源的译制；吉林应完成120小时朝鲜语资源的译制。少数民族语言资源译制工作，应以译制文化共享工程已有资源为主，其他资源为辅。

各地要合理有效利用专项资金，在保证资源建设质量的前提下，降低建设成本，提高资源总量。资源建设的价格参考见附件五。

五、质量要求

（一）内容质量要求

应以基层群众需求为引导，建设贴近实际、贴近生活、贴近群众、积极健康、体现社会主义文化核心价值的优质资源。鼓励建设具有互动性的专题数据库资源。地方资源建设应力求做到内容易懂、脉络清晰、画面美观、表现生动。

(二)技术质量要求

应遵循统一标准进行制作,按照文化共享工程及国家、行业相关标准进行建设,参见本指南第九节;在资源提交方面,应按照本指南第十节的要求提供;在资源的兼容性和扩展性方面,所制作的视频专题片、专题数据库应支持目前主流操作系统、播放软件和浏览器,避免不必要软件插件的应用。

六、版权要求

2011年度地方资源建设工作应注重妥善解决资源版权,以满足文化共享工程面向基层群众通过各种方式开展资源服务的需求。具体要求如下:

自主建设项目成果的版权为管理中心与省分中心共有,可在全国范围内使用。其中,资源素材应满足在本项目成果中可无限制使用,成果的整体使用无需再向其他单位获取版权。

征集成品资源项目成果的版权应至少解决在本省范围内使用的权利,并可提供给管理中心备份,使用期限不少于5年,备份无期限。同时,在使用权方面,应具有全国范围内的信息网络传播权、广播权、放映权、复制权和展览权,确保所建资源可以在文化共享工程不断拓展的传输渠道和服务模式中使用。利用"进村入户"专向资金建设的资源应具有有线数字电视的播放权。汇编权和表演权可根据资源适用的服务类型酌情增删。

注:上述各类授权定义可参见附件一中资源征集合同样本中的解释。

七、专家组及工作组要求

为保证2011年度地方资源建设工作的质量,承担建设任务的各省级分中心应组建资源建设工作组及资源建设专家组。具体要求如下:

(一)资源建设工作组

在项目策划阶段,各地应筹建2011年度地方资源建设工作组。小组至少由1名省级分中心分管领导、1名业务主任、1名业务骨干组成,具体负责2011年度资源建设工作的组织领导、实施管控、项目报审和文档管理等工作。

(二)资源建设专家组

为确保2011年度地方资源建设成果符合要求,加强专家在资源建设论证、指导方面的作用。管理中心组建国家级资源建设专家组,各地组建省级资源建设专家组。省级专家组应参与项目建设的策划论证、中期查验指导、成品内容验收等过程。承建单位以外专家,应由在地方特色文化、数字资源建设和基层公共服务等方面具有较深造诣和丰富经验的专家组成,人数不少于专家组成员总数的三分之二。例如:建设非物质文化遗产方面项目的应聘请非遗专家;承担红色历史文化多媒体资源库建设任务的地区,应聘请熟悉红色历史方面的专家。承担少数民族文化产品译制资源的地区,应聘请熟悉少数民族群众宗教信仰、民族感情、生活习惯的专家。

(三)明确联系人制度

在工作组中指定一名资源建设联系人,填写《2011年度地方资源建设工作省级分中心工作组名单》(见附件二)后,报送管理中心。联系人应承担与管理中心在2011年度地方资源建设工作中的联系职责,保持工作进展情况的日常沟通,并于每月15日向管理中心指定电子信箱汇报资源建设进展情况。

八、提交要求

(一)自主建设资源成果的提交

自主建设资源原则上应以移动硬盘为载体提交经过数字化的资源成品。其中,视频资源提交参照《全国文化信息资源共享工程视频资源数字化加工格式规范 V2.0》中符合广电播出级质量的保存级指标,即需提交 25M 码流 AVI 格式(WAV 独立音频)6M 码流 MPGE 格式资源各一份,同时提供 1.5M 码流和 300K 码流 WMV 格式资源各一份、XML 编目数据一份、2011 年度地方资源建设工作产生的重要文档(应至少包括项目组名单、资源制作大纲、资源建设历次专家会文件、合同、经加盖公章的财务清单、资源清单等)的复印件一份以及配套使用权限的正式文书一份。专题资源库应提交完整资源库成品、配套应用插件、资源库部署和使用的说明文档、重要素材资源、重要文档(同上述)的复印件以及配套使用权限的正式文书。

(二)征集建设的资源成果的提交

征集建设的资源应以移动硬盘形式提交经过数字化的资源成品。其他要求与自主建设资源的提交要求相同。

九、建设流程

为了规范建设流程,保证建设进度和质量,各地在进行 2011 年度地方资源建设工作时,可参照如下基本流程开展工作:

(一)规划选题

自本指南下发之日起,各地应开始筹建 2011 年度地方资源建设工作组,填报《2011 年度地方资源建设工作省级分中心工作组名单》并筹建省级专家组。工作组应参照本《指南》,根据本地区年度资源建设任务,抓紧开展需求调研、项目策划工作。在此基础上,组织省级专家论证,论证后向管理中心提交《2011 年度地方资源建设申报书》(见附件四)。

(二)项目立项

管理中心对各地项目申报组织资源论证会,形成《资源项目申报意见书》下发各地。各地根据《资源项目申报意见书》调整和细化 2011 年度资源建设方案,再次提交管理中心通过评审后,领取《2011 年度地方资源建设任务书》。自正式领取任务开始,各省级分中心联系人应于每月 15 日前以电子邮件形式向管理中心汇报资源建设进展情况。电子信箱地址为:resource@ ndcnc. gov. cn。

(三)项目建设

为保证资源建设符合相关技术规范,各地首先应制作资源样例数据并报管理中心进行技术测试,通过后正式开展 2011 年度地方资源建设工作。视频专题片制作项目应按细化资源制作大纲、明确制作脚本、准备素材、拍摄素材、后期制作、成品包装等流程进行。专题资源库项目应按细化资源制作大纲、明确数据库结构、准备素材、专题库搭建、系统测试、数据加工与录入、成品包装等流程进行。征集成品资源应按细化项目需求内容、公开招标、签署资源征集合同、获取成品资源等流程进行。

(四)资源验收

各地 2011 年度资源建设任务初步完成后,应先自行组织省级专家验收会进行资源验收和修正调整。按管理中心组织的验收评审会要求准备有关文档资料提交管理中心统一验收评审。会后,领取《评审意见书》并按有关要求进行资源修正。

（五）资源提交

各地进行资源最终调整后,按统一标准制作数字化资源成品,同时将配套软件以及加盖公章的重要文档资料(参见本指南第十节"提交要求")一并提交管理中心。领取由管理中心颁发的《资源收录证书》。

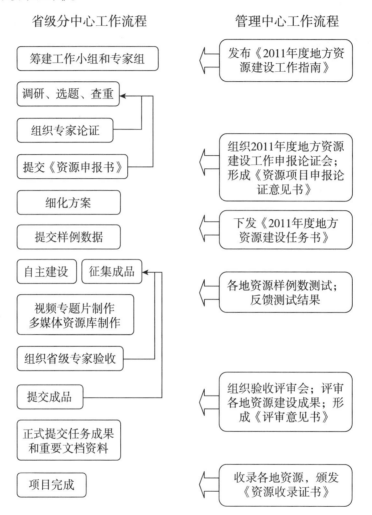

省级分中心工作流程　　　　　　管理中心工作流程

十、建设标准

资源建设涉及到多种标准规范的应用,为保证资源建设工作的质量,各地应在建设2011年度地方资源时,严格参照现行相关标准及规定执行。参考如下:

（一）视频资源相关标准规范

视频资源的制作主要涉及摄像设备的准备、数字化设备的准备、数字化视频加工、字幕加工、元数据编目描述文件的处理、数字化保存格式的处理等。

针对上述内容,2011年度地方资源建设的视频资源摄像和制作设备的准备可根据本地设备情况选择,至少达到广播级标清;视频资源数字化加工格式可参照《全国文化信息资源共享工程视频资源数字化加工格式规范 V2.0》;视频资源编目标准按照《全国文化信息资源共享工程视频资源编目规范》及电影、动画片、讲座、舞台艺术、专题类节目实施细则编目。

视频资源摄像和制作的声音、画面、字幕等技术要求可参见《全国文化信息资源共享工程讲座资源建设规范》中相关内容。

(二)专题数据库相关标准规范

专题数据库相对单一对象数据更加复杂,对象数据多为复合型,一般包括文字、图像、音视频等,其中音视频格式标准参照《全国文化信息资源共享工程视频资源数字化加工格式规范 V2.0》,文字、图像加工标准及专题数据库的元数据标准可参照"科技部科技基础条件平台专项——数字图书馆标准与规范建设"以及国家数字图书馆的相关标准规范。

(三)少数民族语言译制相关标准

译制类资源可参见《全国文化信息资源共享工程少数民族语言译制工作办法》,其他可参考《翻译服务规范》(GB/T 19363.1—2003)等国家相关标准规范。

文化共享工程有关规范下载地址:

http://www.ndcnc.gov.cn/libportal/main/libpage/bzgf/index.htm

十一、经费使用

2011 年度地方资源建设工作专项经费使用,应按照《全国文化信息资源共享工程试点工作资源建设经费管理办法》(办社图函〔2006〕437 号)的有关规定,专款专用,在当地文化主管部门的指导管理、监督检查下,节约资金,规范财务管理。在经费使用方面,应确保直接用于资源建设的费用(包括自主建设费、成品购买费、加工制作费、论证及验收费)所占比例不低于建设项目总金额的 85% ,其余 15% 经费可用于购置与资源建设项目所需的软、硬件设备等。2011 年度地方资源建设专项经费使用期为自资金划拨省财政部门之日起,为期一年。

附件一:资源征集合同样本(略)

附件二:2011 年度地方资源建设工作省级分中心工作组名单(略)

附件三:2011 年度地方资源建设选题列表(略)

附件四:2011 年度地方资源建设申报书(略)

附件五:资源建设价格参考(略)

文化部办公厅关于印发《公共电子阅览室终端计算机配置标准》和《公共电子阅览室管理信息系统功能规范》的通知[①]

(2012 年 1 月 9 日　办社文函〔2012〕7 号)

各省、自治区、直辖市文化厅(局),新疆生产建设兵团文化广播电视局:

为加强指导,规范管理,进一步推进公共电子阅览室的建设,我部组织有关单位制定了《公共电子阅览室终端计算机配置标准》及《公共电子阅览室管理信息系统功能规范》。现将该标准和规范印发各地,请遵照执行。执行中如有问题和建议,请及时反馈。

联系人:文化部社会文化司图书馆处 耿斌、韩沫

电话:010 – 59881732

----

① 该文件原文来自国家数字文化网网站(http://www.ndcnc.gov.cn/),检索日期:2013 年 9 月 13 日。

联系人:文化部全国文化信息资源建设管理中心 胡晓峰、吴晓
电话:010 - 88003020、88003036
传真:010 - 68475713
特此通知。
附件:1.《公共电子阅览室终端计算机配置标准》(略)
　　　2.《公共电子阅览室管理信息系统功能规范》(略)

文化部、财政部关于印发《"公共电子阅览室建设计划"实施方案》的通知①

(2012 年 2 月 3 日　文社文发〔2012〕5 号)

各省、自治区、直辖市文化厅(局)、财政厅(局),新疆生产建设兵团文化广播电视局、财政局,国家图书馆、文化部全国文化信息资源建设管理中心:

为进一步加强公共数字文化建设,提高公共文化服务能力,推动覆盖城乡的公共文化服务体系建设,切实保障数字化、信息化、网络化环境下公共文化服务的公益性、基本性、均等性、便利性,更好地满足人民群众日益增长的精神文化需求,提高公民思想道德素质和科学文化素质,文化部、财政部决定于"十二五"期间在全国实施"公共电子阅览室建设计划"。

"公共电子阅览室建设计划"以科学发展观为指导,以保障人民群众基本文化权益为宗旨,以未成年人、老年人、进城务工人员等群体为重点服务对象,依托全国文化信息资源共享工程(以下简称"文化共享工程")的服务网络、文化共享工程及国家图书馆的数字资源,与文化共享工程建设、乡镇文化站建设、街道(社区)文化中心(文化活动室)建设以及中央文明办组织实施的"绿色电脑进西部"工程相结合,在城乡基层大力推进公共电子阅览室建设,努力构建内容安全、服务规范、环境良好、覆盖广泛的公益性互联网服务体系。

实施"公共电子阅览室建设计划",为广大人民群众特别是未成年人提供公益性上网场所,吸引广大人民群众参与积极、健康的网络文化活动,是牢牢把握网络文化建设主动权的需要,是保障人民群众的基本文化权益、弘扬社会主义核心价值观、用先进文化占领新媒体阵地的客观要求,是公共文化服务体系建设的应有之义。各级文化行政部门和财政部门要充分认识实施"公共电子阅览室建设计划"的重要意义,高度重视,加强领导,统筹协调,紧密结合当地实际,认真制定本地区实施方案,科学规划实施进度,落实经费保障,注重人才培养,加大宣传力度,加强督导检查,确保"公共电子阅览室建设计划"的顺利实施。

现将《"公共电子阅览室建设计划"实施方案》印发给你们,请遵照执行。

特此通知。

附:"公共电子阅览室建设计划"实施方案

为适应信息化、数字化、网络化的发展要求,进一步加强公共数字文化建设,提高公共文化服务能力,推动覆盖城乡的公共文化服务体系建设,切实保障人民群众的基本文化权益,

---

① 该文件原文来自"北大法宝"数据库,检索日期:2013 年 7 月 30 日。

提高公民的思想道德素质和科学文化素质,文化部、财政部决定于"十二五"期间在全国实施"公共电子阅览室建设计划"。

一、总体目标

"公共电子阅览室建设计划"以科学发展观为指导,坚持公益性、基本性、均等性、便利性原则,以保障人民群众基本的文化权益为目标,以未成年人、老年人、进城务工人员等特殊群体为重点服务对象,依托文化共享工程的服务网络和设施,以及文化共享工程、国家数字图书馆丰富的数字资源,与文化共享工程建设、乡镇文化站建设、街道(社区)文化中心(文化活动室)建设以及中央文明办组织实施的"绿色电脑进西部"工程相结合,在城乡基层大力推进公共电子阅览室建设,努力构建内容安全、服务规范、环境良好、覆盖广泛的公益性互联网服务体系。

二、实施意义

实施"公共电子阅览室建设计划",是满足未成年人基本文化需求的重要手段。通过实施"公共电子阅览室建设计划",建设免费、"绿色"、安全的公益性上网场所,以及一批弘扬中华优秀民族文化、体现社会主义核心价值观、雅俗共赏的优秀文化信息资源,吸引未成年人及广大社会公众参与积极、健康的网络文化活动,对于扩大思想文化阵地,净化网络环境,提高未成年人及广大社会公众的思想道德素质和科学文化素质,具有重要意义。

实施"公共电子阅览室建设计划",是加快构建公共文化服务体系的重要举措。公共电子阅览室以计算机技术、互联网技术、数字图书馆技术为支撑,以中华优秀数字资源为内容,以现有公共文化服务网络为依托,在充实基层公共文化服务资源、丰富服务手段、创新服务形式、拓展服务范围等方面具备独特优势,对于健全我国公共文化服务体系网络,提升我国公共文化服务体系建设的水平,具有重要作用。

实施"公共电子阅览室建设计划",是推进全社会信息化建设的重要途径。大力实施"公共电子阅览室建设计划",进一步完善全国各级公共图书馆、文化馆(站、室)的软硬件设施,增强各级公共图书馆、文化馆(站、室)的数字文化服务能力,把更多适应人民群众需求的数字资源传送到社区、城镇和农村,对于活跃基层群众的文化生活、推进全社会的信息化具有重要意义。

三、实施条件

(一)设施条件

"十一五"期间,我国已经初步形成了覆盖乡镇和社区的公共文化服务体系。目前,全国共有县以上公共图书馆2884个,文化馆、群艺馆3264个,文化站40 118个,社区、村文化室137 665个。文化共享工程已建设各级中心和基层服务点89.1万个,包括1个国家中心、33个省级分中心、2840个县市级支中心、28 595个乡镇基层服务点、1092个街道基层服务点、6022个社区基层服务点、60.2万个村基层服务点,另有25万所农村中小学可接受并使用工程提供的资源。

(二)网络与技术条件

近年来,文化共享工程应用现代科学技术,将中华优秀文化信息资源进行数字化加工整合,通过工程网络体系,已形成互联网、卫星网、有线(数字)电视、移动通讯网、电子政务专网、光盘(移动硬盘)等多种技术服务模式,并积极探索和应用面向"三网融合"的网络电视、IPTV、3G等新兴技术手段开展服务,初步建立了层次分明、互联互通、多种方式共用的信息传输网络,使基层文化单位的信息化水平和数字资源服务能力得到跨越式提升,实现优秀文化信息资源在全国范围内的共建共享。

(三)数字资源条件

文化共享工程和国家数字图书馆已经积累了近700TB数字文化资源。其中,文化共享工程数字资源总量达136.4TB,国家数字图书馆资源达561.3TB,主要内容涵盖了中文电子图书、电子期刊、电子报纸、地方志、舞台艺术、非物质文化遗产、电影、电视剧、文化讲座、精品文化专题库、少儿动漫、农业技术、科普、医疗卫生、法律法规、生活百科等方面。

四、实施内容

(一)推进免费开放。"十二五"期间,结合文化部、财政部组织实施的"三馆"免费开放工作,推动已建公共电子阅览室的免费开放,彰显其公益特性,满足广大社会公众特别是未成年人与老年人、进城务工人员等城乡低收入群体的需求。

(二)完善设施条件。"十二五"期间,将在文化共享工程县级支中心及基层服务点的基础上,按照文化部制定印发的《公共电子阅览室设备配置标准(试行)》,提升、完善设施条件,配备统一标准的信息安全管理软件,建设一批标准、规范的公共电子阅览室。

1. 重点推进乡镇和街道、社区公共电子阅览室的建设。按照面积不少于40平方米、终端计算机不少于10台、局域网存储空间不少于1TB、互联网出口带宽不低于2M的标准,建设规范的乡镇、街道(社区)级公共电子阅览室。目前,文化共享工程乡镇、街道、社区基层点的计算机配置分别为4台、7台、3台,"十二五"期间,有计划地增加至10台以上,使其达到公共电子阅览室设备配置标准,到"十二五"末,努力实现公共电子阅览室在全国所有乡镇和街道、社区的全面覆盖。

2. 加强与共青团中央、全国总工会、全国妇联的合作,鼓励有条件的青少年宫、工人文化宫、妇女儿童活动中心及其他企事业单位,按照有关标准,建设公共电子阅览室,文化行政部门对其进行业务指导,并在设备、数字资源、技术等方面给予支持。

(三)丰富数字资源内容。认真研究基层群众的网络信息资源需求,依托文化共享工程和国家数字图书馆资源,加大整合共建力度,建设先进性、知识性、趣味性为一体的、基层群众喜闻乐见的公共互联网数字资源库群。

1. 丰富资源总量。"十二五"期间,整合建设适合开展公共电子阅览室服务的优秀数字资源达到500TB。其中文化共享工程整合建设不少于30万小时的视频资源,国家数字图书馆整合建设不少于100万册中文电子图书。数字资源建设以农业技术、务工培训、少儿动漫、红色历史、经典影视、文化专题、舞台艺术、知识讲座、医疗卫生、电子书刊、益智游戏为主要内容,重点建设一批未成年人喜爱的动漫故事、益智类游戏、进城务工人员实用技能资源、少数民族语文资源、地方特色资源等,采购一批群众喜闻乐见的电影、电视节目。

2. 加大整合共建力度,形成全社会共建机制。进一步加大文化系统内文化资源的征集整合力度,加强与教育、广电、信息产业、农业、科技、新闻出版等部门的合作,争取以免费或者优惠的价格得到各系统资源,丰富资源总量。创新资源建设机制,发展面向全社会机构、个人的资源共建体系,综合采取多项激励政策,促进公共互联网数字资源库群的共同建设。

3. 认真研究基层群众网络文化信息资源需求,提高资源建设与服务的适用性与针对性。与国家公共文化服务体系制度设计研究成果相结合,加强基层群众网络文化信息资源需求的采集与分析,建立公共电子阅览室资源供给与需求反馈机制。各级文化行政部门和各公共电子阅览室要指定资源需求负责人,结合技术手段实现基层群众资源需求的自动化采集与人工填报。文化部全国文化信息资源建设管理中心与国家图书馆根据需求反馈,重点加强基层群众需求强烈的数字资源建设。

4. 有效解决面向公共互联网服务的资源版权。充分利用《信息网络传播权保护条例》对农村地区基层群众开展网络信息资源服务的扶持政策,进一步争取公共电子阅览室数字资源服务版权的政策支持。针对公共互联网服务模式,积极探索解决版权的灵活有效模式。

(四)建立和完善技术支撑平台。充分应用云计算、智能服务、流媒体、移动互联网等最新适用技术,与"三网融合"发展战略紧密结合,依托已有技术管理平台,建立先进实用、安全可靠、开放互联的公共电子阅览室技术平台。

1. 建立信息安全管理平台。公共电子阅览室信息安全管理平台包括用户登记管理系统、内容监控管理系统、软硬件设备运行管理系统、工作人员档案管理系统和服务统计分析系统。通过信息安全管理平台,对上机用户进行实名登记,限制上机时长,通过技术手段保障公共电子阅览室内容服务的健康、文明,杜绝反动、淫秽、暴力等不良信息的侵入和传播,确保公共电子阅览室网络信息安全。文化部全国文化信息资源建设管理中心负责制定公共电子阅览室信息安全管理平台技术规范,对全国公共电子阅览室服务情况进行统计分析;文化共享工程各省级分中心在本区域内形成一致的技术平台;各公共电子阅览室负责本电子阅览室的用户登记管理、内容监控和服务数据采集。

2. 建立资源传输调配体系。与"三网融合"发展战略相结合,因地制宜,充分利用互联网、国家电子政务专网、卫星网、有线/数字电视网,广开传输渠道,创新传输手段,各省要制定资源传输调配方案和管理办法,确保公共电子阅览室资源更新的及时性。

3. 实现公共电子阅览室用户的资源导航与信息采集。建立公共电子阅览室信息资源导航系统,提升导航的实用性和针对性,引导基层用户访问互联网上优秀的文化信息资源。文化部全国文化信息资源建设管理中心负责制定信息资源导航系统模板,各省根据本地实际进行配置。各地要根据统一规范建设公共电子阅览室用户访问信息采集系统,及时收集并上报基层文化信息需求和利用文化信息资源开展服务的情况。

(五)强化管理与服务。坚持建设、管理与服务并重,建立健全制度规范,树立良好形象,努力提高公共电子阅览室建设水平。

1. 建立健全管理规范。制定出台《公共电子阅览室管理规范》,建立健全公共电子阅览室的统一标识、用户上网实名登记、巡查监督、限时上网、工作信息填报、资源利用统计与反馈等制度,防止不良信息的侵入和传播,采取措施,重点加强对未成年人上网的管理,确保公共电子阅览室安全运行。

2. 切实加强惠民服务。充分利用公共电子阅览室的设施条件,建立和完善公共文化服务平台,广泛开展内容丰富、形式多样的辅导、咨询、培训等惠民服务,引导社会公众特别是未成年人正确地认识和使用互联网,为广大人民群众的学习、工作和生活服务。加强少数民族语言数字资源及相关网站建设,做好为少数民族群众的服务。

3. 加强整合,避免重复建设。充分利用已有设备设施、数字资源、网络条件和人才队伍开展工作,加强与中组部农村党员干部现代远程教育、教育部农村中小学现代远程教育工程,以及广电、信息产业、农业、科技、新闻出版等部门的共建共享。

(六)建立公共电子阅览室长效运行保障机制,促进可持续健康发展。结合"三馆"免费开放工作,建立健全经费保障机制,为公共电子阅览室的建设和运转提供经费保障。同时,积极探索社会力量参与公共电子阅览室建设的新路,在保障公共电子阅览室公益性的前提下,争取社会力量的支持。

五、实施步骤

(一)试点阶段(2010 年 11 月—2011 年 12 月)

大力推进试点工作,为计划全面实施积累经验、奠定基础。组建"公共电子阅览室建设计划"专家咨询机构,制定公共电子阅览室管理办法、公共电子阅览室技术平台规范。对55%以上的已配备文化共享工程设备的乡镇/街道、社区公共电子阅览室进行设备升级。完成公共电子阅览室信息资源导航系统建设,完成资源建设总量的20%,并提供服务。

(二)逐步推进阶段(2012—2013 年)

全面推进已有公共电子阅览室的免费开放。完成已配备文化共享工程设备的乡镇/街道、社区公共电子阅览室的设备升级。完成公共电子阅览室信息管理平台建设。完成"十二五"期间资源建设总量的60%,并提供服务。

(三)全面完成阶段(2014—2015 年)

对符合条件的公共互联网服务场所进行认定,推进全社会共同参与建设公共电子阅览室。发展完善面向三网融合的资源传输调配体系。全部完成资源建设计划,并提供服务。

六、保障措施

(一)加强组织领导。文化共享工程领导小组负责"公共电子阅览室建设计划"的实施,领导小组办公室设在文化部社会文化司,负责有关日常工作。文化部全国文化信息资源建设管理中心负责资源建设、技术支持和工作人员培训。省级文化行政部门负责本省(区、市)公共电子阅览室建设计划的规划、组织实施和管理,文化共享工程各省级分中心负责本省(区、市)公共电子阅览室的资源建设、技术支持和工作人员培训。

(二)落实经费保障。"公共电子阅览室建设计划"所需经费由中央和地方财政共同负担。中央财政专项资金重点用于为中、西部地区乡镇、街道和社区公共电子阅览室补充设备,建立和完善服务和技术平台管理。中央财政对中、西部地区公共电子阅览室补充设备所需经费分别负担50%、80%,对东部地区给予适当奖励。地方财政也要按照规定足额落实应负担资金。

(三)加强人才培养,提高工作队伍素质。结合《文化部关于开展全国基层文化队伍培训工作的意见》(文社文发〔2010〕33 号)有关要求,建立"公共电子阅览室建设计划"基层人员培训长效机制,大力开展人才培养,着力造就一批熟悉和掌握计算机、网络知识的业务骨干,提高公共电子阅览室工作人员的素质,为"公共电子阅览室建设计划"的顺利实施提供人才保障。

(四)加大宣传和推广。要广泛宣传,营造良好的舆论氛围,使广大社会公众了解"公共电子阅览室建设计划",进一步增强公共电子阅览室的辐射力和影响力,吸引更多的社会公众到公共电子阅览室享受公益性上网服务。要注重总结工作经验,发现好的典型,及时加以宣传和推广。

文化部关于全国文化信息资源共享工程暨公共电子阅览室建设试点工作督导情况的通报①

(2012 年 2 月 13 日　文社文发〔2012〕6 号)

各省、自治区、直辖市文化厅(局),新疆生产建设兵团文化广播电视局,文化部全国文化信息资源建设管理中心:

为全面贯彻落实十七届六中全会精神,总结交流各地经验,进一步加强全国文化信息资源共享工程(以下简称文化共享工程)及公共电子阅览室建设,2011 年 12 月初至中旬,文化部组织督导组,对各地文化共享工程"十一五"及 2011 年工作任务的完成情况和公共电子阅览室建设试点工作进行了全面检查督导。现将有关情况通报如下:

一、文化共享工程建设取得的成绩

(一)各地高度重视,组织有力,经费保障措施到位

2011 年作为"十二五"开局之年,文化共享工程继续受到中央和各级领导的高度重视,中央财政给予了大力支持,下达专项经费 3.8 亿元,其中国家中心本级经费 6000 万元,中央财政转移支付文化共享工程地方特色资源专项经费 1.2 亿元,公共电子阅览室专项经费 2 亿元。各地结合规划建设任务重点,积极协调,落实配套资金,工程建设持续稳步推进。截至 2011 年底,文化共享工程经费投入总额达 66.87 亿元,其中,中央财政投入 30.64 亿元,各地累计投入资金 37.12 亿元。

北京市落实了运行保障经费。自 2009 年开始,市财政局每年拨给区(县)支中心 24 万元、街道(乡镇)1 万元、村基层服务点 1 千元经费补助。内蒙古自治区文化厅与盟(市)文化局、旗(县)政府共同签订县级支中心建设责任书,规定每年运行维护经费至少 5 万元。辽宁省将实施文化共享工程作为统筹城乡发展、推进社会主义新农村建设、完善公共文化服务体系的重要惠民工程全力推进。黑龙江省委组织部、教育厅、文化厅、财政厅推进农村党员现代远程教育、农村中小学现代远程教育与文化共享工程在村级基层服务网点开展合作共建。上海市建立并逐步完善文化共享工程绩效评估体系,确保工作的巩固、提高和发展。江苏省明确提出在"十二五"期间要全面建成文化共享工程社区基层服务点的要求。安徽省因地制宜,有针对性地制定并建立健全了文化共享工程各级管理体制和运行机制。山东省"文化信息资源共享工程创新运行应用模式"获得文化部颁发的创新奖,并被列为国家十大文化创新工程。河南省联手各级组织、文化行政部门共同推动大学生村官兼任文化共享工程基层管理员,更好地推进村级基层点的服务工作。贵州省专门成立文化共享工程"设备采购领导小组",为工程的顺利实施提供了保证。云南省委、省人民政府将文化共享工程作为构建公共文化服务体系的"一号工程"来抓,在全国首创"农文网培学校"模式。陕西省政府审议通过了《陕西省文化信息资源共享工程"十二五"发展规划》。甘肃省制定了《甘肃省文化信息资源共享工程资源建设专项经费暂行管理办法》和《关于实施资源征集加工制作付费标准暂行办法》,确保 2011 年资源库建设顺利实施。青海省高度重视工程工作机制建设,地方配套资

---

① 该文件原文来自"北大法宝"数据库,检索日期:2013 年 10 月 8 日。

金及时到位。宁夏回族自治区文化厅协调人事、编办等部门,为宁夏分中心增设了中层管理岗位。

(二)覆盖城乡的服务网络体系进一步巩固、完善和提升

文化共享工程已初步构建了层次分明、互联互通、多种方式并用的国家、省、市、县、乡镇(街道)、村(社区)等6级数字文化服务网络。截至2011年底,已建成1个国家中心,33个省级分中心(覆盖率达100%),2840个县级支中心(覆盖率达99%),28 595个乡镇基层服务点(覆盖率达83%),60.2万个行政村基层服务点(覆盖率达99%),部分省(区、市)村级覆盖范围已经延伸到自然村。其中,北京、天津、河北、山西、辽宁、吉林、黑龙江、上海、江苏、浙江、安徽、江西、山东、河南、湖北、湖南、广东、海南、广西、重庆、四川、贵州、西藏、陕西、甘肃、青海、宁夏、新疆、新疆生产建设兵团等29个省(区、市)完成县级支中心全覆盖和"村村通"目标。

山西省采用IPTV服务模式,将全省农村基层服务点全部建成拓展型站点,实现全覆盖。黑龙江省建成了覆盖全省农垦系统的四级服务网点723个。浙江省文化共享工程走进企业活动成效显著,目前走进万余家企业。江西省与电信部门合作,在全省的乡镇基层服务点共建"信息田园"服务模式,免费提供文化共享工程信息资源。广西壮族自治区结合"三网融合"的发展趋势,通过建立的网络直播系统和视频资源分发系统,传播文化共享工程信息。新疆维吾尔自治区克服地广人稀的不利条件,实现县(市、区)、乡、村等各级支中心和基层服务点建设的全覆盖。

(三)资源建设扎实推进,特色资源亮点纷呈

各地加大了地方特色资源建设力度,2011年全年资源建设总量达28.4TB,为历年最高,其中,国家中心7TB,地方21.4TB。截至2011年底,文化共享工程资源建设总量累计达到136.4TB,包括艺术欣赏、农业科技、文化教育、知识讲座、少儿动漫等视频类资源34 809部(场)、21 964小时,少数民族语言资源1956小时。在中央财政专项经费的支持下,各地深入挖掘、整合、制作出一批具有本地特色文化内涵的优秀资源,共建成207个地方特色专题资源库,成为文化共享工程资源建设的品牌和亮点。山西省建成了风雅颂地方资源多媒体等数据库。吉林省建设了《吉林二人转专题数据库》等。安徽省立足"徽风皖韵"的特色,先后完成了《徽州建筑》等6部大型电视专题片的拍摄制作任务。福建省已初步建成闽南文化专题资源数据库、福建省非物质文化遗产保护资源数据库等特色数据库。湖北省完成了《辛亥革命专题数据库》的建设,努力将该库打造成全国红色数据库的精品。湖南省初步建成湖南地方戏剧资源库、湖南近代名人资源库、湖南非物质文化遗产资源库。西藏自治区建成了集视频、文字、图片、音频、网页包等形式的《藏族传统八大藏戏资源库》和《西藏舞蹈资源库》。

(四)技术平台不断完善,资源传输更加快捷、稳定

各地因地制宜,采用先进的信息技术手段,通过互联网(电子政务外网、虚拟专网)、3G移动网,卫星、有线电视(数字电视)、移动硬盘、光盘等多种方式,实现文化共享工程资源的快捷、稳定传输。全国33个省级分中心全部开通电子政务外网,该网络已成为国家中心与各省级分中心之间资源传输的主渠道。辽宁省利用广电网络将文化共享工程和广播电视村村通有机整合到公共信息资源平台,降低建设成本,提高综合效益。上海市通过互联网、电子政务外网、3G移动互联网、党员干部现代远程教育网,打造文化共享工程的"天罗地网",实现服务技术、服务形态和服务机制的创新。福建省初步建成较完备的省、市、县、乡四级分

布式资源建设、管理与服务技术支撑体系,初步实现了云计算技术在文化共享工程中的应用。江西省将电子政务外网延伸到乡镇。河南等省采用IPTV(即"宽带网络+机顶盒+电视机")方式,实现了网络、资源、管理和队伍的有机整合。湖北省通过固定IP和用户认证方式,使全省各支中心和基层服务点能免费使用省级分中心的丰富数字资源。广西壮族自治区努力构建以VPN、IPTV、政务外网、互联网为主要传输途径,以OAI-PMH(数据资源的搜集、整理和播发软件)共享系统平台、视频资源分发直播系统、网站为主的播发平台。海南省与有线公司合作,初步研发成功了适合文化共享工程信息资源管理、发布、播出的视频专用频道和内容展现平台。江苏、陕西等省份采用虚拟专网技术,提高了资源的传送、使用效率。西藏自治区完成汉藏双语版网站建设任务。

(五)合作共建不断深化,资源共享形式多样

各地结合实际,与全国农村党员干部现代远程教育、全国农村中小学远程教育以及信息产业、农业、科研、部队等系统广泛开展共建共享,在基层服务网络设施、服务内容、管理以及人才培养等方面进行了有效整合。截至2011年底,文化共享工程与全国农村党员干部现代远程教育、全国农村中小学远程教育合作共建基层服务点85万个,向各地农村党员干部现代远程教育累计提供数字资源68TB。文化共享工程国家中心从2007年开始每年向远程教育平台提供不少于100小时的资源,通过该平台专用卫星频道的"文化共享园地"向基层服务点播放。天津市与广电网络公司联合建设"文化共享"栏目,实现入户覆盖200万户,约600万人口。山东省通过与省数字电视合作,开通文化频道,实现文化信息资源的入户,为本省"十二五"期间文化共享工程50%的入户目标奠定了良好的基础。广东省通过与广电等部门的合作,在服务形式上进行了创新,注重公共、教育、科研三大系统文献资源的共建共享、人员培训、文献远程传递及科研立项、项目评奖等合作。

(六)培训工作有序开展,队伍建设切实加强

文化共享工程队伍培训工作扎实、有序开展。各级中心和基层服务点通过集中面授、网络培训、以赛带训等形式开展了内容丰富的培训工作,截至2011年底,培训人次总计591万,2011年全年培训256万人次,超额完成2011年规划目标。2011年文化共享工程国家中心举办了第二届"文化共享杯——全国文化信息资源共享工程知识与技能竞赛",在各地再次掀起了岗位练兵的热潮,各分支中心共计4万余人参加了32个省级分中心举办的地区性竞赛活动,10余万人在线观看了竞赛活动。

四川省将针对性培训、分层次培训、多样化培训和规范化培训相结合,实现培训的科学化和规范化。湖北省积极结合全省农家书屋和文化站长培训班等各类文化培训项目,对参训人员进行共享工程宣传和技术服务培训,收到积极效果。河北省制定了《河北省文化信息资源共享工程人员能力标准》,加强了人才培训的规范化建设。湖南省"十一五"期间完成面授培训2.3万余人次,远程培训7千余人次。江西省通过集中授课、现场讲解和网络远程培训,对培训合格者发放上岗证,提高了县、乡、村三级工作人员的业务素质。

(七)服务活动丰富多彩,文化惠民成效显著

各地配合"中国共产党成立90周年","西藏和平解放60周年","辛亥革命100周年","春雨工程——全国文化志愿者边疆行",以及"春节"、"五一"、"中秋"、"国庆"等节庆日积极开展服务活动,丰富了基层群众文化生活。各地高度关注农民科技致富、下岗职工再就业及农民工等民生热点,积极推进文化共享工程进工地、进社区、进农村、进企业,帮助特殊群

体解决生产生活中的难题,产生了良好的社会反响。据不完全统计,全国累计有11.2亿多人次享受到文化共享工程的服务。

北京市重点开展的"数字文化社区"、"E搜索"、"北京文化E空间"等项目,服务成效显著。内蒙古自治区将文化共享工程资源制成实用技术手册并译成蒙文,组织专人到牧户进行宣讲,实现文化、科技双下乡。上海市的东方社区信息苑被许多市民誉为"社区居民最大的海量阅览室、青少年社区第二数字课堂、再就业家门口的学习加油站"。浙江省文化厅与省总工会联合组织开展了"文化共享工程进企业"行动,为全省一万多家企业职工示范服务点、电子书屋提供优质网络文化服务。湖北省每年定期开展的"文化共享春耕科普行","关爱留守儿童","共享工程服务三农","文化进社区活动",深受基层群众的喜爱,多次获得表彰。云南省在全国首创"农文网培学校"建设模式,整合农村公共文化服务的设施、人员、信息等资源,大力开展面向农民的素质教育。陕西省针对农民工举办了"同乡同龄同梦想,共学共享共月圆"——为新生代农民工送祝福活动。湖南省举办"月是故乡明"农民工歌咏大赛、"把爱传递到远方"——贫困地区乡村小学基层服务点援建活动。甘肃省与相关机构、社会团体、文化志愿者合作,为盲人开展"阳光工程"服务。

(八)公共电子阅览室建设试点工作全面推进,取得良好成效

自2009年下半年在北京、天津、辽宁、山东、上海、浙江、广东、安徽、陕西9省(市)开展试点工作以来,各试点省(市)积极研究制定试点方案,启动试点工作,推进免费开放,服务成效显著。截至目前,9个试点省(市)各级经费投入近2.7亿元,参加试点的公共电子阅览室数量达6200个,资源总量达386GB,服务人次近1700万。

北京市为各试点单位统一配备了信息浏览监控软件,并制作了"公共电子阅览室导航系统",推荐优秀、绿色的网站。天津市结合公共电子阅览室建设,推进文化共享工程资源进中小学校园服务模式。辽宁省落实了全省本级及县区、乡镇公共电子阅览室建设经费4890万元。上海市以现有的300多家东方社区信息苑为基础,大力开展公共电子阅览室建设,重点建设一批具有示范性的农民工公共电子阅览室,在开展合作共建、拓展服务领域方面起到了示范效应。浙江省实施了公共电子阅览室备案制度,同时将加大检查力度,对不符合条件和服务标准的公共电子阅览室,取消其服务资格。安徽省将全省所有乡镇、街道和社区的公共电子阅览室配置标准提高到每个5万元,2012年省财政总投入将达到2062.2万元,高标准完成全省667个乡镇、22个社区、40个街道公共电子阅览室建设任务。山东省已建成公共电子阅览室3400多个,其中建在文化系统2300多个,与青少年宫、学校和企业等共建1100多个,3G网终端4400多个,成为向群众提供公共文化服务的有效途径。广东省通过统一身份管理、统一认证、上网行为审计管理、VPN网络及资源授权访问等技术,构建了以广东省分中心为枢纽,以县级支中心为节点,覆盖市、县、镇的三级联合服务网络。陕西省建立了公共电子阅览室运行情况的考核办法、运行资金使用办法以及设备资产管理办法,按照分级管理的原则,层层加强考核,确保公共电子阅览室"建的好、管得住"。

二、问题与不足

在"十一五"期间及2011年工作中,各地在推进文化共享工程建设方面也存在一些较为突出的问题和不足:

(一)缺少懂管理、懂服务、懂技术的专(兼)职管理人才

各地基层服务站点普遍缺少专职工作人员,缺少懂管理、懂服务又懂技术的管理人才。

随着文化共享工程工作内容与服务范围的不断扩大,各地普遍感到人手不足,工作压力大。

(二)日常运行经费不足

随着国家"三馆一站"免费开放政策的出台,文化共享工程县级支中心以上及乡镇的设备运营和维护费用得到一定改善,但对街道、社区和村基层服务点的经费保障仍未有效解决。

(三)资源的丰富性、适用性还有待提高

近年来各地都加大了资源建设的力度,资源规模不断加大。但适合基层广大群众的资源仍显不足,在一定程度上影响了工程作用的发挥。

文化共享工程是顺应时代发展的民生工程,是深受基层群众欢迎的民心工程,已列入我国国民经济及社会发展"十二五"规划和十七届六中全会通过的《中共中央关于深化文化体制改革　推动社会主义文化大发展大繁荣若干重大问题的决定》中。各级文化行政部门、文化共享工程建设者要以党的十七届六中全会精神为指导,开拓创新、团结进取、扎实工作,努力推进文化共享工程和公共电子阅览室建设工作再上新台阶,为加快建成覆盖城乡的公共文化服务体系,推动社会主义文化大发展大繁荣,建设社会主义文化强国,做出新的更大的贡献。

民政部关于"十二五"期间深入开展万家社区图书室援建和万家社区读书活动的通知①

(2012 年 3 月 16 日　民函〔2012〕88 号)

各省、自治区、直辖市民政厅(局),各计划单列市民政局,新疆生产建设兵团民政局:

万家社区图书室援建和万家社区读书活动(以下简称"援建活动")是和谐社区建设的基础工程,也是城乡公共文化体系建设的示范工程。"十一五"期间,援建活动取得了突破性进展,参与单位日益增多,受益人群不断扩大,深化了学习型组织和个人的创建活动,丰富了城乡基层群众的文化生活,提升了和谐社区建设的整体水平。截至 2011 年底,全国共援建城乡社区图书室 16.2 万个,援建图书 5600 万册,约 3.5 亿城乡居民从中受益。援建活动不仅成为文明城市、文明和谐社区建设工作中的亮点,而且成为农村文化建设的一个知名品牌,受到城乡居民的广泛好评,被社会各界誉为一项得民心、聚民心、暖民心的民心工程,得到了中央领导和相关部门的充分肯定。

为深入贯彻落实党的十七届六中全会精神,加快公共文化服务体系和社区文化建设步伐,推动社会主义文化大发展大繁荣,民政部决定在"十二五"期间继续深入开展万家社区图书室援建和万家社区读书活动,现就有关事项通知如下。

一、援建活动的指导思想和目标要求

(一)指导思想

以邓小平理论和"三个代表"重要思想为指导,深入贯彻落实科学发展观,以不断满足城乡居民精神文化需求、提高城乡社区居民文化素质为宗旨,坚持政府主导,扩大社会参与,坚

---

① 该文件原文来自"北大法宝"数据库,检索日期:2013 年 10 月 8 日。

持续发展,促进城乡互动,进一步加大社区图书室援建和续援力度,加强援建图书规范化管理,丰富读书活动内容,完善工作运行机制,不断提高援建图书室的使用效率和辐射作用,在更大范围内解决城乡社区基础文化设施相对滞后的问题,为构建社会主义和谐文化、推动城乡社区科学发展做出贡献。

(二)目标要求

"十二五"期间每年援建 5000 个城市社区图书室、10 000 个农村社区图书室,续援 3000个城市社区图书室、5000 个农村社区图书室;创新载体,广泛开展形式多样、内容丰富的读书文化活动;健全机制,制定《万家社区图书室图书管理办法》;扩大宣传,营造全社会关心支持援建活动的良好氛围,实现社区文化援助和图书援建制度化、社会化。

二、援建活动的主要任务

(一)继续充实完善援建图书的品种和数量。在"十一五"期间图书援建书目的基础上,根据建设社会主义新农村的需要,"十二五"期间重点规划 1000 个新的图书品种,内容涉及城乡社区建设、农村社会建设、思想道德和文化建设、农村科技、环境保护、法制建设等方面;规划出版一批宣传介绍优良道德传统、文明礼仪等内容的优秀图书,弘扬中华民族的优秀传统文化;规划出版一批适合老年人和少年儿童阅读的新书,以满足城乡社区老年读者和少年儿童读者的需要。

(二)加大城市社区图书室和东部沿海地区农村图书室的续援工作力度。近年来,我国政治、经济、文化、社会建设全面发展,人民群众精神文化需求日益丰富。面对人民群众的精神文化需求快速增长的新形势以及先期援建图书因各种原因出现破损、遗失、信息滞后等情况,各地要根据城乡社区居民的实际需要,适当补充新书,做到常更新、勤管理、重实效、促进步,切实发挥援建图书室的辐射与宣传作用。"十二五"期间将根据不同地域、不同经济发展状况、不同文化需求,制订可选择的续援书目,每年完成 8000 个社区图书室的续援目标(城市 3000 个、农村 5000 个)。

(三)稳步推进城乡社区图书室图书援建。按照建设社会主义新农村的需要,民政部将继续加大农村图书室援建工作力度。各地按照以统筹城乡、和谐发展、稳步推进、注重实效的要求,按照先易后难、全面规划的总体部署,扎实推进农村图书室援建工作,为实现全面小康、树立全社会道德文明风尚、培育适应新时代发展的新型农民贡献力量,每年完成 10 000个农村社区图书室、5000 个城市社区图书室的援建目标。

(四)建立起便捷有效的图书管理制度。在调查研究的基础上,通过总结推广先进地区的图书管理经验,积极探索建立优质高效的服务手段和便捷有效的图书管理制度,制定全国统一的《万家社区图书室图书管理办法》,让援建图书不闲置、少损坏、快流动,使援建图书室最大限度地发挥精神文明宣传平台、和谐文化建设平台的作用。鼓励社会力量参与图书援建和图书管理,有条件的地方可以组织社区志愿者参与图书管理,让更广大的社区居民和乡村群众就近借阅、良性互动、循环利用、从中受益。

(五)开展以"文明、和谐、发展"为主题的城乡社区读书活动。依托社区图书室作为交流与文化学习的平台,广泛动员社区群众参加各种形式、丰富多彩的社区读书活动。继续在城市社区开展"幸福在我身边"系列征文活动,引导社区居民关注身边点滴变化,发现身边的故事,促进邻里和谐、社区进步和社会稳定;在农村社区举办"知识改变命运、文明礼仪伴我行"读书宣讲活动,邀请地方党政领导、科技人才、农业专家走进田间地头,介绍党和国家最新惠农政策,解读政策法规,介绍农业科技成果和农作物病虫害预防知识以及增产、销售技巧,利用年节和农闲时节,让外出归来打工者介绍打工路上的所见所闻、现代城市生活时尚,传播健康、向上的文明生活方式和生活习惯,促进乡风文明、村容整洁、生活和谐、管理民主;在城乡社区同步开展以"我心目中的新农村"为主题的读书征文与摄影比赛,让寻常百姓拿起手中的笔、身边的照相机记录中国新农村建设的片断和影像,营造城乡居民和社会各界共同关注农村发展、促进社会主义新农村建设的浓厚氛围。

三、活动的保障措施

(一)进一步加大组织领导力度。各地民政部门要高度重视此项工作,积极争取当地党委、政府的支持,根据需要会同有关部门成立活动组委会,承担活动具体工作。要结合贯彻落实十七届六中全会精神,加大对此项工作的推动力度,采取有效措施,广泛动员社会各界支持并参与到活动中来。新闻出版总署已经把"万家社区图书室援建和万家社区读书活动"纳入"农家书屋"工程的整体规划,各地应充分利用这一契机,把万家社区图书室援建活动纳入当地政府和新闻出版机构开展的"农家书屋"工程,统筹安排,合力推动。

(二)千方百计落实援建活动经费。援建经费应由援建活动的主办单位和参加援建的出版单位承担一部分,其余经费由当地政府及民政等部门从文化建设、社区建设、社区公共服务等资金以及福彩公益金中解决一部分,同时吸纳企业和社会资金,共襄善举,不向受援的城乡社区收取任何费用。

(三)认真做好先进经验的总结和表彰。民政部将组织专家赴各地对前期受援城乡社区图书室图书管理及读书活动组织情况进行一次综合考察,总结推广读书、用书、管书等方面的先进经验和组织模式。同时,将针对城乡居民阅读习惯及需求情况进行一次抽样调查,以问卷调查、组织座谈会等形式深入了解社区居民对图书援建的意见和建议,为进一步丰富援建图书的品种及开展读书活动提供依据。各地要认真总结、发现援建活动中涌现出来的先进经验和先进典型,并及时上报。民政部将在适当时机对援建工作中表现突出的先进单位和个人予以表彰,对好的经验和做法进行推广,以保障活动顺利有效开展。

文化部办公厅关于做好 2012 年度全国文化信息资源共享工程地方资源建设工作的通知①

(2012 年 8 月 27 日　办公共函〔2012〕443 号)

各省、自治区、直辖市文化厅(局),新疆生产建设兵团文化广播电视局,文化部全国文化信息资源建设管理中心:

"十二五"期间,中央财政进一步加大对全国文化信息资源共享工程(简称文化共享工程)地方资源建设的支持力度,在 2011 年已下拨 1.2 亿元的基础上,2012 年计划投入 1.62 亿元用于地方资源建设,目前该专项资金已下拨至各省(区、市)财政(厅)局(财教〔2012〕151 号)。根据文化部、财政部有关文件精神,现就做好 2012 年度文化共享工程地方资源建

---

① 该文件原文来自中华人民共和国文化部网站(http://www.ccnt.gov.cn/),检索日期:2013 年 9 月 23 日。

设工作通知如下：

一、提高认识，加强组织领导

数字资源建设是文化共享工程建设的核心，是公共数字文化建设的战略性、基础性工作，是公共文化服务体系建设的重要内容，对于提高公共文化资源供给能力、满足人民群众日益增长的精神文化需求具有重要意义。近年来，在中央财政专项经费的支持下，各地深入挖掘、整合、制作出一批具有本地特色文化内涵的优秀资源，共建成207个地方特色专题资源库，成为文化共享工程建设的亮点。但另一方面，文化共享工程地方资源建设也存在建设进度偏慢，建设质量参差不齐，资源内容的系统性、整体性、针对性不强等问题。各省(区、市)要进一步提高对资源建设重要性的认识，切实加强组织领导，将资源建设纳入公共文化服务体系建设的重要内容，认真总结经验，针对存在的问题，采取切实有力的措施，统筹规划，加强管理，增强资源选采的系统性和逻辑性、资源服务的针对性，不断提高资源建设质量。

为进一步加强资源建设工作，文化部全国文化信息资源建设管理中心(以下简称管理中心)将组建全国文化共享工程资源建设专家委员会，负责对全国文化信息资源建设项目的评审、指导、验收。各省(区、市)文化厅(局)要组建本省(区、市)文化共享工程资源建设工作领导小组，组长由文化厅(局)主要领导担任，负责本地区资源建设工作的组织领导、统筹规划。

二、2012年度地方资源建设重点

2012年度地方资源建设应以社会主义核心价值体系为引领，以基层群众文化为落脚点，突出地域文化特色，围绕以下主题开展：

(一)地方特色文化专题。重点建设具有鲜明地域特色、有较大影响力和深厚群众基础的地方艺术、风土人文、民族民间文化等类资源，建设方式以自建为主。

(二)红色历史文化专题。以中国共产党在革命、建设、改革过程中的重要事件、主要人物、历史资料、文艺作品为主要内容，深入挖掘本地红色历史文化内涵，注重与当地相关部门合作，广泛整合红色数字资源，建设方式以自建为主。

(三)少数民族语言资源专题。重点建设藏语、蒙古语、维吾尔语、哈萨克语、朝鲜语数字资源，选择体现中华民族团结和谐、本区域少数民族群众喜爱的优秀资源进行译制。可选择文化共享工程已有资源译制，也可选择当地群众急需且已解决版权问题的其他资源。

(四)"进村入户"资源专题。"进村入户"资源应选择能够达到广播电视播出标准，适合通过有线(数字)电视方式播放的群众喜闻乐见的资源，建设方式以征集为主。

三、项目申报及工作要求

(一)各省(区、市)要立足本地文化特色，注重挖掘文化内涵，充分开展需求调研，做好本省(区、市)资源建设2012年度计划。在此基础上，各省(区、市)领导小组对项目建设的可行性、项目内容、建设方法严格把关，组织专家对建设项目进行策划、论证后，完成《全国文化信息资源共享工程2012年地方资源建设项目申报书》(样式见附件)，形成申报意见，加盖本省(区、市)文化厅(局)公章，提交管理中心。

(二)管理中心将组织专家委员会对各省(区、市)申报项目进行评审，形成资源项目申报评审意见，报文化部审批，并与项目通过的评审省(区、市)签订《全国文化信息资源共享工程2012年地方资源建设任务书》；项目未通过评审的省(区、市)按照资源项目申报评审意见调整项目建设方案,再次提交评审,再次评审仍未通过的省(区、市)将不能申报 2013 年地方资源建设项目。

(三)各省(区、市)要根据《全国文化信息资源共享工程 2012 年地方资源建设任务书》的要求,组织项目实施,并及时与管理中心通报资源建设进展情况,管理中心将根据建设情况,组织专家进行阶段性督查。

(四)各省(区、市)项目建设初步完成后,应先由本省(区、市)领导小组组织专家评审,通过评审后,提交管理中心。管理中心将组织专家进行项目验收,验收结果将作为本年度项目结项依据和下一年度项目申报的参考。

各省(区、市)资源建设领导小组应于 2012 年 9 月 15 日前,将本省(区、市)资源建设 2012 年度计划和《全国文化信息资源共享工程 2012 年地方资源建设项目申报书》提交管理中心。

联系人:文化部公共文化司图书馆处　韩沫

电话:010 – 59881732

联系人:文化部全国文化信息资源建设管理中心资源处　琚存华、王丽华

电话:010 – 88003021,88003053

传真:010 – 68475713

电子邮箱:resource@ ndcnc. gov. cn

特此通知。

附件:全国文化信息资源共享工程 2012 年地方资源建设项目申报书(略)

文化部关于加快实施数字图书馆推广工程的意见①

(2012 年 9 月 21 日　文公共发〔2012〕33 号)

各省、自治区、直辖市文化厅(局),新疆生产建设兵团文化广播电视局,国家图书馆:

数字图书馆推广工程(以下简称推广工程)是文化部、财政部组织实施的重点文化惠民工程,对于构建覆盖全社会的公共文化服务体系、建设社会主义文化强国意义重大。在党中央、国务院的高度重视下,在各级党委、政府的共同努力下,推广工程启动以来进展顺利。按照党的十七届六中全会关于深化文化体制改革、推动社会主义文化大发展大繁荣的战略部署,现就加快推广工程实施工作提出以下意见:

一、进一步提高认识,增强实施推广工程的使命感、责任感和紧迫感

推广工程是依托现代信息技术全面提升公共数字文化服务能力的文化创新工程,是顺应时代发展趋势的文化惠民工程。通过推广工程的实施,将建成覆盖全国的数字图书馆服务体系,对于提升全国公共数字文化服务水平、更好地满足人民群众不断增长的精神文化需求、提高全民族文明素质、构建社会主义核心价值体系具有重要意义。

《中共中央关于深化文化体制改革　推动社会主义文化大发展大繁荣若干重大问题的决定》、《国家"十二五"时期文化改革发展规划纲要》、《国务院关于印发国家基本公共服务

---

① 该文件原文来自数字图书馆推广工程网站(http://www. ndlib. cn/),检索日期:2013 年 9 月 4 日。

体系"十二五"规划的通知》、《文化部"十二五"时期文化改革发展规划》、《文化部、财政部关于进一步加强公共数字文化建设的指导意见》等文件中,明确提出完善国家数字图书馆建设,全面提升全国公共数字文化服务水平的要求。各地要以上述文件精神为指导,充分认识推广工程的重要意义。

推广工程实施一年多以来,在软硬件平台搭建、资源共享及人才培训等方面取得了阶段性成果,但有些地方存在地方投入不足、专职人员配备不到位、宣传力度不够等问题,与"十二五"期间完成工程建设任务的要求存在较大差距,各地要进一步增强实施推广工程的使命感、责任感和紧迫感,加大力度,狠抓落实,确保实现"十二五"目标。

二、各级文化行政部门要加强组织领导,积极推进各项工作顺利实施

各级文化行政部门要加强组织领导,统筹安排,把推广工程纳入本地文化发展总体规划,纳入文化工作和图书馆工作的考核体系,并作为图书馆评估定级和全国公共文化服务体系示范区创建工作的重要指标,使之成为区域社会发展和文化发展的有机组成部分。

各级文化行政部门要积极争取各级财政支持,多方筹措资金,加大对推广工程的经费投入,保证推广工程顺利实施,形成稳定长效经费保障机制。中央财政采取定额补助方式对中西部地区的推广工程予以资助,并对推广工程实施工作较突出的东部省份给予适当奖励。

各级文化行政部门要按照文化部办公厅印发的《省级、市级数字图书馆硬件配置标准》(办社文发〔2011〕28号)、《2012年"数字图书馆推广工程"软件配置方案》(附件1)、《2012年"数字图书馆推广工程"资源配置方案》(附件2)等文件要求,对区域内各级图书馆的实施进度进行监督和指导,切实组织好硬件采购工作,积极推进区域内省、市和县级图书馆的虚拟网互联、软件平台部署和数字资源建设等方面工作,确保其按时、高质量完成年度任务。同时,担负起对区域内图书馆的培训工作,每年组织不少于2次的数字图书馆专题培训。

在软硬件平台搭建方面,2012年要完成33家省级馆(含新疆生产建设兵团)和2011年、2012年选定的185家市级馆的硬件平台搭建,完成数字图书馆虚拟网骨干网的搭建,同时启动应用系统平台建设。2013年完成全部市级馆的硬件平台搭建,完成所有省级馆与国家图书馆的虚拟网互联及应用系统平台建设,已完成硬件平台搭建的要积极开展区域内虚拟网连接。2014年完成所有地(市)级馆与省馆的虚拟网互联及应用系统平台的建设,有条件的地区要积极实现县(市)级图书馆的虚拟网连接,2015年建成覆盖全国的虚拟网体系,实现各应用系统平台的互通。

在资源建设方面,"十二五"末要实现各级公共图书馆的数字资源量得到较大、均衡增长,全国数字资源总量达到10 000TB,每个省级数字图书馆数字资源总量达100TB,每个市级数字图书馆达30TB,每个县级数字图书馆达4TB。2012年启动推广工程资源库的设计,并积极开展全国图书馆数字资源的联合建设、自建数字资源登记和资源共享;2013年各级图书馆数字资源总量不低于总体建设目标的30%,2014年资源总量不低于总目标的60%,2015年完成既定目标,每年度已建资源的发布服务率不低于85%。同时,各级文化行政部门要积极组织区域内图书馆开展自建资源的普查和登记,2013年各地自建资源登记比例不低于80%,2014年实现已建资源全部登记,新建资源每年年底前完成登记。

三、各级图书馆要明确工作职责,完善建设机制

在文化部和各级文化行政部门的指导下,建立并完善由国家图书馆、省级馆、地(市)级馆和县(市)级图书馆为实施主体的四级推广工程建设机制,逐步提高各级数字图书馆建设能力和服务水平。

国家图书馆是推广工程的资源建设中心、技术保障中心、管理服务中心，要做好工程顶层设计，在推广工程虚拟网体系架构、应用系统平台搭建、海量资源库群、新媒体服务和标准规范体系建设等方面加强整体规划，发挥引领示范作用，加大对各地数字图书馆建设的指导和技术支持，每季度汇总全国推广工程实施情况并报送文化部。同时，加强人才培训，每年完成不少于3次面向省级数字图书馆从业人员的专题培训，切实做好工程的人才保障。

各省级图书馆是各省开展推广工程虚拟网搭建、软硬件平台建设、数字资源建设、人才培训的中心，要加强特色数字资源建设，提高本省数字资源的建设、保存和服务能力，协助省级文化行政部门开展对本省各地市级图书馆的组织协调、管理服务和绩效考核工作，确保推广工程在本省内的顺利实施。建立并完善工作报送机制，指定专人每季度汇总本省工程实施情况，报送本省文化行政部门和国家图书馆。

各地(市)级图书馆是构建覆盖全国的数字图书馆服务体系的重要环节。各馆要积极配合省馆工作，紧密结合当地实际，制定本地区实施规划，按时完成硬件采购，尽快实现与省馆的虚拟网连接和软件平台部署，有条件的地区要积极向县馆联通，为资源全面共建共享提供传输通道和平台支持。要积极开展本地数字资源建设，提高文献保障水平和信息服务能力，为广大群众提供丰富便捷的数字图书馆服务。

四、注重服务效果，不断扩大推广工程影响力

各级图书馆要坚持"边建设边服务"的原则，依托互联网、移动终端、数字电视、电子触摸屏等渠道，借助虚拟网、统一认证等平台，不断展示推广工程的阶段性成果，为区域内政府机关、科研院所、企事业单位用户提供多样化、专业化、知识化的文化信息服务，使群众了解数字图书馆、使用数字图书馆，实现数字图书馆服务范围不断扩大，网站点击量、资源利用率逐年增长。同时，根据用户反馈不断完善系统平台、丰富数字资源、优化服务体系，不断提升工程的服务效果和社会效益。

各级图书馆要注重对基层群众、弱势群体的服务，加强与文化共享工程、公共电子阅览室计划等文化惠民工程的结合，充分发挥推广工程的资源和技术优势，为县级及其以下各基层图书馆和服务站点提供资源保障和平台支持，使全国图书馆的优秀数字资源走进千家万户。在新媒体服务方面，要结合本地需求积极开展手机、数字电视等新媒体服务。

各级文化行政部门要做好宣传规划，积极组织宣传推广活动，规范使用工程标识(见附件3)，拓展宣传渠道，结合本地大型文化活动，积极开展宣传工作。建立宣传员联络机制，各级图书馆要指定专人负责宣传工作，结合基层需求策划开展主题突出、内容丰富、形式多样的宣传活动，为工程的健康发展营造良好的舆论氛围，促进工程成果惠及全民。

五、开展示范馆(项目)创建工作，促进工程良性发展

为充分发挥各地数字图书馆建设先进典型的引领示范作用，积极探索构建覆盖全国的数字图书馆服务体系的有效路径，各级文化行政部门要及时总结经验，积极开展数字图书馆示范馆(项目)创建工作，形成一批具有创新性、带动性、导向性的示范馆(项目)，通过发挥典型的示范、影响和带动作用，全面深化数字图书馆推广工程实施效果，整体提升各地数字图书馆建设能力和服务水平。

2012年底前将启动第一批数字图书馆示范馆(项目)创建工作，申报事宜另行通知。

为督促、检查各地推广工程工作的推进力度，文化部将定期对推广工程实施情况进行督导检查。对工作突出的地区予以表彰,对未按时完成任务的地区予以通报。

附件:1. 2012 年"数字图书馆推广工程"软件配置方案(略)

2. 2012 年"数字图书馆推广工程"资源配置方案(略)

3. "数字图书馆推广工程"标识使用规范(略)

文化部关于三馆一站免费开放督查工作情况的通报①

(2012 年 9 月 27 日　文财务发〔2012〕37 号)

各省、自治区、直辖市文化厅(局),新疆生产建设兵团文化广播电视局,各计划单列市文化局:

为贯彻落实党的十七届六中全会和《"十二五"时期文化改革发展规划纲要》精神,全面了解全国各地"三馆一站"免费开放工作实施情况,推动地方政府和各级部门进一步重视免费开放工作,2012 年 3 月至 5 月,文化部、财政部组织督查组,对各省(区、市)免费开放工作进行了督查。根据督查情况,文化部会同财政部向中央领导同志上报了《关于"三馆一站"免费开放督查工作情况的报告》。中央领导同志高度重视,刘延东同志做出重要批示,充分肯定"三馆一站"免费开放工作,要求将这一惠民工程抓实抓好。为贯彻落实中央领导同志指示精神,进一步推进免费开放工作深入开展,现将有关情况通报如下:

一、督查工作的基本情况

本次督查规格高、规模大、范围广、内容实,文化部、财政部高度重视。文化部部长蔡武审定督查工作方案,赵少华、李洪峰、杨志今、高树勋等 4 位部领导带队前往基层督查,财政部教科文司有关司、处级领导参加了督查。

为整合资源,形成合力,本次督查与创建国家公共文化服务体系示范区督查工作共同开展,共组织了 16 个督查组 116 人参加,深入全国 31 个省(区、市)以及新疆生产建设兵团 200多个各级美术馆、公共图书馆、文化馆(站)。督查组成员包括公共文化研究领域的专家、省市文化行政部门负责人和部分省级图书馆、文化馆馆长,人员结构科学合理,确保既检查了工作,又交流了经验,更推进了下一步工作的深入开展。

各督查组通过汇报座谈、查阅资料、实地考察等方式,对免费开放专项资金的落实和管理使用、基本公共文化服务项目的开展、工作中遇到的问题和困难等情况进行了全面的调查了解,收集了第一手资料,为下一步各级公共文化机构免费开放工作的全面推进奠定了基础。

二、免费开放工作的总体实施情况

文化部、财政部《关于推进全国美术馆、公共图书馆、文化馆(站)免费开放工作的意见》(以下简称《意见》)印发后,各地政府高度重视,各级文化行政部门和公共文化机构积极响应、迅速行动,免费开放工作全面推进。据统计,截至 2011 年底,全国各省(区、市)共有省级美术馆 15 个、公共图书馆 2951 个、文化馆 3285 个、乡镇综合文化站 34 139 个。按照《意见》

---

① 该文件原文来自中华人民共和国文化部网站(http://www.ccnt.gov.cn/),检索日期:2013 年 7 月 30 日。

要求,省级美术馆已经全部向公众免费开放,公共图书馆、文化馆和乡镇综合文化站全部实现了无障碍、零门槛进入,公共空间设施场地免费开放,所提供的基本服务项目免费,按时完成了预定目标。

(一)高度重视,积极推进免费开放工作

各级政府高度重视免费开放工作,普遍把免费开放作为文化惠民的重要举措,提升到保障人民群众基本文化权益、提高公民思想道德素质的高度,纳入政府考核指标、发展规划、民生工程等予以保障。江苏省政府将"普遍免费开放美术馆、科技馆、图书馆、文化馆、博物馆等公共文化设施"列入2011年、2012年政府年度重点工作考核指标。浙江省将"做好全省美术馆、公共图书馆、文化馆(站)免费开放工作"列入省政府2011年度公民权益依法保障行动计划。广东省政府召开了实施免费开放工作电视电话会议,对全省免费开放工作进行了总体部署。西藏自治区成立了由分管副主席挂帅、文化厅和财政厅主要领导参加的推进免费开放工作领导小组和工作机构,全面负责自治区免费开放工作的组织实施。新疆维吾尔自治区将免费开放工作作为自治区2011年22项民生工作的一项具体文化惠民工作,自治区党委书记张春贤主持召开常委(扩大)会议听取文化厅相关汇报,强调有关部门要高度重视免费开放,扎扎实实把这项惠民利民的好事办好。山西省将免费开放作为重点文化惠民工程列入《山西省"十二五"时期文化发展规划纲要》,加大推进力度。

(二)多策并举,为免费开放做好准备工作

依据《意见》规定,各地积极做好免费开放准备工作,明确免费开放的路线图和时间表,提出免费开放工作的具体内容和要求。福建、内蒙古、广西等地明确要求限期收回出租或挪作他用的公共文化设施场地,用于开展公共文化服务。上海市印发《公共文化设施免费开放常见问题解答》,并在市文广影视局网站上公布,使基层能够更加明确免费开放的内容和要求。江西省从免费开放起,就不断通过报刊、电视,特别是网络媒体加大免费开放宣传力度,扩大免费开放的公众知晓率,提高免费开放的公众参与度。四川省举办公共图书馆、文化馆(站)干部舞蹈、音乐等各类培训班18个,培训人员4410人次,提高了人员综合素质和业务水平,为免费开放提供高质量服务做好人员保障。云南省文化厅统一制作配发了乡镇文化站标牌,要求将"文化乐民、文化育民、文化富民"书写于文化站的醒目位置,推进了乡镇文化站规范化建设,同时设立公示栏,明确免费开放事项、时间、要求等,以方便基层群众对文化站服务工作的监督。青海省各级图书馆、文化馆(站)充分考虑免费开放后可能遇到的各种情况和问题,完善应急处理机制,制定了突发事件的应急预案。

(三)落实资金,为免费开放提供经费保障

2011年中央财政共落实免费开放保障经费18.22亿元,重点对中西部地区地市级、县级公共图书馆、文化馆,乡镇综合文化站开展基本公共文化服务项目进行补助,东部地区通过"以奖代补"的方式予以一定支持。中央财政免费开放保障资金下达后,各地财政部门按照规定及时将资金划拨到用款单位,据统计,全国各省(区、市)中央负担资金到位率都达到了100%。中央财政资金起到了良好的示范引导作用,带动了地方财政对免费开放工作的投入。中西部一些边远、贫困、少数民族地区克服地方财力紧张的困难,积极落实免费开放保障经费。据不完全统计,全国地方各级财政共落实免费开放保障资金25.3亿元,其中:东部地区落实19.64亿元,中部地区落实2.89亿元,西部地区落实2.82亿元。中部地区河北、安徽、江西、海南4省地方负担资金到位率达到了100%;西部地区重庆、四川、陕西、宁夏、新疆

5省(区、市)地方负担资金到位率达到了100%。重庆市还另外安排专项资金824万元,参照乡镇综合文化站补助标准对164个街道文化中心免费开放予以补助,扩大了免费开放的实施范围。

(四)制定政策,为免费开放夯实制度基础

北京、河北、贵州、甘肃等省(市)制定了《美术馆、公共图书馆、文化馆(站)免费开放工作实施方案》,明确工作原则目标、免费开放范围、免费开放内容、实施步骤、具体措施和工作安排。山西省印发了《关于做好2011年度全省公共文化服务绩效考核评价工作的通知》,明确规定将免费开放配套资金落实情况纳入市县两级人民政府绩效考核范围。安徽省文化厅制订出台了《安徽省公共图书馆服务标准(试行)》、《安徽省各级文化馆服务标准(试行)》、《安徽省乡镇(街道)综合文化站服务标准(试行)》,贯穿免费公益、基本便捷、普惠均等、健康向上的文化服务理念。山东、海南等省结合实际情况,制定了《免费开放专项资金管理暂行办法》,对免费开放资金的使用原则、范围和监督方式等进行规定,加强专项资金的科学管理,提高财政资金使用效益。四川、云南等省根据县、乡两级政府部门工作实际,创新了乡镇综合文化站免费开放资金"县管乡用"模式,项目申报、据实划拨、绩效追踪的监管使用机制取得了实效。

(五)服务水平不断提高,免费开放呈现"四个明显"

随着免费开放工作的不断推进,各级公共文化机构提高服务能力、惠及基层群众的工作目标更加明确,各地免费开放在服务总量、服务内容、服务形式、服务质量等方面都有明显变化。

一是服务人次明显增长。2011年,全国公共图书馆总流通人次达到38 150.92万人次,比2010年增长16.2%,其中有8个省(区、市)增长幅度超过20%,河南、安徽、宁夏、广东、重庆增长幅度居全国前5名;全国文化馆组织培训班培训人次达到615.18万人次,比2010年增长43.1%,其中有23个省(区、市)增长幅度超过20%,江西、西藏、重庆、上海、新疆增长幅度居全国前5名;全国乡镇综合文化站组织训练班培训人次达到1231.28万人次,比2010年增长32.7%,其中有14个省(区、市)增长幅度超过20%,广东、新疆、安徽、内蒙古、贵州增长幅度居全国前5名。

二是服务内容明显丰富。辽宁省锦州市少儿图书馆成立了青少年心理健康指导中心,免费为青少年做心理咨询,2011年接待青少年600多人次。河南省群众艺术馆利用文化志愿者队伍,每周四、周五在小剧场举办公益周末小舞台演出和"公益无线"群星舞台演出,累计超过100场次。湖南省常德市图书馆积极探索"温馨化服务"模式,开辟"常德影集"走廊,开设"近期上架新书"、"读者活动"、"热门书推荐"等公告栏,架构了与读者沟通、互动的服务桥梁。湖北省秭归县沙镇溪镇综合文化站聘请了镇小学舞蹈老师每晚在文化广场给群众开展广场舞或健身操指导,激发了群众参与广场文体活动热情,受到各界好评。陕西省渭南市以免费开放为契机,变"请进来"为"走出去",提出并实施了"四进"惠民活动,即文化服务走进广场(公园)、走进城镇社区、走进园区(企业)、走进农村。

三是服务形式明显拓展。天津市少儿图书馆充分利用现代数字化技术,在全国率先启动了移动少儿图书馆项目,读者只要通过移动上网多媒体终端登录移动少儿图书馆页面,就能随时随地享受到相关服务。吉林省辽源市群众艺术馆变按"菜单"点菜为根据需要填写"菜名",通过媒体及本馆LED宣传屏幕公布培训报名消息,群众报名时填写自己想参加的培训,群艺馆据此安排培训内容。青岛市图书馆不断强化数字参考咨询服务功能,开展网上咨询、网上文献传递服务,及时发布网上信息300项,网站点击率近42万人次。海南省图书馆开通了手机短信服务平台,免费为读者提供短信催还、图书预约及续借、借阅证挂失及读者信息发布等服务。西藏自治区图书馆在拉萨市135家警务便民站设立了"便民书屋",纳入图书网点服务管理系统,为拉萨市5000多名警务人员和广大群众提供免费图书借阅服务。

四是服务品牌明显形成。北京市东城区图书馆国学系列讲座每周为读者讲解《论语》、《大学》等经典国学著作,该讲座已经成为该馆惠及读者的重点品牌。浙江省宁波市邱隘镇文化站有规划地推进"文化义工"建设,面向全社会招募具有一定文艺才能的志愿者,免费为群众开展培训,组织群众文化活动,"文化义工"成为当地知名文化品牌。安徽省马鞍山市文化馆依托"江南之花"、"周末大舞台"、"春节天天演"、"正月十五闹元宵"、"系列广场演出"5个品牌文化活动,积极开展群众文化工作,深受市民喜爱。四川省乐山市文化馆利用露天平台组织举办"乐艺大舞台公益演出",做到了月月有活动,使免费公益演出常态化,品牌已经深入人心,每场演出观众达到300—500人,全年观众近万人次。宁夏回族自治区银川市广泛开展"踏歌起舞"文化工程,文化馆创排了18套广场民族健身舞,依托文化广场在市民群众、外来务工人员中普及,吸引了广大人民群众踊跃参加。

三、免费开放工作存在的问题和困难

实行免费开放以来,各地文化行政部门主动应对,积极探索,各级公共文化机构努力提升公共文化服务质量和水平,取得了一定成效,群众得到了实惠。但是,随着工作的深入推进,一些问题和困难也逐步显现,具体表现为"五个需要"。

(一)免费开放相关制度设计需要加强

一是需要进一步细化免费开放服务标准。《意见》中主要对免费开放的内容进行了统一部署,并没有制定比如地市级文化馆每年组织培训班必须不少于多少个等细化的标准,不利于促进相关文化机构通过免费开放提升服务能力和水平。二是需要建立健全免费开放考核激励机制。目前免费开放专项资金按照标准统一拨付,容易造成"开不开展活动一个样,活动多少一个样,活动好坏一个样"的"大锅饭"想法,不利于调动免费开放单位积极性。三是需要完善免费开放专项资金管理相关制度。虽然财政部已经印发《关于加强美术馆公共图书馆文化馆(站)免费开放经费保障工作的通知》,对免费开放专项资金管理进行要求,有一些省份也制定了省级免费开放专项资金管理办法,但免费开放专项资金管理相关制度仍需完善,免费开放专项资金的监督管理仍需进一步加强。

(二)免费开放业务人才需要补充

一是部分基层文化机构缺失。目前,仍存在一些地市、县(区)尚无公共图书馆、文化馆独立机构等情况,严重影响了免费开放活动的开展。二是工作人员相对缺乏。随着免费开放的深入实施,吸引了更多的群众进入公共图书馆、文化馆(站),工作量在不断增大,但受编制、经费的限制,增加工作人员比较困难,导致工作人员相对缺乏。三是专业人才严重不足。由于条件有限、工作待遇不高,难以招聘或留住优秀、紧缺人才,尤其是基层公共图书馆、文化馆(站)普遍存在工作人员年龄老化、知识结构不合理等问题。

(三)免费开放服务内容形式需要创新

虽然部分公共图书馆、文化馆依托免费开放,加强与基层单位的合作,深入农村、社区、企业、机关、学校组织开展群众文化活动和文艺辅导,受到了广大人民群众的一致好评,但是总的来看,当前公共文化服务内容、方式、手段还比较传统,提供的公共文化服务产品缺乏一定针对性,文化活动组织形式比较单一,群众参与度不高,无法满足人民群众尤其是年轻群体日益高涨的多样化文化需求。同时,由于受交通工具等条件的限制,免费开放提供的延伸服务——流动文化服务难以持续、广泛的开展。

(四)基层公共文化服务设施设备情况需要改善

从"十五"开始,国家发展改革委陆续实施了县级图书馆和文化馆建设工程、乡镇综合文化站建设工程,财政部也安排专项资金,对面积小于 800 平方米的县级图书馆和面积小于1500 平方米的县级文化馆开展维修改造,对乡镇综合文化站设备购置进行补助,有效改善了基层公共文化机构设施设备状况,初步建立了覆盖城乡的基层公共文化服务网络。但是,由于历史欠账过多,这一网络还有许多需要完善的地方。特别是部分县级图书馆、文化馆,虽然面积已达标,但是由于建成时间较早,设施设备老化现象较严重。据统计,在面积已达标的"两馆"中,1990 年以前建成的全国县级图书馆、文化馆数量分别为 646 个、421 个,分别占全国县级"两馆"总数的 26%、15%。另外,中央对于市辖区以及县级市的"两馆"建设一直没有出台相关政策,造成这部分地区的"两馆"建设严重滞后于当地经济的发展。免费开放带来的入馆人次不断增加,使得设施设备薄弱的问题更为明显,县级"两馆"面临的困难已经成为基层公共文化服务网络的"瓶颈"。

(五)免费开放经费保障能力需要提高

一是部分省份未全部落实应负担经费。按照规定,中央财政设立专项资金,重点对中西部地区地市级和县级公共图书馆、文化馆以及乡镇综合文化站开展基本公共文化服务项目所需经费予以补助。2011 年地市级图书馆、文化馆补助标准为每馆每年 50 万元,县级图书馆、文化馆补助标准为每馆每年 20 万元,乡镇综合文化站补助标准为每站每年 5 万元。中央财政分别负担中、西部地区补助标准的 50% 和 80%,其余应由地方财政负担,东部地区实行"以奖代补"。但是从督查反馈情况看,一些省份未全部落实应负担经费,直接影响到相关公共文化机构经费保障水平。据统计,中部地区 10 个省中有 6 个省未全部落实地方应负担资金,占 60% 比例;西部地区 12 个省(区、市)中有 7 个省(区)未全部落实地方应负担资金,占 58.3% 比例。二是地市级、县级公共图书馆、文化馆和乡镇综合文化站补助标准有待提高。各馆(站)免费开放后开展的公益文化活动次数增多、规模增大、接待群众人次上升,各项支出明显增加,补助标准与免费开放的实际需求存在一定差距。三是部分省份省级馆免费开放保障经费不足。按照规定,省级美术馆、公共图书馆、文化馆免费开放所需经费由省级财政负担,由于中央未对省级馆免费开放经费保障标准进行统一规定,部分省份省级馆免费开放保障经费落实较少,难以满足免费开放的实际需求。

四、下一步工作要求

党的十七届六中全会把免费开放写入了全会通过的《中共中央关于深化文化体制改革推动社会主义文化大发展大繁荣若干重大问题的决定》,成为中央关于构建公共文化服务体系的重要部署,我们要继续高度重视,以坚定的决心、务实的作风,切实把这项工作做实、做细、做好。下一步,要重点做好以下几项工作:

(一)文化部将会同财政部结合督查中发现的问题,进一步完善工作机制。

一是尽快研究制定出台国家层面的《"三馆一站"免费开放专项资金管理办法》,加强对免费开放保障资金的监督管理,提高财政资金的使用效益。

二是研究提高美术馆、公共图书馆、文化馆(站)的补助标准,进一步加大中央财政投入,提升免费开放经费保障水平。

三是建立统计数据动态调整机制,将新建馆(站)及时纳入补助范围。

四是建立监督检查机制,文化部将会同财政部适时开展督查工作,对免费开放保障资金的使用管理、基本公共文化服务项目的开展等进行检查指导。

(二)各省(区、市)文化厅(局)要积极协调财政厅(局),结合本地实际,加大对免费开放工作的指导和支持力度,"提升五个水平"。

一是加强研究设计,提升免费开放的制度化水平。各地根据群众需求、文化传统等,制定符合本地实际情况的免费开放服务标准,规范服务内容,提高服务水平。进一步深化公益性文化单位内部机制改革,逐步完善监督考核机制,增强活力,改善服务,提升公共文化机构的管理水平。同时,建立监督检查机制,原则上每年对本省相关公共文化机构免费开放实施情况开展一次督查。

二是丰富服务内容,提升免费开放的品牌化水平。始终坚持贯彻"以人为本"的理念,按照"贴近生活、贴近实际、贴近群众"要求,既提供雅俗共赏的普适性内容,也提供雅俗分赏的对象化内容,并且注重开展面向未成年人、残疾人、弱势群体、农民工的免费服务。按照有主题、成系列、树品牌的思路对已有服务内容进行整合,盘活资源,同时不断增设新的服务项目,培育形成具有区域特色、文化特色的公共文化服务品牌。

三是创新服务方式,提升免费开放的现代化水平。在巩固和提升场馆服务的同时,强化数字服务的理念,将数字服务发展成为免费开放的新方式,不断扩大免费开放的辐射区域。一方面将传统的图书文献、文艺指导等文化资源转化成数字资源,另一方面根据数字技术的传播特性开发相应的服务内容,凸显其便利性、互动化、个性化,吸引年轻群体。积极开展流动文化服务,不仅要"请进来",还要"走出去",利用现代交通工具送文化进社区、下基层,不断扩展免费开放的服务范围。

四是进一步加大投入,提升免费开放的经费保障水平。按照"增加投入、转换机制、增强活力、改善服务"的原则,将支持免费开放工作与建立公益性文化事业单位经费保障机制紧密结合。一方面要认真研究制定"三馆一站"基本支出财政补助定额标准,足额保障人员、公用等日常运转所需经费,另一方面要增加专项资金投入,支持开展业务活动,改善设施设备条件,确保美术馆、公共图书馆、文化馆(站)免费开放后正常运转并提供基本公共文化服务。

五是加大宣传力度,提升免费开放的影响力水平。认真总结免费开放工作的实践经验,特别是新探索、新机制、新做法、新成效,积极宣传在免费开放工作中表现突出的单位和个人,树立典型。树立公益性文化机构的良好社会形象,扩大免费开放工作的社会影响,提高群众的知晓度和参与度,吸引更多的老百姓走进文化设施共享文化发展成果,推动免费开放工作可持续发展。

推进美术馆、公共图书馆、文化馆(站)免费开放是党中央、国务院顺应民心民意做出的重要决策,希望各地紧密结合本地实际,不断总结免费开放工作经验,进一步推进免费开放工作科学、持续发展。

文化部办公厅关于开展县以上公共图书馆第五次评估定级工作的通知①

(2012 年 11 月 16 日 办公共函[2012]523 号)

各省、自治区、直辖市文化厅(局):

1994 年以来,我部对全国县以上公共图书馆进行了 4 次评估定级。评估定级工作对推动全国公共图书馆事业的发展产生了良好的推动作用,全国公共图书馆的基础设施、业务建设和服务水平得到较大提高。

为深入贯彻党的十八大精神,用科学发展观指导图书馆事业建设,进一步加强对图书馆事业的管理,推动图书馆事业的发展,提高图书馆的工作水平,更好地发挥图书馆在全面建设小康社会和构建社会主义和谐社会中的作用,我部决定 2013 年在全国开展第五次公共图书馆评估定级工作。

一、评估定级工作范围

这次评估定级的对象是全国省、地、县级公共图书馆(包括少年儿童图书馆)。

凡能够开馆接待读者的图书馆都要参加评估,因馆舍改造或搬迁等原因闭馆的图书馆须经上一级文化行政部门批准方可不参加评估。

二、评估定级标准

评估定级工作以文化部制定的省级、市级、县级公共图书馆评估标准和定级必备条件(见附件)为依据,文化部将对符合标准和条件的图书馆命名为一、二、三级图书馆。

此次评估的数据以 2012 年为准(标准中另有规定的除外),如果 2013 年的数据高于2012 年数据,可取高值。

三、评估定级工作的组织领导与工作分工

评估定级工作由我部公共文化司负责组织实施。各省(区、市)文化厅(局)负责组织本地区的评估定级工作,其主要职责是:制定评估计划,组织专家评估组,对评估工作进行指导;审核市、县级图书馆的评估结果,提出定级名单,报送文化部;对评估工作进行总结。

我部公共文化司负责组织对省、副省级、计划单列市图书馆进行评估。各省(区、市)文化厅(局)负责组织对所属市、县级图书馆进行评估。专家评估组成员应具有较高业务水平,一般应具有副研究员(副教授)以上专业职称,熟悉图书馆评估标准,有一定的评估工作经验,公道、正派。各省(区、市)文化厅(局)主管部门应参与图书馆评估工作,以掌握第一手资料。

四、评估定级工作步骤

(一)2013 年 4—5 月对市、县级图书馆进行评估。

(二)2013 年 6—7 月对省、副省级、计划单列市图书馆进行评估。

(三)2013 年 7 月底前,各省(区、市)文化厅(局)将市、县图书馆的评估结果和总结报告报送我部公共文化司。

(四)2013 年底前,经我部审核并征求各省(区、市)文化厅(局)意见后,确定评估定级

---

① 该文件原文来自中华人民共和国文化部网站(http://www.ccnt.gov.cn/),检索日期:2013 年 7 月30 日。

结果,并命名一、二、三级图书馆。

五、工作要求

各地要高度重视此次评估定级工作,加强组织领导。各级公共图书馆要积极参加评估工作,对照评估标准的要求,寻找差距,努力整改,以评促建,积极争取改善办馆条件,努力改进各项业务工作,提高管理和服务水平,促进各项工作迈向新台阶。要坚持实事求是,坚决杜绝和防止弄虚作假。

请各地将本省(区、市)评估工作安排于 2013 年 3 月底前报送我部公共文化司。

联系人:文化部公共文化司图书馆处　张剑

联系电话:010 – 59881722

传真:010 – 59881776

电子邮箱:tsgchu@ sina. com

特此通知。

附件:1. 省级图书馆评估标准(略)

　　　2. 市级图书馆评估标准(略)

　　　3. 县级图书馆评估标准(略)

　　　4. 省级少年儿童图书馆评估标准(略)

　　　5. 市级少年儿童图书馆评估标准(略)

　　　6. 县级少年儿童图书馆评估标准(略)

　　　7. 省、市、县级图书馆定级必备条件(略)

　　　8. 省、市、县级少年儿童图书馆定级必备条件(略)

文化部关于做好《公共图书馆服务规范》宣传贯彻工作的通知①

(2012 年 11 月 16 日　文公共函[2012]2266 号)

各省、自治区、直辖市文化厅(局):

《公共图书馆服务规范》(GB/T 28220—2011)已于 2011 年 12 月 30 日颁布,自 2012 年 5 月 1 日起正式实施。《公共图书馆服务规范》是文化行政部门推进图书馆事业发展的指南,是公共图书馆实现服务立馆、促进科学发展的实践纲领,对于保障公共图书馆事业发展,推进公共文化服务标准化、规范化建设,进一步完善覆盖城乡的公共文化服务体系,具有重要的指导意义。现就做好《公共图书馆服务规范》的宣传贯彻工作通知如下:

一、充分认识宣传贯彻《公共图书馆服务规范》的重要意义

当前,我国文化发展迎来了最好的时期,加快完善覆盖城乡的公共文化服务体系是文化建设的重大战略任务,公共图书馆作为公共文化服务体系的重要组成部分,承担着保存人类文化遗产、提供知识信息、传播先进文化、开展社会教育的重要职责,为中国特色社会主义事业建设提供信息资源支撑和智力支持。《公共图书馆服务规范》是国家质量监督检验检疫总局、国家标准化管理委员会批准发布的第一个规范公共文化服务的国家级标准,是我国图书

---

① 　该文件原文来自"北大法宝"数据库,检索日期:2013 年 7 月 30 日。

馆标准规范体系中的首个服务类标准。《公共图书馆服务规范》与《公共图书馆建设用地指标》、《公共图书馆建设标准》等共同构成了我国公共图书馆标准规范体系的基础。各级文化行政部门要充分认识宣传贯彻《公共图书馆服务规范》的重要意义,将其作为推动公共图书馆事业的重要抓手,作为对公共图书馆评估和管理的重要依据,认真落实《公共图书馆服务规范》提出的各项要求,切实推动《公共图书馆服务规范》贯彻实施,以高度的责任感、使命感和紧迫感,抓住机遇,开拓创新,努力开创我国公共图书馆事业发展的新局面。

二、认真组织学习《公共图书馆服务规范》

各级文化行政部门和各级公共图书馆要以多种形式组织开展《公共图书馆服务规范》的学习,通过学习,进一步统一思想,明确《公共图书馆服务规范》对推动公共图书馆事业发展、规范公共图书馆服务的重要作用,提高文化行政部门、公共图书馆及各相关方面贯彻《公共图书馆服务规范》的积极性、自觉性;要深化对《公共图书馆服务规范》的认识,从服务资源、服务效能、服务宣传、服务监督与反馈4个方面准确把握《公共图书馆服务规范》的内涵,切实提高公共图书馆服务标准化、规范化水平;要充分借助中国图书馆学会及地方图书馆学会的力量,广泛开展《公共图书馆服务规范》相关培训工作,通过多种途径开展培训,使公共图书馆管理者和工作人员全面掌握标准内容与要求,提高图书馆事业的管理水平和服务能力;还要将《公共图书馆服务规范》的培训纳入图书馆员继续教育课程。全国图书馆标准化技术委员会即将编制完成《〈公共图书馆服务规范〉应用指南》,各地应组织有关人员认真学习,指导公共图书馆贯彻落实《公共图书馆服务规范》。

三、扎实推进公共图书馆服务标准化工作

各级文化行政部门要高度重视《公共图书馆服务规范》的贯彻实施工作,将《公共图书馆服务规范》作为对公共图书馆评估和管理的重要依据,全面部署,明确任务,推动图书馆事业发展。要深入调查公共图书馆服务工作的现状,对照《公共图书馆服务规范》的内容,组织公共图书馆分析目前在服务标准化、规范化方面存在的问题,指导公共图书馆明确服务标准化、规范化建设的方向,制定改进措施与实施时间表,推动各级公共图书馆在2012年内全面启动服务标准化、规范化建设工作。要及时总结经验,积极开展《公共图书馆服务规范》示范馆创建工作,形成一批具有创新性、带动性、导向性的示范馆。通过发挥示范馆的影响和带动作用,全面深化各级公共图书馆对《公共图书馆服务规范》的认识,整体提升各级公共图书馆的业务能力和服务水平。文化行政部门要加强组织领导,加大经费投入力度,提高管理水平,切实解决制约公共图书馆实现服务标准化、规范化的困难和问题,将公共图书馆服务标准化情况纳入文化工作的年度考核指标,从根本上提高公共图书馆的服务效能和管理效益,改善服务条件。

四、切实做好《公共图书馆服务规范》宣传工作

各级文化行政部门要切实做好《公共图书馆服务规范》宣传工作,把宣传《公共图书馆服务规范》作为当前宣传工作的重点任务抓紧抓好,要制定宣传方案,精心组织,加强领导,掀起宣传工作的高潮。通过召开座谈会、报告会、知识竞赛等多种形式,利用报刊、电视、广播、信息网站、公开栏等多种渠道,广泛深入地开展有关《公共图书馆服务规范》的宣传活动。要结合实际,积极探索宣传贯彻新形式,开展经验交流,了解实施效果。通过宣传活动,让各级政府有关部门充分认识《公共图书馆服务规范》的重要意义,让广大读者和社会各界了解《公共图书馆服务规范》内容,成为公共图书馆的共建力量,共同监督公共图书馆开展规范服务,努力营造全社会关心和支持公共图书馆事业发展的良好环境。

各级文化行政部门要根据本通知的要求,对宣传贯彻《公共图书馆服务规范》迅速作出部署,并将有关情况于 12 月 30 日前报送我部公共文化司。

联系人:文化部公共文化司图书馆处　张剑

电　话:010 – 59881722

传　真:010 – 59881776

电子邮件:tsgchu@ sina. com

特此通知。

文化部办公厅关于印发《全国文化信息资源共享工程 2013 年度地方资源建设方案》的通知①

（2012 年 12 月 6 日　办公共发〔2012〕28 号）

各省、自治区、直辖市文化厅(局),新疆生产建设兵团文化广播电视局,文化部全国公共文化发展中心:

数字文化资源建设是全国文化信息资源共享工程(以下简称文化共享工程)建设的核心。为进一步提高文化共享工程资源建设的科学性及系统性,完善建设机制,建立健全项目申报、立项审批机制,加强项目管理和绩效评估,现制定《全国文化信息资源共享工程 2013 年度地方资源建设方案》(以下简称《方案》)。

请各省(区、市)文化厅(局)按照《方案》要求,组织成立本地区资源建设工作领导小组,加强领导,严格管理,督促文化共享工程省级分中心认真组织实施,高质量完成 2013 年度资源建设任务,并于 2013 年 1 月 31 日前将申报材料报送文化部全国公共文化发展中心(申报书由该中心另发)。

联系方式:

1. 文化部公共文化司图书馆处

联系人:韩沫

联系电话:010 – 59881732

2. 文化部全国公共文化发展中心资源处

联系人:王丽华、薛鑫卉

联系电话:010 – 88003053、010 – 88003012

特此通知。

附件:全国文化信息资源共享工程 2013 年度地方资源建设工作方案

数字文化资源建设是全国文化信息资源共享工程(以下简称“文化共享工程”)建设工作的核心,是公共数字文化建设的战略性、基础性工作,是公共文化服务体系建设的重要内

---

①　该文件原文来自中华人民共和国文化部网站(http://www. ccnt. gov. cn/),检索日期:2013 年 7 月 30 日。

容,对于提高公共文化资源供给能力、满足人民群众日益增长的精神文化需求具有重要意义。当前,文化共享工程进入新的发展阶段,资源建设工作亦面临新的更高要求。为适应新形势、新任务的需要,完善资源建设机制,加强资源建设的系统性、针对性,确保资源增量,提高地方资源建设水平,制定本方案。

一、建设重点

2013年度地方资源建设应弘扬社会主义核心价值观,引导良好思想道德风尚,贴近群众精神文化需求,同时,注重体现地方文化特色,打造文化精品,重点建设地方特色文化专题资源、红色历史多媒体文化资源、少数民族语言资源和"进村入户"专项资源。

(一)地方特色文化专题资源

1. 各省(区、市)单独建设的项目

各省(区、市)单独建设的地方特色文化专题资源应具有鲜明的地域特色、有较大影响力和深厚群众基础,着重在文化遗产、社会文化、戏剧戏曲、曲艺杂技、音乐舞蹈、历史地理、少数民族文化等方面进行选题(选题范围发展中心另发),建设成果以视频专题片或多媒体资源库形式展现。

2. 文化部全国公共文化发展中心总体规划,各省(区、市)参与建设的项目

文化部全国公共文化发展中心(以下简称"发展中心")拟统筹建设中国戏曲多媒体资源库。如获中央财政立项,发展中心将联合各省(区、市)对中国戏曲的发展历史、艺术特色、代表剧目等内容,按照统一的架构进行梳理整合,建设知识容量大、剧种全、剧目多,集文化遗产保护、传承、推广为一体的中国戏曲多媒体资源库。中国戏曲多媒体资源库预计分三期建设,2013年完成第一期,主要完成多媒体资源库的框架结构建设和京剧、昆曲、越剧、豫剧、粤剧、川剧、秦腔、评剧、汉剧、黄梅戏等部分的建设。

地方特色文化专题资源建设方式以自主建设为主,购买成品为辅。

(二)红色历史文化多媒体资源

1. 各省(区、市)单独建设的项目

各省(区、市)单独建设的红色历史文化多媒体资源项目主要建设中国共产党在革命、建设、改革过程中的重要事件、主要人物、发生地点、历史资料等内容,充分利用现代多媒体信息技术,制作融文字、图像、动画制作、视频等形式为一体的红色历史文化多媒体资源库,展示中国共产党带领全国人民走过的光辉历程和取得的辉煌成就。

2. 发展中心总体规划,各省(区、市)参与建设的项目

发展中心统拟统筹建设红色文艺作品多媒体资源库。如获中央财政立项,发展中心将联合各省(区、市)运用现代多媒体技术将红色历史文化生动地展示出来,使基层群众在欣赏文艺作品的同时受到熏陶和教育。红色文艺作品多媒体资源库预计分三年建设,内容包括"红色戏剧库"、"红色影视库"、"红色舞蹈"、"红色歌曲"、"红色文学"、"红色美术作品"、"红色历史讲堂",以及利用现代信息技术制作的"革命历史故事动漫"等内容。2013年,建设"红色戏剧"、"红色影视"、"红色舞蹈"部分。

红色历史文化多媒体资源建设方式以自主建设为主,购买成品为辅。

(三)少数民族语言资源

自2013年开始,少数民族语言资源建设具体任务由各相关省(区、市)开展,发展中心负责总体规划与协调。2013年度少数民族语言译制资源,选择本地区少数民族群众喜爱的、体

现民族团结的优秀资源进行译制。可选择文化共享工程已有资源译制,也可选择少数民族群众急需的其他系统的资源,并妥善解决版权。

少数民族语言资源建设方式以译制为主,购买成品为辅。

(四)"进村入户"专项资源

"进村入户"专项资源应选择适合通过有线/数字电视方式播放的贴近当地基层群众需求的资源,内容可涉及文化、农业、科技、法律、医疗等方面。

"进村入户"专项资源建设方式以购买成品为主,自主建设为辅。

二、实施步骤

为了加强地方资源建设项目管理,保证建设进度和质量,2013年度地方资源建设项目申报、评审、立项、验收等工作按以下步骤进行:

第一步:规划选题(2012年12月底)

发展中心负责全国资源建设的总体规划,策划与各省(区、市)共同建设的项目,按照各省(区、市)的资源分布、建设能力、申报情况制定项目经费分配方案。

各省(区、市)应结合实际,做好本地区单独建设项目的总体规划和策划。选题应抓住重点,突出地方特色和文化特色,体现惠民服务导向,"建"、"用"结合;应注重项目建设的整体性、系统性和连续性,新建资源库项目应注意与现有资源库的有机结合,现有资源库中合适的项目可续建;应注意资源的深度挖掘,努力将项目做精、做深、做出影响。各地应于2012年12月底前完成2013年的选题策划。

第二步:项目申报(2013年1月—2月)

完成选题策划后,各省(区、市)应及时与发展中心沟通,经发展中心预审后,编制完善地方资源建设项目申报方案,填写申报材料(申报书由发展中心另发),于2013年1月31日前提交发展中心进行评审。内蒙古自治区、吉林省、四川省、西藏自治区、青海省、新疆维吾尔自治区须提交少数民族语言资源建设相关申报材料。"进村入户"专项资源各省(区、市)均可申报。

第三步:项目评审立项(2013年3月—7月)

发展中心于2013年3月组织开展2013年地方资源建设项目评审立项工作,并按照各地申报项目的评审情况、结合上一年度项目完成情况,制定《2013年中央转移支付文化共享工程资源建设补助经费分配方案》(建议稿),报文化部、财政部审定后,由中央财政将经费下拨至各省(区、市)财政厅。经费下拨后,各省(区、市)有关单位与发展中心签订《全国文化信息资源共享工程2013年度地方资源建设任务书》,项目正式立项。

第四步:项目实施(2013年7月—2014年7月)

2013年地方资源项目建设实施周期为1年。多媒体资源库项目应按细化资源制作大纲、明确数据库结构、准备素材、专题库搭建、数据加工与录入、成品包装等流程进行。视频专题片制作项目应按细化资源制作大纲、明确制作脚本、准备素材、拍摄素材、后期制作、成品包装等流程进行。征集成品资源应按细化项目需求内容、公开招标、签署资源征集合同、获取成品资源等流程进行。

第五步:项目验收(2014年7月—9月)

各省(区、市)完成2013年度资源建设任务后,应先组织省内验收。通过省内验收后,报发展中心验收。发展中心于2014年9月完成验收工作。

第六步:资源共享与结项(2014 年 11 月)

项目验收通过后,各省(区、市)将建设成果和相关资料加盖公章提交发展中心,并将元数据录入文化共享工程联合编目系统,对象数据在本省(区、市)平台发布,实现全国共享服务。数据经发展中心审核后,颁发《资源收录证书》。各地在 2014 年 11 月前结项。

三、建设标准与版权要求

地方资源建设应以基层群众需求为牵引,贴近实际,贴近生活,贴近群众,做到内容丰富、脉络清晰、画面美观、表现生动。在建设过程中严格执行文化共享工程相关标准规范,妥善解决版权。

(一)建设标准

为保证资源建设质量,各地应在建设 2013 年度地方资源时,严格执行文化共享工程相关标准规范。

1. 视频资源建设相关标准规范

2013 年度地方资源建设的视频成果应达到广播级标清;视频数字化加工格式执行《全国文化信息资源共享工程视频资源数字化加工格式规范 V2.0》;视频编目标准按照《全国文化信息资源共享工程视频资源编目规范》及电影、动画片、讲座、舞台艺术、专题类节目实施细则编目。视频摄像和制作的声音、画面、字幕等技术要求参见《全国文化信息资源共享工程讲座资源建设规范》中相关内容。

2. 多媒体资源库建设相关标准规范

多媒体资源库对象数据可为复合型,包括文字、图像、音视频等,其中视频加工格式标准参照《全国文化信息资源共享工程视频资源数字化加工格式规范 V2.0》,文字、图像加工标准及专题数据库的元数据标准可参照"科技部科技基础条件平台专项——数字图书馆标准与规范建设"以及管理数字图书馆的相关标准规范。

3. 少数民族语言资源相关标准

少数民族语言资源相关标准可参见《全国文化信息资源共享工程少数民族语言译制工作办法》,其他可参考《翻译服务规范》(GB/T 19363.1—2003)等国家相关标准规范。

(二)版权要求

2013 年度地方资源建设工作应妥善解决资源版权,以满足文化共享工程各种资源服务方式。具体要求如下:

自主建设项目成果的版权为发展中心与省分中心共有,可在全国范围内提供服务,整合的资源素材应妥善解决在本项目成果中使用的版权,确保项目成果提供服务时,无需再向其他单位获取版权。

征集成品资源项目成果的版权应至少解决在本省范围内服务和发展中心备份的权利,服务期限不少于 5 年,备份无期限,版权应包括信息网络传播权、广播权、放映权、复制权和展览权等。

四、组织管理

(一)建立健全组织机构

为进一步加强资源建设工作,文化部将组建全国文化共享工程资源建设领导小组(以下简称"资源建设领导小组"),拟由文化部领导和相关部门人员组成,文化部领导担任组长。领导小组办公室设在发展中心。发展中心负责组建全国文化共享工程资源建设专家委员会,负责对全国文化信息资源建设项目的评审、指导、验收。各省(区、市)文化厅(局)要组建本省(区、市)文化共享工程资源建设工作领导小组,组长由文化厅(局)相关厅(局)领导担任,负责本地区资源建设工作的组织领导、统筹规划。各省级分中心负责组建本省(区、市)资源建设专家委员会。

资源建设领导小组负责 2013 年度地方资源建设项目的整体组织和管理。发展中心负责项目的协调管理和业务指导,包括项目资金申请,组织专家对各地项目进行立项审核、技术指导和成果验收,明确建设标准,督促建设进展,控制建设质量。各省(区、市)文化共享工程领导小组负责本省(区、市)项目的协调、管理和业务指导。各省级分中心具体承担地方资源建设工作的任务,要积极组织市县级支中心参与资源建设。

(二)建立健全工作机制

建立、完善立项申报评审制度,在严格履行项目的申报、评审、验收环节的基础上,进一步加强地方资源建设项目绩效评估,对资源建设任务完成好的省(区、市),将在下年度项目立项和资金支持方面予以倾斜,完成建设任务较差的,将根据情况核减下年度资源建设项目和经费;进一步完善专家咨询制度,充分发挥专家委员会在资源规划、立项、方案实施、成果验收等方面的积极作用;建立中央、地方联合建设机制,形成发展中心负责总体规划、各省级分中心负责组织实施、市县级支中心积极参与的工作格局;建立健全资源共享机制,结合地方资源建设工作,开展联合编目,实现元数据统一管理,对象数据分布式存储。

(三)资金管理

2013 年度地方资源建设工作专项经费使用,应按照《全国文化信息资源共享工程试点工作资源建设经费管理办法》(办社图函〔2006〕437 号)的有关规定,专款专用,在各地资源建设工作领导小组的指导管理、监督检查下,节约资金,规范财务管理。在经费使用方面,应确保用于资源建设的费用(包括自主建设费、成品购买费、加工制作费、论证及验收费)所占比例不低于建设项目总金额的 85% ,其余 15% 经费可用于购置资源建设项目所需的软、硬件设备等。2013 年度地方资源建设专项经费使用期限为 1 年(自经费划拨之日算起)。

文化部关于印发《全国文化信息资源共享工程"十二五"规划纲要》的通知①

(2013 年 1 月 30 日　文公共发〔2013〕7 号)

各省、自治区、直辖市文化厅(局),新疆生产建设兵团文化广播电视局,各计划单列市文化局,本部各司局、国家文物局,各直属单位:

《全国文化信息资源共享工程"十二五"规划纲要》已经文化部审定,现印发给你们,请结合实际认真贯彻执行。

特此通知。

---

① 该文件原文来自中华人民共和国文化部网站(http://www.ccnt.gov.cn/),检索日期:2013 年 7 月 30 日。

全国文化信息资源共享工程"十二五"规划纲要

全国文化信息资源共享工程(以下简称文化共享工程)是国家重大文化惠民工程,在我国公共文化服务体系建设中具有战略性、基础性地位。"十一五"期间,在党中央、国务院的正确领导下,在各级文化行政部门的大力推动下,文化共享工程建设取得了丰硕成果,覆盖城乡的服务网络基本建成,数字资源初具规模,技术平台日趋成熟,管理体系不断完善,初步实现了优秀文化信息资源在全国范围的共建共享。当前,文化共享工程已从共建进入到全面共享的发展阶段,面临着三个重要转变,即工作重点从侧重设施建设向侧重管理服务转变;建设方式从铺摊建点的规模化建设向专业化和品牌化转变;发展模式从单一化向社会化转变。为深入贯彻党的十八大及十七届六中全会精神,进一步推动"十二五"时期文化共享工程建设,切实保障人民群众的基本文化权益,推动社会主义文化大发展大繁荣,促进我国经济社会协调发展,编制本规划纲要。

一、指导思想与发展目标

(一)指导思想

以邓小平理论和"三个代表"重要思想为指导,深入贯彻落实科学发展观,坚持社会主义先进文化前进方向,以满足人民精神文化需求为出发点和落脚点,坚持公益性、基本性、均等性、便利性原则,坚持以政府为主导,以资源建设为核心,以技术支撑平台为保障,以共建共享为途径,面向基层、服务群众,努力实现优秀文化信息资源的全民共享。

(二)发展目标

在巩固完善文化共享工程基础设施建设基础上,丰富数字资源,扩展服务网络,优化技术平台,创新机制,完善管理,加强服务,提升效益,将文化共享工程建成资源丰富、传播高效、服务便捷、管理科学的公共数字文化品牌工程。到2015年,文化共享工程数字资源总量达到530百万兆字节;服务网络实现从城市到农村的全面覆盖,公共电子阅览室基本覆盖全国所有乡镇和街道、社区,入户率达到50%。

二、主要任务

(一)完善覆盖城乡的六级服务网络

继续以农村和中西部地区为重点,扩大覆盖,消除盲点,提高标准,完善文化共享工程国家、省、市、县(区)、乡镇(街道)、村(社区)六级服务网络。在各级文化馆、城市街道社区新建文化共享工程基层服务点。与公共文化服务示范区建设相结合,评选命名一批"文化共享工程·公共电子阅览室示范点",发挥其在设施建设、管理与基层服务方面的示范作用,实现文化共享工程基层服务点建设的品牌化、科学化、规范化。

(二)推进文化共享工程进入居民家庭

紧密结合国家"三网融合"发展战略,加强与广播电视和信息产业等部门的合作共建,推广各地文化共享工程"进村入户"的先进经验,结合各地实际,通过直播卫星、互联网、通信网、有线(数字)电视、网络电视等多种方式,将文化共享工程的资源送入居民家庭。加强入户资源的建设与整合,完善相关技术标准、技术模式和制播流程,强化资源内容和节目播出的安全管理,确保入户资源的顺畅推送及节目编播的自主可控。

(三)实施"公共电子阅览室建设计划"

按照文化部、财政部印发的《"公共电子阅览室建设计划"实施方案》(文社文发〔2012〕5

号)的要求,以未成年人、老年人、进城务工人员等特殊群体为重点服务对象,依托文化共享工程的服务网络和设施,与乡镇文化站建设、街道(社区)文化中心(文化活动室)建设以及中央文明办组织实施的"绿色电脑进西部"工程结合,与共青团中央、全国总工会、全国妇联等密切合作,组织实施"公共电子阅览室建设计划"。以乡镇、街道、社区为重点,提高配置标准,完善公共电子阅览室建设的设施条件。坚持建设、管理与服务并重,丰富公共电子阅览室的资源内容,完善技术支撑平台,健全管理制度,推进免费开放,加强惠民服务,努力构建内容安全、服务规范、环境良好、覆盖广泛的公益性互联网服务体系。

(四)加强数字资源建设的统筹规划和管理

1. 建设公共数字文化资源基础库

以基层群众为对象,以服务和需求为牵引,大力建设体现社会主义核心价值、弘扬中华民族传统文化、关系文化民生的公共数字文化资源。深入研究基层群众的数字文化需求,研究制定《文化共享工程2013—1015年资源建设规划》,明确资源建设的目标、任务、分类体系、建设重点和建设方法,提高资源建设工作的整体水平。加大资源征集力度,确保资源增量。以文化艺术类、群众文化类、进城务工及农业科技类、生活服务类、少儿教育类等资源为重点,建设若干主题鲜明、体系完整、质量上乘、具备公共文化服务基础性的专题资源库,提高资源建设的系统性、针对性、实用性。贯彻落实中宣部有关文件精神,加强"红色历史文化"多媒体资源库的建设。统筹开展"中国戏曲多媒体资源库"等全国性资源建设项目的规划与实施。

2. 加强少数民族文化产品译制工作

重点整合译制藏语、维吾尔语、哈萨克语、蒙语、朝鲜语资源。在新疆维吾尔自治区、西藏自治区、内蒙古自治区、青海省、四川省、吉林省等建立少数民族语言资源建设中心,在文化共享工程国家中心组织协调下,开展相关少数民族语言数字资源的征集、整合、译制及服务工作,建设一批贴近少数民族群众生活、反映少数民族特色、帮助少数民族农牧民群众生产致富的数字文化资源。逐步丰富少数民族语言资源的种类。到2015年,建成藏汉、维汉、哈汉、蒙汉、朝汉等文化共享工程双语网站。

3. 推进数字资源共建共享

建立、完善文化共享工程资源建设标准规范体系,开展文化共享工程资源联合编目工作,编制文化共享工程资源总目录,推动文化共享工程全系统资源的共建共享。鼓励各省结合实际,采取灵活多样的办法,加强各省之间及本省范围内的资源共享。建设分布式数字资源共建共享系统,采用开放式、分级管理方式,实现数字资源的分布式加工、存储和元数据的统一管理以及跨库使用。建立数字资源异地灾备系统,实现数字资源的长期安全保存。

4. 建立健全资源建设机制

研究制定《文化共享工程资源建设管理办法》,全面提高资源建设的科学化、制度化、规范化水平。组建"文化共享工程资源建设领导小组",加强对资源建设工作的组织领导,形成国家中心负责规划、统筹、指导,各省级分中心负责具体组织实施、市(县)级支中心共同参与的资源建设工作格局。组建"文化共享工程资源建设专家委员会",充分发挥专家在资源建设规划、项目策划、方案实施、成果验收等方面的作用。建立健全资源建设的项目申报和立项审批机制,提高项目策划水平和建设质量。创新资源征集机制,加大对文艺院团、群艺馆、文化馆、美术馆、艺术院、博物馆等以及社会资源的征集力度,组织开展资源捐赠活动,鼓励机关事业团体、企业、个人向文化共享工程捐赠资源。探索建立资源使用效果的调查与反馈机制。

5. 切实做好资源的推送、揭示和服务

因地制宜,广开渠道,面向基层,加大资源的推送、更新、揭示和服务力度。制定《文化共享工程资源服务手册》,规范资源服务工作流程和管理。整合、开发、制作一批系列化的资源服务产品。按照中组部党员教育中心的要求,继续做好党员教育相关教材的制播工作。积极主动地向相关部门、企事业单位、社会组织等提供公益性资源服务。保护知识产权,妥善解决资源建设与服务中的版权问题。

(五)打造先进实用的技术支撑平台

1. 建设国家公共文化数字支撑平台

加强科研开发和应用的研究,采用云计算等最新适用技术,发挥文化共享工程基础设施作用和规模优势,建设管理统一、开放互动、共建共享的国家公共文化数字支撑平台,增强数字资源共享能力,提高数字资源的传播效率和信息基础设施的综合利用率,改善资源服务的针对性、便捷性和时效性,实现公共文化服务数字化评估管理,为提升文化共享工程服务效能、推动公共文化服务体系长效发展提供整体有效的数字化支撑。

2. 建设全国公共电子阅览室管理信息系统

运用先进技术手段,建立国家级公共电子阅览室建设管理平台,有效监督和管理全国各级公共电子阅览室的服务和使用情况,确保公共电子阅览室网络信息服务的安全,资源的及时更新以及服务导航的方便实用性,构建健康、文明的网络访问环境,杜绝反动、淫秽、暴力等不良信息的侵入和传播。

3. 建设公共文化信息服务门户

构建资源丰富、内容权威、基于现代新技术以全媒体数字文化服务新业态为主导的公共文化信息服务门户。建设国家、省、市、县/区四级分布式互联网网站群,打造"国家数字文化网",满足基层群众多样化的网络文化信息需求。

(六)推动国家中长期人才培训计划的实施

1. 开展国民信息素养教育培训

根据国家信息化发展战略确立的利用文化共享工程开展提高国民信息素养培训的要求,利用覆盖城乡的文化共享工程服务网络,通过建设与整合各类标准化、高质量的培训课件,因地制宜,有步骤、有组织地开展提高国民信息素养的教育培训。制作并翻译少数民族语言的培训课件,加大少数民族地区的培训力度。

2. 推进农村实用人才和进城务工人员培训

根据《国家中长期人才发展规划纲要(2010—2020年)》和《关于进一步加强农民工文化工作的意见》要求,发挥文化共享工程服务网络优势,通过合作共建等方式推进基层服务品牌项目实施,大规模开展农村实用人才培养和进城务工人员培训。"十二五"期间,培训农村实用人才和进城务工人员1000万人次。

3. 继续实施文化共享工程基层队伍培训

根据文化部《关于开展全国基层文化队伍培训工作的意见》和文化共享工程基层队伍培训工作规划,完善工程培训体系,提升远程培训能力,实现培训工作的科学化、规范化、常态化。按照分级负责、分类实施、全员学习的原则,培训各级各类工作人员500万人次。

（七）促进基层惠民服务品牌化专业化

1. 创建"公共数字文化服务体验区"

围绕公共文化服务体系建设总体目标，依托文化共享工程服务网络及公共电子阅览室平台，以新思路、新技术、新产品、新内容为引导，着力推动公共文化服务与科技创新融合，试点推进、打造多种模式的集知识性、趣味性、互动性、娱乐性为一体的公共数字文化体验区，大幅度提升公共文化服务的吸引力、感染力。

2. 构建"边疆万里数字文化长廊"

依托边疆地区文化共享工程基层服务网点和公共电子阅览室构建"边疆万里数字文化长廊"，通过提高边疆地区文化共享工程基层点和公共电子阅览室的覆盖率，改善边疆地区文化设施薄弱，基层群众、部队官兵的精神文化生活匮乏、单调的状况，增强文化实力。

3. 联合打造基层惠民服务品牌

深入总结各地经验，大力推广"东方社区信息苑"、"数字文化讲师团"、"农文网培学校"、"市民艺术培训学校"、"戏曲动漫暨传统文化进校园"等服务模式，推动文化共享工程服务多样化、品牌化，不断满足基层群众"求知识、求富裕、求健康、求快乐"的需求。

4. 广泛开展公共数字文化惠民服务

充分发挥文化共享工程基层服务点和公共电子阅览室阵地优势，结合国家重大事件、重要节日、假日和纪念日，策划开展持续时间长、参与人数多、举办规模大、对外影响广的公共文化服务活动，改进、丰富和加强公共数字文化惠民服务。

三、保障措施

（一）加强组织领导和管理机制创新

各级政府作为公共文化服务体系建设的领导者和组织者，要把文化共享工程纳入当地经济和信息化发展规划及创建文明城市、文明乡村的重要内容。各级文化主管部门要将文化共享工程纳入创建文化先进县（市）和乡镇的评比标准，并作为衡量当地文化事业发展的重要指标。文化共享工程各级单位，要在争取政策支持的同时，认真抓好各项任务的落实。要加强文化共享工程建设的制度设计，建立绩效评估体系，提高工程管理的科学化水平。

（二）争取财政持续加大投入

文化共享工程作为我国公共文化服务基础性、战略性工程，应积极争取中央财政投入，对文化共享工程运行保障、六级网络体系建设、资源建设、技术平台建设等给予经费支持，保障工程各项工作的顺利实施。通过补贴机制和奖励机制，对开展文化共享工程公益性服务和工作突出的地区和单位予以补贴和奖励，调动各地工作的积极性。各级地方财政要按照规划任务，确保配套资金的落实，同时结合本地实际，进一步加大对文化共享工程的投入力度。

（三）广泛开展共建共享

加大文化系统内的资源整合力度，争取由国家财政投入生产的文化产品向文化共享工程无偿提供。与教育、广电、信息产业、农业、科技、新闻出版等部门广泛合作，努力以免费或优惠的价格获取各系统的相关资源。建立捐赠人激励机制，对捐赠著作、资金、设备的个人、集体颁发荣誉证书，并协调相关部门，综合采取多项激励政策，鼓励和保护对公益性文化事业的捐助。

（四）健全人才队伍

加强文化共享工程各级中心的机构建设，建立文化共享工程人力资源支持保障体系，培养一支既具备较高技术素质和专业知识，掌握数字文化服务的基本理念，又能熟练运用数字文化服务技能的人才队伍。国家中心组织力量编制教材，面向省级分中心、地市（县）级支中心开办骨干培训班。各地组织本地区的培训工作，重点建设一批爱岗敬业、善于管理服务设施和组织基层文化服务项目的专业队伍。评选、表彰一批"文化共享之星"。把社会工作者、志愿者作为人才队伍建设的有机组成部分，切实做好人才配置工作。

（五）扩大宣传推广

提升高度、把握角度，下基层、接地气，找准切入点，突出宣传文化共享工程文化惠民的本质、特色和实效，以形成宣传推广品牌。积极发挥网站窗口作用，同时通过广播电视、平面媒体同步推送，参与组织举办主题晚会、制播公益广告及专题节目、开展知识竞赛等，进一步扩大文化共享工程的社会影响力。

文化部关于印发《全国公共图书馆事业发展"十二五"规划》的通知①

（2013 年 1 月 31 日　文公共发〔2013〕8 号）

各省、自治区、直辖市文化厅（局），新疆生产建设兵团文化广播电视局，各计划单列市文化局，本部各司局、国家文物局，各直属单位：

《全国公共图书馆事业发展"十二五"规划》已经文化部审定，现印发给你们，请结合实际认真贯彻执行。

特此通知。

全国公共图书馆事业发展"十二五"规划

"十二五"时期是全面建设小康社会的关键时期，是深化改革开放、加快转变经济发展方式的攻坚时期，也是推动社会主义文化大发展大繁荣、增强国家文化软实力、进一步推进公共文化服务体系建设的重要战略机遇期。公共图书馆作为公共文化服务体系的重要组成部分，承担着保存人类文化遗产、提供知识信息、传播先进文化、开展社会教育的重要职责，为中国特色社会主义事业建设提供信息资源支撑和智力支持。深刻认识并准确把握国内外形势新变化新特点，适应人民群众不断增长的精神文化需求，科学制订公共图书馆事业发展"十二五"规划，对于明确未来五年公共图书馆事业的发展方向、总体思路和重点任务，推动公共图书馆事业更好更快发展，促进公共文化服务体系建设，推进全面建设小康社会进程具有重要意义。

一、序言

公共图书馆是保障人民基本文化权益的重要阵地，是开展社会教育活动的终身课堂，是国家公共文化服务体系的重要组成部分，是城市文明进步的标志。"十一五"以来，中央和地方各级政府进一步加大对公共图书馆建设的支持力度，公共图书馆财政投入稳步增加，法制化、规范化建设取得重要进展。通过实施县级图书馆建设、县级图书馆修缮、全国文化信息资源共享工程（以下简称"文化共享工程"）、乡镇综合文化站建设等重点文化工程，各地公

---

① 该文件原文来自中华人民共和国文化部网站（http://www.ccnt.gov.cn/），检索日期：2013 年 7 月 30 日。

共图书馆服务设施网络不断完善,文献资源日益丰富,服务理念不断创新,服务手段不断增加,服务能力显著提升,队伍素质稳步提高,社会效益明显增强,公共图书馆事业呈现出蓬勃发展、整体推进的良好发展局面。同时,我们还必须看到,公共图书馆事业发展在总体上还滞后于经济社会发展,还不能满足社会公众日益增长的精神文化需求,与全面提供公益性、基本性、均等性和便利性的图书馆服务,构建覆盖城乡的公共文化服务体系,全面提高全民族文明素质,实现文化大发展大繁荣的要求还不相适应,主要表现在:设施网络尚需完善,服务网络有待健全,地区差异和城乡差异比较明显,文献资源保障能力有待提高,队伍建设需要加强,保障机制尚不健全。

"十二五"时期是我国进一步推进公共文化服务体系建设的重要战略机遇期,公共图书馆作为公共文化服务体系的重要组成部分,机遇与挑战并存。一是党和政府高度重视文化建设为公共图书馆事业发展提供了良好的政策环境。党的十七大对兴起社会主义文化建设新高潮、推动社会主义文化大发展大繁荣做出了全面部署,把建设覆盖全社会的公共文化服务体系作为实现全面建设小康社会的重要目标之一。党的十八大对建设社会主义文化强国,继续丰富社会文化生活,更好地保障人民基本文化权益,完善公共文化服务体系,提高服务效能提出了进一步的明确要求。党和政府的高度重视为公共图书馆事业发展提供了坚强的领导保证和政策环境,带来了历史性发展机遇。二是人民群众不断增长的精神文化需求为公共图书馆事业发展提供了强劲的动力。随着生活水平的不断提高,人民群众的文化需求日益增长,进一步保障人民群众的基本文化权益,是时代赋予我国公共图书馆事业的光荣职责和神圣使命,为我国公共图书馆事业的发展提供了内在动力。三是国民经济的稳步增长为公共图书馆事业发展提供了坚实的经济基础。"公共文化"是重要的民生问题之一,"十二五"时期国家加大对公共文化服务体系建设的投入,也必将为图书馆事业的发展带来更为充足的资金支持。四是现代科学技术的发展为公共图书馆事业发展提供了强大的技术支撑。当今时代,以信息技术为代表的科技发展日新月异。网络技术、数字技术、新型传媒技术的推广应用,对文化生产与传播产生了革命性的影响,极大地丰富了公共文化产品服务的内容和形式,为新时期公共图书馆事业的发展提供了强有力的技术支撑。同时,如何把握好机遇期,提高经济效益,不断提升技术应用水平,充分发挥公共图书馆在加快构建学习型社会、提高全民族文明素质和保障人民群众基本文化权益方面的积极作用,是摆在公共图书馆界面前的一个重大挑战。

二、"十二五"时期公共图书馆事业发展总体思路

(一)指导思想

坚持以中国特色社会主义理论为指导,深入贯彻落实科学发展观,以建设社会主义核心价值体系为根本任务,以丰富人民精神文化生活、保障人民群众基本文化权益、满足人民群众基本文化需求为出发点和落脚点,按照体现公益性、基本性、均等性、便利性的要求,坚持政府主导,依循"保基本、强基层、建机制、重实效"的基本思路,以城乡基层建设为重点,以基础设施建设为依托,以技术创新为动力,以机制体制建设为保障,努力构建普遍均等、惠及全民的公共图书馆服务网络,全面提升各级公共图书馆的服务能力、服务水平和服务效益,最大限度地发挥公共图书馆在保护文献典籍、传承中华文化、建设学习型社会、培养公民高度的文化自觉和文化自信、提高全民族文明素质、建设社会主义文化强国等方面的重要作用,推动公共图书馆事业更好更快地发展。

（二）基本原则

——政府主导，社会参与。各级政府切实履行发展公共图书馆事业的责任，将公共图书馆建设纳入经济社会发展规划，纳入公共文化服务体系建设总体架构，纳入财政预算，纳入科学发展考核评价体系。加大公共资金投入力度，保证公共图书馆免费提供基本服务和正常运转的需求。同时，倡导和鼓励社会力量以多种方式参与公共图书馆建设。

——强化基础，注重创新。进一步夯实各级公共图书馆的业务基础，加强对文献信息资源建设的整体规划，提高文献信息资源保障能力，强化公共文化产品供给能力。加快高新技术在公共图书馆领域的应用与推广，以技术创新促进管理创新、服务创新，推动公共图书馆事业实现创新型发展。

——统筹兼顾，分类指导。以构建覆盖全社会的公共图书馆服务体系为目标，以地市级公共图书馆的建设与发展为主要抓手，充分发挥城市中心图书馆在事业发展和创新中的引领作用，发挥县级图书馆在公共图书馆服务体系中承上启下的枢纽作用。立足中国图书馆事业发展的实际情况，按照东部、中部和西部进行分级分类指导，加大对中西部地区图书馆、农村和基层图书馆的支持力度，缩小事业发展的地区差距和城乡差距。

——以人为本，提升服务。继续扎实推进图书馆基本服务，不断满足人民群众日益增长的基本文化需求。全面提高公共图书馆服务的专业化水平，拓宽服务领域，创新服务方式，改善服务质量，提升服务效益，提供多层次、多样性、多元化的公共图书馆服务。

（三）发展目标

"十二五"期间，逐步建立覆盖城乡、结构合理、功能健全、实用高效的服务网络，进一步增强活力，提高效能，服务能力、服务水平与服务效益明显提升，部分地区图书馆接近或达到国际先进水平。加强公共图书馆与其他系统图书馆的共建共享，带动全国图书馆事业发展，从而使公共图书馆在公共文化服务体系和公共数字文化建设中发挥主体作用，使公共图书馆成为满足人民群众基本文化需求的重要阵地，为提高全民族素质，全面建成小康社会做出应有的贡献。

——设施网络覆盖城乡。推动地市级公共图书馆建设，按照《公共图书馆建设用地指标》和《公共图书馆建设标准》，力争使全国县以上图书馆全部达到国家建设标准。加强乡镇、社区图书馆（室）及服务网点建设，推进流动图书馆设施建设，形成覆盖城乡、比较完备的公共图书馆设施网络建设。

——服务网络惠及全民。在建立健全设施网络的基础上，进一步通过总分馆制、图书馆联盟、流动服务、数字远程服务等多种形式延伸图书馆服务，提高图书馆服务获取的便捷性。积极拓展公共图书馆的社会教育职能，在实现均等普惠的公共服务基础上，加强对特定地域、特殊群体的服务，形成覆盖城乡、结构合理、功能健全、实用高效的图书馆服务网络。

——数字图书馆建设与服务加快推进。积极推进公共数字文化服务体系建设，以文化共享工程、数字图书馆推广工程、公共电子阅览室建设计划等重大项目为抓手，在全国形成一个资源丰富、服务快捷、技术先进、稳定可靠的分布式数字图书馆服务网络，催生网络环境下新的文化服务业态。

——文献资源保障能力不断提高。逐步在全国形成分级分布的，与各级公共图书馆功能任务相适应的，涵盖纸本文献、缩微文献、数字资源等各种资源类型的国家文献信息资源保障体系，重点开展地方特色资源建设，实现对地域性文化资源的传承与利用。

——人才队伍建设有效加强。重点提高基层公共图书馆骨干的业务素质,加大对优秀中青年人才队伍的培养,特别是围绕古籍保护、未成年人服务、信息资源建设、数字图书馆建设等事业发展重点领域培养一批领军人物,造就一支数量合理、结构优化、素质优良、有良好职业道德与服务能力的人才队伍。

——法制保障体系日益健全。积极推动出台《公共图书馆法》、《古籍保护条例》等法律法规,加快公共图书馆相关国家标准与行业标准的制定、修订工作,建立健全公共图书馆法律法规体系和标准规范体系。

——管理体制机制改革创新。推进和深化公共图书馆管理体制和运行机制改革,探索和建立与公共文化服务体系相适应的管理体制,建立充满生机与活力的公共图书馆体制机制。

"十二五"时期公共图书馆事业发展主要指标

指标		单位	地区	2010 年	2015 年
公共图书馆覆盖率		%	地市	81.98	100
			县	86.10	100
公共图书馆达标率(部颁三级以上)		%	县以上	55.8	60
公共图书馆免费开放率		%	县以上		100
人均公共图书藏书量		册	全国	0.46	0.7
			东部	0.65	1.0
			中部	0.33	0.5
			西部	0.36	0.5
人均公共图书馆年新增图书藏量		册	全国	0.02	0.05
人均公共图书馆购书经费		元	全国	0.83	1.65
国家数字图书馆资源总量		TB	全国	480	1000
有效读者总人数		万人	全国	2020	5050
文献外借册次		亿册次	全国	2.64	4
总流通人次		亿人次	全国	3.28	4.5
提供远程访问服务的公共图书馆比例		%	省		100
			地市		90
			县		50
图书馆专业技术人员比例	高级职称	%	全国	8.2	10.66
	中级职称	%	全国	32.4	36.29

三、"十二五"时期重点任务

(一)加强制度化、标准化和规范化建设,为事业发展提供法制保障

积极推进《公共图书馆法》、《古籍保护条例》等图书馆相关立法进程,努力实现在制度层面保障公共图书馆事业的全面、协调、可持续发展。进一步建立健全公共图书馆标准规范体系,提高公共图书馆建设与服务的制度化、标准化和规范化水平。

1. 推动《公共图书馆法》立法。在前期工作的基础上,进一步加快《公共图书馆法》的立法进程,积极推动《公共图书馆法》的颁布和实施,以法律的形式对公共图书馆运行发展所涉及的各方面问题予以调整规范,保障公共图书馆履行职能,从制度上确保我国公共图书馆事业全面、健康、可持续发展。

2. 推动《古籍保护条例》的制定实施。广泛征求各方意见,修改完善《古籍保护条例》,积极推动《古籍保护条例》尽早列入国家立法计划,力争从国家立法层面规范古籍管理、保护与利用等工作,使古籍保护有法可依、有章可循,使中国古籍保护工作走上制度化和规范化道路,以巩固我国古籍保护工作已有成果,解决古籍保护工作中存在的突出问题,健全完善古籍保护制度体系,促进古籍保护事业科学、健康、可持续发展。

3. 推动图书馆工作相关业务标准规范的制定出台。依托全国图书馆标准化技术委员会等行业标准组织,设计、研究、制定有关行业标准规范,推动其上升为国家标准,逐步完善公共图书馆标准规范体系。颁布实施《公共图书馆服务规范》,进一步完善图书馆评估定级标准,围绕数字图书馆建设等事业发展的重要领域制订有关行业标准规范。

(二)进一步加强基层图书馆设施建设,力争形成覆盖城乡、结构合理、功能完备的设施网络

以城乡基层公共图书馆设施建设为重点,加强对公共图书馆布局的统筹规划,按照普遍均等、惠及全民的建设原则,在"十一五"建设的基础上,实现基层图书馆全覆盖,形成比较完备的国家、省、市、县(区)、乡镇(街道)、村(社区)六级公共图书馆设施网络。

1. 推动地市级公共图书馆设施建设。实施《全国地市级公共文化设施建设规划》,对设施不达标的地市级公共图书馆进行新建、改建和扩建,完成189个地市级公共图书馆建设项目。规划完成后,基本实现全国地市级城市都有设施达标、功能完善、布局合理的公共图书馆。

2. 加强基层公共图书馆设施建设。进一步加大县级和县级以下基层图书馆(室)设施建设力度,重点向贫困地区、落后地区、革命老区和基层农村倾斜。充分发挥县级图书馆承上启下的枢纽作用。在县县有图书馆的基础上,进一步在全国乡镇和街道文化站、村和社区文化室都设立图书室或图书馆服务网点,巩固和规范已有独立建制的基层图书室。

3. 开展县级图书馆修缮项目。对全国馆舍面积未达标的县级图书馆修缮给予资金补助,努力实现县级图书馆全部达到国家建设标准,使其具备开展公共文化服务的基本条件。按公共图书馆评估标准推进县级图书馆达标升级,实现60%的县级图书馆达到三级馆以上标准。重点对沿边地区、偏远山区和广大农牧区未达标的县级图书馆改扩建工作给予支持。

4. 推进流动图书馆设施建设。依托已有的图书馆阵地服务,大力推动流动图书馆设施建设,建立流动书库,为中等城市图书馆和县级图书馆配备流动服务车等流动服务设施设备。实现阵地服务与流动服务相结合,因地制宜开展流动服务,建立起灵活机动、惠及基层群众的流动服务网络,推动图书馆服务进一步向基层、社区延伸。

专栏一:地市级图书馆建设重点项目	
实施《全国地市级公共文化设施建设规划》	对设施不达标的地市级公共图书馆进行新建、改建和扩建,完成189个地市级公共图书馆建设项目。规划完成后,基本实现全国地市级城市都有设施达标、功能完善、布局合理的公共图书馆。

(三)深入开展公共数字文化建设与服务,培育基于新媒体的新型图书馆服务业态

依托文化共享工程、公共电子阅览室建设计划、数字图书馆推广工程等,建立公共数字文化设施网络,加强公共数字文化资源生产,大力提高网络环境下公共图书馆的数字文化产品供给与服务能力,努力建设资源丰富、技术先进、服务便捷、覆盖全媒体的数字文化服务网络,培育基于新媒体的新型图书馆服务业态。

1. 继续实施文化共享工程。进一步发挥各级公共图书馆在全国文化信息资源共享工程中的主体作用,在"十一五"基本实现"村村通"的基础上,以有效开展服务为重心,以打造精品、优化应用为重点,以可持续发展的体制机制为保障,进一步加大整合力度,建设"公共文化数字资源基础库群",资源总量达到530TB;在城市社区、文化馆新建基层服务点,加强已建基层点的管理,发展完善覆盖城乡的服务网络,到"十二五"末达到基层服务点100万个,入户覆盖全国50%以上的家庭;利用"云计算"和"三网融合"技术,提升整个网络的服务能力与管理能力;大力推进进村入户,广泛开展惠民服务,实施以"农村实用技术人才培养计划"为重点的网络培训;与公共电子阅览室建设计划相结合,加快建设以公共图书馆、学校电子阅览室、社区文化活动中心为载体的未成年人公益性上网场所,更好地满足人民群众特别是广大青少年的精神文化需求,将文化共享工程建成技术先进实用、传播高效互动、服务便捷贴近、管理科学规范、体系完整可控的公共数字文化建设重点工程。

2. 实施数字图书馆推广工程。在全国范围内实施"数字图书馆推广工程",建设覆盖全国的数字图书馆虚拟网、互联互通的数字图书馆系统平台和海量分布式数字资源库群,形成完整的数字图书馆标准规范体系,借助全媒体提供数字文化服务。通过工程建设,进一步加强资源共享,扩大资源总量,形成规模效益,有效扩充全国各级公共图书馆的数字资源,避免重复建设;全面提升各级公共图书馆的文献保障水平和信息服务能力,拓展服务渠道,丰富服务手段;推广我国在数字图书馆软硬件平台建设方面的成果,搭建标准化和开放性的数字图书馆系统;以互联网、移动通信网、广电网为通道,借助手机、数字电视、移动电视等新兴媒体,使数字图书馆的服务覆盖全国省、市、县、乡镇(街道)、村(社区),为广大公众提供多层次、多样化、专业化、个性化的数字图书馆服务,打造基于新媒体的图书馆服务新业态,使数字图书馆的服务惠及全民。

3. 实施公共电子阅览室建设计划。以保障人民群众的基本网络文化权益为目标,以未成年人、老年人、进城务工人员等群体为重点服务对象,依托文化共享工程的服务网络和设施,以及文化共享工程、数字图书馆推广工程丰富的数字资源,与文化共享工程建设、乡镇文化站建设、街道(社区)文化中心(文化活动室)建设,以及中央文明办组织实施的"绿色电脑进西部活动"相结合,在城乡基层大力推进公共电子阅览室建设,努力构建内容安全、服务规范、环境良好、覆盖广泛的公益性互联网服务体系。实施公共电子阅览室建设计划,将为广大人民群众特别是未成年人提供公益性上网场所,吸引广大人民群众参与积极、健康的网络文化活动;将进一步完善全国各级公共图书馆、文化馆(站、室)的软硬件设施,增强各级公共图书馆、文化馆(站、室)的数字文化服务能力,把更多适应人民群众需求的数字资源传送到社区、城镇和农村,活跃基层群众的文化生活,推进全社会的信息化。到"十二五"末,努力实现公共电子阅览室在全国乡镇、街道、社区的全覆盖。

三大公共数字文化惠民工程既有内在联系又各有侧重,在组织实施上,统一规划,统筹兼顾;在技术平台和网络建设上,做好协调,不重复建设;在资源建设上,各有侧重,突出特

色;在标准规范上,统一规则,相互兼容。三大惠民工程互为支撑,互相促进,形成合力,共同在公共数字文化建设中发挥重要作用。

专栏二:公共数字文化建设重点项目	
全国文化信息资源共享工程	大力推进服务网络建设,在中西部地区积极推进"进村入户"。建立"公共文化数字资源基础库群"和"红色历史文化多媒体资源库",加强少数民族语言数字资源译制等。到2015年,争取资源量达到530TB,入户率达到50%,建成资源优质丰富、技术先进实用、传播高效互动、服务便捷贴近、管理科学规范、体系完整可控的公共数字文化服务体系。
数字图书馆推广工程	"十二五"末,建设总量达10PB的数字资源(其中国家图书馆数字资源总量达到1000TB,每个省级数字图书馆数字资源量达100TB,每个市级数字图书馆数字资源量达30TB,每个县级数字图书馆数字资源量达4TB),服务覆盖3000万有线电视用户、7亿手机用户,同时100%覆盖全国文化信息资源共享工程各级中心和基层服务点,在全国形成一个资源丰富、服务快捷、技术先进、稳定可靠的分布式国家数字图书馆服务网络。
公共电子阅览室建设计划	以未成年人、老年人、进城务工人员等群体为重点服务对象,与文化共享工程建设、乡镇文化站建设、街道(社区)文化中心(文化活动室)建设以及中央文明办组织实施的"绿色电脑进西部活动"相结合,推进公共电子阅览室建设,努力构建内容健康、服务规范、环境良好的公益性互联网服务体系。到"十二五"末,实现各级公共图书馆,文化共享工程乡镇、街道、社区基层服务点基本建有公共电子阅览室。

(四)进一步推进传统文化资源的保存与保护,强化公共图书馆在传承中华文明方面的重要职能

依托中华古籍保护计划等重大文化工程,按照保护与利用并重的原则,努力建设公共图书馆传统文化资源保存保护和研究利用的合作网络,设立保护基地和实验室,加快推进公共图书馆对普通古籍、珍本善本、民国文献、少数民族文献、非物质文化遗产等传统文化资源的采集、保存、保护工作,大力提高公共图书馆古籍文献研究整理水平,促进古籍研究整理成果的出版、展示与利用,充分发挥公共图书馆保护民族典籍,传承中华文化的重要作用。

1. 加大古籍保护力度。大力推进中华古籍保护计划,继续实施全国古籍普查工作,完善《国家珍贵古籍名录》的申报机制,继续编纂《中华古籍总目》。积极开展国际合作,开展海外中华古籍调查,建立海外中华古籍书目数据库,鼓励海外古籍以各种方式回归,建立"国家级古籍编目、版本鉴定与修复专家"遴选机制,开展"文献修复师"职业资格认证工作,建设一支高素质的古籍专业人才队伍。完善国家级古籍修复中心的管理制度,健全科学、规范的修复措施。对入选《国家珍贵古籍名录》古籍采取数字化、缩微复制等方式,建设"中华古籍资源库"。加强对古籍版本目录和古籍保护修复工作的研究,增进国际交流,学习各国保护古籍的先进经验。加大对中西部地区扶持力度,促进古籍保护工作全面均衡发展。

2. 加快革命历史文献和民国时期文献的保护和开发利用。研究制定革命历史文献和民国时期文献保护工作实施方案,启动"革命历史文献和民国时期文献保护计划"。全面开展文献普查登记工作,建立民国文献联合目录检索平台;编制全国《民国时期文献总目》,实

现特色文献的专项保护,建立若干专题目录;改善文献存藏条件,完成一批民国时期文献试点书库的标准化建设;设立若干保护基地和实验室,对珍贵文献进行脱酸、修复、加固等原生性保护;加快民国时期文献的缩微技术、数字技术等手段,对文献进行再生性保护;加快民国时期文献的缩微和数字化进程,联合馆藏丰富或特色突出的收藏机构,共建一批高质量的民国时期文献全文资源库;利用新媒体、新技术创新文献展陈手段,充分发挥革命历史文献和民国时期文献的社会教育作用;策划选题,加强出版利用工作;加强海峡两岸及国际间交流与合作,促进民国时期文献的共享和以各种形式回归。

3. 加强少数民族文献的保护和整理工作。推动西藏古籍保护专项工作和新疆古籍保护专项工作,开展对其他少数民族地区和不同语种的古籍保护,适时设立其他民族古籍保护专项。进一步发挥各地区少数民族古籍协作组织的作用,加强不同地区在同种民族语言文献收集、整理和利用方面的合作与共享,促进少数民族文字古籍的全面保护。制定与实施我国少数民族文字古籍定级标准,为少数民族古籍的保护、抢救、普查、修复、整理等各项工作提供重要依据,实现少数民族古籍的分级保护和科学管理。

专栏三:传统文化文献典籍保护重点项目	
中华古籍保护计划	重点开展古籍普查、《中华古籍总目》分省卷的编纂、《中华医藏》的编纂、古籍数字化、古籍修复、西藏古籍保护、新疆古籍保护等工作。到 2015 年,初步形成比较完善的古籍保护工作体系,改善古籍保护条件,推动古籍合理利用。
革命历史文献和民国时期文献保护计划	全面开展文献普查工作;编制全国《民国时期文献总目》和《珍贵革命历史文献名录》;建立一批符合纸质文献永久保存要求的标准库房;设立若干保护基地和实验室,对珍贵文献进行脱酸、修复、加固等原生性保护;加快利用缩微技术、数字技术等手段,对文献进行再生性保护;策划选题,加强出版利用工作;加强海峡两岸及国际交流与合作。

(五)建设多级文献信息资源保障体系,提高公共图书馆文献信息保障能力

"十二五"期间,要进一步完善公共图书馆文献信息资源保障体系,通过整体布局、协调采购、分工入藏、分散采集等方式,在全国建立若干地区性文献资源保障中心,提高公共图书馆文献信息保障能力。

1. 建立总量丰富、结构优良的公共图书馆文献信息资源体系。加大文献资源建设经费投入,确保文献资源达到一定规模并持续更新,"十二五"末全国人均公共图书馆藏书量达0.7 册,东部地区实现人均一册,中西部地区有明显增长。落实新增藏量指标,优化文献资源结构,建立涵盖纸本文献、缩微文献、数字资源、网络资源等各类资源类型的公共图书馆信息资源体系,推动公共图书馆文献信息资源建设的科学发展。加快数字资源建设,特别是地方特色数字资源、少年儿童适用数字资源和少数民族语言文字数字资源的建设,在全国形成超大规模分布式海量数字资源库群,扭转目前中文优质网络文化资源藏量不足的现状。

2. 建立与各级公共图书馆功能任务相适应的多级文献信息资源保障体系。依托国家图书馆文献资源总库和国家文献战略储备库的建设,将省级和部分中心城市公共图书馆建成本地区的文献资源保障中心,加大基层图书馆地方特色资源建设,为地区地方特色文化和民族特色文化的传承和发展提供支撑,为本地区各级公共图书馆开展多层次、多元化、多样

化的信息服务提供保障,最终形成全国性的多级文献资源保障体系,实现国家信息资源的长期保存与长久利用。

3. 加强资源建设的协调与合作,建立和完善全国公共图书馆文献资源共建共享机制。加强各级政府对公共图书馆事业的领导,发挥行业组织的组织协调作用,建立完善各级公共图书馆文献资源建设,特别是外文资源建设的协调合作机制。建设各级公共图书馆文献资源共建共享平台,促进全国性联合书目网络建设,协调部署地方特色文献资源的数字化加工,形成一批地方特色精品数据库。鼓励基层公共图书馆与其他文化机构的资源整合,促进共建共享和有效利用。逐步建立起区域性、多层次、多形式的文献资源互补与共享机制,合理配置与整合文献资源,创新资源共建共享方式,提高文献资源利用率。

(六)创新服务手段,优化服务模式,全面提升公共图书馆服务能力

"十二五"期间,要积极利用现代信息技术,进一步推动服务创新,提高服务专业化水平,积极探索形式多样、内容广泛的服务模式,开展多种形式的延伸服务,向社会公众提供多样化、多层次的资源和服务,全面提升公共图书馆服务能力,进一步提高公众对图书馆服务的满意率,增强公共图书馆的社会影响力。

1. 全面推进公共图书馆免费开放。"十二五"期间,全面实施公共图书馆免费开放,加大对中西部地区基层图书馆基本公共文化服务项目所需经费的投入,争取到 2015 年,实现全国公共图书馆基本公共文化服务项目健全。建立起相对完善的公共图书馆免费开放经费保障机制,不断提升公共图书馆免费开放的内容与质量,为城乡居民提供优质高效、普惠均等的公共文化服务。

2. 加强对农村基层、特殊群体的服务。在实现均等普惠的公共服务基础上,加强面向农村基层、特殊人群的文化关怀,丰富农村、偏远山区、弱势群体的精神文化生活。加强面向农民、进城务工人员、老年人、未成年人、低收入人群、残障人群等特殊人群的图书馆服务,开辟服务渠道,丰富服务内容,探索建立长效机制,有效提高对弱势群体的公共文化供给能力。开辟面向未成年人的绿色网络空间,为青少年健康利用网络、提高信息素养提供条件,积极探索面向儿童的阅读服务。丰富边疆地区公共图书馆服务的层次和内容,促进民族团结和社会和谐。

3. 大力开展公共图书馆延伸服务。建立各级图书馆的分层服务机制,在全国形成网络健全、结构合理、发展均衡、运行有效、惠及全民的公共图书馆服务网络。充分发挥公共图书馆的社会教育职能,大力开展讲座、展览、培训、读书活动等丰富多彩的活动。积极开展决策咨询服务,从整体上提高各级图书馆为立法决策服务的水平。积极探索适合基层特点、适应群众需要的新的公共图书馆服务方式,在有条件的地方开展流动服务、联网服务,推动公共图书馆服务更好地向城乡基层延伸,继续推进公共图书馆总分馆制,提升公共图书馆服务的整体效能。

4. 提高公共图书馆服务专业化水平。将提高服务专业化水平作为提高服务质量的核心,通过合理规划馆藏体系、深入挖掘馆藏内容、有针对性地开展分层服务、提供个性化信息服务、有计划地开展馆藏和服务评价等方式,不断提高各级图书馆的服务专业化水平。在有条件的地区,鼓励开展盲人图书馆、少儿图书馆、主题图书馆等专业图书馆建设。在示范区或其他有条件的地区建设具有较高专业化服务水平和较好服务效益的示范性公共图书馆,通过典型示范,带动全国公共图书馆服务质量的提高。

专栏四:公共图书馆服务重点项目	
公共图书馆免费开放	到2011年底,全国所有公共图书馆实现无障碍、零门槛进入,公共空间设施场地全部免费开放,所提供的基本服务项目全部免费;到2012年底,全国所有一级馆、省级馆、省会城市馆、东部地区馆站免费提供的公共文化服务质量和水平不断提升,形成两个以上服务品牌。其他图书馆实现基本公共文化服务项目健全,并免费提供。

（七）加强新技术应用,以技术促进事业的创新发展

推进文化与科技的深度融合,使高新技术成为推动公共图书馆事业发展的重要引擎。在加快基层公共图书馆基础性技术普及和升级改造的同时,加强先进适用技术的研究、应用和推广,形成以技术强化业务,以技术创新服务,以技术提升管理,以技术促进发展的良性发展机制,为事业发展提供技术支撑。

1. 加快公共图书馆基础性技术的普及。加强基础性技术的应用和推广,在现代技术应用薄弱的公共图书馆,特别是基层图书馆,提高业务管理自动化水平,在有条件的地区建立区域性集成系统,为区域性资源共建共享提供支撑。加大数字化、信息化、网络化技术的应用,加强图书馆网站建设,充分利用计算机网络设施开展各类型服务,使公共图书馆成为缩小数字鸿沟的重要基地。

2. 提升公共图书馆新技术应用水平。以文化科技创新为动力,实施一批图书馆科技创新项目,自主研发一批有利于事业发展的核心技术。大力推进数字图书馆建设,积极开展基于手机、电视、网络提供服务的技术研发,加强新媒体服务应用和推广,进一步拓展公共图书馆服务的覆盖范围。通过知识组织等技术的应用,提升图书馆知识服务能力。加强图书馆新技术应用的理论研究,组织相关技术标准的制定和实施。

（八）加强科研工作,为事业发展提供理论支撑

加强全国公共图书馆科研工作的统筹规划和总体设计,围绕全国公共图书馆事业发展中亟须研究解决的问题,确立重点研究领域,加强科研成果转化,建立科研工作、人才培养与业务发展之间的良性互动机制,促进事业的科学发展。

1. 加强科研工作的宏观管理。以实施国家文化科技提升计划为契机,加强公共图书馆科研工作的统筹规划和总体设计。加大对图书馆发展研究的投入力度,建立公益性行业（图书馆）科研专项,在国家科技经费中列出有关图书馆发展研究的相关课题。鼓励公共图书馆与各类型科研教育机构合作开展研究,建立相关的激励和保障机制,为公共图书馆结合实践开展科研工作创造有利条件。建立若干公共图书馆重点研究基地,开展以实践为导向的研究,将研究基地打造成公共图书馆事业战略发展的智囊机构、国际学术交流的前沿阵地、区域性公共图书馆管理与服务创新的试验田和新技术应用的孵化器。

2. 加强事业发展重点领域研究。整合全国公共图书馆研究力量,围绕公共文化服务体系建设中公共图书馆的地位与作用、数字环境下公共图书馆转型与发展、公共图书馆服务模式、信息资源建设与管理、数字图书馆技术、图书馆标准规范、图书馆管理等重点领域开展深入研究。与国家公共文化服务体系建设示范区（项目）相结合,开展服务于事业发展的公共图书馆制度设计研究。

3. 促进科学研究、人才培养与业务发展的有机结合。依托中国图书馆学会、全国图书

馆标准化技术委员会、全国文献影像技术标准化技术委员会等平台,大力促进科研成果的转化、共享、推广与应用,重视科研成果的出版,推动业务与服务创新。加强科研成果在实际工作中的应用,使科研成果真正转化为现实生产力,发挥科研对事业发展的促进作用。促进科研工作、人才培养与业务发展三者的良性互动,通过科研工作促进人才培养与成长。

(九)加强人才队伍建设,为事业发展提供人才保障

把人才队伍建设作为图书馆创新服务的基础和关键,按照"存量优化、增量优选"的原则,以"人才资源优先开发、人才结构优先调整、人才投资优先保证、人才制度优先创新"为指导方针,结合我国公共图书馆的实际,探索能够有效发现人才、吸引人才、培养人才、留住人才、用好人才的体制机制,造就一支数量合理、结构优化、素质优良、有良好职业道德与服务能力的人才队伍。

1. 重视人才的选拔、引进和任用。完善图书馆人才政策和措施,建立图书馆人才发展专项经费,采取各种措施吸引优秀人才进入公共图书馆。引导和鼓励高校毕业生到基层图书馆工作,鼓励各级公共图书之间开展多种形式的人才交流活动,提高基层队伍的素质和水平。加大对优秀中青年人才,特别是数字图书馆、古籍保护、特殊人群服务、信息资源建设等重点领域领军人物的培养力度。建立健全基层图书馆管理人才选拔任用机制,完善人才公开聘任机制,建立人员录用考试机制。

2. 加强教育培训,提升队伍素质。完善图书馆在职人员继续教育体系,建立继续教育效果考核、评价机制。加强与图书情报教育机构的联系和合作,通过开展图书情报专业硕士培养等方式,鼓励图书馆从业人员接受专业继续教育。建立全国及区域性培训基地,对全国图书馆从业人员进行系统化、专业化的分层分类培训。逐步建立图书馆队伍培训长效机制,加强基层尤其是农村图书馆(室)从业人员的岗前培训,推进图书馆队伍培训规范化建设。

3. 建立健全人才评价和激励机制。探索实施对专业技术人才、技能人才、运行保障人才进行分类界定的方式,推进评价体系多元化。加快推进职称制度改革,完善专业技术职务任职评价方法。探索建立图书馆从业人员职业资格制度,结合地方实际情况,积极探索多样化的职业准入方式,在有条件的地区开展试点工作。建立以岗位绩效考核为基础的人员考核评价制度,健全领导干部考核评价机制。

4. 积极探索志愿者队伍建设。吸引社会人力资源以志愿者形式参与图书馆服务,成为专业队伍的有益补充。加强志愿者队伍的制度建设,探索和实践公共图书馆志愿者工作岗位的分类与界定,建立志愿者上岗的培训制度,保证志愿者岗位的服务质量,完善志愿者队伍管理制度。

(十)加强国内外交流与合作,进一步提升行业影响力和国际竞争力

以交流和吸收先进经验、拓展社会影响力和国际话语权为目标,以平等交流对话和广泛深入合作为手段,进一步扩大交流渠道,改进交流手段,深化交流内涵,提高交流质量,积极开创公共图书馆国内外交流合作新局面。

1. 加强国内合作。充分发挥中国图书馆学会等行业协会和区域性图书馆共享机制的作用,进一步加强公共图书馆之间以及公共图书馆与其他类型图书馆之间的交流与合作。加强图书馆联盟建设,重点以全国公共图书馆讲座联盟、全国公共图书馆展览联盟为平台,开展社会教育领域的合作。积极开展与港澳台地区图书馆的广泛联系与合作。

2. 拓展国际交流。加强与国际图联等国际组织的联系,鼓励和支持更多的图书馆参与

国际学术交流活动,积极争取国际图联等国际组织常设基金对我国公共图书馆项目的资助。巩固和深化已有的交流与合作项目,策划新的国际交流合作项目,重点加强在古籍文献整理与保护、数字图书馆建设等方面的国际交流与合作。积极参与国家文化"走出去"战略,参与海外中国文化中心图书馆的建设,建设中华文化数字资源库群,通过网络向海外用户提供内容丰富多彩、形式生动鲜活的中华文化数字产品,不断增强中华优秀文化的辐射力与影响力。

四、保障措施

为确保全国公共图书馆事业"十二五"规划各项任务的落实,需要有必要的保障措施,主要包括建立健全组织保障、推进管理机制改革和完善经费保障机制。

(一)推动宏观管理体制机制改革创新,促进全国公共图书馆统筹协调发展

建立政府宏观管理、行业组织专业指导、公共图书馆法人治理的组织保障体系。积极转变政府职能,明确政府责任,实现政府对图书馆事业的宏观科学管理。加强图书馆行业组织建设,强化行业组织在事业发展中的专业指导和行业自律功能,探索建立政社分开、权责明确的公共图书馆行业管理体制。

(二)深化内部管理运行机制改革,激发公共图书馆事业的发展活力

以转换机制为手段,以增强活力为重点,以改善服务为宗旨,推进公共图书馆深化人事、收入分配和社会保障制度改革,建立公共图书馆法人治理结构。进一步转变观念,推进公共图书馆服务体系制度设计研究,探索与公共图书馆服务体系建设相适应的管理运行机制创新。立足现实,因地制宜地推广公共图书馆总分馆制。

(三)完善经费保障机制,促进公共图书馆事业持续稳定发展

围绕公共图书馆的基本职能,建立公共图书馆经费保障机制。将公共图书馆人员开支、资源购置、基本服务提供、数字图书馆建设、设施设备购置与维护等日常运行经费纳入各级财政预算,并逐步提高经费保障水平,以保证公共图书馆正常运转和可持续发展。建立免费开放经费保障机制,经费投入重点向中西部地区倾斜。探索建立公共文化多元化投入机制,拓宽经费来源渠道,大力吸引社会资金以多种方式投入到图书馆建设,逐步形成以政府投入为主、社会力量积极参与的多元化经费保障体系。建立经费投入的评价机制和监督机制,确保经费结构科学合理,经费投入效益最大化。

(四)建立完善监督评估机制,强化服务标准考核

积极推动将公共图书馆建设与服务指标纳入科学发展考核评价体系,纳入各级文化行政主管部门的绩效考核体系。以绩效评估为手段,健全和完善监督机制,重点加强对专项资金和重大项目的监督考核机制。围绕全面提升各级公共图书馆建设水平和服务质量的要求,根据《公共图书馆建设标准》和《公共图书馆服务规范》的相关要求,进一步完善各级公共图书馆评估定级标准,建立健全各级公共图书馆的评估考核机制,将群众满意度纳入公共图书馆评价体系重要指标。

|第二篇|

中央政府发布的图书馆相关政策文件

管理书刊出版业印刷业发行业暂行条例①

（1952 年 8 月 16 日　政务院）

第八条　凡经营书刊出版业者,应遵守下列各款规定:

九、每种书刊出版后,应向各级出版行政机关及国立图书馆送缴样本,其办法另订之;

……

关于加强厂矿、工地、企业中文化艺术工作的指示②

（1954 年 6 月 8 日　文化部、中华全国总工会）

甲、政府各级文化主管部门和工会各级组织,应在国家文化工作的整个部署下,分工合作,充分利用所有电影放映队、剧场、电影院、文化馆（站）、文化宫、俱乐部等机构为职工群众服务。

六、……省、市图书馆,特别是所在地区有较多厂矿企业的图书馆,应加强与厂矿、企业的工会图书馆的联系与配合,并应帮助工会组织的图书馆工作干部学习业务,对没有工会图书馆的厂矿、企业,则应加强组织职工阅读的工作。有条件的图书馆,可试办把图书送到职工群众中去的工作。工会组织也应注意帮助省、市图书馆及新华书店加强书报的供应和组织阅读的工作。

中华人民共和国教育部、高等教育部、农业部、文化部关于编制现有古农书目录径寄农业科学院筹备小组的通知③

（1955 年　教育部、高等教育部、农业部、文化部）

……为此,要求各省（市）教育厅（局）、文化局、农业（林）厅（局）责成所属各图书馆（室）、资料室（限县、市以上）,将其所收存的各类古农书,专门编出目录（包括书名、册数、卷数、函数、著者或编者姓名、出版者版本和出版年代等）,于一九五六年六月底以前分别直接寄送北京西郊白祥巷十二号中国农业科学院筹备小组,以便统一汇编全国性的目录,使整理祖国农业遗产的各研究人员得以查考和运用。希各省（市）接此通知后,即予具体布置为荷。

---

① 该文件原文来自《中央人民政府法令汇编（3）》（1982）,原文页次:249—251。
② 该文件原文来自《中央人民政府法令汇编（5）》（1982）,原文页次:225—230。
③ 该文件原文来自《图书馆法规文献汇编》（河北大学图书馆学系,1985）,原文页次:50。

周恩来关于知识分子问题的报告①

(1956 年 1 月 14 日　中共中央关于知识分子问题的会议)

……

一部分知识分子在工作中感觉缺乏必要的图书资料和工作设备,或者缺乏适当的助手,以致工作效率很低。这种情形确实是存在的。例如许多拥有大量图书资料的单位,没有充分重视这些宝贵财产,没有派适当干部去进行整理,因而使一些专家不能够利用这些图书资料进行研究。造成这种现象的主要原因是我们对于他们的需要不熟悉,或者虽然听说了多次,而没有负责地给以解决。有些工作人员不愿意为这些"小事情"麻烦,这是错误的。这不是"小事情",我们应该迅速地认真地解决这些问题。

关于配合农村合作化运动高潮开展农村文化工作的指示②

(1956 年 2 月　文化部、共青团中央)

二、开展农村文化工作的中心关键,是建立和发展以俱乐部为中心的农村文化网。七年内,要求在全国范围内建立农村文化网,基本上做到每个县都有县报、文化馆、图书馆、书店、影剧院、职业剧团;平均每 7 个乡有一个电影放映队,每个农业生产合作社都有俱乐部、图书室、业余剧团、收音机(或者喇叭筒),使农民能够经常地和方便地看到电影、幻灯、戏剧,听到广播,买到或者看到通俗书报。

(三)加强和扩大书刊发行网和流通网。

新华书店还应当加强同县图书馆、文化馆、中心俱乐部(或者文化站)、农村俱乐部和农村图书室的联系,通过它们经常地了解读者的需要,宣传推广优良的读物,并且做到有计划的供应。新华书店仍然应当注意加强和改进农村流动供应工作。各省、自治区应该着手以现有的县文化馆图书室为基础,筹建县图书馆。1956 年,要求做到每个专区所在地的县首先建立起来。这种县图书馆初步应该做到拥有农民通俗读物 5000 册到 1 万册。它应该同区、乡图书室和农村俱乐部图书室密切联系,对它们进行辅导工作,并且通过它们使图书在农村中有计划地巡回流通。三年内达到每县有图书馆。

六、为了加强农村文化工作,专署(自治州)和县(自治县)人民委员会应该遵照国务院的通知,由文教科(局)和其他方面抽调人员建立文化科,克服目前许多地方的基层文化工作缺乏领导的现象。专区(自治州)和县(自治县)的文化科应该根据当地党政领导机关的指示,负责领导全专区(自治州)或全县(自治县)的文化工作,特别是农村文化工作;同时应该对所属的文化事业单位,包括文化馆、文化站、图书馆、电影放映队、地方剧团、曲艺队、电影院、剧场、书店、收音站等等实行统一领导,使它们能够互相协作和配合。

---

① 该文件原文来自人民网网站(http://www.people.com.cn/),检索日期:2013 年 9 月 19 日。
② 该文件原文来自中国共青团网站(http://www.gqt.org.cn/),检索日期:2013 年 7 月 30 日。

中共中央批转文化部党组和共青团中央书记处关于进一步改善少年儿童读物的报告①

（1960 年 3 月 15 日　中共中央）

（二）

四、小学中、低年级的课外读物太少。学龄前儿童的画册也不多。

……

少年儿童读物的发行、纸张及阅读场所也存在一些问题……少年儿童阅读场所也少了一些,有些小学校还没有图书馆。

（三）

四、……

增添少年儿童的阅读场所。今后三四年内,城市以区或人民公社为单位建立一个较为充实的少年儿童图书馆。城市中的连环画租赁店,建议逐步改造成连环画阅览室。今后两、三年内,凡是没有图书馆(室)的小学都尽可能建立起图书馆(室),除教育办公费中的图书费外,勤工俭学的收入中可以允许拨一部分作为图书费。

一般高等学校校舍规划面积定额②

（1979 年 12 月 31 日　（79）教计字 472 号）

第二节　图书馆

一、内容:包括学生阅读室、教师阅览室、特种阅览室、杂志报刊阅览室、书库、行政办公用房(包括编目、整理、装订等)、目录厅、借书处、会议室及附属用房等。

二、阅览室的座位数及设计定额:

高等学校图书馆的学生阅读室只能解决学生借阅参考的需要,学生做作业及自习则宜在宿舍及教室中进行。学生阅览室的座位数,理、工、农、医、体育各科按学生人数的 12.5%（五千人规模）—17.5%（一千人规模）设置;文科及政法财经科按学生人数的 15%（三千人规模）—20%（一千人规模）设置。教师阅览室座位按照教师总人数的 16% 设置。

学生阅览室每个座位占使用面积 1.8 平方米(已包括走道及一般工具书架所占面积,下同)。教师阅览室每个座位占使用面积 3.5 平方米。行政办公用房按办公人数每人占使用面积 8 到 10 平方米计算(包括编目、整理、装订等)。

三、书库的藏书量及设计定额

理、工、农、医、体育各科,科规模为五千人时藏书 70 万册,三千人时藏书 50 万册,两千

---

① 该文件原文来自中国共青团网站（http://www.gqt.org.cn/）,检索日期:2013 年 7 月 30 日。

② 该文件原文来自“北大法宝”数据库,检索日期:2013 年 7 月 30 日。

人时藏书 40 万册,一千人时藏书 22 万册,五百人时藏书 13 万册。文科及政法财经科,科规模三千人时藏书 66 万册,两千人时藏书 50 万册,一千人时藏书 30 万册。全国重点高等学校及个别老校现有藏书量已超过上述指标者,可在现有藏书量的基础上适当预留发展余地进行规划。在规划时要注意对过时期刊及复本书籍的经常性处理,不要使藏书量无限增加下去。

理、工、农、医、体育科每科每平方米书库使用面积藏书 300 册,文科及政、法、财经科每平方米书库使用面积藏书 350 册。

四、图书馆的建筑面积定额(按阅览室、办公室的平面系数 K = 70%,书库的平面系数 K = 90% 计算)

科别	科规模(人)	图书馆的建筑面积定额(m²/生)
理、工、农、林、医、药体育	500	2.66
	1000	2.09
	2000	1.80
	3000	1.54
	5000	1.31
文、政、法、财经	1000	2.41
	2000	1.95
	3000	1.71

注:本定额中书库的建筑面积一律按书架计算,有一层就算一层。

文化部、教育部、全国科协、全国总工会、共青团中央
关于切实解决青少年文化活动场所的意见①

(1980 年 10 月 10 日　(80)中青联字第 39 号)

三、充分利用社会上已有的文化设施,大开方便之门,为青少年服务

社会上已有的文化设施,如各地文化馆、影剧院、图书馆、展览馆、博物馆、科技馆、公园、体育馆(场)和工人文化宫、工人俱乐部以及机关内部礼堂,要把为青少年服务列为日常工作之一。为此要求:

3. 各地图书馆应附设少年儿童阅览室,经常举办读书、讲座、读者评书等活动;

四、有计划地扩建和兴建一批活动场所

……建议中等以上的城市和大城市的区都要设立少年儿童图书馆,县、区、市图书馆要设立少年儿童阅览室,以满足少年儿童的文化活动的要求。

---

① 该文件原文来自法律图书馆网站(www.law-lib.com/),检索日期:2013 年 9 月 4 日。

中华人民共和国学位条例暂行实施办法①

（1981 年 5 月 20 日　国发〔1981〕89 号）

第二十三条　已经通过的硕士学位和博士学位的论文,应当交存学位授予单位图书馆一份;已经通过的博士学位论文,还应当交存北京图书馆和有关的专业图书馆各一份。

中华人民共和国宪法②

（1982 年 12 月 4 日　第五届全国人民代表大会第五次会议通过）

第一章　总纲

第二十二条　国家发展为人民服务、为社会主义服务的文学艺术事业、新闻广播电视事业、出版发行事业、图书馆博物馆文化馆和其他文化事业,开展群众性的文化活动。

※本法于 1982 年 12 月 4 日经第五届全国人民代表大会第五次会议通过,于 2004 年 3 月 14 日根据第十届全国人民代表大会第二次会议通过的《中华人民共和国宪法修正案》最新修正。

教育部关于调整和补充《一般高等学校校舍规划面积定额》的意见③

（1984 年 4 月 10 日　（84）教基字 092 号）

一、对《定额》的调整

（二）图书馆:图书馆的阅览座位及每座位的设计定额仍按《定额》执行。重点学校书库的藏书量未达到《定额》规定的可按《定额》中的规定增加 10%—15%（理工科）或 15%—20%（文法财经科）,书库藏书量已超过《定额》的规定者可按现有藏书量并考虑若干年的发展增加书库的建筑面积。

国家档案局、教育部、文化部关于协助编好《中国家谱综合目录》的通知④

（1984 年 11 月 20 日　国家档案局、教育部、文化部）

各省、自治区、直辖市文化厅（局）、文管会、档案局,北京图书馆,各高等院校:

---

① 该文件原文来自"北大法宝"数据库,检索日期:2013 年 7 月 30 日。
② 该文件原文来自"北大法宝"数据库,检索日期:2013 年 7 月 30 日。
③ 该文件原文来自"北大法宝"数据库,检索日期:2013 年 7 月 30 日。
④ 该文件原文来自《图书馆法规文献汇编》（河北大学图书馆学系,1985）,原文页次:301—302。

……为了推动国内对家谱的研究利用,发掘家谱这一祖国文化宝藏,改变中国家谱研究的内轻外重状况,充分发挥家谱在学术研究和统战工作中的重要作用,国家档案局二处、南开大学历史系、中国社会科学院历史研究所图书馆等单位,拟将分藏于各图书馆、博物馆、文化馆、档案馆等单位的家谱编成一部比较完整的《中国家谱综合目录》。计划一九八五年底完成编纂工作,公开出版。为了协助编好这一目录,特请你们通知各地图书馆(室)、博物馆、文管会、文化馆、档案馆(室)等收藏单位,将其收藏的家谱和所知道的个人收藏的家谱目录,按照该书的编辑凡例,于一九八五年三月底以前报送国家档案局……

附:《中国家谱综合目录编辑凡例》(略)。

国务院工资制度改革小组、劳动人事部关于文化部所属文化艺术事业单位工作人员工资制度改革问题的通知①

(1985 年 10 月 9 日　劳人薪〔1985〕47 号)

附件:文化部所属文化艺术事业单位工作人员制度改革实施方案

一、改革的实施范围

这次工资改革,限于下列所属单位的正式工作人员:

2. 图书馆、博物馆(院)和其他文物事业单位;

二、改革的主要内容

(二)各类专业技术人员和行政人员的职务名称系列和工资标准;

2. 图书馆、博物馆的专业人员,按研究馆员、副研究馆员、馆员、助理馆员、管理员的职务分列,其工资标准表见附表二。

附表二:文化部直属图书馆、博物馆(院)专业人员基础工资、职务工资标准表　　(六类工资区)　单位:元

职务名称	基础工资	职务工资							
		一	二	三	四	五	六	七	八
研究馆员	40	*315　*260　215	190	165	150	140	130	120	
副研究馆员	40	*190　*165　150	140	130	120	110	100	91	82
馆员	40	*110　100	91	82	73	65	57		
助理馆员	40	57	49	42	36	30			
管理员	40	42	36	30	24	18	12		
研究馆员	40	*355　*300　255	230	205	190	180	170	160	
副研究馆员	40	*230　*205　190	180	170	160	150	140	131	122
馆员	40	*150　140	131	122	113	105	97		
助理馆员	40	97	89	82	76	70			
管理员	40	82	76	70	64	58	52		

注:表列带＊符号的工资标准,这次改革只适用于该职务中本人现行工资接近上述标准(指基础工资加职务工资之和)的专业人员。

---

① 　该文件原文来自"北大法宝"数据库,检索日期:2013 年 7 月 30 日。

国家教育委员会、国家计划委员会关于印发
《全日制普通中等专业学校校舍规划面积定额(试行)》的通知①

(1987 年 3 月 5 日　(87)教基字 008 号)

第二章　全日制普通中等专业学校校舍规划面积定额
第二节　图书馆(室)

一、内容

包括学生阅览室、教师阅览室、特种阅览室、报刊阅览室、书库、办公用房、图书目录室、出纳用房等。

二、阅览室的座位及设计定额

阅览室只供师生借阅参考书、报刊等使用,不设供学生自习的座位,其座位数占学生人数的百分比如下表:

规模(人)　　类别	640	960	1280	1600
工、农、林、医、药	16%	15%	14%	13%
政法、财经	18%	17%	16%	
体育	10%	8%		
师范	18%	17%		

教师阅览室的座位:体育学校按教师总数 10%,其余学校按 16%设置。

学生阅览室每座占使用面积 1.50m²;教师阅览室每座占使用面积 3.20m²;图书馆办公用房按办公人数每人占使用面积 7.00m²。

三、书库藏书量及设计定额

书库面积按下表所列的藏书量计算:

(单位:万册)

规模(人)　　类别	640	960	1280	1600
工、农、林、医、药	8	11	14	16
政法、财经	11	14	16	
体育	6	8		
师范	11	14		

对于扩建的中等专业学校现有藏书量已超过表列数字者,书库面积可按实际藏书量预

---

① 该文件原文来自中华人民共和国住房和城乡建设部网站(http://www.mohurd.gov.cn/),检索日期:2013 年 10 月 23 日。

留一定的发展量进行计算。

工、农、林、医、药各类学校的书库每平方米使用面积藏书 350 册,其余各类学校每平方米使用面积藏书 400 册。

四、图书馆(室)的建筑面积定额如下表(书库 K = 0.90,其余 K = 0.70):

(单位:m²/生)

规模(人) 类别	640	960	1280	1600
工、农、林、医、药	1.41	1.28	1.19	1.08
政法、财经	1.55	1.37	1.23	
体育	1.02	0.91		
师范	1.50	1.32		

公共场所卫生管理条例①

(1987 年 4 月 1 日　国发〔1987〕24 号)

第一章　总则

第二条　本条例适用于下列公共场所:

(五)展览馆、博物馆、美术馆、图书馆;

第三条　公共场所的下列项目应符合国家卫生标准和要求:

(一)空气、微小气候(湿度、温度、风速);

(二)水质;

(三)采光、照明;

(四)噪音;

(五)顾客用具和卫生设施。

公共场所的卫生标准和要求,由卫生部负责制定。

第四条　国家对公共场所以及新建、改建、扩建的公共场所的选址和设计实行“卫生许可证”制度。“卫生许可证”由县以上卫生行政部门签发。

第二章　卫生管理

第五条　公共场所的主管部门应当建立卫生管理制度,配备专职或者兼职卫生管理人员,对所属经营单位(包括个体经营者,下同)的卫生状况进行经常性检查,并提供必要的条件。

第六条　经营单位应当负责经营的公共场所的卫生管理,建立卫生责任制度,对本单位的从业人员进行卫生知识的培训和考核工作。

第七条　公共场所直接为顾客服务的人员,持有“健康合格证”方能从事本职工作。患有痢疾、伤寒、病毒性肝炎、活动期肺结核、化脓性或者渗出性皮肤病以及其他有碍公共卫生

---

①　该文件原文来自“北大法宝”数据库,检索日期:2013 年 7 月 30 日。

的疾病的,治愈前不得从事直接为顾客服务的工作。

第八条　经营单位须取得"卫生许可证"后,方可向工商行政管理部门申请登记,办理营业执照。在本条例实施前已开业的,须经卫生防疫机构验收合格后,补发"卫生许可证"。"卫生许可证"两年复核一次。

第九条　公共场所因不符合卫生标准和要求造成危害健康事故的,经营单位应妥善处理,并及时报告卫生防疫机构。

第三章　卫生监督

第十条　各级卫生防疫机构,负责管辖范围内的公共场所卫生监督工作。

民航、铁路、交通、厂(场)矿卫生防疫机构对管辖范围内的公共场所,施行卫生监督,并接受当地卫生防疫机构的业务指导。

第十一条　卫生防疫机构根据需要设立公共场所卫生监督员,执行卫生防疫机构交给的任务。公共场所卫生监督员由同级人民政府发给证书。

民航、铁路、交通、工矿企业卫生防疫机构和公共场所卫生监督员,由其上级主管部门发给证书。

第十二条　卫生防疫机构对公共场所的卫生监督职责:

(一)对公共场所进行卫生监测和卫生技术指导;

(二)监督从业人员健康检查,指导有关部门对从业人员进行卫生知识的教育和培训;

(三)对新建、扩建、改建的公共场所的选址和设计进行卫生审查,并参加竣工验收。

第十三条　卫生监督员有权对公共场所进行现场检查,索取有关资料,经营单位不得拒绝或隐瞒。卫生监督员对所提供的技术资料有保密的责任。

公共场所卫生监督员在执行任务时,应佩戴证章、出示证件。

第四章　罚则

第十四条　凡有下列行为之一的单位或者个人,卫生防疫机构可以根据情节轻重,给予警告、罚款、停业整顿、吊销"卫生许可证"的行政处罚:

(一)卫生质量不符合国家卫生标准和要求,而继续营业的;

(二)未获得"健康合格证",而从事直接为顾客服务的;

(三)拒绝卫生监督的;

(四)未取得"卫生许可证",擅自营业的。

罚款一律上交国库。

第十五条　违反本条例的规定造成严重危害公民健康的事故或中毒事故的单位或者个人,应当对受害人赔偿损失。

违反本条例致人残疾或者死亡,构成犯罪的,应由司法机关依法追究直接责任人员的刑事责任。

第十六条　对罚款、停业整顿及吊销"卫生许可证"的行政处罚不服的,在接到处罚通知之日起十五天内,可以向当地人民法院起诉。但对公共场所卫生质量控制的决定应立即执行。对处罚的决定不履行又逾期不起诉的,由卫生防疫机构向人民法院申请强制执行。

第十七条　公共场所卫生监督机构和卫生监督员必须尽职尽责,依法办事。对玩忽职守、滥用职权、收取贿赂的,由上级主管部门给予直接责任人员行政处分。构成犯罪的,由司法机关依法追究直接责任人员的刑事责任。

第五章 附则

第十八条 本条例的实施细则由卫生部负责制定。

第十九条 本条例自发布之日起施行。

中华人民共和国档案法[①]

(1987 年 9 月 5 日 主席令第 58 号)

第三章 档案的管理

第十二条 博物馆、图书馆、纪念馆等单位保存的文物、图书资料同时是档案的,可以按照法律和行政法规的规定,由上述单位自行管理。

※本法于 1987 年 9 月 5 日经第六届全国人民代表大会常务委员会第 22 次会议通过,于 1996 年 7 月 5 日根据《全国人民代表大会常务委员会关于修改〈中华人民共和国档案法〉的决定》最新修正。

国家版权局关于从严掌握向外国人提供我国出版外国书刊目录的通知[②]

(1987 年 12 月 27 日 国家版权局)

近年来,时有一些外国人与我出版单位和图书馆联系,要求提供我国出版的外国书刊的目录。

过去,我国在没有版权立法和没有参加国际版权公约的情况下翻译、翻印出版了不少外国图书。目前我国正在制定版权法,外国人比较全面地掌握我国翻译、翻印外国作品的情况,将不利于我国在版权立法以后,根据我国国情有计划地逐步解决涉外版权关系,会使我国今后在进口外国书刊和对外版权贸易方面陷于被动。因此,请你们不要向国外提供我国翻译或翻印出版的外国书刊的目录,出版社向外国人介绍本社出书情况时,可择要介绍本社公开出版发行的外国书刊。

请各省、自治区、直辖市新闻出版局将此通知转告本地区的出版社。事关全局工作,务必从严掌握。

楼堂馆所建设管理暂行条例[③]

(1988 年 9 月 22 日 国务院令第 15 号)

第一章 总则

第四条 下列建筑物,按当地一般民用建筑标准建设的按基本建设程序办理,高于当地

---

① 该文件原文来自"北大法宝"数据库,检索日期:2013 年 7 月 30 日。
② 该文件原文来自"北大法宝"数据库,检索日期:2013 年 7 月 30 日。
③ 该文件原文来自"北大法宝"数据库,检索日期:2013 年 7 月 30 日。

一般民用建筑标准或者建设总投资三千万元以上(含三千万元,下同)的依照本条例的规定进行管理:

(一)文教、卫生、体育单位根据事业发展和业务需要建设的教学楼、档案馆、研究楼、资料楼、实验楼、影剧院、博物馆、科技馆、图书馆、排演场、文化站、体育馆;

第二章　楼堂馆所项目的审批

第七条　进行楼堂馆所建设,必须报批项目建议书和项目开工报告。

第八条　建设总投资三千万元以上的项目建议书,按下列程序审批:

(一)地方项目,由省、自治区、直辖市和计划单列市人民政府审查后,报国家计委审批;

(二)中央单位在北京地区建设的项目,由首都规划建设委员会审查后,报国家计委审批;

(三)中央单位在北京地区以外建设的项目,由主管部门审查,并经项目所在地的省、自治区、直辖市和计划单列市计委同意后,报国家计委审批;

(四)建设总投资二亿元以上(含二亿元,下同)的项目和建设总投资二亿元以下的某些项目,由国家计委提出审查意见报国务院审批。

第九条　建设总投资三千万元以下的项目建议书,按下列程序审批:

(一)中央各部委,各省、自治区、直辖市和计划单列市领导机关的建设项目(含与其他单位联合建设的项目和以其下属单位名义建设的项目),报国家计委审批,其中某些项目,由国家计委提出审查意见报国务院审批;

(二)前项以外的建设项目,按隶属关系分别由主管部门或者省、自治区、直辖市和计划单列市人民政府审批。

第十一条　楼堂馆所项目实行"先审计,后建设"的原则。项目开工报告必须按下列程序,经审计部门审计后方可报批:

(一)须经国务院或者国家计委审批的,由国家审计署审计;

(二)须经主管部门或者省、自治区、直辖市和计划单列市人民政府审批的,由该主管部门或者人民政府的审计局审计。

第十二条　楼堂馆所项目的开工报告,按下列程序审批:

(一)建设总投资三千万元以上的项目,由国家计委每年七、八月份统一审查、平衡、汇总后报国务院审批;

(二)建设总投资三千万元以下的项目,按隶属关系分别由主管部门或者省、自治区、直辖市和计划单列市人民政府每年七、八月份统一审批,并报国家计委备案。国家计委对不同意建设的项目,在收到备案文件两个月内提出处理意见;

(三)北京地区的项目,由首都规划建设委员会统一报国务院审批。

第十五条　建设总投资是指该项目从筹建到投产所需的全部建设资金,包括设计勘察费、征地拆迁费、市政配套费、内外装修费、设备用具费以及附属建筑投资等。采取分期建设的,建设总投资是各期建设投资的总额。

第十六条　新建、扩建大中型基本建设项目,需要建设楼堂馆所的,应当作为单项工程由主管部门或者省、自治区、直辖市和计划单列市计委审查核定建设规模、标准和投资额,在上报设计任务书或者可行性研究报告时一并审批。这部分单项工程投资包括在该项目总投资规模之内。

第十七条　经过批准的楼堂馆所项目,建设时必须列入部门、地方的基本建设计划。

第十八条　对现有楼堂馆所提高标准，重新进行内外装修、增添设备，属于社会集团购买力范围内的，按隶属关系报财政部门审批。

第十九条　机关、团体不得建设经营性的楼堂馆所，也不得以其直属单位的名义或者其他名义建设经营性的楼堂馆所。

第二十条　楼堂馆所项目必须依据国家批准的文件进行规划、设计、施工、拨款，任何单位和个人不得擅自扩大建设规模，提高建设标准，增加投资概算。

第三章　楼堂馆所项目的建设资金

第二十一条　楼堂馆所项目的资金来源必须符合国家的有关规定。下列资金不得用于楼堂馆所项目建设：

（一）企业流动资金；

（二）企业生产发展资金；

（三）各类救济资金；

（四）扶贫资金；

（五）教育经费；

（六）其他专项资金。

第二十二条　需要由国家预算内投资安排楼堂馆所建设的，中央单位项目必须经国家计委批准，地方项目必须经省、自治区、直辖市和计划单列市计委批准。银行贷款按计划可以用于安排涉外的旅游旅馆、写字楼等经营性项目，非经营性的项目不得安排使用。

第二十三条　楼堂馆所的建设资金，必须存入中国人民建设银行，实行统一管理，其他银行不得办理楼堂馆所项目的资金拨付。

第二十四条　不得将全民所有制单位的资金转移到集体所有制单位，以集体所有制单位的名义兴建楼堂馆所；不得以资金购买或者以物资等换取集体所有制单位的楼堂馆所。

第二十五条　用自筹资金建设楼堂馆所的，按年度投资额的30％征收建筑税。

第四章　楼堂馆所项目的建设标准

第二十六条　楼堂馆所项目的建设必须贯彻厉行节约和经济实用的原则。

第二十七条　办公楼的建设标准按照国家计委关于行政办公楼建设标准的规定执行。

第二十九条　办公楼、旅游旅馆以外的楼堂馆所建设项目，在国家颁发建设标准之前，由审批部门在审批项目时确定建设标准。

第五章　监督与处罚

第三十条　各级审计、监察、银行、计划、统计部门，应当按照各自的职责，对楼堂馆所建设进行监督。

第三十一条　违反本条例，有下列行为之一的，给予主要负责人和直接责任者以经济处罚、行政处分：

（一）楼堂馆所项目未列入部门、地方基本建设计划或者开工报告尚未批准，擅自进行建设的；

（二）擅自提高建设标准的；

（三）挪用企业流动资金、生产发展资金、各类救济资金、扶贫资金、教育经费和其他专项资金进行楼堂馆所建设的；

（四）其他违反本条例的行为，造成经济损失的。

第三十二条　违反本条例,有下列行为之一的,全部或者部分没收建设项目,并给予主要负责人和直接责任者以经济处罚、行政处分:

(一)项目建议书未经批准,擅自进行建设的;

(二)将全民所有制单位的资金转移到集体所有制单位,以集体所有制单位名义修建楼堂馆所的,以资金购买或者以物资等换取集体所有制单位楼堂馆所的;

(三)未经有关部门批准,用国家预算内投资和银行贷款进行楼堂馆所建设的;

(四)机关、团体以各种名义建设经营性楼堂馆所的;

(五)擅自扩大建设规模的。

第三十三条　第三十一条、第三十二条规定的处罚,由监察部门、审计部门按照各自的职责实施。

第三十四条　违反本条例规定,构成犯罪的,由司法机关依法追究刑事责任。

第六章　附则

第三十七条　本条例由国家计委负责解释。

第三十八条　本条例自发布之日起施行。

国家科学技术委员会关于调整和加强全国科技情报系统文献工作的意见①

（1989 年 1 月 1 日　国家科学技术委员会）

三、合理布局,建立不同层次的文献资源支持系统

(三)地区级科技情报机构,主要包括省市区和地市县两级科技情报研究所,其中:

(1)省市区科技情报研究所为该省市区综合性科技情报中心,文献收藏范围应根据省市区的经济、科技和社会发展规划及其重点和本身的加工服务能力来确定。亦可根据区域性经济和科技发展的共同特点,联合省内或临近省的科技情报研究所、图书馆、科研单位、高等院校和大型厂矿企业开展文献工作的协作,建立共享系统。

附件 1:科技文献搜集协调办法

二、全国科技情报系统内国家级、专业部级和省市区级科技情报单位,应根据国家的、本系统的和本地区的经济、科技和社会发展特点和用户要求,制定文献搜集方针。

四、各省市区科技情报单位或图书馆的主管部门(或省级协调委员会),应根据部际图书情报工作协调委员会的统一部署,组织本地区或临近省图书、情报实体单位(包括科研、高校),在平等互利基础上建立协作网(组),以研究本地区文献合理布局、搜集协调和资源共享问题。

附件 2:科技文献联合目录组织办法

三、为了有效地开展联合目录的工作,各省市区协调委员会应组织本地区公共图书馆、高校图书馆、文献情报中心和科技情报研究所,在协商的基础上建立联合目录工作组,具体

---

① 该文件原文来自"北大法宝"数据库,检索日期:2013 年 7 月 30 日。

负责统一规划、组织协调和编辑出版工作。

五、除地区性联合目录由各地区负责组织编辑出版外,建议有关部门组织编辑下述全国性的联合目录:

(二)外文期刊联合目录——北京图书馆负责。

国家教育委员会省级重点职业高级中学的标准①

(1990 年 8 月 16 日   教职〔1990〕008 号)

第二章   办学基本条件

第十一条   图书馆应包括教师资料室、学生阅览室、书库。教师资料室的座位按教职工总数的 20% 设置,学生阅览室的座位按学生总数的 15% 设置。

适用图书,城市学校生均 50 册以上;农村学校生均 40 册左右。报刊杂志不少于 200 种。

中华人民共和国著作权法②

(1990 年 9 月 7 日   主席令第 31 号)

第二章   著作权

第四节   权利的限制

第二十二条   在下列情况下使用作品,可以不经著作权人许可,不向其支付报酬,但应当指明作者姓名、作品名称,并且不得侵犯著作权人依照本法享有的其他权利:

(八)图书馆、档案馆、纪念馆、博物馆、美术馆等为陈列或者保存版本的需要,复制本馆收藏的作品;

※本法于 1990 年 9 月 7 日经第七届全国人民代表大会常务委员会第十五次会议通过,于 2010 年 2 月 26 日根据《全国人民代表大会常务委员会关于修改〈中华人民共和国著作权法〉的决定》最新修正。

中华人民共和国国民经济和社会发展十年规划和
第八个五年计划纲要③

(1991 年 4 月 9 日   第七届全国人民代表大会第四次会议通过)

九、"八五"期间社会主义精神文明建设和社会主义民主法制建设

(一)文化建设

新闻出版、广播电影电视、文学艺术等各项文化事业,要坚持为人民服务、为社会主义服

---

①   该文件原文来自"北大法宝"数据库,检索日期:2013 年 7 月 30 日。
②   该文件原文来自"北大法宝"数据库,检索日期:2013 年 7 月 30 日。
③   该文件原文来自"北大法宝"数据库,检索日期:2013 年 7 月 30 日。

务的方针……进一步办好图书馆、文化馆、艺术馆、博物馆、科技馆、文化站、俱乐部、广播电视站和图书、报刊发行网点等各类文化活动场所。要充分发挥集体和个人的力量,积极建设城市、集镇、农村的群众性文化设施,增加活动网点。"八五"期间,要努力做到县县有图书馆、文化馆,乡乡有文化站……

科学技术期刊管理办法①

（1991 年 6 月 5 日　国家科委、新闻出版署令 12 号）

第三章　审批程序

第十五条　新办的期刊,五年内不得更改刊名和变动主办单位;并应当按期向中国版本图书馆、国家科委和新闻出版署缴送样本。

※本文件于 2008 年 1 月 25 日根据《科学技术部关于废止部分规章与规范性文件的决定》废止。

国务院批转文化部关于文化事业若干经济政策意见报告的通知②

（1991 年 6 月 10 日　国发〔1991〕31 号）

关于文化事业若干经济政策意见的报告

三、各级政府对文化设施建设要列入议事日程,切实予以安排。要将群众需要的必不可少的文化娱乐设施建设纳入城乡建设的总体规划,合理布局,统一建设。"八五"期间,要努力做到县县有图书馆、文化馆,乡乡有文化站……

六、切实解决各级公共图书馆购书经费紧张的问题。各级财政部门应会同同级文化部门,根据图书馆的规模、编制、藏书等情况,核定其经费预算,并将购书费予以标明,实行专款专用。在核定正常经费和购书费时,既要严格控制人员编制,避免人员经费挤占业务费,又要充分考虑工资、物价、书报刊价格上涨以及外汇升值等增支因素,逐年予以增加。

国务院办公厅转发国家教委等部门关于创造良好的社会教育环境保护中小学生健康成长的若干意见的通知③

（1991 年 10 月 8 日　国办发〔1991〕64 号）

关于创造良好社会教育环境保护中小学生健康成长的若干意见

二、国家各有关部门和群众团体要千方百计地为中小学生组织各种健康有益的活动……公共图书馆、科技馆、美术馆、文化馆、体育场（馆）,每年要面向中小学生安排内容丰富、健康向

---

① 该文件原文来自"北大法宝"数据库,检索日期:2013 年 7 月 30 日。
② 该文件原文来自"北大法宝"数据库,检索日期:2013 年 7 月 30 日。
③ 该文件原文来自"北大法宝"数据库,检索日期:2013 年 7 月 30 日。

上的开放项目,并给予优惠服务。各单位每年至少要面向中小学生免费开放 1 至 2 次。

六、各地要重视青少年活动场所设施的建设。要从当地实际出发,依靠社会力量,把青少年活动设施的建设纳入城乡建设规划,努力使中等以上城市都建有一定规模和数量的少年宫(家、站)、少年儿童活动中心、少儿图书馆、少年科技中心(馆、站)、儿童公园和剧院等少年儿童校外教育活动基地。

财政部、文化部关于颁发《文化事业单位财务管理办法》的通知①

(1992 年 12 月 30 日　(92)财文字第 753 号)

文化事业单位财务管理办法
第一章　总则

第二条　文化事业单位(以下简称单位)包括:各级文化主管部门(以下简称文化部门)所属的艺术表演团体、艺术表演场所、图书馆、群众艺术馆、文化馆(站),文化部门举办的中等专业学校和开支"文化事业费"的其他各类文化事业单位,以及文化部门和单位所属的实行独立核算的附设经营单位(以下简称附营单位)。

第三章　预算管理

第二十三条　预算管理形式同单位的财务管理形式相同可分为三种,即:全额预算管理、差额预算管理、自收自支管理。

一、没有稳定的经常性业务收入或收入较少的图书馆、中等专业学校等单位为全额预算管理单位。实行"全额预算包干,超支不补,结余留用"的预算管理办法。

第四章　收入管理

第三十五条　收入的分类

文化事业单位的收入按照单位的类型划分为:

3. 图书馆收入。包括图书馆的复印、复制、缩微收入,提供信息、咨询的收入和其他各项收入。

按照具体项目划分为:

7. 图书复印复制收入:指图书馆对外提供复印、复制、缩微等取得的收入。

城市民族工作条例②

(1993 年 9 月 15 日　国务院民族事务委员会令第 1 号)

第十九条　少数民族人口较多的城市的人民政府,应当根据需要和条件,设立具有民族特点的文化馆(站)、图书馆。

---

①　该文件原文来自"律商网"数据库,检索日期:2013 年 7 月 30 日。
②　该文件原文来自"北大法宝"数据库,检索日期:2013 年 7 月 30 日。

国家级重点职业高级中学标准[①]

（1994 年 2 月 1 日　教职〔1994〕1 号）

第九条　有 1000 平方米以上的专用图书馆。教师资料室和学生阅览室的座位分别按不低于教职工总数的 25% 和学生总数的 15% 设置。

有适用图书 5 万册以上，其中，专业图书占 40% 以上。报刊杂志不少于 150 种。有懂业务的专职图书管理人员。

人事部、文化部关于印发图书、文物、博物、档案、群众文化等事业单位贯彻《事业单位工作人员工资制度改革方案》实施意见的通知[②]

（1994 年 5 月 11 日　人薪发〔1994〕19 号）

根据《国务院关于机关和事业单位工作人员工资制度改革问题的通知》（国发〔1993〕79 号）和《国务院办公厅关于印发机关、事业单位工资制度改革三个实施办法的通知》（国办发〔1993〕85 号）精神，结合图书、文物、博物、档案、群众文化等事业单位的实际情况，制定了《图书、文物、博物、档案、群众文化等事业单位贯彻〈事业单位工作人员工资制度改革方案〉的实施意见》，现印发给你们，请按照执行。

图书、文物、博物、档案、群众文化等事业单位贯彻《事业单位工作人员工资制度改革方案》的实施意见

根据国务院颁发的《事业单位工作人员工资制度改革方案》和国务院办公厅下发的《事业单位工作人员工资制度改革实施办法》的规定，结合图书、文物、博物、档案、群众文化等事业单位的特点和具体情况，制定本实施意见。

一、实施范围

此次工资制度改革的实施范围，限于下列事业单位中 1993 年 9 月 30 日在册的正式职工。各级各类图书馆、文物、博物馆（院）、美术馆、资料馆、展览馆、纪念馆、群众文化艺术馆（站）等事业单位。企业所属的上述单位不列入这次工资制度改革范围。

二、新工资制度的内容和工资构成

图书、文物、博物、档案、群众文化等事业单位的专业技术人员和管理人员，分别实行专业技术职务等级工资制、职员职务等级工资制。技术工人和普通工人分别实行技术等级工资制、等级工资制。专业技术职务等级工资制、职员职务等级工资制和技术等级、等级工资制由固定部分和活的部分两块构成。职务（技术）等级工资为工资构成中的固定部分，主要体现工作人员的工作能力、责任、贡献、劳动和繁重复杂程度；津贴为工资构成中活的部分，

[①]　该文件原文来自"北大法宝"数据库，检索日期：2013 年 7 月 30 日。
[②]　该文件原文来自"北大法宝"数据库，检索日期：2013 年 7 月 30 日。

主要体现工作人员岗位工作特点、实际工作的数量与质量的差别。在工资构成中,全额拨款单位固定部分占70%,活的部分占30%。差额拨款单位固定部分占60%,活的部分占40%。

三、职务(技术)等级工资

(一)图书、文物、博物、档案、群众文化等事业单位的专业技术人员,按研究馆员、副研究馆员、馆员、助理馆员、管理员职务序列的工资标准执行(见附表一)。

(二)图书、文物、博物、档案、群众文化等事业单位的行政管理人员,实行职员职务等级工资标准(见附表二)。

(三)技术工人按照高级技师、技师两个技术职务等级工资标准和高级工、中级工、初级工三个技术等级工资标准执行。普通工人执行等级工资标准(见附表三)。

(四)图书、文物、博物、档案、群众文化等事业单位中从事教学、科研、工程技术、经济、会计、统计、出版、卫生技术等专业工作的人员,分别执行国家规定的相应专业技术序列的工资标准。

四、津贴

(一)津贴是工资构成中活的部分,与固定部分同时实施。津贴制度的建立和实施,要与图书、文物、博物、档案、群众文化等事业单位内部管理体制改革相结合。津贴的发放,要从本单位实际情况出发,建立具体考核办法和规定,以考核情况为基础,与工作人员的实际工作数量与质量直接挂钩,多劳多得,少劳少得,不劳不得,不得平均发放。

(二)津贴的实施,按国家规定的比例实行总量控制,政策指导,单位自主分配。各单位在核定的津贴总额内,根据国家有关政策规定及本实施意见,结合单位实际情况,具体确定津贴项目、档次、标准和实施办法,报上级主管部门和人事部门批准后实施。

(三)图书、文物、博物、档案、群众文化等事业单位的专业技术人员、管理人员和工人可分别设立以下几种津贴。

1. 专业技术人员的津贴

图书馆,主要设立文献情报开发利用津贴。

博物(文物)馆、纪念馆,主要设立文物保护研究利用津贴。

文化馆(站)、群众艺术馆,主要设立文化活动组织辅导效益津贴。

美术馆、展览馆,主要设立陈列展览效果津贴。

档案馆、资料馆,主要设立档案资料研究管理使用津贴。

列入本实施意见范围的其他事业单位,也要根据本单位的工作特点和主要工作任务,设立相应的津贴。

上述各种津贴,要在国家核定的津贴总额内,由单位根据实际情况组织实施。津贴标准,一般可根据研究馆员、副研究馆员、馆员、助理馆员、管理员五个专业技术职务设置,每一专业技术职务的津贴标准,按完成工作数量和质量的不同,划分为若干档次。津贴的发放,要以考核为依据。考核办法可采用按工作岗位下达工作任务,按任务要求明确工作定额,以日计勤,月终核定,根据考核结果确定津贴发生数额的办法。对完成工作任务突出,并做出一定成绩的,允许拿较高档次的津贴。对完成任务较差的,只能拿较低档次的津贴。完不成任务或长期缺勤的,停发津贴。

2. 领导职务津贴

专业技术人员担任领导职务的,领取领导职务津贴。津贴标准依据职务高低和所负责任的大小确定。其中担任党政主要领导职务的,其津贴,按干部管理权限,报上级主管部门确定。所担任的领导职务变动时,领导职务津贴随之相应变动,不担任领导职务时,领导职务津贴即行取消。

3. 行政管理人员的津贴

图书、文物、博物、档案、群众文化等事业单位的行政管理人员,实行国家统一规定的岗位目标管理津贴。津贴标准,要在核定的津贴总额范围内,根据行政管理人员所负责任大小和岗位目标任务完成情况确定。担任科以上行政领导职务的行政管理人员,其岗位目标管理津贴标准,要与担任同级领导职务的专业技术人员的津贴水平大体平衡。

4. 工人的津贴

图书、文物、博物、档案、群众文化等事业单位的技术工人,实行岗位津贴。普通工人,实行作业津贴。技术工人岗位津贴,依据技术工人实际工作的数量和质量、技术水平、岗位差别予以确定。普通工人作业津贴,依据普通工人实际工作的数量、工作表现予以确定。

鉴于从事国家珍贵文物、图书、档案资料保护的人员,长期接触有毒有害物质,根据国发〔1993〕79 号文件的规定,其津贴可在国家规定比例的基础上适当高一些,高出幅度,按工资构成的 10% 掌握。对长期在农村一线工作的文化馆(站)工作人员,其津贴可在国家规定比例的基础上高一些,具体办法,按所在省、自治区、直辖市的有关规定执行。

上述津贴建立后,原按国家规定发放的奖金(包括按国家有关政策用单位自有收入发放的带有奖金性质的其他项目),在 4 个月平均基本工资以内的部分予以取消。超过 4 个月平均基本工资的部分,可由单位统一掌握,与新设立的津贴合并使用。

按现行国家规定发放的政府特殊津贴和经国家批准建立的考古专业人员野外作业津贴继续实行。

五、奖励制度

工作人员在科学研究、技术开发、社会服务和管理工作等方面做出突出贡献的应给予奖励。

对做出重大贡献的专业技术人员,可给予一次性重奖。具体实施办法,按国家有关规定执行。

从 1994 年起,对年度考核合格以上的人员,在年终发给一次性奖金。奖金数额为本人当年 12 月份的工资(职务工资与津贴之和)。

六、正常增加工资制度

(一)正常升级

全额拨款和差额拨款单位,在严格考核的基础上实行定期升级增加工资制度。年度考核一般在年末进行。考核结果分为优秀、合格、不合格三种。凡正常履行工作职责,连续两年考核为合格以上的人员,一般可晋升一个职务工资档次。考核不合格的,不得晋升。对考核优秀并做出突出贡献的专业技术人员,可提前晋升或越级晋升,晋升比例一般控制在单位总人数的 3% 以内。考核升级增加的工资,从下一年度的 1 月份起发给,考核升级增加的工资总额,报上级主管部门和人事部门审核批准。

自收自支单位,有条件的,可在国家规定的工资总额与经济效益挂钩的比例内,自主安排职工升级。

(二)晋升职务(技术等级)增加工资。

工作人员在职务(技术等级)晋升时,按晋升的职务(技术等级)相应增加工资。原工资低于新任职务(新定技术等级)工资标准最低档的,进入新任职务(新定技术等级)工资标准最低档;原工资已在新任职务(新定技术等级)工资标准以内的,就近就高进入新任职务(新定技术等级)工资档次。工资从任命或聘任的下月起计发。

七、新参加工作人员的工资待遇

新参加工作的专业技术人员、行政管理人员的工资待遇,按国家统一规定执行。到边远艰苦地区工作的各类学校毕业生,可提前定级,定级工资标准,可高于同类人员1—2档。具体实施办法,按当地人民政府的有关规定执行。新参加工作的工人仍实行学徒期、熟练期制度。学徒期、熟练期的工资待遇和学徒期、熟练期满后的定级工资待遇,按所在省、自治区、直辖市人民政府有关规定执行。

八、工资管理体制

对全额拨款、差额拨款、自收自支三种不同类型的图书、文物、博物、档案、群众文化等事业单位,实行分类管理:全额拨款单位:在核定编制的基础上,可实行工资总额包干,增人不增工资总额,减人不减工资总额,节余的工资,单位可自主安排使用。差额拨款单位:可根据经费自理程度和国家有关规定,实行工资总额包干或其他符合自身特点的管理办法。自收自支单位:工资中活的部分所占比重可比差额拨款单位大一些,这次套改入轨时,暂按40%核定,以后再根据效益变动情况相应进行调整。有条件的,可以实行企业工资制度。

九、工资改革的实施

(一)图书、文物、博物、档案、群众文化事业单位,由现行工资制度向新工资制度过渡的具体办法,按《国务院办公厅关于印发机关、事业单位工资制度改革三个实施办法的通知》(国办发〔1993〕85号)的规定执行。

(二)对做出突出贡献的人员以及1985年工资制度改革以来根据国家规定授予奖励升级的人员,可适当高定职务工资档次。对表现差、不能履行本职职责、或不能坚持正常工作的人员,单位有权低定其职务工资档次。

(三)同时具有专业技术职务和行政职务的人员,其职务工资可按所担任两种职务中工资较高的一种确定。

(四)专业技术人员和管理人员中,如按下一级职务(例如现任职务为研究馆员的,下一级职务指副研究馆员)套改,其工资额高于按现任职务套改的,可先按下一级职务套改,再按套改后的工资额就近就高套入本人现任职务工资标准。

(五)未确定职务的专业技术人员和管理人员的套改办法,应根据本人的实际情况,区别对待。一般可按其日常工作表现和能力,参照相同条件人员进行套改。

(六)图书、文物、博物、档案、群众文化等事业单位的党政主要领导的起点职务工资标准和领导职务津贴,要在国家规定的政策范围内,按干部管理权限,由上级主管部门具体确定。

(七)地区津贴制度和特殊情况下的工资支付及工资变动办法,按国家有关规定执行。

(八)离退休人员的生活待遇及这次工资制度改革增加离退休费的办法,按国办发〔1993〕85号文件并参照所在地省一级人民政府的具体规定执行。

十、组织领导

这次图书、文物、博物、档案、群众文化等事业单位工资制度改革,党中央、国务院有关部门直属在京单位,由人事部门组织协调,各主管部门具体实施,地方所属单位和党中央、国务院有关部门(少数部门除外)所属的京外单位,由所在省、自治区、直辖市人民政府统一组织实施。各级人事部门和各级图书、文物、博物、档案、群众文化等事业单位的主管部门要加强领导,高度重视、严格执行政策,认真细致地做好思想政治工作,切实保证这次工资制度改革工作的顺利进行。

附表一:图书、文物、博物专业人员专业技术职务等级工资标准表　　　　单位:元/月

职务等级津贴部分	职务工资标准										
	一	二	三	四	五	六	七	八	九	十	
研究馆员	390	430	470	520	570	620	670				64～287(全额拨款单位,按在工资构成中占30%计算)
副研究馆员	275	305	335	365	395	435	475	515	555		
馆员	205	225	245	265	285	315	345	375	405	435	
助理馆员	165	179	193	213	233	253	273	293	313		
管理员	150	162	174	192	210	228	246	264			

注:差额拨款单位,津贴部分按在工资构成中占40%计算。

附表二:职员职务等级工资标准表　　　　单位:元/月

职务等级	职务工资标准										
	一	二	三	四	五	六	七	八	九	十	
一级职员	480	520	560	605	650	695					62～298(全额拨款单位,按在工资构成中占30%计算)
二级职员	335	370	405	440	480	520	560				
三级职员	235	260	285	310	340	370	400	430			
四级职员	180	198	216	234	252	276	300	324	348	372	
五级职员	160	174	188	202	216	233	250	267			
六级职员	145	157	169	181	193	207	221	235			

注:差额拨款单位,岗位目标管理津贴按在工资构成中占40%计算。

附表三:工人工资标准表

一、职员职务等级工资标准表　　　　单位:元/月

技术职务、技术等级	技术等级工资标准										岗位津贴
	一	二	三	四	五	六	七	八	九	十	
高级技师	245	267	289	315	341	367	393	419			62～180(全额拨款单位,按在工资构成中占30%计算)
技师	205	223	241	259	283	307	331	355	379		
高级工	180	196	212	228	248	268	288	308	328	348	
中级工	160	174	188	202	220	238	256	274	292	310	
初级工	145	157	169	181	197	213	229	245	261	277	

二、普通工人等级工资标准　　　　单位:元/月

等级工资标准													津贴
一	二	三	四	五	六	七	八	九	十	十一	十二	十三	58～135(全额拨款单位,按在工资构成占30%计算)
135	146	157	168	182	196	210	224	242	260	278	296	314	

注:1. 差额拨款单位,津贴部分按在工资构成中占40%计算。

2. 技师、高级技师工资标准,只限在国家规定的考评工种范围内使用。

国务院残工委关于贯彻《基层残疾人工作要则》的通知①

（1994 年 11 月 29 日　〔1994〕残工委第 2 号）

主要任务

第二十条　普及残疾人群众性文化、体育活动,丰富残疾人的文化生活。

……公共图书馆开设盲文及有声读物室(专柜)。

财政部、国家税务总局关于印发
《关于继续对宣传文化单位实行财税优惠政策的规定》的通知②

（1994 年 12 月 23 日　(94)财税字第 089 号）

第六条　纪念馆、博物馆、文化馆、美术馆、展览馆、书画院、图书馆、文物保护单位举办文化活动所售门票收入按《中华人民共和国营业税暂行条例》的规定执行,免征营业税。

第七条　对专业剧团排练及舞美用房;与当地民用建筑标准相当的文化馆(站)、群艺馆、图书馆、档案馆、文物保护、图书发行网点;省级及省以上的电视台和省以上广播台及其传输转发系统;新闻、儿童、科教、美术电影制片厂;单纯设备购置,其固定资产投资方向调节税按《中华人民共和国固定资产投资方向调节税暂行条例》的规定执行,均适用零税率。

※本文件于 2003 年 1 月 30 日根据《财政部关于公布废止和失效的财政规章和规范性文件目录(第八批)的决定》废止。

国务院批转中国残疾人事业"九五"计划纲要的通知③

（1996 年 4 月 26 日　国发〔1996〕15 号）

三、"九五"计划纲要的任务指标和主要措施

(六)文化生活

主要措施:

1. 公共文化机构主动为残疾人服务。

——大、中城市图书馆要提供盲文及盲人有声读物借阅,文化馆要提供特殊艺术辅导,各类文化场所都要为残疾人提供特别辅助和优惠。

---

①　该文件原文来自"北大法宝"数据库,检索日期:2013 年 7 月 30 日。
②　该文件原文来自"北大法宝"数据库,检索日期:2013 年 7 月 30 日。
③　该文件原文来自"北大法宝"数据库,检索日期:2013 年 7 月 30 日。

——逐步增加配有字幕的影视作品。

——增加适合盲人、聋人、弱智人的读物。

——各类文化娱乐活动和比赛要积极吸收残疾人参加。

文化部关于印发《关于完善津贴分配的若干原则意见》的通知①

（1996 年 5 月 6 日　文人发〔1996〕47 号）

四、规范津贴项目，加大津贴分配力度

（一）单位设置津贴项目，应以本行业"工资改革实施办法"中规定的津贴名称为准。如确需在其他岗位设立津贴项目时，应能切实体现主要工作任务及其特点。原则上一项工作或一个岗位只设立一种津贴，如行政人员设立"岗位目标管理津贴"，科研单位专业人员设立"科研课题津贴"，图书馆专业人员设立"文献情报开发利用津贴"，技术工人设立"岗位津贴"。

文化部关于印发
《文化事业发展"九五"计划和 2010 年远景目标纲要》的通知②

（1997 年 2 月 5 日　文办发〔1997〕7 号）

二、指导方针与奋斗目标

（二）总体目标

……建设 50 座以国家大剧院为代表的图书馆、博物馆、群艺馆、美术馆、剧院等展示国家和地区形象的标志性文化设施……

三、基本任务和具体目标

（三）社会文化事业

……"九五"期间，继续加强县级图书馆、文化馆，乡镇文化站建设。采取中央与地方相结合的办法，解决文化站列编问题。建立和规范文化馆、站评估定级制度，实施分类管理。到 2000 年，全国 50% 的文化馆和乡镇文化站达到三级以上标准……省、自治区、直辖市和地区（市）的群艺馆、文化馆设少儿部，县（区）文化馆、有条件的乡镇文化站设少儿文化活动室，所有的地（市）和 50% 的县设立业余儿童艺术学校（班）和艺术团，省、自治区、直辖市和有条件的地区（市）建立少儿文化中心和独立的公共少儿图书馆。

（四）少数民族文化事业

……搞好万里边疆文化长廊建设，并以此促进边疆少数民族地区文化事业发展。到本世纪末，要在边疆地区新建、扩建（改建）图书馆、文化馆、文化站、军营文化中心、俱乐部、青年之家、妇女之家、儿童文化园、工人文化宫、林业工人乐园、农场俱乐部等文化设施约 4500

---

① 该文件原文来自"北大法宝"数据库，检索日期：2013 年 7 月 30 日。

② 该文件原文来自"律商网"数据库，检索日期：2013 年 7 月 30 日。

个,培养和造就一支由专业文艺工作者、群众文艺骨干、文化管理人才组成的文化队伍,使边疆一线文化设施齐全,文化队伍壮大,文化活动丰富多彩,构成布局合理、成龙配套的环形文化网络……加强少数民族地区的文化设施建设。到 2000 年,在 30 个自治州中 80% 以上建有博物馆。在地广人稀的地方建立包括图书馆、文化站在内的综合性多功能的县级文化活动中心。

(五)图书馆事业

"九五"期间,图书馆要在填平补齐、扩大规模的基础上,以图书馆现代化建设为中心,注重提高质量,优化藏书结构,促进资源共享,增强服务能力,扩大图书馆的服务区域和信息市场占有率,使文献资源信息成为国家信息高速公路的主信息流和经济、科技、文化发展的重要支柱。加强图书馆事业行业管理,建立和规范图书馆登记、评估制度。完善图书馆内部管理。按照"区域覆盖,就近服务"的原则,基本建成藏书丰富、类别齐全、布局合理的国家、省、市、县、乡五级图书馆网络。进一步改善图书馆设施条件,新建一批作为地区标志性建筑的图书馆。继续发展汽车图书馆,到 2000 年发展到 300 个。全国县以上公共图书馆每年平均新增藏书量 1000 万册,到 2000 年,县以上图书馆藏书总量达到 3.8 亿册。加强地方文献和特色文献收藏,搞好各种缩微、音像和电子文献的收集工作,开办电子阅览室,进行数字化图书馆的研究和试验。建成中国古代、近代至现代出版的全部图书文献书目数据库,有计划、有重点地建设各种地方文献数据库,开发、引进满足社会需求的各类专题数据库和全文数据库,逐步形成社会效益和经济效益相结合的文献信息服务市场。实施以倡导读书、传播知识、推动社会文明与进步为目的的"知识工程"。以公共图书馆为主体,开展各种类型的全国和地区性的读书活动,进行爱国主义、集体主义、社会主义教育和科学、文化、道德、法制教育,传播精神文明,引导人们爱书、藏书、读书、用书,创建"文明图书馆"。到 2000 年,全国的省级图书馆、地市级图书馆和 40% 的县级图书馆实现自动化管理,初步建立"中国图书馆信息网络"(CLINET)即"金图工程";到 2000 年,地市级以上图书馆基本入网,县级图书馆入网率达到 30% 以上,并成为国家信息高速公路的重要组成部分。先期发展京、津、沪、珠江三角洲和长江三角洲地区及自动化发展有一定基础的省市图书馆的计算机网络建设,并与 INTERNET 国际网络和国内其他主要信息网络互连,实现信息资源共享和电子文献传输。加强图书馆信息网络的标准化、规范化工作及规划、组织、协调工作,推广使用有关图书馆自动化的国家标准和文化行业标准。到 2010 年,县以上公共图书馆实现联网。建设一支高素质的图书馆工作人员队伍。在一些重要业务岗位实行持证上岗制度,培养跨世纪的图书馆专业和管理人才,重点培养适应新型信息服务的人才。

(十)文化设施建设

按照合理布局、优化结构、突出重点的原则,大力加强公益性文化基础设施建设。"九五"期间完成"市市有博物馆,县县有图书馆、文化馆,乡乡有文化站"的建设任务。直辖市、省会城市和有条件的大中城市,要有重点地规划建设一批展示国家或地区形象、与经济发展水平相适应的图书馆、博物馆、美术馆、大剧院、群艺馆等标志性文化设施群体……

四、主要措施与政策保障

(一)深化文化体制改革,健全文化事业发展运行机制

……艺术表演团体、图书馆、博物馆和各类文化艺术活动进行行业归口管理。促进各类

文化事业协调健康发展。继续深化艺术表演团体、艺术院校、图书馆、博物馆、群艺馆、文化馆等文化事业单位的体制改革,加强内部管理,正确处理社会效益和经济效益的关系,逐步形成既有竞争激励又有责任约束的管理体制和运行机制,充分发挥国办文化的主导作用。

(二)加强文化法制建设,依法管理文化事业

……力争尽快出台《文化市场管理条例》、《营业演出管理条例》、《文化娱乐业管理条例》、《艺术品经营管理条例》、《文化市场稽查条例》、《文化馆(站)条例》、《全国少年儿童文化艺术事业管理条例》、《公共图书馆条例》……并采取有效措施把条件成熟的部门规章和行政法规上升为法律,争取在 2000 年之前制订出《图书馆法》……

(三)落实文化经济政策,增加文化事业投入

……对政府兴办的公益性文化事业单位给予经费保证的政策;对公共图书馆购书费在各级财政预算中予以单列,专款专用,并随经济增长和书价上涨幅度逐年增加的政策……

财政部、国家税务总局关于宣传文化单位所得税政策的通知①

(1997 年 2 月 13 日　财税字〔1997〕7 号)

二、在 2000 年底以前,纳税人通过文化行政管理部门或批准成立的非营利性的公益性组织对下列文化事业的捐赠,纳入公益、救济性捐赠范围,在年度应纳税所得额 3% 以内的部分,经主管税务机关审核后,可在计算应纳税所得额时予以扣除:

(二)对公益性的图书馆、博物馆、科技馆、美术馆、革命历史纪念馆的捐赠;

中华人民共和国刑法②(1997 修订)

(1997 年 3 月 14 日　主席令第 83 号)

第二编　分则
第六章　妨害社会管理秩序罪
第四节　妨害文物管理罪

第三百二十七条　违反文物保护法规,国有博物馆、图书馆等单位将国家保护的文物藏品出售或者私自送给非国有单位或者个人的,对单位判处罚金,并对其直接负责的主管人员和其他直接责任人员,处三年以下有期徒刑或者拘役。

※本法于 1979 年 7 月 1 日经第五届全国人民代表大会第二次会议通过,本文摘录部分于 1997 年 3 月 14 日经第八届全国人民代表大会第五次会议修订,本法于 2011 年 2 月 25 日根据主席令第 41 号最新修正。

---

① 该文件原文来自"北大法宝"数据库,检索日期:2013 年 7 月 30 日。
② 该文件原文来自"北大法宝"数据库,检索日期:2013 年 7 月 30 日。

（1997 年 6 月 18 日　财文字〔1997〕271 号）

财政部、文化部关于颁发《文化事业单位财务制度》的通知①

（1997 年 6 月 18 日　财文字〔1997〕271 号）

附件:文化事业单位财务制度
第三章　收入管理

第十六条　事业收入包括:

(五)复印复制收入,即图书馆、文化馆、群艺馆、展览馆、美术馆、纪念馆等对外提供馆藏资料的复印复制等项目服务取得的收入。

第十章　财务报告和财务分析

第五十四条　财务分析指标分为财务指标和业务指标两类。

(一)财务指标包括:经费自给率、人员支出与公用支出分别占事业支出的比率、资产负债率、预算完成率、事业收入占总收入的比率、经营收入占总收入的比率、事业收入增长率、经营收入增长率、图书馆购书费占预算支出的比率等。

附:财务分析指标

$$图书馆购书费比率 = \frac{全年图书馆购书费}{全年图书馆预算支出数} \times 100\%$$

图书质量保障体系②

（1997 年 6 月 26 日　新闻出版署令第 8 号）

第二章　编辑出版责任机制

第三节　后期保障机制

第十八条　坚持图书样本缴送制度。出版社每新出一种图书,应在出书后一个月内,按规定分别向新闻出版署、中宣部出版局、中国版本图书馆、北京图书馆缴送样书一册(套)备查。

中共中央办公厅、国务院办公厅关于转发《中央宣传部、国家教委、民政部、文化部、国家文物局、共青团中央关于加强革命文物工作的意见》的通知③

（1998 年 1 月 20 日　中办发〔1998〕2 号）

四、充分发挥革命文物的社会教育作用

---

① 该文件原文来自"北大法宝"数据库,检索日期:2013 年 7 月 30 日。
② 该文件原文来自"北大法宝"数据库,检索日期:2013 年 7 月 30 日。
③ 该文件原文来自"北大法宝"数据库,检索日期:2013 年 7 月 30 日。

……各级各类革命博物馆、纪念馆、陈列馆和图书馆、档案馆要进一步扩大开放,对收藏的各种可以公开的近现代历史文献、党史和军史史料、革命文物资料等,在保证安全的前提下,要充分提供给社会研究利用。

文化部印发关于进一步加强农村文化建设的意见的通知①

(1998 年 11 月 26 日　文社图发〔1998〕80 号)

一、提高认识,明确指导思想,努力实现农村文化建设的目标

(3)把握农村文化建设的目标……到 2010 年,全国农村要实现县县有图书馆、文化馆或综合性文化设施,乡乡有文化站,有条件的村积极建立文化室或图书室,满足人们就近、经常和有选择地参加文化活动的需要;图书馆、文化馆的建设面积和综合服务能力基本达到各省、自治区、直辖市文化主管部门制定的标准……

二、加强文化设施建设,巩固农村文化阵地

(4)搞好"两馆一站一室"建设。文化设施是开展农村文化活动的载体,是文化事业发展的重要标志。县级图书馆、文化馆,乡镇文化站及村文化室是农村基层重要的文化工作网络和文化活动阵地,也是农村文化建设中的重点和难点。各地要把"两馆一站一室"建设列入当地的经济和社会发展总体规划,列入小康目标,列入年度计划,落实建设经费。要参照文化部制订的《文化事业发展"九五"计划和 2010 年远景目标纲要》,对本地区文化基础设施的建设情况进行一次全面的检查和评估,摸清底数,采取措施,有针对性地加强建设。要进一步推动"万村书库"建设,动员社会力量,帮助农村建立图书室……边远地区地广人稀,交通不便,无条件分开建图书馆、文化馆的,可建综合性的文化设施。有的地方乡镇文化站单独建设有困难的,文化部门可联合有关部门共建综合性的文化设施。在牧区、山区应发展多功能的流动文化车。

(6)落实文化经济政策,加大文化建设投入。要认真落实党的十四届六中全会决议和《国务院关于进一步完善文化经济政策的若干规定》(国发〔1996〕37 号文件)制定的各项文化经济政策,进一步增加民族地区的农村文化建设,要切实加大投入,加快这些地区农村文化事业发展。要重点解决无图书馆、文化馆的县和无文化站的乡镇的馆站建设问题。对县级图书馆、文化馆的建设,要继续坚持地方投入为主,国家适当补助,积极争取社会投入的原则。各地要进一步拓宽投资渠道,在国家增加对农村文化设施建设资金投入的同时,鼓励集体、企业、个人和社会各方面的力量资助文化建设,或兴办农村文化设施。要鼓励村民委员会利用村集体经济力量和发动农民自己动手筹建村文化室或图书室。

三、积极开展文化活动,丰富农民文化生活

(8)进一步搞好文化下乡活动和文化扶贫……群艺馆、文化馆、图书馆、电影公司等单位要深入到农村去,为农民送书、送电影、送文化科技知识……

(9)积极开展农民读书活动,传播科学知识,是提高农民的科学文化素质,实施"科教兴

---

① 该文件原文来自文化政策图书馆网站(http://www.cpll.cn/),检索日期:2013 年 7 月 30 日。

国"的需要,要进一步加强农村图书馆(室)建设,大力发展流动性的汽车图书馆,在农村开设书刊流动服务点,发动社会各界捐书助农。支持农民自发成立群众性读书组织,开展读书活动,组织引导农民读书致富奔小康。

五、搞好重点文化建设活动,推动农村文化事业发展

(15)进一步改进和完善表彰制度,推进农村重点文化建设活动……边疆文化建设、少数民族文化工作、少儿文化工作、图书馆工作要纳入评比文化先进县的重要指标……

八、深化文化体制改革,增强农村文化事业活力

(21)深化农村文化事业单位的改革……政府兴办的图书馆、文化馆、文化站等公益性文化事业单位,要面向大众,面向市场,积极深化内部管理体制的改革,建立新的充满活力的发展机制……

文化部文化立法纲要[①]

(1999 年 3 月 15 日   文化部)

四、突出文化领域重点工作的立法,兼顾其他立法项目

9. 群众文化方面的立法。

制定《公共文化设施条例》。公共文化设施是开展群众文化活动的重要场所,公共文化设施的建设应当纳入经济和社会发展的总体规划。将公共图书馆、博物馆、文化馆等公共文化设施的建设、保护、利用和管理法制化,保证公共文化设施的安全、科学、审美和实用功能。科学地规范基层文化设施投入机制,鼓励社会赞助和个人投资,转换乡镇文化站、村文化室的管理、经营机制,推进农村文化设施的建设。

调研起草有关公共图书馆、博物馆、文化馆的法律、法规。

全国文化先进县、全国文化工作先进集体和全国文化系统先进工作者、劳动模范荣誉称号授予办法[②]

(1999 年 4 月 22 日   文化部令第 16 号)

附件一:全国文化先进县评选标准

四、县、市必须建有公共图书馆,图书馆的服务指标、馆舍面积、年购新书数量等达到本省《市、县图书馆工作条例》和文化部颁布的评估标准的要求。经济发达地区达到文化部二级图书馆标准,经济欠发达地区达到三级图书馆标准。图书馆坚持"读者至上,服务第一"的宗旨,社会效益显著。辖区内基本建成县、乡镇(街道)、村三级图书馆(室)网络;乡镇(街道)图书馆(室)普及率达到80%以上,其中达到本省乡镇图书馆标准的占50%以上。

---

① 该文件原文来自"律商网"数据库,检索日期:2013 年 7 月 30 日。
② 该文件原文来自人民网网站(http://www.people.com.cn/),检索日期:2013 年 9 月 13 日。

附件二:全国文化工作先进集体评选标准

五、图书馆能够坚持"读者至上,服务第一"的宗旨,积极开展群众性读书活动,在开发利用文献信息资源、为读者服务方面取得了显著的社会效益;各项业务基础工作扎实,达到规范化管理要求;应用现代信息技术取得显著成效;图书馆协作、协调工作和培训基层图书馆专业人员工作开展得好;图书馆专业学术研究和文献资料研究取得一定成果;图书馆设施条件较好,管理科学、有效;读者人次、外借册次较多,文献利用率较高;经济较发达地区应达到二级图书馆标准,经济欠发达地区应达到三级图书馆标准。

文化部印发《关于加强老年文化工作的意见》的通知①

(1999 年 7 月 20 日　文社图发〔1999〕27 号)

二、认真搞好老年文化场所建设,积极开展丰富多彩的老年文化活动

……要进一步建立健全群众文化三级网络,充分发挥文化馆、图书馆、博物馆等现有的公益性群众文化单位在老年文化活动中的主导作用,努力完善老年文化阵地建设。坚持以现有的各级文化馆和各类老年活动中心为主要活动场所……

各级图书馆要大力倡导和开展老年人读书系列活动。有条件的图书馆可开设老年人阅览室、馆外图书流动点,组织适合老年人的读书小组、书评活动等。对老年人相对集中的干休所、疗养院、老年活动中心等场所,提供送书上门等服务,邀请专家、学者、教授定期为老年人举办专题知识讲座等。

文化事业发展第十个五年计划纲要②

(2000 年 1 月 1 日　文化部)

三、主要任务

(二)社会文化事业

……加强图书馆行业管理,完善图书馆评估制度。改善公共图书馆办馆条件,优化图书馆藏书结构,提高服务质量和办馆效益。公共图书馆持证读者数达到全国总人口的1%。确保各级公共图书馆的购书经费专款专用,购书费增长幅度不低于当地财政收入的增幅。省、地、县级公共图书馆年购图书种数分别达到全国年出版图书种数的15%—25%、5%—10%、1%—2%。完善出版物征集、缴送制度。继续实施"知识工程",开展全民读书活动。加强图书馆服务网点和阅读设施的建设,每年改建1000个标准乡镇、街道图书馆。

(六)文化信息化建设

加快文化领域的数字化、网络化建设。促进文献信息资源共建共享和全国图书馆文献资源保障体系建设,提高全国图书馆的文献信息保障能力。地市级以上图书馆80%联网,县

---

① 该文件原文来自文化政策图书馆网站(http://www.cpll.cn/),检索日期:2013年7月30日。
② 该文件原文来自法律教育网网站(http://www.chinalawedu.com),检索日期:2013年7月30日。

级图书馆入网率达到 30% 以上。建成中国数字图书馆国家资源中心和文化、教育、科技 3 个分中心以及 7 个地区中心。加快图书馆文献信息资源的开发与利用……

（七）文化基础设施建设

进一步巩固和扩大城乡基层文化设施网点,填补"两馆一站"设施空白点。"十五"期间,新增建县级图书馆、文化馆或综合性文化设施 500 个(其中两馆合一的综合性文化设施100 个),扩建县级图书馆、文化馆 300 个,增建乡镇文化站 5000 个。对面积狭小、馆舍危旧、设施简陋的文化设施进行维修或改造,逐步形成设施完善、功能齐备的社会文化网络。在城市社区配套建设文化活动中心或其他文化设施。建设一批标志性文化设施。筹建国家博物馆,改扩建中国美术馆,完成国家大剧院等重点工程建设。各省会城市和部分经济较发达的大城市重点兴建图书馆、博物馆和文化馆(群众艺术馆、文化中心)等标志性文化设施。中小城市和县级以下地区兴建与当地经济文化发展相适应的多功能综合性文化设施……

四、保障措施

（一）完善文化经济政策,加大对文化事业的财税扶持力度

2. 调整投入结构,突出财政投入重点

对提供公共文化产品和服务的公益性文化机构和特殊需要保护的文化事业单位,如图书馆、博物馆、文化馆等,国家继续给予经费保证……依靠中央和地方政府,调动社会各方面积极因素,加大对"两馆(图书馆、文化馆)一站(文化站)"设施建设的资金投入,填补"两馆一站"设施空白点。对西部地区公益文化设施给予政策倾斜。从 2001 年到 2003 年,大幅度增加"两馆"建设专项补助和全国万里边疆文化长廊建设专项资金……

（三）加强文化法制建设,保障文化事业的繁荣发展

1. 加快立法进程,提高立法质量

……调研起草《图书馆法》及博物馆、文化馆有关法律、法规……

中共中央办公厅、国务院办公厅关于加强青少年学生活动场所建设和管理工作的通知[①]

（2000 年 6 月 3 日　中办发〔2000〕13 号）

三、全社会都要积极支持青少年学生活动场所建设和管理工作

（八）新闻宣传、广播影视、新闻出版、文化艺术等部门要加强对青少年学生的宣传教育工作。

……国家设立的图书馆、文化馆等公益性文化设施要为青少年学生提供免费服务。

---

① 该文件原文来自"北大法宝"数据库,检索日期:2013 年 7 月 30 日。

中共中央、国务院关于加强老龄工作的决定①

（2000 年 8 月 19 日　中发〔2000〕13 号）

四、发展老年服务业

（十一）要加强社区建设，依托社区发展老年服务业，进一步完善社区为老年人服务的功能。

……现有图书馆、群众艺术馆、文化馆、文化站、公共体育场所等要为老年人提供优先优惠服务，群众艺术馆、文化馆要建立老年文化活动中心，城区、乡镇的文化站要建立老年文化活动室……

文化部关于贯彻落实"三个代表"重要思想进一步加强农村文化工作的通知②

（2001 年 1 月 21 日　文社图发〔2001〕3 号）

三、加强文化设施建设，为广大农民提供基本的文化活动场所

加强农村文化设施建设，要坚持从实际出发、因地制宜的原则，采取固定设施和流动设施、阵地服务和流动服务项目相结合的办法。力争在 2 至 3 年内，通过中央和地方的共同努力，实现县县有图书馆、文化馆或综合性文化中心的目标，进一步提高文化的服务能力，扩大服务范围；在地广人稀的地方，可以建集文化馆、图书馆功能于一体的综合性文化中心；在固定文化设施很难发挥作用的地区，可以发展流动文化车，建立流动文化服务点，让群众定期在文化服务点上享受文化生活。要逐步建立健全与固定文化设施相互补充、相互依存的流动文化服务网络。

现在，文化部在对全国县级图书馆、文化馆和乡镇文化站发展状况专题调研的基础上，正在做解决"两馆一站"建设问题的专项规划。各级文化部门要抓紧摸清本地区农村文化设施建设的基本情况，对尚无图书馆、文化馆的县（市）和无文化站的乡镇，以及有馆无舍的图书馆、文化馆，要做出建设计划，并向当地党委、政府汇报，争取有关部门的支持，安排好建设资金。中央精神文明办已从文化事业建设费中拨出专款，资助西部 100 个贫困县建设文化活动中心。文化部也将从国家计委、财政部拨给的专项经费中，重点对无图书馆、文化馆的县给予资助。希望各有关地区切实配套好建设资金。有关省、自治区、直辖市的文化行政部门要督促检查项目的实施情况，并在项目竣工后报告文化部。应当鼓励、支持社会力量投资兴建农村文化设施，同时要防止向农民集资摊派，增加农民负担。

目前，中央已部署乡镇区划调整。各地文化行政部门要抓住这次乡镇区划调整和乡镇

---

① 该文件原文来自"北大法宝"数据库，检索日期：2013 年 7 月 30 日。

② 该文件原文来自中华人民共和国文化部网站（http://www.ccnt.gov.cn/），检索日期 2013 年 9 月 13 日。

机构改革的时机,设置综合性的文化事业机构,积极争取解决文化站的定性定编问题。要特别防止出现文化站机构被撤销,设施丢失或被挪作他用的问题;尚无文化站的乡镇,要抓紧建设;有条件的村(寨)要建文化室或图书室。

四、加强农村文化设施管理,充分发挥文化设施的功能作用

文化设施建好以后,还要管好、用好,充分发挥其功能作用。文化设施管理的好坏,关系到图书馆、文化馆、文化站等文化事业单位的生存和发展。各级文化部门和单位要增强依法管理文化工作的观念,积极配合有关部门,运用法律手段,维护、管理和使用好文化设施。图书馆、文化馆、文化站的固定资产属于国家,要履行国家法律赋予的职责和义务,同时,受法律保护,不得随意侵占、拍卖和调拨。

要加强对文化设施的管理和使用情况的监督和检查,促进图书馆和文化馆综合管理水平的提高。今年文化部要组织专家对公共图书馆评估指标体系进行研究、修订,为第三次公共图书馆评估定级做好准备工作;还要在 2000 年评估试点工作的基础上,组织开展第一次群艺馆、文化馆的评估定级工作。各地文化部门要抓住这个时机,对农村县级图书馆、文化馆的建设状况进行一次认真的自查,边自查边改进工作,促进解决图书馆、文化馆建设和管理中存在的困难和问题。有条件的地方也可根据本地实际,开展对乡镇文化站和乡镇图书馆等基层文化单位的评估定级工作。在评估图书馆、文化馆工作时,要调动群众参与的积极性,注意征求和充分吸收群众意见。

五、加强文化队伍建设,建立一支专兼结合的农村文化工作基本队伍

开展农村文化工作,要依靠专职和兼职两支队伍……要通过各种渠道,采取多种形式,加强农村图书馆、文化馆、文化站在职人员的培训,鼓励基层文化工作者通过艺术院校或函授途径进修深造。文化部已组织编写了乡镇图书馆工作岗位培训教材,各地可根据这套教材进行基层图书管理人员的培训……

要重视农村业余文化工作队伍建设,努力使其成为活跃农村文化生活的一支重要力量……图书馆、群艺馆、文化馆、文化站和文艺单位在深入基层,开展送戏、送电影、送图书、送科技信息下乡活动过程中,要注意培养和发展业余文艺骨干,让文化下乡带动业余文化工作队伍素质的提高。

图书馆、文化馆、文化站要有固定的场地设施和开放制度,经常开放,形成比较完善的阵地文化活动方式。对于已经形成制度的定期或定时活动,如果深受群众喜欢,就要持之以恒。要根据党的中心工作和农村各项工作任务的需要,组织开展时事报告会、辅导班、讲座、展览、画廊报廊、讲演等宣传教育活动;通过举办各种辅导班、组织图书阅览、流通和读书指导、科技知识咨询、科技资料编发等形式,组织开展科技、文化普及活动,为农民群众提供各种技术、文化学习条件;要组织、举办文化广场活动、群众歌咏活动、文艺团队演出和各种群众自愿报名参加的文艺体育活动,让农民群众自我娱乐、自我教育。要打破活动的单一模式,努力把文化阵地办成广大农民求知的课堂、求美的窗口、求艺的乐园、求富的良友。

国务院批转中国残疾人事业"十五"计划纲要的通知[①]

（2001 年 4 月 10 日　国发〔2001〕7 号）

三、"十五"计划纲要的各项任务和主要措施

（七）广泛开展文化体育活动，丰富残疾人生活……

1. 公共文化机构为残疾人提供服务。各类公共文化活动吸纳残疾人参加，场所普遍对残疾人开放，并提供特别服务和优惠；公共图书馆要积极开展盲文及盲人有声读物借阅服务，省级以上图书馆设立盲文及盲人有声读物馆（室）；加大对盲文出版和满足残疾人特殊需要的图书、音像、报刊出版的政策、资金扶持力度，为残疾人提供更多更好的各类读物。

国家计委关于印发国民经济和社会发展第十个五年计划科技教育发展重点专项规划（教育发展规划）[②]的通知

（2001 年 6 月 18 日　计规划〔2001〕713 号）

二、重点和任务

（四）大力提高教育信息化水平

……要加强校园网和数字图书馆建设，普及网络知识，利用网上资源提高教学质量……

四、建设工程

5. 教育信息化工程

工程目标是构建我国现代远程教育体系，实现教育手段的现代化和教育资源的信息化，实现教育资源的最大限度的共享，推动普及九年义务教育，完善终身教育体系。主要建设任务包括：1. 建设完善高校校园网工程，在校园内实现网络化教学管理、电子化图书馆……

全国教育事业第十个五年计划[③]

（2001 年 7 月 1 日　教发〔2001〕33 号）

四、"十五"期间教育改革与发展的主要政策措施

2. 认真组织实施六项教育工程

——教育信息化工程

要把教育信息化工程列入国家重点建设工程，以信息化带动教育现代化……完善高等

---

① 该文件原文来自"北大法宝"数据库，检索日期：2013 年 7 月 30 日。

② 该文件原文来自"北大法宝"数据库，检索日期：2013 年 7 月 30 日。

③ 该文件原文来自"北大法宝"数据库，检索日期：2013 年 7 月 30 日。

学校的计算机网络建设,加快数字图书馆等公共服务体系建设,进一步改善高等教育的信息环境。提高初、中等学校的计算机配备水平……

国务院关于印发《中国老龄事业发展"十五"计划纲要》的通知①

(2001 年 7 月 22 日   国发〔2001〕26 号)

三、任务和措施

(四)精神文化生活。

1. 任务……

——加强老年活动设施建设……公园、图书馆、文化馆(站)、体育馆、博物馆等公共文化活动设施要优惠向老年人开放……

——建立老年教育网络……乡(镇)、街道以及有条件的村委会、居委会要有老年学校、图书阅览室等学习场所……

"十五"城镇化发展重点专项规划②

(2001 年 8 月 9 日   国务院)

(三)健全城镇功能

2. 发展社会服务。要以人为本,加强城镇公共设施建设,完善社会服务体系,为城镇居民创造健康、文明、安定的社会环境。

加强城镇公共服务设施建设。要加大政府投入,拓宽资金来源渠道,吸引多元投资主体参与城镇公共设施建设……合理规划建设城镇图书馆、博物馆、文化馆、影剧院、体育场馆等公共设施,发展文化产业,丰富文化生活,强化城镇的文化中心功能……

科学技术部关于印发《科研条件建设"十五"发展纲要》的通知③

(2001 年 8 月 15 日   国科发财字〔2001〕298 号)

三、重点任务

(二)以信息化推进科研条件的社会化服务进程

1. 推进科技文献信息事业的改革与发展

以国家科技图书文献中心建设为重点,逐步完善适应科技创新、经济建设和社会发展需求的国家科技文献信息资源保障体系,利用数字化技术逐步实现与国家图书馆、高校图书馆

---

① 该文件原文来自"律商网"数据库,检索日期:2013 年 7 月 30 日。

② 该文件原文来自"北大法宝"数据库,检索日期:2013 年 7 月 30 日。

③ 该文件原文来自"北大法宝"数据库,检索日期:2013 年 7 月 30 日。

等各种文献信息资源保障系统的对接,共同推进我国数字图书馆的建设和发展,实现文献信息资源共享。集中力量扶持和培育一批高水平、高质量的核心学术期刊,提高国际知名度……

国家计委、文化部关于"十五"期间加强基层公共文化设施建设的通知①

（2001 年 11 月 9 日　计社会〔2001〕2257 号）

一、提高认识,明确目标

……在"十五"期间,各地要加强对公共文化设施建设工作的领导,重点加强县级文化馆图书馆建设,将其纳入当地经济与社会发展计划,认真组织实施。要狠下决心,真抓实干,力争到"十五"末期,在全国范围内基本实现县县有文化馆、图书馆的目标。

二、合理规划,增加投入

公共文化馆和图书馆,是服务于全社会,面向广大人民群众的社会公益设施,地方各级政府必须承担起建设的主要责任。公共文化设施的建设要与当地经济社会发展水平相适应,实事求是,量力而行,科学合理地确定设施的规模和标准。在建设方式上,要因地制宜,经济发展较快,人口规模较大的县,可以分别建设文化馆和图书馆,经济发展水平不高,人口规模较小的县,也可以合并建设文化活动中心。建设方案既要经济适用,又要具有时代气息,充分考虑当代科技发展,特别是计算机网络技术发展对未来文化事业带来的影响。同时,要兼顾不同群体需求特点,有针对性地开辟相应的活动空间。要提倡勤俭节约,反对贪大求洋,盲目追求高标准。

各地要切实采取有效措施,加大投入力度,安排必要的建设资金,确保这项工作任务的顺利完成。要开拓思路,拓宽筹资渠道,充分调动社会各界力量,积极参与支持两馆建设。考虑到贫困地区的实际困难,"十五"期间,中央财政将增加县级文化馆图书馆建设专项资金,加大对贫困地区的财力支持,帮助这些地区实现县县有文化馆、图书馆的建设目标。其他地区也要努力增加投入,保证完成建设任务。

三、加强领导,强化管理

（三）充分利用现有文化设施。已经建设完成的文化馆和图书馆,要加强管理,确保公益文化设施用于公益文化事业。利用不充分的,要采取有效措施,提高利用率。挪作他用的,必须坚决收回。要保障公共文化设施的公益性质,减少直至杜绝各种以盈利为目的的商业活动。

（四）开展丰富多彩的文化活动。要积极推进先进文化的传播,组织科学、文明、健康的文化活动,把广大群众吸引到文化馆、图书馆开展的丰富多彩的活动中来,使两馆成为满足群众求知、求乐、求美的文化艺术活动场所,成为社会主义文化建设的有效阵地。

（五）团结协作,确保两馆建设目标的实现。各地计划和文化部门要密切配合,相互支持,通力合作,认真做好各项工作,把县级文化馆和图书馆的建设工作抓紧抓好,早见成效。

---

① 该文件原文来自"北大法宝"数据库,检索日期:2013 年 7 月 30 日。

机关、团体、企业、事业单位消防安全管理规定①

（2001 年 11 月 14 日　公安部令第 61 号）

第三章　消防安全管理

第十三条　下列范围的单位是消防安全重点单位,应当按照本规定的要求,实行严格管理:

（六）公共图书馆、展览馆、博物馆、档案馆以及具有火灾危险性的文物保护单位;

音像制品管理条例②

（2001 年 12 月 25 日　国务院令第 341 号）

第二章　出版

第十二条　音像出版单位应当在其出版的音像制品及其包装的明显位置,标明出版单位的名称、地址和音像制品的版号、出版时间、著作权人等事项;出版进口的音像制品,还应当标明进口批准文号。

音像出版单位应当按照国家有关规定向国家图书馆、中国版本图书馆和国务院出版行政主管部门免费送交样本。

第六章　罚则

第四十四条　有下列行为之一的,由出版行政主管部门责令改正,给予警告;情节严重的,并责令停业整顿或者由原发证机关吊销许可证:

（四）音像出版单位未依照本条例的规定送交样本的;

※本条例于 2001 年 12 月 12 日经国务院第 50 次常务会议通过,于 2011 年 3 月 19 日根据《国务院关于修改〈音像制品管理条例〉的决定》最新修订。

出版管理条例③

（2001 年 12 月 25 日　国务院令第 343 号）

第二章　出版单位的设立与管理

第二十二条　出版单位应当按照国家有关规定向国家图书馆、中国版本图书馆和国务院出版行政主管部门免费送交样本。

第七章　法律责任

第六十七条　有下列行为之一的,由出版行政主管部门责令改正,给予警告;情节严重

---

① 该文件原文来自"北大法宝"数据库,检索日期:2013 年 7 月 30 日。

② 该文件原文来自"北大法宝"数据库,检索日期:2013 年 7 月 30 日。

③ 该文件原文来自"北大法宝"数据库,检索日期:2013 年 7 月 30 日。

的,责令限期停业整顿或者由原发证机关吊销许可证:

(三)出版单位未依照本条例的规定送交出版物的样本的;

※本条例于2001年12月12日经国务院第50次常务会议通过,于2011年3月19日根据《国务院关于修改〈出版管理条例〉的决定》最新修订。

国务院办公厅转发文化部、国家计委、财政部关于进一步加强基层文化建设指导意见的通知①

(2002年1月30日　国办发〔2002〕7号)

二、加快推进基层文化设施建设

(三)文化设施是开展群众文化活动、传播先进文化的重要阵地,中央和地方各级人民政府要加大投资力度,加快文化设施建设,满足广大人民群众就近、经常和有选择地参加文化活动的需要。城市要在搞好群艺馆、文化馆、图书馆建设的同时,加强社区和居民小区配套文化设施建设,发展文化广场等公共文化活动场所……要努力实现“县县有文化馆、图书馆”的目标。经济条件较好、人口规模较大的县可分设文化馆、图书馆;经济欠发达、人口规模较小的县可将文化馆、图书馆合二为一建设。农村要因地制宜建设乡镇文化站和村文化室;地广人稀、人口分散的少数民族地区、边疆地区、边远山区和农牧区要积极发展流动文化车、汽车图书馆和流动剧场……

(四)把文化设施建设纳入城乡建设整体规划,把群艺馆、文化馆、图书馆、文化站作为重点列入建设规划。各级城乡规划部门要会同文化部门,按照《中华人民共和国城市规划法》、《中华人民共和国土地管理法》规定和有关要求,在城镇建设中,统筹规划城镇文化设施建设。城市新建居民小区和经济开发区必须规划和配套建设相应文化设施。新建符合当地经济发展水平的非经营性文化设施所需用地,可以划拨供地的,地方人民政府应优先划拨;采用有偿方式供地的,应在地价上适当给予优惠。城镇建设确需征用文化设施用地,必须做到先建后拆,或建拆同时进行,要保证重建的文化设施规模不低于原有的规模。

(五)切实加强文化设施的管理和利用。完善群艺馆、文化馆、图书馆必要的设备和装备,加强对设备的日常维护保养。通过建立健全岗位责任制和工作目标管理责任制,完善综合服务功能,不断提高文化设施利用率。要防止文化设施被挤占、挪用,要坚决收回被挤占、挪用的文化设施。机关、学校、部队、企业的内部文化设施,凡有条件对社会开放的,要采取多种方式开放内部文化设施,为群众开展文化活动提供方便。要加强对城镇大型露天文化活动场所的管理和使用,各级文化部门要搞好活动的组织和安排。

三、努力建立一支稳定的专兼结合的文化队伍

(六)建立健全群艺馆、文化馆、图书馆和乡镇(街道)文化机构的工作岗位规范,逐步实行工作人员从业资格制度。充分发挥中央文化单位和省(自治区、直辖市)、地(市)、县(市)文化机构的积极性,尽快建立基层文化骨干培训网络,不断提高基层文化工作者的思想水平和业务素质。要改善队伍结构,以适应新形势下基层文化工作的需要。各地区、各有关部门

---

① 该文件原文来自“律商网”数据库,检索日期:2013年7月30日。

要切实关心和帮助基层文化工作者解决工作、生活中的实际困难,保证工资的按时发放,提供必要的工作条件。

四、积极开展丰富多彩的文化活动

(十一)推进农村文化活动方式的创新……艺术表演团体、群艺馆、文化馆、图书馆、电影公司等要在文化、科技、卫生"三下乡"活动中发挥作用,深入基层为群众送戏、送书、送电影、送文化科技知识。要充分发挥流动文化车、文化小分队的作用,积极探索灵活多样、行之有效的文化下乡新方法和新形式。

五、切实加强领导并落实各项保障措施

(十四)切实加大对基层文化建设的投入。要确保文化事业经费的增长不低于当年财政收入的增长幅度;文化事业建设费的安排应向基层文化建设项目倾斜;保证有影响的重大群众文化活动的经费投入;对于群艺馆、文化馆、图书馆等公益文化事业单位的日常工作给予必要的经费保障;保证各级公共图书馆有一定数量的购书经费……

2002 年国务院政府工作报告[①]

(2002 年 3 月 5 日　第九届全国人民代表大会第五次会议)

六、实施科教兴国战略和可持续发展战略,加强精神文明建设

……加强图书馆、博物馆、文化馆、科技馆、档案馆等公共文化和体育设施建设,做好文物保护工作……

文化部关于进一步活跃基层群众文化生活的通知[②]

(2002 年 4 月 17 日　文社图发〔2002〕13 号)

五、切实开展好阵地文化活动。图书馆、博物馆、群艺馆、文化馆、文化站等基层文化单位要建立健全管理制度,充实设备和器材,坚持开展丰富多彩的文化活动,并不断提高文化活动质量。要建立经常开放制度和流动服务制度,定期向群众公布活动的内容、方式和时间,增强吸引力。要经常举办适合老年人和少年儿童参加的活动,为流动人口、弱势人群参加活动提供方便。要保证各级公共图书馆的购书经费,充实文献资源。有条件的地方要积极推行中心图书馆与分馆制,发挥中心图书馆的资源优势,对区县、乡镇、社区、学校图书馆等实行文献统一采购,集中分编,通借通还,资源共享,增强中心图书馆的辐射能力和基层图书馆的服务能力,更好地为群众服务。

六、认真实施"全国文化信息资源共享工程"。"全国文化信息资源共享工程"的主要内容是,利用先进的科学技术,有步骤地整合和开发戏剧、音乐、图书等文化艺术资源,通过互

---

①　该文件原文来自"律商网"数据库,检索日期:2013 年 7 月 30 日。

②　该文件原文来自中华人民共和国中央人民政府网站(http://www.gov.cn/),检索日期:2013 年 9 月 13 日。

联网、卫星传输等形式,为城乡基层群众提供快捷、丰富的文化信息产品和文化服务,实现资源共享。各地要按照先行试点、分步实施、逐步推开的原则,加快基层网点建设,开发信息资源,积极创造条件,为工程实施打好基础。

音像制品进口管理办法①

(2002 年 4 月 17 日　文化部、海关总署令第 23 号)

第二章　进口单位

第九条　图书馆、音像资料馆、科研机构、学校等单位进口供研究、教学参考的音像制品成品,应当委托文化部指定的音像制品成品进口经营单位办理进口审批手续。

※本办法于 2011 年 4 月 6 日根据《音像制品进口管理办法》废止。

建设部、民政部、全国老龄委办公室、中国残联关于开展
全国无障碍设施建设示范城(区)工作的通知②

(2002 年 10 月 28 日　建标〔2002〕247 号)

附件二:全国无障碍设施建设示范城(区)标准(试行)

三、建筑物无障碍设施建设与改造(40 分)

(一)城市市区和郊区公共建筑

2. 对已经建成的各类公共建筑的相应设施进行无障碍改造,其中:

(3)文化馆、图书馆、科技馆、展览馆、博物馆、纪念馆,影剧院、音乐厅,体育场馆,高等院校、中小学、托幼建筑无障碍设施改造率达 50%。(50%—5 分,40%—2 分,30%—1 分,30%以下—0 分)

中共中央、国务院关于进一步加强和改进未成年人
思想道德建设的若干意见③

(2004 年 2 月 26 日　中发〔2004〕8 号)

七、加强以爱国主义教育基地为重点的未成年人活动场所建设、使用和管理

(十八)要加强青少年宫、儿童活动中心等未成年人专门活动场所建设和管理……图书馆、文化馆(站)、体育场(馆)、科技馆、影剧院等场所,也要发挥教育阵地的作用,积极主动

---

①　该文件原文来自中华人民共和国中央人民政府网站(http://www.gov.cn/),检索日期:2013 年 9 月 13 日。

②　该文件原文来自"北大法宝"数据库,检索日期:2013 年 7 月 30 日。

③　该文件原文来自"北大法宝"数据库,检索日期:2013 年 10 月 10 日。

地为未成年人开展活动创造条件。

文化部、国家文物局关于公共文化设施向未成年人等社会群体免费开放的通知①

（2004 年 3 月 19 日　文社图发〔2004〕7 号）

二、……有条件的地方可根据本地实际,创办少儿图书馆等未成年人文化设施或场所。公共图书馆要通过开设少儿阅览室、举办面向未成年人的讲座与培训、设立少儿集体参观接待日等方式,有针对性地向未成年人提供服务,培养未成年人使用图书馆的意识,积极开展适合未成年人实际需求的各种文献信息服务……

三、……各级博物馆、公共图书馆、纪念馆、美术馆等要积极利用互联网站,开设专门为未成年人服务的网页、专栏,提供为广大未成年人喜闻乐见的文化服务内容;组织开展各种形式的网上文化活动。

文化部印发《关于实施人才兴文战略　进一步加强文化人才队伍建设的意见》的通知②

（2004 年 4 月 2 日　文人发〔2004〕10 号）

关于实施"人才兴文"战略　进一步加强文化人才队伍建设的意见

一、我国文化人才队伍现状和面临的新形势

1. 近年来,文化系统坚持以邓小平理论和"三个代表"重要思想为指导,认真执行中央关于人才工作的部署,积极推进文化人才队伍建设,培养造就了一大批优秀文化人才。

——文化从业人员总量不断增长。截至 2002 年底,我国文化系统从业人员已达 168 万左右,其中艺术业为 18.1 万人,图书馆业为 4.8 万人,群众文化业为 11.9 万人,艺术教育业为 1.4 万人,娱乐业为 75.5 万人,文艺科研为 0.31 万人,其他文化产业为 56 万人。

三、统筹规划,突出重点,加强各类文化人才建设

10. 建立一支适应新时期文化建设需要的基层文化工作者队伍。建立健全基层文化馆、图书馆和乡镇(街道)文化机构的工作岗位规范,逐步实行工作人员从业资格制度。依托地方文化馆、图书馆、艺术学校和艺术研究机构,以及国家信息资源共享工程等传播渠道,建立基层文化人才培训网络,不断提高基层文化工作者的思想水平和业务素质。推进基层文化机构人事制度改革。逐步建立和完善人事管理制度和激励制度,鼓励和吸引优秀人才到基层文化机构工作。切实提高基层文化队伍的专业化水平,5 年内,力争使基层文化机构业务人员数量达到单位总人数的 60%。

---

① 该文件原文来自"北大法宝"数据库,检索日期:2013 年 10 月 10 日。
② 该文件原文来自求是理论网网站(http://www.qstheory.cn/),检索日期:2013 年 9 月 13 日。

四、继续推进体制和机制创新,为文化人才队伍建设提供制度保障

17. 以提高能力和整体素质为出发点,制定和完善各类文化人才教育培训规划。建立经常性培训计划,建设一支学习型、研究型、创新型文化行政人才队伍。文化部定期举办各地文化厅局长培训班、地方图书馆长和文化馆长培训班、艺术院团领导干部培训班……

音像制品出版管理规定①

(2004 年 6 月 17 日　新闻出版总署令第 22 号)

第三章　出版活动的管理

第二十九条　音像出版单位、经批准出版配合本版出版物音像制品的出版单位,应自音像制品出版之日起 30 日内,分别向国家图书馆、中国版本图书馆和新闻出版总署免费送交样本。

第七章　罚则

第四十九条　出版音像制品的单位有下列行为之一的,依照《音像制品管理条例》第四十四条处罚:

(四)未依照规定期限送交音像制品样本的。

国务院办公厅转发科技部等部门
2004—2010 年国家科技基础条件平台建设纲要的通知②

(2004 年 7 月 3 日　国办发〔2004〕55 号)

三、平台建设重点

(三)科学数据共享平台。

1. 打破条块分割,对相关部门和行业长期持续积累的数据资源,以及国家科技计划项目的数据进行整理、汇交和建库。抢救濒临丢失的重要科学数据,重要历史资料要尽快做到数字化。

2. 以政府资助获取与积累的科学数据资源为重点,整合相关的主体数据库,构建集中与分布相结合的国家科学数据中心群。提高与国际科学数据组织的信息交换能力,推动面向各类创新主体的共享服务网建设,形成国家科学数据分级分类共享服务体系。

(四)科技文献共享平台。

1. 扩充、集成科技文献资源,加强专利、工艺、标准、科技报告等文献资源的建设。实现印刷版和电子版、网络版资源互补。开辟利用国际科技文献资源的各种渠道。

2. 加强数字图书馆标准的研究,逐步建设各类数字化的科技文献资源库。促进相关部门、地方科技文献网络系统的对接和共享。鼓励各类文献服务机构采用多种现代化手段和服务方式,构建种类齐全、结构合理的国家科技文献资源保障和服务体系。

---

① 该文件原文来自"北大法宝"数据库,检索日期:2013 年 7 月 30 日。
② 该文件原文来自"律商网"数据库,检索日期:2013 年 7 月 30 日。

文化部、国家发展改革委、教育部、科技部、民政部、财政部、国家文物局、解放军总政治部、中华全国总工会、共青团中央、全国妇联、中国科协关于公益性文化设施向未成年人免费开放的实施意见①

(2004 年 10 月 13 日　文办发〔2004〕33 号)

一、加大公益性文化设施向未成年人免费开放力度

根据中央要求,享受国家财政支持的各级各类博物馆(院)、展览馆、美术馆、科技馆、纪念馆、烈士纪念建筑物、名人故居、公共图书馆、学校图书馆、文化馆(站)、文化宫(工人文化宫、工人俱乐部)、青少年宫、儿童活动中心等公益性文化设施要向未成年人免费或优惠开放。尚未实行免费或优惠开放的,要于 2005 年 1 月 1 日前,向未成年人免费或优惠开放。

公共与学校图书馆要在国家法定节假日设定"未成年人参观接待日",免费接待未成年人参观;对未成年人的借阅行为实行免费,对未成年人复印等收费项目实行半价优惠。公共图书馆要开设免费的未成年人阅览室或未成年人多媒体阅览室;面向未成年人举办的讲座、培训、展览等各种活动免费;向中小学图书馆(室)以免费或半价优惠的方式提供适合未成年人阅读使用的文献资料。

二、免费开展丰富多彩的活动,丰富思想道德建设内容

公共图书馆要通过开设少儿阅览室、举办面向未成年人的讲座与培训、设立少儿集体参观接待日等方式,有针对性地向未成年人提供服务,培养未成年人使用图书馆的意识,积极开展适合未成年人实际需求的各种文献信息服务,让未成年人在使用图书馆(室)的过程中丰富知识,增长见识,提高能力。

各级各类学校图书馆要制订具体借阅办法,积极向本社区或本市(地区)范围内的未成年人开放。大专院校图书馆的读者可限定于中学就读和中学以上文化程度。

博物馆(院)、图书馆、纪念馆、美术馆、科技馆、文化馆(站)以及文化信息资源共享工程的各级中心要积极利用互联网站,根据未成年人成长进步的需求,精心制作知识性、趣味性、科学性强的文化信息资源,制作专门为未成年人服务的网站、网页、专栏,为广大未成年人提供喜闻乐见的文化服务内容;组织开展各种形式的网上文化活动。

文化部、教育部、中国社会科学院、国家文物局、国家档案局关于做好清代文献档案整理利用工作的通知②

(2004 年 11 月 2 日　文办发〔2004〕42 号)

一、全国各级文化、教育、社会科学研究、文物、档案等相关部门要充分认识国家清史纂

---

① 该文件原文来自"北大法宝"数据库,检索日期:2013 年 9 月 5 日。
② 该文件原文来自中华人民共和国文化部网站(http://www.ccnt.gov.cn/),检索日期:2013 年 7 月 30 日。

修工程的重要意义,从保障国家重大文化工程大局出发积极支持清史编纂工作。全国各级公共图书馆、各专业图书馆、各级各类教育机构所属图书馆、各级各类档案馆、博物馆、文化馆和其他国有文物、历史资料保存单位所藏的文献、档案、图片、文物等文献资源,应积极向国家清史纂修工程开放。同时,支持和鼓励社会各界和个人积极向国家清史纂修工程提供其所藏清代文献档案等材料。这些资料包括各类写本(稿本、抄本)、刻本、活字本、影印本及善本、孤本、稀见本、批校本、修补本、递修本、配本、百衲本、套印本、巾箱本、袖珍本、两截本、石印本、铅印本等,还包括实录、官方谱牒等在内的各种档案和各种诗文集、笔记、杂记、图片、照片、文物等。

二、全国各级公共图书馆、各专业图书馆、各级各类教育机构所属图书馆、各级各类档案馆、博物馆、文化馆和其他国有文物、历史资料保存单位,在向国家清史纂修工程开放和提供所藏资源时应予免费,不能以底本费、资料费、文献保护费、提书费或其他名义收取费用。

教育部关于印发《高等学校中长期科学和技术发展规划纲要》的通知[①]

(2004 年 11 月 15 日　教技〔2004〕3 号)

三、高等学校科技发展战略和重点任务

(三)实施科教互动战略,构建高校科技创新平台体系

公共服务平台体系。抓住信息化建设的发展机遇,以信息化带动教育、科研工作现代化,并以此为基础搭建教育科研公共服务平台。具体包括:高水平的计算机网络服务平台,以科技成果信息、科技期刊信息、图书馆和博物馆为主体的数字化科研信息资源平台,大型仪器设备共享平台,成果转化综合服务平台。

四、高等学校科技发展的政策措施

(三)改善科技创新基础条件,加快实现资源共享

……支持大学图书馆的电子化和网络化。

文化部关于高度重视农民工文化生活,切实保障农民工文化权益的通知[②]

(2004 年 12 月 24 日　文市发〔2004〕51 号)

三、充分发挥公益性文化设施作用,努力提高农民工文化素质。农民文化的现代化是社会主义现代化建设的重要组成部分,是农村城市化进程的核心力量。各级文化行政部门要充分利用图书馆、文化馆、文化站等公益性文化设施,发挥文化工作在提高农民工思想道德

---

①　该文件原文来自"北大法宝"数据库,检索日期:2013 年 7 月 30 日。

②　该文件原文来自中华人民共和国文化部网站(http://www.ccnt.gov.cn/),检索日期:2013 年 7 月 30 日。

素质和科学文化素质方面的作用,使农民工在城市建设的过程中不断加强自身文化建设,为城乡的经济、社会发展提供强大的精神动力、智力支持和思想保证。

2005 年国务院政府工作报告①

(2005 年 3 月 5 日 第十届全国人民代表大会第三次会议)

一、过去一年工作回顾

(四)加大政策支持和财政投入,促进各项社会事业发展。各级政府加大对科技、教育、文化、卫生、体育事业的支持,中央财政用于这些方面的支出 987 亿元,投入国债资金 147 亿元。

推进文化体制改革和文化事业发展,加强文化市场管理。中央财政安排专项资金支持 533 个县级图书馆、文化馆和 4 万个村广播电视设施建设。国家重大文化项目建设和自然历史文化遗产地保护得到加强。对外文化交流更加活跃……

国务院办公厅关于加强我国非物质文化遗产保护工作的意见②

(2005 年 3 月 26 日 国办发〔2005〕18 号)

三、建立名录体系,逐步形成有中国特色的非物质文化遗产保护制度

加强非物质文化遗产的研究、认定、保存和传播……充分发挥各级图书馆、文化馆、博物馆、科技馆等公共文化机构的作用,有条件的地方可设立专题博物馆或展示中心。

四、加强领导,落实责任,建立协调有效的工作机制

……各级图书馆、文化馆、博物馆、科技馆等公共文化机构要积极开展对非物质文化遗产的传播和展示……

期刊出版管理规定③

(2005 年 9 月 30 日 新闻出版总署令第 31 号)

第三章 期刊的出版

第四十三条 期刊出版单位须在每期期刊出版 30 日内,分别向新闻出版总署、中国版本图书馆、国家图书馆以及所在地省、自治区、直辖市新闻出版行政部门缴送样刊 3 本。

第五章 法律责任

第六十条 期刊出版单位有下列行为之一的,依照《出版管理条例》第六十一条处罚:

(四)期刊出版单位未依照本规定缴送样刊的。

---

① 该文件原文来自“律商网”数据库,检索日期:2013 年 7 月 30 日。

② 该文件原文来自中华人民共和国中央人民政府网站(http://www.gov.cn/),检索日期:2013 年 9 月 13 日。

③ 该文件原文来自“北大法宝”数据库,检索日期:2013 年 10 月 8 日。

报纸出版管理规定①

（2005 年 9 月 30 日　新闻出版总署令第 32 号）

第三章　报纸的出版

第四十五条　报纸出版单位须按照国家有关规定向国家图书馆、中国版本图书馆和新闻出版总署以及所在地省、自治区、直辖市新闻出版行政部门缴送报纸样本。

第五章　法律责任

第六十二条　报纸出版单位有下列行为之一的，依照《出版管理条例》第六十一条处罚：
（三）报纸出版单位未依照本规定缴送报纸样本的。

中共中央办公厅、国务院办公厅关于进一步加强农村文化建设的意见②

（2005 年 11 月 7 日　中办发〔2005〕27 号）

三、加强农村公共文化建设

7. 开展农村数字化文化信息服务。加快全国文化信息资源共享工程建设。积极发展文化信息资源共享工程农村基层服务点，重点支持边远贫穷地区乡镇、村基层服务点建设。文化信息资源共享工程要与农村文化设施建设统筹规划，综合利用，使县文化馆、图书馆和乡综合文化站、村文化活动室逐步具备提供数字化文化信息服务的能力。要依托农村党员干部现代远程教育和农村中小学现代远程教育网络，以共建方式发展基层服务点。

9. 加强乡村文化设施建设。坚持以政府为主导，以乡镇为依托，以村为重点，以农户为对象，发展县、乡镇、村文化设施和文化活动场所，构建农村公共文化服务网络。到 2010 年，实现县有文化馆、图书馆，乡镇有综合文化站，行政村有文化活动室。县文化馆要具备综合性功能，图书馆要加强数字化建设。乡镇可结合乡镇机构改革和站（所）整合，组建集图书阅读、广播影视、宣传教育、文艺演出、科技推广、科普培训、体育和青少年校外活动等于一体的综合性文化站，配备专职人员管理。村文化活动室可"一室多用"，明确由一名村干部具体负责。在学校布点整顿中腾出的闲置校舍，可改造为村文化活动基地。充分发挥农村中小学在开展农村文化活动方面的作用，提倡中小学图书室、电子阅览室定时就近向农民群众开放，把中小学校建成宣传、文化、信息中心。对西部及其他老少边穷等地广人稀适宜开展流动服务的地区，由政府给乡文化站配备多功能流动文化车，开展灵活、多样、方便的文化服务。

五、创新农村文化建设的体制和机制

14. 加快公益性文化事业单位改革。县级文化馆、图书馆的改革主要是增加投入，转换机制，增强活力，提高公共服务水平。深化劳动、人事、分配等方面的内部改革，建立健全竞

---

① 该文件原文来自"北大法宝"数据库，检索日期：2013 年 7 月 30 日。
② 该文件原文来自"北大法宝"数据库，检索日期：2013 年 7 月 30 日。

争、激励、约束机制和岗位目标责任制,全面实行聘用制和劳动合同制。县文化馆、图书馆、乡镇综合文化站等属于公益性事业单位,不得企业化或变相企业化,不得以拍卖、租赁等任何形式,改变其文化设施的用途;已挪作他用的,要限期收回。县、乡文化机构要面向农村,面向基层,制订年度农村公益性文化项目实施计划,明确服务规范,改进服务方式,开展流动文化服务,加强对农村文化骨干和文化中心户的免费培训辅导,扶持奖励民办文化。

中共中央、国务院关于推进社会主义新农村建设的若干意见①

(2005 年 12 月 31 日　中发〔2006〕1 号)

五、加快发展农村社会事业,培养推进社会主义新农村建设的新型农民

(21)繁荣农村文化事业。各级财政要增加对农村文化发展的投入,加强县文化馆、图书馆和乡镇文化站、村文化室等公共文化设施建设,继续实施广播电视"村村通"和农村电影放映工程,发展文化信息资源共享工程农村基层服务点,构建农村公共文化服务体系……

中共中央办公厅、国务院办公厅关于印发
《2006—2020 年国家信息化发展战略》的通知②

(2006 年 3 月 19 日　中办公〔2006〕11 号)

五、我国信息化发展的战略行动

(一)国民信息技能教育培训计划

……

加大政府资金投入及政策扶持力度,吸引社会资金参与,把信息技能培训纳入国民经济和社会发展规划。依托高等院校、中小学、邮局、科技馆、图书馆、文化站等公益性设施,以及全国文化信息资源共享工程、农村党员干部远程教育工程等,积极开展国民信息技能教育和培训。

信息网络传播权保护条例③

(2006 年 5 月 18 日　国务院令第 468 号)

第七条　图书馆、档案馆、纪念馆、博物馆、美术馆等可以不经著作权人许可,通过信息网络向本馆馆舍内服务对象提供本馆收藏的合法出版的数字作品和依法为陈列或者保存版

---

① 该文件原文来自"北大法宝"数据库,检索日期:2013 年 7 月 30 日。

② 该文件原文来自中华人民共和国中央人民政府网站(http://www.gov.cn/),检索日期:2013 年 10 月 24 日。

③ 该文件原文来中华人民共和国中央人民政府网站(http://www.gov.cn/),检索日期:2013 年 10 月 24 日。

本的需要以数字化形式复制的作品,不向其支付报酬,但不得直接或者间接获得经济利益。当事人另有约定的除外。

前款规定的为陈列或者保存版本需要以数字化形式复制的作品,应当是已经损毁或者濒临损毁、丢失或者失窃,或者其存储格式已经过时,并且在市场上无法购买或者只能以明显高于标定的价格购买的作品。

※本条例于 2006 年 5 月 10 日经国务院第 135 次常务会议通过,于 2013 年 1 月 30 日根据《国务院关于修改〈信息网络传播权保护条例〉的决定》最新修订。

文化部办公厅关于贯彻落实《国务院关于解决农民工问题的若干意见》的通知①

（2006 年 8 月 1 日　办社图函〔2006〕388 号）

四、充分发挥公共文化设施的社会教育职能,完善服务方式,各级文化行政部门要充分利用图书馆,文化馆、文化站、博物馆等公益性文化设施为农民工服务,发展文化工作在提高农民工思想道德素质和科学文化素质方面的作用。城市公共文化设施要进一步向广大农民工开放,并逐步完善社区文化设施建设。要充分利用全国文化信息资源共享工程、送书下乡、送书到工地等文化项目为农民工提供方便快捷的文化服务。

国家"十一五"时期文化发展规划纲要②

（2006 年 9 月 13 日　中共中央办公厅、国务院办公厅）

三、公共文化服务

(八)完善公共文化服务网络。

1. 完善公共文化设施网络布局。以大型公共文化设施为骨干,以社区和乡镇基层文化设施为基础,优先安排关系人民群众切身文化利益的设施建设,加强图书馆、博物馆、文化馆、美术馆、电台、电视台、广播电视发射转播台(站)、互联网公共信息服务点等公共文化基础设施建设。

——建设一批代表国家文化形象的重点文化设施,大力推进文化信息资源共享工程等重大文化工程建设,加大对重要社科研究机构、体现民族特色和国家水准的艺术院团、承担政治性和公益性出版任务的出版单位的扶持力度。

——完善大中城市公共文化设施,加强图书馆、博物馆和文化馆(中心)建设。

——在巩固县县有图书馆、文化馆的基础上,基本实现乡镇有综合文化站,行政村有文化活动室。

2. 创新公共文化服务方式。适应人民群众多方面、多层次、多样化的文化需求,拓宽服

---

① 　该文件原文来自"北大法宝"数据库,检索日期:2013 年 7 月 30 日。
② 　该文件原文来自"北大法宝"数据库,检索日期:2013 年 7 月 30 日。

务领域,创新服务方式,提高服务质量。

——实行定点服务与流动服务相结合,鼓励具备条件的城市图书馆采用通借通还等现代服务方式,推动公共文化服务向社区和农村延伸。

——促进数字和网络技术在公共文化服务领域的应用,建设数字广播电视信息平台、数字电影放映网络系统、网上图书馆、网上博物馆、网上剧场和群众文化活动远程指导网络。

——支持民办公益性文化机构的发展,鼓励民间开办博物馆、图书馆等,积极引导社会力量提供公共文化服务。

3. 健全公共文化服务组织体制和运行机制……编制图书馆、博物馆、文化馆(站)等公共文化设施建设的国家标准,修订电台、电视台和广播电视发射转播台建设标准……

(九)加强农村文化建设。

1. 推进农村文化设施和重点工程建设。

……流动综合文化服务车——对西部及其他老少边穷等地广人稀适宜开展流动服务的地区,为县乡配备流动文化服务车、流动电影放映车,开展集影视放映、文艺演出、图片展览、图书销售和借阅、科技宣传为一体的流动文化服务。

2. 加大文化资源向农村的倾斜。

——加强"三农"读物出版工作,开发出版适合农村经济社会发展,农民买得起、看得懂、用得上的音像制品和图书等各类出版物。实施"送书下乡工程",重点面向西部地区国家扶贫开发工作重点县的图书馆和乡镇文化站、农村文化室配送图书。

——县(市)图书馆逐步实行分馆制,丰富藏书量,形成统一采购、统一编目的图书配送体系,充分发挥县图书馆对乡镇、村图书室的辐射作用,促进县、乡图书文献共享。按照"政府资助建设,鼓励社会捐助,农民自我管理,市场运作发展"的要求,支持农民群众开办"农家书屋"。

3. 建立农村文化建设的长效机制。

……政府要保证文化馆(站)开展业务必需的经费、基层公共图书馆购书经费、广播电视发射转播台正常运转必需的经费、广播电视"村村通"运行维护经费和农村电影放映补助经费……

(十二)鼓励社会力量捐助和兴办公益性文化事业。引导和鼓励社会力量捐助和兴办图书馆、博物馆、文化馆等,在用地、税收等方面给予政策优惠……

六、文化创新

(二十六)加快科技创新。

2. 创新文化传播方式和手段。加快以国家数字图书馆为龙头的大容量数字化文化资源库建设,完成大中城市公共图书馆联网,实现资源共享……

十、保障措施和重要政策

(四十七)加强文化立法。立足我国国情,借鉴国外有益经验,加快文化立法步伐,抓紧研究制定非物质文化遗产保护法、图书馆法、广播电视传输保障法、文化产业促进法、电影促进法和长城保护条例……

文化部关于印发《文化建设"十一五"规划》的通知①

(2006 年 9 月 14 日 文化部)

一、指导方针和发展目标

(5)"十一五"时期文化发展的目标……

——公共文化产品和服务的供给能力明显提高,质量显著改善。到 2010 年城市中每 10 万人拥有公共文化服务机构数达 1 个,农村乡镇综合文化设施覆盖率达 98% 以上。人均拥有公共图书馆藏书册数达 0.6 册……

——文化领域的信息化水平普遍提高,以国家数字图书馆为龙头的大容量数字化文化资源库建设取得明显进展,中华文化在互联网中的比重和吸引力明显增强……

二、推动文化艺术创新,着力创造民族文化优秀品牌

(11)创新文化传播方式和手段

加强数字和网络等核心技术的研发和应用,推动文化与科技的融合,丰富表现形式,拓展传播方式。开展国家数字图书馆综合技术专项研究,重点突破海量信息存储、检索和调度等关键技术。加快以国家图书馆为龙头的大容量数字化文化资源库建设,完成大中城市公共图书馆联网,实现资源共享……

三、健全公共文化服务体系,加强农村文化建设

(13)建立健全公共文化设施网络

——建设一批代表国家文化形象的重点文化设施,完善大中城市图书馆、博物馆和文化馆(文化中心)建设。编制图书馆、博物馆、文化馆(站)等公共文化设施建设的国家标准。

——在巩固县县有图书馆、文化馆的基础上,基本实现乡镇有综合文化站,有条件的行政村有文化活动室,继续扶持发展农村儿童文化园……

——建立文化馆、图书馆、科技馆、青少年活动场所、学校图书馆共建共享的新机制,推动机关、学校、部队等内部文化设施对外开放。

(14)提高公共文化机构的服务能力

——发挥各级政府的主导作用,加强对公共文化机构的指导、监督,并从资金、设施、场地、机构、人员等方面,保障公共文化设施正常运转和功能的充分发挥。解决贫困地区公共图书馆购书经费严重短缺的问题,扩大公共图书馆藏书量……

——促进数字和网络技术在公共文化服务领域的应用,建设数字图书馆、网上博物馆、网上剧场和群众文化活动远程指导网络……

(16)加强农村公共文化建设

——建立农村文化建设的长效机制……政府保证文化馆(站)开展业务必须的经费、基层公共图书馆购书经费和农村电影放映补助经费……

(18)鼓励社会力量兴办公益性文化事业

引导和鼓励社会力量捐赠和兴办图书馆、博物馆、文化馆等,在用地、税费等方面给予政

---

① 该文件原文来自"北大法宝"数据库,检索日期:2013 年 7 月 30 日。

策优惠。依法加强民办文化从业人员的资质考核和业务培训。民办图书馆、艺术院团等机构及其从业人员,可以按照国家有关规定,参加行业评估与人员职称评定。通过民办公助等方式,鼓励农民自办文化,支持农民群众自筹资金、自负盈亏、自我管理,兴办农民书社、电影放映队、民间剧团等,支持进城务工人员自办艺术团体,开展艺术创作演出活动。对业绩突出的民办文化机构,政府予以资助、表彰和奖励。

专栏3 重大文化设施和文化建设重点工程	
重大文化设施	国家大剧院工程、国家博物馆改扩建工程、国家图书馆二期暨国家数字图书馆建设工程

八、落实和完善文化经济政策,健全文化法制

(32)完善对公益文化事业的投入政策

……2010 年,争取人均文化事业费达到 15.6 元,文化事业费占财政总支出的比重达到 0.8%,人均公共图书馆购书费达 1.0 元……

(35)加快制定重要文化法律法规

加快制定促进文化事业和文化产业发展、加强文化市场监管、完善公共文化服务体系和保护历史文化遗产等方面的法律法规。抓紧研究制定《非物质文化遗产保护法》、《图书馆法》……

九、造就一支高素质的文化人才队伍

(39)巩固基层文化工作队伍

建立健全文化馆、图书馆和乡镇(街道)文化机构的工作岗位规范,逐步实行工作人员从业资格制度,采取远程培训、集中培训等多种方式,建立基层文化队伍培训网络,提高基层文化队伍的专业化水平和综合素质……

文化部关于贯彻落实《国家“十一五”时期文化发展规划纲要》的通知①

(2006 年 10 月 13 日 文政法发〔2006〕27 号)

二、明确思路,突出重点,把《纲要》提出的各项任务落到实处

(三)以重点文化工程和重大文化项目为抓手,狠抓落实。着力实施“十一五”时期的文化工程和文化项目,是贯彻落实《纲要》的重要举措。《纲要》将非物质文化遗产保护、全国文化信息资源共享工程、流动综合文化服务车项目、送书下乡工程、清史纂修工程、国家重大历史题材美术创作工程等列为“十一五”时期文化建设的重大项目和工程。在此基础上,文化部《文化建设“十一五”规划》又将国家舞台经典创作扶持工程、中国少儿歌曲创作推广计划、重点文化遗产保护技术专项、国家数字图书馆综合技术专项、文化产业项目服务工程、文化产品出口扶持计划、全国网络文化市场计算机监管平台等项目列为重点文化工程和项目。财政还将加大对重大文化设施建设的投入。国家大剧院工程、国家博物馆改扩建工程、国家图书馆二期暨国家数字图书馆工程、中国美术馆二期改扩建工程、故宫博物院整体恢复原貌

---

① 该文件原文来自中华人民共和国文化部网站(http://www.ccnt.gov.cn/),检索日期:2013 年 7 月 30 日。

及维修规划、恭王府维修保护工程、中国国家话剧院剧场工程等,都是重点基础设施建设项目。各地在制定当地文化建设"十一五"规划时,也要确定一批地方性的重大文化项目和文化工程。要以重大文化工程和文化项目为抓手,贯彻落实《纲要》,落实专项资金,完善投入方式,加强对文化工程和项目实施的监督和管理,提高财政资金的使用效益,努力把各级规划中提出的各项目标和任务落到实处。

中华人民共和国未成年人保护法(2006修订)①

(2006年12月29日　主席令第六十号)

第四章　社会保护

第三十条　爱国主义教育基地、图书馆、青少年宫、儿童活动中心应当对未成年人免费开放;博物馆、纪念馆、科技馆、展览馆、美术馆、文化馆以及影剧院、体育场馆、动物园、公园等场所,应当按照有关规定对未成年人免费或者优惠开放。

※本法于1991年9月4日经第七届全国人民代表大会常务委员会第二十一次会议通过,本文摘录部分于2006年12月29日经第十届全国人民代表大会常务委员会第二十五次会议修订,本法于2012年10月26日经第十一届全国人民代表大会常务委员会第二十九次会议最新修正。

人事部、全国博士后管理委员会关于印发《博士后管理工作规定》的通知②

(2006年12月29日　国人部发〔2006〕149号)

第五章　博士后人员的管理

第二十九条　博士后人员工作期满,须向设站单位提交博士后研究报告(以下简称报告)和博士后工作总结等书面材料,报告要严格按照格式编写。设站单位应将报告报送国家图书馆……

文化部办公厅关于利用文化政策图书馆网站做好普法工作的通知③

(2007年1月15日　办政法函〔2007〕15号)

文化政策图书馆网站的服务对象主要包括各级文化行政部门及其工作人员,图书馆、博物馆、文化馆、电台、电视台、出版社等文化事业单位及其从业人员,演出、音响、娱乐、美术、图书、报刊、影视、动漫、文物等行业的机构和从业人员,相关高等院校、艺术科研院所、法律服务机构及其从业人员,以及其他需要了解文化政策法规的社会公众……

---

① 该文件原文来自"北大法宝"数据库,检索日期:2013年7月30日。
② 该文件原文来自"北大法宝"数据库,检索日期:2013年7月30日。
③ 该文件原文来自中华人民共和国文化部网站(http://www.ccnt.gov.cn/),检索日期:2013年7月30日。

国务院办公厅关于印发少数民族事业"十一五"规划的通知[①]

(2007 年 2 月 27 日　国办发〔2007〕14 号)

二、主要任务

（五）大力发展少数民族文化事业

……继续推进文化信息资源共享工程,加强民族自治地方文化基础设施建设,在实现县县有图书馆、文化馆目标的基础上,重点改扩建一批县图书馆、文化馆和影剧院,提高县级图书馆、文化馆开展文化服务的能力;发展乡、村级文化设施和文化活动场所,建立综合性的乡文化站、村文化活动室……

三、重点工程

（五）少数民族文化发展工程

……实施民族自治地方送书工程,向少数民族聚居的县(市、旗、区)图书馆和中小学校赠送民族语文和汉语文图书、杂志,向民族自治地方农村牧区的村赠送"三农"实用技术民族语文和汉语文科技图书……

中华人民共和国政府信息公开条例[②]

(2007 年 4 月 5 日　国务院令第 492 号)

第三章　公开的方式和程序

第十六条　各级人民政府应当在国家档案馆、公共图书馆设置政府信息查阅场所,并配备相应的设施、设备,为公民、法人或者其他组织获取政府信息提供便利。

行政机关可以根据需要设立公共查阅室、资料索取点、信息公告栏、电子信息屏等场所、设施,公开政府信息。

行政机关应当及时向国家档案馆、公共图书馆提供主动公开的政府信息。

国务院批转教育部国家教育事业发展"十一五"规划纲要的通知[③]

(2007 年 5 月 18 日　国发〔2007〕14 号)

三、主要任务

（二）贯彻实施义务教育法,普及巩固九年义务教育

3. 改善农村学校的办学条件

---

① 该文件原文来自"北大法宝"数据库,检索日期:2013 年 7 月 30 日。
② 该文件原文来自"北大法宝"数据库,检索日期:2013 年 7 月 30 日。
③ 该文件原文来自"北大法宝"数据库,检索日期:2013 年 7 月 30 日。

……加强基本办学条件建设,使所有农村中小学具备基本的校园、校舍、教学设备、图书和体育活动设施……

(七)加快构建现代化教育体系,积极推进学习型社会建设

3. 加快教育信息化步伐

……加快教育信息资源开发,形成国家信息教育资源服务体系。建立和完善教育信息化技术服务支撑体系。加快教学科研网络、教育政务信息化、高校数字图书馆等应用工程建设……

国务院办公厅关于印发兴边富民行动"十一五"规划的通知[①]

(2007 年 6 月 9 日　国办发〔2007〕43 号)

二、主要任务

(四)加快发展社会事业,提高人口素质

……大力发展文化事业。加强公共文化服务体系建设,完善文化基础设施,实现县有文化馆、图书馆,乡镇有综合文化站,行政村有文化活动室的目标。加快全国文化信息资源共享工程边境基层服务网点建设,加强面向边民的各类信息服务……

文化标准化中长期发展规划(2007—2020)[②]

(2007 年 7 月 13 日　文化部)

三、主要目标和任务

1. 加强文化标准化基础建设。建立健全文化标准管理体制,创新文化标准管理机制,努力实现文化标准化的统筹规划、有序发展、规范管理。

……

在 2020 年之前,基本完成文化标准化基础研究,推出一批文化标准化基础理论研究成果;全面推进文化标准体系研究,形成涉及文化领域安全、环保、质量、工艺、功能、技术、检验检测、资质、等级评定、保护消费者权益的标准体系;建立较为完善的图书馆、博物馆、文化馆、美术馆、演出场所、社会艺术教育、社区文化设施、文化娱乐场所、网络文化、动漫游戏、乐器、工艺美术等文化行业分类标准;出版发行《文化行业标准编制导则》、《文化艺术分类标准》、《文化标准体系》等系列的行业基础标准。

……

4. 编制文化领域急需标准

制(修)订美术馆、文化馆等文化设施建筑设计规范、质量合格检验评定标准,社区文化设施建设标准,数字图书馆技术规范;制定图书馆、美术馆、博物馆、文化馆、剧院等公共文化设施的服务规范。

---

① 该文件原文来自"北大法宝"数据库,检索日期:2013 年 7 月 30 日。
② 该文件原文来自"北大法宝"数据库,检索日期:2013 年 7 月 30 日。

中共中央办公厅、国务院办公厅关于加强公共文化服务体系建设的若干意见①

(2007 年 8 月 21 日　中办发〔2007〕21 号)

三、实施重大公共文化服务工程

(二)**全国文化信息资源共享工程。**以数字资源建设为核心,以基层服务网点建设为重点,运用多种传播方式,在试点工作的基础上,加快推进全国文化信息资源共享工程建设。各级图书馆和乡镇综合文化站、社区文化中心要发挥自身优势,充实完善设备配置,成为文化信息资源共享工程的各级分中心、支中心和基层服务点。加强数字资源库内容建设,不断丰富电子图书、舞台艺术、知识讲座和影视节目等数字资源。农村文化信息资源共享工程的建设要与广播电视村村通工程、农村党员干部现代远程教育、农村中小学现代远程教育和村村通电话工程相结合,实现共建共享。文化信息资源共享工程要不断提高信息化、网络化水平,做到资源互联互通。到 2010 年基本建成覆盖城乡的文化信息资源共享工程服务网络。

四、增强公共文化产品的生产供给能力

(一)**建立健全公共文化设施网络。**以大中城市公共文化设施为骨干,以县、乡(镇)和社区基层文化设施为基础,统筹规划,合理布局,加强各类文化馆(站)、博物馆、图书馆、美术馆、艺术馆、纪念馆和广播电视台(站)、互联网的公共信息服务点和卫星接收设施公共服务管理系统等公共文化设施建设,优化社区和乡村公共文化资源配置,形成覆盖城乡、结构合理、功能健全、实用高效的公共文化设施网络……图书馆、文化馆等公共文化服务单位和宾馆、机场、火车站、客轮等人员流动较大的场所,要摆放一定种类和数量的党报党刊供读者阅读……

(二)**充分发挥现有文化设施的作用**……县级文化馆(站)、图书馆要发挥综合功能,辐射和带动群众性文化活动的开展……政府投资的博物馆、美术馆、纪念馆、文化馆、图书馆和乡镇综合文化站等要坚持公益性事业单位的性质,不得企业化或变相企业化,不得以拍卖、租赁等形式改变其文化设施用途,以挪作他用的要限期收回……

五、创新公共文化服务运行机制

(二)**创新公共文化服务方式**……鼓励具备条件的城市图书馆采用通借通还等现代服务方式,推动公共文化服务向社区和农村延伸。完善相关管理制度,简化审批登记程序,积极引导社会力量以兴办实体、赞助活动、免费提供设施等多种形式参与公共文化服务。支持境内各类文化基金会和文化投资公司参与公共文化服务。支持民办公益性文化机构的发展,鼓励民间开办博物馆、图书馆等,促进公共文化服务方式的多元化、社会化。

(三)**提高公共文化服务技术水平**……以国家数字图书馆建设为龙头,加快国家图书馆、省级图书馆与各地公共图书馆的联网步伐。加强市(地)、县图书馆镜像站建设,增强文化信息资源的传输、存储和供给能力,为基层提供方便快捷的文化服务……

六、加强对公共文化服务体系建设的领导

(二)**切实转变政府职能**……要根据图书馆、博物馆、文化馆、乡镇综合文化站、电台、电

---

① 该文件原文来自文化政策图书馆网站(http://www.cpll.cn/),检索日期:2013 年 7 月 30 日。

视台和广播电视发射转播台等公共文化服务机构的特点,分类制定建设标准和服务标准,加强绩效评估。要进一步推进政企分开、政事分开、政资分开、政府与中介组织分开,支持各级各类文化单位开展公共文化服务……

建设部、民政部、中国残疾人联合会、全国老龄工作委员会办公室关于开展创建全国无障碍建设城市工作的通知[①]

（2007 年 11 月 15 日　建标〔2007〕261 号）

附件 2:创建全国无障碍建设城市工作标准

三、公共建筑设施无障碍建设与改造

(二)对已经建成的各类公共建筑的服务设施进行相应的无障碍改造,其中:

3. 文化馆、图书馆、科技馆、展览馆、博物馆、纪念馆、影剧院、音乐厅、体育场馆无障碍改造率不低于 50% ,"十五"12 个全国无障碍设施建设示范城市、28 个受表彰城市和省会城市 70% ,且布局合理。

改造主要内容为:建筑物出入口坡化处理、安全走道及楼梯、无障碍厕所及厕位、停车场设置无障碍停车位、在显著醒目位置设无障碍标志、大型场所设置无障碍行进路线图,文化观演建筑、体育建筑同时要设低位窗口和轮椅席位。

中华人民共和国文物保护法[②]

（2007 年 12 月 29 日　主席令第八十四号）

第一章　总则

第二条　在中华人民共和国境内,下列文物受国家保护:

(四)历史上各时代重要的文献资料以及具有历史、艺术、科学价值的手稿和图书资料等;

第三条　……

历史上各时代重要实物、艺术品、文献、手稿、图书资料、代表性实物等可移动文物,分为珍贵文物和一般文物;珍贵文物分为一级文物、二级文物、三级文物。

第三章　考古发掘

第三十四条　……

考古发掘的文物,应当登记造册,妥善保管,按照国家有关规定移交给由省、自治区、直辖市人民政府文物行政部门或者国务院文物行政部门指定的国有博物馆、图书馆或者其他国有收藏文物的单位收藏……

第四章　馆藏文物

第三十六条　博物馆、图书馆和其他文物收藏单位对收藏的文物,必须区分文物等级,

---

① 该文件原文来自"北大法宝"数据库,检索日期:2013 年 7 月 30 日。

② 该文件原文来自"北大法宝"数据库,检索日期:2013 年 7 月 30 日。

设置藏品档案,建立严格的管理制度,并报主管的文物行政部门备案……

第四十七条 博物馆、图书馆和其他收藏文物的单位应当按照国家有关规定配备防火、防盗、防自然损坏的设施,确保馆藏文物的安全。

※本法于1982年11月19日经第五届全国人民代表大会常务委员会第二十五次会议通过,于2007年12月29日根据《关于修改〈中华人民共和国文物保护法〉的决定》最新修正。

电子出版物出版管理规定[①]

(2008年2月21日 新闻出版总署令第34号)

第三章 出版管理

第三十五条 电子出版物发行前,出版单位应当向国家图书馆、中国版本图书馆和新闻出版总署免费送交样品。

第八章 法律责任

第六十条 有下列行为之一的,按照《出版管理条例》第六十一条处罚:

(四)出版单位未按照有关规定送交电子出版物样品的。

图书出版管理规定[②]

(2008年2月21日 新闻出版总署令第36号)

第三章 图书的出版

第三十四条 图书出版单位在图书出版30日内,应当按照国家有关规定向国家图书馆、中国版本图书馆、新闻出版总署免费送交样书。

第五章 法律责任

第五十条 图书出版单位有下列行为之一的,由新闻出版总署或者省、自治区、直辖市新闻出版行政部门依照《出版管理条例》第六十一条处罚:

(四)未按规定送交样书的。

中华人民共和国残疾人保障法[③]

(2008年4月24日 主席令第三号)

第五章 文化生活

第四十三条 政府和社会采取下列措施,丰富残疾人的精神文化生活……

---

① 该文件原文来自"北大法宝"数据库,检索日期:2013年7月30日。
② 该文件原文来自"北大法宝"数据库,检索日期:2013年7月30日。
③ 该文件原文来自"北大法宝"数据库,检索日期:2013年7月30日。

（二）组织和扶持盲文读物、盲人有声读物及其他残疾人读物的编写和出版,根据盲人的实际需要,在公共图书馆设立盲文读物、盲人有声读物图书室……

※本法于 1990 年 12 月 28 日经第七届全国人民代表大会常务委员会第十七次会议通过,于 2008 年 4 月 24 日经第十一届全国人民代表大会常务委员会第二次会议修订。

汶川地震灾后恢复重建条例①

（2008 年 6 月 8 日　国务院令第 526 号）

第五章　恢复重建的实施

第五十条　对学校、医院、体育场馆、博物馆、文化馆、图书馆、影剧院、商场、交通枢纽等人员密集的公共服务设施,应当按照高于当地房屋建筑的抗震设防要求进行设计,增强抗震设防能力。

新闻出版总署关于印发《农家书屋工程建设管理暂行办法》的通知②

（2008 年 7 月 21 日　新出发〔2008〕865 号）

第七章　农家书屋管理

第三十六条　新闻出版行政部门应结合当地实际,积极探索发挥农家书屋优势和作用的长效运行机制。

（一）有条件的地区应以农家书屋为基础,与现有的县乡图书馆、县新华书店联动,建立图书流动网络,在所有权不变的前提下实行出版物交流制度,扩大农民的阅读范围。

国务院关于印发汶川地震灾后恢复重建总体规划的通知③

（2008 年 9 月 19 日　国发〔2008〕31 号）

第七章　公共服务

第三节　文化体育

——合理布局公共文化和体育设施,抓好县级图书馆、文化馆、档案馆、影剧场（团）、广播电视、新闻出版、体育场馆、青少年活动场所、乡镇综合文化站等各类设施的恢复重建。

——公共文化设施要尽可能集中规划建设,乡镇综合文化站要充分发挥文化宣传、提供信息、科普及技术培训等服务功能。恢复重建文化信息资源共享工程服务网络……

---

① 该文件原文来自"北大法宝"数据库,检索日期:2013 年 7 月 30 日。
② 该文件原文来自"北大法宝"数据库,检索日期:2013 年 7 月 30 日。
③ 该文件原文来自"北大法宝"数据库,检索日期:2013 年 7 月 30 日。

专栏 13　文化体育
公共文化设施　恢复重建图书馆 52 个、文化馆 54 个、档案馆 56 个、乡镇综合文化站 1177 个(含统建乡镇广播电视站),影剧场(团)和全国文化信息资源共享工程服务县级支中心、基层点

中华人民共和国消防法①

(2008 年 10 月 28 日　主席令第六号)

　　第七十三条　本法下列用语的含义:

　　(四)人员密集场所,是指公众聚集场所,医院的门诊楼、病房楼,学校的教学楼、图书馆、食堂和集体宿舍,养老院,福利院,托儿所,幼儿园,公共图书馆的阅览室,公共展览馆、博物馆的展示厅,劳动密集型企业的生产加工车间和员工集体宿舍,旅游、宗教活动场所等。

　　※本法于 1998 年 4 月 29 日经第九届全国人民代表大会常务委员会第二次会议通过,于 2008 年 10 月 28 日经第十一届全国人民代表大会常务委员会第五次会议修订。

中华人民共和国营业税暂行条例实施细则(2008 修订)②

(2008 年 12 月 15 日　财政部、国家税务总局令第 52 号)

　　第二十二条　条例第八条规定的部分免税项目的范围,限定如下:

　　(四)第一款第(六)项所称纪念馆、博物馆、文化馆、文物保护单位管理机构、美术馆、展览馆、书画院、图书馆举办文化活动,是指这些单位在自己的场所举办的属于文化体育业税目征税范围的文化活动……

　　※本实施细则于 1993 年 12 月 25 日由财政部发布,本文摘录部分于 2008 年 12 月 15 日经财政部部务会议和国家税务总局局务会议修订,本实施细则于 2011 年 10 月 28 日根据《关于修改〈中华人民共和国增值税暂行条例实施细则〉和〈中华人民共和国营业税暂行条例实施细则〉的决定》最新修订。

国有公益性收藏单位进口藏品免税暂行规定③

(2009 年 1 月 20 日　财政部、海关总署、国家税务总局 2009 年第 2 号公告)

　　第三条　本规定所称国有公益性收藏单位,是指:

　　(一)国家有关部门和省、自治区、直辖市、计划单列市相关部门所属的国有公益性图书馆、博物馆、纪念馆及美术馆(以下简称省级以上国有公益性收藏单位)。

　　第四条　本规定所称的藏品,是指具有收藏价值的各种材质的器皿和器具、钱币、砖瓦、

---

　　①　该文件原文来自"北大法宝"数据库,检索日期:2013 年 7 月 30 日。
　　②　该文件原文来自"北大法宝"数据库,检索日期:2013 年 9 月 5 日。
　　③　该文件原文来自"北大法宝"数据库,检索日期:2013 年 7 月 30 日。

石刻、印章封泥、拓本(片)、碑帖、法帖、艺术品、工艺美术品、典图、文献、古籍善本、照片、邮品、邮驿用品、徽章、家具、服装、服饰、织绣品、皮毛、民族文物、古生物化石标本和其他物品。

第五条　国有公益性收藏单位进口与其收藏范围相应的藏品,方能享受本规定的税收政策。

第六条　符合规定的国有公益性收藏单位进口藏品,应持捐赠、归还、追索和购买等有效进口证明及海关规定的其他有关文件办理海关手续。免税进口藏品属于海关监管货物。

第七条　国有公益性收藏单位免税进口的藏品应依照《中华人民共和国文物保护法》、《中华人民共和国文物保护法实施条例》和《博物馆管理办法》进行管理,建立藏品登记备案制度。免税进口藏品入境 30 个工作日内须记入藏品总账——进口藏品子账,列入本单位内部年度审计必审科目。同时按规定格式(见附表)报送主管文化文物行政管理部门备案,并抄报海关。

第八条　国有公益性收藏单位免税进口的藏品应永久收藏,并仅用于非营利性展示和科学研究等公益性活动,不得转让、抵押、质押或出租。

第九条　免税进口藏品如需在国有公益性收藏单位之间依照国家有关法律法规的规定进行调拨、交换、借用,应依照法律法规的规定履行相关手续,同时报送主管文化文物行政管理部门备案,并抄报海关。

国有公益性收藏单位将免税进口藏品转让、抵押、质押或出租的,由海关依照国家有关法律法规的规定予以处罚;构成犯罪的,依法追究刑事责任。

对于有上述违法违规行为的单位,在 1 年内不得享受本税收优惠政策;被依法追究刑事责任的,在 3 年内不得享受本税收优惠政策。

建设工程消防监督管理规定[①]

(2009 年 4 月 30 日　公安部令第 106 号)

第三章　消防设计审核和消防验收

第十三条　对具有下列情形之一的人员密集场所,建设单位应当向公安机关消防机构申请消防设计审核,并在建设工程竣工后向出具消防设计审核意见的公安机关消防机构申请消防验收:

(四)建筑总面积大于二千五百平方米的影剧院,公共图书馆的阅览室,营业性室内健身、休闲场馆,医院的门诊楼,大学的教学楼、图书馆、食堂,劳动密集型企业的生产加工车间,寺庙、教堂;

(五)建筑总面积大于一千平方米的托儿所、幼儿园的儿童用房,儿童游乐厅等室内儿童活动场所,养老院、福利院,医院、疗养院的病房楼,中小学校的教学楼、图书馆、食堂,学校的集体宿舍,劳动密集型企业的员工集体宿舍;

※本规定于 2012 年 7 月 17 日根据《公安部关于修改〈建设工程消防监督管理规定〉的决定》最新修订。

---

① 该文件原文来自"北大法宝"数据库,检索日期:2013 年 7 月 30 日。

国务院关于进一步繁荣发展少数民族文化事业的若干意见①

（2009 年 7 月 5 日　国发〔2009〕29 号）

三、繁荣发展少数民族文化事业的政策措施

（七）加快少数民族和民族地区公共文化基础设施建设。大力推进民族地区县级图书馆、文化馆、乡镇综合文化站和村文化室、广播电视村村通工程、农村电影放映工程、农家书屋工程、文化信息资源共享工程等建设,保障民族地区基层文化设施有效运转。地广人稀的民族地区配备流动文化服务车和相关设备,建设和完善流动服务网络。大力推进数字和网络技术等现代科技手段的应用和普及,形成实用、便捷、高效的公共文化服务体系。国家实施各项重大文化工程时,切实加大对少数民族和民族地区的倾斜力度。

乡镇综合文化站管理办法②

（2009 年 9 月 15 日　文化部令第 48 号）

第一章　总则

第三条　乡镇人民政府负责文化站日常工作的管理,县级文化行政部门负责对文化站进行监督和检查,县文化馆、图书馆等相关文化单位负责对文化站开展对口业务指导和辅导。

第三章　职能和服务

第十一条　文化站通过以下方式履行职能,开展服务:

（三）协助县级文化馆、图书馆等文化单位配送公共文化资源,开展流动文化服务,保证公共文化资源进村入户。

（四）在县级图书馆的指导下,开办图书室,开展群众读书读报活动,为当地群众提供图书报刊借阅服务。

（五）建成全国文化信息资源共享工程基层服务点,开展数字文化信息服务。

第四章　人员和经费

第十七条　文化行政部门负责对文化站从业人员进行定期培训。各级文化培训机构、群艺馆、文化馆、图书馆、艺术学校、艺术院团等具体承担人员培训任务。

---

① 该文件原文来自"北大法宝"数据库,检索日期:2013 年 7 月 30 日。
② 该文件原文来自"北大法宝"数据库,检索日期:2013 年 7 月 30 日。

文化部、国家文物局关于颁布《全国文化文物统计报表制度》的通知①

（2009 年 11 月 24 日　文化部、国家文物局）

附件:《全国文化文物统计报表制度》

统计指标解释

图书馆:指各类图书馆的管理与服务(对文献和信息的搜集、整理、存储、利用和管理,向社会公众开放并提供科学、文化等各种知识普及教育)。包括公共图书馆和各类机构内部举办的或单独举办的图书馆的管理与服务。不包括部队系统以及文化馆(文化中心、群众艺术馆)、文化站内设的图书室。

公共图书馆:指文化部门主办的面向社会服务的图书馆。

其他部门图书馆:是指除文化部门主办的公共图书馆以外的图书馆机构,如教育、科研、厂矿企业等举办的图书馆。

国务院办公厅转发中国残联等部门和单位关于加快推进残疾人社会保障体系和服务体系建设指导意见的通知②

（2010 年 3 月 10 日　国办发〔2010〕19 号）

三、加强残疾人服务体系建设,提高为残疾人服务的能力和水平

(七)图书馆、博物馆、体育场馆、群众艺术馆、文化馆和乡镇综合文化站、社区文化中心(街道文化站)等公共文化体育设施免费向残疾人开放,并为残疾人参加文化体育活动提供便利;有条件的公共图书馆设立盲文和盲人有声读物阅览室。加强盲文出版和文化资讯建设,加大对盲文、盲人有声读物、残疾人题材的图书、音像制品出版等的扶持力度……

国务院关于印发玉树地震灾后恢复重建总体规划的通知③

（2010 年 6 月 9 日　国发〔2010〕17 号）

第五章　公共服务设施

第三节　文化体育

文化场馆。恢复重建州、县、乡、村四级公共文化服务设施,重点恢复重建文化馆、图书馆、影剧院及乡镇综合文化站、村文化室、社区文化中心。恢复重建文化信息资源共享工程。

---

① 该文件原文来自中华人民共和国文化部网站(http://www.ccnt.gov.cn/),检索日期:2013 年 9 月13 日。

② 该文件原文来自"北大法宝"数据库,检索日期:2013 年 7 月 30 日。

③ 该文件原文来自"北大法宝"数据库,检索日期:2013 年 7 月 30 日。

统筹建设州县同城文化设施……

专栏 7	文化体育
文化	州级文化馆、图书馆各 1 个,县文化图书馆 3 个,恢复重建乡镇综合文化站 27 个,社区文化活动室 5 个,影剧场(团)和文化信息资源共享工程服务点。其中,石渠县乡镇综合文化站 8 个。

教育部关于印发《中等职业学校设置标准》的通知[①]

(2010 年 7 月 6 日　教职成〔2010〕12 号)

第八条　应有与办学规模和专业设置相适应的校园、校舍和设施。

图书馆和阅览室:适用印刷图书生均不少于 30 册;报刊种类 80 种以上;教师阅览(资料)室和学生阅览室的座位数应分别按不低于专任教师总数的 20% 和学生总数的 10% 设置。

中共中央、国务院关于印发
《国家中长期教育改革和发展规划纲要(2010—2020 年)》的通知[②]

(2010 年 7 月 8 日　中发〔2010〕12 号)

第四部分　保障措施
第十九章　加快教育信息化进程

(六十)加强优质教育资源开发与应用……建立数字图书馆和虚拟实验室。

文化部关于开展全国基层文化队伍培训工作的意见[③]

(2010 年 9 月 1 日　文社文发〔2010〕33 号)

三、建立健全基层文化队伍培训工作体制和机制

(四)加强培训工作的规范化管理。要规范完善基层文化队伍培训的各项规章制度,将培训工作纳入制度化、规范化轨道。县级文化馆、图书馆工作人员参加脱产培训的时间每年不少于 15 天,乡镇(街道)、村(社区)基层文化专兼职人员参加集中培训时间每年不少于 5 天。

(五)健全培训考核评估与督查制度……将培训工作纳入文化行政部门、文化单位年终考核指标,纳入图书馆、文化馆站评估工作。文化部定期开展基层文化队伍培训督查工作,对培训工作完成好的部门和单位进行表彰,不合格的部门和单位通报批评。

---

① 该文件原文来自"北大法宝"数据库,检索日期:2013 年 7 月 30 日。
② 该文件原文来自"北大法宝"数据库,检索日期:2013 年 7 月 30 日。
③ 该文件原文来自"北大法宝"数据库,检索日期:2013 年 7 月 30 日。

五、加强培训师资队伍建设

（一）加快建立一支素质优良、规模适当、结构合理、专兼结合的培训师资队伍。各级文化行政部门要建立基层文化队伍培训师资库，实现资源共享。依托现有各级文化干部培训机构、全国文化信息资源共享工程各级中心和图书馆、文化馆等文化单位，建立一支业务能力强、爱岗敬业的专职教师队伍……

文化部、财政部关于开展国家公共文化服务体系示范区（项目）创建工作的通知①

（2010 年 12 月 31 日　文社文发〔2010〕49 号）

附件 1：国家公共文化服务体系示范区（项目）创建工作方案

二、基本做法

（三）与全国文化先进单位评选表彰和文化馆、图书馆等公共文化机构评估定级工作相衔接……鼓励地方探索经验，形成典型和特色，示范区（项目）创建标准和工作要求与创建全国文化先进单位和文化馆、图书馆等公共文化机构评估定级等工作有机统一、相互衔接。

六、创建标准

以党的十七届五中全会、全国文化体制改革工作会议精神和《中共中央办公厅、国务院办公厅关于进一步加强农村文化建设的意见》（中办发〔2005〕27 号）、《中共中央办公厅、国务院办公厅关于加强公共文化服务体系建设的若干意见》（中办发〔2007〕21 号）、《公共文化体育设施条例》、《国家"十一五"文化发展规划纲要》和公共图书馆、文化馆（站）等公共文化设施建设标准、用地指标、评估定级标准等为遵循，制定具体创建标准。

附件 2：国家公共文化服务体系示范区（项目）创建标准

东部

一、公共文化设施网络建设方面

1. 图书馆、博物馆、文化馆（站）、影剧院等公共文化设施完善，布局合理，方便群众参加活动。实现市有图书馆、博物馆、文化馆等公共文化设施，县有图书馆、文化馆，乡镇（街道）有综合文化站，行政村（社区）建有文体活动室（文化广场）。

2. 图书馆建设。市、县两级图书馆达到部颁二级以上标准；公共图书馆人均占有藏书 1 册以上；市、县两级图书馆平均每册藏书年流通率 1 次以上；人均年增新书在 0.04 册次以上；人均到馆次数 0.5 次以上。

5. 村（社区）文体活动室（文化广场）建设。结合村级（社区）行政组织办公场所建设，100% 的行政村（社区）建设面积不低于 200 平方米的文化活动室（中心），每个文化活动室都建成全国文化信息资源共享工程基层服务点。

6. 公共电子阅览室（含文化信息资源共享工程支中心、基层服务点）建设。依托公共图书馆、文化馆站，市及所辖县建有标准配置的公共电子阅览室。100% 的乡镇（街道）、社区建

---

① 该文件原文来自"北大法宝"数据库，检索日期：2013 年 7 月 30 日。

有标准配置的公共电子阅览室,实现全覆盖。

二、公共文化服务供给方面

8. 弱势群体和特殊人群的基本文化服务权益得到有效保障。城市各类公共文化设施免费或优惠向农民工、老人、少年儿童和残疾人开放,设置方便残障人士以及老年人、少年儿童的活动区域和服务项目。市县两级图书馆设立盲人阅读区,配备设备和盲文读物……

10. 图书馆、文化馆(站)、博物馆实现免费开放。各级公共文化设施电子阅览室为社会公众提供免费上网服务时间每周不少于 56 小时。

11. 图书馆每周开放时间不少于 56 小时……

13. 创新公共文化服务方式。市、县图书馆建立统一采购、统一编目、统一配送的总分馆制,实现通借通还。市、县两级图书馆、文化馆配备一台以上流动服务车,图书馆每年下基层服务次数不低于 50 次,文化馆每年组织流动演出 12 场以上,流动展览 10 场以上。

14. 全国文化信息资源共享工程建设。基本形成资源丰富、技术先进、服务便捷、覆盖城乡的数字文化服务体系,县县有支中心、乡乡有基层服务点,实现"村村通";100% 的基层群众可以通过多种方式使用文化信息资源及享受数字图书馆、数字文化馆、数字博物馆、数字美术馆等的资源服务。

15. 依托全国文化信息资源共享工程和国家数字图书馆工程,市一级建设 3 个以上地方特色数字资源库,建立网上图书馆、网上博物馆、群众活动远程指导网络。

三、公共文化服务组织支撑方面

17. 切实按照国务院《公共文化体育设施条例》和文化部、国土资源部、建设部编制的《公共图书馆建设用地指标》、《公共图书馆建设标准》、《文化馆建设用地指标》、《文化馆建设标准》、《乡镇综合文化站建设标准》、《城市社区体育设施建设用地指标》等标准,无偿划拨公共图书馆、文化馆(站)、博物馆、体育馆(场)等公益性文化设施建设用地,公共文化设施门类齐全,布局合理、服务便捷。

中部

一、公共文化设施网络建设方面

1. 图书馆、博物馆、文化馆(站)、影剧院等公共文化设施完善,布局合理,方便群众参加活动。实现市有图书馆、博物馆、文化馆等公共文化设施,县有图书馆、文化馆,乡镇(街道)有综合文化站,行政村(社区)建有文体活动文化室(文化广场)。

2. 图书馆建设。市、县两级图书馆达到部颁三级以上标准;公共图书馆人均占有藏书 0.6 册以上;市、县两级图书馆平均每册藏书年流通率 0.7 次以上;人均年增新书在 0.03 册次以上;人均到馆次数 0.3 次以上。

5. 村(社区)文化活动室(文化广场)建设。80% 的行政村(社区)建立面积不低于 100 平米的文化活动室(中心),每个文化活动室都建成全国文化信息资源共享工程基层服务点。60% 行政村建立农家书屋,藏书 2000 册以上。

6. 公共电子阅览室(含文化信息资源共享工程支中心、基层服务点)建设。依托公共图书馆、文化馆站,市及所辖县建有标准配置的公共电子阅览室。80% 的乡镇(街道)、社区建有标准配置的公共电子阅览室。

二、公共文化服务供给方面

8. 弱势群体和特殊人群的基本文化服务权益得到有效保障。城市各类公共文化设施免费或优惠向农民工、老人、儿童和残疾人开放,设置方便残障人士以及老年人、少年儿童的活动区域和服务项目。市县两级图书馆设立盲人阅读区,配备设备和盲文读物。县级以上文化馆经常性组织针对上述特殊人群的各类文体活动,开展面向农民工的文化培训等。

10. 图书馆、文化馆、博物馆实现免费开放。各级公共文化设施电子阅览室为社会公众提供免费上网服务时间每周不少于 42 小时。

11. 图书馆每周开放时间不少于 56 小时。文化馆(站)、博物馆每周开放时间不少于 42 小时。

13. 开展延伸服务。市、县图书馆建立总分馆制等多种模式的服务体系。市、县两级图书馆、文化馆配备一台以上流动服务车,具备开展公共文化流动服务的能力。

14. 全国文化信息资源共享工程建设。基本形成资源丰富、技术先进、服务便捷、覆盖城乡的数字文化服务体系,县县有支中心、乡乡有基层服务点,实现"村村通";100% 的基层群众可以通过基层服务点,70% 的行政村和城市社区居民可享受数字图书馆、数字文化馆、数字博物馆、数字美术馆的资源服务。

三、公共文化服务组织支撑方面

16. 切实按照国务院《公共文化体育设施条例》和文化部、国土资源部、建设部编制的《公共图书馆建设用地指标》、《公共图书馆建设标准》、《文化馆建设用地指标》、《文化馆建设标准》、《乡镇综合文化站建设标准》、《城市社区体育设施建设用地指标》等标准,无偿划拨公共图书馆、文化馆(站)、博物馆、体育馆(场)等公益性文化设施建设用地,公共文化设施门类齐全,布局合理、服务便捷。

西部

一、公共文化设施网络建设方面

1. 图书馆、博物馆、文化馆(站)、影剧院等公共文化设施网络体系初步形成,并建成与当地人口分布和地域条件相适应的流动文化设施网络,市县两级图书馆、文化馆都具备流动文化服务能力,广大群众能够就近方便的享受公共文化服务。

2. 图书馆建设。市、县两级图书馆 80% 达到部颁三级以上标准;公共图书馆人均占有藏书 0.4 册以上;市、县两级图书馆平均每册藏书年流通率 0.5 次以上;人均年增新书在 0.02 册次以上;人均到馆次数 0.2 次以上。

5. 公共电子阅览室(含文化信息资源共享工程支中心、基层服务点)建设。依托公共图书馆、文化馆站,市及所辖县建有标准配置的公共电子阅览室。60% 的乡镇(街道)、社区建有标准配置的公共电子阅览室。

二、公共文化服务供给方面

8. 图书馆、文化馆、博物馆实现免费开放。各级公共文化设施电子阅览室为社会公众提供免费上网服务时间每周不少于 42 小时。

9. 图书馆每周开放时间不少于 56 小时。文化馆(站)、博物馆每周开放时间不少于 42 小时。

11. 全国文化信息资源共享工程建设。基本形成资源丰富、技术先进、服务便捷、覆盖城乡的数字文化服务体系,县县有支中心、乡乡有基层服务点,实现"村村通";100% 的基层群众可以通过基层服务点使用文化信息资源及享受数字图书馆、数字博物馆、数字美术馆的资源服务。

三、公共文化服务组织支撑方面

13. 切实按照国务院《公共文化体育设施条例》和文化部、国土资源部、建设部编制的

《公共图书馆建设用地指标》、《公共图书馆建设标准》、《文化馆建设用地指标》、《文化馆建设标准》、《乡镇综合文化站建设标准》、《城市社区体育设施建设用地指标》等标准,无偿划拨公共图书馆、文化馆(站)、博物馆、体育馆(场)等公益性文化设施建设用地,公共文化设施门类齐全,布局合理、服务便捷。

中华人民共和国非物质文化遗产法[①]

(2011 年 2 月 25 日 主席令第 42 号)

第四章 非物质文化遗产的传承与传播

第三十五条 图书馆、文化馆、博物馆、科技馆等公共文化机构和非物质文化遗产学术研究机构、保护机构以及利用财政性资金举办的文艺表演团体、演出场所经营单位等,应当根据各自业务范围,开展非物质文化遗产的整理、研究、学术交流和非物质文化遗产代表性项目的宣传、展示。

文化部关于加强村级文化建设的指导意见[②]

(2011 年 3 月 3 日 文社文发〔2011〕11 号)

三、加强村级文化阵地建设

7. 完善村级文化阵地的综合服务功能。要不断巩固以村文化活动室为重点的,包括全国文化信息资源共享工程基层服务点、广播电视村村通、数字化电影放映室、村文化广场等在内的村文化阵地,充分发挥其服务效能……

四、推动公共文化资源配置向村倾斜

10. 加强县乡公共文化机构对村文化建设的指导和服务。县级文化馆、图书馆、全国文化信息资源共享工程县级支中心是村文化活动室的业务指导单位,承担对村文化建设进行业务指导、人员培训、资源配置等方面的具体职责……要不断创新服务模式,充分考虑到山区、边疆民族地区地广人稀的实际,组织流动图书车、文艺小分队等,开展形式多样的送书下乡、送戏下乡活动,以及富有民族特色、体现地域风情的文化服务,积极面向村民开展流动文化服务。

11. 面向乡村开展数字文化信息资源服务。与全国农村党员现代远程教育工作、农村中小学远程教育工程、广播电视"村村通"工程建设相结合,加大全国文化信息资源共享工程村级服务点建设力度,推进文化信息资源和服务的"进村入户"。加强村级公共电子阅览室建设,争取到 2015 年基本实现 50% 的村建有公共电子阅览室,提供电子图书阅读、信息查询、网页浏览、影音视听、远程教育、自助培训等"一站式"服务,努力形成资源丰富、技术先进、服务便捷、覆盖农村的数字化信息服务体系,确保农民群众享受到优质、便捷的数字文化服务。

---

① 该文件原文来自"北大法宝"数据库,检索日期:2013 年 7 月 30 日。

② 该文件原文来自中华人民共和国文化部网站(http://www.ccnt.gov.cn/),检索日期:2013 年 9 月 5 日。

六、建设一支素质较高的村级文化队伍

19. 加强村级文化队伍培训。县级文化馆、图书馆和乡镇综合文化站要采取"请进来、走出去"的方式,加强对农村文化骨干、业务文化团队的辅导和培训。各县文化馆、图书馆要将培训的重心放到乡村,在有条件的乡镇开设村文化队伍培训基地,对村文艺骨干进行集中培训,提高人员素质;各县文化馆、图书馆专业人员分区分片,主动到乡镇和村一级帮助开展业务培训……

中华人民共和国国民经济和社会发展第十二个五年规划纲要①

(2011 年 3 月 16 日　第十一届全国人民代表大会第四次会议通过)

第十篇　传承创新　推动文化大发展大繁荣
第四十四章　繁荣发展文化事业和文化产业

第一节　大力发展文化事业

增强公共文化产品和服务供给。公共博物馆、图书馆、文化馆、纪念馆、美术馆等公共文化设施免费向社会开放……

新闻出版总署关于印发
《新闻出版业"十二五"时期发展规划》的通知②

(2011 年 4 月 20 日　新出政发〔2011〕6 号)

五、"十二五"时期新闻出版业发展的重点任务

(三)完善新闻出版公共服务体系,保障人民群众基本文化权益

专栏5　新闻出版公共服务建设工程
05　盲文出版工程
……建设中国盲文图书馆(中国视障文化资讯服务中心)……

国务院关于批转中国残疾人事业"十二五"发展纲要的通知③

(2011 年 5 月 16 日　国发〔2011〕13 号)

三、"十二五"时期残疾人事业的主要任务和政策措施

(七)文化。

政策措施:

1. 各类公共文化场所免费或优惠向残疾人开放,提供设施及信息交流无障碍服务……

---

① 该文件原文来自"北大法宝"数据库,检索日期:2013 年 7 月 30 日。
② 该文件原文来自"北大法宝"数据库,检索日期:2013 年 7 月 30 日。
③ 该文件原文来自"北大法宝"数据库,检索日期:2013 年 7 月 30 日。

农家书屋、全国文化信息资源共享工程等国家公共文化服务重点项目中要有为残疾人服务的内容……

2. 以"残疾人文化周"为载体,开展基层群众性残疾人文化活动……扶持出版为残疾人服务的图书、音像制品……建设网上中国残疾人数字图书馆,拓展面向各类残疾人的数字资源服务……

3. 各级公共图书馆应设立盲人阅览室,配置盲文图书及有关阅读设备,做好盲人阅读服务。资助中西部地区设区的市、县两级公共图书馆盲人阅览室建设。充分发挥中国视障文化资讯服务中心(中国盲文图书馆)资源辐射和公共文化服务作用。盲人读物出版规模比"十一五"翻两番,加强盲人信息化产品研发、生产和应用。

专栏二:"十二五"主要助残服务项目

8. 残疾人文化建设工程:在城乡社区实施"残疾人文化进社区"项目。支持中西部地区设区的市、县两级公共图书馆盲人阅览室建设和省、市两级电视台开办手语节目……

中共中央、国务院关于印发《中国农村扶贫开发纲要(2011—2020 年)》的通知①

(2011 年 5 月 27 日　中发〔2011〕10 号)

二、目标任务

(八)主要任务

……健全农村公共文化服务体系,基本实现每个国家扶贫开发工作重点县(以下简称重点县)有图书馆、文化馆,乡镇有综合文化站,行政村有文化活动室。以公共文化建设促进农村廉政文化建设。

国务院关于印发中国妇女发展纲要和中国儿童发展纲要的通知②

(2011 年 7 月 30 日　国发〔2011〕24 号)

中国儿童发展纲要(2011—2020 年)

三、发展领域、主要目标和策略措施

(四)儿童与社会环境。

策略措施:

11. 为儿童阅读图书创造条件。推广面向儿童的图书分级制,为不同年龄儿童提供适合其年龄特点的图书,为儿童家长选择图书提供建议和指导。增加社区图书馆和农村流动图书馆数量,公共图书馆设儿童阅览室或图书角,有条件的县(市、区)建儿童图书馆。"农家书屋"配备一定数量的儿童图书。广泛开展图书阅读活动,鼓励和引导儿童主动读书。

---

① 该文件原文来自国务院法制办公室网站(http://www.chinalaw.gov.cn/),检索日期:2013 年 10 月 24 日。
② 该文件原文来自"北大法宝"数据库,检索日期:2013 年 7 月 30 日。

文化部、人力资源和社会保障部、中华全国总工会关于进一步加强农民工文化工作的意见①

（2011 年 9 月 11 日　文社文发〔2011〕45 号）

三、进一步加强政府在农民工文化工作中的主导作用

（七）发挥公益性文化单位的骨干作用……继续加大图书馆、文化馆（站）、博物馆、美术馆以及工人文化宫（俱乐部）等公益性文化单位的免费开放力度，充分发挥其在满足农民工文化需求方面的主体骨干作用。文化馆（站）、图书馆等要结合自身业务开设"农民工夜校"，纳入本单位基本服务范畴，对农民工开展文化知识、法律知识、时事政策等培训。公益性文化单位要积极开展"农民工日"、"农民工周"等农民工专项活动，大力开展送图书、送电影、送演出进厂矿、进工地等流动文化服务。要进一步规范和提高农民工文化服务的质量和水平，将农民工文化服务纳入公共图书馆、文化馆评估考核体系。

（八）推进重大农民工文化惠民工程建设。以实施重大农民工文化惠民工程为抓手，提高对农民工群体的覆盖程度和服务能力。继续大力推进"两看一上"（看报纸、看电视、有条件的能上网）工程，着力解决农民工基本文化需求；加强"职工书屋"建设，完善管理制度，加大对农民工的服务力度；利用全国文化信息资源共享工程现有基层服务点在社区、工矿、企业、建筑工地等开展农民工服务；以"公共电子阅览室"建设为依托进行"农民工网（夜）校"试点。

中共中央关于深化文化体制改革推动社会主义文化大发展大繁荣若干重大问题的决定②

（2011 年 10 月 18 日　中国共产党第十七届中央委员会第六次全体会议通过）

五、大力发展公益性文化事业，保障人民基本文化权益

（一）构建公共文化服务体系。

……加强文化馆、博物馆、图书馆、美术馆、科技馆、纪念馆、工人文化宫、青少年宫等公共文化服务设施和爱国主义教育示范基地建设并完善向社会免费开放服务，鼓励其他国有文化单位、教育机构等开展公益性文化活动，各类公共场所要为群众性文化活动提供便利。统筹规划和建设基层公共文化服务设施，坚持项目建设和运行管理并重，实现资源整合、共建共享……

（二）发展现代传播体系。

……完善国家数字图书馆建设……

（四）加快城乡文化一体化发展。

……要以农村和中西部地区为重点，加强县级文化馆和图书馆、乡镇综合文化站、村文化室建设，深入实施广播电视村村通、文化信息资源共享、农村电影放映、农家书屋等文化惠

---

① 该文件原文来自国家数字文化网网站（http://www.ccnt.gov.cn/），检索日期：2013 年 9 月 5 日。

② 该文件原文来自"北大法宝"数据库，检索日期：2013 年 7 月 30 日。

民工程,扩大覆盖、消除盲点、提高标准、完善服务、改进管理。加大对革命老区、民族地区、边疆地区、贫困地区文化服务网络建设支持和帮扶力度……

中共中央办公厅、国务院办公厅关于印发《国家"十二五"时期文化改革发展规划纲要》的通知①

(2011 年 12 月 29 日　中办发〔2011〕40 号)

三、加快构建公共文化服务体系

(二)加强公共文化产品和服务供给。加强文化馆、博物馆、图书馆、美术馆、科技馆、纪念馆、工人文化宫、青少年宫等公共文化服务设施和爱国主义教育示范基地建设并完善向社会免费开放服务。鼓励其他国有文化单位、教育机构等开展公益性文化活动,各类公共场所要为群众性文化活动提供便利。加快现代科技应用步伐,提高公共文化服务的数字化、网络化水平。以公共图书馆、学校电子阅览室、社区文化中心为依托,建立和完善未成年人公益性上网场所。鼓励扶持少数民族文化产品的创作生产,提高优秀汉语广播影视节目、出版物等的民族语言译制量,开展少数民族文字书报刊赠送活动。扩大盲人读物出版规模,有条件的地区可以公共图书馆为依托,建立盲人电子阅览室。把主要公共文化产品和服务项目、公益性文化活动纳入公共财政经常性支出预算。采取政府采购、项目补贴、定向资助、贷款贴息、税收减免等政策措施鼓励各类文化企业参与公共文化服务。鼓励国家投资、资助或拥有版权的文化产品无偿用于公共文化服务。

(三)加快城乡文化一体化发展。增加农村文化服务总量,缩小城乡文化发展差距,以农村和中西部地区为重点,加强县级文化馆和图书馆、乡镇综合文化站、村文化室建设,深入实施广播电视村村通、文化信息资源共享、农村电影放映和农家书屋等重点文化惠民工程,扩大覆盖、消除盲点、提高标准、完善服务、改进管理。

专栏 2　公共文化服务建设工程(重点文化惠民工程)
公共文化设施建设:新建、改扩建一批地市级公共图书馆、文化馆、博物馆。

四、加快发展文化产业

专栏 3　文化数字化建设工程
文化资源数字化:完成红色历史文化资源的数字化修复与整理,完成广播电台存留音频资料、新闻纪录片、电影档案影片、国产影片的数字化修复和保存,完成中华字库工程,加快国家知识资源数据库、全国文化遗产数据库、老唱片数字资源库等建设,加快数字图书馆、数字博物馆、数字美术馆、少数民族文化资源数字化建设。
文化传播数字化:加快有线电视网络数字化、双向化改造,加强下一代广播电视网(NGB)建设,加快移动多媒体广播电视覆盖和地面数字电视覆盖,加快电信宽带网络建设,完善国家数字图书馆建设和推广,加快推进出版物发行数字化改造,建设规模化数字出版物投送平台。

---

① 该文件原文来自"北大法宝"数据库,检索日期:2013 年 7 月 30 日。

五、加快文化体制机制改革创新

(二)深化文化事业单位改革。

国家兴办的图书馆、博物馆、文化馆(站)、群众艺术馆、美术馆等公益性文化事业单位,要创新公共文化服务设施运行机制,探索建立事业单位法人治理结构,吸纳有代表性的社会人士、专业人士、基层群众参与管理。

八、加强文化遗产保护传承与利用

专栏7　文化遗产保护工程
中华古籍保护与出版:完善《国家珍贵古籍名录》,改善古籍保管条件,开展古籍修复、数字化和出版,推进《中华医藏》、新版古籍基本丛书出版,系统整理散失海外的中华古籍珍本。完成清史纂修任务。实施少数民族古籍资源数字化建设工程,编纂出版《中国少数民族古籍总目提要》。

十一、政策措施

专栏10　文化法律法规
研究制定的法律、行政法规:公共图书馆法、电影产业促进法、广播电视传输保障法等。

全国地市级公共文化设施建设规划

(2012 年 1 月 18 日　发改社会〔2012〕72 号)

第二章　指导思想、基本原则和总体目标

三、建设目标

本规划拟完成 532 个地市级三馆建设项目,其中,地市级公共图书馆 189 个……规划实施完成后,全国地市级城市基本实现市市有公共图书馆和文化馆……

第三章　建设标准

一、建设规模

(一)地市级公共图书馆、文化馆

根据《公共图书馆建设标准》和《文化馆建设标准》,地市级公共图书馆、文化馆建设的基本规模根据服务人口按照以下标准确定:

地市级公共图书馆		地市级文化馆	
服务人口(万人)	建设规模(平方米)	服务人口(万人)	建设规模(平方米)
<50	4500	<50	4000
50—100	7500	50—250	6000
>100	13 500	>250	8000

备注:服务人口指所在地市级城市市辖区(或城镇)的常住人口数(包括户籍人口和居住半年以上的暂住人口)

二、建设内容

（一）地市级公共图书馆应包括以下4类主要功能空间：

1. 公共服务用房：主要包括基本书库、阅览室书库以及存藏古籍善本、地方文献、书画等文献的特藏书库等藏书用房，一般阅览室、特藏阅览室、视障阅览室、多媒体阅览室等借阅用房，办证、检索、咨询和读者休息、寄存、培训等读者服务用房，有条件的可设立综合活动室。

2. 业务用房：主要包括为基层图书馆统一采编、配送图书的配送中心，以及采编、加工、典藏、研究、信息处理等业务用房。

3. 管理用房：主要包括办公、会议等用房。

4. 辅助用房：主要包括中心机房，计算机网络管理和维护用房，文献消毒、卫星接收、音像控制、缩微、装裱整修等设备用房，水、暖、电、气等配套设施用房和监控室、维修库房等。

（四）地市级公共图书馆、文化馆、博物馆应根据业务工作需要配备一些必要的专业技术设备：

地级市公共图书馆专业技术设备包括：电子计算机、网络设备和相关外围设备，试听及音像控制设备，文献数字化加工与复制设备，安防设备，视障和老龄阅读设备，装裱及文献修复设备，自助借还设备，书架等必要的家具设备及其他。

（五）地级市公共图书馆、文化馆、博物馆应按照公共设施的相关规定设置必要的室外疏散场所、绿化用地、道路、停车场等，保障公共安全。

第四章　投资安排

一、投资标准

（一）公共图书馆投资标准

地级市公共图书馆建设项目投资按照下表核算。

服务人口（万人）	建设规模（平方米）	单位造价	投资测算（万元）
<50	4500		2025
50—100	7500	4500 元/平方米	3375
>100	13 500		6075

三、中央补助投资安排

2. 具体补助标准：

公共图书馆补助标准

服务人口（万人）	项目筛选标准（平方米）	补助规模（平方米）	补助标准（万元）					
			中部地区		西部地区		西藏、四川藏区及南疆三地州	
			新建	改扩建	新建	改扩建	新建	改扩建
<50	<4500	4500	1010	710	1420	990	2025	1420
50—100	<7500	7500	1680	1180	2360	1650	3375	2360
>100	<13500	13500	3040	2130	4250	2980	6075	4250

第五章　管理办法

国家发展改革委、文化部、国家文物局根据各地经济社会发展水平、人口规模、文物资源状况、当地公共图书馆、文化馆、博物馆现状水平和地方申报的建设计划,以及相关政策因素等统筹规划,综合平衡,确定全国"十二五"地市级三馆建设规划项目库,分年度逐步安排建设项目计划和中央专项补助资金。

一、项目库建设

本规划实施项目储备库制度。依据已公布的《公共图书馆建设标准》、《文化馆建设标准》等相关文件,现无馆舍或馆舍面积未达到标准下限,且近15年未曾大修过的地级市图书馆、文化馆项目可申请纳入项目储备库。

经地方申报,国家发展改革委会同文化部、国家文物局对申报项目进行认真审核后,共筛选了符合申报条件的532个项目纳入储备库,其中,地级市公共图书馆189个······

第六章　政策措施

二、深化内部机制改革,增强机构活力

要按照"增加投入、转换机制、增强活力、改善服务"的方针,在加大投入的同时不断深化管理体制和运行机制改革,实行人员聘用制和岗位目标管理责任制,加大收入分配制度改革力度,引入竞争激励机制,不断增强机构活力,提高工作效率,充分发挥公共图书馆、文化馆、博物馆的社会教育职能,实现投资效益的最大化。建立图书馆总分馆制度,地市级图书馆要成为本地区的总书库,依托县级图书馆、乡镇综合文化站、农家书屋以及流动服务车等公共文化设施,建立覆盖全市的图书服务网络和流动服务体系。

三、强化服务标准考核,提升服务质量

要加强公共图书馆、文化馆和博物馆的管理和评估考核,进一步明确业务流程,规范服务标准,创新服务方式和手段,丰富服务层次和内涵,提高服务效率和水平,特别是要提高公共图书馆、文化馆、博物馆的信息服务水平,提供可靠、稳定、高质量的信息服务,实现网络资源的远程共享,把服务窗口逐步延伸到居民家庭,适应现代社会的需要。

四、加强人才队伍建设、提高人员素质

······要在公共图书馆、文化馆、博物馆试行职业资格制度,公共图书馆、文化馆、博物馆从业人员应通过文化文物行政部门或委托有关部门组织的相应的考试或考核,取得职业资格或岗位培训证书。要建立健全绩效考核、解聘辞聘、定期培训等制度,完善公共图书馆、文化馆、博物馆人才队伍的培养机制。

第七章　预期成效

一、建成后的地市级三馆应具备的服务功能

(一)地市级公共图书馆的主要服务功能包括:

1. 提供多语种、多种载体的图书文献检索、阅览和外借服务;

2. 组织开展阅读指导与推广活动;

3. 通过举办报告会、讲座、展览等多种方式,开展延伸服务;

4. 通过多种方式,将文献外借服务向社区、村镇等延伸,定期开展巡回流动服务;

5. 利用互联网、手机等信息技术手段和载体,开展网上书目检索、参考咨询、文献提供等远程网络信息服务;

6. 提供电子与网络信息资源的检索、视听服务;

7. 提供参考咨询服务。

二、主要建设成效

……地市级图书馆的馆藏图书量和读者数量明显增长,服务内容进一步拓展……

文化部关于做好 2012 年中央补助地方文化事业专项资金申报工作的通知①

(2012 年 3 月 20 日 文财务函〔2012〕373 号)

一、高度重视,提早做好申报准备工作

2012 年,需各地申报的中央财政补助地方文化项目共 5 个,包括:基层公共文化服务体系保障经费("三馆一站"免费开放经费)、国家非物质文化遗产保护专项资金(已单独发文明确申报要求)、乡镇综合文化站设备购置经费、流动舞台车工程和县级图书馆及文化馆维修改造资金。

全国文化信息资源共享工程、数字图书馆推广工程、公共电子阅览室建设计划、城市社区文化中心(文化活动室)设备购置经费、国家公共文化服务体系示范区(项目)创建工作等项目资金不需各地申报,我部将会同财政部按照规划和统一要求安排下达。

二、认真研究,合理确定申报项目

(一)基层公共文化服务体系保障经费

按照《文化部财政部关于推进全国美术馆、公共图书馆、文化馆(站)免费开放工作的意见》(文财务发〔2011〕5 号)总体部署和《财政部关于加强美术馆、公共图书馆、文化馆(站)免费开放经费保障工作的通知》(财教〔2011〕31 号)要求,2012 年中央财政将继续对中西部地区公共图书馆、文化馆(站)免费开放进行补助,东部地区实行"以奖代补",同时将地市级、县级美术馆纳入免费开放补助范围。请各地文化厅(局)认真统计核实截至 2011 年底,本地区美术馆、图书馆、文化馆、乡镇综合文化站情况,并根据实际情况,编制 2012 年美术馆免费开放资金申请文件;请中西部地区文化厅(局)根据本地区公共图书馆、文化馆(站)个数,以及中央财政补助标准和负担比例,提出 2012 年中央补助地方专项资金申请;请东部地区文化厅(局)报送 2011 年公共图书馆、文化馆(站)免费开放工作开展情况和 2012 年公共图书馆、文化馆(站)免费开放经费落实方案,提出 2012 年中央奖励资金申请。

(二)乡镇综合文化站设备购置经费

按照规划,2012 年是乡镇综合文化站设备购置项目扫尾一年。请中西部地区文化厅(局)按照《财政部办公厅文化部办公厅关于加强乡镇文化站设备购置专项资金管理和使用有关问题的通知》(财办教〔2008〕42 号)要求,结合国家发展改革委安排的投资计划和本地区自行安排的乡镇综合文化站建设情况,对尚未安排设备购置资金的乡镇综合文化站进行认真统计核查,根据中央财政补助标准和负担比例,提出 2012 年中央补助地方专项资金申请。同时,填报《乡镇综合文化站设备购置专项资金申报表》。

(四)县级图书馆及文化馆维修改造资金

按照规划,2012 年是县级图书馆及文化馆维修改造项目扫尾一年。中央财政将最后对

---

① 该文件原文来自"北大法宝"数据库,检索日期:2013 年 10 月 10 日。

截至 2008 年底面积未达 800 平方米的县级图书馆、面积未达 1500 平方米的县级文化馆进行维修改造资金补助。请各地文化厅(局)根据总体规划及本地区实际情况,配合财政厅(局)完成申报有关工作。今年该项资金仍从中央补助地方文化体育传媒专项资金中安排,由财政厅单独申报。

关于加强残疾人文化建设的意见①

(2012 年 3 月 27 日　残联发〔2012〕7 号)

一、充分认识加强残疾人文化建设对于推动社会主义文化大发展大繁荣的重要意义

多年来,在党和政府的高度重视和亲切关怀下,我国残疾人文化事业取得了显著成绩,成功举办了北京残奥会,在上海世博会设立残疾人主题馆——生命阳光馆,建成融多种功能于一体的中国盲文图书馆,持续举办了五届残疾人艺术会演,中国残疾人艺术团作为"爱与美的使者",在国家人权保障事业和对外交流中发挥了重要的作用……

六、鼓励社会力量参与残疾人文化建设

(十三)发挥社会专业机构的指导作用。"全国残疾人读书指导委员会"要进一步发挥各级图书馆的专业指导作用,指导残疾人更好地阅读学习,提高残疾人的文化素质……

文化部关于印发《文化部"十二五"时期文化改革发展规划》的通知②

(2012 年 5 月 7 日　文政法发〔2012〕13 号)

二、发展目标和主要指标

(二)主要指标

到"十二五"期末,全国 60% 以上图书馆达到部颁三级以上评估标准,全国 60% 以上省市群艺馆、文化馆达到部颁三级以上评估标准。基本实现全国所有地市级城市均有设施达标、布局合理、功能完善的公共图书馆、文化馆。

到"十二五"期末,全国人均拥有公共图书馆藏书达到 0.7 册左右。各级公共图书馆,文化共享工程乡镇、街道、社区基层服务点基本建有公共电子阅览室。文化信息资源共享工程资源量争取达到 530 百万兆字节以上,入户率达到 50% 左右。国家数字图书馆资源总量争取达到 1000 百万兆字节以上,并提供全媒体服务。中西部地区争取每县配备 1 台流动文化车,中西部地区已完成转制的县级剧团每团配备 1 辆流动舞台车。

四、加快构建公共文化服务体系

(二)完善公共文化设施网络……实施全国地市级公共文化设施建设规划,建设一批地市级公共图书馆、文化馆、博物馆。继续实施县级图书馆、文化馆修缮和社区文化中心(活动室)服务能力建设等项目。建立灵活机动、方便群众的流动服务网络。

---

① 该文件原文来自"北大法宝"数据库,检索日期:2013 年 7 月 30 日。
② 该文件原文来自"北大法宝"数据库,检索日期:2013 年 7 月 30 日。

（三）加大公共文化产品和服务供给力度。充分发挥公共文化单位在公共文化产品创作和服务提供方面的重要作用，为群众提供优质高效、普遍均等的公共文化产品和服务。继续推动文化馆(站)、博物馆、图书馆、美术馆、纪念馆向社会免费开放。推广公共图书馆总分馆制。依托公共图书馆讲座联盟等平台，鼓励各级公共图书馆开展立法决策咨询、讲座、展览等服务。加强流动文化服务。推广政府购买、集中配送、连锁服务等公共文化产品提供方式，健全市场化提供机制。引导社会力量有序参与公共文化服务，支持各种民办博物馆、图书馆等公益性文化机构发展，努力形成良性竞争、多元互补的公共文化服务供给体系。

（四）大力推动数字文化建设。大力推进全国文化信息资源共享工程，充分发挥其在公共文化服务中的战略性、基础性作用，建立公共文化资源提供平台，推进数字服务进入家庭。建立内容丰富的数字文化资源库群，加强少数民族语言数字资源译制工作。实施公共电子阅览室建设计划，利用文化信息资源共享工程工作网络，依托公益性文化单位，建立公共电子阅览室，为基层群众特别是广大青少年提供内容健康、服务规范、环境良好的公益性互联网服务。加强数字图书馆建设，借助"三网融合"工程，实现全国图书馆资源的无障碍共享。实施数字图书馆推广工程，以技术手段整合国家数字图书馆与全国各级公共图书馆数字资源，形成覆盖全国的数字图书馆服务网络。搭建满足不同需求的全媒体数字图书馆服务平台。

专栏 2　公共文化服务体系建设重点工程

重大文化设施建设：推进国家美术馆、中国工艺美术馆、中国非物质文化遗产展示馆、中央歌剧院剧场、国家图书馆一期维修改造、国家文献战略储备库、中国国家画院扩建、中国交响乐团改扩建、中国歌剧舞剧院剧场、中国东方大剧院、中央文化管理干部学院改扩建、中国艺术研究院研究生院等重点文化设施建设。

全国地市级公共文化设施建设规划：完成 532 个地市级公共图书馆、文化馆、博物馆建设项目，其中，地市级公共图书馆 189 个，地市级文化馆 221 个，地市级博物馆 122 个。规划实施完成后，基本实现全国地市都建有设施达标、功能完善、布局合理的公共图书馆和文化馆，文物资源特别丰富的地市文物馆藏及展示条件得到明显改善。

全国文化信息资源共享工程：实现从城市到农村服务网络全面覆盖。大力推进服务网络建设，积极推进进村入户，建立"公共文化数字资源基础库群"和"红色历史文化多媒体资源库"，加强少数民族语言数字资源译制等。

公共电子阅览室建设计划：利用全国文化信息资源共享工程工作网络，依托公益性文化单位，建立公共电子阅览室，为基层群众，特别是广大青少年提供绿色上网空间。

数字图书馆推广工程：建立海量分布式数字资源库群，构建以国家数字图书馆为核心，以省级数字图书馆为主要节点的全国性数字图书馆虚拟网，形成覆盖全国的数字图书馆服务网络，搭建全媒体服务平台，使数字图书馆建设成果实现全民共享。

文化馆(站)、公共图书馆、美术馆免费开放计划：深入推进文化馆(站)、公共图书馆、全国美术馆设施免费向群众开放，与其职能相适应的基本服务项目健全并免费向群众提供。

国家公共文化服务体系示范区(项目)创建工程：创建国家公共文化服务体系建设示范区 90 个左右，示范项目 180 个左右，涵盖全国 1/3 市县。

公共文化单位服务能力建设项目：用于图书馆、文化馆(站)等基层公共文化机构制度创新、丰富服务内容、强化管理、提高队伍素质等软件建设。

五、加强文化遗产保护利用和传承

（三）推进古籍保护工作。继续开展《国家珍贵古籍名录》和全国古籍重点保护单位的申报、评审工作。基本完成《中华古籍总目》各分省卷的编纂工作，开展古籍基本丛书（电子版）编纂工作，努力建成中华古籍数字资源库。改善古籍保管条件。加强国家级古籍修复中心建设，有计划、有步骤地开展古籍修复工作。开展在职培训、学历教育，培养一批具有较高水平的古籍保护专业人员。开展《中华医藏》、《中华再造善本续编》编纂出版工作。加强对少数民族古籍的保护，继续实施西藏古籍、新疆古籍保护专项工作。完成清史纂修任务。加强古籍出版工作。系统调查散失海外的中华古籍珍本。实施民国时期文献保护计划、建国后中文报纸缩微转换保存计划和"中国记忆"项目。

专栏3　文化遗产保护重点工程
中华古籍保护计划：开展古籍普查、《中华古籍总目》分省卷的编纂、《中华医藏》的编纂、古籍数字化、古籍修复、西藏古籍保护、新疆古籍保护等工作。

九、推动文化体制机制改革创新

（二）稳步推进公益性文化事业单位改革创新。按照增加投入、转换机制、增强活力、改善服务的方针，推进图书馆、博物馆、纪念馆、美术馆、文化馆等公益性文化事业单位深化人事、收入分配和社会保障制度改革，建立健全事业单位法人治理结构。

十一、保障政策

（四）法制保障

继续推进《公共图书馆法》立法工作，研究制定《文化产业促进法》、《公共文化服务保障法》……推动出台《艺术品市场管理条例》、《古籍保护条例》、《国家图书馆条例》，修订《互联网上网服务营业场所管理条例》，尽快出台《游戏游艺机市场管理办法》、《娱乐场所管理条例实施细则》等部门规章……

教育部关于印发《国家教育事业发展第十二个五年规划》的通知①

（2012 年 6 月 14 日　教发〔2012〕9 号）

七、提高人才培养质量

(三)落实教学改革重大举措。

……加强图书馆、实验室、实践教学基地、工程实训中心、计算中心和课程教材等基本建设……

专栏25　提升高等教育质量工程
实施中西部高等学校基础能力建设工程，支持中西部地方高等学校加强实验室、图书馆建设。

---

① 　该文件原文来自"北大法宝"数据库，检索日期：2013 年 7 月 30 日。

科技部、中宣部、财政部等关于印发
《国家文化科技创新工程纲要》的通知①

(2012 年 6 月 27 日　国科发高〔2012〕759 号)

三、总体目标与主要任务

(二)主要任务

4. 提升文化事业服务能力

(2)公共文化服务

结合国家公共文化服务体系建设,加强农家书屋、文化馆、图书馆、博物馆、科技馆等文化公共服务平台的网络化和数字化建设,重点针对农村、边疆少数民族地区、社区及工地等的精神文化生活实际需求,实现对公众文化产品的普惠和精准投放,推动全社会文化共享,提高国民文化消费力……

文化部关于鼓励和引导民间资本进入文化领域的实施意见②

(2012 年 6 月 28 日　文产发〔2012〕17 号)

三、鼓励民间资本参与公共文化服务体系建设

(四)鼓励民间资本捐建或捐资助建博物馆、图书馆、文化馆、美术馆等公共文化基础设施,引导和鼓励民间资本通过捐助机构、资助项目、赞助活动、提供设施等形式参与公共文化服务……

(五)采取政府采购、项目补贴、定向资助、贷款贴息、税收减免等政策措施,引导民间资本投资兴建民间文化馆、图书馆、博物馆、美术馆等文化设施;支持民间资本兴办具有公益性和准公益性特点的读书社、书画社、乡村文艺俱乐部、文化大院、群众文艺团队、社区文化服务组织、民间文艺协会等,直接面向社会公众提供公益文化服务。

(六)逐步建立公共文化服务政府采购制度,支持民营文化企业的产品和服务进入政府公共文化产品和服务采购目录。鼓励民间资本通过招投标等方式,参与基础文化设施建设、公共文化产品创作生产、公益性文化产品和服务供给、重大文化惠民工程、重大公益性文化活动和其他公共文化服务。

---

①　该文件原文来自"北大法宝"数据库,检索日期:2013 年 7 月 30 日。
②　该文件原文来自"北大法宝"数据库,检索日期:2013 年 7 月 30 日。

国务院关于大力推进信息化发展和切实保障信息安全的若干意见①

（2012 年 6 月 28 日　国发〔2012〕23 号）

四、加快社会领域信息化,推进先进网络文化建设

（四）发展先进网络文化。

积极推进数字图书馆等公益性文化信息基础设施建设,开发精品网络科普资源,完善公共文化信息服务体系。

无障碍环境建设条例②

（2012 年 6 月 28 日　国务院令第 622 号）

第三章　无障碍信息交流

第二十二条　设区的市级以上人民政府设立的公共图书馆应当开设视力残疾人阅览室,提供盲文读物、有声读物,其他图书馆应当逐步开设视力残疾人阅览室。

国务院关于印发国家基本公共服务体系"十二五"规划的通知③

（2012 年 7 月 11 日　国发〔2012〕29 号）

第十章　公共文化体育

> "十二五"时期,政府提供如下公共文化体育服务:
>
> 向全民免费开放基层公共文化体育设施,逐步扩大公共图书馆、文化馆（站）、博物馆、美术馆、纪念馆、科技馆、工人文化宫、青少年宫等免费开放范围;
>
> ……
>
> 为农村居民免费提供文化信息资源共享、电影放映、送书送报送戏等公益性文化服务;
>
> ……

第一节　重点任务

——公益性文化。继续实施文化惠民工程,以农村基层和中西部地区为重点,加快公共文化基础设施建设。推进建立公共电子阅览室和未成年人公益性上网场所。促进城乡基层公共文化服务资源的共建共享。逐步实现公共文化场馆向全社会免费开放……

---

① 该文件原文来自"北大法宝"数据库,检索日期:2013 年 7 月 30 日。
② 该文件原文来自"北大法宝"数据库,检索日期:2013 年 7 月 30 日。
③ 该文件原文来自"北大法宝"数据库,检索日期:2013 年 7 月 30 日。

第二节　基本标准

"十二五"时期公共文化体育服务国家基本标准

服务项目	服务对象	保障标准	支出责任	覆盖水平
公益性文化服务				
公共文化场馆开放	城乡居民	公共空间设施和基本服务项目免费,全年开放时间不少于10个月	中央和地方财政按比例共同负担	除文物建筑及遗址类博物馆外,各级文化文物部门归口管理的公共文化场馆全面向社会开放

第三节　保障工程

公共文化服务体系建设工程。继续推进广播电视村村通、文化信息资源共享、国家数字图书馆推广工程、公共电子阅览室建设计划、农村数字电影放映、农家书屋、西藏新疆等边疆民族地区广播电视覆盖工程和边疆地区少数民族新闻出版工作,实施地面数字电视覆盖和直播卫星广播电视公共服务建设,新建、改扩建一批市(地)级公共图书馆、文化馆、博物馆。

第十一章　残疾人基本公共服务

"十二五"时期,政府提供如下残疾人基本公共服务:

......

◆为残疾人提供盲人阅读、聋人手语及影视字幕、特殊艺术、自强健身等公共文化体育服务;

......

第二节　基本标准

"十二五"时期残疾人基本公共服务国家基本标准

服务项目	服务对象	保障标准	支出责任	覆盖水平
残疾人基本服务				
残疾人文化服务	残疾人	能够收看到有字幕和手语的电视节目,在公共图书馆得到盲文和有声读物等阅读服务	中央和地方财政共同负担	各级公共图书馆设立盲人阅览室,配置盲文图书及有关阅读设备;省市两级电视台普遍开办手语节目;影视剧和电视节目加配字幕

国务院办公厅关于印发少数民族事业"十二五"规划的通知①

(2012年7月12日　国办发〔2012〕38号)

二、主要任务

(三)着力发展少数民族文化事业和文化产业,不断满足各族群众精神文化需求。

加快推进公共图书馆、博物馆、文化馆(站)、美术馆等公共文化设施向社会免费开放,支

---

① 该文件原文来自"北大法宝"数据库,检索日期:2013年7月30日。

持公共阅报栏(屏)建设。

三、政策措施

(七)文化政策。

全国地市级公共文化设施建设规划、全国文化信息资源共享工程、公共电子阅览室建设计划、数字图书馆推广工程、公共图书馆文化馆免费开放计划、农家书屋建设工程等,向民族地区倾斜。

国家标准化管理委员会、国家发展和改革委员会、教育部等关于印发《社会管理和公共服务标准化工作"十二五"行动纲要》的通知①

(2012 年 8 月 2 日　国标委服务联〔2012〕47 号)

四、重大工程

(六)公共文化服务标准化推进工程

子工程 1:文化艺术公共服务标准化提升工程

开展基层公共文化服务体系"运行评估"和"绩效评价"标准化试点……对基层文化馆、图书馆、综合文化站、全国文化信息资源共享工程基层服务点进行服务标准化试点示范,加强标准化对文化艺术发展繁荣的技术支撑。

国务院关于深入推进义务教育均衡发展的意见②

(2012 年 9 月 5 日　国发〔2012〕48 号)

三、推动优质教育资源共享

提高社会教育资源利用水平。博物馆、科技馆、文化馆、图书馆、展览馆、青少年校外活动场所、综合实践基地等机构要积极开展面向中小学生的公益性教育活动……

文化部、中央文明办关于广泛开展基层文化志愿服务活动的意见③

(2012 年 9 月 12 日　文公共发〔2012〕31 号)

二、广泛开展丰富多彩的基层文化志愿服务活动

(一)依托公益性文化设施开展基层文化志愿服务活动。公共图书馆、博物馆、美术馆、文化馆(站)、电子阅览室等公益性文化设施,是开展公共文化服务的重要场所,也是保障基层群众基本文化权益的重要阵地。要积极适应免费开放后公益性文化设施参观、

---

① 该文件原文来自"北大法宝"数据库,检索日期:2013 年 7 月 30 日。
② 该文件原文来自"北大法宝"数据库,检索日期:2013 年 7 月 30 日。
③ 该文件原文来自"北大法宝"数据库,检索日期:2013 年 7 月 30 日。

流通和参与活动人数大幅增加的新情况,在公共图书馆组织文化志愿者做好图书导读、借阅服务、读者咨询和报刊管理等工作,为读者学习知识创造良好环境……在公共电子阅览室组织文化志愿者为基层群众特别是未成年人、老年人和农民工等特殊群体提供上网辅导。

文化部办公厅关于印发《文化部"十二五"文化科技发展规划》的通知①

(2012 年 9 月 12 日　办科技发〔2012〕18 号)

三、着力加强文化科技创新体系建设

(三)强化文化与科技融合发展功能……开展公共文化服务领域共性关键技术的研究与开发,支持数字技术、信息技术、网络技术在图书馆、博物馆、美术馆、文化馆中的集成应用,提升公共文化产品技术含量和服务效益……

国务院关于深化文化体制改革推动社会主义文化大发展大繁荣工作情况的报告②

(2012 年 10 月 24 日　国务院)

一、党的十六大以来文化改革发展工作的进展和成效

(二)政府主导、公益惠民,公共文化服务体系建设卓有成效……各地普遍推动有条件的博物馆、图书馆等公共文化机构开展流动服务,积极探索政府采购招标、合同外包、社会志愿服务等多种方式,努力实现公共文化设施的最大效能。推进公共文化设施共建共享,目前全国文化文物部门归口管理的博物馆、纪念馆和爱国主义教育基地全部实行免费开放,全国美术馆、公共图书馆、文化馆(站)免费开放工作全面实施。

(七)加强立法、完善保障,政府职能进一步转变。

……《中华人民共和国非物质文化遗产法》公布施行,《互联网文化管理暂行规定》修订出台,《公共图书馆法》、《古籍保护条例》等立法工作顺利推进……

三、下一步工作安排

(二)加快构建高水平的公共文化服务体系,为人民群众基本文化权益提供可靠保障。

……加强文化馆、博物馆、图书馆、爱国主义教育示范基地等建设力度,加快构建新闻出版公共服务网络,完善新闻出版公共服务基础设施……

---

① 该文件原文来自"北大法宝"数据库,检索日期:2013 年 7 月 30 日。
② 该文件原文来自"北大法宝"数据库,检索日期:2013 年 7 月 30 日。

|第三篇|

地方政府发布的图书馆专门政策文件

北京市

北京市文化局关于公共图书馆、文化馆、艺术馆对教师、学生实行优待的办法①

（1996 年 9 月 2 日　京文法〔1996〕3 号）

第一条　依据《中华人民共和国教育法》第五十条有关规定,为保障教师、学生的合法权益,结合本市实际情况,特制定本办法。

第二条　北京地区市和各区、县的公共图书馆、文化馆、艺术馆,均须遵守本办法。市文化局及各区、县文化文物局负责监督本辖区的公共图书馆、文化馆、艺术馆执行本办法。

第三条　本市公共图书馆、文化馆、艺术馆必须认真贯彻实施《中华人民共和国教育法》第五十条有关规定,应当对教师、学生实行优待或减免费,为受教育者接受教育提供便利。

第四条　本市公共图书馆、文化馆、艺术馆须遵守下列规定:

一、公共图书馆实行敞开办证,教师、学生可以优先办证。

二、教师、大、专院校学生,可持教师证、学生证办理内部借阅书证。

三、教师还书期限可适当延长 10 天。

四、有条件的公共图书馆,可以设置教师专用阅览室(区)。

五、文化馆、艺术馆举办的活动,在教师节、"六一"儿童节、"五四"青年节期间,应对教师、学生实行减免费或其他优待。

六、教师、学生以团队形式参加文化馆的经营性活动,应享受优惠待遇。

七、公共图书馆、文化馆、艺术馆在教师节、"六一"儿童节期间,应积极组织向教师、学生开展多种形式的慰问活动,为教师、学生参加活动提供方便。

第五条　本办法从发布之日起执行。具体执行中的问题由市文化局负责解释。

北京市图书馆条例②

（2002 年 7 月 18 日　北京市人大常委会公告第 60 号）

第一章　总　则

第一条　为了保障图书馆事业的发展,满足人民群众对科学文化知识的需求,促进社会主义物质文明和精神文明建设,根据本市实际情况,制定本条例。

第二条　本条例适用于本市的公共图书馆及其他各类图书馆。本条例所称图书馆,是

---

① 该文件原文来自"律商网"数据库,检索日期:2013 年 7 月 30 日。

② 该文件原文来自"律商网"数据库,检索日期:2013 年 7 月 30 日。

指收集、整理、保存、开发、利用图书、报纸、期刊、音像制品、微缩胶片、电子出版物和网络信息等文献信息资源为读者服务的公益性机构。本条例所称公共图书馆,是指各级人民政府兴办、面向社会开放的图书馆。

第三条　举办图书馆应当坚持为人民服务、为社会主义服务的方向,积累和传播有益于提高民族素质、有益于经济发展和社会进步的科学文化知识,丰富人民群众的精神生活。

第四条　市文化行政主管部门主管全市图书馆工作,负责全市公共图书馆的统一管理,指导、协调其他各类图书馆工作。区、县文化行政主管部门按照管理权限负责本辖区公共图书馆的管理,指导、协调本区、县其他各类图书馆工作。本市教育、科技等行政主管部门在各自职责范围内对学校图书馆、科学研究机构图书馆以及其他各类图书馆工作进行管理。

第五条　本市各级人民政府及其文化行政主管部门应当对为发展图书馆事业做出突出贡献或者成绩显著的单位和个人给予表彰或者奖励。

第二章　发展与保障

第六条　本市各级人民政府应当加强对图书馆事业的领导,统筹协调,将图书馆事业纳入国民经济和社会发展计划,为发展图书馆事业提供必要的条件和保障。

第七条　本市各级人民政府应当将公共图书馆的经费列入本级财政年度预算,并随着国民经济的发展逐步增加投入。其他各类图书馆的举办者应当保障图书馆的正常业务经费。图书馆经费应当专款专用,不得挪作他用。

第八条　市文化行政主管部门应当会同有关部门制定本市图书馆发展规划和图书馆信息网络建设方案,报市人民政府批准后组织实施。区、县文化行政主管部门应当根据本辖区情况,做好图书馆发展规划和图书馆信息网络建设方案的实施工作。

第九条　本市鼓励和扶持在社区、村兴办图书馆(室)。区、县和乡、民族乡、镇人民政府以及街道办事处应当以区、县公共图书馆和街道、乡镇公共图书馆(室)为基础,采取多种扶持措施,加强社区、村内图书馆(室)的建设。市和区、县文化行政主管部门应当加强对社区、村内图书馆(室)的业务指导。

第十条　本市鼓励学校、科学研究机构以及社会团体、企业、事业单位的图书馆(室)向社会开放。

第十一条　本市鼓励自然人、法人和其他组织兴办图书馆或者以捐赠资金、文献信息资料、设备等形式资助图书馆事业发展。捐赠人依照《中华人民共和国公益事业捐赠法》享受税收等优惠。本市倡导志愿者参加图书馆(室)的服务工作。

第十二条　图书馆可以多渠道筹集资金,用于图书馆建设。图书馆通过开展文献信息资源开发、利用等业务服务收取费用的,应当执行市物价行政主管部门核定的收费标准,并向社会公示。

第十三条　市文化行政主管部门组织成立图书馆专家委员会,并应当就下列事项征询图书馆专家委员会的意见:

(一)图书馆的发展规划;

(二)图书馆的网络建设方案;

(三)图书馆的业务规程;

(四)涉及图书馆事业发展的其他重大事项。

第十四条　市和区、县公共图书馆应当协助文化行政主管部门做好对本地区图书馆的业务指导工作。

第十五条　文化行政主管部门应当促进图书馆行业组织建设。图书馆行业组织应当按照其章程,实行行业自律,维护自身的合法权益,并接受文化行政主管部门的指导。

第三章　图书馆设置

第十六条　本市各级人民政府应当根据本地区人口分布情况和经济、社会发展的需要,按照统筹规划、合理布局的原则,设置公共图书馆。高等院校和科学研究机构以及其他社会组织设置图书馆,应当按照各类图书馆设置的有关规定执行。

第十七条　新建、改建、扩建公共图书馆应当适应图书馆应用现代科学技术进行管理和服务的需要,并符合下列基本要求:

(一)市公共图书馆的建筑面积应当达到 20 000 平方米以上,阅览座位应当达到 1200 席以上;

(二)区公共图书馆的建筑面积应当达到 5000 平方米以上,阅览座位应当达到 500 席以上,县公共图书馆的建筑面积应当达到 3000 平方米以上,阅览座位应当达到 300 席以上;

(三)街道、乡镇公共图书馆(室)的建筑面积应当达到 100 平方米以上,阅览座位应当达到 30 席以上。

其他各类图书馆的布局、馆舍面积和阅览座位按照有关规定执行。

第十八条　任何单位和个人不得损坏或者侵占公共图书馆的馆舍、设施、设备和文献信息资料,不得改变图书馆馆舍的用途。确因基本建设和城市改造需要占用公共图书馆用地和馆舍的,应当征求市或者区、县文化行政主管部门的意见,并按照本条例规定的公共图书馆的建设标准予以重建。按照标准重建公共图书馆的面积超出拆迁面积的,超出部分的资金由市或者区、县人民政府统筹安排。

第十九条　图书馆的业务人员应当具备相应的专业知识和技能,经考核合格方可上岗。图书馆的馆长应当具备相应的科学文化素质、专业知识水平和组织管理能力。市公共图书馆的馆长应当具有相应的高级专业技术职务任职资格,区、县公共图书馆的馆长应当具有相应的中级以上专业技术职务任职资格。

第二十条　图书馆应当根据图书馆事业发展和自身业务要求,定期对业务人员进行培训。

第四章　图书馆服务和读者权益保障

第二十一条　公共图书馆应当每天向读者开放,其中市公共图书馆每周的开放时间不少于 70 小时,区、县公共图书馆每周的开放时间不少于 63 小时。少年儿童图书馆每周的开放时间不少于 43 小时。在国家法定节假日和学生寒暑假期间,每天开放时间不少于 8 小时。其他各类图书馆的开放时间按照各自主管部门的规定执行。

第二十二条　公共图书馆应当将本馆的服务对象、服务范围、开放时间等服务事项进行公示。因故变更开放时间或者闭馆的,至少应当提前 3 日进行公示。

第二十三条　图书馆应当为读者利用文献信息资源创造便利条件,为老年人、残疾人提供方便。图书馆应当采取阅览、外借、流动借阅等多种方式为读者提供服务,提高馆藏文献信息资源利用率,创造良好的阅读环境。

第二十四条　图书馆应当根据读者需要设置读者目录,并逐步设置馆藏文献信息资源检索终端。图书馆工作人员应当解答读者咨询,指导读者查找馆藏文献信息资料。

第二十五条 除国家规定禁止公开传播的文献信息资料外,图书馆不得另立标准,任意封存馆藏文献信息资料。对于善本、珍本和不宜外借的馆藏文献信息资料,可以本着保护的原则限制使用。

第二十六条 图书馆应当依法保护馆藏文献信息资源的知识产权。

第二十七条 图书馆应当逐步配置计算机与网络设备,视听、缩微、复制设备,文献信息资源利用和保护等设备,完善信息网络系统建设,满足读者需要。

第二十八条 图书馆应当采取多种形式,向读者推荐优秀作品,指导读者阅读。提倡各类图书馆开设基层借阅点和开展送图书下乡活动。

第二十九条 读者在图书馆享有下列权利:

(一)免费进行书目检索;

(二)免费借阅图书、报刊;

(三)获得工作人员提供的关于利用馆藏和网络文献信息资源的指导;

(四)参加各种读书活动;

(五)向图书馆或者其主管部门提出建议和意见。

第三十条 读者在图书馆应当履行下列义务:

(一)爱护馆藏文献信息资料和公共设施;

(二)按照规定日期归还所借馆藏文献信息资料,超过规定日期的,应当按照规定交纳滞还费;

(三)遵守图书馆有关维护公共秩序的规章制度。

第五章 文献信息资源建设

第三十一条 文献信息资源建设应当统一规划,合理布局,分工协作,共建共享。

第三十二条 本市的图书馆文献信息资源建设应当以首都图书馆为依托,逐步构建现代化的图书文献信息资源收集、加工整序体系和服务体系。

第三十三条 本市各级人民政府投资兴建的公共图书馆,学校图书馆、科学研究机构图书馆应当参加以首都图书馆为信息网络中心的图书馆网络建设。社会团体、企业、事业单位图书馆以及其他图书馆可以成为市图书馆网络的成员。本市图书馆网络的成员单位应当建立分工协作关系,科学合理地确定文献信息资源建设的方向,逐步形成有特色的馆藏文献信息资源体系。

第三十四条 本市有条件的图书馆应当加强与国家图书馆和中央在京单位图书馆的联系,参加全国数字图书馆网络化建设,在文献信息资源的采购与交换、图书借阅、数据库建设等方面,主动开展协作和服务,逐步实现在本市行政区域内的各级、各类图书馆文献信息资源共享。

第三十五条 图书馆应当不断完善、丰富馆藏文献信息资源。公共图书馆入藏文献信息资料应当逐年增长,其中市公共图书馆年入藏文献信息资料不得少于10万册(件);区公共图书馆年入藏文献信息资料不得少于2万册(件);县公共图书馆年入藏文献信息资料不得少于1万册(件);街道、乡镇公共图书馆(室)年入藏文献信息资料不得少于1000册(件)。入藏文献信息资料应当兼顾纸质文献、电子文献和其他载体文献,兼顾文献载体和使用权的购买。

第三十六条　图书馆应当积极采用以计算机和网络为基础的自动化管理技术,有步骤地实现馆藏文献信息资源的数字化,不断拓展虚拟馆藏资源。图书馆的数字化、网络化、自动化建设必须遵循统一的技术标准。

第三十七条　文献信息资源的分类、编目要按照国家规定的标准进行。图书馆应当逐步建立文献信息资源目录数据库,实现计算机联网和目录的联合检索。

第三十八条　图书馆应当做好文献信息资料的保护工作,配备防火、防盗、防潮、防有害生物等必要设施,建立和落实有关的安全管理制度。

第三十九条　图书馆应当定期做好馆藏文献信息资料的清理、剔旧工作。被剔除的文献信息资料要进行登记,有利用价值的,可以在图书馆之间调配使用。

第四十条　首都图书馆是本市出版物版本的收藏单位。出版单位应当在公开出版物发行后2个月内,向首都图书馆送缴两套出版物。首都图书馆应当在接到出版物之后进行公开展陈,展陈时间不得少于2个月。

第四十一条　鼓励本市图书馆按照有关规定与国内、外图书馆开展文献信息资源的交换业务。

第六章　法律责任

第四十二条　违反本条例,有下列行为之一的,由文化行政主管部门责令限期改正;情节严重的,由文化行政主管部门或者图书馆上级主管部门对负有直接责任的主管人员和其他直接责任人员给予行政处分:

(一)未按规定向读者开放或者任意限定借阅范围的;

(二)未按规定进行公示的;

(三)擅自向读者收取费用的;

(四)其他不履行图书馆服务要求或者损害读者权益的。

第四十三条　违反本条例第七条第三款的规定,挪用公共图书馆业务经费的,由文化行政主管部门责令限期改正;对负有直接责任的主管人员和其他直接责任人员,由其所在单位或者上级主管部门给予行政处分;构成犯罪的,依法追究刑事责任。

第四十四条　违反本条例第十八条第一款规定的,按照下列规定处理;构成犯罪的,依法追究刑事责任:

(一)损坏或者侵占公共图书馆的馆舍、设施、设备的,由文化行政主管部门责令限期改正,并依法承担民事责任;

(二)遗失、损坏或者侵占公共图书馆文献信息资料,不能归还原版本式样的,应当按照重置价格予以赔偿,无法重置的,应当按照文献信息资料的价值予以赔偿;文化行政主管部门可以并处50元以上500元以下罚款;

(三)改变或者部分改变公共图书馆馆舍用途的,由文化行政主管部门责令限期改正;对负有直接责任的主管人员和其他直接责任人员,由其所在单位或者上级主管部门给予行政处分。

第七章　附　则

第四十五条　本条例自2002年11月1日起施行。

北京市文化局关于发布《〈北京市图书馆条例〉实施办法》的通知①

（2003 年 4 月 24 日　京文法〔2003〕6 号）

各区县文化委员会,各区县图书馆,首都图书馆,北京市少年儿童图书馆:

为贯彻实施《北京市图书馆条例》,根据《北京市图书馆条例》和国家有关规定,结合我市图书馆工作实际,现发布《〈北京市图书馆条例〉实施办法》,请遵照执行。

附件:《北京市图书馆条例》实施办法

第一条　为贯彻实施《北京市图书馆条例》(以下简称《条例》),根据《条例》和国家有关规定,制定本办法。

第二条　《条例》第二条所称"本市的公共图书馆及其他各类图书馆"是指本市各级人民政府、国家机关、社会团体、企事业单位、其他组织和公民,以及委托本市管理的其他单位设立的图书馆。

第三条　北京市文化局主管本市图书馆工作,履行以下职责:

(一)负责全市公共图书馆的统一管理,指导、协调本市其他各类图书馆工作;

(二)会同有关部门制定本市图书馆发展规划和图书馆信息网络建设方案,报市人民政府批准后组织实施;

(三)建立有本市教育、科技等部门参加的图书馆工作协调组织,指导、协调其他各类图书馆工作;

(四)负责组织北京市图书馆专家委员会的工作;指导图书馆行业组织的工作;

(五)对为发展图书馆事业做出突出贡献或成绩显著的单位和个人给予表彰或者奖励;

(六)检查、监督《条例》的实施,对违反《条例》的行为进行查处。

第四条　区、县文化行政主管部门负责本辖区图书馆工作,履行下列职责:

(一)负责本辖区内公共图书馆的管理,指导、协调本区、县其他各类图书馆工作;

(二)根据本辖区情况,做好图书馆发展规划和图书馆信息网络建设方案的实施工作;

(三)建立有教育、科技等部门参加的图书馆工作协调组织,指导、协调其他各类图书馆工作;

(四)对自然人、法人和其他社会组织兴办的图书馆,以及单位内部图书馆对社会开放的业务指导和监督管理工作。

(五)加强街道、乡镇、社区、村图书馆、室的建设和业务指导;

(六)对为发展图书馆事业做出突出贡献或成绩显著的单位和个人给予表彰或者奖励;

(七)检查、监督《条例》的实施,对违反《条例》的行为予以查处。

第五条　本市教育、科技等行政主管部门应当确定主管图书馆工作的处(科)室,并派人参加市、区县图书馆工作协调组织的工作。

---

①　该文件原文来自"律商网"数据库,检索日期:2013 年 7 月 30 日。

第六条　有下列情况之一的,市和区县文化行政主管部门应当给予表彰或者奖励:

(一)在发展图书馆事业中做出突出贡献或者成绩显著的公共图书馆;

(二)在图书馆工作中做出突出贡献或者成绩显著的工作人员;

(三)内部图书馆向社会开放,坚持两年以上,成绩显著的;

(四)社区、村、自然人、法人和其他组织兴办的图书馆(室)坚持两年以上,成绩显著的;

(五)图书馆捐赠图书、文献、设备,数额较大的;

(六)志愿者在图书馆(室)服务,坚持两年以上,成绩显著的。

第七条　《条例》第七条所指"公共图书馆的经费"包括日常经费、设备购置费和购书经费。

要逐步为图书馆配备《条例》第二十七条所要求的设备。

购书经费应能保证《条例》第三十五条规定的年入藏文献信息资料的册(件)数量。

第八条　北京市图书馆专家委员会由本市公共图书馆和其他各类型图书馆的专家组成,人数不少于11人,每五年改选一次。由市文化局制定组织章程。

第九条　首都图书馆应当协助北京市文化局做好本市图书馆的业务指导工作;北京市少年儿童图书馆应当协助北京市文化局做好本市少年儿童图书馆,以及以少年儿童为服务对象的图书馆的业务指导工作。

区县公共图书馆应当协助本区县文化主管部门做好本区县图书馆的业务指导工作。

第十条　市和区县应当设立少年儿童图书馆。区县少年儿童图书馆可以单独设立,也可以附设在区县公共图书馆或者其他少年儿童活动场所。

第十一条　新建、改建、扩建少年儿童图书馆不仅要适应图书馆应用现代科学技术进行管理和服务的需要,还要适合少年儿童的特点,并符合下列基本要求:

(一)北京市少年儿童图书馆要符合《条例》第十七条(一)的基本要求。

(二)单独设立的区县少年儿童图书馆建筑面积应当达到2000平方米以上,阅览座位应当达到150席以上。

(三)附设在区县公共图书馆或者其他少年儿童活动场所的区县少年儿童图书馆建筑面积应当达到1000平方米以上,阅览座位应达到100席以上;

第十二条　《条例》所称街道、乡镇公共图书馆(室)是指街道办事处在街道社区服务中心(或街道文化体育中心),乡镇政府在乡镇文化服务中心设立的图书馆(室)。

街道、乡镇图书馆、室的建立由区县文化行政主管部门认定。凡达到《条例》第十七条(三)规定标准的,可以认定为街道、乡镇图书馆;凡未达到标准的,一律使用街道、乡镇图书室名称。

第十三条　鼓励街道、乡镇图书馆(室)与市和区县公共图书馆合作,成为市或者区县公共图书馆的分馆。

第十四条　《条例》第九条所称"社区、村兴办图书馆(室)",是指由社区居委会和村委会兴办的,为本社区、村居民服务的图书馆(室)。

区、县文化行政主管部门应当根据本区、县情况制定社区、村图书馆(室)建设标准,帮助社区、村图书馆(室)达到规定标准。

第十五条　区县和乡、民族乡、镇人民政府以及街道办事处,区县文化行政主管部门应当以区、县公共图书馆和街道、乡镇公共图书馆为基础,采取下列措施,扶持和加强社区、村图书馆(室)建设：

（一）制订规划,逐步建设社区、村图书馆(室)；

（二）给予一定的资金、设施、图书支持；

（三）无偿进行业务指导和人员培训,为社区、村图书馆(室)办理集体借书证；

（四）以建立区县、街道、乡镇公共图书馆分馆或基层图书点的形式发展图书馆网络；

（五）对坚持两年以上,做出成绩的社区、村图书馆(室)给予奖励；

（六）其他扶持措施。

第十六条　自然人、法人和其他组织在征得社区居委会或村委会的同意后,可以兴办社区、村图书馆(室),并接受社区居委会或村委会的领导。

第十七条　《条例》第十条规定的"学校、科学研究机构以及社会团体、企业、事业单位的图书馆(室)向社会开放",按北京市《关于利用单位内部设施开展社区服务的若干规定》办理。区县文化行政主管部门应委托区县公共图书馆对其进行业务指导、培训。

第十八条　自然人、法人和其他组织兴办图书馆,应符合下列条件：

（一）面积应当达到 100 平方米以上,阅览座位应当达到 30 席以上,且符合安全、消防的有关规定；

（二）馆藏文献信息资料达到 10 000 册(件)以上；

（三）不少于一名经过培训的符合要求的工作人员；

（四）年入藏文献信息资料不少于 1000 册(件)；

（五）自然人经历上无因犯罪曾被剥夺政治权利的纪录；

（六）遵守《条例》的有关规定,接受文化行政主管部门的指导、监督。

第十九条　自然人、法人和社会组织按本办法第十八条规定兴办图书馆,应按照文化部、民政部关于《文化类民办非企业单位登记审查管理暂行办法》的规定,到所在地区县文化行政主管部门和民政主管部门办理登记审批手续。

第二十条　文化行政主管部门应当采取以下措施鼓励学校、科学研究机构以及社会团体、企业、事业单位的图书馆(室)向社会开放；鼓励自然人、法人和其他组织兴办图书馆。

（一）市和区县图书馆应无偿提供业务指导和进行人员培训；

（二）有条件的可以成为市或区公共图书馆的分馆,参加图书馆信息网络,办理集体借书证；

（三）经社区居委会、村委会同意,可以成为社区、村图书馆(室),享受本办法第十五条的扶持政策；

（四）在双方协商的基础上,经街道办事处或乡镇政府批准,可以承担街道、乡镇公共图书馆(室)的职能,挂街道、乡镇公共图书馆(室)的牌子。对承担街道、乡镇公共图书馆(室)职能的,街道办事处、乡镇政府应给予一定的资金、设施、图书支持。

第二十一条　确因基本建设和城市改造需要占用公共图书馆用地和馆舍的,应由项目批准部门在批准该项目前 60 天,以书面形式征求文化行政主管部门意见。征求意见的函件应说明理由以及重建的地点、资金来源、规模等。文化行政主管部门应 30 天内予以书面答复,并进行监督、检查。

凡属占用区、县公共图书馆用地和馆舍的,应当征求北京市文化局的意见；凡属占用街道、乡镇图书馆用地和馆舍的,应当征求区县文化委员会的意见。

第二十二条　图书馆应做好接受捐赠的组织工作。对捐赠的资金、文献信息资料、设备应进行登记,建立文献信息资料专藏室或者专架。对捐赠者应颁发证书,进行宣传,并按《条例》和本办法规定向文化行政主管部门申请表彰或者奖励。图书馆可以制定奖励办法对捐赠者进行表彰或奖励。

第二十三条　图书馆业务人员的专业知识和技能标准由市文化局征求专家委员会意见后制定。考核工作委托首都图书馆负责,上岗证书由市文化局颁发。

第二十四条　公共图书馆在保证《条例》规定的每周开放时间的前提下,可根据具体情况和读者的需求,调整开放时间与范围,规定一周内每天不同的开放时间和范围,其中外借部门和期刊阅览室必须开放。而且必须按规定向读者公示。

因搬迁、改造、维修或其他特殊原因,需要减少开放时间或者闭馆,时间在 10 日或 10 日以内的,须经区县文化行政主管部门批准;10 日以上的,须经市文化局批准。

第二十五条　公共图书馆应当建设无障碍设施,为残疾人提供方便。有条件的,应当开设残疾人阅览室。

公共图书馆应当免费为残疾人和达到法定离、退休年龄的离、退休老年人办理借书证、阅览证。

第二十六条　文献信息资料册(件)按下列标准计算:

(一)图书按单本计算;

(二)报纸按月合订本计算;

(三)期刊按合订本计算;

(四)音像制品(录音带、录像带、光盘)、微缩胶片、电子出版物按单件计算。

第二十七条　市和区县公共图书馆应当设立电子阅览室(含视听室),为读者提供通过计算机、网络阅读音像制品、电子出版物和网上信息的条件。

电子阅览室的设立必须符合文化部和市文化局规定的条件,并遵守有关规定。

第二十八条　《条例》第三十条规定的读者交纳滞还费的标准是:超过规定日期 10 天以内,每天交纳滞还费 0.2—0.5 元,10 天以上每天交纳滞还费 0.5—1 元。具体标准由图书馆根据上述标准制定,并向读者公示。

第二十九条　《条例》第四十四条中所称"重置价格"是指:

(一)单本(件)文献信息资料按采购和加工费用的合计计算;

(二)多本(件)或成套资料不能部分购买的,按照全套资料价格和加工费用合计计算。

第三十条　对遗失、损坏或者侵占公共图书馆文献信息资料应当处以罚款的,由图书馆填写处罚申请书,报文化行政主管部门。由文化行政主管部门做出处罚决定,由图书馆代缴后上交。

第三十一条　公共图书馆可以利用馆舍开设与图书馆业务和读者服务相关的项目,但开设的项目应符合图书馆的性质并体现服务性、非营利性。

第三十二条　本实施办法由北京市文化局负责解释。

第三十三条　本实施办法自 2003 年 5 月 1 日起施行。

北京市文化局关于印发《北京市文化局关于北京市公共图书馆计算机服务网络管理的规定》的通知①

(2005 年 1 月 14 日　京文社[2005]39 号)

各区(县)文化委员会,各区(县)图书馆、少儿图书馆,首都图书馆,北京市少年儿童图书馆:

为了加强北京市公共图书馆计算机服务网络的管理,充分发挥其作用,推进图书馆的现代化建设,实现资源共享,更好地为读者服务,根据《北京市图书馆条例》和有关规定,我局制定了《北京市文化局关于北京市公共图书馆计算机服务网络管理的规定》。现印发给你们,请认真学习贯彻,切实采取有效措施,将各项管理工作落到实处。

北京市文化局关于北京市公共图书馆计算机服务网络管理的规定

第一条　为加强北京市公共图书馆计算机服务网络的管理,充分发挥其作用,推进图书馆的现代化建设,实现资源共享,更好地为读者服务,根据《北京市图书馆条例》和有关规定,制定本规定。

第二条　本规定所称"北京市公共图书馆计算机服务网络"(以下简称服务网络)是指以首都图书馆为中心,以各区县图书馆为分中心,以部分街道、乡镇和其他图书馆为终端的,以"智慧2000"软件为技术支撑的北京市图书馆计算机服务网络。

凡加入服务网络的成员馆,均须遵守本规定。

第三条　北京市文化局是服务网络的主管部门,负责督促和监督本规定的实施,做好协调工作,支持和推动服务网络的建设。

第四条　首都图书馆是服务网络的管理中心,承担以下职能:

(一)制订服务网络的建设规划,经市文化局批准后组织实施;

(二)依据本规定制定实施细则,并依据规定和实施细则负责服务网络的日常管理工作;

(三)负责网络的技术维护工作;

(四)负责管理软件使用的培训、维护、科研和升级工作;

(五)负责网络的安全工作。

首都图书馆可以采取合作或委托的方式实施服务网络的管理和技术服务。

第五条　本市各区县公共图书馆和少年儿童图书馆必须加入服务网络;城近郊区街道、乡镇图书馆应当加入服务网络;本市其他各类图书馆可以加入服务网络。

第六条　首都图书馆应设立馆际业务协调部门,负责首都图书馆各业务部门和成员馆之间的馆际业务协调工作;首都图书馆应建立"北京市公共图书馆信息服务网络管理中心",负责全市网络的运行和技术支持管理。

第七条　各区县图书馆应设立服务网络分中心,负责本馆和所属街道、乡镇图书馆的运行和技术支持管理,并协助首都图书馆服务网络管理中心做好管理工作。

第八条　凡加入服务网络的图书馆应实行图书文献资源的共享。城近郊区公共图书馆

---

① 该文件原文来自"律商网"数据库,检索日期:2013 年 7 月 30 日。

和街道乡镇图书馆应逐步实行"一卡通"借阅服务。

第九条　首都图书馆应建设读者数据库、书目数据库和通用的重点电子文献数据库,其他图书馆可以建设特色文献和特色电子文献数据库,并在所有成员馆实行资源共享。

资源共享的具体办法由首都图书馆与各成员馆协商制定。

第十条　网络的运行和技术管理实行首都图书馆和区县图书馆两级负责制。

首都图书馆负责网络的总体运行和技术管理、技术人员的培训、软件的开发、网络总体维护和重大技术问题的处理。

区县图书馆负责本馆和所属街道、乡镇等图书馆网络的运行管理、日常维护和一般技术问题的处理工作。区县图书馆可自行决定实行委托维护。

第十一条　首都图书馆应制定网络技术人员技术标准,实行培训达标。城近郊区每馆配置2—3名网络技术人员,远郊区县配置1—2名网络技术人员,承担起对网络的日常维护和运行任务。

第十二条　管理和维护费用

(一)"智慧2000"软件总收入的15%提留首都图书馆作为管理和维护经费;

(二)从软件安装使用之日起,一年内免费维护;

(三)首都图书馆"智慧2000"软件收入的50%,应作为服务网络的管理、维护和科研经费;

(四)区县图书馆的管理费用或委托管理的费用,由区县图书馆负责;

(五)规定内容外的服务实行有偿服务;

(六)可以向市文化局申请专项补助经费。

第十三条　首都图书馆应做好"智慧2000"软件的完善、开发和升级等工作。

第十四条　首都图书馆应遵循国家和我市信息安全、网络安全等方面的有关规定,采取有效的安全认证技术、加密技术保证数据的安全性和有效性,采用有效的网络防病毒措施,预防病毒入侵,定期监测系统运行情况并杀毒。

第十五条　完善网络安全管理的有关制度和工作规范,提高网络的整体安全管理水平。

第十六条　首都图书馆应制定本规定实施细则或具体规定,经市文化局批准后实施。

第十七条　本规定由市文化局负责解释。

第十八条　本规定自颁布之日起实施。其中有关经费的规定由建设之日起实施。

北京市文化局关于印发《北京市公共图书馆文明服务规范(试行)》的通知①

(2007 年 1 月 15 日　京文社〔2007〕47 号)

各区(县)文化委员会,各区(县)图书馆、少儿图书馆,首都图书馆:

公共图书馆是政府公共文化事业的重要组成部分,是宣传先进文化、提高民族文明素质、丰富群众文化生活、普及科学知识的前沿和阵地。为进一步提升北京市公共图书馆的服

---

① 该文件原文来自首都之窗网站(http://www.beijing.gov.cn/),检索日期:2013 年 7 月 30 日。

务水平,保障读者的文化权益,北京市文化局制定了《北京市公共图书馆文明服务规范(试行)》,现印发给你们,请遵照执行。

北京市公共图书馆文明服务规范(试行)

第一章　职业道德规范

第一条　自觉遵守各项法律法规和图书馆各项规章制度,服从组织安排,严格执行工作细则和操作规程,及时准确完成各项任务。

第二条　认真履行岗位职责,积极完成本职工作;努力适应时代需求,勇于开拓创新。

第三条　热爱图书馆事业,增强主人翁责任意识,尊重读者,热情服务;爱岗敬业,肯于奉献。

第四条　结合本职工作,努力钻研业务,提高专业修养;理论结合实际,不断提高文化素质。

第五条　遵守社会公德,从自身做起,为树立良好的馆风、良好的图书馆形象而努力。

第六条　秉承"读者第一,服务至上"的理念,热情接待读者,维护读者合法权益,遇事不推诿;对待读者一视同仁并虚心听取读者意见,不断提高服务质量和水平。

第七条　爱护文献资源,尊重知识产权,促进信息传播,维护读者平等获取信息的权利。

第八条　积极宣传图书馆知识及图书馆各项规章制度,帮助读者了解、利用图书馆,为读者提供便利周到的服务。

第九条　同事间要以诚相待,发扬团队精神,友好合作。

第二章　环境规范

第十条　给读者提供安全、方便的借阅空间;保持舒适、洁净的服务环境。

第十一条　馆内标识系统用语规范、醒目,读者活动区域指示标牌及示意图标注准确、清晰;加配中英文对照文字。

第十二条　《服务公约》、《读者须知》、《借阅规则》、《工作人员守则》等告示要摆放或悬挂在规定的位置。

第十三条　读者活动场所及内部办公场所内,工作台面不放置杂物,引导读者正确使用公共服务设备。

第十四条　图书、报刊、文献资料及时整理,摆放有序;读者活动场所中的桌椅、书刊排架保持整齐。

第十五条　馆内对外服务场所严格遵守开、闭馆时间,遇特殊情况需闭馆应按有关规定提前公告。

第十六条　维护良好的阅读秩序,及时巡视、规劝、纠正不良行为。

第十七条　应急措施完善,应急灯、消防设备配备符合要求,安全通道畅通;读者活动场所及书籍定期实施消毒。

第三章　仪表规范

第十八条　在工作期间内工作人员应精神饱满,谈吐大方,举止文明,面带微笑。

第十九条　在工作时间内工作人员按规定着装,服装整齐,佩戴标识,饰品得当,夏天不穿拖鞋上岗。

第二十条　在工作时间内女性可适度化淡妆。

第二十一条　工作人员发型要整洁,染发色彩适宜,男性不蓄长发、胡须及留怪异的发型。

第四章　行为规范

第二十二条　工作人员接待读者时应面对读者,态度亲切,站姿、手势规范。

第二十三条　工作人员在工作期间不得从事与工作无关的事情或擅自脱岗。

第二十四条　工作人员在工作期间禁止饮酒或在读者活动区内吸烟。

第二十五条　工作人员应保持读者活动场所安静。

第二十六条　工作人员在为读者办理手续时应轻拿轻放。

第二十七条　工作人员应尊重读者,敬老、爱幼、助残,为弱势读者提供便利。

第二十八条　工作人员如需到馆外开展社会服务工作,同样要保持良好的形象,热情周到。

第五章　语言规范

第二十九条　工作人员在接待读者和接听电话时,应使用文明用语,称谓准确;语言礼貌、解答清晰。

第三十条　暂时不能满足读者要求时,要向读者表示歉意,说明原因,提供解决建议或可行的帮助。

第三十一条　对违反规定的读者要给予提示,避免冲突;当遇到不能解决的问题时,应及时与相关领导联系,做出妥善处理。

第三十二条　在接待读者和公务往来时必须使用普通话;尊重民族信仰和习惯;接待外宾时尽量使用英语或安排外语较熟练的工作人员进行服务,不能沟通时表示歉意。

第六章　监督机制

第三十三条　图书馆工作人员应通过口头、书面、网络等形式接收并反馈读者提出的意见和建议;部门负责人、咨询台及办公室有责任接收读者提出的口头意见,并及时反馈给相关负责人;图书馆应在馆内及网站主页设立读者意见箱,并及时对读者意见和建议做出处理、反馈。

第三十四条　图书馆工作人员之间、部门之间应该相互监督,对违反本规范的不文明行为要予以批评,及时纠正。不规范的行为将影响本人及本部门的当年考评等级。

第三十五条　各公共图书馆之间应该互相监督、互相借鉴、互相学习以促进全市公共图书馆服务质量和水平的提升。

北京高等学校图书资源建设项目管理办法(试行)[①]

(2007 年 12 月 27 日　京教高〔2007〕15 号)

第一章　总则

第一条　为规范北京高等学校图书资源建设项目的管理,保证高校图书馆建设和发展目标的实现,提高专项资助经费的使用效益,依据教育部颁发的《普通高等学校图书馆规程(修订)》(教高〔2002〕3 号)、教育部高等学校图书情报工作指导委员会颁发的《普通高等学

[①]　该文件原文来自《中国图书馆年鉴 2008》(詹福瑞,2009),原文页次:494。

校图书馆评估指标》、《高等学校图书馆数字资源计量指南》、《北京市市级教育经费项目支出预算管理办法(试行)》(京财文〔2006〕2486号)以及国家有关法律法规,特制定本办法。

第二条　设立北京高等学校图书资源建设项目宗旨是:遵循高校图书馆的基本规律,牢固树立服务高校教学科研、服务高等教育改革发展、服务首都经济建设和社会发展的理念;按照分类指导、注重特色、资源共享的原则,加大图书馆文献资源、现代化基础设施的投入,加强全市文献资源的共知、共建、共享和整体化建设的投入,推动北京高校图书馆事业的发展。

第三条　北京高等学校图书资源建设项目包括:图书馆文献资源建设项目、图书馆自动化、网络化、数字化系统建设项目、北京高校网络图书馆建设和北京地区高校文献资源保障体系建设项目等。

第二章　项目建设内容

第四条　图书馆文献资源建设项目的主要内容为:

1. 重点学科、重点建设学科文献建设;在图书馆基本文献建设的基础上,根据学校的发展目标和学科建设规划,有目的地选择一些重点学科或重点建设学科,提高文献的保障水平,满足教学科研的需要,逐步使该学科文献建设达到或超过全国同类院校先进水平;

2. 特色学科文献建设;在图书馆基本文献、重点文献建设的基础上,根据学校的发展目标和学科建设规划,有目的地选择一些有特色、有发展或对首都建设有突出贡献的学科,提高文献的保障水平,满足教学科研和首都发展的需要,逐步使该学科文献建设达到或超过国内先进水平;

3. 新建学科或博、硕士学位点的文献补充建设;在图书馆基本文献建设的基础上,根据学校的发展目标和学科建设规划,有目的地对一些新建学科或博、硕士学位点,提高文献的保障水平,满足教学科研的基本需要;

4. 重点文献和新类型文献的补充建设;在图书馆基本文献建设的基础上,根据文献资源的发展,有目的地补充一些过去由于各种原因缺藏的重点文献(包括大型工具书、资料书、手册、经典著作、外文文献等)和新类型(包括多媒体资源、课件、数据库等)文献,提高文献的保障水平,满足不断发展的教学科研的需要。

第五条　图书馆自动化、网络化、数字化系统建设项目的主要内容为:图书馆管理所需各类软硬件,各种专业设备和数字化加工制作。

1. 软件类主要包括:操作系统、数据库管理系统;应用系统(包括:图书馆自动化管理系统、电子资源管理系统、阅读器、点播系统、网络搜索系统、网络视频系统等);存储系统;安全防范系统;数据备份系统等。

2. 硬件类主要包括:系统设备(服务器、计算机等);网络设备(交换机、路由器等);文献存储设备(包括硬盘、磁盘机、磁带机、磁盘阵列、光盘库等);配套电源设备(UPS、小型发电机等)。

3. 专业设备类主要包括:

(1)文献保护设备:空调类(恒温恒湿机、专用空调机、新风机、去湿机);图书防盗监控设备;门禁管理系统设备;

(2)书库管理设备:书车、书梯;自助借还书设备;装订修补设备(包括装订机、烫金机、切纸机);

（3）专用阅览室设备：电子、音像、网络阅览室设备；报告厅、多功能厅设备（音响设备、同声传译设备、展厅设备）；

（4）信息采集发布系统设备：各类显示屏、大屏幕电视、卫星接收设备、编辑设备等；

（5）文献加工、复制与数字化设备：各类翻拍机、复制还原机、缩微阅读器、译码器；数字摄（照）相机、复印机、扫描仪、小型印刷机等；

4. 数字化加工制作主要包括委托数据加工、数字化制作、数据转换等。

5. 配套的专业家具主要包括：

（1）书架（柜）类：含密集架、期刊架（柜）、报纸架、磁带架（柜）、光盘架（柜）、档案柜、地图柜、陈列架（柜）、实物柜、存包柜等；

（2）阅览桌椅类：各类阅览桌椅、读者用休闲桌椅、培训用课桌椅、工作人员业务用桌椅等；

（3）其他专用家具：出纳台、咨询台、电脑查询台、视听阅览台等。

第六条 北京高校网络图书馆建设项目和北京地区高校文献资源保障体系建设项目是北京市教育委员会委托有关高校建设的图书馆项目。项目建设的内容为：通过购入中外文文献数据库，直接面向高校读者提供检索服务；联合建设一批具有学科和学校特色的文献数据库；开展各馆文献资源采购协调、馆际互借、文献传递、联合参考咨询等业务工作；开展高校图书馆的协作研究与实践；培训高校图书馆管理干部和专业干部队伍。

第三章 组织实施

第七条 北京高等学校图书资源建设项目实行北京市教育委员会、高等学校和项目组三级管理，以项目组为基础，以项目所在高等学校为依托，北京市教育委员会统一领导。

第八条 高等学校应加强对北京高等学校图书资源建设项目的规划和管理，并按照要求组织项目的申报、论证、监督、管理与验收等工作。

第九条 北京高等学校图书资源建设项目实行项目负责人负责制，项目负责人全面负责本项目的申报、实施等工作。项目负责人应依据学校实际需要和项目经费的使用原则，于每年6月底前提出项目的实施方案和经费使用预算，并按照部门预算编报程序列入本单位下一年度部门预算当中。项目预算批复后项目负责人负责组织项目的实施，做好项目完成情况的总结及验收等工作。

第十条 项目申请书为项目实施和验收的主要依据。项目实施的内容、经费使用及经费执行进度应严格按照申请书所列计划进行，在项目实施过程中，一般不做调整。如确需对实施内容或经费进行调整，须按程序报批。

第十一条 项目实施过程中产生的成果归项目所在高等学校所有，学校应按照有关知识产权保护的法律、法规进行规范管理。

第四章 项目经费与管理

第十二条 北京高等学校图书资源建设项目经费主要来自专项拨款，鼓励多渠道联合资助，鼓励有关高校给予配套经费。高等学校图书馆正常运行和日常图书添置、设备购置所需经费应由学校正常经费予以保障。

北京高等学校图书资源建设项目经费开支范围包括：

1. 文献资料费：包括中、外文纸介质图书、报刊，中外文电子图书、报刊、多媒体资料，文献类数据库（包括一次性购置和年度镜像、包库访问权购置），课件等；

2. 各类软件的开发、集成、购置费;

3. 各类硬件、各种专业设备购置费;

4. 数字化加工制作费;

5. 专业家具购置费;

6. 北京市教育委员会委托项目的开支范围按建设内容执行。

第十三条 购置各类硬件、各种专业设备及家具,需单位价值在 10 万元(含)以上或批量在 30 万元以上;如需购置通用类设备,同一设备总体价格需在 30 万元(含)以上。

第十四条 项目资助经费不得用于各种罚款、捐款、赞助等项支出,不得用于各种福利性支出。

第十五条 使用项目经费购置的固定资产,必须纳入项目所在高等学校的固定资产账户进行核算与管理。

第十六条 项目所在高等学校要加强对项目经费使用的指导、监督和管理,单独核算、专款专用,不得挪用、借用。

第五章 检查与验收

第十七条 北京高等学校图书资源建设项目采取年度检查或项目验收的办法进行管理。

第十八条 项目组应按规定提交项目年度进展报告,所在高等学校应组织专家对项目实施情况进行检查,并于下一年度 1 月底前将项目结题报告报到相关学校,并由学校组织验收。

第十九条 本办法由北京市教育委员会与北京市财政局按各自职责分别负责解释。

第二十条 本办法自 2008 年 2 月 1 日起施行。

北京市教育委员会关于印发《北京市属高等院校图书馆建设项目管理办法》的通知①

(2011 年 9 月 30 日 京教财〔2011〕27 号)

各市属高等学校:

《北京市属高等院校图书馆建设项目管理办法》已经市教委 2011 年第 14 次主任办公会审议通过。现印发给你们,自 2012 年预算起实施,请遵照执行。

北京市属高等院校图书馆建设项目管理办法

第一章 总则

第一条 为规范北京市属高等院校图书馆建设项目(以下简称"图书馆项目")的管理,保证高校图书馆建设和发展目标的实现,提高专项经费的使用效益,依据教育部颁发的《普通高等学校图书馆规程(修订)》(教高〔2002〕3 号)、教育部高等学校图书情报工作指导委员会颁发的《普通高等学校图书馆评估指标》和《高等学校图书馆数字资源计量指南》以及

---

① 该文件原文来自"律商网"数据库,检索日期:2013 年 7 月 30 日。

国家、北京市有关法律法规,特制定本办法。

第二条　设立图书馆项目宗旨是:遵循高校图书馆建设的基本规律,牢固树立服务高校教学科研、服务高等教育改革发展、服务首都经济建设和社会发展的理念;按照分类指导、注重特色、资源共享的原则,加大图书馆文献资源、现代化基础设施和服务设施的投入,加强全市文献资源的共知、共建、共享和整体化建设的投入,推动北京高校图书馆事业的发展。

第三条　图书馆项目建设目标是:加强图书馆的文献资源建设,改善图书馆的办馆条件和育人环境,为学校的教学和科学研究服务,最大限度地满足读者的文献与服务需求,充分利用图书馆的育人环境,培养学生的信息素养、人文素养和科技素养。

第四条　本办法适用于北京市属高等院校。

第二章　项目建设内容

第五条　图书馆项目建设内容包括:文献资源建设项目,自动化、网络化、数字化建设项目,办馆条件和育人环境建设项目,北京高校网络图书馆建设。

第六条　文献资源建设项目的主要内容

(一)纸本文献建设:在图书馆基本文献建设的基础上,根据学校的发展目标和学科建设规划,有目的地选择一些学科专业纸制文献,满足学校教学科研和首都发展的需要;

(二)非纸本文献建设:在图书馆纸本文献建设基础上,有目的、有计划地补充新类型、新载体文献(多媒体资源、课件、数据库、网络资源等),提高文献信息保障水平。

第七条　自动化、网络化、数字化建设包括图书馆管理、服务所需各类软硬件的购置、升级及配套环境建设、改造,数字化加工等。

第八条　办馆条件和育人环境建设项目包括:图书馆所需专业设备和家具购置,环境的建设。

第九条　北京高校网络图书馆建设项目是市教委委托市属高等院校建设的图书馆项目。项目建设的内容为:通过购入中外文文献数据库,直接面向高校读者提供检索服务;联合建设一批具有学科和学校特色的文献数据库;开展馆际互借、文献传递、联合参考咨询等业务工作;培训图书馆管理干部和专业人员。

第十条　图书馆项目建设中涉及基础设施改造的内容适用《北京市教育委员会所属预算单位基础设施改造项目管理办法》,涉及信息化项目的内容适用《北京市教育信息化建设项目管理办法》。

第三章　组织与实施

第十一条　市教委统一领导,负责相关管理制度建设,组织项目的检查和绩效考评。

第十二条　市属高等院校应明确项目绩效目标,加强绩效管理。同时加强对图书馆项目的规划和管理,按照要求组织项目的立项论证、申报、实施与验收。

第十三条　图书馆项目实行学校统一领导下的项目负责人负责制,负责人应为图书馆主管馆长。项目负责人全面负责本项目的申报、实施、项目完成情况的总结及验收等工作。项目建设完成后,图书馆要充分利用资源和设备,为学校的教学科研提供切实有效的文献信息保障,为学校师生创造良好的学习和研究环境。同时积极创造有利条件,面向社会开展文献信息和技术咨询服务,努力提高图书馆资源、设备的使用效益。

第十四条　图书馆项目申报程序:图书馆应依据学校实际需要和项目经费的使用原则,

按照年度预算管理要求提出项目的建设方案和经费使用预算,经学校组织论证后,纳入年度预算。

第十五条 北京高校网络图书馆建设项目产生的成果归市教委所有,其他项目产生的成果归学校所有,各单位应按照有关知识产权保护的法律、法规进行规范管理。

第四章 经费管理

第十六条 图书馆项目经费主要来源于市财政专项资金,同时鼓励多渠道筹措项目建设资金,鼓励学校给予配套经费。图书馆正常运行和基本图书购置所需经费应由学校基本经费予以保障。

第十七条 市属高等院校必须严格执行国家相关财经法规和本办法规定,加强对项目经费使用的指导、监督和管理,对专项经费单独核算、专款专用,不得挪用及随意改变项目支出的内容。

第十八条 项目开支范围:

(一)文献资料费:包括中、外文纸介质图书、报刊;中外文电子图书、报刊、多媒体资料;文献类数据库使用费(包括一次性购置和年度镜像、包库访问权购置);课件等。

(二)项目所必需的各类软件的开发、集成、购置、升级等经费;

(三)项目所必需的各类硬件、各种专业设备购置等经费;

(四)数字化加工制作费;

(五)专业家具购置费;

(六)会议费:项目实施过程中,为组织开展学术研讨、咨询以及协调项目等活动而发生的会议费用。项目承担单位应当按照国家有关规定,严格控制会议规模、会议数量、会议开支标准和会期。北京高校网络图书馆项目原则上不超过总经费的5%,其他项目不超过总经费的5%且总额不超过3万元。

(七)环境改造费:项目实施过程中所需的环境改善经费,不超过总经费的5%。

(八)专家咨询费:项目实施过程中支付给临时聘请的咨询专家的经费。其中:本市专家费只包括咨询费,外埠专家费可包括食宿费和交通费。专家咨询费不得支付给参与支撑计划及其项目、课题管理相关的工作人员。北京高校网络图书馆项目不超过总经费的3%,其他项目不超过1万元。

以会议形式组织的咨询,专家咨询费的开支一般参照高级专业技术职称人员500—800元/人天、其他专业技术人员300—500元/人天的标准执行。会期超过两天的,第三天及以后的咨询费标准参照高级专业技术职称人员300—400元/人天、其他专业技术人员200—300元/人天执行。

以通讯形式组织的咨询,专家咨询费的开支一般参照高级专业技术职称人员60—100元/人次、其他专业技术人员40—80元/人次的标准执行。

(九)北京高校网络图书馆项目开支范围还包括:

1. 差旅费:项目实施过程中所发生的差旅费(不含市内交通费),差旅费的开支标准按照国家有关规定执行。

2. 培训费:项目建设过程中所涉及的图书馆管理干部和专业技术人员培训所需经费。

3. 出版印刷费:项目实施过程中,需要支付的出版印刷经费,不超过项目总经费的5%。

第十九条　项目预算一经批复,各部门和预算单位不得自行调整。预算执行过程中,因项目发生终止、撤销、变更,引起预算调整的,预算单位应当按照规定的程序报批。

第二十条　项目经费不得用于各类罚款、捐款、赞助、基本建设等支出,不得用于各种福利性支出。

第二十一条　使用项目经费购置的固定资产,必须纳入学校的会计核算与资产管理。学校必须制定完备的文献和设备管理办法,加强项目经费购置资产的管理,确保国有资产不流失。

第二十二条　项目完成后,如有结余资金,依据《北京市市级行政事业单位财政性结余资金管理办法》的有关规定执行。

第五章　项目监督与验收

第二十三条　图书馆项目建设完成后,需向学校提交项目总结报告和项目经费决算报告,并由学校组织专家对项目实施情况进行检查和验收。市教委将不定期组织专家对项目进行抽检。

第二十四条　学校应接受主管机关、财政、审计、纪检、监察等部门的检查与监督,接受市教委和市财政局组织的绩效考评。

第二十五条　对有虚报、冒领、截留、挪用、滞留专项经费等违法行为的,由市教委、市财政局责令限期整改。同时按照国务院《财政违法行为处罚条例》进行处理。

第六章　附则

第二十六条　本办法自编制 2012 年预算起执行。原《北京高等学校图书馆资源建设项目管理办法(试行)》(京教高〔2007〕15 号)同时废止。

天津市

改进与充实天津市人民图书馆为高级知识分子服务的初步草案①

(1956 年 2 月 18 日　天津市文化局)

天津市中小学图书馆工作条例(试行草案)②

(1981 年 6 月 10 日　(81)教普二厅字008 号)

关于开展"文明图书馆"竞赛活动的通知③

(1984 年 3 月 1 日　津文化字(84)第 11 号)

---

① 该文件原文缺,文件信息依据《中国图书馆百年纪事》(陈源蒸等,2004)140 页提供线索著录。
② 该文件原文缺,文件信息依据《中国图书馆百年纪事》(陈源蒸等,2004)240 页提供线索著录。
③ 该文件原文缺,文件信息依据《中国图书馆百年纪事》(陈源蒸等,2004)266 页提供线索著录。

天津市文化局关于颁发《天津市区、县图书馆工作条例》、《天津市市、区、县少年儿童图书馆工作条例》的通知①

(1986 年 5 月 24 日　津文化字(86)第 35 号)

各区、县文化局(科、办),天津图书馆,天津市少年儿童图书馆:

我局制订的《天津市区、县图书馆工作条例》、《天津市市、区、县少年儿童图书馆工作条例》,业经市人民政府批准,现印发给你们,请即贯彻执行。

附件一:天津市区、县图书馆工作条例

一、总则

第一条　区、县图书馆(以下简称区、县馆)是国家举办的综合性公共图书馆,是科学、教育、文化事业的组成部分,是社会主义宣传、教育阵地,是区、县藏书、流通、业务研究辅导和馆网协作的中心。

第二条　区、县馆的一切活动,要以社会效益为唯一准则。要坚持为人民服务、为社会主义服务的方向,贯彻百花齐放、百家争鸣、古为今用、外为中用的方针;要通过书刊资料的流通和其他业务活动,努力为社会主义物质文明和精神文明建设服务。

第三条　区、县馆的服务对象是当地的广大群众、部门和单位。区、县馆要面向基层、面向群众,认真完成以下各项任务:

(一)宣传马列主义、毛泽东思想,宣传党和政府的各项方针、政策与法令,并向人民群众进行社会主义、共产主义和爱国主义教育,使其成为有理想、有道德、有文化、有纪律的社会主义劳动者。

(二)根据当地的政治、经济、科学、教育、文化事业的需要,积极采购书刊资料,并以科学的方法进行分类、编目和管理。

(三)根据书刊内容、服务对象和工作需要,确定方便读者的借阅办法,开展书刊流通,加强阅读指导。

(四)通过举办书刊展览,组织讲座,编制书目、索引、资料汇编,解答咨询等方式,为当地的中心工作和工农业生产、科学技术提供服务。

(五)对基层图书馆(室)进行业务辅导,并帮助管理部门发展和巩固基层图书馆(室)的工作,组成当地的图书馆网,开展业务交流、学术研究、馆际协作等活动。

二、藏书建设

第四条　书刊资料是图书馆工作的物质基础,区、县馆应根据本馆的方针、任务、服务对象、馆藏基础和经费情况,制定采购原则,有计划、有重点地补充藏书,逐步形成具有地方特点的适合当地读者需要的藏书体系。

第五条　提高藏书质量。要注意藏书的综合性、科学性和通俗性原则,以收藏普通中文

---

①　该文件原文来自《中华人民共和国现行文化法规汇编》(国务院法制局,1987),原文页次:648—661。

书刊资料为主,古旧、外文书刊可根据特殊需要酌情购买。

要注意各类书刊的合理比例,正确处理品种与数量的关系,防止漏购、重购;经选订的多卷书、丛书和连续出版物,收藏要配套、完整。

要根据需要和经费情况,重视声像资料等新型知识载体的入藏工作。

第六条　图书分类、编目要符合规范化、标准化的要求,要一律按照《中国图书馆图书分类法》和国家颁布的《文献著录总则》进行分类和编目。

第七条　对入藏的书刊资料,应及时验收、登记。图书登记设总括和个别登记账。丢失、报废、剔除的图书应及时注销,并报区、县文化局(科)备案;新到馆的图书要尽快分编、上架,投入流通,不得积压。

第八条　区、县馆要健全目录组织。必须设置读者目录和公务目录,每种要制作分类目录、书名目录各一套。必要时可设置其他目录。要加强目录管理,经常保持完整,达到书卡相符。

第九条　区、县馆要设置外借书库,如条件允许也可设置:报刊库、专藏书库、农村书库、儿童书库等,但不宜设置保存本库。

第十条　馆藏书刊资料是国家财产,要加强维护和保管,一般每三至五年要清点一次;要切实做好防火、防蛀、防潮、防晒、防盗等防护工作。如因工作人员失职造成严重损失者,应视情节轻重给予批评教育或行政处分。

馆藏书刊资料要保持完整,不允许擅自作涂、改、贴、剪、撕等技术处理。对于丢失和损坏书刊资料者,应按照《读者丢失、损坏书刊处理办法》追究责任。

三、读者工作

第十一条　区、县馆要满足广大群众对书刊资料的合理需要,逐步改传统的封闭型服务为多途径、开放型服务;要加强读者工作,不断提高服务效率和服务质量;要礼貌待人、文明服务,把图书馆的服务工作搞活。

第十二条　书刊流通工作要尽量方便读者,并根据需要和条件设置各种阅览室和外借处,要积极创造条件,实行开架借阅。

第十三条　出借图书除采用个人、集体、馆际互借外,在搞好阵地工作的同时,还应建立图书流通站,利用流动书车或流动书箱等方式,主动送书上门,为工农业生产、科学研究和文化教育事业服务。

第十四条　为了适应两个文明建设发展形势的需要,区、县馆应积极创造条件,开拓新的服务领域;要逐步开展资料缩微阅读和复制工作,逐步开展声像资料的服务工作。

第十五条　区、县馆除根据中央和国家出版主管部门规定的对某些书刊停止公开借阅外,不得另立标准和任意封存书刊。

第十六条　区、县馆必须从方便读者出发,建立健全书刊资料的借阅规则制度。读者和馆内工作人员借还书刊要照章办理手续,丢失、损坏书刊,逾期不还,应视情节赔偿或予以处罚。

第十七条　要运用各种方式宣传、推荐好书,正确指导读者阅读,特别要加强对青少年的阅读指导。流通阅览工作人员要认真解答读者阅读方面的一般性咨询。

第十八条　要经常主动为科研、生产单位和乡镇企业、专业户提供书刊资料,编制有关专题书目、索引、资料汇编,主动开展定题服务。

第十九条 区、县馆要方便读者借阅。有条件的馆,晚上要开放,星期日和节假日不应闭馆;每周开放不少于 6 天,累计时间不少于 48 小时。

四、业务辅导

第二十条 区、县馆业务辅导工作的对象是:当地的各类型基层图书馆(室),尤其要重点加强对街道图书馆(室)和乡镇图书馆(室)的业务辅导。辅导工作的任务是:

(一)对基层图书馆(室)进行业务辅导,帮助其解决业务上存在的问题,促进当地图书馆事业的发展。

(二)加强调查研究,注意发现和培养典型,不断总结和推广经验。

(三)培训基层图书馆(室)的工作人员。

(四)区、县馆可以建立当地群众性的学术研究组织,开展图书馆专业学术研究和交流活动。

(五)区、县馆应承担组织当地各类型图书馆(室)协作网的工作,协调书刊采购、交换,并根据需要编制联合目录,开展馆际互借等项活动,以促进图书馆事业的发展。

五、组织机构

第二十一条 区、县馆是独立建制的文化事业单位,属当地文化行政部门直接领导,业务上接受市图书馆的指导。

第二十二条 区、县馆的机构设置要力求精干,根据条件和工作需要合理设置机构。一般情况下可设置:

(一)采编组;

(二)借阅组;

(三)科技服务组(或参考咨询组);

(四)业务辅导组;

(五)设行政勤杂、财务、政治思想工作的分管人员,条件允许也可设办公室。

六、人员、经费、管理

第二十三条 区、县馆的工作人员,要努力学习马列主义、毛泽东思想,坚持社会主义方向,刻苦学习专业和科学文化知识,注意职业道德修养,热爱图书馆事业,全心全意为读者服务,积极做好本职工作。

第二十四条 有条件的区、县馆,经有关部门批准,可逐步试行馆长负责制。建立在馆长领导下的馆务会议制度,研究决定全馆重大问题,制订全馆规划和工作计划,执行经费预算,对工作人员实行奖惩制和聘任制。

第二十五条 区、县馆工作人员要具备高中(或相当高中)以上文化程度,身体健康、政治思想好,热爱图书馆工作。新调入的工作人员必须经过考核录用,不适合做图书馆工作的现岗人员应予调整。

第二十六条 区、县馆专业干部业务职称的确立或晋升,应按照国务院颁布的规定执行。各馆应创造条件,结合工作有计划地对各类人员进行培训和考核。

第二十七条 区、县馆应按照国家有关规定,逐步改善工作人员的工作和生活条件,以及业务技术人员的劳动保护待遇。

第二十八条 区、县图书馆事业应列入当地文化事业的发展规划,要保证图书馆的必要经费。根据书刊资料不断积累的特点,书刊购置和业务活动经费要逐年有所增加;保证区、县馆的购书经费一般不低于总经费的40%。

第二十九条 为了适应四化建设的需要,区、县馆应有计划地逐年增加图书馆专用设备,以逐步实现图书馆服务手段的现代化。

第三十条 区、县馆要开展劳动竞赛活动,要按规定对工作人员实行奖惩制度。对成绩卓越的个人和集体,由上级领导部门给予表彰和奖励。

第三十一条 区、县馆应根据本条例,建立健全各个工作环节和个人的岗位责任制及各项规章制度。区、县馆应向有关领导部门报送工作计划、总结和有关的业务统计资料。

附件二:天津市市、区、县少年儿童图书馆工作条例

一、总则

第一条 少年儿童图书馆是国家举办的以少年儿童为主要服务对象的公共图书馆,是我国社会主义图书馆事业的重要组成部分,是社会文化教育机构。

天津市少年儿童图书馆,是全市少年儿童书刊资料的收藏、目录、流通、阅读指导和业务研究的中心。各区、县少年儿童图书馆(含区、县图书馆儿童分馆和儿童阅览室),是当地少年儿童书刊资料的收藏、流通、阅读指导和业务研究的中心。

第二条 各级少年儿童图书馆(室)的一切活动,要以社会效益为唯一准则。要坚持为人民服务,为社会主义服务的方向,贯彻党和政府的各项方针政策,针对少年儿童的特点,通过书刊资料的流通和多种形式的阅读指导活动,宣传马列主义、毛泽东思想,传播科学文化知识,提高少年儿童的共产主义觉悟和科学文化水平,为培养有理想、有道德、有文化、有纪律的一代新人贡献力量。

第三条 各级少年儿童图书馆(室)的服务对象是:

(一)中、小学生和学龄前儿童;

(二)少年儿童的家长、教师和辅导员;

(三)为少年儿童服务的文化、教育、宣传、科研等单位的儿童工作者。

(小学生、中学生为少年儿童图书馆(室)的主要服务对象。目前因条件所限,以小学生、初中生为主要服务对象,高中生由区、县图书馆负责)。

第四条 各级少年儿童图书馆(室)的任务是:

(一)根据当地的政治、科学和文化教育的需要,积极采集各种适宜少年儿童和儿童工作者阅读的书刊资料,并进行分类、编目、加工和保管。

(二)积极开展优秀书刊资料的宣传、推荐、流通和各种形式的阅读指导工作。

(三)对基层少年儿童图书馆(室)的业务辅导工作。

(四)开展少年儿童图书馆(室)间的协作与协调,组成为广大少年儿童服务的协作网。

(五)开展儿童图书馆学理论和业务工作的研究。

二、组织机构与工作人员

第五条 各级少年儿童图书馆应根据工作和事业发展的需要,设置必要的组织机构。

(一)市少年儿童图书馆可设下列机构:

办公室

任务是:(1)协助馆长协调业务部门的工作;(2)负责全馆的业务统计;(3)管理全馆的人事、财物、业务档案;(4)负责全馆的政工、保卫、财务、物资、行政后勤工作。

采编部

任务是:(1)书刊资料的采集、验收、登记及注销;(2)书刊资料的分类、编目;(3)目录组织工作;(4)馆际之间的书刊交换;(5)编制推荐书目和新书通报。

借阅部

任务是:(1)登记读者,发放借阅证件;(2)办理馆藏书刊资料的外借、阅览和馆际之间的书刊互借;(3)管理并指导读者使用目录;(4)了解阅读倾向,宣传推荐新书,指导阅读。

辅导部

任务是:(1)对全市少年儿童图书馆(室)进行业务辅导和干部的培训;(2)总结交流全市少年儿童图书馆(室)的工作经验;(3)组织开展全市性少年儿童读书活动;(4)组织全市少年儿童图书馆(室)开展儿童图书馆学的理论和业务工作研究;(5)组织与开展全市少年儿童图书馆(室)的馆网协作活动;(6)收集、整理、保管、传递国内外少年儿童图书馆工作情报资料信息;(7)编印工作简报;(8)负责天津市图书馆学会交办的日常工作。

编辑部

任务是:编辑、出版、发行《儿童图书馆与中小学图书馆》杂志及有关少年儿童图书馆工作的业务参考资料。

活动部

任务是:(1)利用声像资料,对本馆读者开展直观性和形象化教育;(2)根据本馆读者的年龄、特点、爱好,组织各种知识性、趣味性、教育性活动;(3)配合思想、文化、科学等教育,在阵地上举办各种读者报告会、读者座谈会、学习班和讲座等;(4)配合重大节日、纪念日组织本馆读者进行游艺、联欢活动。

随着事业的发展和工作的需要,组织机构可进行必要的调整。

(二)区、县少年儿童图书馆的组织机构,一般应设采编、借阅、辅导三个组,其任务参照市少年儿童图书馆有关业务部门的规定。

(三)区、县图书馆均应设少儿组,并有专门的阅览室和外借处,开展阵地图书借阅和阅读指导等活动。

第六条 各级少年儿童图书馆的业务人员,要具备高中以上文化水平。其中市少年儿童图书馆达到本专业中等和大专学历的应不低于 60%;区、县少年儿童图书馆应不低于 40%。

新进馆人员,除具有大专、中专学历的以外,应一律进行考核,择优录用。因各种原因不适宜继续从事少年儿童图书馆工作的,应予调出。

三、书刊的补充、整理、流通和保管

第七条 书刊资料是图书馆工作的基础。各级少年儿童图书馆(室)应根据国家对少年儿童培养教育的需要及当地的具体情况,确定采集书刊资料的原则,有计划地补充书刊资料,逐步形成有一定特色的藏书体系。

(一)市少年儿童图书馆

中文书刊:全国各少年儿童出版社的出版物,应尽全采集。其他类型出版社出版的有关书刊,也要有选择地入藏。

特种出版物和外文书刊:根据需要与可能酌情入藏。

连环画及低幼读物:以本市为主,外地出版的择优入藏。

要注意藏书的知识性、趣味性、教育性、实用性。

采购人员要加强调查研究,合理使用经费。对适于少年儿童阅读的报刊、丛书、多卷书和连续出版物要保证完整性和连续性。

(二)区、县少年儿童图书馆

应以少年儿童的实际需求为采集书刊的基本原则,有条件的馆(室)也应采集少年儿童工作者所需的书刊资料。

要注意藏书的知识性、趣味性、教育性、实用性。

采购人员要加强调查研究,合理使用经费,重点书刊,不重不漏。

第八条　新到书刊,应尽快登记,分编上架,投入流通。各级少年儿童图书馆(室)均应使用《中国图书馆图书分类法》和《文献著录总则》,进行图书分类和编目。

第九条　各级少年儿童图书馆均应设置读者目录和公务目录。公务目录根据需要可设分类、书名、著者三种目录,也可只设书名、分类两种目录;读者目录载体和形式上要尽量做到具有形象化、趣味性和吸引力,内容上要区别不同年龄阶段的特点,由简到繁,并有专人进行目录辅导,使少年儿童学会使用目录的本领,养成使用目录的习惯。

目录组织、目录管理要有专人负责,经常进行检查,保证书目相符。

第十条　各级少年儿童图书馆(室)应根据自己的不同情况和工作需要设置:(1)基本书库;(2)辅助书库;(3)保存书库(区、县少年儿童图书馆无保存任务);(4)特种书库(非印刷型出版物);(5)其他专门书库。

第十一条　各级少年儿童图书馆(室)的书刊流通工作,分为馆内阅览、外借(包括个人和集体)、馆际借阅和馆外流通4种方式。

市少年儿童图书馆应设学龄前儿童阅览室、小学生阅览室、中学生阅览室、家长和儿童工作者阅览室、资料参考室、视听室、辅导活动室、学习讲座室、报告厅等;图书外借应设小学生借书处,中学生借书处,教师、家长及少年儿童工作者借书处,集体单位借书处和连环画借书处等。

区、县少年儿童图书馆应根据条件设置阅览室、外借处、活动室等。

市、区、县少年儿童图书馆在搞好馆内借阅的同时,还应在幼儿园、学校、街道建立图书流通站,利用流动书车或书箱,开展送书上门活动,主动热情地为广大少年儿童服务。

各级少年儿童图书馆(室)应积极创造条件,实行开架借阅,简便领证、借阅手续;延长开馆时间,平时每周不少于32小时,寒、暑假期不少于48小时。如需闭馆或变更时间,需报上级主管部门批准,并事先告知读者。

第十二条　各级少年儿童图书馆(室)要认真做好阅读指导工作。

(一)运用多种形式,向少年儿童宣传推荐内容健康、生动有趣、富有知识性、教育性的优秀书刊。

(二)组织和引导少年儿童多读书、读好书,明确读书目的,掌握正确的阅读方法。

(三)帮助和培养读者正确认识图书馆,全面了解图书馆,熟练利用图书馆。

第十三条　各级少年儿童图书馆(室)应根据中央和出版部门的通知,及时对某些书刊采取停借、封存、上交和销毁,并报上级主管部门备案;不得自立标准,也不得对书刊作涂、改、剪、贴、撕等技术处理。

第十四条　各级少年儿童图书馆（室）必须建立健全各项管理制度，切实做好防尘、防潮、防火、防盗、防虫、修补、提存和注销工作。书刊出库（包括馆内人员借阅）必须办理出库手续。如因工作人员失职造成严重损失者，应视情节轻重给予批评教育或行政处分。

要特别加强对少年儿童爱护图书的教育，对于破坏借阅制度和毁坏图书的少年儿童，要分别情况给予批评教育、赔偿损失的处理。

保存本、工具书以及不能借出馆外的珍贵书刊资料，一般只在限定的范围和地点阅览或提供复制条件，特殊情况需要借出馆外的，要经馆长批准。

四、参考咨询工作

第十五条　少年儿童图书馆的参考咨询工作，应紧密围绕少年儿童的阅读需要进行，其主要任务是：

（一）根据少年儿童的阅读需要，编制专题书目索引，揭示馆藏，向他们系统地提供有关科学、文化学习资料。

（二）解答少年儿童各种知识性咨询。

（三）为少年儿童工作者的教育、教学和研究工作编制专题书目索引，提供有关参考资料。

参考咨询人员应具有一定的科学文化知识，熟悉馆藏，了解读者，善于使用工具书查阅各种资料，并具有主动热情为读者服务的精神。

五、研究辅导和馆际协作

第十六条　各级少年儿童图书馆（室）要坚持层层辅导的原则（目前，区、县少年儿童图书馆因条件所限，中学馆暂由区、县馆辅导，小学馆由区、县少儿图书馆辅导），并在业务上加强联系，密切协作，定期组织活动，研究探讨工作中的重大问题，并积极努力组成为广大少年儿童服务的图书馆协作网。

六、工作人员职责

第十七条　少年儿童图书馆的工作人员，必须认真学习马列主义、毛泽东思想，学习党和国家的各项方针政策，坚持四项基本原则，树立全心全意为人民服务的思想。同时，还要努力钻研业务，丰富科学文化知识，提高业务素质和工作技能。

条件成熟的少年儿童图书馆，经有关部门批准，可逐步试行馆长负责制，建立在馆长领导下的馆务会议制度，研究全馆重大问题，制定全馆规划和工作计划，执行经费预算，对工作人员实行奖惩和专业职务聘任。副馆长协助馆长完成各项任务。部、组干部按照业务分工，领导和完成本部门的各项工作，不得脱产。工作人员要实行岗位责任制，明确职责范围，规定完成任务的数量和质量的要求，并进行定期检查。

第十八条　少年儿童图书馆的专业人员，要力求稳定，一般不要随意调动和不要抽调他们从事与图书馆业务无关的工作。

七、经费

第十九条　区、县少年儿童图书馆应列入当地文化事业的发展规划，保证图书馆的必要经费。各馆的购书费，应不少于总经费的30%，活动费不少于10%。

第二十条　各级少年儿童图书馆（室）应根据本《条例》的精神，结合本馆的实际情况，制定各项具体规章制度，经主管部门批准后实施。

天津市教育委员会关于印发《关于加强天津市中小学图书馆（室）建设和管理工作的若干意见》的通知①

（2010 年 11 月 15 日　津教委〔2010〕151 号）

各区县教育局、市教委直属中小学：

为贯彻落实《国家中长期教育改革和发展规划纲要（2010—2020 年）》，促进我市义务教育现代化建设，确保"图书配送工程"顺利实施，充分发挥中小学图书馆在全面推进素质教育进程中的作用，根据教育部颁发《中小学图书馆（室）规程（修订）》（教基〔2003〕5 号）的要求，结合近年来我市中小学图书馆事业的发展趋势，现将经讨论研究制定的《关于加强天津市中小学图书馆（室）建设和管理工作的若干意见》印发给你们，请认真遵照执行。

一、各区县教育局要充分认识贯彻落实《中小学图书馆（室）规程（修订）》的重要意义，将中小学图书馆（室）（以下简称图书馆）的建设和管理工作作为学校现代化建设的重要组成部分，加强对中小学图书馆工作的领导，结合实际，制定贯彻落实《细则》（附件）的具体意见和办法，努力把中小学图书馆的规范化、科学化管理推向新水平。

二、进一步加大对中小学图书馆建设的经费投入。各区县要在每年的教育经费中按一定比例设立图书专项经费，保证中小学图书馆建设和补充图书资料的需要。同时积极争取企业、社会团体和公民个人对中小学图书馆建设的捐助，提倡多渠道筹措经费办好中小学图书馆。

三、加快中小学图书馆的信息化建设步伐，使图书馆为学校师生开展教研工作和学习活动提供优质充分的教育资源。加强中小学图书馆管理工作的信息化建设，实现图书的登录、分类、著录、检索、借阅等工作的信息化管理；加强数字图书馆建设，以区县教育部门网络中心为依托，建设数字图书资源中心，充分利用网络环境实现资源共享。

四、进一步加强中小学图书管理队伍的建设。一方面要采取切实措施，改善图书馆工作人员的待遇，维护他们的合法权益，解决好专业技术职务聘任等问题，保证队伍的稳定；另一方面要提高队伍素质，重视和加强工作人员的培训提高工作。

五、各级教育行政部门要采取有力措施，在图书的政府采购工作中，严把质量关，杜绝盗版和质量低劣、价格过高的图书流入学校图书馆。任何单位和个人不得强制要求学校配备各类图书。

六、注重发挥图书馆的使用效益。各区县要采取有效措施，积极开展各种读书活动，鼓励中小学图书馆对社区、学生业余时间开放，提高图书的借阅率、使用率，充分发挥中小学图书馆的使用效益。

七、各区县教育局要加强对中小学图书馆管理工作和建设工作的检查指导，并将其列为对中小学校综合督导评估的一项重要内容。市教委对各区县执行《意见》的情况，将不定期进行督查。

---

① 该文件原文来自"律商网"数据库，检索日期：2013 年 7 月 30 日。

河北省

关于进一步做好我省少数民族古籍编纂工作的通知①

（2004 年 3 月 9 日　冀民宗字〔2004〕36 号）

各市民宗局、文化局、档案局：

我国是一个统一的多民族国家,在长期的历史发展进程中,各民族都创造和积累了丰富多彩的传统历史文化,留下了涵载这些历史文化卷帙浩繁的古籍文献和口碑古籍。这些古籍生动而真实地记录了各少数民族的历史发展进程,为我们今天研究各民族的历史源流、文化风貌和发展历程提供了宝贵的资料。做好少数民族古籍挖掘整理工作,有利于增强民族自信心和民族自豪感,对加强民族团结,维护祖国统一,提高全民族文化素质具有深远的历史意义和重大的现实意义。

我省是民族工作大省,有近 300 万少数民族人口,55 个少数民族,其中满族、回族、蒙古族、朝鲜族为世居少数民族。民族古籍尤其是满族、回族古籍数量多,内容丰富。这些古籍大多保存在地方图书馆、档案馆和文保部门。1995 年,报经省政府批准,我省成立了由省民宗厅、省文化厅和省档案局组成的民族古籍工作协调领导小组,办公室设在省民族宗教厅文教处。近十年来,在协调小组领导下,在各市民族、文化、档案工作部门密切配合与协作下,我省民族古籍挖掘整理和编纂工作取得了很大成绩,但是,与国家的要求还有一定差距。为确保按时、保质保量完成我省民族古籍工作任务,特通知如下：

一、增强责任感、使命感。少数民族古籍挖掘整理和编纂工作,既是民族工作的一部分,也是文化工作、档案工作的一项重要内容。由于民族古籍工作有着特殊的政治意义,各部门一定要增强使命感和责任意识,在本部门各项工作中把民族古籍工作作为一项重要内容给予特殊重视,规划好、落实好。

二、加强部门协作。民族工作部门对少数民族的历史和现状比较了解,要发挥这方面优势,在少数民族传统文化挖掘整理方面当主角,同时文化、档案工作部门要积极、主动地做好协调工作,发挥文化资源方面的优势,实现优势互补,实现部门间文化资源共享,为当地文化社会事业发展做出积极贡献。

三、加强组织领导。今年省里决定成立省民族古籍编纂工作专家指导小组,负责对各市民族古籍的挖掘整理及编纂工作进行督促检查和指导帮助。根据我省实际情况,省里不再要求各市成立相应的机构,但是要指定专人负责此项工作。各市要从现在开始到 6 月底,利用三个多月的时间,在以前的工作基础上,积极协调当地图书馆、档案馆等有关单位,对民族古籍进行再挖掘、再整理。下半年,省专家指导小组将同各市一起,按照 114 号文件所规定的体例、格式等进行民族古籍内容提要的编纂工作,力争到年底,圆满完成《总目提要》满族卷和回族卷的编纂工作。

---

① 该文件原文来自河北省人民政府网站（http://www.hebei.gov.cn/）,检索日期:2013 年 7 月 30 日。

关于印发《河北省古籍普查工作方案》和
《河北省古籍保护试点工作方案》的通知①

（2007 年 11 月 8 日 冀文社字〔2007〕35 号）

各市文化局、省图书馆：

为贯彻落实《国务院办公厅关于进一步加强古籍保护工作的意见》（国办发〔2007〕6号）精神，全面了解我省现存古籍保护的现状，探索古籍保护工作经验，为积极、稳妥地在全省推进古籍保护工作打好基础，经省古籍保护工作厅际联席会议成员单位同意，现将《河北省古籍普查工作方案》和《河北省古籍保护试点工作方案》印发给你们，请认真贯彻执行。

特此通知

附件：1.《河北省古籍普查工作方案》

2.《河北省古籍保护试点工作方案》

附件1：河北省古籍普查工作方案

河北历史悠久，文化典籍丰富。加强古籍保护工作，对促进文化传承、延续传统文化、联结民族情感、弘扬民族精神具有深远的意义。为了解我省现存古籍保存保护的现状，加强对古籍的保护和管理，根据《国务院办公厅关于进一步加强古籍保护工作的意见》（国办发〔2007〕6 号）以及全国古籍保护工作会议和全国古籍保护工作试点工作会议精神和要求，从2007 年开始，在全省范围内组织开展古籍普查工作，目的是全面了解和掌握各级图书馆、博物馆等单位及民间所藏古籍情况，建立河北省古籍综合信息数据库，形成河北省古籍联合目录。同时，将普查数据汇总、上报国家古籍保护中心。在此基础上，有重点、有针对性地开展我省的古籍保护工作。

古籍普查是古籍保护的基础性工作，是古籍抢救、保护与利用工作的重要环节。这次古籍普查是建国以来在全省范围内进行的第一次全面深入的调查，各有关部门和单位应给予高度重视，认真组织，积极开展工作。为做好此次古籍普查工作，特制订如下方案：

一、普查范围

河北省古籍普查范围包括我省境内的各级公共图书馆、文博单位图书馆（藏书楼）、高等院校图书馆及院系资料室、机关和事业单位图书馆、宗教单位图书馆（藏经阁）等，以及个人或私人收藏机构。

古籍普查对象为汉文和少数民族文字古籍，其他特种文献，如甲骨、简牍、帛书、金石拓片、舆图等，暂不列入这次普查范围。

所普查古籍，指 1912 年以前书写或印刷的，以中国古典装帧形式存在，具有重要历史、思想和文化价值的珍贵古籍。少数民族文字古籍和河北地方文献可视具体情况适当放宽。

二、普查内容与执行标准

古籍普查内容主要包括：古籍基本信息、古籍破损信息和古籍保存状况信息等。

---

① 该文件原文来自河北省人民政府网站（http://www.hebei.gov.cn/），检索日期：2013 年 7 月 30 日。

古籍普查执行标准:《古籍定级标准》(WH/T 20—2006)、《古籍普查规范》(WH/T 21—2006)、《古籍特藏破损定级标准》(WH/T 22—2006)、《古籍修复技术规范与质量要求》(WH/T 23—2006)、《图书馆古籍特藏书库基本要求》(WH/T 24—2006)等。其中汉文古籍的定级,依据《古籍定级标准》执行;少数民族文字古籍的定级依据国家民族事务委员会制定颁布的标准执行。

三、工作机构与任务分工

全省古籍普查工作由河北省古籍保护工作厅际联席会议统筹规划,由省文化厅领导实施。设立专家委员会,聘任有关专家负责珍贵古籍的定级审核和普查咨询工作。省图书馆设河北省古籍保护中心,为全省普查登记中心和培训中心,负责全省古籍普查登记工作和培训工作,按统一标准和教材培训普查人员,汇总古籍普查结果,建立河北省古籍综合信息数据库,形成河北省古籍联合目录,组织专家对古籍普查数据进行审核、定级、并汇总上报至国家古籍普查中心。

古籍藏量较大的设区市,可成立古籍保护市级分中心,在省古籍保护中心的统一规划指导下,开展本市古籍普查和登记工作,并将数据报送省古籍保护中心。

文化系统以外的各部门可按照全省古籍普查工作的统一部署,自行安排本系统各有关单位的古籍普查和登记工作,并将数据报送省古籍保护中心。

民间收藏的古籍,可到省古籍保护中心进行登记、定级、著录。

四、工作步骤

第一阶段:2007年9月—10月,召开全省古籍保护工作厅际联席会议,组建古籍普查相关机构,省古籍保护中心挂牌并正式启动普查工作,开展古籍的初步调查和摸底工作,同时确定古籍普查试点单位。

第二阶段:2007年11月—2009年7月,进行古籍普查人员的培训,开始对一、二级古籍进行普查,建立全省古籍保护网和全省古籍综合信息数据库等工作。到2009年7月底前,初步掌握现存一、二级古籍状况,并将普查数据汇总、审核,并上报国家古籍保护中心。同时,分批次发布《河北省珍贵古籍名录》及《河北省古籍重点保护单位名录》。

第三阶段:2009年8月—2010年底,开展二级以下古籍普查工作,汇总古籍普查成果,在逐步形成《河北省古籍联合目录》的基础上,将普查数据汇总、审核,并上报国家古籍保护中心。

五、普查流程

古籍收藏单位填写表格并校对后,汇总后提交河北省古籍保护中心。河北省古籍保护中心对收藏单位提交的数据进行审校、汇总,对古籍进行定级,制作成规范的数据格式文档,建立河北省古籍综合信息数据库,形成河北省古籍联合目录,并将有关数据提交国家古籍保护中心。专家委员会协助河北省古籍保护中心进行数据审核、古籍定级工作。

普查登记采用纸本表格或电子表格,该表按照国家古籍保护中心的统一要求,由河北省古籍保护中心制作分发。

六、工作要求

这次古籍普查作为我省第一次大规模的古籍普查,对全面、准确地掌握我省古籍的数量、价值、分布、保存状况等基本情况,有针对性、有计划地开展古籍保护工作意义重大。各有关部门一定要充分认识古籍普查工作的重要性,增强责任感,积极开展普查宣传,广泛动员和组织有关方面力量,健全机制,配备人员和设备,建立数据质量控制岗位责任制和工作细则,严格按标准和程序开展普查登记工作,提交普查数据。省级普查机构可对基层的普查数据采取随机抽样与重点抽查相结合的方法进行质量检查。同时,集中各地优秀师资力量、专家力量参与、指导培训工作。各级财政部门要对本地区古籍普查、修复、出版及数字化等工作给予必要的资金支持。鼓励、积极吸纳社会资金参与、支持古籍保护工作,使这项工作开展得全面、准确。

附件2:河北省古籍保护试点工作方案

为贯彻落实《国务院办公厅关于进一步加强古籍保护工作的意见》(国办发〔2007〕6号)精神,使中华古籍保护计划在我省顺利实施,我省将从各系统的古籍收藏单位中选择一批古籍普查试点单位,作为全面开展河北省古籍保护计划的第一步,从而摸索出不同层面的古籍保护工作经验,为积极、稳妥地在全省范围内推进古籍保护工作打好基础。

一、试点工作的时间

河北省古籍保护试点工作自2007年11月开始,至2008年10月结束,历时一年。

二、试点工作的任务

(一)通过普查工作摸清所藏古籍家底,掌握各试点单位古籍的生存状况,编制出本单位的古籍目录,并及时将普查结果上报省古籍保护中心。在此基础上,探索在不同条件下开展古籍普查和保护工作的方法,取得有价值的经验后及时推广。

(二)各试点单位根据普查进程,及时分析普查结果,在区分藏品不同等级的基础上,对古籍实行分级保护,并提出符合当地特点的修复及保护计划。

(三)各试点单位的古籍修复须首先提出计划和方案,报河北省古籍保护中心备案,在涉及到一、二级古籍,其修复方案和修复人员须经省古籍保护中心报请国家古籍保护中心批准。必要时一级藏品送省中心或国家中心修复,以免造成破坏性修复。

(四)对于古籍库房内部环境不符合藏品需求的,消防等外部环境不合格的,古籍收藏单位应及时向上逐级汇报,提出整改建议,申报改造计划,避免灾害隐患。

(五)对于库房条件过差和库房管理严重不合格的单位,根据藏品等级,必要时寄存到上级收藏单位或其他收藏条件好的单位,藏品归属权不变,待库房的改进经专业人员认定符合藏品需要后,藏品方可归回。

三、试点工作的要求

(一)深入调研。河北省古籍保护中心要深入开展各种形式的调查研究工作,摸清情况,认真研究试点工作的重点、难点问题,并有针对性地研究解决。

(二)落实经费。对列为古籍保护试点工作的单位,省财政将根据藏量、所在地区经济状况、工作进程和成果等因素给予一定的经费补贴。补贴仅可用于与古籍保护计划有关的各项工作,不得挪用。

(三)人员培训。对被列为试点的古籍收藏单位,应在古籍整理研究及保管、修复人才的培养方面加大培训力度,以保证古籍保护计划高质量地实施。

(四)加强组织协调,健全组织机制。各主管部门要担负起试点工作的组织与协调任务,落实工作班子和人员,安排部署好试点工作的各项任务。同时调动社会各方面的力量参与,通过精心策划和实施,制定出符合实际、目标明确、任务具体的试点工作方案,发挥试点的示范和引导带动作用。

(五)加强信息沟通。各试点单位和管理部门要积极与省古籍保护中心及时沟通,及时反映本地区试点工作的进展情况。各试点单位之间也应经常交流,研究探讨工作中的问题。省古籍保护中心将以简报形式陆续通报各试点单位的工作进展情况。

(六)古籍保护工作试点单位要与省古籍保护中心签订责任书,并在试点工作完成后完成总结报告。

四、试点单位

河北省古籍保护工作试点单位由河北省古籍保护工作厅际联席会议成员单位同意,共8家,名单如下:

河北省图书馆

石家庄市图书馆

保定市图书馆

河北大学图书馆

河北师大图书馆

武安市图书馆

河北省博物馆

唐山市丰润区文管所(全国试点单位)

关于印发《河北省珍贵古籍名录申报评审暂行办法》和《河北省古籍重点保护单位申报评定暂行办法》的通知①

(2007 年 11 月 8 日　冀文社字〔2007〕36 号)

各市文化局、省图书馆:

为贯彻落实《国务院办公厅关于进一步加强古籍保护工作的意见》(国办发〔2007〕6号)精神,逐步建立我省珍贵古籍名录制度,加强对古籍的保护和管理,经省古籍保护工作厅际联席会议成员单位同意,现将《〈河北省珍贵古籍名录〉申报评审暂行办法》和《"河北省古籍重点保护单位"申报评定暂行办法》印发给你们,请认真贯彻执行。

特此通知。

附件:1.《〈河北省珍贵古籍名录〉申报评审暂行办法》

2.《"河北省古籍重点保护单位"申报评定暂行办法》

《河北省珍贵古籍名录》申报评审暂行办法

第一条　为加强对珍贵古籍的保护工作,建立《河北省珍贵古籍名录》,根据《中华人民共和国宪法》、《中华人民共和国文物保护法》及其他相关法律、法规的规定,制定本办法。

第二条　建立《河北省珍贵古籍名录》的目的是建立河北省完备的珍贵古籍档案,确保珍贵古籍的安全,推动古籍保护工作,提高公民的古籍保护意识。

---

① 该文件原文来自河北省人民政府网站(http://www.hebei.gov.cn/),检索日期:2013 年 7 月 30 日。

　　第三条　省文化厅负责组织《河北省珍贵古籍名录》申报评审工作。文化厅设立专家委员会,负责《河北省珍贵古籍名录》的评审工作。

　　第四条　《河北省珍贵古籍名录》的主要收录范围是1912年以前书写或印刷的,以中国古典装帧形式存在,具有重要历史、思想和文化价值的珍贵古籍。少数民族文字古籍可视具体情况适当放宽。

　　第五条　河北省珍贵古籍的评选标准,原则上与《古籍定级标准》所规定的一、二、三级古籍的评定标准相同,即河北省珍贵古籍原则上从一、二、三级古籍内选定。

　　第六条　申报及评审程序:

　　(一)由古籍收藏单位和个人按照省文化厅制定的统一格式,通过主管行政部门向河北省文化厅提交《河北省珍贵古籍名录》申报书。

　　(二)河北省文化厅对所申报古籍进行汇总、审核,并将合格的申报材料提交专家委员会。

　　(三)专家委员会根据评审标准进行评审,提出河北省珍贵古籍推荐名录,提交厅际联席会议办公室。

　　(四)厅际联席会议根据专家委员会的评审意见,拟定入选河北省珍贵古籍名录,报省政府批准后公布。

　　第七条　《河北省珍贵古籍名录》的申报评审工作根据情况不定期开展。每次申报评审时间由文化厅确定并印发相关通知。

　　第八条　本暂行办法由省文化厅负责解释。

　　第九条　本暂行办法自发布之日起施行。

"河北省古籍重点保护单位"申报评定暂行办法

　　第一条　为进一步加强对我省古籍的保护和管理,建立"河北省古籍重点保护单位"申报评定制度,根据《中华人民共和国宪法》、《中华人民共和国文物保护法》及其他相关法律、法规的规定,制定本办法。

　　第二条　评定"河北省古籍重点保护单位"的目的是加强对古籍保护工作的管理,推动各古籍收藏单位改善古籍保护条件,提高古籍保护工作水平,促进我省古籍保护工作健康、持续开展。

　　第三条　文化厅负责组织"河北省古籍重点保护单位"申报评定工作。文化厅设立专家委员会,负责"全省古籍重点保护单位"的评审工作。

　　第四条　"河北省古籍重点保护单位"的评选范围包括全省范围内的各类型图书馆、博物馆等古籍收藏单位。

　　第五条　"河北省古籍重点保护单位"评选标准如下:

　　(一)收藏古籍的数量一般在5万册件以上,或收藏古籍善本数量在1000册件以上者可参加河北省古籍重点保护单位的申报,藏有一级古籍或二级甲等、乙等古籍者也可申报;

　　(二)有古籍专用书库;

　　(三)有专门的古籍保护机构和工作人员,管理制度健全;

　　(四)有专项古籍保护经费。

　　第六条　申报及评定程序:

（一）各图书馆、博物馆等古籍收藏单位,通过主管行政部门向河北省文化厅提出"河北省古籍重点保护单位"申请。

（二）"河北省古籍重点保护单位"申报单位须按照省文化厅制定的统一格式,提交申请报告、申报说明书、古籍保护计划及其他说明材料。

（三）省文化厅对所申报单位的材料进行汇总、筛选、审核,并将合格的申报材料送专家委员会评审。

（四）专家委员会根据评选标准进行评审,提出"河北省古籍重点保护单位"推荐名单,提交省文化厅。

（五）省文化厅通过媒体对"河北省古籍重点保护单位"推荐名单进行社会公示,公示期30天。

（六）省文化厅根据专家委员会的评审意见和公示结果,拟订"河北省古籍重点保护单位"名单,经厅际联席会议审核同意后,报请省政府批准、公布。

第七条 "河北省古籍重点保护单位"要按年度向省文化厅提交古籍保护情况报告。省文化厅每两年一次组织专家对"河北省古籍重点保护单位"进行评估、检查,对未履行保护承诺、出现不良后果的单位,视不同程度给予警告、严重警告直至除名和摘牌处理。

第八条 本暂行办法由省文化厅负责解释。

第九条 本暂行办法自发布之日起施行。

河北省文化厅关于进一步加强全省古籍保护工作的意见①

（2008 年 4 月 3 日　冀文字〔2008〕23 号）

各设区市人民政府,各县(市、区)人民政府,省政府各有关部门:

河北省拥有卷帙浩繁的古代文献典籍,这些古籍是燕赵大地各民族的宝贵精神财富。近年来,在省委、省政府的高度重视下,在各地、各有关部门和全社会的共同努力下,全省古籍保护工作取得了显著成绩。但是,也应清醒地看到,当前我省古籍保护工作还面临许多问题,形势严峻。为抢救、保护我省珍贵古籍,继承和弘扬优秀传统文化,推动社会主义先进文化和和谐社会建设,根据《中华人民共和国文物保护法》和《国务院关于加强文化遗产保护的通知》(国发〔2005〕42 号)、《国家"十一五"时期文化发展规划纲要》(中办发〔2006〕24 号)和《国务院办公厅关于进一步加强古籍保护工作的意见》(国办发〔2007〕6 号)精神,经省政府同意,现就进一步加强全省古籍保护工作提出以下意见:

一、充分认识古籍保护工作的重要性和紧迫性

古代文献典籍是中华民族在数千年历史发展过程中创造的重要文明成果,蕴含着中华民族特有的精神价值、思维方式和想象力、创造力,是中华文明绵延数千年,一脉相承的历史见证,也是人类文明的瑰宝。古籍具有不可再生性,保护好这些古籍,对促进文化传承、联结民族情感、弘扬民族精神具有重要作用。同时,加强古籍保护工作,也是建设社会主义先进文化,贯彻落实科学发展观和构建社会主义和谐社会的客观要求。

---

① 该文件原文来自《中国图书馆年鉴 2009》(詹福瑞,2009),原文页次:584—586。

由于诸多原因,当前我省古籍保护存在不少突出问题,如现存古籍底数不清,古籍老化、破损严重;古籍修复手段落后,保护和修复人才匮乏,大量珍贵古籍流失。因此,加强古籍保护刻不容缓。各级人民政府和有关部门要从对国家和历史负责的高度,充分认识保护古籍的重要性,进一步增强责任感和紧迫感,切实做好古籍保护工作。

二、加强古籍保护工作的指导思想、基本方针和总体目标

(一)指导思想。坚持以邓小平理论和"三个代表"重要思想为指导,全面贯彻和落实科学发展观,加大古籍保护工作力度,建立科学有效的古籍保护制度,提高全社会的古籍保护意识,充分发挥古籍在传承中华文化,提高人民群众思想道德素质和科学文化素质,增强民族凝聚力,促进社会主义先进文化建设中的重要作用。

(二)基本方针。贯彻"保护为主、抢救第一、合理利用、加强管理"的方针。坚持依法保护和科学保护的原则,正确处理古籍保护与利用的关系,统筹规划、分类指导、突出重点、分步实施。

(三)主要任务和基本目标。对全省公共图书馆、博物馆和教育、宗教、民族、文物等系统的古籍收藏和保护状况进行全面普查,建立河北省古籍联合目录和古籍数字资源库;实现古籍分级保护,申报《国家珍贵古籍名录》,建立《河北省珍贵古籍名录》;完成一批古籍书库的标准化建设,申报"全国古籍重点保护单位",命名"河北省古籍重点保护单位";加强古籍修复工作,培养一批具有较高水平的古籍保护专业人员。通过努力,逐步形成完善的古籍保护工作体系,使全省古籍得到全面保护。

三、突出重点,科学规范地开展古籍保护工作

(一)统一部署,全面开展古籍普查登记工作。从2007年开始,用3到5年时间,在全省范围内组织开展古籍普查登记工作,全面了解和掌握各级图书馆、博物馆等单位及民间所藏古籍情况。对登记的古籍进行详细清点和编目整理,并依据有关标准进行定级。在省文化厅领导下,河北省图书馆负责全省古籍普查登记工作,各市级图书馆负责本地区古籍普查登记工作。教育、宗教、民族、档案、文物等部门根据实际情况,制订本系统古籍普查实施方案。民间收藏的古籍可到所在地的市、县级图书馆进行登记、定级、著录。河北省图书馆负责汇总古籍普查成果,建立河北省古籍综合信息数据库,形成全省古籍联合目录。

(二)建立《河北省珍贵古籍名录》,逐步形成完善的古籍保护制度。统筹规划,加强对珍贵古籍的重点保护,并以此带动古籍保护工作的有序开展。建立《河北省珍贵古籍名录》,经省政府批准后公布。同时,积极申报《国家珍贵古籍名录》。对列入《国家珍贵古籍名录》和《河北省珍贵古籍名录》的古籍,收藏单位要按照有关要求,完善保护措施,切实做好保护工作。

古籍藏量大的市也可建立市级珍贵古籍名录,并采取相应保护措施,加大保护力度。

(三)改善古籍保管条件,命名全省古籍重点保护单位。认真贯彻落实全国古籍书库的建设标准和技术标准,改善古籍保管条件,完善古籍安全措施,保障古籍安全。对古籍收藏量大、善本多、具备一定保护条件的单位,在申报全国古籍重点保护单位的同时,经省政府批准,命名河北省古籍重点保护单位,并作为财政投入和保护的重点。对列入全国古籍重点保护单位和河北省古籍重点保护单位,要定期进行评估、检查。各市也可根据实际情况命名市级古籍重点保护单位。

(四)加快推进古籍修复工作,提高古籍修复水平。集中资金,有计划地对破损古籍进行修复,重点抓好列入《国家珍贵古籍名录》《河北省珍贵古籍名录》和濒危古籍的修复工作。各古籍收藏单位要建立修复档案,按照有关技术标准和规范对古籍进行修复,确保修复质量。要将传统修复技艺与现代技术相结合,充分吸收国外先进技术和经验,提高古籍修复水平。

(五)进一步加强古籍的整理、出版和研究利用。制订古籍数字化标准,规范古籍数字化工作,建立古籍数字资源库。利用现代印刷技术,推进古籍影印出版工作。积极采用缩微技术复制、抢救珍贵古籍。要整合现有资源,建立面向公众的古籍门户网站。要采取有效措施,向社会和公众开放古籍资源,发挥古籍应有的作用。

四、加强领导,协同配合,共同做好古籍保护工作

(一)建立古籍保护工作协调机制。建立由省文化厅牵头,省发改委、省财政厅、省教育厅、省科技厅、省民族宗教厅、省新闻出版局、省档案局、省文物局等部门组成的河北省古籍保护工作厅际联席会议,联席会议办公室设在省文化厅。厅际联席会议各成员单位要按照现有职能分工,认真履行职责,密切配合,共同做好古籍保护工作。各市也要建立相应的工作机制,组织实施本地区的古籍保护工作。各级人民政府要将古籍保护作为文化遗产保护工作的重要内容,明确工作目标和任务,认真落实保护措施,建立健全古籍保护责任制度和责任追究制度。要充分发挥专家在古籍修复、保护、研究等方面的作用,推进古籍保护工作的有效开展。

(二)加大古籍保护资金投入。各级财政部门要对本地区古籍普查、修复、出版及数字化等工作给予必要的资金支持。要制定鼓励政策,积极吸纳社会资金参与、支持古籍保护工作。

(三)加强古籍保护人才培养。有关部门要制订规划,多渠道、分层次培养古籍保护人才。认真执行古籍修复机构资格准入与修复人员资格认证制度。鼓励省内有条件的高等院校设置古籍保护和修复专业,培养一批技术精湛、素质较高的古籍修复人才。加强古籍保护工作人员的在职培训和少数民族古籍翻译、整理、出版、研究人才的培养。

(四)加大古籍市场监管力度。有关部门要依法规范古籍市场流通和经营行为,加强古籍销售、拍卖行为的审核备案工作,严厉打击盗窃、走私古籍等违法犯罪活动。要按照有关法规,加强对古籍出入境的审核、监管。

(五)加强对古籍保护的宣传。各级各类图书馆要积极开拓文化教育功能,通过讲座、展览、培训、研讨等形式宣传古籍保护知识,促进古籍利用和文化传播。广播电视、报刊、互联网等新闻媒体要加大古籍保护工作宣传力度,普及保护知识,展示保护成果,培养公众的保护意识,营造全社会共同保护古籍的良好氛围。

河北省文化厅关于成立河北省古籍保护工作专家委员会的通知①

(2009 年 11 月 30 日　冀文社字〔2009〕62 号)

为加强我省古籍保护工作的咨询、论证、评审和专业指导,促进全省古籍保护工作的顺

---

① 该文件原文来自河北省人民政府网站(http://www.hebei.gov.cn/),检索日期:2013 年 7 月 30 日。

利开展,根据工作需要和有关章程,成立河北省古籍保护工作专家委员会。现将有关事宜通知如下:

一、古籍保护专家委员会的职责

河北省古籍保护工作专家委员会是由省文化厅(全省古籍保护工作厅际联席会议办公室)领导下的古籍保护工作咨询机构,主要职责是就我省古籍保护规划、普查工作方案制定和实施、古籍定级及破损定级、省古籍重点保护单位的评审、珍贵古籍的评审及整理出版等事项做好相关的咨询。

二、古籍保护专家委员会的组成

省古籍保护工作专家委员会委员选聘标准是,全省各主要古籍收藏单位,或者政府主管部门以及文化、教育、出版等系统内从事古籍保护或相关管理工作,具有一定学术造诣、专长或突出业绩,并且热心古籍保护事业,具有严谨的科学精神和良好职业道德的专家学者。据此,省文化厅对全省主要古籍收藏单位,以及高校和科研机构从事古籍研究的专家学者和相关人员进行了广泛调研和全面了解,在多方征求意见和建议的基础上,参考了国家及兄弟省、市古籍保护工作专家委员会选聘办法,确定了省古籍保护工作专家委员会委员名单(附后)。

三、有关要求

专家委员会和各专家委员要在省文化厅(全省古籍保护工作厅际联席会议办公室)领导下,切实履行相关职责和义务,为全省古籍保护工作做出积极贡献。

河北省人民政府关于公布首批河北省珍贵古籍名录和首批河北省古籍重点保护单位名单的通知①

(2011 年 6 月 8 日　冀政函〔2011〕84 号)

各设区市人民政府,省政府有关部门:

现将首批河北省珍贵古籍(159 部)名录和首批河北省古籍重点保护单位(5 个)名单公布。全省各级各有关部门要认真贯彻"保护为主、抢救第一、合理利用、加强管理"的指导方针,认真总结经验,进一步做好珍贵古籍的保护、管理和合理利用工作。

附件一:首批《河北省珍贵古籍名录》名单(略)

附件二:首批河北省古籍重点保护单位名单

河北省图书馆

石家庄市图书馆

保定市图书馆

河北大学图书馆

河北师范大学图书馆

---

① 该文件原文来自河北省人民政府网站(http://www.hebei.gov.cn/),检索日期:2013 年 7 月 30 日。

山西省

山西省人民政府关于建立农村流动图书馆大力开展农村文化工作的指示①

(1951 年 10 月 30 日　教社会民字第 49 号)

指示:太原市府及各专、县人民政府

一九五○年十一月初,省府曾指示各地试建农村流动图书馆,截至现在,据不完全统计,全省已建立五百余处。其中绝大部分均已走向巩固,且发挥了很大的作用,极受群众欢迎。经验证明:在农村中建立小型图书馆,确是开展农村文化工作,活跃农村文化生活,提高农民文化科学水平与政治思想水平最好的方法之一,是非常适合农民群众的要求的,值得大大推广。因此,特作如下指示:

第一,冬季即将到来,我省农民将随着冬学运动的开展出现一个学习高潮。因此,各级政府文教部门应配合书店抓紧这一有利时机,展开大规模的通俗书画下乡运动,发动群众建立自己的小型图书馆。对已建立的则应加以整顿,使之巩固提高。今冬要求老区每一行政区至少建立和巩固三处,新区二处,打下一九五二年普遍发展的基础。

第二,由于农村工作基础的不同,今冬尚不能要求普遍建立,仍应以民校基础好、群众学习要求高、村干部积极负责等条件为建立图书馆的依据。对条件不够或落后的村子,则须首先加强宣传工作,启发干部群众的学习积极性,办好民校,俟条件成熟,群众要求建立时,再行建立。同时,要多和群众商量,启发群众"自己馆、自己办",并应注意团结党、团员、义教、文委等为骨干,切忌行政命令、包办代替等脱离群众的做法。

第三、经费、地点和管理人员等问题,都应由群众自己解决;但必须掌握真正自愿和民主两个原则。经费的来源,可根据当地具体情况,采取如下几种办法:(一)发动群众自愿捐助;(二)如村子里有公田,经村代表会通过,可以从公田生产中抽一部分;(三)群众真正自愿,经全体社员大会通过,村人民政府批准,亦可抽出村合作社的纯利益金百分之一、二,补充图书经费;(四)组织冬学学员,根据当地条件集体生产购置图书。至于管理图书人员,或在群众中选举,或在民校学员中选派,或与学校结合起来由年龄较大的学生轮流担任均可。人数以三人至五人为原则,可采取轮流值日的办法;同时要注意吸收妇女参加。过去有些村子成立图书馆时,慎重选出图书管理委员会,并举行成立大会与开馆仪式,此种做法,值得各地参考。

第四,图书馆建立后,应特别注意使之走向巩固,首先必须建立一定的制度、公约或规则,并能够坚持下去。在定制度或规定时,务必做到简单、明了,使群众好接受好执行,切忌长篇大论一大套,反而限制了群众的看书。管理人员不只要把书保管好,而且要组织和指导群众阅读,最要紧的是必须明确图书馆的服务对象,是工农劳动群众(在农村主要是农民)。

---

①　该文件原文来自"中国知网"数据库,检索日期:2013 年 9 月 5 日。

因此,选购图书时,应注意适合农民的口味,多购些农民喜见乐闻的大众通俗读物,如连环画、小人书、看图识字、通俗故事、小型剧本、自然科学常识、农业技术、卫生常识及有关时事政治和通俗的初级理论书籍与各项政策法令等。同时应不断增购新书,这样才能使图书馆工作走向巩固与提高。

第五,今后各级政府文教部门应把在农村中建立图书馆当作自己的任务之一,经常给以指导,不断进行检查,组织经验交流,反对对农村文化工作放任自流的不负责态度。

各级政府接此指示后,应责成文教部门会同有关部门书店、文化馆等,进行研究,做出计划,认真推行。并希将研究布置情形及工作发展情况随时报省为要!

山西省县、市图书馆工作条例(草案)[①]

(1979 年 7 月 山西省文化局)

山西省人民政府办公厅关于转发省文化厅《山西省古籍普查实施方案》的通知[②]

(2007 年 5 月 31 日 晋政办发〔2007〕65 号)

各市、县人民政府,省人民政府有关部门:

省文化厅制订的《山西省古籍普查实施方案》已经人民政府同意,现转发给你们,请认真组织实施。

山西省古籍普查实施方案

根据《国务院办公厅关于进一步加强古籍保护工作的意见》(国办发〔2007〕6 号,以下简称《意见》)和《文化部关于发布〈古籍定级标准〉等 5 项行业标准的通知》(文教科发〔2006〕20 号)精神,为加强我省的古籍保护工作,制订山西省古籍普查实施方案如下:

一、普查工作机构

成立全省古籍保护工作厅际联席会议,厅际联席会议由省文化厅、省发展改革委、省财政厅、省教育厅、省科技厅、省民委、省新闻出版局、省宗教局、省文物局等部门组成,省文化厅牵头,进行统筹规划,组织实施。各成员单位按照各自的职责分工,密切合作,共同做好古籍保护工作。联席会议办公室设在省文化厅。

成立全省古籍保护工作专家委员会,具体负责珍贵古籍的定级审核和普查咨询工作。

成立山西省古籍保护中心,中心设在山西省图书馆,负责全省古籍普查登记工作和人员培训工作,按照统一标准和教材培训全省普查人员,指导古籍普查登记工作,审核、汇总古籍普查成果,组织专家委员会对善本古籍进行定级,建立山西省古籍综合信息数据库,形成山西省古籍联合目录。并负责向国家古籍保护中心上报普查数据,沟通相关工作事宜。

---

① 该文件原文缺,文件信息依据《中国图书馆百年纪事》(陈源蒸等,2004)224 页提供线索著录。

② 该文件原文来自"律商网"数据库,检索日期:2013 年 7 月 30 日。

全省各级各类图书馆、博物馆及各藏书机构作为具体的普查机构,按照统一要求,负责本馆或本地区本部门古籍普查登记工作,并向山西省古籍保护中心报送古籍普查报表。民间收藏的古籍,可直接到山西省图书馆进行登记、定级、著录。也可到所在市、县图书馆进行登记。各地要按照分级负责的原则,结合当地实际情况,建立机构,充分利用已有工作成果,因地制宜开展本地区的普查工作。

二、普查范围和内容

全省古籍普查范围包括全省各级公共图书馆、高校图书馆、科研单位图书馆、文博单位图书馆(藏书楼)、宗教单位图书馆(藏经阁)等;个人或私人收藏机构,也可以纳入普查范围。古籍普查对象为汉文古籍,金石拓片、舆图、简册等特种文献暂不列入这次普查范围。

古籍普查的主要内容包括:古籍基本信息、古籍破损信息和古籍保存状况信息等。古籍基本信息主要指古籍数据标识号、古籍书目信息(如书名、卷数、著者、版本、附注、分类、定级等)、书影等,一般以"部"为单位进行登记;古籍破损信息主要指古籍破损原因、程度、级次和修复需求建议等,一般以"部"为单位进行登记,破损记录应细化到"册";古籍保存状况信息主要是对古籍库房环境和管理状况的记录,一般以库房为单位进行统计。古籍普查还对收藏单位的基本状况进行调查。

为使古籍普查数据准确、统一,制作普查登记表,包括:《古籍登记表》(附件1)、《古籍破损登记表》(附件2)、《收藏单位古籍破损情况统计表》(附件3)、《收藏单位古籍保存环境调查表》(附件4)、《收藏单位基本情况调查表》(附件5)。

全国古籍普查工作的执行标准主要有《古籍定级标准》(WH/T 20—2006)、《古籍普查规范》(WH/T 21—2006)、《古籍特藏破损定级标准》(WH/T 22—2006)、《古籍修复技术规范与质量要求》(WH/T 23—2006)、《图书馆古籍特藏书库基本要求》(WH/T 24—2006)等。全省古籍普查工作执行以上标准。

三、普查步骤和方法

普查采取试点现行,循序推广的办法进行。先选取几个市、县图书馆或高校图书馆作为试点,尝试登记工作,并总结经验,循序推广。

按照《意见》要求和全国古籍保护工作会议的部署,2007年普查工作的重点是组建古籍普查相关机构,开展普查软件平台的研发工作,开展人员培训,开始对一、二级古籍进行普查,建立中华古籍保护网和中华古籍综合信息数据库等工作。从2008—2010年,开展二级及以下古籍普查工作,汇总古籍普查成果,逐步形成《中华古籍联合目录》。

普查流程:基层收藏单位填写表格并校对后,汇总提交到山西省图书馆。山西省图书馆对基层收藏单位提交的数据进行审校、汇总,对古籍进行定级,并制作成规范的数据格式文档,提交到国家图书馆。在这一过程中,专家委员会要对数据进行审核、把关。普查结果采用统一的纸本表格或电子表格登记,也可在普查网络平台上进行登记。

四、普查工作要求

全省古籍普查是古籍保护的基础性工作,各地、各有关部门和单位应给予高度重视,认真组织实施。

1. 全省各级普查机构应健全机制、配备普查人员和设备,制订工作细则,对普查工作各个环节实行全过程的质量控制,严格按标准和程序开展普查登记工作,提交普查数据。普查登记工作中,省古籍保护中心应对各普查单位的普查数据进行质量检查。

2. 认真做好人员培训工作,确保普查质量。为保证全省古籍普查工作的顺利开展,山西省图书馆和各市、县图书馆应尽快成立普查队伍。山西省图书馆还应承担起筹备、组织培训等工作。并结合我省的普查任务、人员素质情况、实际工作需要和面临的问题,有针对性地制订培训计划。普查培训应注意对普查人员进行工作责任心和专业知识等方面的培训、教育。集中全省优秀师资力量、专家力量参与、指导培训工作,切实提高培训质量。

3. 各级普查机构应科学、合理编制普查经费预算,将所需普查经费分年度纳入地方或部门预算,确保到位,以保证普查工作的正常开展。

附件:(略)

山西省人民政府办公厅关于公布山西省第一批省级古籍重点保护单位和山西省第一批省级珍贵古籍名录的通知①

(2009 年 9 月 4 日　晋政办发〔2009〕137 号)

各市、县人民政府,省人民政府各委、厅,各直属机构:

为加强对全省古籍保护工作的管理,提高古籍保护工作水平,促进全省古籍保护工作健康、持续开展,根据我省《省级古籍重点保护单位申报评审暂行办法》、《省级珍贵古籍名录申报评审暂行办法》规定,经山西省古籍保护专家组评审,并通过 30 天公示,现将山西省第一批省级古籍重点保护单位和山西省第一批省级珍贵古籍名录予以公布。

古代文献典籍是中华民族在数千年历史发展过程中创造的重要文明成果,蕴含着中华民族特有的精神价值、思维方式和想象力、创造力,是中华文明的历史见证,也是人类文明的瑰宝。加强古籍保护工作,是建设社会主义先进文化,贯彻落实科学发展观和构建社会主义和谐社会的客观要求。各地人民政府及有关单位要充分认识保护古籍的重要性,认真贯彻"保护为主、抢救第一、合理利用、加强管理"的方针,坚持依法保护和科学保护的原则,进一步增强责任感和紧迫感,切实做好古籍保护工作。

附件:1. 山西省第一批省级古籍重点保护单位名单(略)
　　　2. 山西省第一批省级珍贵古籍名录(略)

山西省人民政府办公厅关于向同级档案馆图书馆报送政府信息公开文件的通知②

(2011 年 10 月 25 日　晋政办发〔2011〕83 号)

各市、县人民政府,省人民政府各委、厅,各直属机构:

为建立公正透明的行政管理体制,保障公民、法人和其他组织的知情权、参与权和监督权,规范政府信息公开工作,推进依法行政,充分发挥政府信息对人民群众生产、生活和经济

---

① 该文件原文来自"北大法宝"数据库,检索日期:2013 年 7 月 30 日。
② 该文件原文来自"律商网"数据库,检索日期:2013 年 7 月 30 日。

社会活动的服务作用,依据《中华人民共和国政府信息公开条例》,省人民政府指定各地档案馆、图书馆为政府信息公开窗口及查阅场所,负责定期接收各级人民政府及其所属部门报送的公开信息,设立查阅场所、建立查阅目录体系、提供专人帮助指导服务以方便群众查阅利用。现就各地、各部门向同级档案馆、图书馆报送政府信息公开文件的有关事项通知如下:

一、报送机构

县级以上人民政府及其组成部门、直属特设机构、直属机构、部门管理机构、直属事业单位。

二、报送内容

(一)反映本单位机构、职能、工作程序等情况的:

1. 本机关职能、职责和法定权限;

2. 年度工作计划、目标,各项工作方案和措施;

3. 领导干部分工和机构职能划分;

4. 行政职权所依据的法律、法规、行政规章和规范性文件;

5. 收费罚款项目的依据、标准和收缴情况;

6. 行政处罚、行政复议的办理流程和时限;

7. 违规违纪的投诉以及责任追究情况;

8. 工作制度、工作纪律、办事程序、办事时限、办事标准、便民措施、服务承诺;

9. 群众关心的其他事项。

(二)反映职能活动情况的:

1. 规范性文件以及与经济、社会管理和公共服务相关的其他文件;

2. 经济和社会发展规划、专项规划、区域规划及其相关政策;

3. 影响公众人身和财产安全的疫情、灾情等突发事件的预报、发生及其处理情况;

4. 教育、扶贫、优抚、社保、劳动就业、住房、医疗等民生方面的政策、标准、条件及实施情况;

5. 土地征用、房屋拆迁的批准文件、补偿标准、安置方案和房地产交易等情况;

6. 重大城市基础设施建设项目的公开招标、中标情况及工程进度情况;

7. 政府的财政年度预算、决算及执行情况;

8. 政府重要专项资金、基金的使用情况;

9. 政府集中采购项目的目录、采购结果等情况;

10. 地区经济和社会发展统计信息;

11. 环境保护、公共卫生、安全生产、食品药品、产品质量的监督检查情况;

12. 社会公益事业建设计划以及实施情况;

13. 国有资产管理、处置情况;

14. 人口与计划生育政策的实施计划和落实情况;

15. 人大代表建议和意见的办理情况,政协委员提案的办理情况;

16. 劳动就业、养老保险、失业保险、医疗保险、工伤保险、生育保险、最低生活保障等劳动和社会保障工作的政策、规定、程序和落实情况;

17. 文化、教育发展计划,教育收费和大中专院校、中小学招生方案、条件、程序及录取情况;

18. 公务员招考、录用以及公开选任干部的条件、程序、结果等情况;

19. 有关行政许可的事项、依据、条件、数量、程序、期限以及申请需要提交的全部行政许可材料目录和办理情况;

20. 行政审批、行政事业性收费项目的依据、标准、程序和结果;

21. 涉及群众利益、群众普遍关注的其他信息。

报送单位同时应报送本机关的《政府信息公开指南》《政府信息公开目录》《政府信息公开年度报告》及与政府信息有关的政策汇编及其他公开、内部发行的出版物。

三、报送形式与时限

政府信息公开文件应在各单位信息正式公布之日起七个工作日内报送同级档案馆、图书馆,包括纸质正式文本两份,相应电子文本一份;特殊情况不能提供正式文本的,要以复印件代替,但必须在复印件上加盖报送单位公章。

四、报送要求

(一)地方各级人民政府、各部门应高度重视政府信息公开工作,成立相关机构或指定专门人员,负责政府信息公开文件报送的具体工作。

(二)建立健全本单位的政府信息公开文件的定期报送和责任制度,确保报送的政府信息不影响国家安全、公共安全、经济安全和社会稳定。

(三)政府信息公开文件应按照《山西省政府信息公开目录方案》中的编码体系标准和分类方法进行规范标引。

五、省级机关报送地址

(一)山西省档案局(馆)收集整理处

通信地址:太原市朝阳街 78 号

邮政编码:030045

联系电话:0351 - 4377463

(二)山西省图书馆地方文献部

通信地址:太原市解放南路文源巷 23 号

邮政编码:030001

联系电话:0351 - 4126431

陕西省

陕西省县(市)图书馆工作试行条例①

(1979 年 9 月 10 日　陕西省文化厅)

第一章　总则

第一条　县(市)图书馆是国家举办的综合性的公共图书馆,是科学文化教育事业的一

---

① 该文件原文来自《中华人民共和国现行文化法规汇编》(国务院法制局,1987),原文页次:621—626。

个重要组成部分,是当地藏书、目录和业务辅导工作的中心。

第二条 县(市)图书馆必须坚决贯彻执行图书馆工作的方针任务,通过书刊资料的流通,宣传马列主义、毛泽东思想,提高全民族的科学文化水平,为实现四个现代化,建设社会主义现代化强国服务。

第三条 县(市)馆服务的对象是当地党政机关、科研生产,文化教育部门和广大群众。县馆应主要做好为农业现代化的服务工作。

第四条 县(市)馆业务工作的主要内容:

1. 根据当地政治,经济、科学、文化教育事业的需要,积极采集书刊资料,以科学的方法进行分类编目和保管。

2. 开展书刊流通,加强阅读指导,解答读者咨询。

3. 对当地社队、事企业单位和学校的图书馆(室)进行业务辅导,以促进图书馆事业的蓬勃发展。

第二章 书刊的补充、整理和保管

第五条 书刊资料是图书馆工作的基础。县(市)馆应根据当地的客观实际需要,结合馆藏情况订出适当的收藏计划、有重点地补充入藏,逐步建立比较完整有地方特色的藏书体系。

在书刊采集工作中,要加强调查研究,避免重复和浪费,对重要的报刊、丛书、参考工具书、多卷书和其他连续性出版物要力求配齐,以保证藏书的完整性。

第六条 采集书刊的验收、盖章、打号、登记手续要健全。图书的分类编目工作应尽快进行,一般应在五天内和读者见面,凡积压图书应积极创造条件,尽快投入流通,丢损书刊要建立注销手续。

县(市)馆统一采用《中国图书馆图书分类法》和北京图书馆编的《著录条例》。

第七条 县(市)馆的目录以卡片为宜。读者应设分类目录,公务应设书名目录。有条件的馆,读者和公务目录均各设分类、书名两种。目录要经常检查补换,保持完整,达到书卡相符。

第八条 县(市)馆的书库一般应设置:

1. 基本藏书库(对读者全面开放的书)。

2. 报刊库(历年报刊合订本)。

3. 特藏库(古籍线装、革命文献、内部资料)等,对藏书要定期清点,建立健全书库管理制度,切实做好防火、防盗、防虫、防潮、防尘和对破损图书的修补工作。还回的图书要尽快归架。

第三章 书刊借阅

第九条 书刊借阅基本上分外借和内阅两种形式。

县(市)馆应首先办好综合性的阅览室。有条件的还可设置儿童、科技等阅览室。

外借分个人、集体和馆际互借。

为了防止图书大量丢失,需要时可试行在发放借书证时酌收保证金,退证时退还保证金。

第十条 为了搞好书刊流通工作,各馆应有计划的运用新书陈列、讲座、书评及编印新书目录等方式,向读者宣传推荐图书,辅导阅读。对珍贵画册及珍藏古籍,需经县(市)主管部门批准,只限在馆内阅览,个人借书凭借书证,机关单位因生产科研用书可凭介绍信,内阅杂志、画报和工具书凭有关证件。

第十一条　开馆时间应方便读者,有利于工作和生产,每周不得少于四十小时。对科研生产借书要给予方便。需要闭馆和变更开馆时间时,要报请文化主管部门批准,并事先通告读者。

第十二条　经常向读者宣传爱护图书,宣传有关规章制度,要加强图书的催还工作。外借图书逾期不还者,视其情况停借或收证,丢损书刊要按原价或加倍赔偿,馆内借书,也应按规定手续办理。

第十三条　县(市)馆除根据中央和国家出版局通知,对某些书刊停止公开借阅外,一律不得另立标准,任意封存、停阅图书;不得对书刊做涂、改、剪、贴、撕等技术处理。

第四章　咨询和业务辅导

第十四条　县(市)馆除一般借阅外,还应积极热情地解答读者因生产科研等方面提出的询问,耐心协助查阅有关资料,提供线索,满足读者正当要求。

第十五条　县(市)馆担负着对当地各种类型的图书馆(室)进行业务辅导的任务,帮助基层馆(室)培训干部和解决业务上存在的问题,定期召开一些会议,总结交流推广经验,开展馆际之间的协作,促进基层图书馆(室)的巩固和发展。

第十六条　县(市)馆应加强与省、地馆的联系,每年向当地文教局报送的计划总结、统计报表和典型材料,同时抄送省、地馆,业务工作中遇到的问题,可直接与省、地馆联系解决。

第五章　业务机构和人员编制

第十七条　县(市)馆实行党组织领导下的馆长负责制。馆长负责全面业务和行政工作,并亲自担任一定的具体业务工作,通过实际业务活动,增强领导能力。

第十八条　县(市)馆应按采编、借阅、业务辅导等项业务范围进行业务分工,按分工发挥业务职能作用,提倡一专多能,在明确分工的基础上进行协作。

第十九条　县(市)馆编制:小县三至五人;中县五至七人;大县七至九人。小中大县各以六、八、十万册藏书为基数,每增加两万册图书增加一名编制。

第二十条　图书馆工作人员要力求稳定,不要随意调动,不要轻易抽调他们去做与本行无关的工作,以利熟悉业务,积累经验。切实保证业务工作时间不少于六分之五。对工作表现很好、贡献突出的人员,应给予奖励,对严重失职、造成重大事故的,应给予适当处分。

图书馆工作人员必须具有高中同等文化水平,力求精干,并有一定的工作能力。不应当把图书馆当作安置闲杂人员的场所。

第二十一条　县(市)馆应设实习馆员、助理馆员和馆员,有条件的馆还应设实习研究员、助理研究员等,具体标准和考核办法另行制定。

第二十二条　县(市)馆直属县(市)文化行政部门领导。业务上受上一级图书馆的指导。县(市)文化行政部门应经常督促检查图书馆对方针政策和图书馆工作任务的执行情况。对上级拨给图书馆的经费要专款专用。逐步改善图书馆的工作条件。

陕西省贯彻执行《图书、资料专业职务试行条例》的实施细则(试行)①

(1987 年 7 月 21 日　陕西省职称改革工作领导小组)

第一章　总则

第一条　根据中央职称改革工作领导小组转发的《图书、资料专业职务试行条例》及《实施意见》,结合我省实际情况,制定本实施细则。

第二条　图书资料专业职务名称定为:研究馆员、副研究馆员、馆员、助理馆员、管理员。

第三条　图书资料专业职务实行聘任(任命)制,专业职务只在任期内有效。

第四条　全省各系统所属各级图书资料单位专业职务的设置、结构比例和限额,由各主管厅(局)按有关规定办理。公共系统所属地(市)馆一般不设研究馆员,县(区)馆一般不设副研究馆员,如工作确实需要设置时,须经省文化厅批准。

第五条　担任图书资料专业职务的人员,在任职期间履行相应职务的职责,领取相应职务工资。

第二章　评聘对象

第六条　评聘图书资料专业职务的对象,是指国家机关和企事业单位所属各级图书馆和资料室直接从事本专业的现职人员。

行政领导兼任专业职务问题,按中央和省职改领导小组有关文件办理。

第七条　在图书资料部门从事计算机、缩微、声像、编辑、美术等工作的人员,按有关专业技术职务系列评聘专业技术职务。上述人员在工作中,与图书资料专业工作关系密切,根据本人意愿,也可参加图书资料专业职务的评聘。

第八条　下列人员不得申请专业职务

1. 因触犯刑律,正在服刑或劳教以及刑满释放或解除劳教不满一年者;

2. 无正当理由而不接受分配任务,不服从调动,经教育仍不改正或自动离职三个月以上者;

3. 伪造学历、经历、谎报成果或剽窃他人著述者;

4. 在评聘中拉关系、拉选票、中伤诬陷他人者。

第九条　下列人员暂缓评聘专业职务

1. 近两年内犯有严重错误,受行政记大过以上处分,仍坚持错误不做深刻检讨者;

2. 近两年内累计病休一年,现仍不能坚持正常工作者;

3. 正在离职学习,学习期在一年以上者。

第三章　任职条件

第十条　担任图书资料专业职务的人员,必须坚持四项基本原则,热爱图书馆事业,努力钻研业务,遵守职业道德,积极完成本职工作。在评审任职资格时,应以本人的思想素质、业务能力、学识水平、工作态度、工作成就为主要依据,适当考虑学历和资历,全面地、严格地

---

①　该文件原文来自《中华人民共和国现行文化法规汇编》(国务院法制局,1987),原文页次:692—699。

进行考察。

第十一条　评聘各级专业职务的任职条件如下：

（一）管理员

1. 初步掌握图书资料业务的基础知识、工作方法和技能,能承担图书采访、编目、目录组织、书库管理、图书借阅等部门的辅助性工作。

2. 具备下列规定之一的学历和资历,经考察表明能履行管理员职责：

（1）大学专科毕业,中专毕业见习一年期满合格；

（2）高中毕业,从事专业工作两年以上。

（二）助理馆员

1. 掌握本专业的基础理论、专业知识和图书资料有关工作方法和技能,具有一定工作能力,能承担部分选书工作,辅导读者查阅馆藏目录及文献检索工具,担任文献研究、书目编辑的助手工作等。

2. 初步掌握一门外语或古汉语。

3. 具备下列规定之一的学历和资历,经考察表明能履行助理馆员职责：

（1）获得硕士学位或研究生班毕业；

（2）获得学士学位或大学本科毕业见习一年期满合格；

（3）大学专科毕业后,担任管理员二年或从事专业二至三年；

（4）中专毕业后担任管理员四年或从事专业工作五年以上,高中毕业后担任管理员四年或从事专业工作六年以上。

（三）馆员

1. 系统地掌握图书资料或其他专业的基础理论和专业知识,具有独立工作能力,熟练掌握有关业务,承担选书、分类、主题标引、编写提要、解答咨询课题、编辑书目索引等工作。

2. 掌握一门外语或古汉语。

3. 具备下列规定之一的学历或资历,经考察表明能履行馆员职责：

（1）获得博士学位；

（2）获得硕士学位担任助理馆员两年左右或获得学位后从事专业工作两年左右；

（3）获得研究生班结业证书、第二学士学位证书担任助理馆员二至三年或获得证书后从事专业工作三年以上；

（4）大学本科毕业后担任助理馆员四年或从事专业工作五年以上；大学专科毕业后担任助理馆员四年或从事专业工作六年以上。

（四）副研究馆员

1. 具有较广博的科学文化知识,对图书馆学、情报学或其他某学科有系统的理论知识和较深的研究。

2. 能够指导和审核书刊采访、分编、编制书目索引等方面的工作,承担较高深的文献研究任务,组织和领导某一课题的研究工作,胜任较高难度的咨询工作,有比较丰富的工作经验,能从理论和实践的结合上解决比较重大的业务问题。

3. 能主持和指导馆员以下人员的业务进修。

4. 有一定水平的论著、译著或经实践证明有较大社会效益的研究报告等。

5. 熟练掌握一门外语或古汉语。

6. 具备下列规定之一的学历和资历,经考察表明能履行副研究馆员职责:

(1)博士学位获得者担任馆员或从事专业工作二至三年;

(2)大学本科毕业以上(含本科毕业),担任馆员五年以上。

(五)研究馆员

1. 具有广博的科学文化知识和高深的学术造诣,对图书馆学、情报学或其他某学科有系统的研究和突出的成果。

2. 能指导所在图书资料单位重大业务建设工作,指导和审核书刊采访、分编、书目索引编辑等工作,从事高水平的文献研究、组织和领导高深课题的研究工作,胜任高难度的咨询工作,有丰富的工作经验,能够从理论和实践的结合上解决重大业务问题。

3. 有较高水平的学术论著、译著。

4. 能指导和主持副研究馆员以下人员的业务进修。

5. 熟练掌握一门以上外语或古汉语。

6. 具有大学本科以上学历,担任副研究馆员五年以上,经考察表明能履行研究馆员职责。

第十二条 外语或古汉语是从我省图书资料建设长远考虑所必须的条件之一。鉴于历史的原因和当前我省专业队伍的实际情况,这次评聘专业职务时,符合下列条件之一者,可以免试外语或古汉语:

(一)1981年以后毕业的博士和硕士学位研究生;

(二)通过出国人员外语考试,或出国留学、进修一年以上者;

(三)有三万字以上公开发表的译著者;

(四)讲授过一年以上相当于大学公共课水平的外语或古汉语课,或长期从事古典文学研究者;

(五)符合省职改领导小组职改字〔1987〕104号文件规定免试条件者。

第十三条 对于确有真才实学,工作成绩卓著,贡献突出或有特殊业务技能的专业人员,例如在完成较高难度的任务中担任主要业务负责人和主要业务骨干,在国家或地方组织的业务竞赛活动中获奖,在业务管理工作中做出重大贡献;有突出的或多次的发明创造并取得成效,有公认水平较高的论著,经出版社正式出版或在省级以上刊物上发表,在科研工作中取得成果,并获省级以上奖励,经考察证明符合相应的任职条件,可以不受学历、外语和工作年限等规定限制,破格聘任相应的专业职务。

第十四条 从其他专业工作岗位调入本专业人员,如要求申请本专业职务时,原则上需经过一年以上本专业工作实践,再根据实际情况评聘。对其已具备的专业理论知识、业务成就及原专业职务应给以充分肯定和重视。如在原职务基础上申请晋升时,需按本专业职务任职条件评聘。

第十五条 一九八三年九月一日前评定了本专业职称(包括待批、待授)的,经过复查合格的,可以聘任相应的专业职务;水平偏低、不能胜任相应职责工作的,可以低聘。当时未完成全部评定程序而暂停的,按照"停在哪一步,就从哪一步继续走"的办法,由本人写出近几年来的政治思想和业务工作方面的补充材料,由新的评审委员会按新的条例继续完成评审程序。

第十六条 参加过为提高业务水平举办的辅导班、研讨班、进修班的学习考试、考核成绩,可作为评议专业理论知识水平的参考。

第四章　组织领导与评审程序

第十七条　全省图书资料专业职务系列主管部门为陕西省文化厅。各系统和各地主管部门在相应职称改革工作领导小组的直接领导下,对本系统和本地区的各类图书资料工作单位的专业职务评定聘任工作负有组织指导责任。

第十八条　全省建立陕西省图书资料高级职务评审委员会,负责审定拟评高级专业职务人员的任职资格,省级各厅局和地(市)组建中级职务评审委员会,负责审定拟评中级专业职务人员的任职资格,并提出拟评高级专业职务人员的初审推荐意见,县(市)及县级单位组建初级职务评审委员会,负责审定拟聘初级专业职务人员的任职资格,以及提出拟评中、高级专业职务人员的初审推荐意见。

评审委员会应由主管领导干部和具有较高专业水平或担任较高专业职务、作风正派、办事公道的专业人员组成。人选可以由专业人员酝酿推荐,单位业务领导提名,经单位领导和上级主管机关批准。评委会一般应由五至十一人组成,可以常设,也可以临时组成。

对于不具备建立中级评审委员会条件的,可由省文化厅中级评委会代为评审,不具备组建初级评委会条件的,可由上级的中级评委会代为评审。

第十九条　专业技术人员应根据任职条件,向本单位提出申请,认真填写《专业技术人员任职资格申报表》《考绩档案》,并提交标志自己工作成绩、业务能力、学识水平的材料(如职称、学位、毕业文凭、业务自传、著译、奖励证书等),经考核后,交相应的评审委员会评审或推荐。

对申报高级专业职务的人员,还应提交反映自己业务学识水平的两件以上代表性论著或其他研究成果,经高级专家二名进行审阅,做出评价,然后提交高级评委会议定。

第二十条　各级评委会对申报专业职务人员任职资格的评审(或提出推荐意见)需有评审委员会全体委员的三分之二以上出席,经无记名投票,有全体委员半数以上通过方为有效。再按专业职务审批权限的规定,报相应审批部门批准,发给任职资格证书,作为聘任专业职务的依据。

第五章　聘任或任命

第二十一条　各事企业单位图书资料部门的专业职务,一般应实行聘任制,暂不具备条件的可实行任命制。

第二十二条　各图书资料单位的行政领导,应在取得任职资格的人员中聘任(或任命)专业职务,并签订聘约,发给聘书。聘任每期三至五年,可以连聘连任。

第二十三条　在任期内有突出贡献或成绩卓著的人员,经评审组织考核认为符合上一级专业职务任职条件者,可以提前晋职。在任期内不能履行其职责者,可以提前解聘。聘任单位解聘或受聘人员辞聘,均需在三个月前提出。

第二十四条　实行聘任制后,未受聘或未接受聘任的专业人员,根据人才流动的原则,可到其他单位应聘任职,原单位应积极帮助,提供方便。待聘人员应积极做好本单位安排的临时性工作,其工资待遇等问题按人事部门的有关规定办理。

第二十五条　各单位应根据《图书、资料专业职务试行条例》岗位职责,结合本单位具体情况,建立专业岗位责任制,制定岗位职责范围,提出工作任务数量和质量的要求,以明确职责,作为个人履行和组织考核完成本职工作的规范。

各单位应逐步建立健全专业人员的业务考绩档案,作为今后考核、晋升和评聘专业职务的依据。

第六章　附则

第二十六条　关于专业科目的测试,全省不作统一安排,各地(市)可根据实际情况,按有关规定自行掌握。

第二十七条　本《实施细则》的解释权归陕西省文化厅。

全省文化馆、图书馆维修专款管理办法①

(1990 年 4 月 25 日　陕西省文化厅)

为了加快我省县级文化馆、图书馆的建设步伐,逐步改变我省文化设施落后的面貌,用好管好资金的投入方向和效益,更好地为两个文明建设服务,制定本办法:

一、凡需要改造和建设新馆的县(市),由文化主管部门向当地政府申报改造或建设计划,当地政府先进行征地或拆迁,落实地方资金后再报地市文化主管部门。地市文化局根据统一规划与同级财政、计委研究确定项目和补助数额,平衡后于每年十二月中旬报陕西省文化厅。

二、县级文化馆、图书馆建设规模要根据本地区经济、文化和人口发展情况做出规划。文化馆面积一般不低于 1000 平方米,图书馆面积一般不低于 800 平方米。也可一次规划设计分期实施,人口较少、经济困难的县也可将文化馆、图书馆建在一起,分别开展活动。

三、文化馆、图书馆建设资金补助办法:根据批准的建设规模和总投资,由县文化局填写专项经费申报表报省文化厅签订合同,省级财政在维修专款中一次性补助 10 万元,其余建设资金由地县筹措,文化馆、图书馆建成后还须填报效益反馈表,分别报送省文化厅、省财政厅。建设资金没有完全落实的不能动工,省上安排的补助项目二年以内不动工的,资金要调出另行安排,调不出的扣减安排以后地市维修费总指标,特困县筹措资金有困难的不要急于求成,可待条件成熟后再报建设计划。

四、文化馆、图书馆建设计划批准后,要根据文化部对文化馆、图书馆建设的规范要求进行设计。主要是建好阅览室、书库、游艺室、文艺排练、辅导讲座等业务用房,办公室和行政用房面积应控制在 15% 左右。不能在文化馆、图书馆楼内建职工宿舍,也不能先建住宅后建馆。设计方案要先送地市文化局和省文化厅审核,经批准后才能施工,未经批准的设计工程,省级财政不予补助。

五、地县文化局对文化馆、图书馆建设要加强领导,指定专人抓好规划和当年的建设计划,经常深入基层了解情况,检查督促建设进度和资金使用情况。

六、省级补助的建设资金不能挪作他用,文化馆、图书馆馆舍和地皮不能无偿调拨或贱卖给其他部门。

七、对在文化馆、图书馆建设中,积极申请计划、落实资金,征地拆迁、组织施工以及设计合理、工程质量优良、造价低没有造成浪费和损失的先进单位和个人,省文化厅将给予表彰和奖励。

---

① 该文件原文来自《中华人民共和国现行文化法规汇编》(国务院法制局,1987),原文页次:725—726。

内蒙古自治区

征集蒙文古典书籍及其他文献的指示①

（1956 年 7 月　内蒙古自治区人民委员会）

内蒙古自治区公共图书馆管理条例②

（2000 年 8 月 6 日　内蒙古自治区第九届人大常委会公告第四十二号）

第一章　总则

第一条　为发展自治区公共图书馆事业,满足全社会对科学文化知识的需求,促进社会主义物质文明和精神文明建设,结合自治区实际,制定本条例。

第二条　自治区内公共图书馆规划、建设、管理及使用,适用本条例。

本条例所称公共图书馆,是指各级人民政府投资兴办,向社会公众开放,具有文献资源收集、整理、存储、加工、开发和服务功能的公益性机构。

第三条　旗县级以上人民政府应当将公共图书馆事业纳入国民经济和社会发展规划,加强公共图书馆的建设和管理。

旗县级以上人民政府应当根据本辖区人口分布、社会经济和文化发展的需求,设立公共图书馆。

要鼓励和扶持建立苏木乡、嘎查村和城市社区公共图书馆(室)。

第四条　旗县级以上人民政府文化行政管理部门是公共图书馆的主管部门。

计划、财政、人事、城建、科技、教育、新闻出版等有关行政管理部门在各自职责范围内,保障和支持公共图书馆事业的发展。

第五条　自治区级图书馆是全区文献信息网络中心。

下一级公共图书馆接受上一级公共图书馆的业务指导。

第六条　公共图书馆的设置、合并、分立、撤销或者变更馆址、馆名,必须征得上一级文化行政管理部门同意,由同级人民政府批准。

第七条　公共图书馆的馆舍、设备、文献资源是国有资产,任何单位和个人不得转让、损坏或者侵占。

任何单位和个人不得改变公共图书馆的用途。

第二章　公共图书馆的建设

第八条　各级人民政府要把公共图书馆建设列入城市发展规划。新建和扩建公共图书馆,其建筑面积一般应不低于下列标准:

---

① 该文件原文缺,文件信息依据《中国图书馆百年纪事》(陈源蒸等,2004)144 页提供线索著录。

② 该文件原文来自"律商网"数据库,检索日期:2013 年 7 月 30 日。

(一)自治区级图书馆的建筑面积 20 000 平方米;

(二)盟市图书馆的建筑面积 4000 平方米;

(三)旗县级图书馆的建筑面积 1000 平方米。

第九条 各级人民政府应当将公共图书馆的业务经费和必需的设备费用列入财政年度预算予以保证。

公共图书馆的业务经费和设备费用必须用于图书馆建设和开支,不得挪作他用。

第十条 各级人民政府要加强对民族地方文献的收集、保护。建立具有地方特色和民族特点的藏书体系。公共图书馆对民族地方文献要设立专库和专架管理。要配备熟悉少数民族语言文字的专业人员。

第十一条 公共图书馆之间应当加强联系和合作,在书刊资料采购、交换和借阅服务等方面进行协作,实现馆藏资源共享。

第十二条 公共图书馆应当重视现代化设备的应用,建立和引进数据库,通过计算机检索,实现文献信息服务的网络自动化。

第十三条 公共图书馆应当建立健全书库管理制度,做好文献资源的保存和防护工作。

公共图书馆应当收集入藏历史文献和新型载体文献。

公共图书馆入藏文献,应当按照国家规定标准加工整理。

第十四条 公共图书馆清理剔除严重破损或者失去利用价值的书刊,应当报请同级文化行政管理部门批准。

第十五条 面向社会出版发行出版物的出版单位,应当自出版物正式出版发行之日起30 日内将出版物向当地盟市以上公共图书馆呈缴 1—3 册(份)。

鼓励在自治区外出版作品的个人,自愿呈缴。

有收藏和研究价值的内部出版物的呈缴制度,由自治区人民政府另行规定。

第三章 公共图书馆的服务

第十六条 公共图书馆应当为读者利用文献资料创造便利条件,解答咨询,指导阅读,设计、营造和维护阅读环境,向社会服务。

第十七条 公共图书馆应当充分利用馆藏文献资料,采取多种服务形式,提高馆藏文献利用率,鼓励各级公共图书馆开展送图书下乡活动。

除国家规定禁止公开传播的文献资料外,不准任意封存,但对珍本、善本以及不宜外借的文献资料,可本着文献资料的原则限制使用。

第十八条 公共图书馆应当按照国家有关规定保证开馆时间。

国家法定节假日,公共图书馆必须开放。

第十九条 公共图书馆可以逐步开展业务延伸有偿服务,享受国家有关文化经济政策。有偿服务项目的收费标准由自治区物价部门制定。其收入主要用于公共图书馆建设,增强自身发展能力。

第四章 公共图书馆工作人员

第二十条 公共图书馆实行馆长负责制。

自治区级和盟市级图书馆馆长或者副馆长应当具有本专业高级专业技术职称;旗县级图书馆馆长或者副馆长应当具有本专业中级以上专业技术职称。

第二十一条 公共图书馆工作人员应当具备中专以上文化程度,其中盟市以上公共图书馆工作人员中,大专以上文化程度的应当不低于60%,旗县级公共图书馆工作人员中,大专以上文化程度的应当不低于40%。

第二十二条　公共图书馆的人员编制根据本馆藏书规模和业务范围确定,专业人员的配置比例按照国家和自治区有关规定执行。

第二十三条　公共图书馆可根据国家和自治区有关规定,对工作人员实行专业职务聘任制或任命制,建立定期考核制度和在职岗位培训制度。

第二十四条　公共图书馆工作人员的劳动保护应当严格按照国家有关规定执行。

第五章　奖励与处罚

第二十五条　对向公共图书馆捐赠资金、文献、设备或者有其他突出贡献的单位和个人,人民政府应当给予表彰奖励。

第二十六条　公共图书馆有下列行为之一的,由旗县级以上文化行政管理部门责令限期改正;情节严重的,对主管人员和直接责任人员给予行政处分:

(一)不按规定开馆的;

(二)任意限定文献借阅范围的;

(三)擅自清理剔除图书资料的;

(四)擅自改变公共图书馆用途的。

第二十七条　公共图书馆的文物藏品不得私自赠送;私自赠送的,按《中华人民共和国文物保护法》有关规定处理。

第二十八条　公共图书馆将业务经费和设备费用挪作他用的,对主管人员和直接责任人员给予行政处分;构成犯罪的,依法追究刑事责任。

第二十九条　公共图书馆读者必须遵守公共图书馆规章制度,爱护文献资料和公共设施设备。有下列行为之一的读者,公共图书馆可对其进行批评教育,并有权要求读者按有关规定予以赔偿:

(一)损坏公共图书馆设备的;

(二)遗失所借文献资料的;

(三)撕毁、污损所借文献资料的;

(四)有其他违反公共图书馆规章制度的。

第三十条　应当向公共图书馆呈缴出版物的出版单位,不按本条例规定呈缴出版物的,由文化行政管理部门协同有关部门责令限期呈缴;逾期不缴的,处以应呈缴出版物价格的10倍以下罚款。

第三十一条　当事人对行政处罚不服的,可依法申请行政复议或者提起行政诉讼。当事人不申请复议,也不提起诉讼又不履行行政处罚决定的,作出行政处罚决定的部门,可以申请人民法院强制执行。

第六章　附则

第三十二条　社会团体、企事业单位和个人开办的图书馆的管理,参照本条例执行。

第三十三条　本条例所称文献资源是指记录有知识的一切载体,包括图书、报纸、期刊、专利公告、标准文本、会议论文、科技报告、音像制品、缩微胶片和电子出版物等。

第三十四条　本条例自公布之日起施行。

内蒙古自治区人民政府办公厅关于印发内部
出版物呈缴暂行办法的通知①

(2005 年 10 月 10 日　内政办字〔2005〕300 号)

内蒙古自治区内部出版物呈缴暂行办法

第一条　为规范自治区内部出版物呈缴工作,全面搜集、保存我区的民族和地方文献,根据《内蒙古自治区公共图书馆管理条例》有关要求,制定本办法。

第二条　本办法适用于自治区行政区域内任何语言文字的内部出版物呈缴工作。

第三条　自治区文化行政主管部门和新闻出版管理部门是全区内部出版物呈缴工作监督和管理部门。

第四条　本办法所指内部出版物包括:

(一)经自治区新闻出版管理部门批准,并给予内部出版书号、刊号的文献。

(二)未经自治区新闻出版管理部门批准的各级机关、团体、企事业、民办非企业单位和个人自行出版的内部出版物,如各种统计年报(鉴)、宣传资料、产品目录(简介、简报)等。

(三)企业家、艺术家等个人出版的音像制品和电子出版物。

第五条　各级公共图书馆是各类内部出版物的收藏受赠单位。

第六条　内部出版物自出版之日起 30 日内,应向旗县级以上公共图书馆呈缴 1 至 3 册(件)。

第七条　内部出版物呈缴的主要方式为派人送达、投递、交换等。

第八条　内部出版物采取以下办法进行呈缴:

(一)旗县级以上机关、团体、事业单位分别向同级公共图书馆呈缴。

(二)企业、民办非企业单位向登记注册地的公共图书馆呈缴。

(三)个人向当地旗县级以上公共图书馆呈缴。

(四)中央直属、外省市驻自治区单位向自治区公共图书馆呈缴。

第九条　为了方便单位和个人呈缴内部出版物,各公共图书馆都应在门口设立有醒目标志的专用呈缴箱。

第十条　各公共图书馆应当指定专人负责内部出版物的呈缴登记和管理工作。

收到内部出版物后,各公共图书馆应交由本馆的"民族和地方文献"部门或"民族和地方文献"专架保管,并定期公布呈缴的内部出版物目录。

第十一条　各级图书馆在收到标有"机密"字样的呈缴文献时,应严格按照国家有关法律法规进行管理。

第十二条　呈缴者认为本地区公共图书馆不具备呈缴条件或当地没有公共图书馆,可直接向上一级公共图书馆呈缴。

第十三条　各级图书馆可向呈缴单位和个人颁发呈缴证书。

第十四条　对呈缴成绩特别突出的单位和个人,各级图书馆可提请上级主管部门给予

---

①　该文件原文来自"律商网"数据库,检索日期:2013 年 7 月 30 日。

适当的表彰奖励。

第十五条　每年年底,各公共图书馆应将呈缴内部出版物的数量、种类情况如实上报自治区文化厅。

第十六条　自治区范围内各报纸、广播、电视等新闻媒体,应配合接受呈缴出版物的各级图书馆以社会公益形式予以宣传报道。

内蒙古自治区人民政府办公厅转发国务院办公厅关于进一步加强古籍保护工作意见的通知①

(2007 年 5 月 11 日　内政办发〔2007〕53 号)

各盟行政公署、市人民政府,自治区各有关委、办、厅、局:

现将《国务院办公厅关于进一步加强古籍保护工作的意见》(国办发〔2007〕6 号)转发给你们,并提出如下意见,请一并贯彻执行。

一、认真做好全区古籍普查工作。从 2007 年至 2010 年,我区将开展古籍普查登记和定级工作。此项工作由自治区文化行政部门组织落实,内蒙古图书馆具体实施,全区各公共图书馆、高等院校图书馆、中学图书馆、档案馆、科研、文博单位、宗教单位(寺庙)和私人藏书机构要做好配合工作。全区各级教育、宗教、民族、文物、档案和科研等部门,要积极配合文化部门做好本系统的古籍普查登记工作。普查结束后,由内蒙古图书馆汇总普查成果,建立科学规范的全区古籍目录和信息数据库。

二、建立古籍保护制度,改善古籍保管条件。自治区文化行政主管部门要结合古籍普查登记工作,制定相关标准和条件,建立《内蒙古自治区珍贵古籍名录》,报自治区人民政府批准后公布。对古籍收藏量较大、拥有珍贵古籍、具备一定保护条件的单位,经自治区人民政府批准,可命名为全区古籍重点保护单位。对列入《内蒙古自治区珍贵古籍名录》的古籍收藏单位和全区古籍重点保护单位,各盟市、旗县(市、区)人民政府要进行重点投入和监督检查,自治区文化行政主管部门也要定期进行评估和检查。自治区文化行政主管部门要制订古籍数字化标准,规范古籍数字化工作,建立和完善全区古籍书目数据库,加快古籍书库的标准化建设,并采用缩微技术复制、抢救珍贵古籍。要整合现有资源,在内蒙古图书馆建立面向公众开放的古籍门户网站。

三、加大古籍保护资金投入。自治区各级财政部门对古籍保护工作要给予必要的资金支持,要制定鼓励政策,积极吸纳社会资金参与、支持古籍保护工作。

四、建立古籍保护工作组织机构。建立由自治区文化主管部门牵头,发展和改革、财政、民族、宗教、教育、科技、档案等有关部门共同参与的全区古籍保护工作厅际联席会议,并设立办事机构和专家组,负责全区古籍普查和保护的组织、协调、规划和指导工作。地方各级人民政府要将古籍保护作为文化遗产保护工作的重要内容,明确工作目标和任务,认真落实保护措施,建立健全古籍保护责任制度和责任追究制度。要充分发挥专家在古籍普查、修复、保护、研究等方面的作用,积极推进全区古籍保护工作。

---

① 该文件原文来自"律商网"数据库,检索日期:2013 年 7 月 30 日。

五、加强古籍保护人才培养。文化、教育部门要制订规划,多渠道、分层次培养古籍保护人才。在有条件的高等院校设置古籍保护和修复专业,培养一批技术精湛、素质较高的古籍修复人才。要定期举办培训和研讨活动,加强古籍保护工作人员的在职培训和少数民族古籍翻译、整理、出版和研究人才的培养。积极开展国际与地区间古籍保护工作的交流与合作,加强对古籍保护工作的宣传。

辽宁省

改进辽宁省图书馆工作意见①

(1962 年 2 月　辽宁省文化厅)

沈阳市中、小学图书馆(室)工作试行条例②

(1986 年 3 月 31 日　辽宁省沈阳市文化局、教育局)

第一章　性质、任务与组织领导

第一条　中、小学图书馆(室)(以下简称学校馆)是社会主义图书馆事业的重要组成部分,是学校教育、教学工作必不可少的重要设施,是扩大学生视野,丰富学生知识的活动园地。

第二条　学校馆必须坚持四项基本原则,在党的教育方针指导下,通过书刊资料向广大师生宣传马列主义,宣传党的路线,方针、政策、法规,传播科学文化知识,努力为教育、教学服务,为培养有理想、有道德、有文化、有纪律的一代新人做出贡献。

第三条　学校应有一名领导(校长或教导主任)分管图书馆工作。学校要把图书馆工作列入议事日程,纳入工作计划,定期部署、检查工作,并及时研究解决工作中遇到的具体问题。

第二章　机构、人员和经费

第四条　学校馆是学校机构的组成部分,重点中学和有条件的普通中、小学应设立教师资料室、学生阅览室和外借处,其他中、小学应设立藏书室和阅览室。藏书室、资料室和阅览室由学校图书馆统管。

第五条　学校馆可根据机构设置,藏书数量和服务范围,配备足够的工作人员。学校应选拔责任心强,具有中专(高中)以上文化水平,身体健康,热爱图书馆事业的同志担任学校馆的工作,并要保持工作人员的相对稳定。

第六条　学校馆要保证有固定数量的购书经费。上级拨给图书馆的经费要做到专款专

---

① 该文件原文缺,文件信息依据《中国图书馆百年纪事》(陈源蒸等,2004)181 页提供线索著录。

② 该文件原文来自《中华人民共和国现行文化法规汇编》(国务院法制局,1987),原文页次:644—648。

用,不得挪用。另外,有条件的学校每年应从校办工厂利润中提取一定数量的资金,添置藏书和必要设备。

第三章　藏书建设与目录建设

第七条　书刊资料是图书馆工作的物质基础。学校馆应根据教育方针,结合本校的实际情况,确定藏书范围,有计划、有目的地及时采购补充书刊资料,并按标准化的要求及时进行验收、分类、编目、整理、上架,实行科学管理。学校馆一般应设置全市统一格式的总括、个别两种登记账目和图书注销单,并要妥善保管。

第八条　要保持藏书的系统性和完整性。对与教育、教学有参考价值的书刊资料,特别是丛书、多卷书和其他连续性出版物,一定要做到前后复本一致,卷期齐全,系统入藏。对于过期的报刊一定要根据需要定期整理、装订,以便查用(装订报刊一般保留到三年至五年)。

第九条　为了提高藏书质量,学校馆应根据有关部门的要求和实际情况,定期对原有藏书进行整顿,对于遗失、报废、调拨,剔除的书刊,要按规定手续进行注销,以便做到数字准确,书、账、卡相符。

第十条　为搞好藏书建设,应建立健全藏书管理,图书借阅和工作人员等各种规章制度。

第十一条　分类、编目方法,要按标准化要求达到统一。图书分类要统一使用《中图法》(简本),目录至少要设立一套分类目录,有条件再增设一套书名目录。目录一定要按文献标准化的要求进行标准著录。

第四章　读者服务工作

第十二条　学校馆的服务对象,就是学校的全体师生。在坚持师生并重的原则下,要在为学生服务方面多做些工作。服务方式根据学校的具体情况可以灵活安排,服务时间:对老师全天开放,对学生开放每周应不少于十二小时;借阅面:教师,应达到100%;学生,重点中学或高中达到100%,初中达到80%以上,小学60%以上。每月要向有关部门统计上报一次各项服务工作的数字。

第十三条　充分利用所藏书刊资料,紧密配合各科教学,编制各种书目索引和报刊剪裁,主动提供教学参考资料,认真解答咨询。

第十四条　学校馆应根据需要经常举办报告会、书评会,座谈会、故事会、知识问答、智力竞赛和出刊各种专栏、园地等多种方式,积极进行阅读指导工作,提高学生的阅读能力。

第五章　加强与有关组织的联系与馆际间的协调协作

第十五条　学校馆在学校统一领导规划下,与教研组、学生会、教工工会、共青团、少先队等组织密切配合,开展各项服务工作和读书活动。

第十六条　沈阳市少年儿童图书馆与各县、区图书馆有对学校馆进行业务辅导的义务,各县区教育局和学校领导应积极支持他们的工作,尽量为其提供开展工作的各种方便。

第十七条　为了搞好学校馆之间、学校馆与公共图书馆之间的协调协作,决定成立"**沈阳市中、小学图书馆协调指导工作委员会**",下设办公室。学校馆要在该委员会的协调指导下,积极开展各种工作和协调协作活动。

第六章　附则

第十八条　为使学校馆集中力量搞好为师生服务工作,应减轻图书馆老师的额外负担,尽量减少图书馆业务范围以外的事务性工作,使他们能集中精力搞好图书管理和借阅工作。

辽宁省《文化事业统计制度》公共图书馆统计实施办法(试行)①

(1987 年 7 月 15 日　辽宁省文化厅)

一、为贯彻、执行全国《文化事业统计报表制度》和省《文化事业统计制度》,加强公共图书馆统计工作,特制定本《实施办法》。

二、图书馆统计工作的任务是全面、系统、准确地搜集和整理图书馆各项工作的数据资料,用数字来反映图书馆工作的实际情况,为图书馆管理提供依据。

三、图书馆统计是图书馆科学管理的重要手段之一。各级公共图书馆要按照本《实施办法》规定,结合本馆实际,制定本馆统计工作规则,建立、健全统计工作制度。各部门要认真做好日常工作统计记录,保证原始记录的准确性,防止数出多门或数出无凭。

四、为加强统计资料的管理和利用,各馆要指定专人(或兼职)负责统计汇总和统计分析工作。业务馆长要加强对统计工作的检查指导,定期审核统计数据,确保统计资料的可靠性和完整性。

五、根据文化部和我省制定的文化事业统计报表制度中有关图书馆统计的要求,结合我省公共图书馆工作的实际需要,各级图书馆应建立下列统计台账:

1. 馆藏动态月(季)统计

2. 馆藏动态月(季)统计汇总

3. 发放借书证统计

4. 借阅书刊读者人次统计

5. 图书馆读者活动统计

6. 书刊流通册次统计

7. 咨询与书目服务统计附:(1)咨询和定题服务登记卡格式;(2)编印书目、文摘登记表格式

8. 辅导、协作活动统计

9. 人员、经费、设施基本情况年(半年)统计

六、各馆要根据上列各表中的必备统计项目要求,结合本馆各部门工作,制定部门日常工作统计记录表格。

省、市图书馆和有条件的县、区馆,可根据本馆工作和评估需要,定期进行某些专项工作(如:各类图书流通情况、到馆借阅书刊读者职业、文化程度结构情况、书刊拒借情况等)的抽样调查统计。

七、本《实施办法》制定的各式统计表格和各馆制定的部门工作统计记录表格,主要用做总结工作、制订计划、组织评估以及填报年度统计报表的依据。

八、统计分析是统计工作的重要环节。各馆要定期对统计资料进行分析研究,从中发现存在问题,掌握工作规律,并采取措施,改进工作,不断提高图书馆管理水平。

---

① 该文件原文来自《中华人民共和国现行文化法规汇编》(国务院法制局,1987),原文页次:668—683。

九、上年的统计原始记录、统计台账、统计报表以及统计分析研究报告材料等,应按图书馆业务档案管理办法,收入业务档案,立卷保存。

十、统计单位及指标解释

1. 藏书统计以册为计量单位。杂志以一个合订本为一册,报纸以月的合订本为一册。

2. 借阅书刊以册次为计量单位。每册书借出或阅读一次为一册次,重借或续借,重新计算一册次。开架图书以实际借出册数为准。借阅现刊,以每期为一册次。借阅过刊,以每一合订本为一册次。借阅当日报纸,不论其种数多少,均计算一册次。阅览过月报纸,以一个合订本为一册次。

3. 到馆读者以人次为计量单位。一个读者到馆参加一次活动,借一次书或进行一次阅览,为一人次。一个读者在一个借书处办理一次借书手续,或在一个阅览室阅览,不论其借书种数、册数多少,阅览时间长短,均计算为一人次。读者到馆只办理还书手续,不计算人次。

4. 借书证数以个为计量单位。外借和内阅分别办证的,分别统计。两证通用的,按外借证统计。

5. 书架单层总长度,指书架(包括书柜)每层(不包括书架顶部遮尘板)长度累计计算的长度,其中两面放书的书架,每层按两个长度计算。

6. 古籍:指实际成书和出版年代在一九一一年(含一九一一年)以前的线装、卷轴装、经折装、蝴蝶装、包背装等书籍。

7. 善本:指实际成书和出版年代在清乾隆六十年,即一七九五年(含一七九五年)以前及一七九五至一九一一年间的具有历史文物性、学术资料性和印刷装帧艺术代表性的古籍。

8. 未整理上架书:指馆藏中,未经加工整理的图书和报刊。

9. 读者用房面积:包括阅览室、外借处、报告厅、目录厅等读者活动场所,不含走廊等公用面积。

10. 年经费总支出:指预算内和预算外实际支出数的和。

11. 业务及其他收入:指开展各种业务活动、以文补文等预算外的净收入。

12. 藏书价值:指在固定资产账(或总括登记簿)上反映的藏书价值的历年累计数。"古籍"、"善本"以及属于文物性质的图书,资料、图片等不易计算价值的,可不统计。

十一、过去印发的统计表格与本《实施办法》规定不符的,按本《实施办法》执行。

※本文件于1998年根据《辽宁省公共图书馆业务统计管理办法》废止。

辽宁省公共图书馆业务档案管理办法(试行)①

(1987 年 7 月 15 日　辽文图字[1987]7 号)

一、图书馆业务档案是反映图书馆历史发展和业务活动的原始记录,是图书馆在各项活

---

①　该文件原文来自《中华人民共和国现行文化法规汇编》(国务院法制局,1987),原文页次:683—687。

动中形成并经过鉴选保留下来以备查考的文件资料,是总结工作、制订规划、进行决策以及学术研究的重要依据和参考史料。

二、业务档案是图书馆基础业务建设的重要内容之一。各级公共图书馆都要建立业务档案,制定本馆业务档案工作规则,指定专人(或兼职)管理,并由一名馆长分管这项工作,加强检查指导。

三、图书馆业务档案工作的任务是把分散在各部门和个人手中的文件资料收集起来,经过加工整理,形成完整、系统的档案,并妥善保管,提供利用。

四、图书馆业务档案的范围和内容

凡上级主管部门下达的有关图书馆事业建设及业务工作的文件材料和反映本馆各项业务活动,具有查考利用价值的文件资料,都属于业务档案范围。

图书馆业务档案的主要内容可分为以下两部分:

1. 上级主管部门的文件和材料

(1)有关图书馆工作和事业建设的方针,政策、法规性文件。包括决定、指示、通知、规定、规划、条例、规范、标准、细则、规则等。

(2)上级主管部门召开的有关业务工作会议文件材料。包括会议报告、讲话、总结、纪要、经验等。

2. 本馆有关业务工作方面的文件和材料

(1)向上级报送的文件。包括请示、报告、汇报等。

(2)本馆和各业务部门的工作计划、工作总结、工作调查报告和工作经验材料。

(3)馆务会议记录、馆务日志、本馆大事记。

(4)本馆的各项岗位责任、业务规章制度和有关业务工作细则。

(5)各项业务活动的统计资料。包括月、季、半年和全年的统计记录、统计台账、统计报表及有关统计分析、说明材料。

(6)年度事业经费预算和决算书(复印件)。

(7)重要业务工作变动的移交书。

(8)本馆服务成果汇编及重要服务成果记录材料。

(9)本馆制订的各种业务工作表格、簿册、账卡样本和编印的各种出版物(已入馆藏的,可不再入此)。

(10)馆舍建筑图纸、照片及有关资料。

(11)报导有关本馆各项业务活动的剪报、照片、声像资料以及重要的读者来信、建议、批评、表扬材料。

(12)有关业务工作方面的外事活动,参观来访的记录、题词,赠礼等。

(13)有关学会及地区中心馆的文件材料。

(14)其他业务活动需要归档的材料等。

五、业务档案的收集、管理和利用

1. 业务档案的收集

(1)业务档案管理人员必须认真、细致、坚持经常地做好档案资料的日常收集工作,力求完整无损。

(2)上级文件一经处理完毕,应立即归档。

（3）各业务部门需要随时查考的文件材料可在年终整理归档,需长期留用查考的,可复印留用。

（4）代表单位参加各种业务工作和学术研讨会议所发的文件材料,会后应全部入档,个人不得私自留用。

2. 业务档案的整理与保管

（1）档案管理人员要随时将收集来的需要长期保存的档案材料,进行整理、修补、分类、组合、排列、编号和装订立卷,对不需要长期保存的档案材料,可定期剔除。

（2）业务档案可分设如下各卷:

①上级领导机关函件卷。

②基础业务工作卷:包括采购、分编、典藏等。

③服务工作卷:包括外借、阅览、少儿、参考咨询、读者活动等。

④业务辅导工作卷。

⑤学会和地区中心馆工作卷。

⑥综合卷:包括大事记、馆务会议记录和馆务日志;全馆工作计划和工作总结,综合性的调查报告和经验材料;业务统计报表,年度事业经费预、决算书等。

业务档案资料不多的县、区馆可根据实际情况合并立卷。也可以设一个大卷,按上述六个方面设立分卷。

（3）各卷内文件材料要按问题分类,将性质相同的材料集中,并进行组合排列编写页码。

（4）将已编有页码的各卷文件材料,按先后顺序编写卷内目次。各卷内目次要按规定格式(见下页)填写,放在卷首,以便查找。

（5）案卷装订,各馆可分别规定统一式样。卷封面和卷脊一律用钢笔或毛笔书写卷名、年度和分卷标题。字迹要端正醒目。

（6）装订成卷的业务档案应在"××图书馆业务档案登记簿"上登记,妥善保管,不得丢失或拆散。管理人员工作变动,要办理移交手续。

卷内目次

顺序号	文件号或成文日期	标题或事由	著者	页码	备注

3. 业务档案的利用

（1）设检索工具。管理人员可根据本馆业务档案内容分类,编制目录(卡片式或书本式。档案较少的县、区馆也可以"登记簿"代替),供查找利用。

（2）建立业务档案使用制度。包括档案使用范围,借阅办法及复印审批制度等。

沈阳市地方文献样本缴送办法①

(1988 年 3 月 19 日　沈政办发[1988]24 号)

第一条　为集中收藏、妥善保管和充分利用地方文献,使其为两个文明建设服务,根据国家有关规定,结合我市实际情况,制定本办法。

第二条　保护地方文献,缴送地方文献样本是机关团体、企事业单位应尽的义务。凡在本市境内出版、编印地方文献的单位,均应执行本办法的规定。

第三条　下列地方文献应缴送样本:

(一)正式出版物

1. 新闻出版单位出版发行(包括内部发行)的反映沈阳市情况的图书、杂志、报纸、图片、画册、图像等。

2. 机关团体、企事业单位编辑出版的图书、杂志、报纸等文献。

(二)非正式出版物

1. 县团级以上机关团体编印的公报、会议文集、文件汇编、年鉴、统计资料汇编、地名录、舆图及机关团体、企事业单位名录等。

2. 各级史志编纂部门编印的地方志、专业志以及有关的目录、索引、资料汇编等。

3. 有关部门编印的地方史、党史、革命史、民族史、事业史、厂史、学术史以及纪念文集、年刊、大事记、学术论文、会议录等。

4. 各单位编辑的改革成果汇编、科研成果汇编和专利说明书等。

第四条　下列资料和出版物不缴送样本:

(一)不足五十页的油印资料。

(二)简报、情况反映等内部资料。

(三)不足二十页的通俗读物。

第五条　缴送办法:正式出版物在出版后三十天内,非正式出版物在编印后二十天内,出版、编印单位应向市图书馆直接缴送样本,每种缴送两册(份)。

第六条　市图书馆应认真做好地方文献样本的搜集、接收和整理工作,建立健全管理制度,实行科学管理,并面向社会提供服务。属于保密资料的,应按保密制度管理。

第七条　对违反本办法的规定,拒不缴送地方文献样本的单位,市文化行政部门应给予批评教育,令其改正;其上级主管部门应督促改正。

第八条　本规定由市文化局组织实施。

第九条　本规定自发布之日起施行。

---

① 该文件原文来自"律商网"数据库,检索日期:2013 年 7 月 30 日。

辽宁省公共图书馆业务统计管理办法①

（1998 年　辽文字〔1998〕19 号）

第一章　总则

第一条　为进一步加强对全省公共图书馆统计工作的管理,根据国家有关法规及文化部计财司《全国文化、文物统计报表制度》(文计发〔1996〕64 号,)特制定本方法。

第二条　公共图书馆统计的任务是对图书馆工作和图书馆事业发展状况进行调查、统计和分析,为有关部门研究、制订公共图书馆事业发展规划和政策及时准确地提供丰富、高质量的统计数据和分析资料;同时,为社会各界了解公共图书馆及发展情况提供统计信息服务。

第三条　各级公共图书馆可结合本馆实际制定实施细则。

第二章　统计台账设置

第四条　各级公共图书馆应设置下列统计台账:

（一）馆藏动态月统计表。反映图书馆该月某一书库库藏文献量及其增减情况。

（二）馆藏动态月统计汇总表。反映图书馆该月馆藏文献总量及其增减情况。

（三）自建数据库年统计表。反映图书馆收藏或自建的数据库类型和数量等情况。

（四）发放借书证动态月统计表。反映图书馆该月份发放及正在使用的有效借书证的累计数及办证情况。

（五）总流通人次统计表。反映该年份读者通过各种方式利用图书馆(含分馆)文献的次数。

（六）文献外借册数统计表。反映该年份读者通过外借手续借出文献的册次。

（七）信息服务统计表。反映图书馆该年份为读者提供信息服务的方式及数量。

（八）读者活动统计表。反映图书馆该年份为读者举办各种活动的次数及人次。

（九）辅导与协作协调活动统计表。反映图书馆该年份开展辅导及协作协调工作的情况。

（十）人员情况年统计表。反映图书馆人员数量、层次、结构情况。

（十一）经费、设施情况统计表。反映图书馆设施建设及该年度经费收支情况。

第五条　各级公共图书馆应根据上述统计台账制定本馆的日常工作统计表,建立原始工作记录。原始记录是填报统计台账的依据,应详细记载,并真实反映工作过程。

第三章　统计管理

第六条　各级公共图书馆应指定相关部门及专职人员负责全馆统计汇总工作。

第七条　图书馆统计部门的职责:进行统计调查,采集、整理、提供统计资料,组织指导并协调全馆统计工作,完成上级统计调查任务,管理全馆统计台账、统计调查表、原始工作记录等统计资料。

第八条　各级公共图书馆应选派具有较高文化素质、熟悉图书馆业务、工作责任心强的

---

①　该文件原文来自《图书馆规章制度选编》(刘小琴,2001),原文页次:261。

人员负责全馆统计汇总工作，并注意保持统计人员的相对稳定。要采取有效措施，为统计人员提供参加培训、学习的机会，不断提高他们的业务水平。统计人员应坚持实事求是的原则，恪守职业道德，努力学习，较熟练地掌握图书情报业务知识及统计学知识，以适应统计工作的需要。

第九条 各级图书馆要建立、健全统计工作规章制度，做到有章可循。要严格履行统计工作的审核制度，做到职责明确。

第十条 填报统计台账和各种统计报表，应一律使用蓝色或黑色墨水笔，做到整洁、清楚，易于辨认，不漏项。

第十一条 要加强对图书馆统计数据的管理。凡引用、上报本馆的统计数据，均须由本馆统计部门提供，并经主管馆长审核同意。引用、上报尚未公布的地区性统计数据，须经同级文化主管部门的统计部门同意。

第十二条 各图书馆应定期对统计资料进行分析研究，从中发现问题，掌握工作规律，并采取措施，改进工作，不断提高管理水平。要做好统计资料的保管工作，上年的统计原始记录、统计台账、统计报表以及统计分析等材料应按图书馆业务档案管理办法列入业务档案管理范畴，立卷保存。

第十三条 要严格按照《统计法》的要求，及时、准确地提供统计数据，不得虚报、瞒报、拒报、迟报；不得伪造、篡改统计资料。

第四章　附则

第十四条 本办法由辽宁省文化厅负责解释。

第十五条 本办法自下发之日起施行。原《辽宁省＜文化事业统计制度＞公共图书馆统计实施办法（试行）》（辽文图字〔1987〕7号）同时废止。

辽宁省人民政府办公厅关于进一步加强全省古籍保护工作的意见①

（2007年11月7日　辽政办发〔2007〕75号）

各市人民政府，省政府各部门、各直属机构：

为认真贯彻落实《国务院办公厅关于进一步加强古籍保护工作的意见》（国办发〔2007〕6号），经省政府同意，现就进一步加强全省古籍保护工作提出以下意见：

一、充分认识做好古籍保护工作的重要性和紧迫性

中华民族有五千多年的文明史，创造了辉煌浩瀚的文献典籍。这些文献典籍全面记载着我国历史、经济、文化、科技等各方面的成就，也是人类文明的瑰宝。对这些古籍进行妥善保护、开发和利用，是保证中华文化薪火相传、生生不息、不断发扬光大的必然要求，对促进文化传承、增进民族情感、弘扬民族精神、维护国家统一及社会稳定具有重要作用。加强古籍保护工作，也是文化建设的一项重要的战略性工程，是贯彻落实科学发展观、构建和谐辽宁的客观要求，具有重要的现实意义和历史意义。

由于特定的历史原因，清代以后，东北地区的政治、经济地位逐渐得到提高，文化也随之

---

① 该文件原文来自"律商网"数据库，检索日期：2013年7月30日。

得到较大的发展。古籍文献从关内大量流传到辽宁地区。东北解放后,这些古籍被省内各类图书收藏机构接收,成为今天馆藏古籍的主要部分。建国以后,各级政府非常重视古籍文献的收藏与整理工作,使得馆藏古籍数量逐步增加,加之古籍复本交换工作的开展和社会开明人士捐赠,形成了今天省内图书收藏机构的古籍藏书规模。但是,也应清醒地看到,当前我省古籍保护仍存在不少突出问题,如现存古籍底数不清,古籍老化、破损严重;古籍保护经费短缺,没有设立古籍保护专项经费;古籍保护设备与保护技术相对落后,需加快补充更新,并逐步实现科学化、标准化、规范化;古籍修复人才匮乏,面临失传的危险;古籍基础设施建设还有待于进一步加强,很多图书馆库房条件较差,不具备保护古籍的条件。因此,加强古籍保护刻不容缓。各级政府和有关部门要从对国家和历史负责的高度,充分认识保护古籍的重要性,进一步增强责任感和紧迫感,切实做好古籍保护工作。

二、全省古籍保护工作的指导思想、基本方针和总体目标

(一)指导思想。坚持以邓小平理论和"三个代表"重要思想为指导,全面贯彻和落实科学发展观,加大古籍保护工作力度,建立科学有效的古籍保护制度,提高全社会的古籍保护意识,充分发挥古籍在传承文化,提高人民群众思想道德素质和科学文化素质,建设和谐辽宁,促进社会主义先进文化建设中的重要作用。

(二)基本方针。贯彻"保护为主、抢救第一、合理利用、加强管理"的方针。坚持依法保护和科学保护的原则,正确处理古籍保护与利用的关系,统筹规划、分类指导、突出重点、分步实施。

(三)总体目标。"十一五"期间,按照文化部《中华古籍保护计划》和"十一五"国家古籍整理重点图书出版规划,全面、科学、规范地开展古籍保护工作。对我省公共图书馆、博物馆和教育、民族、宗教、文物等系统的古籍收藏和保护状况进行全面普查,建立辽宁省古籍联合目录和古籍数字资源库;组织申报《国家珍贵古籍名录》,建立《辽宁省珍贵古籍名录》,实现古籍分级保护;加强古籍书库的标准化建设,组织申报"全国古籍重点保护单位",命名"辽宁省古籍重点保护单位";加强古籍修复工作,培养具有较高水平的古籍保护专业人员;加强古籍的整理、出版和研究利用。通过努力,逐步形成完善的古籍保护工作体系,促进我省古籍得到全面保护。

三、突出重点,科学有序地开展古籍保护工作

(一)全面开展古籍普查工作。从 2007 年 10 月开始,用 3 年时间,在全省组织开展古籍普查工作,全面了解和掌握我省各级各类图书馆、博物馆等单位及民间收藏古籍的情况。对登记的古籍进行详细清点和编目整理,并依据有关标准进行定级。普查工作将按照"统一部署、分级负责、分层次实施"的原则进行,由省文化厅具体组织,在省图书馆设立辽宁省古籍保护中心,具体负责实施普查工作。教育、民族、宗教、文物等部门的古籍收藏单位可根据本系统实际,制定本系统古籍普查实施方案,既可在系统内成立分中心,根据普查标准开展普查工作,将数据汇总后报送省图书馆;也可由各古籍收藏单位将普查数据直接报送省图书馆。民间收藏的古籍,可到省图书馆进行登记、定级、著录。2007 年 10 月至 2009 年 7 月,重点开展一、二级古籍的普查工作,建立完善的古籍登记制度,着手建立辽宁省古籍综合信息数据库。2009 年 8 月至 2010 年底,开展二级以下古籍普查,汇总古籍普查成果,初步形成《辽宁省古籍联合目录》。

(二)组织《国家珍贵古籍名录》的申报并建立《辽宁省珍贵古籍名录》。从 2007 年 9

月起,我省已经按照文化部统一安排,开始分批次组织《国家珍贵古籍名录》的申报工作。名录申报采取逐级申报的方式进行,各申报单位和个人向省文化厅申报,经省文化厅汇总、初审后,向文化部提出申报。名录原则上从一、二级古籍善本中产生。同时,参照国家模式,制定《辽宁省珍贵古籍名录申报评定办法》,分批次组织我省珍贵古籍名录的建立工作。基本程序是:各申报单位和个人向所在市文化局申报,经各市文化局汇总、初审后,向省文化厅提出申报,经厅际联席会议审核同意后,报请省政府批准后公布。对列入《国家珍贵古籍名录》和《辽宁省珍贵古籍名录》的古籍,收藏单位要按照有关要求,完善保护措施,切实做好保护工作。各市也可建立市级珍贵古籍名录,并采取相应保护措施,加大保护力度。

(三)组织开展全国古籍重点保护单位的申报和辽宁省古籍重点保护单位的命名工作。从 2007 年 9 月开始,我省已经按照文化部要求,组织开展全国古籍重点保护单位的申报工作。全国古籍重点保护单位的申报,由古籍收藏单位向省文化厅提出申请,经省文化厅初审后,报经省政府同意,向文化部申报。同时,制定《辽宁省古籍重点保护单位申报评定办法》,组织我省古籍重点保护单位的命名工作。"辽宁省古籍重点保护单位"的申报,由各古籍收藏单位向所在市文化局提出申请(省直单位直接向省文化厅申报),由市文化局初审通过后,向省文化厅申报,经厅际联席会议审核同意后,报请省政府批准后公布,并统一颁牌。古籍重点保护单位要制定管理办法,完善各项制度,加强管理,不断提高管理水平和工作质量。

(四)加强古籍保护队伍建设。要多渠道、分层次培养古籍保护人才。从 2007 年 10 月开始,有计划地举办全省古籍普查培训班、古籍修复基础培训班和提高班,努力提高古籍从业人员的工作能力和业务水平。在有条件的高等院校设置古籍保护和修复专业,培养一批技术精湛、素质较高的古籍修复人才。要建立古籍修复机构资格准入与修复人员资格认证制度,加强古籍保护工作人员的在职培训和少数民族古籍翻译、整理、出版、研究人才的培养。积极开展国际与地区间古籍保护的交流与合作。

(五)做好珍贵古籍的修复工作。在具备条件的图书馆设立古籍修复室,开展古籍修复工作。各古籍收藏单位要针对古籍所处的保存条件、环境等,提出修复计划和具体方案,尤其是抓好列入《国家珍贵古籍名录》和濒危古籍的修复工作。各古籍收藏单位要建立修复档案,按照有关技术标准和规范对古籍进行修复,确保修复质量。对于一、二级古籍的修复,其修复方案和修复人员须得到国家古籍保护中心和省图书馆认可,必要时一级藏品送国家古籍保护中心或省图书馆修复,以免造成破坏性修复。要将传统修复技艺与现代技术相结合,充分吸收国外先进技术和经验,提高古籍修复水平。

(六)加强古籍整理、出版和研究利用。依照国家古籍数字化标准,开展古籍数字化工作,建立我省古籍数字资源库,努力为公众提供古籍全文数字化阅读服务。同时,利用现代印刷技术,积极推进古籍影印出版工作。采用数字化、缩微技术复制、抢救珍贵古籍。要整合现有资源,建立面向公众的古籍门户网站。采取有效措施,向社会和公众开放古籍资源,发挥古籍应有的作用。

四、加强领导,协同配合,共同做好古籍保护工作

(一)建立古籍保护工作协调机制。建立由省文化厅牵头,省发展改革委、省财政厅、省教育厅、省科技厅、省民委(省宗教事务局)、省新闻出版局、省文物局等部门组成的全省古籍保护工作厅际联席会议,联席会议办公室设在省文化厅。厅际联席会议各成员单位要按照现有职能分工,认真履行职责,密切配合,共同做好古籍保护工作。各市也要建立相应的工作机制,组织实施本地区的古籍保护工作。各市政府要将古籍保护作为文化遗产保护工作的重要内容,明确工作目标和任务,认真落实保护措施,建立健全古籍保护责任制度和责任追究制度。要充分发挥专家在古籍修复、保护、研究等方面的作用,推进古籍保护工作的有效开展。

(二)加大古籍保护资金投入。省政府设立古籍保护专项资金。各市财政部门要对本地区古籍普查、修复、出版及数字化等工作给予必要的资金支持。要制定鼓励政策,积极吸纳社会资金参与、支持古籍保护工作。

(三)加大古籍市场监管力度。有关部门要依法规范古籍市场流通和经营行为,加强古籍销售、拍卖行为的审核备案工作,严厉打击盗窃、走私古籍等违法犯罪活动。要按照文物管理的有关法规,制定古籍出入境审核、监管办法。加强国际合作,坚决依据有关国际公约和法律法规追索非法流失境外的古籍。

(四)加强对古籍保护的宣传。各级各类图书馆要积极开拓文化教育功能,通过讲座、展览、培训、研讨等形式宣传古籍保护知识,促进古籍利用和文化传播。广播电视、报刊、互联网等新闻媒体要加大古籍保护工作宣传力度,普及保护知识,展示保护成果,培养公众的保护意识,营造全社会共同保护古籍的良好氛围。

辽宁省人民政府关于公布第一批全省珍贵古籍名录和第一批全省古籍重点保护单位名单的通知①

(2010 年 6 月 18 日　辽政发〔2010〕21 号)

各市人民政府,省政府各厅委、各直属机构:

省政府批准省文化厅确定的第一批全省珍贵古籍名录(1013 部)和第一批全省古籍重点保护单位(2 个)名单,现予公布。

各地区、各部门要继续认真贯彻《辽宁省人民政府办公厅关于进一步加强全省古籍保护工作的意见》(辽政办发〔2007〕75 号)精神,遵循"保护为主、抢救第一、合理利用、加强管理"的指导方针,加大保护工作力度,进一步做好全省古籍保护工作。

附件 1:第一批全省珍贵古籍名录(1013 部)(略)

附件 2:第一批辽宁省古籍重点保护单位(2 个)

沈阳市图书馆

辽宁大学图书馆

---

① 该文件原文来自辽宁省人民政府网站(http://www. ln. gov. cn/),检索日期:2013 年 7 月 30 日。

辽宁省人民政府关于公布第二批全省珍贵古籍名录和 第二批全省古籍重点保护单位名单的通知①

（2012 年 12 月 18 日　辽政发〔2012〕45 号）

各市人民政府,省政府各厅委、各直属机构:

省政府批准省文化厅确定的第二批全省珍贵古籍名录(1060 部)和第二批全省古籍重点保护单位(2 个)名单,现予以公布。

各地区、各部门要继续认真贯彻《辽宁省人民政府办公厅关于进一步加强全省古籍保护工作的意见》(辽政办发〔2007〕75 号)精神,遵循"保护为主、抢救第一,合理利用、加强管理"的指导方针,不断加强、完善保护措施,进一步做好全省古籍保护工作。

附件 1:第二批辽宁省珍贵古籍名录(1060 部)(略)

附件 2:第二批辽宁省古籍重点保护单位名单(2 个)

辽宁省档案馆

沈阳师范大学图书馆

吉林省

吉林省县(市)图书馆工作基本规则(初稿)②

（1964 年 6 月 14 日　(64)群文字 13 号）

吉林省县级图书馆、文化馆设施建设专项补助资金管理办法③

（2002 年 12 月 1 日　吉林省人民政府）

为加强对中央补助我省县级图书馆、文化馆设施建设(以下简称"两馆"建设)资金的规范化管理,提高专项资金的使用效益,根据国务院办公厅转发《文化部、国家计委、财政部关于进一步加强基层文化建设指导意见的通知》(国办发〔2002〕7 号)、《国家计委、文化部关于"十五"期间加强基层公共文化设施建设的通知》(计社会〔2002〕2257 号)和国家关于基本建设项目管理的有关规定,特制定本办法。

第一条　"两馆"建设专项补助资金为国家补助资金,实行定额补助、统一管理、分级负责的管理办法。补助范围为已列入国家"十五"期间补助规划的有馆无舍或馆舍面积低于

---

①　该文件原文来自辽宁省人民政府网站(http://www.ln.gov.cn/),检索日期:2013 年 7 月 30 日。

②　该文件原文缺,文件信息依据《中国图书馆百年纪事》(陈源蒸等,2004)186 页提供线索著录。

③　该文件原文来自吉林省文化厅网站(http://wht.jl.gov.cn/),检索日期:2013 年 10 月 24 日。

300 平方米的县级公共图书馆、文化馆建设项目。

第二条　省文化厅负责该专项补助资金的财务管理。

第三条　项目申报程序。列入建设规划的项目,由项目所在县计委和文化部门在每年年底之前,将下一年度的项目建设计划报市州计委和文化局审核,然后报省计委和省文化厅。省里将根据项目建设进度、配套资金落实等情况,本着突出重点的原则,确定下一年度项目计划,并上报国家计委和文化部。

第四条　项目申报内容。已列入国家补助规划的"两馆"建设项目,申报时需提供如下资料:

(一)项目专项资金申请报告,包括:项目名称、地点及用地状况、建设内容、建设规模、建设时间、总投资、拟申请专项投资资金数额、县级政府配套资金承诺;

(二)当地计委的立项批文;

(三)项目建设的设计方案、预算、施工合同;

(四)项目建设开工许可证。

第五条　建立项目法人责任制,实行项目建设任务目标责任制。各项目所在县(市)文化局主要负责人为项目实施责任人,并对本项目建设内容、规模、投资等负全责。建设过程中严格实行招投标制、项目监理制和合同制,严格工程质量管理。项目建设规模、标准要切合实际,不留资金缺口。

第六条　项目监督和管理

(一)实行报审制度。每一个项目的规划、设计、施工方案都必须报省计委和省文化厅会审,方案通过后方可实施。

(二)实行工程进度报告制度。工程开工后,每半年向省计委、省文化厅报告工程进度,以便及时掌握工程进展,按进度拨付资金。

(三)实行检查验收制度。建设项目完工后,要向省计委、省文化厅报送建筑外形、内部主要功能布局照片资料、资金决算表和工程竣工验收报告一套。省计委和省文化厅也将视情况对项目进行实地验收。

第七条　资金管理

(一)国家专项补助资金必须专款专用,不得挪用。对违反规定截留、挪用的,将及时予以纠正,并严肃处理。

(二)项目建设以当地政府承诺的配套资金为主,并限期投入,省计委、省文化厅在接到国家专项资金通知后,按工程进度下拨。

(三)已批准的建设项目,在一年内未动工或地方资金不到位的,则停止拨付该项目的补助资金。

第八条　"两馆"设施建设是社会公益设施建设的重要组成部分,地方政府要为其顺利实施创造良好的外部环境,在征地、拆迁和税费减免等方面给予优惠。

第九条　罚则

(一)凡在项目建设过程中违反规定并造成重大损失的,首先追究项目负责人的责任。

(二)凡未按批准的方案、内容建设或擅自改变资金用途的单位,要严肃处理,并取消专项补助资金。

(三)凡地方配套资金不到位的,则暂缓或停止拨付专项补助资金。

（四）凡不按规定程序办理竣工验收手续的县（市），今后不再安排其他专项补助资金。

第十条 本办法由省文化厅负责解释。

第十一条 本办法自 2002 年 12 月 1 日起施行。

吉林省人民政府办公厅关于进一步加强古籍保护工作的意见①

（2007 年 7 月 18 日　吉政办发〔2007〕35 号）

各市（州）人民政府，长白山管委会，各县（市）人民政府，省政府各厅委、各直属机构：

为认真贯彻落实《国务院办公厅关于进一步加强古籍保护工作的意见》(国办发〔2007〕6 号)精神，抢救、保护和利用我省珍贵古籍，继承和弘扬优秀传统文化，推动社会主义先进文化建设，为振兴吉林老工业基地提供精神动力和智力支持，经省政府同意，现就做好我省古籍保护工作提出以下意见；

一、充分认识古籍保护工作的重要性和紧迫性

古籍是前人留给我们的宝贵财产，是中华民族五千年文明历史的见证。保护和利用好这些古籍，不仅有利于传承和弘扬中华民族优秀的传统文化，而且有利于联结民族情感，维护国家统一、推进和谐社会的构建。

千百年来，勤劳质朴的吉林人民创造了悠久的历史、古老的文明和灿烂的文化，同时也留传下来大量古代文献典籍。近年来，在各地区、各有关部门和全社会的共同努力下，我省古籍保护工作取得了一定成绩，但也存在许多问题和不利因素，如现存古籍底数不清、保存条件差、修复手段落后、保护和修复人才匮乏、部分珍贵古籍酸化、脆化严重等，一些古籍甚至面临失传的危险，古籍保护形势严峻。各市（州）人民政府、各有关部门要认真学习领会国办发〔2007〕6 号文件精神，从对国家和历史负责的高度，充分认识保护古籍的重要性，进一步增强责任感和紧迫感，努力完善古籍保护工作体系，切实做好我省古籍保护和修复工作。

二、加强古籍保护工作的指导思想、基本方针和总体目标

（一）指导思想。坚持以邓小平理论和"三个代表"重要思想为指导，全面贯彻和落实科学发展观，加大古籍保护工作力度，建立科学有效的古籍保护制度，提高全社会的古籍保护意识，充分发挥古籍在传承中华文化、提高人民群众思想道德素质和科学文化素质、增强民族凝聚力、促进社会主义先进文化建设中的重要作用。

（二）基本方针。贯彻"保护为主、抢救第一、合理利用、加强管理"的方针。坚持依法保护和科学保护的原则，正确处理古籍保护与利用的关系，统筹规划、分类指导、突出重点、分步实施。

（三）总体目标。"十一五"期间，结合"中华古籍保护计划"和"十一五"国家古籍整理重点图书出版规划的要求，全面、科学、规范地开展古籍保护工作。对全省公共图书馆、博物馆和教育，宗教、民族、文物等系统的古籍收藏和保护状况进行全面普查，建立吉林省古籍联合目录和古籍数字资源库；实现古籍分级保护，积极申报《国家珍贵古籍名录》；加强古籍修

---

① 该文件原文来自"律商网"数据库，检索日期：2013 年 7 月 30 日。

复工作,培养一支具有较高水平的古籍保护修复队伍,建立健全完善的古籍保护工作体系,使我省古籍得到全面有效的保护。

三、突出重点,科学规范地开展古籍保护工作

(一)全面开展古籍普查登记工作,摸清底数。从 2007 年 6 月份开始,用 3 到 5 年时间,在全省范围内组织开展古籍普查登记工作,全面了解和掌握各级图书馆、博物馆等单位及民间所藏古籍情况。吉林省图书馆作为全省古籍普查工作的省级中心,要在完成对本单位古籍进行详细清点和整理编目的基础上,负责全省古籍普查登记工作,及时将普查结果上报国家图书馆,并组织专家依据文化部制定的《古籍定级标准》进行定级。各市(州)图书馆负责本地区的古籍普查登记工作。教育、宗教、民族、文物部门要结合本部门实际,制订本系统古籍普查方案并积极组织实施,将普查结果及时汇总到省图书馆。留存于民间的古籍可到收藏人(单位)所在地的市(州)图书馆登记。

(二)建立《吉林省珍贵古籍名录》和古籍综合信息资源库。在全面普查基础上,集中骨干力量,建立《吉林省珍贵古籍名录》和古籍综合信息资源库。对列入《吉林省珍贵古籍名录》的古籍,收藏单位要按有关要求完善保护措施,切实做好保护工作。同时,遴选具有较高历史价值、文物价值、艺术价值和科学价值的古籍申报《国家珍贵古籍名录》。

(三)改善古籍保管条件,命名省级古籍重点保护单位。建立健全古籍书库的建设标准和技术标准,改善古籍保管条件,完善安全措施,保障古籍安全。对古籍收藏量大、善本多、具备一定保护条件的单位,经省政府批准,命名为省级古籍重点保护单位,并作为财政投入和保护的重点。对省级古籍重点保护单位,要定期进行评估、检查。

(四)切实做好古籍保护与修复工作。集中资金和骨干力量有计划地对破损古籍进行修复,重点做好列入《吉林省珍贵古籍名录》和濒危古籍的修复工作。各古籍收藏单位要建立修复档案,按照有关技术标准和规范对古籍进行修复,确保修复质量。要将传统修复技艺与现代技术相结合,充分吸收国外先进技术和经验,提高古籍修复水平。

(五)认真做好古籍的整理、出版和研究利用。要按照国家制订的古籍数字化标准,规范古籍数字化工作,建立古籍数字资源库。加快对少数民族古籍的整理与翻译工作。组织相关人员积极开展古籍研究利用工作。出版部门要主动做好古籍资料的整理、编辑、出版和印刷工作,利用现代印刷技术,推进古籍影印出版工作,有效解决古籍善本的收藏和利用之间的矛盾。

(六)加强古籍保护工作人才培养。各级政府要重视和加强古籍保护人才的培养工作,要制订规划,多渠道、分层次培养古籍保护人才。各有关部门要积极组织开展古籍保护工作人员的在职培训工作,加强少数民族古籍翻译、整理,出版和研究人才的培养,在有条件的高等院校设置古籍保护和修复专业,培养一批技术精湛,素质较高的古籍修复人才。

四、加强领导,协同配合,共同做好古籍保护工作

各级政府和有关部门要充分认识古籍保护工作的重要意义,明确工作目标和任务,切实加强领导,把古籍保护工作作为一项重要内容列入工作日程,采取积极有效措施切实做好古籍保护工作。

(一)建立古籍保护工作协调机制。为加强我省古籍保护工作的协调和领导,建立由省文化厅牵头,省发展改革委,省财政厅、省教育厅、省科技厅、省民委(省宗教局)、省新闻出版局等部门组成的吉林省古籍保护工作厅际联席会议,联席会议办公室设在省文化厅,承担日常工作。厅际联席会议各成员单位要按照现有职能分工,认真履行职责,密切配合,共同做好古籍保护工作。各市(州)也要建立相应的工作机制,组织实施本地区的古籍保护工作。各市(州)人民政府要将古籍保护作为文化遗产保护工作的重要内容,明确工作目标和任务,认真落实保护措施,建立健全古籍保护责任制度和责任追究制度。要充分发挥专家在古籍修复、保护、研究等方面的作用,推进古籍保护工作的有效开展。

(二)加大古籍保护资金投入力度。各级财政部门要对本地区古籍普查,修复、出版及数字化等工作给予必要的资金支持。要制定鼓励政策,积极吸纳社会资金参与、支持古籍保护工作。

(三)加强宣传,提高公众的古籍保护意识,营造全社会共同支持和参与古籍保护事业的良好氛围。通过广播、电视、报刊、互联网等新闻媒体宣传普及古籍保护知识,展示保护成果,培养公众的保护意识。文化部门要通过各级图书馆、博物馆开展讲座、展览、研讨会等形式宣传古籍保护等相关知识,促进古籍的保护、利用和文化传播。通过宣传,扩大社会影响,为全面开展古籍保护工作创造良好的外部环境,争取社会各界对古籍保护工作的支持。

黑龙江省

黑龙江省市、县图书馆工作暂行条例[①]

(1979 年 6 月 12 日　黑龙江省文物管理委员会)

第一章　性质及任务

第一条　市、县图书馆(包括地区图书馆和城市区图书馆)是国家举办的综合性公共图书馆。它的任务是在马克思主义、列宁主义、毛泽东思想指导下利用图书、报刊和科技情报资料为社会主义现代化建设服务,为提高中华民族的科学文化水平服务,为宣传实现四个现代化的政治任务以及党关于实现四个现代化的理论、方针、政策服务。

市、县图书馆在工作中应当认真贯彻"百花齐放、百家争鸣","古为今用、洋为中用"的方针,坚持为工农兵服务,为社会主义服务的方向。

第二条　市、县图书馆要把工作着重点转移到社会主义现代化建设上来。主要做好两项工作:1. 积极为科学研究,技术革命,技术革新,生产建设服务;2. 积极为提高广大群众和青少年的科学文化水平服务。各馆根据具体条件应当有所侧重。较大的市图书馆应以第一项为主,同时做好第二项工作,较小的市馆和县馆以及城市的区馆应以第二项为主,同时也要积极创造条件做好第一项工作。

第三条　市、县图书馆应当坚持以业务工作为中心,以阵地工作为基础。要认真做好三

---

① 该文件原文来自《中华人民共和国现行文化法规汇编》(国务院法制局,1987),原文页次:615—621。

项基本业务工作：一是有计划地进行图书、报刊、科技情报资料的采购、征集、收藏、管理工作；二是要千方百计开展书刊资料的借阅流通工作和书目索引检索咨询工作；三是积极建立各种类型图书馆的协作组织，开展书刊资料的协调和馆际互借工作，开展图书馆学的理论、技术方法研究和业务辅导工作。要使各市、县图书馆在本地所有各种类型图书馆(室)中成为藏书、目录、图书馆网建设、组织书刊互借和业务研究、业务辅导的中心。

市、县图书馆要加强政治思想工作，要把政治思想工作落实到各项业务工作中去，保证和促进各项业务工作的开展。要保证业务人员有六分之五的时间从事业务工作。要把业务工作水平高低，成绩大小，作为衡量一个图书馆工作的主要标准。

第二章　藏书建设及管理

第四条　书刊资料是图书馆工作的物质基础。各市、县图书馆都应当积极地有计划地建立起既有公共图书馆的特点又具有地方特点的藏书体系。要重点征集采购马列主义、毛主席著作，各门基础科学、科普读物、地方文献、各种参考工具书以及本地生产科研需要的技术科学书刊和情报资料。

为了做好书刊采购工作，各馆应认真做好调查研究，制定采购条例和采购计划。要不断提高入藏书刊的质量，减少死书和缩小压架书的比例。规定的报刊和图书购置费不准他用。

第五条　市、县图书馆统一使用《中国图书馆图书分类法》(中、小型馆使用《中图法中、小型馆使用本》)进行图书分类。入馆书刊应在一周内分编完毕，供读者使用。过去用其他分类法分编的图书，都要尽快改用《中图法》。

凡列入馆藏的各种书刊和科技情报资料都是国家财产，必须盖藏书章，并要进行登记和验收。丢失、损坏、剔除图书必须及时注销。

第六条　健全目录组织。各市、县图书馆最少要设立两套公务目录，一套是书名目录(按汉语拼音音序排列)；另一套是分类目录(兼做典藏目录)。各馆还可以根据服务设施和工作需要设立若干套读者目录和公务目录。提倡设立为科学研究和生产建设服务的各种专题目录和主题目录。

第七条　市、县图书馆应将图书区分为基本藏书和辅助藏书(有条件的馆应当设立基本藏书库和辅助藏书库分别管理)。基本藏书代表本馆的藏书质量，入馆的每种图书都要入藏，保证品种的齐全。基本藏书一般只供馆内阅览使用，在必要时可供党政领导机关和科研生产急需使用。辅助藏书主要供读者内阅和外借使用。各馆可根据方便服务，方便管理的原则，按照本馆的条件，分设几个辅助库。如外借辅助库、内阅辅助库、科技辅助库、儿童辅助库等。

第八条　图书馆的书刊资料是国家财产，必须切实保管好。要建立健全书刊资料保管使用的责任制度。每年要清点一次藏书，做到财产账、藏书、目录三者相符，并把清点情况写入当年工作总结，向上级主管部门汇报。对丢失的图书要查明原因，追究责任，问题严重的要严肃处理。

第三章　图书流通工作

第九条　图书借阅工作是图书馆完成任务的基本手段，是图书馆第一线的工作。要千方百计增加图书借阅的总册数，加快图书流通的速度，扩大借阅图书的范围，降低馆藏图书的死书率。每年各馆都应当订出以上几项指标，作为检查工作的重要内容。

在借阅工作上，应采取以下几项措施：

尽可能延长开馆时间。县图书馆每周至少应开三十六小时。市图书馆每周最少要开四十二小时。对科研、生产、工作需要借阅的图书,在开馆时间之外还应尽量给予方便。闭馆或缩短开馆时间要经上级主管部门批准。

扩大阅览室面积,增加阅览室的座位。各馆至少要办好一个综合阅览室,有条件的图书馆还应增设科技阅览室或其他专题阅览室。各馆都应增设儿童阅览室或安排儿童阅览的时间。

加快图书流通速度。为了提高图书使用效率,应适当增加内阅图书的数量,外借图书要及时催还。应创造条件实行内阅和外借图书开架、半开架的办法。

应制订内阅和外借的工作制度,任何人都要按规定制度办理借书手续。为了加强借阅管理,加快图书周转,在借阅工作中可以采取适当的经济措施。

第十条 各市、县图书馆应加强为科研生产服务工作。主动与本地科研生产部门取得联系,了解对书刊资料的需要,编制有关目录。对重点项目要定点跟项,一跟到底,协助做好检索咨询和馆际互借工作,送书上门。对工农兵群众和青少年要大力开展各种形式的读书指导工作。要积极举办科学普及讲座,主动推广介绍各方面新的科学技术。

第四章 协作和辅导

第十一条 市、县图书馆开展本地各种类型图书馆的协作工作。在本地区科研和文教行政部门领导下,吸收本地各种类型的主要图书馆参加,组织本地区图书馆协作委员会。协作委员会由市、县图书馆担任主任馆,由其他较大的图书馆(室)担任副主任馆。

市图书馆还应当积极协助各主管部门把科研单位、工厂企业和学校的图书馆按行业建立起协作组织,开展经常性的馆网协作活动。

图书馆协作组织的主要工作是:(1)协调图书,编制联合书目,开展馆际互借;(2)交流业务经验;(3)开展图书馆业务技术方法研究,帮助图书馆干部提高业务水平。

第十二条 市、县图书馆对本地区范围内所有的各种类型图书馆(室)和科研资料室都负有业务指导的责任。要协助当地文化行政部门进行调查研究,总结推广典型经验,做好专业和业余图书馆干部的业务培训工作。要积极帮助工厂、农村、街道等基层单位建立图书室,解决业务工作问题,促进基层图书室的巩固发展。

第五章 业务机构和人员分工

第十三条 市、县图书馆应实行党支部领导下的馆长负责制。馆长负责贯彻执行图书馆的方针和政策,做好政治思想工作,组织全馆人员完成本馆的任务,负责全馆的计划总结,组织全馆的政治业务学习。馆长应该刻苦钻研图书馆业务,并直接参加一项或两项具体业务工作,掌握图书馆工作规律,增长业务领导能力。

第十四条 市、县图书馆工作人员的主要职责是贯彻执行图书馆的方针任务,努力完成本职工作。要刻苦钻研业务,既要掌握图书馆各项基本业务工作,又要有自己的业务专长。要努力提高马列主义、毛泽东思想水平,更多地掌握社会科学和自然科学知识,要学习外语和古汉语。

第十五条 市、县馆一般可按采编、借阅、协作辅导等项业务工作分设业务部、组或进行业务分工,各有专人负责。有条件的图书馆也可按自然科学、社会科学分设服务部、组,使服务工作专业化。县图书馆全部是业务人员,不设专职的行政人员。市图书馆的干部中业务人员要占90%以上。

第十六条　市、县图书馆的各项工作要有工作定额,要实行工作量考核制度。如:一个采编人员每年应分编一万册图书(包括登记、分类、著录、组织目录),一个外借工作人员,每天应接待七十到八十名读者(包括提书、还架、清理书库和搞好业务统计)。其他各项工作也应有质量和数量的定额。要把工作量的考核结果公布于众,作为评奖和晋级的参考。

第十七条　市、县图书馆一般应设馆员、助理馆员、实习馆员等职称。由省、地业务主管部门按统一的标准每年对干部进行一次业务考核,根据考核结果和实际工作情况,由市、县文化行政部门授予职称。市、县图书馆的研究员、副研究员、助理研究员等职称,按国家统一规定进行考核和任命。

第十八条　图书馆工作人员要力求稳定,对业务骨干不要轻易调动。对不适应做图书馆工作的人员要进行调整。今后招收馆员要具有高中以上文化水平,身体健康,经过一段时间工作并统一考核后,方能授予职称。图书馆的业务骨干是主要的依靠力量,要积极培养.大胆使用,对工作表现好,贡献突出的人员应给予奖励。

第十九条　市、县图书馆应及时向市、县文化行政部门汇报图书馆工作情况和存在的问题,每年应全面总结汇报一次各项业务指标完成情况。对房屋维修,职工的劳保设施,职工住房等问题也要及时汇报给上级文化主管部门安排解决。

第二十条　各市、县图书馆应根据本条例,制定本馆的书刊采购、分类、编目、书库管理、借阅、清点图书等工作细则和规章制度,报当地文化部门批准后执行。

本条例的各项具体规定如与上级有关规定抵触,则按上级规定执行。

上海市

上海市街道里弄图书馆工作条例①

(1962 年　上海市文化局)

关于整顿加强中小学图书馆工作的意见②

(1982 年 2 月 27 日　上海市教育局)

上海市高等学校图书馆主要业务工作的基本规定③

(1986 年 6 月 15 日　上海市高等学校图书馆工作委员会)

---

①　该文件原文缺,文件信息依据上海市地方志办公室网站(http://www.shtong.gov.cn/)提供线索著录。
②　该文件原文缺,文件信息依据《中国图书馆百年纪事》(陈源蒸等,2004)246 页提供线索著录。
③　该文件原文缺,文件信息依据《中国图书馆百年纪事》(陈源蒸等,2004)285 页提供线索著录。

上海市区县图书馆管理办法①

(1987 年 9 月 26 日　上海市人民政府)

第一章　总则

第一条　为了加强区县图书馆工作的管理,充分发挥区县图书馆在社会主义物质文明和精神文明建设中的作用,根据国家有关规定,结合本市实际情况,制定本办法。

第二条　本办法适用于本市区县图书馆及其分馆和少年儿童图书馆。

第三条　区县图书馆在区县文化局领导下开展工作,业务上接受上海市图书馆的指导。

第四条　区县图书馆是国家举办的综合性公共图书馆,是社会主义文化事业的组成部分,是社会文化教育机构,是本地区藏书、业务研究、辅导和馆际协作的中心。

第五条　区县图书馆的服务应面向社会,外借图书以本地区机关,团体、企业事业单位和居民为主。

第六条　区县图书馆的活动,要以社会效益为最高准则。其主要任务:

1. 宣传马克思列宁主义、毛泽东思想,宣传党和国家的方针、政策和法律;

2. 传播科学文化知识,丰富群众文化生活;

3. 开发文献信息资源,为本地区经济建设和社会发展做好信息咨询服务工作;

4. 科学采集书刊资料,搜集、整理、保存和借阅地方文献资料;

5. 对基层图书馆(室)进行业务辅导,开展馆际协作等活动。

第二章　馆舍和设置

第七条　区县人民政府应在本地区内设立区县图书馆和少年儿童图书馆,并根据本地区城乡建设发展的需要,相应设置区县图书馆的分馆。扩建和新建馆舍,应纳入市或区县基本建设规划。

第八条　区县人民政府应建设适应图书馆特点和需要的馆舍。

馆舍面积应根据居住区的人口数、藏书量和阅览座位的设置规模确定。

第九条　区县图书馆的藏书,应逐步达到本地区人均一册,阅览座位应达到本地区千人一席。

第三章　藏书建设

第十条　区县图书馆应根据本馆任务、地区特点和发展规划,制定采购原则,有计划、有选择和有重点地补充藏书。

第十一条　区县图书馆入藏书刊,应以中文书刊资料为主,并搜集、保存地方文献。入藏报纸以全国性和本市出版的为主,其他省级出版的报纸根据需要选订。

少年儿童图书馆应根据少年儿童的特点,入藏图书。

区县图书馆应创造条件,增添声像资料等新型知识载体的入藏。

第十二条　区县图书馆对入藏的书刊应及时验收登记。新到的图书应尽快分编、上架、投入流通,期限最长不超过十天;期刊应在收到的第二天投入流通,报纸应在收到的当天投

---

① 该文件原文来自《中华人民共和国现行文化法规汇编》(国务院法制局,1987),原文页次:606—613。

入流通。

第十三条 图书必须按照《中国图书馆图书分类法》和国家颁布的文献著录标准进行分类和著录,做到分类、编目的规范化、标准化。

第十四条 区县图书馆应分设读者目录和公务目录,读者目录和公务目录均应包括分类目录和书名目录。有条件的区县图书馆,可逐步增设著者目录。

区县图书馆应加强目录管理,经常检查补换目录,做到书卡相符。

第十五条 区县图书馆应设流通书库和备用书库。流通书库的藏书供阅览和外借使用,备用书库对流通书库起补充和调节作用。

第十六条 区县图书馆的藏书应定期清点,一般三年清点一次。除地方文献外,图书资料一般不留保存本,全国性和本市的主要报刊应适当保存一段时间,其他报刊可不保存。

第十七条 凡在日常流通中遗失、破损的书刊,应及时注销,失去流通价值的书刊,应定期清理剔除,以保证藏书质量。区县图书馆剔除报废书刊,应将剔除报废的原因、范围和处理办法报区县文化局批准后实行。

第十八条 区县图书馆除可根据国家有关规定停止某些书刊的公开借阅外,不得另立标准封存停阅书刊,不得对入藏和借阅的书刊作涂改和撕剪等技术处理。

第十九条 区县图书馆必须健全书库管理制度,切实做好图书的防火、防盗、防潮、防蛀和防鼠等防护工作,并做好图书的装订和修补等工作。

第四章 读者工作

第二十条 区县图书馆应加强读者服务工作,做到文明礼貌服务,不断提高服务效率和服务质量。

第二十一条 区县图书馆应挖掘潜力,尽量延长开放时间。区图书馆每周开放时间不得少于七十四小时,县图书馆每周开放时间不得少于四十二小时。因故暂停开放或缩短开放时间的,应报区县文化局批准,并事先对外通告。

第二十二条 区县图书馆应主要通过馆内阅览、个人和集体外借图书以及馆际互借图书等形式广泛流通图书,积极为读者服务。区县图书馆应逐步创造条件,实行开架借阅,开展缩微资料和声像资料的服务工作。

县图书馆应配备图书流动车,深入农村,开展图书流通等业务活动。

第二十三条 区县图书馆馆内阅览一般应分设图书阅览室和报刊阅览室,有条件的区县图书馆可设置分科阅览室和声像资料室。少年儿童图书馆应分设中、小学生阅览室,暂时无少年儿童图书馆的,应在区县图书馆内设置少年儿童阅览室,并办理少年儿童图书的外借。

第二十四条 区县图书馆应一至两年对领证读者进行一次复核整顿,并根据群众的需要,经常、广泛地发展新读者,不断提高藏书利用率。

第二十五条 区县图书馆应积极开展书刊参考咨询工作,主动为有关单位或个人提供信息资料,编制专题书目索引,做好专题跟踪服务。

第二十六条 区县图书馆应经常通过新书陈列展览、报告会、辅导讲座、座谈会,书刊评论介绍等方式,向读者推荐书刊,指导阅读。并应加强对少年儿童读者的阅读辅导。

第二十七条 区县图书馆应经常对读者进行爱护书刊的宣传教育,健全借阅制度。读者损坏书刊,应按有关规定予以赔偿。

对故意扰乱图书馆公共秩序、违反社会治安管理的人,经馆内工作人员劝阻教育无效的,区县图书馆可提请公安部门依法处理。

第五章 业务辅导

第二十八条 区县图书馆应加强对本地区街道、乡镇图书馆(室)的业务辅导,有步骤地做好对街道、乡镇图书馆(室)工作人员的业务培训,帮助他们提高业务水平。

第二十九条 区县图书馆应加强调查研究,掌握本地区街道、乡镇图书馆(室)的基本情况、动态和存在问题,并及时向有关部门反映情况,提出建议,促进基层图书馆事业的发展。

第三十条 区县图书馆应加强与本地区工厂、中小学等单位图书馆(室)的联系,在书刊采购、交换,馆(室)际互借和干部培训等方面进行协作,逐步形成本地区的图书馆网。

第六章 经费和设备

第三十一条 区县图书馆经费由地方政府财政拨款,主管部门应保证必要的经费。随着区县图书馆事业的发展,图书购置费和业务活动费应逐年有所增加。

图书购置费必须专款专用。

第三十二条 区县图书馆在努力搞好本职工作的基础上,可根据社会需要,因地制宜地开展复印、专题咨询、举办辅导班等有偿服务。其所得收入,按有关规定合理分成使用。

第三十三条 区县图书馆应有计划地添置图书馆必要的专用设备,逐步实现图书馆管理和服务手段的现代化。

第七章 工作人员

第三十四条 区县图书馆的人员编制,应随着图书馆规模的扩大、业务工作量的增加以及社会经济的发展,相应有所增加。

第三十五条 区县图书馆应尽量减少非业务人员,行政工作人员的比例不得超过18%。区县图书馆可聘用临时工承担非业务性的辅助工作。

第三十六条 区县图书馆实行馆长负责制。馆长负责领导全馆的业务、行政工作。

馆长应由具备较高的政治、文化、业务水平,能胜任本职工作的人员担任。

第三十七条 区县图书馆业务工作人员应具有较好的政治,业务素质和高中以上文化程度,其中大专以上文化程度应不少于总编制的20%。

第三十八条 区县图书馆招收工作人员,应进行考核,并试用一年。不符合条件者,不予录用。

第三十九条 区县图书馆应根据国家有关规定,对工作人员进行专业职务评定,实行专业职务聘任制。

第四十条 区县图书馆工作人员不得随意借调,对不适应从事图书馆工作的人员,应适当调整。

第四十一条 区县图书馆应重视和支持在职工作人员学习进修,不断提高工作人员的文化、业务水平。

第四十二条 市和区县有关主管部门和区县图书馆应重视改善区县图书馆工作人员的工作和生活条件,保障他们的劳动保护和福利待遇。

第八章 附则

第四十三条 区县图书馆应在上海市图书馆的指导下,根据本办法制订工作细则,报区县文化局批准后实行。

第四十四条　本办法由市文化局解释。

第四十五条　本办法经市人民政府批准,自一九八七年十月一日起施行。

※本办法于 1996 年 11 月 28 日根据《上海市公共图书馆管理办法》废止。

上海市公共图书馆管理办法^①

（1996 年 11 月 28 日　沪府发〔1996〕64 号）

第一章　总则

第一条　（目的）

为了加强对本市公共图书馆的管理,充分发挥公共图书馆在社会主义物质文明和精神文明建设中的作用,推动公共图书馆事业的发展,满足人民群众对科学、文化知识的需求,制定本办法。

第二条　（定义）

本办法所称的公共图书馆,是指政府举办的,向社会公众开放的收集、整理、保管和利用图书、报刊、音像制品、电子出版物等书刊资料的公益性文化机构,包括市图书馆、区(县)图书馆和街道(乡、镇)图书馆。

第三条　（适用范围）

本办法适用于本市行政区域内公共图书馆的设置、使用及其监督管理。

第四条　（主管部门和协管部门）

上海市文化广播影视管理局(以下简称市文广影视局)对全市公共图书馆实施统一管理。各区(县)文化行政管理部门按照管理权限,负责本辖区内公共图书馆的管理。

各级财政、规划、人事、物价、建设、教育、新闻出版、房产、土地和邮电管理部门应当根据各自职责,协同文化行政管理部门实施本办法。

第五条　（设置原则）

各级人民政府和街道办事处应当根据本地区的人口分布情况和图书馆事业的发展需要,对辖区内各级公共图书馆的设置实行统筹规划。

公共图书馆按照行政区域分级设置。有条件的地区,应当设置独立建制的少年儿童图书馆;无独立建制少年儿童图书馆的地区,应当在公共图书馆内开设少年儿童图书室。

第六条　（管理原则）

本市公共图书馆的管理,实行统一领导、分级负责、专业管理的原则。

第二章　设置

第七条　（设计方案的备案）

新建、改建、扩建公共图书馆,建设单位应当按照下列规定将图书馆的设计方案报送文化行政管理部门备案:

(一)市和区(县)图书馆的设计方案报市文广影视局备案;

(二)街道(乡、镇)图书馆的设计方案报区(县)文化行政管理部门备案。

---

① 该文件原文来自上海市人民政府网站(http://www.shanghai.gov.cn/),检索日期:2013 年 9 月 30 日。

第八条 （馆舍面积）

区(县)图书馆的建筑面积应当达到 5000 平方米以上;街道(乡、镇)图书馆的建筑面积应当达到 100 平方米以上。

市图书馆建筑面积的要求,由市文广影视局另行规定。

第九条 （阅览座位）

区(县)图书馆的阅览座位总数与本区(县)内街道(乡、镇)图书馆的阅览座位总数之和,应当达到本区(县)人口总数的 2‰。

区(县)图书馆的阅览座位应当达到 500 席以上;街道(乡、镇)图书馆的阅览座位应当达到 50 席以上。

第十条 （布局要求）

公共图书馆分为阅览用房、藏书库房、办公用房和其他用房。

公共图书馆可以根据工作需要,开设图书、报刊、音像制品和电子出版物等阅览室。

第十一条 （设置登记）

市和区(县)图书馆应当自设置之日起 30 日内,向市文广影视局办理设置登记手续;街道(乡、镇)图书馆应当自设置之日起 30 日内,向区(县)文化行政管理部门办理设置登记手续。

第十二条 （改变公共图书馆使用性质的限制）

公共图书馆的阅览用房和藏书库房必须严格管理和保护,不得占用。

禁止在公共图书馆内设置营业性文化娱乐场所。

第十三条 （终止与变更）

公共图书馆合并、分立、撤销的,应当按照本办法第十一条规定的程序,向文化行政部门办理设置登记或者撤销手续。

公共图书馆变更馆址、馆名的,应当按照本办法第十一条规定的程序,向文化行政部门办理备案手续。

第三章　书刊资料的收藏

第十四条 （收藏量）

区(县)图书馆书刊资料的收藏量应当达到 50 万册以上;街道(乡、镇)图书馆书刊资料的收藏量应当达到 1 万册以上。

市图书馆书刊资料收藏量的要求,由市文广影视局另行规定。

第十五条 （收藏重点）

市图书馆重点收藏专利文献、标准文献、本市的地方文献和国内出版社、报社、杂志社等出版单位出版的报刊、丛书、多卷书以及国外主要出版物;

区(县)图书馆重点收藏本区(县)的地方文献和本市出版社、报社、杂志社等出版单位的主要出版物。

第十六条 （目录管理）

公共图书馆应当及时对入馆的书刊资料进行验收、登记、分类、编目,并建立完善的书刊资料目录系统,安排专人负责管理,做到定期检查核对,保持书刊资料与目录相符。

书刊资料的分类、编目工作,按照国家规定的统一标准进行。

市和区(县)图书馆应当建立书刊资料目录数据库,实现计算机联网检索。

第十七条 （投入借阅的时间要求）

公共图书馆的书刊资料投入借阅的时间要求是：

（一）报纸在收到的当天投入借阅；

（二）期刊自收到之日起 2 日内投入借阅；

（三）其他书刊资料自收到之日起 15 日内投入借阅。

第十八条 （书刊资料的清理）

公共图书馆应当定期做好书刊资料的清理工作,并将清理结果报市文广影视局或者区（县）文化行政管理部门备案。

第十九条 （出版物样本的送缴）

除特殊种类或者出版数量较少的出版物外,本市出版社、报社、杂志社等出版单位应当自本单位出版书刊资料之日起 30 日内,将样本送缴市图书馆收藏,具体送缴办法由市文广影视局另行制定。

第四章　工作人员、设备与经费

第二十条 （馆长的条件）

公共图书馆设馆长 1 名,副馆长若干名。市图书馆馆长应当由具有高级专业技术职称的人员担任,区（县）图书馆馆长应当由具有中级以上专业技术职称的人员担任。

第二十一条 （工作人员的配备）

市和区（县）图书馆应当配备一定数量的专业技术人员和管理人员,具体要求由市人力资源社会保障行政部门会同市文广影视局另行规定。

街道（乡、镇）图书馆应当配备具有初级以上专业技术职称的专业技术人员。

第二十二条 （培训与考核）

市文广影视局和区（县）文化行政管理部门应当定期对公共图书馆的专业技术人员和管理人员进行业务培训与考核。

第二十三条 （专用设备的配置）

公共图书馆应当根据工作需要,逐步配置电子计算机和视听、复印、缩微、传真等专用设备。

第二十四条 （经费保证）

市和区（县）图书馆的经费,分别由市和区（县）财政拨付。

街道（乡、镇）图书馆的经费,由街道办事处（乡、镇人民政府）予以保证,区（县）人民政府给予适当的支持。

公共图书馆的经费应当根据国民经济和公共图书馆事业的发展,逐年有所增加。

公共图书馆的建设资金可以多渠道筹集。政府鼓励单位和个人向公共图书馆捐资、捐书。

第二十五条 （书刊资料购置费使用的监督）

公共图书馆的书刊资料购置费必须专款专用。

公共图书馆书刊资料购置费的使用,受财政、审计主管部门的监督。

公共图书馆应当于每年 1 月,将上一年度书刊资料购置费的使用情况向其上级主管部门和文化行政管理部门报告。

第五章　读者服务工作

第二十六条　（开放时间）

各级公共图书馆每周开放的时间应当达到下列标准：

（一）市图书馆为 70 小时以上；

（二）区（县）图书馆为 63 小时以上；

（三）街道（乡、镇）图书馆为 49 小时以上；

（四）独立建制的少年儿童图书馆和公共图书馆开设的少年儿童图书室为 36 小时以上。

市和区（县）图书馆应当每天（包括节假日）向读者开放。独立建制的少年儿童图书馆与公共图书馆开设的少年儿童图书室周六、周日和学生寒暑假期间每天的开放时间不得少于 8 小时。

第二十七条　（借阅方式）

公共图书馆可以采用馆内借阅、外借阅读（包括邮寄、电话预约等）、流动借阅等多种服务方式。

第二十八条　（借阅范围）

除国家规定对某些书刊资料停止公开借阅外，公共图书馆不得另立标准，限定书刊资料的公开借阅范围。

第二十九条　（阅读指导）

公共图书馆应当采用图书展览、辅导讲座和组织群众性读书活动等多种形式，向读者推荐优秀读物，指导读者阅读。

第三十条　（信息服务）

公共图书馆的工作人员应当为读者提供书刊资料信息，解答读者有关阅读方面的咨询，指导读者查找书刊资料。

公共图书馆应当根据读者需求，为读者做好专题信息收集、参考资料编写和书刊资料的代查、代译等工作。

第三十一条　（读者义务）

读者应当自觉遵守公共图书馆的借阅规则，馆内借阅时应当出具有效身份证件；需外借阅读的，应当办理外借证件。

读者应当爱护公共图书馆的书刊资料和其他公共设施。损坏、遗失书刊资料的，应当予以赔偿，赔偿标准由市文广影视局另行规定。

第三十二条　（收费规定）

公共图书馆对图书、报刊借阅实行免费服务。

公共图书馆为读者收集专题信息，编写参考资料，提供音像制品、电子出版物借阅服务或者进行代查、代译、复印书刊资料等工作时，可以适当收取费用。具体收费标准由市文广影视局会同市财政局、市物价局另行规定。

第六章　辅导与协作

第三十三条　（业务辅导）

市和区（县）图书馆应当设立业务辅导机构，协助文化行政管理部门做好对本地区基层图书馆的情况调查和业务辅导工作。

第三十四条　（业务协作）

公共图书馆之间应当互相合作,并加强与其他系统图书馆的联系,在书刊资料采购、交换和借阅服务等方面进行协作,实现馆藏资源共享。

第七章　奖惩

第三十五条　(奖励)

对向公共图书馆捐资、捐书以及其他为公共图书馆事业发展做出贡献的单位和个人,市文广影视局和区(县)文化行政管理部门应当给予奖励。

第三十六条　(对违反本办法规定的处理)

违反本办法规定,有下列行为之一的,由市文广影视局或者区(县)文化行政管理部门责令补办有关手续或者限期改正;情节严重的,给予通报批评:

(一)新建、改建、扩建公共图书馆未按规定将图书馆的设计方案报送文化行政管理部门备案的;

(二)占用公共图书馆阅览用房或者藏书库房的;

(三)合并、分立、撤销公共图书馆或者变更公共图书馆馆址、馆名未办理登记、备案手续的;

(四)将书刊资料购置费挪作他用的;

(五)未按时向读者开放公共图书馆的;

(六)任意限定书刊资料公开借阅范围的。

违反本办法规定,擅自向读者收取服务费用或者超额收取服务费用的,由市文广影视局或者区(县)文化行政管理部门责令限期返还违法收取的费用,向读者公开赔礼道歉;情节严重的,给予通报批评。

第八章　附则

第三十七条　(里弄、村图书室的设置)

街道办事处和乡、镇人民政府应当对辖区内里弄图书室和村图书室的设置进行统筹规划。里弄和村设置图书室的具体办法由市文广影视局另行制定。

第三十八条　(应用解释部门)

本办法的具体应用问题,由市文广影视局负责解释。

第三十九条　(施行日期)

本办法自 1997 年 1 月 1 日起施行。1987 年 9 月 26 日上海市人民政府批准的《上海市区县图书馆管理办法》同时废止。

※ 本办法于 1996 年 11 月 28 日经上海市人民政府发布,于 2010 年 12 月 20 日根据《上海市人民政府关于修改〈上海市农机事故处理暂行规定〉等 148 件市政府规章的决定》最新修正。

上海市公共图书馆行业服务标准(试行)①

(2007 年 3 月 14 日　上海市人民政府)

一、总则

1. 为提高公共图书馆服务水平,规范公共图书馆服务行为,自觉接受社会公众监督,促

---

① 该文件原文来自上海市文化广播影视管理局网站(http://wgj. sh. gov. cn/),检索日期:2013 年 7 月 30 日。

进和保障上海市公共图书馆事业发展,根据国务院颁布的《公共文化体育设施条例》和上海市人民政府颁布的《上海市公共图书馆管理办法》,制定本标准。

2. 本标准适用于上海市的市、区县和街道(乡镇)公共图书馆,包括设置在社区文化活动中心内的图书馆和少年儿童图书馆(或服务区域)。

3. 公共图书馆要始终坚持"以人为本"和"读者第一,服务至上"的服务宗旨,从方便读者出发,向读者提供便捷的、人性化的服务。

4. 公共图书馆服务除应执行本标准外,还应遵守国家和上海市现行的有关规定。

二、服务设施与环境

5. 公共图书馆作为公益性的公共文化服务机构,其馆舍主要用于公益性服务。市、区县图书馆公益性服务建筑面积[注1]须占馆舍建筑总面积的80%以上,社区图书馆须在90%以上。

6. 无独立建制少年儿童图书馆的区县和街道(乡镇),应在本区县和街道(乡镇)图书馆内设立单独的少年儿童服务区域,其建筑面积不低于馆舍文献服务建筑总面积[注2]的10%[注3]。

7. 公共图书馆服务区域环境清洁、整齐,保持良好的采光照明和适宜的空气流通。阅览区域应保持安静,书库及外借、阅览区域要定期消毒,盥洗室无异味。夏、冬两季的服务区域室内温度应符合国家有关规定。

8. 公共图书馆在馆外须有醒目的馆名牌,馆内有楼层设施分布图,通道有明确的指引牌,办证方法、借阅规则、收费标准、便民措施、开放时间等规章制度及各类服务信息应向读者公示。使用文字和标识须符合国家有关规定。

9. 公共图书馆须设立无障碍设施,室外有方便残疾人进出通道,室内有残疾人卫生设备和电梯。没有电梯的公共图书馆应将适合残疾人的活动项目安排在底层,或有专人负责接待。无障碍设备应标识明显,符合国家有关规定。

10. 公共图书馆实行开架图书借阅服务的,书架间距与高度、阅览桌之间的通道宽度及每个阅览座位所占面积应遵守国家有关规定,方便读者。

三、服务对象和开放时间

11. 公共图书馆向社会公众开放,除本市居民外,还应包括外地、境外的来沪人员。少年儿童图书馆(区域)除向少年儿童服务外,还应接待家长和少年儿童工作者。

12. 公共图书馆实行全年开放制,节假日期间阅览、外借等对外服务窗口应正常开放。

13. 市和区县图书馆每周开放时间应在70小时以上,街道(乡镇)图书馆每周开放时间应在56小时以上[注4]。各级少年儿童图书馆(区域)每周开放时间应在36小时以上,在节假日和学校寒暑假期间应全天开放,每天开放时间不少于7小时。

14. 公共图书馆因故需暂时闭馆,须经上级文化行政主管部门同意后,提前一周向读者公告。

四、服务内容和方式

15. 公共图书馆须提供文献借阅、查询和阅读指导等服务;市和区县图书馆还须提供参考咨询、教育培训、讲座、展览及网上信息导航等服务。除国家规定和特藏文献外,公共图书馆不得另立标准限定文献借阅范围。

16. 公共图书馆应设立预约借书、电话(或网上)续借、流动图书站点及有特殊困难的读者送书上门等便民措施。

17. 读者出具有效身份证件即可进入公共图书馆阅览。读者外借文献资料,须办理图书外借证,并付图书押金。外借证使用期满应进行验证,但不得向读者收取费用。公共图书馆收取的图书外借证办理费和图书押金须经物价部门核准。

18. 公共图书馆为读者收集专题信息、编写参考资料,代查、代译、复印书刊资料等服务,以及发现读者外借图书逾期不还或损坏图书等情况,可以适当收取费用,收费标准须经物价部门核准。

19. 公共图书馆须确保不外泄读者提供的个人信息。

20. 市和区县图书馆应设立咨询服务台,解答读者有关阅读方面的咨询,指导读者查找书刊资料,主动为读者排忧解难。

21. 公共图书馆应设立寄包、失物招领等免费服务窗口,提供饮用水、放大镜、公用药箱等便民服务。市和区县图书馆须提供复印、打印、扫描、上网及夜间闭馆期间读者自助还书服务,方便读者。

22. 市和区县图书馆须建立网站,为读者提供网上服务。图书馆网站内容要及时更新。图书馆网站须设置书目查询、服务信息、读者信箱等网上服务项目,对读者在网上的咨询、投诉要及时回复。

23. 公共图书馆电子阅览室须关注读者上网情况。要引导未成年人控制上网时间,每天连续上网时间不宜超过 2 小时,每天下午 17 时之后须由家长陪同。

五、服务保障与监督

24. 公共图书馆须遵守知识产权法规,采购正版文献,不得向读者提供盗版文献(包括视听文献、电子文献)借阅服务。

25. 报纸须在到馆当天上架,期刊自收到之日起 2 个工作日内上架。新书到馆后,社区图书馆要在 4 个工作日内上架,区县图书馆在 7 个工作日内上架,市级图书馆在 15 个工作日内上架。

26. 图书排架按中图法分类号顺序排列整齐,开架图书错架率要低于 2%。开架书库内要有专人巡视,帮助读者尽快寻找到需要的书籍。

27. 工作人员须挂牌上岗,仪表端庄,接待读者应使用普通话,并文明用语。要严格遵守"首问责任"[注5],尽力为读者解决问题。

28. 工作人员要维持服务区域的安静,不在服务区域内聊天、接听私人电话、吃零食,在服务区域内走动时要保持轻声,不得影响读者。工作人员因故离岗时须设立提示牌或有其他工作人员替岗。

29. 馆内消防设施健全,标识明显,并保持消防通道畅通。雨天时要有防滑措施。有大面积玻璃门窗的公共图书馆须有醒目提示标志,以防发生意外。

30. 公共图书馆要在显著位置设立读者意见箱,公开监督电话,耐心倾听读者意见,虚心接受读者批评和投诉。对来自读者的意见或投诉要认真研究,及时回复。

31. 公共图书馆每年要定期开展读者满意率测评活动,了解读者对公共图书馆的满意度情况,对读者不满意的方面要及时整改,不断改善服务,提高服务质量。

六、附则

32. 本标准由上海市文化广播影视管理局负责解释。

33. 本标准自颁布之日起施行。

［注1］公益性服务建筑面积是指为读者提供的文献资料的目录查询、阅览外借、典藏书库和展览、讲座报告、培训场所及相配套的用房建筑面积。

［注2］文献服务建筑面积是指为读者提供目录查询、咨询、阅览、外借、开架书库和典藏书库的服务建筑面积。

［注3］馆舍建筑总面积超过1万平方米的公共图书馆,其少年儿童服务区域建筑面积要达到1000平方米以上。

［注4］《上海市公共图书馆管理办法》第26条规定:"区县图书馆每周开放时间为63小时以上;街道(乡镇)图书馆为49小时以上"。本标准根据社会公众需求和当前公共图书馆实际情况,规定区县图书馆每周开放时间为70小时以上,街道(乡镇)图书馆为56小时以上,目的是要求公共图书馆尽量延长开放时间,方便读者。

［注5］被读者首先询问的工作人员即为首问责任人。首问责任人对读者提出的问题或要求,无论是否属于自己职责(权)范围,都应尽自己所能给读者提供帮助。

关于公布第一批上海市珍贵古籍名录和
第一批上海市古籍重点保护单位名单的通知①

(2009年6月11日 沪文广影视〔2009〕835号)

市古籍保护工作联席会议各成员单位,各区县文化(广)局,市古籍保护中心:

市政府批准市文广局确定的第一批上海市珍贵古籍名录(共549部)和第一批上海市古籍重点保护单位(共8个)名单,现予公布。

我国是历史悠久的文明古国,拥有卷帙浩繁的文献典籍。这些文献典籍是中华民族的宝贵精神财富,是人类文明的瑰宝,保护和利用好珍贵文献典籍,对于继承和发扬民族优秀文化传统、增进民族团结和维护国家统一、增强民族自信心和凝聚力、建设社会主义核心价值体系、提高国家文化软实力,都具有重要意义。

上海的古籍保护工作在全国具有举足轻重的地位,古籍藏品无论是数量还是质量都在全国名列前茅,市、区县各部门、各单位要进一步贯彻"保护为主、抢救第一、合理利用、加强管理"的指导方针,以第一批上海市珍贵古籍名录和第一批上海市古籍重点保护单位的公布为契机,加强科学规划,加大工作力度,切实做好珍贵古籍的保护、管理和合理利用工作,使中华民族珍贵的文献典籍永泽后世。

附件:1. 第一批上海市珍贵古籍名录(549部)(略)

2. 第一批上海市古籍重点保护单位名单(8个)(略)

---

① 该文件原文来自上海图书馆网站(http://www.library.sh.cn/),检索日期:2013年7月30日。

关于公布第二批上海市珍贵古籍名录的通知①

(2010 年 6 月 1 日　沪文广影视〔2010〕885 号)

市古籍保护工作联席会议各成员单位,各区县文化(广)局,市古籍保护中心:

市政府已批准我局审定的《第二批上海市珍贵古籍名录》(共 258 部),现予以公布。

古代文献典籍是中华民族的宝贵精神财富,是人类文明的瑰宝,保护和利用好珍贵文献典籍,对于继承和发扬民族优秀文化传统、增进民族团结和维护国家统一、增强民族自信心和凝聚力、建设社会主义核心价值体系、提高国家文化软实力,意义重大。希望市、区县各相关部门、单位要进一步贯彻中央确定的"保护为主、抢救第一、合理利用、加强管理"的指导方针,继续加强普查力度,切实做好珍贵古籍的保护、管理和合理利用工作,使中华民族珍贵的文献典籍永泽后世。

特此通知。

附件:第二批上海市珍贵古籍名录(略)

江苏省

江苏省辖市馆创建"文明图书馆"评比实施细则②

(1988 年 7 月　江苏省文化厅)

为加强我省各级公共图书馆的思想建设、业务建设和作风建设,充分发挥图书馆在两个文明建设中的作用,根据中央《关于改进和加强图书馆工作的报告》通告精神,深化图书馆改革,提高图书馆的服务水平和服务质量,省文化厅于一九八八年二月二十七日,先后发出了《关于深入开展创建文明图书馆活动的通知》及《关于一九八八至一九八九年全省文明图书馆评比的意见》,根据以上文件的精神,结合我省省辖市馆的具体情况,特制定评比细则如下:

一、评比方法

(1)自报:各馆应认真地实事求是地对本馆工作进行全面总结,准备争创文明馆的书面材料。

(2)自评:各馆根据自己的实际情况,对照有关文明图书馆的评比细则,对本馆是否符合文明馆的条件做出评价。

(3)联查:由文化厅文明馆评比领导小组,各省辖市馆馆长和省馆辅导部主任组成联查

---

① 该文件原文来自上海图书馆网站(http://www.library.sh.cn/),检索日期:2013 年 7 月 30 日。

② 该文件原文来自《中华人民共和国现行文化法规汇编》(国务院法制局,1987),原文页次:700—706。

组,对自报、自评馆进行检查。

(4)打分:在听取被查馆全面汇报的基础上,联查组对自报,自评的馆进行实地考察检查,根据评比项目的要求和评分标准,对被查馆进行打分(被查馆馆长不参加评分)。

(5)评比:以得分多少为主要依据,结合实地考察、检查情况,根据指标比例,进行综合评选。

二、评分标准

项目	内容要求	评分细则	分值	得分
一 领导班子 建设 总40分	组织健全团结进取	领导团结,事业心强,党风正,作风好,目标一致,职责明确。	20	
	具有改革开拓与实干精神	思想解放,勇于革新。有工作计划和工作总结,有事业发展规划。	15	
	业务水平与科学管理水平	具有相当大专以上文化水平,有一定的业务知识和科学管理知识与水平。	5	
二 馆纪馆风 总35分	馆纪馆风	以"服务第一、读者至上"为宗旨,履行文明服务,讲究职业道德。	10	
		岗位责任清楚,规章制度健全,遵纪守法,秩序井然。	15	
		有较好的馆容馆貌,有一个整洁安静优美的看书环境。	10	
三 业务建设 总100分	书刊采集	采购方针明确,复本量合理,注重地方文献的收集。	10	
		购书费不低于总经费的40%,报刊占购书费的25%,年购书量不少于2万册(连环画除外)。	15	
		购书比例,社科60%,自科40%。	10	
	分类编目	确定《中图法》使用本及标准著录,差错率不高于3%(种)。	15	
		分编周期短,投入流通快,新书从进馆到流通不超过十五天。	10	
		目录健全,有专人管理,公务目录、读者目录均应设分类、书名目录各1套。	15	
	藏书管理	合理划分书库,专人管理,排架准确,书库整洁。	15	
		爱护书刊资料,安全防护好,四防措施落实(防火、防潮、防虫、防尘)。	10	

续表

项目	内容要求	评分细则	分值	得分
四 读者服务 工作 总 125 分	开放时间	开放时间每周不少于 48 小时。	15	
	读者组织工作	积极发展读者,有一支重点读者队伍,按外借库藏书量 10∶1 发借书证。	15	
	方便读者措施	扩大开架借阅,改进服务方式,扩大服务范围。	20	
	图书宣传和阅读辅导	做好阵地宣传,有组织地开展多形式、多层次的阅读辅导。	20	
	阅读成果和社会效益	注重服务效果,抓好信息反馈,社会效益显著。	20	
	严格规章制度	规章制度健全,并能认真执行,各项统计科学、准确。	20	
五 科技情报 工作 总 75 分	服务态度与质量	有良好的职业道德和服务态度,重视读者意见并有改进措施。	15	
	人员机构设置	应有专门科技情报服务机构,有专人负责。	10	
	信息服务	重视书目工作,结合本地科研生产情况,编制各种信息文摘。	20	
	参考咨询工作	认真解答读者咨询,定题、跟踪服务成效显著。	35	
	网络建设	按系统或条块结合,组建图书馆网,并经常开展活动。	10	
六 少儿工作 总 35 分	部门人员设置	市馆应有少儿部,有专门服务阵地,有专职工作人员。	10	
	阵地服务工作	有阅览阵地,每周开放不少于 24 小时。	10	
	开展各项活动	掌握小读者阅读倾向,有针对性地进行阅读辅导,积极组织各项活动。	15	
七 业务辅导 工作 总 50 分	人员设置机构	设有辅导部,有助理馆员以上的不少于 3 人的专职人员担任辅导工作。	10	
	业务重点	省辖市馆的业务辅导重点应是县(市)、区馆,并建立各县(市)区馆基本情况登记表。	15	

续表

项目	内容要求	评分细则	分值	得分
	业务指导规范	辅导人员熟悉业务,业务辅导工作做到经常化(全年不少于四个月深入基层)、规范化、标准化、网络化。	15	
	业务培训	有计划地对基层工作人员进行业务培训,每年不少于两次,取得较好效果。	10	
八 以文补文 总40分	有偿服务多业助文	注重经济效益,积极开展有偿服务和多种经营,兴办第三产业有一定成效。	40	

三、说明

1. 评比项目共八个方面,三十三个评分单位,满分为 500 分。

2. 不达标项目视情况适当减分。

3. 缺漏项目不给分。

4. 如某项成绩优异,有显著的社会效益或经济效益,可适当加分,增加的分数,不得超过该项标准分值。

5. 对有独立少儿馆的省辖市馆,可参照该市少儿馆工作情况,给该市馆"少儿工作"部分打分。

6. 每周开馆时间超过五十六小时(包括五十六小时),每超过八小时加五分。

7. 有偿服务、多种经营和第三产业成效显著,并有 50% 用于事业的(包括扩大再生产),年纯利达到三万元者记满分,纯利每超过一万元加 5 分。

江苏省政府办公厅关于进一步加强古籍保护工作的意见①

(2007 年 7 月 9 日　苏政办发〔2007〕85 号)

各市、县人民政府,省各委、办、厅、局,省各直属单位:

我国古代文献典籍,是中华民族在数千年历史发展过程中创造的重要文明成果,是极为宝贵的精神财富,也是人类文明的瑰宝。江苏是文化大省,古籍藏量在全国占有重要份额。省委、省政府历来高度重视古籍保护。在各地、各有关部门和全社会的共同努力下,全省古籍保护工作取得了显著成绩,但也应清醒地看到存在的问题,现存古籍底数不清,古籍老化、破损严重,古籍修复手段落后,保护和修复人才匮乏。为进一步加强古籍的抢救、保护工作,继承和弘扬优秀传统文化,推动社会主义先进文化与和谐社会建设,根据《国务院办公厅关于进一步加强古籍保护工作的意见》(国办发〔2007〕6 号),结合我省实际提出以下意见:

---

① 该文件原文来自"律商网"数据库,检索日期:2013 年 7 月 30 日。

一、明确古籍保护工作的指导思想、基本方针和总体目标

（一）指导思想。坚持以邓小平理论和"三个代表"重要思想为指导，全面落实科学发展观，加大古籍保护工作力度，建立科学有效的古籍保护制度，提高全社会的古籍保护意识，充分发挥古籍在传承中华文化，提高人民群众思想道德素质和科学文化素质，增强民族凝聚力，促进社会主义先进文化建设中的重要作用。

（二）基本方针。贯彻"保护为主、抢救第一、合理利用、加强管理"的方针。坚持依法保护和科学保护的原则，正确处理古籍保护与利用的关系，统筹规划、分类指导、突出重点、分步实施。

（三）总体目标。"十一五"期间，认真贯彻实施全国"中华古籍保护计划"和"十一五"国家古籍整理重点图书出版规划，全面、科学、规范地开展保护工作；对全省公共图书馆、博物馆和教育、宗教、民族、文物等系统的古籍收藏和保护状况进行全面普查，建立全省古籍联合目录和古籍数字资源库；实行古籍分级保护，公布《省级珍贵古籍名录》；完成一批古籍书库的标准化建设，命名"全省古籍重点保护单位"；加强古籍修复工作，培养一批具有较高水平的古籍保护专业人员。通过"十一五"期间的努力，逐步形成较为完善的古籍保护工作体系，使我省古籍保护工作走在全国前列。

二、科学规范地开展古籍保护工作

（一）全面开展古籍普查登记工作。从 2007 年起，在已有工作成果基础上，用 3 到 4 年时间，开展全省古籍普查登记工作，全面了解和掌握各级各类图书馆、博物馆等单位及民间所藏古籍情况。2007 年重点普查一、二级古籍，建立全省古籍登记制度，做好普查试点工作；2008 年至 2009 年，完成二级及其以下古籍的普查；2010 年，汇总普查成果。对普查登记的古籍进行详细清点和编目整理，并依据《古籍定级标准》进行定级。在文化行政部门领导下，南京图书馆负责全省古籍普查登记工作，各省辖市图书馆负责本地区古籍普查登记工作。教育、宗教、民族、文物等部门根据实际情况，制订本系统古籍普查实施方案，也可委托各省辖市图书馆统一开展普查登记工作。民间收藏的古籍可到所在地省辖市图书馆进行登记、定级、著录。南京图书馆负责汇总古籍普查成果，建立全省古籍联合目录。

（二）建立古籍保护制度。统筹规划，加强对珍贵古籍的重点保护，并以此带动古籍保护工作的有序开展。建立《省级珍贵古籍名录》，经省政府批准后公布，并择优申报国家级名录。对列入国家和省级名录的古籍，收藏单位要按照有关要求，完善保护措施，切实做好保护工作。各级人民政府要对此进行监督检查。各省辖市、县（市）也可建立珍贵古籍名录，并采取相应措施，加大保护力度。

（三）改善古籍保管条件。按照《图书馆古籍特藏书库基本要求》，建设一批古籍标准书库，改善古籍保管条件，完善安全措施，保障古籍安全。对古籍收藏达到 8 万册或善本 5000 册、有古籍专用书库、有保护制度、有专门机构和人员、有保护专项经费的单位，经省政府批准，命名为全省古籍重点保护单位，并作为财政投入和保护的重点。全省古籍重点保护单位每两年命名一次，并定期进行评估、检查，择优申报国家级重点保护单位。

（四）加快推进古籍修复工作。有计划地对破损古籍进行修复，重点抓好列入国家、省级珍贵古籍名录和濒危古籍的修复工作。各古籍收藏单位要建立修复档案，按照《古籍修复技术规范与质量要求》对古籍进行修复，确保修复质量。积极运用现代技术，充分吸收国际先进技术和经验，提高古籍修复水平。

（五）进一步加强古籍的整理、出版、研究和利用。建立古籍数字资源库。利用现代印刷技术，推进古籍影印出版工作。积极采用缩微技术复制、抢救珍贵古籍。向社会和公众开放古籍资源，为公众提供方便快捷的文献服务，发挥古籍在学术研究和文化建设方面的积极作用，特别是要面向青少年开展中国历史、文化和民族精神教育，培养爱国主义情怀，提高科学文化素质。

三、加强对古籍保护工作的组织领导

（一）建立古籍保护工作协调机制。建立由省文化厅牵头，省发展改革委、财政厅、教育厅、科技厅、民委（宗教）、新闻出版局、文物局等部门组成的全省古籍保护工作联席会议，联席会议办公室设在省文化厅。联席会议各成员单位要认真履行职责，密切配合，共同做好古籍保护工作。各省辖市、县（市）也要建立相应的工作机制，组织实施本地区的古籍保护工作。各级人民政府要将古籍保护作为文化遗产保护工作的重要内容，明确目标任务，建立健全古籍保护责任制和责任追究制。充分发挥专家在古籍修复、保护、研究等方面的作用，推进古籍保护工作的有效开展。

（二）增加古籍保护资金投入。各级财政部门要对本地区古籍普查、修复、出版等工作给予必要的资金支持，将保护资金列入部门预算。制定鼓励政策，积极吸纳社会资金参与、支持古籍保护工作。

（三）培养古籍保护人才。有关部门要制订规划，多渠道、分层次培养古籍保护人才。建立古籍修复机构资格准入与修复人员资格认证制度，培养一批业务素质较高的古籍修复人才。加强古籍保护工作人员在职培训。积极开展国际与地区间古籍保护的交流与合作。

（四）加大古籍市场监管力度。有关部门要依法规范古籍市场流通和经营行为，加强古籍销售、拍卖行为的审核备案工作，严厉打击盗窃、走私古籍等违法犯罪活动。按照文物管理的有关法规，制定落实古籍出入境审核、监管办法。加强国际合作，依据有关国际公约和法律法规追索非法流失境外的古籍。

（五）加强对古籍保护的宣传。各级各类图书馆要积极开拓文化教育功能，通过讲座、展览、培训、研讨等形式宣传古籍保护知识，促进古籍利用和文化传播。广播电视、报刊、互联网等新闻媒体要加大对古籍保护工作的宣传力度，普及保护知识，展示保护成果，培养公众的保护意识，营造全社会共同保护古籍的良好氛围。

省政府关于公布第一批江苏省珍贵古籍名录和
第一批江苏省古籍重点保护单位名单的通知①

（2009 年 1 月 14 日　苏政发〔2009〕28 号）

各市、县人民政府，省各委、办、厅、局，省各直属单位：

省政府批准省文化厅确定的第一批江苏省珍贵古籍名录（1588 部）和第一批江苏省古籍重点保护单位名单（20 个），现予公布。

古代文献典籍是文化遗产的重要组成部分，是中华民族的宝贵精神财富，也是人类文明

---

① 该文件原文来自江苏省政府网站（http://www.jiangsu.gov.cn），检索日期：2013 年 7 月 30 日。

的瑰宝。保护和利用好珍贵古籍,对于继承和弘扬优秀传统文化、增强民族自信心和凝聚力、促进社会主义先进文化建设,具有重要意义。江苏是文化大省,古籍藏量在全国占有重要份额。各地区、各部门要按照《国务院办公厅关于进一步加强古籍保护工作的意见》(国办发〔2007〕6号)和《省政府办公厅关于进一步加强古籍保护工作的意见》(苏政办发〔2007〕85号)要求,进一步贯彻"保护为主、抢救第一、合理利用、加强管理"的指导方针,加强科学规划,加大工作力度,切实做好珍贵古籍的保护、管理和合理利用工作,为建设文化强省、推动江苏文化大发展大繁荣做出积极贡献。

附件1:第一批江苏省珍贵古籍名录(1588部)(略)

附件2:第一批江苏省古籍重点保护单位名单(20个)

﹡南京图书馆

﹡苏州图书馆

﹡常熟市图书馆

﹡南京博物院

﹡南京大学图书馆

﹡南京师范大学图书馆

﹡南京中医药大学图书馆

﹡苏州大学图书馆

徐州市图书馆

南通市图书馆

无锡市图书馆

常州市图书馆

扬州市图书馆

泰州市图书馆

镇江市图书馆

吴江市图书馆

南京市博物馆

苏州博物馆

徐州师范大学图书馆

扬州大学图书馆

(注:带﹡者为已命名的第一批国家古籍重点保护单位)

省政府关于公布第二批江苏省珍贵古籍名录和第二批江苏省古籍重点保护单位名单的通知[①]

(2010年7月22日 苏政发〔2010〕77号)

各市、县人民政府,省各委、办、厅、局,省各直属单位:

---

① 该文件原文来自江苏省政府网站(http://www.jiangsu.gov.cn),检索日期:2013年7月30日。

省政府批准省文化厅确定的第二批江苏省珍贵古籍(555 部)名录和第二批江苏省古籍重点保护单位(1 个)名单,现予公布。

各地、各部门要继续贯彻"保护为主、抢救第一、合理利用、加强管理"的指导方针,认真总结经验,加大工作力度,进一步做好珍贵古籍的保护、管理和合理利用工作,为文化强省建设做出积极贡献。

附件 1:第二批江苏省珍贵古籍名录(555 部)(略)

附件 2:第二批江苏省古籍重点保护单位名单(1 个)

金陵图书馆

江苏省文化厅、江苏省财政厅关于印发江苏省美术馆、公共图书馆、文化馆(站)免费开放工作方案的通知①

(2011 年 7 月 14 日　苏文社〔2011〕22 号)

各市文广新局、财政局:

根据《文化部、财政部关于推进全国美术馆、公共图书馆、文化馆(站)免费开放工作的意见》(文财务发〔2011〕5 号)和《财政部关于加强美术馆、公共图书馆、文化馆(站)免费开放经费保障工作的通知》(财教〔2011〕31 号)精神,省文化厅、财政厅在认真组织调查研究和论证的基础上,制定了《江苏省美术馆公共图书馆、文化馆(站)免费开放工作方案》,并已上报文化部、财政部备案。现将方案予以印发,请各地根据通知精神,认真抓好贯彻落实,确保免费开放工作顺利进行。

江苏省美术馆、公共图书馆、文化馆(站)免费开放工作方案

美术馆、公共图书馆、文化馆(站)是政府举办的公益性文化事业单位,是开展公共文化服务的重要场所。为贯彻落实《文化部财政部关于推进全国美术馆、公共图书馆、文化馆(站)免费开放工作的意见》(文财务发〔2011〕5 号)和《财政部关于加强美术馆、公共图书馆、文化馆(站)免费开放经费保障工作的通知》(财教〔2011〕31 号)精神,充分发挥我省美术馆、公共图书馆、文化馆(站)在保障公民基本文化权益、加强公共文化服务体系建设方面的重要作用,制订本方案。

一、指导思想

以邓小平理论和"三个代表"重要思想为指导,深入贯彻落实科学发展观和党的十七届五中全会精神,发挥公共文化机构的基本职能作用,增强公共文化机构服务能力和管理水平,从而进一步提高政府为全社会提供公共文化服务水平,促进基本公共文化服务均等化。

二、目标任务

至 2012 年底,实现全省美术馆、公共图书馆、文化馆(站)设施全面免费开放,健全与其职能相应的基本文化服务项目,免费向群众提供服务,公共文化服务能力明显增强。建立公共文化服务体系经费保障机制,公民的基本文化权益得到更大力度的保障。

---

① 该文件原文来自江苏省财政厅网站(http://www.jscz.gov.cn/),检索日期:2013 年 10 月 29 日。

三、实施方法

按照"全面推开、逐步完善,保障公益、保障基本,科学设计、注重实效"的工作原则,全面推进全省"三馆一站"免费开放工作。

（一）时间安排。至 2011 年底,全省美术馆、公共图书馆、文化馆（站）实现无障碍、零门槛进入,公共空间设施场地全部免费开放,提供的基本服务项目全部免费。

（二）健全制度。至 2012 年底,全省美术馆、公共图书馆、文化馆（站）规章制度健全,职责任务清晰,服务内容明确,保障机制完善。基本文化服务项目健全,设施利用率明显提高,公共文化服务质量和水平不断提升。

（三）规范服务。实行免费开放后,各级美术馆、图书馆、文化馆提供的基本服务项目应不少于 10 项,乡镇（街道）综合文化站应不少于 6 项。

1. 美术馆包括:开放公共空间、展厅、学术报告厅、美术资料室,展览对公众开放,与国家、国内美术机构交流办展,为有杰出贡献的艺术家办展,为青少年美术爱好者提供培训、辅导,举办公益性、普及性讲座,提供艺术资料查阅、艺术品鉴定咨询。

2. 图书馆包括:开放一般阅览室、少年儿童阅览室、多媒体阅览室（电子阅览室）、报告厅（培训室、综合活动室）、自修室,提供文献资源借阅、检索与咨询、公益性讲座和展览、基层辅导、流动服务等。

3. 文化馆包括:开放多功能厅、展览厅（陈列厅）、宣传廊、辅导培训教室、计算机与网络教室、舞蹈（综合）排练室、独立学习室（音乐、书法、美术、曲艺等）、娱乐活动室,开展普及性的文化艺术辅导培训、时政法制科普教育、公益性群众文化活动、公益性展览展示、培训基层队伍和业余文艺骨干、指导群众文艺作品创作等。

4. 文化站包括:开放多功能厅、展览厅（陈列厅）、辅导培训教室、计算机与网络教室,开展书报刊借阅、时政法制科普教育、群众文艺演出活动、数字文化信息服务、公共文化资源配送和流动服务、体育健身、青少年校外活动等。

（四）降低收费。从 2011 年免费开放之日起,各美术馆、图书馆、文化馆（站）要逐步降低非基本服务收费,限期收回出租设施。建立财政经费保障机制,集中开展基本公共文化服务,使免费服务成为政府的重要民生项目和公共文化服务品牌。

四、保障措施

（一）加强组织领导。各级政府要将免费开放作为公共文化服务体系建设的重点工作,加强组织领导,研究工作方案,制订免费开放时间表,落实保障资金。

（二）深化改革,增强发展活力。进一步推进公益性文化事业单位改革,优化事业单位内部管理结构,创新内部管理及人事、分配制度,形成向优秀人才和关键岗位倾斜的分配机制,创新服务方式,提高运营效率。建立健全各项规章制度,拓展服务领域,增强发展活力。

（三）加强管理,拓展服务领域。结合公共文化事业特点和本地本单位的实际情况,整合业务流程,有效配置资源,改善服务效能。进一步拓展服务领域、方式和手段,扩大文化服务对象,重点增加对未成年人、老年人、农民工等特殊人群的对象化服务,通过开展丰富多彩、群众喜闻乐见的文化活动,最大限度地满足人们对文化的需求。

（四）建立评价机制。推动公共文化服务体制机制创新。文化行政部门要加强对"三馆一站"免费开放工作的督察工作,省财政厅将会同省文化厅建立科学的公共文化服务考核评价机制,通过已经制定的《江苏省公共文化设施免费开放工作绩效考核办法》,加强对"三馆一站"免费开放工作的监督考核,以不断提高管理水平和服务能力。

(五)建立经费保障机制。各级财政要进一步加大对"三馆一站"免费开放的投入力度,认真制定美术馆、公共图书馆、文化馆(站)基本支出财政补助定额标准,足额保障人员、公用等日常运转所需经费;通过增加财政投入力度,改善设施服务条件,支持开展相关业务活动。

按照财权与事权相匹配的原则,美术馆、公共图书馆、文化馆(站)免费开放后,省级美术馆、公共图书馆、文化馆的人员公用等基本支出由省级财政负担;市、县(区)美术馆、公共图书馆、文化馆、乡镇文化站的人员、公用等基本支出由同级财政承担。省级财政将安排免费开放补助经费并结合中央财政免费开放专项奖励资金,在综合考评的基础上,对免费开放取得良好效果的经济薄弱地区美术馆、图书馆、文化馆(站)予以定额补助,对免费开放取得显著成效的其他地区给予适当奖励。同时,探索建立公共文化多元化投入机制,鼓励社会力量对美术馆、公共图书馆、文化馆(站)进行捐赠和投入,拓宽经费来源渠道。

苏州市政府办公室关于转发苏州市公共图书馆总分馆体系建设实施方案的通知[①]

(2011 年 9 月 14 日　苏府办〔2011〕180 号)

各市、区人民政府,苏州工业园区、苏州高新区、太仓港口管委会;市发改委、民政局、财政局、人社局、住建局、规划局、文广新局:

由市文广新局、财政局制定的《苏州市公共图书馆总分馆体系建设实施方案》已经市政府批准,现转发给你们,请认真贯彻实施。

苏州市公共图书馆总分馆体系建设实施方案

公共图书馆是公共文化服务体系的重要组成部分。发展好公共图书馆事业,构建布局合理、发展均衡、覆盖面广、全面开放的公共图书馆服务网络,是保障和维护好市民基本文化权益的重要途径。为深入贯彻《中共中央办公厅、国务院办公厅关于加强公共文化服务体系建设的若干意见》(中办发〔2007〕21 号)精神,根据《国家公共文化服务体系示范区(项目)创建标准(东部)》(文社文发〔2010〕49 号,以下简称《东部标准》)、《苏州市创建国家公共文化服务体系示范区建设规划》(苏府办〔2011〕54 号)的有关要求,特制定本方案。

一、总体目标要求

以保障市民基本文化权益、满足市民基本文化需求为出发点,坚持公共服务普遍均等原则,加快构建由市区公共图书馆总分馆体系和县级市公共图书馆总分馆体系组成,资源共享、协同采编、统一检索、一卡通用、覆盖城乡的全市公共图书馆总分馆体系。到 2012 年底,在目前全市已有 103 个(市区 21 个、县级市 82 个)图书馆分馆的基础上,再建 37 个,其中市区再建 16 个,五个县级市再建 18 个,全市累计公共图书馆分馆达 140 个;至"十二五"期末,建成覆盖全市、通借通还的公共图书馆分馆累计不少于 200 个,主要是市区按每 3—4 万服务人口建 1 个公共图书馆的要求,在 2013—2015 年期间再建约 60 个公共图书馆社区分馆。

---

①　该文件原文来自苏州市政府网站(http://www.suzhou.gov.cn/),检索日期:2013 年 10 月 24 日。

二、具体建设标准

根据文化部、住建部和发改委编制颁布的《公共图书馆建设标准》(建标 108—2008,以下简称《建设标准》)和《东部标准》,市、县级市(区)两级要在建设达标的市、县级市(区)图书馆的同时,根据辖区内常住人口为服务人口,按照科学布局、兼顾实际的原则,统筹规划、整体推进公共图书馆分馆的标准化建设。

(一)馆舍建设标准。

苏州图书馆和若干个区级图书馆设在市区的社区分馆及各县级市设在城关镇的社区分馆建筑面积不小于 300 平方米,其中少儿阅览区面积不少于其建筑面积的四分之一。镇级图书馆分馆建筑面积不小于 800 平方米。少于 3 万人的撤并乡镇,按社区分馆标准建设。

(二)功能配置标准。

市、县级市(区)图书馆内设藏书、借阅、咨询服务、公共活动与辅助服务、业务、行政办公、技术设备和后勤保障区,其中藏书、借阅、咨询服务、公共活动与辅助服务等区域业务用房占全馆建筑面积的 85%。图书馆分馆向读者开放的业务用房不低于分馆建筑面积的90%,分馆内设有报刊架、成人阅览桌椅、少儿阅览桌椅、电脑、独立接入的计算机网络(带宽不低于 10 兆,并配有 VPN 专网接入)、空调、远程监控、音像柜、自助寄包柜等基本配置,每个分馆开馆时纸质图书不少于 7000 册(藏书空间不少于 1 万册)、报刊 100 种、音像资料2000 张以上。

(三)图书资源标准。

到 2012 年底,以辖区内常住人口为基数,全市公共图书馆整体藏书达到人均 1 册。其中,苏州图书馆按市区常住人口达到人均 0.63 册,各区级图书馆按各区常住人口达到人均0.56 册,独立的区级总分馆须达到人均 0.9 册;各县级市总分馆按各县级市常住人口达到人均 1 册。

到"十二五"末,以辖区内常住人口为基数,全市公共图书馆整体藏书达到人均 1.2 册。苏州图书馆达到人均 0.8 册,各区级图书馆达到人均 0.9 册,独立的区级总分馆达到人均 1册;各县级市总分馆达到人均 1.2 册。

(四)数字化服务标准。

市、县级市(区)图书馆内都须建有标准配置的公共电子阅览室。各县级市(区)在建设图书馆分馆时,必须把它同时建成全国文化信息资源共享工程基层服务点,提供公共电子阅览服务,每周为社会公众提供免费上网服务的时间不少于 42 小时。

三、运行管理方式

苏州市区公共图书馆总分馆体系的运行管理方式:一是以苏州图书馆为总馆,区级图书馆及区内街道(社区)图书馆(室)为分馆。各相关区级图书馆同时挂苏州图书馆分馆××区图书馆牌子,并将本区内的街道(社区)图书馆(室)纳入其中统一管理。实施这一运行方式的市区公共图书馆总分馆体系实行文献资源共建共享,由苏州图书馆统一采购、分编、加工和调配,统一使用苏州图书馆的计算机管理系统。二是有条件的区可按《建设标准》,独立建设并管理区级公共图书馆总分馆体系,将本区内的街道(社区)图书馆(室)纳入其中统一管理。

县级市图书馆总分馆体系的运行管理方式:以各县级市图书馆为总馆,以镇(含撤并乡镇、管理区、办事处)图书馆为分馆、基层综合信息服务中心为服务点、流动图书车为补充,实行统一采编、统一服务、通借通还。

苏州图书馆同时作为全市中心图书馆,负责统筹制订全市公共图书馆服务体系均需执行的设置标准、服务标准、技术标准、数字资源建设标准、评估标准,为全市公共图书馆建设服务提供业务辅导,开展分层次、有梯度的从业人员业务培训。

四、保障工作措施

各级各有关部门必须深刻认识推进公共图书馆总分馆体系建设的重要性,把公共图书馆总分馆体系建设的目标任务纳入当地经济和社会发展的总体规划,统一部署,加快建设。

(一)落实经费保障。

苏州市区公共图书馆总分馆体系建设所需场馆、设施设备、文献采编、日常运行、业务活动、人员及免费开放等经费,由市、区两级财政给予保障。2011—2012年创建国家公共文化服务体系示范区期间,购书经费按各区常住人口由市财政统筹,按市、区两级现行财政体制,以一定比例分担(独立管理的区总分馆经费由区财政全额负担);2013—2015年,购书经费由市财政统筹,按市、区两级财政分别承担,视财力情况逐年增加(独立管理的区总分馆经费由区财政全额负担)。县级市公共图书馆总分馆体系建设、购书经费及免费开放等所需经费由各县级市财政给予保障和统筹。

(二)加强队伍建设。

市、县级市(区)政府部门要根据辖区内常住人口数量,综合公共图书馆总分馆体系的规模、场馆、馆藏文献数量等因素,为总分馆体系配备相应的专业人员编制。图书馆分馆工作人员应由总馆统一管理。全面实行从业人员资格认证制度,实行持证上岗,有效提升职业技能和职业素养,建立一支数量合理、结构优化、素质优良、业务娴熟、服务高效的公共图书馆服务人才队伍。

(三)健全考评机制。

建立并实施公共图书馆总分馆体系考核评估制度(评估标准另行制定)。我市今后每两年将组织有关部门对全市公共图书馆的总分馆建设、管理、服务、质量、效益等开展考评,考评结果纳入本地区创建国家公共文化服务体系示范区和推进基层文化标准化建设的内容。各地要按照《建设标准》和《东部标准》,做好年度自查自评工作。同时,各级各相关部门要接受社会监督,及时公布总分馆建设进展情况,逐步形成政府、社会、群众共同参与的监督管理体系。

江苏省政府关于公布第三批江苏省珍贵古籍名录的通知[①]

(2012年6月29日 苏政发〔2012〕86号)

各市、县(市、区)人民政府,省各委办厅局,省各直属单位:

省人民政府批准省文化厅《第三批江苏省珍贵古籍名录(249部)》,现予公布,请认真做好保护、管理和利用工作。

附件:第三批江苏省珍贵古籍名录(249部)(略)

---

① 该文件原文来自江苏省政府网站(http://www.jiangsu.gov.cn),检索日期:2013年7月30日。

浙江省

中共浙江省委文化教育部关于加强县图书馆工作的领导的通知①

(1956 年 5 月 22 日　中共浙江省委文化教育部)

关于落实周总理生前提出要尽快地将全国善本书
总目录编出来通知的意见②

(1977 年 8 月 20 日　浙江省文化局)

浙江省市、县图书馆工作条例(试行草案)③

(1980 年 3 月　浙江省文物事业管理委员会工作会议通过)

浙江省评定图书、资料专业干部职称实施意见(试行)④

(1982 年 4 月 15 日　浙江省文化局、省人事局)

浙江省文化厅关于加强和改进县(市)图书馆藏书建设的意见⑤

(1983 年 9 月　浙江省文化厅)

浙江省文化厅关于加强公共图书馆地方文献工作的意见⑥

(1987 年 1 月 12 日　浙江省文化厅)

浙江省关于执行"图书、资料专业职务试行条例"的实施细则(试行)⑦

(1987 年 4 月 30 日　浙江省职称改革领导小组)

---

① 该文件原文缺,文件信息依据《浙江省建设公共图书馆服务体系的探索实践》(蔡彦. 浙江高校图书情报工作,2012 年第 3 期)11—18 页提供线索著录。
② 该文件原文缺,文件信息依据《中国图书馆百年纪事》(陈源蒸等,2004)208 页提供线索著录。
③ 该文件原文缺,文件信息依据《中国图书馆百年纪事》(陈源蒸等,2004)229 页提供线索著录。
④ 该文件原文缺,文件信息依据《中国图书馆百年纪事》(陈源蒸等,2004)248 页提供线索著录。
⑤ 该文件原文缺,文件信息依据《中国图书馆百年纪事》(陈源蒸等,2004)261 页提供线索著录。
⑥ 该文件原文缺,文件信息依据《中国图书馆百年纪事》(陈源蒸等,2004)288 页提供线索著录。
⑦ 该文件原文缺,文件信息依据《中国图书馆百年纪事》(陈源蒸等,2004)292 页提供线索著录。

浙江省文化厅关于开创"文明图书馆"活动的通知①

(1988 年 3 月 14 日　浙江省文化厅)

浙江省图书馆条例②

(1989 年 5 月 25 日　浙江省文化厅)

关于清理图书馆(室)(内部)藏书的通知③

(1989 年 9 月 22 日　浙江省人民政府办公厅)

关于加强农村图书馆(室)工作的意见④

(1990 年 11 月 12 日　浙江省文化厅)

浙江省医院图书馆(室)规程⑤

(1997 年 7 月　浙江省卫生厅)

第一章　总则

第一条　医院图书馆(室)是医院的文献信息中心,是为医疗、教学、科研管理服务的专业技术部门,是现代化医院整体结构中不可缺少的重要组成部分。

第二条　医院图书馆(室)的主要任务是对各种类型的医学文献进行采集、加工整序和管理,为医院的医疗、教学、科研、管理提供文献信息保障,培养广大医务人员和管理人员利用文献情报的技能,为医院出成果、出人才、更新知识和继续教育服务。

第二章　业务工作及管理

第三条　医院图书馆(室)的各项业务工作都要实行科学管理,不断提高工作质量和服务水平,满足读者需要。

第四条　医院图书馆(室)应根据医院医疗、教学、科研、管理的需要,有计划,有重点地采集国内外各种文献资料,形成具有本院特色的馆藏体系。同时,适当兼顾其他学科的文献资料。要保持馆藏特色文献资料的完整性和连续性,可建立医院著者出版物的缴送本制度,

---

① 该文件原文缺,文件信息依据《中国图书馆百年纪事》(陈源蒸等,2004)296 页提供线索著录。
② 该文件原文缺,文件信息依据《中国图书馆百年纪事》(陈源蒸等,2004)303 页提供线索著录。
③ 该文件原文缺,文件信息依据《中国图书馆百年纪事》(陈源蒸等,2004)305 页提供线索著录。
④ 该文件原文缺,文件信息依据《中国图书馆百年纪事》(陈源蒸等,2004)312 页提供线索著录。
⑤ 该文件原文来自《医院图书馆杂志》(1999 年第 8 期)。

注意收藏本院的出版物和本院著者的学术文献。应有计划地进行文献资料的复审剔除工作。

第五条　医院图书馆(室)对新到的文献资料应及时分类编目,尽快投入流通,并及时报道。要根据国家的统一规定,实现分类、编目的标准化。

第六条　医院图书馆(室)至少应建立一套书刊目录,以全面准确地揭示馆藏文献资料,读者目录和公务目录可合二为一。应保证目录正确反映馆藏。

第七条　医院图书馆(室)要合理组织馆藏,加强书库管理,加强重要文献的保护和利用。

第八条　医院图书馆(室)应加强读者服务工作,提高馆藏文献资料的利用率。开馆时间每周不少于35小时。实行开架借阅。利用各种宣传形式,对馆藏文献进行揭示和介绍。辅导读者利用图书馆的一切文献资料。

第九条　医院图书馆(室)应积极开展参考咨询,文献检索服务,要重视医学检索工具的收集。

第十条　应积极创造条件,在医院图书馆工作中应用计算机等现代化技术手段。

第十一条　医院图书馆(室)应注意总结工作经验,进行学术探讨,并积极参加图书情报界的学术交流。

第十二条　医院图书馆(室)应积极参加本地区、本系统的馆际协作。在采访、目录、文献合理布局、馆际文献传递、业务交流、人员培训及新技术的应用等方面做好协调,实现网络化资料共享。

第十三条　医院图书馆(室)应制定各项规章制度,遵守业务工作规范,明确岗位责任,完成各项任务。

第三章　领导体制和组织结构

第十四条　二级(含二级)以上医院均应设立与医院规模相适应的图书馆(室)。

第十五条　医院图书馆(室)实行院医务科或信息科领导下的馆长(主任)负责制。应指定一名熟悉图书馆业务工作,有管理能力的专业人员为馆长(主任),负责全馆的工作。馆长(主任)主持全馆工作,制定发展规划、工作计划、经费预算、人员培训计划及规章制度,组织贯彻实施并定期总结,向医务科或信息科长报告。

第四章　人员配备

第十六条　医院图书馆(室)工作人员必须坚持四项基本原则,坚持党的"一个中心,两个基本点"的基本方针,热爱图书馆事业,有良好的体魄,有高尚的职业道德和全心全意为人民服务的精神,刻苦钻研业务,积极做好本职工作。

第十七条　医院图书馆(室)工作人员的数量,可根据医院规模大小,读者人数,藏书册数,开馆时间长短等情况,参照下述比例确定:以100张病床配备1—2名专业人员为基数,以后每增加100张病床增加1人,以此类推。

第十八条　医院图书馆(室)工作人员应具有中专(高中)毕业以上文化程度,并具有医学、图书、外语、计算机方面的基础知识和有关操作技能。三级医院图书馆,大专毕业以上文化程度应达到50%以上。

第十九条　医院图书馆(室)的专业技术人员,实行专业技术职务聘任制。尚未评定技术职称的人员,应通过各种培训途径,逐步达到相应的专业水平和业务能力,并通过综合考核和考试评定相应的技术职称。

第五章　经费馆舍设备

第二十条　医院负责对图书信息事业的投资,保证文献信息工作所必需的经费和物质条件。

第二十一条　图书资料的购置费应在医院年提取的事业发展费中占适当比例,并根据文献资料不断累积的特点和图书期刊逐年涨价因素的实际逐年增加。具体比例数由医院年初确定,必要时年底予以追加。

第二十二条　医院图书馆(室)应有专用的馆舍。馆舍面积计算方法可参照下述比例:以 100 张病床配备 50—100 平方米为基数,以后每增加 100 张病床,增加 50 平方米,以此类推。阅览室座位占病床数的 5%—10%。

第二十三条　医院图书馆(室)应有一定的物质装备。例如:书架、报架、期刊架、阅览桌椅、目录柜等。图书馆应美化环境、光线充足、通风,有防寒、降温、防潮、防蛀和消防措施及设备,应保持安静与整洁。

第二十四条　医院图书馆(室)应配备计算机、复印机等技术设备,逐步实现管理和检索手段的自动化。

第六章　附则

第二十五条　本规程适用于二级以上综合医院。

第二十六条　各级卫生行政部门应对各医院执行本规程的情况进行检查和评估。

第二十七条　本规程由省卫生厅负责解释。

第二十八条　本规程自下发之日起执行。

浙江省公共图书馆管理办法①

(2003 年 8 月 6 日　浙江省人民政府令第 161 号)

第一章　总则

第一条　为了发展公共图书馆事业,满足公众对科学文化知识的需求,促进社会主义精神文明和物质文明建设,结合本省实际,制定本办法。

第二条　本办法所称公共图书馆,是指由各级人民政府投资设立的,收集、整理、保存、开发、应用文献信息资源,服务于公众的公益性机构。

本办法所称文献信息资源,是指图书、期刊、报纸、视听资料、电子媒体等出版物及网络信息资源。

第三条　本省行政区域内公共图书馆规划、建设、使用及监督、管理,适用本办法。

第四条　县级以上人民政府应当将公共图书馆事业纳入国民经济和社会发展计划,制定公共图书馆事业发展规划,保障公共图书馆事业发展所需经费;扶持边远地区、欠发达地区、少数民族地区公共图书馆事业的发展。

鼓励单位、个人投资设立向社会开放的图书馆并参加各级公共图书馆网络。

---

①　该文件原文来自"律商网"数据库,检索日期:2013 年 7 月 30 日。

第五条 县级以上人民政府文化行政管理部门主管公共图书馆事业。

财政、计划、规划、人事、价格、建设、教育、科技、新闻出版、广电、国土资源、信息产业等部门应当根据各自职责,协助、支持公共图书馆事业的发展。

第六条 省、市、县(市、区)公共图书馆是本行政区域图书馆网络中心,负责组织、指导、协调本辖区内公共图书馆文献信息资源建设、服务、学术研究等工作。

第七条 各级人民政府或者文化行政管理部门对向公共图书馆捐赠以及其他为公共图书馆事业发展做出突出贡献的单位、个人,应当给予表彰或者奖励。

第二章 公共图书馆建设与经费

第八条 公共图书馆按照行政区域分级设置。省、市,县(市、区)应当设立公共图书馆,乡镇、街道应当在文化站内设立图书室,有条件的也可单设公共图书馆。

市及有条件的县(市、区)应当设立少年儿童图书馆。

市、县(市、区)设立公共图书馆,可以与有条件的高校、中学实行共建共享。

鼓励在社区、村设立向社会开放的图书馆(室)。

第九条 县级以上人民政府应当将公共图书馆的建设纳入城市总体规划,按照公共图书馆发展规划的要求和本地区人口状况、经济、社会发展需要,确定公共图书馆建设的布局和规模,并优先安排公共图书馆建设用地,保证公共图书馆建设用地的需要。

第十条 各级公共图书馆的新建、改建、扩建应当符合公共图书馆发展规划的要求,适应现代化管理和服务的需要。其具体建设标准,由省文化行政管理部门参照国家有关规定制定,报省人民政府批准后实施。

第十一条 各级人民政府应当将公共图书馆所需经费包括人员经费、业务经费、文献资料购置费和设施、设备添置修缮费列入财政预算,并随着财政收入的增长和公共图书馆事业发展的需要予以增加。

公共图书馆可以多渠道筹集资金,用于图书馆建设。鼓励单位、个人向公共图书馆捐赠资金、设备、文献资料。

公共图书馆经费应当专款专用,不得挪作他用。

第十二条 公共图书馆的设立、变更和撤销,由文化行政管理部门提出,报同级人民政府批准,并报上级文化行政管理部门备案。

第十三条 任何单位、个人不得侵占、损坏公共图书馆设施、设备和文献资料,不得改变公共图书馆的用途。

第三章 公共图书馆服务与读者权益

第十四条 公共图书馆读者享有下列权利:

(一)免费进行文献检索;

(二)凭借阅证免费借阅普通书刊;

(三)获得有关文献资料和阅读方面的咨询服务;

(四)参加各种读者活动;

(五)向公共图书馆或者主管部门提出建议和意见;

(六)依照有关规定获得其他服务。

第十五条 公共图书馆读者应当履行下列义务:

(一)爱护文献资料和公共设施、设备;

(二)按规定日期归还所借阅文献资料,超过借阅期限的,按规定交纳滞还费;

(三)遵守公共图书馆依法制订的规章制度。

第十六条 公共图书馆每周开放时间:

(一)省图书馆,杭州、宁波、温州市图书馆 74 小时以上,其他市图书馆 64 小时以上;

(二)县(市、区)图书馆 56 小时以上;

(三)乡镇、街道公共图书馆 48 小时以上;

(四)少年儿童图书馆 43 小时以上。

公共图书馆在国家法定节假日和学生寒暑假期间每天开放 8 小时以上。

公共图书馆的日常开放时间应当公告;需要调整开放时间的,应当事先公告;因特殊情况确需闭馆的,应当报经同级文化行政管理部门批准。

第十七条 公共图书馆应当建立完备的书目数据库,逐步实现自动化、网络化检索和开架、网络化借阅,为读者利用文献资料创造良好、便利的条件。

第十八条 公共图书馆应当为残疾人设置无障碍通道,并根据条件设置残疾人阅览室或者阅览专座。

第十九条 公共图书馆应当开展文献展览、知识讲座和组织群众性读书等活动,向读者推荐优秀读物,指导读者阅读。

第二十条 公共图书馆应当拓展服务领域和服务功能,采取多种服务方式提高文献信息资源利用率,为当地经济社会发展和科学研究提供服务。公共图书馆应当开展送图书下乡活动,为农村、农民提供科技文化服务。

公共图书馆为读者收集专题信息,编写参考资料,提供音像制品、电子出版物借阅或者进行代查、代译、复印书刊资料等服务时,可以收取服务费。

服务费标准应当合理制定,并予以公示。服务费收入用于公共图书馆事业的发展。

第二十一条 除国家规定禁止公开传播的文献资料外,公共图书馆不得另立标准,封存文献资料;但对珍本、善本以及不宜外借的文献资料,应当采取保护措施,限制使用。

第四章 文献信息资源

第二十二条 公共图书馆应当积极采用以计算机和网络为基础的自动化管理技术,有步骤地实现馆藏文献信息资源的数字化,不断拓展虚拟馆藏资源。

图书馆的数字化、网络化、自动化建设必须遵循统一的技术标准。

第二十三条 各级人民政府应当重视地方文献资料的征集工作,建立地方文献资料呈缴制度。地方文献资料的呈缴范围:出版单位出版的出版物和其他单位编撰、绘制、印刷的具有保存价值的资料。

省图书馆是全省地方文献资料呈缴样本收藏单位,各市、县(市、区)图书馆是所在地地方文献资料呈缴样本收藏单位。

地方文献资料呈缴单位应当在地方文献资料出版、编印之日起 30 日(非合订本报纸在出版之日起 7 日)内向省图书馆及所在地市、县(市、区)图书馆送缴样本一册(件)。

第二十四条 公共图书馆应当做好各种类型、各种载体文献资料的收藏工作,建立具有地方特色的馆藏体系或专题系列。

第二十五条 公共图书馆应当建立健全文献资料管理制度,加强文献资料的保存和防护工作。

公共图书馆对新入馆的文献资料,应当按照有关标准分编和整理,并在文献资料到馆之日起30日内投入使用。对严重破损或者失去利用价值的文献资料,应当报经同级文化行政管理部门批准后处理。

第二十六条 公共图书馆之间以及公共图书馆与其他系统图书馆之间应当加强联系,在文献资料采编、利用和开发等方面进行协作,实现文献信息资源共建共享。

第五章 工作人员

第二十七条 公共图书馆实行馆长负责制。

省、市公共图书馆馆长应当由具有高级专业技术职务任职资格的人员担任;县(市、区)公共图书馆馆长应当由具有中级以上专业技术职务任职资格的人员担任。

第二十八条 公共图书馆应当配备与图书馆业务相适应的专业工作人员和管理人员。

省、市、县(市、区)公共图书馆的专业工作人员和管理人员应当具有大专以上文化程度和相应的专业知识;乡镇、街道图书馆(室)工作人员应当具有高中以上文化程度。

第二十九条 县级以上人民政府文化行政管理部门,应当加强对公共图书馆专业技术人员、管理人员进行业务培训和考核。

第六章 法律责任

第三十条 违反本办法第十三条、第十六条、第二十一条、第二十五条规定的,由县级以上人民政府文化行政管理部门或有关部门责令其限期改正;情节严重的,对主管人员和直接责任人员依法给予行政或者纪律处分。

第三十一条 出版单位违反本办法第二十三条第三款规定的,由新闻出版行政管理部门责令改正,给予警告,并可按照应缴出版物样本定价的5至10倍处以罚款,但罚款数额最高不得超过1万元;情节严重的,责令限期整顿或者建议原发证机关吊销许可证,对主管人员和直接责任人员由有关部门依法给予行政或者纪律处分。

其他资料样本送缴单位违反本办法第二十三条第三款规定的,由县级以上人民政府文化行政管理部门责令改正,给予警告,并可处以500元以上10 000元以下的罚款;情节严重的,由有关部门对主管人员和直接责任人员依法给予行政或者纪律处分。

第三十二条 损坏公共图书馆设施、设备,遗失、损毁所借文献资料的,应当依法予以赔偿。

第三十三条 违反本办法规定的行为,构成犯罪的,依法追究刑事责任。

第七章 附则

第三十四条 本办法自2003年10月1日起施行。

浙江省文化信息资源共享工程管理办法(试行)①

(2003年9月3日 浙江省文化厅、财政厅)

第一条 为贯彻落实文化部、财政部《关于实施全国文化信息资源共享工程的通知》和浙江省人民政府《关于加强基层文化建设的若干意见》精神,推进浙江省文化信息资源

---

① 该文件原文来自"律商网"数据库,检索日期:2013年7月30日。

共享工程(以下简称共享工程)的顺利实施,规范和加强工程的组织、管理工作,制定本办法。

第二条 浙江省文化信息资源共享工程利用全国文化信息资源共享工程的数字资源,整合全省优秀传统文化及各类文化信息资源,通过通讯网络为社会公众提供文化信息服务。

第三条 共享工程遵循公益性为主、社会效益第一的原则。共享工程的建设要和各级图书馆的网络化、数字化建设相结合,与基层文化事业建设相结合。

第四条 共享工程实行统一领导、统筹规划、分级管理。

建立浙江省文化信息资源共享工程领导小组。省领导小组的主要职责:制定共享工程有关政策和工程建设规划,审定共享工程年度工作计划并监督执行;制定工程专项资金管理办法,审定专项资金预算方案,指导、监督、检查专项资金的使用;指导、协调全省性的资源建设和技术研发。共享工程领导小组下设办公室,承担日常工作。

各市建立相应的共享工程建设领导小组,组织、领导本地的共享工程建设。县级文化、财政部门负责本县(市、区)共享工程的规划、实施和管理,镇乡和街道具体负责本地基层中心的建设和管理。

第五条 设立浙江省文化信息资源共享工程专项资金,重点扶持经济欠发达地区共享工程建设。

发挥各级政府公共财政的主导作用,安排共享工程建设专项资金,保证设备、文化资源建设、日常管理等必要经费的投入。专项经费应列入财政预算,专款专用。

鼓励社会力量支持共享工程建设。

第六条 省文化信息资源共享工程领导小组在浙江图书馆设立共享工程省级中心。省级中心主要职责:负责规划、设计和实施全省共享工程的总体技术方案;负责组织有关技术标准规范的制定、实施、推广工作;负责文化信息资源整合总体方案的设计和分步实施,并负责资源库的管理;负责指导市级分中心包括技术指导、资源建设、人员培训、服务等业务建设;负责与国家中心之间数字资源的同步与更新,以及共享工程系统正常运转的各项工作;根据共享工程领导小组的要求,负责对各市级中心和基层中心项目质量的检测和验收工作。

第七条 在各市级图书馆设立市级分中心,负责对本市文化信息资源的建设、服务及网络运行的维护,指导基层中心的建设,培训基层中心工作人员。

第八条 在县级图书馆设立基层一级中心,在乡镇(街道)文化站及社区、村的文化服务场所设立基层二级中心,负责向公众提供文化信息资源服务。有条件的基层一级中心要做好对基层二级中心的业务指导工作。

共享工程的基层一、二级中心由市共享工程领导小组办公室认定,报省共享工程领导小组办公室备案。各级中心由省共享工程领导小组统一制作标牌。

第九条 加强共享工程信息资源建设,以省级中心为龙头,市级中心为骨干,实行统一规划、统一标准、宏观协调,共建共享,避免重复建设,应重点抓好有地方特色的文化信息资源建设。

第十条 各级中心应充分利用现有设备和共享资源,努力面向社会公众,可根据不同用户对象、不同时间或季节合理组织开展信息服务。

第十一条　各级中心的开放时间可与图书馆(室)、文化活动场所的开放时间相一致,最迟不得超过 20∶00。

第十二条　各级共享工程领导小组要加强对同级中心的管理以及对下级中心的工作指导,防止假借共享工程违规开展信息服务。

各级中心负责监督和防止用户制作、查阅、传播、复制有害信息和危害网络安全的行为发生。

第十三条　省、市共享工程建设领导小组对服务效果显著、资源建设工作成绩突出的各级中心给予表彰。

分中心和基层中心如果无特殊原因不能正常开展活动,或有与共享工程服务宗旨相违背的行为,将酌情予以通报批评。

第十四条　本办法自发布之日起试行。

第十五条　本办法由省文化信息资源共享工程领导小组办公室负责解释。

嘉兴市人民政府办公室关于印发嘉兴市构建城乡一体化公共图书馆服务体系的实施意见的通知[①]

(2008 年 2 月 25 日　嘉政办发〔2008〕21 号)

各县(市、区)人民政府,市政府各部门、直属各单位:

《嘉兴市构建城乡一体化公共图书馆服务体系的实施意见》已经市政府同意,现印发给你们,请结合实际,认真贯彻执行。

嘉兴市构建城乡一体化公共图书馆服务体系的实施意见

为进一步加快公共文化服务体系建设,繁荣农村文化事业,满足农民群众日益增长的精神文化需求,根据《中共中央办公厅　国务院办公厅关于加强公共文化服务体系建设的若干意见》(中办发〔2007〕27 号)、《中共浙江省委办公厅浙江省人民政府办公厅关于进一步加强农村文化建设的实施意见》(浙委办〔2007〕38 号)以及《中共嘉兴市委嘉兴市人民政府关于进一步加强农村公共文化服务体系建设的实施意见》(嘉委〔2007〕28 号),现就构建我市城乡一体化公共图书馆服务体系提出如下实施意见。

一、指导思想和目标任务

(一)指导思想。高举中国特色社会主义伟大旗帜,以邓小平理论和"三个代表"重要思想为指导,深入贯彻落实科学发展观,按照《嘉兴市城乡一体化发展规划纲要》和《中共嘉兴市委嘉兴市人民政府关于进一步加强农村公共文化服务体系建设的实施意见》的总体目标和要求,坚持政府主导、鼓励社会力量积极参与,坚持城乡、区域图书馆事业协调发展,充分利用现有设施,科学规划,加大投入,因地制宜,分步实施,大力推进图书馆延伸服务,有效解决城乡居民特别是农村群众看书难、看报难等问题,切实保障人民群众的基本文化权益,为嘉兴经济社会发展提供文化保障和智力支持。

---

① 　该文件原文来自嘉兴市图书馆网站(http://www.jxlib.com/),检索日期:2014 年 5 月 29 日。

(二)总体目标。围绕城乡一体化建设战略目标,按照结构合理、发展均衡、网络健全、运行有效、惠及全民的原则,坚持政府主导、社会参与、整体规划、统一实施的方针,创新公共图书馆服务内容和方式,构建以市、县级图书馆为中心,以图书馆乡镇分馆为纽带,以村(社区)图书室和图书流动车为基础,以企业、学校、部队等行业系统图书馆联合加盟为补充,覆盖全市、城乡一体、功能完善、资源共享、管理规范的新型公共图书馆服务体系。

争取至2010年,全市各县(市、区)按照国家一级图书馆标准建好一个区域性总馆;县(市、区)政府所在地之外的乡镇(街道)均建立图书馆乡镇分馆;村(社区)图书室实现全覆盖。同时,建设一定数量的专题馆,努力打造符合嘉兴特色的"图书馆之城"。

(三)具体任务。1. 实现文献资源统一采购和配置,加强总分馆特色资源建设,优化全市范围内的文献资源布局;2. 建立联合编目中心,实现文献编目工作标准化和规范化,避免机构重复设置和人员重复劳动,提高办馆效率;3. 实行书刊借阅"一卡通",在全市范围内逐步实现通借通还,提高图书馆群体为城乡配套服务效能和服务覆盖率;4. 共建、共享各类数字资源,激活现有文化资源存量,实现图书馆资源的优化与共享;5. 实现公共图书信息资源服务免费注册、免费上网、免费查询、免费借阅。

二、突出工作重点,扎实推进城乡一体化公共图书馆服务体系建设

(一)加强市、县两级图书馆总馆建设。

市、县两级公共图书馆总馆是当地公共图书馆服务体系的文献书目信息中心、图书资源配置中心和网络管理服务中心。各地要根据公共图书馆服务体系建设的目标和要求,采取有效措施,通过提升纸质图书、数字资源的配置和管理能力,建设高素质从业人员队伍,配备必要的现代技术装备,添置图书流动车辆等方式,把总馆做大做强,为构建城乡一体化公共图书馆服务体系创造条件。

(二)加快图书馆乡镇分馆建设。

乡镇分馆建设是全面推进文化共享工程、构建城乡一体化公共文化服务体系的一项重点工作。

1. 建设标准。乡镇分馆原则上设在乡镇(街道)文化中心或乡镇(街道)成人文化技术学校内。根据当地经济基础、人口密度、服务半径和读者需求等因素确定乡镇分馆的建设规模、功能设置、资源配置和服务项目。乡镇分馆一般建设标准为:馆舍建筑面积不少于500平方米,具备图书外借、报刊阅览、电子阅览、文化信息资源共享工程服务等功能,藏书不少于3万册,报刊不少于300种,计算机不少于15台(其中工作电脑5台),计算机网络带宽不低于2兆,阅览座位不少于80个,配备空调、远程监控、自助寄包柜等设备。在职职工4人以上(含总馆下派人员)。规模较大的乡镇分馆应设立培训、讲座、展览及少儿阅览等区域。设在成人文化技术学校内的乡镇分馆必须具备对外开放、方便居民等条件,以利于图书馆公益功能的充分发挥,同时在服务时间、服务内容等方面符合乡镇分馆的各项指标要求。

2. 目标要求。2008年,市本级实现乡镇分馆全覆盖;县(市)50%的乡镇建有乡镇分馆。2009年,全市实现乡镇分馆全覆盖。

(三)推进村(社区)图书室建设。

村(社区)图书室是离农村读者最近的公共图书馆服务机构,是构建城乡一体化公共图书馆服务体系的基础。

1. 建设标准。以村(社区)文体活动中心(室)为平台,建立村(社区)图书室。建筑面积不少于 100 平方米,藏书不少于 500 册。市或县级总馆流通书库每月定期送书上门流通一次,流通量不少于 100 册/次。工作人员由村(社区)文化管理员兼任。

2. 目标要求。"十一五"期间全市完成村(社区)图书室建设任务。2008 年至 2010 年,全市村(社区)图书室年建成率分别达到 60%、80% 和 100%。

(四)重视专题馆建设。

有条件的部队、企业、学校等单位或系统可以建立公共图书馆专题馆。专题馆以市、县级总馆丰富的信息资源和规范的文化服务为依托,结合本行业、本系统图书馆建设的特殊要求,按照文献主题集中、分馆特色凸现的原则,对不同的群体提供个性化的服务。

(五)做好图书流动车工作。

图书流动车与总馆、各分馆一起形成动静结合的图书馆服务网络,是图书馆总分馆体系中重要的一环。到 2010 年,图书流动车要建设 100 个服务站点,同时要提高服务质量,满足各类读者的需求,做好各固定服务点的图书调配工作,争取图书流动车的图书年借阅量达到1.5 万册次以上,发放新证 1000 个以上。

(六)创新管理和运行模式。

1. 管理模式:在不改变原有行政隶属人事和财政关系的情况下,总馆负责本区域内乡镇分馆、村(社区)图书室、专题馆、图书流动车服务点等的文献资源的采购、编目、分类、标引、加工,同时指导和协调读者服务工作;分馆负责各种读者服务工作。

2. 运行模式:(1)乡镇分馆与市、县级总馆网络系统整合,进行计算机网络化管理,实现"一卡通",图书在全市范围内通借通还。(2)乡镇分馆与市、县级总馆资源整合,包括传统文献资源和数字信息资源。分馆图书报刊资料由市、县级总馆统一配置,至少做到三个月流通一次,数字资源与市总馆实行共享。(3)分馆建设按照硬件设施统一标识、软件建设统一管理、服务内容统一规范的原则,努力打造全市公共图书馆服务体系品牌。

村(社区)图书室管理在分馆的指导下进行。

三、加强组织领导,建立健全城乡一体化公共图书馆服务体系建设保障机制

(一)建立领导和工作机制。

各级政府要把构建城乡一体化公共图书馆服务体系作为提高党的执政能力、建设服务型政府的重要任务纳入议事日程,纳入当地经济社会发展规划,并确定专人负责协调乡镇分馆、村(社区)图书室建设和管理工作。各有关部门要各司其职,密切配合,合力抓好城乡一体化公共图书馆服务体系的建设工作。

(二)建立完善投入机制。

各级政府要统筹规划,加大对城乡一体化公共图书馆服务体系建设的投入力度,不断提高公共财政用于发展公共图书馆事业的建设比例。同时,要积极鼓励和支持社会力量参与公共图书馆服务体系建设。市本级乡镇分馆的建设,按照市政府专题会议纪要〔2007〕66 号文件明确的意见执行。

各县(市、区)要结合当地实际,抓紧制定本区域内公共图书馆服务体系建设发展规划和相关政策,增加财政投入,加大扶持力度,确保城乡一体化公共图书馆服务体系建设顺利推进。

(三)建立队伍素质提升机制。

1. 配好工作人员。在确保市、县级图书馆正常运行所需人员编制的基础上,原则上总馆每开办一个乡镇分馆,新增相应的人员编制。

乡镇分馆人员除市或县级总馆安排一名懂业务、精管理的工作人员负责分馆的业务管理工作外,其余由当地政府根据乡镇分馆的规模及实际需要负责配备,以确保乡镇分馆的正常运行。

2. 加强业务培训。市、县两级总馆要切实承担起对乡镇分馆、村(社区)图书室工作人员的业务培训工作,不断提高从业人员的职业素养和业务能力,增强公共图书馆服务体系的服务能力。

海宁市政府办公室关于印发构建城乡一体化公共图书馆服务体系实施意见的通知①

(2008 年 8 月 25 日 海政办发〔2008〕145 号)

各镇人民政府、街道办事处,市政府各部门、直属各单位:

《海宁市构建城乡一体化公共图书馆服务体系实施意见》已经市政府同意,现印发给你们,请认真贯彻执行。

海宁市构建城乡一体化公共图书馆服务体系实施意见

为进一步加快公共文化服务体系建设,繁荣农村文化事业,满足人民群众日益增长的精神文化需求,根据《中共中央办公厅国务院办公厅关于公共文化服务体系建设若干意见》(中办发〔2007〕27 号)、《中共浙江省委办公厅关于进一步加强农村文化建设的实施意见》(浙委办〔2007〕38 号)和《嘉兴市构建城乡一体化公共图书馆服务体系的实施意见》(嘉政办发〔2008〕21 号)精神,结合我市实际,现就构建海宁市城乡一体化公共图书馆服务体系提出如下实施意见。

一、指导思想和目标任务

(一)指导思想。以党的十七大精神为指针,深入贯彻落实科学发展观,推动城乡、区域图书馆事业协调发展,充分利用现有设施,科学规划,加大投入,因地制宜,分步实施,大力推进图书馆延伸服务,有效解决城乡居民特别是农村群众看书难、看报难等问题,切实保障人民群众的基本文化权益,推进基层文化服务均等化,为海宁经济社会发展提供文化保障和智力支持。

(二)总体目标。围绕城乡一体化建设战略目标,按照结构合理、发展均衡、网络健全、运行有效、惠及全民的原则,坚持政府主导、社会参与、整体规划、统一实施的方针,创新公共图书馆服务内容和方式,构建以海宁市级图书馆为中心,以镇(街道)图书馆分馆为纽带,以村(社区)图书室和图书流动车为基础,以部门、企业、学校等单位或系统公共图书馆专题馆联合加盟为补充,覆盖全市、城乡一体、功能完善、资源共享、管理规范的新型公共图书馆服务体系。

---

① 该文件原文来自海宁市政府信息公开网站(http://www.haining.gov.cn/),检索日期:2013 年 10 月 13 日。

争取至 2010 年,按照国家一级图书馆标准建成海宁市图书馆新馆,村(社区)图书室实现全覆盖;2011 年,除海洲街道之外的 11 个镇(街道)均建立图书馆分馆。同时,积极鼓励有条件的部门、企业、学校等单位或系统建设公共图书馆专题馆。

(三)具体任务。1. 实现文献资源统一采购和配置,加强总分馆特色资源建设,优化全市范围内的文献资源布局;2. 建立联合编目中心,实现文献编目工作标准化和规范化,避免机构重复设置和人员重复劳动,提高办馆效率;3. 实行书刊借阅"一卡通",在全市范围内逐步实现通借通还,提高图书馆群体为城乡配套服务效能和服务覆盖率;4. 共建、共享各类数字资源,激活现有文化资源存量,实现图书馆资源的优化与共享;5. 实现公共图书信息资源服务免费注册、免费上网、免费查询、免费借阅。

二、突出工作重点,扎实推进城乡一体化公共图书馆服务体系建设

(一)加强海宁市图书馆总馆建设

至 2010 年,按照国家一级图书馆标准建成海宁市图书馆新馆,通过提升纸质图书、数字资源的配置和管理能力,建设高素质从业人员队伍,配备必要的现代技术装备,把海宁图书馆建成海宁市公共图书馆服务体系的文献书目信息中心、图书配置中心和网络管理服务中心。

(二)加快镇(街道)图书馆分馆建设

1. 实施计划。2008 年完成 2 个分馆,2009 年完成 2 个分馆,2010 年完成 2 个分馆,2011 年完成 5 个分馆,实现镇(街道)图书馆分馆全覆盖。

2. 建设标准。镇(街道)图书馆分馆馆舍面积不少于 500 平方米。具备图书外借、报刊阅览、电子阅览、文化信息资源共享工程服务等功能,藏书不少于 3 万册,报刊不少于 200 种,计算机不少于 15 台(其中工作电脑 5 台),计算机网络带宽不低于 2 兆,阅览座位不少于 80 个,配备空调、远程监控、自助寄包柜等设备。管理人员不少于 4 名(含总馆下派人员 1 名)。规模较大的分馆应设立培训、讲座、展览及少儿阅览等区域。

3. 文献资源与内部设备配置。每个分馆的新增图书、报刊杂志由市图书馆负责购买、采编、配送。各镇(街道)原有图书、报刊杂志分类转入图书馆分馆和村(社区)图书室。分馆内配备的电脑和书架等设施,由市图书馆提出配备要求,各镇(街道)自行购置。

(三)推进村(社区)图书室建设

1. 目标要求。2008 年至 2010 年,全市村(社区)图书室年建成率分别达到 60%、80% 和 100%,至"十一五"期末全市实现村(社区)图书室全覆盖。

2. 建设标准:以村(社区)文体活动中心(室)为平台,建立村(社区)图书室。建筑面积不少于 100 平方米(含文化信息资源共享工程),藏书不少于 500 册,由村(社区)专职管理员负责管理。

(四)重视专题馆建设

鼓励有条件的部门、企业、学校等单位或系统建立公共图书馆专题馆。专题馆以市图书馆总馆丰富的信息资源和规范的文化服务为依托,结合本行业、本系统图书馆建设的特殊要求,按照文献主题集中、分馆特色凸现的原则,对不同的群体提供个性化的服务。

(五)做好图书流动车工作

图书流动车与总馆、各分馆一起形成动静结合的图书馆服务网络,是图书馆总分馆体系中重要的一环。到 2011 年,全市建成 20 个图书流动车服务站点,同时要提高服务质量,满足各类读者的需求,做好各固定服务点的图书调配工作,图书流动车的年借阅量力争达到1.5 万册次以上,发放新证 1000 张以上。

(六)创新管理运行模式

1. 管理模式:图书馆分馆馆舍、开办的一次性投入及馆舍日常维护、维修、水电、通讯、设备更新以及当地配备管理员的工资等费用由镇(街道)负责落实。市图书馆总馆负责各镇(街道)图书馆分馆、图书流动车服务点的业务管理,以及文献资源的采购、编目、分类、标引、加工。镇(街道)图书馆分馆负责指导和协调村(社区)图书室的管理、服务工作。

2. 运行模式:镇(街道)图书馆分馆与市总馆网络系统整合,进行计算机网络化管理,实现"一卡通",图书在全市范围内通借通还。

3. 开放时间:镇(街道)图书馆分馆要根据读者需求保持常年开放,每周开放时间不少于 42 小时;村(社区)图书室每周开放时间不少于 28 小时。

三、加强组织领导,建立健全城乡一体化公共图书馆服务体系建设保障机制

(一)健全组织领导机制

各镇(街道)要把构建城乡一体化公共图书馆服务体系作为提高党的执政能力、建设服务型政府的重要任务纳入议事日程,纳入当地经济社会发展规划,并确定专人负责协调图书馆分馆、村(社区)图书室的建设和管理工作。各有关部门要各司其职,密切配合,合力抓好城乡一体化公共图书馆服务体系的建设工作。

(二)健全财政投入机制

市、镇(街道)财政要统筹计划,加大对城乡一体化公共图书馆服务体系建设的投入力度,不断提高公共财政用于发展公共图书馆事业的建设比例。同时,积极鼓励和支持社会力量参与公共图书馆服务体系建设,保证城乡一体化公共图书馆服务体系建设顺利推进。

加大市财政对图书馆分馆建设的投入力度。市财政按每新开办一个分馆 30 万元的标准,分馆建成后再按每个分馆每年 10 万元的标准安排书刊添置专项资金,由市图书馆专项用于分馆中图书和报刊的统一购置。对镇(街道)新建馆舍的(以立项为准),以 500 平方米为基准,市财政按每平方米 500 元的标准给予镇(街道)一次性补助。对镇(街道)分馆的设备购置、原有馆舍的改造装修等,市财政按实际支出金额的 50%,对镇(街道)进行补助,补助金额最高不超过 15 万元。镇(街道)财政每年要安排专项经费以保证分馆正常运行。

(三)健全队伍提升机制

1. 配好工作人员。在确保总馆正常运行所需人员编制的基础上,每开办一个镇(街道)图书馆分馆,原则上总馆新增管理人员 2 名,分别用于派入分馆负责分馆的业务管理工作和用于总馆的图书分编及图书的流通工作。

镇(街道)图书馆分馆管理人员除总馆派入一名负责人之外,其余管理人员由当地政府负责配备,分馆人员需在总馆的指导和要求下,根据镇(街道)图书馆分馆的规模及实际需要实行公开招聘。

2. 加强业务培训。市图书馆总馆要切实承担起对镇(街道)图书馆分馆、村(社区)图书室、公共图书馆专题馆工作人员的业务培训工作,不断提高从业人员的职业素养和业务能力,增强公共图书馆服务体系的服务能力。

(四)健全工作考核机制

城乡一体化公共图书馆服务体系建设作为农村文化工作的重要内容,纳入镇(街道)工作目标责任制考核。分馆建成后,每年度对各镇(街道)图书馆分馆实施考评,全面检验各镇(街道)图书馆分馆建设、管理、运行和经费投入使用情况,逐步把分馆的建设管理纳入规范化、制度化、长效化轨道,推进分馆建设健康有序可持续发展。市财政按每个分馆年均5万元的标准安排分馆考核经费,补助经费用于分馆的日常维护、管理等,分馆考核办法由市财政局、文广局另行制订。

浙江省文化厅关于推进全省城乡一体化公共图书馆服务体系建设的指导意见①

(2011年9月9日　浙文社〔2011〕49号)

各市、县(市、区)文化广电新闻出版局、浙江图书馆:

为认真贯彻落实《中共中央办公厅国务院办公厅关于进一步加强新形势下农村精神文明建设工作的意见》、《浙江省推动文化大发展大繁荣纲要(2008—2012)》及《浙江省国民经济和社会发展第十二个五年规划纲要》精神,促进全省公共图书馆服务均等化,完善公共文化服务体系,满足人民群众基本文化需求,现就推进全省城乡一体化公共图书馆服务体系建设提出以下指导意见。

一、充分认识构建城乡一体化公共图书馆服务体系的重要意义

公共图书馆的发展水平是一个地区文明程度的重要标志之一。公共图书馆服务体系是构建公共文化服务体系的重要组成部分。构建城乡一体化公共图书馆服务体系是我省公共文化服务领域的一项文化创新工程,是打破城乡二元结构,改变城乡文化资源失衡,优化资源合理配置,促进城乡文化一体化发展,增强浙江文化软实力的重要举措;是实现公共文化服务均等化,保障城乡居民基本文化权益的有效途径;是提升全省人民群众整体素质,建设学习型社会的重要内容。各级文化行政主管部门要进一步统一思想,深刻认识新形势下构建城乡一体化公共图书馆服务体系的重要意义,把加强图书馆服务工作作为实践"三个代表"重要思想、落实科学发展观、建设和谐社会的重要举措,认真抓好,抓出成效。

二、构建城乡一体化公共图书馆服务体系的指导思想和总体目标

(一)指导思想。以邓小平理论、"三个代表"重要思想为指导,深入贯彻落实科学发展观,围绕省委、省政府关于兴起文化大省建设新高潮、推动文化大发展大繁荣的战略部署,确立文化为民、文化惠民的理念,按照科学规划、政府主导,因地制宜、分步实施,突出重点、务求实效的建设原则,坚持文化创新,加大投入,加快推进全省城乡一体化公共图书馆服务体系建设,有效解决广大城乡居民特别是农村群众借书难、看书难等问题,让全省人民共享社会进步、文化发展成果,切实保障公民基本文化权益,为浙江经济社会发展提供文化保障和智力支持。

(二)总体目标。按照省委、省政府《浙江省推动文化大发展大繁荣纲要(2008—2012)》、《浙江省国民经济和社会发展第十二个五年规划纲要》的总体目标和要求,通过加大投入,大力推行总分馆制,创新公共图书馆服务内容和方式,构建以省、市图书馆为依托,

---

① 该文件原文来自"百度文库",检索日期:2013年9月5日。

以县级图书馆为中心,以图书馆乡镇(街道)分馆为重点,以村(社区)图书室为基础,覆盖全省、城乡一体、功能完善、资源共享、管理规范、具有浙江特色的公共图书馆服务体系。

"十二五"期间,以省级中心镇为主体,建设200个县图书馆乡镇分馆,努力实现每个中心镇建有县图书馆乡镇分馆。鼓励有条件的非中心镇建设县图书馆乡镇分馆。所有省级中心村文化活动室(中心)建有图书阅览室、公共电子阅览室。其他行政村按照人口数量与区域布点要求,因地制宜建设图书室。同时,结合地方产业特点和乡土特色,建设一定数量的特色图书室。

三、构建城乡一体化公共图书馆服务体系的工作任务与要求

(一)科学规划公共图书馆服务体系。根据《公共图书馆建设标准》、《公共图书馆建设用地指标》,结合各地实际,按照需求牵引、适度超前的原则,统筹规划和建设省、市、县(市、区)、乡镇(街道)和村(社区)五级公共图书馆服务网络,改善城乡公共图书馆布局,为公共图书馆服务体系建设奠定良好的基础。根据当地经济基础、服务人口和读者需求等因素进行合理布局,确定总分馆的建设规模、服务半径、功能设置、资源配置和服务项目,制定建设标准,科学规划人财物统一管理的公共图书馆总分馆服务体系。

(二)加快图书馆乡镇分馆建设。乡镇分馆建设要与乡镇综合文化站建设工程、文化信息资源共享工程、公共电子阅览室建设计划等文化建设重点工程相结合。乡镇分馆要求建筑面积300—500平方米;藏书1—2万册,并定期更新;期刊、报纸不少于100种;配备电脑10—15台。乡镇分馆实行免费开放,提供期刊阅览、图书借阅、电子阅览、少儿阅览和共享工程资源播放等服务,读者通过计算机平台,共享网上数字资源并实现网上预约借书。乡镇分馆图书由总馆统一采购、统一编目、统一配送。总分馆体系内文献资源统一流通、统一检索、通借通还。乡镇分馆的图书由县图书馆每季度更换流通一次,流通量每次不少于500册。乡镇分馆由县图书馆负责管理,当地乡镇派人协助管理、维护,每个分馆配备工作人员不少于2人。

(三)推进村(社区)图书室建设。村(社区)图书室是构建公共图书馆城乡一体化服务体系的基础。要以村(社区)文化活动室(中心)为平台,整合文化信息资源共享工程、公共电子阅览室建设计划,建立村(社区)图书室。中心村(社区)图书室要求藏书不少于1500册,图书每季度由乡镇综合文化站更换流通一次,流通量每次不少于100册。村(社区)图书室由村(社区)派人进行管理,每个流通点应配备一名专职或兼职工作人员。

(四)重视区域性网络建设。根据总分馆体系建设需要,加强各级图书馆现代化网络建设,在实践中不断革新和完善总分馆体系网络技术和图书馆业务管理系统,实现总分馆体系良好的技术支撑和运行水平。一是建立省级馆际协作机制和资源共享机制。在浙江图书馆建立全省公共图书馆馆藏联合目录和联合咨询平台,实现全省书目资源共享和读者咨询服务。同时加强资源建设,推进全省文献资源总量稳步增长,初步形成覆盖全省的公共图书馆文献资源保障体系。二是在市级实施图书"一卡通"工程,全市总分馆体系内文献资源由市级或县级总馆统一采购、统一编目、统一配送,并建立物流传递系统,实现全市总分馆体系内文献资源的统一流通、统一检索、通借通还。

(五)优化总分馆体系队伍建设。一是配好工作人员。省、市馆要配备人员对县图书馆总分馆制建设与管理进行指导;县图书馆总馆、乡镇分馆及村(社区)图书室要配好管理、业务和技术人员,确保正常运行。二是加强业务培训。省、市、县级馆要切实承担起对乡镇分馆、村(社区)图书室工作人员的业务培训工作,不断提高从业人员的职业素养和业务能力,增强公共图书馆的服务能力。

四、建立健全公共图书馆城乡一体化服务体系建设的保障机制

(一)建立领导协调机制。各地要把构建城乡一体化公共图书馆服务体系作为公共文化服务体系建设的重要任务纳入议事日程,认真履行公共服务职能,抓紧制定本区域内公共图书馆服务体系建设发展规划和相关政策,切实保障总分馆制的顺利实施。

(二)建立长效投入机制。各级文化行政主管部门要统筹规划,建立长效投入机制,加大投入和扶持力度,切实解决总分馆建设资金及日常运行经费,确保城乡一体化公共图书馆服务体系建设顺利推进和可持续发展。同时,要积极鼓励和支持社会力量参与公共图书馆服务体系建设。

(三)建立服务创新机制。要树立现代公共图书馆理念,不断创新图书馆服务内容和方式,全面提升图书馆服务水平。通过增加服务内容、优化服务手段、改善服务环境等服务措施,不断拓展服务领域,适应公众多样化的需求,提高服务质量,增强图书馆的吸引力,扩大和提高公共图书馆服务体系建设的社会效益。

(四)建立考核管理机制。各地要因地制宜制定乡镇分馆考核办法,加强对分馆业务工作及分馆图书管理员服务质量的考核,提升分馆的服务水平,拓展和延伸分馆的服务功能,不断满足居民的阅读需求,进一步提高分馆的社会效益。

杭州市委办公厅、市政府办公厅关于进一步加强杭州市公共图书馆服务体系建设的实施意见①

(2011 年 12 月 31 日　市委办发〔2011〕150 号)

为贯彻落实党的十七届六中全会和《中共浙江省委关于认真贯彻党的十七届六中全会精神大力推进文化强省建设的决定》(浙委〔2011〕105 号)精神,进一步提升我市公共图书馆服务水平,保障人民群众的基本文化权益,经市委、市政府同意,现就进一步加强我市公共图书馆服务体系建设提出如下实施意见。

一、指导思想

认真贯彻落实科学发展观,遵循公共图书馆事业发展规律,统筹规划全市公共图书馆服务体系建设,完善服务设施,丰富服务内容,规范服务要求,提高服务水平,实现公共图书馆事业全面、协调和可持续发展。

二、发展目标

以中心馆与总分馆制的运营模式,整合市、区县(市)、乡镇(街道)、村(社区)图书馆(室)资源,建立服务网络覆盖城乡、组织结构科学合理、文献资源统一调配、服务质量基本一致、运行高效节约、普遍均等的公共图书馆服务体系。力争到"十二五"期末,实现市、区县(市)、乡镇(街道)、村(社区)四级公共图书馆服务网络全覆盖,全市人均拥有公共图书馆的建筑面积、藏书量以及公共图书馆服务水平居全国前列。

---

① 该文件原文来自中国杭州门户网站(http://www.hangzhou.gov.cn/),检索日期:2013 年 10 月 27 日。

三、运营模式

建成以杭州图书馆为中心馆,市级多个专业性分馆和各区、县(市)图书馆为地区性业务总馆,乡镇(街道)图书馆为业务分馆,村(社区)图书室(农家书屋)为亚分馆的公共图书馆四级服务网络。其中,杭州图书馆作为全市公共图书馆服务网络的中心馆,承担对区、县(市)公共图书馆业务的规划、指导、协调和评估等工作,建立统一的技术平台、检索平台和服务标准,加强与高等院校图书馆和专业性图书馆共建共享的服务网络建设。通过努力,使杭州图书馆成为全市公共图书馆服务网络的业务指导、文献保障、技术支持、专业培训和信息服务中心。各区、县(市)图书馆作为本地区公共图书馆服务网络的业务总馆,承担对辖区内业务分馆和亚分馆业务的规划、指导、管理、监督和评估等工作。通过努力,实现各级图书馆的资源共享和服务互动互联,为市民群众提供便捷的公共图书馆服务。

四、加强基础设施建设

(一)统一设施建设标准。按照馆舍建筑面积与服务人口规模相匹配的原则,各区、县(市)公共图书馆的馆舍面积、馆藏总量应在国家住建部、发改委下发的《公共图书馆建设标准》规定的基础上,结合我市实际,适当提高标准。人口在100—150万人的区、县(市),图书馆馆舍建筑面积应达到1.35—2万平方米,馆藏总量不少于100—135万册(件);人口在50—100万人的,图书馆馆舍建筑面积应达到0.75—1.35万平方米,馆藏总量不少于50—90万册(件);人口在20—50万人的,图书馆馆舍建筑面积应达到0.45—0.75万平方米,馆藏总量不少于25—45万册(件)。各区、县(市)应积极争取达到上限标准,并预留一定的发展空间。

(二)加大基层建设力度。乡镇(街道)图书馆建设经费按照多级投入、集中管理的原则,以区、县(市)财政投入为主,乡镇(街道)投入比例由各地自行确定。乡镇(街道)图书馆年购书经费,按照人均不低于1元的标准,以区、县(市)财政投入为主,乡镇(街道)投入比例由各地自行确定,并确保每年有新书增加。购书经费由区、县(市)图书馆集中管理,根据本辖区文献资源建设的规划、分工和部署,按照统一采购、统一加工、统一配送的原则,合理购置文献资源。

村(社区)图书室建设应与农家书屋工程建设有机结合,其建设标准和完成时间,按照《杭州市人民政府办公厅关于进一步加快推进农家书屋工程建设的通知》(杭政办发电〔2011〕32号)执行。村(社区)图书室(农家书屋)建成后作为各区、县(市)图书馆的亚分馆统一纳入公共图书馆服务体系,其购书经费由区、县(市)图书馆集中管理,统一采购、加工和配送图书。

(三)设置自动化借还设备。各区、县(市)可在人流密集区域(如超市、火车站、汽车站、码头和航空港等公共场所),设置图书自助借还设备;有条件的村(社区)可设置图书自助借还设备。

五、保障经费投入

(一)落实购书经费。各级政府要加大对公共图书馆服务体系建设的支持力度,将建设资金纳入年度财政预算,通过调整财政支出结构,保证公共图书馆建设与事业发展各项经费足额到位;要根据当地经济社会发展情况确保公共图书馆购书经费每年有所增长。加大公共图书馆服务网络自动化及配套项目建设投入力度,其设备及图书流转等配套项目经费列入同级政府财政预算,由杭州图书馆确定统一技术标准,各区、县(市)图书馆统一采购、统一管理。

（二）建立补助机制。市政府根据对乡镇（街道）图书分馆的评估考核和对村（社区）图书室（农家书屋）的验收结果，每建成1个乡镇（街道）图书分馆，按照淳安县5万元，建德市、临安市、桐庐县3万元，富阳市2万元的标准；对每个行政村农家书屋，按照淳安县0.5万元，建德市、临安市、桐庐县0.3万元，富阳市0.2万元的标准，拨专款对五县（市）乡镇（街道）图书分馆和村（社区）图书室（农家书屋）建设予以补助，补助款项主要用于图书分馆和图书室（农家书屋）藏书建设（资金考核补助办法由市文广新闻出版局和市财政局另行制定）。各区乡镇（街道）图书分馆和村（社区）图书室（农家书屋）建设资金由当地自行解决。

六、加强队伍建设

（一）确保图书馆人员配备。为确保各级图书馆正常开展服务，要科学定岗，按照国家有关标准配足从业人员。每建成1个乡镇（街道）图书分馆，区、县（市）图书馆要相应增加并派驻1名工作人员，负责图书分馆的日常工作，人员经费由区、县（市）财政安排。派驻人员由区、县（市）图书馆统一招聘、培训和考核。村（社区）图书室（农家书屋）工作人员由乡镇（街道）政府（办事处）和村（社区）委会（居委会）协商解决。

（二）建立收入分配与激励机制。各级政府要确保公共图书馆从业人员工资福利待遇，对纳入事业编制管理的人员，确保其享受事业单位工资福利待遇，并按照有关规定参加事业单位社会保险；区、县（市）图书馆派驻乡镇（街道）图书分馆的编外人员可享受当地事业单位计划内临时用工的工资福利待遇。

各级图书馆应遵循按劳分配与工作创新、岗位贡献相结合的原则，实行按需设岗、按岗聘用、竞争上岗、按岗定酬的管理模式，在事业单位绩效工资改革的基础上，按照国家和省、市有关事业单位绩效工资的要求，形成具有图书馆行业特色、与岗位管理相配套的薪酬制度，建立有利于调动从业人员工作积极性与创造性的收入分配与激励机制。

（三）积极引进专业技术人员。各级图书馆馆长的选拔应符合《浙江省公共图书馆管理办法》（省政府令第161号）有关要求，有条件的区、县（市）可向全国公开招聘图书馆馆长和业务副馆长。各级图书馆应分层次引进人才，逐步改善人员结构，提高高学历人员的比例。

（四）注重培养专业技术人员。鼓励各级图书馆从业人员参加各类继续教育，建立上挂下派的人才交流制度。杭州图书馆和各区、县（市）图书馆可互相选派业务人员进行挂职锻炼及学习培训，形成双向交流的培训机制。建立国际交流与培训进修制度，与国际友好城市图书馆签订人才交流和培训计划，每年在各级图书馆中选派若干名业务人员赴国外图书馆进修学习。建立定期培训制度，每年组织从业人员参加业务培训，市和区、县（市）图书馆从业人员每人每年要参加2次以上专业培训，乡镇（街道）图书分馆和村（社区）图书室（农家书屋）从业人员每人每年要参加1次以上专业培训。

七、加强规范管理

（一）确保各级公共图书馆正常开放。各级公共图书馆要举办形式多样、丰富多彩的读者服务活动，保障市民群众的基本文化权益。各级公共图书馆除保证法定节假日和双休日正常开放外，杭州图书馆每周开放84小时，市级专业性分馆每周开放56小时，杭州少年儿童图书馆每周开放63小时。区、县（市）图书馆每周开放70小时；乡镇（街道）图书分馆每周开放49小时，其中晚上开放时间不得少于8小时；村（社区）图书室（农家书屋）每周开放24小时，其中晚上开放时间不得少于3小时。采用图书自助借还机系统的村（社区），图书自助借还设备应处于有效使用状态，其使用时间可算为村（社区）图书室（农家书屋）的开放时间。

(二)明确工作责任主体。按照属地管理的原则,各区、县(市)为当地公共图书馆服务体系建设的责任主体,文广新闻出版局为管理主体。各级政府要统一思想,提高认识,重视和支持图书馆建设,切实加强领导,把公共图书馆服务体系建设摆上议事日程。成立杭州市公共图书馆发展委员会,由市委、市政府分管领导任主任,市委、市政府分管副秘书长和市文广新闻出版局主要负责人任副主任,市委宣传部、编委办,市人力社保局、财政局、文广新闻出版局、规划局、教育局、团市委分管负责人和杭州图书馆主要负责人以及各区、县(市)党委或政府分管领导为成员,委员会下设办公室(设在市文广新闻出版局),负责全市公共图书馆服务体系建设的协调、指导、监督和考核等工作。各区、县(市)也要建立相应的组织机构,负责本地区公共图书馆服务体系建设的协调、指导和监督等工作。

(三)建立绩效考核评估体系。将公共图书馆服务体系建设纳入公共文化服务评价指标体系,并纳入区、县(市)综合考评,具体考核指标另行制定。

(四)推动图书馆事业健康发展。积极鼓励社会机构和个人向图书馆事业提供捐助,发动社会力量参与公共图书馆服务体系建设。落实扶持图书馆事业发展的各项优惠政策,形成政府投入为主、社会力量参与的公共图书馆事业发展新模式。

安徽省

安徽省县级图书馆工作暂行条例①

(1980 年 4 月 1 日　安徽省文物管理局)

第一章　总则

第一条　县图书馆(以下简称县馆)是国家举办的综合性公共图书馆。是社会主义科学、文化、教育事业的一个重要组成部分。是本县藏书、目录、资料交流、业务研究和协作的中心。

第二条　县馆通过提供书刊资料,宣传马列主义、毛泽东思想,普及科学文化知识,为完成新时期的总任务、提高全民族的科学文化水平、为实现四个现代化服务。

第三条　县馆的主要任务是:

1. 根据本县的需要,有计划、有重点地采集各种书刊资料,用科学方法进行分类、编目和管理。

2. 积极开展书刊的借阅流通工作,通过各种目录揭示藏书,推荐资料、方便借阅。在为广大群众服务的基础上,加强为农业现代化服务、为科学研究服务,加强对青少年进行阅读辅导。

3. 在有关部门的领导和配合下,促进本县基层图书室的建立和巩固,对基层图书室进行业务辅导并与本县各种类型的图书馆(室)加强业务联系和协作。

---

① 该文件原文来自《中华人民共和国现行文化法规汇编》(国务院法制局,1987),原文页次:626—631。

第二章　图书的采集与整理

第四条　经过调查研究,根据实际需要采购和收集各种图书资料。对于本省出版物以及地方文献资料应尽全收藏,关于自然科学书刊,特别是农业和具有地方特色的轻工业生产的有关书刊以及通俗读物和综合性工具书,要注意多采集。报刊以全国性和本省的为主,其他适当选订。要注意保持报刊、丛书、多卷书的连续性和完整性。注意增加书刊品种,少购复本,报刊一般不订复份。

第五条　对采集的一切书刊,必须及时验收、盖章,认真登记、分编,尽快投入流通,不得积压。对积压图书应抓紧整理,县馆图书分类采用《中国图书馆图书分类法》,并须力求前后一致,有利于更好地揭示、查找和管理本馆藏书。编目必须按照北京图书馆编的《中文普通图书统一著录条例》进行著录。提倡使用全国统一编目的铅印卡片。

第三章　图书的管理与流通

第六条　做好图书资料的科学管理,首先必须健全目录制度。县馆应编制读者用的分类目录和公务用的书名目录各一套。报纸、杂志应分设供读者用的报名、刊名目录。目录组织和管理应有专人负责、定期检查,保持书、卡相符。

第七条　县馆可设立基本书库和辅助书库,认真搞好藏书建设,建立图书清点制度,对无故损失的图书要追究责任。

第八条　图书馆藏书是国家财产,必须健全管理制度,切实做好图书防尘、防潮、防火、防盗、防虫和修补等工作。书刊出库一律按照规定手续办理。对读者应进行爱护图书的宣传教育,严格实行图书损失赔偿制度,同一切损害图书的不良行为做斗争。善本、孤本、工具书及不宜外借的书刊,只限馆内阅览。

第九条　书刊流通工作,分阅览、外借、馆际互借三种方式,县馆可设立一个综合阅览室和外借处,有条件的可设少年儿童阅览室和科技阅览室。阅览室逐步实行对读者半开架或开架借阅,并做好对青少年的阅读辅导工作。

外借分个人、集体、邮寄借书三种。

要运用各种形式宣传、推荐图书,主动送书下乡下厂。不得私自封存、停借书刊,不得私自对书刊做涂、改、剪、贴、撕等处理。

开放时间要适应本县特点和读者需要,每周对外开放不得少于四十二小时。

第四章　参考咨询、业务协作与辅导

第十条　参考咨询是图书馆为读者服务的一项重要工作,它包括:根据读者的需要编制各种书目索引,系统提供有关课题的书刊资料;解答读者提出的有关图书资料方面的问题。参考咨询工作人员必须具备较广泛的科学文化知识和积极、主动、耐心的工作精神,要熟悉本馆馆藏,善于使用各种工具书。

第十一条　县馆是本县各种类型图书馆(室)的业务协作中心,要在县宣传、科学和文化、教育部门的领导配合下,建立图书馆协作委员会,开展购书协调、联合编目、研究业务、交流经验等工作。县馆负有对基层图书室进行业务辅导的任务。

第五章　人员

第十二条　县馆人员编制,藏书五万册以下的,不得超过四人。藏书超过五万册,每增加一万三千册,可增加一人。

第十三条　图书馆工作人员要做到:

1. 认真学习马列主义、毛泽东思想,明确认识、贯彻执行社会主义图书馆的方针任务。

2. 热爱图书馆事业,全心全意为读者服务。在工作中努力钻研业务,改进工作方法,提高服务质量,做到又红又专。

3. 加强组织性纪律性,遵守岗位责任制和各种规章制度。工作积极、成绩显著者,应给予表扬或奖励;工作失职、造成事故者,应给予批评或处分。

第十四条 逐步实行工作人员的职称制度。县馆拟设实习馆员、助理馆员和管理员,有条件的县馆还可设实习研究员、助理研究员等。具体标准和考核办法待由国家统一制定。新进馆的工作人员,应具备高中以上文化程度。

第十五条 图书馆必须加强党的领导,切实执行党的路线和政策。领导同志要带头学习业务,成为内行。馆工作人员要力求稳定,业务活动的时间一般不少于工作时间的六分之五。

第十六条 图书馆要贯彻勤俭办事业的原则,尽量压缩非业务性的开支,严格执行财经制度,每年应将经费开支情况列表上报县文化部门及省文物管理局。

第六章 附则

第十七条 在国家文物局未有正式统一规定之前,县馆工作按本条例实施,并根据本条例精神,制订有关的各项规章制度,经群众讨论,上报领导部门批准后付诸实施。本条例适用于地辖市图书馆。

安徽省市级图书馆工作暂行条例①

(1980 年 4 月 1 日 安徽省文物管理局)

第一章 总则

第一条 市图书馆(指省辖市馆,以下简称市馆)是国家举办的综合性公共图书馆,是社会主义科学、文化、教育事业的一个重要组成部分。是本市藏书、目录、资料交流,业务研究和协作的中心。

第二条 市馆通过提供书刊资料,宣传马列主义、毛泽东思想,普及科学文化知识,为完成新时期的总任务、提高全民族的科学文化水平,为实现四个现代化服务。

第三条 市馆的主要任务是:

1. 根据需要,有计划、有重点地采集各种书刊资料,用科学方法进行分类、编目和管理。

2. 积极开展借阅流通工作,主动向读者揭示藏书,推荐资料,方便借阅。在为广大群众服务的基础上加强为科学研究服务,加强对青少年进行阅读辅导。

3. 在有关部门的领导和配合下,组织和推动本市图书馆网点的业务活动,促进各种类型图书馆的相互联系和协作,并对本市基层图书馆(室)进行业务辅导。

第二章 图书的采集和整理

第四条 采集书刊资料,既要适应实际需要,又要注意建立完整的藏书体系,并使本馆

---

① 该文件原文来自《中华人民共和国现行文化法规汇编》(国务院法制局,1987),原文页次:631—636。

藏书具有自己的地方特色。

　　1. 采集人员必须调查研究,了解各种读者的需要和出版动态,并要熟悉本馆藏书情况。

　　2. 本省出版物及地方文献资料应全部搜集,并注重对工具书的采购,全国各地出版物及古籍书刊,应有选择采购入藏。

　　3. 根据本市工农业生产和科学研究的特点,适当订购必要的外文书刊。

　　4. 对馆藏不全、不完整的重要书刊,应力求补齐配套。

　　第五条　新到书刊应及时验收、盖章,认真登记、分编,尽快投入流通,不得积压。对过去积压书刊要抓紧整理。市馆图书分类以采用《中国图书馆图书分类法》为宜,并须力求前后一致,以利于对馆藏书刊的揭示、查找和管理。编目必须按照北京图书馆编的《中文普通图书统一著录条例》进行著录,提倡使用全国统一编目的铅印卡片。

第三章　图书的管理和流通

　　第六条　做好图书资料的科学管理,首先必须健全目录制度。市馆应分别编制读者目录和公务目录。读者目录和公务目录分别设置书名目录和分类目录各一套。新建市馆可先编制读者用的分类目录和公务用的书名目录各一套。报纸杂志应分设供读者使用的报名、刊名目录。目录组织和管理应有专人负责,定期检查,保持书、卡相符。

　　第七条　市馆应设立基本书库和辅助书库,认真搞好藏书建设,建立图书清点制度,对无故损失的图书要追究责任。

　　第八条　图书馆藏书是国家财产,必须健全管理制度,做好图书防尘、防潮、防火、防盗、防虫和修补等工作,书刊出库一律按照规定手续办理,对读者应进行爱护图书的宣传教育,严格实行图书损失赔偿制度,同一切损害图书的不良行为做斗争。

　　善本、孤本、工具书及不宜外借的书刊,一般只限馆内阅览。

　　第九条　书刊流通工作,分阅览、外借、馆际互借三种方式。市馆一般应设置社会科学阅览室、科技阅览室、报刊阅览室和少年儿童阅览室。阅览室逐步实行对读者半开架或开架借阅。并对青少年读者进行阅读辅导。

　　外借分个人、集体、邮寄借书三种。

　　要运用各种形式宣传、推荐图书,不得随意封存、停借、停阅书刊,不得私自对书刊做涂、改、剪、贴、撕等处理。

　　开放时间要适应本市特点和读者需要,每周对外开放不得少于四十六小时,有条件的市馆应实行晚上开放。

第四章　参考咨询,业务协作与辅导

　　第十条　参考咨询是图书馆为读者服务的一项重要工作,它包括:根据读者的需要,编制各种书目索引,系统提供有关课题的书刊资料;解答读者提出的有关图书资料方面的问题。担负参考咨询工作人员必须具备较广泛的科学文化知识,积极、主动、耐心的工作精神并熟悉馆藏。善于使用各种工具书。

　　第十一条　市馆是本市各种类型图书馆(室)的业务协作中心,要在市宣传、科学和文化、教育部门的领导配合下,建立图书馆协作委员会,开展购书协调、联合编目、研究业务、交流经验和培训人员等工作,市馆负有业务辅导的责任。

第五章　机构、人员

　　第十二条　市馆一般可设立下列机构:

1. 办公室。其任务是协助馆长处理全馆日常行政事务及馆内文书档案的管理。

2. 采编组。其任务是采购、征集、验收、登录及注销书刊,对书刊进行分类、编目、组织目录,开展书刊采购协调和馆际交换的工作,编制新书通报。

3. 阅览组。其任务是登记、发展读者,发放借阅证件,办理馆藏书刊的阅览和外借手续;管理并指导读者使用目录,向读者推荐图书、指导阅读、解答咨询,管理书库、保养修补和装订图书刊物。

4. 参考辅导组。其任务是编制各种专题目录索引,交流本市各图书馆(室)的工作经验,办理本市图书馆协作委员会的日常工作,研究业务理论,开展业务辅导。

第十三条 市馆人员定编,按所在市人口和本馆藏书数量以及事业发展情况来确定藏书十万册以下的不得超过十四人。二十万册以下不得超过二十人,三十万册以下不得超过二十五人,藏书超过三十万册,每增加一万三千册,可增加一人。

第十四条 图书馆工作人员要做到:

1. 认真学习马列主义、毛泽东思想,明确认识、贯彻执行社会主义图书馆的方针任务。

2. 要热爱图书馆事业,全心全意为读者服务。在工作中努力钻研业务,改进工作方法,提高服务质量,做到又红又专。

3. 加强组织性纪律性,遵守岗位责任制和各种规章制度。工作积极、成绩显著者,应给予表扬或奖励,工作失职、造成事故者,应给予批评或处分。

第十五条 逐步实行工作人员的职称制度。市馆拟设实习馆员、助理馆员、馆员、实习研究员、助理研究员等。有条件的馆还可以设副研究员和研究员。具体标准和考核办法待国家文物局统一制定。

新进馆的工作人员应具有高中以上的文化程度。

第十六条 图书馆必须加强党的领导。切实执行党的路线和政策。领导同志要带头学习业务,成为内行。馆工作人员要力求稳定,业务活动的时间一般不少于工作时间的六分之五。

第十七条 图书馆要贯彻勤俭办事业的原则,尽量压缩非业务性的开支,严格执行财经制度,每年应将经费开支情况列表上报市文化部门及省文物管理局。

第六章 附则

第十八条 在国家文物局未有正式统一规定之前,市馆工作按本条例实施,并根据本条例精神,制定有关的各项规章制度,经群众讨论,上级领导部门批准后付诸实施。地辖市图书馆按县级图书馆工作暂行条例执行。

安徽省教育厅关于印发《关于加强高等学校图书馆工作的若干意见》的通知①

(2003 年 3 月 28 日 安徽省教育厅)

为认真贯彻落实教育部《普通高等学校图书馆规程》(教高〔2002〕3 号)、《关于加强高

---

① 该文件原文来自安徽省合肥市政府网站(http://www.hefei.gov.cn),检索日期:2013 年 7 月 30 日。

等学校本科教学工作提高教学质量的若干意见》(教高〔2001〕5号)和我厅《关于加强高等学校教学工作提高教学质量的实施意见》(教高〔2001〕15号)等文件精神,针对当前我省高校图书馆工作的实际情况,我厅制定了《关于加强高等学校图书馆工作的若干意见》,现印发给你们,请认真贯彻执行。执行中有何意见和建议,请及时反馈我厅高教处。

<h3 style="text-align:center">关于加强高等学校图书馆工作的若干意见</h3>

近年来,随着我省高等教育事业的持续快速发展,我省高校图书馆工作取得了明显成绩,图书馆现代化程度、管理水平和服务质量等都得到了显著提高。但是,面对科技进步日新月异、信息技术蓬勃发展以及高等学校招生规模迅速扩大的新形势,我省高校图书馆工作还存在投入不足、图书文献资源短缺、现代化程度不高、专业队伍素质偏低等问题,进一步加快高等学校图书馆建设步伐已成为当前和今后一个时期高等教育改革和发展的一项迫切任务。为认真贯彻落实教育部《普通高等学校图书馆规程》(教高〔2002〕3号)、《关于加强高等学校本科教学工作提高教学质量的若干意见》(教高〔2001〕5号)和我厅《关于加强高等学校教学工作提高教学质量的实施意见》(教高〔2001〕15号)等文件精神,现就加强我省高校图书馆工作提出如下意见:

一、更新观念,明晰定位,明确新时期高校图书馆工作的目标和任务

图书馆是高校的文献信息中心,是为教学和科研服务的学术性机构,是高校整体办学水平的重要标志,是高校扩大规模、提高教育质量的重要保障。各高校在图书馆建设工作中,要牢固树立"育人为本"的思想,破除封闭、自有、分割、"小而全"的旧观念,树立开放、共建、共知、共享的现代化建设的新观念,切实改变"重建设、轻改造;重馆舍、轻内涵;重购置、轻提升;重馆藏、轻使用"的状况,努力提高图书馆建设的层次和水平,为高校提高教学科研水平和教育质量发挥更大的作用。

当前和今后一个时期,我省高校图书馆工作要以党的十六大精神和"三个代表"重要思想为指导,认真贯彻教育部《普通高等学校图书馆规程》的精神,采用先进的理念和技术手段,走统一规划、合理布局、统一管理、联合保障的整体化建设道路,建立全省范围的高校文献信息保障系统;各高校要以图书馆为中心,建立全校范围内的文献信息资源体系,作为全省高校文献信息系统的辐射点,实现全省高校文献信息资源的共建、共知和共享,保障我省高教事业的持续、快速、健康发展。

二、强化高校图书馆的教育职能和信息职能,加强读者服务工作,提高图书馆的服务质量和服务水平

在高校深化教育教学改革,全面实施素质教育的工作中,图书馆已作为创新型人才培养的第二课堂和精神文明建设的一个摇篮,各高校应按照《普通高等学校图书馆规程》的要求,不断强化图书馆的教育职能和信息职能,充分发挥其功能作用,全心全意为读者服务。图书馆开放时间每周不得低于70小时;要从传统的服务模式向开放式的服务模式转变,在流通阅览方面,要创造条件,逐渐实行开架的管理;要在参考咨询服务方面,变被动应付为主动服务,密切配合学校教学科研的需要,积极开展文献信息定题检索、课题成果查新、信息编译和最新文献主动报导等信息服务工作;要积极开展文献复制、音像视听、电子阅览等服务工作;要针对新型电子文献资源的特点,向读者开展数据库检索方法宣传教育;要继续开展健康有益的读书活动,通过书评、演讲、讲座等活动,活跃图书馆的读书气氛,不断提高图书馆的服务质量和服务水平。

三、加快推进高校图书馆自动化建设

自动化是实现高校图书馆数字化、网络化、现代化的前提和基础。各高校要根据教育部《普通高等学校图书馆工作规程》的要求,加快本校图书馆自动化建设的步伐,尽快实现图书馆信息资源的计算机管理。在此基础上,建成图书馆的局域网并实现与校园网的连接,并利用图书馆网站及时发布图书馆的文献信息资源状况。为进一步发挥高校图书馆文献信息资源的作用,高校要正确处理好学校信息中心、电教中心、网络中心和图书馆等部门之间的关系,创新管理模式和运行机制,减少部门之间不必要的利益纷争,降低图书文献信息资源的使用成本,提高图书信息资源的流通效率和使用效益。要注意重点学科、特色专业数据库建设。高校与系(系)资料室、情报室要在校园网络环境下形成整体,分工负责信息资源开发与网上咨询服务工作,要合理规划部署,配置有限的纸型文献资源,不断提高文献资源使用效益和管理服务水平。高校在实施本校图书馆自动化建设的过程中,要注意搭建好本校的信息资源平台和网络通道,为加入全省高校文献信息保障系统创造条件。今年上半年,省教育厅将制订评估指标体系,采取各种形式对高校图书馆自动化建设工作进行评估验收。评估的具体办法另行通知。

四、大力实施"安徽高等学校文献信息保障系统建设工程"

安徽高等学校文献信息保障系统(ALISA),是以教育科研网络为依托,充分利用我省高校和国内外高校图书馆丰富的馆藏资源,在各高校图书馆专业特色馆藏建设的基础上,逐步形成的以共享服务为目标的、全省统一规划的、多层次的文献保障网络。"十五"期间,省教育厅将设立专项经费,建成覆盖全省大中小学的安徽教育科研主干网络,实现与高校校园网的联通。在此基础上,采用整体采购、联合采购等形式,建成高校理学、工学、人文社会科学、医学、经济学、农学等现代文献信息中心,并以此为基干,使全省各高校分散的文献资源得以集中利用与共享。同时,通过购买服务的方式,建成与国内外优质电子文献信息资源中心畅通的双向信息系统。此外,积极组织高校之间开展馆际互借和文献传递。力争在最少的经费投入下,使全省高校教学、科研、科技开发所需文献得到最大程度的保证。各高校都要从本校的实际出发,加强本校图书馆的基础建设、数字化信息资源建设和特色建设,并积极创造条件逐步实行全省高校文献的联采、统编,加强整体化建设,避免重复购置,降低采购成本,利用我省高校的整体优势,逐步形成文献信息资源的合理布局和共建、共知、共享的运行机制。

五、加强高校图书馆专业队伍建设

建设一支数量适中、素质优良、结构合理、骨干稳定的图书馆工作队伍,是完成图书馆工作任务、提高图书馆管理水平和服务质量的关键。各高校应根据读者人数、资源数量、服务项目与时间、设备实施维护的要求和馆舍分布等因素,配备相应的图书馆工作人员。并要按照合理的结构比例,有计划地调整、补充、配备多学科的图书馆专业技术人员,努力使图书馆专业技术人员的学历均达到大专以上,其中本科学历者应逐步达到60%以上。要高度重视图书馆专业技术骨干队伍建设,以优惠政策鼓励和吸引高素质、高学历人员充实图书馆队伍。同时,为进一步适应图书馆现代化建设的需要,要对现有人员有计划分层次地进行专业知识和技能培训,进一步提高专业人员的业务素质。省教育厅将委托高校图工委有计划地对图书馆工作的关键业务部门人员进行上岗培训,做到持证上岗,以实现文献采集加工等工

作的标准化和规范化,为图书馆的自动化和网络化建设打好基础。

高校图书馆是一个学术性机构,对工作人员的学术水平和专业技术能力都有一定的要求。高校图书馆进人一定要把关,决不能把图书馆当作解决人员安置的场所。同时,要建立激励和约束机制,提高图书馆专业人员的待遇,调动他们的工作积极性。

六、进一步加大高校图书馆经费的投入力度

高校图书馆的经费投入应与学校教学和科研的需要相适应。图书馆文献信息资源购置费、设备设施维护费和办公费等运行经费的投入比例应不低于学校事业费总量的5%,并随着学校办学规模的不断扩大逐年增加。高校还应根据事业发展的需要,保证图书馆建设和发展必需的基础建设、设备购置和大型出版物采购等专项经费。投入图书馆的经费使用应从各校的实际情况出发,本着突出重点、体现特色的原则,根据本校的办学定位和学科专业类型,优先满足人才培养以及重点学科、特色专业的图书资料采购和数字化信息资源建设。现阶段,高校要结合学校扩招因素和图书馆现代化管理因素,进一步充实和健全图书馆的基础服务设施和条件;建立计算机集成管理系统,配置网络环境下必需的软、硬件设备;引进与本校教学科研有关的电子文献数据库;健全文献复制、缩微技术、音像视听服务、多媒体电子阅览室等服务功能,使图书馆的建设和管理与高校办学规模的不断扩大和教学质量的提高相适应。

七、进一步推进图书馆管理工作的规范化和科学化

进入新世纪,高校图书馆的工作任务、工作对象和工作手段等都发生了深刻的变化,因此,图书馆的管理理念、管理模式、管理制度和管理手段等也要相应地进行改革。高校首先必须按照现代高等教育办学理念和办学规律的要求,理顺图书馆的管理体制,修订和完善高校图书馆的各项规章制度,制定业务工作规范,明确岗位职责,规定考核办法,并认真贯彻执行。其次要积极采用现代化技术手段,严格遵循相关的国际国内标准,加强自动化、网络化、数字化建设,并随着新技术的应用调整作业流程,改变管理办法。同时,要结合学校实际有计划地开展图书馆学术研究和交流活动,积极申报各级各类科研课题,有条件的高校还可根据需要,自行设立科研项目。此外,要注重图书馆工作数量、效果的统计和积累,按照有关规范做好统计工作并妥善整理和保存各类统计数据、文件档案。

八、进一步加强对高校图书馆工作的领导

各高校要高度重视图书馆在学校发展中的地位和作用,把加强和改进高校图书馆工作作为当前和今后一个时期高校的一项重点工作来抓,并认真研究制定与本校发展规划相适应的图书馆建设规划,加快图书馆的建设步伐。高校党政主要领导要关心图书馆工作,分管领导要经常深入图书馆调查了解情况,及时帮助解决存在的困难和问题。高校应设立由分管校(院)长任主任的图书馆工作委员会,作为全校文献信息工作的咨询和协调机构,并定期召开会议,听取图书馆的工作汇报,讨论学校文献信息工作中的重大问题,反映师生的意见和要求,向学校和图书馆提出改进图书馆工作的建议。高校的图书馆馆长应为校务委员会和学术委员会委员。今后,省教育厅将进一步加强对高校图书馆工作的领导,加大投入,加快图书馆建设,充分依托和发挥高校图工委在高校图书馆工作中的组织协调、业务指导和研究咨询作用。并建立和规范高校图书馆评估制度,通过组织开展调研、检查、评估等活动,促进我省高校图书馆事业的发展。

安徽省人民政府办公厅转发国务院办公厅关于进一步加强古籍保护工作意见的通知①

(2007 年 3 月 12 日　皖政办〔2007〕9 号)

各市、县人民政府,省政府各部门、各直属机构:

经省政府同意,现将《国务院办公厅关于进一步加强古籍保护工作的意见》(国办发〔2007〕6 号)转发给你们,并结合我省实际提出如下意见,请一并贯彻执行。

一、加强组织领导

建立由省文化厅牵头,省发展改革委、省财政厅、省教育厅、省科技厅、省民委、省新闻出版局、省文物局等单位组成的安徽省古籍保护工作厅际联席会议制度,联席会议办公室设在省文化厅。厅际联席会议各成员单位要根据职能分工,认真履行职责,建立长效保护机制,共同做好保护工作。

二、制定保护规划

各地要根据实际情况,在调查研究的基础上,结合古籍保护的长远目标和近期安排,制订切实可行的保护规划。按照有关技术标准和规范,进行古籍普查登记、清点、编目整理及数字化加工、缩微复制等,切实保护好我省珍贵古籍。同时,要宣传普及古籍保护的相关知识,动员全社会关心支持古籍保护工作,促进古籍利用和文化传播。

三、开展古籍普查

我省古籍普查登记工作由省文化厅牵头负责,省图书馆组织实施。各级公共图书馆要积极配合,摸清本地古籍底数。教育、宗教、民族、文物等部门根据实际情况,制订本系统古籍普查实施方案,也可委托省图书馆统一开展普查登记工作。民间收藏的古籍可到省图书馆进行登记定级、著录。省图书馆根据各地、各有关部门古籍普查成果汇总形成全省古籍目录,并将全省古籍普查成果上报国家图书馆。

四、申报古籍名录

各地要在抓好本地古籍普查登记的基础上积极申报"国家珍贵古籍名录"和"全国古籍重点保护单位"。省将在申报国家名录的基础上,适时建立省级珍贵古籍名录,命名省级古籍重点保护单位。

五、加大资金投入

各级财政部门要对本地区古籍普查、修复、出版及数字化等工作给予必要的资金投入。要制定鼓励政策,积极吸纳社会资金参与和支持古籍保护工作。

---

① 该文件原文来自"律商网"数据库,检索日期:2013 年 7 月 30 日。

福建省

福建省人民政府办公厅关于进一步加强古籍保护工作的意见^①

（2007 年 10 月 11 日　闽政办〔2007〕202 号）

各市、县（区）人民政府，省政府各部门、各直属机构，各大企业，各高等院校：

我国是历史悠久的文明古国，拥有卷帙浩繁的古代文献典籍。这些古籍是中华民族宝贵的精神财富。党中央、国务院及省委、省政府历来高度重视古籍保护工作。近年来，在社会各界的共同努力下，我省古籍保护工作取得了一些成绩。但是，也应清醒地看到，当前我省古籍保护工作还面临许多问题，形势严峻。为抢救、保护我省珍贵古籍，继承和弘扬优秀传统文化，推动社会主义先进文化与和谐社会建设，根据国务院办公厅《关于进一步加强古籍保护工作的意见》（国办发〔2007〕6 号），现就进一步加强我省古籍保护工作提出以下意见：

一、充分认识我省古籍保护工作的重要性和紧迫性

古代文献典籍是中华民族在数千年历史发展过程中创造的重要文明成果，蕴含着中华民族特有的精神价值、思维方式和想象力、创造力，是中华文明绵延数千年、一脉相承的历史见证，也是人类文明的瑰宝。古籍具有不可再生性，保护好古籍，不仅对促进文化传承、联结民族情感、弘扬民族精神、维护国家统一及社会稳定具有重要作用，而且对建设社会主义先进文化，贯彻落实科学发展观和构建社会主义和谐社会，加快海峡西岸经济区和文化强省建设，也具有不可替代的重要作用。

由于诸多原因，当前我省古籍保护存在不少突出问题，如现存古籍家底不清，古籍老化，破损严重；古籍修复手段落后，保护和修复人才极度匮乏，尤其是少数民族古籍保护和整理人员极度缺乏，面临失传的危险；大量珍贵古籍流失海外。因此，加强古籍保护刻不容缓。各地区、各部门、社会各界要从对国家和历史负责的高度，充分认识保护古籍的重要性，进一步增强责任感和紧迫感，切实做好古籍保护工作。

二、加强我省古籍保护工作的指导思想、基本方针和总体目标

（一）指导思想。坚持以邓小平理论和"三个代表"重要思想为指导，全面贯彻和落实科学发展观，加大古籍保护工作力度，建立科学有效的古籍保护机制，提高全社会的古籍保护意识，充分发挥古籍在传承中华文化，提高人民群众思想道德素质和科学文化素质，增强民族凝聚力，促进社会主义先进文化建设中的重要作用。

（二）基本方针。贯彻"保护为主、抢救第一、合理利用、加强管理"的方针。坚持依法保护和科学保护的原则，正确处理古籍保护与利用的关系，统筹规划，分类指导，突出重点，分步实施。

（三）主要任务和基本目标。"十一五"期间，大力实施"中华古籍保护计划"和"十一

---

①　该文件原文来自"律商网"数据库，检索日期：2013 年 7 月 30 日。

五"国家古籍整理重点图书出版规划,全面、科学、规范地开展保护工作。对全省各类各级图书馆、博物馆、纪念馆、陈列馆和教育、宗教、民族、文物等系统的古籍收藏和保护状况进行全面普查,个人或私人收藏机构,也可纳入普查范围,建立福建省古籍联合目录和古籍数字资源库;实现古籍分级保护制度,建立《福建省珍贵古籍名录》;完成一批古籍书库的标准化建设,命名"福建省古籍重点保护单位";加强古籍修复工作,培养一批具有较高水平的古籍保护专业人员。通过努力,逐步形成完善的古籍保护工作体系,使我省古籍得到全面保护。

三、突出重点,科学规范地开展全省古籍保护工作

(一)统一部署,全面开展古籍普查登记工作。从 2007 年开始,用 3 到 5 年时间,在全省范围内组织开展古籍普查登记工作,全面了解和掌握各地区、各部门及民间所藏古籍情况。对登记的古籍进行详细清点和编目整理,并依据有关标准进行定级。

(二)建立《福建省珍贵古籍名录》,逐步形成完善的古籍保护体系。统筹规划,加强对珍贵古籍的重点保护,并以此带动古籍保护工作的有序开展。《福建省珍贵古籍名录》由省文化厅组织核定上报,专家委员会审议通过,经省人民政府批准后予以公布。对列入《福建省珍贵古籍名录》的古籍,收藏单位要按照有关要求,完善保护措施,切实做好保护工作。各级人民政府要对此进行监督检查。

(三)改善古籍保管条件,命名福建省古籍重点保护单位。参照《图书馆古籍特藏书库基本要求》,改善古籍保管条件,完善安全措施,保障古籍安全。对古籍收藏量大、善本多、具备一定保护条件的单位,由省文化厅组织验收申报,福建省古籍保护工作厅际联席会议审议,经省人民政府批准,命名为福建省古籍重点保护单位,并作为财政投入和保护的重点。对福建省古籍重点保护单位,要定期进行评估、检查。

(四)加快推进古籍修复工作,提高古籍修复水平。集中资金,有计划地对破损古籍进行修复,重点抓好列入《福建省珍贵古籍名录》和濒危古籍的修复工作。各古籍收藏单位要建立修复档案,按照有关技术标准和规范对古籍进行修复,确保修复质量。要将传统修复技艺与现代技术相结合,充分吸收国内外先进技术和经验,提高古籍修复水平。

(五)进一步加强古籍的整理、出版和研究利用。规范古籍数字化工作,建立古籍数字资源库。利用现代印刷技术,推进古籍影印出版工作,继续实施中华再造善本二期工程。积极采用缩微技术复制、抢救珍贵古籍。要整合现有资源,建立面向公众的古籍门户网站。要采取有效措施,向社会和公众开放古籍资源,充分发挥古籍应有的作用。

四、加强领导,协同配合,共同做好古籍保护工作

(一)建立古籍保护工作协调机制。建立由省文化厅牵头,省发展改革委员会、省财政厅、省教育厅、省科技厅、省民族与宗教事务厅、省新闻出版局、省文物局等部门组成的福建省古籍保护工作厅际联席会议,联席会议办公室设在省文化厅。全省古籍普查工作由福建省古籍保护工作厅际联席会议统筹规划,由省文化厅组织实施。厅际联席会议各成员单位要按照现有职能分工,认真履行职责,密切配合,共同做好古籍保护工作。成立"福建省古籍保护中心",由省文化厅领导,挂靠在福建省图书馆。福建省古籍保护中心作为全省古籍普查登记中心和培训中心,负责全省古籍普查登记和培训工作,按照统一标准和教材培训全省的古籍普查人员。各设区市图书馆负责本地区古籍普查登记工作,汇总并向福建省古籍保护中心报送古籍普查报表;省各有关部门及单位按统一要求开展古籍普查工作,直接向福建省古籍保护中心报送古籍普查报表;民间收藏的古籍可到所在地市级图书馆进行登记、定级、著录。由此建立福建省古籍综合信息数据库,形成福建省古籍联合目录。要充分发挥专家在古籍修复、保护、研究等方面的作用,推进古籍保护工作的有效开展。设立专家委员会,建立古籍专家数据库,聘任有关专家负责珍贵古籍的定级审核和普查咨询工作。

各设区市也要建立相应的工作机制和组织机构,组织实施本地区的古籍保护工作。各级人民政府要将古籍保护作为文化遗产保护工作的重要内容,明确工作目标和任务,认真落实保护措施,建立健全古籍保护责任制度和责任追究制度。

(二)加大古籍保护资金投入。各级财政部门要对本地区古籍普查、修复、出版及数字化等保护工作给予必要的资金支持。要制定鼓励政策,积极吸纳社会资金参与、支持古籍保护工作。

(三)加强古籍保护人才培养。有关部门要制订规划,多渠道、分层次培养古籍保护人才。建立古籍修复机构资格准入与修复人员资格认证制度,在有条件的高等院校设置古籍保护和修复专业,培养一批技术精湛、素质较高的古籍修复人才。加强古籍保护工作人员的在职培训和古籍翻译、整理、出版、研究人才的培养。积极开展国际与地区间古籍保护的交流与合作。

(四)加大古籍市场监管力度。有关部门要依法规范古籍市场流通和经营行为,加强古籍销售、拍卖行为的审核备案工作,严厉打击盗窃、走私古籍等违法犯罪活动。要按照文物管理的有关法规,制定古籍出入境审核、监管办法。加强国际合作,坚决依据有关国际公约和法律法规追索非法流失境外的古籍。

(五)加强对古籍保护的宣传。各级各类图书馆要积极开拓文化教育功能,通过讲座、展览、培训、研讨等形式宣传古籍保护知识,促进古籍利用和文化传播。广播电视、报刊、互联网等新闻媒体要加大古籍保护工作宣传力度,普及保护知识,展示保护成果,培养公众的保护意识,营造全社会共同保护古籍的良好氛围。

江西省

江西省文化厅关于颁发《江西省公共图书馆服务标准(试行)》的通知[①]

(2008 年 11 月 11 日 江西省文化厅)

各设区市、县(市、区)文化局:

为贯彻落实科学发展观,加速公共图书馆服务的标准化、规范化和现代化进程,最大限度地满足人民群众的知识、信息和文化需求,科学合理地建立和完善江西省公共图书馆服务体系。我厅在充分调研的基础上,制定了《江西省公共图书馆服务标准(试行)》,现印发你们,请遵照执行。

---

① 该文件原文来自江西省人民政府网站(http://www.jiangxi.gov.cn/),检索日期:2013 年 10 月 27 日。

江西省公共图书馆服务标准(试行)

1 总则

1.1 为贯彻落实科学发展观,加速公共图书馆服务的标准化、规范化和现代化进程,最大限度地满足人民群众的知识、信息和文化需求,科学合理地建立和完善江西省公共图书馆服务体系,根据有关法律、法规和国家现行政策,制定本标准。

1.2 本标准适用于江西省的省、设区市、区县公共图书馆和乡镇(街道)综合文化站。

1.3 公共图书馆要始终坚持"普遍均等"、"惠及全民"和"以人为本"的基本原则。以实现和保障公民基本阅读权益、满足公民基本信息需求为职责,维护每个社会成员的信息公平。

1.4 公共图书馆要适应时代需求,勇于开拓创新,真诚服务读者,维护读者权益。要从方便读者需求出发,向读者提供便捷的、人性化的服务。

1.5 公共图书馆服务除执行本标准外,还应遵守国家和江西省现行的有关规定。

2 服务设施与环境

2.1 公共图书馆事业属于社会公益事业,公共图书馆建设属于公共文化服务基础设施建设,应纳入当地经济和社会发展总体规划,纳入城市建设规划,纳入政府投资计划。

2.2 大、中型公共图书馆应独立建设,小型公共图书馆(服务人口 20 万及以下)可与其他文化设施合建,但须满足其使用功能和环境要求,并自成一区,单独设置出入口。

2.3 公共图书馆作为公益性的公共文化服务机构,其馆舍主要用于公益性服务,严禁挪作他用。公共图书馆总建筑面积和阅览座席按以下控制指标执行。

大型公共图书馆:服务人口 150 万以上—400 万,建筑面积应为 20 000—40 000 平方米、1200—2400 个阅览座席;服务人口 400 万人口以上,应为 38 000—60 000 平方米、2400—3000 个阅览座席。

中型公共图书馆:服务人口 20 万以上—50 万,建筑面积应为 4500—7500 平方米、240—450 个阅览座席;服务人口 50 万以上—100 万,应为 7500—13 500 平方米、450—900 个阅览座席;服务人口为 100 万以上—150 万,应为 13 500—20 000 平方米、900—1200 个阅览座席。

小型公共图书馆:服务人口为 1—5 万,建筑面积应为 800—1200 平方米、70—90 个阅览座席;服务人口 5 万以上—20 万,应为 1200—4500 平方米、90—240 个阅览座席。

2.4 公共图书馆应设立少儿服务部(室)。设区市公共图书馆少儿服务部(室)的建筑面积应不低于馆舍总建筑面积的 10%,区县馆少儿服务部(室)应不低于 20%,并应位于馆区一楼。鼓励设区市设立独立建制的少年儿童图书馆。

2.5 公共图书馆服务区域应环境清洁、整齐,保持良好的采光照明和适宜的空气流通。公用洗手间应清洁卫生,地面干净,无水渍、无污物、无异味,临近洗手间的读者活动场所需张贴导向指示语。

2.6 公共图书馆在馆外须有醒目的馆名牌,馆内一楼大厅有楼层设施分布图,通道有明确的指引牌,办证方法、借阅规则、收费标准、便民措施、开放时间等规章制度及各类服务信息应在显著位置向读者公示。

2.7 新建、改建、扩建公共图书馆须设立无障碍设施,室外有方便残疾人进出通道,室内有残疾人卫生设备和电梯。没有电梯的公共图书馆应将适合残疾人的服务项目安排在一楼,或有专人负责接待。

2.8　公共图书馆应当做好安全保卫工作,配备防火、防盗、防潮、防有害生物等必要设施,科学合理地建立和落实有关的安全管理制度。馆内消防设施应健全,禁烟等标识明显,安全通道畅通,工作人员均能熟练掌握消防器材的使用。

3　服务对象和开放时间

3.1　公共图书馆向社会公众开放,除本省居民外,还应包括外地、境外的来赣人员。少儿服务部(室)除向少年儿童服务外,还应接待家长和少年儿童工作者。

3.2　公共图书馆应逐步实行全年开放制,阅览、外借等对外服务窗口节假日期间应正常开放。

3.3　公共图书馆应通过编制推荐书目、导读书目,举办书刊展评等多种方式和手段对读者进行阅读辅导,不断提高其信息素质和利用图书馆的能力。

3.4　公共图书馆应尽可能延长开放时间。省图书馆每周开放时间应不少于70小时、设区市图书馆不少于60小时、区县图书馆不少于56小时,街道、乡镇综合文化站的书刊阅览室每周开放时间应在42小时以上。各级图书馆少儿服务部(室)每周开放时间应在38小时以上,其中节假日和学校寒暑假期间应全天开放,每天开放时间不少于8小时。网上资源的服务应做到每天24小时开放。

3.5　公共图书馆因故变更开放时间或需暂时闭馆,须经上级文化行政主管部门同意后,至少应提前3天向读者公告。

4　服务内容和方式

4.1　公共图书馆须提供文献借阅、查询和阅读指导等服务。省、设区市和有条件的区县图书馆还须主动提供参考咨询、教育培训、讲座、展览及网上信息导航等延伸服务,不断创新服务项目和服务手段,满足读者多层次、多样化的信息需求。除国家规定和古籍善本以及不宜外借的馆藏信息资源外,公共图书馆不得另立标准封存和限定文献借阅范围。

4.2　公共图书馆应倡导文明服务用语,追求人性化、便利化、无障碍的服务。特别要注意保障社会弱势群体享受图书馆服务的权利。

4.3　公共图书馆应设立预约借书、电话(或网上)续借、汽车图书馆、流动图书站点及为有特殊困难的读者送书上门等便民措施。省、设区市和区县图书馆应设立咨询服务台,解答读者有关阅读方面的咨询,指导读者查找书刊资料,主动为读者提供服务。

4.4　读者出具有效身份证件即可进馆阅览。为便于管理,公共图书馆可办理读者阅览卡。读者外借文献资料,应办理图书外借证,并付图书押金。办理读者阅览卡、外借证时,公共图书馆不得向读者收取除工本费、押金外的其他费用。

4.5　公共图书馆为读者收集专题信息、编写参考资料,代查、代译、复印书刊资料等服务,以及发现读者外借图书逾期不还或损坏图书等情况,可以适当收取费用,收费标准须经物价部门核准。

4.6　公共图书馆须依法保护馆藏信息资源的知识产权,保护读者隐私,确保不外泄读者提供的个人信息。

4.7　公共图书馆应提供寄包、失物招领、饮用水、放大镜、公用药箱等便民服务。省、设区市和区县图书馆须提供复印、打印、扫描、上网等服务,方便读者。

4.8 公共图书馆应建立网站,为读者提供网上服务。网站应包括文化信息资源共享工程、书目查询、服务信息、读者信箱等服务项目,并注意内容的及时更新。

4.9 公共图书馆电子阅览室要遵循公益性原则,严禁开展经营性活动,严禁承包经营。其开放时间应与其他读者服务部门一致。开放时,要关注读者上网情况,严禁提供除文化部推荐的健康益智类游戏产品外的游戏娱乐,及色情、暴力等不健康网站的浏览等服务。要引导未成年人控制上网时间,未成年人上网须在家长的陪同下且每天连续上网时间不宜超过1小时。电子阅览室的成本收费标准,须经物价部门核准。

5 服务管理与文献资源

5.1 公共图书馆应不断更新管理思想,完善管理措施,建立健全各项规章制度。要随着新技术的应用调整作业流程,改变管理办法,制定业务工作规范,明确岗位职责,规定考核办法,保证贯彻执行。

5.2 公共图书馆应注重工作数量、效果的统计和积累,认真做好统计工作。在妥善做好各类统计数据、文件档案的整理、保存和向有关部门上报的同时,注意对统计数据进行科学分析,并根据分析结果及时调整和优化读者服务、文献资源建设等各项业务工作。

5.3 公共图书馆应科学合理地确定文献信息资源建设的方向,入藏文献信息资料应当兼顾纸质文献、电子文献和其他载体文献,兼顾文献载体和使用权的购买,保持重要文献、特色资源和地方文献的完整性和连续性,要有步骤地加大馆藏文献信息资源的数字化,不断拓展虚拟馆藏资源,逐步形成具有特色的馆藏文献信息资源体系。

5.4 公共图书馆的总藏书量和人均藏书按以下控制指标执行。

大型公共图书馆:服务人口为150万以上—400万,总藏书量应为135—320万册(件)、人均藏书为0.9—0.8册(件)/人;服务人口400万人口以上,应为320—600万册(件)、0.8—0.6册(件)/人。

中型公共图书馆:服务人口为20万以上—50万,总藏书量应为24—45万册(件)、人均藏书不低于1.2—0.9册(件)/人;服务人口为50万以上—100万,应为45—90万册(件)、0.9册(件)/人;服务人口为100万以上—150万,应为90—135万册(件)、0.9册(件)/人。

小型公共图书馆:服务人口为1—5万,总藏书量应为2—6.5万册(件)、人均藏书为2—1.3册(件)/人;服务人口为5万以上—20万,应为6.5—24万册(件)、1.3—1.2册(件)/人。

5.5 公共图书馆的文献购置费应在保证日常办公经费的同时,予以充分保障,并应专款专用。设区市、区县公共图书馆的购书经费,应按其服务人口人均不低于0.25元列入当地财政预算,并应随着当地财政收入的增长而相应增加。其中设区市图书馆图书年入藏种数不低于5000种,区县图书馆不低于2500种;用于购买少儿读物的经费,省图书馆应不少于全馆文献购置费的10%、设区市图书馆不少于20%、区县图书馆不少于30%。

5.6 公共图书馆须遵守知识产权法规,从合法渠道采购正版文献,不得向读者提供盗版文献借阅服务。

5.7 省、设区市公共图书馆应充分发挥中心图书馆的作用,积极开展馆际合作,组建各种形式的信息资源共建共享联盟,通过协作提高信息资源利用率,降低全社会信息获取成本。

5.8　区县图书馆应做好全省文化信息资源共享工程县级支中心建设,积极探索城乡一体化的总分馆制,不断丰富馆藏书量,形成统一采购、统一编目、通借通还的现代文献配送体系和流通体系,充分发挥区县图书馆对乡镇(街道)综合文化站和社区、村图书室的核心与辐射作用,促进基层文献信息资源共享。

5.9　公共图书馆对采集的文献信息资源应及时进行科学的加工整序,并尽快发布,提供使用。报纸须在到馆当天上架,期刊自收到之日起2个工作日内上架。新书到馆后,乡镇(街道)综合文化站要在7个工作日内上架,设区市、区县图书馆在15个工作日内上架,省图书馆在25个工作日内上架。

5.10　图书排架应按中图法分类号顺序排列整齐。省图书馆开架图书错架率要低于2%,设区市和区县图书馆要低于3%。开架书库内要有专人巡视,帮助读者尽快寻找到需要的书籍。

6　服务人员与监督

6.1　公共图书馆应逐步实行职业资格准入制度。新进入省、设区市图书馆的工作人员应具有大学本科以上学历,区县图书馆应具有大学专科以上学历,乡镇(街道)综合文化站应具有中专以上学历。省图书馆工作人员中大学本科以上学历人数占职工总数之比应不低于40%,设区市图书馆不低于30%,区县图书馆工作人员中大学专科以上学历人数占职工总数之比应不低于35%。图书馆学及相关专业毕业工作人员的比例应不低于职工总数的20%。

6.2　公共图书馆应加强自动化、网络化、数字化建设。为配合全省文化信息资源共享工程建设,设区市图书馆应至少配备2名具有全日制大学本科计算机及相关专业学历的技术人员,区县图书馆应至少配备1名具有全日制大学专科计算机及相关专业学历的技术人员。

6.3　公共图书馆应积极开展工作人员的继续教育,制定年度教育计划,其中高、中级专业技术人员每年不得少于40学时,初级专业技术人员每年不得少于32学时。要本着上一级图书馆培训下一级图书馆工作人员和"先培训,再上岗"的原则,做好各级图书馆员的培训工作。

6.4　公共图书馆应结合工作实际有计划地开展学术研究和交流活动,鼓励工作人员同时掌握图书馆学和一门以上其他学科的知识,重视培养高层次的学科专家。鼓励工作人员通过脱产或在职学习提高学历层次和学术水平。

6.5　工作人员须挂牌上岗,仪表端庄,得体大方。接待读者应说普通话和用规范字。要实行首问责任制,为读者解决问题。

6.6　工作人员要维持服务区域的安静,不在服务区域内高声喧哗、聚众聊天、接听私人电话、吃零食,不穿带响声的高跟鞋在服务区域内走动,避免食用刺激性气味重的食物。工作人员因故离岗时须设立提示牌或由其他工作人员替岗。

6.7　公共图书馆要在显著位置设立读者意见箱、公开同级文化行政部门的监督电话,虚心接受读者批评和投诉,做到认真研究,及时回复。

6.8　公共图书馆每年要定期与不定期地召开读者座谈会,倾听读者的意见和建议,对读者不满意的方面要及时整改,并努力寻求建立长效机制,不断改善服务质量,提高服务水平。

7　附则

7.1　各级文化行政部门应对所属公共图书馆执行本标准的情况进行检查,并将结果纳入全省和当地的评优选先及考评工作。

7.2 本标准由江西省文化厅负责解释。

7.3 本标准自颁布之日起施行。

江西省人民政府关于公布江西省第一批古籍重点保护单位名单和江西省第一批珍贵古籍名录的通知①

(2012 年 1 月 12 日　赣府字〔2012〕4 号)

各市、县(区)人民政府,省政府各部门:

根据《国务院办公厅关于进一步加强古籍保护工作的意见》(国办发〔2007〕6 号)精神,省文化厅确定的江西省第一批古籍重点保护单位(15 个)名单和江西省第一批珍贵古籍(340 部)名录已经省政府同意,现予以公布。

古代文献典籍是中华民族在数千年历史发展过程中创造的重要文明成果,蕴含着中华民族特有的精神价值、思维方式和想象力、创造力,是中华文明的历史见证,也是人类文明的瑰宝。加强古籍保护工作,是建设社会主义先进文化,贯彻落实科学发展观和构建社会主义和谐社会的客观要求。各地、各部门要充分认识保护古籍的重要性,认真贯彻"保护为主、抢救第一、合理利用、加强管理"的方针,坚持依法保护和科学保护的原则,进一步增强责任感和紧迫感,切实做好珍贵古籍的保护、管理和合理利用工作。

附件:1. 江西省第一批古籍重点保护单位名单(15 个)(略)

2. 江西省第一批珍贵古籍名录(340 部)(略)

山东省

山东省人民政府转发省文化局、教育厅、团省委关于认真做好少年儿童图书馆阅览工作的意见②

(1981 年 12 月 12 日　鲁政办发〔1981〕78 号文件)

山东省人民政府办公厅关于进一步加强古籍保护工作的意见③

(2007 年 10 月 15 日　鲁政办发〔2007〕81 号)

各市人民政府,各县(市、区)人民政府,省政府各部门、各直属机构,各大企业,各高等院校:

为进一步贯彻落实《国务院办公厅关于进一步加强古籍保护工作的意见》(国办发

---

① 该文件原文来自"北大法宝"数据库,检索日期:2013 年 7 月 30 日。

② 该文件原文缺,文件信息依据《中国图书馆百年纪事》(陈源蒸等,2004)244 页提供线索著录。

③ 该文件原文来自"律商网"数据库,检索日期:2013 年 7 月 30 日。

〔2007〕6 号)精神,经省政府同意,现结合我省实际,就进一步加强古籍保护工作提出以下意见:

一、充分认识古籍保护工作的重要性和紧迫性

山东是文化资源大省,古籍藏量十分丰富。我省历来高度重视古籍保护工作,在各地、各有关部门和全社会的共同努力下,古籍保护工作取得了显著成绩。但是也应清醒地看到,目前我省古籍保护工作还面临许多问题:现存古籍底数不清,古籍老化、破损严重,古籍修复手段落后,古籍保护和修复人才匮乏,尤其是少数民族古籍保护和整理人员极度缺乏,面临失传的危险。各地、各有关部门要站在对国家和历史负责的高度,充分认识做好古籍保护工作对促进文化传承、联结民族情感、弘扬民族精神、维护国家统一及社会稳定的重要作用,对建设社会主义先进文化、贯彻落实科学发展观和构建社会主义和谐社会的重要意义,进一步增强责任感和紧迫感,切实做好古籍保护工作。

二、指导思想、基本方针和总体目标

(一)指导思想。坚持以邓小平理论和"三个代表"重要思想为指导,全面贯彻和落实科学发展观,加大古籍保护工作力度,建立科学有效的古籍保护制度,提高全社会的古籍保护意识,充分发挥古籍在传承中华文化、提高人民群众思想道德素质和科学文化素质、增强民族凝聚力、促进社会主义先进文化建设中的重要作用。

(二)基本方针。坚持"保护为主、抢救第一、合理利用、加强管理"的基本方针,坚持依法保护、科学保护的基本原则,正确处理古籍保护与利用的关系,统筹规划,分类指导,突出重点,分步实施。

(三)主要任务和基本目标。"十一五"期间,大力实施全省古籍整理重点图书出版规划,全面、科学、规范地开展保护工作。对全省公共图书馆、博物馆和教育、宗教、民族、文物等系统的古籍收藏和保护状况进行全面普查,建立全省古籍联合目录和古籍数字资源库;实现古籍分级保护,建立《山东省珍贵古籍名录》,完成《国家珍贵古籍名录》的申报工作;完成一批古籍书库的标准化建设,命名"山东省古籍重点保护单位",完成"全国古籍重点保护单位"的申报工作;加强古籍修复工作,培养一批具有较高水平的古籍保护专业人员。通过努力,逐步形成完善的古籍保护工作体系,使我省古籍得到全面保护。

三、突出重点,科学规范地开展古籍保护工作

(一)统一部署,全面开展古籍普查登记工作。从 2007 年开始,用 3 到 5 年时间,在全省范围内组织开展古籍普查登记工作,全面了解和掌握各级图书馆、博物馆等单位及民间所藏古籍情况。对登记的古籍进行详细清点和编目整理,并依据有关标准进行定级。列入国家古籍保护试点工作的 4 家收藏单位,要在 2008 年 7 月底以前完成普查定级工作。山东省图书馆负责全省古籍普查登记工作,负责汇总全省古籍普查成果,建立全省古籍综合信息数据库,形成全省统一的古籍目录,开展全省古籍业务培训、学术研究等工作。各市图书馆负责本市古籍普查登记工作。教育、宗教、民族、文物等部门要根据实际情况,依据本系统古籍普查实施方案,参加各地图书馆统一开展的古籍普查登记工作。民间收藏的古籍可到所在地图书馆进行登记、定级、著录。加强与国际文化组织和海外图书馆、博物馆等古籍收藏单位的合作。

(二)建立《山东省珍贵古籍名录》,逐步形成完善的古籍保护制度。统筹规划,加强对珍贵古籍的重点保护,并以此带动古籍保护工作的有序开展。建立《山东省珍贵古籍名录》,

经省政府批准后公布。完成《国家珍贵古籍名录》的申报工作。对列入《国家珍贵古籍名录》《山东省珍贵古籍名录》的古籍,各收藏单位要按照有关要求,完善保护措施,切实做好保护工作。各级政府要对此进行监督检查。

(三)改善古籍保管条件,命名"山东省古籍重点保护单位"。建立健全古籍书库的建设标准和技术标准,改善古籍保管条件,完善安全措施,保障古籍安全。对古籍收藏量大、善本多、具备一定保护条件的单位,经省政府批准,命名为"山东省古籍重点保护单位",并作为财政投入和保护的重点。完成"全国古籍重点保护单位"的申报工作。对"全国古籍重点保护单位"、"山东省古籍重点保护单位"定期进行评估、检查。

(四)加快推进古籍修复工作,提高古籍修复水平。集中资金,有计划地对破损古籍进行修复,重点抓好列入《国家珍贵古籍名录》《山东省珍贵古籍名录》的古籍和濒危古籍的修复工作。各古籍收藏单位要建立古籍修复档案,按照有关技术标准和规范对古籍进行修复,确保修复质量。将传统修复技艺与现代技术相结合,充分吸收国外先进技术和经验,提高古籍修复水平。争取在山东设立"国家文献保护重点实验室",开展古籍保护技术的研究和实验。

(五)进一步加强古籍的整理、出版和研究利用。根据国家统一制订的古籍数字化标准,结合我省实际,规范古籍数字化工作,建立古籍数字资源库。利用现代印刷技术,推进古籍影印出版工作。积极采用缩微技术,复制、抢救珍贵古籍。要利用现有资源,建立面向公众的古籍门户网站。要搞好衔接,避免重复投入。要采取有效措施,向社会和公众开放古籍资源,发挥古籍应有的作用。

四、加强领导,协同配合,共同做好古籍保护工作

(一)建立古籍保护工作协调机制。建立由省文化厅牵头,省发改委、财政厅、教育厅、科技厅、民委、新闻出版局、宗教局、文物局等部门组成的"山东省古籍保护工作联席会议",联席会议办公室设在省文化厅。联席会议各成员单位要按照现有职能分工,认真履行职责,密切配合,共同做好古籍保护工作。各地也要建立相应的工作机制,组织实施本地区的古籍保护工作。各地、各有关部门要将古籍保护作为文化遗产保护工作的重要内容,明确工作目标和任务,认真落实保护措施,建立健全古籍保护责任制度和责任追究制度。成立由相关领域专家组成的"山东省古籍保护工作专家委员会",充分发挥专家在古籍修复、保护、研究等方面的作用,推进古籍保护工作的有效开展。

(二)加大古籍保护资金投入。各级财政部门要对本地区古籍普查、修复、出版及数字化等工作给予必要的资金支持。要制定鼓励政策,积极吸纳社会资金参与、支持古籍保护工作。

(三)加强古籍保护人才培养。有关部门要制订规划,多渠道、分层次培养、培训古籍保护、整理、出版、研究人才和少数民族古籍翻译人才,形成一支技术精湛、素质较高的古籍保护人才队伍。建立古籍修复机构资格准入制度,按照国家有关规定实施古籍修复人员资格认证制度。积极开展国际与地区间古籍保护的交流与合作。

(四)加大古籍市场监管力度。有关部门要依法规范古籍市场流通和经营行为,加强古籍销售、拍卖行为的审核备案工作,严厉打击盗窃、走私古籍等违法犯罪活动。要按照文物管理的有关法规,制定古籍出入境审核、监管办法。加强国际合作,坚决依据有关国际公约和法律法规追索非法流失境外的古籍。

（五）加强对古籍保护的宣传。各级各类图书馆、博物馆、学校、宗教机构、古旧书店等要积极开拓文化教育功能，通过讲座、展览、培训、研讨等形式宣传古籍保护知识，促进古籍利用和文化传播。广播电视、报刊、互联网等新闻媒体要加大古籍保护工作宣传力度，普及保护知识，展示保护成果，培养公众的保护意识，营造全社会共同保护古籍的良好氛围。

山东省公共图书馆管理办法①

（2009 年 4 月 23 日　山东省人民政府令第 211 号）

第一条　为了加强公共图书馆管理，发展公益性文化事业，满足人民群众对科学文化知识的需求，根据国家有关规定，结合本省实际，制定本办法。

第二条　本省行政区域内公共图书馆的设置、建设、保护、使用与监督，适用本办法。

第三条　本办法所称公共图书馆，是指由各级人民政府兴办，向社会开放，具有文献信息资源的收集、整理、保存、研究、开发、传播和服务功能的公共文化服务设施及服务机构。

本办法所称文献信息资源，是指以纸质、音像、胶片、电子、网络等为载体形式的信息和知识的记录。

第四条　县级以上人民政府应当将公共图书馆建设纳入当地国民经济和社会发展计划。

公共图书馆的建设、保护、使用等经费，应当列入同级财政预算，并随着年度财政收入的增长逐年增加。

第五条　县级以上人民政府文化行政管理部门负责本行政区域内公共图书馆的管理工作；发展改革、财政、建设、新闻出版等其他部门，应当按照各自的职责做好有关的工作。

第六条　鼓励社会力量兴办公共图书馆。

鼓励学校、科学研究机构和各类企业、事业单位、社会团体的内部图书馆以及其他各类图书馆向社会开放。

鼓励向公共图书馆捐赠文献信息资源和资金、设备。捐赠人依照法律、法规和有关政策规定享受税收优惠。

第七条　县级以上人民政府应当根据当地经济社会发展水平、文化发展需求和人口分布、地域特点以及交通、环境等因素设置公共图书馆，并可以在乡（镇）人民政府所在地和其他人口密集区域设置公共图书室或者公共图书站。

具备条件的设区的市和县（市、区），可以设置独立的少年儿童图书馆；不具备条件的，应当在公共图书馆内设置独立的少年儿童阅览室。

第八条　公共图书馆建设应当纳入当地城乡总体规划，其规划选址和建设用地等按照国家有关法律、法规执行。

公共图书馆的布局、建筑面积和阅览座位的配置，应当符合国家关于公共图书馆评估定级标准的要求。

第九条　公共图书馆应当根据本地区经济、社会和文化发展的需要，结合馆藏基础，确

---

①　该文件原文来自"律商网"数据库，检索日期：2013 年 7 月 30 日。

定文献信息资源的收藏原则,系统搜集、整理、保护、研究、开发地方文献信息资源和传统文献信息资源,注重网络信息资源的收集和利用,逐步形成馆藏特色。

第十条 公共图书馆应当根据当地经济、社会和文化发展的实际以及馆藏特色,合理确定年度文献信息资源购置规模。年度文献信息资源购置费由同级财政、文化行政管理部门协商确定,并应当做到专款专用。对新入藏的文献信息资源,应当在入馆后及时投入使用。

第十一条 公共图书馆应当按照国家有关标准,对文献信息资源进行分类标引、主题标引、编目、加工等整理工作,建立、完善馆藏文献信息资源数据库及其查询系统,方便社会公众借阅。

对已破损严重、难以修复和其他不具有使用价值的文献信息资源,应当按规定及时注销,并报当地文化行政管理部门备案。

第十二条 公共图书馆的馆舍、文献信息资源和相关设施、设备必须严格管理、保护,任何单位和个人不得侵占、损毁或者擅自改变公共图书馆馆舍的功能用途。

因城乡改造确需拆除公共图书馆或者改变其功能用途的,按照《公共文化体育设施条例》的有关规定执行。

第十三条 公共图书馆应当加强文献信息资源的安全管理与保护,采取有效措施做好防火、防盗、防蛀、防霉变等工作;对珍贵文献信息资源,必须采取特殊保护措施,确保安全。

第十四条 公共图书馆应当建立健全服务制度,完善服务条件,加强数字图书馆建设,搞好与其他各类图书馆的协作和文献信息资源的共建共享工作,提高文献信息资源的利用效率,并为少年儿童、老年人、残疾人提供便利。

公共图书馆可以根据需要设立突出自身馆藏特色的网站和电子阅览室,配置相应的视听、缩微、复制和电子网络等设施、设备。

第十五条 公共图书馆应当按照下列规定向社会开放:(一)省公共图书馆每周开放的时间不少于 70 小时;(二)设区的市公共图书馆每周开放的时间不少于 63 小时;(三)县(市、区)公共图书馆每周开放的时间不少于 56 小时。

在国家法定节假日和学生寒暑假期间,应当适当延长开放时间。

公共图书馆的开放时间和服务范围以及设施、设备的使用方法与注意事项,应当向社会进行公示。因故变更开放时间或者闭馆的,应当提前 3 日公告。

第十六条 实行公共图书馆文献信息资源免费借阅制度。

为社会公众收集专题信息、编写参考资料、提供音像制品和电子出版物或者进行代查、代译、复印文献信息资源等需要收费的服务项目,其收费标准、管理和使用,按照国家和省有关规定执行。

第十七条 实行公共图书馆文献信息资源公开借阅和查询制度。

除按照国家规定禁止公开或者具有特殊价值的文献信息资源停止借阅或者限制借阅外,公共图书馆不得另立标准,限定文献信息资源的公开借阅和查询范围。

第十八条 借阅、查询公共图书馆的文献信息资源的,应当遵守下列规定:(一)凭有效证件办理相关手续;(二)遵守公共图书馆的各项制度,服从工作人员的管理;(三)爱护文献信息资源和相关设施、设备;(四)按照规定日期归还文献信息资源,不得损坏、丢失。

第十九条　公共图书馆应当通过举办展览、知识讲座、报告会、咨询会以及流动借阅等形式,向社会公众宣传、推荐优秀读物,辅导、指导社会公众及时查找和利用文献信息资源。

鼓励、倡导公共图书馆和其他各类图书馆开设基层借阅点和开展图书下乡村、下社区活动。

第二十条　推行出版物样本征集收藏制度。省公共图书馆负责全省出版物样本的征集收藏工作,设区的市公共图书馆负责所在地出版物样本的征集收藏工作。

除部分出版数量较少的出版物外,出版单位应当在出版物公开发行后的 2 个月内,分别向省和当地设区的市公共图书馆缴送样本;省内出版内部出版物的单位和个人以及省外的出版单位和个人,可以按照自愿原则向省公共图书馆和其他公共图书馆缴送样本。具体缴送办法由省文化行政管理部门和新闻出版行政管理部门另行制定。

公共图书馆应当在接到出版物样本之日起专架陈列 2 个月。

第二十一条　公共图书馆应当根据工作需要科学设置岗位和选配人员。

实行公共图书馆馆长负责制和工作人员聘任考核制。馆长应当具有较高的科学文化素养、专业技术水平和组织管理能力,其他工作人员应当具备相应的专业知识和技能,经考核合格后方可上岗。新入馆的业务工作人员,应当具备大学以上文化程度并按规定实行公开招聘。

倡导、鼓励志愿者参加公共图书馆的服务工作。

第二十二条　对具有下列情形之一的单位和个人,由人民政府给予表彰、奖励:(一)社会力量兴办公共图书馆的;(二)将所属的内部图书馆以及其他图书馆向社会开放并做出显著成绩的;(三)向公共图书馆捐赠文献信息资源和资金、设备,做出突出贡献的;(四)在公共图书馆管理工作中有突出贡献的。

第二十三条　违反本办法,侵占、损毁公共图书馆馆舍、文献信息资源和相关设施、设备,或者擅自改变公共图书馆馆舍功能用途的,按照《公共文化体育设施条例》和其他有关法律、法规的规定予以处罚;构成犯罪的,依法追究刑事责任。

第二十四条　违反本办法,未按期归还文献信息资源或者有其他不遵守公共图书馆管理规定行为的,责令改正;拒不改正的,由文化行政管理部门给予批评教育,处 100 元以上500 元以下的罚款;违反治安管理规定的,由公安机关依法给予治安管理处罚;造成文献信息资源和相关设施、设备损坏、丢失的,应当依法赔偿。

第二十五条　公共图书馆有下列行为之一的,由文化行政管理部门责令限期改正;逾期仍不改正的,对负有责任的主管人员和其他直接责任人员依法给予处分;构成犯罪的,依法追究刑事责任:(一)对文献信息资源和相关设施、设备保护管理不力并造成较大损失的;(二)未按规定的最低时间向社会公众开放公共图书馆的;(三)将文献信息资源购置费挪作他用的;(四)未按规定执行公开借阅、查询制度或者自立标准限定文献信息资源公开借阅范围的;(五)未按规定执行免费借阅制度或者牟取不正当利益的;(六)未按规定履行其他职责并造成严重后果的。

第二十六条　有关人民政府、文化行政管理部门以及其他部门违反本办法,未按规定设置、建设公共图书馆或者有其他滥用职权、玩忽职守、徇私舞弊行为的,对负有责任的主管人员和其他直接责任人员依法给予处分;构成犯罪的,依法追究刑事责任。

第二十七条　本办法自 2009 年 6 月 1 日起施行。

山东省人民政府办公厅关于推进公共电子阅览室建设的意见①

(2011 年 5 月 23 日 鲁政办发〔2011〕24 号)

各市人民政府,各县(市、区)人民政府,省政府各部门、各直属机构,各大企业,各高等院校:

为满足人民群众基本的网络文化需求,文化部决定"十二五"期间在全国实施"公共电子阅览室建设计划"。我省被文化部确定为全国首批 9 个试点省份之一。为搞好试点工作,推进全省公共电子阅览室建设,经省政府同意,现提出如下意见:

一、充分认识公共电子阅览室建设的重要意义

公共电子阅览室是在文化信息资源共享工程发展到新阶段而推出的一种更高级别的终端服务模式,能够更好地向人民群众提供健康、安全和便利的网络文化服务。以政府为主导,实施公共电子阅览室建设计划,建设免费、绿色、安全的公益性上网场所,推出一批弘扬中华民族优秀文化、体现社会主义核心价值观的文化资源,吸引广大网民特别是未成年人参与积极向上、健康有益的网络文化活动,对于用社会主义核心价值观占领思想文化阵地,净化网络环境,满足人民群众的网络文化需求,增强人民群众特别是青少年正确应对网络文化冲击的能力,提高公民的思想道德素质和科学文化素质具有重要意义。近年来,我省加快实施文化信息资源共享工程,公共电子阅览室建设取得明显成效,初步形成了覆盖城乡的公共文化服务网络。但总体上看,仍存在着资源总量不足、服务质量不高、配置不够合理等突出问题。因此,认真按照文化部的部署要求,积极搞好试点工作,建设覆盖城乡的公共电子阅览室,不断提升公共文化服务体系建设水平,是一项十分艰巨而紧迫的任务。

二、总体要求、工作原则和实施步骤

(一)总体要求。深入贯彻落实科学发展观,以保障人民群众基本的文化权益为宗旨,以服务未成年人、老年人、进城务工人员等特殊群体为重点,以文化共享工程服务网络设施和资源为依托,紧密结合文化共享工程、乡镇文化站和社区文化中心建设,大力加强公共电子阅览室建设,进一步增强数字文化服务能力,努力把更多适应群众需求的数字资源传送到社区和乡村,不断满足群众日益增长的网络文化需求。

(二)工作原则。坚持用先进文化占领网络阵地,确保网络文化安全;坚持公益性、基本性、均等性、便利性原则,为广大群众提供免费、便利、健康的网络服务;坚持资源整合与共享,避免重复建设;坚持科学规划与规范管理,持续开展优质服务。

(三)实施步骤。以"公益服务、设备升级、网点拓展、寓教于乐"为基本途径,分步实施。

1. 试点阶段(2011 年 10 月以前)。建设一批规范化的公共电子阅览室。每个设区市确定部分县(市、区),选择不同层级、不同类别、具有一定代表性的单位开展公共电子阅览室服务,包括各级图书馆、文化馆、工人文化宫、少年宫、妇女儿童活动中心、乡镇(街道)文化站、社区文化中心(村文化室)、各类学校以及其他具备条件的企事业单位等。每个县(市、区)不得少于 10 个试点单位。

2. 推广阶段(2011 年 11 月至 2014 年 6 月)。分年度完成各级图书馆、文化馆、乡镇(街

---

① 该文件原文来自山东省人民政府网站(http://www.shandong.gov.cn/),检索日期:2013 年 10 月 27 日。

道)文化站、社区文化中心(村文化室)网点的拓展任务,建立健全专业工作队伍。鼓励有条件的企事业单位,按照文化主管部门的要求,建设公共电子阅览室,开展公益性服务。

3. 完成阶段(2014 年 7 月至 2014 年 12 月)。到 2014 年底,在设施、网络、队伍、资源、传输和服务方面基本完备,比全国提前一年完成建设任务。

4. 提高阶段(2014 年 12 月至 2015 年 12 月)。加强指导,不断完善,进一步创新服务方式,切实发挥好公共电子阅览室服务人民群众的作用。

三、主要工作任务

(一)推进免费开放。推动已建电子阅览室的免费开放,发挥其公益特性,满足广大人民群众特别是未成年人、老年人、进城务工人员等特殊群体的文化需求。

(二)推进网络建设。以"免费开放、提升水平、扩展范围、全面覆盖"为发展路径,推进建立可管、可控、可扩展,覆盖社区、乡村,便民、利民的公共电子阅览室服务网络。

根据公共电子阅览室的功能定位和服务要求,重点提升文化共享工程县级支中心及其以下电子阅览室的硬件水平。

在县、乡(镇)居民居住集中的区域,依托文化馆、群艺馆、文化活动中心等公共文化场所新建一批规范化公共电子阅览室,为人民群众提供更加方便的公共互联网服务。与三网融合发展相结合,在具备无线网络条件地区,探索建立车载移动公共电子阅览室,发展新型公共互联网服务。

对具有公益服务意愿和条件的互联网上网服务场所进行达标认证和政策扶持,推动全社会共同参与建设。鼓励有条件的中小学、青少年宫、工人文化宫、妇女儿童活动中心及其他企事业单位建设符合要求的面向社会开放的公共电子阅览室。

(三)推进数字资源建设。认真研究人民群众的网络信息资源需求,依托文化共享工程和国家数字图书馆资源,加大整合共建力度,建设先进性、知识性、趣味性为一体的、群众喜闻乐见的公共互联网海量数字资源库群。"十二五"期间,整合建设适合开展公共电子阅览室服务的优秀数字资源达到 40TB。数字资源建设以农业技术、务工培训、少儿动漫、红色历史、经典影视、知识讲座、医疗卫生、电子书刊、益智游戏为主要内容,重点建设一批未成年人喜爱的动漫故事、益智类游戏、进城务工人员实用技能资源、地方特色文化资源等,采购一批群众喜闻乐见的电影、电视节目。

加大整合共建力度,形成全社会共建机制。进一步加大文化资源的征集、整合力度,文化部门加强与教育、广电、信息产业、农业、科技、新闻出版等部门合作,争取以免费或者优惠价格得到各系统资源。创新资源建设机制,发展面向全社会机构、个人的资源共建体系,综合采取多项激励政策,促进公共互联网数字资源库群的共同建设。

认真研究基层群众网络文化信息资源需求,提高资源建设与服务的适用性与针对性。建立公共电子阅览室资源供给与需求反馈机制,重点加强人民群众需求强烈的数字资源建设。

在用足用好现有扶持政策的基础上,针对公共互联网服务模式,积极探索解决知识产权的灵活有效模式。

(四)推进技术平台建设。充分应用云计算、智能服务、流媒体、移动互联网等最新适用技术,紧密结合三网融合发展战略,依托现有技术管理平台,建立先进实用、安全可靠、开放互联的公共电子阅览室技术平台。

发展公共互联网网站群,打造互联网上的"公共文化"品牌。在文化共享工程现有基础上,建立分布式、互联互动的省、市、县三级文化共享工程互联网网站群。

建立信息安全管理平台,通过技术手段保障公共电子阅览室内容服务的健康、文明,杜绝反动、淫秽、暴力等不良信息的侵入和传播,确保公共电子阅览室网络信息安全。

发展面向三网融合的资源传输调配体系。充分利用互联网、国家电子政务专网、卫星网、有线数字电视网,广开传输渠道,创新传输手段。

(五)强化管理与服务。加强综合管理,着力提升服务水平,使公共电子阅览室建设成为群众欢迎、家长放心、社会满意的惠民工程。

明确管理职责,加强分工协作。全省公共电子阅览室建设在省文化主管部门的指导下开展,各地文化主管部门负责制定规划、组织监督与管理,文化共享工程各级支中心负责本地公共电子阅览室的建设与运行保障。

加强整合,避免重复建设。充分利用现有设备设施、数字资源、网络条件和人才队伍开展工作,加强与中组部农村党员现代远程教育、教育部中小学现代远程教育工程及教育、广电、信息产业、农业、科技、新闻出版等部门的共建共享。

统一形象标识、规章制度、网络管理。充分利用公共电子阅览室的设施条件,积极开展内容丰富、形式多样的辅导、咨询、培训活动,引导人民群众特别是未成年人正确认识和使用互联网,为人民群众学习、工作和生活服务。大力加强工作人员的业务培训,实现规范服务。建立服务补贴制度,根据公共电子阅览室的服务人次与服务效果进行补贴奖励,促进服务质量和服务水平的全面提升。

充分发挥公共服务体系的优势,鼓励在城乡实施公共电子阅览室的连锁运营和管理,体现共享效益和优势。

四、加强组织领导

(一)强化组织保障。省政府有关部门负责规划建设方向、组织协调指导资源建设和信息服务、制定实施方案和年度工作计划及专项资金的管理与使用,及时解决实施中的具体问题。

(二)建立经费保障机制。建立以政府投入为主、社会参与的多元化投入机制,把公共电子阅览室建设和运行经费纳入各级财政预算。同时积极探索社会力量参与建设的新路子,争取社会资金、人力、物力的支持。

(三)加强人才队伍建设。组建专门技术队伍,搞好对实施方案、资源建设、标准规范、技术路线等工作的指导落实。建立基层人员培训长效机制,着力造就一批熟悉和掌握计算机、网络知识的业务骨干,提高公共电子阅览室工作人员的素质。

(四)加强工作督导考核。把公共电子阅览室建设纳入文化工作指标考核体系,对各地贯彻落实情况加强调度、检查和督导,确保把各项任务落到实处。

(五)加强宣传推广。广泛借助各类新闻媒体加大宣传力度,大力营造良好的社会舆论氛围,进一步增强公共电子阅览室的辐射力和影响力,吸引更多社会公众到公共电子阅览室享受公益性上网服务。及时总结和推广典型经验,指导全省公共电子阅览室建设更好更快地发展。

河南省

关于当前全省图书馆工作情况及今后工作意见的报告①

（1981 年 3 月 27 日　豫政〔1981〕38 号）

河南省市、县（区）图书馆工作条例（试行）②

（1986 年 1 月 10 日　河南省文化厅）

第一章　总则

第一条　市、县（区）图书馆是国家举办的综合性的公共图书馆，是科学、文化、教育事业的重要组成部分。是当地搜集、整理、存储和传播科学文化的场所，是向社会公众提供图书阅览和咨询服务的事业机构。是当地藏书、目录和图书馆间的协调及业务辅导工作的中心。

第二条　市、县（区）图书馆应坚持为人民服务、为社会主义服务的方向。要把开发文献资源，最大限度地满足社会对文献信息的需要，为实现党在新时期的总任务、总目标服务，作为自己的根本任务。

第三条　市、县（区）图书馆的服务对象是当地党政机关、科研生产、文化教育部门和广大群众，同时要把少年儿童作为服务对象的重要内容。县馆应做好广大农村的商品生产和农业技术生产的服务工作。

第四条　市、县（区）图书馆的主要任务是：

1. 宣传马列主义、毛泽东思想，宣传党的路线、方针、政策和国家的法令，向人民群众进行爱国主义、集体主义、社会主义和共产主义教育。

2. 为本地区经济建设和科学研究提供书刊资料，传播科学文化知识，提高人民群众的科学文化水平，丰富群众文化生活。

3. 广泛收集、整理与保存地方文献。

4. 在当地政府文化主管部门领导下，对基层图书馆（室）开展业务辅导，搞好本地区图书馆网的协作工作。

第二章　领导，机构与人员编制

第五条　市、县（区）图书馆直属当地政府文化主管部门领导，业务上受上级图书馆的指导。

第六条　市图书馆设馆长一人、副馆长二人。县（区）图书馆设馆长一人，副馆长一人。配备馆长应坚持干部"四化"的原则，并逐步做到省辖市馆馆长由具备大专以上文化程度或

---

①　该文件原文缺，文件信息依据《中国图书馆百年纪事》（陈源蒸等，2004）238 页提供线索著录。

②　该文件原文来自《中华人民共和国现行文化法规汇编》（国务院法制局，1987），原文页次：636—644。

有同等学力的业务干部担任。地辖市和县馆馆长逐步做到具有中专以上文化程度的业务干部担任。

第七条 市、县(区)图书馆实行馆长负责制,改变党政不分,以党代政和行政领导职责不明的状况。馆长由上级文化主管部门任免(在充分征求群众意见的基础上),副馆长及各部(股)领导由馆长任命并报当地政府文化主管部门备案。馆长对全馆负责,除领导制定全馆规划、工作计划、执行经费预算外,还有权对工作人员实行奖惩、聘任和辞退,有权根据需要在定额编制范围内,向社会招聘。

第八条 市、县(区)图书馆要根据各馆规模设置部室。省辖市馆一般应按采编、借阅、业务辅导、办公室(包括业务办公室或业务秘书、行政工作)、书目参考部设置,有的还可依据工作需要增设特藏、期刊等部。为加强少儿工作,应设少儿部,地、县(区)图书馆可设采编、借阅、辅导、参考咨询等股。

第九条 市、县(区)图书馆的工作人员编制,应根据藏书数量和该地区人口数量(图书馆服务覆盖面),图书馆的工作内容和服务方式,服务途径的实际情况来确定,可参照下述标准。

省辖市馆,以二十人、十五万册藏书为基数,每增加一万册书增编一人。

地辖市及城市区图书馆和大县(百万人口以上)馆,以十人,八万册藏书为基数,每增加一万册书,增编一人。到本世纪末,要求达到藏书三十万册,人员四十人。中县(百万人以下,五十万以上)以七人,五万册藏书为基数,每增加一万册书,增编一人。到本世纪末,要求藏书达到二十五万册,人员三十五人。小县(五十万人以下)以五人,三万册藏书为基数,每增加一万册书增编一人,到本世纪末,要求藏书达到十万册,人员十五人。

随着电子计算机的应用和图书馆现代技术设备的增加,各馆可根据实际需要适当增加编制。

第十条 图书馆工作人员必须具备高中以上文化程度,身体健康,热爱图书馆事业,刻苦钻研业务,并能积极做好本职工作。对新进馆的人员,均应通过考核,有高中、中专毕业文凭才能录用。并要进行必要的基本训练。现有工作人员未达到高中文化程度者,在本条例执行时起,要求三年内达到,三年后仍达不到者,坚决予以调整。以尽快提高图书馆干部队伍的专业文化水平。

图书馆业务人员要相对稳定,不能随意调动。并要创造条件进行定向培训。

第十一条 专业干部的职称确定或晋升,按国务院一九八六年颁发的《图书、资料专业人员职务条例》规定执行。

第十二条 市、县(区)图书馆要实行岗位责任制。图书馆工作人员及各项工作都应有明确的职责范围、数量与质量的具体要求,并建立考核检查制度,克服平均主义和吃"大锅饭"的弊端。

第三章 经费、馆舍和设备

第十三条 各级政府和财政、文化主管部门,要保障图书馆必要的经费。随着地方财政体制改革和经济收入的增长,逐步增加图书馆经费。县图书馆是我省"六五"期间刚发展的一项事业,初建立经费基数特低,应在原定1—1.2万元的基础上,每年递增在10%以上。改变一些地方对图书馆实行经费一定几年不变和按工作人员数量拨款的办法。

县级以上图书馆的购书经费应按文化部规定,在事业经费中的比例不低于40%。"七

五"期间,文化部规定县级图书馆经费应达到以下标准:

(百万人口)大县	4.5 万元	购书费占 1.8 万元
(50 万以上)中县	4 万元	购书费占 1.6 万元
(50 万以下)小县	3.5 万元	购书费占 1.4 万元

根据我省经济状况和各地区实际情况,经费可略有减少,可参考以下标准;

大县:3 万元	购书经费保证到 1.2 万元
中县:2.5 万元	购书经费保证到 1 万元
小县:2 万元	购书经费保证到 0.8 万元

第十四条 各地、市、县(区)计划、财政、城建部门要把图书馆建设纳入地方基建计划,逐步建立适应本地区经济和科、教、文发展需要的馆舍。

可参照文化部规定的标准:

省辖市馆不低于 8000 平方米,地辖市馆不低于 3000 平方米,大县馆不低于 2500 平方米,中县馆不低于 2000 平方米,小县馆不低于 1500 平方米。

第十五条 要根据藏书及读者的需要,有计划地逐年增添复印、缩微、照相、视听等必要的图书馆专用设备。

第十六条 为增强图书馆自身发展的活力,市、县(区)图书馆在努力做好本职工作的前提下,对于有偿服务,如:复印、有偿咨询等收入,在当地文化主管部门和财政部门的监督下,有权自主管理,合理使用。

第四章 藏书与目录

第十七条 书刊资料是图书馆工作的物质基础,市、县(区)馆应根据当地政治、经济、科学、文化教育事业的客观需要,结合原有馆藏情况,制定出书刊资料补充原则,要有计划有重点地进行补充,逐步建立起有地方特色、比较完整的藏书体系。

在书刊的采集中,要加强调查研究,避免重复浪费。对重要报刊、丛书、参考工具书、多卷书和其他连续性出版物,要力求配套,以保证藏书的完整性。

第十八条 对新到书刊的验收、盖章、打号、登记手续要齐全,分编要及时,质量要保证,一般定在两周内和读者见面。

市、县(区)馆统一采用《中国图书馆图书分类法》和《文献著录标准化》进行分类编目,实行全省分编规范化,标准化。

第十九条 市、县(区)图书馆应采用卡片式目录。读者和公务目录均各设分类,书名两种。省辖市馆还要有著者目录,有条件的馆应设主题目录。

期刊订三百种以上的,要有期刊分类,刊名目录,古籍和旧平装书可用书本式目录。各馆要建立完整的目录体系。

目录要经常检查,剔旧更新,保持完整,做到书卡相符。

第二十条 市、县(区)图书馆要有计划地清理和剔除藏书中的不必要的多余复本。对剔旧、丢失、损失、调拨的书刊必须建立完整的注销手续。剔旧下架的书刊要出售时,应报请主管部门批准。出售书刊所得资金必须用于事业发展,不得挪作他用。

第二十一条 市、县(区)图书馆的书库一般应设置二线藏书,不设版本书库。一线藏书可设:1. 流通书库。2. 县馆设农村流通书库。二线藏书:1. 可设资料库,用于馆内文献查阅和参考咨询用书。2. 报刊库(历年报刊合订本)。3. 特藏书库(古籍、文献、视听、缩微内部资料等)。

对各库藏书要定期清点,建立书库管理制度,切实做好防火、防盗、防虫、防尘和对破损图书的修补工作。

第五章　读者服务工作

第二十二条　市、县(区)图书馆应以读者工作为中心,最大限度地满足读者对书刊资料的合理需要。在读者服务工作中,要不断改善服务态度,提高服务质量。坚持文明礼貌服务,提高书刊利用率。

第二十三条　市,县(区)图书馆要用三分之一的业务人员,加强文献开发和参考咨询工作。积极创造条件实行开架借阅,开拓新的服务领域,开展多途径的读者服务工作。

一般的常规的借阅和咨询,以及为党政军领导机关提供的服务,必须是无偿的。为科研、教育等企事业提供的专题项目的服务可以开展有偿服务。

第二十四条　市、县(区)图书馆应首先办好综合性阅览室,并积极创造条件开设儿童、科技阅览室,有条件的馆还应根据读者的需要,设置其他专门阅览室。

第二十五条　为了防止图书丢失,在发放借书证时,酌收保证金,退证时退还。

第二十六条　市、县(区)图书馆借阅开放时间要适应读者需要,有利于工作和生产,省辖市馆和地辖市馆每周不得少于四十八小时。县、区馆每周不得少于四十二小时。开放时间需要变更或临时性闭馆时,要报请当地政府文化主管部门批准。

第二十七条　市、县(区)图书馆要采用多种形式报导馆藏,宣传推荐图书,辅导阅读,特藏书刊应确定阅览范围,各馆应积极为读者开展书目索引和缩微、声像等视听资料的服务,充分发挥馆藏资料的作用。

第二十八条　经常向读者进行爱护图书和有关规章制度的宣传,要加强图书的催还工作。对借图书逾期不还者,视其情况处以罚金,停借或收证,丢损书刊按原价或加倍赔偿,馆内借书也要按规定手续办理。

第二十九条　市、县(区)图书馆除根据中央和国家有关单位通知,对某些书刊停止公开借阅外,一律不得另立标准,任意封存、停阅外借;不得对书刊作涂、改、剪、贴、撕等技术处理。

第六章　辅导与协作

第三十条　市、县图书馆担负着对当地各类型图书馆(室)业务辅导和干部培训的任务,以帮助基层图书馆解决业务上存在的问题,并定期举办各种类型的干部培训班,提高干部的业务素质,更好地发挥基层图书馆(室)在两个文明建设中的作用。为保证辅导工作,要求市级馆辅导部不少于三至五人,县级馆不少于二人。

第三十一条　市、县(区)图书馆应积极建立有当地各种类型图书馆(室)参加的图书馆网,开展协调、协作和馆际互借活动,互通各馆有无,达到资源共享,使有限的资金取得最大的社会效益和经济效益,增加图书馆的活力。

第七章　工作计划、统计与总结

第三十二条　各市、县(区)图书馆均应在每年的十二月底以前制订出下一年度的工作计划,分别报送省、市、县(区)文化厅(局、科)各一份。市图书馆的工作计划还应报送省图书馆一份。县、区图书馆的工作计划报送省图书馆和市图书馆各一份。

第三十三条　市、县(区)图书馆在业务和行政工作中要认真做好统计工作,统计报表要报送文化主管部门一份。

第三十四条　市、县(区)图书馆均应于每年一月十五日前完成上一年度的工作总结报告,总结报告的报送办法同第三十二条的规定。

第八章　附则

第三十五条　各市、县(区)图书馆应根据本条例精神制定本馆各项工作的规章制度,报请当地政府、文化主管部门批准后,认真贯彻执行。

第三十六条　各地、市、县(区)图书馆在执行本条例中遇到问题应及时报请当地文化主管部门,以至上级文化主管部门。

第三十七条　为促进我省图书馆事业发展,各级图书馆依据本条例精神进行个人和图书馆之间的竞赛评比。

河南省公共图书馆管理办法①

(2002 年 7 月 23 日　河南省人民政府令第 71 号)

第一条　为了加强公共图书馆的建设和管理,满足人民群众对科学文化知识的需求,促进社会主义物质文明和精神文明建设,根据国家有关规定,结合我省实际,制定本办法。

第二条　本办法所称公共图书馆,是指由政府兴办,向社会公众开放,承担文献资源收集、整理、保管和利用职能的公益性文化设施,包括少年儿童图书馆。

第三条　县级以上文化行政管理部门是本行政区域内公共图书馆事业的主管部门。

县级以上人民政府有关部门按照各自职责,共同做好公共图书馆的建设和管理工作。

第四条　公共图书馆实行馆长负责制。按照有关规定馆长应当具有相应职称,工作人员应当具有上岗资格。

第五条　公共图书馆的布局、数量和规模应根据国民经济和社会发展状况、本地区的人口分布情况和图书馆事业的发展需要,优化配置。各级人民政府应当将公共图书馆建设和发展纳入社会经济发展计划和城市总体规划。

公共图书馆的建筑面积和阅览座位按国家有关规定执行。

第六条　公共图书馆的建设用地,经县级以上人民政府批准,由土地管理部门划拨。

第七条　新建公共图书馆的设计,必须保证公共图书馆科学和实用功能,方便公众使用。

第八条　公共图书馆的馆舍、设备、文献资源受法律保护,任何单位和个人不得损坏和侵占。

任何单位和个人不得擅自改变公共图书馆馆舍的用途。

第九条　公共图书馆的经费由各级财政从文化事业费中列支,并应根据公共图书馆事业的发展和地方财力适当增加。

公共图书馆的文献购置费应当单列,不得挪用。

鼓励国内外单位和个人向公共图书馆捐赠资金、文献、设备。

---

① 该文件原文来自"律商网"数据库,检索日期:2013 年 7 月 30 日。

第十条 公共图书馆应当加强自动化、网络化、数字化建设,提高信息加工、存贮和传递的能力,提高公共图书馆工作效率和服务质量。

第十一条 公共图书馆应当按照国家有关规定妥善保管文献资料,加强消防等安全管理。

第十二条 公共图书馆每周开放时间应当达到下列标准:省图书馆不少于80小时,市级图书馆不少于63小时,县级图书馆不少于56小时,少年儿童图书馆不少于40小时。

国家法定节假日和寒暑假期,公共图书馆应当照常开放。

第十三条 公共图书馆应采取开架或半开架借阅制度,并注意为读者设计、营造和维护良好的阅读环境。

读者借阅文献资料,应按规定出具有效证件,办理借阅手续,并在规定期限内归还。

第十四条 公共图书馆可以根据不同的服务对象,确定文献资料的借阅范围和办法。除国家规定外,不得另立标准封存文献资料。

少年儿童图书馆的文献资料应当符合少年儿童的特点,借阅范围不得含有不利于少年儿童身心健康的内容。

第十五条 公共图书馆应当采用图书展览、辅导讲座和组织群众性读书活动等多种形式,向读者推荐优秀读物,指导读者阅读。

第十六条 公共图书馆的工作人员应当为读者提供书刊资料信息,解答读者有关阅读方面的咨询,指导读者查找书刊资料。

公共图书馆应当根据读者需求,为读者做好专题信息收集、参考资料编写和书刊资料的代查、代译工作。

第十七条 公共图书馆对图书、报刊借阅实行免费服务,优先照顾未成年人、老年人和残疾人。

公共图书馆为读者注册,搜集专题信息,编写参考资料,提供音像制品、电子出版物借阅服务,或进行代查、代译、复制文献资料等工作,可以适当收取费用。具体收费标准由省文化行政管理部门会同省财政、价格主管部门另行规定。

第十八条 公共图书馆文献基本藏量省图书馆不少于250万册,市级图书馆不少于40万册,县级图书馆逐步达到8万册。

第十九条 省图书馆重点收藏专利文献、标准文献、本省的地方文献和国内出版社、报社、杂志社等出版单位出版的主要报刊、丛书、多卷书以及国外主要出版物。

市、县图书馆重点收藏本市、县的地方文献和本省出版社、报社、杂志社等出版单位的主要出版物。

第二十条 公共图书馆应当逐步形成馆藏特色。除收藏传统载体形式的文献外,应当收藏音像制品、缩微胶片(卷)、科技影片、光盘等新型载体文献。

第二十一条 公共图书馆是本行政区出版物版本收藏单位,本行政区出版社、报社、杂志社等出版单位和有关单位,应当自出版物出版之日起30日内,将出版物样本两部送当地公共图书馆收藏。

第二十二条 公共图书馆对新入藏的文献资料,应当及时加工并投入借阅。对失去使用价值的文献资料的处理,应报文化行政管理部门批准。

第二十三条 鼓励公共图书馆开发馆藏资源,兴办和发展文化信息产业。

第二十四条　公共图书馆有下列行为之一的,由县级以上文化行政管理部门责令限期改正;情节严重的,对主管人员和直接责任人员给予行政处分:

(一)不按规定开馆的;

(二)不按规定管理和借阅文献资料的;

(三)擅自限制文献借阅范围的;

(四)擅自改变公共图书馆用途的;

(五)擅自收费或不按规定标准收费的。

第二十五条　读者有下列行为之一的,公共图书馆可以对其进行批评教育,造成损失的,有权要求读者按有关规定予以赔偿:

(一)损坏公共图书馆设备的;

(二)遗失所借文献资料的;

(三)撕毁、污损文献资料的;

(四)其他违反公共图书馆规章制度的。

第二十六条　文化行政管理部门、公共图书馆将公共图书馆经费、文献购置费挪作他用的,对主管人员和直接责任人员给予行政处分;构成犯罪的,依法追究刑事责任。

第二十七条　出版单位未按本办法规定向公共图书馆送缴出版物样本的,由文化行政管理部门协同有关部门责令限期送缴。

第二十八条　本办法自 2002 年 9 月 1 日起施行。

河南省人民政府办公厅关于进一步加强古籍保护工作的意见①

（2009 年 5 月 25 日　　豫政办〔2009〕92 号）

各省辖市人民政府,省人民政府各部门:

为进一步加强我省古籍保护工作,根据国家有关要求,经省政府同意,现提出如下意见:

一、充分认识古籍保护工作的重要性和紧迫性

我省是中华民族的重要发祥地之一,古代文献典籍遗存丰富。这些古籍是中华民族在数千年历史发展过程中创造的重要文明成果,蕴含着民族特有的精神价值、思维方式和想象力、创造力,是中华文明绵延数千年、一脉相承的历史见证。古籍具有不可再生性。保护这些古籍对促进文化传承、联结民族情感、弘扬民族精神、维护祖国统一及社会稳定具有重要作用。同时,加强古籍保护工作也是贯彻落实科学发展观、建设社会主义先进文化、构建社会主义和谐社会的客观要求。

改革开放以来尤其是近年来,在各地、各有关部门和全社会的共同努力下,我省古籍保护工作取得了显著成绩。但由于多种原因,当前我省古籍保护工作还存在一些问题,如古籍底数不清,收藏条件较差,古籍老化、破损严重;古籍修复手段落后,保护和修复人才匮乏,部分古籍面临失传的危险。因此,加强古籍保护工作刻不容缓。各级政府和有关部门要从对国家和历史负责的高度,充分认识古籍保护工作的重要性,进一步增强责任感和紧迫感,切

---

① 该文件原文来自"律商网"数据库,检索日期:2013 年 7 月 30 日。

实做好古籍保护工作。

二、加强古籍保护工作的指导思想、基本方针和目标任务

(一)指导思想。深入贯彻落实科学发展观,加大古籍保护工作力度,建立科学有效的古籍保护制度,提高全社会的古籍保护意识,充分发挥古籍在传承中华文化、提高人民群众思想道德素质和科学文化素质、增强民族凝聚力、促进社会主义先进文化建设中的重要作用。

(二)基本方针。贯彻"保护为主、抢救第一、合理利用、加强管理"的方针。坚持依法保护和科学保护的原则,正确处理古籍保护与利用的关系,统筹规划、分类指导,突出重点、分步实施。

(三)目标任务。结合国家实施的中华古籍保护计划和"十一五"国家古籍整理重点图书出版规划,全面、科学、规范地开展古籍保护工作。具体任务:一是对全省各级各类图书馆、博物馆,民族宗教、教育、卫生、文物、新闻出版等系统以及民间的古籍收藏和保护状况进行全面普查,摸清古籍底数,编制出版《河南省古籍联合名录》。二是实现古籍分级保护,编制《河南省珍贵古籍名录》,完成我省推荐、申报《国家珍贵古籍名录》的相关工作。三是完成一批古籍书库的标准化建设,命名一批"河南省古籍保护重点单位",做好我省推荐、申报"全国古籍保护重点单位"的相关工作。四是建立古籍综合信息资源数据库,加强古籍整理、出版和修复工作。五是培养一批具有较高水平的古籍保护专业人员,逐步形成较为完善的古籍保护工作体系和工作制度,使我省的古籍得到全面保护。

三、科学规范地开展古籍保护工作

(一)全面开展古籍普查工作。时间安排:2009 年年底前初步掌握全省现存一、二级古籍状况;2010 年年底前完成二级以下古籍普查工作,汇总古籍普查成果。普查范围:全省各级公共图书馆,高等院校、科研单位图书馆,文物博物、民族宗教、医疗卫生等单位及民间收藏的古籍。普查对象:汉文和各少数民族文字的古籍(甲骨、简册、帛书、金石拓片等特种文献暂不列入此次普查范围)。普查的主要内容:古籍基本情况、古籍破损情况和古籍保存状况等。组织实施:普查工作由省古籍保护工作厅际联席会议统一领导、统筹规划,省文化厅负责组织实施。省图书馆设立省古籍保护中心,负责全省古籍普查登记和人员培训工作,汇总古籍普查成果,向国家古籍保护中心报送古籍普查报表;省辖市、县(市、区)公共图书馆负责本地古籍普查登记工作,汇总并逐级上报本地古籍普查报表;教育、民族宗教、文物等部门根据实际情况,制订本系统古籍普查工作方案,组织开展普查工作,并将普查数据汇总后报省古籍保护中心。各收藏单位收藏、保管的古籍(包括民间收藏)所有权不变,其中珍贵古籍文献需要整理、出版、修复的实行申报制,由省文化行政主管部门负责受理和规划、落实。

(二)编制《河南省珍贵古籍名录》。在全面普查基础上,各省辖市、县(市、区)编制本地的古籍目录。省编制《河南省珍贵古籍名录》,并选择其中部分古籍申报《国家珍贵古籍名录》。对列入《国家珍贵古籍名录》及《河南省珍贵古籍名录》的古籍,收藏单位要按照有关要求完善保护措施,切实做好保护工作。各级政府要对此进行监督检查。

(三)改善古籍保管条件。制订完善古籍书库的建设标准和技术标准,改善古籍保管条件,完善安全措施,保障古籍安全。加强古籍保护单位的规范化建设,"十一五"期间命名一批"河南省古籍保护重点单位",积极做好我省推荐、申报"全国古籍重点保护单位"的相关工作。

(四)加快推进古籍修复工作。集中资金,有计划地对破损古籍进行修复,重点抓好列入

《国家珍贵古籍名录》及《河南省珍贵古籍名录》的濒危古籍的修复工作。各古籍收藏单位要建立修复档案,按照有关技术标准和规范进行修复,确保修复质量。

（五）加强古籍的整理、出版和研究利用。按照古籍数字化标准,规范古籍数字化工作,建立古籍综合信息资源数据库。省古籍保护中心负责建立省古籍综合信息资源数据库,各省辖市、县(市、区)也要建立本地的古籍综合信息资源数据库。同时,加强古籍的出版、研究、利用工作,采取有效措施,向社会和公众开放古籍资源,发挥古籍应有的作用。

四、建立古籍保护工作的保障机制

（一）建立古籍保护工作协调机制。建立由省文化厅牵头,省发展改革委、财政厅、教育厅、科技厅、新闻出版局、民委(宗教局)、文物局等部门组成的省古籍保护工作厅际联席会议制度,联席会议办公室设在省文化厅。联席会议各成员单位要按照职能分工,认真履行职责,密切配合,共同做好古籍保护工作。各省辖市、县(市、区)也要建立相应的工作机制,组织实施本地的古籍保护工作。各级政府要将古籍保护作为文化遗产保护工作的重要内容,明确目标任务,强化保护措施,建立健全古籍保护责任制度和责任追究制度。要充分发挥专家在古籍修复、保护、研究等方面的作用,古籍保护工作任务较大的地方要成立专家委员会,负责古籍的鉴定、定级及普查、保护咨询工作,推动古籍保护工作有效开展。

（二）加大古籍保护资金支持力度。各级财政部门要对本地古籍普查、修复、出版及数字化等工作给予必要的资金支持。要制定鼓励政策,积极吸纳社会资金参与、支持古籍保护工作。

（三）加强古籍保护人才培养。有关部门要制订规划,多渠道、分层次培养古籍保护人才。要加强古籍保护工作人员的在职培训,在有条件的高等院校设置古籍保护和修复专业,培养一批技术精湛、素质较高的古籍保护专业人才。积极开展国际与地区间古籍保护的交流与合作。

（四）加大古籍市场监管力度。有关部门要依法规范古籍市场流通和经营行为,加强古籍销售、拍卖行为的审核备案工作,严厉打击盗窃、走私古籍等违法犯罪活动。

（五）加强对古籍保护的宣传。各级各类图书馆要积极拓展文化教育功能,通过讲座、展览、培训、研讨等形式宣传古籍保护知识,促进古籍利用和文化传播。广播电视、报刊、互联网等新闻媒体要加大古籍保护工作宣传力度,普及保护知识,展示保护成果,培养公众的保护意识,营造全社会共同保护古籍的良好氛围。

以上意见,请认真贯彻执行。

河南省人民政府关于公布第一批河南省珍贵古籍名录和第一批河南省古籍重点保护单位名单的通知①

（2011 年 11 月 28 日　豫政〔2011〕87 号）

各省辖市人民政府,省人民政府各部门:

现将第一批河南省珍贵古籍名录和第一批河南省古籍重点保护单位名单予以公布。

---

① 该文件原文来自"北大法宝"数据库,检索日期:2013 年 7 月 30 日。

各地、各部门要按照"保护为主、抢救第一、合理利用、加强管理"的方针,切实做好珍贵古籍的保护、管理和合理利用工作,为弘扬民族优秀传统文化、打造华夏历史文明传承创新区、推进中原经济区建设做出积极贡献。

附件1:第一批河南省珍贵古籍名录(534部)(略)

附件2:第一批河南省古籍重点保护单位名单(16个)

河南省图书馆

郑州图书馆

开封市图书馆

洛阳市图书馆

安阳市图书馆

新乡市图书馆

南阳市图书馆

武陟县图书馆

唐河县图书馆

郑州大学图书馆

河南大学图书馆

河南中医学院图书馆

洛阳师范学院图书馆

南阳师范学院图书馆

辉县市博物馆

洛阳市文物工作队

湖北省

关于开展武汉地区图书馆工作的技术革新运动的意见①

(1960年5月 武汉地区中心图书馆委员会)

大跃进以来,党加强了对于图书馆事业的领导,大大提高了图书馆工作人员的政治思想觉悟,在图书馆工作中开展了破除迷信、兴无灭资的群众运动,各兄弟图书馆发扬了共产主义风格,增强了协作关系,使党的建设社会主义的总路线在图书馆事业的领域内得到有力的贯彻,图书馆工作的面貌为之焕然改观,为今日的技术革新运动打下了良好的基础。

图书馆事业的技术革新运动和其他行业的技术革新一样,也必须是在毛泽东同志所发展了的,马克思列宁主义的不断革命论的思想指导下,采取大搞群众运动的方式进行。只有广泛地发动全地区数以千计的图书馆工作者,从解决当前工作中存在着的关键问题入手,迅速猛烈地,逐步深化地,把运动开展起来,才能收到最大、最好的效果。

---

① 文件原文来自《中国图书馆学报》(1960年第6期)。

　　为了明确奋斗目标，动员全地区图书馆从业人员的积极性和创造性，共同投入这个伟大的运动，本会特提出下列意见，作为初稿，发给各兄弟图书馆，供大家研究参考：

　　（一）当前我们工作中最大的问题是读者增加了，为读者服务的业务项目和内容增加了，工作任务的压力很大；但是人手不够，水平不高，满足不了读者的要求。

　　怎样解决这个问题呢？必须依靠大搞技术革新和技术革命。首先，要改良工具，创造发明工具，逐步实现机械化、自动化，以代替图书馆工作中的手工操作方法。在增产不增人的原则下，做到既便利读者，又把馆员从繁杂的体力劳动中解放出来，以提高工作效率。基本上要求全地区的图书馆到1962年或稍长一点的时间内，实现自动化或半自动化；其次，我们要找出适应新的形势要求的，组织和领导图书馆各部门工作的科学经验；并在总路线多快好省的精神指导下，革新工作方法，调整工序，以期提高工作质量。

　　为此，我们必须根据图书馆各部门业务的特点，把解决当前工作中存在的问题和进行长远的社会主义图书馆事业的技术革命结合着考虑，系统地总结带有普遍意义的经验，集中优点，进而装配成套，逐渐普遍推广，使全地区图书馆工作水平得到共同的提高。

　　（二）开展技术革新和技术革命的第一关是解放思想，在开展过程中要不断地反右倾反保守，反对强调"正规"，反对唯条件论。用总路线精神和毛泽东思想武装每个干部的思想，提倡从无到有，敢想敢干，自力更生。各兄弟图书馆要注意通过研究革新工作，破除资产阶级图书馆学的影响，破除自卑感，使大家增强信心，把运动轰轰烈烈开展起来。各兄弟图书馆又要注意集中集体智慧，积累经验，须知技术革新运动关系到各馆、各部门的业务，关系到每个人的工作，因此每个同志都要提高自觉，经常注意日常工作中的微小改革，注意新鲜事物，破除对于技术革新的神秘感，体会到开动脑筋投入运动对于每个人来说是十分必要的，并且完全可能的。

　　（三）本会顷已建立"技术革新中心小组"；各兄弟图书馆应即建立"技术革新小组"，选拔骨干，实行领导与群众相结合，全力以赴，并与中心小组取得紧密联系，结合实际情况，订出自己的技术革新计划，全面开展。武汉大学图书馆学系是图书馆学科学方法研究中心，遇有疑难问题，也可以争取他们的支援和帮助。

　　"技术革新中心小组"为了掌握动态，交换情报，决定建立汇报制度，今后要经常地邀集各单位"技术革新小组"的成员举行汇报，共同研究，指导运动继续前进。

　　"技术革新中心小组"在今后阶段的主要任务是协助各单位的"技术革新小组"对技术革新成果及时组织研究，把成果收聚起来，集中优点，加以定型，普遍推广。

　　（四）本会曾于四月中旬在中国科学院武汉分院图书馆召开现场会，组织参观该馆的技术革新展览，启发群众思想，打开局面。五月中旬将举办一次"武汉地区图书馆技术革新展览会"，中心馆委员会成员馆每馆应提出技术革新项目5至8件，其余各馆不作规定，但希望有成品参加共同向"红五月"献礼。1960年内，本会决定结合"七一"、"十一"等节日，不断地举办综合性的或专题性的现场会、经验交流会，并组织评比竞赛，树立标兵，现身说法，做到一处开花，遍地结果。

　　为了配合技术革新运动的开展，各兄弟图书馆应重视理论建设工作，通过理论建设巩固技术革新的成果。为此本会决定组织并号召武汉地区的图书馆工作者彻底解放思想，把技术革新成果写成书面材料，总结各种工作经验，撰述专书或论文。中心委员会各成员馆应按全馆总人数百分之二十五的比例，承担撰写论文篇数的任务，论文题目自定，分"七一"、"十一"两次交稿,由本会组织论文会讨论,在分组讨论修改后,于年底编选若干篇出版。

在开展技术革新运动同时,各兄弟图书馆应支持武汉大学图书馆学系举办的函授班和业余大学,负责同志应鼓励干部参加学习,提高他们的文化和业务水平。

(五)根据中国科学院武汉分院图书馆的经验,技术革新运动在图书馆范围内的开展,大致可以分为三个阶段,第一个阶段是把运动轰开的阶段,经过思想动员,从总结工作入手,采取鸣放方式,号召大家提合理化建议。首先不要强调"纳入正轨",也不必提范围,因为那样反到限制群众思想。领导上必须明确技术革新和技术革命是比较长期的运动,通过它可以带动全馆的一切工作,抓住有利时机加以促进,使其逐步深化。第二个阶段是根据群众的意见找到本单位工作中比较薄弱的环节在哪里。当前存在的最迫切需要解决的问题是什么,把问题排一排队,发动大家动手解决,首先解决那些容易搞、收效大、能大量节约人力和时间,花钱少或不花钱就能够完成的革新项目。要重视点点滴滴的改革,提倡因陋就简,由小到大,提倡土洋结合,注意利用废旧物资,利用现有条件,充分把闲置的机械设备利用起来。在革新开始的时候,创造的经验一般是不会十分完整的,"技术革新小组"要及时掌握动态,跟上形势,鼓励士气,发挥集体智慧攻关,保证胜利完成任务。第三个阶段是巩固成果,总结经验的阶段。在这个阶段,技术革新运动已经取得初步战果,"技术革新小组"要进行鉴定,予以定型,把战果巩固下来。进而在比较丰富的数量基础上,初步进行配套,往综合化、自动化的方向前进。

各兄弟图书馆的情况有所不同,根据具体问题具体分析的原则,应该自行确定进行步骤,武汉分院图书馆的经验只能作为参考。

(六)各兄弟图书馆在开展技术革新和技术革命运动的时候,都要抓大协作。要通过各馆的"技术革新小组"互相交换情报,互相提供技术力量,互相支援物资材料。特别是中心馆委员会各成员馆,更不可忽视各院校的教师、技工、学生等对图书馆技术革新运动的支援,要善于依靠他们的技术力量协助解决问题。

(七)武汉地区图书馆工作的技术革新运动是由中心图书馆委员会发起,在省科学工作委员会直接领导下行动起来的。为了广泛地把运动开展起来,热切欢迎全地区各系统的图书馆(室)和图书馆工作者一起参加我们的各项活动,共同走向胜利。

湖北省县图书馆工作条例(试行草案)①

(1979 年 8 月 1 日　湖北省文化局)

湖北省公共图书馆条例②

(2001 年 7 月 27 日　湖北省人大常委会公告第 12 号)

第一条　为了发展公共图书馆事业,满足人民群众对科学文化知识的需求,促进社会主

---

①　该文件原文缺,文件信息依据《中国图书馆百年纪事》(陈源蒸等,2004)225 页提供线索著录。
②　该文件原文来自"律商网"数据库,检索日期:2013 年 7 月 30 日。

义精神文明和物质文明建设,根据国家有关规定,结合本省实际,制定本条例。

第二条　本条例所称公共图书馆,是指各级人民政府投资兴办,向社会开放,具有图书、音像等文献资料收集、整理、存储、开发和服务功能的公益性机构。

第三条　各级人民政府应当将公共图书馆事业纳入国民经济和社会发展计划,将公共图书馆经费列入财政预算,并与经常性财政收入的增长幅度相适应。

省人民政府应当对贫困地区和少数民族地区的公共图书馆事业给予扶持。

第四条　县级以上人民政府文化行政主管部门是公共图书馆的主管部门。计划、财政、新闻出版等有关部门,在各自的职责范围内,保障和支持公共图书馆事业的发展。

第五条　各级人民政府应当根据人口分布情况,社会经济和文化发展的需要,设立公共图书馆(室)。市、州和较大市的区以及有条件的县(含市、区,以下统称县)可以设立少年儿童图书馆和特色图书馆。

各级人民政府应当将公共图书馆的建设纳入城市发展总体规划。公共图书馆的布局要求、馆舍面积、阅览座位和藏书量,按照国家有关规定执行。

公共图书馆的设置、变更和撤销,由文化行政主管部门提出,同级人民政府决定,并报上一级文化行政主管部门备案。

鼓励和支持农村村组、城市社区、社会团体、企业事业单位和个人兴办向社会开放的图书馆(室)。

第六条　公共图书馆应当公布服务事项和服务功能,实行开架或者半开架借阅,努力营造和维护良好的阅览环境,为读者利用文献资料提供服务;应当向老、弱、病、残的读者提供方便。

公共图书馆应当拓展服务领域和服务功能,采用多种形式提高馆藏资料利用率,为当地经济社会发展和科学研究服务。县、乡(镇)公共图书馆(室)应当面向基层,为农民提供科技、文化服务。

第七条　公共图书馆馆长应当具备相应的专业技术职称和专业工作年限,工作人员应当具有高中以上文化程度和相应的专业知识,新进的工作人员经过培训后方可上岗。

第八条　读者在公共图书馆享有下列权利:

(一)免费进行书目检索;

(二)凭借阅证免费借阅文献资料;

(三)获得有关文献资料和阅读方面的咨询服务;

(四)参加各种读者活动;

(五)向公共图书馆或者主管部门提出意见和建议;

(六)依照规定获得图书馆提供的其他服务。

第九条　读者在公共图书馆应当履行下列义务:

(一)爱护文献资料和公共设施、设备;

(二)按规定日期归还所借文献资料,超过规定期限的,按规定交纳滞还费;

(三)遵守其他有关的管理制度。

第十条　公共图书馆应当按照国家规定,保证开馆借阅时间,在国家法定节假日,应当根据具体情况,安排开馆借阅时间。

第十一条　公共图书馆应当做好文献资料收藏工作,包括各类传统的文献资料以及磁带、磁盘、缩微胶片、光盘等新型文献资料,重视收集地方文献资料,逐步形成具有地方特色的馆藏体系。

各级人民政府应当落实公共图书馆的文献资料购置费,保证公共图书馆年入藏文献资料逐年增长,其中省、市、州、县年入藏文献资料应当分别不少于10万、2万和5000册(份)。

公共图书馆文献资料购置费实行专款专用。

第十二条 各级人民政府应当重视地方文献资料的征集工作,建立健全呈缴本制度。省图书馆是本省出版物版本收藏单位,市、州图书馆是所在地出版物版本收藏单位。

省内各出版社、报社、杂志社等出版单位,应当在出版物出版30日内,向省图书馆及出版单位所在地的市、州公共图书馆缴送两册(套)样本。

鼓励省内出版内部出版物的单位和个人以及在省外出版作品的个人自愿呈缴。

第十三条 公共图书馆对新入馆的文献资料,应当按照有关标准分编和整理,并在30日内投入使用。对破损或者失去利用价值的书刊应当报同级文化行政主管部门批准后处理。

第十四条 查禁书刊和有收藏价值但不宜外借的文献资料的清理、管理,应当按照国家有关规定执行,公共图书馆不得自立标准,随意提存文献。

第十五条 公共图书馆应当建立健全书库管理制度,做好文献资料的保存和防护工作,对所收藏的古籍善本等珍贵文献应当按照国家有关规定,妥善保护与管理。

任何单位和个人不得侵占、损坏公共图书馆的馆舍、设备、文献资料。

第十六条 公共图书馆在做好公益服务的前提下,可以开展文献资源开发等业务服务,享受有关的文化经济优惠政策,其收入应当用于公共图书馆的建设。

第十七条 各级人民政府应当加强公共图书馆的自动化、网络化、数字化建设,逐步建立现代化图书馆网络,实现全省图书馆资源共享。

省、市、州和有条件的县的公共图书馆,应当设立对外开放的电子阅览室和具有馆藏特色的网站,逐步建设成为数字化图书馆。

第十八条 省、市、州、县公共图书馆是所在行政区域公共图书馆的网络中心,其职责是:

(一)协助主管部门进行图书馆的网络化建设;

(二)组织文献资源协作和开发利用;

(三)指导联机编目、联机检索和联合建库;

(四)开展图书馆学理论和管理方法、技术的研究;

(五)进行图书馆工作人员的业务培训。

第十九条 市、州以上文化行政主管部门应当组织成立图书馆专家委员会,对公共图书馆发展规划、馆舍建筑设计方案、业务规程、网络建设方案、管理及重要业务工作等事项提出咨询意见。

第二十条 公共图书馆可以接受国内外组织和个人的捐赠。

对向公共图书馆捐赠以及其他为公共图书馆事业发展做出贡献的单位和个人,文化行政主管部门应当给予表彰或者奖励。

第二十一条 违反本条例,有下列行为之一的,由文化行政主管部门责令限期改正;情节严重的,对主管人员和直接责任人给予行政处分。

（一）不妥善收藏或者擅自剔除文献资料的；

（二）未按规定向读者开放或者任意限定借阅范围的；

（三）擅自向读者收取费用的；

（四）挪用公共图书馆业务经费的。

第二十二条　违反本条例，有下列行为之一的，由文化行政主管部门责令其限期改正；拒不改正的，按以下规定处理：

（一）公共图书馆的设立、变更和撤销未按规定备案以及侵占公共图书馆的馆舍、设备或者改变其用途的，由文化行政主管部门提请同级人民政府予以纠正；

（二）不按规定缴送出版物样本的，由文化行政主管部门会同有关部门处以相当于应缴物样本定价 5 至 10 倍的罚款。

损坏公共图书馆设施、设备的，应当依法予以赔偿；毁损、遗失所借文献资料，不能归还原版本式样文献资料的，应当按文献资料价值和出版时间，向公共图书馆交纳相当于该文献资料 5 至 20 倍的赔偿金。

第二十三条　本条例自 2001 年 10 月 1 日起施行。

湖北省高等学校图书馆"十五"发展规划[①]

（2001 年 11 月　湖北省高等学校图书情报工作委员会）

进入 21 世纪的湖北省高校图书馆面临着改革开放以来的第二次发展机遇：高校的财政状况由于国家对教育投资的增加和招生规模的扩大有了明显的改善，学校对图书馆的投入也相应有了较大幅度的增加。最明显的标志有三个：一是近几年湖北高校图书馆自动化、网络化、数字化建设步伐明显加快，进展迅速；二是在建和即将开工的新馆和扩建馆达十多个，前所未有；三是进书订刊量遏止了十多年来一直下滑的趋势，开始回升。

同时，湖北省高校图书馆也面临着新的挑战：知识经济时代和信息时代的到来，高校招生人数的急剧扩大对高校图书馆提供文献的能力（手段、范围、速度）提出了更高的要求，而全球文献资源共享的趋势无疑加重了高校图书馆网络化数字化建设和领导者观念更新的紧迫感。

（一）湖北省高校图书馆的现状分析

湖北是我国的教育大省和教育强省。全国第一批进入 211 的 61 所大学中，湖北占了 6 所。同样，湖北高校图书馆在全国高校图书馆中也占有重要地位。据 1995 年统计，湖北高校图书馆藏书总量达 2460 万册，居全国第四位；馆舍面积 34.2 万平方米，居全国第二位；工作人员 2440 人，居全国第三位。1995 年以后，我省高校图书馆更呈迅猛发展的势头。至 2000 年，我省高校藏书达 3200 余万册，比 1995 年增加 30%；馆舍面积达 456,483 平方米，比 1995 年增加 33%；书刊总购置费 4003.3 万元，比 1995 年增长 50% 以上，2001 年更猛增至 5800 多万元，一年增幅即达 44% 以上。

---

① 该文件原文来自湖北省高等学校图书情报工作委员会网站（http://www.lib.whu.edu.cn/），检索日期：2013 年 7 月 31 日。

湖北省高校图书馆的读者服务和各项业务工作也具有较高的水平。2000 年全省高校图书馆的平均开放时间为 72.56 小时/周,超过 70 小时/周的教育部标准,比 1997 年延长 4.46 小时/周,延长范围也从部分阅览室扩大到大部分阅览室甚至全馆;生均借阅书刊 38.43 册次,生均阅览 55.9 人次,开架率 57%,图书馆人均服务读者 113.3 人,均大大超过国家标准和 1997 年的水平;全省高校图书馆开展了新生"利用图书馆"教育,88.24% 的高校开设了文献检索课;定题服务数、专题索引数、网上文献传递量都有了明显的增加;馆员的职业道德水平有所提高,馆风馆貌有了较明显的好转。在全国高等教育文献保障体系工程(CALIS)建设中,华中地区中心所在的武汉大学图书馆上缴的 20 多万条数据合格率居全国之先,显示了我省高校图书馆编目工作的高水平和强大实力。2000 年底,我省 54 所图书馆签订了通阅通借协议和文献传递协议,说明共享和开放的观念正为我省高校图书馆界接受。

尤其是 1997 年以后,我省高校图书馆以国家 CALIS 项目建设为中心,在自动化、网络化、数字化建设方面进展迅速,为全省高校的网上资源共享打下了良好的基础。至 1999 年底,我省 54 所高校图书馆中有 44 所开通了计算机集成管理系统,实现了计算机管理,22 个馆实现了网上信息交换和检索,38 个馆建成了电子阅览室或光盘检索室,馆藏文献建库量超过 80% 的馆达到 30 个,重点学校通过自购自建数据库或网上检索基本上满足了本校重点学科的文献需要。

在湖北省高校图书馆"九五"规划中,省教育厅提出了六个方面的具体目标。经过 5 年的努力,这六个目标的主要方面已基本达到:在管理体制方面加大了改革力度,大锅饭、铁饭碗正在打破;在干部和专业人员队伍建设方面,专业人员队伍结构日趋合理,人员素质有较大提高,馆风逐渐好转,领导班子的年轻化专业化已基本实现;在文献资源建设方面,经费紧缺的局面已开始缓和,印刷型和电子型文献的年购进量明显回升;在读者服务方面,扭转了下滑趋势,开馆时间、情报服务、文献课开课率、开架率都达到历史最高或较高水平;在现代化建设方面,如前所述,进展尤为迅速。

同时,我们也应该清醒地认识到,我省高校图书馆距离国内外先进图书馆,距离实现全省高校文献资源共享,距离基本满足师生的文献需求这一根本目标还有很大距离。主要表现在:

一、在实现文献资源共享,扩大图书馆开放度方面,存在较大的思想障碍、技术障碍和环境障碍。部分校长、馆长仍局限于一校办一馆,一馆为一校的思维方式,没有认识到,只有走文献资源共享的路,才是解决文献跟不上教学科研需求这一问题的根本出路。部分省、市属院校经费紧张,无力实现图书馆的自动化网络化,从而影响到它们参加文献资源共享的进程。而网络环境的问题,尤其是网络通道窄,传输速率低的问题不是图书馆和学校本身能够解决的。此外,我省高校图书馆虽然签订了通借通阅协议和文献传递协议但通借仍然停留在原来的手工管理的馆际互借水平。

二、在图书馆自动化网络化方面,尽管进展迅速,但仍存在以下问题:

1. 全省 54 所高校图书馆中还有 7 所完全实现手工操作,有 20 多所不能上网,已实现计算机管理的 47 所图书馆中有近 20 所使用的管理系统软件需要更新或升级。

2. 自建特色数据库数量太少,全省联合目录数据库工作由于经费问题陷于停顿,相当部分馆的书目数据不符合标准。

3. 文献资源,尤其是大型数据库的协调还没有形成有效机制,重复购买造成一定的资金和资源的浪费。

三、尽管在读者服务的大部分指标上,我省高校图书馆总体上达到历史最高水平,但应该看到,我国目前的图书馆读者服务评估指标(如开架率、开放时间)还大大低于发达国家水平,在办馆思想(如藏书布局、部门设置、规章制度)上还没有完全体现"读者第一,服务至上"的宗旨。

(二)湖北省高校图书馆"十五"规划的发展目标

"十五"期间湖北省高校图书馆发展的总体目标是:坚持以邓小平理论为指导,以为我省高校教学科研服务为方向,以教育部《普通高等学校图书馆规程》为纲领,抓住我国高等教育发展和高校深化改革的大好机遇,配合国家 CALIS 工程的建设,初步建成我省高校的文献资源保障体系,建立文献资源协调和共享机制,并使我省高校图书馆在现代化水平、文献资源建设、服务质量和服务水平、管理水平和队伍建设诸方面有明显的提高。具体目标如下:

一、配合国家 CALIS 工程建设,全省高校图书馆基本实现计算机管理并初步实现网上信息交换(包括网上文献信息查询、网上编目、网上文献传递、网上馆际互借)。

二、继续完善全省高校通阅通借和文献传递的管理机制,使文献资源共享化为全省高校图书馆和读者的共识和行动。

三、建立全省高校文献资源,尤其是大型数据库和贵重文献以及大型软件和设备的协调机制,推行集团购买,共同使用的协调方式以节省资金,提高使用效率。

四、继续推行开放性图书馆模式,加速文献的流通以适应高校招生规模扩大的需要。

1. 大力推行读者使用方便,省人省钱,节省建筑空间的大开间的藏借阅三合一的藏书布局,尤其在新建图书馆要推行这种布局。

2. 继续延长开馆时间,所有高校图书馆的普通书刊阅览室的开放时间达到教育部规定的每周 70 小时以上。

3. 缩短借阅期限,提高图书使用率。学生借阅期限不超过 1 个月,教师借阅期限不超过 2 个月。

4. 图书馆要面向社会,首先要面向兄弟院校,扩大读者范围。

五、提高图书馆专业人员素质,优化人员结构,重点解决计算机人员、编目人员、网络信息查询人员数量不足和素质不高的问题。

六、配合高校的人事制度改革,全面推行图书馆的三定一聘(定编、定岗、定职责、公开招聘),制定科学的可操作的考核奖惩制度,激励图书馆工作人员的积极性、主动性,激发他们的创造力、想象力。

(三)实现湖北省"十五"规划目标的具体措施

为了实现湖北省高校图书馆"十五"规划的目标,拟采取以下措施:

一、图书馆自动化、数字化、网络化

1. 按照全国和湖北省高校文献保障体系建设方案的要求,2001 年制定湖北省高校图书馆自动化评估指标体系及其评估细则,2002 年进行全省高校图书馆自动化测评,以促使全省高校图书馆按照统一的标准进行自动化、网络化、数字化的建设。2002 年后,根据评估情况,采取措施促使未达标馆尽快达标。

2. 通过集团购买的方式,尽可能以较少的经费统一购置全省高校图书馆集成管理系统的软件和主要硬件。

3. 积极参加 CALIS 工程的建设。CALIS 华中地区中心切实按照 CALIS 二期工程计划完成自己承担的工作,按计划扩大参加集中编目、信息检索、馆际互借和文献传递的成员馆。

4. 在湖北省高校办学和图书馆办馆条件评估指标中加进图书馆自动化、网络化、数字化的内容,电子文献的数量要在图书馆藏书数量中加以体现。

5. 通过套录、集中编目的方式,解决部分图书馆回溯建库力量不足和数据不标准的问题。

二、文献资源协调

1. 2001 年,实行我省高校图书馆计算机管理系统和微普公司数据的集团购买,然后总结经验,分别制定出大型数据库、贵重文献和设备的购买信息通报制度和集团购买制度。

2. 委托图工委文献资源建设专业委员会起草全省文献资源协调方案,确定各高校图书馆的收藏重点。对使用较少的贵重书刊、大型数据库一般不要重复购买,应按集团购买或分头购买,共同使用的原则进行共享。

三、通借通阅和文献传递

1. 定期组织对通阅通借协议和文献传递协议执行情况的调查,及时总结经验和解决出现的问题。

2. 委托图工委读者服务专业委员会提出简便易行的馆际互借方案,在条件成熟时进行推广。

四、建设开放性图书馆,提高服务质量和服务水平,加速文献的流通。

1. 在有条件的图书馆,尤其是新馆推行大开间的藏借阅合一的布局方式。

2. 在图书馆评估指标中将开放时间 70 小时/周的范围扩大到所有普通书刊阅览室和电子阅览室,并规定外借期限的指标。

3. 鼓励所有高校图书馆面向社会,扩大读者范围。

4. 2003 年下达新的读者服务评估指标,2004 年进行 1990 年以来的第四次读者服务测评,推动我省高校图书馆读者服务工作向更高层次更高水平发展。

五、专业人员队伍建设

1. 坚持每年举办编目培训班和网络培训班并进行考核,将书目数据质量列入图书馆评估指标体系中,力争每个馆都有合格的编目人员和网络操作人员。

2. 与武汉大学信息管理学院、华师大信息管理系合作举办研究生层次和本科层次的各类成人教育班,提高各馆专业人员的层次,优化学历结构。

3. 协助各馆引进本科以上的计算机专业人员,缓解中高层次计算机专业人员紧缺的矛盾。

4. 组织馆长到省外、境外、国外考察,邀请国外专家讲学,开阔馆长和专业人员的视野,学习国外的先进技术,吸取国外的先进理论和经验。

六、人事制度改革

1. 要求各馆紧密配合学校的人事制度改革,全面实行图书馆的"三定一聘"(定编、定岗、定职责、公开招聘)。

2. 召开图书馆管理研讨班,推广各图书馆在"三定一聘"、工作人员考核、奖惩、职称评定等工作中的先进经验。

湖北省文化信息资源共享工程实施方案①

（2002 年　湖北省文化厅）

一、前言

文化部、财政部在全国组织实施的"全国文化信息资源共享工程"旨在利用现代高科技手段，将中华民族几千年来积淀的文化精华，进行数字化加工、处理及整合，为全社会提供服务。根据文化部、财政部《关于实施全国文化信息资源共享工程的通知》（文社图发〔2002〕14 号）文件要求，拟在湖北省实施文化信息资源共享工程。（以下简称"共享工程"）。

（一）建设意义

1. "共享工程"是贯彻江泽民总书记"三个代表"重要思想的新型文化建设项目。实施"共享工程"，实际上是在互联网上建设楚文化信息基地，它的建成，将迅速扭转互联网上关于湖北优秀文化信息匮乏的状况，弘扬优秀的楚文化而且将极大地促进其发展和创新。"共享工程"将广泛地应用计算机、网络、通讯和多媒体等高新科技成果，利用先进技术传播先进文化。因此，"共享工程"的实施是结合新的实践和时代要求，根据人民群众精神文化生活的需要而进行的文化创新工程；是努力繁荣先进文化，把广大人民群众紧紧吸引在有中国特色社会主义文化的伟大旗帜下的工程；是先进生产力的实践，代表了先进文化的前进方向，是文化战线落实江总书记"三个代表"重要思想的具体措施。

2. "共享工程"是抵制西方发达国家文化渗透，占领基层文化阵地的有力措施。目前，西方发达国家凭借在互联网上的优势，向发展中国家展开了文化渗透。"共享工程"的实施，将在互联网上充分展示楚文化乃至整个中华文化在新世纪的发展和创新，以此抵御西方国家的文化渗透。改革开放以来，人民群众的生活水平不断提高，文化需求日益增长，但由于历史、地域、经济等多方面原因，在我省的一些地区、特别是贫困山区基层群众的文化生活仍十分贫乏。"共享工程"的实施，将把群众喜闻乐见的优秀文化作品通过互联网方便、快捷地传送到广大人民群众身边，填补基层文化需求的空白，以先进的文化占领基层思想文化阵地，改造落后文化，抵制腐朽文化，丰富基层群众的文化生活。

3. "共享工程"是"以德治国"的迫切需要。当前，我国社会主义市场经济发展进入了新的历史时期，迫切需要增强文化的渗透力、辐射力和感染力。"共享工程"的实施，将通过网络广泛传播中华文化的精髓，实现"以科学的理论武装人，以正确的舆论引导人、以高尚的精神塑造人，以优秀的作品鼓舞人"。以先进的文化教育广大群众，提高人民群众的思想道德素质和科学文化素质。

4. "共享工程"的实施是科技创新的内在要求。蓬勃发展的高新技术，广泛而深刻地影响着人类的生产方式、生活方式和思维方式。当前国际竞争，说到底是综合国力的竞争，关键是科学技术的竞争，在文化建设上也是如此。互联网的应用，使信息达到的范围、传播的速度都有显著增长和提高。世界各国争相运用现代信息技术强化对外传播手段，力争在 21 世纪的世界舆论格局中占据有利位置。"共享工程"的实施，就是适应这一发展趋势，采用现

---

① 该文件原文来自文化政策图书馆网站（http://www.cpll.cn/），检索日期:2013 年 7 月 31 日。

代高新技术,推动文化建设中传播手段的升级换代,从而推动文化事业的更快发展,逐步形成以文化信息的网上服务为基础的新的知识增长点。

5. "共享工程"的实施将改变我省文化建设的现状。改革开放以来,我省文化建设取得了巨大成就,同时也面临着许多困难和问题。特别是在广大农村还存在着农民看书难、看戏难、看电影难等问题,一年几次的送文化下乡,对于极度渴求文化的基层群众来说,还不是很"解渴"。"共享工程"将通过采用现代的通信技术和网络技术,彻底消除不同地区由于经济差异在获取文化信息资源上的不平等,使文化信息能够快速、经济地传送到全省各地,即使老少边穷地区的群众也能够享受到优秀的文化精品,实现文化信息资源的共建共享,在一定程度上也能改变我省文化建设的现状,提高全省各级各类图书馆、博物馆、文化馆、艺术研究等机构的资源利用率,极大地满足基层群众的文化需求。

此外,对于一些由于传播条件制约无法充分利用或濒临灭绝的文化珍品,"共享工程"的实施将使其以数字化的方式永久保存,并得以广泛传播。应该说,"共享工程"也是"数字湖北"的重要组成部分。

(二)建设条件

1. 技术基础

国内已有的软、硬件开发能力,国家"863"的科研成果等,均为"共享工程"的建设提供了技术支撑。国内外有关数字化资源建设的相关科研课题的进展,为"共享工程"的建设积累了一定的经验,特别是"中国试验型数字图书馆"在数字资源库设计、专用软件工具和检索标准等方面所取得的初步成果,为"共享工程"奠定了技术基础。

2. 资源基础

近年来,我省公共图书馆、博物馆、文化馆、艺术院团、文化研究机构等计算机应用取得了一定进展,通过引进和自身的数字化制作积累了一批数字化文化资源,为"共享工程"的建设做了必要的数字资源准备。

3. 网络基础

目前,我国主要骨干通信网络,如中国计算机公用互联网、教育和科研计算机网、中国网通高速宽带互联网、中国科技网、中国远程教育卫星宽带网、中国有线电视网、中广电信有限公司的"天网通"等,已具有相当的规模。可以说,在全省大部分城市和部分县、乡都已具备了网络条件,只要配备计算机设备,就可以接入国家骨干通信网。即使在不具备计算机设备的山区,也可以使用电视机加机顶盒接入网络,以确保群众能够获取"共享工程"所提供的丰富的文化信息资源。

4. 实施主体

目前,我省已建成了遍及城乡的文化设施网点,至2001年底,我省共有县以上公共图书馆103个,群众艺术馆、文化馆137个,文化站1312个,基本形成了覆盖全省城乡的多极群众文化网络。"共享工程"主要依托我省现有的文化机构和文化设施进行文化信息资源的传播。

二、总体目标

充分利用现代高新技术手段,整合湖北地区优秀的传统文化以及各类文化信息资源,建成互联网上的湖北地区文化信息中心和网络中心,实现湖北地区与全国各地的文化信息资源的共建共享,最终实现优秀文化信息通过网络为大众服务的目标。

（一）网络建设

"共享工程"的网络体系是建立在国家现有的骨干通讯网络之上，包括由光缆连接的传输网络以及由卫星接发的网络。

将省图书馆建成为国家中心的省级分中心。省级分中心上联国家中心、下联全省各基层中心，是国家中心的镜像站，负责将具有湖北特色的文化资源加工、整合并数字化，同时，为基层中心更新数据提供服务。

建立具有局域网的基层中心和单机基层中心，使它们能够方便、快捷地对用户提供资源服务。

（二）资源建设

1. 完成全省公共图书馆、博物馆、美术馆、艺术研究等机构的文化信息资源联合目录。

联合全省图书馆、博物馆、美术馆、艺术研究机构等，有计划地对原有数据进行整合及新数据制作，建成文化信息资源的联合目录，为进一步实现文化信息资源的共知、共建、共享及开展网上服务奠定基础。

2. 预备完成不低于 10 万件的文献和具有浓郁楚文化和湖北地方特点的 100 部优秀地方戏曲、100 部优秀音乐作品、100 部美术作品、100 件文物珍品及部分影视作品的数字化，并提供网上服务。数字资源建设是"共享工程"的核心内容，根据社会需求，通过已有的数字资源的整合与采购、新建各类资源库、网上信息的抓取等多种渠道，建设包括文化法规、图书、音乐、美术、戏剧、戏曲、文物、文化旅游、文化科技、艺术教育、文化市场、对外文化交流、文化史料、国家及省级知名艺术家、影视作品等在内全方位的文化数字资源库，力争在"十五"期间实现资源库总量达到 100GB。

3. 整合一批贴近大众日常生活的社会文化资源，包括科普知识、法律知识、生活礼仪、致富技能以及百科知识等资源库。

4. 建立支持文化信息资源共建的基础信息资源库，内容包括图书、期刊等的书目数据、其他系统建立的资源库、素材资料等。

（三）社会服务

"共享工程"通过文化信息资源联合目录，建立网上文化信息资源导航系统，利用湖北地区分中心及基层中心组成的网络开展服务。

三、实施内容

（一）建立湖北分中心及基层中心

1. 建立湖北分中心

建立全国"共享工程"湖北地区分中心 1 个，设在湖北省图书馆。省分中心采用现有的骨干通信网络，不低于 10M 接入 Internet 网。购置包括资源加工服务器、多媒体点播服务器、资源发布服务器，大容量的存储设备、多媒体加工设备等硬件设备以及操作系统、数据库、WEB 发布系统等软件设备。逐步把湖北分中心建设为全国"共享工程"的省级分中心、湖北网管中心、文献数字化加工中心、联合建库编目中心、数据库检索中心、电子文献服务中心、视听资料服务中心，并负责为本地区的网络用户提供数据更新服务，并直接开展对外资源服务。

2. 建立基层中心

在湖北省建立 160 个基层中心，其中 40 个具备局域网条件的基层分中心和 120 个单机系统的基层中心,分四年完成。平均每年建设 40 个基层中心,含 10 个具备局域网条件的基层中心和 30 个配备单机系统基层中心。全部采用不低于 2M 接入 Internet 网。基层中心的主要任务是方便、快捷地对本地用户提供资源服务。

（二）数字资源建设

1. 数字资源整合

（1）整合的思路

以大文化的概念为背景,建立一套科学的文化内容分类体系,既体现全面性,又体现层次性。

突出文化信息资源特色,同时组织并整合与大众日常生活密切相关的社会文化信息,在资源整合过程中应注意充分利用以往数字图书馆建设的资源基础,并依靠国家图书馆和其他相关单位的资源优势。

发挥图书馆对内容资源的组织优势,要充分体现信息内容的关联性和信息组织的条理性,避免重复劳动。

（2）整合的步骤

数字数据的整合分为两个阶段,前期是把各种数字资源专题库或无序的离散信息整合到结构统一、内容独立的数字资源加工库,即内容获取与内容管理的过程;后期是把内容独立的各个加工库的内容,通过不同线索的关联整合到统一的发布库中,对外提供专栏专题服务,这就是内容的挖掘、分析、发布、增值的过程。

2. 数字资源建设的标准

为了达到数字资源的高度共享,"共享工程"的文化信息资源建设应该在全国统一的标准指导下进行,包括元数据与对象数据两方面的标准。整合的资源内容包括:数字图书馆资源库、图书期刊等书目数据、其他系统建立的资源库、素材资料等。整合资源的组织形式为:MARC 格式、格式文本文件、数据库文件、HTML 文件、文本全文、多媒体文件。

3. 数字资源包括的内容

努力创造条件,成为国家资源共建特定分中心,采用国家统一的资源加工软件,创建若干个特色资源库,并通过互联网等方式将元数据和对象数据传递到中间节点。协调文化系统拥有信息资源的单位,本着积极配合、先易后难、协同开发的原则,以楚文化为主题,先期重点开展如下几个方面的内容建设:

文化视角——提供文化新闻、文化信息、对外文化交流、文化政策法规、《湖北文化》等相关内容。

电子文献——提供电子书报刊的网上阅读、电子信息查询、网络信息咨询等内容。

影视戏曲——提供故事片、地方戏曲、科教片、专题片的网上点播。

音乐歌舞——提供拥有自主版权的音乐、舞蹈的网上点播。

美术摄影——提供珍藏的美术摄影精品、美术摄影作品欣赏,画坛名家、摄影家介绍等内容。

博物及旅游——介绍湖北省文物大观、省市级文物古迹和自然景观及湖北文化旅游景点。

民间文化艺术——介绍湖北民间艺术、民间文学、民间美术、民间艺人等方面情况。

（三）技术实现

1. 省级分中心系统

省级分中心采用国家中心软件,分中心包含资源加工、资源查询、资源服务、资源发送、资源索取五个模块。

（1）资源加工主要功能是通过资源加工软件对本地优秀文化资源进行加工、整合及数字化制作，组建具有湖北特色的数字资源库。

（2）资源查询主要功能是对本地存放的元数据提供查询。

（3）资源服务主要功能是对本地存放的对象数据提供应用服务。

（4）资源发送主要功能是响应下级中心的索取要求，提供相应数据。

（5）资源索取主要功能是向国家中心提出资源索取请求，得到所需数据后装入本地资源库。

2. 基层中心系统

基层中心包含资源查询、资源服务、资源索取三个模块。基层中心不需要资源加工软件，只需采用软件通过国家中心资源门户网站，按照所有资源统一的查询入口进行资源查询、服务和索取。

国家中心或地区分中心启动资源发送服务，分析、响应下级中心的索取要求，将元数据或对象数据卸出、封装，通过互联网等方式将数据传递到下级中心。

四、实施步骤

（一）第一阶段（2002 年）

1. 组建"湖北省文化信息资源共享工程"领导小组及其办公室、专家咨询委员会，指导各项工作的筹划、落实与实施；

2. 制定"共享工程"的专项资金管理办法；

3. 参加各类培训及考察，及时学习掌握"共享工程"相关的管理办法、标准规范，积极参与国家数据的整合试验，学习先进单位的经验；

4. 完成省图书馆网络化改造工程，建立湖北省地区分中心；

5. 在调研、考察的基础上，在具备条件的地区建立 40 个基层中心；

6. 开展全省文化信息资源现状调研，提出湖北省文化信息资源建设实施方案；

7. 选择某一类或按读者需要对部分资源开展试验性资源建设，完成资源建设总量的 20%，并利用国家中心资源对用户提供服务，边使用边提高。

（二）第二阶段（2003—2004 年）

1. 采购、制作、整合相关各类数字资源；

2. 采用国家中心软件，参与联合目录的试运行；

3. 每年完成 40 个基层中心建设，采用光纤或 ADSL，实现 2M 与湖北分中心连接；

4. 完成省分中心与国家中心、与各省分中心及与本省全部基层中心的联网；

5. 完成湖北资源建设总量的 60%，并提供服务。

（三）第三阶段（2005 年）

1. 完成所有资源库建设，并提供服务；

2. 完成所有县、乡、社区、街道网点的 160 个基层中心建设。

五、保障措施

"共享工程"既是一项文化项目，也是一项政府工程，应坚持公益性为主，科学规划，统一标准，加强领导，保证投入，加强管理，分步实施。

(一)建立健全组织机构

1. 成立湖北省文化信息资源共享工程领导小组

职责是:宏观规划建设方向;组织、协调、指导资源建设和信息服务;协调网络通道使用;协调与有关厅局(办)、单位、地方主管部门的关系等事宜。

组长:蒋昌忠(省文化厅厅长)

副组长:王华新(省财政厅副厅长)

张儒芝(省文化厅副厅长)

宋丹娜(省文化厅副厅长)

成员:江国钧(省财政厅教科文处副处长)

吴　宪(省文化厅计财处处长)

徐永胜(省文化厅社会文化处处长)

徐尚文(省文化厅办公室主任)

彭万文(省文化厅艺术处处长)

方学富(省文化厅市场管理处处长)

邢　光(省文物局综合处处长)

汤旭岩(省文化厅社会文化处副处长)

万群华(省图书馆馆长)

领导小组下设办公室,该办公室设在省文化厅。其职责是:组织起草建设规划和编制实施方案;负责提出专项资金的使用办法;制定年度工作计划;组织起草有关项目管理办法与验收办法;按项目合同管理方式组织全省性的资源建设和技术研发;组织协调、研究推广有关标准规范;制定省级分中心章程;监督省级中心的运行;承担领导小组的日常工作等。

办公室主任:徐永胜、万群华

办公室副主任:贺定安、牟发兵

成员:陈金祥、罗　罡、黄邦荣、王　涛、徐金安、徐力文

2. 成立湖北省文化信息资源共享工程专家咨询委员会

职责是:协助领导小组对"湖北共享工程"所涉及的规划及实施方案、资源建设、标准规范、技术路线等关系到全局性的重大问题给予咨询。

主任委员:张冀明(省图书馆副馆长)

贺定安(省图书馆副馆长)

成员:钟儒乾(省美术院副院长)

万全文(省博物馆副馆长)

梁远林(省群艺馆副馆长)

岳伟强(省歌剧舞剧院副院长)

龚　战(省艺术研究所副所长)

汪永龙(省京剧院副院长)

梁志坤(省地方戏剧院副院长)

陈敦亮(省电影总公司副总经理)

晏　妮(省艺术学校副校长)

　　李　皓(武汉图书馆馆长)

　　陈方权(武汉市少儿图书馆副馆长)

　　刘志磊(荆州市图书馆馆长)

　　官东平(黄石市图书馆馆长)

　　蒋　芳(十堰市图书馆副馆长)

(二)建立"共享工程"专项资金

1. 设立专项资金,合理使用,科学管理

按照全国"共享工程"的经费保障和相关管理办法,湖北"共享工程"的建设也相应设立专项资金,由省财政和地方财政共同承担。

2. 专项资金的使用原则

省财政专项资金主要用于省级中心的软、硬件基础设施建设、资源建设、技术研发及全省技术人员培训;同时重点资助亟需扶持的基层中心建设。

3. 专项资金的管理

省和各地相应设立的专项资金,须参照全国文化信息资源共享工程项目专项资金管理办法。对专项资金的使用要符合国家文化政策,遵守国家财务制度,坚持诚实申请、公证受理、科学评估、择优支持、专款专用的原则,建立项目与经费管理相互监督制约的机制,建立项目事前审核、事中监督和事后考核的管理体系,充分发挥政府有关部门、中介机构在决策管理过程中的管理、评议和咨询作用。

4. "湖北共享工程"所需的资金预算

按照全国"共享工程"办公室提供的预算方案,我省将建立 160 个基层中心,其中 40 个具备局域网条件的基层中心和 120 个单机系统的基层中心,分四年完成。"十五"期间,省及市、县财政将视财力情况,对"共享工程"给予必要的资金投入,省财政将从 2002 年起,每年投入 200 万元支持共享工程建设;各市、县也要相应设立配套资金,支持本地参与共享工程的建设。

湖北省文化厅关于印发《湖北省文化信息资源共享
工程管理暂行办法》的通知①

(2002 年 10 月　鄂文发〔2002〕131 号)

各市、州、直管市及神农架林区文化局,省图书馆:

　　为保证全省文化信息资源共享工程的顺利实施,规范和加强工程的组织、管理工作,根据省文化厅、省财政厅联合印发的《关于实施全省文化信息资源共享工程的通知》和全省文化信息资源共享工程实施方案,我厅制定了《全省文化信息资源共享工程管理暂行办法》。现印发给你们,请遵照执行。

---

① 该文件原文来自湖北省文化厅网站(http://www.hbwh.gov.cn/),检索日期:2013 年 10 月 28 日。

湖北省文化信息资源共享工程管理暂行办法

第一章 总则

第一条 为保证全省文化信息资源共享工程(简称"共享工程")的顺利实施,规范和加强工程的组织、管理工作,根据省文化厅、省财政厅联合下发的《关于实施湖北省文化信息资源共享工程的通知》和湖北省文化信息资源共享工程实施方案,制定本办法。

第二条 全省文化信息资源共享工程是一项利用现代高新技术手段,整合中华优秀传统文化和湖北各类文化信息资源,通过通讯网络为社会公众享用的文化工程,遵循公益性为主、社会效益第一的原则。

第三条 "共享工程"遵循统一领导、统筹规划、分级管理、分级负责的原则。

第四条 "共享工程"专项资金的使用与管理,按照省文化厅、省财政厅制定的有关办法执行。

第二章 组织管理

第五条 为加强工程的组织领导,湖北省文化信息资源共享工程成立领导小组和专家咨询委员会。在湖北省图书馆建立全国文化信息资源共享工程湖北分中心。

第六条 湖北省文化信息资源共享工程领导小组主要职责是:

(一)宏观规划建设方向;

(二)组织、协调、指导资源建设和信息服务;

(三)协调网络通道使用;

(四)负责与有关厅局(办)、单位、地方主管部门的协调。"共享工程"领导小组下设办公室,承担日常工作。

第七条 湖北省文化信息资源共享工程专家咨询委员会主要职责是:协助领导小组对"共享工程"的规划、实施方案、资源建设、标准规范、技术路线等重大问题进行咨询与论证。

第八条 全国文化信息资源共享工程湖北分中心的主要职责是:

(一)负责规划、设计和实施"共享工程"的总体技术方案,编制经费预算草案。

(二)负责组织有关技术标准规范实施、推广工作。

(三)负责文化信息资源整合总体方案的设计和分步实施,并负责资源库的管理。

(四)负责指导基层中心的业务建设,包括技术指导、资源建设、人员培训、服务指导等。

(五)负责湖北分中心与国家中心、各基层中心之间数字资源的同步与更新,以及保障"共享工程"系统正常运转的各项工作。

(六)根据"共享工程"领导小组的要求,制定具体项目的实施细则,负责项目质量控制和验收工作。

(七)完成"共享工程"领导小组交办的其他工作。湖北分中心的经费单独列支,专款专用。

第九条 各市、州应成立相应的文化信息资源共享工程领导小组,组织、领导本地的"共享工程"工作。同时,在各市、州和有条件的县、市、区和乡镇、社区建立"共享工程"基层中心。

第十条 各市、州"共享工程"领导小组向湖北"共享工程"领导小组报送本地"共享工程"工作方案,经论证确认后,由湖北省分中心与基层中心签订实施协议。

第三章　资源建设管理

第十一条　"共享工程"资源建设实行统一规划、统一标准、宏观协调,避免重复建设。

第十二条　湖北省分中心和各基层中心在资源建设中要严格遵循国家有关法律、法规,保护著者和制作者的权益。

第十三条　湖北省分中心和各基层中心在资源建设中应紧密结合本地区文化信息资源的特点,重点建设有地方特色的文化信息资源。

第十四条　湖北省分中心制作的数字资源,可以整合到国家中心的资源库中,实行集中发送服务;也可以存放在分中心自己的数据库中,采取分布式服务。

第四章　分中心和基层中心的管理

第十五条　湖北省分中心应当具备如下条件:

(一)局域网主干通讯能力不低于1000MB。

(二)对外网络接口不低于10MB。

(三)局域网工作站总数不少于100台。

(四)配置专用服务器的硬盘容量不少于2TB。

(五)配置专职技术人员与资源加工人员。

(六)设备条件可支持200个以上基层中心的建设。

第十六条　省分中心负责本省文化信息资源的建设与服务,负责本省网络运行的维护,指导基层中心的建设,培训基层中心工作人员。

第十七条　基层中心应当具备如下条件:

(一)局域网条件的基层中心:

1. 局域网主干通讯能力不低于100MB。

2. 对外网络接口不低于2MB。

3. 局域网工作站不少于20台。

4. 可供资源发布和多媒体点播的专用服务器硬盘容量不少于200GB。

5. 配有专职的技术、维护人员。

(二)单机系统的基层中心:

1. 多媒体计算机一台以上。

2. 数字投影仪一套。

3. 卫星接收设备一套或网络设备一套。

4. 配备专职或兼职管理人员。

第十八条　各市、州具有局域网条件的基层中心应在省分中心和统一部署下负责本市、州内文化信息资源的建设与服务,负责本市、州内网络运行的维护,指导单机基层中心的建设并协助培训其工作人员。

第十九条　基层中心可设在市、州、县、乡镇、街道、社区、村等各级文化设施内,应当有专门的服务场所和设备,应保证阅读书、报、刊和文化娱乐动静分开。

第二十条　基层中心应配备专人(专职或兼职)对设备进行操作和管理,同时负责监督和制止制作、查阅、传播、复制有害信息和危害网络安全的行为。工作人员应具有高中以上学历并经过专门培训。

第二十一条　各级中心均要建立用户用机登记制度,对用户名称、证件代码、用机代码、用机起止时间等内容进行登记,登记记录保存时间不得少于60日。服务系统必须具备完善的日志文件管理功能,日志文件保存时间不得少于60日。

第五章　信息服务管理

第二十二条　各级中心均应在局域网范围内积极开展面向社会公众的文化信息服务。可根据不同用户对象、不同时间或季节合理安排活动项目,以充分利用现有设备和"共享工程"网上资源。

第二十三条　各级中心要加强对用户的管理,要在室内服务场所显著位置悬挂有关网络信息服务的规章制度,并明确规定:

(一)用户不得利用各中心的设备和场所制作、传播含有色情、赌博、暴力、愚昧、迷信等不健康内容的电脑游戏和信息。

(二)用户不得从事危害网络安全和信息安全的行为。

(三)用户不得利用互联网上网制作、复制、查阅、发布、传播含有下列内容的信息:

1. 反对中华人民共和国宪法所确定的基本原则的;

2. 危害国家、泄露国家秘密,颠覆国家政权,破坏国家统一的;

3. 损害国家荣誉和利益的;

4. 煽动民族仇恨、民族歧视,破坏民族团结的;

5. 破坏国家宗教政策,宣传邪教和愚昧迷信的;

6. 散布谣言,扰乱社会秩序,破坏社会稳定的;

7. 散布淫秽、色情、赌博、暴力、凶杀、恐怖或者教唆犯罪的;

8. 侮辱或者诽谤他人,侵害他人合法权益的;

9. 法律、行政法规禁止的其他内容。

第二十四条　对服务效果显著、资源建设工作突出的基层中心,经"共享工程"领导小组办公室和湖北省分中心评选,给予表彰和奖励。

第二十五条　基层中心如果无特殊故障而不正常开展活动或有与"共享工程"服务宗旨相违背的行为,一经发现,将酌情予以通报批评或停止提供资源、收回补助设备。

第六章　附则

第二十六条　本管理办法由湖北省文化信息资源共享工程领导小组负责解释。

第二十七条　本管理办法自发布之日起施行。

湖北省人民政府办公厅关于进一步加强古籍保护工作的通知①

(2008年11月26日　鄂政办发〔2008〕80号)

各市、州、县人民政府,省政府各部门:

为贯彻落实《国务院办公厅关于进一步加强古籍保护工作的意见》(国办发〔2007〕6号),进一步加强古籍的抢救保护,继承和弘扬优秀传统文化,推动我省社会主义先进文化和和谐社会建设,经省人民政府同意,现就有关问题通知如下:

---

① 该文件原文来自湖北省人民政府网站(http://wwwe. hubei. gov. cn/),检索日期:2013年10月28日。

一、加强古籍保护工作的指导思想和总体目标

（一）指导思想。以邓小平理论和"三个代表"重要思想为指导，全面贯彻落实科学发展观，贯彻"保护为主、抢救第一、合理利用、加强管理"的方针，坚持依法保护和科学保护的原则，正确处理古籍保护与利用的关系，加大古籍保护工作力度，建立科学有效的古籍保护制度，提高全社会的古籍保护意识，充分发挥古籍在传承中华文化、提高人民群众思想道德素质和科学文化素质、增强民族凝聚力、促进社会主义先进文化建设中的重要作用。

（二）总体目标。"十一五"期间，大力实施"中华古籍保护计划"和"十一五"国家古籍整理重点图书出版规划，全面、科学、规范地开展保护工作。对全省公共图书馆、博物馆和教育、宗教、民族、文物等系统的古籍收藏和保护状况进行全面普查，建立全省古籍联合目录和古籍数字资源库；实现古籍分级保护，建立《省级珍贵古籍名录》；完成一批古籍书库的标准化建设，评审、推荐"全国古籍重点保护单位"和命名"全省古籍重点保护单位"；加强古籍修复工作，培养一批具有较高水平的古籍保护专业人员。通过努力，逐步形成完善的古籍保护工作体系，使我省古籍保护工作走在全国前列。

二、科学规范地开展古籍保护工作

（一）全面开展古籍普查登记工作。全面开展全省古籍普查登记工作，了解和掌握各级图书馆、博物馆等单位及民间所藏古籍情况。对登记的古籍进行详细清点和编目整理，并依据有关标准进行定级。在省文化厅领导下，省图书馆负责全省古籍普查登记工作，汇总古籍普查成果并向国家图书馆上报普查数据，建立全省古籍综合信息数据库，建立全省古籍联合目录。各市、州、县图书馆负责本地区古籍普查登记工作。文化、教育、科技、民族宗教、新闻出版、档案、文物等部门根据实际情况，制定本系统古籍普查实施方案，也可委托省、市、县公共图书馆统一开展普查登记工作。

（二）建立《省级珍贵古籍名录》，逐步形成完善的古籍保护制度。坚持统筹规划、分类指导，加强对珍贵古籍的重点保护，并以此带动古籍保护工作的有序开展。在普查的基础上，建立《省级珍贵古籍名录》，经省人民政府批准后公布，并择优申报国家级名录。对列入国家和省级名录的古籍，收藏单位要按照有关要求，完善保护措施，切实做好保护工作。

（三）改善古籍保管条件。按照《图书馆古籍特藏书库基本要求》（WH/T 24—2006），建设一批古籍标准书库，改善古籍保管条件，完善安全措施，保障古籍安全。对古籍收藏量大、善本多、具备一定保护条件的单位，经省人民政府批准，命名为全省古籍重点保护单位，并作为财政投入和保护的重点。对全省古籍重点保护单位要定期进行评估、检查，择优申报国家级重点保护单位。对库房条件差、管理不规范的单位，根据藏品等级，必要时将寄存上级收藏单位或其他收藏条件好的单位，归属权不变，待库房改进经专业人员认定符合藏品需要后，藏品方可归回。

（四）加快推进古籍修复工作。集中资金，有计划地对破损古籍进行修复，重点抓好列入《国家珍贵古籍名录》、《省级珍贵古籍名录》和濒危古籍的修复工作。各古籍收藏单位要建立修复档案，按照《古籍修复技术规范与质量要求》（WH/T 23—2006），对古籍进行修复，确保修复质量。积极运用现代技术，充分吸收国内外先进技术和经验，提高古籍修复水平。

（五）加强古籍的整理、出版和研究利用。建立古籍数字资源库。利用现代印刷技术，推进古籍影印出版工作。积极采用缩微技术复制、抢救珍贵古籍。要整合现有资源，建立面向公众的古籍门户网站。要向社会和公众开放古籍资源，为公众提供方便快捷的文献服务，发挥古籍在学术研究和文化建设方面的积极作用。

民间收藏的古籍可到省图书馆进行登记、定级、著录。民间收藏的一、二级古籍,如民间收藏者同意由省图书馆寄存管理、研究出版,省图书馆可免费给予修复。其他级别的古籍,可与省图书馆协商保管、修复等相关事宜。民间收藏者同意将所收藏古籍的所有权捐给省图书馆,省图书馆将视其级别高低给予一定的经济补偿。

三、加强对古籍保护工作的组织领导

(一)建立古籍保护工作协调机制。建立由省文化厅牵头,省发展改革委、省财政厅、省教育厅、省科技厅、省民宗委、省档案局、省新闻出版局、省文物局等部门组成的湖北省古籍保护工作部门联席会议,联席会议办公室设在省文化厅。联席会议各成员单位要按照职能分工,认真履行职责,密切配合,共同做好古籍保护工作。各市、州、县也要建立相应的工作机制,组织实施本地区的古籍保护工作。要将古籍保护作为文化遗产保护工作的重要内容,明确工作目标和任务,认真落实保护措施,建立健全古籍保护责任制度和责任追究制度。要充分发挥专家在古籍修复、保护、研究等方面的作用,推进古籍保护工作的有效开展。

(二)增加古籍保护资金投入。各级财政部门要对本地区古籍普查、修复、出版及数字化等工作给予必要的资金支持。要制定鼓励政策,积极吸纳社会资金参与、支持古籍保护工作。

(三)培养古籍保护人才。有关部门要制订规划,多渠道、分层次培养古籍保护人才。建立古籍修复机构资格准入与修复人员资格认证制度,加强古籍保护工作人员的在职培训,积极开展国际与地区间古籍保护的交流与合作。

(四)加大古籍市场监管力度。有关部门要依法规范古籍市场流通和经营行为,加强古籍销售、拍卖行为的审核备案工作,严厉打击盗窃、走私古籍等违法犯罪活动。要按照文物管理的有关法规,制定古籍出入境审核、监管办法。加强国际合作,依据有关国际公约和法律法规追索非法流失境外的古籍。

(五)加强对古籍保护的宣传。各级各类图书馆要积极开拓文化教育功能,通过讲座、展览、培训、研讨等形式宣传古籍保护知识,促进古籍利用和文化传播。广播电视、报刊、互联网等新闻媒体要加大古籍保护工作宣传力度,普及保护知识,展示保护成果,培养公众的保护意识,营造全社会共同保护古籍的良好氛围。

湖北省文化厅、湖北省发展和改革委员会、湖北省财政厅关于印发《湖北省“十二五”期间县级公共图书馆、文化馆建设实施办法》的通知[①]

(2011 年 4 月 29 日　湖北省文化厅、湖北省发展和改革委员会、湖北省财政厅)

市(州)、直管市、林区,县(市)、江夏区、蔡甸区、黄陂区、新洲区、荆州区、夷陵区、襄州区、东宝区、孝南区、黄州区、咸安区、曾都区文化局、发改委(局)、财政局:

为了推动“十二五”时期县(市、区)级公共图书馆、文化馆建设,确保项目建设顺利实

---

① 该文件原文来自湖北省文化厅网站(http://www.hbwh.gov.cn/),检索日期2013 年 9 月 5 日。

施,并达到国家相关建设标准,现将《湖北省"十二五"期间县级公共图书馆、文化馆建设实施办法》印发给你们,请结合实际认真组织实施。

湖北省"十二五"期间县级公共图书馆、文化馆建设实施办法

第一章　总则

第一条　为了推动"十二五"时期县(市、区)级公共图书馆、文化馆建设(以下简称"县级两馆"),确保项目建设顺利实施,并达到国家相关建设标准,按照国家有关法律法规和规章制度,制定本办法。

第二条　本办法适用于全省"十二五"时期新建或维修改造尚未达到国家相关建设标准的"县级两馆"项目。

第三条　"县级两馆"是地方主要公益性文化设施,项目建设以当地政府投资为主。项目建设的组织和实施由当地政府负责。当地文化局为项目第一责任单位,负责具体落实。

第四条　省发展和改革委员会、省财政厅"十二五"时期每年设立专项资金,对符合条件的"县级两馆"建设项目给予一次性补助。补助标准为每馆200万元。

专项资金支持的建设项目需符合以下条件:

(一)纳入当地"十二五"时期经济和社会建设规划,并立项。

(二)规划设计达标,建设内容和投资规模合理,既满足现实需要,又着眼长远发展。

(三)地方政府投入有承诺,既保证基本建设资金到位,又保证项目建成后维持基本正常运行经费到位。

(四)项目建设三年内完成。

第五条　专项资金按照"公开、公平、公正"和"新建为主"的原则,优先支持公共场所资源共享共用、建设不举债的"县级两馆"建设项目。

第二章　建设标准

第六条　县级图书馆建设标准应不低于住房和城乡建设部、国家发改委2008年颁布的《公共图书馆建设标准(建标108—2008)》(具体见表一)。

表一　"十二五"县级公共图书馆建设相关指标控制参照表

规模	服务人口(万)	建筑面积		藏书量		阅览座位	
		千人面积指标(平方米/千人)	建筑面积控制指标(平方米)	人均藏书(册、件/人)	总藏量(万册、件)	千人阅览座位(座/千人)	总阅览座位(座)
中型	100—150	13.5—13.3	13 500—20 000	0.9	90—135	0.9—0.8	900—1200
	50—100	15—13.5	7500—13 500	0.9	45—90	0.9	450–900
	20—50	22.5—15	4500—7500	1.2—0.9	24—45	1.2—0.9	240—450
小型	10—20	23—22.5	2300—4500	1.2	12—24	1.3—1.2	130–240
	3—10	27—23	800—2300	1.5—1.2	4.5—12	2.0—1.3	60—130

第七条　县级文化馆建设标准应不低于住房和城乡建设部、国家发改委2010年颁布的《文化馆建设标准(建标136—2010)》(具体见表二)。

表二 "十二五"县级文化馆建设相关指标控制参照表

类型	服务人口 （万）	占地面积 （平方米）	建筑面积 （平方米）	室外活动场地 面积(平方米)	建筑密度 （%）	适用范围	停车场地控制
中型	20—50	3500—5000	4000—6000	900—1500	25—40	中等城市	机动车:控制在建设用地总面积的8%以内;自行车:按每百平方米建筑面积2个车位配置
	≥30					市辖区	
小型	5—20	2000—4000	2000—4000	600—1000	25—40	小城市	
	5—30					市辖区或独立组团	
	<5		800—2000			城关镇	

第三章 项目申报、审核和下达

第八条 各县(市、区)每年限申报1个建设项目,于每年5月30日前将申报材料一式三份报送省文化厅。

第九条 各申报单位需提供以下材料:

(一)当地发改部门对项目可行性研究报告的批复文件;规划部门出具规划选址意见;国土资源部门出具的项目用地预审意见;环保部门出具的环保影响评估文件的审批意见。

(二)项目实施方案。包括项目名称、服务人口数、项目现状、设施建设内容、建设规模、实施工期、施工图纸(含建设效果图)、工程监理方案、投资概算、资金来源、地方政府经费保障承诺书。

(三)项目单位单行材料。包括单位基本情况(含目前运行情况)、现有设施现状(含原馆舍照片资料)、发展目标等。

(四)保障措施。包括组织领导、具体实施、监督检查措施,以及资金使用、项目管理(含招标工作)、评估验收等相关制度。

第十条 省文化厅会同省发展和改革委员会、省财政厅对符合条件的申报项目进行评审,提出省级补助资金安排意见报省政府批准,省发展和改革委员会、省财政厅根据省政府批件和资金渠道分别下达项目补助资金。

第四章 补助资金和固定资产管理

第十一条 省级补助资金必须专款专用,专项用于"县级两馆"项目建设,不得将此专项经费用于冲抵旧债,不得挪作他用。

第十二条 各地要严格按照国库集中支付的有关规定办理资金拨付手续,属于政府采购范围的,应实行政府采购。

第十三条 未完成项目的年度结余资金应当按照规定结转下年度继续用于项目建设。

第十四条 "县级两馆"属于公益性文化设施,任何单位和个人不得以任何形式改变其文化用途。

对原有馆舍,已出租的要限期收回。已变卖处置的,所得资金应全部用于"县级两馆"建设,任何部门和单位不得挪用。

第十五条 项目建设完成验收合格后,当地政府要及时办妥房产、土地所有权证;图书馆、文化馆负责馆舍的使用管理,对固定资产登记入账,并报财政资产管理部门备案,确保国有资产安全;资产发生变更、处置时,必须按《事业单位国有资产管理暂行办法》(〔2006〕财政部令第 36 号)办理。

第五章　监督与检查

第十六条　省文化厅、省发展和改革委员会、省财政厅每年采取直接或委托方式对各地项目建设和资金管理情况进行检查。

第十七条　有下列情形之一的,一是给予通报批评,取消当年文化"以奖代补"资金,并从其他文化补助资金中扣回;二是按照《财政违法行为处罚条例》(国务院令第 427 号)有关规定处理,情节严重涉嫌犯罪的,移送司法机关处理:

1. 弄虚作假、虚报资料套取专项补助资金的;

2. 擅自变更设计规划,低于国家相关建设标准的;

3. 贪污、截留、挪用和挤占专项补助资金的;

4. 专项补助资金管理混乱的;

5. 未按国库集中支付和政府采购规定办理的;

6. 未在规定时期内完成项目建设的。

第六章　附则

第十八条　本办法由省文化厅、省发展和改革委员会、省财政厅负责解释,自发布之日起执行。

湖北省文化厅关于公布湖北省第一批古籍重点保护单位和湖北省第一批珍贵古籍名录的通知

(2011 年 8 月 29 日　鄂文化文〔2011〕264 号)

各市、州、直管市及神农架林区文化局,省图书馆:

为加强古籍保护工作,逐步形成完善的古籍保护体系,省文化厅于去年在全省部署开展了湖北省古籍重点保护单位和湖北省珍贵古籍申报工作。共收到各地推荐申报古籍 516 种。经省古籍保护中心和省古籍保护专家委员会初评、终审,并面向社会公示,确定其中 264 部古籍入选湖北省第一批珍贵古籍名录(见附件 1);确定 7 家单位入选湖北省第一批古籍重点保护单位(见附件 2)。

我国是历史悠久的文明古国,拥有卷帙浩繁的文献典籍。这些文献典籍是中华民族宝贵的精神财富,是人类文明的瑰宝,保护和利用好珍贵文献典籍,对于继承和发扬民族优秀传统文化,增进民族团结和维护国家统一,增强民族自信心和凝聚力,建设社会主义核心价值体系,提高国家文化软实力,都具有重要意义。

各地区、各部门要进一步贯彻"保护为主、抢救第一、合理利用、加强管理"的指导方针,以湖北省第一批古籍重点保护单位和湖北省第一批珍贵古籍名录公布为契机,加强科学规划,加大工作力度,切实做好珍贵古籍的保护、管理和合理利用工作,使中华民族珍贵的文献典籍永泽后世。

特此通知。

附件:1. 湖北省第一批珍贵古籍名录(264 部)(略)

　　　2. 湖北省第一批古籍重点保护单位名单(7 个)(略)

湖南省

湖南省文化局关于大力发展农民办图书馆的通知①

(1958 年 7 月 8 日　(58)文图字第 066 号)

湖南省人民委员会办公厅关于建立
"湖南省中心图书馆委员会"的通知②

(1964 年 8 月 29 日　办秘字第 128 号)

关于转发省革委文化局
《关于征集地方文献和内部资料的请示报告》的通知③

(1974 年 7 月 30 日　湘宣字〔1974〕07 号)

湖南省教育厅关于加强高等学校图书资料工作的意见④

(1981 年 3 月 27 日　湘教高字〔1981〕6 号文件)

(一)

　　图书资料是高等学校教学、科研工作的基本条件之一,图书馆是开发利用图书文献资源,辅助教学、科研的学术性机构,是宣传马列主义、毛泽东思想的重要阵地,是广泛吸引师生学习科学文化知识的重要场所。高等学校图书资料工作的水平,直接影响教学、科研的水平,加强图书馆、资料室的建设,是高等学校的一项重要工作,必须引起高度重视。

　　粉碎"四人帮"以来,我省高等学校图书馆事业有了比较大的发展。图书资料工作人员、图书购置经费以及图书馆设备,逐年有所增加;馆舍情况有所改善,部分学校正在建筑新馆;图书馆学的教育从无到有,在职干部的培训,不断加强;评定图书资料专业干部职称的工作正在进行。广大图书资料工作人员在人员少、任务重、条件差的困难情况下,做了大量工作,为提高教学质量、发展科研事业做出了一定贡献。

　　图书资料工作,虽然取得了一些成绩,但由于"左"的影响,长期没有受到应有的重视,特别是十年浩劫的破坏,积累下来的问题很多,当前突出的是:

---

① 该文件原文缺,文件信息依据《中国图书馆百年纪事》(陈源蒸等,2004)160 页提供线索著录。
② 该文件原文缺,文件信息依据《中国图书馆百年纪事》(陈源蒸等,2004)187 页提供线索著录。
③ 该文件原文缺,文件信息依据《中国图书馆百年纪事》(陈源蒸等,2004)200 页提供线索著录。
④ 该文件原文来自"中国知网"数据库(《高校图书馆》1981 年第 2 期),检索日期:2013 年 9 月 5 日。

一、图书资料工作人员,有的数量少,特别是质量低。学图书馆学专业的少,有的文化程度偏低,有的难以坚持日常工作,这样一支队伍不能适应教学、科研发展的需要。

二、图书馆、资料室的物质条件困难。图书经费虽不断有所增加,但由于书价高,特别是历年欠账甚多,许多漏购的重要书刊,还无力补进,有的院校就连为教学、科研所必需的某些参考书和工具书也不能购齐。图书馆设备缺乏,复印、显微阅读以及相应的视听设备很少。馆舍严重不足,书库饱和、书架超载,书刊无处存放,有的发霉损坏。阅览座位过少,以致形成抢座位的紧张状况。灯光、卫生条件较差,影响师生的学习和健康。

三、开馆时间短,有的开放时间每周不足五天,有的借书处每周仅开放两天半或六个半天。由于馆舍窄小,加上借阅制度和服务态度方面存在一些问题,借还书刊资料耗时过多,拒借率高,不能满足师生要求。

四、多数图书馆只能做些采购、编目、借书工作,其他如图书资料的咨询、编译、整理、复制、推荐等工作基本没有开展,不能很好地为教学、科研服务。

五、有的图书馆领导体制没有解决。在一部分本科院校,仍是由教务处或科研处管理;在大多数专科学校,仍是由教务科领导,不利于开展工作。

(二)

为了加强高等学校图书资料工作,当前要认真解决以下几个问题。

一、健全高等学校图书馆、资料室的领导体制,加强对图书资料工作的领导。教育部(78)教高字754号文件规定:"图书馆直属学校领导,应有一名副校长分管图书馆工作,选派系、处级以上的得力干部担任馆长,并注意配备具有图书馆专业知识、懂得外文、古文和文理科专业知识的业务骨干。图书馆应大力加强情报资料的搜集整理工作。系、研究所的资料室实行校图书馆和系(所)双重领导,业务工作由校图书馆负责"。这些规定应当认真贯彻执行。本科院校图书馆应属处、系一级单位,专科学校图书馆应属科级单位。学校行政会议每年至少要研究两次图书资料工作,并要确定一名副校(院)长主管图书馆工作,系资料室应有一名副系主任分管。分管的副校(院)长和副系主任,要经常深入了解情况,帮助解决困难。学校各部门要支持图书馆、资料室的建设。各校可以建立有教授、专家以及行政领导人员参加的图书馆委员会,对图书馆工作起指导和咨询的作用。

二、加强图书资料专业队伍的建设。要建设一支思想好、业务强的图书资料工作队伍。加强思想政治工作,教育图书资料工作人员认真学习马列主义、毛泽东思想,热爱本职工作,努力钻研业务,改进工作作风。树立全心全意为教学科研服务的思想。关于高等学校图书馆人员编制问题,待确定学校规模、编制问题时一并解决。当前着重搞好图书资料人员的充实,调整和培养提高工作。各校可根据实际需要,适当增加图书资料工作人员,对现有不适宜做图书资料工作的干部应调做其他适当的工作,今后增加人员要注意质量。为了提高图书资料工作专业人员的业务素质,有条件的学校和省高等学校中心图书馆委员会应举办图书情报专业的业余大学和单科(或专题)短期培训班。要从政治上、工作上、生活上关心图书资料工作人员,他们一般应和教学、科研人员享有同等待遇。没有确定图书资料专业干部职称的本科院校,应按有关规定,在今年内给图书资料专业干部评定职称。

三、改善图书资料工作条件。要解决好图书馆的经费问题。图书馆的图书购置费,在新建和恢复的院校以及师范专科学校,应不低于学校事业费的5%,在藏书较多的老校,其标准可略低一些;图书馆设备的经费,在学校设备费内开支。需要添置的设备,图书馆造出预算,经院校领导批准后,由设备采购部门和后勤部门负责供应。要贯彻勤俭办馆的方针,精打细算,使有限的经费发挥较大的作用。各高等学校要积极努力,争取逐步解决图书馆馆舍窄小,图书库房不足,阅览座位过少,以及灯光、卫生条件较差等问题。在经费等方面有条件的学校应有计划地添置复印机、录音机、打字机,显微阅读机等设备,建立视听阅览室,逐步使图书资料的搜集、整理、管理、服务等各个环节实现机械化、现代化。

四、改善服务态度,提高服务质量,千方百计为教学、科研服务。

1. 加强图书资料工作人员修养,改善服务态度,讲究文明礼貌,热情接待读者,急读者所急,做到"为人找书,为书找人"。

2. 增加开放时间,图书馆的出纳时间,至少应保证每周五天,争取开放六天,在寒暑假期间每日至少开放半天。阅览室原则上应每天开放(包括节假日),主要阅览室除白天开放外,至少每周开放四个晚上。

3. 建立健全各项规章制度,加强科学管理。实行岗位责任制,并逐步实行工作量制度;简化借阅手续,努力降低拒借率,为教学、科研骨干提供开架借阅的方便。

4. 采购图书要经常了解教学、科研需要,征询教师、学生的意见,不断提高采购质量。

5. 积极创造条件,编制书目索引,推荐图书,指导阅读,回答咨询,开展定题、跟踪服务。

6. 提高图书采编工作的效率,新书到馆后,要求在一个月内供流通阅览。各校要采取有效措施,在一两年内将积压的图书编目上架。

7. 加强善本、珍本、孤本的保管、维护工作,对不能借出的书刊资料,可按规定范围提供阅览方便。

8. 教育读者爱惜图书,遵守规章制度,尊重图书资料工作人员,不得撕毁、污损、偷窃图书和报刊,违者除照章赔偿外,应予批评教育,严重的可给予纪律处分。

五、加强馆际协作,做到"资源共享",有效地扩大为教学、科研服务的领域。省高等学校中心图书馆委员会已经成立,做了一些有成效的工作,今后要发挥更大的作用,馆际之间,可进行书刊资料采购、入藏的合理分工,积极开展馆际互借,联合检索;组织培训在职图书资料工作人员;努力开展图书馆学、情报学的学术研究,认真交流工作经验;主动加强与图书出版、发行部门以及省内外图书馆的联系,争取支持帮助,扩大图书资料的来源,促进高等学校图书馆事业的发展和繁荣。

湖南省文化局、科委、教育厅关于恢复
湖南省中心图书馆委员会的通知①

(1981 年 7 月 3 日　湘文图〔1981〕51 号)

湖南省教育厅关于组成湖南省高等学校
图书馆工作委员会的通知②

(1984 年 5 月 2 日　湘教高(一)字〔1984〕16 号)

---

① 该文件原文缺,文件信息依据《中国图书馆百年纪事》(陈源蒸等,2004)241 页提供线索著录。
② 该文件原文缺,文件信息依据《中国图书馆百年纪事》(陈源蒸等,2004)267 页提供线索著录。

湖南省教育委员会关于在高校图书馆中开展检查评比的通知①

（1986 年 4 月 15 日　湖南省教育委员会）

关于加强湖南省市、县少年儿童图书馆(室)建设的若干规定(试行稿)②

（1988 年 7 月 6 日　湖南省文化厅）

为发展我省少年儿童图书馆事业,加强地、市、县级少年儿童图书馆(室)的建设,特制定以下规定。

第一章　少年儿童图书馆的性质与任务

第一条　少年儿童图书馆是我国社会主义图书馆事业的重要组成部分,是以广大少年儿童为主要服务对象的社会文化教育机构。是利用书刊资料组织和引导广大少年儿童多读书、读好书,促使他们健康成长的"第二课堂"。

第二条　少儿图书馆应以社会效益为最高准则,坚持四项基本原则,坚持"三个面向",通过宣传、推荐、流通书刊资料,传播科学文化知识,为"四化"建设培养有理想、有道德、有文化、有纪律的一代新人。

第三条　市、县少年儿童图书馆(室)的具体任务是:

1. 广泛收集各种适宜少年儿童阅读的书刊资料并进行科学分类、编目、加工和保管。

2. 利用多种形式,开展优秀书刊资料的宣传、推荐、流通和阅读指导工作,帮助少年儿童多读书、读好书,发展智力,培养创造力。

3. 组织本地区少年儿童经常开展丰富多彩的读书活动,组织少年儿童积极参加全省性的大型读书活动。

4. 积极开展少年儿童图书馆(室),中小学图书馆(室)的协作协调,加强与教委、科委、共青团、妇联、工会、出版等部门的横向联系。

5. 对基层少儿图书馆(室、户),开展业务辅导。积极引导扶持各种形式的图书馆(室、户),调动一切积极因素为少年儿童服务。

6. 积极开展儿童图书馆学理论研究、业务工作研究,从实践中总结经验,发展少图事业。

第二章　组织机构、人员、藏书、馆舍、经费、设备

第四条　独立建制的市少年儿童图书馆可设采编部(组)、阅览部(组)、辅导活动部(组)、办公室等。县馆少儿阅览室应有专人,专室,并应有一名图书馆副馆长兼管少儿室工作。

第五条　根据国内外少儿图书馆(室)标准,结合我省具体情况,市、县少儿图书馆(室)基本标准应为:市少儿馆藏书十万册,阅览座位一百至二百个,人员八至十五名,馆舍面积

---

①　该文件原文缺,文件信息依据《中国图书馆百年纪事》(陈源蒸等,2004)281 页提供线索著录。

②　该文件原文来自《中华人民共和国现行文化法规汇编》(国务院法制局,1987),原文页次:687—691。

1000 平方米以上。

县少儿馆藏书三至十万册,阅览座位五十至一百五十个,人员五至九名,馆舍面积500至1000平方米。

县少儿分馆藏书一万至五万册,阅览座位四十至一百个,人员二至五名,馆舍面积200至500平方米。

县馆少儿阅览室,藏书一至三万册,座位五十个,人员一至二名。

第六条 市、县少儿馆购书经费不应低于本馆年度经费总额的三分之一,应有一定比例的读书活动经费。

第七条 少儿图书馆(室)应配置幻灯机、电视机、录音机等视听设备,有条件的要增设电影放映机、录像机、微电脑等,积极为少年儿童开展直观性,形象化教育。各馆要根据业务工作的需要,有计划地逐年增添必要的图书馆设施和视听设备。

第八条 少儿图书馆的各工作环节,应严格实行岗位责任制,定岗、定责、定人,规定数量及质量要求,提倡一专多能,充分挖掘潜力,调动少图工作者积极性。

第九条 少儿图书馆工作者要努力钻研业务,掌握教育学和心理学,不断提高业务素质和工作能力,热爱少图事业,热爱少年儿童,为人师表,以书育人。

第三章 少儿图书馆(室)的业务工作

第十条 在未出版全国统一的少儿图书馆分类法之前,各馆图书分类应以中图法为依据。但各馆应根据实际情况,确定本馆中图法使用本(或参照省少儿图书馆中图法使用本)。分编过程中,要严格图书加工程序,注意提高编目质量。根据国家的统一要求,逐步实现分类、编目的规范化、标准化,各馆可根据具体情况对连环画进行科学管理。

第十一条 市、县少儿馆(室)要根据自身性质、任务、特点、地区、条件、馆藏基础等实际情况,确定书刊资料补充原则,通过各种途径,有计划、有重点地补充藏书,逐步形成有地方特色的少儿图书馆藏书体系。对各种少儿读物,特别是本省少儿出版物应尽量采集。

要注意声像资料(非书资料)和趣味性图书(特种图书)的收集。

第十二条 对新到书刊资料要及时登录、分编,尽快投入流通。

第十三条 市、县馆应分设读者目录和公务目录。读者目录可设置分类、书名目录。书名目录宜采用汉语拼音排列法。

少儿阅览室的读者目录,应根据少儿年龄特点尽量形象化,趣味化,可编制书本式、明见式、封面式、画刊式、幻灯式等目录,目录应有人专管,定期检查,保持书、目相符。并经常编制专题目录、推荐目录,增强吸引力,帮助少年儿童读者熟悉馆藏。

第十四条 市、县少儿馆(室)平时每周开放时间不得少于三十二小时(每天四小时、星期日八小时),寒暑假不得少于四十八小时。

第十五条 要加强读者服务工作,不断提高服务效率及服务质量,应尽量方便小读者。根据需要和条件,分设各种阅览室,逐步实行开架借阅制度。

出借图书除采用个人、集体、馆际互借外,还应积极开展邮寄借书,送书上门等业务。

第十六条 应认真抓好阅读指导工作,指导少年儿童学会利用图书馆,帮助他们熟悉馆藏,查找目录,学会使用工具书,正确选择图书,掌握读书方法,提高阅读效果等。阅读指导要做到个别指导与集体辅导相结合,馆内馆外相结合,动与静相结合,阅读书刊与视听活动相结合。

第十七条　针对少年儿童年龄特点,应经常组织知识性、趣味性、教育性的读书活动。开展读书报告会、座谈会、演讲会、故事会、诗歌朗诵会、书中人物化装表演等活动,并针对少年儿童个性特点,举办各种类型的兴趣小组、学习班、讲座和读书竞赛活动。

第十八条　少儿图书馆工作者应解答少年儿童阅读方面的各种知识性咨询。有条件的馆应设法解答少儿工作者研究中的专题咨询。为教育教学和研究工作编制专题书目索引、文摘,提供参考资料。

第十九条　各馆要组织开展儿童图书馆学理论的研究,积极参加全省少儿图书馆研究组活动。

第二十条　要认真抓好本地区基层少儿馆(室)的业务辅导工作,举办业务培训班,组织调查研究,发现和培养典型,总结经验编印工作简报,积极向省《少儿图书馆》刊物提供稿件,积极组织本地区基层少年儿童图书馆(室)、中小学图书馆(室)的协作协调活动,组建本地区为少年儿童服务的图书馆工作协作网。

湖南省市、县图书馆业务工作规范(试行)①

(1988 年 12 月 8 日　湖南省文化厅)

第一章　说明

第一条　本规范的任务,是规定市、县图书馆(包括市、县少年儿童图书馆)主要业务工作系统各工作环节的工作内容、工作定额、工作质量要求和人员配备等标准,以此作为对各馆业务工作、人员进行考核检查、质量评比的依据。

第二条　各市、县图书馆在执行本规范时,可以结合本馆实际情况制定实施细则,但各项工作的定额指标和质量要求等,均不得低于本规范的要求。各地区中心图书馆业务研究辅导工作系统,应按本规范中的最高指标要求执行。

第三条　本规范中规定的人员配备要求,如未聘到相应职称人员,可聘用低一级职称的人员,其工作定额可酌减 10—15%。

第四条　根据管理工作的实际需要,担任业务部门负责人的业务工作人员,其工作定额可酌减 20% 左右。

第五条　工作定额原则上按日计算,无法以日工作量计算的分别采用年、月工作指标和日工作时间计算。

第六条　本规范中使用的术语定义

1. 工作系统:系指图书馆业务工作的一个方面。

2. 工作环节:系指各工作系统中可以独立计算工作定额及规定质量要求的工作单元。

3. 综合指标:系指根据各工作系统工作定额指标概算出来的人平日工作量指标。

第二章　采编工作系统

本系统包括书刊的采集、分类、编目、图书加工、目录组织等工作环节。本系统图书从进

---

①　该文件原文来自《中华人民共和国现行文化法规汇编》(国务院法制局,1987),原文页次:707—716。

馆到入库工作周期为十天至十五天,人均月中文图书分编工作综合指标为五百至七百册。

第七条 书刊采集工作

[工作内容]制订本馆长、短期藏书补充计划和年度购书经费使用计划,调查研究,了解读者需要,熟悉馆藏,书刊的预订、选购、邮购、收缴和缺藏补充,资料交换和地方文献的收集,参与本地区藏书协调工作,建立重点藏书和连续出版物的采购目录,开展藏书统计分析工作。

[工作定额]书刊订购按发行单位要求如期完成,每月到书店选购书不少于 2 次;定期到流通部门调查了解读者需要,每年进行一至二次藏书统计分析,撰写一至二篇调查报告,其他工作按实际工作时间计算。

[质量要求]采购的书刊应达到实用、质量高,及时补购所缺书、刊,重选书不超过 2%,错选书、漏卷、缺册书刊不超过 0.5%;采购账目清楚,手续齐全,撰写的调查报告或藏书统计分析报告翔实。

[人员配备]由副研究馆员或馆员担任。

第八条 分类工作

[工作内容]担任图书的查重、分类、给书次号、划分图书去向和期刊的分类工作。

[工作定额]图书分类,每人每天五十至六十种(包括查复、给书次号、划分图书去向)。期刊分类按实际工作时间计算。

[质量要求]严格按照《中图法》和本馆分类工作细则类分图书,分类准确,异号、重号的差错率控制在 3% 以内;划分图书的去向,差错率控制在 2% 以内。

[人员配备]由馆员或助理馆员担任。

第九条 图书著录工作

[工作内容]担任书刊的著录工作,根据需要编制各种款目。

[工作定额]图书著录、手工刻写蜡纸,每人每天五十至六十张,打字机打印,每人每天四十六至五十五张。期刊著录依实际工作时间计算。

[质量要求]依据《普通图书著录规则》和本馆著录细则实施著录,著录的款目字迹工整、清晰,差错率不超过 2%。

[人员配备]由助理馆员或管理员担任。

第十条 公务目录组织工作

[工作内容]承担公务书名、分类目录的组织工作,负责新书入库前的校对,协助其他部门开展藏书剔旧,负责剔除图书的注销工作。

[工作定额]组织书名目录,每人每天二百四十至二百六十张,组织分类目录,每人每天四百二十至四百四十张。新书入库前校对、藏书剔旧、图书注销等工作按实际工作时间计算。

[质量要求]每批新书的公务书名、分类目录片必须在新书入库前排好,公务书名、分类目录要经常核对、疏导,添加必要的导片,全套目录的差错率不超过 1%,新书入库前的校对、藏书剔旧、图书注销等工作均应做到无差错。

[人员配备]由助理馆员或管理员担任。

第十一条 书刊加工工作

[工作内容]新书拆包、验收、登记、盖章、打号、印片、贴书标、书袋等工作。

[工作定额]新收拆包(包括解包、新书按书号归类上架)每人每天八包左右。图书登记:每人每天二百至二百五十册。印片:(包括印刷目录片、书卡、书标等)每人每天一百一十

种。盖章:每人每天四百七十至四百九十册(每册书加盖章应不少于三个)。打号:每人每天四百四十至四百六十册(每册书打号应不少于三个)。贴书标、书袋等:每人每天二百六十至二百八十册。

[质量要求]新书拆包、登记、贴书标、贴袋等工作均应做到无差错,盖章、打号均要求印记端正、清晰,工作无差错。

[人员配备]由管理员或辅助工担任。

第三章　读者工作系统

本工作系统包括读者的组织和管理,图书、报纸、杂志的外借、阅览、书库管理、宣传辅导、参考咨询、技术服务和情报咨询、信息服务等工作环节。

第十二条　读者的组织和管理工作

[工作内容]发放办理借书证、建立读者档案、进行读者统计分析等。

[工作定额]每年进行一至二次读者统计分析工作,三至五年进行一次借书证核查工作,其他工作按实际工作时间计算。

[质量要求]办理借书证手续清楚,无差错,提供读者情况的各项统计数字准确无误,读者档案的管理差错率不超过1%。

[人员配备]由助理馆员或管理员担任。

第十三条　书刊外借工作

[工作内容]办理书刊借还手续,开展预约借书、馆外流通和送书上门服务,进行外借统计,组织管理读者目录,辅导读者查阅目录,解答读者一般咨询问题。

[工作定额]办理借还书手续(包括入库取书、办理手续,抄、排读者登记卡等),每人每天六十至七十册(不含拒借人次)。

组织读者目录;定额同四条,预约借书、馆外流通、送书上门、外借统计、辅导读者查阅目录等按实际工作时间计算。

[质量要求]办理读者借还书手续每人次应在五至七分钟以内完成,取书差错率不超过0.5%,馆外流通,送书上门服务工作应有重点、有计划、有效益,严格外借制度,借书逾期、损坏图书的读者应按规定处罚,发现破旧图书、书卡不符图书应及时修补改正,解答读者咨询应热情耐心,准确回答读者的问题。

[人员配备]在馆长指导下由助理馆员或管理员担任。

第十四条　书刊阅览工作

[工作内容]管理阅览室藏书、设备,维持阅览秩序、卫生,解答读者一般咨询的问题,进行阅览统计分析。

[工作定额]藏书五千至一万册以内,座位五十至一百人以内,开放八小时,配备一点五人,开放十二小时配备二人。

藏书五千册以下,座位五十人以下,开放八小时配备一人,开放十二小时配备一点五人。

开架书刊阅览室每天需整理架位二次,每月全面整理一次,阅览室每日清扫一次,每周大扫除一次。

[质量要求]书刊必须及时上架,阅览室要经常巡视,以防撕页、剪页、坚持日统计、月累计和年度分析,图书排列整齐,归架差错率不超过0.5%,做好读者的咨询记录,及时收集服务效果和读者反馈,少儿阅览室的阅读活动应体现少儿阅览特点。

［人员配备］由助理馆员和管理员担任。

第十五条 图书宣传、阅读辅导工作

［工作内容］书刊宣传、阅读辅导和组织读者活动。

［工作定额］每人每月出墙报、宣传橱窗不少于四次，每季度组织读者活动一至二次，少儿图书馆组织读者活动每月不少于一次。

［质量要求］墙报、宣传橱窗的版面要求生动活泼、字迹工整，无错字；组织的读者活动要求有一定的规模和影响。

［人员配备］由助理馆员担任，管理员可协助一部分工作。

第十六条 书库管理工作

［工作内容］入库书刊的验收、归架、整架、剔旧、报刊的装订；书库安全卫生工作等。

［工作定额］装订合订报刊（包括验收、清点、装订、包封面、写刊名等）。

报纸：每人每天二十至三十本，杂志：每人每天三十至四十本，书刊归架：每人每天二百三十至二百五十册。其他工作均按实际工作时间计算。

［质量要求］报刊装订排序无误，装订紧固、整齐，封面干净；书库排架整齐，排列差错率不超过 0.5%，架面无灰尘，书库无鼠、虫、盗等现象；新书入库必须在三日内上架流通，外借归还书必须在当日内上架流通，及时剔除过旧书刊，对破损、散装书应及时装订修补。

［人员配备］由助理馆员或管理员担任。

第十七条 技术服务工作

［工作内容］开展复制、视听等技术服务工作。

［工作定额］按实际工作时间计算。

［质量要求］提供的复制品清晰、效果好；视听服务要求视听效果好，内容生动活泼，复制设备或视听设备保养经常化，事故少。

［人员配备］由管理员和技术工人担任。

第十八条 参考咨询工作

［工作内容］受理和解答读者提出的综合性和专题性内容的书面或口头咨询，接受定题委托咨询，为读者提供口头、电话、书信等咨询服务。

［工作定额］每年不少于一个定题服务项目，编制一至二个参考或专题书目（每一书目的条目应不少于一千条），成果项目一至二个（成果项目是指取得一定经济效益的服务项目）。

［质量要求］回答读者咨询必须有充分的文献根据，提供资料准确可靠，数据和信息内容详细；接待读者咨询应热情耐心，受理和解答咨询应有详细的记载，成果项目应有一定的经济效益和社会效益。

［人员配备］由副研究馆员或馆员担任。

第十九条 信息服务工作

［工作内容］为读者提供一般技术信息，进行生产经营指导，承担信息资料的编辑工作和用户的书面或口头咨询工作，开展情报调研和定题服务。

［工作定额］信息资料编辑工作，每人每月不少于六千字。情报调研、定题服务等按实际工作时间计算。

［质量要求］提供的技术信息、生产经营信息有较强的指导作用，具有简单易行，实用性强的特点，情报调研、定题服务的质量要求同第十二条。

[人员配备]由馆员或助理馆员担任。

第四章 业务研究辅导工作系统

本系统包括业务研究、业务辅导、协作协调等工作环节。

第二十条 业务研究工作

[工作内容]承担上级下达的有关图书馆事业发展的科研课题,编辑图书馆学的刊物、资料,开展业务研究工作,收集管理图书馆学专业资料。

[工作定额]依据年度计划开展活动,每年必须撰写一至二篇调查报告或经验总结。

[质量要求]业务研究活动必须有一定的理论深度,以解决实际问题为目的,其成果具有实用型,编辑的专业刊物有一定的影响,资料收集完整,保管整齐、卫生。

[人员配备]由副研究馆员或馆员担任。

第二十一条 业务辅导工作

[工作内容]调查了解本地区图书馆事业的发展,组织人员培训,解答业务咨询;负责对本地区基层图书馆(室)进行业务指导。

[工作定额]每年下基层调查研究,业务辅导的时间不得少于三分之一,写出调查报告或经验总结一至二篇,人员培训按年度工作计划执行。

[质量要求]撰写的调查报告或经验总结有一定的影响和指导作用;能熟练地解答基层图书管理员提出的业务问题,人员培训工作有较大的收获和效果。

[人员配备]由馆员或助理馆员担任。

第二十二条 协作协调工作

[工作内容]负责学会(协作委员会)的日常工作,开展图书馆之间的协作协调活动,编制联合目录。

[工作定额]按年度工作计划和学会的安排,处理好日常性工作;每年组织本地区图书馆的协作协调活动不少于两次,编制地区性联合目录一至二种。

[质量要求]年度计划内的工作任务完成好,日常工作安排正常化;协作协调活动有一定的规模和影响。

[人员配备]由馆员或助理馆员担任。

第五章 业务管理工作系统

本系统包括业务指导、业务工作计划与统计,业务考核及业务档案管理,文印等工作环节。

第二十三条 业务指导工作

[工作内容]主持制订全馆业务工作规划和年度工作计划,组织安排全馆干部的业务培训,解决本馆业务工作中的重大问题。

[工作定额]按实际工作时间计算。

[质量要求]制订的业务工作规划和计划切实可行,全馆业务工作发展正常,无重大失误事故。

[人员配备]由副研究馆员或馆员担任。

第二十四条 业务工作计划与统计

[工作内容]负责起草本馆业务工作年度计划,进行全馆业务工作的协作协调,处理日常业务来信来函,接待业务来访,进行业务统计。

[工作定额]按实际工作时间计算。

[质量要求]全馆业务工作进行顺利,及时处理业务来信来函,接待业务来访热情主动,业务统计工作准确无误。

[人员配备]由馆员或助理馆员担任。

第二十五条 业务考核和业务档案管理

[工作内容]组织全馆业务考核,管理业务档案。

[工作定额]按实际工作时间计算。

[质量要求]业务考核组织工作的安排经常化,业务档案管理好,无重大失误和遗漏。

[人员配备]由馆员或助理馆员担任。

第二十六条 文印工作

[工作内容]负责公文的起草、打印工作。

[工作定额]按实际工作时间计算。

[质量要求]公文起草文字通顺,内容准确,打印的材料清晰,格式符合规定要求。

[人员配备]由助理馆员或管理员担任。

湖南省教育厅关于印发《湖南省高等学校数字图书馆建设管理办法》的通知①

(2006年8月1日 湘教发〔2006〕75号)

各高等学校:

为了加强湖南省高等学校数字图书馆的建设与管理,充分发挥数字图书馆的投资效益,实现数字图书情报资源的共建共享,确保湖南省高等学校数字图书馆的可持续发展,我厅研究制定了《湖南省高等学校数字图书馆建设管理办法(试行)》,现印发给你们,请遵照执行。执行过程中有何问题和意见,请及时反馈我厅高等教育处。

湖南省高等学校数字图书馆建设管理办法(试行)

为了加强湖南省高等学校数字图书馆的建设与管理,充分发挥数字图书馆的投资效益,实现数字图书情报资源的共建共享,确保湖南省高等学校数字图书馆的可持续发展,特制定本办法。

第一章 总则

1. 湖南省高等学校数字图书馆(以下简称数字图书馆)是由湖南省教育厅与湖南师范大学共同投资,由省教育厅委托湖南师范大学建设,为全省高等学校提供教学、科研用数字图书情报资源服务的高等教育公用基础设施。

2. 数字图书馆按照"整体规划、统一标准、联合共建、资源共享"的原则进行建设和管理,以最大限度地满足全省高校教学科研对数字图书情报资源的需求。

第二章 权利与义务

3. 湖南省教育厅负责主持制定数字图书馆的建设规划、实施方案和管理办法,协调解

---

① 该文件原文来自"律商网"数据库,检索日期:2013年7月30日。

决数字图书馆资源建设和管理运行中的重大问题,督促数字图书馆充分发挥数字资源的使用效益,引导数字图书馆实现可持续发展。

4. 湖南省高等学校图书情报工作委员会(以下简称高校图工委)负责对数字图书馆进行技术指导,组织制定统一规范的技术标准,统筹规划和组织、协调数字图书馆的资源建设,引导全省高校图书馆积极参与数字图书馆的建设和管理,实现资源共享,不断提高数字图书馆的建设水平和投资使用效益。

5. 湖南师范大学具体负责数字图书馆的建设与管理工作,提供数字图书馆运行所需的人员、场地、水电等必要的条件保障,确保数字图书馆系统的正常运转;代表数字图书馆签署各类数字资源及服务购置协议,做好数字资源购置、运行、维护、更新等日常工作;为使用单位提供技术培训、技术咨询和优质服务,解决相关技术问题;每年底向湖南省教育厅提交年度经费使用报告、投资效益报告、资源利用状况报告和下一年度的建设计划,并向高校图工委和各使用单位通报。

6. 各使用单位应高度重视和支持数字图书馆的建设,营造良好的网络环境和数字资源使用平台并确保其正常运行,鼓励全校师生充分利用数字图书馆的全部资源,为学校的教学、科研提供优质服务,对数字图书馆的建设和发展提出合理化建议,并及时足额缴付分摊的数字资源建设与使用经费。

将数字图书馆购置的资源在本单位另建镜像站点的单位,必须定期向湖南师范大学提交资源利用情况统计数据。

第三章　资源建设与管理

7. 数字图书馆的资源建设遵循"引进为主、自建为辅、分步实施、共建共享"的原则,充分发挥集团购买优势,最大限度地降低各校数字化信息资源的投资成本,并采用低价有偿使用的方式,实现数字资源的共建共享。

8. 引进资源以各高校公用的资源为主,其建设方案由数字图书馆通过广泛收集各使用单位需求信息后提出,高校图工委负责对建设方案进行审定并监督实施。引进资源的建设方案原则上每年制定一次,并采取"集团采购,成本分摊"的方式购置,各种资源采购合同原则上每年签订一次。对资源的后期购置采取滚动淘汰机制,对于使用率低的资源,不再继续购置。

9. 自建资源以各高校的特色数据库为主,自建资源项目由各使用单位自愿申报,高校图工委负责组织专家评审确定。建设单位和数字图书馆依法共同享有自建资源的知识产权,并可按我国知识产权保护的有关规定向使用单位提供有偿服务。

10. 全省高校均可免费使用我厅拨付的经费购置的数字资源。对采取"集团采购,成本分摊"的方式购置的数字资源,各使用单位必须及时足额缴付分摊经费后才能使用。

第四章　经费投入与资产归属

11. 数字图书馆运行所需的人员、场地、水电等经费及设备运行、维护经费主要由湖南师范大学承担,省教育厅适当给予补助。

12. 数字图书馆资源的购置、使用、维护费用由各使用单位按学校类型、教职工数量和办学规模分摊,具体分摊方案由高校图工委在广泛征求使用单位意见的基础上制定。

13. 由湖南师范大学建立数字图书馆经费专用账户,确保专款专用。数字图书馆专用经费应统筹安排,严格核算,其使用应公开、透明,符合国家有关财务制度,并接受省教育厅、高校图工委和各使用单位的监督。

14. 各使用单位所能利用的数字图书馆的所有数字资源均可作为其馆藏数字资源进行统计,并按实际投入资金总额计入使用单位的固定资产。

15. 本办法自公布之日起执行,其解释权属湖南省教育厅。

湖南省教育厅关于进一步加强中小学图书馆(室)建设的通知[①]

(2007 年 7 月 24 日 湘教通〔2007〕243 号)

各市州教育局:

为进一步推进基础教育改革与发展,提高中小学教育质量,全面推进素质教育,根据《教育部关于印发〈中小学图书馆(室)规程(修订)〉的通知》(教基〔2003〕5 号,以下简称《规程》)精神,结合我省实际,现就进一步加强我省中小学图书馆(室)建设有关事项通知如下:

一、明确建设目标。到 2010 年我省中小学图书馆(室)建设的总体目标是:城市中小学和农村中心完小以上的学校在图书馆(室)的建设、管理、使用效益以及图书馆(室)现代化等方面具有较高水平,达到《规程》规定的一类标准;其他农村学校达到《规程》规定的二类标准。

二、理顺管理体制。省教育厅负责统筹全省中小学图书馆(室)建设,制定全省中小学图书馆(室)建设规划,指导有关职能部门做好全省中小学图书馆(室)的建设、配备、使用等日常管理工作。各市、县(市、区)教育行政部门负责制订本地区中小学图书馆(室)建设工作的规划,指导有关职能部门做好图书馆(室)建设的组织管理和实施等具体业务工作。中小学校根据当地教育行政部门规划和部署,负责本校图书馆(室)的建设、配备、使用及日常管理工作。积极发挥各级图工委办公室在中小学图书馆(室)建设中的作用。

三、加强队伍建设。实行中小学图书馆(室)工作人员持证上岗制度。采取省、市、县(市、区)三级培训的办法,对高中(含完中)、初中、中心小学图书馆的馆长和工作人员,分别进行岗位培训,大力提高图书管理人员的业务水平。

四、充分发挥中小学图书馆(室)教书育人功能。各类学校图书馆(室)要围绕基础教育课程改革,配合学科教师组织形式多样的读书活动,与教师一道加强学生课外阅读指导。城市、县城中小学校图书馆(室)和乡镇中心校应积极培养学生文献检索与利用的能力。要积极创造条件,在学生业余时间开放图书馆(室),努力提高图书的借阅率和使用率。其他学校应通过讲座等形式对学生进行利用图书馆(室)的教育。有条件的学校要开设电子阅读指导课,指导学生正确运用电子阅读系统。

五、落实经费,规范采购。中小学图书馆(室)建设应以政府投入为主,各级教育行政部门要根据当地实际和基础教育课程改革需要,确定图书经费安排比例,要求学校专款专用,保证中小学图书馆(室)充实图书资料的需要。学校要多渠道筹措图书经费,鼓励社会各界和个人捐助图书馆(室)建设。为提高中小学图书馆(室)藏书质量,各级教育行政部门应按《规程》要求采取有力措施,整顿和规范教育图书市场,理顺和完善教育图书供应体制。各级教育行政部门应把好图书采购关,组织学校集中采购,杜绝内定行为和个人行为,更不得强制配备,切实把好图书质量关和入馆关。

---

① 该文件原文来自湖南省教育厅网站(http://gov.hnedu.cn/),检索日期:2013 年 10 月 28 日。

六、切实加强检查和监督。各级教育行政部门要加强对中小学图书馆(室)建设的指导和督查工作,对长期放松管理,闲置不用或长期不添置新书等情况,要督促切实整改;严禁黄色书刊、非法出版物等不利于学生身心健康的书籍和粗制滥造、质量低劣的读物流入中小学图书馆(室)。各级教育督导部门要将中小学图书馆(室)建设纳入基础教育督导评估的重要内容,与两项督导评估和义务教育均衡发展评估等结合进行。各地要根据本通知制定具体规划,并组织实施,我厅将对各地建设情况定时予以通报,并表彰奖励。

福建省

福建省市、县(区)图书馆工作条例(修订试行)①

(1989 年 9 月 11 日　福建省文化厅)

第一章　总则

第一条　市、县(区)图书馆(以下简称市、县馆)是国家举办的事业机构,是地方科学、教育,文化事业的重要组成部分,是为城乡各行各业提供信息咨询服务,向人民群众普及科学文化知识和丰富群众文化生活的综合性公共场所,也是当地各类型图书馆馆际协作及业务研究的中心。

第二条　市、县馆必须坚持四项基本原则,坚持为人民服务、为社会主义服务的方向,贯彻"百花齐放、百家争鸣","古为今用、洋为中用"的方针,反对资产阶级自由化。应努力开发文献资源,利用文献资料为社会主义物质文明和精神文明建设服务。

市、县馆的主要任务是:

1. 利用馆藏文献资料,宣传马克思主义、毛泽东思想,宣传国家法制、党和政府的各项政策,向人民群众进行共产主义和爱国主义教育,为提高全民族的素质,培养有理想、有道德、有文化、有纪律的社会主义新人服务;

2. 传播科学文化知识,提高人民群众的科学文化水平;

3. 为本地区的思想政治建设、经济建设,科学研究提供文献资料、情报信息;

4. 组织图书馆之间的协作协调,开展地(市)馆对郊县图书馆、县馆对基层图书馆(室)的业务辅导工作;

5. 开展图书馆学理论和业务技术的研究,组织本地区图书馆间的工作经验交流;

6. 搜集、整理和保藏本地区的地方文献,并在可能情况下组织对这些文献的研究。

市、县馆的一切活动均应以社会效益为唯一准则,在这一准则的指导下进行图书馆工作改革。图书馆的改革一定要有利于方便读者,有利于图书馆事业,有利于充分调动工作人员的积极性,有利于社会主义物质文明和精神文明建设。在坚持无偿公益服务的前提下,适当开展符合上级有关规定的有偿服务。

---

① 该文件原文来自《中华人民共和国现行文化法规汇编》(国务院法制局,1987),原文页次:717—724。

第二章 藏书工作

第三条 文献资料是图书馆工作的物质基础。应根据本地区政治、经济、科学、文化、教育事业发展的需要和馆藏状况,确定采购原则,有计划、有目的、多途径地补充藏书,逐步形成具有地方特色,为本地两个文明建设服务,适合本地读者需要的藏书体系。

书籍:收藏适合本地区广大群众科学文化知识水平和生产,科研所需要的以综合性、普及性、地方性为主的书籍。要注意处理好品种与复本之间的比例关系,各大类图书数量的比例关系。在省文化厅发布《市、县级图书馆必备基本书目》后,应积极努力配齐补足。

报纸:以本省的和本地市、县为主,其他地方和专业性的报纸根据本地特殊需要酌情选订。

期刊:以综合性、普及性和适合本地政治、经济、科研、文教事业需要为选订原则。同类型的刊物应选订核心期刊。文艺刊物不宜片面追求品种,要注意质量。

报刊应设记到卡和供读者检索的目录。

对重要的丛书、多卷书和主要报刊等连续性出版物要注意补缺,力求配齐。优先购买工具书。

地方文献:注意多渠道采访地方文献,建立与丰富本馆的地方文献专藏。

缩微、视听资料:缩微、视听资料是现代图书馆馆藏的一个重要组成部分,各市,县馆应积极创造条件,采购、保管缩微、视听资料。

采购人员要加强调查研究,熟悉馆藏,了解读者需要并掌握出版动态。

第四条 凡购入、交换、征集、捐献进馆的文献资料,应及时验收、盖馆藏章、登记、分编和归架。到馆书籍一般应在一个月内投入流通,新到报刊应当天与读者见面。书刊入库前一律不准外借。

图书登记应分为总括登记和个别登记两种。书刊登记簿是馆藏的财产目录,必须长期保存。

第五条 市、县馆一般设外借、阅览、特藏、少儿、报刊书库,一般不留保存本。

第六条 市、县馆书刊的分类编目,应符合规范化、标准化要求。提倡使用《中国图书馆图书分类法》并按国家标准的有关文献著录规则进行分类和编目。

第七条 市、县馆应分设卡片式读者目录和公务目录。读者目录和公务目录都应分设分类目录和书名目录。有条件的市馆可增设主题目录或著者目录,各馆的目录体系应长期保持稳定。要指定专人负责组织和管理目录,保证书、卡相符。

第八条 市、县馆的文献资料是国家财产,受国家法律保护,任何个人或单位不得侵占或损坏。要切实做好防护工作,有健全的防火、防潮、防虫、防盗措施。

要按照有关原则、规定,剔除多余的复本和不宜再投入流通使用的书刊。对报刊应根据需要和本馆条件,确定保存的品种和年限。被剔除的书刊中尚有阅读价值的,可采取赠送、转让办法,与他馆互通有无。

书刊遗失、报废、剔除,应及时报馆领导审核之后予以注销。成批书刊的注销应造册报请市、县文化主管部门批准。

第九条 市、县馆必须健全书库管理制度,每隔四至五年清点藏书一次。馆长和工作人员调离时,必须办理文献资料的交接手续。

第三章 读者工作

第十条 市、县馆应以阅览、外借和馆际互借、开设流通站、流通箱等形式,广泛开展文献流通,最大限度地满足读者对文献信息的需求。要不断改善服务条件,改进服务态度,讲究文明礼貌,提高服务效率和服务质量。要认真做好流通管理统计。

阅览:市、县馆应设图书阅览室、报刊阅览室、少儿阅览室等。市馆视条件可分设科技、社科、检索参考阅览室等。有条件的馆,还应设立视听室。

外借:除办理个人外借、集体外借外,还要积极开展馆际互借,邮寄借书和设立流通站、流通箱。所有市、县馆均应创造条件,逐步敞开发放借书证、广泛地发展固定读者。

第十一条　市、县馆应积极创造条件,逐步实行开架借阅。经常举办书展、讲座、座谈会,开辟读者园地等活动。所有市、县馆均应开展参考咨询工作。要运用各种方式,积极主动向当地党政机关、有关生产、科研单位和广大读者提供专题信息资料,解答咨询,千方百计满足不同读者的需要。

第十二条　地方文献、善本、孤本等重要史料及工具书,限馆内阅览,不得外借。为避免损坏,善本和解放前旧报刊一般不得使用复印机复制。特殊需要必须复印者,应由馆长报请当地文化主管部门批准。

第十三条　开放时间可根据节令和读者需要进行调整。每周开放时间不得少于48小时,内部业务工作所需时间应妥善安排,不得挤占对读者开放时间搞内部业务工作。对生产和科研的急需,应随时给予方便。节假日应照常对外开放,过后补假或轮休。变更开放时间,应预先通告读者。因故需暂时闭馆,应报主管部门批准。

第十四条　对于各级新闻出版主管部门通知停止公开借阅的书刊,市、县馆应于接到通知之日起立即采取有效措施贯彻执行,不得延误。

第四章　辅导与协作

第十五条　地区级的市馆担负对所属地区县、市馆的业务辅导任务,县馆担负对本县基层图书馆(室)的辅导任务。要配备熟悉业务、有组织能力的同志担任业务辅导工作。

第十六条　辅导工作要加强调查研究,注意解决业务工作中带普遍意义的问题。要及时总结、交流、推广先进经验。要采取多种方式,搞好干部业务培训工作。县馆要因地制宜,积极促进本县农村、工厂、机关、街道等各系统图书馆(室)的巩固、提高和发展。

第十七条　市、县馆应积极支持本地区图书馆学会工作,并主动牵头在本地区各系统图书情报馆(室)间开展协作协调工作。通过在书刊采购、调配、交换、馆际互借、编制联合书目和干部培训等业务方面的协作协调,逐步建立起本地区的图书情报网。

第五章　机构设置与工作人员

第十八条　市、县馆应单独建制,隶属市、县文化局领导,在业务上接受省图书馆的辅导。

第十九条　县馆的业务工作一般可按采编、流通、业务辅导等内容进行分工或设组,以保证工作的顺利进行。

第二十条　市、县馆设馆长一人、副馆长一人。

馆长、副馆长应由符合干部"四化"标准的馆员(或相当于馆员)以上的专业职务干部担任。其任免按干部管理的有关规定办理。

市、县图书馆党支部和行政领导应认真贯彻执行党的路线、方针、政策,并领导制定全馆规划及规章制度并保证实施,监督执行经费预算,统筹安排全馆业务、行政工作。馆领导应定期召集各部门负责人召开馆务会议,互通情况,布置工作,并对本馆业务、行政工作的重大问题进行研讨。市、县馆正副馆长均应参与具体业务分工。县馆不设专职的行政人员。

市、县馆可常设也可根据需要临时设立专业职务评审小组,负责本馆职责范围内专业职务待聘人员的评议工作。

市、县馆业务工作人员应具有高中以上文化程度,身体健康,经考核合格方能聘用。

对新进馆的业务工作人员,均需经过至少两周业务培训,经考核基本合格后才能分配工作。不能胜任工作者,不得调入图书馆。已调入的,应组织学习进修,限期达到规定的水平。具体办法参照中央职称改革领导小组颁发的《图书、资料专业人员职务条例》执行。

市、县图书馆的工作人员必须坚持四项基本原则,努力学习马克思主义、毛泽东思想,热爱图书馆事业,学习专业知识、全心全意为人民服务,刻苦钻研业务,加强职业道德修养,积极做好本职工作。

第二十一条 图书馆的工作学术性很强,应十分注意加强专业化队伍的建设。要采取多种形式,有计划地培养、培训专业人员,提高工作人员的业务水平。要力求稳定并扩大图书馆专业人员队伍。不准随意抽调图书馆专业干部做与图书馆业务无关的工作。

应逐步改善工作人员的工作条件和生活条件。根据需要与可能,解决工作人员必要的劳动保护问题。

对工作人员的思想表现和业务能力要定期进行考核,成绩突出者应予表彰鼓励,对违章失职者应追究责任,按章处理。

第二十二条 市、县图书馆的人员编制,可参照文化部文图字(82)第 1548 号文件规定精神,根据各馆具体业务部门设置的需要,由市、县文化局向有关部门争取配足,具体措施按省府 1984 年 6 号文件有关规定执行。

第六章 经费、馆舍与设备

第二十三条 市、县馆的经费按省人民政府关于财政管理体制的规定,列入当地财政支出,在文化事业费款项中开支。

第二十四条 市、县馆应建设适应图书馆特点和需要的专用馆舍。新建馆舍应符合文化部和城乡建设环境保护部联合编制的《图书馆建筑设计规范》要求。

第二十五条 市、县馆应积极争取地方财政支持,依靠各种社会力量,配齐必需的专用设备。逐步增添复印、视听设备、图书流通车等。

第七章 附则

第二十六条 市、县馆应根据本条例精神,结合本馆实际情况,制定并健全各项规章制度,明确工作职责及岗位责任。

广东省

广东省市、地(自治州)、县图书馆工作暂行条例①

(1987 年 7 月 7 日 广东省文化厅)

第一章 总则

第一条 市、地(自治州)、县图书馆是国家举办的综合性公共图书馆,是社会主义教育、

---

① 该文件原文来自《中华人民共和国现行文化法规汇编》(国务院法制局,1987),原文页次:662—668。

科学、文化事业的重要组成部分,是向人民群众提供书刊和知识咨询的服务机构,是市、县的藏书中心、馆际协作中心和业务辅导中心。

第二条　市、县图书馆必须坚持为人民服务、为社会主义服务的方向,以"读者至上、服务第一"为宗旨,充分利用书刊资料为建设社会主义物质文明和精神文明服务。

第三条　市、县图书馆的主要任务:

1. 宣传马列主义、毛泽东思想,宣传党和政府的政策、法令,培养有理想、有道德、有文化、有纪律的社会主义公民。

2. 传播科学文化知识,提高人民群众的思想道德素质和科学文化素质。

3. 为本地区生产建设和科技开发提供文献资源,促进城乡经济发展。

4. 搜集、整理与保存文化典籍和地方文献。

5. 对区、乡、镇各类型图书馆(室)进行业务辅导,逐步形成城乡图书馆(室)网。

6. 开展图书馆学、目录学等理论、技术和经验方面的学习与研究,组织交流基层图书馆(室)的经验。

第二章　藏书与目录

第四条　最低藏书量市馆为十万册,县馆为三万册,现有藏书数量尚未达到最低标准的,最迟应在二至三年内达到。年购书量最低标准,市馆为三至四万册,县馆为六千册。

第五条　市、县图书馆应根据本馆的方针任务、服务对象、地区特点和原有藏书基础,确定书刊采购原则,有计划、有重点地采购充实书刊资料,逐步形成有地方特色的藏书体系。

市、县馆的藏书,应以初、中级读物为主,同时应根据本地区的实际需要,采购部分专业性较强的生产和科研用书,并注意地方文献和工具书的配套收藏。

报刊应以全国性和本省出版的为主,专业性较强的刊物可视需要,有选择订购。

第六条　新到书刊应及时登记,分编,尽快投入流通使用。

第七条　文献的标引、编目必须依据国家颁布的有关标准进行,以实现各项业务工作规范化、标准化。

第八条　健全目录体系。必须设置读者分类、书名目录和公务分类、书名目录各一套。要加强目录管理,定期检查,以保持书、卡相符。

报纸、杂志应设置专门目录。

第九条　市、县馆一般不设保存本书库,可设辅助书库和专藏书库。

第十条　馆藏书刊和馆舍设备是国家财产,受法律保护,任何单位和个人均不得任意调出或侵占。

要加强藏书管理,建立严格的管理制度,切实做好防火、防虫、防潮、防晒、防盗等安全防护工作。

第十一条　应有计划、有步骤地剔除失去流通、参考、保存价值的书刊。注销图书要履行审批手续,一般性书刊可由馆长批准;贵重书刊须经当地文化主管部门批准。

第三章　读者服务工作

第十二条　市、县馆应采取有效措施,最大限度地满足读者对书刊资料的需要。要文明礼貌服务,不断提高服务质量,注重社会效益。

第十三条　除根据中央和国务院有关部门的规定外,市、县图书馆不得自行另立标准,任意封存书刊。

第十四条 市、县馆应分设图书外借处、综合阅览室、报刊阅览室、少年儿童阅览室和图书流通站。条件许可的,可增设参考阅览室和其他阅览室。敞开发放借阅证。逐步实行半开架和开架借阅。除办理个人、集体借阅外,还应开展馆际互借。

第十五条 要采用各种形式宣传、推荐好书,正确指导阅读,"为人找书,为书找人"。解答读者阅读方面的一般性咨询。要编制和利用各种专题书目、索引。主动为有关部门提供书刊资料。

第十六条 市、县馆开馆时间应适应读者需要,力戒机关化。每周开放时间不得少于四十八小时。确需变更开放时间或因故临时闭馆,必须预先通告读者。

第四章 业务辅导与馆际协作

第十七条 市、县馆要担负对本地区基层图书馆(室)的业务辅导,对其他系统图书馆(室),如工矿、机关、学校图书馆(室)也应尽力给予支持、帮助。

积极组织、主持本地区图书情报协作网。动员和争取社会力量兴办图书馆事业。

第十八条 市、县馆业务辅导与馆际协作的主要内容:

1. 协调书刊的采购、交换,开展馆际互借。
2. 组织馆际书目交流或编制联合目录。
3. 组织图书馆人员培训和经验交流。
4. 向有关领导部门反映本地区图书馆事业情况,并提出建议。

第五章 组织机构

第十九条 市、县馆要独立建制,受当地文化行政部门直接领导。业务上接受上一级图书馆的指导。

第二十条 市、县馆设馆长一人,视需要可设副馆长一至二人。馆长由认真执行党的方针、政策,热爱图书馆事业,有一定科学文化水平、专业知识和组织能力的干部担任。

主管业务的馆长(或副馆长),市馆应逐步由馆员以上、县馆由助理馆员以上专业职务的干部担任。实行馆长负责制,馆长负责制定并落实全馆工作计划,统筹安排馆内行政和业务工作。根据国家专业职务聘任制度,馆长有人事聘用权,按照财政制度,馆长有编制、申请下年度经费预算,执行本年度计划和报告上年度经费预算权。

第二十一条 实行岗位责任制,按照科学管理的要求,建立、健全各项业务、行政、后勤和安全等规章制度,切实做到责任到人,并经常检查、总结执行情况。

第二十二条 机构力求精简,一般可设:行政组、采编组、借阅组、辅导组等,并根据需要与发展及时调整。

第二十三条 市、县馆应根据本馆设置的服务项目、工作岗位、藏书量、开放时间等因素确定人员编制。一般以藏书三万册,能开展正常的采购、分编、借阅(设有一个外借处、三个阅览室)和辅导工作,每周开放四十八小时,定编十人为基数,每增加一个服务项目或藏书增加一万册可增设一人,开放时间延长也可适当增加工作人员。

第六章 工作人员

第二十四条 工作人员必须具有高中毕业以上文化程度,身体健康。要热爱图书馆事业,刻苦钻研业务,积极做好本职工作,全心全意为读者服务。

第二十五条 新录用或调入的工作人员必须进行文化水平、专业知识和工作能力等方面的试用和培训,经考核合格者才能正式录用。已在图书馆工作,而又未达到相应要求的,应在短期内通过自学方式进行补课,对不具备从事图书馆工作的人员要及时调整。上级文化主管部门应定期对工作人员进行业务培训和考核。

第二十六条　市、县馆专业干部要实行聘任制,聘任办法按国家有关规定办理。

在主管部门的支持下,逐步改善工作人员的工作和生活条件。

要制定奖惩制度,对工作认真,成绩显著的人员,予以表彰或奖励;对违章、失职甚至造成严重事故的人员,视情节轻重,予以批评教育或党纪国法处分。

第七章　经费、馆舍和设备

第二十七条　市、县图书馆作为地方文化事业,主要由地方政府来办,要从政策上、资金上保证这项事业的发展。特别要保证必要的购书经费。图书馆经费的增长速度应适当高于当地财政收入增长的速度。

第二十八条　发展图书馆事业是社会主义建设中的一项重要智力投资,各地政府要把图书馆馆舍建设列入国民经济发展规划和城市建设规划。

图书馆馆址的选择要以方便读者为原则。设计、建筑应符合图书馆业务工作流程,要有消防和安全措施。根据市、县人口数量、经济状况及馆藏书量制定建馆标准。市馆应不低于4000平方米,县馆应不低于1200平方米。

第二十九条　要逐步增添图书馆的设备。除保证置备打字机、目录柜、书架(柜)、报刊架和阅览桌(椅)等外,还应有计划地增添录音机、电视机、录像机、复印机、缩微阅读器等视听设备,以及适应馆外图书流动服务的图书流通车。要改善善本书刊和线装书籍的安全、保护条件。

第三十条　市、县馆应以最大的力量无偿为读者服务,在保证做好工作、完成任务的前提下,可以发挥各自的特点,扩大为社会服务的经营项目,办一些对社会有益的事业,增加些收入,实行"以文补文"。这些事业,要按国家有关规定开办。纯收入留给图书馆使用,以补充事业经费及改善干部的工作、生活条件。

第八章　附则

第三十一条　各市、县馆应根据本条例的规定,制定各项工作的规章制度和实施细则。

第三十二条　市、县图书馆的建立、合并、撤销和更名,须经省文化厅批准,报文化部图书馆事业管理局备案。

第三十三条　凡有条件超过或已经超过本规定有关人员编制、藏书数量和馆舍规模等,不受本规定有关标准的限制。

第三十四条　本规定原则上也适用于各市、县少年儿童图书馆和城市区(县级)图书馆。

第三十五条　本规定从颁布之日起执行。

广东省人民政府办公厅转发省文化厅、财政厅关于解决我省公共图书馆购书经费短缺问题的意见的通知①

(1990 年 9 月 26 日　粤府办〔1990〕95 号)

各市、县、自治县人民政府,省府直属有关单位:

---

① 该文件原文来自《广东图书馆学刊》(1990 年第 4 期)。

省文化厅、财政厅《关于解决我省公共图书馆购书经费短缺问题的意见》业经省人民政府同意,现转发给你们,请贯彻执行。

关于解决我省公共图书馆购书经费短缺问题的意见

省人民政府:

党的十一届三中全会以来,我省公共图书馆事业有了较大的发展,现有县(区)以上公共图书馆一百零二所,藏书一千二百多万册。十多年来,各级政府投资一亿多元,新建(或扩建)馆舍六十七座,在建馆舍十九座。图书馆的正常经费也逐年增加,一九八九年达二千一百九十二万元,比上年增加六百八十三万元。省中山图书馆、深圳市和有的市、县图书馆开始应用电子计算机进行管理。我省创建文明图书馆活动的普遍开展,促进了服务质量的提高。公共图书馆事业的发展,为我省两个文明的建设做出了贡献。

但是,由于我省多数图书馆的历史比较短,底子薄,基础差,近年来由于书刊价格上涨,购书经费短缺,藏书增长缓慢。目前,全国平均四个人拥有公共图书馆的一册书,我省平均五个人才有一册书,低于全国的平均水平。造成购书经费紧缺的主要原因:一是图书馆经费原有基数偏低。我省自一九八一年开始实行"划分开支、分级包干"的财政体制后,县级图书馆包干经费一般为一万二千元,大县为一万八千元。近年来,尽管多数地区图书馆经费有所增加,但仍有一些图书馆的经费维持原来基数未变,新建的县、区级图书馆有的只有数千元。一九八九年我省平均每个县级图书馆购书经费达到一万二千七百元,虽已超过全国平均水平,但仍有二十五个贫困山区县级图书馆平均购书费只有六千元左右。有二十七个图书馆购书不足一千册,有三个馆无钱购买新书。二是书刊价格上涨超过拨入图书馆经费增长的指数。三是去年以来,各地邮局加收15%的报刊投递费,增加了图书馆经费的开支。四是离退休人员逐年增加,图书馆负担加重。有的地方还不适当地安排老弱病残的同志到图书馆工作,人员增加占用了图书馆经费。由于上述原因使购书经费占事业经费的比例逐年下降。一九八五年全省公共图书馆购书经费占事业经费的36.1%,一九八七年下降为27.9%,一九八九年下降为22.2%。

图书馆是人类的知识宝库,是经济发展和教育、科学、文化事业发展的一个重要标志,是向广大群众提供精神食粮的重要场所之一。图书馆的藏书应保持连续性,多数新书出版以后不再重版,图书馆因经费紧缺无钱购买新书,将使藏书出现断层,造成难以补救的损失。为了加强社会主义精神文明建设,发展公共图书馆事业,特提出如下意见:

一、各级政府要采取必要措施,增加图书馆的购书经费。要求在"八五"期间内一般县级图书馆的藏书量达到人均零点三册水平,市级馆及富裕县图书馆藏书量达到人均零点四册水平,并根据财力情况,逐年增加专项图书购置费,以满足人民文化生活的需要。

二、各级文化主管部门要认真分析研究图书馆经费支出结构,压缩不必要的开支;并在每年核定图书馆的经费中划出购书款,实行购书经费单列,专款专用,杜绝图书馆人员占用购书经费的现象,并确保购书经费持续稳定的增长。

三、各级人事、编制主管部门要严格按照国家关于图书馆人员编制的有关规定,核定图书馆的人员编制,并按核定的编制严格控制图书馆人员,减轻图书馆的负担。调进人员必须具备图书馆要求的基本条件。

四、各级图书馆在不影响主业的前提下,因地制宜,积极开展有偿服务和附属经营活动,其收入主要用于补充事业经费的不足。

五、各级图书馆要坚持"藏为了用"的原则,根据本馆任务、读者对象,有针对性地补充藏书。要加强图书馆的协调和馆际互借工作,实行文献资源共享。

以上意见如无不当,请批转各市、县政府执行。

深圳经济特区公共图书馆条例(试行)①

(1997 年 7 月 15 日　深圳市人大常委会公告第 48 号)

第一章　总则

第一条　为发展深圳经济特区(以下简称特区)公共图书馆事业,满足人民群众对科学文化知识的需求,促进社会主义精神文明和物质文明建设,结合特区实际,制定本条例。

第二条　本条例所称的公共图书馆,是指各级人民政府投资兴办,向社会公众开放的、具有文献资源的收集、整理、存储、加工、开发和服务功能的公益性机构。

第三条　市、区、镇公共图书馆的建设、使用及其监督管理适用本条例。

第四条　深圳市人民政府应按照行政区域分级设置图书馆的原则,制定深圳市公共图书馆发展规划和网络建设方案,逐步建成现代化公共图书馆网络,实现公共图书馆文献资源共享。

各级人民政府鼓励社会团体、企业、事业单位和个人兴办向公众开放的图书馆并参加市公共图书馆网络。

第二章　公共图书馆的管理

第五条　市人民政府文化行政管理部门是公共图书馆事业的主管部门(以下简称市主管部门),履行以下职责:

(一)编制公共图书馆发展规划;

(二)编制公共图书馆网络建设方案;

(三)制定有关公共图书馆管理的规定;

(四)组织公共图书馆发展规划和网络建设方案的实施;

(五)对公共图书馆的工作进行监督;

(六)负责本条例的实施与监督。

区人民政府文化行政管理部门(以下简称区主管部门)按照管理权限,负责本行政区域内公共图书馆的建设、监督和管理。

各级财政、规划、人事、建设、教育等有关部门应根据各自职责,协同主管部门实施本条例。

第六条　市主管部门成立图书馆专家委员会(以下简称专家委员会)。市主管部门对下列事项应征询专家委员会的意见:

(一)公共图书馆发展规划;

(二)公共图书馆网络建设方案;

---

① 该文件原文来自"律商网"数据库,检索日期:2013 年 7 月 30 日。

(三)公共图书馆的馆舍建筑设计方案；

(四)公共图书馆业务规程；

(五)公共图书馆业务工作；

(六)公共图书馆管理等重大问题。

第七条 深圳图书馆是市公共图书馆网络的中心,对全市图书馆的业务工作进行指导,履行以下职责：

(一)协助市主管部门进行全市的图书馆网络建设；

(二)组织、指导全市文献资源的开发及服务工作；

(三)组织、指导全市图书馆学的研究；

(四)组织、指导全市图书馆工作人员的培训。

第八条 公共图书馆应当自设置之日起 30 日内,向市主管部门办理登记手续。

公共图书馆的合并、分立、撤销或者变更馆址、馆名,须经原登记机关批准并重新登记。

第九条 公共图书馆的馆舍、设备、文献资源受法律保护,任何单位和个人均不得损坏或侵占。

任何单位和个人不得改变公共图书馆馆舍的用途。

第三章　公共图书馆的建设

第十条 市、区、镇人民政府应当根据本行政辖区的人口分布情况、经济和文化事业的发展需要,设立公共图书馆。

公共图书馆的布局要求、馆舍面积、阅览座位和藏书量按有关规定执行。

第十一条 公共图书馆业务经费由各级人民政府从行政事业经费中列支,公共图书馆经费的增长幅度应和正常性财政收入的增长幅度相适应。

公共图书馆的业务经费必须用于图书馆建设和开支,不得挪用。

第十二条 各级人民政府鼓励国内外的单位和个人向公共图书馆捐赠资金、文献、设备。

第十三条 公共图书馆应根据图书馆文献资源现代化和读者服务的需要,积极引进文献存储、加工和传递的现代化技术设备,提高图书馆工作效率和服务质量。

第十四条 各级人民政府投资兴建的公共图书馆应参加以深圳图书馆为中心的市公共图书馆网络。

社会团体、企业、事业单位和个人兴办的图书馆可以成为市公共图书馆网络的成员。

参加公共图书馆网络的成员应遵守公共图书馆网络的业务规则。

第十五条 市公共图书馆网络应发挥资源共享和优势互补的作用,逐步实现公共图书馆之间的采购协调、集中编目和图书通借通还的目标。

第四章　读者服务

第十六条 凡是能够遵守公共图书馆有关管理规定的人均可成为公共图书馆的读者。

第十七条 读者可按图书管理有关规定办理借书证。

第十八条 公共图书馆每周的开放时间,市公共图书馆不得少于六十四小时;区公共图书馆不得少于五十六小时;镇公共图书馆不得少于四十八小时。

逢国家法定节、假日,公共图书馆应予开放,但可适当缩短开放时间和缩小借阅范围。

第十九条 公共图书馆应根据不同的服务对象,确定文献的借阅范围。除根据国家有关规定对某些文献停止公开传播外,不得另立标准、任意封存文献资料。善本、珍本以及不宜外借的文献资料,仅限读者在馆内阅览。

第二十条　公共图书馆应采取开架或半开架借阅制度,并注意设计、营造和维护好读者的阅读环境。

第二十一条　公共图书馆应根据读者需要,设置读者目录,并逐步设置读者目录检索终端,对读者进行书目指导服务。

第二十二条　读者在公共图书馆内享有下列权利:

(一)免费进行书目检索;

(二)免费借阅文献;

(三)获得工作人员提供关于利用馆藏的指导;

(四)获得工作人员解答有关阅读方面的询问或进行定题服务;

(五)参加各种读者活动;

(六)向主管部门或公共图书馆提出建议和意见。

第二十三条　读者在公共图书馆内应履行下列义务:

(一)爱护文献资源和公共设施;

(二)按规定日期归还所借文献,超过规定期限的,应按规定交纳滞还费;

(三)按规定交纳文献资源开发成果的使用费;

(四)遵守公共图书馆的其他规章制度。

第五章　文献收藏

第二十四条　深圳图书馆是本市出版物版本收藏单位。市各出版单位和各企业、事业单位均须向深圳图书馆缴送两本公开及内部出版物样书(刊)。

第二十五条　各级公共图书馆应逐步形成自己的馆藏特色,应重点收藏有关改革开放、高科技、港澳经济的文献和市、区的地方文献;市公共图书馆应收藏专利文献、标准文献和国内外主要出版物。

第二十六条　公共图书馆除收集和入藏传统载体形式的文献外,还应收集和入藏录像带、缩微胶片、光盘等新型载体文献,以建立多样化的馆藏体系。

第二十七条　公共图书馆应采用国家标准作为编写目录等业务工作的技术规程,在没有国家标准的情况下,由市主管部门统一确认技术规范,公共图书馆应严格执行。

第二十八条　对新入馆的文献资料,应及时登记并投入流通;对已破损或陈旧等原因而不再具有使用价值的文献资源,应报主管部门批准后方可处理。

第六章　工作人员

第二十九条　公共图书馆实行馆长负责制。

公共图书馆馆长应具备下列资格:

(一)市、区公共图书馆馆长应具备研究馆员、副研究馆员职称,或具有五年以上的图书馆工作经验的相关专业副高级或高级专业技术职称;

(二)其他公共图书馆馆长应具备馆员或馆员以上职称,或具有五年以上的图书馆工作经验的相关专业中级或中级以上专业技术职称。

第三十条　公共图书馆应加强图书馆专业队伍的建设,根据工作需要,配备图书馆学及其他相关学科的专业工作人员。

第三十一条 公共图书馆的工作人员应具备高中以上文化程度,能为读者解答读者有关利用文献资源方面的询问,辅导读者查找文献资源。

第七章 奖励与惩罚

第三十二条 对向公共图书馆捐赠资金、文献、设备以及为公共图书馆事业发展做出贡献的单位和个人,市、区主管部门应当给予表彰或奖励。

第三十三条 违反本条例规定,有下列行为之一的,由市、区主管部门责令其限期改正。

(一)公共图书馆的设立和变更没有按规定登记的;

(二)侵占公共图书馆的馆舍、设备的;

(三)改变公共图书馆馆舍用途的;

(四)将公共图书馆业务经费挪作他用的;

(五)未按时向读者开放公共图书馆的;

(六)任意限定文献资源公开借阅范围的;

(七)未向深圳图书馆缴送公开及内部出版物样书(刊)的。

具有本条第一款第(二)、(四)项行为且违反其他法律规定的,由有关部门依法追究其法律责任。

第三十四条 违反本条例规定,擅自向读者收取服务费用或超额收取服务费用的,由市、区主管部门责令其限期返还,并向读者公开道歉。

第三十五条 违反本条例规定,损坏公共图书馆的设备、文献资源的,应按规定予以赔偿。

第八章 附则

第三十六条 社会团体、企业、事业单位和个人举办的图书馆的管理参照本条例实行。

第三十七条 本条例所称的文献资源是指记录有知识的一切载体,包括图书、报纸、期刊、专利公告、标准文本、会议论文、科技报告、音像制品、缩微胶片和电子出版物等。

第三十八条 本条例自 1997 年 10 月 1 日起施行。

深圳市建设"图书馆之城"(2003—2005)三年实施方案①

(2003 年 9 月 11 日 深圳市文化局)

党的十六大提出了全面建设小康社会的宏伟目标,并把大力发展社会主义文化作为小康社会建设的重要内容。建设文化大省是广东省加快发展的新战略,贯彻省委、省政府这一战略部署,全面推进文化立市,以文化建设带动整个城市发展,是深圳在新的发展阶段的一项重大任务。图书馆是文化事业的重要组成部分,为配合省、市文化战略的实施,推进我市图书馆事业快速发展,市文化局根据文化部、财政部《关于实施全国文化信息资源共享工程的通知》(文社图发〔2002〕14 号)和深圳市委《关于印发〈深圳市文化事业发展(1998—2000)三年规划及 2010 年远景目标〉的通知》(深发〔1998〕4 号)、《深圳市社会主义精神文明建设"十五"规划》对图书馆事业发挥真纳的总体要求,经过调研、论证,制订深圳"图书馆

---

① 该文件原文来自深圳行政许可网站(http://szwenchan.gov.cn/),检索日期:2013 年 9 月 5 日。

之城"实施方案。

一、建设"图书馆之城"的内涵、意义及总体要求

"图书馆之城"是一个形象的说法，即把深圳建成为一个没有边界的大图书馆网，就是以全市已有、在建和将建的图书馆网点和数字网络为基础，联合各图书情报系统，建立覆盖全城、服务全民的文献信息资源共享网络，实现图书馆网点星罗棋布、互通互联、资源共享，为市民提供功能完善、方便快捷的图书馆服务，达到提供丰富资讯、支持终身学习、丰富文化生活的目的。

建设"图书馆之城"是贯彻"三个代表"重要思想，实施"文化立市"战略和建设"国际化城市"，进一步推进我市精神文明建设的重要举措。通过建设高度发达、方便便捷的图书馆信息服务体系，对于促进文化与经济的融合，提高城市综合竞争力和市民素质，形成深圳城市文化特色，建设"学习型社会"，实现深圳文化超常规发展具有特别重要的意义。

建设"图书馆之城"的总体要求是：以邓小平理论、"三个代表"重要思想为指导，以实现市民文化权利为出发点，立足基层、面向大众，依托"文化信息资源共享工程"平台，积极推进数字图书馆的建设，建立覆盖全市的文献信息服务网络，全面提升图书馆管理与服务水平，为提高市民文化素质，支持城市知识创新，营造学习型社会，促进深圳的可持续发展提供良好的文化环境与智力支持。

二、深圳图书馆事业现状

经过二十多年的发展，深圳市图书馆事业已初步形成一个以市图书馆为龙头、区图书馆为骨干、镇（街道）图书馆为节点、遍布全市的社区（村）图书馆（室）的四级图书馆网络。至二〇〇二年末，全市有市、区公共图书馆8座，其中达到国家一级标准4座，基层图书馆315座，总藏书量超过620万册，户籍人口人均藏量达到4.4册，常住人口（户籍人口加暂住人口）人均藏量达1.23册。此外，还有多座公共图书馆正在建设之中，特别是将于二〇〇四年投入使用的深圳图书馆新馆，是我市标志性的文化设施。蓬勃发展的高等院校、科研、医疗卫生、中小学图书馆，也成为深圳图书馆事业的重要组成部分。

深圳信息技术水平目前已处于全国领先地位。二〇〇二年，我市互联网用户已达188万户，互联网普及率37.3/百人，宽带接入家庭用户10万户，家庭宽带接入比例25%。每千人计算机拥有量71台，每百名在校中、小学生计算机拥有量12台。深圳图书馆、南山区图书馆、深圳大学图书馆先后建成了各自的数字图书馆，数字化程度大幅度的提高；随着全国"文化信息资源共享工程"在深圳展开，也使深圳图书馆数字化程度跃上一个新的台阶。信息化、数字化建设和宽带局域网的快速发展，为建设"图书馆之城"奠定了良好的技术和资源基础。

我市图书馆事业发展也存在许多不足，主要表现在：图书馆发展不平衡，罗湖、南山、宝安三个区的图书馆均已成为国家一级馆，其他几个区的图书馆规模较小，有的区图书馆尚在筹建之中，与国内各大城市"区区有图书馆"的现状相比，我市图书馆无论在数量上，还是在人均藏量上都有一定距离。北京市、区两级公共图书馆总计25座，上海31座，广州、武汉15座，大连、青岛12座，人均藏书量洛杉矶为5.6册，北京2.8册，上海4.16册，香港1.4册，指标均高于深圳的1.23册。由于深圳城市人口增长速度快，图书馆设施建设与社会、经济发展不协调的矛盾越来越突出。此外，基层图书馆事业发展面临困难较多，难以发挥应有的作用。实施"图书馆之城"建设，就是要改变影响和制约我市图书馆事业发展的不利因素，使公益性文化事业与经济、社会协调发展。

三、实施目标

深圳建设"图书馆之城"（2003—2005）三年实施目标是：服务深圳建设国际化城市的战略任务，以发达国家著名国际化城市和国内先进城市为参照，创新图书馆发展模式；加强图书馆基础设施建设；以优化组合各图书情报单位文献资源为基础，建立全市各系统、各类型图书馆互联互通的文献信息共享平台；构建地区图书馆联盟和数字图书馆网络，拓展图书馆服务功能及覆盖面，形成面向社会、服务群众的社区化、多层次、资讯丰富、快捷高效的图书馆信息服务体系，使我市图书馆整体水平达到省内领先、国内大城市位居前列，主要指标接近发达国家同等城市水平。

四、实施内容

1. 加强基础设施建设

市、区级图书馆分别达到国家省（市）级、地市级图书馆标准；特区内的区、街道图书馆实行总分馆制；特区外的镇图书馆按照国家制订的县级图书馆标准建设，吸引社会力量共建社区（村）图书馆，争取每个社区（村）拥有一座规模不等的图书馆（室）或"共享工程"基层用户。到二〇〇五年底，基本实现每 15 万常住人口拥有一座公共图书馆，每 1.5 万常住人口拥有 1 个社区（村）图书馆（室）。

2. 加快图书情报资源的建设

（1）加强文献资源的建设，实现全市常住人口人均拥有藏书 2 册（件）、户籍人口人均拥有藏书 6 册（件）的指标；建设特色数据库，形成馆藏特色，共建文献资源保障体系，实现全市文献信息资源互补与共享。

（2）整合全市图书资源，完成全市图书馆、各大图书情报单位文献信息资源的联合目录和若干重点信息库的建设，初步建立全市公共图书馆数字资源共享平台，逐步实现与其他图书情报系统的互通互联。

（3）积极推进文化部"文化信息共享工程"的建设。以网络连接为基础，在深圳图书馆建设 1 个"全国文化信息资源共享工程"省级分中心，在六区图书馆建设 6 个基层中心，在乡镇、街道（社区）建设 200 个基层网点。

3. 进一步完善服务体系

（1）实现全市公共图书馆书目数据的统一检索，初步实行书刊借还"一卡通"，读者只要拥有一张借书证，就可以到全市所有公共图书馆网点借还书刊。

（2）为方便读者借还书，初步建立全市公共图书馆书刊配送系统，把读者借阅的书刊送进社区、送到读者手中。

（3）联合市情报所及各种类型图书馆，建立全市虚拟参考咨询服务网，实现全市文献信息远程电子传递服务。

（4）开展各种形式的读书活动和社会培训服务，提高图书馆的利用率。

4. 探索图书馆多元发展

积极探索与香港、澳门图书馆系统的多种合作形式，探索跨地区文献资源共建共享体系，逐步搭建深港澳数字图书馆网络体系，扩大发展空间，实现图书馆服务与国际化标准对接，推进深圳国际化城市建设步伐。

鼓励非公共图书馆对市民开放，探索跨系统图书馆联合办馆、联合服务的新模式。

五、实施步骤

时间	实施内容
二〇〇三年	1. 修订《深圳经济特区公共图书馆条例(试行)》;
	2. 盐田区图书馆新馆开馆;
	3. 镇图书馆按县级图书馆标准达标 5 个,其中宝安 3 个,龙岗区 2 个;
	4. 深圳图书馆建成"共享工程"深圳分中心;
	5. 各区图书馆建"共享工程"基层中心 6 个;
	6. 社区(村)图书馆(室)达标 50 个;全市基层文化网点建成"共享工程"基层网点 100 个;
	7. 南山数字图书馆开启使用;
	8. 全市公共图书馆年增藏量 20%;
	9. 实现市、区图书馆联合编目;
	10. 深圳图书馆协作建设"共享工程"特色数字资源库。
二〇〇四年	1. 镇图书馆按县级图书馆标准达标 6 个,宝安区、龙岗区各 3 个;
	2. 社区(村)图书馆(室)达标 50 个;全市基层文化网点建设"共享工程"基层网点 50 个;
	3. 深圳图书馆新馆开馆;
	4. 福田区、南山区实验、实施区图书馆与街道(社区)图书馆总分馆制;
	5. 全市公共图书馆年增藏量 20%;
	6. 组建全市图书馆书刊配送系统;
	7. 与其他系统主要图书馆实现联网;
	8. 图书馆之城门户网站开通,组建全市网上联合虚拟参考咨询服务网;
	9. 市部分图书馆实现联网,并试行"一卡通";
	10. 整合全市数字资源,实现全市书目数据共享。
二〇〇五年	1. 镇图书馆按县级图书馆标准达标 6 个,宝安区、龙岗区各 3 个;
	2. 市少儿图书馆新馆开馆,建成"共享工程"基层中心;
	3. 福田区、龙岗区图书馆新馆开馆;
	4. 全市公共图书馆年增藏量 20%;
	5. 社区(村)图书馆(室)达标 30 个,全市基层文化网点建设"共享工程"基层网点 50 个;
	6. 市、区级公共图书馆联网;
	7. 试行区、街道(镇)、社区(村)图书馆联网;
	8. 试行全市公共图书馆系统图书借还"一卡通";
	9. 建成全市公共图书馆系统数字资源共享平台,数字图书馆服务逐步进入家庭;
	10. 罗湖区、盐田区实施区图书馆与街道(社区)图书馆总分馆制。

六、保障措施

1. 深入学习和贯彻党的十六大会议精神,宣传建设图书馆之城在实施"文化立市"战略中的重要地位与作用。充分利用新闻、广播、电视、报刊等大众传媒,加强宣传力度,增强全民利用图书馆意识与阅读意识。

2. 加大立法的力度。尽快修改《深圳经济特区公共图书馆条例(试行)》,为建设图书馆之城提供法制基础。

3. 优化图书馆发展环境。图书馆之城是一项涉及面广泛的系统工程,需要全社会来参与,支持,配合。要根据深圳社会发展计划,人口的分布,城市发展规划,科学合理地设置各类图书馆,将其纳入城市发展规划体系。

4. 加大财政投入。图书馆事业的发展要纳入国民经济和社会发展计划,文化行政部门要积极争取各级政府将本级图书馆主要事业经费列入本级财政年度预算,并逐年有所增长。

5. 创新机制,拓宽经费来源渠道。鼓励企业、个人兴办向社会开放的图书馆,动员社会力量对图书馆的建设给予资助,采取形式多样的方式,参与到图书馆之城建设中来。

6. 深化图书馆改革,创新人事机制。实施人才战略,引进和培养图书馆学科带头人、业务骨干,培养具有现代意识和现代服务技能的专业队伍,在科研、服务、管理方面形成优势。

7. 发挥深圳市图书馆专家委员会的咨询作用,对实施工作提出建议和意见。

七、组织领导

为加强实施"图书馆之城"建设的组织领导工作,市文化局成立深圳市"图书馆之城"建设领导小组,负责实施过程中的组织领导工作。

领导小组组长:陈 威

副组长:徐民奇 李南生

成 员:王晓东 王卓中 吴 晞 邹子斌 王大可

领导小组下设办公室(设在市文化局社会文化处),具体负责"图书馆之城"实施工作中的各项协调工作。各区应成立相应的机构,具体负责各区的组织实施工作。

附件:省、地、县图书馆定级必备条件(略)

东莞市人民政府办公室关于印发东莞地区
图书馆总分馆制实施方案的通知[①]

(2004 年 5 月 27 日 东府办〔2004〕56 号)

各镇人民政府(区办事处),市府直属各单位:

《东莞地区图书馆总分馆制实施方案》业经市人民政府同意,现印发给你们,请认真贯彻执行。

东莞地区图书馆总分馆制实施方案

一、总体目标

围绕市委、市政府提出的实施新的文化发展战略,打造文化新城的宏伟目标,全力建造与东莞城市发展相适应、相配套的现代图书馆服务体系,初步形成以东莞图书馆新馆为总

---

① 该文件原文来自东莞市人民政府网站(http://www.dg.gov.cn/),检索日期:2013 年 10 月 28 日。

馆,各镇区图书馆为分馆,村、社区(居委会)图书馆以及图书流动车为补充,吸收企业、学校等其他系统图书馆加入的地区图书馆网群。争取到2005年,建成分馆10个,服务点100个;到2010年,使图书馆覆盖全地区,让信息服务进社区、进家庭。具体目标:

(一)实现文献资源统一采购和配置,加强总分馆特色资源建设,优化东莞地区文献资源布局;

(二)建立联合编目中心,实现文献编目工作标准化和规范化,避免机构的重复设置和人员的重复劳动,提高办馆效益;

(三)实行书刊借阅"一卡通",在全市范围内实现通借通还,打破"各自为政"的服务模式,提高图书馆群体为城市配套服务效能和服务覆盖率,方便读者;

(四)共建、共享各类型数字资源,激活我市现有文化资源存量,实现图书馆资源的优化组合与共享;

(五)组织干部培训,全面提高全地区图书馆工作人员业务水平。

二、总体要求

(一)规范标识。统一规范的标识系统是总分馆制的整体形象,各分馆须统一使用"东莞图书馆××分馆"名称,馆内各项标识系统要规范统一,新建分馆还要求装修格调一致。

(二)集中管理。总馆和分馆是一个统一的整体,共同构成一个地区图书馆网群,其业务管理必须集中于总馆,以保证工作流程的统一和顺畅,保证服务的水平和质量。

(三)同一平台。各分馆采用总馆认可的同一业务管理系统,确保各项业务工作的顺利开展,实现技术统管地区图书馆网群的联动和创新。

(四)凸现特色。各分馆可根据当地产业优势、地域特点和人文环境确定分馆特色,如厚街的家具、虎门的服装、石碣的IT、常平的物流、东城的房地产等,在满足常规服务外,重点突出各自的特色服务,充分满足不同区域读者的需求。

(五)共享资源。总馆结合全国文化信息共享工程,高起点、高标准建设东莞数字图书馆,各分馆可共享使用。同时,市政府投入总分馆制建设的专项购书费购买的图书将由总馆统一购买、统一调配,定期轮换,资源共享。

三、总分馆制的实施模式

由市政府发文,市文化局与各镇区政府签约,市政府和各镇区政府共同出资,共同推动实施总分馆制建设。

(一)保证条件:政府主导,统一组织,经费分担,分步实施。

(二)运行模式:在不改变原有行政隶属人事和财政关系的情况下,总馆负责全区域内文献资源的采购、编目、分类、标引、加工,同时指导和协调读者服务工作;分馆专事各种读者服务工作;总、分馆之间实行通借通还,共同保障市民服务。

(三)实施步骤:分两步。第一步实现统一采购、集中编目、通借通还,达到"合理分工、共同负担、分别保存、合并使用"的目的;第二步将行政管理变为行业管理,分馆作为总馆派出的一个机构,分馆的人员、财务及设备均由总馆管理,达到"集中使用资金投入,合理组织专业分工,统一业务规范管理,最大实现资源共享"的目的,建立起国际上通行的总分馆体制。

(四)运作流程:镇区、社区(村)提出申请—总馆现场检查办馆条件—总分馆签约—分馆人员培训及考核—挂牌成立—年度考核评比。

（五）经费

1. 总馆集群业务管理系统、网络设施和设备、图书流动车、共享图书和数据库等首期启动的费用在东莞图书馆新馆经费中统筹支出，捆绑使用，不再要求市政府另外批拨。

2. 分馆业务管理系统和 ADSL 网络通讯费由市统筹，以一个分馆业务管理系统购置费 1 万元，ADSL 网络通讯最低包月费 0.6 万元计，按每年实际加入的分馆数量将统筹经费划拨到总馆，以保证同一技术平台，利于共享资源。

3. 镇区分馆所在地政府每年投入总分馆制建设的费用，全部用于该分馆的建设，并实行购书经费单列，专款专用。

4. 为了保证双方经费的合理使用，市文化局与各镇区签约，互相监督对方履行合约，保证总分馆的正常运行。

（六）人员

1. 在现有人事权不变的情况下，各分馆人员的工资和一切福利待遇仍归属于当地政府，但总馆对分馆工作人员的聘用特别是对分馆馆长的聘用有建议权；

2. 为了提高分馆工作人员的业务水平和自身素质，分馆工作人员需分期分批接受图书馆专业培训，并逐步过渡到具备大专以上学历。

（七）总馆的职责

1. 根据总分馆制基本任务要求，研究制定并组织实施总分馆长远发展规划和短期工作计划；

2. 根据总分馆制具体任务要求，组织落实统一采购、集中编目、通借通还，共建数字资源库，实现资源共享以及图书馆工作人员培训等项工作任务，并加强对分馆业务工作的领导和指导；

3. 研究制定各业务工作标准要求和规则；

4. 建立统一的网络信息平台，提供计算机集成系统和网络系统的技术支持和维护等工作；

5. 组织建立以中央书目数据库为依托的东莞地区图书馆书目查询系统（OPAC），强化总馆和分馆之间的信息存取和利用功能；

6. 组织建立文献物流传递系统，加速周转总分馆之间的文献资源，最大限度地满足读者的需求；

7. 开展网上参考咨询服务，解答所有分馆读者及工作人员的疑难问题；

8. 向所有分馆提供东莞数字图书馆网上资源；

9. 对所有分馆人员免费进行业务培训。

（八）分馆的职责

1. 镇区分馆馆舍面积达到 500 平米以上，并具备计算机设备和上网条件；

2. 自觉遵守总馆制定的各项规章制度，并按要求完成分馆应承担的工作任务；

3. 及时向总馆反映工作中存在的问题及传递读者需求信息，配合总馆共同做好各项工作；

4. 自觉参加总馆的各项业务工作培训，并按岗位设置要求，配备有一定图书馆专业水平和工作经验的事业心强的工作人员，并保持相对稳定。

东莞市人民政府办公室关于印发
《东莞市建设图书馆之城实施方案》的通知①

（2005 年 7 月 19 日　东府办〔2005〕46 号）

各镇人民政府（区办事处），市府直属各单位：

市文化广电新闻出版局《东莞市建设图书馆之城实施方案》业经市政府同意，现印发给你们，请认真贯彻执行。

东莞市建设图书馆之城实施方案

图书馆是科学、教育、文化事业的重要组成部分，是现代城市的必备基础设施之一。根据市委、市政府"一城三创五争先"的发展战略和工作思路，围绕提高人的发展能力的目标任务，整合全市图书馆资源，建设图书馆之城，是培育城市文化品牌、提高城市文化品位的有力举措，是塑造现代市民、创建学习型城市的必然要求，对推进我市经济社会全面协调可持续发展、实现城市文化的跨越式发展具有重大意义。

改革开放 20 多年来，我市图书馆事业蓬勃发展，公共、教育、企业、卫生等各系统图书馆共同为我市三个文明建设做出了积极贡献。但是，我市图书馆事业发展也存在许多问题，主要表现在图书馆数量少、规模小、藏书量不足、发展不平衡、作用发挥不够，人均藏书量和馆均服务人口等指标与国内许多城市相比差距较大，与我市经济发展水平极不相符。这种状况若不改变，将会阻碍和减缓文化新城的前进步伐，难以适应我市从过去依靠土地资源进入依靠智力资源的发展新阶段的要求。

为了实施城市文化品牌打造工程，落实建设图书馆之城的战略部署，针对我市图书馆事业发展的实际情况，根据《公共文化体育设施条例》（国务院第 382 号令），文化部、财政部《关于实施全国文化信息共享工程的通知》（文社图〔2002〕14 号），《中共东莞市委、东莞市人民政府印发〈关于建设文化新城的实施意见〉的通知》（东委发〔2003〕14 号），《中共东莞市委、东莞市人民政府关于围绕创新发展能力组织实施五大工程的意见》（东委发〔2004〕20 号）和《东莞图书馆新馆建设与发展规划纲要（2002—2010 年）》对图书馆事业的总体要求，在执行《关于印发〈东莞地区图书馆总分馆制实施方案〉的通知》（东府办〔2004〕56 号）的基础上，制订本实施方案。

一、图书馆之城的建设目标

图书馆之城是指作为知识信息集散地和市民终身教育学校的图书馆以有形和无形的网络覆盖和服务全市，通过丰富的活动、完善的机制构筑城市学习空间，营造城市学习氛围。有形之网是指图书馆网点遍布全市，大力推行总分馆制，文献物流传递通畅，知识传播活动形式多样，从而形成覆盖市、镇区、社区（村）、图书流动车、院校、企业、家庭的设施网络体系，构成馆、室、书房、书架的多级藏书形态；无形之网是指数字图书馆网络覆盖全城，积极推进"全国文化信息资源共享工程"建设，从而建成市级中心、基层中心和基层网点三级信息网络

---

① 该文件原文来自东莞市人民政府网站（http://www.dg.gov.cn/），检索日期：2013 年 7 月 31 日。

架构,共同为全市市民提供便捷的现代图书馆文献信息服务,让图书馆进入家庭。力争到2010年,达到以下建设目标:

(一)设施健全,布局合理

完善和加强图书馆基础设施建设,逐步形成镇区有图书馆、学校和社区(村)有图书室、工厂有阅览室、酒店餐厅等公共场所有阅报(刊)架、家庭有书报和电脑的格局,基本实现每1.2万常住人口拥有1个社区(村)图书馆(室)。在基层图书馆网点的设置上逐步过渡到以人口规模和服务半径为主导,贴近市民,深入家庭。

(二)资源丰富,特色分明

实现全市常住人口人均拥有藏书1册(件)的指标,图书馆的馆藏和服务各具特色,基本建成配置合理、优势互补、具有规模效应的地区性文献资源体系,满足东莞经济和社会发展的需要。

(三)联合发展,模式多样

创新图书馆发展模式,建立现代图书馆体系,总分馆制逐步成型,基层图书馆采取灵活多样的办馆方式,形成以公益性图书馆为主体,院校、企业图书馆为补充的图书馆网络,图书馆走上联合发展之路,图书馆群体为城市配套服务效能大大提高。

(四)平台先进,服务便捷

结合"全国文化信息资源共享工程"的实施和推进,以东莞图书馆"图书馆集群网络管理平台"为依托,进行数字资源的加工和整合,利用覆盖全市的网络化管理和服务体系,为广大群众提供便捷的文化服务。

(五)塑造新人,提升能力

围绕传播知识、建设学习型社会的工作重点,以各类图书馆(室)为阵地,借助社会各方面力量,开展经常性的知识沙龙、系列讲座、学习论坛和举办读书节等活动,提高人的素质,培育现代市民,增强城市竞争和发展能力。

二、图书馆之城的建设任务

(一)加强公共图书馆网络建设,健全知识传播载体

公共图书馆是我市图书馆之城建设的基本力量。以东莞图书馆为龙头,构建市、镇、村三级公共图书馆网络,形成知识传播的坚实载体。

在建设规划上,市和镇区两级政府将公共图书馆事业纳入国民经济和社会发展计划,保障公共图书馆事业发展所需经费并实行经费单列。各镇区创造条件单设公共图书馆,扶持并辅导村(社区)图书馆(室)建设,以图书馆之镇共组图书馆之城。各村(社区)、新建居民小区和各类经济园区,应规划并配套建设有相应的图书馆(室)。图书馆(室)设施列入基层文化建设的考评体系。

在建设模式上,坚持公益性文化事业的主导地位,市、镇区级图书馆以地方财政投入为主要形式,尽量争取社会力量的支持和捐赠。村(社区)级图书馆基层网点可采取多种途径如冠名、合建等方式加快建设。

在建设标准上,东莞图书馆建成以数字图书馆为基础、体现知识交互理念、融合传统图书馆功能的城市中心图书馆,保证达到国家一级图书馆标准,并在经费、藏书、设备、人员、管理、业务以及服务上向中心城市级图书馆靠拢;8个中心镇镇级图书馆应达到东莞市镇区图书馆建设标兵标准,并参照文化部制定的县级图书馆指标建设,与经济发展相匹配。

东莞图书馆负责组织、指导、协调本市公共图书馆文献信息资源建设、服务、学术研究等工作,充分调动我市院校、企业等其他系统的图书馆资源并进行整合。

(二)创新发展模式,建立具有东莞特色的图书馆服务体系

创新图书馆事业发展模式,努力实施总分馆制。建设以东莞图书馆新馆为总馆,各镇区图书馆为分馆,村(社区)图书馆以及图书流动车为补充,吸收企业、学校等其他系统图书馆加入的地区图书馆网群。东莞图书馆在总分馆建设中切实承担起总体管理和协调统筹的职责,做好规划部署、组织推动和业务指导工作。以采用统一的图书馆集群网络管理平台为技术突破,在总分馆体系内,开展联合书目检索、通借通还、数字资源共享、合作参考咨询、图书流动等服务,方便市民利用,促进知识传播。

创新文化资源共享模式,促进"共享工程"不断发展。总分馆体系为全市文化信息资源共享工程的进一步实施提供了良好的依托,图书馆集群网络则整体承担和实现共享工程的任务和目标。高起点、高标准建设东莞数字图书馆,各分馆共享使用,同时以资源整合为重点,加强合作共建,使文化信息服务深入到基层。

(三)打造学习和读书活动品牌,提升城市文化形象和品位

发挥图书馆(室)文献信息资源优势和引领学习的标志作用,不断改进知识的传播方式,将各种专业的文化科学知识,以广大市民喜闻乐见的方式传播,逐步把图书馆办成集看、听、借、买为一体的新型学习服务场所;进一步完善知识传播机制,倡导终身学习理念,在全市营造人人学习、天天学习的良好氛围。

开办"东莞学习论坛",打造专题报告会、知识沙龙、周末讲座、艺术鉴赏等系列学习品牌,为领导干部、行业人士和普通大众构筑获取知识和信息的学习平台。通过拓展网络、转换机制、名人打造、丰富内涵和资源共享等途径,扩大品牌的影响面,保证品牌的持久性,不断提高知识传播能力,展示城市形象,提升城市魅力。

举办"东莞读书节",使之成为"政府倡导、专家指导、社会支持、市民参与"的公众文化品牌。采取推介学习书目,举办各种学习讲座、读书沙龙、读书论坛和读书知识竞赛活动,提供网络学习服务等方式,在机关、企业、学校和社区,针对不同群体开展各种主题读书活动,从而推动学习型机关、学习型企业、学习型社区、学习型家庭的创建和良好学习氛围的形成,丰富城市人文内涵。

(四)聚集社会各方力量,开创齐抓共建的良好局面

教育、卫生、民政、企业等各系统、各类型图书馆(室)是我市图书馆之城建设的重要力量。各系统、各部门归口管理,同时加强图书馆间的协作和联动。总分馆实现书目资源共建共享,并逐步达到与其他系统图书馆(室)的互通互联。

院校应按照教育系统的要求设置图书馆(室)和电子阅览室,在为学校教育和教学研究服务的同时,可向社会读者开放,并积极参加文献信息资源的共建共享。

企业应在企业文化设施建设中优先设立图书馆(室),丰富员工生活,提高员工素质。

民政部门应结合文明社区与和谐社区建设,牵头组织开展"全国万家社区图书室援建和万家社区读书活动",以图书室援建为契机,加强社区图书馆(室)建设,鼓励社区建立流动图书馆。

鼓励企业、个人兴办向社会开放的图书馆,引导社会力量以各种形式参与图书馆之城的建设。市镇两级政府及文化行政管理部门对捐赠、捐建图书馆等为图书馆事业发展做出突

出贡献的集体和个人应给予表彰或奖励。

三、图书馆之城的建设阶段

图书馆之城建设是一项需要长期努力来实现的文化发展战略任务,应分阶段、有目标地推进和实现。

(一)设施建设阶段(2004—2005 年)

此阶段应遵循规划先行、夯实基础、统筹安排、便于执行的方针,重点加强图书馆基础性建设,普及观念,创新模式。实现镇镇有图书馆,并以"六有",即有馆舍(500 平方米以上)、有基本藏书(2 万册以上)、有专职人员管理、有联网的业务系统、有统一标识、有基本工作要求作为检验标准,发挥图书馆服务效能。主要实施内容:

1. 还未设立图书馆的镇区,应有专人负责,在 2005 年完成规划立项或进行筹建工作;有馆舍但面积严重不足且经济较发达的镇区,应在 2005 年底前进行扩建、改建或新建;其余镇区应有具体规划,争取各镇区均有一个藏书 2 万册以上的图书馆。

2. 发挥图书馆规模效益,在全市实施总分馆制。在 2004 年抓好试点的基础上,2005 年长安、虎门、石龙、东城、清溪、黄江、厚街等镇区馆参与总分馆体系,规范统一标识系统,采用总馆认可的同一业务管理系统,实现通借通还和资源共享,到年底分馆达到 10 个。

3. 根据东莞市文化建设标兵、先进、达标考评标准对镇区、村(社区)、企业、学校等的图书馆(室)进行检查评测,建立图书馆之城的检测考评体系。到 2005 年底,实现 8 个中心镇中有 2 个达到县级图书馆标准,半数以上的镇区级图书馆达标,30% 的村(社区)建有图书馆(室)并达标。

4. 加强文献资源建设,总馆年增图书 20 万册(件),馆藏文献总量 2005 年达到 100 万册(件);镇区政府应对镇区分馆购书经费实行单列,保证图书入藏量逐年递增;到 2005 年实现全市户籍人口人均拥有藏书 1 册(件)。

5. 东莞图书馆启用新图书流动车,参与总分馆的物流传递,定时、定线路开展图书流动服务,2005 年服务站达到 100 个。

6. 以东莞图书馆新馆开馆为契机,开始启动"东莞学习论坛"系列讲座,举办"东莞读书节",树立新馆形象,扩大行业影响,在馆舍、设备、队伍、管理、服务等方面达到国内同等城市一流图书馆水平。

(二)巩固发展阶段(2006—2008 年)

此阶段在继续抓好图书馆基础设施建设的同时,要着力发挥图书馆设施的作用,共建互相补充、配置合理的全市文献资源保障体系,开展形式多样、内容丰富、贴近市民的图书馆服务活动,保持良好的图书馆服务效益,以取得政府的重视、社会的支持和市民的依赖,使图书馆步入稳固、持续、良性发展的轨道。主要实施内容:

1. 实现镇区级图书馆中 8 个中心镇全部达到县级图书馆标准,其他达到东莞市达标标准并全部纳入总分馆体系,80% 的村(社区)设有图书馆(室)。

2. 东莞图书馆漫画、粤剧、装饰装修、产业资料等专题图书馆逐步成型,并通过文献信息服务和读者活动,满足市民多样化的知识需求。

3. 各分馆在一定文献藏量的基础上,结合本地产业优势、地域特点和人文环境确立特色馆藏,进行特色资源建设,开展特色服务。

4. 市、镇区馆加大地方文献工作力度,系统收集、加工、整理和保存地方文献,挖掘丰富的传统文化资源,弘扬和传承优秀地方文化。

5. 按照"东莞学习论坛"定位和工作任务要求,导入市场运作机制,策划论坛主题、积累讲师资源、培养受众群体,精心培育系列论坛品牌,引导成立知识传播类协会团体,传播知识信息,提高市民素质。

6. 组织举办一年一度的"东莞读书节",设定活动主题,以"专业化、社会化、市场化"的方式运作,把"读书节"办成培育和展现城市文化魅力的生动载体。

7. 展览、讲座、读书等文化活动实现联动,进广场、进企业、进村、进社区,使知识传播范围更大,影响更深远。

8. 对全市的文化资源进行数字化加工与整合,包括一镇一品等传统特色文化活动和商贸旅游节庆文化活动、知识讲座活动和市民需要的科普知识、生活常识、学习课程等优秀资源,通过以图书馆网群为依托的共享工程基层网点向市民服务。

(三)知识辐射阶段(2009—2010 年)

在前两个阶段的基础上,进一步发挥图书馆在知识创新体系中的基础作用,致力于加快人的现代化进程。确立具有东莞特色的新型图书馆服务模式,通过全市图书馆网络的知识辐射营造浓郁的文化气息,为经济社会发展提供智力支持和人才贡献,全面实现图书馆之城的建设目标。

四、图书馆之城建设的组织保障

(一)组织领导

为加强实施图书馆之城建设的组织领导,成立东莞市图书馆之城建设领导小组。领导小组组长由江凌同志(市委常委、市委宣传部部长)担任,副组长由吴道闻同志(市政府副市长)担任,成员由朱益民(市政府副秘书长)、吴维保(市文化广电新闻出版局局长)、简均钰(市发展和改革局局长)、杨晓棠(市教育局局长)、叶景图(市科技局局长)、杜度(市民政局局长)、詹文光(市财政局局长)、黎桥根(市外经贸局局长)、朱川(市城建规划局局长)、彭日东(市民营办主任)等同志以及各镇区分管文化广电新闻出版工作的领导担任。领导小组负责指导图书馆之城建设,制定相关政策措施,组织领导实施工作,协调和处理各种关系和问题。领导小组下设办公室,设在市文化广电新闻出版局,负责日常工作。办公室主任由朱益民同志兼任,副主任由市文化广电新闻出版局吴维保、蔡建勋和社文科科长以及东莞图书馆李东来同志担任。

各镇区要由主管文化的领导亲自布置和督促落实,有专人负责;组织制定"图书馆之镇"实施方案,并报东莞市图书馆之城建设领导小组审定;积极完成任务目标,未按要求完成的,年终要做专项说明,记入年度工作实绩考核;各级图书馆积极配合,共同促进图书馆事业的发展。

(二)措施保障

1. 通过报纸、电台、电视、网络等媒介,突出宣传图书馆之城建设在打造文化新城和创建学习型城市中的重要地位和作用,普及图书馆意识和观念。

2. 根据东莞市经济社会发展规划、城市发展规划、人口的分布和图书馆的服务半径,进行科学合理的图书馆布局。

促进镇、村图书馆建设,以镇带村,积极扶持"图书馆之镇"建设;表彰奖励提前完成图书馆之城任务目标的镇区。

3. 加大财政投入,图书馆事业的发展纳入国民经济和社会发展计划。市、镇区图书馆主要事业经费要列入本级财政年度预算,根据图书馆之城目标与任务要求确定经费基数,并逐年有所增长;村(社区)图书馆建设以镇区和村(社区)投入为主,积极吸引社会捐助和资助、村(居)民参与。

设立总分馆管理运作年度专项资金200万元,用于总分馆资源建设、系统和网络运转维护以及资助和扶持镇村图书馆(室)建设。

4. 创新模式,拓宽经费来源渠道,鼓励企业、个人兴办图书馆和资助图书馆建设,鼓励非公共图书馆向市民开放,支持开展多种模式办馆。

5. 加强图书馆制度化和规范化建设,制定《东莞市公共图书馆条例》,明确各级公共图书馆职能,确定馆舍、经费、人员、藏书、活动等基数及递增比率,为图书馆之城建设提供制度基础。

6. 加大人才建设力度,通过引进和培养并重的方式,建设业务过硬、结构合理的专业人员队伍,采用图书馆专业上岗制度并定期考核,逐步实行总分馆工作人员的统一招聘、培训和管理,为图书馆之城建设提供人才保障。

7. 充分发挥考评导向作用,将图书馆之城建设情况作为各镇区年度考评的必备条件;增加图书馆专业人员参与考评工作;以各图书馆业务活动和工作档案记录为考核依据。

8. 组建全市图书馆行业协会,制定地区图书馆行业标准,不断增强全市图书馆之城建设统筹力度,发挥东莞中心图书馆指导、牵引、扶持、调节作用,提高图书馆整体服务效能。

东莞市人民政府办公室关于贯彻落实《东莞市建设图书馆之城实施方案》的意见①

(2005年10月21日　东府办〔2005〕81号)

各镇人民政府(区办事处),市府直属各单位:

市文化广电新闻出版局《东莞市建设图书馆之城实施方案》业经市政府同意,并已印发。为贯彻落实好该实施方案,打造城市文化品牌,建设学习型城市,经市人民政府同意,提出如下贯彻意见:

一、加强领导,明确责任

图书馆之城是我市城市文化的一个重要品牌,也是文化新城建设的重要支撑。各镇区要在思想上高度重视,加强组织领导和检查督促,由主管文化的领导挂帅,明确责任,落实目标,制订具体实施方案,报东莞市图书馆之城建设领导小组审定。

二、完善设施,巩固阵地

公共图书馆是最重要的公益性文化设施之一,是社会主义精神文明建设的重要阵地和丰富基层群众文化生活的重要载体。各镇区要加快推进图书馆设施建设,为传播科学文化知识,满足群众文化需要,提高市民素质提供阵地和服务。

(一)各镇区新建图书馆应创造条件单设,选址应在党政机关大院之外、镇区中心路段,

---

① 该文件原文来自文化政策图书馆网站(http://www.cpll.cn/),检索日期:2013年7月31日。

方便读者利用;馆舍面积和设计藏书量应保证达标,适度超前;执行《图书馆建筑设计规范》,图书馆区域独立,保证读书区间安静,楼层荷载符合国家标准。

(二)未建图书馆的镇区要在 2005 年前完成规划立项或筹建工作;有馆舍但面积严重不足的镇区在 2005 年底前规划新馆或进行扩建;8 个中心镇的新建馆,应按国家制定的县级图书馆标准要求建设。

(三)各镇区按实施方案中的年度推进计划扶持并辅导村(社区)图书馆(室)建设。

三、保障经费,持续发展

图书馆事业是一项公益性文化事业,各镇区要增加财政投入,切实保障图书馆建设资金和业务经费,并动员社会力量参与图书馆建设,以形成良性的建设机制。

(一)镇区图书馆主要事业经费要列入本级财政年度预算,财政部门应会同文化部门,按照《关于印发〈东莞市文化建设标兵、先进、达标镇区、村(社区)、企业、学校、医院的考评方案〉的通知》(东委办发〔2005〕11 号)中关于标兵、先进、达标镇、村(社区)图书馆基本经费投入标准,根据图书馆的规模、藏书、编制等情况,核定其日常运行费用基数,逐年有所增长,并将购书费予以单列,实行专款专用,年度购书经费不少于 10 万元(见附件)。

(二)由市统筹镇区分馆业务管理系统和网络通讯费,以 1 个分馆业务管理系统购置费 1 万元,网络通讯费年 0.6 万元计,划拨总馆分配。

(三)村(社区)图书室建设以镇区和村(社区)投入为主,可采取企业冠名、联办等形式,积极吸引社会捐助和资助。

(四)各镇区应设专项资金扶持村级图书室建设,或由镇财政统一补贴,实行镇村总分馆制。

深圳市建设"图书馆之城"(2006—2010)五年规划[①]

(2007 年 3 月 2 日　深文〔2007〕70 号)

一、深圳市公共图书馆现状与"图书馆之城"建设发展态势

1."图书馆之城"三年建设成效

《深圳市建设"图书馆之城"(2003—2005)三年实施方案》(下称《方案》)于 2003 年下半年开始实施,2004 年纳入市委市政府实施"文化立市"战略框架。在各级党委政府的重视和宣传文化部门的指导下,经全市图书馆人员的不懈努力,至 2005 年,《方案》所提出的任务已基本完成,"图书馆之城"建设已取得阶段性成果。

市、区、街道、社区四级图书馆网络建设日趋完善。截至 2005 年底,我市已拥有市级公共图书馆 2 个、区级公共图书馆 6 个,街道图书馆(室)51 个,达标社区图书馆 471 个,总面积 21.78 万平方米,其中 5 个区级图书馆被评为同家地市级一级馆,基本实现每 1.5 万人口建有一个社区图书馆的目标。2006 年,深圳科技图书馆正式挂牌,深圳图书馆新馆建成开放,市级馆的龙头作用进一步彰显。

全市文献资源总量稳步增长,初步形成了覆盖全市的公共图书馆文献资源保障体系。

[①]　该文件原文来自《深图通讯》(2007 年第 1 期)。

2003 年,我市市、区两级公共图书馆总藏量近 200 万册件,到 2005 年底,市、区两级公共图书馆总藏量达 304.82 万册件,街道、社区基层图书馆累计藏书 601.91 万册件,全市各级公共图书馆(室)总藏书 906.73 万册,常住人口平均拥有藏书 1.096 册,户籍人口平均拥有藏书 4.98 册。在纸质图书稳步增长的同时,电子文献藏量显著攀升,目前全市公共图书馆共拥有各类电子文献约 100 万件,一个连接全市跨系统的信息网络和数字化资源共享体系正在逐步形成。

"全国文化信息资源共享工程"建设稳步推进。2003 年,深圳实施"全国文化信息资源共享工程"工作与"图书馆之城"建设同步展开,并成为建设"图书馆之城"的一项重要内容。目前,全市已建成 1 个省级分中心,5 个基层中心和 400 多个基层数字网点,极大地提高了"图书馆之城"的网络化、数字化水平。尤其是以街道、社区图书馆为重点的"共享工程"基层网点的建设,弥补了我市基层图书馆馆藏文献资源相对薄弱的不足,其先进的网络技术与丰富的数字资源,使图书馆服务惠及城市的每一个角落。

形成了多元化的办馆格局。探索了符合深圳实际的不同类型的总分馆制:深圳图书馆试行的远程借书模式,通过在社区图书馆网上预约,实现送书上门;福田区推行的以区馆为总馆,以各社区图书馆为分馆的完全总分馆制;宝安区施行的以区馆为总馆,以街道图书馆为分馆的总分馆制;南山区试行的在大工业区开设分馆等,为创新公共图书馆管理,有效地聚合全市图书资源,提高资源的使用效率探索了一条新路。

服务方式灵活多样。由深圳图书馆与 6 家区级公共图书馆联合开展的通借通还服务模式("一卡通")成功运行,为实现全市范围的"一卡通"奠定了坚实的基础;在外来工密集的地区开设图书借阅服务点,拓展市、区图书馆服务范围;与部队、工厂、学校联合共建图书馆,把公共图书馆的服务延伸到基层;通过网上免费注册的形式在家中阅览各馆馆藏电子文献的方式改变了传统的阅读空间与方式,方便了市民借阅。

城际公共图书馆的合作与交流得以加强。深穗港澳四城市公共图书馆书目联合查询系统已于 2004 年投入使用;由深圳图书馆牵头实施的地方版文献联合采编协作网已成功运行几年。

2. 新的形势和环境

外部环境。随着世界科技、信息和经济社会的迅猛发展,世界各国的图书馆事业发展日新月异;在国内稳步推进的文化体制改革中,公共图书馆作为公益性文化事业的性质得到确认,其地位和作用日益凸现;《国家"十一五"时期文化发展规划纲要》的颁布,对完善公共文化服务体系提出了明确的要求;深圳经济的快速发展和城市人口的迅速增长导致了文献信息需求不断增加,为深圳图书馆事业的发展提出了更高要求;"文化立市"战略的实施及国际先锋城市发展目标的提出,为建设"图书馆之城"提供了良好的发展机遇;深圳建设民生净福利指标体系目标的提出与实施,为公共图书馆资源建设提出了明确的任务。上述因素与条件为深圳市建设"图书馆之城"提供了巨大的发展空间和良好的外部环境。

有利条件。经过 20 多年的建设,特别是自 2003 年深圳市"图书馆之城"建设正式启动以来,深圳的图书馆事业加速发展,为进一步推动"图书馆之城"建设奠定了坚实基础;2006 年,深圳图书馆新馆建成开馆,深圳科技图书馆(深圳大学城图书馆)正式成立并纳入公共图书馆系列;政府对图书馆的优先发展、重点投入的政策使我市各类各级图书馆的基础设施、馆藏资源建设保持了较快的速度和较高的水平;市民生活水平和市民素质的不断提高,既为壮大图书馆读者数量、提高图书馆的使用率提供了条件,也为图书馆拓宽服务范围,提高服务质量提出了要求;深圳市农村城市化以及《深圳市国民经济和社会发展第十一个五年总体规划》明确提出统筹特区内外协调发展,有利于促进宝安、龙岗两区图书馆事业向更高的层次发展;正在修改中的《深圳经济特区公共图书馆条例》将为我市公共图书馆的发展和建设"图书馆之城"提供新的法制保障。

存在的问题。目前,"图书馆之城"建设面临的主要问题有:一是受市、区财政分割体制的局限,公共图书馆建设存在规划不尽科学,发展不够平衡,资源建设上结构不够合理,重复建设和馆藏同质化现象较为突出,基层馆服务质量不够高,后续发展保障不到位等方面的问题;二是受常住人口增长过快的影响,图书文献资源总量与人均拥有水平与国内先进城市有较大差距。

二、指导思想和发展目标

1. 指导思想

以马克思列宁主义、毛泽东思想、邓小平理论和"三个代表"重要思想为指导,以科学发展观为统领,在"文化立市"战略的指引下,以构建公共文化服务体系、落实深圳民生净福利指标体系为根本出发点,建设与现代化国际化城市相适应的图书馆事业;坚持以人为本,坚持"平等、开放、公益"的公共服务理念,创新公共图书馆发展模式,推进公共图书馆事业持续、健康发展,营造学习型社会,构建和谐社会。

2. 发展目标

到 2010 年,拥有 3 个按省级标准建设的市级公共图书馆、6 个按地(市)级标准建设的区级图书馆、55 个参照国家县级标准建设的区图书馆分馆/街道图书馆,600 家达标社区图书馆(室);实现每 15 万常住人口拥有一个县级以上公共图书馆,常住人口人均公共图书馆藏书 2 册的目标;初步形成网络健全、布局合理、文献丰富、管理先进、服务高效、资源共享、体制创新、经费保障的图书馆发展格局;进一步完善以深圳图书馆为龙头,深圳科技图书馆、深圳少年儿童图书馆和各区图书馆为骨干,各区分馆/街道图书馆为基础,社区图书馆为网点,全市各级各类图书情报机构参与合作的图书馆网络体系;初步奠定深圳市区域性文献资源中心的地位,充分发挥"图书馆之城"作为地区文献信息传播中心的作用与影响。

三、主要任务

完善市、区、街道、社区四级图书馆网络体系,实现全市公共图书馆统一分工、协调采购;以"地区性数字图书馆体系结构研究与应用平台"为核心,建成深圳"图书馆之城"网络技术平台;继续全面推进文化信息资源共享工程建设,加快深圳地方文化信息资源的数字化建设步伐;重点抓好图书馆服务创新,通过丰富服务内容,改进服务方式,完善图书物流系统等途径,全面提升图书馆服务水平;深化公共图书馆内部改革,加强人才队伍建设,充分发挥"图书馆之城"在建设学习型社会和区域性国际化城市中应有的作用。

1. 认真落实民生净福利指标体系中提出的公共图书馆人均藏书指标

根据《深圳市民生净福利指标体系》和《落实深圳市民生净福利指标体系公共图书馆人均藏书指标工作方案》的要求,从今年开始,滚动实施,到 2010 年全市公共图书馆图书总藏量达到 1800 万册(含电子文献),实现人均藏书 2 册的建设目标。

2. 进一步推进全市公共图书馆网络体系的建设

(1)按省级一级馆标准把深圳图书馆建设成为集大众、科研、数字三位一体的大型综合图书馆,充分发挥"图书馆之城"龙头馆的作用。

(2)完成深圳少年儿童图书馆的改建工作并正常开馆,达到省级一级图书馆水平。

(3)深圳科技图书馆按省级一级馆标准建设成为集教学、科研为一体的科技文献中心,为我市产业发展提供文献保障。

(4)全面推动区级公共图书馆及其分馆建设。各区在建好一个地(市)一级图书馆基础上,根据本辖区情况建设3—6个县级以上水平的直属分馆,充分发挥区图书馆对街道、社区图书馆的辐射作用,促进资源共享。

(5)加大基层图书馆的建设力度,在区图书馆与各基层图书馆之间全面实行以区图书馆为总馆,街道图书馆、社区图书馆为分馆的总分馆制建设模式。宝安、龙岗两区拥有15万以上常住人口,其辖区内又没有市、区级公共图书馆的街道办事处,按国家县级图书馆标准建设一个区图书馆街道分馆。现阶段,重点实现街道图书馆在人员、场地和经费上与文化站分离,逐步转变为区图书馆的分馆,充分发挥其指导、服务社区图书馆的纽带作用。区图书馆也可根据需要,与企业和社区联合建设一定数量的区馆分馆。

强化社区图书馆作为社区文化中心的作用,为社区居民提供阅读、休闲娱乐及信息咨询等服务。

(6)加强与深圳大学图书馆、深圳职业技术学院图书馆、深圳市标准化研究院图书馆、深圳医学图书情报研究所等其他系统图书馆的合作,联合医院、中小学、企业等图书馆,推动各专业图书馆逐步向全体市民开放。

(7)发展多元化图书馆办馆模式,鼓励企业、个人兴办向社会开放的图书馆。

(8)设立流动图书馆。市区图书馆应利用流动图书车为人口集中、远离公共图书馆的社区、企业提供流动图书借阅服务。

3. 建立健全全市文献信息资源保障体系

(1)推动市、区公共图书馆、专业图书馆文献信息资源持续稳步增长,基层图书馆文献资源定期补充与更新,形成学科结构与数量合理、纸质文献与数字资源比例适当、分布科学的全市文献信息资源保障体系。

到2010年底,市、区、街道分馆、社区图书馆藏书应达到1800万册(含电子文献)。各年建设任务分别为:

——2007年,力争全市新增纸质图书150万册,总量达到1229万册,实现人均藏书1.44册,户籍人口人均藏书5.6册,新增电子图书17万册。其中,深圳图书馆新增纸质图书30万册、电子图书8万册,市少儿图书馆新增纸质图书12万册、电子图书2万册,市科技图书馆新增纸质图书15万册、电子图书77万册,福田区新增纸质图书12.5万册,罗湖区新增纸质图书10万册,南山区新增纸质图书13万册,盐田区新增纸质图书6万册,宝安、龙岗分别新增纸质图书26万册(各区新增图书含基层馆增量,下同)。各区新建或改建1—2个街道图书馆或区馆分馆(特区内街道馆面积不小于350平方米,特区外不小于600平方米)。研究制定成立"深圳市公共图书馆联合采编中心"方案,研究制定建设"深圳市公共图书馆调剂书库"的可行报告;建设2—4个流动图书馆。

——2008年,力争全市新增纸质图书159.5万册,总量接近1388万册,实现人均藏书1.60册,户籍人口人均藏书5.9册,新增电子图书18万册。其中,深圳图书馆新增纸质图书31万册、电子图书8万册,市少儿图书馆新增纸质图书13万册、电子图书2万册,市科技图书馆新增纸质图书 16 万册、电子图书 8 万册,福田区新增纸质图书 13.5 万册,罗湖区新增纸质图书 11.5 万册,南山区新增纸质图书 13.5 万册,盐田区新增纸质图书 7 万册,宝安、龙岗各新增纸质图书 27 万册。各区新建或改建 1—2 个街道图书馆或区馆分馆。"深圳市公共图书馆联合采编中心"挂牌成立并投入运行;确定"深圳市公共图书馆调剂书库"建设方案,并进入施工建设。

——2009 年,力争全市新增纸质图书 168.5 万册,总量达到 1557 万册,实现人均藏书 1.76 册,户籍人口人均藏书 6.2 册,新增电子图书 19 万册。其中,深圳图书馆新增纸质图书 32 万册、电子图书 8 万册,市少儿图书馆新增纸质图书 14 万册、电子图书 3 万册,市科技图书馆新增纸质图书 17 万册、电子图书 8 万册,福田区新增纸质图书 14.5 万册,罗湖区新增纸质图书 13 万册,南山区新增纸质图书 14 万册,盐田区新增纸质图书 8 万册,宝安、龙岗分别新增纸质图书 28 万册。各区新建或改建 1—2 个街道图书馆或区馆分馆。继续加快推进"深圳市公共图书馆调剂书库"建设。

——2010 年,力争全市新增纸质图书 177.5 万册,总量达到 1734 万册,新增电子图书 20 万册,加上历年累计的地方文献、电子文献等资源,全市图书文献总藏量超过 1800 万册(件),实现人均藏书 2 册,户籍人口人均藏书 6.7 册。其中,深圳图书馆新增纸质图书 33 万册、电子图书 8.5 万册,市少儿图书馆新增纸质图书 15 万册、电子图书 3 万册,市科技图书馆新增纸质图书 18 万册、电子图书 8.5 万册,福田区新增纸质图书 15.5 万册,罗湖区新增纸质图书 14.5 万册,南山区新增纸质图书 14.5 万册,盐田区新增纸质图书 9 万册,宝安、龙岗分别新增纸质图书 29 万册,除盐田区外,各区新建或改建 1—2 个街道图书馆或区馆分馆。

(2)进一步扩大数字图书馆规模,努力建设深圳数字图书馆群。市区级图书馆在重视纸本文献的同时,加快发展数字图书馆,形成共建共享、种类齐全、文献丰富、技术先进、使用便捷的数字图书馆,让数字资源成为"图书馆之城"的优势资源。充分发挥"文化信息资源共享工程"中数字资源的作用,加快深圳地方文献信息资源的数字化建设,重点加强文化艺术精品、文物博物资源、民俗民间资源的数字化建设力度。重视原生数字资源的收集与整理,组织力量在互联网上采集原生数字资源,尽可能多地将互联网上保留时间有限、无知识产权问题、有保存价值的数字资源下载,重新组织存储,逐步形成多种学科的数据库。

(3)加强特色馆藏资源建设,按深圳市城市组团功能的布局,就近建立图书馆的特色馆藏。

(4)统一全市"图书馆之城"文献信息资源编码,加强全市文献资源(含数字资源)的共建共享。建立全市公共图书馆馆藏书刊联合目录,提供全市统一检索服务。

4. 构筑"图书馆之城"网络技术平台

以"地区性数字图书馆体系结构研究与应用平台"为基础,搭建深圳"图书馆之城"市、区、街道与社区四级图书馆网络技术平台,实现全市各类图书馆书目网上互查、参考咨询及全文数据传输。

抓住国家大力推进"全国文化信息资源共享工程"建设的机遇,充分利用其现代化网络技术和资源优势,完善偏远地区图书馆网络技术建设。

5. 完善读者服务体系

(1)以"平等、开放、公益"的理念开展全市图书馆读者服务工作。在搞好传统借阅服务的基础上,借鉴国际先进理念,加大服务创新,丰富读者服务内容,完善服务手段,促进公共图书馆从传统的单一型服务走向现代综合型服务的转变。

(2)以读者需求为导向,建立服务全市的参考咨询服务网络。设立"图书馆之城"全市参考咨询专家库,开展包括互联网、电话以及现场咨询等在内的形式多样的图书馆参考咨询活动。

(3)广泛开展特色活动,充分发挥公共图书馆的阵地聚合效应,利用"深圳读书月"、"4·23世界阅读日"及全国图书馆服务宣传周等载体,开展形式多样的读书活动和宣传活动,坚持开展公益文化讲座,打造一批市民喜爱的图书馆公益讲座、展览品牌,提高公众利用图书馆资源的意识,营造全市的阅读氛围。

(4)扩大通借通还范围。统一全市公共图书馆借书证编码系统,逐步把深圳科技图书馆、各区图书馆的分馆纳入全市通借通还服务范围,开展通借通还服务。

(5)发挥"共享工程"服务网点的技术与优势,把社区图书馆的阵地服务与远程服务结合起来,方便市民就近借阅图书。

(6)争取设立全市文献采购加工配送服务中心。在不改变各图书馆自主采购和财产所有权的前提下,成立全市文献资源(含数字资源)采购委员会,制定采购方针,协调采购行为,实行分工合作,推动全市文献资源(含数字资源)的共建共享。免费为市、区财政直接或间接拨款的图书馆统一采购文献信息资源,降低采购经费;实行全市印刷型文献资源统一加工与配送;制订全市公共图书馆的业务技术规范标准,指导非政府拨款但面向公众服务的图书馆业务工作。

(7)建立和推广图书自助借还服务网络。以深圳图书馆为依托,在全市主要社区、地铁、大型超市设置30个自助借还书服务点,方便市民借还书,提高资源的使用效率。

(8)建设"图书馆之城"门户网站,宣传"图书馆之城"建设,开展书目信息检索、参考咨询等网上信息服务,不断拓展"图书馆之城"的服务时间和空间。

(9)建立"图书馆之城"标识系统,统一图书馆设施网点编号,方便市民利用图书馆。

6. 创新运行机制,提高图书馆管理水平

(1)深化体制改革,完善图书馆管理制度。创新人事机制,实施人才战略,通过出国进修、外派访问学者、国内进修等各种培训形式,造就一支具有国际视野的高素质专业人才队伍。

(2)加强全市图书馆法规建设。完成《深圳经济特区公共图书馆条例(试行)》的修改工作,确立公共图书馆规划建设标准,明确政府对市、区、街道、社区等公共图书馆的建设责任,明确读者的权利与义务,依法管理全市各级公共图书馆。

(3)建立全市图书馆业务规范与服务指引,规范各级图书馆业务,保证图书馆各项业务的正常开展。

(4)完善深圳市街道、社区图书馆评估定级标准,建立图书馆长效管理、绩效评估和激励机制。

(5)建立图书馆绩效评估指标体系,定期对全市公共图书馆进行绩效评估。根据绩效评估结果,对社会效益良好的图书馆予以表彰,对业务不合格的图书馆实施整改。

(6)设立深圳市建设"图书馆之城"咨询机构,为建设"图书馆之城"出谋划策,协调"图书馆之城"的各项决策的执行。

7. 加强馆际交流与合作

继续加强与泛珠三角区域内公共图书馆文献资源的交流与合作,开展馆际协作,实现资源互补;加强与泛珠三角公共图书馆及港澳地区公共图书馆的交流与合作,实现与国内国际图书馆业务的高水平对接。

四、实施机制与保障

1. 加强领导

建立由分管市领导牵头,市宣传、文化、发改、财政、民政、教育等部门和各区委区政府负责人参加的"图书馆之城"建设联席会议制度,加强协调沟通,密切配合,顺利推动本《规划》的实施。

2. 保障投入

公共图书馆为公益性事业单位,公共图书馆建设经费和日常开支列入政府财政预算。各级文化部门应积极争取政府将本辖区公共图书馆的经费纳入财政预算,并逐年加大投入;同时,要积极争取市宣传文化基金的支持,争取社会各界对公共图书馆的捐赠,努力达到"三个确保":确保图书馆年度购书经费,确保图书馆正常开馆所需人员经费,确保图书馆日常业务经费。基层图书馆(室)的基本业务经费由区财政给予保障。

3. 人员配置

市、区公共图书馆(含区分馆)是纯公益类事业单位,机构人员配置实行"三定",经费由市、区财政承担。街道、社区图书馆也是提供公共服务的机构,应保证街道馆必要的事业人员编制,社区图书馆要配备专(兼)职管理人员,人员不足的可通过聘用方式解决。

4. 完善机制

各级文化行政部门应根据本地区实际,完善目标体系,明确目标责任,全面落实本规划所确立的各项任务;实行项目实施责任人和中期汇报制度,及时解决规划实施中遇到的问题。

应将市民读者的监督评价纳入图书馆绩效评估指标体系,逐步确立以读者服务效能为导向的绩效评估机制。

五、实施进度

内容见附表。

附:深圳市建设"图书馆之城"(2006—2010)五年规划主要任务实施时间表(略)

广东省人民政府办公厅关于进一步做好全省古籍保护工作的通知①

(2008 年 11 月 10 日　粤府办〔2008〕66 号)

各地级以上市人民政府,各县(市、区)人民政府、省政府各部门、各直属机构:

为认真贯彻落实《国务院办公厅关于进一步加强古籍保护工作的意见》(国办发〔2007〕6 号)精神,进一步做好我省古籍保护工作,经省人民政府同意,现就有关事项通知如下:

---

① 该文件原文来自广东省人民政府网站(http://www.gd.gov.cn/),检索日期:2013 年 9 月 30 日。

一、统一思想,做好我省古籍保护工作

各地和各有关单位要本着对历史、对人民、对子孙后代高度负责的态度,充分认识做好古籍保护工作的重要性和紧迫性,增强责任感和使命感,坚持"保护为主、抢救第一、合理利用、加强管理"的基本方针和依法保护、科学保护、合理保护的原则,正确处理好开展古籍保护与合理开发利用之间的关系,按照统筹规划、分类指导、突出重点、分步实施的步骤,采取有效措施,加大古籍保护工作力度,逐步建立起科学规范、系统完善和行之有效的古籍保护制度,逐步提高全社会参与古籍保护的意识。

二、开展古籍保护工作的主要任务

(一)开展古籍普查和登记工作。从 2008 年起,用 4 到 5 年的时间,在全省范围内组织开展古籍普查和登记工作,了解和掌握全省各类图书馆、博物馆以及民间组织和个人收藏古籍的现状,依据国家有关标准对古籍进行登记造册和定级。

(二)做好申报《国家珍贵古籍名录》的组织工作,建立《广东省珍贵古籍名录》和《广东省古籍文献联合目录》。

(三)做好古籍保护重点单位的申报和管理工作。各地要组织古籍藏量较多、质量较好的古籍收藏单位申报省古籍重点保护单位,并积极争取申报全国古籍重点保护单位。对获得国家和省命名的古籍重点保护单位,当地政府和文化行政主管部门要定期进行检查、监督、指导和评估,确保所藏古籍得到有效保护。制定重点古籍保护书库的建设标准和技术标准,做到古籍保护条件标准化、规范化,进一步改善收藏条件和安全措施,保障古籍安全。

(四)加强专业人才培训和培养。各地要重视对古籍保护管理专业人才的培养,充分发挥有关科研院所、高等院校等单位在古籍保护工作中的积极作用,加强与兄弟省市及具有古籍保护先进经验的国家和地区的交流与合作,逐步培养建立一支具备较高水准的古籍修复专业技术队伍。省古籍保护中心要制定培训计划,加强对全省县以上相关单位的指导以及对管理和技术人员的业务培训。有条件的高校应按国家有关规定设置相关专业或专业方向。

(五)加强对现存古籍的研究整理和开发利用。各地要对现存古籍进行数字化加工整理,建立本地区的古籍数字化资源库。各地、各有关单位要充分利用现代影印技术和微缩技术,复制、抢救濒危珍贵古籍,并逐步将现存古籍进行数字化加工整理。有条件的地区可建立古籍保护网站,或在各地文化共享工程网站上设立古籍保护网页,向社会公众展示古籍保护资源和成果,推动全社会共同参与古籍的保护和研究。

(六)提高古籍修复水平。各古籍收藏单位要建立古籍修复档案,借鉴国内外先进的修复技术与经验,按照有关技术标准和规范有计划地对破损古籍进行修复,尤其要做好列入《国家珍贵古籍名录》和《广东省珍贵古籍名录》的古籍,以及濒危古籍的修复工作。

三、保障措施

(一)建立古籍保护工作协调机制。按照国家有关规定,建立由省文化厅牵头,省有关部门组成的广东省古籍保护工作联席会议制度,负责指导全省古籍保护工作。各地级以上市也应建立相应的组织协调机制,加强对本地区古籍保护工作的指导。省古籍保护中心(设在省立中山图书馆)负责拟订全省古籍保护工作总体规划、古籍抢救保护技术标准和工作规范,并组织开展古籍普查和相关申报、技术培训等工作。

(二)加大对古籍保护工作的经费投入。各级财政部门要结合当地实际,按照分级负责

原则,对本地区古籍保护工作给予必要的资金支持。

（三）加大古籍市场监管力度。各有关部门要依法管理和规范古籍市场流通和经营行为,加强古籍销售、转让、拍卖等环节的审核、备案工作,详细记载、录入我省古籍的去向,严厉打击盗窃、走私古籍等违法犯罪活动。要加强与境外、省外有关单位的合作,坚决追索非法流失的古籍。

（四）加强对古籍保护工作的宣传力度。各级各类图书馆、博物馆要充分发挥社会教育和文化宣传功能,通过讲座、展览、培训、研讨等多种形式,加强对古籍保护的宣传工作,促进古籍的利用和传播。广播电视、报刊、互联网等新闻媒体要加大古籍保护工作宣传力度,普及保护知识,展示保护成果,培养公众的保护意识,营造全社会共同保护古籍的良好氛围。

广东省人民政府关于公布第一批省级古籍重点保护单位和第一批省级珍贵古籍名录的通知[①]

（2011 年 10 月 19 日　粤府〔2011〕131 号）

各地级以上市人民政府,各县(市、区)人民政府,省政府各部门、各直属机构:

省人民政府批准省文化厅确定的第一批省级古籍重点保护单位(15 个)和第一批省级珍贵古籍名录(1098 部),现予公布。

各地、各部门要充分认识保护古籍的重要性,认真贯彻"保护为主、抢救第一、合理利用、加强管理"的方针,坚持依法保护和科学保护的原则,进一步增强责任感和紧迫感,切实做好古籍保护工作。

附件:1. 第一批广东省古籍重点保护单位(15 个)(略)
　　　2. 第一批广东省珍贵古籍名录(1098 部)(略)

深圳市文体旅游局、深圳市财政委员会关于印发《深圳市公共图书馆总分馆体系建设指导意见》的通知[②]

（2012 年 8 月 17 日　深圳市文体旅游局、深圳市财政委员会）

各区政府、新区管委会,深圳图书馆、深圳少年儿童图书馆、市科技图书馆:

现将市财政委员会、市文体旅游局联合制定的《深圳市公共图书馆总分馆体系建设指导意见》予以印发,请认真贯彻执行。

深圳市公共图书馆总分馆体系建设指导意见

为贯彻落实党的十七届六中全会和深圳市深入实施文化立市战略建设文化强市工作会议精神,提升我市公共图书馆服务水平和效益,按照创建国家公共文化服务体系示范区的基

---

① 该文件原文来自"北大法宝"数据库,检索日期:2013 年 7 月 30 日。
② 该文件原文来自"律商网"数据库,检索日期:2013 年 7 月 30 日。

本要求,结合我市实际,就进一步加强我市公共图书馆总分馆体系建设提出如下指导意见。

本意见所称的公共图书馆,由各级政府投资兴办、或由社会力量捐资兴办的向社会公众开放的图书馆,是具有文献信息资源收集、整理、存储、传播、研究和服务等功能的公益性公共文化与社会教育设施。

一、充分认识公共图书馆总分馆体系建设的重要意义

公共图书馆总分馆制是以城市行政区域为单位,以服务人口、服务半径、读者需求为依据规划建设公共图书馆及其基层延伸服务体系,总分馆图书资源统一采购、统一分配,工作人员统一培训、统一指导,服务统一规范、统一标准,最大限度地整合并优化图书资源配置,实现公共图书馆服务效益最大化。

深圳经济特区建立以来,公共图书馆事业发展迅速,目前全市已建成公共图书馆(室)645 个,其中市级馆 3 个,区级馆 8 个,市、区图书馆分馆和街道、社区馆(室)634 个,基本形成了覆盖全市的设施网络。但是,基层图书馆发展不平衡,有的因资金原因图书长期得不到补充和更新,缺乏吸引力;有的缺乏专业业务指导和统一的配套服务标准,管理和服务水平不高,缺乏活力;有的因人员和经费等原因,无法正常开放,名存实亡。基层图书馆之间自成体系,缺乏沟通联系,形成"孤岛",未能实现资源、信息共享,不能满足市民的阅读需求。实行公共图书馆总分馆制,实现总馆与基层图书馆的统一规划建设、统一服务管理,有利于推动原特区内外公共文化资源均衡配置,促进特区公共文化服务一体化发展;有利于整合各公共图书馆文献资源并实现全市流动和共享,避免重复建设,提升藏书质量,实现财政投入效益的最大化;有利于加强市、区图书馆对基层图书馆的业务指导,全面提升基层图书馆的服务能力,盘活基层图书馆资源并提高利用率。

二、公共图书馆总分馆体系建设的总体目标

以保障市民基本文化权益、满足市民基本文化需求为出发点,坚持公共文化服务公益性、基本性、均等性、便利性原则,加快构建以公共图书馆统一服务平台联通市图书馆总分馆和各区图书馆总分馆的全市公共图书馆总分馆体系,实现全市公共图书馆的互通互联、资源共享和一证通行、通借通还,确保全市人均拥有公共图书馆的设施面积、藏书量以及服务水平居全国前列,为全体市民提供优质、就近、便捷、无差别和均等化的公共图书馆服务。

三、公共图书馆总分馆职责划分

(一)总馆职责。制订本总分馆系统事业发展总体目标、年度工作计划和经费预算;负责文献采购、分编与分配;建设总分馆统一的网络信息平台;制定统一的服务标准,并监督分馆和社区延伸服务点规范服务;定期开展对分馆、社区延伸服务点的业务指导、培训和考核等工作。总馆每季度应为分馆更换流通文献资源一次,流通量每次不少于 500 册。

(二)分馆职责。严格遵守总馆管理和服务规范,根据总体目标制定本馆工作计划,完善相应的规章制度,对辖区内的社区延伸服务点进行管理和业务指导,保证本分馆和各社区延伸服务点正常开放并提供统一、规范、优质的服务等。分馆每季度应为社区延伸服务点更换流通文献资源一次,流通量每次不少于 100 册。

四、公共图书馆总分馆体系建设模式

(一)市图书馆总分馆体系。以深圳图书馆为总馆,根据社会需求并调动社会资源在社区、工厂建设直属分馆,布点城市街区 24 小时自助图书馆,形成总馆—分馆/24 小时自助图书馆的服务系统。以深圳少年儿童图书馆为总馆,以联盟形式逐步实现与全市中小学图书馆(分馆)的数字资源共建共享、纸质图书通借通还,打造覆盖全市的少年儿童文献保障体系和服务网络。分馆建设需求方提供馆舍及设备。

(二)区图书馆总分馆体系。以各区图书馆为总馆,根据服务人口、服务半径、读者需求统一规划,以政府投入和社会共建等方式建设街道分馆和服务人口密集的社区、厂区分馆,以社区图书馆、图书报刊及电子阅览室为延伸服务点,形成总馆—分馆—社区延伸服务点一体化的服务体系。分馆、社区延伸服务点馆舍主要由街道、社区、厂区负责配置。

分馆原则上按街道办事处范围设置,也可按服务人口、服务半径、读者需求在大型社区与工业区建设。社区延伸服务点原则上按社区范围设置,应尽量利用符合建设条件的原社区图书室,并整合文化信息资源共享工程、公共电子阅览室综合建设。

五、建设全市公共图书馆统一服务平台

以深圳图书馆为全市公共图书馆网络的中心馆,统筹制订全市公共图书馆服务体系服务标准、技术标准、数字资源建设标准、评估标准,统一全市公共图书馆的条形码、RFID标签等技术标准,建立统一的书目数据库,统一检索,统一使用,并为全市公共图书馆建设和服务提供业务辅导,建设全市公共图书馆统一服务平台,联通市、区图书馆总分馆体系,实现全市各级公共图书馆的互通互联、资源共享和一证通行、通借通还。光明、坪山、龙华、大鹏新区建设的区级图书馆应按统一技术标准建设,建成后加入统一服务平台。鼓励全市其他专业图书馆、高校图书馆及民办中小学、企事业单位图书馆加入统一服务平台。

六、工作要求

(一)加强领导。按照属地管理原则,市、区人民政府(新区管委会)是公共图书馆总分馆体系建设的责任主体,各级政府要把公共图书馆总分馆体系建设作为构建完备的公共文化服务体系的重要任务,纳入当地经济和社会发展总体规划,纳入城市建设规划,统一部署,加快推进。市、区人民政府(新区管委会)文化主管部门应认真履行公共服务职能,抓紧制定本区域内公共图书馆总分馆体系建设发展规划和相关政策,切实保障总分馆制的顺利实施。

(二)优化布局。要以公共图书馆总分馆体系建设为契机,切实优化现有基层公共图书馆布局。各区文化行政管理部门要根据辖区常住人口总量、分布情况和阅读需求等,对现有的街道图书馆和社区图书馆(室)进行评估,只要选址、馆舍、服务人口符合开放条件的,纳入区总分馆体系建设,优化功能配置,提高服务水平。在优化现有基层图书馆的基础上,仍不能满足市民的阅读需求的,参照国家、省、市标准,科学规划、建设区图书馆分馆和社区延伸服务点。设施的服务人口超过一定规模,暂不具备条件增设馆舍的,可设置24小时自助图书馆。

(三)加大投入。由政府出资建设并保障运行的市、区公共图书馆总分馆体系建设所需设施设备、文献采编、业务活动、人员及免费开放等经费,根据第四轮财政体制要求,分别由市级和区级财政给予相应保障。鼓励社会力量参与公共图书馆建设,与社会合作办馆方式运作的图书馆分馆,其基本日常运行经费原则上按照原渠道解决,各区可结合本区情况对社会出资建设的图书馆分馆在图书资源配置、房屋和土地使用、配套服务等方面给予扶持,符合条件的纳入市、区公共图书馆总分馆体系统一管理、统一配置资源,执行统一服务标准。公共图书馆文献购置经费应根据本地区经济社会发展情况及图书馆图书配置实际情况给予保障,确保完成《深圳市国民经济十二五规划纲要实施方案》(深府办

〔2011〕86 号)中规定的指标任务,进一步加强数字资源建设,实现资源共享。由政府投资兴办的区公共图书馆总馆及分馆文献资料配置由区政府统一拨款,总馆统一管理、统一采购、统一编目、统一配置。

(四)配置人员。各区街道分馆、直属分馆或社区延伸服务点应遵照国家《公共图书馆服务规范》配置工作人员。应探索通过职员、雇员、文化协管员、劳务派遣等多种用工形式,满足分馆、社区延伸服务点人员配置要求,并积极倡导文化志愿者参加图书馆(室)服务。政府建设的分馆和延伸服务点人员经费由街道、社区做出预算,区财政予以保障;与社会(包括厂区)共建的分馆及社区延伸服务点人员由建设需求方提供保障。鼓励具备条件的区(新区)由总馆统一配置分馆工作人员。

(五)完善考评。市文化行政主管部门按照国家《公共图书馆服务规范》建立并实施公共图书馆总分馆体系考核评估制度,对全市公共图书馆的总分馆建设、管理、服务、质量、效益等开展考评,考评结果纳入本地区创建国家公共文化服务体系示范区和推进基层文化标准化建设的内容。

广西壮族自治区

广西壮族自治区人民委员会关于颁发征集地方文献资料办法的通知①

(1960 年 6 月 11 日　广西壮族自治区人民委员会)

广西壮族自治区革委会关于做好地方文献资料征集工作的通知②

(1973 年 9 月 8 日　广西壮族自治区革委会)

广西壮族自治区文化局、共青团广西壮族自治区委员会
关于进一步办好基层图书室的意见③

(1976 年 1 月　广西壮族自治区文化局、共青团广西壮族自治区委员会)

钦州地委宣传部批转地区文化局关于
加强图书馆(室)工作意见的通知④

(1978 年 10 月 9 日　广西壮族自治区钦州地委宣传部)

---

① 该文件原文缺,文件信息依据《中国图书馆百年纪事》(陈源蒸等,2004)177 页提供线索著录。
② 该文件原文缺,文件信息依据《中国图书馆百年纪事》(陈源蒸等,2004)198 页提供线索著录。
③ 该文件原文缺,文件信息依据广西地情网(http://www.gxdqw.com/)提供线索著录。
④ 该文件原文缺,文件信息依据《中国图书馆百年纪事》(陈源蒸等,2004)215 页提供线索著录。

广西壮族自治区县、市图书馆工作条例(草案)^①

（1979 年 5 月　广西壮族自治区文化局）

广西壮族自治区人民政府批转自治区文化厅关于
重申做好地方文献资料征集工作意见的通知^②

（1993 年 1 月 28 日　桂政发〔1993〕4 号）

自治区人民政府同意自治区文化厅《关于重申做好地方文献资料征集工作的意见》，现转发给你们，请认真贯彻执行。

关于重申做好地方文献资料征集工作的意见

地方文献资料是政治、经济、文化发展的真实记录，是研究地方史的珍贵资料。地方文献的征集、保存和利用工作，对我区的党政决策及经济建设都起到较大作用。一九七三年九月，自治区发出了《关于做好地方文献资料征集工作的通知》（桂革发〔1973〕144 号）；一九八〇年十二月，自治区人民政府又批转自治区文化局《关于进一步做好地方文献资料征集工作的报告》（桂政发〔1980〕232 号），使我区的地方文献征集工作走上了正轨。但是，当前我区地方文献的征集工作还存在一些问题，如有少数单位不大重视这一工作，没有向自治区文献收藏单位呈缴资料；有些单位因人员变动而中止呈缴；许多新建单位因不了解这项工作而没有呈缴等。为了保持地方文献资料的完整性和连续性，更好地为振兴广西经济和促进社会主义精神文明建设服务，必须再次重申征集地方文献工作的重要性，请各地各单位积极协助做好这项工作，为此，特提出以下意见：

一、广西图书馆是我区指定的地方文献收藏单位，广西桂林图书馆、广西少年儿童图书馆也是我区的自治区（省）级图书馆，各单位应将本单位及个人编印的文献资料完整、及时地检送他们。

二、广西图书馆、广西桂林图书馆征集地方文献资料的范围，包括自治区和各地、市、县及其直属单位和报社、出版社、科研机构、厂矿、学校等企事业单位编印的报纸、杂志、县志、书籍、简报、学报、画报、教材、图片、地图、手册、资料汇编、目录索引、会议特刊、专刊、科技资料等公开流通或一般内部的出版物。上述资料，不论铅印、油印、影印、胶卷、录音带、录像带等，出版、编印单位均应各检送两份分别寄给广西图书馆及广西桂林图书馆；有关少年儿童读物则寄送给广西少年儿童图书馆。同时，欢迎专家、学者（含在外地工作的广西籍作者）将自己的著作、书画作品等赠送给上述三个图书馆。

三、各单位编印的符合上述征集范围的文献资料，尚未检送的，应补检送。

四、乡（镇）级及其以下单位的地方文献资料，可由各县、市图书馆负责征集，不再由自治

---

① 该文件原文缺，文件信息依据《中国图书馆百年纪事》（陈源蒸等，2004）222 页提供线索著录。

② 该文件原文来自"律商网"数据库，检索日期：2013 年 7 月 30 日。

区(省)级图书馆直接征集。

以上意见如无不妥,请批转各地、各部门贯彻执行。

广西壮族自治区公共图书馆管理办法(修订稿)①

(2002 年 11 月 15 日 广西壮族自治区人民政府)

第一章 总则

第一条 为发展广西壮族自治区公共图书馆事业,满足人民群众对科学文化知识的需求,促进社会主义精神文明和物质文明建设,结合广西实际,制定本办法。

第二条 本办法所称的公共图书馆,是指政府兴办的,向社会公众开放的收集、整理、保管和利用图书、报刊、音像制品、电子出版物等书刊资料的公益性科学、教育、文化机构,是各地提供阅读服务和信息咨询的中心,是社会主义科学、教育、文化事业的重要组成部分,包括省(自治区)级图书馆、市(地)级图书馆、县(市)级图书馆及相应级别的少儿图书馆。

第三条 公共图书馆应坚持为人民服务、为社会主义服务的方向,进一步贯彻落实"科教兴国"战略和江泽民总书记关于要在全社会大兴勤奋学习之风的重要指示精神,结合本地实际,利用书刊资料,为社会主义的物质文明和精神文明建设服务。其主要任务是:

1. 宣传马列主义、毛泽东思想、邓小平理论。宣传党和政府的政策、法令,向广大群众进行共产主义和爱国主义教育;

2. 传播科学文化知识,参与扫盲计划与实施,提高人民群众的科学素养与文化水平;

3. 开发文献信息资源,提供信息服务,在发展地区经济中发挥积极作用,普及信息查询和计算机、网络利用技能;

4. 搜集,整理与保存文化典籍和地方文献。

第四条 本办法适用于广西行政区域内公共图书馆的设置、使用及其监督管理。

第二章 管理

第五条 广西壮族自治区文化行政管理部门是广西壮族自治区公共图书馆事业的主管部门(以下简称区主管部门),履行以下职责:

(一)编制公共图书馆发展规划;

(二)编制公共图书馆网络建设方案;

(三)制定有关公共图书馆管理的规定;

(四)组织公共图书馆发展规划和网络建设方案的实施;

(五)协调各级公共图书馆之间的关系;

(六)对公共图书馆的工作进行监督;

(七)负责本条例的实施与监督。

各级文化行政管理部门按照管理权限,履行相应职责,负责本行政区域内公共图书馆的建设、监督和管理。

---

① 该文件原文来自南宁市邕宁区文化和体育局网站(http://www.yongning.gov.cn/),检索日期:2013年9月6日。

各级财政、规划、人事、建设、教育等有关部门应根据各自职责,协同文化行政主管部门实施本办法。

第六条　区主管部门成立图书馆专家委员会。区主管部门对下列事项应征询专家委员会的意见:

(一)公共图书馆发展规划;

(二)公共图书馆建设方案;

(三)公共图书馆的馆舍建筑设计方案;

(四)公共图书馆业务章程和业务工作;

(五)公共图书馆管理等重大问题。

第七条　广西壮族自治区图书馆和广西桂林图书馆是广西公共图书馆事业网络的中心,对全区公共图书馆的业务工作进行指导,履行以下职责:

(一)协助区主管部门实施全区的图书馆网络建设;

(二)组织、指导全区文献资源的开发及服务工作;

(三)组织、指导全区图书馆学的研究;

(四)组织、指导全区图书馆工作人员的业务培训。

第八条　公共图书馆应当自设置之日起30日内,向上一级文化主管部门办理登记手续。

公共图书馆的合并、分立、撤销或者变更馆名、馆址,须经原登记机关批准并重新登记。

第九条　公共图书馆的馆舍、设备、文献资源受法律保护,必须严格管理,其调拨、馈赠须经有关部门批准,任何单位和个人均不得损坏或侵占,随意报废和转让。

任何单位和个人不得擅自改变公共图书馆馆舍的用途。

第三章　公共图书馆的建设

第十条　公共图书馆按照行政区域分级设置。有条件的市(地)、县(市),应当设置独立建制的少年儿童图书馆。无独立建制少年儿童图书馆地区,应当在公共图书馆内开设少年儿童图书阅览室。

各级人民政府应当根据本行政辖区的人口分布和图书馆事业的发展需要,对辖区内各级公共图书馆的设置实行统筹规划。

第十一条　公共图书馆的布局要求、馆舍面积、阅览座位和藏书量按有关规定执行。

第十二条　公共图书馆的经费,包括购书费、人员工资与职务津贴费、公务费、业务费分别由各级财政拨付。其中购书费不能低于总经费的百分之四十,公共图书馆经费的增长幅度应和正常性财政收入的增长幅度相适应,并根据国民经济和公共图书馆事业的发展,逐年有所增加。

公共图书馆的建设资金可以多渠道筹集。政府鼓励单位、社会团体和个人向公共图书馆捐资、捐物。

第十三条　公共图书馆应根据图书馆文献资源现代化和读者服务的需要,积极引进文献存储、加工和传递的现代化设备,提高图书馆工作效率和服务质量。

第十四条　公共图书馆要统一组织、协调、分工、合作,加速馆藏各类联合目录数据库及广西地方特色文献数据库建设,充分利用现代技术手段强化文献信息资源的开发,积极采用自动化管理手段代替传统的手工操作,加大自动化建设的力度,各图书馆要逐步建立局域网并逐渐进入广域网,为文献资源的共享奠定基础。

第四章　读者服务工作

第十五条　各级公共图书馆每周开放的时间应当达到下列标准:

(一)省(区)级图书馆为 64 小时以上;

(二)地(市)级图书馆为 56 小时以上;

(三)县(市)级图书馆为 48 小时以上;

(四)独立建制的少年儿童图书馆和公共图书馆开设的少年儿童图书室为 36 小时以上。

省(区)级图书馆应当每天(包括节假日)向读者开放。

独立建制的少年儿童图书馆与公共图书馆开设的少年儿童图书室周六、周日和学生寒暑假期间每天的开放时间不得少于 8 小时。

第十六条　除国家规定对某些书刊资料停止公开借阅外,公共图书馆不得另立标准,限定书刊资料的公开借阅范围。

第十七条　公共图书馆应当采用图书展览、宣传专栏、辅导讲座和组织群众性读书活动等多种形式,向读者推荐优秀读物,指导读者阅读。

第十八条　公共图书馆的工作人员应当以各种方式向社会普及情报信息意识,帮助读者利用图书馆,为读者提供书刊资料信息,解答读者有关阅读方面的咨询,指导读者查找书刊资料。

第十九条　读者在公共图书馆内享有下列权利:

(一)免费进行书目检索;

(二)免费借阅书刊资料;

(三)要求工作人员提供关于利用馆藏的指导;

(四)要求工作人员解答有关阅读方面的询问或进行定题服务;

(五)参加各种读者活动;

(六)向主管部门或公共图书馆提出建议和意见。

第二十条　读者在公共图书馆内应履行下列义务:

(一)爱护书刊资料和公共设施;

(二)按规定日期归还所借书刊资料,超过规定期限的,应按规定交纳滞还费;

(三)按规定交纳书刊材料资源开发成果的使用费;

(四)遵守公共图书馆的其他规章制度。

第二十一条　公共图书馆对图书、报刊借阅实行免费服务。公共图书馆在进行二次文献开发、信息服务、课题服务、非书资料、网络资源的服务时,可以适当收取费用。

第五章　书目资料的收藏

第二十二条　各级公共图书馆应根据自己的服务对象和任务逐步形成自己的馆藏特色,应重点收藏有关改革开放、高科技和促进广西经济的文献,各级地方文献应尽全搜集。

第二十三条　公共区书馆应采用国家标准作为编写目录等业务工作的技术规程。在没有国家标准的情况下,自治区主管部门统一确认技术规范,公共图书馆应严格执行。

第二十四条　对新入馆的书刊资料,应及时登记并投入流通。对已破损或陈旧等原因而不再具有使用价值的书刊资料,应报主管部门批准后方可处理。

第二十五条　除特殊种类或者出版数量较少的出版物外,广西各出版社、报社、杂志社等出版单位应当自本单位出版书刊资料之日起 30 日内,将样本 2 本送广西壮族自治区图书馆、广西桂林图书馆收藏。各地县应参照此规定将出版物送当地图书馆收藏。

第二十六条　公共图书馆要加强藏书管理,切实做好安全防护工作。特别要加强防火、防虫、防水、防霉变管理,并教育读者爱护书刊资料,制止损毁、盗窃书刊资料的不良行为。

第六章　工作人员

第二十七条　公共图书馆实行馆长负责制。馆长向文化主管部门负责,制订并落实全馆工作计划,统筹安排馆内行政和业务工作,根据专业职务聘任制度,馆长有人事聘用权,按照财政制度馆长有编制、申请下年度预算、执行本年度预算和报告上年度决算权。

第二十八条　公共图书馆设馆长 1 名、副馆长 1—3 名。

正、副馆长应由认真执行党的方针、政策,热爱图书馆事业,有较高的科学文化水平及专业知识,有组织管理能力的人员担任。

主管业务的馆长(或副馆长),应由具有图书馆专业高级专业技术职称人员担任,市(地)馆应由具有图书馆专业中级以上专业技术职称人员担任,县(市)馆应由具有中级以上专业技术职称人员担任,其任免除按干部管理的有关规定办理外,报自治区、地市文化主管部门备案。

第二十九条　公共图书馆应根据图书馆藏书量、服务阵地、项目、开放时间等因素确定人员编制。行政人员一般不得超过总编制额的百分之十七。少年儿童图书馆可根据自己的特点参照同级图书馆标准定编并报同级文化主管部门批准。

公共图书馆应加强图书馆专业队伍的建设,根据工作需要,配备图书馆学及其他相关学科的专业工作人员。专业工作人员必须具备中专以上水平、身体健康并受过图书馆专业培训,省馆专业工作人员必须具备大专以上水平。达不到上述条件的图书馆应有计划地采取多种形式,进行定向培训。

第七章　奖励与惩罚

第三十条　对积极实施本办法者,各级政府部门应当给予奖励。

第三十一条　违反本办法规定者,各级文化行政管理部门责令补办有关手续或者限期改正:情节严重的,给予通报批评。

第八章　附则

第三十二条　乡、镇图书馆(室)的具体管理办法由区文化厅另行制定。

第三十三条　本办法的具体应用问题,由区文化厅负责解释。

第三十四条　本办法自颁布之日起施行。

广西壮族自治区人民政府办公厅转发自治区民族古籍办关于加强少数民族古籍抢救搜集整理工作意见的通知①

（2006 年 12 月 31 日　桂政办发〔2006〕163 号）

为切实做好我区少数民族古籍抢救搜集整理工作,继承和发展少数民族优秀文化,根据《中共中央、国务院关于进一步加强民族工作加快少数民族和民族地区经济社会发展的决

---

① 该文件原文来自"律商网"数据库,检索日期:2013 年 7 月 30 日。

定》(中发〔2005〕10 号)精神,结合我区实际,特提出如下意见。

一、高度重视新时期少数民族古籍抢救搜集整理工作

我国是统一的多民族国家,在长期的历史发展中,每个民族都创造和积累了丰富多彩的历史文化,留下了卷帙浩繁的古籍文献和口碑古籍,这是宝贵的历史文化遗产,具有重要的历史价值和文化价值。我区是全国少数民族人口最多的少数民族自治区,少数民族古籍资源丰富,种类很多,内容涵盖了社会科学和自然科学的各个方面。据不完全统计,目前分散在我区民间的少数民族古籍有数万种。这些古籍是我区各族人民的宝贵财富,也是中华民族文化的重要组成部分。自治区党委、自治区人民政府历来高度重视少数民族古籍工作。多年来,在党中央和国务院的统一部署下,经过全区少数民族古籍工作者的辛勤努力,我区少数民族古籍抢救搜集整理工作取得了显著成绩。成立了机构,制定了规划,建立了少数民族古籍工作专业队伍;搜集整理出版了一批优秀的少数民族古籍,为我区各学科的学术研究提供了珍贵的资料,为各族人民奉献了难得的传统文化精品。但由于我区大部分世居少数民族没有文字,少数民族古籍大多是通过民族民间文化艺人口传心授代代传承下来,用民族古文字撰写的少数民族古籍也均为手抄本,这些少数民族古籍大都分散在民间,流失严重。同时,少数民族古籍搜集整理出版工作还面临人才、经费缺乏问题。少数民族中,通晓少数民族古籍的人不多,而且大都年事已高,汉族通晓少数民族古籍的人也不多。我区少数民族古籍抢救搜集整理工作面临的任务十分艰巨。当前我区正处在加快建设富裕文明和谐新广西,推进全面建设小康社会的重要时期。加强少数民族古籍工作,有利于继承和发扬各民族传统文化,繁荣社会主义文化,推进社会主义精神文明建设;有利于促进各民族之间的思想文化交流,加强民族团结,维护祖国统一;有利于凝聚各民族的力量,引导各族人民共同投身于全面建设小康社会伟大事业。各级各有关部门要从实现各民族共同团结奋斗、共同繁荣发展的高度,增强抢救搜集整理少数民族古籍的责任感和紧迫感,加大工作力度,认真做好新时期少数民族古籍抢救搜集整理工作。

二、突出重点,抓紧抢救搜集整理少数民族古籍

抓紧抢救搜集整理少数民族古籍,当前和今后一个时期要重点抓好以下工作:

(一)继续做好各少数民族古籍资源的调查摸底工作。这是抢救搜集整理少数民族古籍的基础性工作,是做好少数民族古籍抢救搜集整理工作的前提。各级人民政府要以"救书救人救学科"为宗旨,抓紧组织人力、物力、财力,积极开展调查摸底工作,全面普查,基本了解和掌握本地区少数民族古籍存量和流传情况。各市、县(市、区)民委(民族局)要认真编制本地区少数民族古籍简目,加强对散存民间的少数民族古籍的征集工作,并将少数民族古籍简目和已经集中保存的少数民族古籍报送自治区民族古籍办。各级公安、海关部门要按照有关规定将收缴的民族古籍资料移交自治区民族古籍办。自治区民族古籍办要加强与各级各有关部门的联系、沟通,及时掌握全区少数民族古籍资源情况,并及时征集少数民族古籍。

(二)按时保质完成《中国少数民族古籍总目提要·广西各民族卷》的编纂任务。《中国少数民族古籍总目提要》是国家民委部署的重要文化工程,已列入国家"十一五"文化事业发展规划重点项目。按照国家民委的要求,我区负责完成《中国少数民族古籍总目提要》壮族卷、瑶族卷、苗族卷、侗族卷、仫佬族卷、毛南族卷、京族卷、回族卷、彝族卷、仡佬族卷、水族卷等全卷或部分的编纂工作,并在 2006 年年底基本完成编纂任务,2008 年正式出版,任务重,时间紧。此项工作由自治区民族古籍办负责组织实施,各级人民政府要组织本地区民族、文化、文博、修志、档案、图书馆等单位的有关人员参加这项工作,落实经费,并根据自治区民族古籍办的安排组织有关人员参加编纂工作的培训、简目编制、卡片登录等工作,确保2008年完成所有编纂任务,为自治区成立50周年大庆献礼。

(三)全面落实《广西民族事业少数民族古籍整理"十一五"(2006—2010)发展规划》。该规划提出了"十一五"时期我区少数民族古籍抢救搜集整理工作的指导思想、发展目标、主要任务和主要措施,是指导当前和今后一个时期少数民族古籍抢救搜集整理工作的纲领性文件。各级各有关部门要结合本地区本单位实际,认真加以落实,全面完成该规划确定的目标任务,抢救我区各少数民族古籍经典和民族古文字传承人,搜集整理出版一批有重要价值的古籍,培养一批少数民族古籍抢救搜集整理业务骨干。

三、加强少数民族古籍抢救搜集整理工作的领导

(一)明确职责,健全机制。各级人民政府要将少数民族古籍抢救搜集整理工作纳入本地区民族工作规划,列入民族工作部门职责。自治区少数民族古籍整理出版规划领导小组负责组织、协调、联络、指导全区少数民族古籍整理出版规划工作,自治区文化厅、新闻出版局、文联、社科院、方志办、档案馆、博物馆等成员单位要各司其职、各负其责。建立健全自治区人民政府统一领导,自治区少数民族古籍整理出版规划领导小组为牵头,民族工作部门为依托,文化、社科院所、高等院校及社会力量支持和参与的民族古籍抢救搜集整理工作协调机制,充分发挥各方面的作用,形成工作合力。各市、县(市、区)要建立联络员机制,在相关部门设立少数民族古籍工作联络员,负责协调本地区民族、文化、修志、档案等单位做好少数民族古籍工作。

(二)筹措经费,确保所需。少数民族古籍工作是继承和发展民族文化的大业,是一项重要的公益性事业。各级人民政府要将少数民族古籍工作经费列入财政预算,进一步加大投入力度。同时,要广开渠道,通过争取国家支持、发动社会捐赠等途径,筹措少数民族古籍工作经费。

(三)加强队伍,提高素质。培养造就一支贯彻党的民族理论和民族政策、热爱民族文化事业,具有良好汉语言文字、少数民族语言文字根底和扎实工作作风的少数民族古籍整理人才队伍,是做好少数民族古籍工作的根本保证。各级各有关部门要把培养和建设少数民族古籍专业队伍作为一项重要的工作抓紧抓好,切实加强教育培训,优化队伍结构,着力培养骨干,善于培育后备人才,全面提高队伍的专业水平和整体素质。要从政治上爱护、生活上关心少数民族古籍工作干部,为他们创造良好的工作条件和生活环境。

广西壮族自治区人民政府关于公布第一批全区珍贵古籍名录和第一批全区古籍重点保护单位名单的通知①

(2009年10月19日　桂政发〔2009〕64号)

各市、县人民政府,自治区农垦局,自治区人民政府各组成部门、各直属机构:

自治区人民政府批准自治区文化厅确定的第一批全区珍贵古籍名录(155部)和第一批

---

① 该文件原文来自"北大法宝"数据库,检索日期:2013年7月30日。

全区古籍重点保护单位(6 个)名单,现予公布。

我区历史文化悠久,地处祖国南疆,由于地理气候环境和历史发展中的战乱,存世古籍文献与我国文化发达省区相比有明显差距。现存的古籍文献是广西各族人民的宝贵精神财富,尤其是少数民族古籍独具特色。保护和利用好珍贵文献典籍,对于继承和发扬民族优秀文化传统,增进民族团结,增强民族自信心和凝聚力,建设社会主义核心价值体系,提高广西文化软实力,都具有重要意义。

各地、各部门要进一步贯彻国务院有关古籍保护工作"保护为主、抢救第一、合理利用、加强管理"的指导方针,认真总结经验,加强科学规划,加大工作力度,切实做好我区珍贵古籍的保护、管理和合理利用工作。

附件:1. 第一批全区珍贵古籍名录(155 部)(略)
   2. 第一批全区古籍重点保护单位名单(6 个)(略)

海南省

海南省人事劳动保障厅、海南省文化广电出版体育厅关于印发《海南省图书资料系列专业技术资格评审条件(暂行)》的通知①

(2006 年 11 月 23 日 琼人劳保专〔2006〕97 号)

各市、县、自治县、人事劳动保障局,文化广电出版体育局,洋浦开发区管理局,各有关单位:

现将修订后的《海南省图书资料系列专业技术资格评审条件(暂行)》印发给你们,请遵照执行。执行中有何意见和建议,请向省人事劳动保障厅专业技术人员管理处或省文化广电出版体育厅人事处反馈。

自本通知下发之日起,原评审条件停止执行。

海南省图书资料系列管理员专业技术资格评审条件(暂行)

第一条 适用范围

本条件适用于我省从事图书资料工作的在职在岗专业技术人员。

第二条 申报条件

(一)基本条件

1. 热爱祖国、遵纪守法,爱岗敬业,遵守职业道德规范。认真履行岗位职责,积极完成本职工作。

2. 从事本专业技术工作以来,各年度的考核均为"称职"以上等次。

(二)学历、资历条件

申报人员应具备下列条件之一:

1. 中专学历,从事图书资料专业工作满 1 年;

---

① 该文件原文来自"律商网"数据库,检索日期:2013 年 7 月 30 日。

2. 高中学历,从事图书资料工作满 3 年(本条款仅适用于1983年以前高中毕业在县级以下图书资料单位工作人员)。

(三)继续教育条件

高中和非本专业学历人员,须参加继续教育,进修本专业的相关课程,并取得结业证书。

第三条　评审条件

较熟练掌握计算机应用技能。初步掌握图书资料收集、整理加工、阅览管理和流通利用的有关工作技能。

第四条　认定条件

本专业中专毕业从事本专业工作满 1 年,经单位考核合格,可认定管理员专业技术资格。

海南省图书资料系列助理馆员专业技术资格评审条件(暂行)

第一条　适用范围

本条件适用于我省从事图书资料工作的在职在岗专业技术人员。

第二条　申报条件

(一)基本条件

1. 热爱祖国、坚持四项基本原则,遵纪守法,爱岗敬业,有事业心和责任感,遵守职业道德规范。

2. 任现职以来,各年度的考核均为"称职"以上等次。

(二)学历、资历条件

申报人员应具备下列条件之一:

1. 大学本科学历,从事图书资料专业工作满 1 年;

2. 大学专科学历,从事图书资料专业工作满 3 年,或取得管理员专业技术资格并受聘该职务满 2 年;

3. 中专学历,从事图书资料专业工作满 5 年,或取得管理员专业技术资格并受聘该职务满 4 年;

4. 高中学历,取得管理员专业技术资格并受聘该职务满 7 年(本条款仅适用于1983年以前高中毕业并在县级以下图书资料单位工作人员)。

(三)外语、计算机和从业资格条件

1. 外语、计算机条件按省人事劳动部门的有关规定执行。

2. 非图书资料专业学历人员,须进修本专业的相关课程并获得结业证书。

第三条　评审条件

(一)学识水平

了解、掌握图书资料专业的基础理论和知识。具有一定的科学文化知识水平。

(二)业务能力

熟练掌握图书资料预定目录的录入、机读目录(MARC)的著录、文献到馆的计算机登记、文献信息资源管理与读者服务的有关工作方法和技能。能履行业务岗位的职责并具有一定工作能力。

第四条　认定条件

本专业具有硕士研究生学历毕业、大学本科学历毕业从事本专业技术工作满 1 年、大学专科学历毕业从事本专业技术工作满 3 年,经单位考核合格,可认定助理馆员专业技术资格。

海南省图书资料系列馆员专业技术资格评审条件(暂行)

第一条 适用范围

本条件适用于我省从事图书资料工作的在职在岗专业技术人员。

第二条 申报条件

(一)基本条件

1. 热爱祖国、坚持四项基本原则,遵纪守法,爱岗敬业,有强烈的事业心和责任感,有良好的职业道德。认真履行岗位职责,积极完成本职工作。

2. 任现职以来,各年度的考核均为"称职"以上等次。

(二)学历、资历条件

申报人员应具备下列条件之一:

1. 本专业或相近专业硕士研究生学历,取得助理馆员专业技术资格并受聘该职务满 2 年;

2. 本专业或相近专业大学本科学历,取得助理馆员专业技术资格并受聘该职务满 4 年;

3. 本专业或相近专业大学专科学历,取得助理馆员专业技术资格并受聘该职务满 6 年;

4. 本专业或相近专业中专学历,取得助理馆员专业技术资格并受聘该职务满 7 年;

5. 取得助理馆员资格并受聘该职务后,获地(厅)级科技进步、科技成果二等奖以上者,可突破上述资历限制破格申报。

(三)外语、计算机条件

1. 掌握一门外语,并按规定参加省人事部门组织的统一考试,成绩达到合格标准。

2. 能熟练掌握计算机操作技术,并按规定参加省人事部门组织的职称计算机应用能力等级考试,成绩达到合格标准。

3. 免除外语或计算机要求的,按省人事部门有关规定执行。

(四)继续教育和从业资格要求

1. 参照省人事劳动部门关于我省专业技术人员继续教育的规定,达到相关要求;

2. 非图书资料专业学历人员,须进修本专业的相关课程并取得结业证书。

第三条 评审条件

(一)学识水平

1. 系统地掌握图书资料及其相关专业的基础理论和专业知识,具备一定的科学文化知识。

2. 熟悉图书馆现代应用技术和业务技术规范。

3. 能参加本专业的学术交流活动。

4. 在公开发行的专业刊物上发表图书资料专业论文 2 篇以上;或发表 1 篇和在省级以上学术研讨会上宣读 1 篇。

(二)工作经历与能力

有一定的文献信息资源收集、加工整理、流通阅览管理和开发利用等图书馆工作的实践经验,能熟练运用计算机,较好地履行岗位职责,并能指导初级人员进行业务学习和技术操作,且具备下列条件之一:

1. 主持图书馆某一业务科室的管理工作 2 年以上;

2. 参与过地(厅)级科研项目 1 项、或图书馆业务建设 2 项以上的工作;

3. 作为主要成员参加过制订图书馆某一部门的管理规则或某项业务工作的操作规程、细则;

4. 参加过图书馆为提高效率、质量或服务水平等革新项目 1 项的工作;

5. 主持过 1 项或参加过 2 项以上新成果应用的服务工作。

(三)业绩和成果

须具备下列条件之一:

1. 获市厅级科技成果三等奖以上,或县级科研成果一、二等奖项目主要完成人;

2. 完成本单位组织的图书馆业务建设或文献信息开发利用 1 项以上(单位出具证明);

3. 编写本部门的业务规范、工作条例或管理规则等,并被采纳付诸实施;

4. 在图书馆业务建设和文献开发中起骨干作用,成绩显著,任现职期间年度考核至少有 1 次为优秀。

第四条　认定条件

本专业硕士研究生学历毕业从事本专业技术工作满 3 年及本专业博士学位获得者,经单位考核合格,可认定馆员专业技术资格。

海南省图书资料系列副研究馆员专业技术资格评审条件(暂行)

第一条　适用范围

本条件适用于我省从事图书资料工作的在职在岗专业技术人员。

第二条　申报条件

(一)基本条件

1. 热爱祖国,坚持四项基本原则,遵纪守法,爱岗敬业,有强烈的事业心和进取心,有良好的职业道德。认真履行岗位职责,积极完成本职工作。

2. 任现职以来,各年度的考核均为"称职"以上等次。

(二)学历、资历条件

申报人员应具备下列条件之一:

1. 博士研究生学历,取得馆员专业技术资格并受聘该职务满 2 年;

2. 本专业或相近专业硕士研究生学历,取得馆员专业技术资格并受聘该职务满 4 年;

3. 本专业或相近专业大学本科学历,取得馆员专业技术资格并受聘该职务满 5 年;

4. 取得馆员专业技术资格后,具备下列条件之一,可突破上述资历限制破格申报:

(1)获省部级科学技术进步或社科优秀成果奖二等奖 1 项;

(2)已完成的省级重点科研课题的主要承担者;或取得本专业国内先进水平的科研成果 1 项(以成果鉴定证书为据);

(3)从国内外引进的人才,地(厅)级以上重点科研课题的主要完成人。

(三)外语、计算机条件

1. 掌握一门外语,并按规定参加省人事部门组织的职称统一考试,成绩达到合格标准。

2. 能熟练掌握计算机操作技术,按规定参加省人事部门组织的职称计算机应用能力等级考试,成绩达到合格标准。

3. 免除外语或计算机要求的,按省人事部门有关规定执行。

(四)继续教育条件

1. 任现职期间需进行专业研修,完成岗位培训和继续教育计划。

2. 非图书资料专业学历人员,须进修本专业的相关课程并取得结业证书。

第三条　评审条件

(一)学识水平

1. 精通图书资料专业基础理论知识,具有较广博的科学文化知识,在本专业有较高造诣并能在工作中解决疑难问题。

2. 熟练掌握图书资料专业技术规范、标准、现代应用技术及相关专业(学科)的理论知识和专业技能。

3. 了解本专业国内外的现状和发展动态,掌握本专业(学科)的新理论、新技术、新知识。

4. 论著应具备下列条件之一:

(1)在公开出版的省级以上图书资料专业刊物发表学术论文 3 篇以上(其中,在本专业核心期刊上发表的不少于 2 篇);

(2)出版图书资料专业著作 1 部,并在具有较高水平的国际性专业学术会议或全国性专业学术会议大会上宣读论文 2 篇;

(3)出版图书资料专业著作 1 部,并在本专业核心期刊发表论文 1 篇以上。

(二)工作经历与能力

取得馆员资格后,应具备下列条件之一:

1. 在文献信息开发专业岗位上工作的人员,须具备下列条件:

(1)主要参与文献信息开发的选题论证、计划方案的制定和组织实施。

(2)独立进行文献信息的鉴别、筛选及分析标引等加工整理工作,判断分析较准确。

(3)主持较大型书目索引的编制或数据库的建设工作,撰写较高质量的提要、文摘、注释和综述。

2. 在文献采编专业岗位上工作的人员,须具备下列条件:

(1)主要参与市(厅)级以上专业规范的编制或大、中型图书馆分编业务工作细则的制定(修订)。

(2)主要参与制定(修订)文献采编工作条例或规章,选书判断较准确。

(3)掌握分类法、主题法、编目法、排检法等文献有序组织理论及方法,独立分编质量较高,能解答分编疑难问题。

3. 在读者服务专业岗位上工作的人员,须具备下列条件:

(1)全面主持或指导中型以上图书馆的读者服务工作或大型图书馆某方面的读者工作。

(2)掌握文献信息检索的各种方法,综合运用传统手工方法和现代信息技术手段开展各类参考咨询服务和用户辅导工作。

(3)主持 1 项以上重大服务项目,或指导过 2 名以上能胜任参考咨询(或大型读书活动策划组织)工作的业务骨干。

4. 在技术开发与应用专业岗位上工作的人员,须具备下列条件:

(1)主持或主要参与某一大、中型图书馆自动化建设发展规划的制定,在推进新技术、新系统在图书馆的应用中起骨干作用。

（2）承担较大型系统的项目论证、需求分析、方案设计和组织实施。

（3）解决业务技术难题，制定有关业务技术规程，组织指导技术人员进行程序设计和系统维护。

5. 其他岗位人员，比照上述条件执行。

（三）业绩和成果

须具备下列条件之一：

1. 主持完成或作为前三名主要参与人完成省部级本专业科研项目1项以上，并取得有较好应用效果的成果（以省科技厅或其他业务主管厅颁发的成果证书为据）；

2. 主持文献信息资源开发利用或二次文献编辑工作或信息咨询服务效益显著，经省级业务主管部门组织鉴定认可；

3. 主持完成图书馆业务创新建设2项以上，成绩显著，经省业务主管部门组织鉴定认可。

海南省图书资料系列研究馆员专业技术资格评审条件（暂行）

第一条　适用范围

本条件适用于我省从事图书资料工作的在职在岗专业技术人员。

第二条　申报条件

（一）基本条件

1. 热爱祖国，遵纪守法，坚持四项基本原则，爱岗敬业，有强烈的事业心和责任感，有良好的职业道德，认真履行岗位职责，积极完成本职工作。

2. 任现职以来，近五年的考核均为"称职"以上等次。

（二）学历（学位）、资历条件

申报人员应具备下列条件之一：

1. 本专业或相近专业大学本科以上学历，取得副研究馆员专业技术资格并受聘该职务满5年；

2. 取得副研究馆员专业技术资格并受聘该职务后，具备下列条件之一，可突破上述资历限制破格申报：

（1）主持或参与的项目获得国家科学技术进步或社科优秀成果奖1项；

（2）主持的项目获得省部级科学技术进步或社科优秀成果奖一等奖1项（或二等奖2项）；

（3）从国内外引进的人才，国家级重点科研课题的主要完成人。

（三）外语、计算机条件

1. 掌握一门外语，并按规定参加省人事部门组织的职称统一考试，成绩达到合格标准。

2. 能熟练掌握计算机操作技术，按规定参加省人事部门组织的职称计算机应用能力等级考试，成绩达到合格标准。

3. 免除外语或计算机要求的，按省人事部门有关规定执行。

（四）继续教育条件

1. 应进行专业研修，完成岗位培训和继续教育计划。

2. 非图书资料专业学历人员，须进修本专业的相关课程并取得结业证书。

第三条　评审条件

(一)学识水平

1. 精通图书资料专业基础理论知识,具有广博的科学文化知识,在本专业有较高学术造诣并能在工作中解决重大疑难问题。

2. 熟练、系统地掌握图书资料专业技术规范、标准、现代应用技术及相关专业(学科)的理论知识和专业技能。

3. 了解本专业国内外的现状和发展动态,掌握本专业(学科)的新理论、新技术、新知识。

4. 论著须符合下列条件中(1)(2)条之一以及第(3)条:

(1)在公开出版的省级以上专业刊物发表学术论文 5 篇以上,其中,在核心期刊上发表的不少于 3 篇;

(2)在公开出版的省级以上专业刊物发表学术论文或在具有较高水平的国际性或全国性本专业学术会议大会上宣读的论文合计 5 篇以上,其中,在核心期刊上发表的不少于 3 篇;

(3)出版本专业有较高学术价值的专著 1 部(合著者限第一作者,且本人执笔 10 万字以上)。

(二)工作经历与能力

具有丰富的专业技术工作经验和很强的科研能力、培养专门人才和指导本专业副高级以下技术人员的能力,是图书馆及图书馆工作某一领域的学术、技术带头人。任现职期间,符合下列条件之一:

1. 在文献信息开发专业岗位上工作的人员,须具备下列条件:

(1)把握社会需求和有关政策,主持文献信息开发的选题论证、计划和方案的制定并组织指导实施;

(2)独立承担或指导下级人员从事与开发和课题相关的文献信息搜集、鉴别、筛选及分析标引等加工整理工作;

(3)主持并参与大型书目索引的编制或大型数据库的建设工作,撰写高质量的提要、文摘、注释和综述,对内容标引进行规范控制。

2. 在文献采编专业岗位上工作的人员,须具备下列条件:

(1)主要参与省级以上专业规范和技术标准的编制工作,或主要参与组织实施全国或地区性文献资源建设协作协调项目;

(2)主持制定文献采编工作条例或规章,科学合理地确定学科结构、层次结构、文献类型结构和品种复本标准;

(3)精通文献有序组织理论和图书采编工作全过程,熟练掌握分类法、主题法、编目法、排检法等各种工具及方法,组织指导采编工作的开展并担任总审校。

3. 在读者服务专业岗位上工作的人员,须具备下列条件:

(1)全面主持或指导大型图书馆的读者服务工作。

(2)精通文献信息检索的各种方法,综合运用传统手工方法和现代信息技术手段从事高难度参考咨询服务。

(3)主持 2 项以上重大服务项目,或指导过 3 名以上能胜任参考咨询(或大型读书活动策划组织)工作的业务骨干。

4. 在新技术开发与应用专业岗位上工作的人员,须具备下列条件:

(1)主持或主要参与制定地区(行业)或某一大型图书馆自动化建设发展规划,跟踪现代信息技术的发展动态,推进、指导新技术、新系统在图书馆的应用。

(2)全面主持或指导新技术在图书馆的应用,承担大型系统的项目论证、需求分析、总体方案设计和组织实施。

(3)解答重大业务技术难题,组织实施图书馆现代信息技术知识的培训。

5. 其他岗位人员,比照上述条件执行。

(三)业绩成果

任现职以来,须具备下列条件之一:

1. 作为主要完成人(前3名)的项目获省(部)级科技进步二等奖以上1项。

2. 具备下列条件中任意2项:

(1)主持省(部)级以上科研课题1项以上,其成果达到本系统国内先进水平(以"科技成果鉴定证书"和省科技厅颁发的成果证书为据);

(2)主持制定本专业的标准、规程,或独立解决专业建设工作中的重大疑难问题1项以上,并得到本行业省级以上行政主管部门鉴定认可;

(3)主持完成文献资源开发或图书馆网络化数字化建设等重大项目1项以上,经省级以上行政主管部门鉴定,其成果达到国内先进水平。

附则

一、本附则为我省申报评审图书资料专业技术资格条件有关规定的解释。

二、学历系指国家承认的国民教育学历。博士研究生、硕士研究生系指获得相应的学历和学位证书。

三、本条件规定所指的资历、工作量、业绩、成果均为任现职以来所取得。

任职资历计算方法:从获得相应技术资格并受聘之日起计至申报当年12月底。

本专业工作年限:一般由毕业参加本专业工作后起计算至申报当年12月底。但后续学历获得者,须将全脱产学习时间减除。

四、如出现如下情况之一,在规定的年限上延迟申报:

(一)年度考核基本合格(基本称职)及以下或受单位通报批评者,延迟1年以上;

(二)受记过以上处分者,延迟2年以上;

(三)弄虚作假,伪造学历、资历,剽窃他人成果者,延迟3年以上。

五、本条件规定的著作、论文的学术水平均由评委会专家客观、公正、公平地评定。

六、论文:要求在国内公开出版发行的专业学术期刊上发表研究性学术文章(增刊、专辑不在此列),一般不少于3000字。研讨会必须是在地市级以上的本专业行政主管部门或行业协会(学会)举办的学术研讨会,宣读的论文须有会议宣读证明,并被收入公开出版的论文集。本条件所说"国际性学术会议"是指非商业性的由权威机构举办的专业学术会议。

七、"核心期刊"系指由北京大学出版社出版的《中文核心期刊总览》或中国社会科学院出版的《中国人文社会科学核心期刊》中所列期刊。

八、省、市级专业刊物:指由省、市级专业学会、协会主编、主办并公开发行的刊物。

九、本条件所要求的论文、著作均指独立完成或第一完成人。

十、用笔名发表的论文或获得的奖项，须由所在单位和出版部门、颁奖部门同时出具证明。

十一、获奖项目或课题须有获奖证书或科技行政主管部门出具鉴定书。同一科研项目、课题如获多项奖励不重复计算，以最高奖项计，"主要完成人"指前三名。

十二、非本专业人员调转本专业工作岗位工作满1年后，方可参加评审。如已取得其他专业技术资格的，应先转评本专业相同级别技术资格后方能晋升，当年不得同时转升。任职年限从原职称取得之日算起。

十三、本条件所称著作，是指取得 ISBN 统一书号公开出版的本专业学术专著或译著；申报研究馆员撰写 10 万字，申报副研究馆员撰写 8 万字。

海南省人民政府办公厅转发国务院办公厅关于进一步加强古籍保护工作意见的通知①

（2008 年 1 月 23 日　琼府办〔2008〕7 号）

各市、县、自治县人民政府，省政府直属各单位：

现将《国务院办公厅关于进一步加强古籍保护工作的意见》（国办发〔2007〕6 号）转发给你们，并就我省贯彻落实工作提出以下意见，请一并认真实施。

一、建立古籍保护工作联席会议制度。建立由省文化广电出版体育部门牵头，省发展与改革、财政、教育、科学技术、民族宗教事务等部门参加的全省古籍保护厅际联席会议。联席会议的主要职责是研究拟订全省古籍保护的重大政策措施，向省政府提出建议；协调解决全省古籍保护工作中的重大问题；讨论确定年度工作重点并指导、督促、检查古籍保护各项工作的落实。联席会议办公室设在省文化广电出版体育厅。联席会议各成员单位要根据职能分工，认真履行职责，建立长效保护机制，共同做好保护工作。

二、切实抓好古籍普查工作。我省古籍普查登记工作由省文化广电出版体育厅牵头负责，省图书馆具体组织实施，全省各公共图书馆配合。省教育、民族宗教、文物等部门要根据实际情况，制订本系统古籍普查实施方案，也可委托省图书馆统一开展普查登记工作。民间收藏的古籍可到省图书馆进行登记定级、著录。省图书馆要根据各地、各有关部门古籍普查成果汇总形成全省古籍目录，并将全省古籍普查成果上报国家图书馆。

三、科学制定古籍保护规划，积极申报古籍名录。在调查研究的基础上，各地要结合古籍保护的长远目标和近期安排，制定切实可行的保护规划。要按照有关技术标准和规范，进行古籍普查登记、清点、编目整理及数字化加工、缩微复制等，切实保护好我省珍贵古籍。要在抓好本地古籍普查登记的基础上，积极申报"国家珍贵古籍名录"和"全国古籍重点保护单位"。我省将在申报国家名录的基础上，适时建立省级珍贵古籍名录，命名省级古籍重点保护单位。

四、加大古籍保护宣传和资金投入力度。各地各有关部门要积极通过讲座、展览、培训、

---

① 该文件原文来自《中国图书馆年鉴 2009》（詹福瑞，2009），原文页次：633。

研讨等形式,宣传普及古籍保护的相关知识,动员全社会关心支持古迹保护工作,促进古籍利用和文化传播。各级财政部门要对古籍保护工作给予必要的支持,并制定优惠政策,鼓励并积极吸纳社会资金参与和支持古籍保护工作。

重庆市

重庆市人民政府办公厅关于印发重庆市古籍保护工作方案的通知①

（2007 年 10 月 29 日　渝办发〔2007〕297 号）

为加强全市古籍图书的保护、开发、利用,根据《国务院办公厅关于进一步加强古籍保护工作的意见》（国办发〔2007〕6 号）,特制订本方案。

一、指导思想

坚持以邓小平理论和"三个代表"重要思想为指导,深入贯彻落实科学发展观,建立科学有效的古籍保护制度,提高全社会古籍保护意识,充分发挥古籍在传承中华文化、提升人民群众科学文化素质、促进社会主义先进文化建设中的重要作用,坚持依法保护和科学保护的原则,贯彻"保护为主、抢救第一、合理利用、加强管理"的方针,正确处理古籍保护与利用的关系,统筹规划,分类指导,突出重点,分步实施。

二、总体目标

"十一五"期间,全面普查全市公共图书馆、高校图书馆、博物馆、档案馆和教育、宗教、民族、文物等系统及私人的古籍收藏和保护状况;建立重庆市古籍联合目录、重庆市珍贵古籍名录和古籍数字资源库;实现全市古籍分级保护;完成一批古籍书库的标准化建设;加强古籍修复工作、培养一批具有较高水平的古籍保护专业人员,逐步形成完善、科学的古籍保护工作体系。确定重庆图书馆、西南大学图书馆、北碚图书馆为我市古籍保护工作试点单位,力争进入全国古籍重点保护单位。

三、实施方法

（一）开展古籍普查登记工作

从 2007 年开始,用 3—5 年的时间,在全市范围内组织开展古籍普查登记工作,全面了解和掌握各级图书馆、博物馆等单位及民间所收藏古籍情况。对登记的古籍进行详细清点和编目整理,并依据有关标准进行定级。市文化广电局负责组织实施全市古籍普查工作。

（二）建立古籍保护制度

在古籍普查基础上,统筹规划,有针对性、有重点地对全市的珍贵古籍进行保护。根据古籍的数量、质量和保护条件,命名一批市级重点古籍保护单位,争取 1—3 家单位进入国务院命名的全国古籍重点保护单位。对进入国家珍贵古籍名录和重庆市古籍名录的古籍,收藏单位要根据古籍书库的建设标准和技术标准,改善古籍保管条件。没有条件收藏珍贵古籍的单位和个人,可以统一委托重庆图书馆收藏,古籍所有权不变。

---

① 　该文件原文来自"律商网"数据库,检索日期:2013 年 7 月 30 日。

（三）加强古籍的抢救修复工作

珍贵古籍的抢救、修复是古籍保护工作的重点。要集中资金有计划地对各馆藏破损古籍进行修复、抢救，要按照有关技术标准和规范对进入《全国珍贵古籍名录》的古籍和濒危古籍进行修复，保证修复质量。各古籍收藏单位要建立修复档案。重庆图书馆要加强对古籍修复技术的研究，积极吸取国内外先进技术和经验，条件成熟后可成立古籍修复中心，开展古籍保护理论与技术的研究，承担全市古籍修复任务。要积极参与国家古籍数字化标准制定工作，启动我市古籍的数字化工作，继续采用缩微技术复制、抢救珍贵古籍。

（四）加强古籍的整理、出版和开发利用

要加快建立古籍数字资源库，利用现代印刷技术出版古籍影印文献，争取更多重庆古籍入选国家二期善本再造工程。要充分发挥古籍在学术研究和文化建设方面的作用，积极向公众提供古籍全文的数字化阅览、缩微阅览和影印本阅览。积极整合全市图书馆、研究所、高校等单位的古籍研究人员，制定相关规划，大力开展古籍整理出版工作。

四、保障措施

（一）建立重庆市古籍保护工作局际联席会议制度

切实加强古籍保护工作的领导，建立重庆市古籍保护工作局际联席会议制度，制定规范的工作规则，定期召开会议。局际联席会议由市文化广电局牵头，市发展改革委、市财政局、市教委、市科委、市民宗委、市新闻出版局、重庆图书馆等部门和单位组成，负责研究决定我市古籍保护工作的重大事项。局际联席会议办公室设在市文化广电局。

局际联席会议各成员单位要按照现有职能分工，认真履行职责，共同做好全市古籍保护工作。市教委负责全市高、中等院校的古籍普查、保护工作；市民宗委负责全市少数民族、宗教单位的古籍普查、保护工作；市文化广电局负责全市文化系统和个人的古籍普查、保护工作；市新闻出版局负责协调全市古籍出版工作，申报古籍出版立项和经费补贴。

（二）建立市级古籍保护专业组织机构

成立重庆市古籍保护分中心，负责全市古籍普查登记和培训工作，汇总并向国家古籍保护中心报送古籍普查报表，建立地方古籍综合信息数据库，形成地方古籍联合目录。

成立重庆市古籍保护工作专家委员会，加强对全市古籍普查、修复、保护、研究、开发利用等方面的指导。

成立重庆市古籍整理出版规划小组，负责承办古籍整理出版规划工作，向国家古籍整理出版规划领导小组申报国家出版立项和补贴等。

（三）健全古籍保护工作经费保障机制

要加大全市古籍保护经费投入力度。各级财政要将古籍保护工作经费纳入预算安排，对列入《全国珍贵古籍名录》的古籍、进入全国古籍重点保护单位和入选古籍整理出版目录的项目要重点给予支持。积极鼓励公民、法人和其他组织对古籍保护事业进行捐赠。

（四）加强古籍保护人才队伍建设

以重庆图书馆为主，发挥西南大学、重庆师范大学、市档案馆、市社科院等单位和各区县（自治县）文化单位的作用，逐步建立一支专兼职结合的古籍保护人才队伍。要加强对古籍保护人员的分层次培养，有计划地开展在职人员的培训工作，逐步提高古籍保护人员的工作能力和业务水平，培养一批高水平的古籍鉴定、修复和整理专家。积极与国内外的高等院校和研究机构开展合作，学习借鉴先进经验，加强古籍保护技术的研究、运用和推广。

重庆市人民政府关于公布第一批重庆市古籍重点保护单位名单和第一批重庆市珍贵古籍名录的通知[①]

（2010 年 9 月 30 日　渝府发〔2010〕102 号）

各区县（自治县）人民政府，市政府有关部门，有关单位：

经市政府第 78 次常务会议通过，现将第一批重庆市古籍重点保护单位名单（12 个）和第一批重庆市珍贵古籍名录（611 部）予以公布。

有关区县（自治县）人民政府、市政府有关部门和单位要认真贯彻"保护为主、抢救第一、合理利用、加强管理"的指导方针，切实加大工作力度，进一步做好珍贵古籍的保护、管理和利用工作。

附件1：第一批重庆市古籍重点保护单位名单（12 个）

1. 重庆图书馆
2. 重庆市北碚图书馆
3. 西南大学图书馆
4. 重庆中国三峡博物馆
5. 重庆市涪陵区少年儿童图书馆
6. 华岩寺
7. 重庆市荣昌县图书馆
8. 重庆三峡学院图书馆
9. 重庆市万州区图书馆
10. 西南政法大学图书馆
11. 重庆大学图书馆
12. 重庆师范大学图书馆

附件2：第一批重庆市珍贵古籍名录（共 611 部）（略）

四川省

四川省文化局关于图书馆对州、县、区图书馆（室）进行业务辅导分工的通知[②]

（1960 年 2 月 21 日　四川省文化局）

---

① 该文件原文来自"北大法宝"数据库，检索日期：2013 年 7 月 30 日。

② 该文件原文缺，文件信息依据《中国图书馆百年纪事》（陈源蒸等，2004）176 页提供线索著录。

四川省文化局关于公共图书馆入藏
泄密书籍问题处理意见的通知①

(1961 年 3 月 26 日　四川省文化局)

四川省教育厅、省高教局、省文化局、省总工会关于公共图书馆、
厂矿、企业、学校图书馆(室)处理查禁停售图书的联合通知②

(1964 年 1 月 30 日　四川省教育厅、省高教局、省文化局、省总工会)

四川省高教局、省文化局关于做好我省古籍
善本书普查编目工作的通知③

(1978 年 9 月 6 日　四川省高教局、省文化局)

四川省文化厅、四川省财政厅关于加强
公共图书馆电子阅览室建设与管理的通知④

(2002 年 10 月 18 日　川文发〔2002〕第 61 号)

各市(州)文化局、财政局,省图书馆:

为进一步做好文化信息资源共享工程的各项工作,加强对共享工程的有效管理,根据文化部《全国文化信息资源共享工程管理暂行办法》(文社图发〔2002〕26 号)的有关规定,以及《文化部关于贯彻〈互联网上网服务营业场所管理条例〉的通知》(文市发〔2002〕46 号)精神,为使公共图书馆电子阅览室成为共享工程的重要技术平台,加强对公共图书馆电子阅览室的管理,促进图书馆信息服务的健康发展,特作如下通知:

一、高度重视,积极采取措施,加快推进全省公共图书馆电子阅览室建设工作

公共图书馆电子阅览室是社会主义精神文明的重要窗口,也是图书馆信息服务工作的重要组成部分,是四川省公共图书馆实现跨越式、追赶型发展,实现图书馆管理创新、服务创新的重要技术手段和基础平台。公共图书馆电子阅览室是指以计算机技术、网络通信技术为基础,集电子型文献(如磁盘、光盘、网络信息等)阅览、咨询、培训、服务为一体的现代化多功能阅览室,是各级公共图书馆在知识经济时代利用计算机技术、网络技术等开展的新型服务。公共图书馆的电子阅览室应遵循公益性原则,以传播先进健康优秀的中华民族文化信

---

① 该文件原文缺,文件信息依据《中国图书馆百年纪事》(陈源蒸等,2004)179 页提供线索著录。
② 该文件原文缺,文件信息依据《中国图书馆百年纪事》(陈源蒸等,2004)186 页提供线索著录。
③ 该文件原文缺,文件信息依据《中国图书馆百年纪事》(陈源蒸等,2004)214 页提供线索著录。
④ 该文件原文来自四川省文化厅网站(http://www.sccnt.gov.cn/),检索日期:2014 年 05 月 28 日。

息资源为己任。

各地要把公共图书馆电子阅览室的建设纳入文化事业建设整体规划,在设备、人员、资金等方面统筹考虑,给予保障。各级公共图书馆要加强文献信息资源建设和自动化、网络化建设,加强对专业技术人员的培养,为公共图书馆的可持续发展奠定基础。

电子阅览室是新型的图书馆管理与服务项目,各地应通过各种方式,以发展壮大公共图书馆事业为目的建设电子阅览室,积极探索图书馆深入社区、乡镇提供服务的方式,加强情况沟通与协调,并注意总结经验,不断改进、创新。

二、进一步加强对电子阅览室的管理

为加强对电子阅览室的管理,四川省文化信息资源共享工程领导小组制定了《四川省公共图书馆电子阅览室检查验收标准(大纲)》(见附件),各地各单位要根据大纲要求,建立相应的管理规范,明确其功能设置、工作人员要求、开办资格等,推动电子阅览室健康持续发展。

(一)电子阅览室开办及管理:

1. 公共图书馆开办电子阅览室必须遵守国家法律、法规及有关规定,并应当符合《四川省公共图书馆电子阅览室检查验收标准(大纲)》的条件。

2. 四川省文化信息资源共享工程领导小组和四川省文化厅授权四川省文化信息资源共享工程省中心(以下简称省中心)和四川省图书馆行使对全省公共图书馆电子阅览室的监督管理职责。全省公共图书馆兴办的电子阅览室由省中心按照统一标准进行认定,颁发《合格电子阅览室》牌匾。

3. 公共图书馆电子阅览室与互联网上网服务经营场所(网吧)有明确的区别。电子阅览室要遵循公益性原则,不得开展经营性活动。除收取必要的成本费之外,不得收取其他任何费用。各地公共图书馆或其他社会单位不得以电子阅览室的名义变相开展上网服务经营场所的服务。未经省中心认定的电子阅览室,一律作为网吧纳入文化市场管理范畴。在公共图书馆业务考核和达标定级中未经认定的电子阅览室不予承认,不得享受共享工程和电子阅览室的相关待遇。

(二)电子阅览室应当具有以下功能要求:

1. 使用计算机管理各种文献信息资源,用数字化的信息提供阅览、咨询服务。

2. 为科研、生产、领导机关提供信息检索服务。

3. 多媒体资料(CD—ROM)的浏览和查询。

4. 音像资料(CD、VCD 录音带、录像等)的欣赏、查询和外借。

5. 积极帮助读者(特别是青少年)学习计算机基础知识、网络知识、展示推广最新计算机软、硬件产品等。

6. 开展与计算机、计算机检索、网络服务有关的各种形式的培训工作。

(三)公共图书馆电子阅览室与工作人员管理职责:

1. 遵守国家法律、法规和本文件的规定,为读者提供文明、优质的服务。

2. 工作人员熟悉馆藏和互联网上的信息资源,能够辅导读者上机操作。

3. 维护阅览室正常的阅览秩序,对读者违反规定的行为要及时予以制止。

4. 对计算机、打印机等硬件设备进行定期检查和维护。

5. 根据有效证件对上机人员进行登记(姓名、单位、证件种类、证件号、上机起止时间、机号等)。

6. 各馆必须要有不少于二名经过省中心认证培训并取得培训合格证的人员参与电子阅览室管理,以保证电子阅览室的正常服务与管理。

(四)读者管理。公共图书馆电子阅览室要加强对读者的管理,要求读者遵循以下规定:

1. 遵守国家有关法律、法规及有关规定。

2. 遵守图书馆的各项规章制度,遵守社会公德。

3. 爱护电子阅览室设备。

4. 尊重工作人员及其他读者,接受工作人员的管理。

5. 读者因操作不当或其他失误,造成计算机软、硬件损坏,带来经济损失,应由其承担全部责任。

为加强管理,将定期或不定期组织有关部门对全省公共图书馆电子阅览室进行检查,以加强监督。望各地、各单位按照通知精神,落实措施,严格按照管理规范,共同推进公共图书馆电子阅览室建设,促进文化信息服务的健康发展。

附:四川省公共图书馆电子阅览室检查验收标准(大纲)(略)

四川省文化厅关于进一步加强公共图书馆电子阅览室管理的通知①

(2004 年 7 月 29 日　川文发〔2004〕第 27 号)

各市、州文化局,省图书馆:

随着图书馆事业的发展,为拓展图书馆服务领域,向读者快速、高效提供信息服务,我省不少公共图书馆开设了电子阅览室(包括文化信息资源共享工程基层服务站。下同)。电子阅览室是以计算器技术为基础,通过计算器管理各种文献信息资源,用数字化的信息提供阅览、咨询和网上服务。它是继图书阅览室、报刊阅览室后利用新技术、新载体服务读者的新型阅览室、是图书馆的组成部分。

目前,个别电子阅览室出现管理混乱问题,有的甚至形同"网吧",造成了不良的社会影响。为进一步规范和加强公共图书馆电子阅览室的管理,现强调如下:

一、公共图书馆电子阅览室应是以计算器技术、网络通信技术为基础,集电子型文献(如:磁盘、光盘、网络信息等)阅览、咨询、培训、服务为一体的现代化多功能阅览室,按照国家有关法律、法规及本馆的各项规章制度,对读者上网给予正确引导,坚决制止读者观看危害国家安全、败坏社会公德、影响身心健康的图文、音像。同时,充分利用现有的文化信息资源共享工程资源,向读者开展文化信息服务。

二、公共图书馆电子阅览室是图书馆的组成部分,是公益性文化信息服务场所,必须坚持社会效益第一的原则,不得实行经济承包、挂靠经营和单位内部个人集资等方式变相经营,不得开展以营利为目的的经营性活动。电子阅览室的收费标准应严格按照文化部办社图发〔2001〕28 号文《文化部办公厅关于加强公共图书馆电子阅览室管理的通知》规定:"除收取必要的成本费之外,不得收取其他任何上机费用",且收入必须用于图书馆事业的发展。

---

① 该文件原文来自四川省文化厅网站(http://www.sccnt.gov.cn/),检索日期:2014 年 5 月 28 日。

三、公共图书馆电子阅览室应环境幽静、空气流通。电子读物整洁并分类存放,建立目录,便于工作人员管理和读者的查找、使用。读者必须严格遵守社会公德,衣冠整洁,保持良好的公共图书馆社会形象。

四、公共图书馆电子阅览室开放时间,每天不得超过 8:00 至 23:00。

五、公共图书馆电子阅览室应遵照有关法律法规,自觉接受文化行政主管部门的管理和社会监督。要建立健全互联网上网服务实名登记制度,读者必须办理统一的"阅览证(卡)",工作人员根据"阅览证(卡)"对上机人员进行登台记(姓名、单位、证件种类、证件号、起止时间、机号等),登记内容和记录备份保存时间不得少于 60 日。同时要加强对读者上机的巡视和检查工作。

六、加强对未成年人上网的管理,规范上网内容。除文化部门指定的棋牌类等益智游戏外,未成年人不得在公共图书馆电子阅览室上网玩游戏。积极引导青少年健康上网,加强网上正面宣传,唱响主旋律,为广大未成年人创造良好的网络文化氛围。经学校或图书馆组织及寒暑假、双休日,学生可上机、上网。一次上机、上网的时间不得超过 2 小时。

七、各地党委政府应加大公共图书馆电子阅览室的投入,让公共图书馆电子阅览室成为真正意义上的青少年绿色网络空间。

各级文化行政主管部门务必高度重视图书馆电子阅览室的规范化管理,接通知后应立即对图书馆电子阅览室进行一次全面检查,发现问题,及时整顿。对非法从事互联网上网服务经营活动的,应予坚决制止直至取缔。情节严得者应追究主办单位负责人的行政责任。各地自查的情况,应于 9 月 30 日前向省文化厅社文处做出书面汇报。

请各地及时总结经验,查改问题,研究、探索加强图书馆电子阅览室规范化的新思路、新办法,更好地为促进经济、社会和人的全面发展服务。

四川省文化厅、四川省财政厅关于贯彻《文化部、财政部关于进一步推进全国文化信息资源共享工程的实施意见》的通知[①]

(2007 年 7 月 23 日　川文办发〔2007〕87 号)

各市(州)文化局、财政局,省文化信息资源共享工程分中心:

文化部、财政部最近联合下发了《关于进一步推进全国文化信息资源共享工程的实施意见》(文社图发〔2007〕14 号),现转发各市(州),请认真贯彻执行。为加快推进我省文化信息资源共享工程(以下简称"文化共享工程")建设,到 2010 年,基本建成资源丰富、技术先进、服务便捷、覆盖城乡的数字文化服务体系,努力实现"村村通"。结合我省实际,重点抓好以下工作:

一、以农村基层服务点建设为重点,建成完善的文化共享工程服务网络。

依托省、市(州)、县级图书馆、乡镇文化站、村文化活动室,建立和完善以省级分中心、市县支中心、乡镇村基层服务点为主体的三级文化服务网络。服务网络建设按照国家统一标准分级逐步推进:2007 年完成峨眉山、都江堰、绵竹市和仪陇县文化共享工程全国试点县

---

① 该文件原文来自四川省文化厅网站(http://www.sccnt.gov.cn/),检索日期:2014 年 5 月 28 日。

(市)的建设工作,四个试点县(市)建成 4 个县级分中心,100% 的乡镇建成基层服务点,10% 的村建立基层服务点。在总结试点县文化共享工程建设经验的基础上,21 个市(州)、60 个县(市、区)建成文化共享工程支中心;我省 8000 余个农村党员干部现代远程教育工程基层点,年底升级为扩展型。2008 年再建成 60 个县级支中心。2009 年完成全省县级支中心建设。全省乡镇基层服务点按照国家发改委、文化部即将实施的"乡镇综合文化站"建设项目统筹安排、实施;村级基层服务点随着农村党员干部现代远程教育工程基层点建设同步推进。2010 年实现我省三级文化服务网络全覆盖。

二、突出四川特色,加快数字资源建设步伐。

抓好文化共享工程数字资源建设,建设具有我省文化特色,以汉、藏、羌、彝族为重点的民族民间文化数据库,以我省世界遗产和红色旅游资源为重点内容的文化旅游数据库,以古蜀文明为核心的历史文化数据库,以川剧曲艺艺术为重点的舞台艺术数据库。力争 2007—2010 年实现自有各类资源达 20TB,完成自建特色资源达 10TB。

各市、县支中心要着力收集具有特色的文化资源,由省级分中心按国家资源建设目录、标准规范进行数字化加工和整合,报经文化部批准后提供全国文化信息资源共享工程共享。

每年省级分中心向基层提供不少于 1 万册的电子图书,每年采集制作 100 小时舞台艺术、知识讲座、特色文化及影视节目等视频资源。

三、采取多种措施,加强人才队伍建设。

各地要以自有队伍和社会队伍相结合的方式,通过人才引进、项目外包、培训等,逐步组建一支高水平的资源管理、软件开发、网络维护、数据库建设以及面向群众服务的专业技术队伍。市、县级支中心要配备专职人员。各级支中心和基层服务点工作人员上岗前必须经过技术培训,通过考试获得从业资格,由省文化厅发给上岗资格证书。培训工作按照统一验收,分级分批的原则进行。

四、加大投入,为文化共享工程建设提供有力保障。

各地要按照文化部《全国文化共享工程试点工作验收标准》的要求,配置各支中心的设施设备和专业服务人员。省财政"十一五"期间将加大对全省文化共享工程省级分中心建设、省级数字资源加工、基层点人员培训等方面的投入,并对少数民族县和国贫县的县级支中心建设给予适当补助。有条件的市(州)也要对所属困难县文化共享工程的建设及运行给予力所能及的支持,以进一步推进文化共享工程建设。各市(州)、县级财政要将文化共享工程建设资金、运行维护经费和收集特色文化资源所需经费纳入财政预算统筹安排,切实予以保障。确保市(州)支中心年运行经费不低于 2 万元,县(市、区)支中心年运行经费不低于 1 万元,乡镇基层服务点运行经费不低于 0.5 万元,村级基层服务点年运行经费不低于 0.1 万元,建立起文化共享工程运行维护的长效机制。

附件:《文化部、财政部关于进一步推进全国文化信息源共享工程的实施意见》(略)

关于印发《2008 年四川省文化信息资源共享工程县级支中心建设实施方案》的通知①

（2008 年 4 月 1 日　川文发〔2008〕19 号）

各市（州）、相关县文化局、财政局：

　　为加强文化信息资源共享工程专项资金管理,落实好《四川省文化厅、四川省财政厅关于贯彻〈文化部、财政部关于进一步推进全国文化信息资源共享工程的实施意见〉的通知》（川文办发〔2007〕87 号）精神,结合四川省文化信息资源共享工程（以下简称"共享工程"）建设的实际情况,特制定《2008 年四川省文化信息资源共享工程县级支中心建设实施方案》,请各市（州）和相关县按照实施方案,加大对共享工程县级支中心的经费投入,将工程建设、运行维护和收集特色文化资源所需经费纳入财政预算并统筹安排,切实予以保障。建立起文化信息资源共享工程运行维护的长效机制,做好资金管理保障工作,确保共享工程县级支中心的建设任务落到实处。

　　附:《2008 年四川省文化信息资源共享工程县级支中心建设实施方案》（略）

四川省人民政府办公厅关于公布第一批四川省珍贵古籍名录的通知②

（2010 年 7 月 23 日　川办函〔2010〕135 号）

各市（州）人民政府,省政府各部门、各直属机构：

　　第一批四川省珍贵古籍名录（373 部）已经省政府批准,现予公布。

　　各地各有关部门要继续贯彻落实国务院关于古籍保护工作"保护为主、抢救第一、合理利用、加强管理"的指导方针,认真总结经验,加强科学规划,加大工作力度,切实做好我省珍贵古籍的保护、管理和合理利用工作。

　　附件:第一批四川省珍贵古籍名录（373 部）（略）

---

①　该文件原文来自四川省文化厅网站（http://www.sccnt.gov.cn/）,检索日期:2014 年 5 月 28 日。
②　该文件原文来自"北大法宝"数据库,检索日期:2013 年 7 月 30 日。

贵州省

贵州省县级图书馆工作条例①

（1985 年 6 月 7 日　黔府〔1985〕49 号）

第一章　性质、任务

第一条　县级图书馆（以下简称县馆）是国家举办的综合性的公共图书馆，是社会主义科学、教育、文化事业的重要组成部分，是全县藏书、业务研究、辅导和馆际协作的中心。

第二条　县馆应坚持为人民服务、为社会主义服务方向，贯彻"百花齐放、百家争鸣"、"古为今用，洋为中用"的方针，结合本县情况，利用书刊资料为社会主义物质文明和精神文明建设服务。

第三条　县馆的主要任务：

（一）宣传马列主义、毛泽东思想，宣传党和政府的政策、法令，向人民群众进行社会主义和爱国主义教育。

（二）面向农村，立足基层，努力传播科学文化知识，为发展农村经济，建设社会主义现代化新农村服务。

（三）迅速传递情报信息，积极为科学研究和生产建设服务。

（四）积极协助区、镇、乡，大力发展和巩固图书馆（室），逐步形成城乡图书馆（室）网，充分发挥书刊资料的作用。

第二章　藏书建设

第四条　县馆应根据全县政治、经济、科学文化发展和各族人民群众的需要确定藏书建设，有计划地补充书刊资料，逐步形成具有地方特色和民族特点的藏书体系。图书采集以普及为主，力求品种多、复本少。丛书、多卷书和连续出版物应尽量完整配套。积极收藏本地方的文献资料。报刊收藏应以全国性和本省的报刊为主，有选择地订购。县馆除本地方文献外，一般不留保存本。

第五条　新入藏的书刊文献，应及时进行登记、分编、上架，投入流通。为使图书分编规范化，县馆应使用《中国图书馆图书分类法》、《普通图书著录规则》、《连续出版物著录规则》分编书刊，过去按其他分类法分编的图书应有计划地逐步改编，并根据藏书规模和长远规划，确定类目录使用的级位。县馆应分设读者目录和公务目录，读者目录应设分类目录和书名目录，规模较大、藏书较多的馆还可设著者目录；公务目录要有书名目录和分类目录。目录应有专人组织管理，定期检查，保持书、卡相符。

第六条　县馆要建立严格的书库管理制度，切实做好图书保护工作。对馆藏图书三至五年要清点一次，对无故损失图书的人员应追究责任。县馆除根据中央和出版部门规定停止借阅的书刊外，不得另立标准，自行封存。要保持书刊资料的完整性，不得做涂改、剪、贴、

---

① 　该文件原文来自"律商网"数据库，检索日期：2013 年 7 月 30 日。

撕页等技术处理。书刊资料如有破损,要及时修补,遗失报废要及时注销。对多余的复本和陈旧的书刊进行有计划的剔除。

第三章　服务工作

第七条　县馆应尽量满足城乡广大群众对书刊资料的合理要求。每周开放时间累计不得少于三十六小时。要方便读者,讲求实效,特殊情况需要闭馆或更改开放时间,必须报上级主管部门批准。县馆可以设普通、儿童、报刊等阅览室,至少要设综合阅览室。逐步实行半开架和部分开架借阅。要文明礼貌服务,认真改善服务态度,努力提高服务质量。

第八条　县馆要大力开展外借业务。有计划地办理个人借书证和集体借书证;开展邮寄借书,方便农村读者;加强馆际互借,弥补藏书不足。县馆应制定必要的借阅规则,经常向读者进行爱护书刊的宣传教育,损坏、丢失图书资料要照章赔偿。

第九条　加强图书宣传和阅读指导。要充分应用新书陈列、专题书展、读者园地、读书评介等各种形式,加强对读者特别是青少年读者的阅读指导。

第十条　县馆要经常主动为科研、生产部门提供有关书刊资料,编制专题书目索引,解答读者有关图书资料的各种知识性咨询。

第四章　业务辅导和馆际协作

第十一条　县馆业务辅导的重点是区、镇、乡、学校、街道、工矿基层图书馆(室)。要同有关部门密切配合,有计划地培训图书馆(室)的业务人员,辅导各项业务活动。注意培养典型,总结推广先进经验,提高图书馆(室)服务质量,促进图书馆(室)的巩固和发展。

第十二条　县馆在主管部门的领导下,应争取有关单位的支持,将全县各类图书馆(室)按系统或片区科学地组织起来,彼此协调,开展馆际互借,形成一个为科学研究,为生产建设,为城乡广大群众服务的图书馆网。

第五章　经费、馆舍和设备

第十三条　县馆要进行独立核算。县馆经费要纳入县财政预算,争取尽早达到每年按全县总人口人均一角钱的原则安排。少数民族地区图书馆的经费应略高于这个标准。随着经济和科学文化的发展,图书馆经费应逐年有所增加。县馆购书经费不得少于总经费的百分之四十,要专款专用,不得挪用。

第十四条　县馆馆舍扩建或新建的规模,可按全县人口和藏书情况确定,一般为一千到两千平方米。

第十五条　为更好地为四化建设服务,及时准确提供情报信息,县馆必须逐步添置一些现代化设备,如照相机、录音机、电视机、复印机、微型电子计算机、图书流通车等。

第六章　体制、机构和干部

第十六条　县馆要单独建制,行政上受当地文化主管部门的领导,业务上接受上级图书馆的指导。县馆实行馆长负责制,统一领导全馆的政治思想工作和业务工作。馆长应由具有一定的政治、业务水平和能胜任本职工作的干部担任。

县馆可在区(镇)设立分馆。分馆系县馆下伸机构,行政上受当地政府和县馆的双重领导。

第十七条　县馆根据精简的原则和实际需要,一般可设采编、借阅、辅导三个组。不具备设组条件的,三项业务工作应有专人负责。十人以上的县馆,应建立馆务委员会,协助馆长处理馆内重大的行政和业务问题。馆务委员会由馆长、组长、业务骨干组成。同时必须建立岗位责任制,定期考核,严格执行奖惩制度。

第十八条 县馆人数和干部条件:

(一)县馆基础人数六人。藏书二万册以上,每增加八千到一万册增加一人;少数民族和边远山区每增加六千到八千册增加一人。

(二)县馆应配备具有高中以上文化程度、身体健康、热爱图书馆事业的人员,逐步配备一定数量的大学生。少数民族地区的县馆,要配备一定数量的民族干部。

(三)县馆人员应努力学习政治和业务,走又红又专的道路。

第十九条 文化主管部门对县馆贯彻执行党的路线、方针、政策和完成任务的情况,要经常检查督促。要大力推行改革。要加强县馆干部队伍的建设、定期考核,对不适合做图书馆工作的人员要及时调整。要充分发挥县馆人员的专长,不要抽他们去做与图书馆无关的工作,保证他们至少有六分之五的时间从事业务活动。要帮助县馆制定各种规章制度,提高管理水平和工作效率,充分发挥县馆在社会主义物质文明和精神文明建设中的积极作用。

第七章 附则

第二十条 地辖市(省辖市区、特区)图书馆,除藏书建设、工作重点、服务对象要各有侧重外,人员编制和经费应高于一般县馆。

第二十一条 县馆可根据本条例的规定,制定各项规章制度和实施细则。

甘肃省

甘肃省文化局关于县(市)图书馆工作的规定(草案)①

(1959 年 12 月 甘肃省文化局)

甘肃省文化局、甘肃省总工会关于厂矿企业工会图书馆(室)处理停售图书的联合通知②

(1964 年 5 月 15 日 甘肃省文化局、甘肃省总工会)

甘肃省革委会政治部关于认真做好图书馆和文物工作的通知③

(1972 年 9 月 7 日 甘肃省革委会政治部)

---

① 该文件原文缺,文件信息依据《中国图书馆百年纪事》(陈源蒸等,2004)174 页提供线索著录。
② 该文件原文缺,文件信息依据《中国图书馆百年纪事》(陈源蒸等,2004)187 页提供线索著录。
③ 该文件原文缺,文件信息依据《中国图书馆百年纪事》(陈源蒸等,2004)196 页提供线索著录。

甘肃省文化厅、省民委、省教委、省总工会关于开展向全省县图书馆"捐赠百万册书"活动的通知①

（1992 年 11 月 28 日　甘文厅联字〔1992〕第 016 号）

甘肃省人民政府办公厅批转省文化厅关于进一步加强古籍保护工作实施意见的通知②

（2008 年 3 月 3 日　甘政办发〔2008〕20 号）

各市、自治州人民政府，省政府各部门，中央在甘各单位：

省文化厅《关于进一步加强古籍保护工作的实施意见》已经省政府同意。现予批转，请认真贯彻执行。

关于进一步加强古籍保护工作的实施意见

我国古代文献典籍（以下简称"古籍"），是中华民族在数千年历史发展过程中创造的重要文明成果，是极为宝贵的精神财富，也是人类文明的瑰宝。我省是文化大省，古籍藏量在全国占有重要份额。在省委、省政府的高度重视和领导下，在各市州、各有关部门和全社会的共同努力下，全省古籍保护工作取得了明显成效。但也应清醒地看到，现存古籍底数不清，古籍老化、破损严重，古籍修复手段落后，保护和修复人才匮乏等问题仍很突出。为了认真贯彻落实《国务院办公厅关于进一步加强古籍保护工作的意见》（国办发〔2007〕6 号）精神，进一步加强古籍的抢救、保护工作，继承和弘扬优秀传统文化，推进社会主义先进文化与和谐社会建设，结合实际，现提出以下实施意见。

一、加强组织领导

建立由省政府分管领导为召集人，省文化厅、省发改委、省教育厅、省科技厅、省民委、省财政厅，省新闻出版局，省文物局等部门有关负责人组成的省古籍保护工作联席会议制度（见附件）。联席会议制度各成员单位要根据职能分工，认真履行职责，建立长效保护机制，共同做好保护工作。各市州、县市区政府也要成立相应的领导机构，确保古籍保护工作有序开展。

二、制定保护规划

各市州要根据实际情况，认真开展调查研究，结合古籍保护的长远目标和近期安排，制定切实可行的保护规划。按照有关技术标准和规范，抓紧进行古籍普查登记、清点、编目整理及数字化加工、缩微复制等工作，切实保护好各类珍贵古籍。要宣传普及古籍保护的相关知识，动员全社会关心支持古籍保护工作，促进古籍利用和文化传播。

三、开展古籍普查

从现在开始至 2010 年，在全省范围内开展古籍普查登记和定级工作，切实摸清底数。

---

① 该文件原文缺，文件信息依据《中国图书馆百年纪事》（陈源蒸等，2004）329 页提供线索著录。

② 该文件原文来自文化政策图书馆网站（http://www.cpll.cn/），检索日期：2013 年 7 月 31 日。

具体由省文化厅牵头负责,省图书馆实施,全省各级公共图书馆、高等院校图书馆、中学图书馆、档案馆、科研、文博单位、宗教单位(寺庙)和私人藏书机构做好配合工作。各级教育、宗教、民族、文物、档案和科研等部门、单位,要积极配合文化部门做好本系统、本单位的古籍普查登记工作。民间收藏的古籍可到省、市州、县市区公共图书馆进行登记定级、著录。普查工作结束后,省图书馆要根据各市州、各有关部门古籍普查成果,汇总形成全省古籍目录,建立科学规范的古籍目录信息数据库。

四、建立古籍保护制度,改善古籍保管条件

省文化厅要结合古籍普查登记工作,制定相关标准,建立《甘肃省珍贵古籍名录》,报省政府批准后公布。对古籍收藏量较大、拥有珍贵古籍、具备一定保护条件的单位,经省政府批准,可命名为全省古籍重点保护单位。要规范古籍数字化工作,建立和完善全省古籍书目数据库,加快古籍书库的标准化建设,并积极采用缩微技术复制、抢救珍贵古籍。对列入《甘肃省珍贵古籍名录》的古籍收藏单位和全省古籍重点保护单位,各市州、县市区政府要进行重点投入和监督检查,省文化厅也要定期进行评估和检查。

五、加快推进古籍修复工作

各市州、各有关部门要有计划地对破损古籍进行修复,重点抓好列入国家、省级珍贵古籍名录和濒危古籍的修复工作。各古籍收藏单位要建立修复档案,按照《古籍修复技术规范与质量要求》进行修复,确保质量。要积极运用现代科学技术,充分吸收国际先进技术和经验,不断提高古籍修复水平。

六、进一步加强古籍的整理、出版、研究和利用

要整合现有资源,在省图书馆建立面向公众开放的古籍门户网站。要利用现代印刷技术,推进古籍影印出版工作。要开放古籍资源,为公众提供方便快捷的文献服务,发挥古籍在学术研究和文化建设方面的积极作用。特别是要面向青少年开展以中国历史、文化和民族精神为主题的教育活动,培养爱国主义情怀,提高科学文化素质。

七、加大资金投入

各级财政部门要对古籍普查、修复、出版及数字化等工作给予必要的资金投入。要制定鼓励政策,积极吸纳社会资金参与和支持古籍保护工作。

甘肃省人民政府关于公布第一批甘肃省珍贵古籍名录和第一批甘肃省古籍重点保护单位名单的通知①

(2010 年 8 月 17 日 甘政发〔2010〕65 号)

各市、自治州人民政府,省直有关部门:

省文化厅确定的第一批甘肃省珍贵古籍(411 部)名录和第一批甘肃省古籍重点保护单位(10 个)名单已经省政府批准同意,现予公布。

保护和利用好珍贵文献典籍,对于继承和发扬民族优秀文化传统,增进民族团结和维护国家统一,增强民族自信心和凝聚力,具有重要意义。各市州、各部门要切实贯彻"保护为

---

① 该文件原文来自"北大法宝"数据库,检索日期:2013 年 7 月 30 日。

主、抢救第一、合理利用、加强管理"的指导方针,认真总结经验,加大工作力度,进一步做好珍贵古籍的保护、管理和合理利用工作。

附件1:第一批甘肃省珍贵古籍名录(411部)(略)

附件2:第一批甘肃省古籍重点保护单位名单(10个)

甘肃省图书馆

兰州大学图书馆

甘南藏族自治州夏河县拉卜楞寺图书馆(藏经楼)

天水市图书馆

西北民族大学图书馆

西北师范大学图书馆

甘肃联合大学图书馆

敦煌研究院

甘肃省博物馆

甘肃简牍保护研究中心

青海省

青海省人民政府办公厅转发省文化厅
《关于进一步加强我省古籍保护工作意见》的通知①

(2007年8月27日 青政办〔2007〕141号)

西宁市、各自治州人民政府,海东行署,省政府各委、办、厅、局:

省文化厅《关于进一步加强我省古籍保护工作的意见》已经省政府同意,现转发给你们,请认真贯彻执行。

关于进一步加强我省古籍保护工作的意见

为抢救和保护我省珍贵的古籍,继承和弘扬中华民族优秀传统文化,推动社会主义先进文化与和谐社会建设,根据《国务院办公厅关于进一步加强古籍保护工作的意见》(国办发〔2007〕6号)、《中华人民共和国文物保护法》和《青海省人民政府办公厅关于印发青海省加强文化遗产保护实施意见的通知》(青政办〔2006〕185号)精神,现就进一步加强我省古籍保护工作提出以下意见:

一、充分认识古籍保护工作的重要性和紧迫性

我省地处祖国西部,是一个多民族省份,各民族团结友爱,共同创造了悠久的历史和灿烂的文化。古籍是记录民族文明成果的重要载体,古籍保护工作得到了历届政府的重视,众多古籍先后入选了《中国丛书综录》、《中国古籍善本书目》、《中国家谱总目》、《四库全书存

---

① 该文件原文来自"律商网"数据库,检索日期:2013年7月30日。

目丛书》、《四库禁毁书目》、《中国少数民族古籍总目提要·青海卷》等书目之中,编制了《青海省古籍善本书目》,使我省的珍贵古籍和少数民族古籍保护工作取得了一定的成就。但由于诸多原因,当前我省古籍保护工作,特别是少数民族古籍保护工作还存在许多困难和亟待解决的问题,如现存古籍底数不清,特别是社会流散古籍和家传古籍疏于管理,很难掌握确切的数字;古籍老化、破损情况严重;古籍文物市场尚未纳入规范管理;古籍修复手段落后,保护和修复人才尤其是少数民族古籍保护和整理人员匮乏。因此,加强我省古籍保护刻不容缓。各级人民政府及文化、新闻出版、民族宗教事务等有关部门要从对国家和历史负责的高度充分认识保护古籍的重要性,进一步增强责任感和紧迫感,切实做好我省的古籍保护工作。

二、加强我省古籍保护工作的指导思想、基本方针和总体目标

(一)指导思想。坚持以邓小平理论和"三个代表"重要思想为指导,全面贯彻和落实科学发展观,加大古籍保护工作力度,建立科学有效的古籍保护制度,提高全社会的古籍保护意识,充分发挥古籍在传承中华文化,提高人民群众思想道德素质和科学文化素质,增强民族凝聚力,促进社会主义先进文化建设中的重要作用。

(二)基本方针。贯彻"保护为主、抢救第一、合理利用、加强管理"的方针,坚持依法保护和科学保护的原则,正确处理古籍保护与利用的关系,统筹规划、分类指导、突出重点、分步实施。

(三)主要任务和基本目标。"十一五"期间,积极完成国家下达的"中华古籍保护计划"和"十一五"国家古籍整理重点图书出版规划任务,全面、科学规范地开展保护工作。对全省公共图书馆、博物馆和教育、民族、宗教、文物等系统的古籍收藏和保护状况进行全面普查,重点做好少数民族古籍的普查,在全面普查的基础上,建立全省古籍联合目录、古籍数字资源库和少数民族古籍数字资源库;在全省实现古籍分级保护,建立《青海省珍贵古籍名录》和《青海省少数民族珍贵古籍目录》;完成一批古籍书库的标准化建设,命名省级古籍保护单位;加强古籍修复工作,培养一批具有较高水平的古籍保护专业人员,重点支持少数民族古籍普查、抢救、修复、整理和出版工作。通过努力,逐步形成完善的古籍保护工作体系,使我省古籍得到全面保护。

三、突出重点,科学规范地开展古籍保护工作

(一)统一部署,全面开展古籍普查登记工作。从 2007 年开始,用 3 到 5 年时间,在全省范围内组织开展古籍普查登记工作,全面了解和掌握我省各级图书馆、博物馆、教育、科研、民委、文物等单位及民间所藏古籍情况,对登记的古籍进行详细清点和编目整理,并依据有关标准进行定级。建立古籍综合信息数据库和少数民族数字资源库,编纂完成青海省古籍联合目录。在省文化厅指导下,由省图书馆负责开展全省古籍普查登记工作。文物系统要严格按照相关要求和规范,努力配合做好本系统内的古籍收藏和保护状况调查、登记、鉴定、编目、建档等,将该项工作与第三次全国文物普查紧密结合起来,纳入其中,并积极配合做好《国家珍贵古籍名录》和"全国古籍重点保护单位"筛选推荐工作。教育、宗教、民族等部门根据实际情况,制定教育、宗教、少数民族古籍普查实施方案,也可委托省图书馆统一开展普查登记工作。民间收藏的古籍可到省图书馆进行登记、定级、著录。

这次古籍普查登记工作是建国以来全国也是我省进行的第一次全面深入的古籍摸底调查工作,各有关部门和单位要给予高度重视,认真组织,积极开展工作。

(二)实现古籍分级保护,建立《青海省珍贵古籍名录》,逐步形成完善的古籍保护制度。

为了加强对珍贵古籍的保护工作,提高全社会对珍贵古籍和少数民族古籍保护重要性的认识,将建立《青海省珍贵古籍名录》,经省政府批准后公布。从《青海省珍贵古籍名录》中遴选出价值高的古籍向国家申报《国家珍贵古籍名录》。对列入《国家珍贵古籍名录》、《青海省珍贵古籍名录》的重点古籍,收藏单位要按照有关要求,完善保护措施,切实做好保护工作,各级政府对此要严格监督,定期检查,保证必要的投入,给予重点保护。

(三)改善古籍保管条件,命名古籍重点保护单位。建立健全古籍书库的建设标准和技术标准,改善古籍保管条件,完善安全措施,保障古籍安全。对古籍收藏量较大,善本较多,管理制度完善,具备一定保护条件的单位,经省政府批准,命名为古籍重点保护单位,并作为财政投入和保护的重点,定期进行评估、检查。对符合全国古籍重点保护单位条件的单位,经省政府同意后,申报全国古籍重点保护单位。并争取建立青海省少数民族古籍收藏馆。

(四)加快推进古籍修复工作,提高古籍修复水平。集中资金,有计划地对破损古籍进行修复,尤其是抓好列入《国家珍贵古籍名录》、《青海省珍贵古籍名录》、濒危古籍和少数民族古籍的修复工作。各收藏单位要建立修复档案,按照有关技术标准和规范对古籍进行修复,确保修复质量。要将传统修复技艺与现代技术相结合,充分吸收国内外先进技术和经验,提高古籍修复水平。在省图书馆设立青海省文献保护重点实验室,开展古籍保护技术的研究和实验。

(五)进一步加强古籍的整理、出版和研究利用。参照国家有关标准制订青海省古籍数字化标准,规范古籍数字化工作,建立青海省古籍数字资源库,逐步为公众提供古籍全文数字化阅览服务。对珍贵古籍采用缩微技术复制、抢救,为读者提供方便的阅览服务。积极开展古籍的整理研究出版工作。

四、加强领导,明确职责,为古籍保护工作提供有力保障

(一)建立古籍保护工作协调机制。建立由省文化厅(省文物局)牵头,省发展改革委、省财政厅、省教育厅、省科技厅、省民委(省宗教局)、省新闻出版局等部门组成的青海省古籍保护工作联席会议。联席会议办公室设在省文化厅。省文化厅作为联席会议的牵头单位,要积极协调联席会议各成员单位,具体组织实施全省古籍保护工作。联席会议应定期研究少数民族古籍保护工作。具体工作主要依托省图书馆进行。在省图书馆设立青海省古籍保护中心,承担古籍普查登记、业务培训等方面工作。

(二)加大古籍保护资金投入。各级财政部门要对古籍普查、修复、出版及数字化等工作给予必要的资金支持。每年应拿出一部分资金用于少数民族古籍保护工作。要制定鼓励政策,积极吸纳社会资金参与、支持古籍保护工作。

(三)加强古籍保护人才培养。有关部门要制定规划,多渠道,分层次培养古籍人才。加强对现有少数民族古籍专职人员教育培训并在保护机制中配备少数民族古籍专职人员。建立古籍修复机构资格准入与修复人员资格认证制度。加强古籍保护工作人员的在职培训和少数民族古籍翻译、整理、出版、研究人才的培养。积极开展国际与地区间古籍保护的交流与合作。

(四)加大古籍市场监管力度。有关部门要依法规范古籍市场流通和经营行为,加强古籍销售、拍卖行为的审核备案工作,严厉打击盗窃、走私古籍等违法犯罪活动。要按照文物管理的有关法规,制定古籍出入境审核、监管办法。文物部门要配合有关部门做好业务范围内的古籍市场监管、法规编制、宣传教育、学术研究等工作。

（五）加强对古籍保护的宣传。全省各级各类图书馆要积极开拓文化教育的功能,通过讲座、展览、培训、研讨等形式宣传古籍保护知识,促进古籍利用和文化传播。广播电视、报刊、互联网等新闻媒体要加大古籍保护工作宣传力度,普及保护知识,展示保护成果,培养公众的保护意识,营造全社会共同保护古籍的良好氛围。

新疆维吾尔自治区

新疆维吾尔自治区人民政府办公厅关于开展
自治区图书馆建设捐赠活动的通知①

（1999 年 8 月 4 日　新政办〔1999〕93 号）

伊犁哈萨克自治州,各州、市、县(市)人民政府,各行政公署,自治区人民政府各部门、各直属机构:

新疆维吾尔自治区图书馆是自治区级综合性公共图书馆,是向社会公众提供文献信息服务的学术性社会文化机构,是自治区科学、教育、文化事业的重要组成部分。根据国务院《关于进一步完善文化经济政策的若干规定》(国发〔1996〕37 号)有关鼓励社会力量捐赠资助图书馆等社会公益事业的精神,为加快自治区图书馆建设,自治区人民政府同意开展自治区图书馆建设捐赠活动和自治区文化厅制定的《新疆维吾尔自治区图书馆建设捐赠活动(暂行)办法》。请精心组织,周密安排,保证捐赠活动健康有序地进行。

附:《新疆维吾尔自治区图书馆建设捐赠活动(暂行)办法》

一、为了搞好自治区图书馆建设,根据国务院《关于进一步完善文化经济政策的若干规定》(国发〔1996〕37 号)关于鼓励社会力量捐赠资助图书馆等社会公益事业的规定,制定本办法。

二、捐赠范围

（一)接受各类图书和图书馆所需的各种实物捐赠;

（二)接受图书馆建设所需的各种劳务捐赠;

（三)接受图书馆所需的各种信息、技术服务捐赠;

（四)接受资金捐赠。

三、为了纪念自治区图书馆全面开馆这一重要社会文化活动,铭记社会各界有识之士对图书馆建设的重要贡献,在馆区显著位置设立永久性纪念壁,并在图书馆馆舍专设一陈列室,陈列与图书馆建设有关的各种资料、物品和为图书馆建设做出贡献的人物事迹。

（一)个人捐赠款物折算人民币一万元以上(含一万元);企业、单位、团体捐赠款物折算人民币十万元以上(含十万元)将在陈列馆陈列有关图书、简介,在媒体鸣谢并铭刻在永久性纪念壁做永久纪念;

---

① 该文件原文来自"律商网"数据库,检索日期:2013 年 7 月 30 日。

（二）个人捐赠款物折算人民币一千元以上，一万元以下；企业、单位、团体捐赠款物折算人民币五万元以上，十万元以下的将在陈列室陈列有关图片、简介、并在媒体鸣谢；

（三）各种捐赠均颁发捐赠证书和纪念品，并予以鸣谢；

（四）凡给予图书馆捐赠的人士都将被邀请参加图书馆开馆仪式，并刊载于图书馆全面开馆纪念册做永久纪念；

（五）自治区图书馆将为捐赠者提供各种图书、信息服务；

（六）尊重捐赠者提出的其他鸣谢方式；

（七）参加捐赠活动人员由自治区图书馆建设领导小组聘任并颁发证书。

四、捐赠款物的管理与使用

（一）自治区图书馆为管理和接受捐赠的机构。受理与图书馆捐赠建设有关的事务，严格按照财务管理制度，设立专项账户管理捐款；

（二）所有损赠款物一律用于图书馆建设；

（三）充分尊重捐赠者捐赠使用意愿，按照捐赠者意愿合理使用捐赠款物，并通知捐者；

（四）所有捐赠活动均依法进行，并接受审计等部门的监督检查。

五、本办法自发布之日起实行。

新疆维吾尔自治区人民政府办公厅关于进一步加强自治区古籍保护工作的实施意见①

（2007 年 5 月 31 日　新政办发〔2007〕88 号）

伊犁哈萨克自治州，各州、市、县（市）人民政府，各行政公署，自治区人民政府各部门、各直属机构：

为贯彻落实《国务院办公厅关于进一步加强古籍保护工作的意见》（国办发〔2007〕6号）和全国古籍保护工作会议精神，进一步推进我区古籍保护工作健康、深入地开展，现就进一步加强自治区古籍保护工作提出以下实施意见。

一、充分认识古籍保护工作的重要性和紧迫性

新疆区域内的各类古代文献典籍，承载着丰厚的文化内涵，蕴含着各民族特有的精神价值和思维方式，是中华民族数千年历史发展过程中创造文明成果的重要组成部分，是中华文明一脉相承的历史见证，也是人类文明的瑰宝。古籍具有不可再生性，加强古籍保护工作，对于促进文化传承、联结民族情感、弘扬民族精神、维护祖国统一具有重要作用。

新疆的民族成分多，形成的古籍语文种类较多，有回鹘文、婆罗米文、察合台文、阿拉伯文、波斯文、维吾尔文、哈萨克文、托忒蒙古文、柯尔克孜文、满文、锡伯文、乌兹别克文、塔塔尔文、藏文、汉文等 15 种文字，内容丰富多样。由于历史原因，我区古籍的版本载体较为复杂，收藏分布极为分散，收藏条件千差万别。存在古籍底数不清，古籍老化、破损严重，古籍修复手段落后，保护和修复人才极度缺乏，有些古籍面临失传的危险。因此，加强古籍保护工作刻不容缓。

---

① 该文件原文来自"律商网"数据库，检索日期：2013 年 7 月 30 日。

各地、各有关部门要从全面落实科学发展观,建设社会主义先进文化,构建社会主义和谐新疆的高度,充分认识加强我区古籍保护工作的重要性、必要性和紧迫性,切实增强责任感和使命感,结合我区实际,依据《中华人民共和国文物保护法》和《国务院关于加强文化遗产保护的通知》(国发〔2005〕42号),从普查登记、规划设计、组织协调、建立机制、形成制度等方面采取切实可行的措施,进一步做好我区古籍保护工作。

二、指导思想、基本方针和目标任务

(一)指导思想。坚持以邓小平理论和"三个代表"重要思想为指导,全面贯彻和落实科学发展观,建立政府主导、部门协作、社会参与的古籍保护工作机制,逐步形成符合新疆实际、科学有效的古籍保护制度,提高全社会保护古籍、利用古籍的意识,充分发挥古籍在传承新疆各民族传统文化、增强民族团结、促进社会稳定中的重要作用。

(二)基本方针。古籍保护工作要坚持贯彻"保护为主、抢救第一、合理利用、加强管理"的方针,坚持依法保护和科学保护的原则,正确处理古籍保护与利用的关系,统筹规划、分类指导、突出重点、分步实施。

(三)目标任务。"十一五"期间,紧密配合国家实施的"中华古籍保护计划"和"十一五"国家古籍整理重点图书出版规划,全面、科学、规范地做好我区古籍保护工作。首先,对全区各级各类图书馆、博物馆、民族宗教、教育、卫生、文物、新闻出版等系统,包括民间的古籍收藏和保护状况进行一次全面普查,彻底摸清古籍底数;其次,逐步建立古籍分级保护制度,编制《新疆维吾尔自治区珍贵古籍名录》,并完成国家建立《国家珍贵古籍名录》所规定的相关资料汇总报送任务;第三,重点完成一批古籍库的标准化建设,争取具备条件的古籍保护单位成为"全国古籍保护重点单位";第四,加强古籍整理、出版和修复工作,争取我区有一批重点古籍列入国家古籍出版计划;第五,努力培养一批具有较高水平的古籍保护专业人员,逐步形成我区较完善的古籍保护工作体系和工作制度,使我区的古籍得到全面保护。

三、突出重点,科学规范地做好古籍保护工作

(一)认真做好古籍普查登记工作

古籍普查登记是古籍保护的基础性工作,是古籍抢救、保护与利用工作的重要环节。各地、各有关部门要精心组织,严格要求,保质保量地完成好古籍普查登记任务。

1. 普查登记时间:2007年7月—2008年12月。

2. 普查登记目的。在全区组织开展古籍普查登记工作,全面了解和掌握全区各级各类图书馆、文物博物、民族宗教、教育、卫生、新闻出版等系统(单位)及民间所收藏、保护古籍的情况,对登记的古籍进行详细清点和整理编目。在全面普查、摸清家底的基础上,分自治区、地(州、市)、县(市、区)三级,建立古籍综合信息数据库,形成《新疆维吾尔自治区古籍联合目录》,并积极配合国家建立珍贵古籍名录,编制《新疆维吾尔自治区珍贵古籍名录》,逐步形成完善的古籍保护制度,以便国家、自治区有重点、有针对性地开展古籍整理、出版和修复工作,促进对古籍资源的利用。

3. 普查登记范围、对象和主要内容。我区古籍普查范围包括自治区境内的各级公共图书馆、高等院校图书馆、科研单位图书馆、文物博物单位、民族宗教单位、医疗卫生单位、书刊出版单位等收藏有古籍的机构和组织,个人和私人收藏机构收藏有古籍的也应纳入普查范围。古籍普查的对象为汉文和各少数民族文字的古籍,其他特种文献,如甲骨、简册、帛书、金石拓片、舆图等,暂不列入这次普查范围。古籍普查的主要内容包括古籍基本信息、古籍破损信息和古籍保存状况信息等。

4. 工作机构与任务分工。自治区古籍普查工作由自治区古籍保护领导小组统一领导、统筹规划,由自治区文化厅牵头组织实施。设立专家委员会,聘任有关专家负责古籍的鉴定、定级及普查、保护咨询工作。自治区图书馆为全区古籍普查登记中心,负责全区古籍普查登记工作和人员培训工作,研制标准,编写教材,培训普查人员,汇总古籍普查成果,建立新疆古籍综合信息数据库,形成《新疆维吾尔自治区古籍联合目录》,并负责向国家图书馆报送古籍普查报表。

地、县两级公共图书馆在同级文化行政主管部门领导下,负责本地区古籍普查登记工作,按照统一的标准和教材,培训本地区的普查人员,汇总并向自治区图书馆报送当地古籍普查报表,建立地方古籍综合信息数据库,形成地方古籍联合目录。

自治区文化、民族宗教、教育、科技、卫生、新闻出版、文物博物等部门,负责组织本系统有关单位,主动协助各级公共图书馆,按要求做好古籍普查登记工作。

民间收藏的古籍,可到所在地、县图书馆或自治区图书馆登记、定级、著录。

各收藏单位(包括个人和私人收藏机构)所收藏、保护的古籍,其所有权不变。其中的珍贵古籍文献需要整理、出版、修复的,实行申报制,由自治区文化行政主管部门负责受理和规划、落实。

这次古籍普查登记是建国以来在全国范围内进行的第一次全面深入的调查,自治区各有关部门和单位应高度重视,协同配合,认真组织,按时完成普查登记工作。

(二)改善古籍保管条件,命名古籍保护重点单位

依照国家相关规定,逐步建立自治区古籍书库的建设标准和技术标准,改善古籍保管条件,完善安全措施,保障古籍安全。加强古籍保护单位的规范化建设,"十一五"期间命名一批自治区级古籍重点保护单位。在此基础上,创造条件,积极申报,争取具备条件的单位成为"全国古籍重点保护单位"。

(三)加快推进古籍修复工作

集中资金和人力,有计划地对破损古籍进行修复,重点抓好列入《国家珍贵古籍名录》和濒危古籍的修复工作。各古籍收藏单位要建立修复档案,按照有关技术标准和规范对古籍进行修复,确保修复质量。

(四)加强古籍的整理、出版和研究利用

在古籍普查登记的基础上,对古籍进行分类整理,与国家同步建立古籍数字资源库,规范古籍数字化工作,争取我区有一批重点古籍列入国家古籍出版计划,并采取有效措施,向社会和公众开放自治区古籍资源,发挥古籍应有的作用。

四、加强领导,协同配合,共同做好古籍保护工作

鉴于古籍保护工作涉及部门、单位多,普查和保护工作任务重,必须在各级政府的统一领导下,建立协调一致、分工合作的古籍保护工作机制。

(一)建立古籍保护工作领导小组。成立由自治区主管副主席为组长,自治区文化厅、发改委、财政厅、民委、教育厅、科技厅、卫生厅、新闻出版局、文物局等部门为成员单位的"自治区古籍保护工作领导小组",负责组织、协调全区古籍保护工作。领导小组下设办公室,设在自治区文化厅。领导小组各成员单位要按照现有职能分工,认真履行职责,密切配合,共同

做好古籍保护工作。各地(州、市)、县(市、区)也要建立相应的领导协调机构,负责领导和组织实施本地区的古籍保护工作。

(二)加大古籍保护资金投入。各级财政部门要对本地区古籍的普查、修复、出版及数字化等工作所需经费给予必要的支持。要制定鼓励政策,积极吸纳社会资金参与、支持古籍保护工作。

(三)加强古籍保护人才培养。文化行政主管部门要根据我区实际制定古籍保护人才培训规划,积极争取国家支持,多渠道、分层次培养古籍保护人才。要重点加强少数民族古籍的翻译、整理、出版、研究人才培养。要积极开展地区间古籍保护的交流与合作。

(四)加大古籍市场监管力度。文化行政主管部门要依法规范我区的古籍市场流通秩序和经营行为,加强古籍销售、拍卖行为的审核备案工作,在公安、海关等有关部门配合下,严厉打击盗窃、走私古籍等违法犯罪活动。要依照文物管理的有关法规,制定古籍出入境审核、监管办法。加强国际合作,坚决依据有关国际公约和法律法规追索非法流失境外的古籍。

(五)加强对古籍保护的宣传。各级各类图书馆要积极开拓文化教育功能,通过讲座、展览、培训、研讨等形式宣传古籍保护知识,促进古籍利用和文化传播。广播电视、报刊、互联网等新闻媒体要加大对古籍保护的宣传力度,宣传开展古籍普查登记的重要意义,普及古籍保护知识,展示古籍保护成果,培养公众的古籍保护意识,营造全社会共同保护好、利用好古籍的良好氛围。

乌鲁木齐市公共图书馆管理办法①

(2008年3月21日 乌鲁木齐市人民政府令第91号)

第一章 总则

第一条 为了加强公共图书馆的管理,推动公共图书馆事业的发展,满足人民群众对科学、文化知识的需求,充分发挥公共图书馆的作用,结合本市实际,制定本办法。

第二条 本办法所称公共图书馆,是指政府投资举办的,向社会公众开放,具有文献信息资源的收集、整理、存储、开发、传播、研究和服务等功能的公益性文化机构。

本办法所称文献信息资源,是指纸质、声像、胶片、电子、网络等一切载体形式的知识或者信息的记录。

第三条 本办法适用于本市公共图书馆的设置、使用及监督管理。

第四条 市文化行政主管部门负责本市公共图书馆的管理工作。

区(县)文化行政主管部门负责本辖区公共图书馆的管理工作。

发展和改革、财政、建设、国土资源、规划、人事、教育、科技等部门应当在各自职责范围内,协同做好公共图书馆管理工作。

第五条 鼓励和支持社会团体、企事业单位和个人兴办向社会开放的图书馆(室)并参加公共图书馆网络。

---

① 该文件原文来自"律商网"数据库,检索日期:2013年7月30日。

第六条　鼓励和支持国内外的单位和个人向公共图书馆捐赠资金、文献、设备。

第七条　对向公共图书馆捐赠资金、文献、设备以及为公共图书馆事业发展做出贡献的单位和个人,由文化行政主管部门给予表彰或奖励。

第二章　建设与发展

第八条　市文化行政主管部门应会同有关部门制定本市公共图书馆发展规划和公共图书馆信息网络建设方案,报市人民政府批准后组织实施。

区(县)文化行政主管部门应做好辖区内公共图书馆发展规划和公共图书馆信息网络建设方案的实施工作。

第九条　公共图书馆的建设应纳入城市总体规划,并优先安排公共图书馆建设用地。

第十条　公共图书馆根据人口分布情况和经济、社会发展的需要,按照统筹规划、合理布局的原则设立。

第十一条　区(县)应当设立公共图书馆,有条件的乡、镇(街道)可以设立公共图书馆。

有条件的区(县)和乡、镇(街道)可以单独设立少年儿童图书馆。

第十二条　公共图书馆的设立、变更和撤销,由文化行政主管部门提出,报同级人民政府批准,并报上一级文化行政主管部门备案。

第十三条　鼓励学校、科学研究机构以及社会团体、企事业单位的图书馆(室)向社会开放。

第十四条　鼓励和扶持在社区、村兴办公共图书馆(室)。

区(县)和乡、镇人民政府以及街道办事处应当以区(县)公共图书馆和乡、镇(街道)公共图书馆(室)为基础,采取多种扶持措施,加强社区、村内图书馆(室)的建设。

第十五条　公共图书馆的新建、改建、扩建应当符合公共图书馆发展规划的要求,适应现代化管理和服务的需要。

公共图书馆的布局要求、馆舍面积和阅览座位按国家有关规定执行。

第十六条　公共图书馆的馆舍、设备、文献资源受法律保护,任何单位和个人不得损坏或侵占,不得擅自改变公共图书馆馆舍用途。

公共图书馆的资产处置按国家、自治区和本市有关国有资产管理的规定执行。

第十七条　因城市建设等特殊原因确需拆除公共图书馆或改变其功能、用途的,应依法择地重建。新建的公共图书馆规模不得低于其原有规模。

第十八条　公共图书馆的布局分为阅览用房、藏书库房、办公用房和其他用房。公共图书馆可以根据工作需要,开设图书、报刊、音像制品和电子出版物等阅览室。

第十九条　公共图书馆的阅览用房和藏书库房不得任意占用。

禁止在公共图书馆内设置营业性文化娱乐场所。

第二十条　公共图书馆可以多渠道筹集资金,用于图书馆建设。

公共图书馆经费应当专款专用,不得挪作他用。

第三章　服务与读者权益

第二十一条　公共图书馆应当按照有关规定向读者开放。

国家法定节假日和学生寒暑假期间,公共图书馆每天开放时间不少于 8 小时。

第二十二条　公共图书馆应当将本馆的服务对象、服务范围、开放时间等服务事项进行公示。确需变更开放时间或者关闭的,至少应当提前 3 日进行公示。

第二十三条　公共图书馆应当建立完备的馆藏书目数据库,实现自动化、网络化检索,为读者利用文献资料创造良好、便利的条件,为老年人、残疾人提供方便。

第二十四条　公共图书馆应当设计、营造、维护良好的阅读环境,采取阅览、外借、流动借阅、网络化借阅等多种方式为读者提供服务。

公共图书馆应当实行开架或者半开架制度,提高文献信息资源利用率,图书馆内应开设少年儿童图书室,不断拓展服务领域。

第二十五条　除国家规定禁止公开传播的文献资料外,公共图书馆不得另立标准,任意封存馆藏文献信息资料。对于善本、珍本和不宜外借的馆藏文献信息资料,可以本着保护的原则限制使用。

第二十六条　公共图书馆应当采取多种形式,向读者推荐优秀作品,指导读者阅读。

第二十七条　公共图书馆开展文献信息资源开发、利用等业务服务时,可以收取服务费。服务费应当执行价格行政主管部门核定的收费标准,并向社会公示。

第二十八条　读者在公共图书馆享有下列权利:

(一)免费进行书目检索;

(二)凭借阅证免费借阅图书、报刊;

(三)获得工作人员提供关于利用文献信息资源的指导;

(四)获得有关文献资料和阅读方面的咨询服务;

(五)参加讲座、沙龙等读书活动;

(六)向图书馆或者其主管部门提出建议和意见;

(七)依照有关规定获得公共图书馆提供的其他服务。

第二十九条　读者在公共图书馆应当履行下列义务:

(一)爱护馆藏文献信息资料和公共设施;

(二)借阅文献资料,按规定办理借阅手续;

(三)按规定日期归还所借文献;

(四)遵守公共图书馆的其他规章制度。

第四章　文献信息资源建设

第三十条　公共图书馆文献信息资源建设实行统一规划、合理布局、分工协作、共建共享的原则。

第三十一条　公共图书馆应当科学合理地确定文献信息资源的建设方针,做好纸质文献、电子文献和其他载体文献等文献资料的收藏工作。

公共图书馆应当加强对地方文献的征集,逐步形成具有地方特色的馆藏体系。

第三十二条　市、区(县)公共图书馆的藏书总量应达到国家规定标准;乡、镇(街道)公共图书馆(室)应当根据经济发展水平,逐年增加藏书总量。

第三十三条　公共图书馆对新入馆的文献信息资源,应按国家公布的标准及技术规范,及时进行加工整序,在 20 日内提供读者使用。

第三十四条　公共图书馆应当做好文献信息资源的保护工作,配备防火、防盗、防潮、防有害生物等必要设施,建立和落实相关安全管理制度,加强对馆藏古籍善本等珍贵文献的保护和管理。

对失去使用和收藏价值的馆藏资料,应当报文化行政主管部门批准后进行剔除。

第三十五条　除特殊种类或者出版数量较少的出版物外,出版社、报社、杂志社等出版单位应当自本单位出版物出版之日起 30 日内,将样本送缴市图书馆收藏,具体送缴办法由市文化行政主管部门另行制定。

前款所称出版物,包括图书、报纸、期刊、音像制品、电子出版物等。

第三十六条　公共图书馆应当加强馆藏文献信息资源数字化建设,逐步建立现代化图书馆网络,加强馆际交流,实现资源共享。

第五章　法律责任

第三十七条　违反本办法规定,有下列行为之一的,由文化行政主管部门责令限期改正;情节严重的,对主管人员和直接责任人给予行政处分:

(一)未按规定向读者开放或者任意限定借阅范围的;

(二)未按本办法第二十二条规定进行公示的;

(三)擅自向读者收取费用的;

(四)擅自剔除馆藏文献资料的;

(五)任意限制、封存、损毁、变卖、转让馆藏文献资料的。

第三十八条　违反本办法规定,有下列行为之一的,由文化行政主管部门责令限期改正;对负有直接责任的主管人员和其他直接责任人员,由其所在单位或者上级主管部门给予行政处分;构成犯罪的,依法追究刑事责任:

(一)挪用公共图书馆业务经费的;

(二)擅自改变或者部分改变公共图书馆馆舍用途的;

(三)公共图书馆内设置营业性文化娱乐场所的。

第三十九条　违反本办法规定,损坏或者侵占公共图书馆馆舍、设施、设备的,由文化行政主管部门责令限期改正;毁损、遗失所借文献资料,不能归还原版本式样文献资料的,按有关规定予以赔偿。

第六章　附则

第四十条　本办法自 2008 年 5 月 1 日起施行。

新疆维吾尔自治区文化厅关于印发
《新疆维吾尔自治区公共图书馆服务标准》(试行)的通知[①]

(2010 年 4 月 30 日　新文社字[2010]19 号)

伊犁哈萨克自治州文体局,各地(州、市)文化(体)局,自治区图书馆:

为提高公共图书馆服务水平,规范公共图书馆服务行为,自觉接受社会公众监督,促进和保障我区公共图书馆事业发展,满足各族人民群众的知识、信息和文化需求,科学合理地建立和完善自治区公共图书馆服务体系,自治区文化厅制定了《新疆维吾尔自治区公共图书馆服务标准》(试行),现予以印发。望对照此标准改善我区公共图书馆的服务条件、服务质

---

①　该文件原文来自新疆维吾尔自治区文化厅网站(http://www.xjwh.gov.cn/),检索日期:2013 年 10 月 28 日。

量和服务水平,进一步提高服务能力和管理效能。

新疆维吾尔自治区公共图书馆服务标准

1 总则

1.1 为全面贯彻落实科学发展观,促进我区公共图书馆事业的发展,建设覆盖城乡的公共文化服务体系,保障公民的基本文化权益,改善公共图书馆的服务条件、服务质量、服务水平,进一步提高公共图书馆的服务效能和管理效能,特制定公共图书馆服务标准。

1.2 本标准适用于新疆维吾尔自治区的自治区、地(州、市)、县(市、区)公共图书馆。

1.3 公共图书馆是构建公共文化服务体系的重要组成部分,是收集、整理、保存和传播文献信息的科学教育文化机构,是向全体公民提供公益性文化服务的文化单位。公共图书馆的服务应体现公益性、基本性、均等性、便利性的服务原则。

1.4 公共图书馆的服务是指公共图书馆通过文献资源和自身专业知识向大众提供知识信息和其他文化服务。

1.5 公共图书馆的服务要始终秉持"读者至上,服务第一"的服务理念,坚持以人为本,通过就近、便捷、可选择、人性化的公共服务,不断改进服务质量,统筹兼顾服务资源、服务效能、服务宣传,促进图书馆公共服务的全面协调可持续发展。

1.6 公共图书馆要适应时代需求,勇于开拓创新,真诚服务读者,切实保障和维护公民的公共文化权益。

2 服务设施与环境

2.1 公共图书馆事业属于社会公益事业,公共图书馆建设属于公共文化服务基础设施建设,应纳入当地经济和社会发展总体规划,纳入城市建设规划,纳入政府投资计划。

2.2 公共图书馆作为公益性的公共文化服务机构,其馆舍主要用于公益性服务,严禁挪作他用。

其总建筑面积和阅览座席按以下指标执行:

大型公共图书馆:服务人口150万以上,建筑面积应为20 000—40 000平方米,1200—2400个阅览座席;服务人口400万以上,建筑面积应为38 000—60 000平方米,2400—3000个阅览座席。

中型公共图书馆:服务人口20—50万,建筑面积应为4500—7500平方米,240—450个阅览座席;服务人口50—100万,建筑面积为7500—13 500平方米,450—900个阅览座席;服务人口为100—150万,建筑面积为13 500—20 000平方米,900—1200个阅览座席。

小型公共图书馆:服务人口为1—5万,建筑面积应为800—1200平方米,70—90个阅览座席;服务人口为5—20万,建筑面积为1200—4500平方米,90—240个阅览座席。

2.3 公共图书馆应配置一定数量的计算机(或电子阅览室)满足读者在线阅读及上网。配置数量为:自治区级:100台以上(用于读者使用的应在60台以上);地州级:60台以上(用于读者使用的应在40台以上);县市级:25台以上(用于读者使用的应在20台以上);接入宽带自治区级不低于100M,地州级不低于10M,县市级不低于2M。

2.4 公共图书馆服务区域布局应遵循以读者为中心的原则,与图书馆的管理方式和服务手段相适应,做到布局合理、分区明确、流线通畅、安全节能,朝向和通风良好。

少儿阅览区与成人阅览区应遵循分开设立的原则,设置单独的出入口,有条件的地方可专门设置少年儿童活动场地。

2.5　公共图书馆在馆外须有醒目的馆名牌,馆内进厅明显处应有楼层设施分布图;有阅览区域、活动区域、办公区域功能标识;在阅览区、书库设置文献排架标识;在通道有明确的导引标识。图书馆的服务范围、服务内容、服务时间、服务公约、读者须知、办证方法、借阅规则、收费标准、便民措施、服务承诺等规章制度及各类服务信息应在显著位置向读者公示。

2.6　新建、改建、扩建公共图书馆须设立无障碍设施,室外有方便残疾人进出通道,室内有残疾人卫生设备和电梯。没有电梯的公共图书馆应将适合残疾人的服务项目安排在一楼,或有专人负责接待。

2.7　公共图书馆应当做好安全保卫工作,配备防火、防盗、防潮、防有害生物等必要设施,科学合理地建立和落实有关的安全管理制度。馆内消防设施应健全,禁烟等标识明显,安全通道畅通,工作人员均能熟练掌握消防器材的使用。

3　服务对象和开放时间

3.1　公共图书馆向社会公众开放,除本区居民外,还应包括外地、境外的来疆人员。少儿服务部(室)除向少年儿童服务外,还应接待家长和少年儿童工作者。

3.2　公共图书馆应逐步实行全年开放制,阅览、外借等对外服务窗口节假日期间应正常开放。

3.3　公共图书馆应通过编制推荐书目、导读书目,举办书刊展评等多种方式和手段对读者进行阅读辅导,不断提高其信息素质和利用图书馆的能力。

3.4　公共图书馆应尽可能延长开放时间。自治区图书馆每周开放时间应不少于70小时、地(州、市)图书馆不少于56小时、县(市、区)图书馆不少于49小时。独立建制的少儿图书馆每周开放时间不少于52小时以上。

3.5　公共图书馆因故变更开放时间或需要短期闭馆,须经上级文化行政主管部门同意后,至少应提前3天向读者公告。

4　服务内容和方式

4.1　公共图书馆须提供文献借阅、查询和阅读指导等服务。自治区、地州和有条件的县(市)图书馆还须主动提供参考咨询、教育培训、讲座、展览及网上信息导航等延伸服务,不断创新服务项目和服务手段,满足读者多层次、多样化的信息需求。除国家规定和古籍善本以及不宜外借的馆藏信息资源外,公共图书馆不得另立标准封存和限定文献借阅范围。

4.2　公共图书馆应倡导文明服务用语,追求人性化、便利化、无障碍的服务。特别要注意保障社会弱势群体享受图书馆服务的权利。

4.3　公共图书馆应设立预约借书、电话(或网上)续借、流动图书站点及为有特殊困难的读者送书上门等便民措施;应设立咨询服务台,解答读者有关阅读方面的咨询,指导读者查找书刊资料,主动为读者提供服务。

4.4　公共图书馆为大众提供的服务主要通过以下方式实现:阵地服务、流动服务、拓展服务、共享工程服务、个性化服务。

4.5　读者出具有效身份证件即可进馆阅览。为便于管理,公共图书馆可办理读者阅览卡。读者外借文献资料,应办理图书外借证,并付图书押金。

4.6　公共图书馆为读者收集专题信息、编写参考资料,代查、代译、复印书刊资料等服务,以及发现读者外借图书逾期不还或损坏图书等情况,可以适当收取费用,收费标准须经物价部门核准。

4.7　公共图书馆须依法保护馆藏信息资源的知识产权,保护读者隐私,确保不外泄读者提供的个人信息。

4.8　公共图书馆应提供寄存提包、失物招领、饮用水、放大镜、公用药箱、复印、打印、扫描、上网等便民服务,方便读者。

4.9　公共图书馆应建立网站,为读者提供网上服务。网站内容要及时更新,须设置文化信息资源共享工程、书目查询、服务信息、读者信箱等网上服务项目。

4.10　公共图书馆电子阅览室要遵循公益性原则,严禁承包经营。其开放时间应与其他读者服务部门一致。开放时,要关注读者上网情况,严禁提供除文化部推荐的健康益智类游戏产品之外的游戏娱乐及不健康网站的浏览服务。要引导未成年人控制上网时间,未成年人上网须在家长的陪同下且每天连续上网时间不宜超过1小时。电子阅览室的成本收费标准,须经物价部门核准。

5　服务管理与文献资源

5.1　公共图书馆应不断更新管理思想,完善管理措施,建立健全各项规章制度。要随着新技术的应用调整作业流程,改变管理办法,制定业务工作规范,明确岗位职责,规定考核办法,保证贯彻执行。

5.2　公共图书馆应注重工作数量、效果的统计和积累,认真做好统计工作。在妥善做好各类统计数据、文件档案的整理、保存和向有关部门上报的同时,注意对统计数据进行科学分析,并根据分析结果及时调整和优化读者服务、文献资源建设等各项业务工作。

5.3　公共图书馆应科学合理地确定文献信息资源建设的方向。入藏文献信息资料应当兼顾纸质文献、电子文献和其他载体文献,应当兼顾文献载体和使用权的购买,保持重要文献、特色资源和地方文献的完整性和连续性。要有步骤地加大馆藏文献信息资源的数字化,不断拓展虚拟馆藏资源,逐步形成具有特色的馆藏文献信息资源体系。

5.4　公共图书馆的文献购置费应专款专用。馆藏文献资源建设要遵循适用性、连续性、完整性及与本地经济文化与社会事业发展相适应的基本原则,与国家知识产权保护等法律法规要求相一致,与本馆文献建设规划、采选方针及服务功能相一致,有利于形成资源体系和特色,促进区域文献资源共建共享。

5.5　公共图书馆馆藏文献应包括纸质和非纸质文献。公共图书馆在确保纸质文献入藏的基础上,应逐步增加非纸质文献的品种和数量,地州以上图书馆要适当入藏外文文献。各级图书馆每年的入藏量应以评估达标标准为参照依据。自治区馆不少于150万册,地州馆不少于30万册,县市馆不少于10万册。

5.6　自治区、地(州、市)公共图书馆应充分发挥中心图书馆的作用,积极开展馆际合作,组建各种形式的信息资源共建共享联盟,通过协作提高信息资源利用率,降低全社会信息获取成本。

5.7　县(市、区)图书馆应做好全疆文化信息资源共享工程县级支中心建设,积极探索城乡一体化的总分馆制,不断丰富馆藏书量,形成统一采购、统一编目、通借通还的现代文献配送体系和流通体系,充分发挥县(市、区)图书馆对街道、乡镇综合文化站和社区、村图书室的核心与辐射作用,促进基层文献信息资源共享。

5.8　公共图书馆对采集的文献信息资源应及时进行科学的加工整序,并尽快发布,提供使用。报纸须在到馆当天上架;期刊自收到之日起 2 个工作日内上架;新书到馆后,地(州、市)、县(市、区)图书馆在 15 个工作日内上架,自治区图书馆在 25 个工作日内上架;电子资源到馆 15 个工作日提供服务。闭架文献获取时间以读者提交申请时间计算,提供时间不超过 2 小时。

5.9　图书排架应按中图法分类号顺序排列整齐。自治区图书馆开架图书错架率要低于 2%,地(州、市)、县(市、区)图书馆要低于 3%。开架书库内要有专人巡视,帮助读者尽快寻找到需要的书籍。

5.10　随着图书馆业务工作的不断扩大,各级图书馆要通过大力开展优质服务、创新服务、宣传推荐扩大读者队伍建设,人数增加每年不应低于 5%。

5.11　读者服务是公共图书馆的基本职能,在不断改进服务质量的前提下,各级图书馆要确保人均借阅量每年须有不低于 1% 的增长;外借流通率每年须有不低于 3% 的增加。

6　服务人员与监督

6.1　各级公共图书馆工作人员数量在综合考虑服务时间、馆舍规模、馆藏资源、读者服务量等因素的基础上,原则上应以所在区域服务人口为依据,每 10 000 人应配置 1 名工作人员。县(市、区)级图书馆在配置 5 名工作人员基础上,每 10 000 人应配置 1 名工作人员。

6.2　公共图书馆应逐步实行职业资格准入制度,配置的人员中具有相关学科的专业技术人员应占在编人员的 70% 以上,少数民族集中的地区要配备熟悉少数民族语言文字的专业技术人员。自治区以下公共图书馆人员必须具有以下条件:具有助理馆员等各类专业技术职称;具有图书馆专业专科或以上学历;非图书馆专业专科或以上学历,需经过图书馆专业课程培训,培训时间不少于 72 学时;自治区图书馆人员须具有本科以上学历,通过努力原则上应由图书情报学本科以上学历人员组成。

6.3　公共图书馆应积极开展工作人员的继续教育,制定年度全员教育培训计划,要向培训者提供相应的培训时间和培训经费。各级图书馆应引进志愿者服务机制,吸引社会公众加入志愿者服务队伍。

6.4　公共图书馆应结合工作实际有计划地开展学术研究和交流活动,鼓励工作人员同时掌握图书馆学和一门以上其他学科的知识,重视培养高层次的学科专家。鼓励工作人员通过脱产或在职学习提高学历层次和学术水平。

6.5　工作人员要接受图书馆专业系统培训,具有良好的职业道德和服务意识。工作人员须挂牌上岗,仪表端庄,得体大方,使用文明语言,热忱并努力为读者提供准确全面的信息服务。

6.6　工作人员要维持服务区域的环境清洁、整齐、安静。工作人员因故离岗时须设立提示牌或有其他工作人员替岗。

6.7　公共图书馆要在显著位置设立读者意见箱、向读者公开监督电话,建立馆长接待日,虚心接受读者批评和投诉,做到认真研究,及时回复。

6.8　公共图书馆每年要召开两次以上读者座谈会,倾听读者的意见和建议,对读者不满意的方面要及时整改,并努力寻求建立长效机制,不断改善服务质量,提高服务水平。

6.9　每年开展不少于一次的读者满意度调查。调查问卷表发放数量为自治区、地州、县市不少于 500、300、100 份,回收率不少于 80%;基本满意率要达到 85% 以上,要及时分析、总结、研究调查意见,落实整改措施,建立长期档案。

7 附则

7.1　各级文化行政部门应对所属公共图书馆执行本标准的情况进行检查,并将结果纳入自治区和当地的评优选先及考评工作。

7.2　本标准由新疆维吾尔自治区文化厅负责解释。

7.3　本标准自颁布之日起施行。

新疆维吾尔自治区人民政府办公厅关于印发自治区贯彻落实国家八部委支持新疆维吾尔自治区古籍保护工作实施意见的通知[①]

(2011 年 5 月 11 日　新政办发〔2011〕67 号)

伊犁哈萨克自治州,各州、市人民政府,各行政公署,自治区人民政府各部门、各直属机构:

为深入贯彻落实中央新疆工作座谈会精神,文化部、教育部、科技部、国家民委、新闻出版总署、宗教局、文物局、中医药局等国家八部委从国家战略的高度充分认识做好新疆古籍保护工作的重要意义,将支持新疆古籍保护工作作为援疆工作的重要内容,于 2011 年 1 月 13 日联合印发了《关于支持新疆维吾尔自治区古籍保护工作的通知》(文社文发〔2011〕3号),对弘扬中华民族优秀传统文化,促进民族团结和祖国统一具有重要意义。

新疆维吾尔自治区各民族在历史发展的长河中,广泛交流、深入交往、相互交融,共同创造了具有新疆地域特色的璀璨文化,积淀了深厚的历史文化底蕴。丰富的古代典籍是我区历史文化的重要载体,记录着各民族发展的轨迹,凝聚着各民族人民的智慧,是民族融合、发展的见证,是中华民族文化遗产的重要组成部分,体现了中华民族悠久的文化传承,展现了中华文化丰富深厚的历史内涵。

为充分利用好国家八部委支持我区古籍保护工作的政策,有力推进我区古籍保护工作,自治区古籍保护领导小组办公室制定的《自治区贯彻落实国家八部委支持新疆维吾尔自治区古籍保护工作的实施意见》已经自治区人民政府同意,现印发给你们,请认真贯彻执行。

自治区贯彻落实国家八部委支持新疆维吾尔自治区古籍保护工作的实施意见

为深入贯彻落实文化部、教育部、科技部、国家民委、新闻出版总署、宗教局、文物局、中医药局等八部委联合印发的《关于支持新疆维吾尔自治区古籍保护工作的通知》(文社文发〔2011〕3 号),制定实施意见如下。

一、指导思想

以邓小平理论和"三个代表"重要思想为指导,坚持科学发展观,认真贯彻落实党的十七届五中全会以及自治区党委七届九次、十次全委(扩大)会议精神,以现代文化为引领,加大全区古籍保护工作力度,建立政府主导、部门协作、社会参与的古籍保护工作机制,逐步形成符合新疆实际、体现新疆特色、科学有效的古籍保护制度,提高全社会保护古籍、利用古籍的意识,充分发挥古籍在传承新疆各民族优秀传统文化,增强民族团结,维护国家统一,促进社会和谐,加快实现自治区经济社会跨越式发展和长治久安工作中的重要作用。

---

① 该文件原文来自"律商网"数据库,检索日期:2013 年 7 月 30 日。

二、工作方针

贯彻"保护为主、抢救第一、合理利用、加强管理"的方针,按照"统筹规划,科学指导,突出重点,扩大交流,加强协调,分步实施"的原则,以普查为基础,以抢救为重点,以推荐、申报工作为抓手,以人才培养为目标,全面推动我区古籍保护工作科学、规范、有序开展。

三、工作任务

(一)开展古籍普查工作。

2011—2015年,在进一步完善《新疆维吾尔自治区古籍普查工作方案》的基础上,对全区各级各类图书馆、博物馆、研究院(馆)、民(宗)委、教育、卫生、档案、文物、地方志、新闻出版部门以及民间古籍收藏和保护状况进行一次全面普查,同时协同公安、海关等部门对于依法查禁的古籍进行登记并按规定进行妥善保管,在普查的基础上完成普查数据库建设。

适时做好《国家珍贵古籍名录》和全国古籍重点保护单位的申报工作,组织建立《新疆维吾尔自治区珍贵古籍名录》和及时命名新疆维吾尔自治区古籍重点保护单位。

自治区古籍保护中心负责做好普查期间每年的普查数据的汇总审验工作。在普查工作中,重点加强同民委、教育、卫生等相关部门的沟通、联系与交流,协调好相关工作与项目,避免重复与浪费,实现资源的共享。

(二)实施新疆少数民族文字古籍相关标准、规范和技术软件的研究开发。

积极开展新疆少数民族文字古籍的鉴定、编目、保护、修复等方面的研究工作,形成相应的技术标准和规范,促进新疆古籍保护工作的科学发展。

"十二五"前期,重点完成和开展新疆少数民族文字古籍普查规范、编目规则、定级标准、修复标准,完善自治区古籍保护中心规范化库房建设,组织力量制定《新疆维吾尔自治区珍贵古籍名录定级标准》,建立和完善自治区民族文字古籍普查软件平台。

(三)做好古籍保护人才培养工作。

积极依托国家古籍保护中心开展古籍普查人员的培训;依托国内有关高校为新疆古籍保护人才实施定向培养计划;重点开展修复人员尤其是少数民族古籍修复人才的培养;组织开展古籍保护专家志愿者新疆行活动;借助19省市对口援疆平台,积极开展古籍保护人才交流工作。

(四)认真做好古籍的抢救性保护工作。

建立和完善自治区珍贵古籍征集工作机制,依法严厉打击各种违法收、盗、贩古籍的行为。公安、海关查没的出版物中凡涉及古籍、文献的应与自治区古籍保护工作领导小组办公室及时联系,请专家做出鉴定后呈缴自治区古籍保护中心按相关程序收藏并保护。筹建"新疆少数民族古籍修复中心"。进一步改善古籍的保存条件,为现存的少数民族古籍制作书柜、函套等装具,使珍贵的少数民族古籍得到妥善的收藏和保存。

(五)认真做好古籍的再生性保护、整理、出版和利用工作。

积极开展新疆古籍的学术研究工作。充分利用现有科学技术有计划地对区内各民族各文种古籍开展微缩、复制、数字化、珍贵文献补刻出版等工作,使珍贵古籍得到再生性保护。对有价值的珍贵古籍编制出版规划,启动实施《中华古籍总目·新疆卷》编纂工作。2012年完成我区入选国家珍贵古籍名录——《新疆维吾尔自治区国家珍贵古籍图录》的出版工作。

组织专业人员撰写《民族记忆——新疆各民族古籍文献概论》丛书。出版《维吾尔族古籍文献概况》、《哈萨克族古籍文献概况》、《回族古籍文献概况》、《柯尔克孜族古籍文献概况》、《蒙古——达斡尔族古籍文献概况》、《塔吉克族古籍文献概况》、《锡伯——满族古籍文献概况》和《塔塔尔族、乌孜别克族、俄罗斯族古籍文献概况》等12个世居少数民族古籍概况丛书。

四、工作要求

(一)在自治区古籍保护工作领导小组的领导下,各地(州)县(市)要尽快调整、成立古籍保护工作领导小组,负责领导、组织、协调,做好本区域内的古籍保护工作。

(二)统筹规划,科学指导,突出重点,扩大交流,加强协调,分步实施开展古籍保护工作。各地古籍保护领导机构和工作部门要进一步加强工作的科学规划,定期召开会议通报古籍保护工作进展情况,研究古籍保护工作中出现的问题,充分调动各方面的力量,共同做好古籍保护工作。

(三)充分发挥自治区古籍保护工作专家委员会的作用。要随着工作的不断深入及时调整、扩大专家委员会的队伍和人员,完善人才库的建设,充分发挥各类专家智力、技术、专业知识等方面的资源优势,在古籍征集、珍贵古籍文献入选、古籍出版、再造利用等方面大力开展古籍保护的研究指导和咨询,推动古籍保护工作的科学、可持续发展,为优秀民族文化的弘扬做出更大的贡献。

(四)不断健全、完善工作机制。形成政府主导,部门参与,各司其职,全面推动的工作格局。自治区古籍保护工作领导小组办公室设在自治区文化厅,负责制定自治区古籍保护的总体规划和年度工作进展情况的组织实施;自治区古籍保护专家委员会作为开展古籍保护工作的专业力量,负责开展古籍保护的专业研究指导,承担对古籍普查数据的质量进行审定工作;设在自治区图书馆的自治区古籍保护中心具体承担自治区古籍普查登记日常工作,按照要求适时向国家提供普查数据,组织申报《国家珍贵古籍名录》和全国古籍重点保护单位,组织自治区古籍工作培训。

(五)经费保障。在争取国家支持和内地省区援助基础上,落实国家支持新疆少数民族古籍保护专项经费,积极研究建立自治区古籍保护专项经费,确保古籍普查、文献修复、人才培养、文献整理研究以及宣传展示等各项工作顺利开展,切实促进我区古籍保护工作取得更大发展。

新疆古籍尤其是少数民族古籍是中华文化遗产的重要组成部分,具有内容丰富、种类繁多以及多文种、存量少、价值高的特点,在中华文明历史文化中具有其独特的作用。但目前有很多古籍流散存藏于民间,其状况和保存条件极端恶劣,做好少数民族古籍的抢救性保护事关中华民族优秀文化的传承与发展,事关维护祖国统一、民族团结,事关国家的文化安全。各级各部门要抓住国家八部委支持我区古籍保护工作的有利时机,积极主动开展古籍保护工作,尤其对珍稀古籍要进行抢救性征集,使各类珍贵古籍得到妥善、安全的保护,切实促进自治区文化事业的大发展大繁荣。

其他

图书审查应行注意事项①

(1950年6月　西南军政委员会文教部)

---

① 该文件原文缺,文件信息依据《中国图书馆百年纪事》(陈源蒸等,2004)112页提供线索著录。

关于《关于各省区所属单位应注意建立图书室工作》的通知①

（1951 年 8 月　西南军政委员会文教部及新闻出版局）

加强西北区科技情报和图书工作联系协作的意见②

（1964 年 2 月 29 日　中共中央西北局科委批转）

中南区图书馆委员会暂行条例（草案）③

第一条　为实现共同纲领所规定的、新民主主义的、即民族的、科学的、大众的文化教育政策,并贯彻中央第一次文物行政会议所通过的发展全国图书馆网深入工厂农村及部队,以为工农兵直接服务的方针起见,特设中南区图书馆委员会。

第二条　本会基本任务如下:

1. 协助主管机关筹备中南区人民图书馆,并使其成为本区图书事业中心,发生"母机"的效能。

2. 协助主管机关筹设中南区图书馆网,使能深入工厂、农村及部队。

3. 协助主管机关调查、登记、征集、整理,并研究各省市有关图书的各种工作。

4. 受主管机关委托,协助征集管理及展览等工作。

5. 中南区图书馆工作者协会的发起和筹备事项。

6. 其他。

第三条　本会设主任委员二人,副主任委员二人,委员若干人,受中南文化部直接领导,主任委员由文化部首长兼任,委员由主委聘请本区各省市立图书馆馆长,各公私立大学图书馆主任,及图书馆学、目录学、校勘学、版本学专家担任之。

第四条　本会设秘书一人,干事一人,办理经常会务,由主任委员聘任或委任之。

第五条　本会于每年春秋两季召开大会一次,其余得因实际需要临时召集之。

第六条　本会主委及委员均为名誉职务,但开会时得按实际情况酌支交通费及膳宿费。

第七条　本会办事细则及会议细则等另订之。

---

① 该文件原文缺,文件信息依据《中国图书馆百年纪事》(陈源蒸等,2004)122 页提供线索著录。
② 该文件原文缺,文件信息依据《中国图书馆百年纪事》(陈源蒸等,2004)186 页提供线索著录。
③ 该文件原文来自《文物参考资料》(1951 年第 12 期),发布日期和发布单位不明。

第四篇

地方政府发布的图书馆相关政策文件

北京市

北京市人民政府关于进一步加强基层文化建设的意见①

（2002 年 10 月 8 日 京政发〔2002〕26 号）

二、加快推进基层文化设施现代化建设，扩大覆盖率，提高利用率

（四）把基层文化设施建设纳入本市城乡建设整体规划。文化设施是开展群众文化活动、传播先进文化的重要阵地，区县政府要加大对文化设施建设的投资力度，把群众艺术馆、文化馆、图书馆、文化站作为重点列入建设规划，以满足群众就近、经常和有选择地参加文化活动的需要……

（五）提高区县文化馆、图书馆的现代化水平。五年内，90% 以上的区县文化馆、图书馆要达到国家一级馆的标准。加快建设少儿图书馆，少儿图书馆可以附设在区县图书馆，也可利用现有教育资源，附属于教育设施，鼓励建设独立的少儿图书馆。完善文化馆、图书馆的设施和装备，包括演出、培训和现代化管理需要的服务设备；建设以首都图书馆为中心的全市公共图书馆计算机网络，并与全国文化信息共享网络连通；图书馆配备流动图书车，郊区文化馆配备流动演出车。

（六）建设街道、乡镇、社区和村文化设施……城区街道和社区文化设施的建设要与社区服务中心的建设及实施"星光计划"相结合，有条件的可以单独建设街道文化体育中心；农村要加强综合性乡镇文化服务中心建设，特别是图书馆（室）的建设。要配置必要设备，使其具备宣传、文艺、图书、教育、体育、科普等综合性文化服务功能，以满足群众多样化的文化需求……

三、建立和培养一支高素质的基层文化队伍

（八）建立一支熟悉业务、专兼结合的群众文化和图书馆业务骨干队伍……加强对文化馆（站）和图书馆业务人员的培训，不断提高其思想、业务素质和工作能力，使之成为基层文化建设的中坚力量……北京群众艺术馆和首都图书馆以及各区县文化馆、图书馆要成为培养全市基层文化工作者和文艺骨干的基地。

北京市"十一五"时期文化事业发展规划②

（2006 年 10 月 30 日 北京市政府）

三、"十一五"期间北京市文化事业发展的主要任务

（三）加强公共图书馆建设，构建全国领先的图书馆资源共享体系。在完善市、区、街道

---

① 该文件原文来自"律商网"数据库，检索日期：2013 年 7 月 30 日。

② 该文件原文来自《文化建设"十一五"规划汇编》（中华人民共和国文化部政策法规司，2008），原文页次：73。

(乡镇)和社区(村)四级公共图书馆服务体系的基础上,规划并建设北京市中心图书馆管理体系。区县级图书馆一级馆达标率达到80%以上。进一步推进北京市公共图书馆计算机信息服务网络和全国文化信息资源共享工程建设,推进"数字化图书馆"建设,提升信息服务水平。整合全市文献信息资源,扩大馆际间资源共建共享。加强以首都图书馆为中心的信息咨询服务网络建设,提高全市区县级以上公共图书馆的文献信息服务能力。通过捐建"益民书屋"、开展全民读书活动、推荐出版优秀图书、动员社会捐助等方式,开展"读书益民"工程,关注和努力满足老年人、残疾人、未成年人、低收入家庭、边远山区农民和来京务工人员读者的需求。改善区县级图书馆的办馆条件,增加购书经费,实行馆藏图书政府采购制,推进一批区县图书馆的新、改、扩建;在大型社区规划建设市级或区级图书馆分馆;加快街道、乡镇图书馆(室)建设,实现每个乡镇和街道都拥有一所达标图书馆(室)。支持区县图书馆设立盲人图书室,区县残疾人活动中心设立文化阅览室。

四、"十一五"期间北京市文化事业发展的保障措施

(五)建立健全文化行业协会,完善行业自律机制。推进文化行业协会建设,完善图书馆、演出、电影发行放映、互联网上网服务营业场所、音像制品分销、娱乐场所、美术品经营与展览展示、出版发行等行业协会和著作权集体管理组织,完成对各类文化行业组织的改造工作。

北京市文化局关于发布实施《北京市基层公共文化设施服务规范(试行)》的通知[①]

(2011 年 10 月 19 日 京文公共发〔2011〕695 号)

第三章 服务内容

第十一条 各文化设施应当不断完善,丰富更新所藏图书和文献信息资源,每年应对藏书量的30%进行流转、补充或更新。街道乡镇级文化设施图书阅览座席不少于30席,藏书量不低于5000册,报刊杂志不少于50种。社区行政村文化设施藏书量不低于2000册,报刊杂志不少于30种。

第十二条 各文化服务机构及其文化设施要加入本市公共图书馆网络,利用"一卡通"服务,提供各类图书资源。鼓励各文化设施之间进行图书轮换流动,提高文献资源的利用率。

第五章 设施环境

第二十一条 文化设施中用于文化服务的面积不得低于使用面积(不含户外)的85%。街道乡镇级文化设施的图书馆(室)面积应不少于100 m^2。在社区行政村文化设施中,应提供一定的独立空间,满足居民读书看报等图书服务需求;有条件的,应单独设置图书室,避免动态干扰。鼓励和提倡一站(室)多用,提高使用效率。

---

① 该文件原文来自"北大法意"数据库,检索日期:2013 年 9 月 6 日。

中共北京市委关于发挥文化中心作用加快建设中国特色社会主义先进文化之都的意见①

（2011 年 12 月　中共北京市委）

四、实施文化创新、科技创新"双轮驱动"战略,推动首都文化大发展大繁荣

(二)实施文化惠民工程,率先建成城乡均衡的公共文化服务体系

……推动完成奥运博物馆、北京文化艺术活动中心、北京国际戏剧中心、首都图书馆二期、北京儿童文化艺术中心、北京歌舞剧院剧场、北京美术馆、首都交响音乐厅、北方昆曲艺术中心等一批市级和区县级文化设施建设……

……提高广播电视户户通、文化信息资源共享、农村电影放映、益民书屋等服务水平。加快街道级文化休闲中心、郊区城镇数字影院、"八网合一"、数字文化社区、24 小时自助图书馆等建设,实现建管并重、资源共享。在北京历史文化特色街区建立博物馆、民俗馆、文化中心等社区文化设施。推进文化馆、博物馆、图书馆、美术馆、科技馆、纪念馆、工人文化宫、青少年宫等公共文化服务设施建设并向全社会免费开放。

天津市

天津市电子出版物管理条例②

（2005 年 7 月 20 日　天津市人民代表大会常务委员会公告第五十五号）

第二条　本条例所称电子出版物,是指以数字代码方式载有图文声像等信息并用于出版、复制、发行的大众传播媒体;但是按照法律、法规规定纳入音像制品管理的除外。

第十四条　电子出版物出版单位应当在发行其出版物前向国务院出版行政部门、市出版行政部门、国家图书馆和中国版本图书馆免费缴送样品。

天津市文物保护条例③

（2007 年 11 月 15 日　天津市人民代表大会常务委员会公告第一百零二号）

第二十二条　博物馆、图书馆和其他文物收藏单位的文物藏品的级别,由文物鉴定委员会按照国家规定进行评定。

---

① 该文件原文来自新华网网站(http://www.xinhuanet.com/),检索日期:2013 年 9 月 6 日。
② 该文件原文来自"律商网"数据库,检索日期:2013 年 7 月 30 日。
③ 该文件原文来自"律商网"数据库,检索日期:2013 年 7 月 30 日。

第二十三条 博物馆、图书馆和其他文物收藏单位应当充分发挥馆藏文物的作用,通过举办展览、科学研究等活动,加强对中华民族优秀的历史文化和革命传统的宣传教育。

第二十四条 市和区、县文物行政管理部门可以对博物馆、图书馆和其他文物收藏单位收藏的文物进行核查。

博物馆、图书馆和其他文物收藏单位,应当对馆藏文物定期进行检查。

天津市图书报刊管理条例①

(2010 年 9 月 25 日 天津市人民代表大会常务委员会)

第二章 出版管理

第二十二条 图书、报刊的出版单位和内部资料性图书、报刊的申办单位,应当按照规定向国家图书馆、国家版本图书馆和市出版行政部门缴送样本。

※ 本条例于 2005 年 5 月 25 日经天津市第十四届人民代表大会常务委员会第二十次会议通过,于 2010 年 9 月 25 日经天津市第十五届人民代表大会常务委员会第十九次会议最新修正。

河北省

河北省人民政府关于印发《河北省城市化 "十一五"发展规划》的通知②

(2007 年 3 月 2 日 冀政函〔2007〕23 号)

六、提高城镇承载能力

(三)完善公共服务设施

……大中城市建设一批标志性文化体育设施,省会重点建设河北博物馆、河北省图书馆、省会体育中心等公共文化体育设施及河北艺术职业学院等重点项目。具备条件的设区市都要建成水平较高、功能齐全的博物馆、图书馆、群艺馆、文化馆、青少年活动中心和综合性艺术中心,其他县(市、区)也要结合当地条件建设有地域特色的文化设施,形成网络健全、运营高效、服务优质的公共文化服务体系……

---

① 该文件原文来自文化政策图书馆(http://www.cpll.cn/),检索日期:2013 年 7 月 31 日。

② 该文件原文来自"律商网"数据库,检索日期:2013 年 7 月 30 日。

山西省

山西省人民政府办公厅关于印发山西省
"十一五"时期文化发展规划纲要的通知①

（2007 年 6 月 13 日　晋政办发〔2007〕74 号）

三、完善公共文化服务网络，构建公共文化服务体系

（八）健全公共文化服务网络……各市（县）根据实际情况建设当地的文化中心、演出场所、图书馆和文化馆（站）。新建市级图书馆 9 个，县（区）图书馆 37 个，新建或扩建市级群众艺术馆 7 个，新建县（区）文化馆 33 个，改、扩建县（区）文化馆、图书馆 36 个……鼓励具备条件的城市图书馆采用通借通还等现代服务方式，推动公共文化服务向社区和农村延伸。充分发挥网络在文化传播中的作用，建设网上图书馆、网上博物馆、网上剧场和群众文化活动远程指导网，重点推动文化信息资源共享工程……

（九）加强农村文化建设……实现一县两馆（文化馆、图书馆）、一乡一站（文化站）、一村一室（文化室）的目标……文化信息资源共享工程要向农村倾斜、延伸……

十、完善保障措施，推动规划实施

（三十）制定和完善相关政策法规……制定我省深化文化体制改革建设文化强省的意见、深化文化体制改革促进文化产业发展的相关政策以及发展动漫产业、非物质文化遗产保护条例、公共图书馆条例等符合山西实际的相关政策与法规……

内蒙古自治区

内蒙古自治区人民政府办公厅转发文化厅关于
进一步加强基层文化建设意见的通知②

（2005 年 3 月 15 日　内政办字〔2005〕67 号）

一、指导思想和总体目标

（二）总体目标：到 2008 年，健全城镇社区和农村牧区文化网络，实现旗县有图书馆、文化馆，街道办事处、苏木乡镇普及文化站，90% 以上的城镇社区和嘎查村建有标准文化室……

---

① 该文件原文来自"律商网"数据库，检索日期：2013 年 7 月 30 日。
② 该文件原文来自"律商网"数据库，检索日期：2013 年 7 月 30 日。

二、全面加强基层文化设施建设

（一）加强公共文化设施建设……盟市要重点建设好群众艺术馆、图书馆。旗县(市、区)要重点建设好文化馆、图书馆,同时,加强苏木乡镇文化站和嘎查村文化室建设,加强街道办事处、社区和居民小区配套文化设施和活动场所建设……各群众艺术馆、文化馆、图书馆、宣传文化单位要开辟老年、少儿和残疾人文化活动室……

（二）文化设施建设要纳入城乡总体规划。要把群众艺术馆、博物馆、文化馆、图书馆、影剧院列入重点建设规划……

（三）完成"县县有文化馆、图书馆"的目标。"十五"期末,按照国家实施两馆建设项目的目标要求,完成我区每个旗县都有文化馆、图书馆建设目标。对国家资助我区的旗县文化馆、图书馆建设项目,各旗县要按照工程项目基本建设程序,加强管理,安排好配套资金,确保工程按期投入使用。经济条件较好、人口较多、规模较大的旗县可以分别建设文化馆、图书馆;经济欠发达、人口较少、规模较小的旗县可将文化馆、图书馆合二为一建设……

（四）加强对现有文化设施的更新改造。对因城镇建设而拆迁的群众艺术馆、文化馆、图书馆、影剧院等文化设施,必须按照《公共文化体育设施管理条例》和城市规划先建后拆,或建拆同时进行,要保证重建文化设施规模不低于原有的规模。

三、加强基层文化队伍建设

（二）加强文化从业人员的教育培训。加大旗县文化局、文艺团体、文化馆、图书馆和苏木乡镇宣传文化单位从业人员的培训力度,争取"十一五"期间把至少80%的基层文化骨干轮训一遍。利用现代科技推动先进文化的传播,加大对公共图书馆自动化、网络化人才的培养力度。

（三）不断改善文化队伍年龄、学历、专业结构……凡进入旗县文化馆、图书馆等文化单位的人员,要具备大专以上学历;进入苏木乡镇宣传文化单位人员必须具有中专以上学历。

（四）充分调动基层文化工作人员的积极性和创造性……要不断提高群众艺术馆、文化馆、图书馆、文化站高级职称人员的比例……

四、积极开展丰富多彩的文化活动

（一）充分发挥公益文化单位和团体的作用。各群众艺术馆、文化馆、图书馆、文化站等国办公益文化单位要办成当地文化活动中心……

（二）提高文化信息资源共建共享水平。有计划、有步骤地建立和完善以公共图书馆电子阅览室为基础,自治区文化信息资源共享工程省级中心、各级分中心和基层点建设为重点的全区文化信息网络服务体系,为广大群众提供快捷、丰富的文化信息资源……

（四）推进文化活动内容和方式的创新……各艺术表演团体、群众艺术馆、文化馆、图书馆、电影公司等要深入基层为群众送戏、送书、送电影、送科技知识,在"三下乡"活动中发挥应有作用。要充分发挥流动图书车、文化大篷车在送文化下乡、满足边远地区群众文化需求中的积极作用,坚持"送"与"建"相统一,"送"与"用"相衔接,以"文化下乡"促"乡下文化",实现城乡文化的协调发展。

五、加强领导,确保各项保障措施落实到位

（二）加大对基层文化的投入……对群众艺术馆、文化馆、图书馆、文化站等公益文化单位给予经费保障,保证各级公共图书馆有一定数量的购书经费……

对于群众艺术馆、文化馆、图书馆、文化站等公益文化单位的设施维修和设备更新;全区文化信息资源共享工程省级中心、分中心和基层站点建设……

辽宁省

辽宁省"十一五"时期文化发展规划纲要①

(2007 年 2 月 28 日 辽宁省人民政府办公厅)

三、公共文化服务

(八)完善公共文化服务网络。以大型公共文化设施为骨干,以社区和乡镇基层文化设施为基础,加强图书馆、博物馆、文化馆、美术馆、电台、电视台、广播电视发射转播台(站)、互联网公共信息服务点等公共文化基础设施建设……实行定点服务与流动服务相结合,鼓励具备条件的城市图书馆采用通借通还等现代服务方式,推动公共文化服务向社区和农村延伸。建设网上图书馆、网上博物馆、网上剧场和群众文化活动远程指导网。发挥政府主导作用,加强对公共文化机构的指导、监督,在资金、设施、场地、机构、人员等方面,保障公共文化设施正常运转和充分发挥作用……

(十)加强农村文化建设……经过 5 年的努力,实现一县两馆(文化馆、图书馆)、一乡一站(文化站)、一村一室(文化室)的目标,农村文化建设综合水平进入东部发达地区行列……大力实施文化信息资源共享工程,到 2010 年,建成以市、县图书馆为基础,覆盖农村乡(镇)、村的农村文化信息资源共享服务网络……大力实施"农家书屋"工程,初步形成覆盖全省农村的公共图书借阅网络体系……

(十三)鼓励社会力量捐助和兴办公益性文化事业。引导和鼓励社会力量捐助或兴办图书馆、博物馆、文化馆等,在用地、税收等方面给予政策优惠……

吉林省

吉林省文物保护管理条例②

(1986 年 7 月 24 日 吉林省第六届人民代表大会常务委员会第二十次会议通过)

第五章 馆藏文物

第二十四条 全民所有的博物馆、纪念馆、图书馆和其他单位收藏的文物,须向当地文化行政管理部门登记,并报当地公安部门备案。

第二十五条 全民所有的博物馆、纪念馆、图书馆和其他单位收藏的文物,严禁出卖赠送……

※ 本条例于 1986 年 7 月 24 日经吉林省第六届人民代表大会常务委员会第二十次会议通过,于 2002 年 11 月 28 日根据《吉林省人大常委会关于修改〈吉林省文物保护管理条例〉的决定(2002)》最新修订。

---

① 该文件原文来自文化政策图书馆网站(http://www.cpll.cn/),检索日期:2013 年 7 月 31 日。

② 该文件原文来自"北大法宝"数据库,检索日期:2013 年 7 月 30 日。

吉林省政府办公厅转发省文化厅关于
在全省实施文化重点工程意见的通知[①]

(1993 年 11 月 15 日　吉政发〔1993〕17 号)

三、要继续完善落实各项文化经济政策,多渠道筹集专项建设发展资金,与国家和省里的资金相配套,保证对文化重点工程建设项目的投入。要着力解决目前一部分口岸城镇、边境重点乡镇和内地中心集镇无图书馆、艺术馆、博物馆、文化馆(站)、影剧院和文化娱乐中心的问题,并在此基础上,逐步抓好市、县两级文化设施的完善与配套……

关于在全省实施文化重点工程的意见

二、规划目标和实施步骤

(一)文化设施建设。

优先发展公益文化事业,在市、县两级文化设施逐步填平补齐、配套完善的基础上,重点口岸城市和内地中心集镇逐步做到有图书馆、文化馆(站)、影剧放映演出场所、科技文化服务中心等基础文化设施,有条件的地方要建立博物馆……

(五)文化市场建设。

……到本世纪末,在边境地区新建或改造博物馆、图书馆、文化(艺术)馆和多功能文化娱乐中心 20 个;在全省发展乡镇图书馆和文化馆 100 个,形成群众性文化活动群体 50 个,建设旅游文化、民俗文化、民间文化、工艺美术和对外文化交流基地 50 个……

吉林省文化事业发展"十五"规划[②]

(1995 年 1 月 1 日)

一、指导方针和奋斗目标

(二)总体目标

博物馆、群众艺术馆、文化馆、图书馆等公益性文化事业蓬勃发展;

二、基本任务和具体目标

(二)社会文化事业

……调动各区县文化馆、图书馆和乡镇文化机构的积极性,把日常工作与创建文明村镇相结合,积极开展经常性的健康文化活动,反对封建迷信,破除陈规陋习,进一步巩固和发展农村文化阵地。

(四)公共图书馆事业

逐步完善图书馆网点建设,科学管理,提高文明优质服务水平。"十五"期间,新建 9 个

---

① 该文件原文来自"律商网"数据库,检索日期:2013 年 7 月 30 日。
② 该文件原文来自文化政策图书馆网站(http://www.cpll.cn/),检索日期:2013 年 7 月 31 日。

图书馆,使公共图书馆总数达到 70 个,基本形成类别齐全、藏量丰富、布局合理的省、市、县三级图书馆网络。鼓励发展街道、乡镇图书馆、村屯图书室,每年发展 40 个乡镇(街道)图书馆。

逐年增加购书费,争取到 2005 年全省公共图书馆购书费总额达到 780 万元,实现省、市、县三级分别达到人均购书费 1 角钱的目标。丰富图书藏量,"十五"期末力争由现在的 1014 万册达到 1300 万册,实现全省人均拥有 0.5 册书。

深入开展文明服务创建活动,提高工作与服务质量,更多更好地接待读者,开展多种形式的群众性读书宣传活动,重点抓好"知识工程"的实施。

加强各级公共图书馆自动化建设,积极促进资源共享。"十五"期初,省和长春市图书馆实现自动化和网络化。"十五"期末,9 个地市级图书馆和 20% 的县级图书馆初步实现自动化。启动数字图书馆工程,以吉林省图书馆为龙头,逐步建设吉林省数字图书馆。

开展图书馆行业评估,加强行业管理。"十五"期末,力争全省所有的公共图书馆都上等级。有 15% 达到国家一级图书馆标准,50% 达到国家二级馆标准,其余的达到三级。

(六)艺术教育与文化科技事业

……瞄准文化市场的发展需求,加强对图书馆信息技术、舞台灯光技术、文物保护等文化科技产业的研究开发,使文化科技成果有效应用。

(九)文化设施建设

加快县(市)图书馆、文化馆建设,"十五"期间,通过争取中央支持,省里配套,地方自筹等多渠道筹集资金的办法,努力填平补齐"两馆"设施,实现县县有图书馆、文化馆的目标。首先要支持完成 9 个没有馆舍的县(市、区)图书馆,13 个没有馆舍的县(市、区)文化馆的建设任务,同时有计划地扶持 17 个面积不到 1000 平方米的县(市、区)图书馆,10 个面积不到 1000 平方米的县(市、区)文化馆的改建、扩建,力争使其达到文化部规定的 1500 平方米的标准。

加强市(州)文化基础设施建设,重点建设图书馆、群众艺术馆,有选择地建设富有特色的博物馆。争取"十五"期间实现市市有图书馆、艺术馆的建设目标。

……拟扩建省图书馆,使其成为资源共享,有较高信息市场占有率的现代化图书馆……

三、保障措施

(二)深化文化体制改革

1. ……集中精力研究制定政策和法规,制定行业标准和规范,对全省的文化市场、艺术表演团体、图书馆、博物馆和各类文化艺术活动进行规划、指导、协调和监督检查,实施宏观管理。

(三)加强文化法制建设

3. 文化艺术、图书、群文、文化交流等方面,也要制订相应的行业管理法规和标准,为加强行业管理提供法规依据。

中共吉林省委、吉林省人民政府关于进一步加强农村基层文化工作的意见①

(2002 年 9 月 20 日　中共吉林省委、吉林省人民政府)

三、积极筹集建设资金,加快推进乡(镇)文化基础设施建设

(五)……"十五"末期,60%的乡(镇)达到影剧院、文化中心或图书室、电视差转台、体育场等文化设施齐全配套。

五、扩大农村基层文化建设投入渠道,为农村基层文化全面繁荣发展创造条件

(十一)切实加大对基层文化事业建设的投入……要保证有影响的重大群众文化活动的经费投入;要对主要面向农村基层的群众艺术馆、文化馆、图书馆等公益文化事业单位的日常工作给予必要的经费保障;要加大对农村基层文化基础设施建设、配套设备及其维修、文化信息网络建设、文化队伍教育培训等经费的投入,特别要对边远山区和贫困县(市)文化事业发展予以重点扶持……要在全省重点小城镇建起青年图书站。"十五"期间我省有 12 所文化馆或图书馆被列入国家扶持建设项目,各地政府要保证自筹配套资金,完成建设计划。

上海市

上海市人民政府批转市规划局等六部门关于加强社区公共服务设施规划与管理的意见的通知②

(2006 年 2 月 22 日　沪府发〔2006〕2 号)

四、基本要求

(二)加强社区公共服务设施建设

参照《居住区标准》和市政府办公厅印发的《关于加强社区建设扩大试点工作指导要求》等规定,各社区(街道、镇、乡)要重点建设社区事务受理服务中心、社区文化活动中心和社区卫生服务中心,融入社区管理、文化学习、图书阅览、文艺活动、休闲娱乐、体育锻炼、医疗服务、卫生保健、社区教育等其他社区服务设施。

2. 发挥社区文化、体育设施功能,努力提高社区文明程度。社区文化活动设施建设是社区精神文明建设活动的载体,要加强基层群众文化阵地建设,整合社区图书馆、文化馆(宫)、群艺馆、青少年宫(中心)和少科站等文化设施资源,构建以社区文化活动中心为主体,惠及未成年人、中老年人和残障人士等群体的社区公共文化服务网络……

---

① 该文件原文来自文化政策图书馆网站(http://www.cpll.cn/),检索日期:2013 年 7 月 31 日。

② 该文件原文来自上海市人民政府网站(http://www.shanghai.gov.cn/),检索日期:2013 年 10 月 29 日。

上海市人民政府办公厅转发市民政局等五部门关于本市体育文化教育设施资源向社区开放指导意见的通知[①]

(2006 年 9 月 24 日　沪府办发〔2006〕33 号)

三、实施范围

(二)文化设施

市、区县所属的文化馆、图书馆、美术馆、博物馆(包括行业博物馆)、档案馆、纪念馆等,以及其他单位的公益性文化设施,在规定时段内向市民免费开放,并在节假日延长开放时间……

上海市终身教育促进条例[②]

(2011 年 1 月 5 日　上海市人民代表大会
常务委员会公告第 32 号)

第二十四条　图书馆、博物馆、科技馆、美术馆、文化馆(站)、工人文化宫、青少年活动中心、社区文化活动中心等应当根据市民需求,通过举办讲座、展览展示、科普教育等多种方式开展终身教育活动。

江苏省

江苏省人民政府关于进一步加强基层文化建设的意见[③]

(2002 年 8 月 15 日　苏政发〔2002〕95 号)

二、加快推进基层文化设施建设

(四)各级政府要进一步加大投入,加快文化设施建设,满足人民群众就近、经常和有选择地参加文化活动的需要。到"十五"期末,实现"县县有文化馆、图书馆,每个社区和乡镇都有宣传文化机构"的目标。县级文化馆、图书馆面积一般均不少于 2000 平方米,乡镇宣传文化机构的场所一般不少于 500 平方米。苏南及沿江经济发达地区的县级文化馆、图书馆要达到一级标准。经济欠发达地区可将文化馆、图书馆合二为一建设……

(五)文化设施建设要纳入城乡建设整体规划,并把群艺馆、文化馆、图书馆、文化站作为

---

① 该文件原文来自"律商网"数据库,检索日期:2013 年 7 月 30 日。
② 该文件原文来自"律商网"数据库,检索日期:2013 年 7 月 30 日。
③ 该文件原文来自江苏省人民政府网站(http://www.jiangsu.gov.cn/),检索日期:2013 年 10 月 29 日。

建设重点……

(六)切实抓好文化设施的管理和利用。完善群艺馆、文化馆、图书馆必要的设备,并加强对设备的日常维护保养……

三、不断丰富基层群众文化生活

(九)推进农村文化活动方式的创新……艺术表演团体、群艺馆、文化馆、图书馆、电影公司等要在文化、科技、卫生"三下乡"活动中发挥作用,深入基层为群众送戏、送书、送电影、送文化科技知识。要充分发挥流动文化车、文化小分队的作用,积极探索灵活多样、行之有效的文化下乡新方法和新形式……

四、努力建设高素质的基层文化工作队伍

(十二)积极推进基层文化机构人事制度改革……建立群艺馆、文化馆、图书馆和乡镇(街道)文化机构的工作岗位规范,逐步实行工作人员从业资格制度……

五、进一步增加对基层文化建设的投入

(十五)各级政府要按照党的十四届六中全会《决议》要求,确保文化事业经费增长不低于当年财政收入的增长幅度;文化事业建设费的安排应向基层文化建设项目倾斜;保证有影响的重大群众文化活动的经费投入;对群艺馆、文化馆、图书馆等公益性文化事业单位的日常工作给予必要的经费保障;保证各级公共图书馆有一定数量的购书经费……在省基建经费中安排公共文化设施建设专项资金 2730 万元,分四年扶持 30 个无馆舍或面积不达标的文化馆、图书馆建设;各级政府也要安排相应的配套资金。

江苏省农村公共文化服务管理办法①

(2012 年 1 月 16 日   江苏省人民政府令第七十七号)

第一章   总则

第二条   本省行政区域内农村公共文化服务及其管理,适用本办法。

本办法所称农村公共文化服务,是指由县及县以下公益性文化事业机构,包括县(市、区)图书馆、文化馆、博物馆和乡镇综合文化站(以下简称农村公共文化服务机构),以及村文化活动室面向农村群众提供的公共文化服务活动。

第二章   服务机构

第七条   县(市、区)人民政府应当按照国家有关规定设立图书馆、文化馆,可以根据当地文物藏量、地方特色和需要设立博物馆。

第十二条   县(市、区)图书馆、文化馆、博物馆的馆长由县(市、区)人民政府或者文化行政部门依法任命或者聘用。

第三章   服务设施

第十七条   乡镇综合文化站应当合理划分功能区,并配备相应的设备和器材。功能区包括多功能活动室、图书阅览室、展览展示室、综合培训室、电子信息服务室、老年和少儿活动室、体育活动室等。

---

① 该文件原文来自"律商网"数据库,检索日期:2013 年 7 月 30 日。

第二十一条　……鼓励和支持热心公益文化事业的单位和个人建设专题博物馆、艺术馆、展示馆,组建文化大院、文化中心户、文化室、图书室等。

第四章　服务规范

第二十五条　……县(市、区)文化馆、图书馆和乡镇综合文化站应当提供流动文化服务,方便群众就近参与文化活动。

第二十六条　县(市、区)文化馆、图书馆、博物馆应当加强对乡镇综合文化站的业务指导,通过艺术交流、文艺辅导、文化下乡等形式,提高乡镇综合文化站的服务水平和服务质量。

浙江省

浙江省人民政府关于加强基层文化建设的若干意见①

(2002 年 7 月 25 日　浙政发〔2002〕17 号)

一、以"三个代表"重要思想为指导,高度重视基层文化建设

(三)基层文化建设的总体目标是:建立适应社会主义市场经济和社会发展的思想道德体系,完善为广大人民群众文化需求服务的公共文化服务体系,营造有利于提高群众整体素质和社会文明程度的文化发展环境……到 2005 年,按照国家要求,基本完成市县群艺馆、图书馆、文化馆、体育场馆、青少年和老年活动场所,以及中心镇文化站的建设、改造任务;实现每个乡镇和街道都有文化站;新华书店网点和全民健身苑(点)基本覆盖城市社区和乡镇,基本形成一支结构比较合理、素质较高的基层文化工作队伍,实现基层文化活动经常化、大众化。

三、推进基层文化活动内容和形式的创新,活跃群众文化生活

(八)认真实施"全国文化信息资源共享工程"。利用现代科技手段,整合和开发各类文化资源,传播先进文化和现代科技知识,提高文化资源的共享水平。各地要从实际出发,合理规划,积极推进基层文化信息网络建设,努力为广大人民群众提供快捷、丰富的经济、科技信息和文化服务。

(九)继续开展文化下乡活动。鼓励各级艺术表演团体、群艺馆、文化馆、图书馆、电影公司、新华书店等文化单位送戏、送书、送电影、送文化科技知识到基层,并使之经常化、制度化……

四、多渠道筹措资金,加快基层文化设施建设

(十二)……保证有影响的重大群众文化活动的经费投入,对于群艺馆、文化馆(站)、图书馆等公益性文化事业单位的日常工作给予必要的经费保障。保证各级公共图书馆有一定数量的购书经费……

(十五)……欠发达或人口较少的县(市、区),可根据实际,实行县文化馆、广电中心、体育场馆、青少年活动场所、老年活动场所共建共享,县立重点高中的图书馆、体育场馆与公共图书馆、科技馆、体育场馆共建共享……

(十六)大力发展民办文化,鼓励社会力量参与基层文化建设。鼓励民间资本对社会公

---

① 该文件原文来自文化政策图书馆网站(http://www.cpll.cn/),检索日期:2013 年 7 月 31 日。

益性文化活动、设备设施建设的捐赠。纳税人通过非营利的社会团体和国家机关向公共图书馆、博物馆、群艺馆、文化馆、文化站、革命纪念馆、体育场馆等为青少年服务的公益性文化设施建设的捐赠,享受青少年活动场所建设的同等待遇,在交纳企业所得税和个人所得税前准予全部扣除……

浙江省人民政府关于印发
《浙江省文化建设"四个一批"规划(2005—2010)》的通知①

(2006 年 2 月 10 日　浙政发〔2006〕7 号)

二、建设一批重点文化设施

(二)加强建设基层文化设施

1. 县级文化设施

按照全省县级图书馆、文化馆、档案馆、体育场馆达标建设规划,加快欠发达县文化设施建设……

2. 社区文化设施

社区文化具有很大的需求空间。社区文化设施含图书馆、电子阅览室、文化活动室、健身路径、游泳池、健身活动室、篮球场、羽毛球场等。要按照国家文明城市考核指标和全国文化信息资源共享工程的要求,结合浙江实际,加快制定落实社区文化设施标准,加强活动场所室内外面积、安全、卫生标准的监督落实……

(三)着力建设文化信息网络设施

3. 文化信息网络

加快全省文化信息资源共享工程建设,基本形成覆盖全省所有市县和重要单位的文化信息网络。加快浙江省图书馆数字图书项目建设进程,与全省各地电子图书馆联成便捷网络,并与国内外重要数字图书馆、数字期刊联网互通,实现图书信息资源的共建共享。积极推进浙江社会科普网络、档案资源信息网络建设,普及人文社科知识,实现全省档案资源信息共享。

中共浙江省委、浙江省人民政府关于印发
《浙江省推动文化大发展大繁荣纲要(2008—2012)》的通知②

(2008 年 7 月 3 日　浙委〔2008〕71 号)

三、推进公共文化服务

(九)增强公共文化产品的生产供给能力

……支持民办公益性文化机构的发展,鼓励民间开办博物馆、图书馆等,促进公共文化

---

① 该文件原文来自文化政策图书馆网站(http://www.cpll.cn/),检索日期:2013 年 7 月 31 日。
② 该文件原文来自浙江省青田县人民政府网站(http://www.qingtian.gov.cn/),检索日期:2013 年 10 月 29 日。

服务方式的多元化、社会化。

（十）完善公共文化服务网络

加强公共文化基础设施建设……以县级以上城市公共文化设施为骨干，以乡（镇）和社区基层文化设施为基础，统筹规划，合理布局，加强图书馆、博物馆、文化馆、美术馆、电台、电视台、广播电视发射转播台（站）、互联网公共信息服务点等公共文化基础设施建设，形成覆盖城乡、结构合理、功能健全、实用高效的公共文化设施网络。加快推进广播电视"村村通"、文化信息资源共享、农村电影放映、农家书屋建设等重点农村公共文化服务工程……

充分发挥现有文化设施的作用……发挥县级文化馆、图书馆在提供服务、组织活动、培训骨干等方面的综合效应，辐射和带动群众性文化活动的开展。推动县级图书馆逐步实行分馆制，促进县、乡图书文献资源共享……

安徽省

中共安徽省委、安徽省人民政府关于进一步加快文化事业改革和发展的决定[①]

（1999 年 1 月 1 日　中共安徽省委、安徽省人民政府）

五、加强农村文化工作，促进社会文化事业全面繁荣

认真实施"知识工程"，开展多种形式的群众性读书活动。到 2000 年，全省公共图书馆人均藏书量要达到 0.15 册。省图书馆和部分地市级图书馆要实现计算机自动化管理。各级图书馆要努力提高图书利用率，做好图书情报信息服务工作……

七、合理布局，突出重点，加快文化基础设施建设

文化事业的发展必须有相适应的阵地和设施……各级政府要将博物馆、图书馆、群艺馆、文化馆（站）、影剧院等公益文化设施纳入城乡建设的总体规划，统筹安排项目和资金，努力建成一批体现当地经济社会发展水平的现代化骨干文化设施……

"九五"期间，新建安徽省图书馆新馆。省辖市要建立少儿图书馆。全省 1/3 的公共图书馆要达到国家规定的一、二级馆标准。市所辖的区，争取 30% 至 40% 建成符合标准的公共图书馆。全省 10% 的乡（镇、街道）要建立一定规模的公共图书馆……

---

① 该文件原文来自中国文化产业网网站（http://www.cnci.gov.cn/），检索日期：2013 年 10 月 12 日。

福建省

福建省人民政府关于进一步加强农村文化工作的决定①

(2001 年 11 月 12 日　闽政〔2001〕文 279 号)

二、"十五"期间农村文化工作的指导思想和主要任务……"十五"期间,我省农村文化工作的主要任务是:在文化基础设施建设方面,各级政府和有关部门要按照文化部、中宣部、国家计委、财政部等 20 个中央和国家部委下发的《全国万里边疆文化长廊 2001 年至 2010 年建设规划》和《关于全国万里边疆文化长廊 2001 年至 2010 年建设规划的实施意见》要求,加强县级图书馆、文化馆和乡镇文化站的建设,改变全省县以下公益性文化事业单位无馆(站),或馆(站)简陋破旧的状况,实现农村各类文化设施齐全、文化设备配套;在文化工作创先方面,创建一批国家级和省级文化先进县(区、市),加快省级文化先进乡(镇)、村的创建步伐,申报一批"中国民间艺术之乡"和"中国民间艺术特色之乡",命名一批"福建民间艺术之乡"和"福建民间艺术特色之乡";在推进先进文化传播方面,加快"福建文化信息网络"建设,县级以上图书馆、文化馆要争取普遍入网,并在有条件的地方,建成一批乡(镇)、村电子阅览室;在基层文化队伍建设方面,逐步实行图书馆、文化馆、文化站从业人员持证上岗制度,建立一支兼专结合的农村文化工作基本队伍;在开展农村文化工作的活动方式方面,要充实活动内容,改进活动形式,满足农民就近、经常和有选择地参加文化生活的需要,努力使广大农民真正成为文化的受益者、参与者和创造者。

三、建好、用好农村公益性文化设施……经济较为发达的地方可单独建设文化馆、图书馆,经济欠发达的地方可建设文化馆和图书馆等合一的综合性文化设施。各级政府对新建的文化馆、图书馆、群艺馆、科技馆、体育馆、博物馆、革命历史纪念馆、美术馆、文化站等公益性公共文化设施的建设用地,要优先给予保证,并可按《福建省加强城市基础设施配套费征收管理的暂行规定》(闽政〔1989〕34 号)的有关规定,减免其城市基础设施配套费。

四、切实加强农村文化队伍建设……采取多种方式,鼓励和吸引大中专毕业生到图书馆、文化馆和乡镇文化站工作,并通过函授、培训和远程教育等形式,为农村文化工作者提供学习和培训的机会,提高他们的思想水平和业务素质。建立健全完善的工作岗位规范,逐步实行图书馆、文化馆工作人员持证上岗制度,以适应新形势下农村文化工作的需要……

---

① 该文件原文来自"律商网"数据库,检索日期:2013 年 7 月 30 日。

福建省终身教育促进条例①

（2005 年 8 月 1 日　闽常〔2005〕14 号）

第十八条　科技馆、图书馆、文化馆、博物馆、美术馆、纪念馆、青少年活动中心、工人文化宫、老年人活动中心等社会公益性场馆应当根据实际需要和自身条件,向公民优惠提供学习场所或者设施。在终身教育活动日,政府设立的上述场所和设施应当免费向公民开放。

江西省

江西省文物保护管理办法②

（1987 年 12 月 28 日　江西省第六届人民代表大会
常务委员会第二十七次会议通过）

第四章　文物收藏与收集

第二十一条　全民所有的博物馆、纪念馆、文化馆、图书馆和其他单位收藏的文物,必须区分等级,进行登记,建立档案,并报当地文化行政管理部门备案。

江西省文化系统 2003—2010 年文化产业发展规划③

（2004 年 1 月 1 日　江西省文化厅）

三、我省文化产业发展的总体目标和基本任务

7. 为实现上述目标,我省发展文化产业的基本任务是:

——基本形成相互促进、特色互补的区域文化产业协调发展格局……2010 年前,全省各地要建设一批特色鲜明、品位高雅、能够促进城市可持续发展的标志性文化设施和重点项目,把艺术中心、图书馆、博物馆、群艺馆、多功能剧场、多厅数码电影城、文化广场等纳入城市建设整体规划,保证文化产业重点项目、重点设施优先建设。

四、发展重点及主要任务

14. 文化信息业……力争到 2010 年,初步建立起以文化资源数据库以及公用电信网为基础的、文化网与全国其他知名综合网站和专业网站互联互通的、社区宽带局域网为试点的江西文化网络平台。以"文化网户户通"为目标不断扩大网民群体,使网上文化消费占全省

---

① 该文件原文来自福建省人民政府网站(http://www.fujian.gov.cn/),检索日期:2013 年 10 月 29 日。
② 该文件原文来自"北大法宝"数据库,检索日期:2013 年 7 月 30 日。
③ 该文件原文来自文化政策图书馆网站(http://www.cpll.cn/),检索日期:2013 年 9 月 06 日。

居民文化总消费的 10% 以上,重点抓好"网上图书馆"、"网上博物馆"、"网上剧场"、"网上影院"、"文化电子商务"等项目建设,以商业服务方式实现文化信息资源共享。

五、实现目标的措施

25. 修订《江西省文化市场管理条例》,制定颁布《江西省实施〈娱乐场所管理条例〉办法》、《江西省捐助文化公益事业管理办法》、《江西省艺术创作奖励办法》、《江西省公共图书馆条例》和《江西省文化馆(站)条例》等文化建设法规……

江西省文物保护条例①

(2006 年 9 月 22 日 江西省人民代表大会常务委员会公告第 80 号)

第四章 馆藏文物和民间收藏文物

第三十条 博物馆、图书馆和其他文物收藏单位可以根据其收藏的性质和职责征集藏品。对收藏的文物,文物收藏单位应当按照国家有关规定区分等级,编制目录,设置藏品档案,并报主管的文物行政部门备案。

山东省

山东省人民政府办公厅转发省文化厅、省计委、省财政厅关于加强基层文化建设的意见的通知②

(2002 年 12 月 11 日 鲁政办发〔2002〕59 号)

二、完善基础设施建设,巩固基层文化阵地

(一)文化设施是开展群众文化活动、传播先进文化的重要阵地,各级政府要加大投资力度,加快文化设施建设,满足广大人民群众就近、经常和有选择地参加文化活动的需要。城市要在进一步完善群众艺术馆、文化馆、图书馆建设的同时,加强社区和居民小区配套文化设施建设,发展文化广场等公共文化活动场所……到 2005 年,全省要实现每个县(市、区)都有文化馆、图书馆,每个社区和乡镇都有文化活动站的目标。"十五"期间,凡有馆无舍及馆舍面积低于县(市、区)文化馆、图书馆 1000 平方米,乡镇文化站 300 平方米标准的,均要通过新建、改建、扩建、置换等方式逐步予以解决。经济条件较好、人口规模较大的县可设文化馆、图书馆;经济欠发达、人口规模较小的可将文化馆、图书馆合二为一建设……

(二)把文化设施建设纳入城乡建设整体规划,把群艺馆、文化馆、图书馆、文化站作为重点列入建设规划……

(三)切实加强文化设施的管理和利用。要保证群艺馆、文化馆、图书馆、文化中心(文

---

① 该文件原文来自"律商网"数据库,检索日期:2013 年 7 月 30 日。
② 该文件原文来自"律商网"数据库,检索日期:2013 年 7 月 30 日。

化站)开展工作必要的设备和装备,加强对设备的日常维护和保养,不得将上述文化馆、站租赁作商业经营场所……

三、采取有效措施,建设高素质的基层文化队伍

(一)建立健全群艺馆、文化馆、图书馆和乡镇(街道)文化机构的工作岗位规范,逐步实行基层文化从业人员从业资格制度……

四、坚持先进文化前进方向,积极开展丰富多彩的文化活动

(一)利用现代科技推动先进文化传播。实施文化信息资源共享工程,以省、市、县(市、区)公共图书馆为主体,尽快建立和完善文化信息网络服务体系,加快网络服务平台建设,有计划、有步骤地对现有图书、音像、信息等文化资源进行数字化加工和整合,以发展数字文化网络为突破口,提高资源共享水平,为广大人民群众提供方便、快捷、丰富的文化信息服务……

(三)推进农村文化活动方式的创新……各级各类艺术表演团体、群艺馆、文化馆、图书馆、电影公司等要在文化、科技、卫生"三下乡"活动中发挥作用,定期深入基层为群众送戏、送书、送电影、送文化科技知识。要充分发挥流动文化车、文化小分队的作用,积极探索灵活多样、行之有效的文化下乡新方法和新形式……

山东省文化科技中长期发展规划(2006—2020 年)①

(2006 年 1 月 1 日　山东省文化厅)

三、山东省文化科技中长期发展的指导思想、奋斗目标、主要任务

(三)主要任务

2. 图书馆科技

加快全省数字图书馆工程建设,在关键技术的研究、规模型数字资源库的建设、相关标准规范的研究与应用的基础上,构筑因特网环境下的数字图书馆;建成一批具有地方特色的文化、教育、科研、经济信息资源库等中文数字资源;搞好特藏资源数字化工作,建成具有较高价值的古籍善本、手稿字画、地方文献和各种特色文献资源库;加强文献资源的开发与利用,实现大部分图书馆资源的联机采编及馆际互借。

加强公共图书馆的文献保护研究和文献缩微工作,扩大视听资料的开发与利用范围,充分发挥多媒体资源的作用;善本书库配置恒温设备,基本上消灭书本虫害与霉变;开展文献纸张脱酸技术的研究,做好纸张严重脆化文献的保护研究工作,使文献脆化状态得到缓解和有效控制。

四、我省文化行业科技发展的配套措施和方法

5. 切实解决好重点与一般的问题。加强文化科技重大理论和重大项目研究,以文化事业信息化建设为龙头,以舞台科技、图书馆科技、文物保护科技、文化市场科技为重点,开展科技创新,促进高新技术成果在文化行业中的应用和转化,提高文化行业的科技水平和文化娱乐服务水平。

---

① 该文件原文来自"律商网"数据库,检索日期:2013 年 7 月 30 日。

山东省委办公厅、省政府办公厅关于加强公共文化服务体系建设的实施意见①

(2007 年 12 月 6 日　鲁办发〔2007〕33 号)

三、组织实施重大公共文化服务工程

(四)文化信息资源共享工程。以数字资源建设为核心,以基层服务网点建设为重点,以多种传播方式为手段,以共建共享为基本途径,进一步推进全省文化信息资源共享工程建设。要加强资源镜像站建设和特色数字资源建设,完善管理机制,做好对各级网点的组织协调、管理服务等工作。各级图书馆和乡镇综合文化站、社区文化中心要统一制式,合理分工,充实完善设施设备,成为文化信息资源共享工程的各级分中心、支中心和基层服务点。结合数字图书馆建设,开发和建设"山东省文化艺术信息资源库"、"农村实用信息库"和"数字图书馆信息资源库",开拓文化信息资源,丰富文化信息内容。加强资源配送和资源管理,将免费文化信息资源及时传送到因特网等媒体和基层服务点。农村文化信息资源共享工程建设要与广播电视村村通工程、农村党员干部现代远程教育等相结合,实现共建共享。到 2010年,完成乡镇文化共享工程服务站点改造提升,40%的村服务点成为规范化站点,由全国文化信息资源共享工程"试点省"发展成为"示范省"。

四、增强公共文化产品生产供给能力

(八)建立健全公共文化设施网络……

——省级公共文化设施建设。优化省级公共文化服务体系骨干群体,加快山东省图书馆数字化改造……

——市级公共文化设施建设。设区的市要按照国家一级馆标准,建设公共图书馆、群众艺术馆和地志性综合博物馆……

——县级公共文化设施建设。全省改造、完善 100 个具有示范作用的县级文化馆、图书馆。各县(市、区)公共图书馆、文化馆建设要达到国家二级馆以上标准……

——基层公共文化设施建设……行政村要建设包含农家书屋(村图书室)在内的文化大院,并根据需要配置规模适当的活动广场……

(九)完善公共文化服务机制……图书馆、博物馆、美术馆、艺术馆、纪念馆、文化馆、文化站、爱国主义教育基地等要尽可能做到免费或优惠向社会开放,对城市低收入居民、残疾人、未成年人、老年人和农民工等特殊群体实行免费或半价开放。政府投资的博物馆、美术馆、纪念馆、文化馆、图书馆和乡镇综合文化站等要坚持公益性事业单位的性质,不得企业化或变相企业化,不得以拍卖、租赁等形式改变其文化设施用途,已挪作他用的要限期收回……

五、完善支持公共文化服务体系建设的有关政策

(十三)加大对公共文化服务的投入……

——切实保障实施重大公共文化工程……文化信息资源共享工程:省财政对 30 个经济欠发达县每县补助 50 万元,对其他县级支中心实行以奖代补,各市、县(市、区)要落实其余

---

① 该文件原文来自"律商网"数据库,检索日期:2013 年 7 月 30 日。

所需资金。

——确保文化事业经费稳定增长。对政府兴办的公益性文化单位,包括图书馆、艺术馆、文化馆、美术馆、展览馆、书画院、博物馆、科技馆、革命纪念馆等,各级财政要确保人员经费和业务活动经费,逐步增加经费投入,支持其不断发展,提高公共文化服务能力……

六、加强对公共文化服务体系建设的领导

(十九)创新公共文化服务运行机制……

——深化公益性文化事业单位改革……党报党刊、电台电视台、重点新闻网站等新闻媒体和博物馆、图书馆、艺术馆、文化馆、乡镇综合文化站等公共文化单位,要优化组织结构,整合内部资源,面向群众、开拓市场,增加公共文化服务总量,提供更多群众喜闻乐见的优秀文化产品和优质文化服务。

——推动公共文化服务方式创新……要鼓励具备条件的城市图书馆采用通借通还等现代服务方式,努力推动其公共文化服务职能向社区和农村延伸……支持各类文化基金会和文化投资公司参与公共文化服务。支持民办公益性文化机构的发展,鼓励民间开办博物馆、图书馆等,促进公共文化服务方式多元化、社会化。

——提高公共文化服务技术水平……以省图书馆数字化改造为龙头,加快省图书馆与各地公共图书馆、各高校图书馆的联网步伐。加强市、县图书馆镜像站建设,增强文化信息资源的传输、存储和供给能力……

(二十)加强公共文化服务人才队伍建设……

——加大业务技能培训力度……建立健全博物馆、图书馆、艺术馆、文化馆和乡镇综合文化站等公共文化机构工作岗位规范,按照国家有关规定要求,逐步实施职业资格管理制度……

山东省文物保护条例①

(2010 年 9 月 29 日　山东省人民代表大会常务委员会公告第五十七号)

第三章　考古发掘

第二十八条　考古发掘单位自提交考古发掘报告之日起六个月内,应当将出土文物移交给省人民政府文物行政部门指定的国有博物馆、图书馆或者其他国有文物收藏单位收藏……

第四章　馆藏文物

第三十六条　博物馆、图书馆和其他文物收藏单位应当加强对文物藏品的保护管理,建立健全库房管理和安全检查制度。藏品库房、陈列展览室、技术修复室等场所,必须按照国家有关规定配备防火、防盗、防自然损坏设施,安全设施不符合国家有关规定不得对外开放……

---

① 该文件原文来自"北大法宝"数据库,检索日期:2013 年 7 月 30 日。

河南省

河南省人民政府办公厅转发省文化厅、计委、财政厅关于进一步加强全省基层文化建设实施意见的通知①

(2002 年 9 月 20 日　豫政办〔2002〕72 号)

一、认真实践"三个代表"重要思想,高度重视基层文化建设

(三)我省"十五"期间基层文化建设的主要任务是:在基础文化设施建设方面,实现"县县有图书馆、文化馆"的目标,加快乡镇、城市社区文化设施的建设和普及;文化工作创先方面,以创建文化先进县(市)、文化先进乡镇活动为载体,全面加强农村基层文化建设;在文化活动方面,充实活动内容,改进活动方式,以文化下乡和城市社区广场文化为切入点,提高文化活动的质量,扩大群众的参与程度。继续实施少儿文艺"蒲公英"工程和"知识工程"。大力推进农村电影"2131 工程",解决农民看电影难的问题;在基层文化队伍建设方面,建立一支专职兼职结合的基层文化工作基本队伍,逐步实行群艺馆、文化馆、图书馆、博物馆和乡镇(街道)文化机构从业人员持证上岗制度。

二、积极推进基层文化设施建设,加强文化设施的管理和利用

(四)文化设施是开展群众文化活动、传播先进文化的重要阵地……

城市要在搞好群艺馆、文化馆、图书馆建设的同时,加强社区和居民小区配套文化设施建设,发展文化广场等公共文化活动场所……加快县(市)图书馆、文化馆建设,有馆无址和馆舍面积低于国家标准的县(市),要积极筹措建设资金,通过新建、改建、扩建、置换等方式予以解决。经济条件较好、人口规模较大的县(市),可分设图书馆、文化馆;经济欠发达、人口规模较小的县(市),可将图书馆、文化馆合二为一建设……要继续大力推进农村文化大院(室)建设,边远山区要积极发展流动文化车、汽车图书馆等。

(五)把群艺馆、文化馆、图书馆、博物馆、文化服务中心等公益性文化设施作为重点列入建设规划……

(六)切实加强文化设施的管理和利用。完善群艺馆、文化馆、图书馆、博物馆(纪念馆)、文化服务中心等文化单位必要的设备和装备,加强对设备的日常维护保养,完善综合服务功能,不断提高文化设施的利用率……

(七)积极贯彻落实《河南省公共图书馆管理办法》(省政府令第 71 号),注重发挥图书馆的职能和作用,倡导全民读书,在全社会营造热爱读书、崇尚知识的良好氛围。公共图书馆应加强文献资源建设和自动化、网络化、数字化建设,并以高效、优质的服务,引导更多的群众走进图书馆、利用图书馆,充分发挥公共图书馆在社会主义两个文明建设中的作用。

三、努力建立一支稳定的专兼结合的基层文化工作队伍

(八)建立健全群艺馆、文化馆、图书馆、博物馆和乡镇(街道)文化机构的工作岗位规

---

① 该文件原文来自"律商网"数据库,检索日期:2013 年 10 月 29 日。

范,逐步实行工作人员从业资格制度……

四、积极开展丰富多彩的文化活动

(十四)……艺术表演团体、群艺馆、文化馆、图书馆、电影公司等要在文化、科技、卫生"三下乡"活动中发挥作用,深入基层为群众送戏、送书、送电影、送文化科技知识。要积极探索灵活多样、行之有效的文化下乡新方法和新形式,把文化下乡和建设乡下文化结合起来。

六、切实加强领导,落实各项保障措施

(十八)各级人民政府要切实加大对基层文化建设的投入,确保文化事业经费逐年有所增加。要保证有影响的重大群众文化活动的经费投入;对于群艺馆、文化馆、图书馆、博物馆(纪念馆)、文化服务中心等公益文化事业单位的日常工作给予必要的经费保障;保证各级公共图书馆有一定数量的购书经费。

"十五"期间,省财政每年适当增加县(市、区)图书馆、文化馆设施建设补助费和边远贫困农村乡镇文化建设补助经费;分别安排专项资金,用于"中原文化网"共建共享工程建设、集中采购配送图书补助县级公共图书馆、文化先进县建设、扶持省直文化下乡等……

文化事业建设费的安排要向基层文化建设项目倾斜。对于列入"十五"期间国家和省补助的县级图书馆、文化馆建设项目,所在地县级政府应积极筹措资金,保质保量按时完成建设任务;省计委将安排与中央配套的专项经费,用于列入"2131 工程"农村电影队的设备、拷贝购置,各县(市)也要落实相应的配套资金。

河南省人民代表大会常务委员会关于
加强基层文化设施建设有关问题的决议[①]

(2009 年 5 月 22 日　河南省人民代表大会常务委员会公告第 20 号)

一、提高认识,确保实现基层文化设施建设目标……省辖市没有市级图书馆的,要在2010 年底前按国家规定建设标准建成并投入使用;省辖市市级文化馆没有达到国家规定建设标准的,2010 年底前按国家规定的标准完成改扩建工程并投入使用。

湖北省

中共湖北省委、湖北省政府关于进一步加强农村文化工作的意见[②]

(1998 年 1 月 16 日　鄂发〔1998〕3 号)

三、切实加强农村文化队伍和基础设施建设

(7)切实稳定农村文化队伍……对政府兴办的图书馆、博物馆、科技馆、群艺馆、文化馆

---

① 该文件原文来自"北大法宝"数据库,检索日期:2013 年 7 月 30 日。
② 该文件原文来自"律商网"数据库,检索日期:2013 年 7 月 30 日。

(站)、革命历史纪念馆等公益性事业单位,应给予经费保证,其人员工资待遇按有关政策予以落实。

四、深入开展文化下乡、文化扶贫活动,丰富农村文化生活

(10)积极发展农村图书事业。各地要千方百计实施"万村书库"工程、"六百二万工程"和"知识工程",积极发展乡(镇)、村、组图书馆(室),认真组织好图书报刊的订阅和使用。力争到"九五"末,全省六分之一的乡(镇),十分之一的村、组建有图书馆(室),藏书分别达到 3000 册和 1000 册。

湖南省

湖南省实施《公共文化体育设施条例》办法①

(2010 年 7 月 28 日　湖南省人民政府令第二百五十号)

第二章　规划和建设

第九条　省和各市州行政区应当建设图书馆、艺术馆、博物馆、影剧院、体育场(馆)等设施。县市行政区应当建设图书馆、文化馆、影剧院、体育场(馆)等设施……

第三章　使用与服务

第二十条　各级人民政府投资建设的图书馆、博物馆、纪念馆应当向公众免费开放……

广东省

广东省文化事业发展"十五"计划②

(2002 年 1 月 1 日　广东省人民政府)

二、总体思路及发展战略

(一)文化设施建设

……本着"高起点规划、高标准建设、高效能管理"的原则,加快推进广东演艺中心、广东省博物馆二期工程、广东省中山图书馆改造工程、广东粤剧学校校舍、友谊剧院改造、广东舞蹈学校校舍扩建改造等文化设施重点项目建设。

(三)群众文化网络

……"十五"期间,省重点扶持东西两翼地区 7 个市所属的 6 个群艺馆,34 个文化馆,30 个图书馆,30 个博物馆,30 个剧团排练场和 546 个乡镇文化站的设施建设和器材配套……

---

① 该文件原文来自"北大法宝"数据库,检索日期:2013 年 7 月 30 日。
② 该文件原文来自文化政策图书馆网站(http://www.cpll.cn/),检索日期 2013 年 7 月 31 日。

（四）公共图书馆网络

新建设广州、深圳、珠海、汕头、顺德等市图书馆,使之成为标志性建筑。实现县县有图书馆,消灭空白点(揭阳、汕尾、梅州、潮安、陆河)。全省每年发展 100 个,藏书超过 1 万—2 万册的乡镇(街道)图书馆。五年内,有计划、有步骤地在全省实施建设 1000 个村级图书馆的"千村书库"工程。

推进图书馆自动化、网络化、数字化建设,实现以省中山图书馆为中心的全省县以上公共图书馆自动化网络,初步形成全省五级图书馆自动化管理,有重点地建设一批特色数据库网站。

落实购书经费增加藏书。2005 年全省公共藏书从现有人均 0.29 册增至人均 0.40 册。努力提高藏书质量,形成一批特色馆,逐步建立起全省及地区的文献资源保障体系。

中共广东省委、广东省人民政府关于加快建设文化大省的决定①

（2003 年 10 月 9 日　粤发〔2003〕15 号）

附:广东省建设文化大省规划纲要(2003—2010 年)

三、全面繁荣文化事业

（六）发展各类群众文化

进一步加强基层文化建设,形成组织机构网络化、服务对象社会化、文化设施现代化、活动形式多样化的基层文化发展格局……大力推进公共图书馆建设,增加全省公共图书馆藏书量,到 2010 年,省立中山图书馆藏书要达到 1000 万册以上,各地级市图书馆藏书达到 100 万册,全省公共图书馆人均藏书达到 0.6 册以上。

四、加快发展文化产业

（二）培育和发展重点文化产业

5. 信息服务业。

拓展网上资讯服务,推动电子商务发展。重点开发一批基础性数据库,建设一批文化信息资源服务网站,重点建设网上图书馆、网上博物馆、网上书店、网上剧场、网上电影院、网上演出售票系统等,提供文化信息资源的链接服务……

六、加强文化设施建设

（一）完善公共文化设施布局

……至 2010 年或更长一点时间,全省实现市有图书馆、博物馆、群众艺术馆、档案馆、体育馆,县有图书馆、文化馆、档案馆、体育馆,乡镇有文化站(广播电视站)、体育活动场所,城市社区建有综合性文化设施的目标……

（二）抓好重点文化设施建设

集中力量建设一批现代化、高品位的重点文化设施……省支持广州建设"广州地区高校新校区";省重点建设三大标志性文化工程:广东科学中心、省博物馆(新馆)、省立中山图书馆(改扩建)……

---

① 该文件原文来自广东省人民政府网站(http://www.gd.gov.cn/),检索日期:2013 年 7 月 31 日。

(三)大力推进文化信息化建设

实施"128"计划,推进全省文化资源数字化,大力建设网络服务平台,建立和完善文化信息网络服务体系,推动我省文化信息资源共享工程建设。以中山图书馆为龙头,建设广东省数字图书馆,使之成为全省文化信息资源的中心和枢纽。建立20个以上市级(广州、深圳及各市级公共图书馆)中心网络,80个以上县、镇基层网点,使全省共享数字化资源……

广东省文化设施条例①

(2005 年 1 月 19 日　广东省人民代表大会常务委员会公告第四十二号)

第一章　总则

第二条　本条例所称文化设施,包括公益性公共文化设施和经营性文化设施。

本条例所称公共文化设施是指向公众开放用于文化活动的公益性的图书馆、博物馆、纪念馆、美术馆、文化馆(站)、青少年宫、文化广场、工人文化宫、综合性文化设施等的建筑物、场地和设备。

广东省人民政府关于进一步加强基层文化建设的意见②

(2005 年 5 月 31 日　粤府〔2005〕50 号)

二、加快推进基层文化设施建设

……按照国务院"市有群众艺术馆、图书馆、博物馆,县县有文化馆、图书馆,乡乡有文化站"的要求,至 2010 年,全省基本建成和完善市、县、镇、村四级公益文化设施网络,其中,珠江三角洲地区的群众艺术馆、文化馆、图书馆、博物馆、文化站达到国家一级以上标准;东西两翼和山区 80% 以上的群众艺术馆、文化馆、图书馆、博物馆和文化站达到国家一级以上标准……

三、积极开展丰富多彩的文化活动

……各级专业文艺院团、群众艺术馆、文化馆(站)、图书馆、博物馆及各类民间文艺演出团队要积极探索灵活多样、行之有效的文化下农村、进社区的新方法和新形式,推动先进文化传播。加快建设以省群众艺术馆为龙头的送戏下乡流动服务演出网,深入基层为群众送戏、送书、送电影、送文化科技知识……

六、实现文化信息资源共享共建

落实《中共中央办公厅国务院办公厅转发〈文化部、财政部关于进一步加强全国文化信息资源共享工程建设的意见〉的通知》(厅字〔2005〕5 号)精神,建设文化信息资源服务网络,依托基层图书馆、群众艺术馆、文化馆、乡镇和社区文化站、村文化室(文化中心)、校园网和有线电视网,建立科学的文化信息资源管理体制和工作机制,大力发展文化信息资源共享

---

①　该文件原文来自"北大法宝"数据库,检索日期:2013 年 7 月 30 日。
②　该文件原文来自"北大法宝"数据库,检索日期:2013 年 7 月 30 日。

工程基层中心和基层服务网点,全面推进文化信息资源共享工程和广东省数字图书馆建设。至2008年,各县(市、区)基本建成文化信息资源共享工程分中心,70%以上的城市社区、农村乡镇完成基层中心建设,有条件的村文化室建立基层服务点。同时,加强与港澳地区的合作,建设粤港澳三地文化信息资源互动共享的网络平台。

以广东省立图书馆为龙头,发挥省、市图书馆对基层图书馆的指导、辐射作用,优化图书馆文献资源结构和布局。要加快公共图书馆的藏书建设,至2010年,珠江三角洲地区地级以上市的市级图书馆藏书达到80万册以上、县级图书馆藏书40万册以上,欠发达地区地级以上市的市级图书馆藏书60万册以上、县级图书馆30万册以上。同时,加快广东流动图书馆的建设。

八、落实各项保障措施

……结合人事部、文化部"文化先进县"评选以及文化馆、图书馆、文化站评估定级等工作,继续做好"广东省先进文化县"、"广东省文化强镇"工作,推动基层文化设施建设,对基层文化工作中成绩突出的单位和个人进行表彰。

广东省人民政府办公厅印发广东省文化事业发展"十一五"规划的通知①

(2007年4月10日 粤府办〔2007〕33号)

二、指导思想和发展目标
(二)发展目标
——公共文化产品和服务的供给能力明显提高,质量显著改善……人均拥有公共图书馆藏书册数居全国前列……

三、主要任务
(二)健全公共文化服务体系
……力争到2010年,全省人均占有公共文化设施面积,人均公共图书馆藏书册数,人均参与文化活动并接受文化辅导、培训、讲座、创作的次数等指标均位居全国前列;经济较发达地区的市级图书馆藏书达到80万册以上、县级图书馆40万册以上,欠发达地区市级图书馆藏书50万册以上、县级图书馆15万册以上;县以上公共图书馆80%达到国家一级馆标准,珠江三角洲地区全部达到国家一级馆标准;建成100个流动图书馆分馆……建立县文化馆、图书馆、科技馆、青少年活动场所、学校图书馆共建共享的新模式,推动机关、学校、部队等内部文化设施对外开放……

提高公共文化机构的服务能力。丰富图书馆、群艺馆、文化馆、博物馆、美术馆等公共文化单位的服务内容,完善和提高其服务条件和服务质量。加快实施全省文化信息资源共享工程,积极发展基层公共文化服务网点,重点扶持粤北山区和东西两翼等经济欠发达地区乡镇、村基层服务点建设。构建我省文献资源共建共享体系,加强网上图书馆、网上博物馆、网上剧场和群众文化活动远程指导网络的建设,提高公共文化信息的使用率。继续推动流动

---

① 该文件原文来自"律商网"数据库,检索日期:2013年7月30日。

图书馆、流动博物馆、流动演出服务网建设,提高全省市、县级文化机构开展流动文化服务的能力,形成组织机构网络化、文化设施现代化、文化工作制度化、服务对象社会化、活动形式多样化的基层文化发展格局。

落实省政府《关于进一步加强基层文化建设的意见》(粤府〔2005〕50号)的要求,把基层文化建设工作纳入当地国民经济和社会发展总体规划以及城乡建设的整体规划……到2010年,实现县有图书馆、文化馆,乡镇有综合文化站,行政村有文化活动室。

加强对老年人和未成年人的文化服务……全省建立20所以上专门的少儿图书馆,并积极开办其他少儿文化活动场所……

鼓励和支持民办文化服务机构发展……民办图书馆、艺术院团等机构及其从业人员,可以按照国家有关规定,参加行业评估与人员职称评定,通过民办公助的方式,扶持热心农村文化建设的农户组建文化中心户、文化室、图书室等,开展各种面向农村、面向农民的文化经营活动,为农民群众提供公共文化服务产品。

(六)构建文化人才体系

巩固基层文化队伍。建立健全图书馆、文化馆和乡镇(街道)文化机构的工作岗位规范,逐步建立从业资格制度,充实农村广播电视专业队伍,提高基层文化队伍的专业水平和综合素质……

五、重点扶持的文化活动(项目)和重大建设工程

(一)重点扶持的文化活动(项目)

3. 广东流动图书馆、流动博物馆、流动演出服务网工程。整合全省图书、文博、群众文化资源,每年定期分区域到粤北山区和东西两翼等地区开展流动文化服务,具体工作由省立中山图书馆、省博物馆、省群众艺术馆分别牵头落实。

(二)重大建设工程

重点建设好省博物馆新馆、省立中山图书馆(改扩建)、广州新图书馆等一批全省文化事业重大工程项目。

六、规划实施与保障措施

(二)落实各项政策,营造有利于文化事业发展的良好环境

加大对公益文化事业的扶持力度……各级财政对文化事业的投入逐步增加,到2010年,力争实现文化事业费占财政总支出的比重达到1%以上,人均文化事业费达到25元,人均公共图书馆购书费达到1.5元……大中城市重点建设好图书馆、群艺馆、博物馆,县乡重点建设好图书馆、文化馆、文化站,行政村建设好文化活动室。各地应把图书馆、群艺馆(文化馆)、博物馆、美术馆、文化站建设纳入城乡建设总体规划……

切实推动农村文化事业发展。一是进一步贯彻落实《中共中央办公厅、国务院办公厅关于进一步加强农村文化建设的意见》(中办发〔2005〕27号)精神,不断加大对农村文化建设的投入,扩大公共财政覆盖农村的范围,不断提高用于乡镇和村文化建设投入的比例,新增文化事业经费等应主要用于农村。确保文化馆(站)业务必需的经费、基层公共图书馆购书经费、广播电视发射转播台基本运营经费、广播电视"村村通"运行维护经费和农村电影放映补助经费。二是加大对农村文化事业的扶持力度……大力推动"书香新农村"惠农工程,建立广东"三农"读物出版基金,并为乡镇文化站、图书室配置以农业科技为主体的图书文献。不断扩大流动图书馆、流动博物馆、流动演出服务网的覆盖面;加大省文化信息资源共享工

程的实施力度,重点做好资源建设和基层网点建设工作,通过文化资源共享向农民群众提供免费服务,解决农村群众文化信息资源短缺的问题……

广东省建设文化强省规划纲要(2011—2020 年)①

(2010 年 7 月 23 日 中共广东省委、广东省人民政府)

三、构建普惠型公共文化服务体系,保障人民基本文化权益

(一)完善基层公共文化设施网络

……到 2015 年,全省市、县图书馆、文化馆、博物馆、乡镇综合文化站、行政村(社区)文化设施全部达标,珠三角地区文化设施达到全国一流水平;每个县(市、区)至少有 1 座多功能厅数字电影院,每个乡镇至少有 1 套以上数字电影放映机,20 户以下已通电自然村通广播电视,广播电视综合人口覆盖率达到 99% 以上。到 2020 年,全省市、县(市、区)图书馆、文化馆达到国家二级馆以上标准,乡镇(街道)综合文化站达到省二级站以上标准,行政村(社区)按照"五个有"标准建成文化设施,全省每万人拥有公共文化设施面积(按常住人口计算,不含室外文化设施面积)达到 1200 平方米;文化信息共享工程服务网点和"农家书屋"覆盖到每个行政村……

(二)推进重大标志性文化工程建设

抓好已确定的重点文化设施项目建设,规划新建一批代表广东文化形象的重大文化设施项目。重点建设广东文学馆、广东非物质文化遗产展示中心、广东人民艺术中心、广东当代美术馆、广东美术馆改扩建工程、广东省立中山图书馆改扩建二期工程、广东画院(新址)、辛亥革命纪念馆、南越王宫博物馆……

(三)实施重点文化惠民工程

实施公共文化进村入户工程。采取政府采购、文化事业单位实施、社会参与的运作模式,大力开展送文化下基层活动,建设"网上图书馆"、"网上博物馆"、"网上剧场"、"群众文化活动远程指导网"等覆盖全省的数字文化服务网络,多渠道向基层配送文化资源。

实施珠三角公共文化服务一体化工程。整合珠三角文化资源,建设珠三角地方文献资源共建共享和数字图书馆联盟平台,开展珠三角电子文献联合采购,实行珠三角图书网上"一卡通"服务,建立珠三角文化资源数据库、建立珠三角演艺联盟、建立珠三角文化执法联动协查机制等,构建区域联动、资源共享、优势互补、服务一体化的珠三角都市文化生活圈,辐射带动全省公共文化的发展。

(四)增强公共文化产品和服务供给能力

进一步拓展公共文化服务领域,满足人民群众进行文化鉴赏、读书看报、听广播、看电视电影、上互联网、参与文化活动等基本文化需求……到 2015 年,努力实现全省人均拥有 1.2 册以上公共藏书、每月观看 1 场以上电影、每季度观赏 1 场以上文艺演出和参与 1 次以上群众文化活动,每半年参观 1 个以上文化展览的目标……

加强公共文化资源建设……实施文化数字化工程,加快推进文化资源的数字化转换。

---

① 该文件原文来自文化政策图书馆网站(http://www.cpll.cn/),检索日期:2013 年 7 月 31 日。

推广"城市街区24小时自助图书馆"系统。建设覆盖城乡的流动图书馆、流动博物馆、流动演出服务网,促进城市优质文化资源向基层和农村流动。加强各级公共图书馆、博物馆、纪念馆、美术馆、非物质文化遗产馆(所)的藏书、藏品建设,注重对地方文献、文物、民俗器物和本土名家创作的艺术精品的收藏,在全省形成品种丰富、结构合理、特色鲜明的文化资源体系。

提高公共文化服务设施的使用效率……各级财政要确保足额经费投入,推动各级公共图书馆、博物馆、纪念馆、非物质文化遗产馆(所)等公共文化场馆全面免费开放,推动音乐厅、美术馆等定期提供免费或低票价服务,扩大展览馆、科学馆、工人文化宫、青少年宫等免费服务项目,探索高校、科研机构图书馆、博物馆等文化资源向社会开放的新路子……

六、调动全社会积极性,形成参与文化建设强大合力

(三)形成富有活力的全民参与格局

鼓励社会力量积极参与公益性文化建设,部分公益性文化活动可面向社会进行公开招标……鼓励社会力量捐助建设公共文化设施,或自建面向公众开放、非营利性的图书馆、博物馆等文化设施。

八、组织政策保障

(二)加大财政投入力度

……加大对贫困地区、少数民族地区文化建设的财政转移支付的力度,支持东西两翼和山区未达标的市、县图书馆、文化馆、博物馆建设和乡镇综合文化站、农村与社区综合文化室建设……

附件:广东文化强省建设十项工程

为贯彻落实《广东省建设文化强省规划纲要(2011—2020年)》,突出工作重点,特制定并实施广东文化强省建设十项工程。

三、实施公共文化服务体系建设工程

1. 完善基础文化设施建设

到2012年前完成图书馆、文化馆、博物馆建设达标任务,2015年前完成乡镇综合文化站建设和农村、社区文化室建设达标任务;

3. 提高公共文化设施使用效率

各级财政安排足额经费,确保公共图书馆、文化馆(站)、博物馆免费开放,逐步推动纪念馆、美术馆等免费开放;

推进市、县、镇三级图书馆逐步实行"总分馆"制,城市市、区、街道三级图书馆实行通借通还的"一卡通"服务;

建立"广东省文献资源共建共享协作网",推动文化、高校、科技等系统图书馆文献资源共享;

4. 增强对困难地区和弱势群体的公共文化服务

有条件的市要逐步建设少儿图书馆,县级以上图书馆要设立少儿阅读区和盲人阅读区;

十、实施文化建设保障工程

3. 完善财政投入机制

各级财政要安排专项资金支持公共文化设施和公共文化服务体系建设。省财政设立基层公共文化服务设施建设专项资金,2011—2015年每年安排1亿元,共5亿元,采取以奖代补方式,对基层文化设施和重点文化工程,包括市、县图书馆、博物院、文化馆三馆达标,以及乡镇综合文化站、村(社区)文化室、农家书屋、文化信息共享工程建设等项目达标市、县给予补助;

广东省公共文化服务促进条例①

(2012 年 1 月 1 日　广东省人民代表大会常务委员会公告第六十八号)

第一章　总则

第三条　本条例所称公共文化服务,是指各级人民政府及其文化等有关主管部门或者社会力量向公众提供的公共文化设施和公益性文化产品、文化活动及相关文化服务。

前款所称公共文化设施包括图书馆、博物馆、文化馆(站、室)、纪念馆、美术馆、非物质文化遗产馆(传习所)、科技馆、青少年宫、文物保护单位、文化广场、广播电视台(站)等;公益性文化产品包括文艺作品、藏书藏品、出版物、影视广播节目等;公益性文化活动包括文艺演出、图书阅览、群众文化活动、陈列展览、文化艺术教育、影视广播节目播放等。

第三章　基层公共文化设施建设

第二十五条　基层公共文化设施建设应当纳入当地国民经济和社会发展规划,与当地经济社会发展水平相适应。

县级、乡镇人民政府应当按照国家和省的规定建设、完善文化馆、图书馆、综合文化站(室)、文化广场、农村广播基础设施等基层公共文化设施并配备相应设备。

广西壮族自治区

广西壮族自治区党委办公厅、自治区人民政府办公厅关于进一步加强农村文化建设的意见②

(2006 年 12 月 31 日　桂办发〔2006〕48 号)

一、加强农村公共文化建设,着力构建公共文化服务体系

(三)开展农村数字化文化信息服务,推进文化信息资源共享工程建设。积极发展文化信息资源共享工程农村基层服务点,重点支持边远贫穷地区乡镇、村基层服务点建设。到2010 年,我区要在现有基础上再建 600 个文化信息资源共享工程农村基层服务点(站),初步形成自治区、市、县、乡镇四级服务网络。文化信息资源共享工程要与农村文化设施建设统筹规划,综合利用,使县文化馆、图书馆和乡镇综合文化站、村文化活动室逐步具备提供数字化文化信息服务的能力……

(五)加强文化设施建设,构建农村公共文化服务网络……从 2007 年起,每市每年要新建、改扩建 1 个以上县文化馆或图书馆基础设施,已完成基础设施建设任务的市每年重点为2 个以上县文化馆、图书馆增添业务设备器材……到 2010 年,基本实现县有符合有关标准的

---

① 该文件原文来自"北大法宝"数据库,检索日期:2013 年 7 月 30 日。
② 该文件原文来自"北大法宝"数据库,检索日期:2013 年 7 月 30 日。

文化馆、图书馆,乡镇有综合文化站,行政村有文化活动室。县文化馆要具备综合性功能,图书馆要加强数字化建设……

二、创新农村文化活动方式,丰富农民群众精神文化生活

(一)开展乡村文化活动,丰富和活跃农民群众的精神文化生活。积极开展多种形式的群众文化活动。各文化(群艺)馆、站和图书馆,要组织业务人员深入农村(文化馆平均每人每年不少于 60 天,群艺馆平均每人每年不少于 40 天,文化站平均每人每年不少于 80 天,图书馆平均每人每年不少于 30 天)辅导农民群众开展各种文化活动……

三、加快体制改革和机制转换,增强农村文化事业发展活力

(一)加快公益性文化事业单位改革,提高农村公共文化服务能力和水平。县级文化馆、图书馆等公益性文化事业单位的改革主要是增加投入,转换机制,增强活力,提高公共服务水平……加强对县文化馆、图书馆、乡镇综合文化站等公益性事业单位的管理和使用,不得企业化或变相企业化,不得以拍卖、租赁等任何形式,改变其文化设施的用途;已挪作他用的,要限期收回……

四、采取多种措施,动员社会力量支持农村文化建设

(三)引导社会力量捐助农村文化事业,规范对捐赠项目和程序的管理。要重点捐助文化站(室)、图书室等农村文化基础设施建设以及农村公益性文化实体和文化活动……

五、加强组织领导,为加快农村文化建设提供有力保障

(二)坚持"多予少取放活",切实加大政府投入力度……各级政府要积极落实每年已通电自然村的村村通广播电视工程建设资金,落实每年新建设、改扩建县文化馆、图书馆和乡镇综合文化站、村文化室基础设施建设资金;在确保农村基础文化设施建设目标实现的同时,着力解决县文化馆、图书馆和乡镇文化站等公益性文化事业单位的基本工作经费以及每年的下乡辅导、设备器材更新、图书购置等经费,以保证各单位工作正常运转、功能发挥。

(三)加强农村文化队伍建设,努力提高队伍的整体素质……切实落实县文化馆、图书馆、文管所、文工团和乡镇文化站等公益性文化事业单位人员编制及工资待遇,保证乡镇文化站工作人员每年每人从事文化工作的时间不少于 200 天……

四川省

四川省人民政府办公厅关于印发四川省
"十二五"文化改革发展规划的通知[①]

(2011 年 12 月 31 日　川办发〔2011〕96 号)

四川省"十二五"文化改革发展规划

三、加快构建公共文化服务体系

(一)加快公共文化设施建设……

——全面改善市县乡村公共文化设施。全面落实文化惠民工程各项规定,实施基层公

---

① 该文件原文来自"北大法宝"数据库,检索日期:2013 年 7 月 30 日。

共文化设施标准化工程,市县有文化馆、图书馆、数字电影院,市(州)建设博物馆;乡镇(城镇街道)有综合文化站,其中包括文化、广播影视和出版物发行网点等文化设施;村(社区)有文化活动中心(室),其中包括文化活动、广播、电影放映、公共电子阅览、农家(社区)书屋和报栏等文化设施……支持各种民办图书馆、文化馆、博物馆等公益性文化机构发展。

——大力推进省级重大公共文化设施建设。加快推进省图书馆新馆、省美术馆新馆、省非物质文化遗产保护中心、四川广播电视安全播出监测中心建设,新建四川大剧院、四川社科馆、四川文艺家之家、四川省群众文化活动中心、四川省文化演艺中心,力争开工建设四川新闻发布中心、四川社科图书馆等一批省级重点公共文化设施……

(二)提高公共文化产品和服务供给能力……

——加大文化产品和服务供给力度……加快推进数字博物馆、数字文化馆、数字图书馆、数字美术馆、数字影视资源库建设,加快广播电视节目数字化、网络化建设,提高数字化展示传播能力和民族语言广播影视节目制作、译制能力。基本实现省级爱国主义教育基地、公共博物馆、纪念馆、图书馆、文化馆、美术馆等公共文化设施免费开放,推动音乐厅、展览馆等定期提供免费或低票价服务。加快建设覆盖城乡的流动图书馆、流动博物馆、流动演出服务网,促进公共文化服务资源在全社会有序流动。

(三)健全公共文化服务体系运行保障机制……

专栏2 构建公共文化服务体系重点项目

序号	项目	名称及内容
1	文化惠民工程	用好中央资金,落实地方配套资金,大力实施广播电视村村通、地面数字电视覆盖、农村公益电影放映、乡镇综合文化站设备配送、文化信息资源共享工程设备配送、农家书屋等文化惠民工程。建设青少年活动场所。
2	省级重大公共文化设施建设	建成省图书馆新馆、省美术馆新馆、省非物质文化遗产保护中心,新建四川大剧院、四川社科馆、四川文艺家之家、四川省群众文化活动中心、四川省文化演艺中心,力争开工建设四川新闻发布中心、四川社科图书馆。
3	公共文化服务文化类项目	市(州)、藏区县级文化馆、图书馆建设工程,县、乡镇公共文化设施配套工程,基层流动文化服务工程,公益性电子阅览室建设。

贵州省

贵州省人民政府关于进一步加强基层文化建设的通知①

(2003 年 1 月 15 日 贵州省人民政府)

二、合理规划,重在落实,加快推进基层文化设施建设

(三)各级政府要以群众艺术馆、文化馆、图书馆、博物馆、宣传文化中心等公益文化设

---

① 该文件原文来自"北大法宝"数据库,检索日期:2013 年 7 月 30 日。

施为建设重点,把基层文化设施建设纳入城乡建设整体规划。各级计划、财政、建设、国土资源等部门要从规划、立项、资金、用地等方面,对本地公益文化设施建设提供支持和倾斜。

(六)州(市、地)要重点建设好群众艺术馆、图书馆、博物馆。市辖区要在搞好文化馆、图书馆建设的同时,加强社区文化设施建设。各县(市、区)要抓好文化馆、图书馆建设……县级文化馆、图书馆和乡(镇)文化服务建设要保证基本的建筑面积,达到满足基本功能的要求。行政村要因地制宜建设好多功能文化活动室。

(七)切实加强文化设施的管理和利用,不断完善群众艺术馆、文化馆、图书馆、博物馆、文化服务中心必要的设备,改善基层文化馆的服务和工作条件。要加强对设备的日常维护保养,加大对各级图书馆自动化设备的投入,通过建立健全岗位责任制和工作目标管理责任制,完善服务功能,不断提高文化设施利用率。要防止文化设施被挤占和挪用,对被挤占挪用的文化设施和用地,要予以收回。要加强对城镇大型露天文化活动场所的管理和使用,千方百计为老年人、青少年、残疾人等开辟文化活动场所;边远山区和人口分散的少数民族地区,要积极发展文艺演出队和流动舞台车、汽车图书馆、电影大篷车等,积极组织和开展丰富多彩、健康有益、群众喜闻乐见的文化活动。

三、建立健全基层文化机构,努力建设一支高素质的基层文化工作队伍

(八)建立健全群众艺术馆、文化馆、图书馆、博物馆和乡镇(社区)文化机构的工作岗位规范,逐步实行工作人员从业资格制度。充分发挥省和州(市、地)文化机构的积极性,尽快建立基层文化骨干培训网络,加大对县级文化局、文化馆、图书馆、文艺团(队)、文化市场管理机构以及乡镇(街道办事处)宣传文化中心管理人员的培训力度,不断提高基层文化工作者的思想水平和业务素质……

四、不断创新文化活动的内容和形式,积极开展丰富多彩的基层文化活动

(十二)大力倡导文化活动方式的创新。各级群众艺术馆、文化馆、图书馆、博物馆、文化服务中心要成为当地的文化活动中心……

(十三)积极利用现代科技手段推动先进文化的传播。各级公共图书馆要加强信息资源自动化和网络化建设。启动"全国文化信息资源共享工程",分阶段建成省级中心和一批基层服务网点及网络管理平台。

五、加强基层文化建设的组织领导,确保各项保障措施的落实到位

(十七)要切实加大对基层文化建设的投入。要确保文化事业经费的增长不低于当年财政收入的增长幅度;文化事业建设费的安排应向基层文化建设项目倾斜;保证有影响的重大群众文化活动的经费投入;对于群众艺术馆、文化馆、图书馆、文化服务中心等公益文化事业机构,除应保证人员正常开支所需经费外,还应对日常工作所需办公费、业务活动费、设备购置维修费等给予保障,图书馆购书经费要列入当地财政预算,并随着财政收入的增长幅度逐年有所增加。

(十八)"十五"期间,全省基本实现"县县有图书馆、文化馆,乡乡有文化服务中心"的目标。对纳入国家补助的我省县级"两馆"建设项目,我省按1∶1的比例安排基本建设配套资金,省里的配套资金原则按省、地、县各三分之一进行分解,有条件的地县可以加大投入力度……

云南省

中共云南省委、云南省人民政府关于
加强公益性文化事业建设的若干意见①

（2006 年 2 月 24 日　云发〔2006〕2 号）

一、公益性文化事业的性质和范围

（一）公益性文化事业是由国家兴办，不以营利为目的，面向社会、面向公众提供公共文化服务的文化事业及其相关载体……国家兴办的图书馆、博物馆、文化馆（站）、科技馆、群众艺术馆、美术馆等为群众提供公共文化服务的单位，为公益性文化事业单位……

三、"十一五"时期公益性文化事业建设的主要目标和重点工程

（四）全省"十一五"时期公益性文化事业建设的主要目标：到 2010 年，确保实现全省县县有达到国家规范建设标准的图书馆、文化馆、体育场馆和农村电影流动放映队伍，乡乡有文化（广播、体育）站，城市社区有文化、体育服务设施，60% 以上的行政村有文体活动室，90% 的行政村建立妇女之家（妇女学校）……初步构建起以省为中心，州市为枢纽，县、乡、村为基点的完整的公益性文化事业设施和服务体系，逐步形成民族文化特色鲜明、文化精品不断涌现、文化服务体系日益完善、社会效益显著提高的公益性文化事业发展新格局。

（五）公益性文化事业建设的重点工程。为确保全省公益性文化事业建设目标的顺利实现，要不断加快实施"文化基础设施两馆一站建设工程"、"千里边疆文化长廊建设工程"、"农村电影放映 2131 工程"、"文化信息资源共享工程"、"民族民间传统文化保护工程"、"兴边富民文化建设工程"和"广播电视西新工程"、"村村通工程"等八项公益性文化建设重点工程……重点规划新建和改扩建县级图书馆、文化馆 70 个，乡镇文化站 800 个……

西藏自治区

西藏自治区文物保护条例②（2007 修订）

（2007 年 8 月 3 日　西藏自治区人大常委会公告〔2007〕第 8 号）

第五章　馆藏文物

第三十四条　博物馆、图书馆、宗教活动场所和其他文物收藏单位对收藏的文物，应当建立严格的藏品保护管理制度和藏品档案。对所收藏的文物应当逐件划分等级、登记造册、

---

① 该文件原文来自"北大法宝"数据库，检索日期：2013 年 7 月 30 日。

② 该文件原文来自"北大法宝"数据库，检索日期：2013 年 7 月 30 日。

建立档案。藏品档案应当报相应的文物行政部门备案,其中一级藏品档案应当报国务院文物行政部门备案。

县级以上文物行政部门应当建立本行政区域内文物收藏单位的馆藏文物档案。

馆藏文物档案应当用藏汉两种文字记录。

第三十八条 馆藏文物中既是文物又是档案(典籍)的,经自治区文物行政部门批准,国有文物收藏单位可以与档案馆、图书馆、纪念馆、科研等单位相互交换复印件或者目录,共同编辑出版有关史料或者进行史料研究。

第三十九条 博物馆、图书馆、被确定为文物保护单位的宗教活动场所和其他收藏文物的单位应当按照国家和自治区的有关规定配备防火、防盗、防虫、防尘、防震等设备和设施,严禁存放易燃、易爆、易腐蚀等危险物品,确保安全。

※本条例于1990年5月31日经西藏自治区第五届人民代表大会第三次会议通过,本文摘录部分于2007年7月27日经西藏自治区第八届人民代表大会常务委员会第三十二次会议第二次修订,本条例于2011年11月24日经《西藏自治区人大常委会关于修改〈西藏自治区水利工程管理条例〉等8件法规的决定》最新修改。

陕西省

陕西省文化厅、省计委、省财政厅、省建设厅
关于进一步加强基层文化建设的实施意见[①]

(2002年12月10日　陕西省文化厅、省计委、省财政厅、省建设厅)

二、统筹规划,加大投入,进一步加强基层文化设施建设

(四)基层文化设施建设的重点是群艺馆、文化馆、图书馆和综合性宣传文化站。"十五"期间,要努力实现"县、区有文化馆、图书馆"的目标。对新建、改建、扩建的群艺馆、文化馆、图书馆和文化站要统筹规划,统一标准,不搞重复建设。对同一城区的群艺馆、文化馆、图书馆和文化站要合理布局,实现资源优化配置。各市要设立群艺馆、图书馆,馆舍建筑面积标准分别为2500平方米以上。县(区)都要分设文化馆、图书馆,馆舍建筑面积标准各为1000平方米以上。经济贫困、人口规模较少县的文化馆、图书馆也可合二为一建设,建筑面积标准不低于1200平方米……城市社区和居民小区要配套建设文化室,建筑面积不低于200平方米,设立图书报刊阅览室和综合活动室,同时要有室外文化体育活动场地。大城市及中等城市的辖区应从实际出发,设置少年儿童图书馆或特色图书馆……

(五)把文化设施建设纳入城乡建设的整体规划……群艺馆、文化馆、图书馆、文化站是公共文化设施,要作为重点规划好……市、县(区)政府要减免群艺馆、文化馆、图书馆、文化站等公益文化事业的城市设施建设配套费。

(六)加大文化设施建设力度,文化事业建设费的安排应向基层倾斜。在"十五"期间,各级政府要积极落实中央文化设施建设项目配套资金,完成列入中央补助建设计划的12个

---

① 该文件原文来自文化政策图书馆网站(http://www.cpll.cn/),检索日期:2013年7月31日。

县级宣传文化中心和43个县级文化馆、图书馆的新建项目。同时,还要积极抓好无馆舍或面积狭小的县级文化馆、图书馆的改扩建工作……要进一步做好群艺馆、文化馆、图书馆和影剧院的危漏房舍维修改造。

(七)加强文化设施的管理和利用。市、县(区)群艺馆、文化馆、图书馆和乡镇文化站的设施维修及必要的设备配置,应由同级财政安排……要进一步完善群艺馆、文化馆、图书馆和文化站的综合服务功能,努力开展公益性、群众性文化活动,也可利用现有设施开展文化类经营项目,提高文化设施的利用率。

三、加强建设,深化改革,努力造就一支专兼结合的文化队伍

(九)深化群艺馆、文化馆、公共图书馆和文化站的人事制度改革……有关部门要提高群艺馆、文化馆、图书馆高级职称的岗位比例……

四、与时俱进,大胆创新,积极开展丰富多彩的文化活动

(十一)加快全省文化信息网络建设。整合现有文化资源,建立文化网络服务体系,推动基层文化服务方式的变革。年内要建成全国文化信息资源共享工程陕西省省级中心。

"十五"期间,在群艺馆、文化馆、图书馆、文化站及城市社区中发展一批基层中心。进一步促进全省公共图书馆,建立电子阅览室,传播先进文化和科技知识,提高文化资源共享水平,为广大人民群众提供快捷、丰富的经济信息和文化服务,推动经济和社会发展。

(十三)推动基层文化活动内容、形式和机制创新,不断扩大群众参与面,提高文化活动品位,增强吸引力和凝聚力……公共图书馆要实施"知识工程",积极开展全民读书活动,不断拓宽服务的范围和覆盖面……

(十八)各级财政部门对文化事业的经费要纳入财政预算,投入水平应逐年提高,争取在"十五"末达到所辖人口的全国平均水平……省财政要适当增加全省文化馆、图书馆、影剧院维修和文化站建设专项补助经费,对于实施文化信息资源共享工程等公益性建设项目省财政也将拨给专款支持,充分发挥财政资金的引导、导向作用。

(十九)群艺馆、文化馆、图书馆和文化站是全额预算的公益性文化事业单位……要将群艺馆、文化馆、文化站的业务费和公共图书馆的购书费纳入同级财政预算,计划单列,并逐年有所增加。县财政每年安排的文化馆业务活动费和图书馆的购书费分别不得低于所辖人口人均0.20元(贫困县按所辖人口人均0.10元)的最低标准,乡镇(街道)财政每年安排的文化站的业务活动费不得低于所辖人口人均0.30元的最低标准。各市群艺馆的业务活动费和图书馆的购书费比照县级馆标准执行……

陕西省文物保护管理条例①

(2004年8月3日 陕西省人民代表大会常务委员会公告第27号)

第五章 馆藏文物

第二十一条 博物馆、纪念馆、图书馆、文化馆、文管所、考古研究机构、高等院校和其他单位收藏的文物,必须区别等级,设置藏品档案,建立管理制度,做到防火、防盗、防潮、防霉

---

① 该文件原文来自"北大法宝"数据库,检索日期:2013年7月30日。

烂、防破坏,确保文物安全。不具备保存一级文物藏品条件的单位,应将一级文物藏品交省文物行政管理部门指定的单位保管。图书馆、高等院校和其他单位收藏的文物,应登记造册并报当地文物行政管理部门备案。

第八章　奖励与惩罚

第三十三条　有下列行为的,由县级以上人民政府或者有关行政管理部门给予处罚:

(四)博物馆、图书馆等单位出售或私自赠送文物藏品的,责令追回文物,没收非法所得或者处以罚款,并由主管部门给予单位负责人和直接责任人行政处分;

……

※本条例于 1988 年 6 月 3 日经陕西省第七届人民代表大会第一次会议通过,于 2004 年 8 月 3 日陕西省第十届人民代表大会常务委员会第十二次会议最新修正。

中共陕西省委办公厅、陕西省人民政府办公厅
关于进一步加强农村文化建设的实施意见①

(2006 年 5 月 10 日　中共陕西省委办公厅、陕西省人民政府办公厅)

三、采取有效措施,推进农村公共文化建设

5. 进一步加强文化基础设施建设。坚持以政府为主导,以乡镇为依托,以村为重点,以农户为对象,发展县、乡镇、村文化设施和文化活动场所,构建农村公共文化服务网络。"十一五"期间,省上支持建设 46 个县级图书馆、文化馆,200 个乡镇综合文化站,500 个农村示范文化室,维修改造 50 个县级影剧院。各市、县必须将基层文化设施建设项目列入发展规划和年度建设计划,加大资金投入,积极推进本地区"两馆一站一室"建设。到 2010 年,基本实现县有文化馆、图书馆,乡镇有综合文化站,村有文化室的目标。

……提倡农村中小学图书室、电子阅览室向农民群众开放……

8. 开展农村数字化文化信息服务。以省、市、县图书馆、群艺馆、文化馆和乡镇综合文化站、村文化室为依托,加快陕西文化信息资源共享工程省级中心、基层中心和基层服务点建设,支持扶贫开发工作的重点乡镇、村建立服务点。逐步使县文化馆、图书馆和乡镇综合文化站、村文化室具备向农村群众提供文化信息数字化服务的能力。加快公共图书馆电子阅览室建设,为共享工程基层中心建设创造条件。"十一五"期间,省上扶持建设 200 个示范性基层中心。各市、县政府要统筹规划,加强本地区公共图书馆电子阅览室和共享工程基层中心服务点建设……

9. 推动服务"三农"出版物的出版发行……继续实施送书下乡工程。在"十一五"期间,以政府采购形式,省上每年集中招标采购一批适用于农村的图书,直接配送到县图书馆、乡镇综合文化站和村文化室,方便农民群众阅读。各市、县要组织实施本地区的送书下乡工程。支持发展农民读书社等农民自助读书组织,为农民群众读书提供方便,推进农村学习型和知识型社会建设。

五、深化改革,创新机制,不断提高农村文化建设水平

16. 加快公益性文化事业单位改革。县级文化馆、图书馆的改革主要是增加政府投入,转换机制,增强活力,提高公共服务水平……实施公共图书馆、文化(群艺)馆和乡镇综合文化站从业人员从业资格制度……县文化馆、图书馆和乡镇综合文化站等属于国家兴办的公益性公共

---

①　该文件原文来自"北大法宝"数据库,检索日期:2013 年 7 月 30 日。

文化事业,不得企业化或变相企业化,不得以拍卖、租赁等任何形式,改变其文化设施的用途……

六、动员社会力量,积极支持农村文化建设

22. 引导社会力量捐助农村文化事业。重点捐助文化站(室)、图书室等农村文化基础设施建设以及农村公益性文化实体和文化活动……

23. 组织开展农村文化服务活动……从 2007 年起,各级文化行政部门要制定措施,对新招录进入群艺馆、文化馆、图书馆、美术馆、艺术研究所等全额预算事业单位的高校毕业生,可根据具体情况,适当安排到乡镇综合文化站服务 1 年……

七、明确职责,切实加强对农村文化建设的组织领导

25. 切实加大政府投入力度……各县要认真落实文化馆活动经费和图书馆购书经费的最低标准……

26. 加强农村文化队伍建设。从 2006 年起,县级文化馆、图书馆和乡镇综合文化站补充人员要根据岗位空缺情况,纳入当地事业单位公开招聘工作人员计划,由县人事、文化行政部门从具有大专以上学历和所需专业的人员中按照公开、平等、竞争、择优的原则,通过统一考试和考核招聘。鼓励高校毕业生到县文化馆、图书馆和乡镇综合文化站从事文化工作,改善干部队伍知识结构……

甘肃省

中共甘肃省委、甘肃省政府关于加强全省农村文化工作的意见①

(1996 年 2 月 9 日　省委发〔1996〕19 号)

三、加强农村文化设施建设,健全三级文化网络

实现"县县有文化馆、图书馆,乡乡有文化站"的目标,是农村文化建设的一项硬任务。各地要抓紧对农村文化馆(站)、图书馆现状的调查研究,进一步摸清底数,做好巩固和补建工作……县(市、区)对已有的文化馆、图书馆、博物馆、排练场、电影院(剧场)等文化设施,要按照"功能较为齐全,设备较为先进和规模适度"的要求,根据当地财力,逐步进行维修、改造、充实、更新,完善其内部设施。

加强对县(市、区)公共图书馆的藏书建设,改善藏书结构。县级图书馆每年的购书经费,应保持在 1—2 万元,预算单列,专款专用。

四、切实搞好文化下乡,改善农民群众的文化生活

图书馆(室)要送书下乡,充分利用现有设施、设备和图书,积极开展多种形式的读书活动和科技咨询服务活动,拓宽为农村经济建设服务的路子。

五、深化农村文化体制改革,促进农村文化艺术事业的发展

农村文化事业发展的根本出路在于改革。国办农村文化事业单位,包括文化馆、图书馆、文化站(文化中心)、博物馆、艺术团体、电影公司、剧院、电影院等,都要主动适应市场经济的要求,根据自身特点,在人事制度、分配制度、扩大经费来源、活动方式等方面,大胆进行探索和试验……

---

① 该文件原文来自"律商网"数据库,检索日期:2013 年 7 月 30 日。

甘肃省人民政府关于支持文化事业发展有关问题的通知①

(2002 年 2 月 25 日　甘政发〔2002〕14 号)

二、落实有关税收优惠政策

(一)继续对纪念馆、博物馆、文化馆(站、中心)、美术馆、展览馆、书画院、图书馆及文物保护等文化单位举办文化活动的门票收入免征营业税。

三、加强文化设施建设

(三)对因城市(镇)建设而拆迁的图书馆、文化馆(站)、影剧院、新华书店、美术馆、书画院、文化活动中心等文化设施,均由建设单位按原面积先建后拆、拆一还一,按规划安置,并妥善解决拆迁过程中的补偿问题。

(四)"十五"期间,完成县县有图书馆、文化馆的建设目标。对国家补助我省 47 个县级图书馆、文化馆的建设资金(每馆平均 50 万元),由省、地、县三级安排一定数额的配套资金。

五、增加对文化事业单位的财政投入

(一)要把文化建设纳入各级政府国民经济和社会发展总体规划,所需经费列入地方财政预算……对图书馆、博物馆、文化馆(群艺馆)等公益性文化事业单位和文化教育、科研单位,各级财政要继续实行全额财政补助,确保人员经费和业务经费,并保证图书馆购书和博物馆流散文物征集所需的必要经费……

六、鼓励对文化事业的捐赠

(一)社会力量通过政府主管部门或国家批准成立的非营利性公益组织对下列文化单位的捐赠,纳入公益性捐赠范围,经税务机关审核后,纳税人缴纳企业所得税时,在年度应纳税所得额 10% 以内部分,可在计算应纳税所得额时予以扣除;纳税人缴纳个人所得税时,捐赠额未超过纳税人申报的应纳税所得额 30% 的部分,可从其应纳税所得额中扣除。

2. 对图书馆、文化馆、群众艺术馆、博物馆、美术馆、革命历史纪念馆的捐赠;

青海省

中共青海省委、青海省人民政府关于加快
文化改革发展建设文化名省的意见②

(2011 年 11 月 18 日　青发〔2011〕31 号)

四、健全完善公共文化服务体系,不断提高公共文化供给能力和服务水平

(一)加强公共文化服务体系建设……大力推动文化馆、博物馆、图书馆、美术馆、纪念馆

---

① 该文件原文来自"北大法宝"数据库,检索日期:2013 年 7 月 30 日。
② 该文件原文来自"北大法宝"数据库,检索日期:2013 年 7 月 30 日。

等公共文化设施和爱国主义教育示范基地免费向社会开放服务,保障人民群众看电视、听广播、读书看报、进行公共文化鉴赏、参与公共文化活动等基本文化权益。

（二）加大公共文化设施建设力度。坚持以公共财政为支撑,以公益性文化单位为骨干,继续加大投入,加强各级文化馆、博物馆、图书馆、美术馆、科技馆、纪念馆、工人文化宫、青少年宫、妇女儿童发展服务中心等公共文化服务设施建设……

六、深化文化体制改革,为文化繁荣发展提供强大动力

（二）深化文化事业单位改革……图书馆、博物馆、文化馆(站)、艺术馆、美术馆等文化事业单位,在坚持公益性的前提下,着力推进内部管理运行机制改革,改善服务方式,强化服务功能;保留事业性质的时政类报刊社和民族自治地区的文艺院团等,逐步实行企业化管理,增强其面向市场、面向群众提供服务的能力;深化广播电视台内部改革,形成良好管理运行机制,促进广播电视优势互补、融合发展。

宁夏回族自治区

宁夏回族自治区党委办公厅、人民政府办公厅关于进一步加强农村文化建设的实施意见①

（2006 年 3 月 10 日　宁党办〔2006〕12 号）

二、加大农村公共文化建设的力度

3. 积极发展农村文化信息资源共享工程服务点建设。文化信息资源共享工程要与农村文化设施建设统筹规划,综合利用,使县文化馆、图书馆和乡镇综合文化站、村文化活动室逐步具备提供数字化文化信息服务的能力……

5. 坚持以政府为主导,以乡镇为依托,以村为重点,以农户为对象,发展县、乡(镇)、村文化设施和文化活动场所,构建农村公共文化服务网络。到 2010 年,全面实现县有文化馆、图书馆,乡镇有综合文化站,行政村有多功能文化活动室。县文化馆要具备综合性功能,图书馆要加强数字化建设。乡镇文化站要建成集图书阅读、广播影视、宣传教育、文艺演出、科技推广、科普培训、体育和青少年校外活动于一体的综合性文化阵地,配备专职人员管理。村文化活动室要坚持"一室多用",明确由一名村干部具体负责,定期定时开放,组织群众活动。充分发挥农村中小学在开展农村文化活动方面的作用,提倡中小学图书室、电子阅览室定时就近向农民群众开放,把中小学校建成宣传、文化、信息中心。积极探索对居住偏远、分散村社提供流动文化服务的途径和办法。

四、改革创新农村文化建设体制和机制

1. 深化县级文化馆、图书馆等公益性文化事业单位的劳动、人事、分配制度改革,建立健全竞争、激励、约束机制和岗位目标责任制,全面实行聘用制和劳动合同制。县文化馆、图书馆、乡镇综合文化站等公益性的事业单位,严格禁止企业化或变相企业化,不得以拍卖、租

---

① 该文件原文来自"北大法宝"数据库,检索日期:2013 年 7 月 30 日。

赁等任何形式,改变其文化设施的用途,已挪作他用的,要限期收回。县、乡文化机构要面向农村,面向基层,制订年度农村公益性文化项目实施计划,明确服务规范,改进服务方式,开展流动文化服务。加强对农村文化骨干和宣传文化中心工作人员的培训,扶持奖励民办文化,自治区文化主管部门每年要对县、乡宣传文化骨干免费培训一次,对效果突出的民办文化要给予表彰奖励。

3. 大力发展民办文化……积极扶持热心文化公益事业的农户组建文化大院、文化室、图书室等,允许其以市场运作的方式开展形式多样的文化活动……

宁夏回族自治区党委、人民政府关于进一步加强全区文化建设的意见①

(2007 年 2 月 16 日　宁党发〔2007〕18 号)

二、健全和完善文化公共服务网络

(三)完善公共文化设施网络布局……加强图书馆、博物馆、文化馆、美术馆、互联网公共信息服务点等公共文化基础设施建设……"十一五"期间建成自治区图书馆、博物馆、银川市文化艺术中心、吴忠市图书馆等大型公益文化项目。进一步加大县文化馆、图书馆和影剧院改造力度,建设 100 个乡镇综合文化站,基本实现全区乡镇都有综合文化站的目标。

(四)创新公共文化服务方式……建立健全公共文化设施服务公示制度,公开服务时间、内容和程序,在窗口接待、场所引导、资料提供以及内容讲解等方面,创造良好的服务环境,增强吸引力;完善公办博物馆、美术馆等公共文化设施对未成年人等免费或优惠开放制度,有条件的爱国主义教育基地的公共文化设施可向社会免费开放;实行定点服务与流通服务相结合,鼓励具备条件的城镇图书馆采用通借通还等现代服务方式,推动公共文化服务向社会和农村延伸;促进数字和网络技术在公共文化服务领域的应用,建设网上图书馆、网上博物馆、网上剧场和群众文化活动远程指导网络。支持民办公益性文化机构的发展,鼓励民间开办博物馆、图书馆等,积极引导社会力量提供公共文化服务。

三、全面推进农村文化建设

(八)加大文化资源向农村的倾斜……实施"送书下乡工程",重点面向经济欠发达县的图书馆和乡镇文化站、农村文化室配送图书、计算机。

(九)加强文化信息资源共享工程建设,推动数字化文化服务进乡村。"十一五"期间,实现县县(市、区)有分中心、乡乡有基层服务点、50%的行政村有终端接收点,并与农村文化设施建设统筹规划、综合利用,使县文化馆、图书馆和乡镇综合文化站、村文化活动室逐步具备提供数字化文化信息服务的能力,为广大农村基层群众提供实用性、知识性、娱乐性的文化信息服务。要抓住国家数字化图书馆工程建设的契机,加快县级图书馆数字化建设,逐步建成数字图书馆服务网络……

四、大力发展文化产业

(十二)加快国有文化企业的公司制改造,鼓励、支持和引导非公有资本发展文化产业……支持、引导个人、企业和其他社会组织兴办博物馆、图书馆、美术馆、纪念馆、艺术表演

---

① 该文件原文来自"北大法宝"数据库,检索日期:2013 年 7 月 30 日。

团体、老年大学、艺术学校、农村文化大院、农民书屋、民间艺术协会等各类具有公益性民办非营利机构……

七、大力加强文化人才队伍建设

（二十一）加强农村文化队伍建设。文化部门要积极与机构编制部门配合,按照县图书馆、文化馆和乡镇文化站的性质和职能,确定编制员额,保证其正常运转。对农村文化事业单位的人员实行从业资格制度……

八、积极推进文化体制改革

（二十二）积极稳妥地推进改革……国家兴办的图书馆、博物馆、文化馆（站）、群众艺术馆、美术馆等,面向社会提供公共文化服务,是公益性文化事业单位,实行事业体制……

宁夏回族自治区人民政府办公厅关于转发宁夏回族自治区农村信息化建设规划与实施方案（2009—2012 年）的通知①

（2009 年 10 月 13 日　宁政办发〔2009〕230 号）

三、项目总体功能框架

（一）涉农信息资源和服务平台

教育、培训、会议服务及娱乐功能……平台集成了文化资源共享工程的电影、戏剧、农业科技等视频资源,能够提供网络影视服务;集成了数字科技馆、数字博物馆、图书馆和各种教育资源库,借助平台可以开展教育等服务。

四、建设重点及实施方案

（三）深化拓展"三网融合"应用

3. 建设内容

（3）增强 IPTV 平台的视频服务功能。提升现有电视服务、视频点播、农村党建、文化共享、卡拉 OK 等功能,增加数字图书馆、中小学远程教育、面向三农的技能培训等功能模块。

宁夏回族自治区人民政府关于进一步繁荣发展少数民族文化事业的意见②

（2011 年 7 月 16 日　宁政发〔2011〕97 号）

三、繁荣发展少数民族文化事业的政策措施

（七）加快少数民族和民族聚居地区公共文化基础设施建设。突出抓好少数民族聚居地区市、县级文化设施建设,加强各类文化馆、图书馆、博物馆、影剧院、广播电视台和卫星接收等公共文化服务设施的修缮改造,重点加大中部干旱带和南部山区市、县级文化设施的扶持建设力度,改造建设基础设施薄弱的县级综合文化中心和数字影院,完成未达标乡镇综合文

---

① 该文件原文来自"北大法宝"数据库,检索日期:2013 年 7 月 30 日。
② 该文件原文来自宁夏回族自治区人民政府网站(http://www.nx.gov.cn),检索日期:2013 年 7 月 31 日。

化站改造建设任务。深入实施广播电视村村通、文化信息资源共享、农村电影放映、农民文化大院、农家书屋、文化广场升级改造等惠民工程。积极推进"优秀图书进宗教活动场所工程"。大力扶持少数民族聚居地区村文化活动室、社区文化中心建设。高起点规划建设集中生态移民点文化设施……

（十二）加强少数民族优秀传统文化的保护、传承和弘扬……加大对文物遗迹、少数民族古籍、文献的保护、挖掘、搜集、整理工作力度,完成《中国少数民族古籍总目提要·回族卷》、《宁夏回族古籍文献提要》等编写和出版,建成中国回族文献资源保障性存储系统……

新疆维吾尔自治区

新疆维吾尔自治区人民政府办公厅转发自治区文化厅等六部门关于认真贯彻国务院《公共文化体育设施条例》加强公共文化体育设施建设与管理的意见的通知[①]

（2006 年 1 月 25 日　新政办发〔2006〕11 号）

一、自治区公共文化体育设施建设和管理的范畴:由国家和社会投资兴办的,向公众开放用于开展文化活动的公益性的图书馆、博物馆、纪念馆、美术馆、群艺馆、文化馆(站、室)、体育场(馆)、青少年宫(活动中心)、工人文化宫(活动中心);由国家或社会力量投资兴办的,面向公众服务、以公益性为主、兼有经营性的剧场、影剧院等的建筑物、场地和设备(以下简称公共文化体育设施)。

三、规划、建设和管理公共文化体育设施是各级人民政府(行署)义不容辞的责任。各级文化、体育行政主管部门按照同级人民政府(行署)规定的职责,负责本行政区域内的公共文化体育设施的监督管理。

要努力实现自治区文化事业发展规划关于"县县有文化馆、图书馆,乡乡有文化站,村和社区有文化室"……的建设目标。要在现有公共文化设施(主要是公共图书馆、群众艺术馆、文化馆、文化站、文化室)中积极开辟由该公共文化设施管理单位统一管理的老年、少儿和残疾人文化活动场所……

十、公共文化体育设施管理单位应从自身功能、特点出发,并结合当地公众的作息规律,合理安排开放时间。公共图书馆、博物馆、展览馆、群艺馆、文化馆、影剧院和城市街道文化站、社区文化室应坚持每周 7 天开放,不少于自治区文化行政部门规定的开放时间……

---

① 该文件原文来自"北大法宝"数据库,检索日期:2013 年 7 月 30 日。

附　　录

中国图书馆员职业道德准则①

（2002 年 11 月 15 日　中国图书馆学会六届四次理事会通过）

　　《中国图书馆员职业道德准则（试行）》是以中共中央颁布的《公民道德建设实施纲要》为指导，总结我国图书馆活动的实践经验，为履行图书馆承担的社会职责而制定的行业自律规范。

　　准则的贯彻落实，有赖于图书馆员的自觉行动、图书馆馆长的具体指导、图书馆组织的引导激励、图书馆间的积极合作，以及全社会的支持与监督。

　　本准则所言图书馆，指各种类型的图书馆和信息服务机构。

　　本准则所言图书馆员，指所有从事图书馆和信息服务工作的人员。

1. 确立职业观念，履行社会职责。
2. 适应时代需求，勇于开拓创新。
3. 真诚服务读者，文明热情便捷。
4. 维护读者权益，保守读者秘密。
5. 尊重知识产权，促进信息传播。
6. 爱护文献资源，规范职业行为。
7. 努力钻研业务，提高专业素养。
8. 发扬团队精神，树立职业形象。
9. 实践馆际合作，推进资源共享。
10. 拓展社会协作，共建社会文明。

---

① 该文件原文来自《中国图书馆员职业道德准则》（中国图书馆学会，2003），原文页次：1—2。

图书馆合作与信息资源共享武汉宣言①

（中国大学图书馆馆长论坛,2005 年 7 月）

出席武汉大学信息管理学院"数字时代图书馆合作与服务创新"国际研讨会暨第三届中美图书馆员高级研究班的 50 余所高等院校图书馆的馆长,于 2005 年 7 月 8 日在武汉大学举办了"中国大学图书馆馆长论坛"(以下简称"论坛")。期间,我们回顾了我国图书馆界馆际合作与资源共享 40 多年的历程,探讨了在实现信息资源共享道路上尚需克服的障碍与问题,在图书馆合作与信息资源共享的重要原则方面取得共识。声明如下:

图书馆与信息的重要性

——信息资源与自然资源、人力资源共同构成支撑现代经济社会发展的资源体系。信息资源是知识经济时代重要的国家战略资源,是实现经济和社会的全面和可持续发展的基础条件。对信息资源的拥有、开发和利用水平,是衡量一个国家综合国力和国际竞争力的重要标志之一。

——消弭信息鸿沟、实现信息公平,是消除贫困、促进经济发展、构建和谐社会的重要条件之一。

——图书馆是国家和政府为保障公民自由、平等地获取信息和知识而进行的制度安排。最大限度地满足每一位公民(读者)对信息和知识的需求,是图书馆义不容辞的责任。

——大学图书馆是大学的重要支柱之一。优秀的大学图书馆是优秀的大学的标志。国际研究表明,大学的声望与大学图书馆的藏书之间存在着密切的关系。对图书馆的投资与重视是每一所大学的责任。

——便捷高效地获取信息是大学教学、科研与社会服务活动的基础。为高水平的人才培养和科学创新研究提供充分的信息保障,是大学图书馆的使命。最大限度地满足校内外读者的信息需求,实现最广泛的信息资源共享,是大学图书馆追求的崇高目标。

——我们完全支持联合国教科文组织（UNESCO）和国际图书馆协会联合会（IFLA）通过的《公共图书馆宣言》（IFLA/UNESC Public Library Manifesto 1994）及《学校图书馆宣言》（IFLA/UNESCO School Library Manifesto 1999）的原则和立场。我们完全支持开放社会研究所（OSI）在布达佩斯（Budapest）通过的《布达佩斯开放存取首倡计划》（Budapest Open Access Initiative, BOAI）的原则。我们完全支持《国际图联关于数字环境下的版权立场声明》（IFL A Position on Copyright in the Digital Environment 2000）的原则。

数字时代图书馆合作更加必要

——在数字时代,读者来图书馆将不再仅是为了查找本馆馆藏。

——在数字时代,单一图书馆仅利用本馆馆藏将不再能满足读者的信息需求。

——在数字时代,单一图书馆独立建设馆藏的方式已经不再适用。

——在数字时代,图书馆合作是国际趋势。

——在数字时代,信息资源共享是时代的要求。图书馆代表的是公共利益,信息资源共享的

---

① 该文件原文来自《大学图书馆学报》(2005 年第 6 期)。

目的是使社会公众获益。信息资源共享是图书馆为解决信息数量的急剧增长以及用户对信息资源的无限需求与图书馆对信息载体有限的收集和处理能力之间的矛盾而做出的理性选择。

——在数字时代,大学图书馆的合作比以往任何时候都更为必要。大学图书馆应该在信息资源共享中发挥更为重要的作用。

——我们高度评价教育部和图书馆界同仁为实现信息资源共享这一目标所进行的卓有成效的工作。"中国高等教育文献保障系统(CALS)"等建设项目是实现信息资源共享的成功范例。这些项目极大地改善了我国图书馆的资源状况,扩大了期刊的品种覆盖面,节省了文献资源建设的成本,实现了资源建设与开发利用的机制创新,受到了社会各界的一致好评,产生了不可估量的社会效益。

信息资源共享的目标

——我们认同信息资源共享的最终目标:使任何人在任何时候、任何地点,均可以获得任何图书馆的任何信息资源。

——实现上述目标将是一个漫长的过程。在现阶段,我们应该致力于构建一个全方位、多层次的信息资源保障体系。在国家层次上,这一保障体系要建立能满足本国需求的完备的文献收藏(从国家信息安全的角度来看,这是完全必要的),并促进其开发与利用。要通过公共图书馆、大学图书馆和其他类型图书馆以及相关机构的合作,实现信息资源协调采购、联机合作编目、联机书目查询、馆际互借、文献传递、网上联合咨询等功能。

——我们致力于建设具有国际先进水平的开放式中国高等教育数字图书馆。

——我们深刻认识到,在实现我国信息资源共享目标的过程中,依然存在着诸多障碍。这些障碍既有客观的也有主观的。

行动方向

——把信息资源共建共享纳入国家信息资源开发利用的整体战略中去。呼吁国家要尽快制定《图书馆法》和其他保障信息资源公共获取的法律。

——我们呼吁教育部、文化部、科技部等部委继续在促进文献信息资源共享方面发挥更大的作用。我们将促进教育、文化与科技、社科系统的数字化资源项目的合作及资源共享。

——加大力度建设"中国高等教育文献保障系统(CALIS)"等各级各类文献资源共享系统,鼓励更多的高校系统图书馆在责、权、利协调的前提下参与上述项目的建设,鼓励非高校系统图书馆参与项目建设。

——图书馆之间的合作、图书馆与其他相关机构之间的合作,是实现信息资源共享的重要途径。要建立不同类型的图书馆联盟。不仅要建立系统内的图书馆联盟,而且要促进同一地区跨系统图书馆联盟的建立。坚持平等自愿、互利互惠的原则,使每一个联盟成员都能享受到信息资源共享带来的利益。

——鼓励经济发达地区的图书馆帮助欠发达地区的图书馆,大型图书馆帮助中小型图书馆,以逐步缩小图书馆之间的"信息鸿沟"。

——大学图书馆的资源应在满足本校读者需求的前提下,努力向社会开放。

——建设特色馆藏,开展特色服务。建立一批特色学术机构库(institutional depository)。

——开放存取(open access)是网络环境下学术信息交流的新模式,是信息资源共享的新形式。我们鼓励并积极参与学术信息的开放存取。

——现代信息技术在信息资源共建、共知和共享中发挥着关键性的作用。只有建立在数字化和网络化基础之上,信息资源共享才能真正得以实现。

——标准化是信息社会的基石之一,是信息资源共享的重要前提。我们要特别重视标准的制定和采用;要紧跟新技术的发展和信息载体的变化,及时制定在网络环境下实现信息资源共享涉及的专业和技术标准,使之适应信息环境的变化;要加大标准的推广与执行力度。

——充分理解知识产权制度对于鼓励知识创新的重要性,尊重和保护知识产权。我们认为知识产权制度的最终目的,仍然是为了保障和促进知识的交流、传播和利用。它与信息资源共享的最终目的是一致的。为此,我们呼吁知识生产者(著作者、出版者)与知识组织、传播者(图书情报工作者)加强合作,寻求有效机制,以维系知识产权保护与信息资源共享之间的平衡,维系知识产权人利益与公共利益之间的平衡。

世界已经进入一个新的时代。信息资源共享成为这个时代最强大的呼声和最鲜明的特征。信息资源共享的最终实现或许还很遥远,然而,她的每一个阶段目标的实现及其给人类带来的福祉,却是实实在在的。我们坚信,只要以开放的理念、执着的追求、切实的行动去做好眼前的每一项工作,我们就能一步一步地实现信息资源共享的目标。在这一过程中,需要的是各界更广泛的参与和支持。

宣言的实施

中国大学图书馆馆长论坛创始单位及宣言签署单位(包括代表)敦促政府主管部门与有关图书馆,制定战略、政策和计划以实施本宣言的原则。战略、政策和计划应当包括与本宣言的传播、针对图书馆员和教师的持续培训以及特别加强图书馆学/情报学教育与图书馆实践之间的联系等有关的规定。

本《宣言》签署单位:

北京大学图书馆	南开大学图书馆	湖南大学图书馆	西安工业学院图书馆
北京交通大学图书馆	湖南人文科技学院图书馆	内蒙古大学图书馆	西安交通大学图书馆
北京邮电大学图书馆	湖南永州职业技术师范学院图书馆	清华大学图书馆	西南交通大学图书馆
赤峰学院图书馆	泉州师范学院图书馆	西南民族大学图书馆	重庆三峡学院图书馆
山东理工大学图书馆	西南师范大学图书馆	东北林业大学图书馆	山东曲阜师范大学图书馆
孝感师范学院图书馆	复旦大学图书馆	华中科技大学图书馆	山东师范大学图书馆
协和医科大学图书馆	广西工学院图书馆	广西师范大学图书馆	贵阳学院图书馆
华中农业大学图书馆	山西大学图书馆	徐州师范大学图书馆	河池学院图书馆
华中师范大学图书馆	首都师范大学图书馆	浙江大学图书馆	河南科技学院图书馆
吉林大学图书馆	同济大学图书馆	浙江万里学院图书馆	河南农业大学图书馆
吉首大学师范学院图书馆	铜仁高等师范专科学校图书馆	中国地质大学图书馆	湖北财经高等专科学校图书馆
暨南大学图书馆	武汉大学图书馆	中南财经政法大学图书馆	湖北大学图书馆
江汉大学图书馆	武汉大学信息管理学院	中南民族大学图书馆	湖北工业大学图书馆
江西师范大学图书馆	武汉交通职业学院图书馆	郑州大学图书馆	湖北美术学院图书馆
柳州师范高等专科学校	武汉理工大学图书馆	中山大学图书馆	湖北师范学院图书馆
南京大学图书馆	武汉体育学院图书馆	遵义师范学院图书馆	

图书馆服务宣言[①]

（2008 年,中国图书馆学会七届四次理事会通过）

图书馆是通向知识之门,它通过系统收集、保存与组织文献信息,实现传播知识、传承文明的社会功能。现代图书馆秉承对全社会开放的理念,承担实现和保障公民文化权利、缩小社会信息鸿沟的使命。中国图书馆人经过不懈的追求与努力,逐步确立了对社会普遍开放、平等服务、以人为本的基本原则。我们的目标是:

1. 图书馆是一个开放的知识与信息中心。图书馆以公益性服务为基本原则,以实现和保障公民基本阅读权利为天职,以读者需求为一切工作的出发点。

2. 图书馆向读者提供平等服务。各级各类图书馆共同构成图书馆体系,保障全体社会成员普遍均等地享有图书馆服务。

3. 图书馆在服务与管理中体现人文关怀。图书馆致力于消除弱势群体利用图书馆的困难,为全体读者提供人性化、便利化的服务。

4. 图书馆提供优质、高效、专业的服务。图书馆充分利用现代信息技术,提高数字资源提供能力和使用效率,以服务创新应对信息时代的挑战。

5. 图书馆开展信息资源共建共享。各地区、各类型图书馆加强协调与合作,促进全社会信息资源的有效利用。

6. 图书馆努力促进全民阅读。图书馆为公民终身学习提供保障,促进学习型社会的建设。

7. 图书馆与一切关心图书馆事业的组织和个人真诚合作。图书馆欢迎社会各界通过资助、捐赠、媒体宣传、志愿者活动等各种方式,参与图书馆建设。

---

① 该文件原文来自《中国图书馆学报》(2008 年第 6 期)。

数字图书馆服务政策指南①

（全国数字图书馆建设与服务联席会议,2010 年 3 月）

第一条 为满足社会公众日益增长的信息需求,规范和促进数字图书馆服务的发展,依据相关法律法规,制定本指南。

第二条 数字图书馆服务是指一个物理的图书馆所提供的数字化的文献信息资源服务,或指无所不在的网络化的虚拟图书馆服务。

第三条 数字图书馆服务政策应在充分考虑数字图书馆的特点、了解服务对象需求、借鉴国内外先进经验的基础上制定,保证高质量的服务和积极的服务效果。

第四条 制定数字图书馆服务政策,应主要从以下几个方面考虑,包括:服务对象、服务方式、服务策略、服务内容、服务承诺、服务监督与评估等。

第五条 服务对象:

1. 不同类型的数字图书馆有不同的服务对象。

2. 在条件允许的情况下,数字图书馆的服务,对社会普遍开放,对所有人群提供均等服务。

3. 考虑到服务的优先级和服务相关限定,可对数字图书馆的服务对象划分级别,对部分人群提供跨界服务和有偿服务。

第六条 服务方式:

1. 数字图书馆的服务应立足于公益性,在尊重和保护知识产权的前提下,提供广域网范围的免费服务。

2. 收费的服务,应依据有关政策,明确收费细目和收费标准。

第七条 服务策略:

1. 充分发挥数字图书馆的优势,突破地域和时间限制,提供在线、近线和离线等各种方式的服务。

2. 公布服务内容及其相关要求,进行积极宣传和推广,并根据服务对象和社会需求的变化,及时做出调整和不断加以发展。

3. 科学规划服务的各种途径,包括单馆多馆、总馆分馆等方式,使其能最大限度地方便服务对象。

4. 培养经验丰富、训练有素、深刻领会数字图书馆服务政策的员工。

5. 通过技术创新,适时地将先进的信息技术运用到数字图书馆领域,提高服务效率,降低服务成本。

6. 加强机构之间的合作和交流,通过资源共享为用户提供更加优质的服务。

7. 开展前瞻性的研究,推动数字图书馆的服务创新,发展和开拓丰富多样的服务。

第八条 服务内容:

1. 根据服务对象、馆藏情况、基础设施建设情况,提供基于互联网、卫星或移动通信、镜

---

① 该文件原文来自中国图书馆学会网站(http://www.lsc.org.cn),检索日期:2014 年 6 月 3 日。

像等多种方式的服务,以便最大可能地满足用户的需求,最有效地利用数字图书馆的资源和服务。

2. 服务包括但不局限于资源获取、信息服务、信息素养教育、技术服务、保存服务等,具体说明如下:1)资源获取:利用本馆馆藏、资源导航、代查代检、馆际互借和文献传递等方式向服务对象提供文献;2)信息服务:通过多种方式,为服务对象提供便捷的帮助服务,包括信息检索、参考咨询、查收查引、科技查新、情报服务等;3)信息素养教育:通过培训、授课、讲座等活动,提高服务对象利用数字图书馆各类资源的技能和自我学习的技能;4)技术服务:通过数字化服务平台构建、资源整合、个性化服务工具、学习和培训工具等加强数字图书馆的服务工作;5)保存服务:对所拥有和使用的数字资源进行有效保存,保障资源的长期存储和永久使用。

第九条　服务承诺:

1. 明确服务时间,数字图书馆原则上应提供每周 7 天、每天 24 小时的服务。

2. 公布服务联系方式,包括在线服务、电话、邮件等,确保服务对象能够获得及时的、高质量的服务。

3. 体现人文关怀,营造人性化、个性化、无障碍的服务环境。

4. 建立沟通渠道,广泛收集服务对象提出的意见和建议,适时改进和提高服务工作。

5. 必要的情况下,通过和服务对象签署服务协议的方式对所提供的服务进行保证。

6. 做好保密工作,保证服务对象个人信息的安全。

第十条　服务监督与评估:

1. 对数字图书馆提供的服务进行定期或不定期的调查研究、统计分析。

2. 开展全方位、多角度的评估活动,主要包括以下几个方面:自我评价、投资方评价、成员单位评价、最终用户评价、第三方评价等。

3. 建立符合国内外惯例、发展特点和水平的数字图书馆服务的统计评估制度和指标体系,保证服务统计与评估活动的时效性、准确性和权威性。

4. 鼓励将评估结果公布于众,接受服务对象的监督。

第十一条　本指南由全国数字图书馆建设与服务联席会议制定、解释和修改,由文化部社会文化司批准发布。

数字图书馆资源建设指南①

（全国数字图书馆建设与服务联席会议,2010 年 5 月）

第一条　为满足社会公众日益增长的信息需求,规范和促进数字图书馆资源建设工作,依据相关法律法规,制订本指南。

第二条　数字图书馆资源是指图书馆以数字形式发布、存取和利用的信息资源的总称。

第三条　数字图书馆资源建设是指对信息资源进行选择、采集、组织和管理,使之形成可利用的数字资源体系的过程。

第四条　数字图书馆资源建设要遵守法律法规、保护知识产权,并注重维护图书馆用户的合法权益。

第五条　数字图书馆资源建设要遵循有关国际、国家和行业标准和相关规范,为数字资源共建共享创造条件。

第六条　数字图书馆资源建设要与公众通过网络传播渠道获取信息与知识的需求相适应。

第七条　数字图书馆资源建设要在充分调研的基础上制定建设目标与规划,保证资源建设有计划有步骤地进行。制定建设规划应主要从以下几个方面考虑,包括:建设原则、建设方式、建设工作内容、建设策略、建设经费、建设管理。

第八条　建设原则:

1. 实用性原则,即从图书馆的职能定位和用户的实际需求出发,最大限度地满足社会信息需求。

2. 系统性原则,即注重资源建设内容的完整性和连续性,形成有重点、有层次、各类型资源比例适当的数字资源体系。

3. 特色化原则,即根据图书馆馆藏资源和服务对象的特点,建立有特色的数字馆藏。

4. 共建共享原则,即开展跨地域、跨系统的数字资源合作建设,建立优势互补、联合共享的数字资源保障体系。

第九条　建设方式:

1. 数字图书馆资源建设方式主要包括自主建设、引进建设和合作建设。

2. 根据馆藏资源、服务策略、基础设施以及经费保障等实际情况,选择适宜的建设方式。

第十条　建设工作内容:

1. 根据数字图书馆的建设目标,结合资源的主题内容、类型、载体等,确定资源建设对象。

2. 通过购买、数字化加工、网络资源采集、网络资源导航、受缴、受赠和交换等多种途径建立和丰富数字馆藏。

3. 根据相关标准对资源进行组织与加工,注重对数字图书馆资源与传统载体资源的整合,建立传统馆藏和数字馆藏共同发展、互为补充的数字资源体系。

---

① 该文件原文来自中国图书馆学会网站(http://www.lsc.org.cn),检索日期:2014 年 6 月 3 日。

4. 利用必要的技术手段,对资源进行科学有效的管理,确保资源的安全可靠。

第十一条　建设策略:

1. 通过多种途径获取数字版权许可,充分开发公共领域资源,并重视对开放存取资源的利用。

2. 通过联合采购方式发挥经费的最大效益。

3. 按照共建共享原则,避免资源重复建设,提供已建资源的开放共享。

4. 注重信息技术在数字资源建设中的应用,降低建设成本,提高建设效率。

5. 根据数字资源的用途,确定相应的加工级别,注重对数字资源的长期保存,尤其是优秀文化遗产的长期保存。

6. 培养经验丰富、训练有素、具备数字图书馆资源建设专业技能的员工。

7. 充分利用有关政策法规,为资源建设争取更大空间。

第十二条　建设经费:

1. 数字资源建设经费一般包括数据库产品或服务购买、资源载体购买、知识产权授权许可、特色数据库建设与维护、资源发布、人员培训、数字资源加工场地建设或租赁以及相关设施设备购买、租赁和维护等费用。

2. 积极寻求政府的政策支持和经费投入,并在国家政策许可的范围内吸纳社会多元化资金投入。

第十三条　建设管理:

1. 制定科学完善的数字资源建设管理制度,明确各类型数字资源的建设标准和工作流程。

2. 建立完善的数字资源管理平台,实现对数字资源的科学管理。

3. 建立和完善科学的数字图书馆资源建设评估制度和指标体系,开展全方位、多维度、多层次的数字资源评估活动,并根据评估结果适时调整数字资源建设目标和规划。

4. 加强经费管理,严格经费使用审批程序。

第十四条　本指南由全国数字图书馆建设与服务联席会议制定、解释和修改,由文化部社会文化司批准发布。

数字图书馆资源建设和服务中的知识产权保护政策指南①

（全国数字图书馆建设与服务联席会议,2010 年 7 月）

第一条 在数字图书馆资源建设和服务过程中均涉及知识产权保护问题。为指导全国数字图书馆建设和服务中的知识产权保护和知识传播服务,根据《中华人民共和国著作权法》、《中华人民共和国著作权法实施条例》、《信息网络传播权保护条例》和《著作权集体管理条例》等法律法规,特制订本指南。

第二条 本指南中的知识产权是指在数字图书馆资源建设和服务过程中涉及到的作品的著作权及其相关权益、专利权、商标权等。

第三条 在数字图书馆的资源建设和服务过程中,应注重知识产权的保护,坚持公益性原则、利益平衡原则、实用性原则,确保数字图书馆建设的健康、科学、可持续发展。

公益性原则是指数字图书馆资源建设和服务中的知识产权保护应以促进知识的创建与传播,保障公众获取信息的权利,满足公众的信息需求为出发点,不以营利为目的。

利益平衡原则是指数字图书馆资源建设和服务中的知识产权保护既要保护知识产权权利人的利益,也要保护图书馆及社会公众的利益。

实用性原则是指数字图书馆资源建设和服务中的知识产权保护方案、手段要具有可操作性,要符合数字图书馆建设实践的需要,符合知识产权保护的需要,要有利于数字图书馆的发展。

第四条 在数字图书馆资源建设和服务过程中,应当按照《中华人民共和国著作权法》的规定,区分不受著作权法保护的作品及受著作权法保护的作品。对于受著作权法保护的作品,要进一步确认哪些作品已过权利保护期,哪些作品仍处于权利保护期,在此基础上开展下一步工作。

第五条 不受著作权法保护的作品包括:

1. 法律、法规,国家机关的决议、决定、命令和其他具有立法、行政、司法性质的文件,及其官方正式译文;

2. 时事新闻;

3. 历法、通用数表、通用表格和公式。

不受著作权法保护的作品,可以根据需要进行复制、加工、整合、改编、汇编等,用于数字图书馆的服务。

第六条 受著作权法保护但著作财产权已过权利保护期的作品,可以自由地以复制、表演、播放、展览、发行或改编、翻译、注释、编辑等方式予以使用,可以自由采取复制、汇编等手段,开发特色数据库或制作其他衍生作品,向用户提供各种形式的开放服务,但不得损害不受保护期限限制的除发表权以外的其他人身权。改编、翻译、注释、整理已过权利保护期的作品而产生的作品,其著作权由改编、翻译、注释、整理人享有。汇编若干已过权利保护期的作品、作品片段,对其内容的选择或者编排体现独创性的,构成汇编作品,汇编人享有著作权。

---

① 该文件原文来自中国图书馆学会网站(http://www.lsc.org.cn),检索日期:2014 年 6 月 3 日。

第七条　受著作权法保护的仍处于权利保护期的作品,要严格执行著作权法的规定,不侵犯著作权人的人身权和财产权利:

1. 购买和许可授权的数字资源,应当按照购买协议,或许可授权协议的要求,以及许可的地域范围和时间,用于数字图书馆的服务。

2. 自行进行数字化加工的数字资源,除符合合理使用法定豁免条件外,如用于数字图书馆服务,则需要取得相关著作权人的授权。

改编、翻译、注释、整理仍处于权利保护期的作品,应当取得著作权人的许可并支付报酬,对因改编、翻译、注释、整理而产生的作品,改编、翻译、注释、整理人享有其著作权,但行使著作权时不得侵犯原作品的著作权。汇编仍处于权利保护期的作品或作品片段,应当取得著作权人的许可并支付报酬,对内容的选择或者编排体现独创性的汇编作品,汇编人享有著作权,但行使著作权时不得侵犯原作品的著作权。

第八条　作者的署名权、修改权、保护作品完整权的保护期不受限制。在复制、加工、整合、服务的过程中要保护作者的署名权、修改权、保护作品完整权。

第九条　数字资源整合加工(包括馆藏文献数字化和数据库开发)过程中的知识产权保护:

1. 馆藏文献数字化:对于已过权利保护期的作品,可以根据需要进行数字化,但必须尊重作者的署名权、修改权、保护作品的完整权。对于仍处于权利保护期的作品,为了保存版本和课堂教学或科研的需要将其进行数字化转化,应当按照《著作权法》和《信息网络传播权保护条例》关于合理使用的规定,不经著作权人许可,不向其支付报酬,但应当指明作者姓名、作品名称,并且不得侵犯著作权人依照本法享有的其他权利;若为了提供服务目的而将其进行数字化转化,则需获得著作权人授权。

2. 数据库开发(包括但不限于:书目数据库、文摘数据库、全文数据库和专题数据库),在内容的选择与编排方面,均体现了智力创作,依法受到著作权法的保护,数字图书馆对其开发建设的数据库整体享有自主知识产权,要通过著作权提示、相关技术措施保护其自主知识产权,避免用户使用过程中的侵权和其他商业性复制。同时注意保护数据库中每一作品的著作权。

数据库开发还应注意不改变数字资源的内容和所附带的著作权信息;尽可能核查确认著作权归属并注明资源的制作者和出处;在数据库起始界面添加著作权通告,提醒用户按照著作权法的规定使用该资源。对数据库的链接使用,必须同数据库权利人签订合同以确定有关数据库的使用。

数据库开发过程中,如对内容的选择和编排方面具有独创性,则该数据库构成汇编作品,数据库开发人对汇编作品的整体上享有著作权,但行使著作权时不得侵犯数据库内容是作品、作品片段的权利人的著作权。

第十条　数字资源提供服务过程中的知识产权保护:

应按照《信息网络传播权保护条例》规定,合理使用处于保护期的作品,向相应对象提供服务。

1. 按照《信息网络传播权保护条例》第六条第(五)项的规定,可以将中国公民、法人或者其他组织已经发表的、以汉语言文字创作的作品翻译成的少数民族语言文字作品,向中国境内少数民族提供服务,可以不经著作权人许可,不向其支付报酬。

2. 按照《信息网络传播权保护条例》第六条第(六)项的规定,可以不以营利为目的,以盲人能够感知的独特方式向盲人提供已经发表的文字作品,向中国境内的盲人开展数字资源服务,可以不经著作权人许可,不向其支付报酬。

3. 按照《信息网络传播权保护条例》第七条规定,可以不经著作权人许可,通过信息网络向本馆馆舍内服务对象提供本馆收藏的合法出版的数字作品和依法为陈列或者保存版本的需要以数字化形式复制的作品,不向其支付报酬,但不得直接或者间接获得经济利益。当事人另有约定的除外。此处规定的为陈列或者保存版本需要以数字化形式复制的作品,应当是已经损毁或者濒临损毁、丢失或者失窃,或者其存储格式已经过时,并且在市场上无法购买或者只能以明显高于标定的价格购买的作品。

4. 按照《信息网络传播权保护条例》第八条的规定,为通过信息网络实施九年制义务教育或者国家教育规划,可以不经著作权人许可,使用其已经发表作品的片断或者短小的文字作品、音乐作品或者单幅的美术作品、摄影作品制作课件,由制作课件或者依法取得课件的远程教育机构通过信息网络向注册学生提供,但应当向著作权人支付报酬。

5. 按照《信息网络传播权保护条例》第九条的规定,为扶助贫困,通过信息网络向农村地区的公众免费提供中国公民、法人或者其他组织已经发表的种植养殖、防病治病、防灾减灾等与扶助贫困有关的作品和适应基本文化需求的作品,数字图书馆若通过信息网络提供服务,应当在提供前公告拟提供的作品及其作者、拟支付报酬的标准。自公告之日起 30 日内,著作权人不同意提供的,不得提供其作品;自公告之日起满 30 日,著作权人没有异议的,可以提供其作品,并按照公告的标准向著作权人支付报酬。数字图书馆服务提供著作权人的作品后,著作权人不同意提供的,应当立即删除著作权人的作品,并按照公告的标准向著作权人支付提供作品期间的报酬。依照该规定提供作品的,不得直接或者间接获得经济利益。

上述不经著作权人许可、通过信息网络向公众提供其作品的,还应当遵守《信息网络传播权保护条例》第十条的下述规定:不得提供作者事先声明不许提供的作品;指明作品的名称和作者的姓名(名称);依照该条例规定支付报酬;采取技术措施;防止规定的服务对象以外的其他人获得著作权人的作品,并防止规定的服务对象的复制行为对著作权人利益造成实质性损害;不得侵犯著作权人依法享有的其他权利。

数字资源服务应包括与全国文化信息资源共享工程相结合,利用文化共享工程的技术平台和传输网络,向广大农村和基层群众开展服务。

第十一条 在数字图书馆建设过程中应当注意调研实践中存在的知识产权问题,制定并不断完善知识产权保护预案。

第十二条 数字图书馆应当具备数字版权管理功能,登记各种资源的权利状态,采取技术保护措施,制定相应的服务政策;设立版权管理岗位,有专人负责数字图书馆的知识产权保护工作。

第十三条 数字图书馆应当加强员工的知识产权培训,培养员工的知识产权保护意识;开展用户信息素养教育,培养终端用户的知识产权素养。对于终端用户的行为要履行提醒、告知等义务,避免共同侵权。

第十四条 数字图书馆建设过程中形成的发明创造、域名等要及时申请专利、商标及域名保护。数字图书馆要注意网页的著作权保护,要通过版权声明、相关技术措施保护数字图书馆的网页。数字图书馆、数字图书馆特色服务项目等相关文字、图形等标志要及时申请商标权,并根据情况及时申请驰名商标的保护。委托其他机构开发建设数字图书馆的,要书面约定建设过程中形成的专利权、著作权的权利归属。

第十五条　对于自建数字资源及建设过程中形成的著作权、专利权、商标权等知识产权,要加强推广,注重知识产权的保值增值。

第十六条　本指南适用于文化共享工程数字资源建设和服务中的知识产权保护。

第十七条　本指南由全国数字图书馆建设与服务联席会议制定、解释和修改,由文化部社会文化司批准发布。

数字图书馆安全管理指南(草稿)①

(全国数字图书馆建设与服务联席会议,2010 年 7 月)

第一条 为促进数字图书馆事业的发展,对数字图书馆的运行必须实施严格的安全管理,以保障数字图书馆建设和服务有序进行,特制定本指南。

第二条 本指南中所称"数字图书馆安全管理",是指保护数字图书馆中的信息系统相关资产免受任何可能的威胁和损失,保持其中信息资源完整性和可用性并保障其实现所设定信息服务和其他功能的行为。数字图书馆中的信息系统相关资产可包含物理资源、软件资源与信息资源等。其中信息资源是指以数字形式发布、存取和利用的信息资源总和。

第三条 在数字图书馆建设和服务过程中,应注意在全国或区域合作时统一协调信息安全政策与信息安全技术措施,加强在信息安全领域与其他合作方的交流。除了参照本指南,应遵守国家和地方各级有关部门与信息安全相关的法律、法规、条例、规章等,并根据自身实际情况进行补充完善。

第四条 数字图书馆安全主要应关注以下相关要素,包括安全政策、过程管理、访问控制、信息资源安全、备份与容灾、环境安全、应急响应与安全公告等内容。数字图书馆安全管理是基于数字图书馆的服务目标,结合业务流程,对所有这些要素进行适当调配、组织,确保其正常发挥作用的完整体系。

第五条 数字图书馆安全政策应根据具体的建设目标和战略,制定有效的信息技术安全策略,对数字图书馆的建设、运行、维护和服务进行持续的监控、评估和改进,并形成完整的规章制度与流程规范。

第六条 过程管理

1. 数字图书馆安全过程管理是确立数字图书馆安全目标,建立组织架构,明确职责,进行角色分配、风险评估、安全审计、系统分类、制订预案、事故处理、回顾检查和改进的过程进行管理,并通过持续的执行这些过程管理使数字图书馆的安全水平得到不断的提高。

2. 应摸清现有系统的情况,对其范围内的信息系统相关资产所面对的各种威胁和脆弱性进行评估,对已存在的或规划的安全措施进行鉴定,了解其弱点、威胁和风险所在,制订相应的对策和预案,实现安全管理的目标。

第七条 访问控制

1. 建立全面的用户访问控制管理,避免系统的未授权访问。并应明确告知用户其可访问的权限,明确其权利及所承担的责任。

2. 应尽量关闭网络设备与主机系统不必要的服务端口,减少系统被非法利用与攻击的可能。利用应用与系统的分类采用不同的防护手段等级划分不同的防护区域,使外部非法访问内部服务器的可能降低。

第八条 信息资源安全

1. 信息资源包括购买信息、自建信息及购买的资源远程访问控制权限等。信息资源的

---

① 该文件原文来自《数字图书馆服务与建设指南汇编》(内部资料)。

安全性因素还包括保护其依赖的软硬件资源。在信息资源保存与服务中,需要充分考虑保留与保护能保障其可操作性的相应的软件及硬件环境。

2. 信息资源安全管理通过对资源进行分类、核查和维护,确保其得到有效的保护。

第九条　备份与容灾

1. 可以根据需要分类分级制订备份与容灾预案,其中包括但不限于媒体退化、维护失败、人为失误、技术故障、日志记录和业务连续性方案等。

2. 应根据信息安全目标与资源情况制定备份策略,如选择本地备份、异地备份与多机系统等备份方式。根据应用与资源的特性合理选择备份介质、频率周期,并定期检查及测试备份内容与恢复程序,确保在预定的时间内正确恢复。在必要时可采用多系统热备的方案。

3. 容灾指利用技术、管理手段以及相关资源确保既定的数字图书馆关键数据、处理系统和关键业务在灾难发生后可以恢复和重续运营的过程。通常采用异地备份与多系统热备的方案。异地备份应注意信息资源的加密与传输中的一致性,以确保可靠安全与运营恢复。

第十条　环境安全

1. 环境安全的基本要求是确定物理环境安全区域,明确责任部门与人员,建立相关规章制度,并注意在防火、防水、配电、温湿度控制、防静电、防雷及电磁防护等物理安全方面达到相关标准要求。

2. 对机房环境安全应注意出入人员管理,加强对来访人员的控制,有必要时加强门禁控制与视频监控手段。

第十一条　应急响应与安全公告

1. 应急响应包括应急计划和应急措施两个方面。应急计划的制定至少应考虑紧急反应、阻止事件发展、恢复措施三个因素。应急措施可以包括应急预案、软硬件备份、信息资源备份和快速恢复措施等。相关计划与措施都应注意做好测试、培训、演练与维护。

2. 应根据数字图书馆运行情况发布相关的安全预警信息,并根据安全事件的发展情况向公众或定义的用户群体发布公告信息。

第十二条　本指南由全国数字图书馆建设与服务联席会议制定、解释和修改,由文化部社会文化司批准发布。

湖南省县(市、区)公共图书馆服务公约①

(湖南省市(州)、县公共图书馆馆长会议,2011 年 5 月)

基本建成公共文化服务体系,是"十二五"时期文化建设的战略任务之一。公共图书馆是公共文化服务体系的重要组成部分。2011 年 1 月,文化部、财政部出台了公共图书馆免费开放政策,公共图书馆事业迎来了新的发展环境和机遇。2011 年 5 月,湖南省县(市、区)公共图书馆馆长集会于省城长沙,凝聚新共识,共商新发展,形成以下服务公约:

一、践行职业理念,坚守公益原则。联合国教科文组织《公共图书馆宣言》和中国图书馆学会《图书馆服务宣言》,都宣示了平等、免费、开放、以人为本等公共图书馆服务理念,是公共图书馆对社会的庄严承诺。2005 年以来历届"百县馆长论坛"形成的多个"共识",进一步明晰了县(市、区)公共图书馆的发展方向。国家新近出台的"免费开放"政策,为公共图书馆践行职业理念提供了保障条件。我们完全认同并努力践行公共图书馆服务理念,全面实行"无障碍、零门槛"服务,保障公众的基本文化权益。

二、服务基层大众,促进社会进步。全民共享公共图书馆服务,是全体人民分享文化发展成果的生动体现。我们将不断扩大服务对象,拓展服务领域,支持全民终身学习,促进学习型社会建设;我们将以农村和基层为重点,关注弱势群体,为基层大众学习知识、获取信息、文化休闲提供服务;我们将为县域发展提供文献信息资源保障和智力支持,在促进县域经济、政治、文化、社会、生态全面协调发展中发挥积极作用。

三、彰显地方特色,传承湖湘文化。我们肩负着传承湖湘文化的历史责任,我们将加强地域文献资源的收集、整理、开发、利用,因地制宜,建设特色馆藏体系,形成独具特色的服务能力,使县(市、区)图书馆成为地域文献的收藏与服务中心,成为地域文化的交流与传播中心。

四、优化资源管理,提高办馆效益。我们将按照"增加投入、转换机制、增强活力、改善服务"的原则,改革内部运行和管理机制,创新服务方式方法,加强现代技术的应用,合理配置馆舍、馆藏、人力、技术等资源,建设资源节约型、环境友好型图书馆,全面提升服务供给能力和服务质量,实现公共图书馆资源的高效利用。

五、正视现实困难,突破发展瓶颈。我们十分清楚中西部地区县(市、区)公共图书馆发展面临的现实困难,更深刻地认识到加快发展、重点突破的重要性。我们将铭记使命,直面困难,把握机遇,敬业务实,开拓进取,加倍地努力和奋斗,实现县(市、区)公共图书馆发展的新飞跃。

---

① 该文件原文来自《图书馆》(2011 年第 3 期)。

"湘鄂赣长江中游城市集群公共图书馆联盟"协议书①

（2012 年 7 月）

为推进"长江中游城市集群"崛起,湘鄂赣三省公共图书馆为了更好促进长江中游城市集群乃至整个中部地区经济社会的发展,实现三省公共图书馆文献信息资源的整合、共建共享和规模化、专业化、一体化发展,经湖北省图书馆、湖南图书馆和江西省图书馆共同商讨,自愿结成联盟并达成如下协议:

第一条　联盟本着自觉自愿、互利互惠、共建共享的原则,自觉遵守联盟章程各项规定,执行联盟决议,按规定要求完成联盟布置的工作任务。有计划、有步骤、全方位地开展协作协调。

第二条　联盟的总体奋斗目标是:整合湘鄂赣三省公共图书馆各类资源,形成合力,为长江中游城市集群乃至整个中部地区经济社会发展提供快捷、强大、切实、有效的文化支撑和文献保障。

第三条　设立联席会议制度,在湘鄂赣三省文化厅的领导下,由三省省图书馆馆长轮流担任联席会议主席。每年轮流在一省至少召开一次会议,交流情况、会商工作、制定决策、布置任务。地市、县市级馆比照省级馆执行。联席会议下设联盟办公室,联盟办公室主任由各省馆分管的副馆长担任,副主任由各相关部门主任担任,承担联盟的日常联络工作以及具体任务的实施。各省地市级馆设联络站,县市级设联络员,负责处理日常事务。

第四条　湘鄂赣三省公共图书馆协调文献采购,优化资源配置。无论是纸质文献还是电子文献,可以统筹规划,协调采购,增强和优化资源配置。

第五条　湘鄂赣三省公共图书馆各自择定相应学科、领域、专题来编制各种类型的联合书目或信息资料,实现资源共享。

第六条　加强馆藏资源整合和利用,提供优质服务。三省各级公共图书馆可在电子资源共享、各馆网站互联、共商服务大计、交流读者工作经验等多方面进行合作。

第七条　联盟可以根据事业发展需要,采用多种方式和渠道——如举办专题培训、组织巡回讲座、彼此交换馆员、互相参观访问等,来对专业人员进行培训,以增强办馆软实力。

第八条　联盟有针对性地组织馆员开展各种类型的学术、业务研讨活动,分析新情况、发现新问题、总结新经验、找出新规律。通过研讨,出成果、出人才。

第九条　联盟组织三省公共图书馆力量,共同协商,加强古籍整理与保护。

第十条　每年一次的湘鄂赣长江中游城市集群公共图书馆联盟联席会议和大型研讨会的经费由举办地负责筹集(可适当收取会务费),其他的有关会议基本上采取以会养会的方式。合作项目的经费预算可根据实际情况,经商定决定经费筹集方式。

第十一条　本协议经湘鄂赣长江中游城市集群公共图书馆联盟联席会议通过之日起生效。在运行过程中,若需作适当修改、补充,亦须经省馆馆长联席会审定公布。

第十二条　本协议之解释权,属湘鄂赣长江中游城市集群公共图书馆联盟联席会议。

---

① 该文件原文来自"中三角"(湘鄂赣皖)公共图书馆联盟网站(http://www1.librany.hb.cn),该文件于 2013 年 7 月 19 日更新为《"中三角"(湘鄂赣皖)公共图书馆联盟协议》,检索日期:2014 年 6 月 3 日。

图书馆工作相关国家标准一览表

序号	标准名称	标准号	发布时间	标准状态
1	信息交换用汉字编码字符集基本集	GB/T 2312—80	1980 年	有效
2	检索期刊编辑总则	GB/T 3468—1983	1983 年	有效
3	检索期刊条目著录规则	GB/T 3793—1983	1983 年	有效
4	文献类型与文献载体代码	GB 3469—83	1983 年	有效
5	图书资料著录规则	GB/T 3792.4—1985	1985 年	失效
6	科学技术报告、学位论文和学术论文的编写格式	GB/T 7713—1987	1987 年	有效
7	文献保密等级代码	GB 7156—87	1987 年	有效
8	缩微摄影技术　冲洗后的缩微胶片中硫代硫酸盐残留量的测定　亚甲蓝光度法	GB/T 7519—1987	1987 年	失效
9	缩微摄影技术　检验技术图纸缩微摄影质量测试标板的制作	GB/T 8988—1988	1988 年	失效
10	缩微摄影技术　用于"检验技术图纸缩微摄影质量测试标板"的反射率灰板	GB/T 8990—1988	1988 年	失效
11	图书和其它出版物的书脊规则	GB/T 11668—1989	1989 年	有效
12	汉语叙词表编制规则	GB/T 13190—1991	1991 年	有效
13	情报与文献工作词汇　传统文献	GB/T 13143—1991	1991 年	失效
14	文字条目通用排序规则	GB/T 13418—1992	1992 年	有效
15	中文书刊名称汉语拼音拼写法	GB/T 3259—1992	1992 年	有效
16	缩微冲洗机技术条件	GB/T 13424—1992	1992 年	失效
17	图书用品设备　木制目录柜技术条件	GB/T 14530—1993	1993 年	失效
18	图书用品设备 木制架、期刊架技术条件	GB/T 14533—1993	1993 年	失效
19	文献　多语种叙词表编制规则	GB/T 15417—1994	1994 年	有效
20	缩微摄影技术用 35mm 卷片拍摄技术图样和技术文件的规定	GB/T 15021—1994	1994 年	失效
21	汉语拼音正词法基本规则	GB/T 16159—1996	1996 年	有效
22	图书馆、博物馆、美术馆、展览馆卫生标准	GB 9669—1996	1996 年	有效 替代 GB/T 9669—1988

序号	标准名称	标准号	发布时间	标准状态
23	缩微摄影技术　技术图样和技术文件缩微摄影的质量标准与检验	GB/T 8989—1998	1998 年	失效
24	联机联合编目技术要求	GJB 4010—2000	2000 年	有效
25	电子文件归档与管理规范	GB/T 18894—2002	2002 年	有效
26	技术图样与技术文件的缩微摄影　第 6 部分:35mm 缩微胶片放大系统的质量准则和控制	GB/T 17739.6—2002	2002 年	有效
27	文献成像应用在 35mm 胶片上缩微拍摄非彩色地图	GB/T 18730—2002	2002 年	有效
28	缩微摄影技术　词汇　第 1 部分:一般术语	GB/T 6159.1—2003	2003 年	有效
29	缩微摄影技术　词汇　第 3 部分:胶片处理	GB/T 6159.3—2003	2003 年	有效
30	缩微摄影技术　词汇　第 4 部分:材料和包装物	GB/T 6159.4—2003	2003 年	有效
31	缩微摄影技术　词汇　第 6 部分:设备	GB/T 6159.6—2003	2003 年	有效
32	缩微摄影技术　词汇　第 8 部分:应用	GB/T 6159.8—2003	2003 年	有效
33	缩微摄影技术　检查轮转式缩微摄影机系统性能用的测试标板	GB/T 19110—2011	2003 年	有效 替代 GB/T 19110—2003
34	缩微摄影技术　源文件第一代银—明胶型缩微品密度规范与测量方法	GB/T 6160—2003	2003 年	有效
35	技术图样与技术文件的缩微摄影　第 3 部分:35mm 缩微胶片开窗卡	GB/T 17739.3—2004	2004 年	有效
36	缩微摄影技术　16mm 与 35mm 缩微胶片防光片盘与片盘　技术规范	GB/T 19523—2004	2004 年	有效
37	缩微摄影技术　开窗卡扫描仪制作影像质量的测量方法　第 1 部分:测试影像的特征	GB/T 19475.1—2004	2004 年	有效
38	缩微摄影技术　开窗卡扫描仪制作影像质量的测量方法　第 2 部分:质量要求和控制	GB/T 19475.2—2004	2004 年	有效

续表

序号	标准名称	标准号	发布时间	标准状态
39	缩微摄影技术 图形COM记录仪的质量控制 第1部分:测试画面的特征	GB/T 19474.1—2004	2004年	有效
40	缩微摄影技术 图形COM记录仪的质量控制 第2部分:质量要求和控制	GB/T 19474.2—2004	2004年	有效
41	缩微摄影技术 在16mm卷片上拍摄古籍的规定	GB/T 7517—2004	2004年	有效
42	测绘制图资料著录规则	GB/T 3792.6—2005	2005年	有效 替代GB/T 3792.6—1986
43	电子成像 数字数据光盘存储数据验证用介质错误监测与报告技术	GB/T 19729—2005	2005年	有效
44	电子成像 文件图像压缩方法选择指南	GB/Z 19736—2005	2005年	有效
45	盒式光盘(ODC)装运包装以及光盘标签上的信息	GB/T 19731—2005	2005年	有效
46	文后参考文献著录规则	GB/T 7714—2005	2005年	有效 替代GB/T 7714—1987
47	信息与文献 交互式文本检索命令集	GB/T 19689—2005	2005年	有效
48	信息与文献 书目数据元目录 第1部分:互借应用	GB/T 19688.1—2005	2005年	有效
49	信息与文献 书目数据元目录 第2部分:采访应用	GB/T 19688.2—2005	2005年	有效
50	信息与文献 书目数据元目录 第3部分:情报检索	GB/T 19688.3—2005	2005年	有效
51	信息与文献 书目数据元目录 第4部分:流通应用	GB/T 19688.4—2005	2005年	有效
52	缩微摄影技术 期刊的缩微拍摄操作程序	GB/T 19730—2005	2005年	有效
53	缩微摄影技术 银—明胶型缩微品变质迹象的检查	GB/Z 19737—2005	2005年	有效
54	缩微摄影技术 银—明胶型缩微品的冲洗与保存	GB/T 15737—2005	2005年	有效 替代GB/T 15737—1995

序号	标准名称	标准号	发布时间	标准状态
55	缩微摄影技术　银盐、重氮和微泡拷贝片　视觉密度　技术规范和测量	GB/T 13984—2005	2005 年	有效替代 GB/T 13984—1992
56	缩微摄影技术　在 35mm 卷片上拍摄古籍的规定	GB/T 7518—2005	2005 年	有效
57	缩微摄影技术　透明缩微品阅读复印机　特性	GB/T 19734—2005	2005 年	有效
58	缩微摄影技术　透明缩微品阅读器特性的测量	GB/T 19733—2005	2005 年	有效
59	缩微摄影技术　透明缩微品阅读器性能特征	GB/T 19732—2005	2005 年	有效
60	缩微摄影技术　16mm 缩微胶片轮转式摄影机　机械与光学特性	GB/T 19735—2005	2005 年	有效
61	普通图书著录规则	GB/T 3792.2—2006	2006 年	有效替代 GB/T 3792.2—1985
62	学位论文编写规则	GB/T 7713.1—2006	2006 年	有效
63	中国标准书号	GB/T 5795—2006	2006 年	有效替代 GB/T 5795—2002
64	中国档案机读目录格式	GB/T 20163—2006	2006 年	有效
65	技术图样与技术文件的缩微摄影　第 2 部分:35mm 银—明胶型缩微品的质量准则与检验	GB/T 17739.2—2006	2006 年	有效
66	技术图样与技术文件的缩微摄影　第 5 部分:开窗卡中缩微影像重氮复制的检验程序	GB/T 17739.5—2006	2006 年	有效
67	缩微摄影技术　A6 尺寸开窗卡	GB/T 20233—2006	2006 年	有效
68	缩微摄影技术　词汇　第 10 部分:索引	GB/T 6159.10—2006	2006 年	有效
69	缩微摄影技术　使用单一内显示系统生成影像的 COM 记录器的质量控制　第 1 部分:软件测试标板的特性	GB/T 20494.1—2006	2006 年	有效
70	缩微摄影技术　使用单一内显示系统生成影像的 COM 记录器的质量控制　第 2 部分:使用方法	GB/T 20494.2—2006	2006 年	有效
71	缩微摄影技术　缩微记录的清除、删除、校正或修正	GB/Z 20227—2006	2006 年	有效

续表

序号	标准名称	标准号	发布时间	标准状态
72	缩微摄影技术 缩微胶片 A6 尺寸封套 第 1 部分:16mm 缩微胶片用五片道封套	GB/T 20226.1—2006	2006 年	有效
73	缩微摄影技术 缩微胶片 A6 尺寸封套 第 2 部分:16mm 和 35mm 缩微胶片用其他类型封套	GB/T 20226.2—2006	2006 年	有效
74	缩微摄影技术 缩微品的法律认可性	GB/Z 20650—2006	2006 年	有效
75	缩微摄影技术 条码在开窗卡上的使用规则	GB/T 20232—2006	2006 年	有效
76	办公家具 阅览桌、椅、凳	GB/T 14531—2008	2008 年	有效 替代 GB/T 14531—1993
77	标准文献元数据	GB/T 22373—2008	2008 年	有效
78	古籍修复技术规范与质量要求	GB/T 21712—2008	2008 年	有效
79	古籍著录规则	GB/T 3792.7—2008	2008 年	有效 替代 GB/T 3792.7—1987
80	索引编制规则(总则)	GB/T 22466—2008	2008 年	有效
81	办公家具 木制柜、架	GB/T 14532—2008	2008 年	有效 替代 GB/T 14532—1993
82	文书档案案卷格式	GB/T 9705—2008	2008 年	有效 替代 GB/T 9705—1988
83	知识产权文献与信息 分类及代码	GB/T 21373—2008	2008 年	有效
84	知识产权文献与信息 基本词汇	GB/T 21374—2008	2008 年	有效
85	技术图样与技术文件的缩微摄影 第 1 部分:操作程序	GB/T 17739.1—2008	2008 年	有效
86	技术图样与技术文件的缩微摄影 第 4 部分:特殊和超大尺寸图样的拍摄	GB/T 17739.4—2008	2008 年	有效 替代 GB/T 17739—1999
87	缩微摄影技术 16mm 平台式缩微摄影机用测试标板的特征及其使用	GB/T 12356—2008	2008 年	有效 替代 GB/T 12356—1990
88	缩微摄影技术 A6 透明缩微平片影像的排列	GB/T 18503—2008	2008 年	有效 替代 GB/T 18503—2001
89	缩微摄影技术 ISO 2 号解像力测试图的描述及其应用	GB/T 6161—2008	2008 年	有效 替代 GB/T 6161—1994

序号	标准名称	标准号	发布时间	标准状态
90	缩微摄影技术　ISO 字符和 ISO1 号测试图的特征及其使用	GB/T 18405—2008	2008 年	有效 替代 GB/T 18405—2001
91	缩微摄影技术　第一代银—明胶型缩微品的质量要求	GB/T 17292—2008	2008 年	有效 替代 GB/T 17292—1998
92	缩微摄影技术　检查平台式缩微摄影机系统性能用的测试标板	GB/T 17293—2008	2008 年	有效 替代 GB/T 17293—1998
93	缩微摄影技术　缩微拍摄用图形符号	GB/T 7516—2008	2008 年	有效 替代 GB/T 7516—1996
94	缩微摄影技术　缩微摄影时检查负像光学密度用测试标板	GB/T 8987—2008	2008 年	有效 替代 GB/T 8987—1988
95	缩微摄影技术　有影像缩微胶片的连接	GB/T 12355—2008	2008 年	有效 替代 GB/T 12355—1990
96	缩微摄影技术　在 16mm 和 35mm 银—明胶型缩微胶片上拍摄文献的操作程序	GB/T 16573—2008	2008 年	有效 替代 GB/T 16573—1996
97	缩微摄影技术　字母数字计算机输出缩微品　质量控制　第 1 部分:测试幻灯片和测试数据的特征	GB/T 17294.1—2008	2008 年	有效 替代 GB/T 17294.1—1998
98	缩微摄影技术　字母数字计算机输出缩微品　质量控制　第 2 部分:方法	GB/T 17294.2—2008	2008 年	有效 替代 GB/T 17294.2—1998
99	GEDI—通用电子文档交换	GB/T 23731—2009	2009 年	有效
100	馆藏说明	GB/T 24424—2009	2009 年	有效
101	基于文件的电子信息的长期保存	GB/Z 23283—2009	2009 年	有效
102	期刊编排格式	GB/T 3179—2009	2009 年	有效 替代 GB/T 3179—1992
103	期刊目次表	GB/T 13417—2009	2009 年	有效 替代 GB/T 13417—1992
104	文献管理　长期保存的电子文档文件格式　第 1 部分:PDF1.4（PDF/A—1）的使用	GB/T 23286.1—2009	2009 年	有效
105	文献叙词标引规则	GB/T 3860—2009	2009 年	有效 替代 GB/T 3860—1995
106	文献主题标引规则	GB/T 3860—2009	2009 年	有效

续表

序号	标准名称	标准号	发布时间	标准状态
107	文献著录　第1部分:总则	GB/T 3792.1—2009	2009 年	有效 替代 GB/T 3792.1—1983
108	文献著录　第3部分:连续性资源	GB/T 3792.3—2009	2009 年	有效 替代 GB/T 3792.3—1985
109	文献著录　第9部分:电子资源	GB/T 3792.9—2009	2009 年	有效
110	信息与文献　档案纸　耐久性和耐用性要求	GB/T 24422—2009	2009 年	有效
111	信息与文献　开放系统互连　馆际互借应用服务定义	GB/T 23269—2009	2009 年	有效
112	信息与文献　开放系统互连　馆际互借应用协议规范　第1部分:协议说明书	GB/T 23270.1—2009	2009 年	有效
113	信息与文献　开放系统互连　馆际互借应用协议规范　第2部分:协议实施一致性声明(PICS)条文	GB/T 23270.2—2009	2009 年	有效
114	信息与文献　书目数据元目录　第5部分:编目和元数据交换用数据元	GB/T 19688.5—2009	2009 年	有效
115	信息与文献　术语	GB/T 4894—2009	2009 年	有效 替代 GB/T 4894—1985
116	信息与文献　图书馆统计	GB/T 13191—2009	2009 年	有效 替代 GB/T 13191—1991
117	信息与文献　文献用纸　耐久性要求	GB/T 24423—2009	2009 年	有效
118	缩微摄影技术　16 mm 和 35 mm 卷式缩微胶片使用的影像标记(光点)	GB/T 23284—2009	2009 年	有效
119	缩微摄影技术　开窗卡增厚区厚度的测量方法	GB/T 23285—2009	2009 年	有效
120	技术制图　对缩微复制原件的要求	GB/T 10609.4—2009	2009 年	有效 替代 GB/T 10609.4—1989
121	信息与文献　都柏林核心元数据元素集	GB/T 25100—2010	2010 年	有效
122	缩微摄影技术　在 35 mm 缩微胶片上拍摄存档报纸	GB/T 25072—2010	2010 年	有效

续表

序号	标准名称	标准号	发布时间	标准状态
123	缩微摄影技术　彩色缩微胶片　曝光技术及与之相适应的线条原件和连续色调原件的制备	GB/T 25073—2010	2010 年	有效
124	信息与文献　图书馆和档案馆的文献保存要求	GB/T 27703—2011	2011 年	有效
125	公共图书馆服务规范	GB/T 28220—2011	2011 年	有效
126	缩微摄影技术　词汇　第 2 部分:影像的布局和记录方法	GB/T 6159.2—2011	2011 年	有效 替代 GB/T 6159.22—2000
127	缩微摄影技术　词汇　第 5 部分:影像的质量、可读性和检查	GB/T 6159.5—2011	2011 年	有效 替代 GB/T 6159.5—2000
128	缩微摄影技术　词汇　第 7 部分:计算机缩微摄影技术	GB/T 6159.7—2011	2011 年	有效 替代 GB/T 6159.7—2000

图书馆工作相关行业标准一览表

序号	标准名称	标准号	发布时间	标准状态
1	图书馆车技术条件	QC/T 29100—1992	1992 年	有效
2	图书馆行业条码	WH/T 0501—1995	1995 年	有效
3	航天文献编目规则 图书编目规则	QJ 2777.2—1995	1995 年	有效
4	公共图书馆建筑防火安全技术标准	WH0502—96	1996 年	有效
5	中国机读目录格式	WH/T 0503—1996	1996 年	有效
6	图书馆建筑设计规范	JGJ 38—99	1999 年	有效
7	信息交换用汉字 22×22 点阵字模数据集	WH/T 0504—1999	1999 年	有效
8	古籍修复技术规范与质量标准	WH/T 14—2001	2001 年	有效
9	中国机读规范格式	WH/T 15—2002	2002 年	有效
10	古籍定级标准	WH/T 20—2006	2006 年	有效
11	古籍普查规范	WH/T 21—2006	2006 年	有效
12	古籍特藏破损定级标准	WH/T 22—2006	2006 年	有效
13	图书馆古籍特藏书库基本要求	WH/T 24—2006	2006 年	有效
14	公共图书馆建设用地指标	建标〔2008〕74 号	2007 年	有效
15	公共图书馆建设标准	建标 108—2008	2008 年	有效
16	图书馆 射频识别 数据模型 第1部分:数据元素设置及应用规则	WH/T 43—2012	2012 年	有效
17	图书馆 射频识别 数据模型 第2部分:基于 ISO/IEC 15962 的数据元素编码方案	WH/T 44—2012	2012 年	有效
18	图像数据加工规范	WH/T 46—2012	2012 年	有效
19	图书馆数字资源统计规范	WH/T 47—2012	2012 年	有效
20	管理元数据规范	WH/T 52—2012	2012 年	有效